All in One®

Recommended by Teachers Trusted by Toppers

भूगोल

कक्षा 11

EVERYTHING YOU NEED TO SCORE

- NCERT के प्रत्येक अध्याय के चित्र, मानचित्र व तालिकाओं सहित सरल व सम्पूर्ण व्याख्या
- वस्तुनिष्ठ प्रश्नों का कवरेज
- NCERT व अन्य महत्त्वपूर्ण प्रश्न
- दक्षता (Competency) आधारित प्रश्न
- सैंपल पेपर्स

CBSE परीक्षा 2026

लेखक
राहुल मौर्य/जयसिंह यादव

arihant
SUCCESS AND NOTHING LESS

arihant
SUCCESS AND NOTHING LESS

अरिहन्त प्रकाशन

(स्कूल डिवीज़न सीरीज़)

卐 रजि. कार्यालय

'रामछाया' 4577/15, अग्रवाल रोड, दरिया गंज, नई दिल्ली-110002
फोन: 011-47630600, 43518550; फैक्स: 011-23280316

मुख्य कार्यालय

कालिन्दी, टी०पी० नगर, मेरठ (यूपी)-250002 फोन: 0121-7156203, 7156204

卐 शाखा कार्यालय

आगरा, अहमदाबाद, बरेली, बंगलुरु, चेन्नई, दिल्ली, गुवाहाटी, हैदराबाद, जयपुर, झाँसी, कोलकाता, लखनऊ, नागपुर तथा पुणे

卐 PO No : TXT-XX-XXXXXXX-X-XX

Published by Arihant Publications (India) Ltd.

'अरिहन्त' की पुस्तकों के बारे में अधिक जानकारी के लिए हमारी वेबसाइट www.arihantbooks.com पर लॉग इन करें या info@arihantbooks.com पर सम्पर्क करें।

Follow us on

卐 मूल्य ₹ 425.00

प्रोडक्शन टीम

पब्लिशिंग मैनेजर	कवर डिज़ाइनर	इनर डिज़ाइनर
महेन्द्र सिंह रावत, केशव मोहन	राकेश रावत	अंकित त्यागी
प्रोजेक्ट हैड	**पेज लेआउट**	**प्रूफ रीडर**
पारूल काम्बोज	संजय सागर	शशि रानी

विषय–सूची

नवीनतम पाठ्यक्रम

भौतिक भूगोल के मूल सिद्धांत

अध्याय सं.	अध्याय का नाम	अंक
इकाई I भूगोल एक विषय के रूप में		
1	भूगोल एक विषय के रूप में	3
इकाई II पृथ्वी		
2	पृथ्वी की उत्पत्ति एवं विकास	
3	पृथ्वी की आंतरिक संरचना	9
4	महासागरों और महाद्वीपों का वितरण	
इकाई III स्थल रूप		
5	भू–आकृतिक प्रक्रियाएँ	6
6	स्थल रूप तथा उनका विकास	
इकाई IV जलवायु		
7	वायुमंडल का संघटन तथा संरचना	
8	सौर विकिरण, ऊष्मा संतुलन एवं तापमान	
9	वायुमंडलीय परिसंचरण तथा मौसम प्रणालियाँ	8
10	वातावरण में पानी	
11	विश्व की जलवायु एवं जलवायु परिवर्तन (परियोजना और प्रस्तुति के रूप में आंतरिक आकलन के माध्यम से परीक्षण किया जाना है)	
इकाई V जल (महासागर)		
12	जल (महासागर)	4
13	महासागरीय जल की गतियाँ	
इकाई VI पृथ्वी पर जीवन		
14	जैव–विविधता एवं संरक्षण (परियोजना और प्रस्तुति के रूप में आंतरिक मूल्यांकन के माध्यम से परीक्षण किया जाना है)	-
	मानचित्र कार्य	**5**
	योग	**35**

भारत : भौतिक पर्यावरण

अध्याय सं.	अध्याय का नाम	अंक
इकाई I : परिचय		
1	भारत–स्थान	5
इकाई II : प्राकृतिक भूगोल		
2	संरचना तथा प्राकृतिक भूगोल	13
3	जल निकासी व्यवस्था	
इकाई III : जलवायु, वनस्पति एवं मृदा		
4	जलवायु	12
5	प्राकृतिक वनस्पति	
इकाई IV : प्राकृतिक संकट तथा आपदाएँ : कारण, परिणाम तथा प्रबंध		
6	प्राकृतिक खतरे तथा आपदाएँ (परियोजना और प्रस्तुति के रूप में आंतरिक मूल्यांकन के माध्यम से परीक्षण किया जाना है)	-
	मानचित्र कार्य	**5**
	योग	**35**

01

भौतिक भूगोल के मूल सिद्धांत

अध्याय

भूगोल : एक विषय के रूप में

इस अध्याय में भूगोल को एक स्वतंत्र विषय के रूप में प्रस्तुत किया गया है। इसके अंतर्गत पृथ्वी के भौतिक पर्यावरण, मानव गतिविधियों और उनके परस्पर संबंधों पर चर्चा की गई है।

▼ **अध्ययन एक नजर में**

1.1 भूगोल का अर्थ

1.2 भूगोल की शाखाएँ

▼ **अभ्यास के लिए**

– बहुविकल्पीय प्रश्न 23, चित्र आधारित, कथन/कारण, सुमेलित कीजिए

– वर्णनात्मक प्रकार के प्रश्न (लघु उत्तरीय प्रश्न 13, दीर्घ उत्तरीय प्रश्न 6)

– स्रोत आधारित प्रश्न 2 मानचित्र आधारित प्रश्न 0

भूगोल पृथ्वी का वर्णन है। यह विविधताओं को समझने और समय तथा स्थान के साथ इनमें होने वाले परिवर्तनों के कारणों की खोज करने में सहायता करता है।

पृथ्वी की सतह एकसमान नहीं है, इसकी भौतिक विशेषताओं में विविधताएँ हैं। यहाँ पर्वत, पहाड़ियाँ, घाटियाँ, मैदान पठार, महासागर, झीलें और रेगिस्तान पाए जाते हैं।

1.1 भूगोल का अर्थ

- भूगोल शब्द का प्रयोग सर्वप्रथम **इरेटॉस्थेनीज** (Eratosthenese) नामक ग्रीक विद्वान् (276-194 ई. पू.) ने किया था।
- भूगोल ग्रीक भाषा के दो मूल शब्दों Geo (पृथ्वी) एवं Graphos (वर्णन) से मिलकर बना है, जिनका अर्थ 'पृथ्वी का वर्णन' है।

कुछ विद्वानों ने भूगोल को इस प्रकार परिभाषित किया है

- **रिचर्ड हार्टशॉर्न** के अनुसार, "भूगोल का उद्देश्य धरातल की प्रादेशिक/क्षेत्रीय भिन्नता का वर्णन एवं व्याख्या करना है।"
- **अल्फ्रेड हैटनर** के अनुसार, "भूगोल धरातल के विभिन्न भागों में कारणात्मक रूप से संबंधित तथ्यों में भिन्नता का अध्ययन करता है।"

भूगोल एक स्वतंत्र विषय के रूप में

- एक स्वतंत्र और पूर्ण विषय के रूप में भूगोल के अंतर्गत उन सभी तत्त्वों का अध्ययन किया जाता है, जो पृथ्वी के भौतिक स्वरूप के रूप में विद्यमान हैं।
- इसके अंतर्गत भौतिक वातावरण, जलवायु, मौसम, पृथ्वी की भौतिक संरचना, मानवीय क्रियाकलाप, सांस्कृतिक एवं सामाजिक भिन्नता इत्यादि सम्मिलित होते हैं।

भूगोल क्षेत्रीय भिन्नता के अध्ययन के रूप में

भूगोल को **क्षेत्रीय भिन्नता**[1] का अध्ययन मानने का कारण यह है कि पृथ्वी पर उपस्थित भौतिक और सांस्कृतिक वातावरण में भिन्नता है। भौतिक वातावरण में भिन्नता को हम पृथ्वी के धरातल पर उपस्थित पर्वत, पठार, घाटियाँ, मैदान, समुद्र, झील, रेगिस्तान, वन एवं उजाड़ क्षेत्र के बीच भिन्नता के रूप में परिभाषित कर सकते हैं

- मनुष्य के जीवन पर आस-पास की मौसमी दशाओं का अत्यधिक प्रभाव पड़ता है तथा मानव अपने जीवन-यापन के लिए प्रकृति प्रदत्त साधनों पर निर्भर रहता है।
- पृथ्वी की सतह एकसमान नहीं है, इसमें भौतिक विशेषताओं में विविधताएँ हैं। यहाँ पर्वत, पहाड़ियाँ, घाटियाँ, मैदान पठार, महासागर, झीलें और रेगिस्तान पाए जाते हैं।
- मानव अपनी उत्पत्ति के समय से ही अपना पोषण, फल-फूल, पौधों और पशुओं के द्वारा ही करता रहा है, किंतु समय के साथ उसने मृदा, जल तथा भूमि का उपयोग करके स्वयं खाद्य पदार्थों का उत्पादन करने की कला को सीख लिया और उसका दैनिक जीवन अर्थात् खान-पान, पहनावा, आस-पास की मौसमी दशाओं के अनुसार परिवर्तित हो गया।
- सांस्कृतिक वातावरण में भिन्नता के अंतर्गत भाषा, रहन-सहन, वेशभूषा, संगीत, नृत्य तथा मानव द्वारा सृजित ग्रामों, नगरों, सड़कों, रेलों, पत्तनों, बाजारों तथा अन्य कई तत्त्वों के बीच व्याप्त अंतर को परिभाषित कर सकते हैं। यह भिन्नता भौतिक पर्यावरण एवं सामाजिक- सांस्कृतिक लक्षणों के मध्य जो संबंध है, उसे समझने का संकेत है।
- भूगोल का उपयोग पृथ्वी की सतह पर विभिन्न रूपों में विद्यमान विविधताओं और उनके मानव के साथ संबंध का अध्ययन करने के लिए किया जाता है।
- मानव ने प्रकृति के साथ समझौता **अनुकूलन**[2] (Adaptation) अथवा **आपरिवर्तन**[3] (Modification) के माध्यम से किया गया है।
- भौतिक पर्यावरण एक मंच प्रस्तुत करता है, जिस पर मानव समाज ने अपने सृजनात्मक क्रियाकलापों का प्रदर्शन अपने तकनीकी विकास से प्राप्त उपकरणों द्वारा किया है। भूगोल को उन सभी तथ्यों का अध्ययन करना पड़ता है, जो क्षेत्रीय संदर्भ में भिन्न होते हैं।
- भूगोलवेत्ता मात्र इन तथ्यों का ही अध्ययन नहीं करते, बल्कि इन भिन्नताओं के लिए उत्तरदायी कारणों का भी अध्ययन करते हैं। उदाहरण के लिए, फसल स्वरूप एक क्षेत्र से दूसरे क्षेत्र में भिन्न होता है, लेकिन यह भिन्नता एक तथ्य के रूप में मिट्टी, जलवायु, बाजार में माँग, किसानों की व्यय क्षमता, तकनीकी निवेश की उपलब्धता आदि में भिन्नता से संबंधित होती है।
- भूगोल दो तत्त्वों या एक से अधिक तत्त्वों के मध्य कार्य-कारण संबंध को ज्ञात करने का भी कार्य करता है। एक भूगोलवेत्ता तथ्यों की व्याख्या कार्य-कारण संबंधों के ढाँचे में ही करता है, क्योंकि यह केवल व्याख्या में ही सहायक नहीं होता, बल्कि तथ्य के पूर्वानुमान एवं भविष्य के परिप्रेक्ष्य में देखने की क्षमता भी रखता है।

मानव-पर्यावरण संबंध के अध्ययन के रूप में भूगोल

- भौगोलिक घटनाएँ (मानवीय और भौतिक) स्थिर नहीं होती हैं और समय के साथ परिवर्तित होती रहती हैं।
- ये परिवर्तन पृथ्वी में हो रहे परिवर्तनों और सक्रिय मानव के मध्य पारस्परिक प्रक्रिया के परिणामस्वरूप होते हैं, इसलिए, भूगोल प्रकृति और मानव के मध्य परस्पर संबंधों का अध्ययन करता है।
- मानव प्रकृति का अभिन्न अंग है। प्रकृति पर मानव की प्रकृति भोजन, वस्त्र, आवास और आजीविका के रूप में देखी जा सकी है।
- प्राचीन समाज प्रकृति और मानव के मध्य घनिष्ठ संबंध का अच्छा उदाहरण है। इन्होंने प्राकृतिक संसाधनों जैसे खाने योग्य पौधों और जानवरों आदि पर निर्भर रहकर जीवन-यापन किया।
- आधुनिकीकरण और तकनीकी प्रगति के साथ मनुष्यों ने भूमि, मिट्टी और पानी जैसे प्राकृतिक संसाधनों का उपयोग करके खाद्य उत्पादन शुरू किया।
- प्राचीन समाज अपनी आजीविका के लिए केवल भौतिक पर्यावरण पर निर्भर था, जबकि आधुनिक समाज ने प्रौद्योगिकी के माध्यम से अपने प्राकृतिक पर्यावरण में परिवर्तन किया।
- तकनीकी विकास और प्राकृतिक संसाधनों के उपयोग द्वारा मानव ने आश्रित अवस्था से आत्मनिर्भरता की अवस्था को प्राप्त कर तथा नई संभावनाओं का सृजन किया है।
- मानव और प्रकृति के इस पारस्परिक संबंध के साथ हमें मानवीकृत प्रकृति और प्राकृतिक मानव का मिश्रण प्रस्तुत होता है।

---

1 **क्षेत्रीय भिन्नता** (Regional Diversity) यह भौतिक और सांस्कृतिक विशेषताओं के आधार पर एक भौगोलिक क्षेत्र को दूसरे से अलग करने की प्रक्रिया है।

2 **अनुकूलन** (Adaptation) किसी विशेष वातावरण में सुगमतापूर्वक व्यतीत करने एवं वंशवृद्धि के लिए जीवों के शरीर में जो रचनात्मक एवं क्रियात्मक स्थायी परिवर्तन उत्पन्न होता है, उसे अनुकूलन कहते हैं।

3 **आपरिवर्तन** (Modification) किसी भी कार्य या वातावरण को संशोधित करना या उसमें छोटा-सा परिवर्तन करना, आपरिवर्तन कहलाता है।

भूगोल एक वैज्ञानिक विषय के रूप में

- भूगोल एक विषय के रूप में तीन प्रकार के प्रश्नों से संबंधित है
  - (i) **'क्या'** प्रश्न पृथ्वी पर पाए जाने वाले प्राकृतिक एवं सांस्कृतिक विशेषताओं के प्रतिरूप से संबंधित है।
  - (ii) **'कहाँ'** प्रश्न पृथ्वी पर भौतिक सांस्कृतिक तत्त्वों के वितरण से संबंधित है।
  - (iii) **'क्यों'** प्रश्न तत्त्वों एवं तथ्यों के मध्य कार्य-कारण संबंध की व्याख्या से संबंधित है।
- पहले दो प्रश्न (क्या और कहाँ) प्राकृतिक और सांस्कृतिक विशेषताओं के वितरण और स्थान से संबंधित हैं। ये यह जानकारी प्रदान करते हैं कि कौन-सी विशेषता है और यह कहाँ स्थित है।
- तीसरा प्रश्न (क्यों) भूगोल को एक वैज्ञानिक विषय बनाता है। भूगोल एक विषय के रूप में स्थान से संबंधित है और स्थान में तथ्यों के वितरण, स्थिति एवं केंद्रीकरण के प्रतिरूप का अध्ययन करता है तथा इन प्रतिरूपों की व्याख्या करते हुए उनका स्पष्टीकरण देता है।
- भूगोल एक ऐसा विषय है, जो हमें भौतिक, समयगत (समय) मानव और स्थानिक (स्थान) आयामों को जोड़कर पृथ्वी की वास्तविकता को समग्रता से समझने में सक्षम बनाता है।

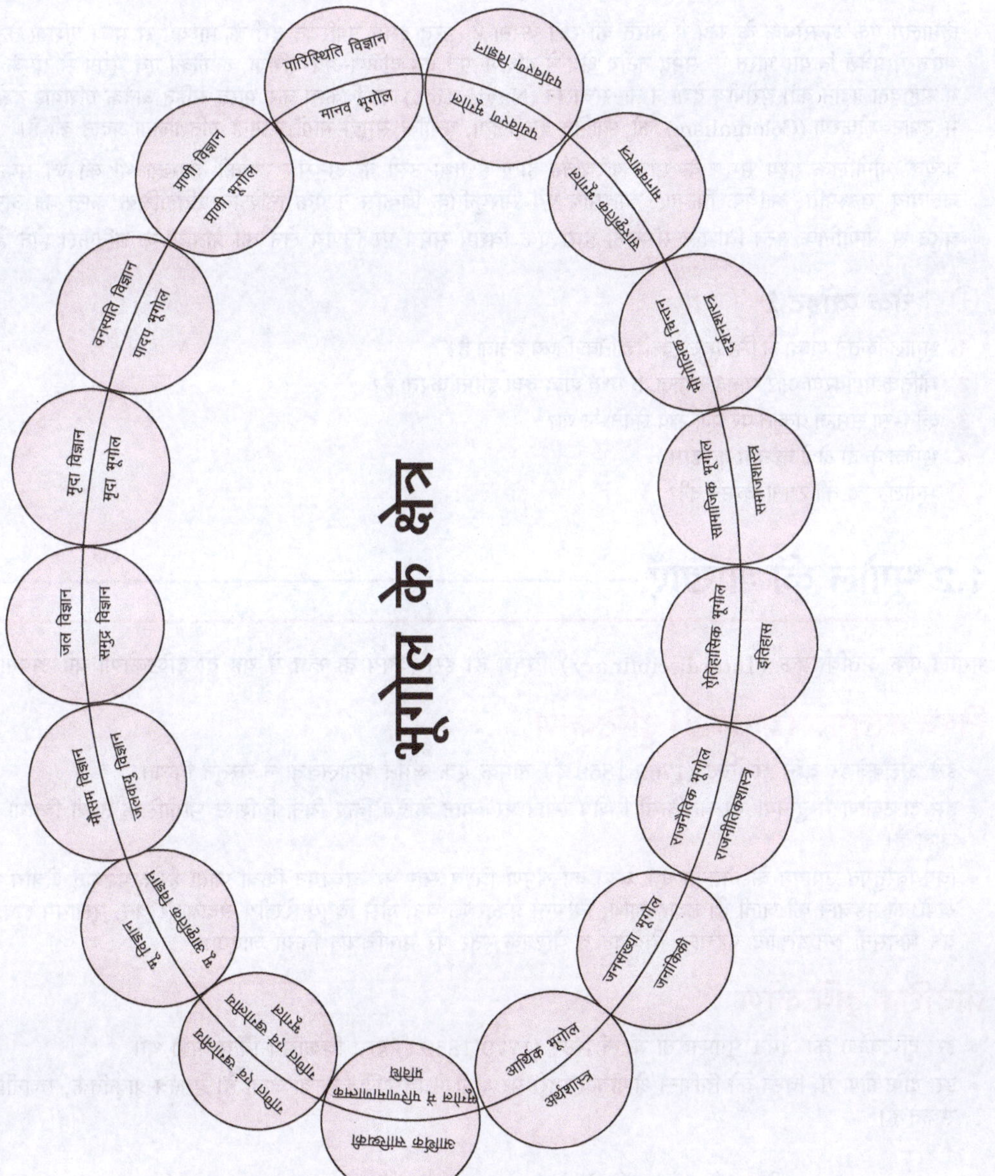

भूगोल एक समाकलन विषय के रूप में

- भूगोल एक ऐसा संश्लेषणात्मक (Synthesis) अर्थात् तथ्यों की व्याख्या करने वाला विषय है, जो प्राचीन एवं क्षेत्रीय संश्लेषण का प्रयास करता है। भूगोल द्वारा विषयों एवं विभिन्न तथ्यों की व्याख्या करने की प्रकृति **समग्रात्मक**[4] (Holistic) अर्थात् विस्तृत होती है।
- परिवहन के बेहतर साधनों के कारण दूरियाँ कम हो गई हैं तथा **श्रव्य-दृश्य माध्यमों**[5] (Audio-Visual Media) एवं सूचना तकनीकी के आँकड़े बहुत अधिक हो गए हैं। तकनीकी विकास ने प्राकृतिक तथ्यों तथा आर्थिक एवं सामाजिक विकास के निरीक्षण एवं परीक्षण के बेहतर अवसर प्रदान किए हैं।
- भूगोल का संश्लेषणात्मक विषय के रूप में अनेक प्राकृतिक तथा सामाजिक विज्ञानों से अंतरापृष्ठ (Interface) संबंध है। भूगोल के इसी गुण के आधार पर विश्व की प्रमुख ऐतिहासिक घटनाओं की व्याख्या भौगोलिक परिप्रेक्ष्य में की जा सकती है। विभिन्न भौगोलिक तथ्यों ने इतिहास की धारा के परिवर्तन में महत्त्वपूर्ण भूमिका निभाई है, जिसमें समय के साथ परिवर्तन भी हुआ है।
- किसी क्षेत्र से संबंधित तथ्यों को संश्लेषित करने के लिए भूगोलवेत्ता के लिए आवश्यक है कि वह सभी संबंधित क्षेत्रों का संपूर्ण ज्ञान एवं समझ रखता हो। उदाहरणस्वरूप, भूगोल ऐतिहासिक घटनाओं को प्रभावित करता है। अत: विश्व की प्रमुख ऐतिहासिक घटनाओं का वर्णन भौगोलिक परिप्रेक्ष्य में किया जा सकता है।
- हिमालय एक अवरोधक के रूप में भारत की रक्षा करता है, परंतु इसमें उपस्थित दर्रों के माध्यम से मध्य एशिया के आक्रमणकर्ताओं ने भारत में प्रवेश किया। भारत के समुद्र तटीय क्षेत्र में दक्षिण-पूर्व एवं दक्षिण-पूर्व एशिया, अफ्रीका एवं यूरोप से संपर्क को प्रोत्साहित करने में सहायता प्रदान की। यूरोपीय देशों ने नौ-संचालन (Navigation) का विकास कर भारत सहित अनेक एशियाई देशों एवं अफ्रीकी देशों में उपनिवेशीकरण (Colonialism) को स्थापित कर लिया, क्योंकि समुद्री मार्गों ने उन्हें गतिशीलता प्रदान की है।
- प्रत्येक भौगोलिक तथ्य समय के साथ परिवर्तित होता है तथा उसी के अनुसार उसकी व्याख्या भी की जा सकती है। भू-आकृति, जलवायु, वनस्पति, आर्थिक क्रियाएँ, व्यवसाय एवं सांस्कृतिक विकास ने एक निश्चित ऐतिहासिक काल का अनुसरण किया है।
- बहुत से भौगोलिक तत्त्व विभिन्न संस्थानों द्वारा एक विशेष समय पर निर्णय लेने की प्रक्रिया के प्रतिफल होते हैं।

चेक प्वॉइंट 1

1. भूगोल कितने शब्दों से मिलकर एक वैज्ञानिक विषय बनाता है?
2. भौतिक पर्यावरण और मानव समाज के मध्य शब्द क्या इंगित करता है?
3. कौन-सा समाज प्रकृति पर पूर्ण रूप से निर्भर था?
4. भूगोल के दो क्षेत्रों के नाम बताइए।
5. भूगोल शब्द की रचना किसने की?

1.2 भूगोल की शाखाएँ

भूगोल एक अंतर्विषयक (Interdisciplinary) विषय है। इस विषय के रूप में यह दो दृष्टिकोणों को अपनाता है, ये हैं

विषय वस्तुगत (क्रमबद्ध) दृष्टिकोण

- इसे अलेक्जेंडर **वॉन हम्बोल्ट** (1769-1859 ई) नामक एक जर्मन भूगोलवेत्ता ने प्रस्तुत किया।
- इस दृष्टिकोण में दुनिया भर के किसी विशेष स्थान पर ध्यान केंद्रित किए बिना विशिष्ट भौगोलिक तथ्यों विषयों का अध्ययन किया जाता है।
- विषयवस्तुगत उपागम के अंतर्गत एक तथ्य का संपूर्ण विश्व स्तर पर अध्ययन किया जाता है। तत्पश्चात् क्षेत्रीय स्वरूप के वर्गीकृत रूपों की पहचान की जाती है। उदाहरणार्थ, विभिन्न प्रकार के वन; जैसे विषुवतरेखीय सदाबहार वन, मुलायम लकड़ी वाले कोणधारी वन मानसूनी वन इत्यादि पहचान, विवेचन व वैश्विक स्तर पर मानचित्रण किया जाएगा।

प्रादेशिक दृष्टिकोण

- इस दृष्टिकोण को जर्मन भूगोलवेत्ता **कार्ल रिटर** (1779-1859 ई) द्वारा विकसित किया गया था।
- इस दृष्टिकोण में, विश्व को विभिन्न श्रेणीबद्ध स्तरों पर क्षेत्रों में विभाजित किया जाता हैं। ये क्षेत्र प्राकृतिक, राजनीतिक या विशिष्ट हो सकते हैं।

---

4 समग्रात्मक (Holistic) वस्तुओं या गुणों से संबंधित सभी पक्षों के सम्मिलित रूप को समग्रता कहते हैं।

5 श्रव्य-दृश्य माध्यम (Audio-Visual Media) एक ऐसा उपकरण है, जिसके माध्यम से ध्वनि और दृश्य दोनों का प्रयोग किया जाता है, श्रव्य-दृश्य माध्यम कहलाता है।

- यह दृष्टिकोण 'विविधता में एकता' के सिद्धांत पर आधारित है, जिसका तात्पर्य है कि वस्तुएँ भले ही अलग दिखाई दें, लेकिन हम उनमें समान पैटर्न और श्रेणियों को खोजने का प्रयास करते हैं।
- प्रादेशिक दृष्टिकोण के प्रमुख उदाहरणों में हिमालयी क्षेत्र, इंडो-गंगैटिक मैदान, गंगा जैसी नदियाँ, मानसून तथा किसी विशेष क्षेत्र की जैव-विविधता को शामिल किया जाता है।
- मानव भूगोल में प्रादेशिक दृष्टिकोण किसी विशेष क्षेत्र की जनसंख्या वितरण, धर्म, जाति और भाषा पर केंद्रित होता है।
- भूगोल में द्वैतवाद (Dualism) से तात्पर्य उस विषय के दो व्यापक दृष्टिकोणों या परिप्रेक्ष्यों के विभाजन से है।

भूगोल की शाखाएँ (विषय वस्तुगत या क्रमबद्ध उपागम के आधार पर)

भौतिक भूगोल

भूगोल की शाखाओं के अंतर्गत भौतिक भूगोल का उल्लेख इस प्रकार है

(i) **भू-आकृति विज्ञान** इसके अंतर्गत भू-आकृतियों, उनके क्रम विकास एवं संबंधित प्रक्रियाओं का अध्ययन किया जाता है।

(ii) **जलवायु विज्ञान** इसके अंतर्गत वायुमंडल की संरचना, मौसम तथा जलवायु के तत्त्व, जलवायु के प्रकार तथा जलवायु प्रदेश का अध्ययन किया जाता है।

(iii) **जल विज्ञान** इसके अंतर्गत धरातल के जल परिमंडल, जिसमें समुद्र, नदी, झील व अन्य जलाशय सम्मिलित हैं तथा उसका मानव सहित विभिन्न प्रकार के जीवों एवं उनके कार्यों पर प्रभाव का अध्ययन किया जाता है।

(iv) **मृदा भूगोल** इसके अंतर्गत मिट्टी निर्माण की प्रक्रियाओं, मिट्टी के प्रकार, उत्पादकता, वितरण एवं उपयोग आदि का अध्ययन किया जाता है।

मानव भूगोल

मानव भूगोल को इस प्रकार दर्शाया गया है

(v) **सामाजिक/सांस्कृतिक भूगोल** इसके अंतर्गत समाज तथा इसकी स्थानिक/प्रादेशिक गत्यात्मकता (Dynamism) एवं समाज के योगदान से निर्मित सांस्कृतिक तत्त्वों का अध्ययन किया जाता है।

(vi) **जनसंख्या एवं अधिवास भूगोल** इसके अंतर्गत ग्रामीण तथा नगरीय क्षेत्र में जनसंख्या वृद्धि, उसका वितरण, घनत्व, लिंग अनुपात, प्रवास एवं व्यावसायिक संरचना आदि का अध्ययन किया जाता है, जबकि अधिवास भूगोल में ग्रामीण तथा नगरीय अधिवासों के वितरण प्रारूप तथा अन्य विशेषताओं का अध्ययन किया जाता है।

(vii) **आर्थिक भूगोल** इसके अंतर्गत मानव की आर्थिक क्रियाओं; जैसे—कृषि, उद्योग, पर्यटन, व्यापार एवं परिवहन, अवस्थापना तत्त्व एवं सेवाओं का अध्ययन किया जाता है।

(viii) **ऐतिहासिक भूगोल** इसके अंतर्गत उन ऐतिहासिक घटनाओं का अध्ययन किया जाता है, जो भौगोलिक क्षेत्र के स्वरूप को परिवर्तित करने अथवा संगठित करने के लिए उत्तरदायी रहे हैं, क्योंकि ऐतिहासिक घटना के उपरांत ही वर्तमान स्वरूप को प्राप्त किया जा सका है।

(ix) **राजनीतिक भूगोल** इसके अंतर्गत क्षेत्र को राजनीतिक घटनाओं के आधार पर देखा जाता है। इसमें सीमारेखा के अंतर्गत क्षेत्र की सीमाओं, निकटस्थ पड़ोसी इकाइयों के मध्य भू-वैन्यासिक संबंध, निर्वाचन क्षेत्र का परिसीमन एवं चुनाव परिदृश्य का विश्लेषण किया जाता है। इसके अतिरिक्त यह भूगोल जनसंख्या के राजनीतिक व्यवहार को समझने के लिए सैद्धांतिक रूपरेखा विकसित करने में सहायक होता है।

जीव (जैव) भूगोल

भौतिक भूगोल और मानव भूगोल के मध्य अंत:क्रिया के परिणामस्वरूप जैव भूगोल का विकास हुआ है। इसके अंतर्गत निम्नलिखित भूगोल की शाखाएँ इस प्रकार हैं

(i) **वनस्पति भूगोल** यह प्राकृतिक वनस्पति का उसके निवास क्षेत्र (Habitat) में स्थानिक प्रारूप का अध्ययन करता है।

(ii) **प्राणी भूगोल** यह जानवरों और उनके आवास के स्थानिक पैटर्न और भौगोलिक विशेषताओं का अध्ययन करता है।

(iii) **पारिस्थितिक विज्ञान** इसमें प्रजातियों (Species) के निवास/स्थिति क्षेत्र का वैज्ञानिक अध्ययन किया जाता है।

(iv) **पर्यावरण भूगोल** संपूर्ण विश्व में पर्यावरणीय प्रतिबोधन के फलस्वरूप पर्यावरणीय समस्याओं; जैसे भूमि ह्रास, प्रदूषण, संरक्षण की चिंता आदि का अनुभव किया गया, जिसके अध्ययन हेतु इस शाखा का विकास हुआ।

भूगोल की शाखाएँ
(क्रमबद्ध उपागम के आधार पर)

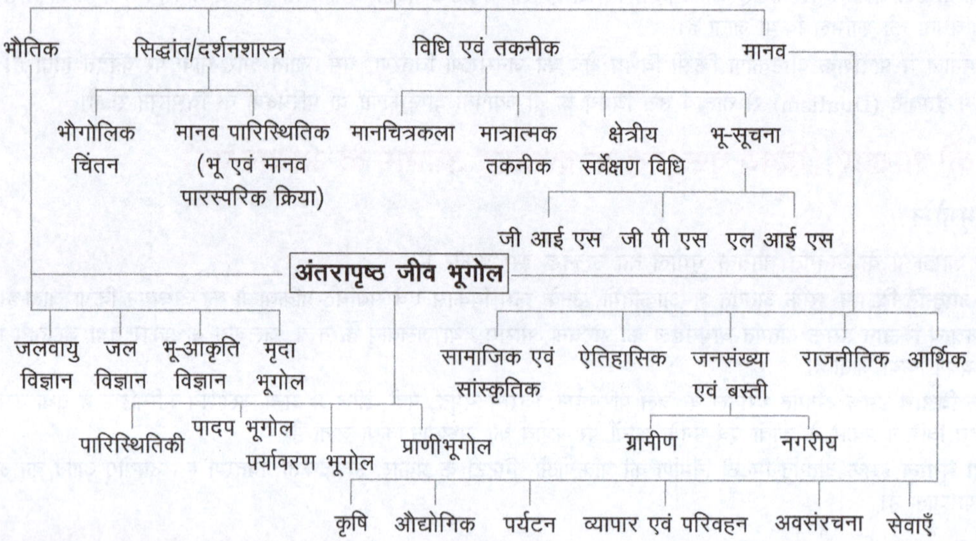

प्रादेशिक उपागम पर आधारित भूगोल की शाखाएँ

प्रादेशिक उपागम के आधार पर भूगोल की शाखाएँ निम्नलिखित हैं

- वृहद्, मध्यम, लघुस्तरीय प्रादेशिक/क्षेत्रीय अध्ययन।
- ग्रामीण नियोजन तथा शहर एवं नगर नियोजन सहित प्रादेशिक नियोजन।.
- **प्रादेशिक विकास** इसमें स्मार्ट सिटी परियोजनाएँ, सतत विकास और आर्थिक विकास शामिल हैं।
- **प्रादेशिक विवेचना/विश्लेषण** इसमें नीतियों का निर्माण और पर्यावरणीय प्रबंधन शामिल हैं।

दो ऐसे पक्ष हैं जो सभी विषयों के लिए उभयनिष्ठ/सर्वनिष्ठ हैं, निम्नलिखित हैं

(i) **दर्शन** इसके अंतर्गत भौगोलिक चिंतन भूमि एवं मानव अंतर्प्रक्रिया/मानव पारिस्थितिकी को सम्मिलित किया जाता है।

(ii) **विधितंत्र एवं तकनीक** इसके अंतर्गत सामान्य एवं संगणक आधारित मानचित्रण परिमाणात्मक तकनीक/सांख्यिकी तकनीक, क्षेत्र सर्वेक्षण विधियाँ एवं भू-सूचना विज्ञान तकनीक (Geoinformatics) जैसे दूर संवेदन तकनीक, **भौगोलिक सूचना तंत्र** (G.I.S) **वैश्विक स्थितीय तंत्र** (G.P.S) सम्मिलित किया जाता है।

भूगोल की शाखाएँ
(प्रादेशिक उपागम के आधार पर)

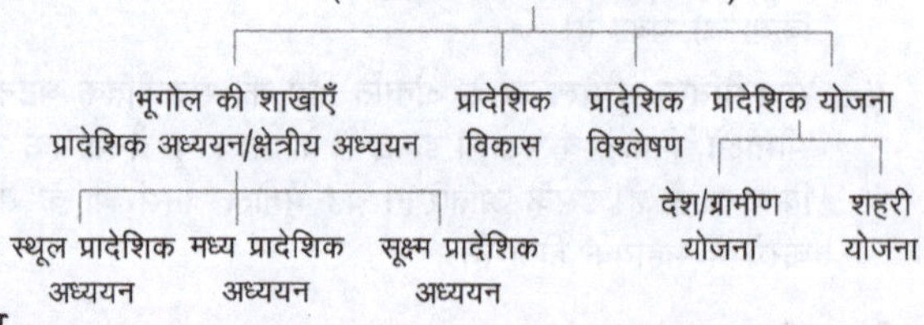

(iii) **भू-सूचना विज्ञान तकनीक** भूगोल सूचना प्रद्यौगिकी और भू-स्थानिक डेटा के अध्ययन, प्रबंधन, विश्लेषण, पर्यावरण और मानव गतिविधियों के प्रबंधन में किया जाता है।

(iv) **भौगोलिक सूचना तंत्र** (GIS) एक कंप्यूटर प्रणाली है, जो पृथ्वी की सतह से संबंधित डेटा को संग्रहित, कैप्चर और प्रदर्शित करने के लिए उपयोग की जाती है।

(v) **वैश्विक स्थितीय तंत्र** (GPS) एक अंतरिक्ष आधारित नेविगेशन प्रणाली है।

भौतिक भूगोल एवं इसका महत्त्व

- भौतिक भूगोल के अंतर्गत भूमंडल (भू-आकृतियाँ, प्रवाह, उच्चावच), वायुमंडल (इसकी बनावट, संरचना, तत्त्व एवं मौसम तथा जलवायु प्रक्रम, वायुदाब, वायु, वर्षा, जलवायु के प्रकार इत्यादि), जलमंडल (समुद्र, सागर, झीलें तथा जल परिमंडल से संबंधित तत्त्व), जैवमंडल (जीव के स्वरूप-मानव तथा वृहद् जीव एवं उनके पोषक प्रक्रम; जैसे—खाद्य शृंखला, **पारिस्थैतिक प्राचल** (Ecological Parameters) एवं पारिस्थितिक संतुलन का अध्ययन किया जाता है। यह पर्यावरण से हमारे संबंधों की जटिलता को स्पष्ट करता है, जिसे निम्न आधारों पर समझा जा सकता है

मृदा निर्माण तथा इसका महत्त्व

- मृदा की निर्माण प्रक्रिया मूल चट्टान, जलवायु, जैविक प्रक्रिया एवं कालावधि पर निर्भर करती है। मृदा की परिपक्वता एवं मृदा पार्श्विका के विकास में कालावधि महत्त्वपूर्ण भूमिका निभाती है।
- मृदा एक नवीनीकरणीय संसाधन है, जो अनेक आर्थिक क्रियाओं; जैसे—कृषि, पशुपालन, वनीकरण आदि को प्रभावित करता है। मृदा का उपजाऊपन प्रकृति एवं संस्कृति से निर्धारित होता है।

स्थलाकृतियों तथा उनका महत्त्व

स्थलाकृति मानवीय क्रियाओं को संपन्न करने के लिए आधार प्रदान करती है। धरातल पर तीन प्रकार की स्थलाकृतियाँ पाई जाती हैं, जो निम्न है

(i) **पर्वत** यह हमारे लिए वन संपदा का भंडार, चरागाहों एवं पर्यटक स्थलों के आधार तथा मैदानों के लिए जल प्रदान करने वाली नदियों के स्रोत हैं।

(ii) **पठार** यह वनों के साथ-साथ हमारे लिए बहुमूल्य खनिजों के स्रोत हैं।

(iii) **मैदान** इनका प्रयोग कृषि कार्य के लिए किया जाता है। कृषि उत्पाद हमारे लिए प्रत्यक्ष और पशुओं के लिए अप्रत्यक्ष रूप से भोजन के स्रोत हैं।

जलवायु का महत्त्व

- स्थानीय भिन्नता के साथ जलवायु में भी भिन्नता पाई जाती है। जलवायु का वनस्पति, पशुपालन एवं उद्योगों आदि पर गहरा प्रभाव पड़ता है।
- वर्तमान में मानव ने तकनीकी विकास द्वारा सीमित क्षेत्र में जलवायु को अपरिवर्तित करके दिखाया है; जैसे—वातानुकूलक, वायशीतक आदि द्वारा।

समुद्र का महत्त्व

- समुद्र का भी हमारे लिए अत्यधिक महत्त्व है। समुद्र संसाधनों का भंडार है, इसलिए यह भी अध्ययन का विषय है। इसके निम्नलिखित महत्त्व हैं
  - समुद्र मछली एवं अन्य समुद्री भोजनों के अतिरिक्त खनिजों की दृष्टि से भी संपन्न है।
  - भारत समुद्र से खनिज संपदा की प्राप्ति कर रहा है, जिसके अंतर्गत उसने समुद्र से खनिज तेल और मैंगनीज पिंड एकत्रित करने की तकनीक को विकसित कर लिया है।
  - समुद्र के तटीय क्षेत्र ऊर्जा उत्पत्ति के दृष्टिकोण से भी महत्त्व रखते हैं। समुद्र के संकरी खाड़ी वाले क्षेत्रों में ज्वारीय ऊर्जा संयंत्र स्थापित का किए जाते हैं, क्योंकि ऐसे क्षेत्रों में उच्च ज्वार आने की संभावना अधिक प्रबल होती है।
  - इसके अतिरिक्त तटीय भागों में तरंग ऊर्जा संयंत्र भी स्थापित किए जा सकते हैं।
- इस प्रकार भौतिक भूगोल का विकास प्राकृतिक संसाधनों के मूल्यांकन एवं प्रबंधन से संबंधित है। भौतिक पर्यावरण द्वारा मानव संसाधनों की प्राप्ति करता है और इन संसाधनों का उपयोग करते हुए अपना आर्थिक एवं सांस्कृतिक विकास सुनिश्चित करता है।
- भौतिक पर्यावरण एवं मानव के मध्य संबंधों को समझना आवश्यक है, क्योंकि तकनीकी के विकास से संसाधनों के बढ़ते उपयोग ने विश्व में पारिस्थितिक असंतुलन उत्पन्न कर दिया है।
- अतः **सतत विकास**[6] (Sustainable Development) के लिए भौतिक वातावरण का ज्ञान नितांत आवश्यक है, क्योंकि यह ज्ञान भौतिक भूगोल के महत्त्व को बताता है।

चेक प्वॉइंट 2

1. जलमंडल के घटक तत्त्व कौन-कौन से हैं?
2. जी. आई. एस. (G.I.S) क्या है?
3. वायुमंडल में किसका अध्ययन शामिल है?
4. वनस्पति भूगोल में किसका अध्ययन किया जाता है?
5. किस मंडल में पारिस्थितिक संतुलन और खाद्य शृंखला का अध्ययन किया जाता हैं?
6. भूगोल में क्रमबद्ध उपागम किसने प्रस्तुत किया?

6 **सतत विकास** (Sustainable Development) उपलब्ध संसाधनों का इस प्रकार वैज्ञानिक रूप से दोहन करना कि जिससे वे भविष्य में भी उपलब्ध रहे तथा पर्यावरण भी सुरक्षित रहे, सतत विकास कहलाता है।

Mind Map

भूगोल एक विषय के रूप में

1 भूगोल का अर्थ

- यह अर्थ (276-194) ई. पू. के एक ग्रीक विद्वान इरेटॉस्थनीज़ द्वारा दिया गया था।
- **Geography** ग्रीक भाषा के दो मूल शब्द Geo तथा Graphos से बना है, जिसमें Geo का अर्थ 'पृथ्वी' और 'Graphos' का अर्थ 'वर्णन' है।

2 भूगोल की भूमिका और प्रासंगिकता

एक स्वतंत्र विषय के रूप में

- समय के साथ होने वाली भौतिक भिन्नताओं के बारे में अध्ययन को शामिल करता है।

क्षेत्रीय विभेदन के अध्ययन के रूप में

- पृथ्वी की सतह पर भौतिक विशेषताओं में भिन्नताओं के बारे में अध्ययन करना।

मानव-पर्यावरण संबंध अध्ययन के रूप में

- भौगोलिक घटनाएँ समय के साथ बदलती हैं, क्योंकि बदलती हुई पृथ्वी और सक्रिय मनुष्यों के बीच लगातार परिवर्तन और प्रतिक्रिया होती है।

भूगोल एक विषय के रूप में

- प्राकृतिक और सांस्कृतिक विशेषताओं के प्रारूप का अध्ययन करता है।
- वितरण और संबंधों का अध्ययन करता है। (क्या, कहाँ, क्यों)

3 भूगोल की शाखाएँ

विषयवस्तु गत (क्रमबद्ध)
भूगोल उपागम

- यह दृष्टिकोण अलेक्जेंडर वॉन हम्बोल्ट (1769-1859 ई.) द्वारा प्रस्तुत किया गया था।
- यह दृष्टिकोण, एक तथ्य का वैश्विक स्तर पर अध्ययन करता है।

प्रादेशिक भूगोल उपागम

- यह दृष्टिकोण **कार्ल रिटर** द्वारा प्रस्तुत किया गया था।
- विश्व को विभिन्न पदानुक्रमिक स्तर पर विभिन्न प्रदेशों में विभक्त किया जाता है और पुन: एक विशेष प्रदेश में सभी भौगोलिक तथ्यों को शामिल किया जाता है।
- ध्यान विशिष्ट क्षेत्रों (प्राकृतिक, राजनीतिक या निर्धारित) पर होता है।

4 क्रमबद्ध एवं प्रादेशिक उपागम के आधार पर शाखाएँ

क्रमबद्ध उपागम पर आधारित

- **भौतिक भूगोल** भूमि, रूपों, जलवायु, पानी, मृदा के प्रकार और उर्वरता का अध्ययन।
- **मानव भूगोल** समाज और संस्कृति, जनसंख्या, बस्तियाँ और अर्थव्यवस्था का अध्ययन।
- **जैव भूगोल** पौधे और जानवरों के आवास, पारिस्थितिकी और पर्यावरण विज्ञान का अध्ययन।

प्रादेशिक उपागम पर आधारित

- **प्रादेशिक अध्ययन** जिसमें वृहद्, मध्यम, लघुस्तरीय प्रादेशिक/क्षेत्रीय अध्ययन शामिल हैं।
- **प्रादेशिक नियोजन** देश/ग्रामीण और नगर/शहरी नियोजन का अध्ययन।
- **प्रादेशिक विकास** एक क्षेत्र के लिए विकासात्मक रणनीति का अध्ययन।
- **प्रादेशिक विश्लेषण** क्षेत्रों का गुणात्मक और मात्रात्मक विश्लेषण।

NCERT फोल्डर

अध्याय के मध्य दिए गए प्रश्न

1. भूगोल का उद्देश्य धरातल की प्रादेशिक/क्षेत्रीय भिन्नता का वर्णन एवं व्याख्या करना है।– रिचर्ड हार्टशोर्न

उत्तर रिचर्ड हार्टशोर्न ने भूगोल का उद्देश्य धरातल की प्रादेशिक या क्षेत्रीय भिन्नता का वर्णन और व्याख्या करने के रूप में प्रस्तुत किया है। उनके अनुसार, भूगोल यह समझने का प्रयास करता है कि पृथ्वी पर विभिन्न स्थानों और क्षेत्रों में क्या भिन्नताएँ हैं और ये भिन्नताएँ कैसे उत्पन्न होती हैं। यह विषय प्राकृतिक और मानव निर्मित तत्त्वों; जैसे- जलवायु, स्थलाकृति, जनसंख्या, सामाजिक संरचनाएँ और आर्थिक गतिविधियों के संदर्भ में इन भिन्नताओं का अध्ययन करता है। भूगोल में स्थान और समय के संदर्भ में विविधताओं का विश्लेषण किया जाता है, जिससे यह मानवता और पर्यावरण के आपसी संबंधों को समझने में सहायक होता है। इस प्रकार भूगोल हमारी दुनिया को समग्र और विविध दृष्टि प्रदान करता है।

2. भूगोल धरातल के विभिन्न भागों में कारणात्मक रूप से संबंधित तथ्यों में भिन्नता का अध्ययन करता है।–अल्फ्रेड हैटनर

उत्तर अल्फ्रेड हैटनर ने भूगोल को धरातल के विभिन्न भागों में कारणात्मक रूप से संबंधित तथ्यों की भिन्नता का अध्ययन करने वाला विषय बताया है। उनके अनुसार, भूगोल केवल पृथ्वी की भौतिक विशेषताओं का वर्णन नहीं करता, बल्कि यह विभिन्न स्थानों के मध्य कारण और प्रभाव के संबंधों को भी उजागर करता है जैसे– के रूप में, जलवायु, स्थलाकृति, वनस्पति और मानव गतिविधियाँ विभिन्न स्थानों पर अलग-अलग होती हैं और इन भिन्नताओं के पीछे विभिन्न कारण होते हैं। भूगोल इन कारणों की खोज करता है और यह समझने का प्रयास करता है कि इन भिन्नताओं का विकास कैसे हुआ और वे एक-दूसरे पर किस प्रकार प्रभाव डालते हैं। इस दृष्टिकोण से, भूगोल हमें पृथ्वी के विभिन्न क्षेत्रों के आपसी संबंधों और उनके परस्पर प्रभावों को समझने में सहायता करता है।

नीचे दिए चार विकल्पों में से सही उत्तर चुनिए

1. निम्नलिखित में से किस विद्वान् ने भूगोल (Geography) शब्द (Term) का प्रयोग किया?

(a) हेरोडट्स
(b) गैलिलियो
(c) इरेटॉस्थेनीज
(d) अरस्तू

उत्तर *(c)* इरेटॉस्थेनीज

2. निम्नलिखित में किस लक्षण को भौतिक लक्षण कहा जा सकता है?

(a) पत्तन
(b) मैदान
(c) सड़क
(d) जल उद्यान

उत्तर *(b)* मैदान

3. सुमेलित कीजिए

सूची I (प्राकृतिक समाजिक विज्ञान)	सूची II (भूगोल की खाखाएँ)
A. मौसम विज्ञान	1. जनसंख्या भूगोल
B. जनांकिकी	2. मृदा भूगोल
C. समाजशास्त्र	3. जलवायु विज्ञान
D. मृदा विज्ञान	4. सामाजिक भूगोल

कूट

	A	B	C	D
(a)	2	3	1	4
(b)	4	2	3	1
(c)	1	4	2	3
(d)	3	1	4	2

उत्तर *(d)* 3 1 4 2

4. निम्नलिखित में से कौन-सा प्रश्न कार्य-कारण संबंध से जुड़ा हुआ है?

(a) क्यों (b) क्या (c) कहाँ (d) कब

उत्तर *(a)* क्यों

5. निम्नलिखित में से कौन-सा विषय कालिक संश्लेषण करता है?

(a) समाजशास्त्र (b) मानवशास्त्र
(c) इतिहास (d) भूगोल

उत्तर *(c)* इतिहास

निम्नलिखित प्रश्नों के उत्तर लगभग 30 शब्दों में दीजिए

1. आप विद्यालय जाते समय किन महत्त्वपूर्ण सांस्कृतिक लक्षणों का पर्यवेक्षण करते हैं? क्या वे सभी समान हैं अथवा असमान? उन्हें भूगोल के अध्ययन में सम्मिलित करना चाहिए अथवा नहीं? यदि हाँ तो क्यों?

उत्तर विद्यालय जाते समय हम उन सभी सांस्कृतिक लक्षणों का पर्यवेक्षण करते हैं, जो सांस्कृतिक विकास की पूर्ण अवधि में मानव द्वारा सृजित ग्राम, नगर, सड़क, रेल, पत्तन, बाजार आदि हैं। इन सभी लक्षणों में समानता एवं विभिन्नता दोनों पाई जाती हैं।

इन परिवर्तनों में हमें भौतिक पर्यावरण एवं सांस्कृतिक लक्षणों के मध्य संबंधों को समझने का संकेत निहित होता है। इसलिए इसे भूगोल के अध्ययन में सम्मिलित किया जाना चाहिए।

2. आपने एक टेनिस गेंद, क्रिकेट गेंद, संतरा एवं लौकी देखी होगी। इनमें से कौन-सी वस्तु की आकृति पृथ्वी की आकृति से मिलती-जुलती है? आपने इस विशेष-वस्तु को पृथ्वी की आकृति को वर्णित करने के लिए क्यों चुना है?

उत्तर पृथ्वी की आकृति जिसे भू-भाग कहा गया है और यह अपने ध्रुवों पर चपटी है। यदि हम पृथ्वी के आकार की तुलना प्रश्न में बताई गई चीजों से करें तो संतरे का आकार पृथ्वी के आकार के सबसे निकट दिखाई देता है, क्योंकि यह गोल है और अपने सिरों पर चपटा है। अतः संतरे का आकार पृथ्वी की आकृति से मिलता है।

3. क्या आप अपने विद्यालय में वन महोत्सव समारोह का आयोजन करते हैं? इसमें पौधारोपण क्यों करते हैं? वृक्ष किस प्रकार पारिस्थितिक संतुलन बनाए रखते हैं?

उत्तर हाँ, हम अपने विद्यालय में वन महोत्सव समारोह का आयोजन करते हैं। इसका मुख्य उद्देश्य लोगों में वनों के महत्त्व के प्रति जागरूकता बढ़ाना है। पारिस्थितिक संतुलन बनाए रखने के लिए संपूर्ण क्षेत्रफल के 33% क्षेत्र पर वनों की अनिवार्यता होती है, इसलिए अधिक-से-अधिक पौधों का रोपण किया जाता है, जिससे वनों के ह्रास के बावजूद भी पारिस्थितिक संतुलन बना रहे। वृक्ष वायुमंडल में प्रदूषण को कम करते हैं तथा वायु को स्वच्छ करते रहते हैं। इसके अतिरिक्त वृक्ष वायुमंडल में जलवाष्प की मात्रा भी बढ़ाते हैं, जिससे वर्षा भी होती है। इस प्रकार वृक्ष पारिस्थितिक संतुलन बनाए रखते हैं।

4. आपने हाथी, हिरन, केंचुए, वृक्ष एवं घास देखी है। वे कहाँ रहते एवं बढ़ते हैं? उस मंडल को क्या नाम दिया गया है? क्या आप इस मंडल के कुछ लक्षणों का वर्णन कर सकते हैं?

उत्तर हाथी, हिरन, केंचुए, वृक्ष एवं घास धरातल पर रहते हैं और धरातल पर उपस्थित मृदा, जल एवं वनों का उपयोग करते हुए बढ़ते हैं। भूगोल में इस विशेष क्षेत्र अथवा निवास क्षेत्र को जैवमंडल नाम दिया गया है। जैवमंडल में धरातल से ऊपर उपस्थित वायु का मिश्रण (वायुमंडल), धरातल पर उपस्थित जल क्षेत्र (जलमंडल); जैसे—समुद्र, नदियाँ, झील तथा मृदा इसके प्रमुख लक्षणों में शामिल हैं।

5. आपको अपने निवास से विद्यालय जाने में कितना समय लगता है? यदि विद्यालय आपके घर की सड़क के उस पार होता, तो आप विद्यालय पहुँचने में कितना समय लेते? आने-जाने के समय पर आपके घर एवं विद्यालय के बीच की दूरी का क्या प्रभाव पड़ता है? क्या आप समय को स्थान या इसके विपरीत, स्थान को समय में परिवर्तित कर सकते हैं?

उत्तर मेरे निवास स्थल से विद्यालय पहुँचने में सामान्यतः 30 मिनट लगते हैं। यदि विद्यालय की स्थिति मेरे घर की सड़क के उस पार होती है, तो यह केवल 5 मिनट में पूर्ण हो जाता है। आने-जाने के समय पर दूरी का सीधा प्रभाव पड़ता है, दूरी जितना अधिक होगी, यात्रा में उतना ही अधिक समय लगेगा।

समय एवं स्थान का संबंध स्पष्ट है। दूरी को समय में परिवर्तित करने के लिए हमें गति को ध्यान में रखना होता है। उदाहरण के लिए 10 किमी की दूरी यदि 30 किमी/घंटा की गति से तय की जाए, तो समय 20 मिनट होगा। इसी प्रकार, समय से दूरी का अनुमान गति के आधार पर लगाया जा सकता है। इस प्रकार, दूरी और समय एक दूसरे से निकटता से जुड़े हुए हैं। इनकी गणना गति, मार्ग और यातायात जैसी परिस्थितियों पर निर्भर करती है।

निम्नलिखित प्रश्नों के उत्तर लगभग 150 शब्दों में दीजिए

1. आप अपने परिस्थान (Surrounding) का अवलोकन करने पर पाते हैं कि प्राकृतिक तथा सांस्कृतिक दोनों तथ्यों में भिन्नता पाई जाती है। सभी वृक्ष एक ही प्रकार के नहीं होते। सभी पशु एवं पक्षी जिन्हें आप देखते हैं भिन्न-भिन्न होते हैं, ये सभी भिन्न तत्त्व धरातल पर पाए जाते हैं। क्या अब आप यह तर्क दे सकते हैं कि भूगोल प्रादेशिक/क्षेत्रीय भिन्नता का अध्ययन है?

उत्तर भूगोल सभी प्राकृतिक एवं सामाजिक विषयों से सूचना आधार प्राप्त कर उसका संश्लेषण करता है। हमें पृथ्वी पर भौतिक तथा सांस्कृतिक वातावरण में भिन्नता दिखाई देती है। अनेक तत्त्वों में समानता तथा कई तत्त्वों में असमानता पाई जाती है।

भूगोल उपरोक्त सभी तथ्यों का अध्ययन करता है। इसके अतिरिक्त यह उन विभिन्नताओं को उत्पन्न करने वाले कारकों का भी अध्ययन करता है, जो क्षेत्रीय संदर्भ में भिन्न होते हैं। इसे व्यावहारिक उदाहरण द्वारा समझा जा सकता है। जब हम लंबी यात्रा के पश्चात् किसी दूसरे क्षेत्र में जाते हैं, तब वहाँ का प्राकृतिक तथा सांस्कृतिक वातावरण हमारे क्षेत्र से भिन्न होता है। उदाहरणस्वरूप, फसल का स्वरूप, वृक्षों के प्रकार, पशु आदि एक क्षेत्र से दूसरे क्षेत्र में भिन्न पाया जाता है, जो मृदा, जलवायु तथा पर्यावरणीय घटकों से प्रभावित होते हैं। इसी प्रकार मानव के आवास, व्यवसाय आदि पर प्रकृति के प्रभाव को देखा जा सकता है।

इस प्रकार जब हम भूगोल का अध्ययन करते हैं, तो सबसे पहले क्षेत्र को भिन्नताओं के आधार पर वर्गीकृत कर लेते हैं। उदाहरणस्वरूप, यदि हमें वनस्पति का अध्ययन करना है, तो हम क्षेत्रीय मौसम और जलवायु के आधार पर वनस्पति को सदाबहारी, शुष्क, अर्द्धशुष्क, टुंड्रा, टैगा में वर्गीकृत कर उसे क्षेत्रीय आधारों, विषुवतीय, भूमध्य सागरीय, ध्रुवीय में विभाजित कर क्षेत्रीय भिन्नता के आधार पर अध्ययन करते हैं। अतः भूगोल को क्षेत्रीय भिन्नता का अध्ययन मानना तर्कसंगत है।

2. आप पहले ही भूगोल, इतिहास, नागरिकशास्त्र एवं अर्थशास्त्र का सामाजिक विज्ञान के घटक के रूप में अध्ययन कर चुके हैं। इन विषयों के समाकलन का प्रयास उनके अंतरापृष्ठ पर प्रकाश डालते हुए कीजिए।

उत्तर सामाजिक विज्ञान का भूगोल की एक शाखा से अंतरापृष्ठ संबंध है; जैसे—इतिहास विभिन्न कालों में घटी घटनाओं का समाज पर प्रभाव का अध्ययन करता है, तो भूगोल भिन्न-भिन्न कालों में परिवर्तित हुए प्रतिरूप का अध्ययन करता है, जिनके कारण वे घटनाएँ घटीं। इसी प्रकार सामाजिक विज्ञान के सभी विषय तथा समाजशास्त्र, राजनीति विज्ञान, अर्थशास्त्र, जनांकिकी, सामाजिक यथार्थता का अध्ययन करते हैं।

भूगोल विभिन्न शाखाओं; जैसे—सामाजिक भूगोल, राजनीतिक भूगोल, आर्थिक भूगोल, जनसंख्या भूगोल व अधिवास भूगोल जैसे विषयों से निकटता से जुड़ा हुआ है। इतिहास का मूल उद्देश्य घटनाओं का कालिक विश्लेषण है, राजनीतिशास्त्र का उद्देश्य राज्य क्षेत्र, जनसंख्या व प्रभुसत्ता का विश्लेषण है, जबकि राजनीतिक भूगोल राज्य व उसकी जनसंख्या के राजनीतिक व्यवहार का अध्ययन करता है।

इसी तरह अर्थशास्त्र अर्थव्यवस्था से संबंधी क्रियाकलाप; जैसे—उत्पादन, वितरण, विनिमय एवं उपभोग की व्याख्या करता है और आर्थिक भूगोल इसके स्थानिक पक्ष पर बल देता है। जनसंख्या भूगोल का संबंध जनांकिकी से होता है।

अतः कहा जा सकता है भूगोल स्थानिक पक्ष के द्वारा विभिन्न विषयों के यथार्थता को समझने में सहायता करता है।

अभ्यास प्रश्न

वस्तुनिष्ठ प्रश्न

बहुविकल्पीय प्रश्न

1. भौतिक वातावरण, मानवीय क्रियाओं एवं उनके अंतर्प्रक्रियात्मक संबंध का अध्ययन भूगोल के अंतर्गत किया जाता है, इस आधार पर भूगोल को निम्नलिखित में से किस रूप में परिभाषित किया जा सकता है?

(a) पृथ्वी का वर्णन (b) पृथ्वी का स्वरूप
(c) क्षेत्रीय भिन्नता (d) मानवीय क्रियाकलाप

उत्तर *(a)* पृथ्वी का वर्णन

2. किस भूगोलवेत्ता के अनुसार, भूगोल धरातल के विभिन्न भागों में कारणात्मक रूप से संबंधित तथ्यों में भिन्नता का अध्ययन है?

(a) इरेटॉस्थेनीज (b) रिचर्ड हार्कटशॉर्न
(c) अल्फ्रेड हैटनर (d) अलेक्जेंडर वॉन हम्बोल्ट

उत्तर *(c)* अल्फ्रेड हैटनर

3. सामाजिक/सांस्कृतिक भूगोल के अंतर्गत समाज के किस सांस्कृतिक तत्त्व का अध्ययन नहीं किया जाता है?

(a) समाज की क्रियाविधि (b) अधिवासों का वितरण
(c) स्थानीय गत्यात्मकता (d) प्रादेशिक गत्यात्मकता

उत्तर *(b)* अधिवासों का वितरण

4. अर्थव्यवस्था की मूल विशेषताओं, उत्पादन, वितरण, व्यापार एवं परिवहन आदि का अध्ययन भूगोल की किस शाखा में किया जाता है?

(a) राजनीतिक भूगोल (b) आर्थिक भूगोल
(c) जनसंख्या भूगोल (d) अधिवास भूगोल

उत्तर *(b)* आर्थिक भूगोल

5. भूगोल की .... शाखा में उन घटनाओं का अध्ययन किया जाता है, जो भौगोलिक क्षेत्र के स्वरूप को परिवर्तित करने अथवा संगठित करने के लिए उत्तरदायी रही हैं। *दक्षता आधारित प्रश्न*

(a) ऐतिहासिक भूगोल (b) वनस्पति भूगोल
(c) जैविक भूगोल (d) राजनैतिक भूगोल

उत्तर *(a)* ऐतिहासिक भूगोल

6. प्रादेशिक भूगोल का विकास ...... के समकालीन एक-दूसरे भूगोलवेत्ता ...... द्वारा किया गया था।

(a) हम्बोल्ट, कार्ल रिटर (b) हम्बोल्ट, रिचर्ड हार्टशॉन
(c) कार्लरिटर, हम्बोल्ट (d) अल्फ्रेड हैटनर, रिचर्ड हार्टशॉर्न

उत्तर *(a)* हम्बोल्ट, कार्ल रिटर

7. "भूगोल एक विषय के रूप में" के संदर्भ में चार अलग-अलग चरण पहचाने गए हैं। दिए गए विवरण के आधार पर संबंध चरण की पहचान कीजिए।

- **इस चरण में भूगोल का स्वरूप मुख्यतः समुद्री यात्राओं, व्यापार मार्गों और धार्मिक अन्वेषणों पर केद्रिंत था।**
- **इसमें अरब विद्वानों ने महत्त्वपूर्ण भूमिका निभाई। यूरोपीय यात्रियों ने नए क्षेत्रों की खोज की।**
- **इस काल में भूगोल व्यावसायिक, सांस्कृतिक और धार्मिक उद्देश्यों के लिए महत्त्वपूर्ण था।**

(a) प्रथम चरणः भूगोल का प्रारंभिक स्वरूप
(b) द्वितीय चरणः भूगोल का मध्यकालीन स्वरूप
(c) तृतीय चरणः आधुनिक भूगोल का विकास
(d) चतुर्थ चरणः भूगोल का वर्तमान स्वरूप

उत्तर *(b)* द्वितीय चरणः भूगोल का मध्यकालीन स्वरूप

8. प्रसिद्ध भूगोलवेत्ता अलेक्जेंडर वॉन हम्बोल्ट का संबंध किस देश से है?

(a) नॉर्वे (b) स्वीडन
(c) जर्मनी (d) जापान

उत्तर *(c)* जर्मनी

9. निम्न में से कौन-सा कथन सही नहीं है? *दक्षता आधारित प्रश्न*

(a) स्थलाकृतियाँ मानवीय क्रियाओं को सम्पन्न करने के लिए आधार प्रदान करती हैं
(b) पर्वत, पठार एवं मैदान स्थलाकृतियों के उदाहरण हैं
(c) मैदान स्थलाकृति का उपयोग कृषि कार्य के लिए किया जाता है
(d) पठार स्थलाकृति का निर्माण नदियों में आई बाढ़ के दौरान होता है

उत्तर *(d)* पठार स्थलाकृति का निर्माण नदियों में आई बाढ़ के दौरान होता है।

10. भूगोल का संबंध प्रकृति तथा मानव की संपूर्ण क्रियाओं से है। इस संबंध में दिया गया कौन-सा कथन सही नहीं है?

(a) मानव का प्रकृति के साथ संबंध अनुकूल अथवा आपरिवर्तन के सिद्धांत पर आधारित है
(b) तकनीकी विकास ने मानव को आश्रित से आत्मनिर्भर बनाया है
(c) प्राकृतिक तथा मानवीय दोनों के तथ्य स्थिर होते हैं
(d) मानव एवं पृथ्वी के प्राकृतिक तत्त्व के बीच परस्पर प्रक्रिया के कारण दोनों परिवर्तित होते रहते हैं

उत्तर *(c)* प्राकृतिक तथा मानवीय दोनों के तथ्य स्थिर होते हैं

11. पृथ्वी को हमेशा मानव के आवास के रूप में देखा जाता है। अतः भूगोल के समाकलन विषय के रूप में कौन-सा कथन सही है? *दक्षता आधारित प्रश्न*

(a) भूगोल एक संश्लेषणात्मक अर्थात् तथ्यों की व्याख्या करने वाला विषय है
(b) भूगोल का संश्लेषणात्मक विषय के रूप में प्राकृतिक तथा सामाजिक विज्ञानों से अंतरापृष्ठ संबंध पाया जाता है
(c) भू-आकृति, जलवायु, व्यवसाय एवं संस्कृति का विकास एवं निश्चित काल का अनुसरण करते हैं
(d) उपरोक्त सभी

उत्तर *(d)* उपरोक्त सभी

12. "एक विषय के रूप में भूगोल" के संदर्भ में निम्नलिखित में कौन-सा कथन सही है? *दक्षता आधारित प्रश्न*

1. भूगोल एक ऐसा विषय है, जो पृथ्वी की सतह, उसके विभिन्न प्राकृतिक एवं मानव निर्मित तत्त्वों तथा उनके आपसी संबंधों का अध्ययन करता है।
2. यह विषय न केवल भौतिक विशेषताओं; जैसे- पर्वत, नदियाँ, वनस्पति और जलवायु को समझता है, बल्कि मानव गतिविधियों; जैसे-कृषि, व्यापार, उद्योग और शहरीकरण का भी विश्लेषण करता है।
3. भूगोल में स्थान, समय और पर्यावरण व मानव के मध्य की जटिल अंत:क्रियाओं को समझने का प्रयास किया जाता है, जिससे प्राकृतिक संसाधनों का प्रबन्धन और सतत विकास को प्रोत्साहित किया जा सके।
4. इसमें प्रकाश ऊर्जा का अध्ययन किया जाता है, जो तरंगों के रूप में चलती है और हमें वस्तुओं को देखने में सक्षम बनाती है।

कूट

(a) 1, 2 और 3 (b) 2, 3 और 4
(c) 4, 1 और 2 (d) 1, 2 और 4

उत्तर *(a)* 1, 2 और 3

13. निम्नलिखित कथनों में से कौन-सा/ से कथन सही हैं।

1. भौतिक भूगोल में भूमंडल, जलमंडल तथा जैवमंडल का अध्ययन होता है।
2. पर्यावरण भूगोल के अंतर्गत जनसंख्या वितरण, घनत्व लिंग-अनुपात का अध्ययन समाहित होता है।
3. समुद्र, सागर, झीलों का अध्ययन जलमंडल के अंतर्गत करते हैं।

कूट

(a) केवल 1 (b) केवल 3
(c) 1 और 3 (d) 1, 2 और 3

उत्तर *(c)* 1 और 3

14. मानव का प्रकृति के साथ संबंध अनुकूलन अथवा आपरिवर्तन के सिद्धांत पर आधारित पाया जाता है। अत: मानव जीवन की घटनाओं या क्रियाविधि का सही कालानुक्रम कौन-सा है? *दक्षता आधारित प्रश्न*

1. आत्मनिर्भरता की अवस्था
2. आश्रित की अवस्था
3. नौ संचालन का विकास
4. उपनिवेशीकरण

कूट

(a) 1, 2, 3, 4 (b) 2, 1, 3, 4
(c) 4, 3, 2, 1 (d) 1, 4, 2, 3

उत्तर *(b)* 2, 1, 3, 4

15. भूगोल को एक विषय के रूप में विकसित होने की प्रक्रिया को कालानुक्रमिक क्रम में व्यवस्थित करें। *दक्षता आधारित प्रश्न*

1. इस दौर में भूगोल मुख्य रूप से धार्मिक दृष्टिकोण और मानचित्र निर्माण तक सीमित रहा। अरब के विद्वानों और यूरोपीय खोज यात्राओं ने भूगोल के क्षेत्र को विस्तार दिया।
2. भूगोल का प्रारंभिक अध्ययन पृथ्वी के आकार स्थलाकृति और नदियों, पहाड़ों जैसे प्राकृतिक तत्त्वों के वर्णन पर केंद्रित था।
3. इस शताब्दी में भूगोल को एक वैज्ञानिक विषय के रूप में स्थापित किया गया। कार्ल रिटर और अलेक्जेंडर वॉन हंबोल्ट जैसे विद्वानों ने प्राकृतिक और मानव भूगोल के बीच के संबंधों पर जोर दिया।
4. वर्तमान में भूगोल बहुआयामी विषय बन चुका है, जो जलवायु परिवर्तन, पर्यावरणीय असंतुलन, प्राकृतिक आपदाओं और सतत विकास जैसे वैश्विक मुद्दों का अध्ययन करता है।

कूट

(a) 2, 1, 3, 4 (b) 1, 2, 3, 4
(c) 4, 3, 2, 1 (d) 3, 2, 1, 4

उत्तर *(a)* 2, 1, 3, 4

16. निम्न में कौन-सी प्रादेशिक उपागम के आधार पर भूगोल की शाखाएँ नहीं हैं?

1. वृहद्, मध्यम, लघुस्तरीय प्रादेशिक/क्षेत्रीय अध्ययन
2. पारिस्थितिक प्राचल एवं पारिस्थितिक संतुलन का अध्ययन
3. प्रादेशिक विवेचना अथवा विश्लेषण
4. शहर एवं नगर नियोजन सहित प्रादेशिक नियोजन

कूट

(a) केवल 1 (b) केवल 2 (c) 1 और 2 (d) ये सभी

उत्तर *(b)* केवल 2

17. सूची I का सूची II से सही सुमेलन कीजिए *दक्षता आधारित प्रश्न*

सूची I (भूगोल की शाखा)	सूची II (अध्ययन क्षेत्र)
A. जैविक भूगोल	1. पशुओं एवं उनके निवास क्षेत्र की विशेषताओं का अध्ययन
B. वनस्पति भूगोल	2. प्राकृतिक वनस्पति एवं उनके स्थानिक प्रारूप का अध्ययन
C. पारिस्थितिक विज्ञान	3. प्रजातियों के निवास के स्थिति क्षेत्र का वैज्ञानिक अध्ययन
D. पर्यावरण भूगोल	4. भूमि ह्रास, प्रदूषण आदि का अध्ययन

कूट

	A	B	C	D		A	B	C	D
(a)	1	2	3	4	(b)	2	1	3	4
(c)	3	1	4	2	(d)	4	3	1	2

उत्तर *(a)* 1 2 3 4

18. निम्नलिखित में से कौन-सा युग्म सही सुमेलित नहीं है?

(a)	समग्रात्मक	वस्तुओं या गुणों से संबंधित सभी पक्षों के सम्मिलित रूप
(b)	अंतर्विषयक	किसी स्थान विशेष पर अवस्थित सभी वस्तुओं का अध्ययन
(c)	श्रव्य-दृश्य माध्यम	ध्वनि और दृश्य दोनों का प्रयोग
(d)	भौगोलिक सूचना तंत्र	भौगोलिक आकृतियों, भू-भागों आदि का डिजिटल रूप

उत्तर *(b)* अंतर्विषयक—किसी स्थान विशेष पर अवस्थित सभी वस्तुओं का अध्ययन

19. कथन I मृदा निर्माण की परिघटना मूल चट्टान, जलवायु परिस्थितियों, जैविक प्रक्रियाओं तथा कलाविधि पर निर्भर होती है।

कथन II मृदा एक गैर-नवीकरणीय संसाधन है, किंतु यह आर्थिक प्रक्रिया में महत्त्वपूर्ण घटक है। *दक्षता आधारित प्रश्न*

विकल्प

(a) केवल कथन I सही है
(b) केवल कथन II सही है
(c) कथन I और II दोनों सही हैं
(d) कथन I और II दोनों गलत हैं

उत्तर (c) कथन I और II दोनों सही हैं

20. कथन I वृहद् समुद्री क्षेत्र होने के बावजूद भारत तकनीकी पिछड़ेपन के कारण समुद्री संसाधनों के दोहन में बहुत पीछे है।

कथन II समुद्र तटीय क्षेत्र ऊर्जा उत्पादन की दृष्टि से महत्त्वपूर्ण क्षेत्र है।

विकल्प

(a) केवल कथन I सही है (b) केवल कथन II सही है
(c) कथन I और II दोनों सही हैं (d) कथन I और II दोनों गलत हैं

उत्तर (d) कथन I और II दोनों गलत हैं

निर्देश (प्र.सं. 21-23) नीचे दिए गए कथन (A) एवं कारण (R) को ध्यानपूर्वक पढ़कर कूट की सहायता से सही उत्तर दीजिए।

कूट

(a) A और R दोनों सही हैं तथा R, A की सही व्याख्या है
(b) A और R दोनों सही हैं, परंतु R, A की सही व्याख्या नहीं है
(c) A सही है किंतु R गलत है
(d) A गलत किंतु R सही है

21. कथन (A) वनस्पतियों और जीवों की विविधता किसी विशेष क्षेत्र की जलवायु, स्थलाकृतिक और मृदा की स्थिति पर निर्भर करती है।

कारण (R) जीव भूगोल का अध्ययन जीवों की वितरणीय सीमाओं और उनके पर्यावरणीय संबंधों को समझने पर आधारित है।

उत्तर *(a)* वनस्पतियों और जीवों की विविधता क्षेत्र की जलवायु, स्थलाकृति और मृदा की स्थिति पर निर्भर करती है, क्योंकि ये कारक उनके विकास, पोषण और अस्तित्व को सीधे प्रभावित करते हैं। जलवायु तापमान और वर्षा को नियंत्रित करती है। स्थलाकृति, आवासीय संरचना और जल निकासी की स्थिति निर्धारित करती है। जीव भूगोल का अध्ययन जीवों की वितरण सीमा और उनके पर्यावरणीय संबंधों को समझने पर केंद्रित है, जिससे विभिन्न क्षेत्रों में जैव विविधता का विश्लेषण सम्भव होता है।

22. कथन (A) सांस्कृतिक भूगोल विभिन्न संस्कृतियों के स्थान, वितरण और उनके बीच के अंतर का अध्ययन करता है।

कारण (R) यह समझने में मदद करता है कि कैसे सांस्कृतिक तत्त्व जैसे-भाषा, धर्म और परंपराएँ मानव समाजों को प्रभावित करते हैं।

उत्तर *(a)* सांस्कृतिक भूगोल मानव समाज की विविध संस्कृतियों के स्थान, वितरण और उनके अंतर का अध्ययन करता है। यह भूगोल की वह शाखा है, जो यह समझने में सहायता करती है कि सांस्कृतिक, तत्त्व जैसे-भाषा, धर्म, परम्पराएँ और रीति-रिवाज समाज की संरचना, पहचान और भौगोलिक वितरण को कैसे प्रभावित करता है। सांस्कृतिक तत्त्व मानव गतिविधियों और उनके पर्यावरणीय संबंधों को आकार देते हैं, जिससे विभिन्न समाजों और स्थानों के मध्य विविधता उत्पन्न होती है।

23. कथन (A) भौगोलिक सूचना तंत्र ने ज्ञान के नए परिदृश्य को खोला है।

कारण (R) भौगोलिक सूचना तंत्र विभिन्न प्रकार के डेटा को मानचित्रों पर प्रस्तुत करने की क्षमता रखता है।

उत्तर *(a)* भौगोलिक सूचना तंत्र (GIS) ने भौगोलिक ज्ञान और विश्लेषण के नए आयाम खोले हैं। यह तकनीक स्थापिक डेटा को एकत्रित, संग्रहित, विश्लेषित और मानचित्रों पर प्रस्तुत करने में सक्षम है। क्योंकि GIS में विभिन्न प्रकार के डेटा; जैसे- जलवायु, स्थलाकृति, जनसंख्या और संसाधन को एक ही प्लेटफार्म पर एकीकृत रूप से प्रस्तुत किया जा सकता है। यह स्थानिक पैटर्न और संबंधों को समझने में मदद करता है, जिससे निर्णय-निर्माण और योजना निर्माण में आसानी होती है।

स्रोत आधारित प्रश्न

निम्नलिखित स्रोतों को ध्यानपूर्वक पढ़कर उन पर आधारित प्रश्नों के उत्तर दीजिए

1. एक भूगोलवेत्ता तथ्यों की व्याख्या कार्य-कारण संबंधों के ढाँचे में ही करता है, क्योंकि यह केवल व्याख्या में ही सहायक नहीं होता, अपितु तथ्य के पूर्वानुमान एवं भविष्य के परिप्रेक्ष्य में देखने की क्षमता भी रखता है। भौतिक तथा मानवीय दोनों प्रकार के भौगोलिक तथ्य स्थैतिक नहीं, अपितु गत्यात्मक होते हैं। वे सतत् परिवर्तनशील पृथ्वी तथा अथक एवं निरंतर सक्रिया मानव के बीच आबद्ध प्रक्रिया के फलस्वरूप कालांतर में परिवर्तित होते रहते हैं। आदिम मानव समाज अपने निकटतम पर्यावरण पर सीधे तौर पर निर्भर करता था; अब ऐसा नहीं है। भूगोल, इस भूगोल, इस प्रकार, 'प्रकृति' तथा 'मानव' के समग्र इकाई के रूप में अंतर्प्रक्रिया के अध्ययन से संबंधित है। मानव प्रकृति का एक अंगभूत भाग है तथा वह प्रकृति पर अपनी छाप छोड़ता है। प्रकृति मानव जीवन के विभिन्न पक्षों को प्रभावित करती है। इसकी छाप उसके वस्त्र, आवास, व्यवसाय आदि पर देखी जा सकती है। मानव ने प्रकृति के साथ समझौता, अनुकूलन अथवा आपरिवर्तन के माध्यम से किया है। जैसा कि आप जानते हैं कि वर्तमान समाज आदिम समाज की अवस्था पार कर चुका है। उसने तकनीकी के खोज एवं प्रयोग द्वारा अपने अस्तित्व के लिए सन्निकट परिवेश (प्राकृतिक वातावरण) को आपरिवर्तित कर प्राकृतिक संसाधनों का समुचित उपयोग करते हुए अपने कार्य क्षेत्र के क्षितिज में परिवर्द्धन कर लिया है। तकनीकी के क्रमशः विकास के साथ मानव अपने ऊपर भौतिक पर्यावरण के द्वारा कसे हुए बंधन को ढीला करने में सक्षम हो गया है। तकनीकी ने श्रम की कठोरता को कम कर, श्रम-क्षमता को बढ़ाया तथा अवकाश को प्रावधान करते हुए मानव को उच्चत्तर आवश्यकताओं को पूर्ण करने का अवसर दिया। उससे उत्पादन के पैसाने एवं श्रम की गतिशीलता में भी वृद्धि हुई।

(i) **एक भूगोलवेत्ता तथ्यों की किस ढाँचे में व्याख्या करता है?**

(a) सांस्कृतिक ढाँचे में (b) कार्य-कारण संबंधों के ढाँचे में
(c) ऐतिहासिक घटनाओं के ढाँचे में (d) आर्थिक ढाँचे में

उत्तर (b) कार्य-कारण संबंधों के ढाँचे में

(ii) तकनीकी विकास का मानव जीवन पर क्या प्रभाव पड़ा है ?
(a) श्रम की कठोरता बढ़ गई है
(b) श्रम की गतिशीलता का हो गई है
(c) श्रम की कठोरता कम हुई है और अवकाश बढ़ा है
(d) उत्पादन में कमी आई है

उत्तर (c) श्रम की कठोरता कम हुई है और अवकाश बढ़ा है

(iii) मानव ने प्राकृतिक संसाधनों का उपयोग किसके माध्यम से किया है?
(a) समझौता और अनुकूलन (b) आपरिवर्तन और तकनीकी
(c) सांस्कृतिक विकास (d) पर्यावरण संरक्षण

उत्तर (b) आपरिवर्तन और तकनीकी

2. भूगोल एक संश्लेषणात्मक विषय है, जो क्षेत्रीय तथा इतिहास कालिक (समय-समय पर) संश्लेषण का प्रयास करता है। इसके उपागम की प्रकृति समग्रात्मक होती है। यह इस तथ्य को मानता है कि विश्व एक परस्पर निर्भर तंत्र है।

आज वर्तमान विश्व से एक वैश्विक ग्राम का प्रतिबोधन होता है। परिवहन के बेहतर साधनों तथा बढ़ती हुई गम्यता के कारण दूरियाँ कम हो गई हैं। श्रव्य-दृश्य माध्यमों एवं सूचना तकनीकी ने आँकड़ों को बहुत समृद्ध बना दिया है। तकनीकी ने प्राकृतिक तथ्यों तथा आर्थिक एवं सामाजिक प्राचल (पैरामीटर) के निरीक्षण एवं परीक्षण के बेहतर अवसर प्रदान किए हैं। भूगोल का एक संश्लेषणात्मक विषय के रूप में अनेक प्राकृतिक तथा सामाजिक विज्ञानों से अंतरापृष्ठ संबंध है। प्राकृतिक या सामाजिक सभी विज्ञानों का एक मूल उद्देश्य है : यथार्थता को ज्ञात करना। भूगोल यथार्थता से जुड़े तथ्यों के साहचर्य को बोधगम्य बनाता है। वस्तुत: विज्ञान से संबंधित सभी विषय भूगोल से जुड़े हैं, क्योंकि उनके कई तत्त्व क्षेत्रीय संदर्भ में भिन्न-भिन्न होते हैं। भूगोल स्थानिक संदर्भ में यथार्थता को समग्रता से समझने में सहायक होता है। अत: भूगोल न केवल एक स्थान से दूसरे स्थान में तथ्यों की भिन्नता पर ध्यान देता है, अपितु उन्हें समग्रता में समाकलित करता है। भूगोलवेत्ता को सभी संबंधित क्षेत्रों की व्यापक समझ रखने की आवश्यकता होती है जिससे कि वह उन्हें तार्किक रूप से संश्लेषित कर सके। यह संश्लेषण कुछ उदाहरणों की सहायता से सरलतापूर्वक समझाया जा सकता है, जैसे- भूगोल ऐतिहासिक घटनाओं को प्रभावित करता है; स्थानिक दूरी स्वयं विश्व के इतिहास की दिशा को परिवर्तित करने के लिए एक प्रभावशाली कारक है। क्षेत्रीय विस्तार लड़ाई के दौरान विशेषकर पिछली शताब्दी में, कई देशों के लिए सुरक्षा का साधन बना। 'परंपरागत युद्ध में बड़े आकार वाले देशों ने अधिक स्थान छोड़कर समय का लाभ प्राप्त किया।' नए विश्व के देशों के चारों तरफ विस्तृत समुद्र द्वारा प्रदत्त रक्षा कवच उन्हें उनकी मिट्टी पर युद्ध होने से बचाता रहा है। यदि हम विश्व की प्रमुख ऐतिहासिक घटनाओं का विवेचन करें तो उनमें से प्रत्येक की भौगोलिक व्याख्या की जा सकती है।

(i) **भूगोल को संश्लेषणात्मक विषय क्यों कहा जाता है?**

उत्तर भूगोल को संश्लेषणात्मक विषय कहा जाता है, क्योंकि यह प्राकृतिक और सामाजिक विज्ञान को आपस में जोड़कर तथ्यों का समग्र अध्ययन करता है। यह क्षेत्रीय और समयकालिक (ऐतिहासिक) संश्लेषण का प्रयास करता है, जिससे यह समझने में सहायता मिलती है कि विभिन्न प्राकृतिक और सांस्कृतिक तत्त्व कैसे एक-दूसरे से जुड़े हुए हैं।

(ii) **भूगोल और तकनीकी का आपस में क्या संबंध हैं**

उत्तर भूगोल में तकनीकी का उपयोग आँकड़ों के संग्रह निरीक्षण और परीक्षण के लिए होता है। विस्तृत दृश्य माध्यमों ने और सूचना प्रौद्योगिकी ने भूगोल को समृद्ध बनाया है, जिससे प्राकृतिक, आर्थिक और सामाजिक तथ्यों का विश्लेषण सुलभ हो गया है। तकनीकी प्रगति जैसे सैटेलाइट इमेजरी, जीआईएस और आँकड़ों के बेहतर प्रबंधन से भूगोल में यथार्थता और सटीकता बढ़ी हैं।

(iii) **भूगोल का समय-कालिक घटनाओं से क्या संबंध है?**

उत्तर भूगोल ऐतिहासिक घटनाओं को प्रभावित करता है, क्योंकि स्थानिक दूरी और क्षेत्रीय विशेषताएँ इतिहास की दिशा बदलने में सहायक होती हैं। जैसे- बड़े/ विस्तृत आकार/क्षेत्रफल वाले देशों ने परंपरागत युद्ध के दौरान अधिक स्थान छोड़कर समय का लाभ उठाया।

3. भूगोल अध्ययन का एक अंतर्शिक्षण विषय है। प्रत्येक विषय का अध्ययन कुछ उपागमों के अनुसार किया जाता है। इस दृष्टि से भूगोल के अध्ययन के दो प्रमुख उपागम हैं

1. विषय वस्तुगत (क्रमबद्ध) एवं 2. प्रादेशिक

विषय वस्तुगत भूगोल का उपागम वही है, जो सामान्य भूगोल का होता है। यह उपागम एक जर्मन भूगोलवेत्ता, अलेक्जेंडर वॉन हम्बोल्ट (1769-1859 ई.) द्वारा प्रवर्तित किया गया, जबकि प्रादेशिक भूगोल का विकास हम्बोल्ट के समकालीन एक-दूसरे जर्मन भूगोलवेत्ता कार्ल रिटर (1779-1859 ई.) द्वारा किया गया।

विषयवस्तुगत उपागम में एक तथ्य का पूरे विश्व स्तर पर अध्ययन किया जाता है। तत्पश्चात् क्षेत्रीय स्वरूप के वर्गीकृत प्रकारों की पहचान की जाती है। उदाहरणार्थ, यदि कोई प्राकृतिक वनस्पति के अध्ययन में रुचि रखता है, तो सर्वप्रथम विश्व स्तर पर उसका अध्ययन किया जाएगा, फिर प्रकारात्मक वर्गीकरण, जैसे विषुवतरेखीय सदाबहार वन, नरम लकड़ी वाले कोणधारी वन अथवा मानसूनी वन इत्यादि की पहचान, उनका विवेचन तथा सीमांकन करना होगा।

प्रादेशिक उपागम में विश्व को विभिन्न पदानुक्रमिक स्तर के प्रदेशों में विभक्त किया जाता है और फिर एक विशेष प्रदेश में सभी भौगोलिक तथ्यों का अध्ययन किया जाता है। ये प्रदेश प्राकृतिक, राजनीतिक या निर्दिष्ट (नामित) प्रदेश हो सकते हैं। एक प्रदेश में तथ्यों का अध्ययन समग्रता से विविधता में एकता की खोज करते हुए किया जाता है। द्वैतवाद भूगोल की एक मुख्य विशेषता है। इसका प्रारंभ से ही विषय में प्रवर्तन हो चुका था।

द्वैतवाद (द्विधा) अध्ययन में महत्त्व दिए जाने वाले पक्ष पर निर्भर करता है। पहले विद्वान भौतिक भूगोल पर बल देते थे। परंतु बाद में स्वीकार किया गया कि मानव धरातल का समाकलित भाग है, वह प्रकृति का अनिवार्य अंग है। उसने सांस्कृतिक विकास के माध्यम से भी योगदान दिया है। इस प्रकार मानवीय क्रियाओं पर बल देने के साथ मानव भूगोल का विकास हुआ।

(i) **भूगोल के किस उपागम में एक तथ्य का पूरे विश्व स्तर पर अध्ययन किया जाता है?**

उत्तर भूगोल के विषयवस्तु उपागम में एक तथ्य का पूरे विश्व स्तर पर अध्ययन किया जाता है। इसके पश्चात् क्षेत्रीय स्वरूप के प्रकारों की पहचान की जाती है।

(ii) **किस प्रकारात्मक वर्गीकरण के क्षेत्र का क्रमबद्ध उपागम के अंतर्गत अध्ययन किया जाता है?**

उत्तर विषुवत रेखीय सदाबहार वन, कोणधारी वन तथा मानसूनी वन आदि क्षेत्र का क्रमबद्ध उपागम के अंतर्गत अध्ययन किया जाता है।

(iii) **भूगोल में द्वैतवाद का प्रतिरूप किस रूप में देखा जाता है?**

उत्तर भूगोल में द्वैतवाद का प्रतिरूप क्रमबद्ध एवं प्रादेशिक, भौतिक एवं मानव, निश्चयवाद एवं संभावनावाद के रूप में देखा जाता है।

लघु उत्तरीय प्रश्न

1. भूगोल प्रादेशिक भिन्नता का अध्ययन करता है। स्पष्ट कीजिए।

उत्तर भूगोल के प्रादेशिक भिन्नता के अध्ययन को हम इस रूप में देख सकते हैं कि पृथ्वी पर भौतिक एवं सांस्कृतिक वातावरण में भिन्नता दिखाई देती है, जबकि इसमें से कुछ में समानता भी दिखाई देती है।

ऐसे में यह कहना भी आवश्यक है कि भूगोलवेत्ता सिर्फ धरातल पर उपस्थित भिन्नता का ही अध्ययन नहीं करता है, बल्कि उन विभिन्नताओं में उत्पन्न करने वाले कारकों का भी अध्ययन करता है; जैसे—एक प्रदेश से दूसरे प्रदेश के फसल प्रतिरूप भिन्न-भिन्न होते हैं और यह भिन्नता मिट्टी जलवायु, बाजार, किसानों की शस्य क्षमता तथा निवेश आदि पर निर्भर करती है।

2. क्या भूगोल कार्य-कारण की व्याख्या करता है?

अथवा **भूगोल में कार्य-कारण की व्याख्या का क्या महत्त्व है? क्या यह प्राकृतिक और मानव निर्मित घटनाओं के बीच संबंध स्थापित करने में सक्षम है?**

दक्षता आधारित प्रश्न

उत्तर हाँ, भूगोल कार्य-कारण की व्याख्या करता है, क्योंकि भूगोलवेत्ता हमेशा तथ्यों की व्याख्या कार्य-कारण संबंधी ढाँचे के अंतर्गत ही करते हैं। भूगोलवेत्ता ऐसा इसलिए करते हैं, क्योंकि यह ढाँचा व्याख्या के साथ-साथ तथ्यों के पूर्वानुमान एवं भविष्य के परिप्रेक्ष्य में भी सहायक होता है। वहीं हम पाते हैं कि भौगोलिक तथ्य स्थैतिक नहीं, बल्कि गतिक होते हैं, जो सतत परिवर्तनशील होते हैं। ऐसा इसलिए भी है, क्योंकि पृथ्वी और मानवीय क्रियाकलाप दोनों लगातार बदलते रहते हैं।

3. भूगोल में प्रचलित तीन प्रश्नों का विवरण दीजिए।

अथवा **वैज्ञानिक विषय के रूप में भूगोल के प्रचलित तीन प्रश्न 'क्या, कहाँ और क्यों का उल्लेख करें।**

उत्तर वैज्ञानिक विषय के रूप में भूगोल में प्रचलित तीन प्रश्न निम्नलिखित हैं

(i) 'क्या' प्रश्न धरातल पर पाए जाने वाले प्राकृतिक एवं सांस्कृतिक विशेषताओं के प्रतिरूप से संबंधित है।

(ii) 'कहाँ' प्रश्न पृथ्वी पर भौतिक/सांस्कृतिक तत्त्वों के वितरण से संबंधित है।

(iii) 'क्यों' प्रश्न तत्त्वों एवं तथ्यों के मध्य कार्य-कारण संबंध की व्याख्या से संबंधित है।

4. भूगोल अन्य विषयों को समाहित किए हुए हैं, स्पष्ट कीजिए।

उत्तर भूगोल एक संश्लेषणात्मक विषय है, जिसमें प्राकृतिक विज्ञान एवं सामाजिक विज्ञान के पहलुओं का भौगोलिक रूप में अध्ययन किया जाता है। ऐसे में भूगोल का विषय-क्षेत्र बहुत ही व्यापक हो जाता है, जिसमें भूगोल एवं प्राकृतिक विज्ञान से संबंधित विषय; जैसे—भू-आकृति विज्ञान, जलवायु विज्ञान, सामुद्रिक विज्ञान व मृदा विज्ञान आदि सम्मिलित होते हैं। इसी प्रकार से सामाजिक विज्ञान के विभिन्न विषयों; जैसे—राजनीतिक भूगोल, जनसंख्या भूगोल आदि का भूगोल के अंतर्गत अध्ययन किया जाता है।

इस प्रकार से कहा जा सकता है कि भूगोल स्वयं में अन्य विषयों को समाहित किए हुए है।

5. भूगोल न केवल पृथ्वी की विशेषताओं का अध्ययन करता है, बल्कि विभिन्न वैज्ञानिक क्षेत्रों के साथ मिलकर पर्यावरणीय समस्याओं का भी अध्ययन करता हैं इस कथन की समीक्षा कीजिए।

दक्षता आधारित प्रश्न

उत्तर भूगोल के लिए प्राकृतिक एवं सामाजिक विज्ञान दोनों आवश्यक हैं, क्योंकि इसमें पृथ्वी और उसके ऊपर स्थित सभी विषयों में अध्ययन किया जाता है। भूगोल के समय तत्त्व को जानने में उसका इतिहास सहायता करता है। भौतिक, रसायन, जीव विज्ञान आदि भूगोल की शाखा क्रमबद्ध विज्ञान में शामिल हैं। भूगर्भ विज्ञान, समुद्र विज्ञान आदि के विकास में भी भूगोल ने अपना योगदान दिया है।

अतः इन सभी संबंधों के माध्यम से भूगोल न केवल पृथ्वी की विशेषताओं का अध्ययन करता है, बल्कि यह विभिन्न वैज्ञानिक क्षेत्रो के साथ मिलकर पर्यावरणीय समस्याओं और मानव विकास को समझने में भी सहायता करता है।

6. क्रमबद्ध विज्ञान को विशेषीकरण ने कैसे बढ़ावा दिया?

उत्तर विज्ञान का क्रमबद्ध वर्णन करना क्रमबद्ध विज्ञान कहलाता था। विज्ञान संबंधी जानकारी के लिए सूचना आवश्यक थी, जिससे कि विश्व के प्राकृतिक एवं सांस्कृतिक लक्षणों की व्याख्या की जा सके। इसके लिए विशेषीकरण आवश्यक था, जो क्रमबद्ध विज्ञान, भौतिक विज्ञान, जीव विज्ञान, रसायन विज्ञान, आर्थिक भूगोल, जनसंख्या भूगोल आदि को बढ़ावा दे।

7. भौतिक भूगोल एवं मानव भूगोल में अंतर को स्पष्ट कीजिए।

उत्तर भौतिक भूगोल एवं मानव भूगोल में अंतर निम्नलिखित प्रकार हैं

भौतिक भूगोल	मानव भूगोल
वह भूगोल जो पृथ्वी के भौतिक एवं प्राकृतिक तत्त्वों का अध्ययन करता है, भौतिक भूगोल कहलाता है।	वह भूगोल जो मानव निर्मित लक्षणों का अध्ययन करता है, मानव भूगोल कहलाता है।
भौतिक भूगोल को चार उप-शाखाओं में विभक्त किया गया है—भू-आकृति विज्ञान, जलवायु विज्ञान, जल विज्ञान तथा मृदा भूगोल।	मानव भूगोल में सामाजिक-सांस्कृतिक भूगोल, जनसंख्या अधिवास भूगोल, आर्थिक भूगोल, ऐतिहासिक भूगोल एवं राजनीतिक भूगोल का अध्ययन किया जाता है।

8. प्रादेशिक भूगोल एवं क्रमबद्ध भूगोल के मध्य अंतर बताइए।

उत्तर प्रादेशिक भूगोल एवं क्रमबद्ध भूगोल के मध्य अंतर निम्नलिखित हैं

क्रमबद्ध भूगोल	प्रादेशिक भूगोल
इसमें किसी प्रदेश के विशिष्ट भौगोलिक तत्त्व का अध्ययन किया जाता है।	इसमें किसी प्रदेश के सभी भौगोलिक तत्त्वों का एक इकाई के रूप में अध्ययन किया जाता है।
यह किसी तथ्य का अध्ययन खोज व तथ्यों के द्वारा प्रस्तुत करता है।	यह किसी प्रदेश के भौतिक वातावरण तथा मानव के बीच संबंध प्रकट करता है।

क्रमबद्ध भूगोल	प्रादेशिक भूगोल
इसमें एक घटक जैसे जलवायु के आधार पर विभिन्न प्रकार एवं उप-प्रकार निश्चित किए जाते हैं।	इसमें प्रदेशों को सीमांकित करके उसके बाद उस प्रदेश का अध्ययन विभिन्न पहलुओं के आधार पर किया जाता है।

9. भूगोल के प्रादेशिक उपागम की चर्चा कीजिए।

उत्तर भूगोल के प्रादेशिक उपागम का प्रतिपादन जर्मन भूगोलवेत्ता कार्ल रिटर ने (1779-1859 ई.) में किया था। ये प्रख्यात भूगोलवेत्ता हम्बोल्ट के समकालीन थे।

प्रादेशिक उपागम में विश्व को विभिन्न स्तरों पर विभक्त करके उसका अध्ययन किया जाता है। इसके उपरांत विभक्त किए गए प्रदेशों के भौगोलिक तथ्यों का अध्ययन किया जाता है, जिसमें प्राकृतिक, राजनीतिक या नामित प्रदेश शामिल हो सकते हैं।

उदाहरण के लिए, भूमध्य सागरीय प्रदेश के कृषि संबंधी अध्ययन, भारतीय उपमहाद्वीप के उच्चावच का अध्ययन इत्यादि।

10. प्रादेशिक उपागम के आधार पर भूगोल की शाखाएँ कौन-सी हैं?

उत्तर प्रादेशिक उपागम के आधार पर भूगोल की शाखाएँ निम्नलिखित हैं

(i) वृहद, मध्यम, लघुस्तरीय प्रादेशिक/क्षेत्रीय अध्ययन
(ii) ग्रामीण/इलाका नियोजन तथा शहर एवं नगर नियोजन सहित प्रादेशिक नियोजन
(iii) प्रादेशिक विकास
(iv) प्रादेशिक विवेचना/विश्लेषण

11. भौतिक पर्यावरण का ज्ञान किस प्रकार भौतिक भूगोल के महत्त्व को रेखांकित करता है? वर्णन कीजिए। *दक्षता आधारित प्रश्न*

उत्तर भौतिक भूगोल प्राकृतिक संसाधनों के मूल्यांकन एवं प्रबंधन से संबंधित विषय के रूप में विकसित हो रहा है। इस उद्देश्य की पूर्ति हेतु भौतिक पर्यावरण एवं मानव के मध्य संबंधों को समझना आवश्यक है।

भौतिक पर्यावरण संसाधन प्रदान करता है एवं मानव इन संसाधनों का उपयोग करते हुए अपना आर्थिक एवं सांस्कृतिक विकास सुनिश्चित करता है। तकनीकी की सहायता से संसाधनों के बढ़ते उपयोग ने विश्व में पारिस्थितिक असंतुलन उत्पन्न कर दिया है। अतः सतत विकास के लिए भौतिक पर्यावरण का ज्ञान आवश्यक है।

12. "भौतिक भूगोल के बिना भूगोल की कल्पना नहीं की जा सकती।" कथन की पुष्टि की सोदाहरण व्याख्या कीजिए। *दक्षता आधारित प्रश्न*

उत्तर भौतिक भूगोल प्राकृतिक संसाधनों के मूल्यांकन एवं प्रबंधन से संबंधित है, जिसके अंतर्गत भू-मंडल (भू-आकृतियाँ, प्रवाह, उच्चावच), वायुमंडल (इसकी बनावट, संरचना, तत्त्व एवं मौसम तथा जलवायु, वायुदाब, वायु, वर्षा, जलवायु के प्रकार इत्यादि), जलमंडल (समुद्र, सागर, झीलें तथा जल परिमंडल संबद्ध तत्त्व), जैवमंडल (जीवों के स्वरूप) मानव तथा वृहद् जीव एवं उनके पोषक प्रक्रम का अध्ययन किया जाता है। यदि हम इन सबको सम्मिलित किए बिना भूगोल की कल्पना करें, तो यह व्यर्थ होगा।

अतः यह कथन पूर्णतः सत्य है कि "भौतिक भूगोल के बिना भूगोल की कल्पना नहीं की जा सकती है।"

13. "मानव के लिए प्रत्येक तत्त्व महत्त्वपूर्ण है।" स्पष्ट कीजिए।

उत्तर "मानव के लिए प्रत्येक तत्त्व महत्त्वपूर्ण है।" इस कथन के पक्ष में कई उदाहरण व विवरण दिए जा सकते हैं, जो निम्नलिखित हैं

- भू-आकृतियाँ मानवीय क्रियाओं के लिए आधार प्रस्तुत करती हैं, जिस पर विभिन्न क्रियाएँ संपन्न होती हैं।
- मैदान का उपयोग कृषि कार्य के लिए किया जाता है, वहीं पठार खनिज संपदा व वनों के विकास के लिए महत्त्वपूर्ण माना जाता है। पर्वत, नदियों, चरागाहों, वनों व पर्यटन स्थलों को मानवीय जीवन का महत्त्वपूर्ण हिस्सा माना जाता है।
- जलवायु मानवीय वस्त्र, आवास, भोजन आदि को प्रत्यक्षतया प्रभावित करती है, जबकि इसका योगदान प्राकृतिक वनस्पति, शस्य प्रतिरूपण, पशुपालन एवं उद्योग आदि के विकास में भी अहम होता है।

दीर्घ उत्तरीय प्रश्न

1. भूगोल से आप क्या समझते हैं? इसको परिभाषित कीजिए।

***अथवा* भूगोल से आप क्या समझते हैं? इसे विस्तृत रूप से परिभाषित करते हुए बताइए कि यह विषय पृथ्वी की प्राकृतिक और मानव निर्मित विशेषताओं का अध्ययन कैसे करता है और उनका आपसी संबंध कैसे स्थापित करता है?** *दक्षता आधारित प्रश्न*

उत्तर भूगोल का अध्ययन हम सामाजिक विज्ञान के पाठ्यक्रम से अलग एक स्वतंत्र विषय के रूप में करते हैं, तो पाते हैं कि सामान्य रूप में भूगोल के अंतर्गत पृथ्वी के भौतिक वातावरण के साथ-साथ उस पर मानवीय क्रिया-कलापों के अंतर्प्रक्रिया संबंध से उत्पन्न भू-दृश्यावली का अध्ययन किया जाता है। ऐसे मानवीय व प्राकृतिक अंतर्संबंध का अध्ययन समय व स्थान विशेष पर किया जाता है।

भूगोल शब्द का सर्वप्रथम उपयोग ग्रीक विद्वान् 'इरेटॉस्थेनीज' ने (276-194 ई. पू.) में किया था, जो ग्रीक भाषा के मूल दो शब्दों 'ज्यो' और 'ग्राफस' से मिलकर बना है जिसका शाब्दिक अर्थ–पृथ्वी का वर्णन होता है। ऐसे में विद्वान भूगोल में पृथ्वी को मानवीय निवास के रूप में वर्णित करने लगे।

भूगोल में पृथ्वी को सदैव मानव के आवास के रूप में ही देखा गया है, किंतु मानव केवल अकेला ही ऐसा जीवित प्राणी नहीं है, जिसका आवास पृथ्वी पर है, बल्कि पशु-पक्षी, कीड़े-मकोड़े सभी का आवास क्षेत्र पृथ्वी ही है और हमें ज्ञात है कि इन सभी आवासीय क्षेत्रों में भौतिक रूप से अधिक भिन्नता है।

यह भिन्नता न केवल आवासीय क्षेत्रों में, बल्कि पर्वत, पहाड़, घाटी, नदी, समुद्र, झील, वन एवं रेगिस्तान में होने के साथ-साथ सामाजिक और सांस्कृतिक रूप में पाई जाती है। इस भिन्नता को ही भूगोल में परिभाषित किया गया है।

ऐसे में विभिन्न विद्वानों द्वारा भूगोल को परिभाषित किया गया, जिनमें से कुछ प्रमुख निम्नलिखित हैं

रिचर्ड हार्टशार्न के अनुसार, "भूगोल का उद्देश्य धरातल की प्रादेशिक/क्षेत्रीय भिन्नता का वर्णन एवं व्याख्या करना है।"

अल्फ्रेड हैटनर के अनुसार, "भूगोल धरातल के विभिन्न भागों में कारणात्मक रूप से संबंधित तथ्यों में भिन्नता का अध्ययन करता है।"

2. भूगोल की समाकलन विषय के रूप में व्याख्या कीजिए।

उत्तर एक संश्लेषणात्मक विषय के रूप में भूगोल क्षेत्रीय तथा ऐतिहासिक दोनों प्रकार के संश्लेषण का कार्य करता है। इसके उपागम की प्रकृति समग्रात्मक होती है, जो इस बात में विश्वास करता है कि विश्व एक परस्पर निर्भर तंत्र है। आज परिवहन की बेहतर सुविधाओं एवं गम्यता के कारण आपसी दूरी में कमी आई है।

इसमें श्रव्य-दृश्य माध्यमों एवं सूचना तकनीकी के विकास की भी अहम भूमिका पाई जाती है। विभिन्न प्रकार के भौगोलिक तथ्यों ने ऐतिहासिक धाराओं को बदलने में महत्त्वपूर्ण भूमिका निभाई है, जिसमें समय के साथ परिवर्तन होता है। भूगोल के इसी गुण के आधार पर वैश्विक घटनाओं का भौगोलिक परिप्रेक्ष्य में अध्ययन किया जाता है। यूरोप के विभिन्न देशों में नौ-संचालन के विकास के कारण विभिन्न एशियाई एवं अफ्रीकी देशों में औपनिवेशीकरण का विस्तार तेजी से हुआ।

भौगोलिक तथ्य समय के साथ परिवर्तित होते रहते हैं और उनकी उन्हीं के अनुसार व्याख्या की जाती है। इस प्रकार से हम देखें तो भू-आकृति, जलवायु, वनस्पति, आर्थिक क्रियाएँ, व्यवसाय एवं संस्कृति का विकास एक निश्चित ऐतिहासिक काल का अनुसरण करते हैं।

अनेक संस्थाएँ एक समय विशेष पर निर्णय लेकर एक अलग भौगोलिक तत्त्व को सृजित करती हैं; जैसे—

A तथा B के बीच की दूरी 1500 किमी है। इसे समय के संदर्भ में यह भी कहा जा सकता है कि A तथा B से 2 घंटा दूर है, (यदि इसकी यात्रा हवाई जहाज से की जाए) तथा लेकिन इसकी दूरी 17 घंटा भी हो सकती है, (यदि इसकी यात्रा रेलगाड़ी से की जाए)। इसलिए समय को भौगोलिक अध्ययन के चतुर्थ आयाम के रूप में एक समाकलन भाग माना जाता हैं।

3. क्रमबद्ध भूगोल से आप क्या समझते हैं? मानव भूगोल का संक्षिप्त विवरण प्रस्तुत कीजिए।

उत्तर क्रमबद्ध (वस्तुगत) भूगोल को प्रचलित करने में जर्मन भूगोलवेत्ता अलेक्जेंडर वॉन हम्बोल्ट (1769-1869) का प्रमुख योगदान है।

सामान्य रूप में क्रमबद्ध उपागम वही है, जो सामान्य भूगोल होता है। वस्तुगत उपागम के अंतर्गत एक तथ्य का पूरे वैश्विक स्तर पर अध्ययन किया जाता है, उसके बाद उसके क्षेत्रीय स्वरूप को वर्गीकृत किया जाता है। उदाहरणस्वरूप, यदि आप प्राकृतिक वनस्पति का अध्ययन करना चाहते हैं, तो सर्वप्रथम इसका विश्व स्तर पर अध्ययन किया जाएगा और फिर उसका वर्गीकरण किया जाएगा;

जैसे—विषुवतीय वन, कोणधारी वन, मानसूनी वन इत्यादि।

मानव भूगोल क्रमबद्ध भूगोल के अंतर्गत एक प्रमुख शाखा है, जिसकी अनेक शाखाएँ प्रचलित हैं। जो निम्नलिखित हैं

(i) **सामाजिक/सांस्कृतिक भूगोल** इसके अंतर्गत समाज तथा इसकी स्थानिक/प्रादेशिक गत्यात्मकता एवं समाज के योगदान से निर्मित सांस्कृतिक तत्त्वों का अध्ययन किया जाता है।

(ii) **जनसंख्या एवं अधिवास भूगोल** यह ग्रामीण तथा नगरीय क्षेत्र में जनसंख्या वृद्धि, उसका वितरण, घनत्व, लिंग अनुपात, प्रवास एवं व्यावसायिक संरचना आदि का अध्ययन करता है, जबकि अधिवास भूगोल में ग्रामीण तथा नगरीय अधिवासों के वितरण प्रारूप तथा अन्य विशेषताओं का अध्ययन किया जाता है।

(iii) **आर्थिक भूगोल** यह मानव की आर्थिक क्रियाओं; जैसे—कृषि, उद्योग, पर्यटन, व्यापार एवं परिवहन, अवस्थापना तत्त्व एवं सेवाओं का अध्ययन करता है।

(iv) **ऐतिहासिक भूगोल** यह उन ऐतिहासिक घटनाओं का अध्ययन करता है, जो भौगोलिक क्षेत्र के स्वरूप को परिवर्तित करने अथवा संगठित करने के लिए उत्तरदायी रही हैं, क्योंकि ऐतिहासिक घटना के उपरांत ही वर्तमान स्वरूप को पाया जा सकता है।

(v) **राजनीतिक भूगोल** इस भूगोल के अंतर्गत क्षेत्र को राजनीतिक घटनाओं के आधार पर देखा जाता है, साथ ही इसमें सीमारेखा के अंतर्गत क्षेत्र विशेष की राजनीतिक घटनाओं; जैसे— भू-वैन्यासिक संबंध, निर्वाचन क्षेत्र का परिसीमन तथा चुनाव परिदृश्य का भी विश्लेषण होता है और साथ-ही-साथ यह भूगोल जनसंख्या के राजनीतिक व्यवहार को समझने के लिए सैद्धांतिक रूपरेखा विकसित करने में सहायक होता है।

4. ''भौतिक तथा मानवीय दोनों प्रकार के भौगोलिक तथ्य स्थैतिक नहीं, अपितु गत्यात्मक होते हैं।'' स्पष्ट कीजिए। *दक्षता आधारित प्रश्न*

उत्तर भौतिक पर्यावरण लगातार विभिन्न प्राकृतिक घटनाओं के आलोक में परिवर्तित होता रहता है। विभिन्न आंतरिक एवं बाह्य कारक पृथ्वी को गतिमान व गतिशील रखते हैं, जिसमें पटलविरूपण बल, ज्वालामुखी, भूकंप, अपक्षय एवं अपरदन आदि की भूमिका अहम होती है। विभिन्न आंतरिक व बाह्य बल पृथ्वी के धरातलीय स्वरूप में परिवर्तन के लिए उत्तरदायी होते हैं, जिससे विभिन्न पर्वत, पठार, मैदान के साथ-साथ छोटी स्थलाकृतियों का निर्माण होता है। मानवीय गतिविधियाँ भी प्रकृति के द्वारा निर्धारित होती हैं; जैसे— वस्त्र, आवास, व्यवसाय आदि।

मानवीय क्रिया-कलापों का प्रकृति के साथ समझौता, अनुकूलन कहलाता है। उदाहरणतया, हम देखते हैं कि किस प्रकार वर्तमान मानवीय समुदाय ने आदिम मानव से इस स्वरूप को पाया है। यह तकनीकी के विकास और प्रकृति को बेहतर समझने के द्वारा ही संभव हो पाया है।

भौतिक पर्यावरण एवं मानवीय गतिविधियों की गतिशीलता को हम निम्न उदाहरण द्वारा भी बेहतर रूप में समझ सकते हैं

''प्रकृति ने मिट्टी का सृजन किया, मानव ने कप का निर्माण किया। प्रकृति ने रात्रि का सृजन किया, मनुष्य ने दीपक बनाया। प्रकृति ने बंजर भूमि, पहाड़ी भू-भाग एवं मरुस्थल का सृजन किया, मनुष्य ने फूलों की क्यारी तथा बाग-बगीचे बनाए।''

5. जैव भूगोल से आप क्या समझते हैं? इसकी विभिन्न शाखाओं को बताइए। इसके महत्त्व को भी रेखांकित कीजिए।

उत्तर जैव भूगोल का तात्पर्य भूगोल की उस शाखा से है, जो जीव-जंतु, पेड़-पौधे, मानव पारिस्थितिकी तथा उसके पर्यावरण का अध्ययन करती है। जैव भूगोल का विकास भौतिक भूगोल एवं मानव भूगोल के अंतरापृष्ठ से हुआ है। जैव भूगोल की निम्नलिखित शाखाएँ हैं

(i) **जैविक भूगोल** इसमें पशुओं एवं उनके निवास क्षेत्र के स्थानिक स्वरूप एवं भौगोलिक विशेषताओं का अध्ययन होता है।

(ii) **वनस्पति भूगोल** इसमें प्राकृतिक वनस्पति का उसके निवास क्षेत्र में स्थानिक प्रारूप का अध्ययन किया जाता है।

(iii) **पारिस्थैतिक विज्ञान** इसमें प्रजातियों के निवास, स्थिति क्षेत्र का वैज्ञानिक अध्ययन किया जाता है।

(iv) **पर्यावरण भूगोल** संपूर्ण विश्व में पर्यावरणीय प्रतिबोधन के फलस्वरूप पर्यावरणीय समस्याओं; जैसे—भूमि-ह्रास, प्रदूषण, संरक्षण की चिंता आदि का अनुभव किया गया, जिसके अंतर्गत अध्ययन हेतु इस शाखा का विकास हुआ।

जैव भूगोल का महत्त्व

- यह पर्यावरण संबंधी समस्याओं से अवगत कराता है।
- पर्यावरण में जैव विविधता को बनाए रखने में सहायता करता है तथा पोषण स्तर एवं आहार श्रृंखला को संतुलित करने में सहायक होता है।
- विभिन्न पेड़-पौधे पशु-पक्षियों के लिए आवास उपलब्ध कराता है।
- पर्यावरण प्रबंधन एवं पर्यावरण प्रभाव आकलन से जन मानस को अवगत कराता है।

6. निम्नलिखित पर संक्षिप्त विवरण लिखिए

(i) भूगोल में द्वैतवाद

(ii) भूगोल में कंप्यूटर तकनीक की भूमिका

उत्तर (i) द्वैतवाद भूगोल की एक विशेषता है, जो भूगोल में अध्ययन के महत्त्व के पक्ष पर बल दिए जाने को दर्शाता है। कुछ विद्वान भूगोल में भौतिक पर्यावरण को अधिक महत्त्व देते हैं, तो कुछ मानवीय क्रिया-कलाप को। इसी से पर्यावरणीयवाद (नियतिवाद) व संभावनावाद का विकास हुआ। नियतिवाद के अनुसार, मनुष्य के सभी कार्य पर्यावरण द्वारा निर्धारित होते हैं। अतः मानव समुदाय स्वेच्छापूर्वक काम करने के लिए कम स्वतंत्र है।

संभावनावाद के अनुसार, मानव अपने पर्यावरण में परिवर्तन करने में समर्थ है तथा वह प्रकृतिप्रदत्त अनेक संभावनाओं का अपनी इच्छानुसार उपयोग कर सकता है।

(ii) भूगोल में कंप्यूटर तकनीक से अनेक बदलाव देखने को मिलते हैं। इससे भूगोलवेत्ता नई तकनीक व विधितंत्र की ओर अग्रसर होता है, क्योंकि तकनीकी ने विद्वानों को आँकड़ों के प्रबंध की व्यापक क्षमता का विकास किया है। आज इंटरनेट व्यापक एवं वृहत सूचनाएँ प्रदान करता है। भौगोलिक सूचना तंत्र व वैश्विक स्थितीय तंत्र विभिन्न संसाधनों एवं आपदाओं की बिल्कुल सही स्थिति को बताता है, जिससे विकास एवं आपदा प्रबंधन को बल मिलता है।

7. भौतिक भूगोल के महत्त्व को रेखांकित कीजिए।

अथवा **आप कहाँ तक सहमत हैं कि भौतिक भूगोल प्राकृतिक संसाधनों के मूल्यांकन एवं प्रबंधन से संबंधित विषय के रूप में विकसित हो रहा है। समीक्षा करें।** *दक्षता आधारित प्रश्न*

उत्तर भौतिक भूगोल के महत्त्व को हम निम्न रूपों में देख सकते हैं

(i) **भू-आकृतियाँ** ये मानवीय क्रिया-कलापों के लिए आधार प्रस्तुत करती हैं; जैसे—मैदानों में कृषि कार्य, पठारों पर वन व खनिज संपदा का विकास, पर्वतों पर चरागाह, वनों, पर्यटन स्थलों का विकास एवं नदियों के जल का स्रोत विकसित होता है।

(ii) **जलवायु** यह हमारे घरों के प्रकार, वस्त्र, भोजन आदि को प्रत्यक्ष रूप से प्रभावित करती है। इसके साथ ही जलवायु का वनस्पति, शस्य प्रतिरूप एवं गहनता, पशुपालन एवं उद्योग पर भी प्रभाव परिलक्षित होता है। मानव ने अपने तकनीकी विकास से जलवायु के मानव जीवन पर प्रभाव को सीमित किया है;
जैसे—वातानुकूलित का प्रयोग, वर्षा जलसंग्रहण, विभिन्न परिधान आदि का उपयोग इत्यादि।

(iii) **जलमंडल** यह असंख्य संसाधनों का प्रमुख स्रोत है, जैसे समुद्र से हमें भोजन के लिए मछली के अतिरिक्त, खनिज संसाधनों का भी अपार भंडार मिलता है। इसी प्रकार नदियों के जल से भारी मात्रा में जल विद्युत उत्पादित किया जाता है।

(iv) **मृदा** मृदा एक नवीकरणीय संसाधन है, जो अनेक आर्थिक क्रियाओं को प्रभावित करती है जिसमें कृषि, पशुपालन, उद्योग इत्यादि प्रमुख हैं। मृदा की उर्वरता पर भी प्रकृति और संस्कृति का प्रभाव व्यापक होता है, जो जीवमंडल के लिए आधार प्रस्तुत करती है।

(v) **जीवमंडल** यह संपूर्ण पृथ्वी पर संतुलन बनाए रखने के लिए अति आवश्यक होता है। इसका महत्त्व पोषण स्तर से लेकर खाद्य श्रृंखला के साथ-साथ अपघटन में भी होता है।

अतः यह कहा जा सकता है कि भौतिक भूगोल प्राकृतिक संसाधनों के मूल्यांकन एवं प्रबंधन के संबंधित विषय के रूप में विकसित हो रहा है। ऐसे में भौतिक पर्यावरण एवं मानव के मध्य पारस्परिक संबंधों को समझना आवश्यक है, क्योंकि प्राकृतिक/भौतिक पर्यावरण हमें संसाधन प्रदान करता है और मानव समुदाय इन संसाधनों के द्वारा अपना आर्थिक एवं सांस्कृतिक विकास करता है। ऐसे में सतत विकास की अवधारणा अहम हो जाती है। इस प्रकार भौतिक पर्यावरण अत्यधिक महत्त्वपूर्ण भूमिका निभाता है।

स्वयं को जाँचें

वस्तुनिष्ठ प्रश्न

1. **क्षेत्रीय भूगोल (प्रादेशिक भूगोल) का विकास करने का श्रेय किस जर्मन भूगोलवेत्ता को जाता है?**

(a) कार्ल रिटर (b) अल्फ्रेड हैटनर
(c) रिचर्ड हार्टशॉर्न (d) वॉन हम्बोल्ट

2. **कृषि, उद्योग, पर्यटन, व्यापार एवं परिवहन अवस्थापना तत्त्व एवं सेवाओं का अध्ययन भूगोल की किस शाखा में किया जाता है?**

(a) ऐतिहासिक भूगोल (b) राजनीतिक भूगोल
(c) आर्थिक भूगोल (d) जनसंख्या भूगोल

3. **भूगोल का उद्देश्य क्या है?**

(a) केवल तथ्यों का संग्रह करना
(b) कार्य-कारण संबंध को समझाना
(c) केवल भविष्य की भविष्यवाणी करना
(d) मानव जीवन का इतिहास लिखना

4. **फसलस्वरूप में क्षेत्रीय भिन्नता किन कारकों पर निर्भर करती है?**

(a) मिट्टी और जलवायु
(b) बाजार में माँग और किसानों की व्यय क्षमता
(c) तकनीकी निवेशी की उपलब्धता
(d) उपरोक्त सभी

5. **भूगोल अध्ययन के क्षेत्र में विधि तंत्र एवं तकनीक, जिसने भूगोल को विज्ञान विषय को अधिक व्यावहारिक बनाया है। अतः इसमें शामिल किया जाता है**

(a) सामान्य एवं संगणक मानचित्र
(b) परिमाणात्मक तकनीक/सांख्यिकी तकनीक
(c) क्षेत्र सर्वेक्षण विधियाँ
(d) उपरोक्त सभी

6. **सूची I तथा सूची II को सुमेलित कीजिए**

सूची I		सूची II	
A.	जलवायु विज्ञान	1.	समुद्र
B.	जल विज्ञान	2.	वायुमंडल की संरचना
C.	जनसंख्या भूगोल	3.	मृदा निर्माण
D.	मृदा भूगोल	4.	जनसंख्या वृद्धि

कूट

	A	B	C	D		A	B	C	D
(a)	1	2	3	4	(b)	2	1	4	3
(c)	4	3	1	2	(d)	3	2	1	4

अतिलघु उत्तरीय प्रश्न

7. **जलवायु विज्ञान से आप क्या समझते हैं?**

8. **वस्तुगत (क्रमबद्ध) उपागम पर आधारित शाखाओं के संबंध में उल्लेख कीजिए।**

9. **रिचर्ड हार्टशॉर्न के अनुसार भूगोल को परिभाषित कीजिए।**

10. **प्रादेशिक भूगोल का विकास किसने किया था?**

लघु उत्तरीय प्रश्न

11. **भूगोल, तकनीकी के विकास में किस प्रकार योगदान करता है?**

अथवा **भूगोल तकनीकी के विकास में विभिन्न उपकरणों, मानचित्र, डेटा विश्लेषण और शहरी नियोजन में योगदान देता है, जो विकास कार्यों को सहज बनाता है। तर्कपूर्ण रूप से कथन की पुष्टि कीजिए।**

12. **धरातल पर कितने प्रकार की स्थलाकृतियाँ हैं? समझाइए।**

13. **मानव भूगोल एवं जैव भूगोल के मध्य अंतर स्पष्ट कीजिए।**

14. **समुद्र संसाधन के भंडार होते हैं इस कथन को समझाइए।**

अथवा **"समुद्र महत्त्वपूर्ण ऊर्जा स्रोत के रूप में जल, खनिज संसाधनों, जैविक संसाधनों का भंडारण केंद्र है।" इस कथन के परिप्रेक्ष्य में उदाहरण सहित व्याख्या कीजिए।**

दीर्घ उत्तरीय प्रश्न

15. **भूगोल के अर्थ एवं परिभाषा को बताते हुए इसका वैज्ञानिक विषय के रूप में उल्लेख कीजिए।**

16. **भौतिक भूगोल से क्या समझते हैं? इसके महत्त्व का उल्लेख कीजिए।**

17. **एक स्वतंत्र विषय के रूप में भूगोल की व्याख्या करें।**

अथवा **भूगोल एक स्वतंत्र विषय है, जोकि पृथ्वी की संरचना, जलवायु, वनस्पति, जनसंख्या तथा मानव गतिविधियों के वितरण और उनके आपसी संबंधों का अध्ययन करता है। उदाहरण सहित स्पष्ट कीजिए।**

2

अध्याय

पृथ्वी की उत्पत्ति एवं विकास

यह अध्याय तारों के निर्माण और पृथ्वी की उत्पत्ति से संबंधित हैं। 'पृथ्वी' शब्द पारंपरिक अंग्रेजी के शब्द Eartha से लिया गया है, जिसका तात्पर्य 'भूमि' या 'धरती' से है।

▼ **अध्ययन एक नजर में**

2.1 पृथ्वी की उत्पत्ति

2.2 पृथ्वी का उद्‌भव

▼ **अभ्यास के लिए**

- बहुविकल्पीय प्रश्न 31, (कथन/कारण, सुमेलित कीजिए)
- वर्णनात्मक प्रकार के प्रश्न (लघु उत्तरीय प्रश्न 6, दीर्घ उत्तरीय प्रश्न 3)
- स्रोत आधारित प्रश्न 3 मानचित्र आधारित प्रश्न

2.1 पृथ्वी की उत्पत्ति

- पृथ्वी एक आवासीय **ग्रह**[1] है, जहाँ सभी प्रकार के जीवों का अस्तित्व संभव है।
- पृथ्वी एवं ब्रह्मांड की उत्पत्ति से संबंधित विभिन्न सिद्धांत अलग-अलग भूगोलवेत्ताओं द्वारा प्रस्तुत किए जाते रहे हैं।
- पृथ्वी की उत्पत्ति को समझने हेतु इसे **आरंभिक सिद्धांत** और **आधुनिक सिद्धांत** में विभाजित किया गया है।

आरंभिक सिद्धांत

- आरंभिक काल के वैज्ञानिकों ने **ब्रह्मांड**[2] की उत्पत्ति के बदले पृथ्वी या ग्रह की उत्पत्ति को समझाने पर अधिक ध्यान केंद्रित किया।

नीहारिका परिकल्पना

- पृथ्वी की उत्पत्ति के संबंध में सबसे प्रारंभिक एवं लोकप्रिय विचार जर्मन दार्शनिक **इमैनुअल कांट** (Immanuel Kant) ने दिया था। इन्हीं के सिद्धांत को 1796 ई. में गणितज्ञ **लाप्लेस** ने संशोधित रूप में प्रस्तुत किया, जिसे **नीहारिका परिकल्पना** (Nebular Hypothesis) के नाम से जाना जाता है।
- इस परिकल्पना के अनुसार, ग्रहों का निर्माण धीमी गति से घूमते हुए पदार्थों के बादलों से हुआ है, जो सूर्य की युवा अवस्था से संबंधित थे।

---

1 ग्रह (Planet) यह एक खगोलीय बिन्दु है, जो स्वयं का ताप और प्रकाश नहीं रखता और एक तारे के चारों और दीर्घ वृत्ताकार कक्षा में घूमता हैं।

2 ब्रहमांड (Universe) ब्रहमांड एक विशाल क्षेत्र है, जिसमें तारें, ग्रह व आकाशगंगाएँ शामिल हैं।

- रूस के **ऑटो शिमिड** (Otto Schmidt) और जर्मनी के **कार्ल वाइजास्कर** (Carl Weizascar) ने 1950 के दशक में नीहारिका परिकल्पना में संशोधन किया।
- इनके अनुसार, सूर्य एक सौर नीहारिका से घिरा हुआ था, जो मुख्यत: हाइड्रोजन, हीलियम और धूलकणों से निर्मित था।
- इन कणों के घर्षण व टकराने से एक चपटी तश्तरी की आकृति के बादल का निर्माण हुआ और **अभिवृद्धि**[3] प्रक्रम द्वारा ग्रहों का निर्माण हुआ।

आधुनिक सिद्धांत

वैज्ञानिकों ने बाद की अवधि में ब्रह्मांड, **तारों**[4] व ग्रहों की उत्पत्ति के बारे में सिद्धांतों का प्रस्ताव रखा। जिसको इस प्रकार वर्णित किया गया है

बिग बैंग सिद्धांत

ब्रह्मांड की उत्पत्ति संबंधी सर्वमान्य सिद्धांत **बिग बैंग सिद्धांत** (Big Bang Theory) है, जिसको विस्तारित ब्रह्मांड परिकल्पना (Expanding Universe Hypothesis) भी कहा जाता है।

वर्ष 1920 में **एडविन हब्बल** (Edwin Hubble) ने यह प्रमाणित किया कि ब्रह्मांड का विस्तार हो रहा है और समय बीतने के साथ ही आकाशगंगाएँ (Galaxy or Milky Way) भी एक-दूसरे से दूर हो रही हैं। इसके पश्चात् भी वैज्ञानिक यह मानते हैं कि प्रेक्षण द्वारा यह सिद्ध नहीं होता कि आकाशगंगाओं का विस्तार हो रहा है। बिग बैंग सिद्धांत में ब्रह्मांड विस्तार की निम्न अवस्थाएँ बताई गई हैं

- प्रारंभ में वे सभी पदार्थ जिनसे ब्रह्मांड का निर्माण हुआ है, एक अति सूक्ष्म गोलक (एकाकी परमाणु) के रूप में थे, जिसका आयतन अत्यंत सूक्ष्म लेकिन तापमान एवं घनत्व अनंत था।
- बिग बैंग की प्रक्रिया में सूक्ष्म गोलक में विस्फोट हुआ, जिससे वृहत विस्तार हुआ। वैज्ञानिकों का मानना है कि यह घटना 13.7 अरब वर्षों पहले हुई थी। विस्तार के कारण कुछ ऊर्जा पदार्थ में परिवर्तित हो गई। इस विस्फोट के बाद एक सेकंड के कुछ अंश में ही वृहत विस्तार हुआ और उसके पश्चात् उसकी गति धीमी पड़ गई। बिग बैंग के प्रारंभिक तीन मिनट में ही परमाणु का निर्माण हुआ।
- बिग बैंग से 3 लाख वर्षों के समय में तापमान में 4500° K (केल्विन) गिरावट दर्ज हुई और परमाणुओं का निर्माण हुआ। ब्रह्मांड का विस्तार आज भी जारी है। इस दौरान ब्रह्मांड पारदर्शी हो गया। ब्रह्मांड के विस्तार का अर्थ होता है—आकाशगंगाओं के बीच की दूरी में विस्तार होना।।

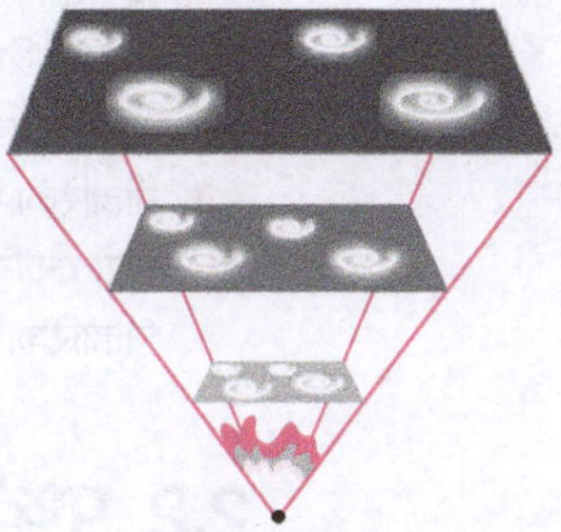

▲ बिग बैंग (एकाकी परमाणु)

हॉयल की स्थिर अवस्था संकल्पना

इस संकल्पना को वैज्ञानिक हॉयल ने प्रस्तुत किया था।

- इस संकल्पना के अनुसार, ब्रह्मांड किसी भी समय में एक ही जैसा रहा है।
- यद्धपि ब्रह्मांड के विस्तार संबंधी अनेक प्रमाणों के मिलने पर वैज्ञानिक समुदाय अब ब्रह्मांड विस्तार सिद्धांत के ही पक्षधर हैं।

तारों का निर्माण

- प्रारंभिक ब्रह्मांड में ऊर्जा व पदार्थ का वितरण समान नहीं था।
- घनत्व में आरंभिक भिन्नता के कारण गुरुत्वाकर्षण बलों में भिन्नता आई, जिसके परिणाम स्वरूप पदार्थ का एकत्रण हुआ। यही एकत्रण आकाशगंगाओं के विकास का आधार बना।
- एक आकाशगंगा असंख्य तारों का समूह है। एक मात्र आकाशगंगा का व्यास 80 हजार से 1 लाख 50 हजार प्रकाश वर्ष के बीच हो सकता है।
- एक आकाशगंगा के निर्माण का प्रारंभ हाइड्रोजन गैस से बने विशाल बादल के संचयन से होता है, जिसे नीहारिका कहते हैं।
- बढ़ती हुई निहारिका में गैस के झुंड विकसित हुए। ये समूह बढ़ते-बढ़ते घने गैसीय पिंड बने, जिनसे तारों के निर्माण की प्रक्रिया आरंभ हुई।
- तारों का निर्माण लगभग 5-6 अरब वर्ष पूर्व हुआ।

---

3 **अभिवृद्धि** (Accretion) अतिरिक्त परतों के क्रमिक संचय द्वारा वृद्धि या विस्तार।

4 **तारे** (Stars) आकाश में स्थिति एक प्राकृतिक प्रकाश मान पिंड, जो अपने केंद्र में होने वाली नाभिकीय क्रियाओं से उत्पन्न प्रकाश को स्वयं उत्सर्जित करता है।

- **प्रकाश वर्ष (Light year)** यह समय का नहीं बल्कि दूरी का माप है। प्रकाश की गति 3,00,000 किमी /सेकंड है। विचारणीय है कि एक वर्ष में प्रकाश जितनी दूरी तय करेगा, वह एक प्रकाश वर्ष होगा। यह 9.45×10^{12} किमी के बराबर है।
- पृथ्वी व सूर्य की औसत दूरी 14 करोड़ 95 लाख 98 हजार किलोमीटर है। प्रकाश वर्ष के संदर्भ में यह प्रकाश वर्ष का केवल 8.311 है।

ग्रहों का निर्माण

ग्रहों के निर्माण की निम्नलिखित अवस्थाएँ मानी जाती हैं

(i) **प्रारंभिक अवस्था** में नीहारिका एक गैसीय बादल के रूप में होती है। इसके अंतर्गत गुरुत्वाकर्षण के कारण एक गैसीय बादल में क्रोड का निर्माण होता है, जिसके चारों ओर गैस व धूलकणों की घूमती तश्तरी (Rotating Disc) का विकास होता है।

(ii) **दूसरी अवस्था** में गैसीय बादल का संघनन प्रारंभ हो जाता है और क्रोड को ढकने वाले छोटे गोलों के रूप में पदार्थ विकसित होता है। इन छोटे गोलों का निर्माण अणुओं के **पारस्परिक आकर्षण**[5] के कारण होता है, जिससे यह ग्रहाणुओं (Planetesimals) के रूप में विकसित होने लगते हैं और संघट्टन (Collision) और गुरुत्वाकर्षण से जुड़कर पूर्ण **ग्रहाणु**[6] का रूप ले लेते हैं।

(iii) **तृतीय अवस्था** में ग्रहाणुओं के सम्मिलन एवं संवर्द्धन से ग्रह जैसे बड़े पिंडों का निर्माण होता है।

चेक प्वॉइंट 1

1. बिग बैंग सिद्धांत किसने प्रस्तुत किया?
2. नेबुला परिकल्पना का संशोधन किस वर्ष किया गया?
3. एक प्रकाश वर्ष की दूरी कितनी होती है?
4. नीहारिका परिकल्पना के अनुसार, ग्रहों का निर्माण किससे हुआ?
5. तारों का निर्माण कब हुआ?
6. 'नीहारिका' क्या हैं?

2.2 पृथ्वी का उद्भव

- प्रारंभिक अवस्था में पृथ्वी चट्टानी, गर्म एवं वीरान ग्रह थी, जिसके वायुमंडल में हाइड्रोजन एवं हीलियम गैसें उपस्थित थीं। पृथ्वी की उत्पत्ति 460 करोड़ वर्ष पूर्व हुई थी।
- पृथ्वी की संरचना परतदार है, जिसमें वायुमंडल से लेकर पृथ्वी के आंतरिक क्रोड तक के पदार्थ भिन्न-भिन्न होते हैं। वायुमंडलीय पदार्थ का घनत्व सबसे कम है। पृथ्वी की सतह से इसके आंतरिक भाग तक विभिन्न मंडल होते हैं और प्रत्येक भाग के पदार्थ की अलग विशेषताएँ हैं।

स्थलमंडल का विकास

- प्रारंभिक अवस्था में पृथ्वी अस्थिर स्थिति में थी। घनत्व में वृद्धि के साथ-साथ पृथ्वी के अंदर का तापमान भी बढ़ गया। विभिन्न घनत्व वाले पदार्थ एक दूसरे से अलग होने लगे।
- इस अलगाव से भारी पदार्थ जैसे लोहा, पृथ्वी के केंद्र में चले गए और हल्के पदार्थ पृथ्वी की सतह या ऊपरी भाग की ओर आ गए।
- पृथ्वी का तापमान चंद्रमा के निर्माण के समय हुए बड़े प्रभाव के कारण बढ़ता रहा।
- समय के साथ पदार्थ ठंडे हुए और ठोस रूप में **परिवर्तित होकर छोटे आकार**[7] के हो गए।
- इस ठोस परत को 'पर्पटी' (Crust) कहा गया, जो पृथ्वी की बाहरी परत है। पृथ्वी की विभिन्न परतें **विभेदन**[8] की प्रक्रिया द्वारा अलग हुईं।
- पृथ्वी की सतह से लेकर केंद्र तक विभिन्न परतें हैं, जैसे भू-पर्पटी, मेंटल, और कोर।
- जैसे-जैसे हम क्रस्ट (भू-पर्पटी) से कोर की ओर जाते हैं, पदार्थ का घनत्व बढ़ता जाता है।

---

5 पारस्परिक आकर्षण (Cohesion) एक साथ मजबूती से चिपकने की क्रिया या प्रक्रिया।

6 ग्रहाणु (Planetesimals) अनेक छोटे खगोलीय पिंड जो सौरमंडल के विकास के प्रारंभिक चरण में अस्तित्व में थे।

7 परिवर्तित होकर छोटे आकार (Condensed) पृथ्वी के संदर्भ में, हल्के व भारी घनत्व वाले पदार्थों के पृथक होने की प्रक्रिया।

8 विभेदन (Differentiation) आयतन, क्षेत्रफल और लंबाई में संकुचित कमी।

वायुमंडल का विकास

- पृथ्वी के वायुमंडल का विकास समय के साथ भौतिक, जैविक और रासायनिक प्रक्रियाओं के माध्यम से हुआ है। पृथ्वी के वायुमंडल के निर्माण में निम्नलिखित चरण शामिल हैं
  (i) **वायुमंडल का ह्रास** आरंभिक वायुमंडल जिसमें हाइड्रोजन और हीलियम शामिल थे, जिसका समयानुसार ह्रास हुआ।
  (ii) **पृथ्वी का गर्म आंतरिक भाग** इस अवस्था में पृथ्वी के भीतर से निकली भाप एवं जलवाष्प ने वायुमंडल के विकास में सहयोग किया।
  (iii) **प्रकाश संश्लेषण**[9] पौधे, शैवाल साइनोबैक्टीरिया जैसे जीवजगत ने वायुमंडल में ऑक्सीजन की सांद्रता में वृद्धि कर वायुमंडल में परिवर्धित किया।
- पृथ्वी के ठंडा होने पर आंतरिक भाग से जलवाष्प और गैसों का उत्सर्जन हुआ, जो वायुमंडल के विकास का संकेत था।
- वर्तमान वायुमंडल में नाइट्रोजन और ऑक्सीजन गैसों का सबसे अधिक योगदान है।
- पृथ्वी के आंतरिक भाग से गैसों के उत्सर्जन की प्रक्रिया को **'गैस उत्सर्जन** (डीगैसिंग)**'** कहा जाता है।

जलमंडल का विकास

- ज्वालामुखीय विस्फोटों के कारण वायुमंडल में जलवाष्प और गैसों का संचय हुआ। पृथ्वी के ठंडा होने के साथ, वायुमंडलीय जलवाष्प संघनित होकर वर्षा के रूप में पृथ्वी पर गिरा।
- जब यह भारी वर्षा पृथ्वी की सतह के **गर्तो**[10] में जमा हुई, तब महासागरों का निर्माण हुआ। इस प्रक्रिया में वायुमंडलीय कार्बन डाइऑक्साइड वर्षा के जल में घुलकर तापमान में भारी गिरावट का कारण बनी।
- पृथ्वी की उत्पत्ति के लगभग 50 करोड़ वर्षों के भीतर महासागरों का निर्माण हो चुका था। प्रारंभिक काल में जीवन केवल महासागरों तक सीमित रहा। वैज्ञानिकों का मानना है कि लगभग 380 करोड़ वर्ष पूर्व जीवन का प्रारंभ हुआ और 250-300 करोड़ वर्ष पूर्व प्रकाश संश्लेषण की प्रक्रिया विकसित हुई।
- इस प्रक्रिया के परिणामस्वरूप महासागरों में ऑक्सीजन का निर्माण शुरू हुआ, जो धीरे-धीरे वायुमंडल में एकत्रित हुआ। लगभग 200 करोड़ वर्ष पूर्व वायुमंडल में आक्सीजन का स्तर पूर्णरूप से स्थापित हो गया।

जीवन की उत्पत्ति

पृथ्वी की उत्पत्ति का अंतिम चरण जीवन की उत्पत्ति व विकास से संबंधित है। पृथ्वी का आरंभिक वायुमंडल जीवन के विकास के लिए अनुकूल नहीं था। आधुनिक वैज्ञानिक जीवन की उत्पत्ति को एक प्रकार की रासायनिक प्रक्रिया बताते हैं, जिससे पहले जटिल जैव अणु (Complex Organic Molecules) बने और उनका समूहन प्रारंभ हुआ। यह समूहन निर्जीव पदार्थ को जीवित तत्त्व में परिवर्तित कर सकता था।

- पृथ्वी पर जीवन के चिह्न विभिन्न कालों की चट्टानों में पाए जाने वाले जीवाश्म (Fossil) के रूप में मिलते हैं। 300 करोड़ वर्ष पूर्व की भू-गर्भिक शैलों में पाई जाने वाली सूक्ष्मदर्शी संरचना आज की **शैवाल** (Blue Green Algae) की संरचना से मिलती है, जिससे यह माना जा सकता है कि भूतकाल में साधारण संरचना वाली शैवाल रही होगी। यह माना जाता है कि जीवन का विकास लगभग 380 करोड़ वर्ष पहले आरंभ हुआ। भू-वैज्ञानिक काल मापक्रम से एककोशीय अणु से लेकर वर्तमान मानव के जीवन के विकास को ज्ञात किया जा सकता है।

चेक प्वॉइंट 2

1. पृथ्वी की तीन अलग-अलग परतें कौन-सी हैं?
2. जीवन की उत्पत्ति को आधुनिक वैज्ञानिक किस प्रक्रिया के रूप में समझाते हैं?
3. प्रारंभिक वायुमंडल में मुख्य रूप से कौन-सी गैसें उपस्थित थीं?
4. महासागरों में ऑक्सीजन की उपस्थिति कब हुई?
5. पृथ्वी के आंतरिक भाग में गैसों के बहिर्गमन की प्रक्रिया को क्या कहा जाता हैं?

---

9 प्रकाश संश्लेषण (Photosynthesis) वह प्रक्रिया, जिसमें पौधें सूर्य के प्रकाश का उपयोग करके कार्बन डाइ ऑक्साइड जल और अन्य खनिजों को ग्लूकोज और ऑक्सीजन में परिवर्तित करते हैं।

10 गर्तो (Depression) एक ऐसा स्थलाकृति रूप जो अपने आस-पास के क्षेत्र से नीचे रहा है।

Mind Map

पृथ्वी की उत्पत्ति एवं विकास

1 पृथ्वी की उत्पत्ति से संबंधित सिद्धांत

आरंभिक संरचना-नीहारिका परिकल्पना

- इमैनुअल कांट द्वारा प्रस्तुत।
- यह सिद्धांत समझाता है कि ग्रह एक घने बादलों के गैसीय पिंड जैसे पदार्थ से बने थे, जो युवा सूर्य से जुड़ा हुआ था।

आधुनिक सिद्धांत

बिग बैंग सिद्धांत

- एडविन हबल द्वारा प्रस्तुत।
- यह सिद्धांत ब्रह्मांड के विस्तारशील स्वभाव की व्याख्या करता है।

हॉयल का स्थिर अवस्था सिद्धांत

- हॉयल द्वारा प्रस्तुत यह सिद्धांत बताता है कि बह्मांड किसी भी समय एक ही जैसा रहा है, यद्यपि अब वैज्ञानिक ब्राह्मांड के विस्तार के पक्षधर हैं।

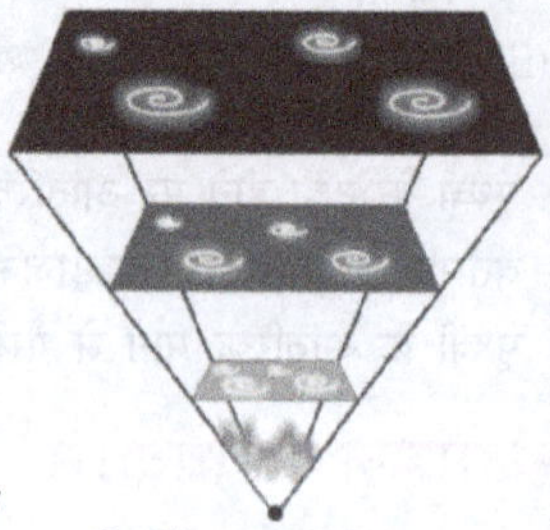

बिग बैंग (एकाकी परमाणु)

2 तारों और ग्रहों का निर्माण

तारों का निर्माण

- हाइड्रोजन गैस के विशाल बादल एकत्र होकर आकाशगंगा का निर्माण करते हैं, जो घनीभूत होकर तारों का निर्माण करते हैं।

ग्रहों का निर्माण

पहला चरण गैसों के कोर के चारों ओर गैस और धूल की एक विशाल घूमती हुई डिस्क बनती है।

दूसरा चरण टकराव के कारण बड़े पिंडों का निर्माण होता है।

अंतिम चरण अभिवृद्धि की प्रक्रिया से छोटे ग्रहाणु बनते हैं।

3 पृथ्वी का विकास

- **पृथ्वी की आयु** 400 करोड़ वर्ष/शुरुआत में यह एक गर्म, पथरीला और बंजर पिंड था, जिसमें हाइड्रोजन और हीलियम मौजूद थे।
- **वर्तमान पृथ्वी** एक ऐसा गृह है, जहाँ जीवन के अस्तित्व के लिए पर्याप्त जल और वायुमंडल उपलब्ध है।

वायुमंडल का विकास

- वायुमंडल तीन चरणों में विकसित हुआ
1. प्रारंभिक वायुमंडल, जिसमें हाइड्रोजन और हीलियम थे, ये नष्ट हो गया।
2. ज्वालामुखी विस्फोटों से गैसे निकलीं, जो वायुमंडल में शामिल हो गईं।
3. पौधों और शैवाल जैसे जीवों नें वायुमण्डल में ऑक्सीजन जोड़ दी।

स्थलमंडल का विकास

- पृथ्वी के अंदर विभिन्न घनत्व और तापमान के कारण विभिन्न परतों का निर्माण हुआ, जैसे क्रस्ट, मैंटल और कोर।

जलमंडल का विकास

- जैसे-जैसे पृथ्वी ठंडी हुई, जल वाष्प संघनित होकर वर्षा के रूप में गिरा और निम्न क्षेत्रों (डिप्रेशन्स) में एकत्रित हो गया।
- वायुमंडल में नाइट्रोजन और ऑक्सीजन का अधिकतम योगदान है।

जीवन की उत्पत्ति

- यह एक प्रकार की रासायनिक प्रक्रिया का परिणाम था, जिसने पहले जटिल जैविक अणुओं का निर्माण किया और उन्हें संगठित किया।
- जीवन का विकास लगभग 380 करोड़ वर्ष पहले शुरू हुआ, जिसके प्रमाण जीवाश्मों से मिले हैं।

NCERT फोल्डर

अध्याय के मध्य में दिए गए प्रश्न

1. पृथ्वी की परतदार संरचना कैसे विकसित हुई?

उत्तर पृथ्वी का निर्माण 4.5 अरब वर्ष पहले एक गैस और धूल के बादल से हुआ। प्रारंभ में पृथ्वी तप्त गैस का गोला थी, जिससे अणु और धातुएँ पिघल गईं। धीरे-धीरे ठंडा होते हुए, भारी तत्त्व जैसे लौह और निकेल केन्द्र में जमा हो गए, जबकि हल्के तत्त्व, जैसे–सिलिकॉन और ऑक्सीजन पृथ्वी की सतह पर आ गए। इस प्रक्रिया द्वारा पृथ्वी की तीन प्रमुख परतों क्रस्ट भू-पर्पटी मेंटल और क्रोड का निर्माण हुआ।

नीचे दिए प्रश्नों के उत्तर संक्षेप में दीजिए

1. निम्नलिखित में से कौन–सी संख्या पृथ्वी की आयु को प्रदर्शित करती है?

(a) 46 लाख वर्ष (b) 460 करोड़ वर्ष
(c) 13.7 अरब वर्ष (d) 13.7 खरब वर्ष

उत्तर *(b)* 460 करोड़ वर्ष

2. निम्नलिखित में कौन–सा तत्त्व वर्तमान वायुमंडल के निर्माण व संशोधन में सहायक नहीं है?

(a) सौर पवन (b) गैस उत्सर्जन
(c) विभेदन (d) प्रकाश संश्लेषण

उत्तर *(c)* विभेदन

3. पृथ्वी पर जीवन निम्नलिखित में से लगभग कितने वर्ष पहले आरंभ हुआ?

(a) 1 अरब, 37 करोड़ वर्ष पहले (b) 460 करोड़ वर्ष पहले
(c) 38 लाख वर्ष पहले (d) 3 अरब, 80 करोड़ वर्ष पहले

उत्तर *(d)* 3 अरब, 80 करोड़ वर्ष पहले

निम्नलिखित प्रश्नों के उत्तर लगभग 30 शब्दों में दीजिए

1. विभेदन प्रक्रिया से आप क्या समझते हैं?

उत्तर पृथ्वी अपनी उत्पत्ति के समय अत्यधिक ताप के कारण आंशिक द्रव अवस्था में थी। तापमान की अधिकता के कारण हल्के और भारी घनत्व के मिश्रण वाले पदार्थ घनत्व में भिन्नता के कारण एक-दूसरे से अलग होने शुरू हो गए। हल्के व भारी घनत्व वाले पदार्थों के अलग होने की इस प्रक्रिया को विभेदन कहते हैं।

2. प्रारंभिक काल में पृथ्वी के धरातल का स्वरूप क्या था?

उत्तर प्रारंभिक काल में पृथ्वी गर्म थी तथा चट्टानों एवं धातुओं से भरी हुई थी। इसका वायुमंडल बहुत ही विरल था, जो हाइड्रोजन व हीलियम से बना हुआ था। यह आज की पृथ्वी के वायुमंडल से बहुत अलग था।

3. पृथ्वी के वायुमंडल को निर्मित करने वाली प्रारंभिक गैसें कौन–सी थीं?

उत्तर पृथ्वी के वायुमंडल को निर्मित करने वाली प्रारंभिक गैसें हाइड्रोजन व हीलियम थीं, किंतु सौर पवनों ने इन्हें धीरे-धीरे पृथ्वी के वायुमंडल से दूर कर दिया। यह वायुमंडल के विकास की पहली अवस्था थी।

निम्नलिखित प्रश्नों के उत्तर लगभग 150 शब्दों में दीजिए

1. बिग बैंग सिद्धांत का विस्तार से वर्णन कीजिए।

उत्तर बिग बैंग सिद्धांत ब्रह्मांड की उत्पत्ति से संबंधित सबसे आधुनिक और मान्यकारी सिद्धांत है। इसे विस्तारित ब्रह्मांड परिकल्पना भी कहा जाता है। यह सिद्धांत वर्ष 1920 में एडविन हब्बल ने प्रतिपादित किया था। एडविन हब्बल ने सर्वप्रथम इस बात के प्रमाण दिए कि आकाशगंगा का विस्तार हो रहा है।

एडविन हब्बल के अनुसार, आरंभ में वे सभी पदार्थ, जिनसे ब्रह्मांड बना है, अति छोटे गोलक एकाकी परमाणु के रूप में एक ही स्थान पर स्थित थे, जिसका आयतन अत्यधिक सूक्ष्म एवं तापमान तथा घनत्व अनंत था।

बिग बैंग की प्रक्रिया में इस अति छोटे गोलक में भीषण विस्फोट हुआ। इस प्रकार की विस्फोट प्रक्रिया से वृहत् विस्तार हुआ। वैज्ञानिकों का मानना है कि बिग बैंग की घटना आज से 13.7 अरब वर्ष पहले हुई थी। ब्रह्मांड का विस्तार आज भी जारी है, जिसके कारण कुछ ऊर्जा पदार्थों में भी परिवर्तन हुआ है।

विस्फोट के बाद 1 सेकंड की अल्पावधि में ही वृहत् विस्तार हुआ। इसके बाद विस्तार की गति धीमी पड़ गई। बिग बैंग की घटना की शुरुआत के तीन मिनट पहले ही परमाणु का निर्माण हुआ।

अतः बिग बैंग सिद्धांत ब्रह्मांड के विकास की सबसे व्यापक रूप से स्वीकृत व्याख्या है। यह सिद्धांत हमें यह समझने में मदद करता है कि ब्रह्मांड कैसे बना और इसका विकास कैसे हुआ। वैज्ञानिक इस सिद्धांत को और भी सटीक बनाने के लिए अनुसंधान और अवलोकन करते रहते हैं। इस सिद्धांत का महत्त्व न केवल खगोल भौतिकी में है, बल्कि यह अस्तित्व के बारे में हमारी समझ को भी गहरा करता है।

2. पृथ्वी की विकास संबंधी अवस्थाओं को बताते हुए प्रत्येक अवस्था को संक्षेप में वर्णित कीजिए।

उत्तर पृथ्वी के विकास को तीन अवस्थाओं में विभाजित किया जाता है, जो निम्नलिखित हैं

1. **प्रथम अवस्था** इस अवस्था में नीहारिका के अंदर गैसों के समूहों में गुरुत्वाकर्षण बल से गैसीय बादल में क्रोड का निर्माण हुआ। इस गैसीय बादल के क्रोड के चारों ओर गैस एवं धूलकणों की घूमती हुई तश्तरी का निर्माण हुआ।

2. **दूसरी अवस्था** इसमें गैसीय बादल का संघनन शुरू हुआ तथा क्रोड के ढकने वाले पदार्थों से छोटे गोलों का निर्माण हुआ। इन छोटे गोलों के अणुओं में पारस्परिक आकर्षण से ग्रहाणुओं का विकास हुआ। संघटन की क्रिया द्वारा बड़े पिंड बनने शुरू हुए और गुरुत्वाकर्षण बल के परिणामस्वरूप ये बड़े पिंड आपस में जुड़ गए।
3. **तीसरी अवस्था** इसमें छोटे पिंडों के अनेक छोटे ग्रहाणुओं के परस्पर जुड़ने से कुछ बड़े पिंडों का निर्माण हुआ, जो ग्रह के रूप में परिवर्तित हुए। उनमें से एक पृथ्वी है। उत्पत्ति के समय अत्यधिक ताप के कारण पृथ्वी आंशिक रूप से द्रव अवस्था में थी, परिणामस्वरूप तापमान की अधिकता से हल्के और भारी घनत्व वाले पदार्थ अलग होने शुरू हुए। भारी पदार्थ पृथ्वी के केंद्र में चले गए तथा हल्के पदार्थ पृथ्वी की ऊपरी सतह की ओर आ गए। समय के साथ ठंडे होकर पृथ्वी की भू-पर्पटी के रूप में विकसित हुए। इसके बाद स्थलमंडल, वायुमंडल एवं जलमंडल का विकास हुआ।

अभ्यास प्रश्न

वस्तुनिष्ठ प्रश्न

बहुविकल्पीय प्रश्न

1. पृथ्वी की उत्पत्ति के संबंध में सबसे लोकप्रिय व प्रारंभिक विचार किसने दिया?
(a) इमैनुअल कांट (b) ऑटो शिमिड
(c) कार्ल वाइजास्कर (d) मोल्टन

उत्तर *(a)* इमैनुअल कांट

2. 1950 के दशक में निहारिका परिकल्पना में किन-किन वैज्ञानिकों ने संशोधन किया था?
(a) इमैनुअल कांट और लाप्लास
(b) ऑटो शिमिड और कार्ल वाइजास्कर
(c) लाप्लास और ऑटो शिमिड
(d) कार्ल वाइजास्कर और इमैनुअल कांट

उत्तर (b) ऑटो शिमिड और कार्ल वाइजास्कर

3. आधुनिक समय में ब्रह्मांड की उत्पत्ति संबंधी सर्वमान्य सिद्धांत बिग बैंग सिद्धांत को अन्य किस नाम से जाना जाता है?
(a) आरंभिक सिद्धांत (b) नीहारिका परिकल्पना
(c) आधुनिक सिद्धांत (d) विस्तारित ब्रह्मांड परिकल्पना

उत्तर *(d)* विस्तारित ब्रह्मांड परिकल्पना

4. ब्रह्मांड से संबंधित स्थिर अवस्था संकल्पना के अनुसार क्या बताया गया है?
(a) ब्रह्मांड का विस्तार हो रहा है
(b) ब्रह्मांड सिकुड़ रहा है
(c) ब्रह्मांड किसी भी समय में एक ही जैसा रहा है
(d) ब्रह्मांड अस्थिर है

उत्तर *(c)* ब्रह्मांड किसी भी समय में एक ही जैसा रहा है

5. द्वैतारक सिद्धांत का प्रतिपादन किसने किया?
(a) चेम्बरलेन (b) मोल्टन
(c) 'a' और 'b' दोनों (d) हॅरोल्ड जैफरी

उत्तर *(c)* 'a' और 'b' दोनों

6. किसके द्वारा यह प्रमाणित किया गया कि ब्रह्मांड का विस्तार हो रहा है?
(a) हॉयल (b) एडविन हब्बल
(c) जेम्स जींस (d) इमैनुअल कांट

उत्तर *(b)* एडविन हब्बल

7. बिग-बैंग की घटना आज से कितने वर्ष पहले घटित हुई थी?
(a) 13.7 अरब वर्ष पूर्व
(b) 5 अरब वर्ष पूर्व
(c) 13 अरब वर्ष पूर्व
(d) 12.7 अरब वर्ष पूर्व

उत्तर *(a)* 13.7 अरब वर्ष पूर्व

8. प्रकाश वर्ष किसका मापक है?
(a) समय का (b) दूरी का (c) प्रकाश का (d) ऊर्जा का

उत्तर *(b)* दूरी का

9. बिग बैंग प्रक्रिया के दौरान ……
(a) गोलक में विस्फोट से निर्मित ब्रह्मांण का तापमान बढ़ गया, जिससे परमाणवीय पदार्थों का निर्माण हुआ
(b) पदार्थों का ऊर्जा में परिवर्तन हो गया
(c) पहले परमाणु का निर्माण आरंभिक तीन मिनट में हुआ
(d) 1 घंटे के अल्पांश में ही वृहत् विस्तार हुआ, जो लगातार बढ़ता ही गया

उत्तर *(c)* पहले परमाणु का निर्माण आरंभिक तीन मिनट में हुआ।

10. प्रारंभ में पृथ्वी चट्टानी, गर्म और वीरान ग्रह थी, जिसका वायुमंडल आज के वायुमंडल से अलग तथा विरल था, क्योंकि यह ………… बना था। *दक्षता आधारित प्रश्न*
(a) हाइड्रोजन गैस से
(b) हीलियम गैस से
(c) हाइड्रोजन एवं हीलियम गैस से
(d) नाइट्रोजन एवं कार्बन डाई-ऑक्साइड गैस से

11. प्रारंभिक अवस्था में पृथ्वी चट्टानी एवं वीरान ग्रह थी, जिसके वायुमंडल में हाइड्रोजन एवं हीलियम गैस उपस्थित थी तथा पृथ्वी की उत्पत्ति ······· पूर्व हुई थी।

(a) 270 करोड़ वर्ष (b) 360 करोड़ वर्ष
(c) 460 करोड़ वर्ष (d) 860 करोड़ वर्ष

उत्तर *(c)* 460 करोड़ वर्ष

12. पृथ्वी एवं ब्रह्मांड की उत्पत्ति से संबंधित आरंभिक सिद्धांत एवं आधुनिक सिद्धांत दिया गया है। इससे संबंधित कौन-सा कथन सही नहीं है?
दक्षता आधारित प्रश्न

(a) नीहारिका परिकल्पना आरंभिक सिद्धांत है
(b) कार्ल वाइजास्कर के अनुसार सूर्य एक दूसरी नीहारिका से घिरा था, जो हाइड्रोजन, हीलियम एवं धूलकणों से बनी थी
(c) हेरॉल्ड जैफरी ने द्वैतारक सिद्धांत की आलोचना की
(d) मोल्टन के द्वैतारक सिद्धांत को सर जेम्स जींस ने समर्थन दिया

उत्तर *(c)* हेरॉल्ड जैफरी ने द्वैतारक सिद्धांत की आलोचना की

13. "पृथ्वी की उत्पत्ति एवं विकास" के संदर्भ में चार अलग-अलग चरण पहचाने गए हैं। दिए गए विवरण के आधार पर संबद्ध चरण की पहचान कीजिए।

"इस चरण के बाद जैविक विकास की प्रक्रिया ने पृथ्वी पर जीवों की विविधता को जन्म दिया, जिससे विभिन्न प्रकार के पौधे-जानवर और मनुष्य का विकास हुआ।"

(a) प्रथम चरण: पृथ्वी का निर्माण
(b) द्वितीय चरण: पृथ्वी का ठंडा होना और जल संचय
(c) तृतीय चरण: जीवन का आरंभ
(d) चतुर्थ चरण: जैविक विकास और विविधता

उत्तर *(d)* चतुर्थ चरण: जैविक विकास और विविधता

14. निम्नलिखित कथनों में से कौन-सा कथन सही नहीं है?

(a) इमैनुअल कांट एक जर्मन दार्शनिक थे
(b) द्वैतारक सिद्धांत के अनुसार ग्रहों की उत्पत्ति तारों से हुई है
(c) तारों में हाइड्रोजन व नाइट्रोजन की अधिकता पाई जाती है
(d) प्रकाश वर्ष दूरी का मापक है

उत्तर *(c)* तारों में हाइड्रोजन व नाइट्रोजन की अधिकता पाई जाती है

15. स्थिर अवस्था संकल्पना (Steady state concepts) का क्या अर्थ है?

(a) कोई प्रक्रिया समय के साथ बदलती रहती है
(b) किसी प्रणाली में समय के साथ कोई परिवर्तन नहीं होता
(c) प्रणाली में तापमान घटता रहता है
(d) यह संकल्पना बताती है कि बाहरी ऊर्जा इनपुट के बिना प्रणाली संतुलन में रहती है।

उत्तर (b) किसी प्रणाली में समय के साथ कोई परिवर्तन नहीं होता।

16. 'पृथ्वी की उत्पत्ति एवं विकास' से संबंधित निम्नलिखित तथ्यों को क्रम से व्यवस्थित करें।

1. समय के साथ पृथ्वी ने ठोस रूप धारण किया और उसका आंतरिक तापमान बढ़ने लगा।
2. पृथ्वी की सतह पर जल की उपलब्धता से जीवन के लिए उपयुक्त वातावरण तैयार हुआ।
3. जीवन के विकास के साथ पृथ्वी पर जैव विविधता का प्रारंभ हुआ।
4. पृथ्वी का सबसे पहला रूप एक गैसीय बादल था।

कूट
(a) 3, 4, 2, 1 (b) 4, 1, 2, 3
(c) 1, 2, 3, 4 (d) 4, 1, 3, 2

उत्तर (b) 4, 1, 2, 3

17. पृथ्वी के धरातल से क्रोड तक कई परतें पाई जाती हैं, इनमें कौन-सी परतें शामिल हैं?

1. भू-पर्पटी 2. बाह्य क्रोड 3. आंतरिक क्रोड

कूट
(a) केवल 1 (b) केवल 2
(c) 1 और 2 दोनों (d) ये सभी

उत्तर *(d)* ये सभी

18. निम्नलिखित को ध्यानपूर्वक पढ़िए तथा पृथ्वी के धरातल से क्रोड तक की सभी परतों को व्यवस्थित क्रम में लिखिए

1. मैंटल 2. ब्राह्य क्रोड
3. भूपर्पटी 4. आंतरिक क्रोड

कूट
(a) 4, 3, 2, 1 (b) 3, 1, 2, 4
(c) 1, 2, 3, 4 (d) 2, 3, 1, 4

उत्तर (b) 3, 1, 2, 4

19. स्थलमंडल के बारे में निम्नलिखित में से कौन-सा कथन सही है?

1. पृथ्वी की रचना भी ग्रहाणुओं के एकत्रित होने से हुई।
2. अत्यधिक तापमान के कारण पृथ्वी आंशिक रूप से द्रव अवस्था में रह गई।

कूट
(a) केवल 1
(b) केवल 2
(c) 1 और 2 दोनों
(d) उपरोक्त में से कोई नहीं

उत्तर *(c)* 1 और 2 दोनों

20. निम्नलिखित को ध्यानपूर्वक पढ़िए और बिग बैंग सिद्धांत के संदर्भ में सही कथन का चयन कीजिए

1. बिग बैंग सिद्धांत के अनुसार ब्रह्मांड की उत्पत्ति 5 अरब वर्ष पूर्व हुई थी।
2. वर्ष 1920 में एडविन हब्बल ने यह प्रमाणित किया कि ब्रह्मांड का विस्तार हो रहा है साथ ही आकाशगंगा एक-दूसरे से दूर हो रही है।
3. बिग बैंग सिद्धांत का प्रतिपादन जॉर्ज लेमेंतेयर ने किया था।

कूट
(a) केवल 1 (b) केवल 2 (c) 2 और 3 (d) ये सभी

उत्तर (c) 2 और 3

21. 'तारों का निर्माण' से संबंधित निम्नलिखित में से कौन-सा कथन सही है?

1. तारों का निर्माण आज से लगभग 5 से 6 अरब वर्ष पहले हुआ था।
2. तारों के समूह को आकाशगंगा कहते हैं।
3. सूर्य एक तारा है।

कूट
(a) केवल 1 (b) केवल 2
(c) 1 और 2 (d) ये सभी

उत्तर (d) ये सभी

उत्तर (d) ये सभी

22. **वायुमंडल के विकास से संबंधित कथनों को व्यवस्थित कीजिए**

1. पृथ्वी के भीतर से भाप तथा जलवाष्प का विकास
2. आदिकालीन वायुमंडलीय गैसों का ह्रास
3. जैवमंडल प्रकाश संश्लेषण प्रक्रिया द्वारा वायुमंडल का संशोधन
4. हल्की गैसों के द्वारा पृथ्वी के वायुमंडल का निर्माण

दक्षता आधारित प्रश्न

कूट

(a) 2, 1, 4, 3 (b) 2, 3, 1, 4
(c) 3, 2, 1, 4 (d) 4, 3, 2, 1

उत्तर (a) 2, 1, 4, 3

23. **निम्नलिखित में से कौन-सा युग्म सही सुमेलित नहीं है?**

दक्षता आधारित प्रश्न

(a) इमैनुअल कांट – पृथ्वी की उत्पत्ति के संबंध में सबसे प्रारंभिक विचार
(b) मोल्टन – ब्रह्मांड का विस्तार हो रहा है
(c) हॉयल – स्थिर अवस्था संकल्पना
(d) ऑटो शिमिड – नीहारिका परिकल्पना में संशोधन

उत्तर *(b)* मोल्टन — ब्रह्मांड का विस्तार हो रहा है

24. **निम्नलिखित में से कौन-सा युग्म सही सुमेलित नहीं है?**

(a) 1950 के दशक – नीहारिका परिकल्पना में संशोधन
(b) वर्ष 1920 में – एडविन हब्बल ने प्रमाणित किया कि ब्रह्मांड का विस्तार हो रहा है।
(c) 1796 ई. में – गणितज्ञ लाप्लास ने नीहारिका में संशोधन प्रस्तुत किया था।
(d) 160 करोड़ वर्ष पूर्व– पृथ्वी की उत्पत्ति हुई थी।

उत्तर (d) 160 करोड़ वर्ष पूर्व – पृथ्वी की उत्पत्ति हुई थी।

25. **निम्नलिखित में से कौन-सा कथन सही है?** दक्षता आधारित प्रश्न

कथन I पृथ्वी की उत्पत्ति का सबसे प्रमुख सिद्धांत महाविस्फोट सिद्धांत बिग-बैंग सिद्धांत (Big Bang theory) है।

कथन II पृथ्वी सौरमंडल का हिस्सा है और इसकी उत्पत्ति नीहारिका परिकल्पना (Nebular Hypothesis) द्वारा समझाई जाती है।

कूट

(a) केवल कथन I सही है (b) केवल कथन II सही है
(c) दोनों कथन सही हैं (d) दोनों कथन गलत हैं

उत्तर (b) केवल कथन II सही है

26. **कथन I ब्रह्मांड के विस्तार का अर्थ है, आकाशगंगाओं के बीच की दूरी में विस्तार का होना।**

कथन II स्थिर अवस्था संकल्पना के अनुसार ब्रह्मांड किसी भी समय में एक ही जैसा रहा है।

कूट

(a) केवल कथन I सही है (b) केवल कथन II सही है
(c) दोनों कथन सही है (d) दोनों कथन गलत हैं

उत्तर (c) दोनों कथन सही हैं

27. **सूची I के साथ सूची II को सुमेलित कीजिए**

सूची I	सूची II
A. बिग–बैंग सिद्धांत	1. जीवन की उत्पत्ति
B. पृथ्वी की उत्पत्ति का अंतिम चरण	2. ब्रह्मांड की उत्पत्ति
C. नीहारिका परिकल्पना	3. पृथ्वी की उत्पत्ति
D. तारों का समूह	4. तारामंडल

कूट

	A	B	C	D
(a)	2	1	3	4
(b)	3	4	1	2
(c)	2	1	4	3
(d)	4	1	2	3

उत्तर (a) 2 1 3 4

निर्देश (प्र.सं. 28-30) नीचे दो कथन दिए हैं, जिसमें एक कथन (A) एवं दूसरा कारण (R) है। दिए गए कूट की सहायता से सही उत्तर दीजिए।

(a) A और R दोनों सही हैं, परंतु R, A की सही व्याख्या नहीं है
(b) A और R दोनों सही हैं तथा R, A की सही व्याख्या है
(c) A और R दोनों गलत हैं
(d) A सही है, किंतु R गलत है

28. **कथन (A) पृथ्वी का प्रारंभिक वायुमंडल मुख्यतः हाइड्रोजन और हीलियम से बना था।**

कारण (R) पृथ्वी का गुरुत्वाकर्षण प्रारंभ में हल्की गैसों को पकड़ने में सक्षम नहीं था। दक्षता आधारित प्रश्न

उत्तर (b) प्रारंभिक अवस्था में पृथ्वी पर हाइड्रोजन और हीलियम की प्रचुरता थी, लेकिन समय के साथ पृथ्वी के तापमान और दाब में बदलाव के कारण ये हल्की गैसें धीरे-धीरे कम हो गईं। इस प्रक्रिया का एक प्रमुख कारण यह था कि हल्की गैसें पृथ्वी के गुरुत्वाकर्षण को पार कर सकती थीं, जिससे वे अंतरिक्ष में उड़ गईं और प्रारंभिक वायुमंडल में इनकी अधिकता देखी गई।

29. **कथन (A) नीहारिका के अंदर गैसों के गुथित झुंड में गुरुत्वाकर्षण बल के कारण क्रोड का निर्माण हुआ।**

कारण (R) बड़े ग्रहों का निर्माण छोटे ग्रहाणुओं के मध्य पारस्परिक आकर्षण के संयोजन से हुआ।

उत्तर (a) नीहारिका के अंदर गैसों के गुथित झुंड हैं, जिनमें गुरुत्वाकर्षण बल के कारण क्रोड का निर्माण हुआ तथा इस गैसीय क्रोड के चारों ओर गैस व धूलकणों की घूमती हुई तश्तरी विकसित हुई। अगली अवस्था में इनमें संघनन आरंभ हुआ तथा छोटे-छोटे ग्रहाणुओं का निर्माण हुआ तथा अंतिम अवस्था में इन छोटे ग्रहाणुओं के अणुओं में आकर्षण बल के कारण बड़े ग्रहों का निर्माण हुआ।

30. **कथन (A) पृथ्वी के वायुमंडल का विकास तीन अवस्थाओं में हुआ है, जिसमें प्रकाश संश्लेषण प्रक्रिया की महत्त्वपूर्ण भूमिका है।**

कारण (R) पृथ्वी का वायुमंडल जलवाष्प से सर्वाधिक घनीभूत है।

कारण (R) पृथ्वी का वायुमंडल जलवाष्प से सर्वाधिक घनीभूत है।

उत्तर (d) पृथ्वी के वायुमंडल का विकास तीन अवस्थाओं में हुआ है। प्रारंभिक अवस्था में आदिकालीन वायुमंडलीय गैसों का ह्रास हुआ। दूसरी अवस्था में पृथ्वी के आंतरिक भाग से निकली गैसों और जलवाष्प ने वायुमंडल का विकास किया तथा अंतिम अवस्था में जैवमंडल के प्रकाश संश्लेषण प्रक्रिया ने वायुमंडल की संरचना को संशोधित किया। पृथ्वी का वायुमंडल संरचना में नाइट्रोजन तथा आर्क्सीजन की महत्त्वपूर्ण भूमिका है।

चित्र आधारित प्रश्न

31.

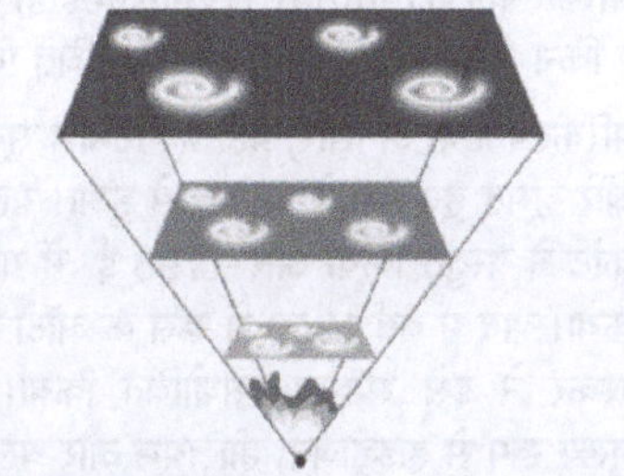

बिग बैंग सिद्धांत के अनुसार ब्रह्मांड का विस्तार उपरोक्त अवस्थाओं में हुआ है। इस संदर्भ में दिए गए निम्न प्रश्नों के उत्तर दीजिए।

(i) **बिग बैंग सिद्धांत के अनुसार, ब्रह्मांड का प्रारंभ किस अवस्था में हुआ था?**

(a) ठोस अवस्था (b) गैसीय अवस्था
(c) सूक्ष्म गोलक व गर्म अवस्था (d) ठंडा व सघन अवस्था

उत्तर (c) सूक्ष्म गोलक व गर्म अवस्था

(ii) **बिग बैंग सिद्धांत के अनुसार, ब्रह्मांड के विस्तार का कारण क्या है? (चित्रानुसार)**

(a) कृष्ण-छिद्र का प्रभाव
(b) आकाशगंगाओं के बीच का गुरुत्वाकर्षण
(c) ब्रह्माडीय विस्फोट और विस्तार
(d) पृथ्वी के गुरुत्वाकर्षण का प्रभाव

उत्तर (d) ब्रह्माडीय विस्फोट और विस्तार

(iii) **दिए गए चित्र के अनुसार, ब्रह्मांड की सबसे प्रारंभिक अवस्था को किस नाम से जाना जाता है?**

(a) एकीकृत अवस्था (b) आकाशगंगा
(c) ब्रह्मांडीच अंडा (d) विचित्रता (सिंगुलैरिटी)

उत्तर (d) विचित्रता (सिंगुलैरिटी)

स्रोत आधारित प्रश्न

निम्नलिखित स्रोतों को ध्यानपूर्वक पढ़कर उन पर आधारित प्रश्नों के उत्तर दीजिए

1. ग्रहाणु व दूसरे खगोलीय पिंड ज्यादातर एक जैसे ही घने और हल्के पदार्थों के मिश्रण से बने हैं। उल्काओं के अध्ययन से हमें इस बात का पता चलता है। बहुत से ग्रहाणुओं के इकट्ठा होने से ग्रह बनें। पृथ्वी की रचना भी इसी प्रकम के अनुरूप हुई है। जब पदार्थ गुरुत्वबल के कारण संहत हो रहा था, तो उन इकट्ठा होते पिंडों ने पदार्थ को प्रभावित किया। इससे अत्यधिक ऊष्मा उत्पन्न हुई। यह क्रिया जारी रही और उत्पन्न ताप से पदार्थ पिघलने/गलने लगा। ऐसा पृथ्वी की उत्पत्ति के दौरान और उत्पत्ति के तुरंत बाद हुआ। अत्यधिक ताप के कारण, पृथ्वी आंशिक रूप से द्रव अवस्था में रह गई और तापमान की अधिकता के कारण ही हल्के और भारी घनत्व के मिश्रण वाले पदार्थ घनत्व के अंतर के कारण अलग होना शुरू हो गए। इसी अलगाव से भारी पदार्थ (जेसे लोहा), पृथ्वी के केंद्र में चले गए और हल्के पदार्थ पृथ्वी की सतह पर ऊपरी भाग की तरफ आ गए। समय के साथ यह और ठंडे हुए और ठोस रूप में परिवर्तित होकर छोटे का आकर के हो गए। अंततोगत्वा यह पृथ्वी की भूपर्पटी के रूप में विकसित हो गए। हल्के व भारी घनत्व वाले पदार्थों के पृथक होने की इस प्रक्रिया को विभेदन कहा जाता है। चंद्रमा की उत्पत्ति के दौरान, भीषण संघट्ट के कारण, पृथ्वी का तापमान पुनः बढ़ा फिर ऊर्जा उत्पन्न हुई और यह विभेदन का दूसरा चरण था। विभेदन की इस प्रक्रिया द्वारा पृथ्वी का पदार्थ अनेक परतों में अलग हो गया। पृथ्वी के धरातल से क्रोड तक कई परतें पाई जाती हैं। जैसे–पर्पटी, प्रावार, बाह्य क्रोड और आंतरिक क्रोड। पृथ्वी के ऊपरी भाग से आंतरिक भाग तक पदार्थ का घनत्व बढ़ता है।

(i) **पृथ्वी के भीतर भारी पदार्थ कहाँ स्थित है?**

(a) सतह पर (b) पर्पटी में
(c) पृथ्वी के केंद्र में (d) प्रावार (मैंटल) में

उत्तर (c) पृथ्वी के केंद्र में

(ii) **पृथ्वी के पदार्थों के घनत्व के आधार पर अलग होने की प्रक्रिया को क्या कहते हैं?**

(a) संघटन (b) विभेदन
(c) परिवहन (d) अपक्षय

उत्तर (b) विभेदन

(iii) **चंद्रमा की उत्पत्ति के दौरान पृथ्वी के तापमान में वृद्धि मुख्य कारण क्या था?**

(a) सौर विकिरण (b) भीषण संघटट
(c) वायुमंडलीय दबाव (d) पृथ्वी की धूरी

उत्तर (b) भीषण संघटट (Giant Impact)

2. पृथ्वी के वायुमंडल की वर्तमान संरचना में नाइट्रोजन एवं ऑक्सीजन का प्रमुख योगदान है। वर्तमान वायुमंडल के विकास की तीन अवस्थाएँ हैं। इसकी पहली अवस्था में आदिकालिक वायुमंडलीय गैसों का ह्रास हुआ है। दूसरी अवस्था में पृथ्वी के भीतर से निकली भाप एवं जलवाष्प ने वायुमंडल के विकास में सहयोग दिया। अंत में वायुमंडल की संरचना को जैव मंडल की प्रकाश संश्लेषण प्रक्रिया ने संशोधित किया। प्रारंभिक वायुमंडल जिसमें हाइड्रोजन व हीलियम की अधिकता थी, सौर पवन के कारण पृथ्वी से दूर हो गया। ऐसा केवल पृथ्वी पर ही नहीं, वरन् सभी पार्थिव ग्रहों पर हुआ अर्थात् सभी पार्थिक ग्रहों से सौर पवन के प्रभाव के कारण आदिकालिक वायुमंडल या तो दूर धकेल दिया गया या समाप्त हो गया। यह वायुमंडल के विकास की पहली अवस्था थी। पृथ्वी के ठंडा होने और विभेदन के दौरान, पृथ्वी के अंदरूनी भाग से बहुत-सी गैसें व जलवाष्प बाहर निकले। इसी से आज के वायुमंडल का उद्भव हुआ। आरंभ में वायुमंडल में जलवाष्प, नाइट्रोजन, कार्बन डाइ-ऑक्साइड, मीथेन व अमोनिया अधिक मात्रा में और स्वतंत्र ऑक्सीजन बहुत कम थी। वह प्रक्रिया जिससे पृथ्वी के भीतरी भाग से गैसें धरती

विस्फोट से वायुमंडल में जलवाष्प व गैस बढ़ने लगी। पृथ्वी के ठंडा होने के साथ-साथ जलवाष्प का संघनन शुरू हो गया। वायुमंडल में उपस्थित कार्बन डाइ-ऑक्साइड के वर्षा के पानी में घुलने से तापमान में और अधिक गिरावट आई। फलस्वरूप अधिक संघनन व अत्यधिक वर्षा हुई। पृथ्वी के धरातल पर वर्षा का जल गर्तों में इकट्ठा होने लगा, जिससे महासागर बने।

पृथ्वी पर उपस्थित महासागर पृथ्वी की उत्पत्ति से लगभग 50 करोड़ सालों के अंतर्गत बने। इससे हमें पता चलता है कि महासागर 400 करोड़ वर्ष पुराने हैं। लगभग 380 करोड़ साल पहले जीवन का विकास आरंभ हुआ। यद्यपि लगभग 250 से 300 करोड़ वर्ष पहले प्रकाश संश्लेषण प्रक्रिया विकसित हुई। लंबे समय तक जीवन केवल महासागरों तक सीमित रहा।

(i) **पृथ्वी के वायुमंडल में प्रारंभिक अवस्था में किस प्रकार की गैस की विद्यमानता थी?**

उत्तर पृथ्वी के वायुमंडल में प्रारंभिक अवस्था में हाइड्रोजन व हीलियम की अधिकता थी। यह वायुमंडल सौर पवन के कारण पृथ्वी से दूर हो गया।

(ii) **पृथ्वी की उत्पत्ति के क्रम में हमारे वायुमंडल में ऑक्सीजन की पर्याप्त मात्रा की पूर्ति कब हुई?**

उत्तर पृथ्वी की उत्पत्ति के क्रम में हमारे वायुमंडल में ऑक्सीजन की पर्याप्त मात्रा की पूर्ति 200 करोड़ वर्ष पूर्व हुई।

(iii) **पृथ्वी पर जीवन की उत्पत्ति का महासागरों में जीवन की उत्पत्ति के बाद होने का प्रमुख कारण क्या है?**

उत्तर प्रकाश-संश्लेषण की प्रक्रिया में वृद्धि पृथ्वी पर जीवन की उत्पत्ति का महासागरों में जीवन की उत्पत्ति के बाद होने का प्रमुख कारण है।

3. पृथ्वी की उत्पत्ति के संबंध में विभिन्न दार्शनिकों व वैज्ञानिकों ने अनेक परिकल्पनाएँ प्रस्तुत की हैं। इनमें से एक प्रारंभिक एवं लोकप्रिय मत जर्मन दार्शनिक इमैनुअल कांट (Immanuel Kant) का है। 1796 ई. में गणितज्ञ लाप्लेस (Laplace) ने इसका संशोधन प्रस्तुत किया जो नीहारिका परिकल्पना (Nebular Hypothesis) के नाम से जाना जाता है। इस परिकल्पना के अनुसार, "ग्रहों का निर्माण धीमी गति से घूमते हुए पदार्थों के बादल से हुआ, जोकि सूर्य की युवा अवस्था से संबद्ध थे।" बाद में 1900 ई. में चेम्बरलेन ओर मोल्टन (Chamberlain & Moulton) ने कहा कि ब्रह्मांड में एक अन्य भ्रमणशील तारा सूर्य के समीप से गुजरा। इसके परिणामस्वरूप तारे के गुरुत्वाकर्षण से सूर्य-सतह से सिगार के आकार का कुछ पदार्थ निकलकर अलग हो गया। यह तारा जब सूर्य से दूर चला गया, तो सूर्य-सतह से बाहर निकला हुआ यह पदार्थ सूर्य के चारों तरफ घूमने लगा और यही धीरे-धीरे संघनित होकर ग्रहों के रूप में परिवर्तित हो गया, पहले सर जेम्स जींस (Sir James Jeans) और बाद में सर हेरॉल्ड जैफरी (Sir Harold Jeffrey) ने इस मत का समर्थन किया।

यद्यपि कुछ समय बाद के तर्क सूर्य के साथ एक और साथी तारे के होने की बात मानते हैं। ये तर्क 'द्वैतारक सिद्धांत' (Binary theories) के नाम से जाने जाते हैं। वर्ष 1950 में रूस के ऑटो शिमिड (Otto schmidt) व जर्मनी के कार्ल वाइजास्कर (Carl weizascar) ने नीहारिका परिकल्पना (Nebular hypothesis) में कुछ संशोधन किया, जिसमें विवरण भिन्न था। उनके विचार से सूर्य एक सौर नीहारिका से घिरा हुआ था, जो मुख्यतः हाइड्रोजन, हीलियम और धूलकणों की बनी थी। इन कणों के घर्षण व टकराने (Collision) से एक चपटी तश्तरी की आकृति के बादल का निर्माण हुआ और अभिवृद्धि (Accretion) प्रक्रम द्वारा ही ग्रहों का निर्माण हुआ। अंततोगत्वा, वैज्ञानिकों ने पृथ्वी या अन्य ग्रहों की ही नहीं, बल्कि पूरे ब्रह्मांड की उत्पत्ति संबंधी समस्याओं को समझने का प्रयास किया।

(i) **नीहारिका परिकल्पना (Hebular Hypothesis) का मुख्य सिद्धांत क्या है और इसे किन वैज्ञानिकों ने प्रस्तुत व संशोधित किया?**

उत्तर **नीहारिका परिकल्पना के अनुसार, ग्रहों का निर्माण सूर्य की युवा अवस्था से जुड़े धीरे-धीरे घूमते हुए गैस के बादल से हुआ। यह सिद्धांत सबसे पहले इमैनुअल कांट ने प्रस्तुत किया और 1796 ई. में गणितज्ञ लाप्लेस ने इसे संशोधित किया। बाद में वर्ष 1950 में रूस के ऑटो शिमिड और जर्मनी के कार्लवाइजास्कर ने इसे स्पष्टतः संशोधित किया। उनके अनुसार सौर नीहारिका मुख्य रूप से हाइड्रोजन, हीलियम और धूल के कणों से बनी थी, जिनके घर्षण और टकराने से ग्रहों का निर्माण हुआ।**

(ii) **चेम्बरलेन और मोल्टन की परिकल्पना के अनुसार ग्रहों का निर्माण कैसे हुआ**

उत्तर **चेम्बरलेन और मोल्टन की परिकल्पना के अनुसार, सूर्य के समीप से एक भ्रमणशील तारा गुजरा, जिसके गुरुत्वाकर्षण बल के कारण सूर्य की सतह से सिगार के आकार का पदार्थ बाहर स्रावित हुआ। यह पदार्थ सूर्य के चारों ओर घूमने लगा और धीरे-धीरे संघटित होकर ग्रहों में परिवर्तित हो गया। यह परिकल्पना गुरुत्वाकर्षण बल और पदार्थ के संघनन पर आधारित है। सर जेम्स जींस और सर हेरॉल्ड जैफरी ने इस मत का समर्थन किया।**

(iii) **द्वैतारक सिद्धांत (Binary theory) क्या है और इसका वैज्ञानिक आधार क्या है?**

उत्तर द्वैतारक सिद्धांत के अनुसार, ग्रहों के निर्माण में सूर्य के साथ एक साथी तारे की भूमिका थी। यह सिद्धांत मानता है कि सूर्य के पास दूसरा तारा उपलब्ध था, जिसके प्रभाव से ग्रह निर्माण की प्रक्रिया शुरू हुई। इन सिद्धांतों का आधार गुरुत्वाकर्षण बल और तारे की निकटता से उत्पन्न प्रभाव है। यह सिद्धांत ग्रहों की उत्पत्ति के संबंध में एक वैकल्पिक दृष्टिकोण प्रदान करता है।

लघु उत्तरीय प्रश्न

1. **नीहारिका परिकल्पना के सिद्धांत पर संक्षिप्त टिप्पणी लिखिए।**

अथवा **नीहारिका परिकल्पना के सिद्धांत के अनुसार, सौर मंडल का निर्माण गैसीय निहारिकाओं के संघनन और घूर्णन से हुआ। इस कथन की न्यायसंगत व्याख्या कीजिए।**

दक्षता आधारित प्रश्न

उत्तर पृथ्वी की उत्पत्ति के संबंध में सबसे प्रारंभिक एवं लोकप्रिय विचार जर्मन दार्शनिक इमैनुअल कांट ने दिया था। इन्हीं के सिद्धांत को 1796 ई. में गणितज्ञ लाप्लेस ने संशोधित रूप में प्रस्तुत किया, जो नीहारिका परिकल्पना के नाम से जाना जाता है। इस परिकल्पना के अनुसार ग्रहों का निर्माण धीमी गति से घूमते हुए पदार्थों के बादलों से हुआ है जो सूर्य की युवा अवस्था से संबंधित थे।

ऑटो शिमिड (रूस) और कार्ल वाइजास्कर (जर्मनी) ने 1950 के दशक में नीहारिका परिकल्पना में संशोधन किए। इनके अनुसार सूर्य एक नीहारिका से घिरा हुआ था, जो मुख्यतः हाइड्रोजन, हीलियम और धूलकणों से निर्मित था।

इनके कणों के आपस में टकराने से एक चपटी तश्तरीनुमा बादल का निर्माण हुआ, जो कालांतर में ग्रहों के निर्माण के लिए उत्तरदायी हुआ।

2. द्वैतारक सिद्धांत से आप क्या समझते हैं? स्पष्ट कीजिए।

उत्तर वर्ष 1900 में चेंबरलेन और मोल्टन के अनुसार, ब्रह्मांड में एक अन्य भ्रमणशील तारा सूर्य के पास से गुजरा, जिसके परिणामस्वरूप तारे के गुरुत्वाकर्षण से सूर्य की सतह से सिगार के आकार का कुछ पदार्थ निकलकर इससे अलग हो गया। जब वह भ्रमणशील तारा सूर्य से दूर चला गया, तो सूर्य की सतह से बाहर निकला हुआ यह पदार्थ सूर्य के चारों तरफ घूमने लगा और धीरे-धीरे संघनित होकर उसने ग्रहों का रूप ले लिया। इस सिद्धांत को द्वैतारक सिद्धांत के नाम से जाना जाता है। चेंबरलेन और मोल्टन के इस सिद्धांत का पहले सर जेम्स जींस और बाद में सर हेरॉल्ड जैफरी ने भी समर्थन किया।

3. तारों के निर्माण पर संक्षिप्त टिप्पणी लिखिए।

अथवा **तारे किस प्रक्रिया के माध्यम से बनते हैं?**

अथवा **तारे गैस और धूल के विशाल बादलों (नीहारिकाओं) से बनते हैं, जो गुरुत्वाकर्षण के कारण संकुचित होकर परमाणु संलयन शुरू करते हैं, जिससे ऊर्जा और प्रकाश उत्पन्न होता है। इस कथन को स्पष्ट करें।**

दक्षता आधारित प्रश्न

उत्तर हाइड्रोजन गैस से बने विशाल बादल के संचयन से आकाशगंगा के निर्माण की शुरुआत हुई, जिसे नीहारिका कहा गया। जब नीहारिका बढ़ने लगी, तब उसमें गैस के झुंड विकसित हुए तथा ये झुंड बढ़ते-बढ़ते घने गैसीय पिंड बने, जिनसे तारों का निर्माण आरंभ हुआ। तारों का निर्माण आज से लगभग 5 से 6 अरब वर्षों पहले हुआ था। तारों के समूह को आकाशगंगा कहते हैं। आकाशगंगा का विस्तार बहुत अधिक होने के कारण उनकी दूरी प्रकाश वर्ष में मापी जाती है, जो हजारों वर्षों में होती है। एक आकाशगंगा का व्यास 80 हजार से 1 लाख 50 हजार प्रकाश वर्ष के बीच होता है।

4. वर्तमान में वायुमंडल विकास की कितनी अवस्थाओं से होकर गुजरता है?

उत्तर पृथ्वी का वायुमंडल विभिन्न गैसों का मिश्रण है। वायुमंडल की संरचना में नाइट्रोजन एवं ऑक्सीजन का प्रमुख योगदान है। वर्तमान वायुमंडल विकास की तीन अवस्थाओं से होकर गुजरता है

(i) पहली अवस्था में आदिकालीन वायुमंडलीय गैसों का ह्रास हुआ।

(ii) दूसरी अवस्था में पृथ्वी के भीतर से निकली भाप एवं जलवाष्प ने वायुमंडल के विकास में सहयोग दिया।

(iii) तीसरी अवस्था में वायुमंडल की संरचना को जैवमंडल की प्रकाश-संश्लेषण प्रक्रिया ने संशोधित किया।

5. वायुमंडल के विकास ने पृथ्वी पर जीवन की उत्पत्ति का आधार तैयार किया। स्पष्ट कीजिए।

उत्तर पृथ्वी पर जीवन के अस्तित्व के लिए ऑक्सीजन को प्राणदायक गैस माना जाता है। पृथ्वी की उत्पत्ति के दौरान उस समय कोई वायुमंडल नहीं था, लेकिन समय के साथ-साथ पृथ्वी के आंतरिक भाग से निकली भाप एवं जलवाष्प ने वायुमंडल के विकास में महत्त्वपूर्ण योगदान दिया। आरंभ में वायुमंडल में जलवाष्प, कार्बन डाइ-ऑक्साइड, नाइट्रोजन, मीथेन एवं अमोनिया अधिक मात्रा में विद्यमान थी, जबकि ऑक्सीजन की मात्रा कम थी।

ज्वालामुखी के लगातार विस्फोट एवं जलवाष्प की आपूर्ति से वायुमंडल में आर्द्रता की मात्रा बढ़ गई, जिसके ठंडा होने एवं संघनन के पश्चात् वर्षा हुई। वर्षा जल में कार्बन डाइ-ऑक्साइड के घुलने से तापमान में गिरावट आई तथा पृथ्वी के धरातल के गर्तों में जल एकत्रित होने से वनस्पतियों का विकास हुआ। वनस्पतियों के प्रकाश-संश्लेषण की प्रक्रिया द्वारा वायुमंडल में कार्बन डाइऑक्साइड कम होने लगी तथा ऑक्सीजन की मात्रा बढ़ने लगी, जिससे पृथ्वी पर जीवन की उत्पत्ति में बढ़ावा मिला।

6. जलमंडल का विकास एक वृहद् और दीर्घकालिक प्रक्रिया के दौरान हुआ। चर्चा कीजिए।

अथवा **जलमंडल का विकास एक लंबी और जटिल प्रक्रिया है, जिसमें भूगर्भीय परिवर्तन, जलचक्र की क्रियाओं और समय के साथ प्राकृतिक कारकों का योगदान है। उपयुक्त तर्कों से कथन की पुष्टि कीजिए।**

दक्षता आधारित प्रश्न

उत्तर जलमंडल का विकास तब हुआ, जब पृथ्वी के ठंडा होने के कारण वायुमंडल में उपस्थित जलवाष्प का संघनन प्रारंभ हुआ। इसी क्रम में वायुमंडलीय कार्बन डाइ-ऑक्साइड वर्षा के पानी में मिलने लगी, जिससे तापमान में अत्यधिक गिरावट हुई और भारी मात्रा में वर्षा हुई। भारी वर्षा का जल पृथ्वी के बड़े गर्तों में एकत्रित होने लगा, जिससे महासागरों का निर्माण हुआ। पृथ्वी के लगभग 71% हिस्से पर महासागर का विस्तार पाया जाता है। पृथ्वी की उत्पत्ति के लगभग 50 करोड़ वर्षों में महासागर बने। महासागर लगभग 400 करोड़ वर्ष पुराना है। प्रारंभिक समय में जीवन केवल महासागरों तक सीमित रहा, जबकि लगभग 380 करोड़ वर्ष पहले जीवन का विकास माना जाता है।

दीर्घ उत्तरीय प्रश्न

1. पृथ्वी की उत्पत्ति से संबंधित आरंभिक व आधुनिक सिद्धांत का वर्णन कीजिए।

उत्तर इस प्रश्न के उत्तर के लिए पृष्ठ संख्या 20 व 21 पर 'आरंभिक सिद्धांत', व 'आधुनिक सिद्धांत शीर्षक का अध्ययन करें।

2. ग्रहों के निर्माण के संदर्भ में परिकल्पनाओं की व्याख्या कीजिए।

अथवा **ग्रहों के निर्माण के लिए नीहारिका के विकास की प्रक्रिया का वर्णन करें। इसकी विभिन्न अवस्थाओं को समझाइए।**

उत्तर ग्रहों के निर्माण की नीहारिका परिकल्पना के अनुसार, ग्रहों का निर्माण धीमी गति से घूमते हुए पदार्थों के बादल से हुआ है, जिसका संबंध सूर्य की युवा अवस्था से था। चेंबरलेन और मोल्टन के अनुसार ब्रह्मांड में एक अन्य भ्रमणशील तारे के सूर्य के पास से गुजरने के कारण तारे के गुरुत्वाकर्षण से सूर्य-सतह से सिगार के आकार का कुछ पदार्थ निकलकर अलग हो गया। तारे के सूर्य से दूर चले जाने से सूर्य से बाहर निकला पदार्थ सूर्य के चारों ओर घूमने लगा और इसी पदार्थ ने धीरे-धीरे संघनित होकर ग्रहों का निर्माण किया। ग्रहों का विकास कई अवस्थाओं में हुआ है।

प्रारंभिक अवस्था में नीहारिका एक गैसीय बादल के रूप में होती है। इसके अंतर्गत गुरुत्वाकर्षण के कारण एक गैसीय क्रोड का निर्माण होता है, जिसके चारों ओर गैस व धूलकणों की घूमती तश्तरी का विकास होता है। इस अवस्था में गैसीय बादल का संघनन प्रारंभ हो जाता है और क्रोड को ढकने वाले छोटे गोलों के रूप में पदार्थ विकसित होता है। इस छोटे गोले का निर्माण अणुओं के पारस्परिक आकर्षण के कारण होता है, जिससे यह ग्रहाणुओं के रूप में विकसित होने लगते हैं और संघटन एवं गुरुत्वाकर्षण से जुड़कर पूर्ण ग्रहाणु का रूप ले लेते हैं। अंतिम अवस्था में ग्रहाणुओं के सम्मिलन एवं संवर्द्धन से ग्रह जैसे बड़े पिंडों का निर्माण होता है।

3. स्थलमंडल, वायुमंडल एवं जलमंडल के विकास को समझाइए।

उत्तर स्थलमंडल वायुमंडल और जलमंडल के निर्माण में पृथ्वी के भूगर्भीय इतिहास की महत्त्वपूर्ण भूमिका है। यह प्रक्रिया अरबों वर्षों में विभिन्न प्राकृतिक क्रियाओं के माध्यम से पूर्ण हुई।

स्थलमंडल का निर्माण पृथ्वी के ठोस भाग के विकास से हुआ। प्रारंभिक अवस्था में पृथ्वी गर्म और द्रव रूप में थी। धीरे-धीरे ठंडा होने पर इसका बाहरी भाग ठोस हो गया, जिससे स्थलमंडल का निर्माण हुआ। इसके बाद ज्वालामुखीय गतिविधियों ने पृथ्वी की सतह को आकार दिया और महाद्वीप, पर्वत तथा घाटियाँ बनीं।

वायुमंडल का निर्माण पृथ्वी के गर्भ से निकलने वाली गैसों से हुआ। प्रारंभिक ज्वालामुखीय विस्फोटों के दौरान बड़ी मात्रा में जलवाष्प, कार्बन डाइऑक्साइड, नाइट्रोजन और अन्य गैसें उत्सर्जित हुईं, जिन्होंने प्रारंभिक वायुमंडल का निर्माण किया। यह वायुमंडल धीरे-धीरे सजीवों के विकास और प्रकाश संश्लेषण के कारण ऑक्सीजन युक्त हो गया।

जलमंडल जलवाष्प के संघनन से बना। जब पृथ्वी की सतह ठंडी हुई, तो वायुमंडल में उपस्थित जलवाष्प संघनित होकर वर्षा के रूप में पृथ्वी पर गिरा। यह प्रक्रिया लंबे समय तक सतत रूप से जारी रही, जिससे महासागर नदियाँ और झीलों का निर्माण हुआ।

इन तीनों मंडलों का समन्वय पृथ्वी पर जीवन के लिए आवश्यक परिस्थितियाँ प्रदान करता है।

स्वयं को जाँचें

वस्तुनिष्ठ प्रश्न

1. पुरा वैज्ञानिकों के अनुसार किस महाकल्प में स्थल से डायनासोर की विलुप्ति हो गई थी?
(a) नवजीवन कल्प
(b) मध्यजीवी कल्प
(c) पुराजीवी कल्प
(d) पूर्व कैम्ब्रियन युग

2. वायुमंडल की संरचना में किस गैस का योगदान है?
(a) कार्बन डाइऑक्साइड
(b) नाइट्रोजन
(c) ऑक्सीजन
(d) 'b' और 'c' दोनों

3. स्थल पर ………… कल्प में रेंगने वाले जीवों की अधिकता थी।
(a) जुरासिक कल्प (b) ट्रायसिक कल्प
(c) कार्बोनिफेरस कल्प (d) क्रीटेशस कल्प

4. ………… प्रक्रिया द्वारा पृथ्वी का पदार्थ अनेक परतों में अलग हो गया था।
(a) गुरुत्वाकर्षण पृथक्करण
(b) टेक्टोनिक प्लेटों का संचलन
(c) वायुमंडलीय संघटन
(d) भू-आकृतिकरण

5. निम्नलिखित कथनों पर विचार करें
1. आरंभ में ब्रह्मांड का निर्माण छोटे गोलकों से हुआ है, जिसका आयतन अत्यधिक सूक्ष्म एवं तापमान तथा घनत्व अनंत था।
2. बिग बैंग की प्रक्रिया में केवल बड़े गोलकों में विस्फोट हुआ और उसका विस्तार नहीं हुआ।

निम्नलिखित कथनों में सही कथन कौन-सा है?
(a) केवल 1
(b) केवल 2
(c) 1 और 2 दोनों
(d) न तो 1 और न ही 2

6. नीचे दो कथन दिए हैं, जिनमें एक कथन (A) एवं दूसरा कारण (R) है। दिए गए कूट की सहायता से सही उत्तर दीजिए।

कथन (A) आज का वायुमंडल स्थिर है और इसमें कोई परिवर्तन नहीं होता।

कारण (R) वायुमंडल के विकास का अंतिम चरण पूरा हो चुका है।

(a) A और R दोनों सही है, परंतु R, A की सही व्याख्या नहीं है
(b) A और R दोनों सही हैं और R, A की सही व्याख्या है।
(c) A और R दोनों गलत हैं।
(d) A सही है किंतु R गलत है।

अतिलघु उत्तरीय प्रश्न

7. पृथ्वी की उत्पति से संबंधित प्रतिपादित सिद्धांतों को बताइए।

8. किसने प्रमाणित करने का प्रयास किया कि ब्रह्मांड का विस्तार हो रहा है?

9. स्थिर अवस्था संकल्पना को किसने प्रस्तुत किया?

10. प्रकाशवर्ष किसका मापक है?

11. पृथ्वी की संरचना कैसी है?

12. वायुमंडल के प्रारंभिक अवस्था में किन गैसों की मात्रा अधिक थी?

13. महासागरों का निर्माण किस प्रकार हुआ?

14. वैज्ञानिकों के अनुसार जीवन उत्पत्ति किस प्रक्रिया के अंतर्गत हुई?

लघु उत्तरीय प्रश्न

15. पृथ्वी की उत्पत्ति के संबंध में ऑटो शिमिड और कार्ल वाइजास्कर के सिद्धांत बताइए।

16. बिग बैंग सिद्धांत क्या है और यह ब्रह्माण्ड की उत्पत्ति विकास और संरचना को समझाने में कैसे मदद करता है? इसके वैज्ञानिक महत्त्व पर चर्चा कीजिए।

17. उल्काओं के अध्ययन का वैज्ञानिक महत्त्व क्या है? वे पृथ्वी और सौरमंडल की संरचना, विकास एवं उत्पत्ति के बारे में कौन-सी महत्त्वपूर्ण जानकारियाँ प्रदान करते हैं?

18. ग्रहों के निर्माण की अवस्थाओं को संक्षेप में समझाइए।

दीर्घ उत्तरीय प्रश्न

19. पृथ्वी की उत्पत्ति के आरंभिक सिद्धांत की व्याख्या कीजिए।

20. "पृथ्वी की उत्पत्ति का आधुनिक सिद्धान्त बताता है कि पृथ्वी लगभग 4.5 अरब वर्ष पहले गैसीय और धूल के बादल के संकुचन एवं घूर्णन से बनी।" उपयुक्त तर्कों के साथ कथन की पुष्टि करें।

21. ग्रहों के निर्माण की नीहारिका परिकल्पना क्या है? इसके प्रमुख तत्त्वों को विस्तार से वर्णित करें।

3

अध्याय

पृथ्वी की आंतरिक संरचना

यह अध्याय पृथ्वी की सतह के भूगोल से संबंधित है। यह पृथ्वी की सतह पर कार्य करने वाली विभिन्न प्रक्रियाओं जैसे एंडोजेनिक (अंदर होने वाली) और एक्सोजेनिक (बाहर होने वाली) प्रक्रियाओं का परिणाम है। पृथ्वी के आंतरिक भाग को अप्रत्यक्ष प्रमाणों के आधार पर समझा जा सकता है, क्योंकि पृथ्वी के आंतरिक भाग में न तो कोई पहुँच सका है और न पहुँच सकता है।

▼ अध्ययन एक नजर में

3.1 पृथ्वी की आंतरिक संरचना के स्रोत

3.2 भूकंप

3.3 पृथ्वी की संरचना

3.4 ज्वालामुखी

▼ अभ्यास के लिए

– बहुविकल्पीय प्रश्न 33, (अभिकथन/कारण, सुमेलित कीजिए)

– वर्णनात्मक प्रकार के प्रश्न (लघु उत्तरीय प्रश्न 8, दीर्घ उत्तरीय प्रश्न 4)

– स्रोत आधारित प्रश्न 3, मानचित्र आधारित

3.1 पृथ्वी की आंतरिक संरचना के स्रोत

पृथ्वी की त्रिज्या **6,370 किमी** है। पृथ्वी की आंतरिक परिस्थितियों के कारण यह संभव नहीं है कि पृथ्वी के केंद्र तक पहुँचकर उसका निरीक्षण किया जा सके। पृथ्वी की आंतरिक संरचना के बारे में अधिकांश जानकारियाँ प्रत्यक्ष एवं अप्रत्यक्ष स्रोतों से प्राप्त होती हैं। इनका विवरण निम्न प्रकार है

प्रत्यक्ष स्रोत

- प्रत्यक्ष स्रोतों में खनन, ड्रिलिंग और ज्वालामुखी विस्फोट के साक्ष्य शामिल हैं।
- खनन सतह की चटटानें पृथ्वी की पूरी परत के अध्ययन के लिए आसानी से उपलब्ध हैं। खनन गतिविधियाँ इन चट्टानों के विश्लेषण तक आसान पहुँच प्रदान करती है, उदाहरण के लिए, दक्षिण अफ्रीका में सोने की खदानें।
- 3-4 किमी या उससें अधिक गहराई पर खनन कार्य सम्भव नहीं होता है, क्योंकि इस गहराई पर तापमान काफी अधिक होता है। इसके अतिरिक्त पृथ्वी की आंतरिक स्थिति का पता लगाने के लिए विश्व के वैज्ञानिक मुख्य रूप से दो परियोजनाओं पर कार्य कर रहे हैं; जैसे- **गहरे समुद्र में प्रवेधन परियोजना** (Deep Ocean Drilling Project), **समन्वित महासागरीय प्रवेधन परियोजना** (Integrated Ocean Drilling Project)
- आज तक सबसे गहरा प्रवेधन (Drill) आर्कटिक महासागर में कोला (Kola) क्षेत्र में 12 किमी की गहराई तक किया गया है।
- प्रत्यक्ष स्रोतों के अंतर्गत ज्वालामुखी उद्गार को भी शामिल किया जाता है, क्योंकि इससे निकला लावा प्रयोगशाला अन्वेषण के लिए उपलब्ध होता है। यद्यपि इसकी गहराई को निर्धारित कर पाना मुश्किल है।

अप्रत्यक्ष स्रोत

- इन स्रोतों में सामग्रियों के तापमान, दबाव और धनत्व का विश्लेषण शामिल है।
- गहराई बढ़ने के साथ तापमान, दबाव और घनत्व बढ़ता है (सतह से केंद्र की ओर)।
- **गुरुत्वाकर्षण**[1], चुंबकीय क्षेत्र एवं भूकंप संबंधी क्रियाओं को पृथ्वी के आंतरिक भाग की जानकारी प्राप्त करने के लिए अप्रत्यक्ष स्रोत के रूप में प्रयोग करते हैं।
- पृथ्वी के धरातल पर पहुँचने वाली उल्काओं से अप्रत्यक्ष रूप में पृथ्वी के आंतरिक भाग की जानकारी मिलती है, क्योंकि उल्काएँ वैसे पदार्थ के बने ठोस पिंड हैं, जिनसे पृथ्वी का निर्माण हुआ है। उल्काओं से प्राप्त पदार्थ और उनकी संरचना पृथ्वी से मिलती-जुलती है।
- गुरुत्वाकर्षण बल पृथ्वी के धरातल पर विभिन्न अक्षांशों पर एक समान नही होता है। गुरुत्वाकर्षण बल ध्रुवों पर अधिक एवं भूमध्य रेखा पर कम होता है। इसका मुख्य कारण पृथ्वी के केंद्र से ध्रुवों की कम दूरी तथा भूमध्य रेखा की अधिक दूरी है। इसके अतिरिक्त गुरुत्व का मान पृथ्वी के आंतरिक पदार्थों का 'असमान वितरण' तथा पदार्थों के द्रव्यमान के अनुसार परिवर्तित होता है।
- अलग-अलग स्थानों पर गुरुत्वाकर्षण की भिन्नता अनेक कारकों से प्रभावित होती है। इस भिन्नता को गुरुत्व विसंगति (Gravity anomaly) कहा जाता है।
- चुंबकीय सर्वेक्षण भी भू-पर्पटी में चुंबकीय पदार्थ के वितरण की जानकारी देते हैं।
- भूकंपीय तरंगों (भूकंप उत्पन्न करने वाली लहरें) के अध्ययन से पृथ्वी के परतदार आन्तरिक भाग के बारे में जानकारी प्राप्त होती है।

3.2 भूकंप

- साधारण भाषा में भूकंप का अर्थ - 'पृथ्वी का कंपन' है
- यह एक प्राकृतिक घटना है, जो ऊर्जा के निष्कासन के कारण तरंगें उत्पन्न होती हैं, जो दिशाओं में फैलकर भूकंप उत्पन्न करती है।

भूकंप के कारण

- भूकंप तब आता है, जब पृथ्वी की प्लेटें घर्षण के कारण चिपक जाती हैं और दबाव विकसित हो जाता है। जब दबाव बहुत अधिक हो जाता है, तो प्लेटें अचानक फिसल जाती हैं या हिल जाती हैं, जिससे ऊर्जा भूकंपीय तरंगों के रूप में निकलती है, और पृथ्वी की सतह में कंपन उत्पन्न होने लगता है।
- वह स्थान जहाँ से ऊर्जा निकलती है, भूकंप का **उद्गम केंद्र**[2] (Focus) कहलाता है, इसे **अवकेंद्र** (Hypocenter) भी कहा जाता है।
- भूतल पर वह बिंदु जो उद्गम केंद्र के समीपतम होता है, **अधिकेंद्र**[3] (Epicenter) कहलाता है।

भूकंपीय तरंगें

- भूकंप तरंगें वे कंपन हैं, जो पृथ्वी के आंतरिक भाग से होकर गमन करती हैं।
- सभी प्राकृतिक भूकंप स्थल मंडल (पृथ्वी की सतह से 200 किमी की गहराई तक) में ही आते हैं।
- भूकंप मापी यंत्र **सिस्मोग्राफ**[4] एक ऐसा उपकरण है, जिसका उपयोग सतह तक पहुँचने वाली तरंगो को रिकार्ड करने के लिए किया जाता है।

भूकंपीय तरंगों के प्रकार

भू-कंपीय तरंगों को दो भागों में बाटाँ गया है

भू-गर्भिक तरंगें

भू-गर्भिक तरंगें तब उत्पन्न होती हैं, जब उद्गम केंद्र से ऊर्जा मुक्त होती है। ये तरंगें पृथ्वी के आंतरिक भाग से होकर सभी दिशाओं में गुजरती हैं, इसलिए इन्हें भू-गर्भिक तरंगें कहा जाता है। ये 'P' व 'S' दो प्रकार की होती हैं।

---

1 गुरुत्वाकर्षण यह वह बल है, जो किसी पिंड को पृथ्वी के केंद्र की ओर आकर्षित करता है।

2 अवकेंद्र यह वह स्थान है, जहाँ से ऊर्जा निकलती है, इसे भूकंप का उद्‌गम केंद्र कहलाता है।

3 अधिकेंद्र भूतल पर वह बिंदु जो उद्‌गम केंद्र के समीपतम होता है; अधिकेंद्र कहलाता हैं। अधिकेंद्र पर ही सबसे पहले तरंगों को महसूस किया जाता है।

4 सिस्मोग्राफ यह भूकंप की तीव्रता का पता लगाने वाला एक उपकरण है।

(i) 'P' **तरंगें** तीव्र गति से चलती हैं और धरातल पर सबसे पहले पहुँचती हैं, इसलिए इन्हें **प्राथमिक तरंगें** भी कहा जाता है।
- ये ध्वनि तरंगों के समान होती हैं।
- ये तरंगें ठोस, तरल एवं गैस तीनों माध्यमों से होकर गुजरती हैं।
- 'P' तरंगों से कंपन की दिशा तरंगों की दिशा के समानांतर होती है।

(ii) 'S' **तरंगें** प्राथमिक तरंगों ('P' तरंगों) के धरातल पर पहुँचने के कुछ समय पश्चात् पहुँचती हैं, इसलिए इन्हें **द्वितीयक तरंगें** भी कहा जाता है। ये तरंगें केवल ठोस पदार्थ के माध्यमों से ही गुजरती हैं।
- इन तरंगों से ही वैज्ञानिक भूगर्भ की संरचना के विषय में जानकारी प्राप्त करते हैं।
- 'S' तरंगें ऊर्ध्वाधर तल में, तरंगों की दिशा के समकोण पर कंपन उत्पन्न करती हैं। विभिन्न प्रकार के घनत्वों में गुजरने के कारण इन तरंगों का वेग भिन्न-भिन्न होता है।
- ये तरंगें **परावर्तन**[5] (Reflection) से प्रतिध्वनित होकर वापस लौटती हैं, जबकि **आवर्तन**[6] (Refraction) से विभिन्न दिशाओं में गति करती हैं।

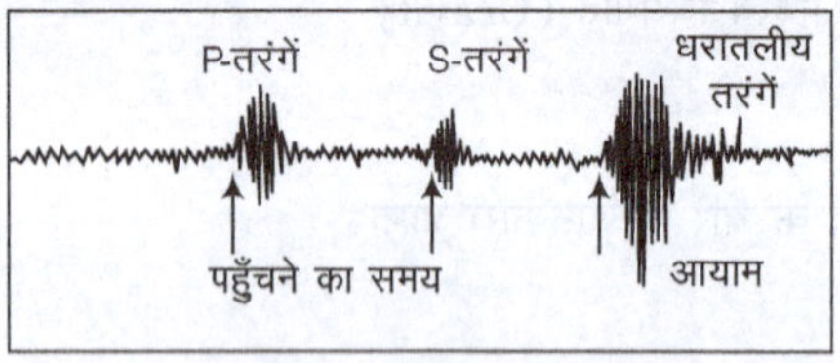

▲ भूकंपीय तरंगों का संचरण

धरातलीय तरंगें

- धरातलीय शैलों एवं भू-गार्भिक तरंगों के मध्य परस्पर क्रिया के फलस्वरूप नई तरंगों की उत्पत्ति होती है, जो धरातलीय तरंगे (Surface waves) कहलाती हैं।
- ये सबसे विनाशकारी लहरें होती हैं, जो चट्टानों के विस्थापन की ओर संरचना के भ्रंशन के कारण बनती हैं।
- इन तरंगों को सबसे अंत में सिस्मोग्राफ पर अंकित किया जाता है।

छाया क्षेत्र

- ऐसे क्षेत्र जहाँ भूकंप की कोई भी तरंग अभिलेखित नहीं होती है, भूकंपीय छाया क्षेत्र कहलाती है।
- भूकंपीय अधिकेंद्र से 105° के भीतर किसी भी दूरी पर 'P' व 'S' दोनों ही तरंगों का अभिलेखन करते हैं। अधिकेंद्र से 145° से दूर केवल 'P' तरंगों की उपस्थिति को ही दर्ज किया जाता है।
- भूकंप अधिकेंद्र के 105° से 145° तक 'P' तरंगों का छाया क्षेत्र एक पट्टी के रूप में पृथ्वी के चारों तरफ प्रतीत होता है। 'S' तरंगों का छाया क्षेत्र न केवल विस्तार में बड़ा है, लेकिन यह पृथ्वी के 40 प्रतिशत भाग से भी अधिक है।
- 'S' तरंगें। 105° से दूर पूरे क्षेत्र में नहीं पहुँच पाती है।

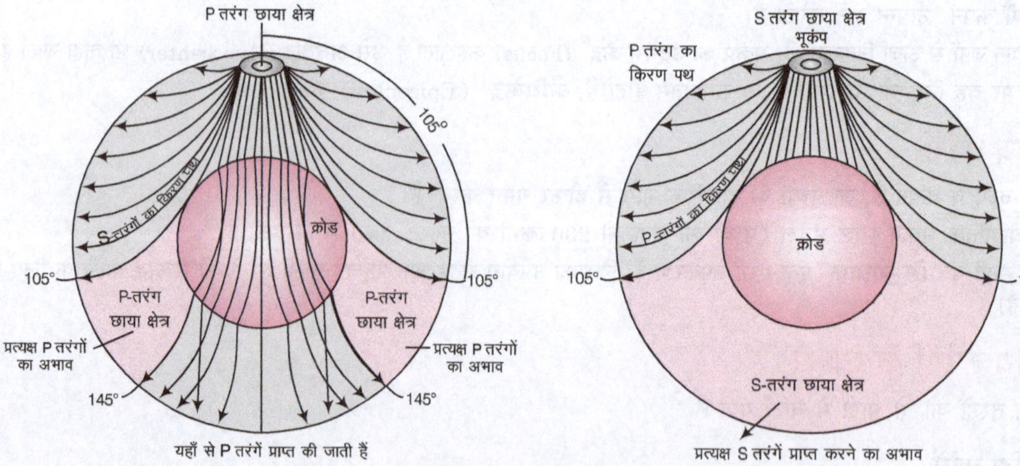

▲ चित्र : भूकंपीय छाया क्षेत्र

---

5 **परावर्तन** यह वह प्रक्रिया है, जब प्रकाश सतह से टकराता है, और वापस लौट जाता है।

6 **आवर्तन** आवर्तन वह प्रक्रिया हैं जब प्रकाश एक माध्यम से गुजरता है और बदलता है।

भूकंप के प्रकार– भूकंप पाँच प्रकार के होते हैं, जिनका विवरण इस प्रकार है

(i) **विवर्तनिक भूकंप** इस तरह के भूकंप भ्रंशतल के किनारे चट्टानों के खिसक जाने के कारण उत्पन्न होते हैं। सामान्य तौर पर विवर्तनिक भूकंप ही अधिक आते हैं।

(ii) **ज्वालामुखीय भूकंप** इस प्रकार के भूकंप अधिकांशत: सक्रिय ज्वालामुखी के क्षेत्रों तक ही सीमित रहते हैं। इसको भी एक विशिष्ट वर्ग के विवर्तनिक भूकंप के अंतर्गत ही रखा जाता है।

(iii) **नियात भूकंप** खनन क्षेत्रों में अत्यधिक खनन कार्य करने से भूमिगत खानों की छत गिर जाती हैं, जिससे हल्के झटके महसूस किए जाते हैं, जो नियात भूकंप कहलाते हैं।

(iv) **विस्फोट भूकंप** इस तरह के भूकंप परमाणु व रासायनिक विस्फोट के कारण आते हैं।

(v) **बाँधजनित भूकंप** इस प्रकार के भूकंप बड़े बाँध वाले क्षेत्रों में आते हैं।

भूकंपों की माप

- भूकंप घटनाओं का मापन भूकंपीय तीव्रता के आधार पर अथवा आघात तीव्रता के आधार पर किया जाता है।
- भूकंपीय तीव्रता की मापनी 'रिक्टर स्केल' (Richter Scale) के नाम से जानी जाती हैं, जिसमें भूकंप की तीव्रता 0 से 10 तक होती हैं।
- आघात की तीव्रता को **मारकैली** के नाम से जाना जाता है, इसकी गहनता 1 से 12 तक होती है।

भूकंप के प्रभाव

भूकंप एक प्राकृतिक आपदा है, जिसके निम्नलिखित प्रभाव हैं

1. भूमि का हिलना
2. **धरातलीय विसंगति**[7]
3. भू-स्खलन/पंकस्खलन
4. **मृदा द्रवण**[8]
5. **धरातल का एक तरफ झुकना**[9]
6. **हिमस्खलन**[10]
7. धरातलीय विस्थापन
8. बाँध व तटबंध के टूटने से बाढ़
9. आग लगना
10. इमारतों का टूटना तथा ढाँचों का ध्वस्त होना
11. **वस्तुओं का गिरना**[11]
12. सुनामी

– सुनामी पानी के भीतर भूकंप के कारण उत्पन्न होने वाली लहरें हैं।

– सुनामी का प्रभाव तभी होगा, जब भूकंप का केंद्र समुद्र के पानी के नीचे हो और तीव्रता अधिक हों।

– रिक्टर पैमाने पर 5 से अधिक आवृत्ति वाले भूकंप का भौतिक और मानव पर्यावरण पर लंबे समय तक प्रभाव रहता है।

चेक प्वॉइंट 1

1. पृथ्वी की आन्तरिक संरचना के विषय में जानकारी के कितने स्रोतों का उल्लेख हैं?
2. भूकंप के उद्‌गम केंद्र को ओर किस नाम से जाना जाता है?
3. प्राथमिक तरंगें किन तरंगों के समान होती हैं?
4. 'एं' तरंगों का छाया क्षेत्र का विस्तार पृथ्वी के कितने प्रतिशत भाग से अधिक हैं?
5. आघात की तीव्रता को किस नाम से जाना जाता है?

---

7 **धरातलीय विसंगति** यह तब परिभाषित होता है, जब संरचना की नींव का एक हिस्सा दूसरे हिस्से की तुलना में अधिक या तेजी से डूबता हैं।

8 **मृदा द्रवण** एक ऐसी घटना है, जिसमें भूकंप के झटकों से मिट्टी की ताकत कम हो जाती हैं।

9 **धरातल का एक तरफ झुकना** यह एक प्राकृतिक या कृत्रिम ढलानों के समकोण पर भूकंप की गति के रूप में परिभाषित किया गया हैं, जिसके परिणामस्वरूप कमावेश, समांतर दरारों की एक श्रृंखला होती है, जो जमीन को खुरदरें ब्लाकों में विभाजित कर देती है।

10 **हिमस्खलन या ऐवलैन्च** का मतलब, बर्फ, बर्फ और चट्टान का ढ़लान या पहाड़ से तेजी से नीचे बहना है।

11 **वस्तुओं का गिरना** नदी के गतिप्रवाह को रोकने के लिए बनाया गया एक तटबंध है। यदि नदी के किनारे पानी के अतिप्रवाह के कारण तलछट जमा हो जाए तो यह एक पुल भी है।

3.3 पृथ्वी की संरचना

पृथ्वी तीन परतों से बनी है, जो हैं

1. भू-पर्पटी

यह पृथ्वी का बाहरी भाग है, जो ठोस होने के साथ-साथ भंगुर होता है, जिसमें शीघ्र टूटने की प्रवृत्ति पाई जाती है। भू-पर्पटी मुख्यत: दो भागों में विभाजित है

(i) **महासागरीय पर्पटी** महासागरों के नीचे इसकी औसत मोटाई 5 किमी तक होती हैं तथा महासागरों के नीचे चट्टानों का औसत घनत्व 2.7 ग्राम प्रतिघन सेमी होती है, क्योंकि महासागरों के नीचे बेसाल्ट से निर्मित चट्टानें होती है।

(ii) **महाद्वीपीय पर्पटी** महाद्वीपों के नीचे इसकी औसत मोटाई 30 किमी तक होती है, इसकी भू-पर्पटी भारी चट्टानों से बनी होती है, तथा इसका औसत घनत्व 3 ग्राम प्रतिघन सेमी होता है। हिमालय जैसी पर्वत श्रेणियों के नीचे इसकी मोटाई 70 किमी तक होती है।

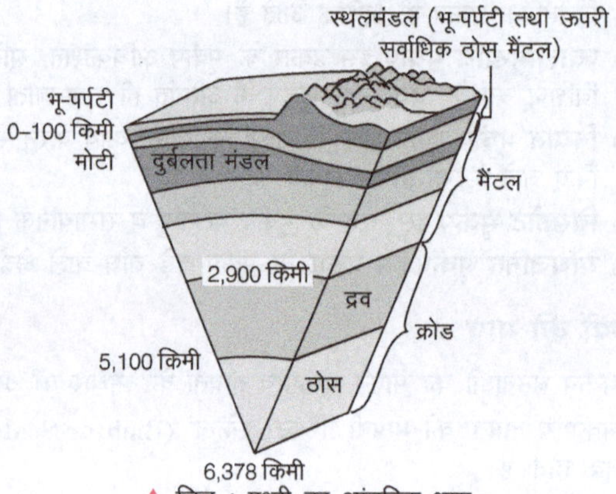

▲ चित्र : पृथ्वी का आंतरिक भाग

2. मैंटल

- भू-गर्भ में पर्पटी के नीचे का भाग मैंटल कहलाता है। यह मोहो असांतत्य (Discontinuity) से आरंभ होकर 29,00 किमी की गइराई तक पाया जाता है।
- इसका ऊपरी भाग को **दुर्बलता मंडल** कहा जाता है, एवं इसका विस्तार 400 किमी तक होता है।
- भू-पर्पटी एवं मैंटल का ऊपरी भाग संयुक्त रूप से **स्थलमंडल** (Lithosphere) कहलाता है। इसकी मोटाई 10-200 किमी के बीच पाई जाती है।
- निचले मैंटल का विस्तार दुर्बलता मंडल के समाप्त हो जाने के बाद तक है। यह ठोस अवस्था में होता है।

3. क्रोड

- क्रोड और मैंटल की सीमा 2,900 किमी की गहराई पर पाई जाती है।
- बाह्य क्रोड **तरल अवस्था** में और आंतरिक क्रोड **ठोस अवस्था** में होता है। क्रोड भारी पदार्थों, जैसे लोहे (Ferrum) व निकेल (Nickel) से बना होता है, इसी को संयुक्त रूप में '**निफे' (Nife)** के नाम से जाना जाता है।

3.4 ज्वालामुखी

- वह स्थान जहाँ से गैस, राख और तरल पदार्थ व लावा घरातल पर पहुँचता है, ज्वालामुखी कहलाता है। यदि यह पदार्थ कुछ समय पहले ही बाहर आया हो या अभी निकल रहा हो तो वह सक्रिय ज्वालामुखी कहलाता है।
- तरल चट्टानी पदार्थ दुर्बलता मंडल से निकलकर धरातल पर पहुँचता है।
- जब तक यह पदार्थ मैंटल के ऊपरी भाग में है, यह **मैग्मा** कहलाता है, जब यह भूपटल के ऊपर या धरातल पर पहुँचता है, तो **लावा** कहा जाता है।
- वह पदार्थ जो धरातल पर पहुँचता है, उसमें लावा प्रवाह, लावा के जमे हुए टुकडों का मलवा (**ज्वलखंडश्मि**[12]) ज्वालामुखी बम, राख, धूलकण व गैसें जैसे- नाइट्रोजन यौगिक, सल्फर यौगिक और कुछ मात्रा में क्लोरीन, हाइड्रोजन व ऑर्गन शामिल होते हैं।

ज्वालामुखी के प्रकार

ज्वालामुखी उद्गार की प्रवृत्ति और धरातल पर विकसित आकृतियों के आधार पर ज्वालामुखियों को वर्गीकृत किया जाता है। कुछ मुख्य ज्वालामुखी निम्न प्रकार से हैं

(i) **शील्ड ज्वालामुखी** बेसाल्ट प्रवाह को छोड़कर, पृथ्वी पर पाए जाने वाले सभी ज्वालामुखियों में शील्ड ज्वालामुखी सबसे विशाल है। ये ज्वालामुखी मुख्यत: बेसाल्ट से निर्मित होते हैं, तो तरल लावा के ठंडे होने से बनते हैं।

- यदि किसी तरह निकास नालिका (Vent) से पानी भीतर चला जाए तो ये ज्वालामुखी विस्फोट भी हो जाते हैं अन्यथा कम विस्फोट होना ही इनकी विशेषता है।

---

12 ज्वलखण्डश्मि ज्वालामुखी विस्फोट के दौरान निकलने वाले चट्टान के टुकड़ों और गैसों का घना संग्रह होता है।

- इन ज्वालामुखियों से लावा फव्वारें के रूप में बाहर आता है और निकास पर एक शंकु बनता है, जो सिंडर शंकु (cinder cone) के रूप में विकसित होता है।

उदाहरण- हवाई द्वीप (यू एस ए) के ज्वालामुखी मौना लोआ (Mauna Loa) एवं मौना किया (Mauna Kea)।

(ii) **मिश्रित ज्वालामुखी**

- इस प्रकार के ज्वालामुखी से बेसाल्ट की अपेक्षा अधिक ठंडें व श्यान (गाढ़ा या चिपचिपा) लावा उद्गार होता है, प्रायः ये ज्वालामुखी भीषण विस्फोट होते हैं। इनसे लावा के साथ भारी मात्रा में ज्वालखंडश्मि पदार्थ व राख भी धरातल पर पहुँचती है।
- यह पदार्थ **निकास नली**[13] के आस-पास परतों के रूप में जमा हो जाते हैं, जिनके जमाव मिश्रित ज्वालामुखी के रूप में दिखते हैं।

उदाहरण माउंट सेंट हैलेना और माउंट फ्यूजी

(iii) **ज्वालामुखी कुंड**

- ये पृथ्वी पर पाए जाने वाले सबसे अधिक विस्फोटक ज्वालामुखी कुंड है।
- आमतौर पर ये इतने विस्फोटक होते हैं, कि जब इनमें विस्फोटक होता है, तब ये ऊँचा ढ़ाँचा बनाने के बजाए स्वयं नीचे धँस जाते हैं। धँसे हुए विध्वंस गर्त ही ज्वालामुखी कुंड कहलाते हैं।
- इनका विस्फोटक रूप यह बताता है कि इन्हें लावा प्रदान करने वाले मैग्मा के भंडार न केवल विशाल है, बल्कि इनके बहुत पास स्थित हैं।

उदाहरण येलोस्टोन काल्डेरा, और क्राकाटोआ काल्डेरा

(iv) **बेसाल्ट प्रवाह क्षेत्र**

- ये ज्वालामुखी अत्यधिक तरल लावा निकालते हैं, जो बहुत दूर तक प्रवाहित होता है। विश्व के कुछ भाग हजारों वर्ग किमी घने लावा प्रवाह से ढके हैं।
- इनमें लावा प्रवाह क्रमानुसार होता है और कुछ प्रवाह 50 मीटर से भी अधिक मोटे हो जाते हैं।

उदाहरण दक्कन ट्रैप और साइबेरियन ट्रैप

(v) **मध्य-महासागरीय कटक ज्वालामुखी**

- इस प्रकार के ज्वालामुखी का उद्गार महासागरों में होता है। मध्य महासागरीय कटक एक श्रृंखला है, जो 70,000 किमी से अधिक लंबी है और जो सभी महासागरीय बेसिनों में फैली है।
- इस कटक के मध्यवर्ती भाग में लगातार उद्गार होता रहता है।

उदाहरण- मध्य सागरीय कटक और प्रशांत महासागरीय कटक

ज्वालामुखी स्थलाकृतियाँ

ज्वालामुखी स्थलाकृतियाँ

जब लावा पृथ्वी की सतह पर आता है, तो यह जम जाता है और विभिन्न प्रकार की भू-आकृतिकयाँ बनाता है। जिसे ज्वालामुखी स्थलाकृतियाँ कहा जाता है।

अंतर्वेधी आकृतियाँ

- जब लावा भूपटल के भीतर ठंडा हो जाता है, तो कई आकृतियाँ बनाता है। ये आकृतियाँ अंतर्वेधी आकृतियाँ कहलाती हैं।
- विस्फोट के बाद जब लावा ठंडा होता है, तो आग्नेय चट्टानें निर्मित होती हैं।
- लावा के ठंडा होने के स्थान के आधार पर आग्नेय शैलों को **ज्वालामुखी शैल**[14] और **पातालीय शैल**[15] में वर्गीकृत किया जाता है।
- अंतर्वेधी भू-आकृतियों के कुछ रूप इस प्रकार हैं

बैथोलिक

- मैग्मा का बड़ा पिंड भूपर्पटी में अधिक गहराई पर ठंडा हो जाए, तो यह एक गुंबद के आकार में विकसित हो जाता है, बैथोलिक कहलाता है।
- ये विशाल क्षेत्र में फैले होते हैं और कभी-कभी इनकी गहराई भी कई किमी तक होती है।
- ये ग्रेनाइट के बने पिंड है। इन्हें बैथोलिक कहा जाता है, जो मैग्मा भंडारों के जमे हुए भाग हैं।

---

13 **निकास नली** एक छोटा सा छिद्र होता है जिससे हवा, धुआ या गैस बंद स्थान में जाने या बाहर आने की अनुमति मिलती हैं।

14 **ज्वालामुखी शैल** ज्वालामुखी क्रिया के दौरान जब लावा धरा तल पर पहुँच कर ठंडा होता है, तो इस प्रकार निर्मित चट्टानों को ज्वालामुखी चट्टान कहा जाता है।

15 **पातालीय शैल** लावा के धरातल के नीचे ठंडा होने से निर्मित चट्टानों को पातालीय चट्टान कहा जाता है।

लैकोलिथ

- ये गुंबदनुमा विशाल अंतर्वेधी चट्टानें हैं, जिनका तल समतल व एक पाइपरूपी वाहक नली से नीचे से जुड़ा होता है।
- इनकी आकृति धरातल पर पाए जाने वाले मिश्रित ज्वालामुखी के गुंबद से मिलती है, अंतर केवल यह होता है कि लैकोलिथ गहराई में पाया जाता है।

लैपोलिथ

- ऊपर उठते लावा का कुछ भाग क्षैतिज दिशा में पाए जाने वाले, कमजोर धरातल में चला जाता है, यहाँ यह अलग-अलग आकृतियों में जम जाता है।
- यदि यह तश्तरी के आकार में जम जाए तो यह लैपोलिथ कहलाता है।

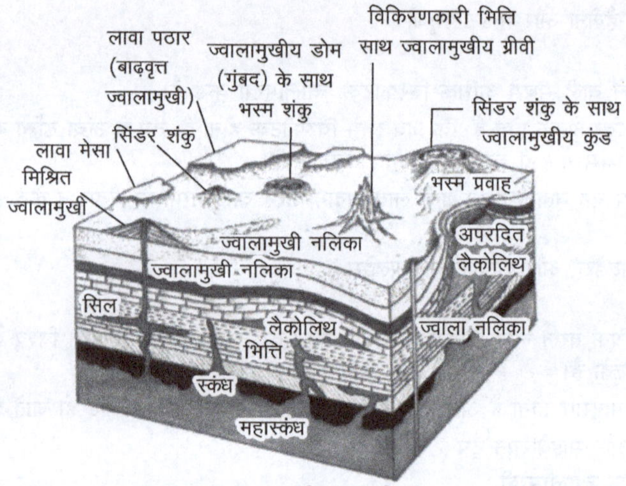

▲ ज्वालामुखी स्थलकृतियाँ

फैकोलिथ

- कई बार अपनति (स्तरीकृत चट्टान के नीचे की ओर ढलान वाली क्षेत्र में) के ऊपर व अभिनति (स्तरीकृत चट्टान के ऊपर वाला क्षेत्र) के तल पर लावा का जमाव पाया जाता है।
- ये स्तरीकृत अर्थात् परतदार चट्टानें एक निश्चित वाहक नली से मैग्मा भंडारों से जुड़ी होती हैं, जो फैकोलिथ कहलाती हैं।

सिल या शीट

- अंतर्वेधी आग्नेय चट्टानों का क्षैतिज तल में एक चादर के रूप में ठंडा होना **सिल या शीट** कहलाता है।
- जमाव की मोटाई के आधार पर इन्हें विभाजित किया जाता है कम मोटाई वाले जमाव को शीट व घने मोटाई वाले जमाव सिल कहलाते हैं।

डाइक

- लावा का प्रवाह जब दरारों से धरातल के लगभग समकोण पर होता है और इसी अवस्था में ठंडा हो जाता है, तो एक दीवार जैसी संरचना का विकास होता है, वही संरचना डाइक कहलाती है।
- दक्कन ट्रैप के विकास में डाइक उद्गार को ही वाहक समझा जाता है। पश्चिमी महाराष्ट्र क्षेत्र की अंतर्वेधी आग्नेय चट्टानों में यह आकृति प्रचुरता में पाई जाती है।

चेक प्वॉइंट 2

1. महासागरों के नीचे समुद्री पर्पटी की औसत मोटाई कितनी होती है?
2. क्रोड भारी पदार्थों, जैसे लोहे व निकेल से बना होता है, इसे संयुक्त रूप से किस नाम से जाना जाता है?
3. मौना लोआ, किस प्रकार का ज्वालामुखी का उदाहरण है?
4. अंतर्वेधी आग्नेय चट्टानों का क्षैतिज तल में एक चादर के रूप में ठंडा होना क्या कहलाता है?
5. डाइक में लावा का प्रवाह दरारों से धरातल के लगभग ········होता है।

Mind Map

पृथ्वी की आंतरिक संरचना

1 भूगर्भ की जानकारी के साधन

अप्रत्यक्ष स्रोत
- इसमें तापमान, घनत्व और द्रव्यमान के अध्ययन द्वारा पृथ्वी की आंतरिक संरचना को समझा जा सकता है।

अप्रत्यक्ष स्रोतों के प्रमाण
- उल्कापिंड, गुरुत्वाकर्षण, चुम्बकत्व क्षेत्र, भूकंपीय गतिविधि।

प्रत्यक्ष स्रोत
प्रत्यक्ष रूप से जानकारी देने वाले स्रोत; जैसे- खनन, ड्रिलिंग, ज्वालामुखी विस्फोट

2 भूकंप

- पृथ्वी की सतह का कंपन, जो पृथ्वी की विवर्तनिक प्लेटों की गति से होता है।
- तरंगें जो पृथ्वी के भीतर गति करती हैं;
जैसे- P-तरंगें, S तरंगें, सतही तरंगें आदि।

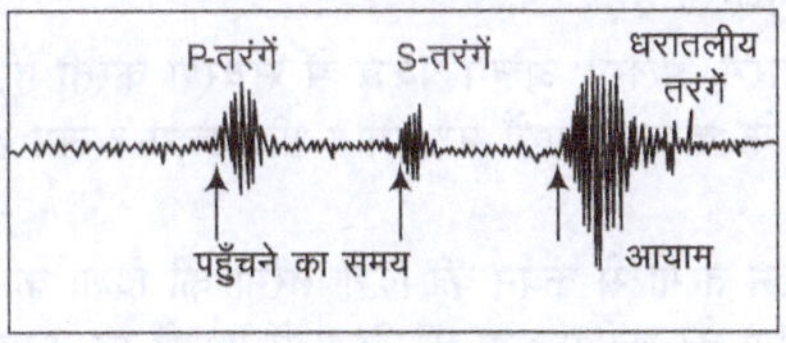

भूकंपीय तरंगों का संचरण

भूकंप के प्रकार
- विवर्तनिक भूकंप, ज्वालामुखीय भूकंप, गुहा ध्वंस (नियात) भूकंप, विस्फोटक भूकंप, बाँध जनित भूकंप आदि।

भूकंप का माप
- तीव्रता या परिमाण के आधार पर भूकंप की माप की जाती है।

भूकंप के प्रभाव
भूमि का हिलना, हिमस्खलन, भूस्खलन और मिट्टी का धँसना।

3 पृथ्वी की आंतरिक संरचना

भू-पर्पटी
- यह पृथ्वी की सबसे बाहरी और कठोर परत होती है।

महासागरीय भू-पर्पटी
- यह बेसाल्ट चट्टानों से निर्मित होती है।
- इसका घनत्व लगभग 2.79 किमी^{3} होता है।

महाद्वीपीय भू-पर्पटी
- यह भारी चट्टानों से बनी होती है।
- इसका घनत्व लगभग 39किमी^{3} होता है।

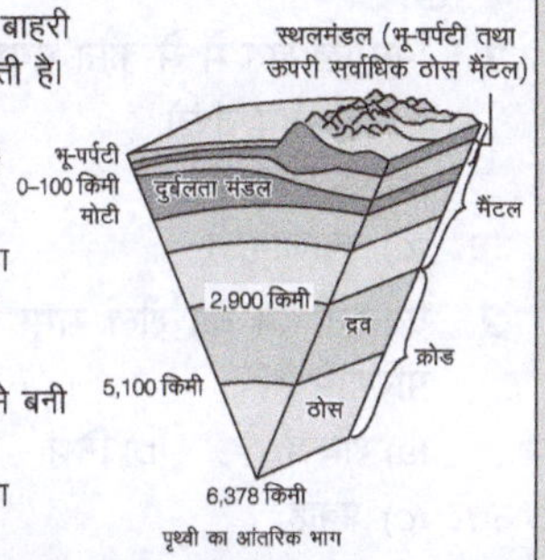

पृथ्वी का आंतरिक भाग

मैंटल
- भूगर्भ में यह पर्पटी के नीचे स्थित है।
- यह मोहो असांतत्य से आरंभ होकर 2900 किमी की गहराई तक पाया जाता है।

क्रोड
- यह भूगर्भ की सबसे आंतरिक परत है।
- यह निकेल व लोहे का बना होता है।
- **बाह्य क्रोड** यह द्रव अवस्था में उपस्थित होता है।
- **आंतरिक क्रोड** यह ठोस अवस्था में उपस्थित होता है।

4 ज्वालामुखी

- पृथ्वी की सतह पर एक छिद्र जिससे गैसें, लावा, तरल चट्टानें बाहर निकलती हैं।

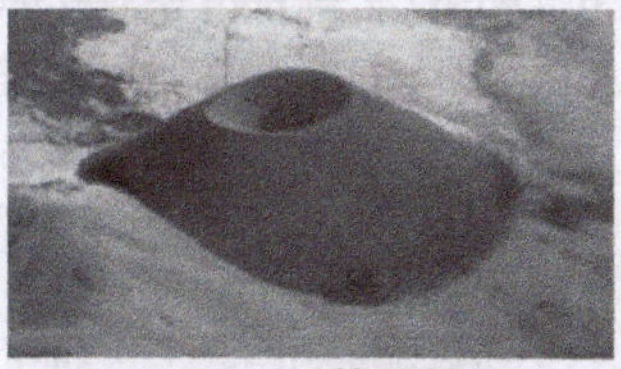

ज्वालामुखी के प्रकार
- शील्ड ज्वालामुखी, मिश्रित ज्वालामुखी, ज्वालामुखी कुंड, बेसाल्ट प्रवाह क्षेत्र, मध्य महासागरीय कटक ज्वालामुखी

ज्वालामुखी स्थलाकृतियाँ
- अंतर्वेधी आकृतियाँ
- बहिर्वेधी आकृतियाँ

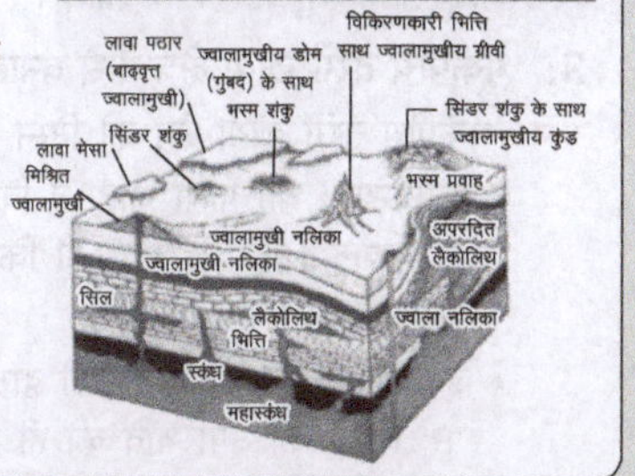

NCERT फोल्डर

बहुविकल्पीय प्रश्न

1. निम्नलिखित में से कौन भूगर्भ की जानकारी का प्रत्यक्ष साधन है?

(a) भूकंपीय तरंगें (b) गुरुत्वाकर्षण बल
(c) ज्वालामुखी (d) पृथ्वी का चुंबकत्व

उत्तर (c) ज्वालामुखी

2. दक्कन ट्रैप का शैल समूह किस प्रकार के ज्वालामुखी उद्गार का परिणाम है?

(a) शील्ड (b) मिश्र (c) प्रवाह (d) कुंड

उत्तर (c) प्रवाह

3. निम्नलिखित में से कौन-सा स्थलमंडल को वर्णित करता है?

(a) ऊपरी व निचले मैंटल (b) भूपटल व क्रोड
(c) भूपटल व ऊपरी मैंटल (d) मैंटल व क्रोड

उत्तर (c) भूपटल व ऊपरी मैंटल

4. निम्न में भूकंप तरंगें चट्टानों में संकुचन व फैलाव लाती हैं

(a) 'P' तरंगें (b) 'S' तरंगें
(c) धरातलीय तरंगें (d) इनमें से कोई नहीं

उत्तर (a) 'P' तरंगें

निम्नलिखित प्रश्नों के उत्तर लगभग 30 शब्दों में दीजिए

1. भू-गर्भिक तरंगें क्या हैं?

उत्तर भू-गर्भिक तरंगें पृथ्वी के आंतरिक भाग में उत्पन्न होती हैं। जब उद्गम केंद्र से ऊर्जा मुक्त होती है, तब ये तरंगें सभी दिशाओं में आगे बढ़ती हैं। भू-गर्भिक तरंगें दो प्रकार की होती हैं— 'P' तरंगें व 'S' तरंगें।

2. भूगर्भ की जानकारी के लिए प्रत्यक्ष साधनों के नाम बताइए।

उत्तर भूगर्भ की जानकारी प्राप्त करने के लिए प्रत्यक्ष स्रोत का अपना अलग महत्त्व होता है। इस प्रकार के कुछ प्रत्यक्ष साधनों में धरातल पर उपस्थित चट्टान, खनन से प्राप्त चट्टान, वैज्ञानिक प्रवेधन, गहरे समुद्र में जाने वाली प्रवेधन एवं ज्वालामुखी उद्गार के द्वारा धरातल पर आए लावा प्रमुख रूप से शामिल हैं।

3. भूकंपीय तरंगें छाया क्षेत्र कैसे बनाती हैं?

उत्तर भूकंपीय तरंगें छाया क्षेत्र को निम्न प्रकार से बनाती हैं

- सामान्यतः यह पाया जाता है कि भूकंपलेखी द्वारा भूकंप अधिकेंद्र से केवल 105° के अंदर ही किसी दूरी पर 'P' तथा 'S' तरंगों का अभिलेखन किया जाता है।
- इसके अतिरिक्त भूकंपलेखी द्वारा, अधिकेंद्र से 145° से दूर केवल 'P' तरंगों की उपस्थिति को ही दर्ज किया जाता है, वहाँ 'S' तरंगों को दर्ज नहीं किया जाता।
- वैज्ञानिकों के अनुसार, भूकंप अधिकेंद्र से 105° और 145° के मध्य का क्षेत्र दोनों तरंगों के लिए छाया क्षेत्र है, क्योंकि 'S' तरंगें 105° से दूर पूरे क्षेत्र में नहीं पहुँच पातीं।

4. भूकंपीय गतिविधियों के अतिरिक्त भूगर्भ की जानकारी संबंधी अप्रत्यक्ष साधनों का संक्षेप में वर्णन करें।

उत्तर भूकंपीय गतिविधियों के अतिरिक्त भूगर्भ की जानकारियों के लिए निम्न अप्रत्यक्ष स्रोत उपयोगी होते हैं

(i) **खनन प्रक्रियाओं** द्वारा पता चलता है कि धरातल की गहराई में बढ़ने के साथ-साथ तापमान एवं दबाव में वृद्धि होती है।

(ii) **विभिन्न पदार्थों के गुणधर्म** आदि के विश्लेषण के द्वारा भी आंतरिक जानकारियाँ प्राप्त होती हैं।

(iii) **उल्काओं** द्वारा भी पृथ्वी की आंतरिक संरचना के बारे में भी जानकारियाँ सरलता से प्राप्त होती हैं, क्योंकि उल्काओं से प्राप्त पदार्थ और उनकी संरचना पृथ्वी के समान है।

निम्नलिखित प्रश्नों के उत्तर लगभग 150 शब्दों में दीजिए

1. भूकंपीय तरंगों के संचरण का उन चट्टानों पर प्रभाव बताइए, जिनसे होकर ये तरंगें गुजरती हैं।

उत्तर सभी भूकंपीय तरंगें अलग- अलग प्रकार से संचरण करती हैं, जिससे संचरण के दौरान पदार्थों पर प्रभाव भी अलग-अलग होता है; जैसे—

(i) **'P' तरंगें** इन तरंगों से कंपन की दिशा तरंगों की दिशा के समानांतर होती है। यह संचरण की दिशा में पदार्थों पर दबाव डालती है, जिससे शैलों में संकुचन व फैलाव होता है। ये तीनों माध्यमों (ठोस, द्रव व गैस) से गुजरती हैं।

(ii) **'S' तरंगें** ये तरंगें ऊर्ध्वाधर तल में तरंगों की दिशा के समकोण पर कंपन उत्पन्न करती हैं। ये तरंगें जिस पदार्थ से गुजरती हैं, उसमें उभार व गर्त बनाती हैं। ये केवल ठोस पदार्थों के माध्यम से ही गुजरती हैं।

(iii) **धरातलीय तरंगें** ये तरंगें सर्वाधिक विनाशकारी होती हैं। ये तरंगें भू-गर्भिक तरंगों एवं धरातलीय शैलों के मध्य अन्योन्यक्रिया के कारण उत्पन्न होती हैं।

ये तरंगें धरातल के साथ-साथ चलती हैं। ऐसी तरंगों का वेग विभिन्न पदार्थों से गुजरने पर भिन्न-भिन्न होता है, जैसे—अधिक घनत्व वाले पदार्थों में तरंगों की गति अधिक होती है। भूकंपीय तरंगों के संचरण को निम्न आकृति द्वारा भी समझ सकते हैं कि उनका विभिन्न पदार्थों पर क्या प्रभाव पड़ता होगा।

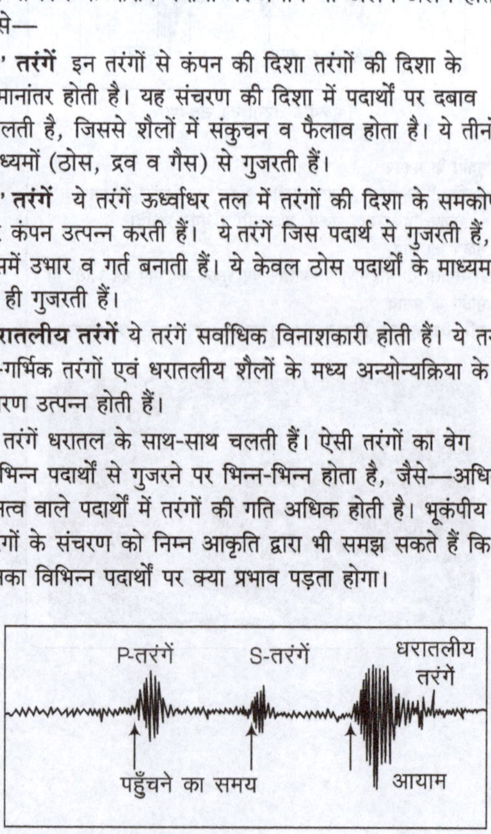

2. अंतर्वेधी आकृतियों से आप क्या समझते हैं? विभिन्न अंतर्वेधी आकृतियों का संक्षेप में वर्णन कीजिए।

उत्तर ज्वालामुखी उद्गार के दौरान जो लावा निकलता है, वह ठंडा होकर आग्नेय शैल का रूप लेता है। लावा का इस तरह जमाव धरातल पर पहुँचने से पहले और धरातल पर पहुँचने के बाद भी होता है।

धरातल पर पहुँचने से पहले ही इसके आंतरिक भाग में लावा से जमकर विभिन्न आकृतियाँ बनती हैं, वे अंतर्वेधी आकृतियाँ कहलाती हैं। विभिन्न अंतर्वेधी आकृतियों का वर्णन निम्नलिखित है

(i) **बैथोलिथ** अनाच्छादन की प्रक्रिया द्वारा जब ऊपरी पदार्थ के हटने पर भू-पर्पटी की अधिक गहराई में ठंडे हुए मैग्मा गुंबदाकार आकृति में धरातल पर प्रकट होते हैं, तो वे बैथोलिथ कहलाते हैं। इनका निर्माण ग्रेनाइट से होता है तथा इनका फैलाव व्यापक क्षेत्र में होता है और कभी-कभी इनकी गहराई कई किलोमीटर तक होती है।

(ii) **लैकोलिथ** यह गुंबदनुमा विशाल अंतर्वेधी चट्टान है, जिसका तल समतल एवं एक पाइपनुमा वाहक नली से नीचे से जुड़ा होता है। इसकी आकृति धरातल पर पाए जाने वाले मिश्रित ज्वालामुखी गुंबद के समान होती है। अंतर केवल इतना होता है कि लैकोलिथ गहराई में पाया जाता है।

(iii) **लैपोलिथ,** ऊपर उठते हुए लावा का कुछ भाग क्षैतिज दिशा में पाए जाने वाले कमजोर धरातल पर चला जाता है। यहाँ यह लावा अलग- अलग आकृतियों में जम जाता है। यदि यह आकृति तश्तरीनुमा होती है, तो 'लैपोलिथ' कहलाती है

(iv) **फैकोलिथ** कई बार अवनति (स्तरीकृत चट्टान के नीचे की ओर ढलान वाले क्षेत्र में) के ऊपर व अभिनति (स्तरीकृत चट्टान का ऊपर वाला क्षेत्र) के तल में लावा का जमाव पाया जाता है। ये स्तरीकृत अर्थात् परतदार चट्टानें एक निश्चित वाहक नली से मैग्मा भंडारों से जुड़ी होती हैं, जो 'फैकोलिथ' कहलाती है।

(v) **सिल** अंतर्वेधी आग्नेय चट्टानों का क्षैतिज तल में चादर के रूप में जमना सिल या शीट कहलाता है। जमाव की मोटाई के आधार पर इन्हें विभाजित किया जाता है। कम मोटाई वाले जमाव को 'शीट' व अधिक मोटाई वाले जमाव को 'सिल' कहते हैं।

(vi) **डाइक** लावा का प्रवाह जब दरारों से धरातल के लगभग समकोण पर होता है और इसी अवस्था में ठंडा हो जाता है, तो एक दीवार जैसी संरचना का विकास होता है, वही संरचना डाइक कहलाती है। दक्कन ट्रैप के विकास में डाइक उद्गार को ही वाहक समझा जाता है। पश्चिमी महाराष्ट्र क्षेत्र की अंतर्वेधी आग्नेय चट्टानों में यह आकृति प्रचुरता में पाई जाती है।

अभ्यास प्रश्न

वस्तुनिष्ठ प्रश्न

बहुविकल्पीय प्रश्न

1. पृथ्वी के किस भाग में और किस खुदाई प्रक्रिया द्वारा 12 किमी की गहरी खुदाई की गई है?

(a) अंटार्कटिक महासागर में समन्वित प्रवेधन प्रक्रिया द्वारा
(b) प्रशांत महासागर में प्रवेधन प्रक्रिया द्वारा
(c) आर्कटिक महासागर में ड्रिल प्रक्रिया द्वारा
(d) अटलांटिक महासागर में गहरे समुद्री खोज द्वारा

उत्तर *(c)* आर्कटिक महासागर में ड्रिल प्रक्रिया द्वारा

2. गुरुत्वाकर्षण, चुंबकीय क्षेत्र एवं भूकंप संबंधी क्रियाओं को पृथ्वी के आंतरिक भाग की जानकारी के लिए किस प्रकार के स्रोतों के अंतर्गत वर्गीकृत करते हैं?

(a) प्रत्यक्ष स्रोत (b) अप्रत्यक्ष स्रोत
(c) धरातलीय स्रोत (d) महासागरीय स्रोत

उत्तर *(b)* अप्रत्यक्ष स्रोत

3. भूपर्पटी पृथ्वी का सबसे बाहरी भाग है। यह बहुत भंगुर भाग है तथा भूपर्पटी की मोटाई ······· है। दक्षता आधारित प्रश्न

(a) महाद्वीपों व महासागरों के नीचे समान
(b) महाद्वीपों व महासागरों के नीचे अलग-अलग
(c) महाद्वीपों व सागरों के नीचे समान
(d) उपरोक्त में से कोई नहीं

उत्तर (b) महाद्वीपों व महासागरों के नीचे अलग–अलग

4. पृथ्वी पर उत्पन्न कंपन, भूकंप होता है, जो एक प्राकृतिक घटना है। इस भूकंप की प्रक्रिया में जहाँ से ऊर्जा का निष्कासन होता है, उस भाग को क्या कहते हैं?

(a) उद्गम केंद्र
(b) गुरुत्व विसंगति
(c) अधिकेंद्र
(d) अवनमन केंद्र

उत्तर *(a)* उद्गम केंद्र

5. भूकंपलेखी यंत्र पर दूरस्थ स्थानों से आने वाली ········ अभिलेखित होती है।

(a) ज्वारीय तरंग
(b) भूकंपीय तरंग
(c) भू-गर्भिक तरंग
(d) असंबद्ध तरंग

उत्तर *(b)* भूकंपीय तरंग

6. रिक्टर स्केल पर 1 अंक की वृद्धि का अर्थ क्या है? *दक्षता आधारित प्रश्न*

(a) भूकंप की तीव्रता में 10 गुना वृद्धि
(b) भूकंप की तीव्रता में 5 गुना वृद्धि
(c) भूकंप की तीव्रता में 20 गुना वृद्धि
(d) भूकंप की तीव्रता में 50 गुना वृद्धि

उत्तर (a) भूकंप की तीव्रता में 10 गुना वृद्धि

7. भूकंपीय तरंगों की हलचल के कारण पृथ्वी के धरातल पर अत्यधिक हानि किस तरंग के कारण होती है?

(a) द्वितीयक तरंगें (b) धरातलीय तरंगें
(c) प्राथमिक तरंगें (d) अभिकेंद्रीय तरंगें

उत्तर (b) धरातलीय तरंगें

8. वह भूकंप जो भ्रंशतल के किनारे चट्टानों के खिसक जाने के कारण उत्पन्न होता है, उसे किस नाम से जाना जाता है?

(a) ज्वालामुखी भूकंप (b) विवर्तनिक भूकंप
(c) विस्फोट भूकंप (d) नियात भूकंप

उत्तर (b) विवर्तनिक भूकंप

9. निम्न में से कौन-सा भूकंपीय आपदा से होने वाला प्रकोप नहीं है? *दक्षता आधारित प्रश्न*

(a) हिमस्खलन
(b) इमारतों का टूटना तथा ढाँचों का ध्वस्त होना
(c) भूमि का हिलना
(d) बादल फटना

उत्तर (d) बादल फटना

10. मैंटल मोहो असांतत्य से प्रारंभ होकर कितने किमी की गहराई तक पाया जाता है?

(a) 2800 किमी की गहराई (b) 2900 किमी की गहराई
(c) 3100 किमी की गहराई (d) 6300 किमी की गहराई

उत्तर (b) 2900 किमी की गहराई

11. भू-पर्पटी एवं मैंटल का ऊपरी भाग संयुक्त रूप से स्थलमंडल है। इस स्थलमंडल की मोटाई कितनी है?

(a) 10 से 200 किमी (b) 60 से 150 किमी
(c) 40 से 180 किमी (d) 100 से 300 किमी

उत्तर (a) 10 से 200 किमी

12. भूगर्भ में भूपर्पटी के नीचे का भाग मैंटल कहलाता है। मैंटल का ऊपरी भाग ……… कहलाता है।

(a) लिथोस्फेयर (b) ऐस्थेनोस्फेयर
(c) ट्रोपोस्फेयर (d) आयनोस्फेयर

उत्तर (b) ऐस्थेनोस्फेयर

13. पातालीय शैल के विषय में कौन-सा कथन सही है? *दक्षता आधारित प्रश्न*

(a) लावा धरातल पर पहुँचकर ठंडा होता है
(b) लावा का उद्‌गार महासागरों में ही जम जाता है
(c) लावा धरातल के नीचे ही ठंडा होकर जम जाता है
(d) मध्य-महासागरीय कटक

उत्तर (c) लावा धरातल के नीचे ही ठंडा होकर जम जाता है

14. लैकोलिथ गुंबदनुमा विशाल अंतर्वेधी चट्टानें हैं, जिनकी आकृति धरातल पर पाए जाने वाली मिश्रित ज्वालामुखी के गुंबद से मिलती है। इस प्रकार के पठार भारत में कहाँ पाए जाते हैं?

(a) मेघालय में (b) कर्नाटक में
(c) उत्तराखंड में (d) मिजोरम में

उत्तर (b) कर्नाटक में

15. निम्नलिखित में से पहचाने कि कौन-सा कथन विवर्तनिक प्लेटों (Techtonic plates) के संदर्भ में सही नहीं है?

1. विवर्तनिक प्लेटें पृथ्वी की क्रस्ट और ऊपरी मेंटल से मिलकर बनती हैं।
2. विवर्तनिक प्लेटों के आपसी टकराव से पृथ्वी पर भूकम्प, ज्वालामुखी और पर्वत शृंखलाओं का निर्माण होता है?
3. विवर्तनिक प्लेटों की गति स्थिर रहती है और वे कभी नहीं बदलती।
4. विवर्तनिक प्लेटों के बीच उत्पन्न होने वाली सीमाओं को संरचनात्मक सीमाएँ (Transform Boundaries) कहा जाता है।

कूट

(a) कथन 1 और 4 (b) केवल 3
(c) केवल 2 (d) कथन 4

उत्तर (b) केवल 3

16. जब लावा का प्रवाह दरारों में धरातल के लगभग समकोण पर होता है और इसी अवस्था में ठंडा हो जाए, जो एक दीवार की भाँति संरचना बनाता है, तो यह संरचना …… कहलाती है।

(a) सिल (b) डाइक
(c) लैकोलिथ (d) फैकोलिथ

उत्तर (b) डाइक

17. *p*-तरंगों के बारे में निम्नलिखित में से कौन-सा कथन सही है? *दक्षता आधारित प्रश्न*

1. ये तरंगें धरातल पर *S*-तरंगों के बाद पहुँचती हैं।
2. ये तरंगें ठोस, द्रव और गैस तीनों माध्यम से संचरित होती हैं।

कूट

(a) केवल 1 (b) केवल 2
(c) 1 और 2 दोनों (d) इनमें से कोई नहीं

उत्तर (b) केवल 2

18. निम्नलिखित कथनों को ध्यानपूर्वक पढ़िए और भूगर्भीय तरंगों के संदर्भ में कौन-से कथन सही नहीं हैं? *दक्षता आधारित प्रश्न*

1. भूगर्भीय तरंगे दो प्रकार की होती हैं। इन्हें P व L तरंगें कहा जाता है।
2. P-तरंगें धरातल पर सबसे पहले पहुँचती हैं।
3. L-तरंगों को द्वितीयक तरंगें भी कहते हैं।
4. P-तरंगें ध्वनि तरंगों जैसी होती हैं, जो ठोस, द्रव एवं गैस तीनों माध्यमों से होकर गुजरती हैं।

कूट

(a) 1 और 2 (b) 1 और 3
(c) 3 और 4 (d) 1 और 4

उत्तर (b) 1 और 3

19. निम्नलिखित कथनों को ध्यानपूर्वक पढ़िए और शील्ड ज्वालामुखी के संदर्भ में कौन-सा/से कथन सही है/हैं? *दक्षता आधारित प्रश्न*

1. शील्ड ज्वालामुखी मुख्यतः बेसाल्ट से निर्मित होते हैं।
2. इन ज्वालामुखी से लावा फव्वारे के रूप में बाहर आता है।
3. हवाई द्वीप के ज्वालामुखी इसके सबसे अच्छे उदाहरण हैं।
4. इन ज्वालामुखी के निकास पर एक शंकु बनता है, जिसे सिंडर शंकु कहते हैं।

कूट

(a) केवल 2 (b) 1 और 2
(c) 1, 2 और 3 (d) उपरोक्त सभी

उत्तर (d) उपरोक्त सभी

20. निम्नलिखित कथनों में से कौन-से कथन सही हैं?

1. बाह्य क्रोड ठोस अवस्था में पाया जाता है।
2. क्रोड का निर्माण निकेल व लोहे से हुआ है।
3. पृथ्वी के केंद्र में क्रोड का आकार गोलाकार है।
4. आंतरिक क्रोड ठोस अवस्था में पाया जाता है।

कूट

(a) 1, 2 और 3 (b) 1, 2 और 4
(c) 2, 3 और 4 (d) 1, 3 और 4

उत्तर (c) 2, 3 और 4

21. नीचे ज्वालामुखी से संबंधित दिए गए कथन का अध्ययन करें तथा सही विकल्प का चयन करें

बेसाल्ट प्रवाह को छोड़कर, पृथ्वी पर पाए जाने वाले सभी ज्वालामुखियों में यह सबसे विशाल है। हवाई द्वीप के ज्वालामुखी इसके सबसे अच्छे उदाहरण हैं। ये ज्वालामुखी मुख्यतः बेसाल्ट से निर्मित होते हैं, जो तरल लावा के ठंडे होने से बनते हैं। लावा उद्गार के समय अत्यधिक तरल होने के कारण इनका ढाल तीव्र नहीं होता है। *दक्षता आधारित प्रश्न*

(a) मिश्रित ज्वालामुखी (b) शील्ड ज्वालामुखी
(c) सक्रिय ज्वालामुखी (d) उपरोक्त में से कोई नहीं

उत्तर (b) शील्ड ज्वालामुखी

22. पृथ्वी पर आने वाली भूकंपीय तरंगों को उनके क्रम में पहले से बाद के अनुसार व्यवस्थित करें

1. धरातलीय तरंगें 2. *p*-तरंगें
3. *s*-तरंगें

कूट

(a) 1, 2, 3 (b) 2, 3, 1
(c) 3, 2, 1 (d) 2, 1, 3

उत्तर (b) 2, 3, 1

23. पृथ्वी की आंतरिक संरचना से संबंधित कथनों को पढ़िए तथा आंतरिक बिंदु से धरातल की ओर क्रम में व्यवस्थित कीजिए। *दक्षता आधारित प्रश्न*

1. भू-पर्पटी बहुत भंगुर होती है इसमें टूट की संभावना सर्वाधिक पाई जाती है।
2. क्रोड का बाह्य क्षेत्र तरल अवस्था में जबकि आंतरिक क्षेत्र ठोस अवस्था में है।
3. मेंटल का ऊपरी भाग दुर्बलता मंडल कहा जाता है।
4. मोहो असांतत्य दो परतों को अलग करती है।

कूट

(a) 1, 2, 3, 4 (b) 4, 3, 2, 1
(c) 2, 3, 4, 1 (d) 2, 3, 1, 4

उत्तर (c) 2 - 3 - 4 - 1

24.

	सूची I (संरचना)		सूची II (औसत घनत्व)
A.	भू-पर्पटी	1.	3.4 ग्राम प्रतिघन सेमी
B.	मैंटल	2.	5-13 ग्राम प्रतिघन सेमी
C.	क्रोड	3.	2.7 ग्राम प्रतिघन सेमी
D.	पृथ्वी	4.	5.51 ग्राम प्रतिघन सेमी

कूट

	A	B	C	D		A	B	C	D
(a)	3	1	2	4	(b)	1	2	3	4
(c)	2	3	1	4	(d)	3	2	1	4

उत्तर (a) 3 1 2 4

25.

	सूची I		सूची II
A.	लैकोलिथ	1.	क्षैतिज विस्तार में चादरनुमा जमाव
B.	बैथोलिथ	2.	धरातल से लगे समकोण आधार पर दीवार जैसी संरचना
C.	सिल	3.	गुंबदनुमा विशाल चट्टान
D.	डाइक	4.	गुंबदाकार आकृति ग्रेनाइट निर्मित

कूट

	A	B	C	D		A	B	C	D
(a)	1	2	3	4	(b)	4	3	2	1
(c)	2	4	1	3	(d)	3	4	1	2

उत्तर (d) 3 4 1 2

26. निम्नलिखित में से कौन-सा युग्म सही सुमेलित नहीं है?

(a) विवर्तनिक भूकंप — भ्रंश तल के किनारे चट्टानों के खिसक जाने से उत्पन्न
(b) नियात भूकंप — खनन क्षेत्रों में
(c) ज्वालामुखीय भूकंप — बाँध जनित भूकंप के अंतर्गत
(d) विस्फोट भूकंप — परमाणु व रासायनिक विस्फोट के कारण

उत्तर *(c) ज्वालामुखीय भूकंप—बाँध जनित भूकंप के अंतर्गत*

27. निम्न में से कौन-सा युग्म सही सुमेलित नहीं है?

(a) स्थलमंडल – भूपर्पटी एवं मैंटल का ऊपरी भाग मिलकर
(b) दुर्बलतामंडल – क्रोड का ऊपरी भाग
(c) स्थल मंडल की मोटाई – 10 से 200 किमी तक
(d) हिमालय पर्वत के नीचे भूपर्पटी की मोटाई – 70 किमी तक है।

उत्तर (b) दुर्बलतामंडल – क्रोड का ऊपरी भाग।

28. **कथन I** पृथ्वी की क्रस्ट परत में मुख्य रूप से सिलिका और एल्यूमीनियम का घनत्व अधिक होता है।

कथन II भूपर्पटी की मोटाई महाद्वीपों व महासागरों के नीचे अलग-अलग है। *दक्षता आधारित प्रश्न*

कूट

(a) केवल कथन I सही है
(b) केवल कथन II सही है
(c) दोनों कथन सही हैं
(d) दोनों कथन गलत हैं

उत्तर (c) दोनों कथन सही हैं

29. **कथन I** पृथ्वी के कोर का बाहरी हिस्सा तरल होता है।

कथन II क्रोड भारी पदार्थों मुख्यत: निकिल व लोहे का बना है।

कूट

(a) केवल कथन I सही है (b) केवल कथन II सही है
(c) दोनों कथन सही हैं (d) दोनों कथन गलत हैं

उत्तर (c) दोनों कथन सही हैं।

निर्देश (प्र.सं. 30-32) नीचे दिए गए कथन (A) एवं कारण (R)को ध्यानपूर्वक पढ़कर कूट की सहायता से सही उत्तर दीजिए।

(a) A और R दोनों सही हैं, परंतु R, A की सही व्याख्या नहीं है
(b) A और R दोनों सही हैं, तथा और R, A की सही व्याख्या है
(c) A और R दोनों गलत हैं
(d) A सही है, किंतु R गलत है

30. **कथन** (A) भूकंप के दौरान P-तरंगें सबसे पहले रिकॉर्ड की जाती हैं।

कारण (R) P-तरंगें सबसे तेज होती हैं और यह ठोस, तरल एवं गैस तीनों माध्यमों से गुजर सकती हैं। *दक्षता आधारित प्रश्न*

उत्तर (b) P-तरंगें प्राथमिक तरंगें होती हैं, जो भूकंप के समय सबसे पहले उत्पन्न होती हैं और ये सबसे तेज होती हैं। ये तरंगें ठोस, तरल और गैस तीनों माध्यमों से गुजरने की क्षमता रखती हैं। इसलिए ये सबसे पहले सिस्मोग्राफ द्वारा दर्ज की जाती हैं।

31. **कथन** (A) ज्वालामुखी उद्गार के दौरान पृथ्वी के आंतरिक भाग में स्थित मैंटल लावा के रूप में बाहर आता है।

कारण (R) मैंटल का विस्तार दुर्बलता मंडल के समाप्त हो जाने के बाद तक है, जो ठोस अवस्था में है।

उत्तर (b) ज्वालामुखी उद्‌गार के दौरान जो लावा बाहर निकलता है, उसका मुख्य स्रोत मैंटल ही होता है। उच्च तापमान या दबाव के कारण मुख्यतः यह ठोस अवस्था में होता है, किंतु यह पूर्णतया ठोस अवस्था में न होकर अर्द्ध ठोस अवस्था में होता है। इस विस्तार में असांतत्य से आरंभ होकर यह 2900 किमी की गहराई तक पाया जाता है।

32. **कथन** (A) सभी ज्वालामुखी विस्फोट खतरनाक होते हैं।

कारण (R) ज्वालामुखी विस्फोटों के कारण लावा, राख और गैसें निकलती हैं, जो मानव जीवन और पर्यावरण के लिए हानिकारक होती हैं।

उत्तर (a) यहाँ कथन और कारण दोनों सही हैं, लेकिन सभी ज्वालामुखी विस्फोटों का प्रभाव एक समान नहीं होता है। कुछ विस्फोट स्थानीय क्षेत्रों में ही नुकसान पहुँचाते हैं, जबकि कुछ का प्रभाव व्यापक होता है।

33.

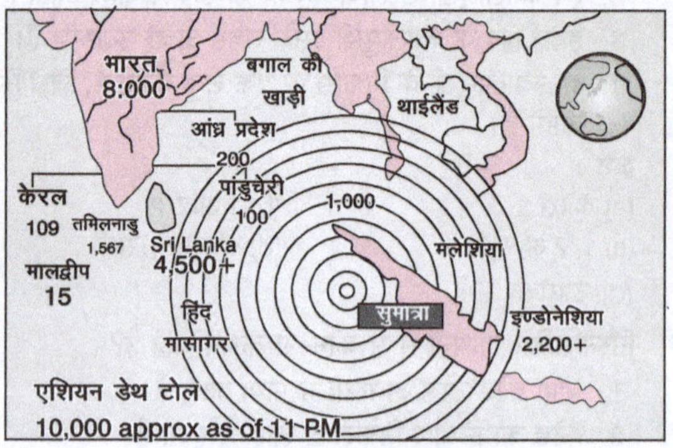

(i) चित्र के अनुसार थाइलैंड की पूर्वी सीमा पर स्थित देश कौन-सा है?

(a) म्यांमार (b) मलेशिया (c) इंडोनेशिया (d) न्यूजीलैंड

उत्तर (a) म्यांमार

(ii) ज्वारीय लहरों से हुए विनाश के संदर्भ में किस देश का उल्लेख नहीं है?

(a) श्रीलंका (b) भारत (c) थाइलैंड (d) म्यांमार

उत्तर (d) म्यांमार

(iii) एशिया में ज्वारीय लहरों से हुई तबाही से कितने लोगों की मृत्यु हुई?

(a) लगभग 15000 (b) लगभग 7000
(c) लगभग 10000 (d) लगभग 4000

उत्तर (c) लगभग 10000

स्रोत आधारित प्रश्न

निम्नलिखित स्रोतों को ध्यानपूर्वक पढ़कर उन पर आधारित प्रश्नों के उत्तर दीजिए

1. **पृथ्वी से सबसे आसानी से उपलब्ध ठोस पदार्थ धरातलीय चट्टानें हैं अथवा वे चट्टानें हैं, जो हम खनन क्षेत्रों से प्राप्त करते हैं। दक्षिणी अफ्रीका की सोने की खानें 3 से 4 किमी तक गहरी हैं। इससे अधिक गहराई में जा पाना असंभव है, क्योंकि उतनी गहराई पर तापमान बहुत अधिक होता है। खनन के अतिरिक्त वैज्ञानिक, विभिन्न परियोजनाओं के अंतर्गत पृथ्वी की आंतरिक स्थिति को जानने के लिए पर्पटी में गहराई तक छानबीन कर रहे हैं। सम्पूर्ण संसार के वैज्ञानिक दो मुख्य परियोजनाओं पर काम कर रहे हैं। ये हैं, गहरे समुद्र में प्रवेधन परियोजना व समंवित महासागरीय प्रवेधन परियोजना। आज तक सबसे गहरा प्रवेधन आर्कटिक महासागर में कोला क्षेत्र में 12 किमी की गहराई तक किया गया है। इन परियोजनाओं तथा बहुत सी अन्य गहरी खुदाई परियोजनाओं के अंतर्गत, विभिन्न गहराई से प्राप्त पदार्थों के विश्लेषण से हमें पृथ्वी की आंतरिक संरचना से संबंधित असाधारण जानकारी प्राप्त हुई है।**

ज्वालामुखी उद्गार प्रत्यक्ष जानकारी का एक अन्य स्रोत है। जब कभी भी ज्वालामुखी उद्गार से लावा पृथ्वी के धरातल पर आता है, तब यह

प्रयोगशाला अन्वेषण के लिए उपलब्ध होता है। यद्यपि इस बात का निश्चय कर पाना कठिन होता है कि यह मैग्मा कितनी गहराई से निकला है। पदार्थ के गुणधर्म के विश्लेषण से पृथ्वी के आंतरिक भाग की अप्रत्यक्ष जानकारी प्राप्त होती है। खनन क्रिया से हमें ज्ञात होता है कि पृथ्वी के धरातल में गहराई बढ़ने के साथ-साथ तापमान एवं दबाव में वृद्धि होती है। इतना ही नहीं, हमें यह भी ज्ञात होता है कि गहराई बढ़ने के साथ-साथ पदार्थ का घनत्व भी बढ़ता है। तापमान, दबाव व घनत्व में इस परिवर्तन की दर को आँका जा सकता है। पृथ्वी की कुल मोटाई को ध्यान में रखते हुए, वैज्ञानिकों ने विभिन्न गहराइयों पर पदार्थ के तापमान, दबाव एवं घनत्व के मान को अनुमानित किया है।

पृथ्वी की आंतरिक जानकारी का दूसरा अप्रत्यक्ष स्रोत उल्काएँ हैं, जो कभी-कभी धरती तक पहुँचती हैं। हालाँकि, हमें यह भी ध्यान रखना चाहिए कि उल्काओं के विश्लेषण के लिए उपलब्ध पदार्थ पृथ्वी के आंतरिक भाग से प्राप्त नहीं होते हैं, परंतु उल्काओं से प्राप्त पदार्थ और उनकी संरचना पृथ्वी से मिलती-जुलती हैं। ये (उल्काएँ) वैसे ही पदार्थ के बने ठोस पिंड हैं, जिनसे हमारा ग्रह (पृथ्वी) बना है। अतः पृथ्वी की आंतरिक जानकारी के लिए उल्काओं का अध्ययन एक अन्य महत्त्वपूर्ण स्रोत है।

(i) वैज्ञानिक पृथ्वी की आंतरिक संरचना के अध्ययन के लिए कौन-कौन-सी परियोजनाओं पर कार्य कर रहे हैं?

उत्तर वैज्ञानिक पृथ्वी की आंतरिक संरचना के अध्ययन हेतु निम्नलिखित दो प्रमुख परियोजनाओं पर कार्य कर रहे हैं-

1. गहरे समुद्र में प्रबन्धन परियोजना
2. समन्वित महासागरीय प्रवेधन परियोजना

इन परियोजनाओं के तहत पृथ्वी की पर्पटी में गहराई तक छानबीन की जाती है।

(ii) खनन के दौरान वैज्ञानिकों को पृथ्वी की आंतरिक संरचना के बारे में क्या जानकारी प्राप्त होती है?

उत्तर खनन के दौरान वैज्ञानिकों ने यह पाया कि

1. गहराई बढ़ने के साथ-साथ तापमान और दबाव में वृद्धि होती है।
2. गहराई बढ़ने के साथ-साथ पदार्थ का घनत्व भी बढ़ता है।

(iii) पृथ्वी की आंतरिक संरचना के अध्ययन में तापमान, दबाव और घनत्व का क्या महत्त्व है?

उत्तर पृथ्वी की आंतरिक संरचना का अध्ययन करते समय तापमान, दबाव और घनत्व में परिवर्तन को मापा गया है।

1. गहराई बढ़ने पर तापमान और दबाव दोनों में वृद्धि होती है।
2. घनत्व में वृद्धि होती है, जिससे पदार्थों के गुणधर्म को अनुमान लगाया जाता है। इस जानकारी के आधार पर वैज्ञानिक पृथ्वी की आंतरिक संरचना और उसकी परतों के भौतिक गुणधर्म का अध्ययन कर पाते हैं।

2. सभी प्राकृतिक भूकंप स्थलमंडल में ही आते हैं। स्थलमंडल पृथ्वी के धरातल से 200 किमी तक की गहराई वाले भाग को कहते हैं। भूकंपमापी यंत्र सतह पर पहुँचने वाली भूकंप तरंगों को अभिलेखित करता है। बुनियादी तौर पर भूकंपीय तरंगें दो प्रकार की हैं–भू-गर्भिक तरंगें व धरातलीय तरंगें। भू-गर्भिक तरंगें उद्गम केंद्र से ऊर्जा के मुक्त होने के दौरान पैदा होती हैं और पृथ्वी के अंदरूनी भाग से होकर सभी दिशाओं में आगे बढ़ती हैं। इसलिए इन्हें भू-गर्भिक तरंगें कहा जाता है। भू-गर्भिक तरंगों एवं धरातलीय शैलों के मध्य अन्योन्य क्रिया के कारण नई तरंगें उत्पन्न होती हैं, जिन्हें धरातलीय तरंगें कहा जाता है। ये तरंगें धरातल के साथ-साथ चलती हैं। तरंगों का वेग अलग-अलग घनत्व वाले पदार्थों से गुजरने पर परिवर्तित हो जाता है। अधिक घनत्व वाले पदार्थों में तरंगों का वेग अधिक होता है। पदार्थों के घनत्व में भिन्नताएँ होने के कारण परावर्तन एवं आवर्तन होता है, जिससे इन तरंगों की दिशा भी बदलती है।

भूगर्भीय तरंगें भी दो प्रकार की होती हैं। जिन्हें p-तरंगें व s-तरंगें कहा जाता है। 'P' तरंगें तीव्र गति से चलने वाली होती हैं और धरातल पर सबसे पहले पहुँचती हैं। इन्हें 'प्राथमिक तरंगें' भी कहा जाता है। p-तरंगें ध्वनि तरंगों जैसी होती हैं। ये गैस, तरल व ठोस-तीनों प्रकार के पदार्थों से गुजर सकती हैं। s-तरंगें धरातल पर कुछ अंतराल के बाद पहुँचती हैं। ये 'द्वितीयक तरंगें' कहलाती हैं। s-तरंगों के विषय में एक महत्त्वपूर्ण तथ्य यह है कि ये केवल ठोस पदार्थों के ही माध्यम में चलती हैं। 's' तरंगों की यह एक महत्तवपूर्ण विशेषता है। इसी विशेषता ने वैज्ञानिकों को भूगर्भीय संरचना को समझने में मदद की। परावर्तन से तरंगें प्रतिध्वनित होकर वापस लौट आती हैं, जबकि आवर्तन से तरंगें कई दिशाओं में चलती हैं। भूकंपलेखी पर बने आरेख से तरंगों की दिशा-भिन्नता का अनुमान लगाया जाता है। धरातलीय तरंगें भूकंपलेखी पर अंत में अभिलेखित होती हैं। ये तरंगें ज्यादा विनाशकारी होती हैं। इनसे शैल विस्थापित होती हैं और इमारतें गिर जाती हैं।

(i) पदार्थों के घनत्व में भिन्नताएँ होने के कारण तरंगों की दिशा में परिवर्तन किसके कारण होता है?

उत्तर पदार्थों के घनत्व में भिन्नताएँ होने के कारण तरंगों की दिशा में परिवर्तन परावर्तन के कारण होता है।

(ii) किन तरंगों के कारण इमारतें गिर जाती हैं?

उत्तर धरातलीय तरंगें भूकंपलेखी पर अंत में अभिलेखित होती हैं। ये तरंगें अधिक विनाशकारी होती हैं। इनसे शैल विस्थापित होती है और इमारतें गिर जाती हैं।

(iii) अत्यधिक गहराई में s तरंगें क्यों विलुप्त हो जाती हैं?

उत्तर आंतरिक भाग द्रवीय भाग से बना होने के कारण अत्यधिक गहराई में s तरंगें विलुप्त हो जाती हैं।

3. निम्नलिखित चित्र पर आधारित प्रश्नों के सही उत्तर चुनिए।

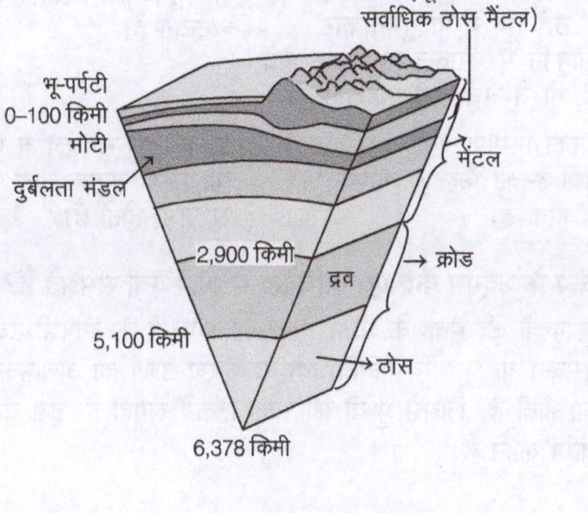

(i) **महासागरों तथा हिमालय पर्वत श्रेणियों के नीचे भू-पर्पटी की मोटाई लगभग कितनी है?**

उत्तर महासागरों के नीचे इसकी औसत मोटाई 5 किमी तथा हिमालय पर्वत श्रेणियों के नीचे मोटाई लगभग 70 किमी तक है।

(ii) **मैंटल किसे कहते हैं?**

उत्तर भू-गर्भ में पर्पटी के नीचे का भाग मैंटल कहलाता है यह मोहो असांतव्य से आरंभ होकर 2900 किमी की गहराई तक पाया जाता है।

(iii) **क्रोड मुख्यत: किन पदार्थों से मिलकर बना है?**

उत्तर क्रोड भारी पदार्थों मुख्यतः निकिल व लोहे से मिलकर बना है। इसे 'निफे' परत के नाम से भी जाता है। बाह्य क्रोड तरल अवस्था तथा आंतरिक क्रोड ठोस अवस्था में है।

लघु उत्तरीय प्रश्न

1. पृथ्वी की आंतरिक संरचना से संबंधित प्रत्यक्ष स्रोत पर संक्षिप्त टिप्पणी लिखिए।

उत्तर पृथ्वी की आंतरिक संरचना से संबंधित प्रत्यक्ष स्रोतों में मुख्यतः खनन क्रिया और ज्वालामुखी उद्गार शामिल हैं। खनन के दौरान विभिन्न चट्टानों और खनिजों का अध्ययन हमें पृथ्वी की परतों, उनके तापमान, दबाव और घनत्व के बारे में जानकारी प्रदान करता है। खनन, गहराई बढ़ने के साथ तापमान और दबाव में वृद्धि को मापने का एक सटीक तरीका है। ज्वालामुखी उद्गार के दौरान निकलने वाला लावा पृथ्वी के आतरिक भाग से आता है, जिससे हमें मैग्मा की संरचना और गुणधर्मों का पता चलता है। इन स्रोतों से वैज्ञानिक पृथ्वी की सतह के नीचे उपलब्ध सामग्री और उनकी संरचना को समझ पाते हैं। हालाँकि इस बात का निश्चय कर पाना कठिन है कि यह मैग्मा कितनी गहराई से निकला है। खनन तथा ज्वालामुखी उद्गार के अतिरिक्त वैज्ञानिक विभिन्न परियोजनाओं के द्वारा पृथ्वी की आंतरिक संरचना को समझने का प्रयास कर रहे हैं। गहरे समुद्र में प्रवेधन तथा समन्वित महासागरीय प्रवेधन प्रमुख परियोजनाएँ हैं। इन परियोजनाओं से हमें पृथ्वी की आंतरिक संरचना से संबंधित असाधारण जानकारी प्राप्त हुई है।

2. बैथोलिथ तथा लैकोलिथ में अंतर स्पष्ट कीजिए।

उत्तर बैथोलिथ तथा लैकोलिथ में निम्नलिखित अंतर हैं

बैथोलिथ	लैकोलिथ
• जब भू-पर्पटी की अधिक गहराई में ठंडे हुए मैग्मा गुंबदाकार आकृति में धरातल पर प्रकट होते हैं, तो वे बैथोलिथ कहलाते हैं।	• यह गुंबदनुमा विशाल अंतर्वेधी चट्टानें हैं।
• इनका निर्माण ग्रेनाइट से होता है तथा इनका फैलाव व्यापक क्षेत्र में होता है।	• इनका तल समतल व एक पाइपरूपी वाहक नली से नीचे से जुड़ा होता है।

3. भूकंप के उद्गम केंद्र एवं अधिकेंद्र से आप क्या समझते हैं?

उत्तर जब पृथ्वी की सतह के भीतर (tectonic) प्लेटों के आपसी टकराव, खिसकने या भूगर्भीय गतिविधियों के कारण ऊर्जा का अचानक मुक्त होना होती है, जिससे पृथ्वी की सतह हिलने लगती है, इस घटना को भूकम्प कहते हैं।

(i) **उद्गम केंद्र** भूकंप से मुक्त हुई ऊर्जा तरंगों के रूप में सभी दिशाओं में गति करती है। इस प्रक्रिया के दौरान जहाँ से ऊर्जा निकलती है, वह भूकंप का उद्गम केंद्र कहलाता है। इसको अवकेंद्र भी कहा जाता है।

(ii) **अधिकेंद्र** ऊर्जा तरंगों के रूप में अलग-अलग दिशाओं में चलती हैं और पृथ्वी की सतह पर पहुँचती है। ऐसे में भूतल का वह स्थान जहाँ तरंगें सबसे पहले पहुँचती हैं, वह अधिकेंद्र कहलाता है। भूकंपीय तरंगों को अधिकेंद्र पर ही सबसे पहले महसूस किया जाता है। यह उद्गम केंद्र से 90° का कोण बनाता है।

अधिकेंद्र के समीप भूकंपीय तरंगों द्वारा नुकसान अधिक होता है, जबकि अधिकेंद्र से दूर जाने पर नुकसान की दर कम हो जाती है। अधिकेंद्र वह भाग होता है, जहाँ धरातल पर सबसे पहले भूकंप तरंगें पहुँचती हैं, यह फोकस के ठीक 90° कोण पर होता है।

4. सीस्मोग्राफ क्या होता है? इसका क्या उपयोग होता है?

उत्तर सीस्मोग्राफ द्वारा भूकंप के उद्गम केंद्र, अधिकेंद्र, भूकंपीय तरंगों के मार्ग व गति की सही-सही जानकारी प्राप्त होती है। यह भूकंप की तीव्रता को भी सटीकता से बताता है। इन सब के आलोक में भूकंप के बचाव एवं उसके प्रभाव को कम करने की दिशा में कई कार्य किए जाते हैं। सीस्मोग्राफ पर भूकंप की आवृत्ति को मापा जाता है। आवृत्ति की तीव्रता भूकंप के शक्तिशालीपन को दर्शाती है। भूकंप तरंगों को रिक्टर पैमाने पर या मारकैली पैमाने पर मापा जाता है। इन मापकों से भूकंप की तीव्रता जाँच ली जाती है।

5. भूकंप के विभिन्न प्रकारों को बताइए।

अथवा **भूकंप के विभिन्न प्रकारों को परिभाषित करने के साथ उनके कारणों का विस्तृत वर्णन कीजिए।** दक्षता आधारित प्रश्न

उत्तर भूकंप के मुख्य रूप से पाँच प्रकार होते हैं, जिनका विवरण निम्नलिखित है

(i) **विवर्तनिक भूकंप** इस तरह के भूकंप भ्रंशतल के किनारे चट्टानों के खिसक जाने के कारण उत्पन्न होते हैं। सामान्यतः विवर्तनिक भूकंप ही अधिक आते हैं।

(ii) **ज्वालामुखीय भूकंप** इस प्रकार के भूकंप अधिकांशतः सक्रिय ज्वालामुखीय के क्षेत्रों तक ही सीमित रहते हैं। इसे एक विशिष्ट वर्ग के विवर्तनिक भूकंप के अंतर्गत ही रखा जाता है।

(iii) **नियात भूकंप** खनन क्षेत्रों में अत्यधिक खनन कार्य से भूमिगत खानों की छत ढह जाती है, जिससे हल्के झटके महसूस किए जाते हैं, जो नियात भूकंप कहलाते हैं।

(iv) **विस्फोट भूकंप** इस तरह के भूकंप परमाणु व रासायनिक विस्फोट के कारण आते हैं।

(v) **बाँधजनित भूकंप** इस प्रकार के भूकंप बड़े बाँध वाले क्षेत्रों में आते हैं।

6. भूकंप की आवृत्ति पर संक्षिप्त टिप्पणी करें।

उत्तर भूकंप की आवृत्ति से तात्पर्य है कि किसी विशेष क्षेत्र में भूकंप कितनी बार आता है। यह प्राकृतिक घटना पृथ्वी के अंदर प्लेटों की हलचल के कारण होती है। एक प्राकृतिक आपदा के रूप में भूकंप के झटकों से भारी मात्रा में जन व धन की हानि होती है, लेकिन इन सब के बावजूद भी विश्व के सभी भागों में तीव्र भूकंप नहीं आते हैं। तीव्र झटके केवल भ्रंश के समीप ही महसूस किए जाते हैं।

सामान्य रूप में रिक्टर स्केल पर 8 से अधिक तीव्रता वाले भूकंप के आने की संभावना बहुत ही कम होती है, जोकि वर्ष में 1-2 बार या 1-2 वर्ष में एक बार आते हैं, जबकि हल्के भूकंप लगभग हर मिनट में पृथ्वी पर आते हैं।

7. (i) **भू-गर्भिक तरंगों और धरातलीय तरंगों में अंतर स्पष्ट कीजिए।**

उत्तर भू-गर्भिक तरंगों और धरातलीय तरंगों में निम्नलिखित अंतर हैं

भू-गर्भिक तरंगें	धरातलीय तरंगें
भूगर्भिक तरंगें तब उत्पन्न होती हैं जब उद्गम केंद्र से ऊर्जा मुक्त होती है।	धरातलीय तरंगें भू-गर्भिक तरंगों एवं धरातलीय शैलों के मध्य परस्पर क्रिया के कारण उत्पन्न होती हैं।
ये पृथ्वी के आंतरिक भाग से होकर सभी दिशाओं में आगे बढ़ती हैं।	ये तरंगें धरातल के साथ-साथ चलती हैं।
भू-गर्भिक तरंगें दो प्रकार की होती हैं-'P' तरंगें व 'S' तरंगें।	धरातलीय तरंगें भूकंपलेखी पर अंत में अभिलेखित होती हैं।

(ii) **'P' तरंगों व 'S' तरंगों के बीच अंतर बताइए।**

उत्तर 'P' तरंगों व 'S' तरंगों में निम्नलिखित अंतर हैं

'इ' तरंगें	'ए' तरंगें
ये तरंगें सबसे पहले उत्पन्न होती हैं। इन्हें प्राथमिक तरंगें भी कहा जाता है।	ये तरंगें प्राथमिक तरंगों के बाद उत्पन्न होती हैं। इसलिए इन्हें द्वितीयक तरंगें कहा जाता है।
ये तरंगें धरातल पर सबसे पहले पहुँचती हैं।	ये तरंगें 'P' तरंगों के बाद धरातल पर पहुँचती हैं।
ये ठोस, तरल व गैस तीनों माध्यमों से होकर गुजर सकती हैं।	ये केवल ठोस माध्यम से ही गुजरती हैं।

(iii) **भू-पर्पटी एवं क्रोड के मध्य अंतर बताइए।**

उत्तर भू-पर्पटी एवं क्रोड के मध्य मुख्य अंतर निम्नलिखित हैं

भू-पर्पटी	क्रोड
यह पृथ्वी की सबसे ऊपरी परत होती है।	यह पृथ्वी की सबसे भीतरी परत है।
यह पृथ्वी की सबसे हल्की परत होती है।	यह पृथ्वी की सबसे भारी परत होती है।
इसमें सिलिका एवं एल्युमीनियम की अधिकता होती है।	इसमें निकेल एवं लोहे की अधिकता होती है।

8. **ज्वालामुखी उद्गार के विभिन्न प्रकारों का वर्णन कीजिए।**

उत्तर ज्वालामुखी उद्गार के तीन प्रकार होते हैं, जो निम्नलिखित हैं

(i) **केंद्रीय उद्भेदन** इसमें लावा एक केंद्रीय मुख द्वारा बाहर निकलता है। इस तरह के उद्गार में ध्वनि निकलती है और कंपन भी होता है। आकाश में बादल छा जाते हैं। इसमें लावा के साथ शैलों के टुकड़े भी बाहर निकलते हैं। इन केंद्रीय उद्गार के कारण भूकंप भी आते हैं।

(ii) **दरारी उद्गार** इस उद्गार में लावा दरारों से धीरे-धीरे बाहर निकलता है और पृथ्वी के बहुत बड़े भू-भाग पर फैल जाता है तथा धरातल पर लावा की एक मोटी परत बिछ जाती है। दक्षिण भारत का लावा प्रदेश तथा संयुक्त राज्य अमेरिका का स्नेक नदी का क्षेत्र इसी दरारी उद्गार से निर्मित हुआ है।

(iii) **शांत उद्गार** यह उद्गार उस स्थिति में होता है जब लावा पृथ्वी की मोटी परत को नहीं तोड़ पाता है। इस उद्गार में लावा निर्बल एवं दरारी भागों में होता है जिसमें भीषणता का अभाव होता है। इन्हीं सब लक्षणों के कारण यह उद्गार शांत उद्भेदन कहलाता है। इसके उदाहरण हमें हवाई आइसलैंड एवं समोआ के ज्वालामुखी क्षेत्र में देखने को मिलते हैं।

दीर्घ उत्तरीय प्रश्न

1. **आंतरिक संरचना से संबंधित जानकारी के लिए उत्तरदायी अप्रत्यक्ष स्रोत का वर्णन कीजिए।** *दक्षता आधारित प्रश्न*

अथवा **पृथ्वी की आंतरिक संरचना के विषय में जानकारी प्राप्त करने के लिए हम प्रत्यक्ष या अप्रत्यक्ष स्रोतों का प्रयोग करते हैं। इस संदर्भ में अप्रत्यक्ष स्रोतों से प्राप्त विवरण का विस्तार से वर्णन कीजिए।**

उत्तर पृथ्वी की आंतरिक संरचना से संबंधित जानकारी की प्राप्ति में तापमान, दबाव, पदार्थों के घनत्व, पदार्थों का गुणधर्म, गुरुत्वाकर्षण, चुंबकीय क्षेत्र एवं भूकंपीय संबंधी क्रियाएँ आदि अप्रत्यक्ष स्रोत महत्त्वपूर्ण भूमिका का निर्वहन करते हैं।

पदार्थ के गुणधर्म के विश्लेषण से पृथ्वी के आंतरिक भाग की जानकारी अप्रत्यक्ष रूप से प्राप्त होती है। खनन क्रिया द्वारा यह जानकारी प्राप्त होती है कि पृथ्वी के धरातल में गहराई बढ़ने के साथ-साथ तापमान, दबाव एवं पदार्थ का घनत्व बढ़ता है।

इससे तापमान, दबाव एवं घनत्व में परिवर्तन की दर का अनुमान लगाया जा सकता है। पृथ्वी के धरातल पर पहुँचने वाली उल्काओं से अप्रत्यक्ष रूप में पृथ्वी के आंतरिक भाग की जानकारी मिलती है, क्योंकि उल्काएँ वैसे ही पदार्थ के बने ठोस पिंड हैं, जिनसे पृथ्वी का निर्माण हुआ है। उल्काओं से प्राप्त पदार्थ और उनकी संरचना पृथ्वी से मिलती-जुलती है।

गुरुत्वाकर्षण चुंबकीय क्षेत्र एवं भूकंप संबंधी क्रियाओं को पृथ्वी के आंतरिक भाग की जानकारी के लिए अप्रत्यक्ष स्रोत के रूप में प्रयोग करते हैं। गुरुत्वाकर्षण बल पृथ्वी के धरातल पर विभिन्न अक्षांशों पर एक समान नहीं होता है। उदाहरणस्वरूप, ध्रुवों पर अधिक एवं भूमध्य रेखा पर कम होता है।

इसका मुख्य कारण पृथ्वी के केंद्र से ध्रुवों की कम दूरी तथा भूमध्य रेखा की अधिक दूरी है। इसके अतिरिक्त गुरुत्व का मान पृथ्वी के आंतरिक पदार्थों का असमान वितरण तथा पदार्थों के द्रव्यमान के अनुसार परिवर्तित होता है।

इस भिन्नता को गुरुत्व विसंगति कहा जाता है। गुरुत्व विसंगति द्वारा भू-पर्पटी में पदार्थ के द्रव्यमान के वितरण की जानकारी प्राप्त होती है। चुंबकीय सर्वेक्षण द्वारा भू-पर्पटी में चुंबकीय पदार्थ के वितरण की जानकारी प्राप्त होती है। पृथ्वी के आंतरिक भाग की जानकारी का महत्त्वपूर्ण अप्रत्यक्ष स्रोत भूकंपीय गतिविधियाँ हैं।

2. **भूकंपीय तरंगों के विषय पर संक्षिप्त टिप्पणी लिखिए।**

उत्तर इस प्रश्न के उत्तर के लिए पृष्ठ संख्या 29 पर 'भूकंपीय तरंगें' शीर्षक का अध्ययन करें।

3. **भूकंप के कारणों एवं प्रभावों का वर्णन कीजिए।**

उत्तर पृथ्वी में उत्पन्न कंपन को भूकंप कहते हैं। यह एक प्राकृतिक घटना है, जिससे ऊर्जा का निष्कासन सभी दिशाओं में तरंग के रूप में होता है।

भूकंप के कारण

भूकंप के निम्नलिखित कारण है

- भूकंप का मूल कारण ऊर्जा है। ऊर्जा के निकलने के कारण तरंगें उत्पन्न होती हैं, जो सभी दिशाओं में फैलकर भूकंप उत्पन्न करती हैं। प्रायः भ्रंश के किनारे से ही ऊर्जा निकलती है।
- भ्रंश भू-पर्पटी की शैलों में गहरी दरारें होती हैं, जिसके दोनों तरफ शैले विपरीत दिशा में गति करती हैं। ऊपर से पड़ने वाले दबाव शैलखंडों को आपस का घर्षण बाँधे रहता है।
- भ्रंश के कारण शैलखंडों में अलग होने की प्रवृत्ति से घर्षण का प्रभाव कम हो जाता है, जिसके परिणामस्वरूप शैलखंड विकृत होकर अचानक एक-दूसरे के विपरीत दिशा में चले जाते हैं, जिससे ऊर्जा निकलती है और ऊर्जा तरंगें सभी दिशाओं में गति करती हैं तथा भूकंप उत्पन्न होता है।
- इसके अतिरिक्त ज्वालामुखी, खनन कार्य, परमाणु एवं रासायनिक विस्फोट और बड़े बाँध के कारण भी भूकंप उत्पन्न होते हैं।

भूकंप के प्रभाव भूकंप एक प्राकृतिक आपदा है, जिसका विनाशकारी प्रभाव होता है, यह विभिन्न प्रकार के प्राकृतिक और मानव निर्मित नुकसान का कारण बनते हैं। जो निम्नलिखित हैं

(i) **भूमि का हिलना** आंतरिक बलों के कारण भूमि का अस्थिर होना

(ii) **भू-स्खलन या पंकस्खलन** पर्वतीय या उच्चवर्ती क्षेत्रों में बड़े पैमाने पर मलवों के नीचे गिरने की घटना भू-स्खलन कहलाती है। इस घटना के कारण प्राकृतिक आपदा की स्थिति उत्पन्न हो जाती है।

(iii) **धरातलीय विसंगति** कभी-कभी पर्वतीय व मैदानी प्रदेशों या पर्वतीय या सागरीय तटों के मध्य भूकंप के कारण विसंगति उत्पन्न हो जाती है। इससे क्षेत्र में निर्गमन एवं निमांज्जन की स्थिति उत्पन्न हो जाती है।

(iv) **हिमस्खलन** हिमाच्छादित प्रदेशों में इस प्रकार की घटनाएँ अधिक होती हैं।

(v) **मृदा द्रवण** मृदा के नीचे आने से भी भूकंप आने की संभावना उत्पन्न हो जाती है।

(vi) **बाँध एवं तटबंध के टूटने से बाढ़** बांध एवं तटबंध के टूटने से भारी तबाही होती है। भूकंप के कारण अक्सर स्थिति विकराल हो जाती हैं। बाँधों के टूटने से क्षेत्र जलमग्न हो जाते हैं। इससे जान-माल की व्यापक हानि होती है।

(vii) **इमारतों का टूटना** तथा ढाँचों का ध्वस्त होना–भूकंप के कारण कमजोर बुनियाद की इमारतें क्षण में ध्वस्त हो जाती हैं।

(viii) **सुनामी-सागरीय** भूकंप के कारण सुनामी जैसी प्राकृतिक आपदा आती है। इससे तटीय क्षेत्रों में भयावह तबाही होती है। भूकंप के प्रभाव क्षेत्र इसकी तीव्रता पर निर्भर करते हैं, लेकिन उचित प्रबंधन और आपदा तैयारी से इन प्रभावों को कम किया जा सकता है।

4. **ज्वालामुखी उद्गार की प्रवृत्ति और धरातल पर विकसित आकृतियों के आधार पर ज्वालामुखियों को कितने भागों में वर्गीकृत किया जा सकता है? व्याख्या कीजिए।**

उत्तर ज्वालामुखी को उद्गार की प्रवृत्ति और धरातल पर विकसित आकृतियों के आधार पर मुख्यतः तीन भागों में वर्गीकृत किया जा सकता है

(i) **ढाल ज्वालामुखी** (Shield Volcano) ज्वालामुखीयों में लावा का प्रवाह धीरे और पतला होता है, जिससे यह आस-पास के क्षेत्र में दूर-दूर तक फैल जाता है। इसकी आकृति ढाल जैसी अर्थात् चौड़ी और समतल होती है। उदाहरण– मौना लोआ।

(ii) **शंक्वाकार ज्वालामुखी** (Cinder cone volcano) ये ज्वालामुखी तीव्र और विस्फोटक उद्गार करते हैं, जिससे राख, गैस ओर पत्थरों का निर्माण होता है। इनके उद्गार से ज्वालामुखी के मुख के चारों ओर शंक्वाकार ढेर बनते हैं। ये अपेक्षाकृत छोटे और ऊँचे होते हैं।

(iii) **स्ट्रेटो वोल्केनो** (Composite Valcano) इसमें लावा व राख के क्रमिक उद्गार होते हैं, जिससे परतदार संरचना बनती है। ये सबसे अधिक विनाशकारी होते हैं और विस्फोटक के साथ-साथ ज्वालामुखीय भूस्खलन का कारण बनते हैं। उदाहरण माउंट विसुवियस।

- ज्वालामुखी का यह वर्गीकरण उनकी गतिविधियों और आकृतियों को समझने में मदद करता है, जिससे उनकी संभावित आपदाओं का पूर्वानुमान और प्रबंधन किया जा सकता है।

स्वयं को जाँचें

वस्तुनिष्ठ प्रश्न

1. निम्नलिखित में से कौन पृथ्वी की आंतरिक संरचना के बारे में जानकारी का प्रत्यक्ष स्रोत है?

(a) भूकंपीय तरंगें
(b) गुरुत्वाकर्षण बल
(c) ज्वालामुखी
(d) पृथ्वी का चुंबकत्व

2. विश्व का सबसे गहरा प्रवेधन क्षेत्र कोला कहाँ स्थित है?

(a) आर्कटिक महासागर में
(b) अंटार्कटिक महासागर में
(c) प्रशांत महासागर में
(d) अटलांटिक महासागर में

3. निम्नलिखित कथनों में असत्य कथन कौन-सा है?

(a) 's'-तरंगें केवल ठोस पदार्थ के माध्यमों से ही गुजरती हैं
(b) धरातलीय तरंगें सबसे कम विनाशकारी होती हैं
(c) 'p'-तरंगें पदार्थ की तीनों अवस्था ठोस, द्रव और गैस से गुजरती हैं
(d) भूतल पर जहाँ सबसे पहले तरंगें पहुँचती हैं वह अधिकेंद्र है

4. सुमेलित कीजिए

संरचना	गहराई
A. भू-पर्पटी	1. 2900 किमी
B. मैंटल	2. 100 किमी
C. क्रोड	3. 6378 किमी
D. पृथ्वी का व्यास	4. 12756 किमी

कूट

	A	B	C	D		A	B	C	D
(a)	1	2	3	4	(b)	2	3	1	4
(c)	2	1	3	4	(d)	3	2	1	4

5. निम्नलिखित कथनों के आधार पर सत्य कथन की पहचान करें

1. शील्ड ज्वालामुखी मुख्यतः बेसाल्ट निर्मित है।
2. इसमें विस्फोट होने पर शंकु का निर्माण होता है।
3. इससे लावा का निष्कासन फव्वारे के रूप में होता है।

कूट

(a) केवल 1 (b) 1 और 2
(c) 2 और 3 (d) 1, 2 और 3

अतिलघु उत्तरीय प्रश्न

6. सीस्मोग्राफ से क्या तात्पर्य है?

7. महासागरों, महाद्वीपों और पर्वतीय शृंखलाओं में भूपर्पटी की मोटाई को बताइए।

8. भूकंप की कौन-सी तरंगें सबसे तीव्र चलती हैं?

लघु उत्तरीय प्रश्न

9. पृथ्वी की भू-पर्पटी के संबंध में उल्लेख कीजिए।

10. पृथ्वी के मैंटल के संदर्भ में व्याख्या कीजिए।

11. "भूपर्पटी की मोटाई महाद्वीप एवं महासागरों के नीचे अलग-अलग होती है" इस कथन की उदाहरण सहित पुष्टि कीजिए।

12. *p*-तरंगों के अध्ययन से भूकंप के प्रभाव का मूल्यांकन कैसे किया जाता है?

दीर्घ उत्तरीय प्रश्न

13. ज्वालामुखी उद्गार के संभावित कारण क्या हैं? ज्वालामुखी क्रियाओं और उनसे संबंधित लक्षणों का उल्लेख कीजिए।

14. निम्नलिखित पर संक्षिप्त टिप्पणी लिखिए

(i) सुनामी (ii) भ्रंशघाटी (iii) उद्गार केंद्र और अधिकेंद्र

15. भूकंप क्या है? एवं इसके प्रभावों का विश्लेषण करें और इसके निवारण के उपाय बताएँ?

4
अध्याय

महासागरों और महाद्वीपों का वितरण

यह अध्याय महासागरों और महाद्वीपों के वितरण से संबंधित है, जिसमें यह दर्शाया गया है कि समय के साथ उनकी स्थिति कैसे बदलती रही है। यह इन परिवर्तनों के कारणों की भी जाँच करता है और वैज्ञानिकों द्वारा महाद्वीपों और महासागरों के स्थानों का पता लगाने के लिए उपयोग की जाने वाली विधियों का अध्ययन भी करता है।

▼ अध्ययन एक नजर में

4.1 महाद्वीपीय प्रवाह सिद्धांत
4.2 भूकम्प एवं ज्वालामखी का वितरण

▼ अभ्यास के लिए

– बहुविकल्पीय प्रश्न 34, कथन/कारण, सुमेलित कीजिए
– वर्णनात्मक प्रकार के प्रश्न (लघु उत्तरीय प्रश्न 12, दीर्घ उत्तरीय प्रश्न 4)
– स्रोत आधारित प्रश्न मानचित्र आधारित 4

- हमारी पृथ्वी लगातार परिवर्तनशील अवस्था में है। इसके 29% भाग पर महाद्वीपों का तथा शेष भाग पर महासागरों का विस्तार है।
- महाद्वीपों की स्थिति अतीत में वैसी नहीं थी जैसी वर्तमान में है। इसे वैज्ञानिकों द्वारा दिए गए विभिन्न सिद्धातों और तथ्यों के माध्यम से समझा जा सकता है।

4.1 महाद्वीपीय प्रवाह सिद्धांत

- महाद्वीपीय प्रवाह सिद्धांत महाद्वीपों और महासागरों के वितरण से संबंधित है।
- अटलांटिक महासागर (Atlantic Ocean) के दोनों ओर की तटरेखा में सममिति अर्थात् समानता (Symmetry) पाई जाती है, जिसके आधार पर वैज्ञानिकों ने दक्षिणी व उत्तरी अमेरिका, यूरोप तथा अफ्रीका के एकसाथ जुड़े होने की संभावना को व्यक्त किया है। डच मानचित्रवेत्ता **अब्राहम ऑर्टेलियस** (Abraham Ortelius) ने 1596 ई. में सर्वप्रथम इस संभावना को व्यक्त किया था। महाद्वीपीय प्रवाह (Continental Drift) के सिद्धांत से संबंधित विभिन्न विद्वानों ने अलग-अलग मत दिए हैं, **एंटोनियो पेलेग्रिनी** (Antonio Pellegrini) द्वारा एक ऐसा मानचित्र बनाया गया, जिसमें तीनों महाद्वीपों को एकसाथ जुड़ा हुआ दिखाया गया था।
- वर्ष 1912 में जर्मन मौसमविद् **अल्फ्रेड वेगनर** (Alfred Wegner) ने **महाद्वीपीय विस्थापन सिद्धांत** (The Continental Drift Theory) को प्रस्तावित किया।
- इस सिद्धांत का संबंध महाद्वीपों और महासागरों के वितरण से था। इस सिद्धांत के अनुसार, सभी महाद्वीप एक अकेले भूखंड में जुड़े हुए थे।

- **वेगनर** के अनुसार, वर्तमान के सभी महाद्वीप इस भूखंड के भाग थे। यह भूखंड एक बड़े महासागर से घिरा हुआ था। वेगनर ने इस बड़े महाद्वीप को **पैंजिया**[1] (Pangaea) कहा है। पैंजिया का शाब्दिक अर्थ संपूर्ण पृथ्वी है। विशाल जल वाले भाग को **पैंथालासा**[2] (Panthalassa) के नाम से जाना जाता है।
- वेगनर के अनुसार, बड़े महाद्वीप पैंजिया का विभाजन 20 करोड़ वर्ष पूर्व हुआ था। पैंजिया दो भागों में विभक्त हो गया। उत्तरी भाग को लॉरेंशिया और दक्षिणी भाग को **गोंडवानालैंड**[3] कहा गया।

महाद्वीपीय विस्थापन सिद्धांत के पक्ष में प्रमाण

महाद्वीपों में साम्यता (जिग-सा-फिट)

- यह प्रमाण दर्शाता है कि दक्षिणी अमेरिका तथा अफ्रीका के आमने-सामने की तटरेखाओं में अद्‌भुत एवं त्रुटिरहित समानताएँ हैं।
- वर्ष 1964 में बुलर्ड (Bulard) ने एक कम्प्यूटर प्रोग्राम की सहायता से अटलांटिक तटों को जोडते हुए एक मानचित्र तैयार किया था।
- साम्य बिठाने की यह कोशिश आज की तटरेखा की अपेक्षा **1000 फैदम**[4] की गहराई की तटरेखा के साथ की गई थी।

महासागरों के पार चट्टानों की आयु में समानता

आधुनिक समय में विकसित की गई **रेडियोमीट्रिक काल निर्धारण विधि**[5] (Radiometric Dating) से महासागरों के पार महाद्वीपों की चट्टानों के निर्माण के समय को सरलता से जाना जा सकता है। **200 करोड़ वर्ष** पूर्व प्राचीन शैल समूहों की एक पट्टी मिलती है, जो ब्राजील तट तथा पश्चिमी अफ्रीका के तट पर आपस में समानता रखती है। ये समुद्री निक्षेप जुरैसिक काल (Jurassic Age) से संबंधित हैं, जिससे इस बात की जानकारी मिलती है कि इस समय से पूर्व वहाँ महासागर उपस्थित नहीं था।

टिलाइट

- टिलाइट एक प्रकार की अवसादी चट्टानें हैं, जिनका निर्माण हिमानी निक्षेपण (Glaciers Deposits) से होता है।
- भारत में पाए जाने वाली गोंडवाना श्रेणी की तलछटों (Sediments) के प्रतिरूप दक्षिणी गोलार्द्ध के छः विभिन्न स्थलखंडों में मिलते हैं। गोंडवाना श्रेणी के आधार तल में घने टिलाइट पाए जाते हैं, जो लंबे समय तक हिमआवरण या **हिमाच्छादन**[6] को दर्शाते हैं।
- भारत के अतिरिक्त अफ्रीका, फॉकलैंड द्वीप, मैडागास्कर, अंटार्कटिका और ऑस्ट्रेलिया में भी इसी प्रकार के प्रतिरूप प्राप्त होते हैं।
- गोंडवाना श्रेणी की तलछटों वाली समानता यह स्पष्ट करती है कि इन स्थलखंडों के इतिहास में भी समानता रही है। हिमानियों द्वारा निर्मित टिलाइट चट्टानें पुरातन जलवायु और महाद्वीपों के विस्थापन के स्पष्ट प्रमाण प्रस्तुत करती हैं।

प्लेसर निक्षेप

- घाना के तट पर सोने के बड़े निक्षेपों की उपस्थिति व उद्‌गम चट्टानों की अनुपस्थिति, एक आश्चर्यजनक तथ्य है। सामान्यतः **सोनायुक्त शिराएँ** (Gold Bearing Veins) ब्राजील में पाई जाती हैं, जिससे यह स्पष्ट होता है कि घाना में मिलने वाले सोने के **प्लेसर निक्षेप**[7] ब्राजील पठार से उस समय निकले होंगे, जब ये दोनों महाद्वीप एक-दूसरे से जुड़े हुए थे।

जीवाश्मों का वितरण

- यह प्रमाण दर्शाता है कि लेमूरिया (Lemuria) और मेसोसारस (Mesosaurus) के **जीवाश्मों**[8] का वितरण कुछ महाद्वीपों के तटों में समान था, जिससे यह स्पष्ट होता है कि वे अतीत में एक ही भूखण्ड थे।
- लेमूरिया भारत, मेडागास्कर व अफ्रीका में मिलते हैं। कुछ वैज्ञानिकों ने इन तीनों स्थलखण्डों को जोडकर एक **सतत स्थलखंड** लेमूरिया की उपस्थिति को स्वीकारा।

---

1 पैंजिया (Pangaea) वर्तमान के सभी महाद्वीप पहले एक ही महाद्वीप में सम्मिलित थे, जिसे वेगनर ने पैंजिया कहा। पैंजिया का अर्थ होता है-संपूर्ण पृथ्वी।
2 पैंथालासा (Panthalassa) वेगनर ने विशाल महासागर को पैंथालासा का नाम दिया, जिसका अर्थ होता है-**जल-ही-जल**।
3 गोंडवानालैंड (Gondwanaland) यह पैंजिया का दक्षिणी महाद्वीपीय भाग था, इसमें वर्तमान दक्षिण अमेरिका, अफ्रीका, ऑस्ट्रेलिया, अंटार्कटिका और भारतीय प्रायद्वीप शामिल हैं।
4 फैदम रेखा (Fathom line) यह नौसैनिक मानचित्र पर वह रेखा होती है, जो समान जल गइराई वाले बिंदुओं को जोड़ती है, न कि वर्तमान तटरेखा को।
5 रेडियोमीट्रिक काल निर्धारण विधि (Radiometric Dating) यह एक तकनीक है जो रेडियोधर्मी क्षय का उपयोग करके चट्टानों, जीवाश्मों की आयु निर्धारित करते हैं।
6 हिमाच्छादन (Glaciation) यह बर्फ के एक बड़े द्रव्यमान का किसी भूमि क्षेत्र पर संचलन है।
7 प्लेसर निक्षेप (Placer Deposits) यह नदी के तल में बालू का जमाव होता है, जिसमें मूल्यवान खनिजों के कण पाए जाते हैं।
8 जीवाश्म (Fossils) यह किसी प्राचीन जानवर या पौधे के कठोर अवशेष होते हैं, जो चट्टानों के अंदर पाए जाते हैं।

- मेसोसारस नाम के छोटे रेंगने वाले जीव केवल उथले **खारे पानी**[9] में ही रह सकते थे, इनकी अस्थियाँ केवल दक्षिण अफ्रीका के दक्षिणी केप प्रांत और ब्राजील में इरावर शैल समूह में प्राप्त होते है। ये दोनों स्थान आज एक दूसरे से **4800 किमी** की दूरी पर हैं और इनके मध्य में एक महासागर विद्यमान है।

प्रवाह संबंधी बल

वेगनर के अनुसार, महाद्वीपीय विस्थापन दो कारणों से होता है

1. **पोलर या ध्रुवीय फ्लीइंग बल** (Polar Fleeing Force) इसका संबंध पृथ्वी के घूर्णन से है, क्योंकि पृथ्वी भूमध्य रेखा पर उभरी हुई है और यह उभार पृथ्वी के घूर्णन के कारण होता है।
2. **ज्वारीय बल** (Tidal Force) यह सूर्य व चंद्रमा के आकर्षण से संबंधित है, जिससे महासागरों में ज्वार उत्पन्न होते हैं। वेगनर का मानना था कि करोड़ों वर्षों के दौरान ये बल प्रभावशाली होकर विस्थापन के लिए सक्षम हो गए। यद्यपि बहुत-से वैज्ञानिक इन दोनों ही बलों को महाद्वीपीय विस्थापन के लिए अपर्याप्त मानते हैं।

प्रवाह के बाद के अध्ययन

- यह अन्वेषणों की एक श्रृंखला है, जो द्वितीय विश्व युद्ध के बाद हुई और भू-विज्ञान में नई जानकारी जोड़ी गई। विशेष रूप से महासागर तल के मानचित्रण से प्राप्त जानकारी ने महाद्वीपीय प्रवाह सिद्धांत को एक नया आयाम दिया।

संवहन धारा सिद्धांत

- **आर्थर होम्स** (Arthur Holmes) ने 1930 के दशक में मैंटल (पृथ्वी की एक परत) में संवहन धारा (Convection Current) की संकल्पना को प्रतिपादित किया। मैंटल में संवहन धाराएँ रेडियोएक्टिव तत्त्वों से उत्पन्न ताप भिन्नता के कारण उत्पन्न होती हैं।
- होम्स ने तर्क दिया था कि पूरे मैंटल भाग में इस प्रकार की धाराओं का क्षेत्र विद्यमान है
- यह उन प्रवाह बलों की व्याख्या प्रस्तुत करने का ही प्रयास था, जिसके आधार पर समकालीन वैज्ञानिकों ने महाद्वीपीय विस्थापन सिद्धांत को स्वीकार नहीं किया था।

महासागरीय अध:स्तल का मानचित्रण

- महासागरों की बनावट और आकार में भिन्नता पाई जाती है। महासागरों का अध:स्तल (Floor) एक विस्तृत मैदान नहीं है, बल्कि उनमें भी उच्चावच पाया जाता है।
- युद्धोत्तर काल (Post-war Period) के समय महासागरीय अध:स्तल के निरूपण अभियान ने महासागरीय उच्चावच संबंधी विभिन्न जानकारियाँ प्रस्तुत की हैं; जैसे—महासागर के नीचे कई अध:स्तली जलमग्न पर्वतीय कटकें (Ridges) एवं **गहरी समुद्री खाइयाँ**[10]
- इसी तरह मध्य महासागरीय कटकें ज्वालामुखी उद्गार के लिए सबसे अधिक सक्रिय हैं। महासागरीय पर्पटी की चट्टानों के काल निर्धारण (Dating) से यह पता चलता है कि महासागरों के नितल (Oceanic Crust) की चट्टानें महाद्वीपीय भागों में पाई जाने वाली चट्टानों की तुलना में नई हैं।
- इसके अतिरिक्त महासागरीय कटक के दोनों ओर बराबर दूरी पर अवस्थित चट्टानों की आयु एवं रचना में समानता पाई जाती है।

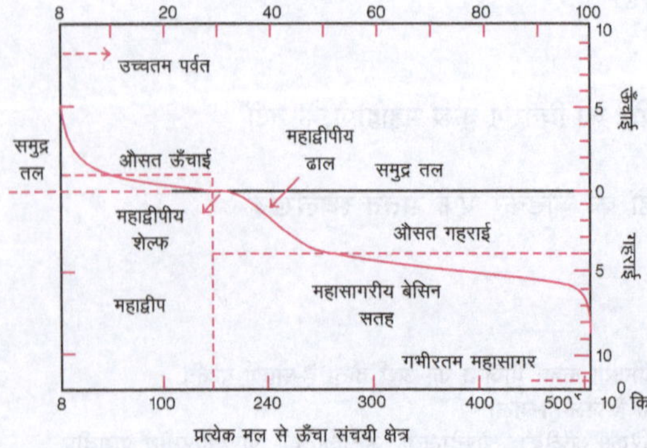

महासागरीय अध:स्तल की बनावट

- महासागर तल की संरचना महाद्वीपों और महासागरों के वितरण को समझने में सहायता करती है।
- गहराई और स्थलाकृति के आधार पर महासागर तल को तीन मुख्य भागों में विभाजित किया जा सकता है।

(i) महाद्वीपीय सीमा

- महाद्वीपीय सीमा (Continental Margins) महाद्वीपीय किनारों तथा गहरे समुद्री बेसिन के मध्य का भाग है।
- इसके अंतर्गत महाद्वीपीय ढाल (Continental Slope), महाद्वीपीय मग्नतट (Continental Shelf), महाद्वीपीय उभार (Continental Rise) एवं गहरी महासागरीय खाइयाँ सम्मिलित हैं। महाद्वीपों व महासागरों के वितरण को समझने के लिए गहरी महासागरीय खाइयों का अध्ययन आवश्यक है।

---

9 **खारा पानी** (Brackish water) यह एक प्रकार का पानी है, जो मीठे पानी की तुलना में अधिक खारा होता है।

10 **गहरी समुद्री खाई** (Oceanic trench) ये समुद्र तल के स्थलाकृतिक अवसाद है, जो चौड़ाई में अपेक्षाकृत सँकरे लेकिन लंबाई में बहुत लंबे होते हैं। ये महासागर के सबसे गहरे भाग होते हैं।

(ii) वितलीय मैदान

महाद्वीपीय तटों और मध्य महासागरीय कटकों के मध्य वितलीय मैदान (Abyssal Plains) पाए जाते हैं। ये वह क्षेत्र हैं, जहाँ पर महाद्वीपों से बहाकर लाए गए अवसाद निक्षेपित होते हैं।

(iii) मध्य महासागरीय कटक

- मध्य महासागरीय कटक (Mid-Oceanic Ridges) पर्वतों की एक श्रृंखला बनाते हैं, जो आपस में जुड़े हुए होते हैं। पृथ्वी के धरातल पर पाई जाने वाली संभवतः यह सबसे लंबी पर्वत श्रृंखला (Mountain Chain) है, जो महासागरीय जल में डूबी हुई है।
- इन कटकों की महत्त्वपूर्ण विशेषता इनके मध्यवर्ती शिखर पर रिफ्ट (Rift), एक प्रभाजक पठार (Fractionated Plateau) और **पार्श्व मंडल**[11] (Flank Zone) होती है। मध्यवर्ती भाग में स्थित द्रोणी (Basin), सक्रिय ज्वालामुखी क्षेत्र का एक उदाहरण है।

चेक प्वॉइंट 1

1. लेमूरिया के नाम से कौन-से तीन स्थान प्रसिद्ध हैं?
2. महासागर तल कितने प्रमुख भागों में विभजित होता है?
3. ध्रुवीय फ्लाइंग बल किससे संबंधित हैं?
4. महाद्वीपीय प्रवाह सिद्धांत किसने प्रस्तावित किया?
5. रेडियोमीट्रिक डेटिंग विधि का उपयोग किसके लिए किया जाता है?

4.2 भूकंप एवं ज्वालामुखी का वितरण

- विश्व स्तर पर भूकंप एवं ज्वालामुखी का वितरण असमान है। विश्वभर में कुछ ऐसे क्षेत्र हैं जहाँ भूकंप और ज्वालामुखी गतिविधियाँ होती हैं। दिए गए मानचित्र में **अटलांटिक महासागर** के मध्यवर्ती भाग में तटरेखा के समानांतर से प्रारंभ होकर एक बिंदु रेखा आगे **हिंद महासागर** तक जाती है।
- यहाँ पर यह रेखा भारतीय उपमहाद्वीप के दक्षिण में दो भागों में विभक्त होती है, जिसकी एक शाखा **पूर्वी अफ्रीका** की ओर जाती है तथा दूसरी शाखा म्यांमार से होते हुए **न्यूगिनी के तट** तक जाती है, जो मध्य महासागरीय कटक के वितरण को दर्शाती है।
- भूकंपीय संकेंद्रण के दूसरे क्षेत्र को शेडिड बेल्ट (Shaded Belt) द्वारा दर्शाया गया है, जो अल्पाइन हिमालय (Alpine Himalayas) श्रेणियों के और प्रशांत महासागरीय किनारों के समरूप है।
- सामान्यतः मध्य महासागरीय कटकों के क्षेत्र में भूकंप के उद्गम केंद्र कम गहराई पर हैं, जबकि अल्पाइन हिमालय पट्टी व प्रशांत महासागरीय किनारों पर ये केंद्र अधिक गहराई पर हैं। प्रशांत महासागर के किनारों की सक्रिय ज्वालामुखी के वलय को **रिंग ऑफ फायर** कहा जाता है।

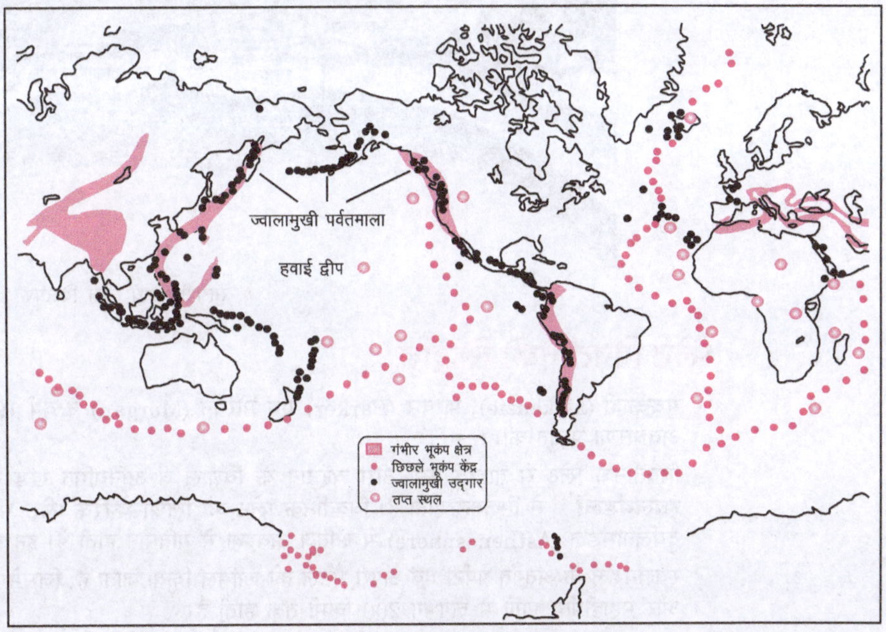

▲ भूकंप व ज्वालामुखीयों का वितरण

---

11 पार्श्व मंडल (Flank zone) यह मध्य महासागरीय शृंखला का वह क्षेत्र है जो रिफ्ट घाटी के दोनों ओर स्थित होता है।

सागरीय अध:स्तल का विस्तार

वेगनर के महाद्वीपीय विस्थापन सिद्धांत के समय प्रवाह संबंधी जानकारी उपलब्ध नहीं थी, जिसने बाद में चट्टानों से संबंधित **पुराचुंबकीय**[12] (Paleomagnetism) अध्ययन तथा महासागरीय तल के मानचित्रण से संबंधित महत्त्वपूर्ण जानकारी प्रस्तुत की हैं,

- सामान्य रूप में मध्य महासागरीय कटकों के साथ-साथ ज्वालामुखी उद्गार की क्रिया भी होती है। इस उद्गार में बड़ी मात्रा में लावा बाहर निकलता है।
- महासागरीय कटक के बीच के क्षेत्र में दोनों ओर पाई जाने वाली चट्टानों के निर्माण का समय, संघटन, संरचना एवं चुंबकीय गुणों में एकरूपता पाई जाती है। **सामान्य चुंबकत्व ध्रुवण**[13] (Normal Polarity) महासागरीय कटकों के समीप की चट्टानों में पाया जाता है। ये चट्टानें कटकों से दूर की चट्टानों की अपेक्षा नई हैं। कटकों के शीर्ष से दूर चट्टानों की आयु भी अधिक होती है।
- किसी भी स्थान पर महासागरीय पर्पटी की चट्टानें 20 करोड़ वर्ष से अधिक पुरानी नहीं हैं। अत: महासागरीय पर्पटी की चट्टानें महाद्वीपीय पर्पटी की चट्टानों की तुलना में अधिक नई हैं।
- मध्य महासागरीय कटकों के क्षेत्र में भूकंप का उद्गम केंद्र कम गहराई पर अवस्थित है, जबकि गहरी खाइयों में भूकंप का उद्गम केंद्र अधिक गहराई पर विद्यमान है।
- इन तथ्यों और मध्य महासागरीय कटकों के दोनों तरफ की चट्टानों के चुंबकीय गुणों के विश्लेषण के आधार पर वर्ष 1961 में हेस (Hess) ने सागरीय अध:स्तल के विस्तार (Sea Floor Spreading) की संकल्पना प्रस्तुत की।
- इनके अनुसार, महासागरीय कटकों के शीर्ष पर ज्वालामुखी उद्गार से महासागरीय पर्पटी में विभेदन होता है, जिससे लावा दरारों को भरकर महासागरीय क्षेत्र को विस्तारित करता है।
- इसी कारण महासागरीय पर्पटी अपेक्षाकृत नवीनतम होती है। इस संकल्पना में हेस ने यह भी बताया है कि जहाँ ज्वालामुखी उद्गार से एक ओर नई पर्पटी का निर्माण होता है, वहीं दूसरी ओर इनका महासागरीय गर्तों में विनाश भी होता है।

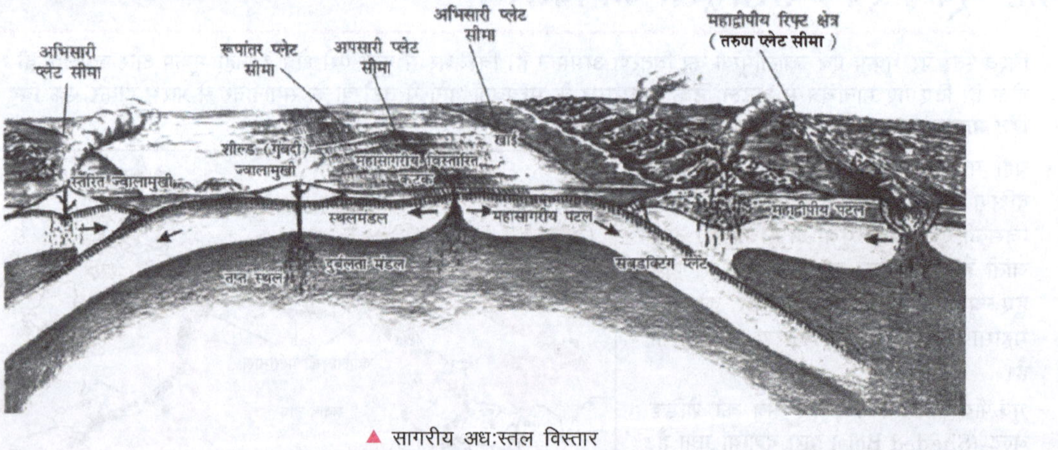

▲ सागरीय अध:स्तल विस्तार

प्लेट विवर्तनिकी सिद्धांत

- **मैक्कैंजी** (Mckenzie), पारकर (Parker) एवं मोरगन (Morgan) ने वर्ष 1967 में प्लेट विवर्तनिकी (Plate Tectonics) की अवधारणा प्रस्तुत की।
- विवर्तनिक प्लेट से तात्पर्य ऐसी ठोस चट्टान के विशाल व अनियमित खंड से है, जिसका निर्माण महाद्वीपीय व **महासागरीय स्थलमंडलों**[14] से मिलकर होता है। विवर्तनिक प्लेट को **लिथोस्फेरिक प्लेट** भी कहा जाता है। ये प्लेटें एक दृढ़ इकाई के रूप में दुर्बलतामंडल (Asthenosphere) में क्षैतिज अवस्था में गतिमान होती हैं। इन प्लेटों की मोटाई अलग-अलग होती है।
- स्थलमंडल के अंतर्गत पर्पटी एवं ऊपरी मैंटल को शामिल किया जाता है, जिसमें महासागरों में इन प्लेटों की मोटाई 5 से 100 किमी और महाद्वीपीय भागों में लगभग 200 किमी तक होती है।

---

12 पुराचुंबकीय (Paleomagnetism) यह पृथ्वी के चुंबकीय क्षेत्र के रिकॉर्ड का अध्ययन है, जो चट्टानों, तलछटों या पुरातात्विक सामग्री में पाया जाता है।

13 सामान्य चुंबकत्व ध्रुवण (Normal Polarity) इसका संबंध समय के साथ पृथ्वी के चुंबकीय क्षेत्र की दिशा से है। यह वह स्थिति है, जब पृथ्वी का चुंबकीय क्षेत्र इस प्रकार संरेखित होता है कि चुंबकीय उत्तर ध्रुव भौगोलिक उत्तर ध्रुव पर स्थित होता है।

14 स्थलमंडल (Lithosphere) इसमें भूपर्पटी और ऊपरी मेंटल शामिल होते हैं।

- एक प्लेट को महाद्वीपीय या महासागरीय प्लेट इस आधार पर कहा जा सकता है कि उसका अधिकांश भाग महासागर अथवा महाद्वीप किससे संबद्ध है। उदाहरण, प्रशांत प्लेट मुख्यत: महासागरीय प्लेट है, जबकि यूरेशियन प्लेट को महाद्वीपीय प्लेट कहा जाता है।
- **प्लेट विवर्तनिकी**[15] सिद्धांत के अनुसार, पृथ्वी का स्थलमंडल सात प्रमुख प्लेटों के साथ कुछ अन्य **छोटी प्लेटों** में विभक्त है। नवीन वलित पर्वत श्रेणियाँ, खाइयाँ और भ्रंश इन मुख्य प्लेटों को सीमांकित करते हैं।

मुख्य एवं छोटी प्लेटें

मुख्य प्लेटें इस प्रकार हैं

- **अंटार्कटिक प्लेट** (Antarctica Plate) इसमें अंटार्कटिक महाद्वीप के साथ अंटार्कटिक से घिरा हुआ महासागर भी सम्मिलित है।
- **उत्तरी अमेरिकी प्लेट** (North American Plate) यह उत्तरी अमेरिका तथा पश्चिमी अंधमहासागरीय तल तक विस्तृत है। इसकी सीमा का निर्धारण दक्षिणी अमेरिकन प्लेट तथा कैरेबियन द्वीप द्वारा होता है।
- **दक्षिणी अमेरिकी प्लेट** (South American Plate) यह प्लेट पश्चिमी अटलांटिक तल सहित उत्तरी अमेरिकी प्लेट एवं कैरेबियन द्वीप द्वारा अलग होती है।
- **प्रशांत महासागरीय प्लेट** (Pacific Plate) यह एक विस्तृत प्लेट है, यह उत्तरी अमेरिका यूरेशिया प्लेट के मध्य स्थित है। इसका घनत्व अपेक्षाकृत अधिक है। नजका, कोकोस व फिलिपींस इस प्लेट के उप लघु प्लेट हैं।
- **इंडो-ऑस्ट्रेलियन-न्यूजीलैंड प्लेट** (Indo-Australian-New Zealand Plate)
- **अफ्रीकी प्लेट** (African Plate) इस प्लेट में पूर्वी अटलांटिक तल सम्मिलित है।
- **यूरेशियाई प्लेट** (Eurasia Plate) इस प्लेट में पूर्वी अटलांटिक महासागरीय तल सम्मिलित है।

कुछ महत्त्वपूर्ण छोटी प्लेटें निम्नलिखित हैं

- **कोकोस प्लेट** (Cocos Plate) यह प्लेट मध्यवर्ती अमेरिका तथा प्रशांत महासागरीय प्लेट के मध्य स्थित है।
- **नज़का प्लेट** (Nazca Plate) यह प्लेट दक्षिणी अमेरिका और प्रशांत महासागरीय प्लेट के मध्य स्थित है।
- **अरेबियन प्लेट** (Arabian Plate) इस प्लेट के अंतर्गत अरब प्रायद्वीप के अधिकतर भाग शामिल हैं।
- **फिलिपीन प्लेट** (Philippine Plate) यह प्लेट एशिया महाद्वीप तथा प्रशांत महासागरीय प्लेट के मध्य स्थित है।
- **कैरोलिन प्लेट** (Caroline Plate) यह प्लेट न्यूगिनी के उत्तर में फिलिपियन तथा इंडियन प्लेट के मध्य स्थित है।
- **फ्यूजी प्लेट** (Fuji Plate) यह प्लेट ऑस्ट्रेलिया के उत्तर-पूर्व में स्थित है।

प्लेटें भूवैज्ञानिक काल में लगातार गतिशील रही हैं। पुराचुंबकीय डेटा वर्तमान महाद्वीपों की स्थिति को विभिन्न भूवैज्ञानिक कालों में दर्शाता है। नए अन्वेषणों से पता चलता है, कि महाद्वीपीय भूखंड गतिशील है और स्थिर (अचल) नहीं हैं।

भारतीय उपमाद्वीप (मुख्य रूप से प्रायद्वीपीय भारत) की स्थिति **नागपुर क्षेत्र** से विश्लेषित चट्टानों की मदद से पता लगाई गई है।

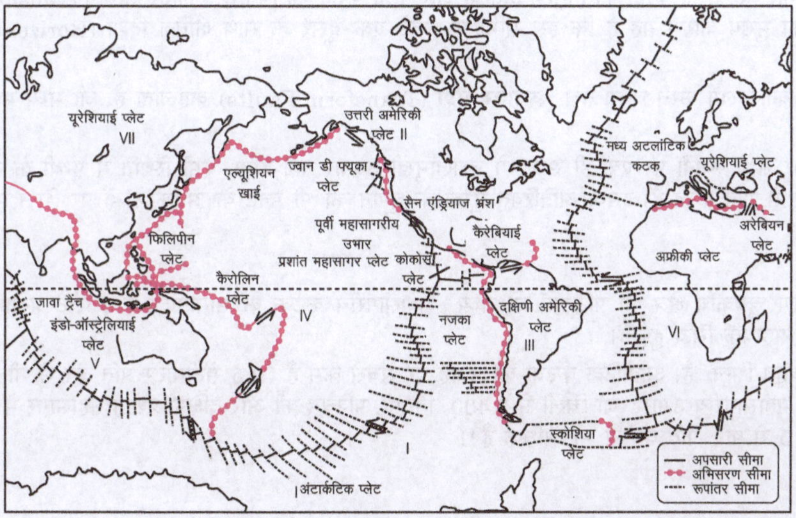

▲ संसार की प्रमुख बड़ी व छोटी प्लेट का वितरण

15 प्लेट विवर्तनिकी (Plate tectonics) यह प्लेट संचलन से जुड़ा सिद्धांत है, जिसके अनुसार कि पृथ्वी की सतह कई महासागरीय और महाद्वीपी प्लेटों से बनी है, जो मैंटल में संवहन धाराओं द्वारा संचालित होता है।

प्लेट विवर्तनिकी से संबंधित वेगनर का महाद्वीपीय विस्थापन सिद्धांत

- वेगनर के अनुसार, आरंभिक समय में सभी महाद्वीपों से मिलकर बना एक सुपर महाद्वीप (Super Continent) पैंजिया के रूप में विद्यमान था।
- वेगनर ने संकल्पना की कि केवल महाद्वीप गतिमान है, यह सही नहीं है। महाद्वीप एक प्लेट का हिस्सा है और प्लेट गतिमान है, जबकि भू-वैज्ञानिक इतिहास के अनुसार, सभी प्लेट गतिमान रही हैं और भविष्य में भी गतिमान रहेंगी।
- यद्यपि कुछ की खोजों में यह स्पष्ट किया गया है कि महाद्वीपीय पिंड, जो प्लेट के ऊपर अवस्थित है, भू-वैज्ञानिक काल से चलायमान है और पैंजिया अलग-अलग महाद्वीपीय खंडों से निर्मित हुआ था।
- पुराचुंबकीय (Paleomagnetism) जानकारियों के आधार पर वैज्ञानिकों ने यह निर्धारित किया है कि भूतकाल में कौन-सा महाद्वीप कहाँ स्थित था। इसी क्रम में वैज्ञानिकों ने यह बताया कि भारतीय उपमहाद्वीप की अवस्थिति नागपुर क्षेत्र में पाई जाने वाली चट्टानों के विश्लेषण के आधार पर की गई है।

प्लेट सीमाएँ

प्लेट सीमाएँ तीन प्रकार की होती हैं, जो निम्नलिखित हैं

1. अपसारी सीमा

- दो प्लेटें जब एक-दूसरे से विपरीत दिशा में अलग हटती हैं, तो उन्हें अपसारी सीमा (Divergent Boundaries) कहते हैं।
- इससे नई पर्पटी का निर्माण होता है और वह स्थान, जहाँ से प्लेटें एक-दूसरे से दूर हटती हैं, **प्रसारी स्थान** (Spreading Site) कहलाता है। अपसारी प्लेट का सबसे उत्तम उदाहरण मध्य अटलांटिक कटक है, जहाँ से अमेरिकी प्लेटें (उत्तरी व दक्षिणी अमेरिकी प्लेटें) तथा यूरेशियन व अफ्रीकी प्लेटें अलग हो रही हैं।

2. अभिसरण सीमा

- दो प्लेटें जब एक-दूसरे के नीचे धँसती हैं, तो वह अभिसरण सीमा (Convergent Boundaries) कहलाती है। इससे भू-पर्पटी नष्ट होती है और वह स्थान, जहाँ प्लेटें एक-दूसरे के नीचे धँसती हैं, **प्रविष्ठन क्षेत्र** (Subduction Zone) कहलाता है। अभिसरण निम्न तीन प्रकार से हो सकता है

(i) महासागरीय व महाद्वीपीय प्लेटों के बीच (ii) दो महासागरीय प्लेटों के बीच

(iii) दो महाद्वीपीय प्लेटों के बीच

3. रूपांतर सीमा

- प्लेटों की ऐसी सीमा, जहाँ न तो पर्पटी का निर्माण होता है और न ही पर्पटी का विनाश, रूपांतर सीमा (Transform Boundaries) कहलाती है। इसका मुख्य कारण यह है कि इस सीमा पर प्लेटें एक-दूसरे के साथ क्षैतिज दिशा (Horizontal Direction) में चलती हैं।
- दो प्लेटों के तलों को अलग करने वाला तल, **रूपांतर भ्रंश** (Transform Faults) कहलाता है, जो मध्य महासागरीय कटक के लंबवत् होता है।
- कटकों के शीर्ष पर सभी स्थानों पर एक ही समय में ज्वालामुखी उद्गार नहीं होता, ऐसी स्थिति में पृथ्वी के अक्ष से दूर प्लेट के हिस्से भिन्न प्रकार से गति करते हैं। इसके अतिरिक्त पृथ्वी के घूर्णन का भी प्लेट के अनेक खंडों पर भिन्न प्रभाव पड़ता है।

प्लेट प्रवाह दरें

- सामान्य व उत्क्रमण चुंबकीय क्षेत्र की पट्टियाँ जो मध्य -महासागरीय कटक के सामानांतर हैं , प्लेट प्रवाह की दर समझने में वैज्ञानिक के लिए सहायक सिद्ध हुई हैं।
- प्रवाह की ये दरें बहुत भिन्न हैं। आर्कटिक कटक की प्रवाह दर सबसे कम है (2.5 सेंटीमीटर प्रति वर्ष से भी कम) ईस्टर द्वीप के निकट पूर्वी प्रशांत महासागरीय उभार, जो चिली से 3.400 कि.मी. पश्चिम की ओर दक्षिण प्रशांत महासागर में है, इसकी प्रवाह दर सर्वाधिक है (जो 5 से.मी. प्रति वर्ष से भी अधिक है)।

प्लेट को संचलित करने वाले बल

- वेगनर के महाद्वीपीय विस्थापन सिद्धांत के प्रस्तुतीकरण के समय अधिकतर वैज्ञानिकों का विश्वास था कि पृथ्वी एक ठोस और गतिरहित पिंड है। यद्यपि प्लेट विवर्तनिक और सागरीय अध:स्तल विस्तार सिद्धांत से यह स्पष्ट होता है कि पृथ्वी का धरातल व भू-गर्भ गतिमान व चलायमान है। इस प्रकार प्लेटों के संचलन में संवहनीय प्रवाह की भूमिका होती है।
- इसमें चलायमान चट्टानें वृत्ताकार के रूप में चलती हैं, जिसमें उष्ण पदार्थ धरातल पर पहुँचकर फैलता है और धीरे-धीरे ठंडा होता है और पुन: गहराई में जाकर नष्ट होता है। यह प्रक्रिया एक चक्र के रूप में लगातार चलती रहती है, जिसे वैज्ञानिक **संवहन प्रवाह** (Convection Flow) कहते हैं।

पृथ्वी के भीतर ताप उत्पत्ति के दो माध्यम हैं

(i) रेडियोधर्मी तत्त्वों का क्षय और अवशिष्ट ताप। इस माध्यम के विषय में वर्ष 1930 में होम्स ने अपने विचार को प्रतिपादित किया था, जिसने बाद में **हैरी-हेस** ने सागरीय अध:स्तल विस्तार की संकल्पना को भी प्रभावित किया।

(ii) दृढ़ प्लेटों के नीचे दुर्बल व उष्ण मैंटल है, जो प्लेटों के प्रवाह हेतु उत्तरदायी है।

भारतीय प्लेट का संचलन

- भारत वर्तमान में जहाँ स्थित है, वह पहले वहाँ नहीं था। भारत की यह यात्रा लाखों वर्षों के विचलन का परिणाम है।
- भारतीय प्लेट में प्रायद्वीप भारत और ऑस्ट्रेलिया महाद्वीपीय भाग सम्मिलित हैं। हिमालय पर्वत श्रेणी के साथ-साथ पाया जाने वाला प्रविष्ठन क्षेत्र (Subduction Zone) इसकी उत्तरी सीमा निर्धारित करता है, जो दो महाद्वीप प्लेटों की सीमा है। यह महाद्वीपीय अभिसरण (Continent Convergence) के रूप में अवस्थित है, जो पूर्व दिशा में म्यांमार के राकिन्योमा पर्वत से होते हुए एक चाप (Arc) के रूप में जावा खाई तक फैला हुआ है।
- इसकी पूर्वी सीमा एक विस्तारित तल (Spreading Site) है, जो ऑस्ट्रेलिया के पूर्व में दक्षिण-पश्चिमी प्रशांत महासागर में महासागरीय कटक के रूप में अवस्थित है। पश्चिमी सीमा पाकिस्तान की किरथर श्रेणियों का अनुसरण करती है तथा आगे मकरान तट के साथ-साथ निकलती हुई दक्षिण-पूर्वी चागोस द्वीपसमूह (Chagos Archipelago) के साथ-साथ **लाल सागर द्रोणी** (Red Sea Rift) में मिलती हैं।
- भारतीय तथा आर्कटिक प्लेट की सीमा महासागरीय कटक से निर्धारित होती है, जो एक **अपसारी सीमा** (Divergent Boundary) है। यह पूर्व-पश्चिम दिशा में होती हुई न्यूजीलैंड के दक्षिण में विस्तारित तल में मिल जाती है।

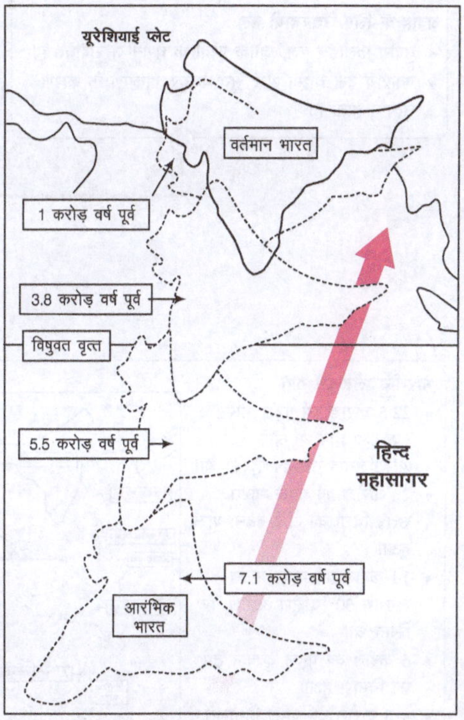

▲ भारतीय प्लेट का प्रवाह

भारतीय प्लेट की पूर्व स्थिति

- 22.5 करोड वर्ष पूर्व इस अवधि में भारत एक विस्तृत द्वीप था, जो विशाल महासागर में ऑस्ट्रेलियाई तट के पास स्थित था।
- 20 करोड़ वर्ष पूर्व इस अवधि में पैंजिया के टूटने के पश्चात् भारत उत्तर की ओर बढ़ने लगा।
- 14 करोड़ वर्ष पूर्व इस अवधि में उपमहाद्वीप 50° अक्षांश दक्षिण की स्थिति में था। दो प्रमुख प्लेटों के बीच टेथिस सागर स्थित था और तिब्बती ब्लॉक एशियाई भू -भाग के करीब था।
- 6 करोड वर्ष पूर्व इस अवधि में लावा के प्रवाह के परिणामस्वरूप दक्कन ट्रैप का निर्माण हुआ।
- 4-5 करोड़ वर्ष पूर्व इस अवधि को हिमालय के उत्थान से चिह्नित किया जाता है, जो भारत और एशिया के टकराव का परिणाम था। वैज्ञानिक मानते हैं कि **हिमालय** की उत्थान प्रक्रिया वर्तमान में भी सक्रिय है।

चेक प्वॉइंट 2

1. पृथ्वी के लिए उष्मा के स्रोत क्या हैं?
2. नज्का प्लेट कहाँ स्थित है?
3. समुद्री तल विस्तार का प्रतिपादन किसने किया?
4. भारतीय प्लेटें किन महाद्वीपीय भागों को शामिल करती हैं?
5. 22.5 करोड़ वर्ष पूर्व भारत कहाँ स्थित था?
6. भारतीय प्लेट की पश्चिमी सीमा किस पर्वत श्रृंखला का अनुसरण करती है?

Mind Map

महासागरों और महाद्वीपों का वितरण

1 महाद्वीपीय विस्थापन सिद्धांत

- वर्ष 1912 में **अल्फ्रेड वेगेनर** द्वारा प्रस्तुत किया गया।
- इस सिद्धांत ने महासागरों और महाद्वीपों के वितरण की व्याख्या की।
- प्रारम्भिक विशाल महाद्वीप को पैंजिया और महासागर को पैंथालासा कहा गया।

महाद्वीपीय विस्थापन के पक्ष में प्रमाण

- महाद्वीपों के किनारे एक-दूसरे से साम्यता रखते हैं।
- महासागरों के पार चट्टानों की आयु में समानता है।
- भारत, अफ्रीका और अन्य महाद्वीपों में समान प्रकार के हिमनदी अवशेष प्राप्त हुए हैं।
- मेसोसारस के जीवाश्म दक्षिण अमेरिका और अफ्रीका में पाए गए।
- धाना के तट पर सोने के समृद्ध प्लेसर निक्षेप प्राप्त हुए हैं।

प्रवाह के लिए उत्तरदायी बल

- ध्रुवीय फलीइंग बल, जोकि पृथ्वी के घूर्णन से संबंधित है।
- ज्वारीय बल चंद्रमा और सूर्य के गुरुत्वाकर्षण के कारण उत्पन्न होता है।

2 प्रवाह संबंधी बल का अध्ययन

संवहन धारा सिद्धांत

- यह सिद्धांत वर्ष 1930 में आर्थर होम्स द्वारा प्रस्तुत किया गया।
- यह सिद्धांत बताता है कि मैंटल में संवहन धाराएँ उत्पन्न होती हैं, जो प्लेटों की गति का कारण बनती हैं।

महासागरीय अधस्तल का मानचित्रण

- मध्य महासागरीय पर्वतमालाओं, गहरे समुद्री मैदान और गर्तों की खोज की गई।
- महासागरीय क्षेत्रों की चट्टानें महाद्वीपीय क्षेत्रों की तुलना में अधिक युवा पाई गईं।

3 सागरीय अधस्तल का विस्तार

प्रमाण

- मध्य महासागरीय कटकों के पास उथले भूकंपों की स्थिति पाई गई।
- समुद्र तल पर चुंबकीय धारियाँ प्राप्त हुईं।

अवधारणा

- वर्ष 1961 में यह सिद्धांत **हैरी हेस** द्वारा प्रस्तुत किया गया।
- यह सिद्धांत मध्य-महासागरीय पर्वतमालाओं के पास समुद्र तल के विस्तार की व्याख्या करता है।

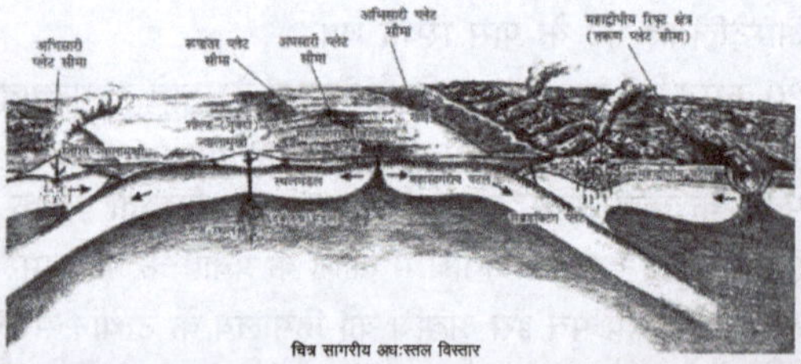

चित्र सागरीय अध:स्तल विस्तार

4 प्लेट विवर्तनिकी

भारतीय प्लेट की गति

- 22.5 करोड़ वर्ष पहले भारत एक बड़ा द्वीप था और ऑस्ट्रेलियाई तट का हिस्सा था।
- 20 करोड़ वर्ष पहले भारत उत्तर दिशा की ओर बढ़ना शुरू हुआ।
- 14 करोड़ वर्ष पहले भारत लगभग 50° दक्षिण अक्षांश पर स्थित था।
- 6 करोड़ वर्ष पहले दक्कन ट्रैप का निर्माण हुआ।
- 4-5 करोड़ वर्ष पहले हिमालय का उत्थान हुआ।

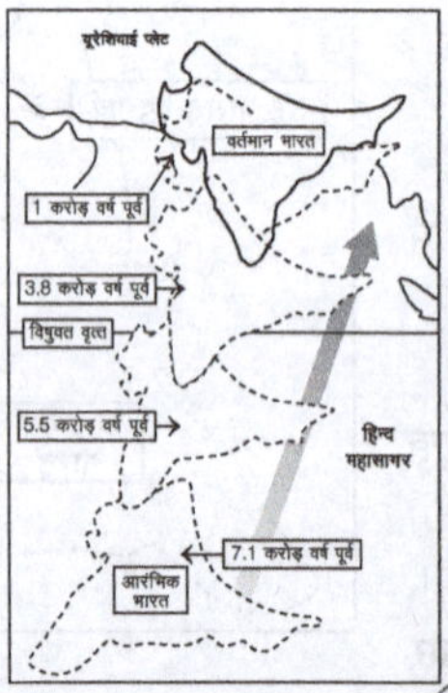

प्रमुख विवर्तनिकी प्लेटें

- अंटार्कटिका और इसके आस-पास की महासागरीय प्लेटें, उत्तर अमेरिकी प्लेट, दक्षिण अमेरिकी प्लेट, प्रशांत प्लेट, भारत-ऑस्ट्रेलिया, न्यूजीलैंड प्लेट, अफ्रीकी प्लेट, यूरेथियन प्लेट हैं।

छोटी प्लेटें

- कोकोस प्लेटें, नजका प्लेट, अरेबियन प्लेट, फिलीपीन प्लेट।

प्लेट सीमाओं के प्रकार

- **अपसारी सीमा** जब प्लेटें एक-दूसरे से दूर जाती हैं।
- **अभिसरण सीमा** जब प्लेटें एक-दूसरे की भी ओर बढ़ती हैं।
- **रूपांतर सीमा** जब प्लेटें समानांतर दिशा में खिसकती हैं।

अवधारणा

- वर्ष 1967 में मैकेंजी, पार्कर, मॉर्गन द्वारा प्रस्तुत किया गया। इसमें स्थलमंडलीय प्लेटों की गति को समझाया गया।

प्लेट को संचालित करने वाले बल

- उष्ण पदार्थों का धरातल पर पहुँचना और फिर धीरे-धीरे ठंडा होना तथा गहराई में जाकर नष्ट होना। यह प्रक्रिया अनवरत चलती है।
- दृढ़ प्लेटों के नीचे दुर्बल व उष्ण मेंटल, जो प्लेट की गति को प्रभावित करता है।
- आंतरिक ताप के दो आधार रेडियोधर्मी तत्त्वों का क्षय तथा अवशिष्ट ताप

NCERT फोल्डर

बहुविकल्पीय प्रश्न

1. निम्न में से किसने सर्वप्रथम यूरोप, अफ्रीका व अमेरिका के साथ स्थित होने की संभावना व्यक्त की?

(a) अल्फ्रेड वेगनर (b) अब्राहम ऑरटेलियस
(c) एंटोनियो पेलेग्रिनी (d) एडमंड हेस

उत्तर *(b)* अब्राहम ऑरटेलियस

2. पोलर फ्लीइंग बल निम्नलिखित में से किससे संबंधित है?

(a) पृथ्वी का परिक्रमण (b) पृथ्वी का घूर्णन
(c) गुरुत्वाकर्षण (d) ज्वारीय बल

उत्तर *(b)* पृथ्वी का घूर्णन

3. इनमें से कौन-सी लघु प्लेटें नहीं हैं?

(a) नज़का (b) फिलिपीन
(c) अरब (d) अंटार्कटिक

उत्तर *(d)* अंटार्कटिक

4. सागरीय अध:स्थल विस्तार सिद्धांत की व्याख्या करते हुए हेस ने निम्न में से किस अवधारणा पर विचार नहीं किया?

(a) मध्य महासागरीय कटकों के साथ ज्वालामुखी क्रियाएँ
(b) महासागरीय नितल की चट्टानों में सामान्य व उत्क्रमण चुंबकत्व क्षेत्र की पट्टियों का होना
(c) विभिन्न महाद्वीपों में जीवाश्मों का वितरण
(d) महासागरीय तल की चट्टानों की आयु

उत्तर *(c)* विभिन्न महाद्वीपों में जीवाश्मों का वितरण

5. हिमालय पर्वतों के साथ भारतीय प्लेट की सीमा किस तरह की प्लेट सीमा है?

(a) महासागरीय-महाद्वीपीय अभिसरण
(b) अपसारी सीमा
(c) रूपांतर सीमा
(d) महाद्वीपीय-महाद्वीपीय अभिसरण

उत्तर *(d)* महाद्वीपीय-महाद्वीपीय अभिसरण

निम्नलिखित प्रश्नों के उत्तर लगभग 30 शब्दों में दीजिए

1. महाद्वीपों के प्रवाह के लिए वेगनर ने किन बलों का उल्लेख किया?

उत्तर वेगनर ने महाद्वीपीय प्रवाह के लिए निम्न दो बलों का उल्लेख किया

(i) **पोलर या ध्रुवीय फ्लीइंग बल** पोलर या ध्रुवीय फ्लीइंग बल का संबंध पृथ्वी के घूर्णन से होता है।

(ii) **ज्वारीय बल** ज्वारीय बल सूर्य व चंद्रमा के आकर्षण से संबंधित है।

2. मैंटल में संवहन धाराओं के आरंभ होने और बने रहने के क्या कारण हैं?

उत्तर मैंटल में संवहन धाराएँ रेडियोएक्टिव तत्त्वों से उत्पन्न ताप भिन्नता के कारण उत्पन्न होती हैं। पृथ्वी के संपूर्ण मैंटल भाग में अनेक प्रकार की धाराओं का तंत्र विद्यमान है। रेडियोएक्टिव तत्त्वों के कारण ही मैंटल में संवहन धाराएँ बनी रहती हैं।

3. प्लेट की रूपांतर सीमा, अभिसरण सीमा और अपसारी सीमा में मुख्य अंतर क्या हैं?

उत्तर प्लेट की रूपांतर सीमा, अभिसरण सीमा और अपसारी सीमा में निम्नलिखित अंतर हैं

रूपांतर सीमा	अभिसरण सीमा	अपसारी सीमा
इसमें प्लेटें एक-दूसरे के साथ क्षैतिज दिशा में चलती हैं।	इसमें दो प्लेटें एक-दूसरे के नीचे धँसती हैं।	इसमें दो प्लेटें एक-दूसरे के विपरीत दिशा में अलग होती हैं।
इसमें न तो पर्पटी का नाश होता है और न ही निर्माण होता है।	इसमें भू-पर्पटी का नाश होता है।	इसमें नई पर्पटी का निर्माण होता है।

4. दक्कन ट्रैप के निर्माण के दौरान भारतीय स्थलखंड की स्थिति क्या थी?

उत्तर दक्कन ट्रैप के निर्माण के दौरान भारतीय स्थलखंड भूमध्य रेखा के निकट अवस्थित था। भारतीय प्लेट के एशियाई प्लेट की ओर प्रवाह के दौरान लावा प्रवाह से इसका निर्माण हुआ। ऐसी घटना लगभग 6 करोड़ वर्ष पहले प्रारंभ हुई थी, जोकि लंबे समय तक चलती रही। इसके बाद ही 4 करोड़ वर्ष पहले हिमालय की उत्पत्ति आरंभ हुई, जिसकी प्रक्रिया अभी भी जारी है। ऐसा इसलिए, क्योंकि वैज्ञानिकों का मानना है कि हिमालय की ऊँचाई अभी भी बढ़ रही है।

निम्नलिखित प्रश्नों के उत्तर लगभग 150 शब्दों में दीजिए

1. महाद्वीपीय विस्थापन सिद्धांत के पक्ष में दिए गए प्रमाणों का वर्णन कीजिए।

उत्तर महाद्वीपीय विस्थापन सिद्धांत के पक्ष में निम्नलिखित प्रमाण दिए गए हैं, जिनका वर्णन इस प्रकार है

(i) **महाद्वीपों में साम्यता** दक्षिणी अमेरिका तथा अफ्रीका के आमने-सामने की तटरेखाओं में अद्भुत एवं त्रुटिरहित समानताएँ हैं। बुलर्ड द्वारा वर्ष 1964 में एक कंप्यूटर प्रोग्राम की सहायता से अटलांटिक तटों को साथ दिखाते हुए एक मानचित्र बनाया गया था, जो तटों के साम्य रूप को दिखाने में सिद्ध हुआ।

(ii) **महासागरों के पार चट्टानों की आयु में समानता** महासागरों के पार महाद्वीपों की चट्टानों के निर्माण के समय रेडियोमीट्रिक काल निर्धारण विधि द्वारा ब्राजील तट तथा पश्चिमी अफ्रीका के तट पर 200 करोड़ वर्ष पहले प्राचीन शैल समूहों की एक पट्टी मिलती है, जो आपस में समानता रखती है। ये समुद्री निक्षेप जुरैसिक काल से संबंधित हैं, जिससे इस बात की जानकारी मिलती है कि इस समय से पूर्व वहाँ महासागर उपस्थित नहीं था।

(iii) **टिलाइट** ये एक प्रकार की अवसादी चट्टानें हैं, जिनका निर्माण हिमानी निक्षेपण से होता है। भारत में पाए जाने वाली गोंडवाना श्रेणी की तलछटों के प्रतिरूप दक्षिणी गोलार्द्ध के छः विभिन्न स्थलखंडों में मिलते हैं।

गोंडवाना श्रेणी के आधार तल में घने टिलाइट पाए जाते हैं, जो लंबे समय तक हिमआवरण या हिमाच्छादन की ओर इंगित करते हैं। भारत के अतिरिक्त अफ्रीका, फॉकलैंड द्वीप, मैडागास्कर, अंटार्कटिका और ऑस्ट्रेलिया में भी इसी प्रकार के प्रतिरूप प्राप्त होते हैं। गोंडवाना श्रेणी की तलछटों वाली समानता यह स्पष्ट करती है कि इन स्थलखंडों के इतिहास में भी समानता रही है। हिमानियों द्वारा निर्मित टिलाइट चट्टानें पुरातन जलवायु और महाद्वीपों के विस्थापन के स्पष्ट प्रमाण प्रस्तुत करती हैं।

(iv) **प्लेसर निक्षेप** घाना के तट पर सोने के बड़े निक्षेपों की उपस्थिति व उद्गम चट्टानों की अनुपस्थिति एक आश्चर्यजनक तथ्य है। सामान्यतः सोनायुक्त शिराएँ ब्राजील में पाई जाती हैं, जिससे यह स्पष्ट होता है कि घाना में मिलने वाले सोने के निक्षेप ब्राजील पठार से उस समय निकले होंगे, जब ये दोनों महाद्वीप एक- दूसरे से जुड़े हुए थे।

(v) **जीवाश्मों का वितरण** समुद्री अवरोधक के दोनों विपरीत किनारों पर यदि जल व स्थल में पाए जाने वाले पौधों व जंतुओं की समान प्रजातियाँ पाई जाती हैं, तो उनके वितरण की व्याख्या में समस्याएँ उत्पन्न होती हैं। **'लैमूर'** भारत, मैडागास्कर व अफ्रीका तीनों ही जगह पाए जाते हैं, इसलिए वैज्ञानिकों ने इन तीनों स्थलखंडों को जोड़कर एक सतत् स्थलखंड लेमूरिया की उपस्थिति को स्वीकार किया है। इसी प्रकार मेसोसारस नाम के छोटे रेंगने वाले जीव केवल खारे पानी में ही रह सकते थे, इसलिए इनकी अस्थियाँ केवल दक्षिणी केप प्रांत और ब्राजील में इरावर शैल समूह में ही मिलती हैं। वर्तमान में ये दोनों स्थान एक-दूसरे से 4800 किमी की दूरी पर स्थित हैं और इनके मध्य एक महासागर भी विद्यमान है।

2. महाद्वीपीय विस्थापन सिद्धांत एवं प्लेट विवर्तनिक सिद्धांत में मूलभूत अंतर बताइए

उत्तर महाद्वीपीय विस्थापन सिद्धांत एवं प्लेट विवर्तनिक सिद्धांत में निम्नलिखित अंतर हैं

महाद्वीपीय विस्थापन सिद्धांत	प्लेट विवर्तनिक सिद्धांत
यह सिद्धांत जर्मन मौसमविद् अल्फ्रेड वेगनर ने वर्ष 1912 में प्रस्तावित किया था।	प्लेट विवर्तनिकी की अवधारणा वर्ष 1967 में मैकेंजी, पारकर तथा मोरगन ने स्वतंत्र रूप से उपलब्ध विचारों को समन्वित कर प्रस्तुत की थी।
यह सिद्धांत महाद्वीपों और महासागरों के वितरण से संबंधित है।	विवर्तनिक प्लेट, ठोस चट्टान का विशाल तथा अनियमित आकार का खंड है।
इस सिद्धांत की आधारभूत संकल्पना के अनुसार सभी महाद्वीप एक अकेले भूखंड में जुड़े हुए थे।	इस सिद्धांत के अनुसार विवर्तनिक प्लेट महाद्वीपीय तथा महासागरीय स्थलमंडलों से मिलकर बनी होती है।
वेगनर ने पूरे भूखंड (बड़े महाद्वीप) को पैंजिया नाम दिया, जो पैंथालासा नामक विशाल महासागर से घिरा हुआ था।	कोई प्लेट महाद्वीपीय प्लेट है या महासागरीय, यह इस पर निर्भर करता है कि उस प्लेट का अधिकांश भाग महाद्वीप से संबद्ध है या महासागर से।

3. महाद्वीपीय प्रवाह सिद्धांत के उपरांत की प्रमुख खोज क्या है, जिससे वैज्ञानिकों ने महासागर व महाद्वीपीय वितरण के अध्ययन में पुनः रुचि ली?

उत्तर महाद्वीपीय प्रवाह सिद्धांत के उपरांत की प्रमुख खोज सागरीय तल का विस्तार था, जिसने विद्वानों में महाद्वीपों व महासागरों के वितरण के अध्ययन में पुनः रुचि उत्पन्न की। इसके साथ ही सागरीय तली में विद्यमान चट्टानों से संबंधित पुराचुंबकीय अध्ययन तथा इसके मानचित्रण से अनेक तथ्य सामने आए है, जिनका विवरण निम्नलिखित है–

- सामान्य रूप से मध्य महासागरीय कटकों के साथ-साथ ज्वालामुखी उद्गार की क्रिया भी होती है। इस उद्गार में बड़ी मात्रा में लावा बाहर निकलता है।
- महासागरीय कटक के बीच के क्षेत्र में दोनों ओर पाई जाने वाली चट्टानों के निर्माण के समय, संघटन, संरचना एवं चुंबकीय गुणों में एकरूपता पाई जाती है। सामान्य चुंबकत्व ध्रुवण महासागरीय कटकों के समीप की चट्टानों में पाया जाता है। ये चट्टानें कटकों से दूर की चट्टानों की अपेक्षा नई हैं।
- किसी भी स्थान पर महासागरीय पर्पटी की चट्टानें 20 करोड़ वर्ष से अधिक पुरानी नहीं हैं। अतः महासागरीय पर्पटी की चट्टानें महाद्वीपीय पर्पटी की चट्टानों की तुलना में अधिक नई हैं।
- मध्य महासागरीय कटकों के क्षेत्र में भूकंप का उद्गम केंद्र कम गहराई पर अवस्थित है, जबकि गहरी खाइयों में भूकंप का उद्गम केंद्र अधिक गहराई पर विद्यमान है।

वर्ष 1961 में हेस ने 'सागरीय अधःस्तल का विस्तार' की संकल्पना प्रस्तुत की। इनके अनुसार, महासागरीय कटकों के शीर्ष पर ज्वालामुखी उद्गार से महासागरीय पर्पटी में विभेदन होता है, जिससे लावा दरारों को भरकर महासागरीय क्षेत्र को विस्तारित करता है। इसी कारण महासागरीय पर्पटी अपेक्षाकृत नवीनतम होती है। इस संकल्पना में हेस ने यह भी बताया है कि जहाँ ज्वालामुखी उद्गार से एक ओर नई पर्पटी का निर्माण होता है, तो वहीं दूसरी ओर इनका महासागरीय गर्तों में विनाश भी होता है।

अभ्यास प्रश्न

वस्तुनिष्ठ प्रश्न

बहुविकल्पीय प्रश्न

1. पृथ्वी का ...... भाग महाद्वीप तथा शेष भाग पर महासागर फैले हुए हैं?

(a) 29 प्रतिशत
(b) 30 प्रतिशत
(c) 39 प्रतिशत
(d) 48 प्रतिशत

उत्तर *(c)* 29 प्रतिशत

2. अब्राहम ऑरटेलियस थे

(a) डच मानचित्रवेत्ता (b) जर्मन मौसमविज्ञानी
(c) ब्रिटिश भूगोलवेत्ता (d) अमेरिकी खगोलशास्त्री

उत्तर *(a)* डच मानचित्रवेत्ता

3. पैंजिया के दो बड़े भूखंडों में टूटकर अलग होने पर गोंडवानालैंड का खिसकाव किस दिशा में अग्रसर हुआ?

(a) दक्षिणी दिशा में (b) उत्तरी दिशा में
(c) पश्चिमी दिशा में (d) लॉरेंशिया के उत्तर में

उत्तर *(a)* दक्षिणी दिशा में

4. आधुनिक समय में विकसित किस विधि से महासागरों के पार महाद्वीपों की चट्टानों के निर्माण के समय का पता लगाया जाता है?

(a) रेडियो समस्थानिक विधि द्वारा
(b) रेडियोमीट्रिक काल निर्धारण विधि द्वारा
(c) रेडियो कार्बन C^{14} विधि द्वारा
(d) मेसोसारस काल निर्धारण विधि द्वारा

उत्तर *(b)* रेडियोमीट्रिक काल निर्धारण विधि द्वारा

5. महाद्वीपों के प्रवाह के लिए वेगनर ने महाद्वीपीय विस्थापन के लिए कौन-से कारण को जिम्मेदार माना है?

(a) पोलर या ध्रुवीय फ्लीइंग बल
(b) ज्वारीय बल
(c) 'a' और 'b' दोनों
(d) गुरुत्व संवहन बल

उत्तर *(c)* 'a' और 'b' दोनों

6. ऑर्थर होम्स के संवहन-धारा सिद्धांत के संबंध में कौन-सा कथन सही है?

(a) पृथ्वी की घूर्णन के कारण इसकी आकृति भूमध्य रेखा पर उभरी है
(b) सूर्य व चंद्रमा के आकर्षण से संबद्ध ज्वारीय बल
(c) मैंटल भाग में रेडियोएक्टिव तत्त्वों से उत्पन्न ताप भिन्नता
(d) महासागरों के पार महाद्वीपों के चट्टानों के संचलन की जानकारी

उत्तर *(c)* मैंटल भाग में रेडियोएक्टिव तत्त्वों से उत्पन्न ताप भिन्नता

7. रिंग ऑफ फायर वलय का संबंध निम्नलिखित में से किससे संबंधित है?

(a) भूकंप प्रभावित क्षेत्र (b) ज्वालामुखी उद्गार क्षेत्र
(c) दानावल क्षेत्र (d) सुनामी उद्गम क्षेत्र

उत्तर *(b)* ज्वालामुखी उद्गार क्षेत्र

8. महासागरीय कटक के मध्य भाग के दोनों तरफ समान दूरी पर पाई जाने वाली चट्टानों के निर्माण का समय, संरचना, संघटन और चुंबकीय गुणों में समानता किस कारण से पाई जाती है?

(a) चट्टानों में गुरुत्व-संवहन बल के कारण
(b) भूकंपीय संकेंद्रण के कारण
(c) चट्टानों में रेडियोमीट्रिक बल के कारण
(d) चट्टानों में सामान्य चुंबकत्व ध्रुवण के कारण

उत्तर *(d)* चट्टानों में सामान्य चुंबकत्व ध्रुवण के कारण

9. वर्ष 1967 में मैकेंजी, पारकर और मोरगन ने स्वतंत्र रूप से उपलब्ध विचारों को समन्वित कर एक अवधारणा प्रस्तुत की, जिसे प्लेट विवर्तनिकी कहा गया। इस सिद्धांत के अनुसार पृथ्वी का स्थलमंडल .... मुख्य प्लेटों व कुछ छोटी प्लेटों में विभक्त है।

(a) 5 (b) 6 (c) 7 (d) 11

उत्तर (c) 7

10. भारतीय प्लेट में .... सम्मिलित हैं।

(a) प्रायद्वीप भारत और ऑस्ट्रेलिया महाद्वीपीय भाग
(b) अरब प्रायद्वीप और अफ्रीकन महाद्वीपीय भाग
(c) प्रायद्वीप भारत और दक्षिण अमेरिका महाद्वीपीय भाग
(d) प्रायद्वीप भारत और उत्तर अमेरिकी महाद्वीपीय भाग

उत्तर *(a)* प्रायद्वीप भारत और ऑस्ट्रेलिया महाद्वीपीय भाग

11. दक्षिण से उत्तर के क्रम में दी गई प्लेटों का व्यवस्थित सही क्रम क्या होगा?

(a) कैरिबियाई प्लेट, नजका प्लेट, स्कीशिया प्लेट, यूरेशियाई प्लेट
(b) नजका प्लेट, कैरिबियाई प्लेट, स्कीशिया प्लेट, यूरेशियाई प्लेट
(c) स्कीशिया प्लेट, नजका प्लेट, कैरिबियाई प्लेट, यूरेशियाई प्लेट
(d) यूरेशियाइ प्लेट, कैरिबियाइ प्लेट, नजका प्लेट, स्कीरिया प्लेट

उत्तर *(c)* स्कीशिया प्लेट, नजका प्लेट, कैरिबियाई प्लेट, यूरेशियाई प्लेट

12. विवर्तनिक प्लेट को किस अन्य नाम से भी जाना जाता है?

(a) लिथोस्फेरिक प्लेट (b) कोकोस प्लेट
(c) नज़का प्लेट (d) कैरोलिन प्लेट

उत्तर *(a)* लिथोस्फेरिक प्लेट

13. महासागरीय-महाद्वीपीय प्लेट का उदाहरण है

(a) कोकोस प्लेट (b) प्रशांत प्लेट
(c) भारतीय प्लेट (d) नज़का प्लेट

उत्तर (c) भारतीय प्लेट

14. पैंजिया के बारे में सबसे पहले किस वैज्ञानिक ने विचार दिया था?

(a) अल्फ्रेड वेगनर (b) चार्ल्स डार्विन
(c) जेम्स हॉटन (d) रिचर्ड डॉकिन्स

उत्तर *(a)* अल्फ्रेड वेगनर

15. ऑस्ट्रेलिया के उत्तर-पूर्व में स्थित प्लेट है

(a) नज़का प्लेट (b) फ्यूजी प्लेट
(c) फिलिपीन प्लेट (d) कैरोलिन प्लेट

उत्तर *(b)* फ्यूजी प्लेट

16. निम्नलिखित में से कौन-सा युग्म सही नहीं है?

(a) नजका प्लेट – यह दक्षिण अमेरिका व प्रशांत महासागरीय प्लेट के बीच स्थित है
(b) फिलिपीन प्लेट – यह एशिया महाद्वीप और प्रशांत महासागरीय प्लेट के बीच स्थित है
(c) कैरोलिन प्लेट – यह प्लेट न्यूगिनी के उत्तर में फिलिपियन तथा इंडियन प्लेट के बीच स्थित है
(d) फ्यूजी प्लेट – यह प्लेट ब्राजील के उत्तर-पूर्व में स्थित है

उत्तर *(d)* फ्यूजी प्लेट—यह प्लेट ब्राजील के उत्तर-पूर्व में स्थित है।

17. निम्नलिखित कथनों को ध्यानपूर्वक पढ़िए और प्लेट विवर्तनिकी के संदर्भ में सही विकल्प का चयन कीजिए *दक्षता आधारित प्रश्न*

1. प्लेट विवर्तनिकी की अवधारणा वर्ष 1967 मे मैकेंजी, पारकर और मोरगन ने दी थी।
2. एक विवर्तनिक प्लेट को लिथोस्फेरिक प्लेट भी कहा जाता है।
3. प्लेंट विवर्तनिकी के सिद्धांत के अनुसार पृथ्वी का स्थलमंडल 9 मुख्य प्लेटों में विभाजित है।
4. ये प्लेटें पृथ्वी के क्रोड में एक दृढ इकाई के रूप में क्षैतिज अवस्था में चलायमान हैं।

कूट

(a) 1 और 2 (b) केवल 1
(c) 2 और 3 (d) केवल 4

उत्तर (b) केवल 1

18. निम्नलिखित को ध्यानपूर्वक पढ़िए और 'सागरीय अर्द्धस्थल के विस्तार' के संबंध में निम्न में क्या सही नहीं है?

1. मध्य महासागरीय कारकों के साथ-साथ ज्वालामुखी उद्गार सामान्य क्रिया है।
2. महासागरीय पर्पटी की चट्टानें महाद्वीपीय पर्पटी की चट्टानों की अपेक्षा अधिक पुरानी हैं।
3. गहरी खाइयों में भूकंप के उद्गम कम गहराई पर हैं।
4. हेस ने वर्ष 1961 में एक परिकल्पना प्रस्तुत की, जिसे 'सागरीय अर्द्धस्थल विस्तार' के नाम से जाना जाता है।

कूट

(a) केवल 1 (b) 2 और 3 (c) केवल 3 (d) केवल 4

उत्तर *(b)* 2 और 3

19. भारतीय प्लेट के संचलन/संचालन के संदर्भ में कौन-सा कथन सही नहीं है?

(a) हिमालय के साथ-साथ पाया जाने वाला प्रविष्ठन क्षेत्र इसकी उत्तरी सीमा निर्धारित करता है
(b) इसकी पश्चिमी सीमा ईरान की किरपर श्रेणियों का अनुसरण करती है
(c) भारतीय प्लेट की सीमा महासागरीय कटक से निर्धारित होती है
(d) यह पूर्व दिशा में म्यांमार के अराकानयोका पर्वत से होते हुए एक चाप के रूप में जावा तक विस्तृत है

उत्तर *(b)* इसकी पश्चिमी सीमा ईरान की किरपर श्रेणियों का अनुसरण करती है

20. निम्नलिखित कथनों पर विचार करें *दक्षता आधारित प्रश्न*

1. जर्मन मौसमविद् अल्फ्रेड वेगनर ने महाद्वीपीय विस्थापन सिद्धांत को प्रस्तावित किया था।
2. सभी महाद्वीप एक बड़े भूखंड से जुड़े थे, जिसे पैंजिया कहा जाता है।
3. यह भूखंड एक बड़े महासागर से घिरा था, जिसे लॉरेंशिया कहा जाता है।

उपरोक्त कथनों में कौन-सा/से कथन सही है/हैं?

(a) केवल 1 (b) 1 और 2
(c) 2 और 3 (d) 1, 2 और 3

उत्तर *(b)* 1 और 2

21. टिलाइट के संदर्भ में कौन-सा कथन सही नहीं है? *दक्षता आधारित प्रश्न*

1. टिलाइट हिमानी निक्षेपण से निर्मित होती है।
2. टिलाइट एक प्रकार की आग्नेय चट्टान है।
3. भारत में टिलाइट गोंडवाना श्रेणी के तलछटों में देखने को मिलते हैं।
4. भारत के अलावा टिलाइट अफ्रीका, फॉकलैंड मेडागास्कर, अंटार्कटिका और ऑस्ट्रेलिया में मिलते हैं।

कूट

(a) केवल 3 (b) केवल 2 (c) केवल 4 (d) 1 और 4

उत्तर (b) केवल 2

22. निम्नलिखित में से किस विकल्प में सभी मुख्य प्लेटें हैं? *दक्षता आधारित प्रश्न*

(a) अंटार्कटिक प्लेट, प्रशांत महासागरीय प्लेट, उत्तरी अमेरिकी प्लेट, नजका प्लेट, अरेबियन प्लेट, फिलीपीन प्लेट तथा कैरोलिन प्लेट
(b) यूरेशियन प्लेट, अफ्रीका प्लेट, उत्तरी अमेरिकी प्लेट दक्षिणी अमेरिकी प्लेट, प्रशांत महासागरीय प्लेट, इंडो-ऑस्ट्रेलियन प्लेट तथा अंटार्कटिक प्लेट
(c) प्रशांत महासागरीय प्लेट, अरेबियन प्लेट, नजका प्लेट, कोकोस प्लेट, कैरोलिन प्लेट, अंटार्कटिक प्लेट तथा फिलीपीन प्लेट

(d) उत्तर अमेरिकी प्लेट, प्रशांत महासागरीय प्लेट, फिलीपीन प्लेट, कैरोलिन प्लेट, नजका, प्लेट अरेबियन प्लेट तथा इंडो ऑस्ट्रेलियन-न्यूजीलैंड प्लेट

उत्तर *(b)* यूरेशियन प्लेट, अफ्रीका प्लेट, उत्तरी अमेरिकी प्लेट दक्षिणी अमेरिकी प्लेट, प्रशांत महासागरीय प्लेट, इंडो-ऑस्ट्रेलियन प्लेट तथा अंटार्कटिक प्लेट।

23. निम्नलिखित कथनों पर विचार करें — दक्षता आधारित प्रश्न

1. मध्य महासागरीय कटकों के साथ-साथ ज्वालामुखी उद्गार की क्रिया भी होती है।
2. इसके उद्गार में बड़ी मात्रा में लावा बाहर निकलता है।
3. महासागरीय कटकों के बीच की चट्टानों में चुंबकत्व ध्रुवण पाया जाता है।

उपरोक्त कथनों में कौन-से कथन सही हैं?

(a) 1 और 2 (b) 2 और 3
(c) 1, 2 और 3 (d) 1 और 3

उत्तर (c) 1, 2 और 3

24. निम्नलिखित सिद्धांतों को उनके विकास की अवधि के अनुसार क्रम में व्यवस्थित करें — दक्षता आधारित प्रश्न

1. सागरीय अध:स्तल का विस्तार
2. महाद्वीपीय विस्थापन सिद्धांत
3. संवहन धारा सिद्धांत
4. महाद्वीपों में साम्यता

कूट

(a) 2, 3, 1, 4 (b) 1, 2, 3, 4
(c) 2, 4, 3, 1 (d) 4, 3, 2, 1

उत्तर *(a)* 2, 3, 1, 4

25. निम्नलिखित व्यक्तियों द्वारा दिए गए सिद्धांत के आधार पर उनके तिथि क्रम का सही विकल्प कौन-सा है?

1. बुलर्ड 2. हेस
3. मोरगन 4. ऑर्थर होम्स

कूट

(a) 1, 2, 3, 4 (b) 4, 3, 1, 2
(c) 4, 2, 3, 1 (d) 1, 4, 2, 3

उत्तर *(b) 4, 3, 1, 2*

26. सूची I को सूची II से सुमेलित कीजिए और दिए गए कूट से सही उत्तर का चयन करें।

सूची I		सूची II
A. नजका प्लेट	1.	एशिया महाद्वीप एवं प्रशांत महासागरीय प्लेट के मध्य
B. फिलिपीन प्लेट	2.	मध्यवर्ती अमेरिका व प्रशांत महासागरीय प्लेट के मध्य
C. फ्यूजी प्लेट	3.	दक्षिणी अमेरिका व प्रशांत महासागरीय प्लेट के मध्य
D. कोकोस प्लेट	4.	ऑस्ट्रेलिया के उत्तर-पूर्व में स्थित
E. कैरोलिन प्लेट	5.	इसके अंतर्गत अरब प्रायद्वीप के अधिकतर भाग शामिल हैं।
F. अरेबियन प्लेट	6.	यह न्यूगिनी के उत्तर में फिलिपियन तथा इंडियन प्लेट के मध्य

कूट

	A	B	C	D	E	F		A	B	C	D	E	F
(a)	3	1	4	2	6	5	(b)	1	2	3	4	5	6
(c)	3	4	1	2	5	6	(d)	5	6	4	3	2	1

उत्तर *(a)* 3 1 4 2 6 5

27. सूची I को सूची II के साथ सुमेलित कीजिए

सूची I		सूची II
A अपसारी सीमा	1.	जहाँ न तो नई पर्पटी का निर्माण होता और न ही पर्पटी का विनाश होता है।
B अभिसरण सीमा	2.	जहाँ एक प्लेट दूसरी प्लेट के नीचे धसती है।
C रूपांतर सीमा	3.	जब दो प्लेटें एक-दूसरे से विपरीत दिशा में अलग हटती हैं।
D प्रविष्ठन क्षेत्र	4.	भारतीय प्लेट की उत्तरी सीमा निर्धारित

कूट

	A	B	C	D		A	B	C	D
(a)	3	2	1	4	(b)	2	3	1	4
(c)	4	3	2	1	(d)	2	1	4	3

उत्तर *(a)* 3 2 1 4

28. सूची I को सूची II से सुमेलित कीजिए और दिए गए कूट से सही उत्तर का चयन करें

सूची I		सूची II
A. अल्फ्रेड वेगनर	1.	महाद्वीपों में साम्यता
B. बुलर्ड	2.	महाद्वीपीय विस्थापन सिद्धांत
C. ऑर्थर होम्स	3.	प्लेट विवर्तनिकी
D. मैकैंजी	4.	संवहन धारा सिद्धांत

कूट

	A	B	C	D		A	B	C	D
(a)	1	2	3	4	(b)	2	1	4	3
(c)	3	2	4	1	(d)	1	3	4	2

उत्तर *(b)* 2 1 4 3

29. निम्नलिखित में से कौन-सा युग्म सही सुमेलित नहीं है?

(a) अपसारी सीमा — नई पर्पटी का निर्माण
(b) अभिसरण सीमा — भू-पर्पटी नष्ट
(c) रूपांतर सीमा — भू-पर्पटी का निर्माण तथा विनाश
(d) लावा प्रवाह — दक्कन ट्रेप का निर्माण

उत्तर *(c)* रूपांतर सीमा — भू-पर्पटी का निर्माण तथा विनाश

30. नीचे दिया गया गद्य महाद्वीपीय विस्थापन अवधारणा के एक साक्ष्य की पुष्टि करता है। इसकी पहचान कीजिए।

इस गद्य को पढ़कर विस्थापन का सर्वाधिक प्रमाणिक तथ्य प्रस्तुत कीजिए।

समुद्री अवरोधक के दोनों विपरीत किनारों पर यदि जल व स्थल में पाए जाने वाले पौधों व जंतुओं की समान प्रजातियाँ पाई जाती है, तो उनके वितरण की व्याख्या में समस्याएँ उत्पन्न होती हैं। लैंमूर भारत मैडागास्कर व अफ्रीका तीनों ही जगह पाए जाते हैं, इसलिए वैज्ञानिकों ने इन तीनों स्थलखंडों का जोड़कर एक सतत स्थलखंड लेमूरिया की उपस्थिति को स्वीकार किया है। इसी प्रकार मेसोसारस नाम के छोटे रेंगने वाले जीव केवल खारे पानी में ही रह सकते थे इसलिए इनकी अस्थियाँ केवल दक्षिण केप प्रांत और ब्राजील में इरावर शैल समूह में ही मिलती हैं।

(a) टिलाइट चट्टानों की पुष्टि
(b) महासागर के पार चट्टानों की आयु में समानता की पुष्टि
(c) जीवाश्म वितरण द्वारा साम्यता की पुष्टि
(d) प्लेसर निक्षेप

उत्तर *(c)* जीवाश्म वितरण द्वारा साम्यता की पुष्टि

31. निम्नलिखित कथनों का ध्यानपूर्वक अध्ययन कीजिए और नीचे दिए गए कूट से सही विकल्प का चयन कीजिए

कथन I रिंग ऑफ फायर पृथ्वी पर भूकंप और ज्वालामुखी गतिविधियों का केंद्र है।

कथन II यह क्षेत्र केवल प्रशांत महासागर के चारों ओर स्थित है।

कूट

(a) केवल कथन I सही है
(b) केवल कथन II सही है
(c) I और II दोनों सही हैं
(d) I और II दोनों गलत हैं

उत्तर *(c)* I और II दोनों सही हैं

निर्देश (प्र.सं. 32-34) नीचे दो कथन दिए गए हैं, जिसमें एक कथन (A) एवं दूसरा कारण (R) है। दिए गए कूट की सहायता से सही उत्तर दीजिए।

(a) A और R दोनों सही हैं तथा R, A की सही व्याख्या है
(b) A और R दोनों सही हैं परंतु R, A की सही व्याख्या नहीं है
(c) A सही है, किंतु R गलत है
(d) A गलत, किंतु R सही है

32. **कथन** (A) अफ्रीका और दक्षिण अमेरिका के तट एक-दूसरे के अनुकूल हैं। *दक्षता आधारित प्रश्न*

कारण (R) महाद्वीपीय प्रवाह के कारण ये दोनों महाद्वीप एक समय में आपस में जुड़े हुए थे।

उत्तर *(a)* अफ्रीका और दक्षिण अमेरिका की भौगोलिक संरचना और फॉसिल्स के साक्ष्य यह संकेत देते हैं कि ये दोनों महाद्वीप एक समय में एक विशाल भूखंड पैंजिया के हिस्से थे, जो महाद्वीपीय प्रवाह के कारण अलग हो गए।

33. **कथन** (A) हिमालय पर्वत का निर्माण महाद्वीपीय प्रवाह का परिणाम है। *दक्षता आधारित प्रश्न*

कारण (R) भारतीय प्लेट और अरेबियन प्लेट की टक्कर ने हिमालय को जन्म दिया।

उत्तर *(c)* यहाँ पर कथन सही है, लेकिन कारण गलत है, क्योंकि हिमालय का जन्म भारतीय प्लेट और यूरेशियन प्लेट के टकराने से हुआ था न कि अरेबियन प्लेट के टकराने से यह टेक्टोनिक प्लेटों की गति और महाद्वीपीय प्रवाह का परिणाम है।

34. **कथन** (A) अल्फ्रेड वेगनर ने वर्ष 1912 में महाद्वीपीय विस्थापन सिद्धांत प्रस्तावित किया था। *दक्षता आधारित प्रश्न*

कारण (R) यह सिद्धांत महाद्वीप एवं महासागरों के वितरण से ही संबंधित था।

उत्तर (a) अल्फ्रेड वेगनर ने वर्ष 1912 में महाद्वीपीय विस्थापन सिद्धांत प्रस्तावित किया था तथा यह सिद्धांत महाद्वीप एवं महासागरों के वितरण से संबंधित था। इनके अनुसार सभी महाद्वीप एक अकेले भूखंड से जुडे हुए थे और साथ ही यह भूखंड एक बड़े महासागर से घिरा हुआ था।

स्रोत/ग्राफ आधारित प्रश्न

निम्नलिखित स्रोतों को ध्यानपूर्वक पढ़कर उन पर आधारित प्रश्नों के उत्तर दीजिए

1. निम्नलिखित ग्राफ पर आधारित प्रश्नों का सही उत्तर चुनिए।

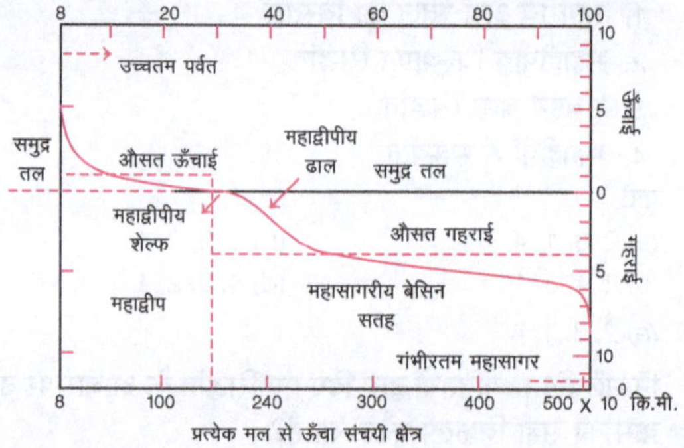

(i) **महासागरीय अध:स्तल के विषय में निम्नलिखित क्या सही नहीं है?**

(a) महासागरों का मध:स्तल एक विस्तृत मैदान नहीं है
(b) इसमें कहीं-कहीं उच्चावच पाया जाता है
(c) अध:स्तलों में जलमग्न पर्वतीय व गहरी खाइयाँ हैं, जो प्रायः महाद्वीपों के मध्य में स्थित होती हैं
(d) महासागरों के नितल की चट्टानें महाद्वीपीय भागों में पाई जाने वाली चट्टानों की अपेक्षा नवीन हैं

उत्तर (c) अध:स्तलों में जलमग्न पर्वतीय करके व गहरी खाइयाँ हैं, जो प्रायः महाद्वीपों के मध्य में स्थित होती हैं।

(ii) **महाद्वीपीय किनारों और गहरे समुद्री बेसिन का भाग क्या कहलाता हैं?**

(a) वितलीय मैदान
(b) महाद्वीपीय शेल्फ
(c) महाद्वीपीय सीमा
(d) महासगरीय बेसिन सतह

उत्तर (c) महाद्वीपीय सीमा

(iii) **मध्य महासागरीय करकें किस रूप में सबसे अधिक सक्रिय पाई जाती है?**

(a) ज्वालामुखी उद्‌गार
(b) प्लेटों के संचरण
(c) जलवायु परिवर्तन
(d) इनमें से कोई नहीं

उत्तर (a) ज्वालामुखी उद्‌गार

2. सागरीय तल विस्तार अवधारणा के पश्चात् विद्वानों की महाद्वीपीय व महासागरों के वितरण के अध्ययन में फिर से रुचि पैदा हुई। वर्ष 1967 में मैकैंजी, पारकर और मोरगन ने स्वतंत्र रूप से उपलब्ध विचारों को समन्वित कर अवधारणा प्रस्तुत की, जिसे 'प्लेट विवर्तनिकी' कहा गया। एक विवर्तनिक प्लेट (जिसे लिथोस्फेरिक प्लेट भी कहा जाता है), ठोस चट्टान का विशाल व अनियमित आकार का खंड है, जो महाद्वीपीय व महासागरीय स्थलमंडलों से मिलकर बना है। ये प्लेटें दुर्बलता तापमंडल पर एक दृढ़ इकाई के रूप में क्षैतिज अवस्था में चलायमान हैं। स्थलमंडल में पर्पटी एवं ऊपरी मैंटल को सम्मिलित किया जाता है, जिसकी मोटाई महासागरों में 10 से 100 किमी और महाद्वीपीय भागों में लगभग 200 किमी है। एक प्लेट को महाद्वीपीय या महासागरीय प्लेट भी कहा जा सकता है, जो इस बात पर निर्भर है कि उस प्लेट का अधिकतर भाग महासागर अथवा महाद्वीप से संबद्ध है। उदाहरणार्थ, प्रशांत प्लेट मुख्यतः महासागरीय प्लेट है, जबकि यूरेशियन प्लेट को महाद्वीपीय प्लेट कहा जाता है। ग्लोब पर ये प्लेटें पृथ्वी के पूरे इतिहास काल में लगातार विचरण कर रही हैं। वेगनर की संकल्पना कि केवल महाद्वीप गतिमान हैं, सही नहीं है। महाद्वीप एक प्लेट का हिस्सा है और प्लेट चलायमान हैं। यह एक निर्विवाद तथ्य है कि भू-वैज्ञानिक इतिहास में सभी प्लेट गतिमान रही हैं और भविष्य में भी गतिमान रहेंगी। वेगनर के अनुसार, आरंभ में सभी महाद्वीपों से मिलकर बना एक सुपर महाद्वीप पैंजिया के रूप में विद्यमान था। यद्यपि बाद की खोजों ने यह स्पष्ट किया कि महाद्वीपीय पिंड, जो प्लेट के ऊपर स्थित हैं, भू-वैज्ञानिक कालपर्यंत चलायमान थे और पैंजिया अलग-अलग महाद्वीपीय खंडों के अभिसरण से बना था, जो कभी एक या किसी दूसरी प्लेट के हिस्से थे। पुराचुंबकीय आँकड़ों के आधार पर वैज्ञानिकों ने विभिन्न भूकालों में प्रत्येक महाद्वीपीय खंड की अवस्थिति निर्धारित की है। भारतीय उपमहाद्वीप (अधिकांशतः प्रायद्वीपीय भारत) की अवस्थिति नागपुर क्षेत्र में पाई जाने वाली चट्टानों के विश्लेषण के आधार पर आँकी गई है।

(i) वर्ष 1967 में प्लेट विवर्तनिकी की अवधारणा का विकास किसके द्वारा किया गया?

उत्तर वर्ष 1967 में मैकैंजी, पारकर और मोरगन ने स्वतंत्र रूप से उपलब्ध विचारों को समन्वित कर अवधारणा प्रस्तुत की, जिसे 'लेट विवर्तनिकी' कहा गया है। एक विवर्तनिक प्लेट, ठोस, चट्टान का विशाल और अनियमित आकार का खंड है, जो महाद्वीपीय व महासागरीय स्थल मंडलों से मिलकर बनी है।

(ii) स्थलमंडल में पर्पटी एवं ऊपरी मैंटल भाग को सम्मिलित किए जाने के पश्चात् महासागरों में इसकी मोटाई कितनी है?

उत्तर स्थलमंडल में पर्पटी एवं ऊपर मैंटल भाग को सम्मिलित किए जाने के पश्चात् महासागरों में इसकी मोटाई 10 से 200 किमी है। एक प्लेट को महाद्वीपीय या महासागरीय प्लेट भी कहा जा सकता है, जो इस बात पर निर्भर है कि उस प्लेट का अधिकतर भाग महासागर अथवा महाद्वीप से संबद्ध है।

(iii) सभी महाद्वीपों से मिलकर बना सुपर महाद्वीप को किस नाम से जाना जाता है?

उत्तर सभी महाद्वीपों से मिलकर बना सुपर महाद्वीप को पैंजिया नाम से जाना जाता है। यद्यपि बाद की खोजों ने यह स्पष्ट किया कि महाद्वीपीय पिंड, जो प्लेट के ऊपर स्थित है, भू-वैज्ञानिक कालपर्यंत चलायमान थे और पैंजिया अलग-अलग महाद्वीपीय खंडों के अभिसरण से बना था।

3. भारतीय प्लेट में प्रायद्वीप भारत और ऑस्ट्रेलिया महाद्वीपीय भाग सम्मिलित हैं। हिमालय पर्वत श्रेणियों के साथ-साथ पाया जाने वाला प्रविष्ठन क्षेत्र इसकी उत्तरी सीमा निर्धारित करता है, जो महाद्वीपीय-महाद्वीपीय अभिसरण के रूप में है (अर्थात् दो महाद्वीप प्लेटों की सीमा है)। यह पूर्व दिशा में म्यांमार के अराकान्योमा पर्वत से होते हुए एक चाप के रूप में जावा खाई तक फैला हुआ है। इसकी पूर्वी सीमा एक विस्तारित तल है, जो ऑस्ट्रेलिया के पूर्व में दक्षिणी-पश्चिमी प्रशांत महासागर में महासागरीय कटक के रूप में है। इसकी पश्चिमी सीमा पाकिस्तान की किरथर श्रेणियों का अनुसरण करती है। यह आगे मकरान तट के साथ-साथ होती हुई दक्षिण-पूर्वी चागोस द्वीपसमूह के साथ-साथ लाल सागर द्रोणी (जो विस्तारण तल है) में जा मिलती है। भारतीय तथा आर्कटिक प्लेट की सीमा भी महासागरीय कटक से निर्धारित होती है (जो एक अपसारी सीमा है) और यह लगभग पूर्व-पश्चिम दिशा में होती हुई न्यूजीलैंड के दक्षिण में विस्तारित तल में मिल जाती है।

भारत एक वृहत द्वीप था, जो ऑस्ट्रेलियाई तट से दूर एक विशाल महासागर में स्थित था। लगभग 22.5 करोड़ वर्ष पहले तक टेथिस सागर इसे एशिया महाद्वीप से अलग करता था। ऐसा माना जाता है कि लगभग 20 करोड़ वर्ष पहले जब पैंजिया विभक्त हुआ तब भारत ने उत्तर दिशा की ओर खिसकना आरंभ किया। लगभग 4 से 5 करोड़ वर्ष पूर्व भारतीय प्लेट अंगारलैंड प्लेट से टकराया एशिया से टकराया व परिणामस्वरूप हिमालय पर्वत का उत्थान हुआ।

आज से लगभग 14 करोड़ वर्ष पहले यह दक्षिण में 50° दक्षिणी अक्षांश पर स्थित था। इन दो प्रमुख प्लेटों को टेथिस सागर अलग करता था और तिब्बतीय खंड, एशियाई स्थलखंड के करीब था। भारतीय प्लेट के यूरेशियन प्लेट की तरफ प्रवाह के दौरान एक प्रमुख घटना घटी वह थी-लावा प्रवाह से दक्कन ट्रैप का निर्माण होना। ऐसा लगभग 6 करोड़ वर्ष पहले आरंभ हुआ और एक लंबे समय तक यह जारी रहा। याद रहे कि यह उपमहाद्वीप तब भी भूमध्यरेखा के निकट था। लगभग 4 करोड़ वर्ष पहले और इसके पश्चात् हिमालय की उत्पत्ति आरंभ हुई। वैज्ञानिकों का मानना है कि यह प्रक्रिया अभी भी जारी है और हिमालय की ऊँचाई अभी भी बढ़ रही है।

(i) भारतीय प्लेट व यूरेशियन प्लेट को कौन-सा सागर विभाजित करता है?

उत्तर टेथिस सागर भारतीय प्लेट व यूरेशियन प्लेट को विभाजित करता है। लगभग 20 करोड़ वर्ष पहले जब पैंजिया विभक्त हुआ तब भारत ने उत्तर दिशा की ओर खिसकना आरंभ किया।

(ii) भारतीय प्लेट के किस प्लेट से टकराने के फलस्वरूप हिमालय पर्वत श्रृंखला का निर्माण हुआ?

उत्तर भारतीय प्लेट के यूरेशियन प्लेट से टकराने के फलस्वरूप हिमालय पर्वत श्रृंखला का निर्माण हुआ।

(iii) प्रारंभिक समय में भारतीय प्लेट में प्रायद्वीपीय भारत के साथ कौन-सा भाग सम्मिलित है?

उत्तर प्रारंभिक समय में भारतीय प्लेट में प्रायद्वीपीय भारत के साथ आस्ट्रेलियन महाद्वीप सम्मिलित है। हिमालय पर्वत श्रेणियों के साथ-साथ पाया जाने वाला प्रविष्ठन क्षेत्र इसकी उत्तरी सीमा निर्धारित करता है।

4. नीचे दिए गए चित्र का अध्ययन करें और निम्नलिखित प्रश्नों का उत्तर दीजिए

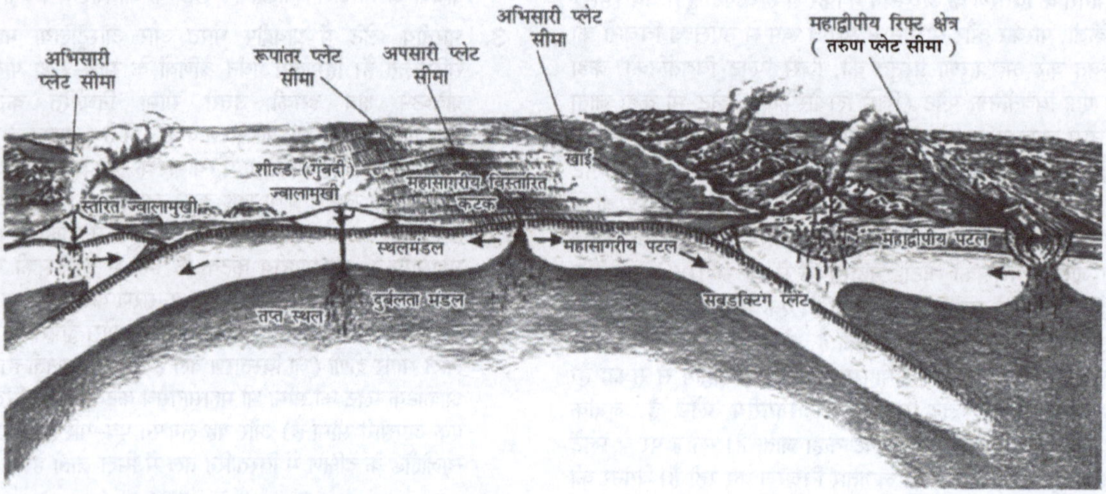

▲ सागरीय अध:स्तल विस्तार

(i) **महासागरों के सबसे निम्नतम बिंदु को क्या कहते हैं?**

उत्तर महासागरों के सबसे निम्नतम बिंदु को खाई कहते हैं। गहरी खाइयों में भूकंप के उद्गम अधिक गहराई पर होते हैं।

(ii) **महासागरों में अवस्थित पर्वत जैसी आकृतियों को किस नाम से जाना जाता है?**

उत्तर महासागरों में अवस्थित पर्वत जैसी आकृतियों को 'कटक' नाम से जाना जाता है। सागर नितल प्रसरण के साथ कटक (रिज) का विस्तार होता है। कटक, समुद्र के जलस्तर और कार्बन चक्र को प्रभावित करता है।

(iii) **सबसे बड़ी महासागरीय टेक्टोनिक प्लेट कौन-सी है?**

उत्तर सबसे बड़ी महासागरीय टेक्टोनिक प्लेट 'प्रशांत प्लेट' है। प्रशांत प्लेट उत्तरी अमेरिका के पश्चिमी तट से होते हुए, अलास्का तट तक फैली है पश्चिमी छोर पर यह जापान और इंडोनेशिया के द्वीपों के पूर्वी तट तक फैली है।

लघु उत्तरीय प्रश्न

1. महाद्वीपीय प्रवाह के सिद्धांत के संदर्भ में विभिन्न विद्वानों द्वारा दिए गए मतों को लिखिए।

उत्तर महाद्वीपीय प्रवाह के सिद्धांत से संबंधित विभिन्न वैज्ञानिकों ने भिन्न-भिन्न मत दिए हैं, जो निम्न प्रकार हैं

- डच मानचित्रवेत्ता अब्राहम ऑरटेलियस ने 1596 ई. में सर्वप्रथम महाद्वीप प्रवाह के सिद्धांत की संभावना को व्यक्त किया था।
- एंटोनियो पेलेग्रिनी द्वारा एक ऐसा मानचित्र बनाया गया, जिसमें तीनों महाद्वीपों को एकसाथ जुड़ा हुआ दिखाया गया था।
- वर्ष 1912 में जर्मन मौसमविद् अल्फ्रेड वेगनर ने महाद्वीपीय विस्थापन सिद्धांत को प्रस्तावित किया। इस सिद्धांत का संबंध महाद्वीपों और महासागरों के वितरण से था। इस सिद्धांत के अनुसार, सभी महाद्वीप एक अकेले भूखंड में जुड़े हुए थे।
- वेगनर के अनुसार, वर्तमान के सभी महाद्वीप इस भूखंड के भाग थे। यह भूखंड एक बड़े महासागर से घिरा हुआ था। वेगनर ने इस बड़े सुपर महाद्वीप को पैंजिया कहा है। पैंजिया का अर्थ संपूर्ण पृथ्वी है।

2. पृथ्वी के भीतर ताप उत्पत्ति के कितने माध्यम होते हैं।

उत्तर पृथ्वी के भीतर ताप उत्पत्ति के दो माध्यम होते हैं

(i) रेडियोधर्मी तत्त्वों का क्षय और अवशिष्ट ताप। इस माध्यम के विषय में वर्ष 1930 में होम्स ने अपने विचार को प्रतिपादित किया था जिसने बाद में हैरी-हेस के सागरीय अधस्तल विस्तार की संकल्पना को भी प्रभावित किया।

(ii) दृढ़ प्लेटों के नीचे दुर्बल व उष्ण मैंटल है, जो प्लेटों के प्रवाह हेतु उत्तरदायी है।

3. महासागरीय तल को उच्चावच तथा गहराई के आधार पर कितने भागों में बाँटा जाता है? स्पष्ट कीजिए।

उत्तर उच्चावच तथा गहराई के आधार पर महासागरीय तल को तीन भागों में विभाजित किया जाता है, जो निम्न प्रकार हैं

(i) **महाद्वीपीय सीमा** यह महाद्वीपीय किनारों तथा गहरे समुद्री बेसिन के मध्य स्थित होती है। इसके अंतर्गत महाद्वीपीय ढाल, महाद्वीपीय मग्नतट, महाद्वीपीय उभार व गहरी महासागरीय खाइयाँ शामिल हैं।

(ii) **वितलीय मैदान** महाद्वीपीय तटों और मध्य महासागरीय कटकों के मध्य वितलीय मैदान पाए जाते हैं। ये वह क्षेत्र हैं, जहाँ पर महाद्वीपों से बहाकर लाए गए अवसाद निक्षेपित होते हैं।

(iii) **मध्य महासागरीय कटक** मध्य महासागरीय कटक पर्वतों की एक शृंखला बनाते हैं, जो आपस में जुड़े हुए होते हैं। पृथ्वी के धरातल पर पाई जाने वाली संभवतः यह सबसे लंबी पर्वत शृंखला है, जो महासागरीय जल में डूबी हुई है। इन कटकों की महत्त्वपूर्ण विशेषता है कि इनके मध्यवर्ती शिखर पर रिफ्ट, प्रभाजक पठार और पार्श्व मंडल होते हैं। मध्यवर्ती भाग में स्थित द्रोणी, सक्रिय ज्वालामुखी क्षेत्र का एक उदाहरण है।

4. वर्ष 1967 में प्लेट विवर्तनिक को अवधारणा ने पृथ्वी के स्थलमडल पर होने वाली गतियों की व्याख्या की। प्लेट विवर्तनिकी की व्याख्या को स्पष्ट कीजिए

उत्तर मैकेंजी, पारकर एवं मोरगन ने वर्ष 1967 में प्लेट विवर्तनिकी की अवधारणा प्रस्तुत की। विवर्तनिक प्लेट से तात्पर्य ऐसी ठोस चट्टान के विशाल व अनियमित खंड से है, जिसका निर्माण महाद्वीपीय व महासागरीय स्थलमंडलों से मिलकर होता है।

विवर्तनिक प्लेट को लिथोस्फेरिक प्लेट भी कहा जाता है। ये प्लेटें एक दृढ़ इकाई के रूप में दुर्बलतामंडल में क्षैतिज अवस्था में गतिमान होती हैं।

इन प्लेटों की मोटाई अलग-अलग होती है। स्थलमंडल के अंतर्गत पर्पटी एवं ऊपरी मैंटल को शामिल किया जाता है, जिसमें महासागरीय प्लेटें 5 से 100 किमी तक मोटी होती हैं, तो महाद्वीपीय प्लेटें लगभग 200 किमी तक मोटी होती हैं। एक प्लेट को महाद्वीपीय या महासागरीय प्लेट इस आधार पर कहा जा सकता है कि उसका अधिकतर भाग महासागर अथवा महाद्वीप किससे संबद्ध है। उदाहरण, प्रशांत प्लेट मुख्यतः महासागरीय प्लेट है, जबकि यूरेशियन प्लेट को महाद्वीपीय प्लेट कहा जाता है।

5. प्लेट किसे कहते हैं तथा यह कितने प्रकार की होती हैं?

उत्तर प्लेट ठोस चट्टान का विशाल एवं अनियमित आकार का खंड है, जिसमें भू-पर्पटी एवं ऊपरी मैंटल को भी शामिल किया जाता है। इसकी मोटाई महासागरों में 5 से 100 किमी तथा महाद्वीपों में 200 किमी पाई जाती है। प्लेट को विस्तार के आधार पर तीन वर्गों में विभाजित किया जा सकता है, जो निम्न हैं

(i) **महासागरीय प्लेट** इसका विस्तार केवल महासागर पर होता है; जैसे—प्रशांत प्लेट।

(ii) **महाद्वीपीय प्लेट** कोई भी ऐसी प्लेट नहीं है, जिसका विस्तार केवल स्थलखंड पर हो, लेकिन यूरेशियाई प्लेट को महाद्वीपीय प्लेट कहा जा सकता है।

(iii) **महाद्वीपीय-महासागरीय प्लेट** ऐसी प्लेट, जिसका विस्तार जल तथा थल दोनों पर लगभग बराबर पाया जा सकता है। उदाहरण के लिए, इंडो-ऑस्ट्रेलियन-न्यूजीलेड प्लेट।

6. प्लेट सीमाएँ कितने प्रकार की होती हैं? बताइए।

उत्तर प्लेट सीमाएँ तीन प्रकार की होती हैं, जो निम्नलिखित हैं

(i) **अपसारी सीमा** दो प्लेटें जब एक-दूसरे से विपरीत दिशा में अलग हटती हैं, तो उन्हें अपसारी सीमा कहते हैं। इससे नई पर्पटी का निर्माण होता है और वह स्थान, जहाँ से प्लेटें एक-दूसरे से दूर हटती हैं, प्रसारी स्थान कहलाता है। अपसारी प्लेट का सबसे उत्तम उदाहरण मध्य अटलांटिक कटक है, जहाँ से अमेरिकी प्लेटें (उत्तरी व दक्षिणी अमेरिकी प्लेटें) तथा यूरेशियन व अफ्रीकी प्लेटें अलग हो रही हैं।

(ii) **अभिसरण सीमा** दो प्लेटें जब एक-दूसरे के नीचे धँसती हैं, तो वह अभिसरण सीमा कहलाती है। इससे भू-पर्पटी नष्ट होती है और वह स्थान, जहाँ प्लेटें एक-दूसरे के नीचे धँसती हैं, प्रविष्ठन क्षेत्र कहलाता है।

(iii) **रूपांतर सीमा** प्लेटों की ऐसी सीमा, जहाँ न तो पर्पटी का निर्माण होता है और न ही पर्पटी का विनाश, रूपांतर सीमा कहलाती है। इसका कारण यह है कि इस सीमा पर प्लेटें एक-दूसरे के साथ क्षैतिज दिशा में चलती हैं।

7. प्रविष्ठन क्षेत्र प्लेट की किस सीमा से संबंधित है, इस पर कौन-कौन सी भू-क्रियाएँ होती हैं?

उत्तर प्रविष्ठन क्षेत्र प्लेट की अभिसरण सीमा से संबंधित है। अभिसरण सीमा के अंतर्गत एक प्लेट, जो भारी होती है, वह दूसरी हल्की प्लेट के नीचे चली जाती है। उस स्थान को ही प्रविष्ठन क्षेत्र कहते हैं। इसमें मोड़दार पर्वतों का निर्माण, भूकंप एवं ज्वालामुखी क्रियाएँ होती हैं। उदाहरण के लिए, प्रशांत मेखला में उत्तरी अमेरिका एवं दक्षिणी अमेरिका के प्रशांत महासागर के तटीय क्षेत्रों में एंडीज एवं रॉकी पर्वतों का निर्माण हुआ है तथा इन क्षेत्रों में भूकंप एवं ज्वालामुखी क्रियाएँ भी होती हैं।

8. प्लेट प्रवाह की दर क्या है? इसकी प्रवाह दर सर्वाधिक कहाँ होती है?

उत्तर वैज्ञानिकों ने प्लेट प्रवाह की दर को समझने के लिए सामान्य तथा उत्क्रमण चुंबकीय क्षेत्र की पट्टियों का प्रयोग किया है, जो मध्य महासागरीय कटक के समानांतर हैं। प्लेट प्रवाह की दरें अलग-अलग हैं। प्लेट प्रवाह के कारण प्रशांत महासागरीय भाग सिकुड़ रहा है तथा अटलांटिक महासागर का निरंतर विस्तार हो रहा है। सबसे कम प्रवाह दर आर्कटिक कटक की है, जो 2.5 सेमी प्रतिवर्ष से भी कम है। ईस्टर द्वीप के निकट पूर्वी प्रशांत महासागरीय उभार की प्रवाह दर सबसे अधिक (5 सेमी प्रतिवर्ष) है, जो चिली से 3,400 किमी पश्चिम की ओर प्रशांत महासागर में है।

9. प्लेट सीमा भूकंप के लिए कैसे उत्तरदायी होती है?

उत्तर पृथ्वी के धरातल में किसी भी प्रकार से उत्पन्न कंपन को भूकंप कहते हैं। पुरानी विचारधाराओं के अनुसार जब जल भू-गर्भ में जाता था, तो वाष्प में बदलकर पृथ्वी के धरातल में कंपन पैदा करता था।

इसके साथ ही ज्वालामुखी क्रियाएँ भी भूकंप को पैदा करती थीं, लेकिन प्लेट विवर्तनिकी सिद्धांत ने इसकी वैज्ञानिक व्याख्या प्रस्तुत की। इसके अनुसार, विश्व के लगभग सभी भूकंप प्लेट सीमा से संबंधित हैं। अभिसरण प्लेट सीमा, अपसरण प्लेट सीमा एवं रूपांतर प्लेट सीमा तीनों पर ही भूकंप की क्रियाएँ होती हैं, जो परिप्रशांत मेखला, मध्य महासागरीय कटक, आल्पस हिमालय श्रेणियों के क्षेत्र तथा उत्तरी अमेरिका के पश्चिमी तट पर पाई जाने वाली रूपांतरण भ्रंश सीमा पर पाई जाती हैं।

10. भारतीय प्लेट के संचलन को स्पष्ट कीजिए

उत्तर भारतीय प्लेट में प्रायद्वीपीय भारत के साथ-साथ ऑस्ट्रेलिया महाद्वीप भी शामिल है, जिसकी उत्तरी सीमा हिमालयी पर्वत श्रेणियों के साथ पाए जाने वाले प्रविष्ठन क्षेत्र द्वारा निर्धारित होती है।

पूर्व की ओर इसका विस्तार म्यांमार के राकिन्योमा पर्वत से होकर जावा की खाई तक एक चाप के रूप में विस्तृत है। इसकी पूर्वी सीमा एक विस्तारित तल है, जो ऑस्ट्रेलिया के पूर्व में दक्षिण-पश्चिम प्रशांत महासागर में महासागरीय कटक के रूप में है, जबकि पश्चिम में यह पाकिस्तान की किरथर श्रेणी का अनुसरण करती है।

11. प्लेट संचलन के ऐतिहासिक स्वरूप को स्पष्ट कीजिए

उत्तर पूर्व में भारत एक वृहत द्वीप था, जो ऑस्ट्रेलियाई तट से दूर एक विशाल महासागर में स्थित था। टेथिस सागर ने इसे लगभग 22.5 करोड़ वर्ष पहले एशिया महाद्वीप से अलग किया था। उस समय तिब्बतीय खंड, एशियाई स्थलखंड के समीप था। लगभग 20 करोड़ वर्ष पहले जब पैंजिया विभक्त हुआ, तब भारत ने उत्तर दिशा की ओर खिसकना प्रारंभ किया था।

भारत लगभग 4 से 5 करोड़ वर्ष पूर्व जब एशिया से टकराया, तब परिणामस्वरूप हिमालय पर्वत का उत्थान हुआ था। कुछ वैज्ञानिकों का मानना है कि हिमालय की ऊँचाई बढ़ने की प्रक्रिया वर्तमान में भी जारी है। लगभग 14 करोड़ वर्ष पूर्व यह उपमहाद्वीप 50° दक्षिणी अक्षांश पर अवस्थित था। भारतीय प्लेट के एशियाई प्लेट की तरफ लावा प्रवाह होने से दक्कन ट्रेप का निर्माण हुआ। ऐसा लगभग 6 करोड़ वर्ष पहले आरंभ हुआ था और तब भी भारत उपमहाद्वीप भूमध्य रेखा के निकट था।

12. प्लेट एवं प्लेट सीमा में अंतर स्पष्ट कीजिए

उत्तर प्लेट एवं प्लेट सीमा में निम्नलिखित अंतर हैं

प्लेट	प्लेट सीमा
प्लेट ठोस चट्टान का विशाल एवं अनियमित आकार का खंड है।	प्लेट सीमा दो प्लेटों के मध्य का भाग होता है।
प्लेट में कोई विवर्तनिक क्रिया नहीं होती है।	प्लेट सीमा पर विवर्तनिक क्रिया होती है।
प्लेट के नीचे भूकंप की क्रिया नहीं होती है।	प्लेट सीमा के नीचे भूकंप की क्रिया होती है।
प्लेट को दो वर्गों—महाद्वीपीय तथा महासागरीय प्लेट में विभाजित करते हैं।	प्लेट सीमा के तीन प्रकार हैं— अपसारी, अभिसरण एवं रूपांतर सीमा।

दीर्घ उत्तरीय प्रश्न

1. महाद्वीपीय प्रवाह किसे कहते हैं? इसके विस्थापन के पक्ष में प्रमाण दीजिए।

अथवा **महाद्वीपीय प्रवाह के अंतर्गत दोनों ओर की तट रेखा में आश्चर्यजनक सममिति हैं। इस कथन की पुष्टि कीजिए।** *दक्षता आधारित प्रश्न*

उत्तर **महाद्वीपीय प्रवाह** महाद्वीपीय प्रवाह या महाद्वीपीय विस्थापन सिद्धांत, महाद्वीपों और महासागरों के वितरण से जुड़ा है। इस सिद्धांत के अनुसार सभी महाद्वीप एक बड़े भूखंड से जुड़े हुए थे, जिसे पैंजिया कहा जाता है। इस सिद्धांत को जर्मन भू-वैज्ञानिक अल्फ्रेड वेगेनर ने वर्ष 1912 में दिया था। इस सिद्धांत के अनुसार, महाद्वीपों की गति मैंटल के अंदर मौजूद संवहन धाराओं के कारण से होती है।

महाद्वीपीय बहाव सिद्धांत, प्लेट टेक्टोनिक्स सिद्धांत का आधार बना। महाद्वीपीय बहाव सिद्धांत को लेकर **अलेक्जेंडर वॉन हंबोल्ट** और **एंटोनियो स्नाइडर-पेलेग्रिनी** जैसे वैज्ञानिकों ने अपने विचार दिए थे। वेगनर के तर्क के अनुसार लगभग 20 करोड़ वर्ष पहले पैंजिया का विभाजन आरंभ हुआ। पैंजिया पहले दो महाद्वीपीय पिंडो लारेशिया (Laurasia) और गोंडवानालैंड (Gondavanaland) क्रमशः उत्तरी और दक्षिणी भ-ूखंडों के रूप में विभक्त हुआ। इसके बाद लारेशिया व गोंडवाना धीरे-धीरे अनेक छोटे भागों में वभाजित हो गए।

महाद्वीपीय विस्थापन के पक्ष में प्रमाण

(i) महासागरों के पार चट्टानों की आयु में समानता

- 200 करोड़ वर्ष प्राचीन शैल समूह की एक पट्टी ब्राजील तट और पश्चिमी अफ्रीका के तट पर मिलती है, तो आपस में मेल खाती है।
- दक्षिण अमेरिका व अफ्रीका की तट रेखा के साथ पाए जाने वाले आरंभिक समुद्री निक्षेप जुरेसिक काल के हैं। इससे पता चलता है कि इस समय से पहले महासागर की उपस्थिति वहाँ नहीं थी।

(ii) टिलाइट वे अवसादी चट्टाने होती हैं, जो हिमानी निक्षेप से निर्मित होती हैं।

- भारत में पाए जाने वाले गोंडवाना श्रेणी के तलंछटों के प्रतिरूप दक्षिणी गोलार्द्ध के छः विभिन्न स्थलखडों से मिलते हैं।
- इसी क्रम के प्रतिरूप भारत के अतिरिक्त अफ्रीका, फॉकलैंड, मैडागास्कर, अंटार्कटिक और ऑस्ट्रेलिया में मिलते हैं।

(iii) प्लेसर निक्षेप घाना तट पर सोने के बड़े निक्षेपों की उपस्थित व उद्गम चट्टानों की अनुपस्थिति एक आश्चर्य जनक तथ्य हैं।

- सोनायुक्त शिराएँ (Gold bearing veins) ये ब्राजील में पाई जाती हैं। अतः यह स्पष्ट है कि घाना में मिलने वाले सोने के निक्षेप ब्राजील पठार से उस समय निकले होंगे, जब दोनों महाद्वीप एक-दूसरे से जुड़े हुए थे।

(iv) जीवाश्मों का वितरण लैगूरिया, (भारत, मैड़ागास्कर व अफ्रीका) में एक समान मिलते हैं, कुछ वैज्ञानिकों ने इन तीनों स्थल खंडों को जोड़कर एक सतत् स्थलखंड 'लेमूरिया' की उपस्थित को स्वीकारा।

- मेसोसारस नाम के छोड़े रेंगने वाले जीव केवल उथले पानी में रह सकते थे- इनकी अस्थियाँ केवल दक्षिण अफ्रीका के दक्षिणी केप प्रांत और ब्राजील में इरावर शैल समूह में मिलते हैं।
- ये दोनों स्थान एक-दूसरे से 4,800 किमी की दूरी पर है और इनके बीच एक महासागर विद्यमान है।

2. महाद्वीपीय प्रवाह सिद्धांत किसने शुरू किया तथा किस सिद्धांत में इसकी पूर्ण एवं वैज्ञानिक व्याख्या प्रस्तुत की गई?

उत्तर 1596 ई. में डच मानचित्रवेत्ता **अब्राहम ऑरटेलियस** ने सर्वप्रथम महाद्वीपीय प्रवाह की संभावना को व्यक्त किया था। इसके बाद एंटोनियो पेलेग्रिनी ने अपने मानचित्र में तीनों महाद्वीपों को एकसाथ जुड़ा हुआ दिखाया। वर्ष 1912 में जर्मन मौसमविद् वैज्ञानिक अल्फ्रेड वेगनर ने महाद्वीपीय विस्थापन सिद्धांत प्रतिपादित किया। वेगनर का यह सिद्धांत महाद्वीप एवं महासागरों के वितरण से संबंधित था।

वेगनर ने अपने **'महाद्वीपीय विस्थापन सिद्धांत'** के लिए अनेक प्रमाण प्रस्तुत किए थे। महाद्वीपीय विस्थापन सिद्धांत के अनुसार सभी महाद्वीप एक अकेले भूखंड में जुड़े हुए थे। वर्तमान के सभी महाद्वीप इस भूखंड के भाग थे तथा यह भूखंड एक बड़े महासागर से घिरा हुआ था। वेगनर ने इस बड़े महाद्वीप को पैंजिया तथा बड़े महासागर को पैंथालासा कहा। पैंजिया का अर्थ—**संपूर्ण पृथ्वी** तथा **पैंथालासा** का अर्थ—**जल-ही-जल** है।

वेगनर के अनुसार, लगभग 20 करोड़ वर्ष पूर्व पैंजिया का विभाजन दो बड़े भूखंडों में हुआ। पैंजिया के दक्षिण भूखंड को गोंडवानालैंड तथा उत्तरी भूखंड को लॉरेंशिया कहा गया। इसके बाद गोंडवानालैंड एवं लॉरेंशिया भी धीरे-धीरे अनेक छोटे हिस्सों में विखंडित हो गए, जो वर्तमान के महाद्वीप के रूप में हैं।

वेगनर ने महाद्वीपीय विस्थापन के दो कारण—**पोलर या ध्रुवीय फ्लीइंग** बल तथा ज्वारीय बल को माना। ध्रुवीय फ्लीइंग बल पृथ्वी के घूर्णन से संबंधित है। पृथ्वी के घूर्णन के कारण पृथ्वी की आकृति एक संपूर्ण गोले जैसी न होकर भूमध्यरेखा पर उभरी हुई है। ज्वारीय बल सूर्य एवं चंद्रमा के आकर्षण से संबद्ध है। वेगनर ने माना कि करोड़ों वर्षों के दौरान ज्वारीय बल प्रभावशाली होकर विस्थापन के लिए सक्षम हो गए, परंतु बहुत-से वैज्ञानिकों ने इन दोनों बलों को महाद्वीपीय विस्थापन के लिए अनुपयुक्त माना है।

3. विश्व में भूकंप एवं ज्वालामुखी के वितरण को मानचित्र की सहायता से स्पष्ट कीजिए।

उत्तर भूकंप और ज्वालामुखी का वितरण सामान्य शब्दों में भूकंप का अर्थ पृथ्वी की उत्पत्ति से होता है। यह एक प्राकृतिक घटना है, जिसमें पृथ्वी के भीतर से ऊर्जा के प्रक्षेपण के कारण तरंगे उत्पन्न होती हैं, जो सभी दिशाओं में पृथ्वी को प्रभावित करती है। विश्व की सबसे बड़ी भूकंप पेटी, परिप्रशान्त भूकंपीय पेटी, प्रशांत महासागर के किनारे पाया जाता है। जहाँ हमारे ग्रह के सबसे बड़े भूकंप (81%)आते हैं। अल्पाइन-हिमालयी बेल्ट यूरोप से सुमात्रा तक हिमालय मध्य महाद्वीपीय बेल्ट स्थित है। इस बेल्ट में दुनिया के सबसे बड़े भूकंप (17%) आते हैं। सामान्यता मध्य महासागरीय कटकों के क्षेत्र में भूकम्प के उद्गम केन्द्र अधिक गहराई पर हैं। ज्वालामुखी मानचित्र भी इसी का अनुकरण करते हैं। प्रशांत महासागर के किनारे को सक्रिय ज्वालामुखी क्षेत्र होने के कारण 'रिंग ऑफ फायर' कहा जाता है।

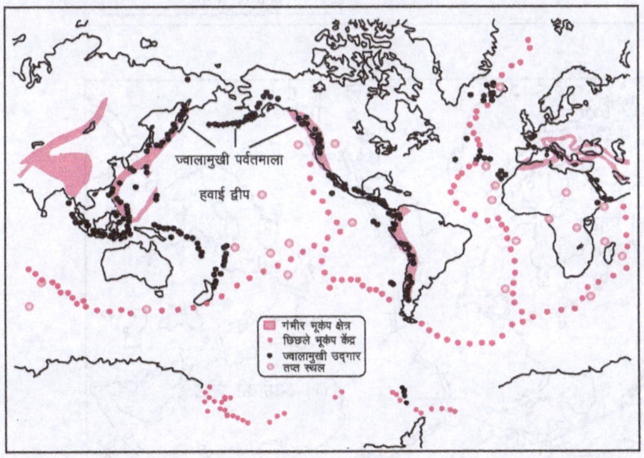

4. प्लेट विवर्तनिकी से संबंधित वेगनर के महाद्वीपीय विस्थापन सिद्धांत को तथा भारतीय प्लेट के संचलन का सविस्तार वर्णन कीजिए।

अथवा **'वेगनर के अनुसार, आरंभिक समय में सभी महाद्वीपों से मिलकर बना एक सुपर महाद्वीप पैंजिया के रूप में विद्यमान था' तथ्यों के आधार पर इस कथन की पुष्टि कीजिए।**

उत्तर **प्लेट विवर्तनिकी से संबंधित वेगनर का महाद्वीपीय विस्थापन सिद्धांत** वेगनर के अनुसार, आरंभिक समय में सभी महाद्वीपों से मिलकर बना एक सुपर महाद्वीप पैंजिया के रूप में विद्यमान था। वेगनर ने संकल्पना की कि केवल महाद्वीप गतिमान है, यह सही नहीं है। महाद्वीप एक प्लेट का हिस्सा है और प्लेट गतिमान है, जबकि भू-वैज्ञानिक इतिहास के अनुसार, सभी प्लेट गतिमान रही हैं और भविष्य में भी गतिमान रहेंगी।

यद्यपि कुछ की खोजों में यह स्पष्ट किया गया है कि महाद्वीपीय पिंड, जो प्लेट के ऊपर अवस्थित है, भू-वैज्ञानिक काल से चलायमान है और पैंजिया अलग-अलग महाद्वीपीय खंडों से निर्मित हुआ था। पुराचुंबकीय जानकारियों के आधार पर वैज्ञानिकों ने यह निर्धारित किया कि भूतकाल में कौन-सा महाद्वीप कहाँ था। इसी क्रम में वैज्ञानिकों ने यह बताया कि भारतीय उपमहाद्वीप की अवस्थिति नागपुर क्षेत्र में पाई जाने वाली चट्टानों के विश्लेषण के आधार पर की गई है।

भारतीय प्लेट का संचालन भारतीय प्लेट में प्रायद्वीप भारत और ऑस्ट्रेलिया महाद्वीपीय भाग सम्मिलित हैं। हिमालय पर्वत श्रेणी के साथ-साथ पाया जाने वाला प्रविष्ठन क्षेत्र इसकी उत्तरी सीमा निर्धारित करता है, जो दो महाद्वीप प्लेटों की सीमा है। यह महाद्वीपीय अभिसरण के रूप में अवस्थित है, जो पूर्व दिशा में म्यांमार के राकिन्योमा पर्वत से होते हुए एक चाप के रूप में जावा खाई तक फैला हुआ है।

इसकी पूर्वी सीमा एक विस्तारित तत्त्व है, जो ऑस्ट्रेलिया के पूर्व में दक्षिणी-पश्चिमी प्रशांत महासागर में महासागरीय कटक के रूप में अवस्थित है। पश्चिमी सीमा पाकिस्तान की किरथर श्रेणियों का अनुसरण करती है तथा आगे मकरान तट के साथ-साथ निकलती हुई दक्षिण-पूर्वी चागोस द्वीपसमूह के साथ-साथ लाल सागर द्रोणी में मिलती है। भारतीय तथा आर्कटिक प्लेट की सीमा महासागरीय कटक से निर्धारित होती है, जो एक अपसारी सीमा है। यह पूर्व-पश्चिम दिशा में होती हुई न्यूजीलैंड के दक्षिण में विस्तारित तल में मिल जाती है।

मानचित्र पर आधारित प्रश्न

1. दिए गए मानचित्र में चिह्नित की गई विश्व की प्रमुख बड़ी व छोटी प्लेटों के नाम पहचानकर लिखिए।

उत्तर

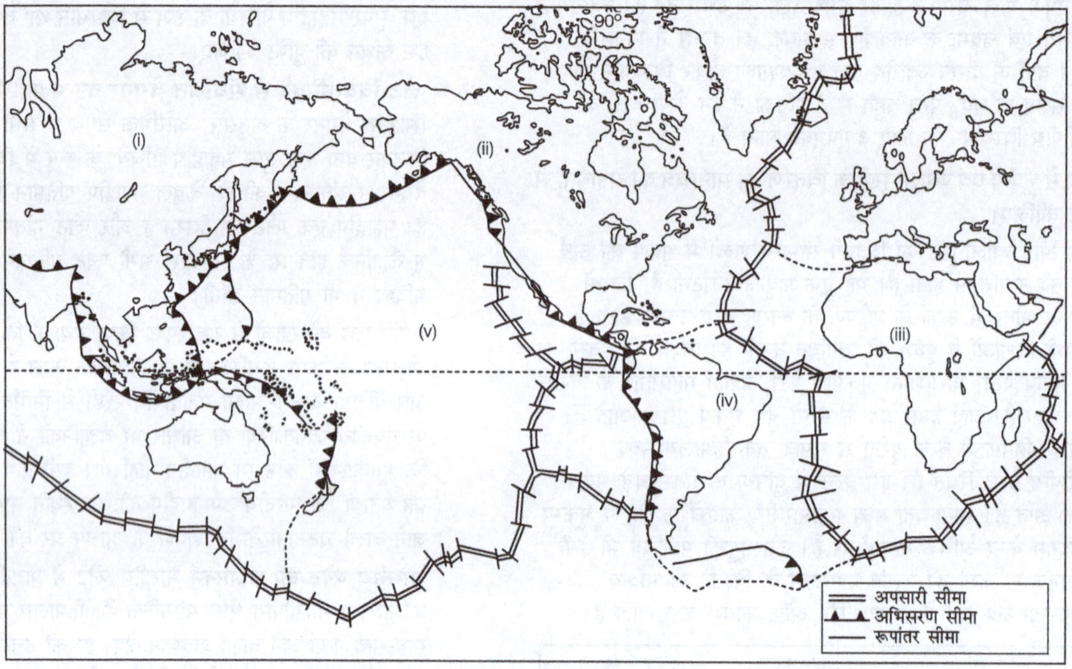

उत्तर

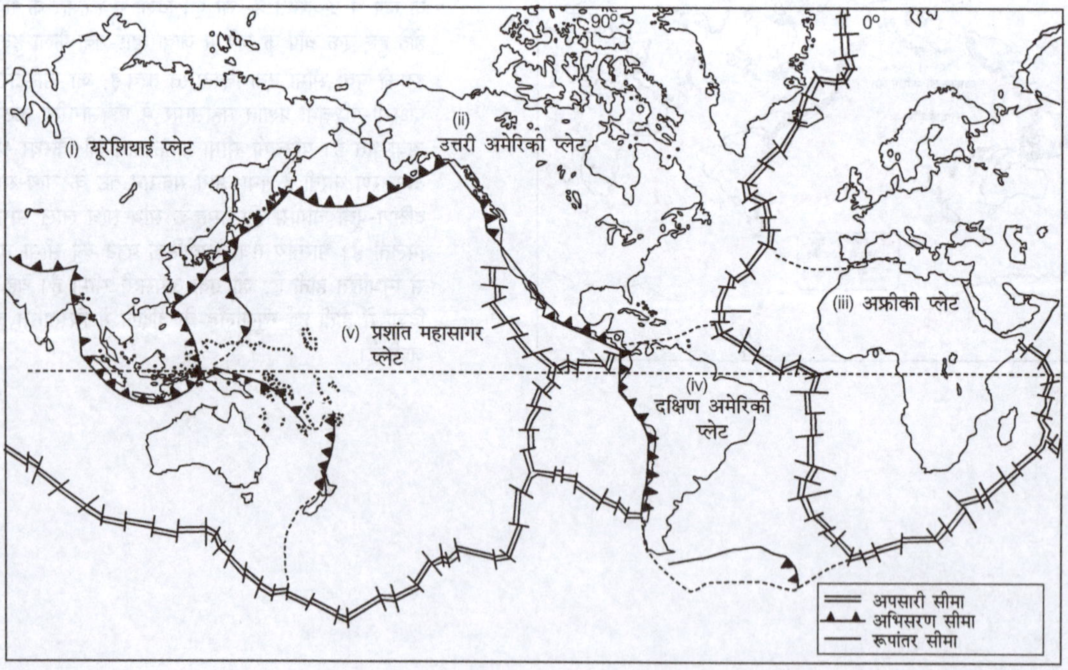

2. निम्न को दिए गए मानचित्र पर चिह्नित कीजिए।

(i) कोकोस प्लेट (ii) नजका प्लेट (iii) अरेबियन प्लेट (iv) फिलिपीन प्लेट

(v) कैरोलिन प्लेट (vi) रिंग ऑफ फायर (vii) मध्य अटलांटिक कटक

उत्तर

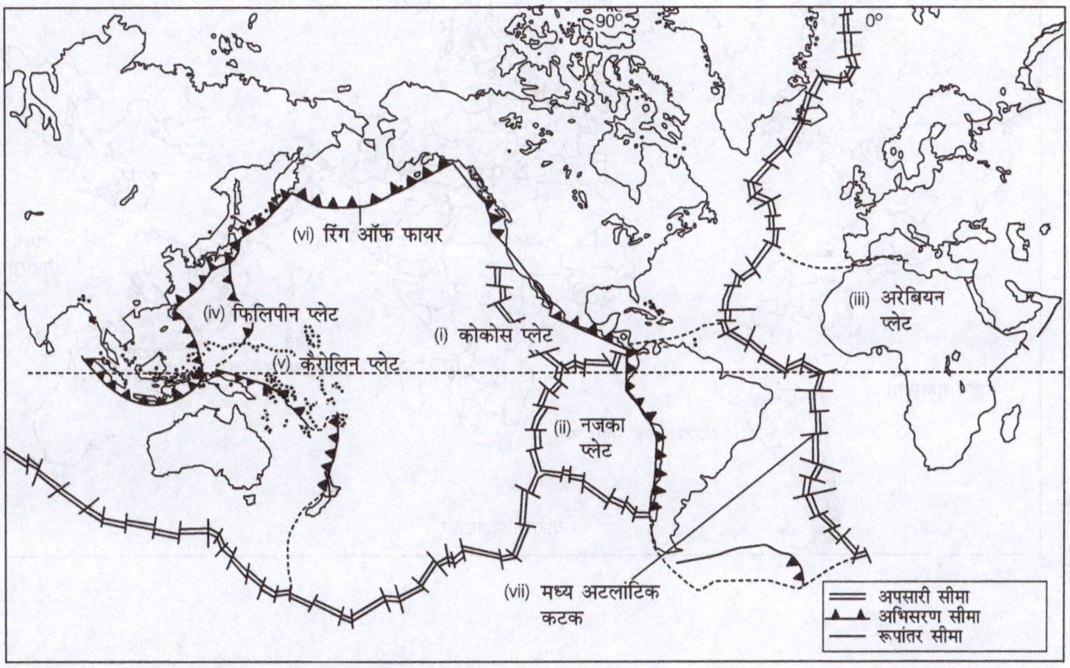

3. दिए गए मानचित्र पर विश्व के प्रमुख महाद्वीपों को चिह्नित कीजिए।

उत्तर

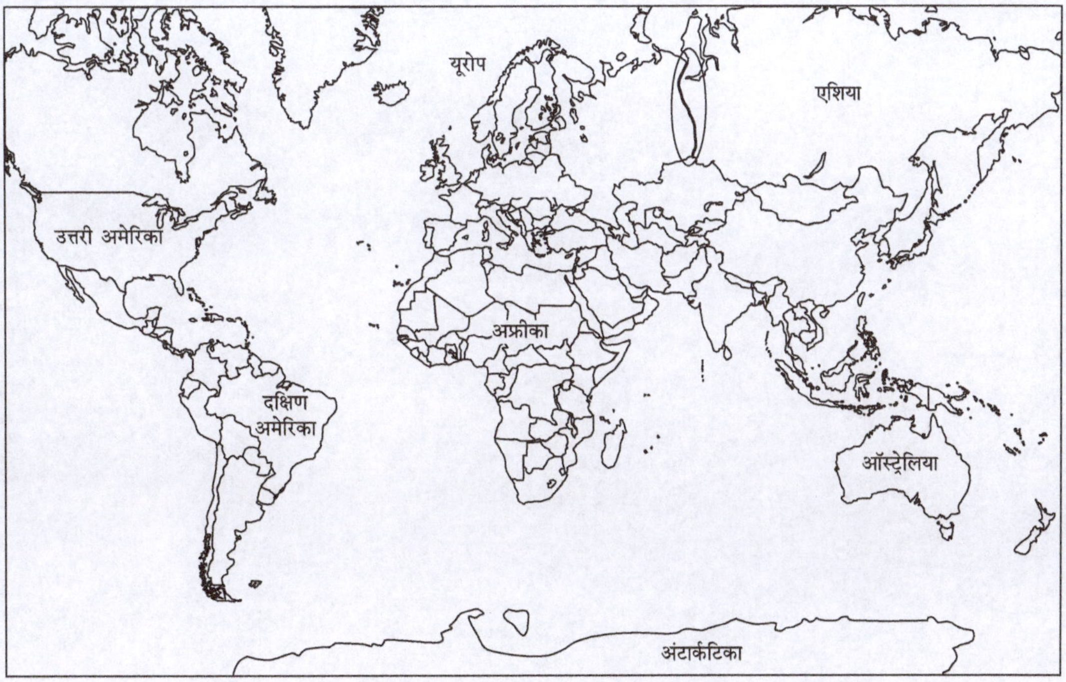

4. दिए गए मानचित्र पर विश्व के प्रमुख महासागरों को चिह्नित कीजिए।

उत्तर

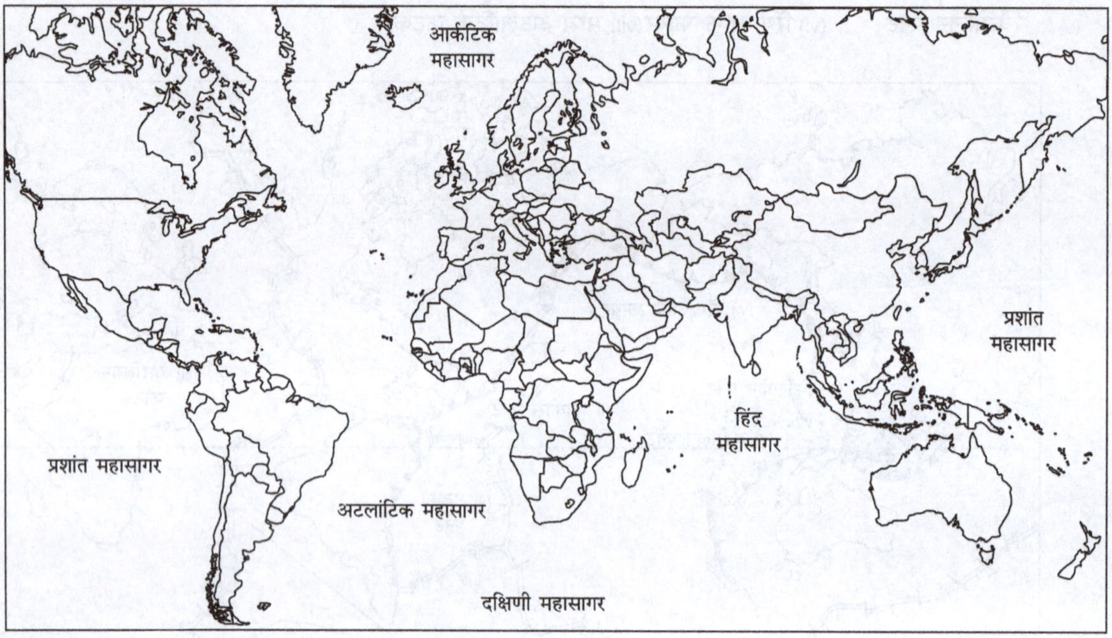

स्वयं को जाँचें

वस्तुनिष्ठ प्रश्न

1. महाद्वीपीय विस्थापन सिद्धांत का प्रतिपादन किसने किया था?
(a) ऑर्थर होम्स (b) अल्फ्रेड वेगनर
(c) हैरी हेस (d) मैकेंजी

2. हिमानी निक्षेपण से निर्मित होने वाले अवसादी चट्टानों को कहा जाता है
(a) टिलाइट (b) लेमूरिया
(c) प्लेसर निक्षेप (d) मोसोसारस

3. विश्व में कहाँ पर प्लेसर निक्षेप पाया जाता है?
(a) मैडागास्कर (b) ब्राजील
(c) दक्षिण अफ्रीका (d) घाना

4. नीचे दी गई सूचना के आधार पर सही विकल्प का चयन कीजिए
- ये अवसादी चट्टानें हैं, जो हिमानी निक्षेपण से निर्मित होती हैं।
- इनका विस्तार गोंडवाना श्रेणी के आधार तल में देखा जा सकता है।
- इस क्रम का प्रारूप अफ्रीका, फॉकलैंड द्वीप, मैडागास्कर में भी है।

विकल्प
(a) प्लेसर निक्षेप (b) टिलाइट
(c) लेमूरिया (d) निमग्न तट

5. संवहन धारा सिद्धांत का प्रतिपादन .... ने किया था।
(a) मैकेंजी (b) पारकर
(c) आर्थर होम्स (d) मोरगन

6. निम्नलिखित कथनों पर विचार करें
1. मध्य महासागरीय कटक आपस में जुड़े हुए पर्वतों की श्रृंखला है।
2. मध्य महासागरीय कटक पृथ्वी के धरातल पर पाई जाने वाली संभवतः सबसे बड़ी/लंबी पर्वत श्रृंखला है।

उपरोक्त कथनों में कौन-सा से कथन सही है/हैं?
(a) केवल 1
(b) केवल 2
(c) 1 और 2 दोनों
(d) न तो 1 और न ही 2

अतिलघु उत्तरीय प्रश्न

7. पैंजिया एवं पैंथालासा का अर्थ बताइए

8. महाद्वीपीय सीमा कहाँ स्थित है?

9. विश्व स्तर पर भूकंप एवं ज्वालामुखी का वितरण किस प्रकार का है?

10. सामान्य चुंबकत्व ध्रुवण कहाँ पाया जाता है?

11. विवर्तनिक प्लेट को अन्य किस नाम से जाना जाता है ?

12. किसके आधार पर वैज्ञानिकों ने महाद्वीपों के पूर्व स्थिति का निर्धारण किया?

लघु उत्तरीय प्रश्न

13. मध्य महासागरीय कटक के बारे में संक्षेप में उल्लेख कीजिए

14. महाद्वीपीय प्रवाह क्या है? इस सिद्धांत के संदर्भ में विभिन्न विद्वानों ने क्या मत दिए हैं? समझाइए।

15. 'प्लेट संचरण के फलस्वरूप प्लेट सीमाएँ बनती हैं' इस कथन की पुष्टि कीजिए।

दीर्घ उत्तरीय प्रश्न

16. महासागरीय अध:स्तल की बनावट से आप क्या समझते हैं? वर्णन कीजिए।

17. महाद्वीपीय विस्थापन एवं प्लेट विवर्तनिक सिद्धांतों की व्याख्या कीजिए

18. रूपांतर एवं अभिसरण सीमा का वर्णन कीजिए

19. भारतीय प्लेट संचलन को स्पष्ट कीजिए

20. "एक विवर्तनिक प्लेट, ठोस चट्टान का विशाल अनियमित आकार का खंड है, जो महाद्वीपीय व महासागरीय स्थलमंडलों से मिलकर बना है" इस कथन की पुष्टि के लिए तथ्य प्रस्तुत कीजिए।

5

अध्याय

भू-आकृतिक प्रक्रिया

यह अध्याय पृथ्वी की सतह और उसकी विभिन्न विशेषताओं से संबंधित है। मनुष्य जीवित रहने के लिए इस पर निर्भर हैं और इसका भारी उपयोग करता है। अतः भविष्य के लिए इसके संतुलन को हानि पहुँचाए बिना, इसे सतत रूप से उपयोग करने के लिए इसकी गतिशील प्रकृति को समझना महत्त्वपूर्ण है।

▼ **अध्ययन एक नजर में**

5.1 भू-आकृतिक प्रक्रियाओं का अर्थ
5.2 अंतर्जनित प्रक्रियाएँ
5.3 बहिर्जाति प्रकियाएँ
5.4 वृहत संचलन
5.5 मृदा निर्माण

▼ **अभ्यास के लिए**

- बहुविकल्पीय प्रश्न 31, कथन/कारण, सुमेलित कीजिए
- वर्णनात्मक प्रकार के प्रश्न (लघु उत्तरीय प्रश्न 10, दीर्घ उत्तरीय प्रश्न 4)
- स्रोत आधारित प्रश्न 2, मानचित्र आधारित

- भू-पर्पटी (Crust) स्थिर नहीं हैं, बल्कि गत्यात्मक या गतिशील है। यह क्षैतिज व ऊर्ध्वाधर दिशाओं में गतिशील रहती है।
- धारातल पृथ्वी मंडल के अंतर्गत उत्पन्न बाह्य बलों (बहिर्जनिक) तथा आंतरिक बलों **अंतर्जनित बल**[1] से अनवरत प्रभावित होता रहता है।
- उभरी हुई भू-आकृतियों का विघर्षण तथा बेसिन/निम्न क्षेत्रों/गर्तों का भराव बहिर्जनिक बलों की क्रियाओं का परिणाम माना जाता हे।

5.1 भू-आकृतिक प्रक्रियाओं का अर्थ

- भू-आकृतिक प्रक्रियाएँ प्राकृतिक तंत्र है, जो अंतर्जनित और बहिर्जनित बलों की सहायता से पृथ्वी की सतह को आकार देते हैं और उसमें परिवर्तन करते हैं।
- सामान्यतः अंतर्जनित बल मूल रूप से भू-आकृति निर्माण करने वाले बल हैं तथा बहिंर्जनिक प्रक्रियाएँ मुख्य रूप से भूमि विघर्षण बल होती हैं।

भू-आकृतिक कारक

- जल, हिम, वायु जैसे बहिर्जनिक तत्त्व धरातल के पदार्थों का अधिग्रहण (Acquire) व परिवहन करने में सक्षम होते हैं। इन बहिर्जनिक तत्त्वों को भू-आकृतिक कारक के नाम से जानते हैं।
- **ढाल प्रवणता**[2] के कारण भू-आकृतिक कारक गतिशील हो जाते हैं तथा पदार्थों को अपरदित कर निचले क्षेत्रों में निक्षेपित कर देते हैं।
- ढाल प्रवणता एक प्रक्रिया बल होता है जो धरातल के पदार्थों को ले जाता है तथा निक्षेपित करता है। इस प्रकार प्रवाह युक्त जल भूमिगत जल हिमानी, हवा, लहरों, धराओं इत्यादि को भू-आकृतिक कारक कहा जाता है।

---

1 **अंतर्जनित बल** पृथ्वी के अंदर उत्पन्न होने वाले दबावों को अंतजाति बल या आंतरिक बल कहते हैं।

2 **ढाल प्रवणता** ढाल के झुकाव की तीव्रता या ढलान की दिशा की ढाल प्रवणता है।

गुरुत्वाकर्षण और ढाल की भूमिका

- गुरुत्वाकर्षण बल ढ़ाल के सहारे सभी गतिशील पदार्थों को सक्रिय करने वाले **दिशात्मक बल** होने के साथ धरातल के पदार्थों पर दबाव भी डालता है।
- सभी संचलन, चाहें वे पृथ्वी के अंदर हों या सतह पर, प्रवणता के कारण ही घटित होते हैं, जैसे ऊँचे स्तर से नीचे स्तर की ओर, तथा उच्च वायु दाब क्षेत्र से निम्न वायु दाब क्षेत्र की ओर।
- गुरुत्वाकर्षण एवं ढाल प्रवणता के अभाव में गतिशीलता संभव नहीं है अत: **अपरदन, परिवहन** एवं **निक्षेपण** भी नहीं होगा।
- समी संचलन चाहे वे पृथ्वाी के अन्दर हो या सतह पर प्रवणता के कारण घटित होते है, जैसे ऊँचे स्तर से नीचे स्तर की ओर तथा उच्च वायु दाब भेज से निम्न वायु दाब क्षेत्र की ओर।

5.2 अंतर्जनित प्रक्रियाएँ

- पृथ्वी के अंदर से निकलने वाली ऊर्जा भू–आकृतिक प्रक्रियाओं के लिए प्रमुख बल स्रोत होती है।
- पृथ्वी के अंदर की ऊर्जा अधिकांशत: **रेडियोधर्मी क्रियाओं**[3] **, घूर्णन**[4] एवं **ज्वारीय घर्षण**[5] तथा पृथ्वी की उत्पत्ति से जुड़ी ऊष्मा द्वारा उत्पन्न होती है।
- **भू-तापीय प्रवणता**[6] एवं अंदर के ऊष्मा प्रवाह, भू-पर्पटी की मोटाई एवं दृढता में अंतर के कारण अंतर्जनित बलों के कार्य समान नहीं होते हैं
- भू-तापीय प्रवणता एवं अंदर से निकले ऊष्मा प्रवाह से प्राप्त ऊर्जा **पटल विरूपण**[7] एवं **ज्वालामुखीयता**[8] को प्रेरित करते हैं।

पटल विरूपण

सभी प्रक्रियाएँ जो भू-पर्पटी को संचालित, उत्थापित तथा निर्मित करती हैं, पटल विरूपण के अंतर्गत आती है। इनमें निम्नलिखित प्रक्रियाएँ सम्मिलित हैं

(i) **तीक्ष्ण वलयन**[9] के माध्यम से पूवर्त: निर्माण तथा भू-पर्पटी की लंबी एंव संकीर्ण पट्टियों को प्रभावित करने वाली पर्वतनी प्रक्रियाएँ-

(ii) धरातल के बड़े भाग के उत्थापन या विकृति में संलग्न महाद्वीपीय रचना संबंधी प्रक्रियाएँ।

(iii) अपेक्षाकृत छोटे स्थानीय संचलन के कारण उत्पन्न भूकंप।

(iv) पर्पटी प्लेट के क्षैतिज संचलन करने में प्लेट विवर्तनिकी की भूमिका।

(v) पर्वतनी, महाद्वीप रचना, भूकंप एवं प्लेट विवर्तनिक की पक्रिया से भू-पर्पटी में भंग तथा विभंग हो सकता है। इस सभी पक्रियाओं के कारक दबाव आयतन तथा तापक्रम में परिवर्तन होता है। जिसक फलस्वरूप शैलों का कायांतरण होता है।

ज्वालामुखीयता

- यह वह प्रक्रिया है, जिसके द्वारा पिघली हुई चट्टानें (मैग्मा) पृथ्वी की सतह की ओर बढ़ती हैं, जिसके परिणामस्वरूप अंतर्वेधी एवं बहिर्वेधी भू-आकृतियों का निर्माण होता है।

चेक प्वॉइंट 1

1. वह कौन-सी शक्ति है, जो हमें पृथ्वी की सतह के संपर्क में रखती है?
2. किस प्रक्रिया में पृथ्वी की पर्पटी के बड़े हिस्से का उत्थान या विरूपण शामिल होता है?
3. सभी संचलन, चाहे वे पृथ्वी के अंदर हों या सतह पर किसके द्वारा घटित होते हैं?
4. शैकायांतरण किस प्रक्रिया के द्वारा प्रेरित होता है?

---

3 **रेडियोधर्मी क्रियाएँ** किसी रेडियोएक्टिव पदार्थ के परमाणुओं से अल्फा, α बीटा β या गामा γ कण या विकरणों का निकलना है।

4 **घूर्णन** जब कोई कठोर पिंड अपने अक्ष के चारों ओर वृत्ताकार गति करता है, तो इसे घूर्णन गति कहते है।

5 **ज्वारीय घर्षण** ज्वारीय ऊर्जा के अपव्यय को संदर्भित करता है।

6 **भू-तापीय प्रवणता** पृथ्वी के अंदर की गहराई बढ़ने के साथ तापमान बढ़ने की दर कहलाती है।

7 **ऊर्जा पटल विरूपण** के अंतर्गत पृथ्वी की पर्पटी में झुकाव, वलन, भ्रंश या विभंग उत्पन्न होने की प्रक्रिया को कहते है।

8 **ज्वालामुखीयता** के अंतर्गत पृथ्वी की सतह पर मौजूद वह दरार या मुख जिससे पृथ्वी के अंदर का गर्म लावा, गैसे, राख आदि बाहर निकलता है।

9 **तीक्ष्ण वलयन** पृथ्वी की पर्पटी पर आंतरिक दबाव से उत्पन्न होता है

5.3 बहिर्जात प्रक्रियाएँ

- बहिर्जनिक प्रक्रियाएँ अपनी ऊर्जा 'सूर्य' द्वारा निर्धारित वायुमंडलीय ऊर्जा एवं अंतर्जनित शक्तियों से नियंत्रित विवर्तनिकी कारकों से उत्पन्न प्रवणता से प्राप्त करती हैं।
- गुरुत्वाकर्षण बल ढालयुक्त सतह वाले धरातल पर कार्यरत रहता है तथा ढाल की दिशा में पदार्थ को संचालित करता है।
- प्रति इकाई क्षेत्र पर अनुप्रयक्त बल को प्रतिबल (stress) कहते है। ठोंस पदार्थ में प्रतिबल धक्का एवं खिचाव से उत्पन्न होता है। इससे विकृति प्ररित होती है।
- धरातल के पदार्थों के सहारे सक्रिय बल अपरूपण प्रतिबल (विलगकारी बल होते है। यही प्रतिबल शैली एवं धरातल के पदार्थों को तोडता है।)
- धरातल के पदार्थों के सहारे सक्रिय बल अपरूपण प्रतिबल होते हैं।
- अपरूपण प्रतिबल का परिणाम **कोणीय विस्थापन**[10] या विसर्पण/फिसलन होता है।
- धरातल के पदार्थ गुरुत्वाकर्षण प्रतिबल के अतरिक्त आण्विक प्रतिबलों से प्रभावित होते हैं, तो इसके कई कारण है—
  (i) तापमान में परिवर्तन, किस्टलन एक पिघलन द्वारा उत्पन्न हैं।
  (ii) आण्विक संचलन (गतिशीलता) प्रतिबलों से भी प्रेरित होते हैं, जो तापमान में परिवर्तन, **क्रिस्टलन**[11] व पिघलन से उत्पन्न होते हैं। उदाहरण के लिए रासायनिक प्रक्रियाएँ सामान्यत: कणों के बीच के बंधन को ढीला करते हैं और विलेय पदार्थों को घुला देते है।

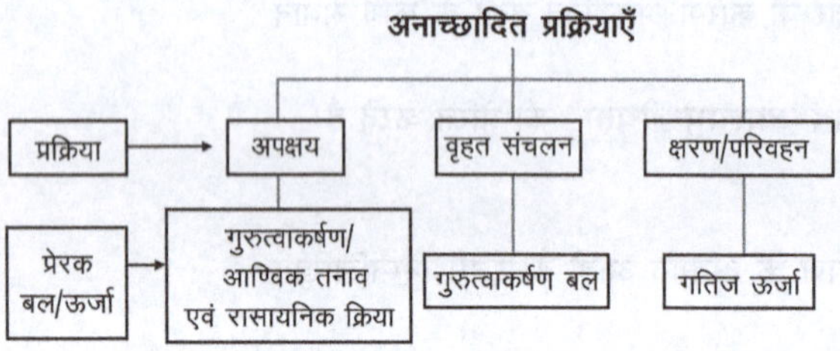

▲ **चित्र** अनाच्छादित प्रक्रियाएँ एवं उनका प्रेरक बल

अनाच्छादन प्रक्रिया

- अनाच्छादन शब्द का अर्थ है निरावृत्त (Strip off) करना या आवरण हटाना। सभी बहिर्जनिक प्रक्रियाओं को एक सामान्य शब्दावली अनाच्छादन के अंतर्गत रखा जा सकता है।
- अपक्षय, वृहत क्षरण, संचलन, अपरदन, परिवहन आदि सभी इसमें सम्मिलित किए जाते हैं। इससे यह स्पष्ट होता है कि प्रत्येक प्रक्रिया के लिए एक विशिष्ट प्रेरक बल या ऊर्जा होती हैं।

बहिर्जनिक प्रक्रियाओं को प्रभावित करने वाले कारक

बहिर्जनिक प्रक्रियाओं को प्रभावित करने वाले कारक निम्नलिखित हैं

1. **मौसम**

- पृथ्वी की संपूर्ण सतह पर जलवायु में भिन्नता है, जिसके परिणामस्वरूप भू-आकृतिक प्रक्रियाओं में भी भिन्नता होती है।
- जलवायु परिवर्तन कई कारकों से प्रभावित होते हैं जो वैश्विक और स्थानीय स्तर के होते हैं। जैसे पृथ्वी के धरातल पर तापीय प्रवणता के कारण भिन्न-भिन्न जलवायु प्रदेश स्थित है, जो अक्षांशीय, मौसमी एवं जल-थल विस्तार में भिन्नता के द्वारा उत्पन्न होते हैं।
- स्थानीय स्तर पर विभिन्न जलवायवी तत्त्वों, जैसे- ऊँचाई में अंतर, दक्षिणमुखी ढालों पर पूर्व एवं पश्चिमीमुखी ढ़ालों की अपेक्षा अधिक सूर्यातप प्राप्ति आदि के कारण भिन्नता पाई जाती है।
- पुनश्च, वायु का वेग एवं दिशा, वर्षण की मात्रा एवं प्रकार व इसकी गहनता, वर्षण एवं वाष्पीकरण में संबंध, हिमकरण एवं पिघलन की आवृत्ति, तापक्रम की दैनिक श्रेणी तथा **तुषार**[12] व्यापन गहराई में अंतर के कारण किसी भी जलवायु प्रदेश के अंदर भू-आकृतिक प्रक्रियाएँ भिन्न-भिन्न होती हैं।

2. **वनस्पति**

- वनस्पति का घनत्व, प्रकार और वितरण अप्रत्यक्ष रूप से बहिर्जात भू-आकृति प्रक्रियाओं को प्रभावित करता है।
- वनस्पति का घनत्व, वितरण और प्रकार किसी स्थान के तापमान और वर्षा पर निर्भर करता है।

3. **चट्टानों के प्रकार एवं संरचना**

- जलवायु कारक एक ही प्रकार के हों, तो बहिर्जनिक भू-आकृतिक प्रक्रियाओं की गहनता शैलों के प्रकार और संरचना पर निर्भर करती है। संरचना के अंतर्गत वलन, संस्तर का **पूर्वाभिमुखीकरण** (Orientation), भ्रंश, जोड़ों की उपस्थिति या अनुपस्थिति,

10 **कोणीय विस्थापन** किसी भौतिक निकाय का कोणीय विस्थापन, घूर्णन कोण, वह कोण है, जिसके माध्यम से निकाय घूर्णन के केंद्र या अक्ष के परित: घूमता है।
11 **किस्टलन** किस्टलीकरण एक प्राकृतिक प्रक्रिया है जो तब होती है, जब पदार्थ तरल अवस्था से ठोस अवस्था में परिवर्तन होता है।
12 **तुषार** हवा में उपस्थित भाप जो ठंड की वजह से जमकर सूक्ष्म जलकणों के रूप में हवा से अलग होकर गिरती है और पदार्थों पर जमती है, उसे तुषार कहते है।

झुकाव, **संस्तरण तल**[13], घटक खनिजों की कठोरता या कोमलता तथा उनकी **रासायनिक संवेदनशीलता**[14], **पारगम्यता**[15] (Permeability) या अपारगम्यता को शामिल किया जाता है।

- अलग-अलग शैलें विभिन्न प्रकार की संरचना के कारण **भू-आकृतिक प्रतिक्रियाओं**[16] के प्रति विभिन्न प्रतिरोध क्षमता को दर्शाती हैं। एक विशेष प्रकार की शैल एक प्रक्रिया के लिए प्रतिरोधपूर्ण और दूसरी प्रक्रिया के लिए प्रतिरोध रहित होती है।
- ये शैलें विभिन्न दरों पर कार्य करती हैं एवं स्थलाकृति में भिन्नता का कारण बन जाती हैं। अधिकतर बहिर्जनिक भू-आकृतिक प्रतिक्रियाओं का प्रभाव थोड़ा और मंद होता है तथा अल्पावधि में **अनवगम्य** (Imperceptible) हो सकता है।

बहिर्जात भू-आकृतिक प्रक्रियाओं के प्रकार

बहिर्जात भू- आकृतिक प्रक्रियाओं के प्रकार निम्नलिखित हैं

अपक्षय

- वायुमंडलीय तत्त्वों द्वारा भूतल के पदार्थों पर की गई क्रिया को **अपक्षय** (Weathering) कहते हैं।
- अपक्षय के अंतर्गत पदार्थों का बहुत कम अथात् न के बराबर संचलन होता है। अत: यह **स्वस्थाने** (In-situ) या **तदस्थाने** (On-situ) प्रक्रिया है।
- अपक्षय प्रक्रियाएँ जटिल भौमिकी, जलवायवीय, स्थलाकृतिक तथा वानस्पतिक कारकों के अनुसार होती हैं। इनमें सबसे महत्त्वपूर्ण कारक जलवायु है। अपक्षय प्रक्रियाओं के अतिरिक्त **अपक्षय मैंटल**[17] की गहराई भी एक जलवायु से दूसरी जलवायु में भिन्न होती है।
- अपक्षय के अंतर्गत मौसम तथा जलवायु के कार्यों को शैलों के यांत्रिक विखंडन और रासायनिक वियोजन/अपघटन अपक्षय के प्रकार (Decomposition) के रूप में परिभाषित किया जाता है।

अपक्षय के विभिन्न प्रकार

रासायनिक अपक्षय प्रक्रियाएँ

- इस प्रक्रिया के अंतर्गत विलयन, **कार्बोनेटीकरण**[18], **जलयोजन**[19], **ऑक्सीकरण**[20] एवं न्यूनीकरण एक समूह के रूप में कार्य करते हैं। ये शैलों के अपघटन, विलयन या न्यूनीकरण का कार्य करते हैं, जोकि रासायनिक क्रिया द्वारा **सूक्ष्म** (Clastic) अवस्था में परिवर्तित हो जाती है।
- चट्टानों का न्यूनीकरण ऑक्सीजन, मृदा जल, धरातलीय जल तथा अन्य अम्लों की प्रक्रियाओं द्वारा होता है। इसमें ऊष्मा के साथ जल तथा वायु (ऑक्सीजन एवं कार्बन-डाइऑक्साइड) उपस्थित होते हैं।
- ये सभी रासायनिक प्रतिक्रियाओं को तीव्र गति प्रदान करने के लिए आवश्यक हैं

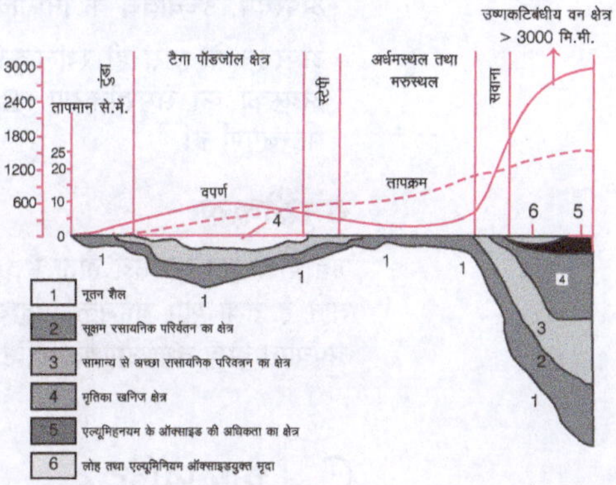

भौतिक या यांत्रिक अपक्षय प्रक्रियाएँ

भौतिक अथवा यांत्रिक अपक्षय प्रक्रियाएँ निम्नलिखित अनुप्रयुक्त बलों पर निर्भर करती हैं

- गुरुत्वाकर्षण बल; जैसे—अत्यधिक ऊपर, भार, **अत्यधिक दबाव**[21] और **अपरूपण प्रतिबल**[22]।
- तापक्रम में परिवर्तन, क्रिस्टल रवों में वृद्धि तथा पशुओं के क्रियाकलापों के परिणामस्वरूप उत्पन्न विस्तारण (Expansion) बल।
- शुष्कन तथा आर्द्रन चक्रों द्वारा नियंत्रित जल का दबाव।

---

13 **संस्तरण तल** वह सतह है, जो एक स्तरित चट्टान की प्रत्येक क्रमिक परत को उसके पूर्ववर्ती स्तर से अलग करती है।

14 **रासायनिक संवेदनशीलता** किसी पदार्थ की रासयनिक प्रक्रिया में भाग लेने की क्षमता है।

15 **पारगम्यता** ये सतहें पानी को मिट्टी धिरसने देती है।

16 **भू-आकृतिक प्रतिक्रियाओं** के अंतर्गत विशेष रूप से नदियाँ, पहाड़ इत्यादि शामिल होते हैं।

17 **अपक्षय मैंटल** पृथ्वी की सतह पर ढीली, टूटी हुई सामग्री की परत है, जो मौसम के परिणामस्वरूप बनती है।

18 **कार्बोनेटीकरण** किसी पदार्थ में कार्बन डाई-आक्साइड मिलाने की प्रक्रिया को कहते हैं।

19 **जलयोजन** में खनिजों के रासायनिक बंधन पानी के साथ क्रिया करते समय आवेशित हो जाते हैं।

20 **ऑक्सीकरण** किसी तत्त्व या यौगिक से ऑक्सीजन का संयोजन या किसी यौगिक से हाइड्रोजन के निष्कासन की प्रक्रिया है।

21 **अत्याधिक दबाव** पृथ्वी के नीचे एक विशिष्ट गहराई पर सामग्री की ऊपरी परतों के भार के कारण होने वाले दबाव को दर्शाता है।

22 **अपरूपण प्रतिबल** किसी सतह के प्रति इकाई क्षेत्र में समानांतर के समान्तर बल को कहते हैं।

- इनमें से अनेक बल धरातल तथा विभिन्न प्रकार के धरातलीय पदार्थों के भीतर अनुप्रयुक्त होते हैं, जिसके परिणामस्वरूप शैलों का विखंडन या **विभंग**[23] (Fracture) होता है।
- तापीय विस्तारण तथा दबाव के **निर्मुक्त** (Release) होने से भौतिक अपक्षय प्रक्रियाएँ होती हैं। ये लघु एवं मंद प्रक्रियाएँ होती हैं। कई बार संकुचन एवं विस्तारण से शैलों में सतत श्रांति (Fatigue) होती है तथा चट्टानों (शैलों) को हानि पहुँचती है।

जैविक कार्य एवं अपक्षय

- जैविक अपक्षय जीवों की वृद्धि अथवा संचलन से उत्पन्न अपक्षय-वातावरण तथा भौतिक परिवर्तन से खनिजों और आयन (Ions) के स्थानांतरण में योगदान देते हैं। चूहों, कृंतकों, केंचुओं और दीमकों द्वारा **बिल खोदने**[24] तथा वेजिंग (**फान**[25]) से नवीन सतहों (Surfaces) का निर्माण होता हैं। इससे रासायनिक प्रक्रिया हेतु **अनावृत्त** (Expose) सतह में नमी तथा वायु के वेधन में सहायता मिलती है।
- मानव से संबंधित क्रिया-कलाप भी धरातलीय पदार्थों में वायु, जल तथा खनिजों के मिश्रण एवं उनमें नए संपर्क स्थापित करने में सहायक होते हैं; जैसे—खेत जोतना तथा मिट्टी में कृषि करना। पौधों तथा पशुओं के सड़ने से ह्यूमिक, कार्बनिक एवं अन्य अम्ल जैसे तत्त्वों के उत्पादन में सहायता मिलती है, जिसके कारण कुछ तत्त्वों का सड़ना, क्षरण व घुलन बढ़ जाता है।
- पौधों की जड़ों द्वारा भी धरातल के पदार्थों पर दबाव डाला जाता है और उन्हें यांत्रिक ढंग (Mechanically) से तोड़कर अलग-अलग कर दिया जाता है।

अपशल्कन अपशल्कन एक परिणाम है प्रक्रिया नहीं शैल का आधार शैल के ऊपर से मोटे तौर पर घुमावदार चादर के रूप में उत्खंडित या पत्रकन होते हैं। जिसके परिणाम स्वरूप चिकनी एवं गोल सतह का निर्माण होता है।

- अपशल्कन (Exfoliation) मुख्यत: दो कारणों से होता है
- अपशल्कन की घटना **अभारितकरण** (Unloading) तथा तापक्रम परिवर्तन से प्रेरित फैलाव व संकुचन के परिणामस्वरूप होती है।
- **अपशल्कित गुंबद**[26] तथा **टॉर्स**[27] का निर्माण क्रमश: अभारितकरण तथा **तापीय संकुचन** (Thermal Contraction) से होता है।

अपक्षय का महत्त्व

- अपक्षय प्रक्रिया द्वारा शैल छोटे-छोटे टुकड़ों में विघटित हो जाती है। इससे आवरण प्रस्तर तथा मृदा निर्माण के मार्ग प्रशस्त होते हैं। अपक्षय अपरदन तथा वृहत संचलन (Mass Movement) के लिए भी ये उत्तरदायी होते हैं।
- जैव मात्रा और जैव-विविधता मुख्यत: वनों की देन है तथा वन, अपक्षयी प्रावार (Weathering Mantle) की गहराई पर निर्भर करता है। यदि शैलों का अपक्षय नहीं हो, तो अपरदन का कोई महत्त्व नहीं होता। इसका तात्पर्य यह है कि अपक्षय **वृहतक्षरण**[28], अपरदन, उच्चावच के निम्नीकरण में सहायक होता है।
- अपरदन के द्वारा ही स्थलाकृतियों का निर्माण होता है। शैलों के अपक्षय और निक्षेपण से लोहा, मैंगनीज, एल्युमीनियम, ताँबे के अयस्कों का समृद्धीकरण (Enrichment) तथा **संकेंद्रण** (Concentration) होता है, जो राष्ट्रीय अर्थव्यवस्था के लिए अति महत्त्वपूर्ण है।

समृद्धीकरण

जब शैलों का अपक्षय होता है, तो कुछ पदार्थ भूमिगत जल द्वारा रासायनिक एवं भौतिक निक्षालन के माध्यम से स्थानांतरित हो जाते हैं तथा शेष बहुमूल्य पदार्थों का संकेंद्रण हो जाता है। इस प्रकार के अपक्षय के हुए बिना बहुमूल्य पदार्थों का संकेंद्रण अपर्याप्त होगा तथा आर्थिक दृष्टि से उनका दोहन प्रक्रमण एवं शोधन के लिए व्यवहार्य नहीं होगा। इसी को समृद्धीकरण कहते हैं।

चेक प्वॉइंट 2

1. प्रति इकाई क्षेत्र पर अनुप्रयुक्त बल को क्या कहते हैं?
2. भौतिक अपक्षय का प्रमुख कारण क्या है?
3. जैविक अपक्षय के एक कारक का नाम बताए

23 **विभंग** इसमें कई बल धरातल एवं विभिन्न धरतल पदार्थों के अंदर अनुप्रयुक्त होती है, जिसके परिणामस्वरूप शैलो में विभंग उत्पन्न होता है।
24 **बिल खोदना** जमीन में होलियाँ बनाना।
25 **वेजिंग** वह प्रक्रिया है, जिसके द्वारा पानी जमने और फैलने के कारण चट्टानें टूट जाती हैं।
26 **अपशल्कित गुंबद** ये बड़े, चिकने गोल गुंत्वद होते हैं।
27 **टॉर्स** चिकनी सतह वाले छोटे से बड़े बोल्डर होते हैं।
28 **वृहतक्षरण** गुरुत्वाकर्षण के प्रभाव में ढलान के नीचे मिट्टी, चट्टान और अन्य सामग्रियों की गति को संदर्भित करता है।

5.4 वृहत संचलन

- गुरुत्वाकर्षण प्रभाव के फलस्वरूप ढ़ालों के सहारे शैलों के वृहत मलवा का स्थानांतरण अथवा संचालन वृहत् संचलन कहलाता है। आधार शैलों व अपक्षय से उत्पन्न सभी पदार्थों पर गुरुत्वाकर्षण बल अपना प्रभाव डालता है।
- वृहत संचलन में गति मंद से तीव्र होती है। इसके परिणाम स्वरूप: पदार्थों के छिछले एवं गहरे स्तंभ प्रभावित होते हैं, जिसके अंतर्गत विक्षेपण, स्खलन, बहाव एवं पतन (Fall) को सम्मिलित किया जाता है। आधार शैलों व अपक्षय से उत्पन्न सभी पदार्थों पर गुरुत्वाकर्षण बल अपना प्रभाव डालता है। यद्यपि वृहत संचलन के लिए अपक्षय अनिवार्य नहीं है, परंतु यह इसे बढ़ावा देता है। वृहत संचलन अपक्षयित ढालों पर अपक्षयित पदार्थों की अपेक्षा बहुत अधिक सक्रिय रहता है।
- वृहत संचलन में गुरुत्वाकर्षण बल सहायक होता है तथा कोई भी भू-आकृतिक कारक (प्रवाहित जल, हिमानी, वायु, लहरें व धारा) वृहत संचलन की प्रक्रिया में सीधे रूप से सम्मिलित नहीं होते हैं। इसका यह अर्थ है कि वृहत संचलन अपरदन के अंदर नहीं आता है तथा पदार्थों का संचलन गुरुत्वाकर्षण के द्वारा एक स्थान से दूसरे स्थान पर होता रहता है।
- वृहत संचलन में असंबद्ध कमजोर पदार्थ, **छिछले संस्तर**[29] वाली शैलें, भ्रंश, तीव्रता से झुके हुए संस्तर, खड़े भृगु या तीव्र ढाल, पर्याप्त वर्षा, मूसलाधार वर्षा तथा वनस्पति का अभाव इत्यादि सहायक होते हैं।
- संचालन के तीन रूप होते है- अनुप्रस्थ विस्थापन (तुषार वृद्धि या अन्य कारणों से मृदा का अनुप्रस्थ विस्थापन), प्रवाह एवं स्खलन है।

वृहत संचलन की क्रिया के लिए प्रमुख कारक

वृहत संचलन की सक्रियता के प्रमुख कारक निम्नलिखित हैं

- प्राकृतिक तथा कृत्रिम साधनों के माध्यम से ऊपर के पदार्थों के टिकने के आधार का हटना।
- ढालों की प्रवणता व ऊँचाई में वृद्धि।
- पदार्थों के प्राकृतिक या कृत्रिम भराव से उत्पन्न अतिभार।
- अधिक वर्षा, **संतृप्ति** (Saturation) तथा ढाल के पदार्थों के **स्नेहन**[30] (Lubrication) से उत्पन्न अतिभार।
- मूल ढाल की धरातल पर से पदार्थ अथवा भार का हटना।
- भूकंप आना।
- विस्फोट अथवा मशीनों का कंपन (Vibration)।
- अत्यधिक प्राकृतिक रिसाव।
- नदियों, झीलों तथा जलाशयों से अधिक मात्रा में जल के निष्कासन से ढालों तथा नदी तटों के नीचे से जल का मंद गति से प्रवाह।
- प्राकृतिक वन का विनाश।

भूस्खलन

भूस्खलन (Landslides) तुलनात्मक रूप से तीव्र एवं अवगम्य संचलन है। भूस्खलन में स्खलित होने वाले पदार्थ अपेक्षाकृत शुष्क होते हैं। भूस्खलन असंग्लन वृहत का आकार, शैलों की आकृति एवं उसकी अनिरंतरता की प्रकृति, क्षरण का अंश तथा ढाल की तीव्रता पर निर्भर करते हैं। प्राय: पर्वतीय प्रदेशों में भूस्खलन होते रहते हैं। पदार्थों के संचलन के प्रकार के आधार पर भूस्खलन को कई प्रकारों में विभाजित करते हैं, जो निम्नलिखित हैं

(i) **ढाल** इसके संदर्भ में पश्च-आवर्तन (Backward Rotation) के साथ इसके शैल-मलबे की एक या कई इकाइयों के फिसलने को अवसर्पण (Debris Slide) कहते हैं।

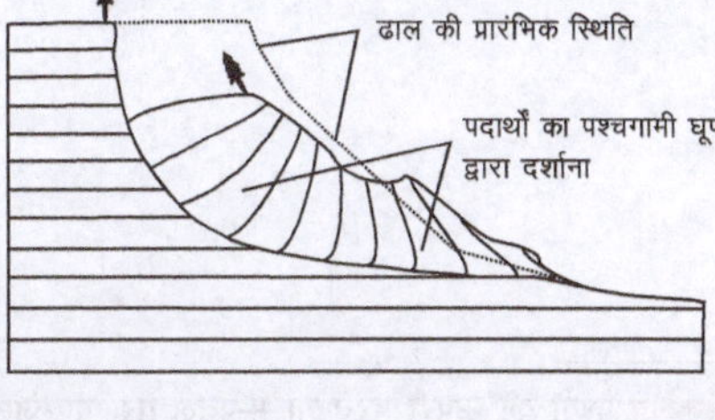

(ii) **मलबा स्खलन** मलबा का तीव्र लोटन या स्खलन बिना पृथ्वी के पिंड के पश्च-आवर्तन के घटित होता है, तो उसे मलबा स्खलन कहते हैं। इसमें खड़े (Vertical) या प्रलंबी फलक (Face) से मिट्टी मलबा का प्राय: स्वतंत्र पतन होता है।

---

29 **छिछले संस्तर** में मृदा की भौतिक विशेषताएँ, क्रमिक रूप से अलग होती है।

30 **स्नेहन** किसी कार्य को सरल बनाने के लिए तैलीय एवं चिकने पदार्थों का प्रयोग करना।

(iii) **शैल स्खलन**[31] जब संस्तर जोड़ या **भ्रंश**[32] के नीचे पृथक् रूप में वृहत शैल स्खलन होता है, तो उसे शैल स्खलन कहते हैं। तीव्र ढालों पर इसका प्रभाव बहुत तीव्र एवं विध्वंसक होता है। यह तीव्र गति से संस्तरण तल पर अनिरंतरताओं के सहारे एक समतलीय पात के रूप में घटित होता है।

(iv) **शैल पतन**[33] जब किसी तीव्र ढाल के सहारे शैल खंड ढाल से दूरी रखते हुए स्वतंत्र रूप में गिरता है, तो उसे शैल पतन कहते हैं। शैल पतन शैलों के फलक के उथले संस्तर से होता है, जो इसे शैल स्खलन से पृथक् करता है।

भारत के विभिन्न क्षेत्रों में भूस्खलन और मलबें के हिमस्खलन के लिए जिम्मेदार कारक

- भारत में मलबा अवधाव व भूस्खलन प्रायः हिमालय में होते हैं।
- हिमालय में भूस्खलन और मलबा अवधाव के लिए उत्तरदायी कारक निम्न हैं

▲ भारत-नेपाल सीमा, उत्तर प्रदेश नदी के निकट शिवालिक हिमालय शृंखलाओं में भूस्खलन

(i) हिमालय विवर्तनिक रूप से सक्रिय है।
(ii) यह ज्यादातर परतदार चट्टानों और असंघटित और अर्द्ध-संघटित पदार्थों से बना हुआ है।
(iii) इसका ढलान बहुत तीव्र है।

- हालाँकि पश्चिमी घाट अपेक्षाकृत विवर्तनिक रूप से अधिक स्थायी है और बहुत कठोर चट्टानों से बना है। इस क्षेत्र में मलबा अवधाव व भूस्खलन होता रहता है, लेकिन यहाँ हिमालय की अपेक्षा कम होता है। इसके लिए उत्तरदायी कारक निम्न हैं

(i) पश्चिमी घाट और नीलगिरि में ढाल **खड़े भृगु**[34] एवं कगार के साथ तीव्र हैं।
(ii) तापमान में परिवर्तन और ताप परिसर के कारण यांत्रिक अपक्षय सुस्पष्ट होता है।
(iii) इस क्षेत्र में छोटी अवधि में अधिक मात्रा में वर्षा होती है।

- अतः इन स्थानों पर भूस्खलन और मलबा **अवधाव**[35] के साथ-साथ प्रायः सीधे शैल पतन होता है।

अपरदन एवं निक्षेपण

- अपरदन और निक्षेपण प्राकृतिक प्रक्रियाएँ हैं, जो समय के साथ पृथ्वी की सतह को परिवर्तित कर देती है।

अपरदन

- अपरदन (Erosion) में शैलों के मलबे की अवाप्ति तथा उनके परिवहन को शामिल किया जाता हैं। अपक्षय एवं अन्य क्रियाओं द्वारा जब **पिंडाकार शैलें**[36] छोटे-छोटे टुकड़ों में विभक्त होती हैं, तब अपरदन के कारकों; जैसे—प्रवाहित एवं भौम जल, हिमानी, वायु, लहरों एवं धाराएँओं द्वारा स्थानांतरित किया जाता है।
- स्थानांतरण की यह गति कारकों के गत्यात्मक स्वरूप पर निर्भर करती है। चट्टानी मलबे द्वारा अपघर्षण भी अपरदन में महत्त्वपूर्ण योगदान देता है।
- अपरदन से उच्चावच का निम्नीकरण होता है। वृहत क्षरण, अपक्षय तथा अपरदन निम्नीकरण की प्रक्रियाएँ हैं। वृहत संचलन तथा अपरदन में अंतर है।
- **वृहत संचलन**[37] के अंतर्गत शुष्क और आर्द्र दोनों प्रकार का मलबा गुरुत्वाकर्षण के प्रभाव से स्वयं आधार तल पर आ जाता है, परंतु प्रवाहशील जल, हिमानी, लहरें, धाराएँ एवं वायु द्वारा निलंबित मलबा नहीं ढोया जाता है। वस्तुतः अपरदन द्वारा ही धरातल में अनवरत परिवर्तन होता है।
- अपरदन तथा परिवहन अनाच्छादन प्रक्रियाएँ हैं, जो गतिज ऊर्जा द्वारा नियंत्रित होती हैं।

---

31 **शैल स्खलन** पृथ्वी की ऊपरी परत या भू-पटल पर पाए जाने वाले पदार्थों को कहते है।
32 **भ्रंश** तनावमूलक संचलन तीव्रता के कारण जब भूपटल में एक तल के सहारे चट्टानों का स्थानांतरण हो जाता है, तो उत्पन्न संरचना को भ्रंश कहते हैं।
33 **शैल पतन** से तात्पर्य पृथ्वी की पर्पटी पर शैलों के विखंडन से है।
34 **खड़े भृगु** सामान्यतः समुद्र के किनारे समुद्री अपरदन के कारण निर्मित कठोर चट्टान की एक दीवार जैसी संरचना होती है।
35 **मलवा अवधाव** एक तेजी से बढ़ने वाली तबाही है, जो आर्द्र क्षेत्रों में या वनस्पति आवरण के बिना होती है।
36 **पिंडाकार शैलें** ये चट्टानें एक-दूसरे पर एकत्रित होकर पिंडनुमा आकृति का रूप लेता है।
37 **वृहद् संचलन** शैलों के बड़े मलबे का गुरुत्वाकर्षण के कारण ढ़ाल के अनुरूप स्थानांतरित होना है।

निक्षेपण

- निक्षेपण (Deposition) अपरदन का परिणाम है। मंद ढाल के कारण अपरदन के कारकों के वेग में कमी आने के कारण अवसादों का निक्षेपण शुरू हो जाता है।
- पहले स्थूल तथा बाद में सूक्ष्म पदार्थ **निक्षेपित** (Deposited) होते हैं, जिसके परिणामस्वरूप निम्न भू-भाग भर जाते हैं तथा अपरदन के कारक; जैसे—प्रवाहयुक्त जल, हिमानी, वायु, लहरें, धाराएँ एवं भूमिगत जल निक्षेपण कारक के रूप में कार्य करने लगते हैं।

चेक प्वॉइंट 3

1. संचलन के कितने रूप होते हैं?
2. भूस्खलन में स्खलित होने वाले पदार्थ अपेक्षाकृत कैसे होते हैं?
3. भारत में मलबा अवधाव व भूस्खलन प्रायः कहाँ होते हैं?
4. अपरदन तथा परिवहन अनाच्छादित प्रक्रियाएँ हैं, में किसके द्वारा नियंत्रित होती हैं?

5.5 मृदा निर्माण

- मृदा वैज्ञानिकों के अनुसार मृदा धरातल पर प्राकृतिक तत्त्वों का समुच्चय है, जिसमें जीवित और मृत पदार्थ शामिल होते हैं। इसमें पौधों को पोषित करने की क्षमता होती है।
- मृदा में बहुत-सी रासायनिक, भौतिक तथा जैविक क्रियाएँ निरंतर चलती रहती हैं। मृदा अपक्षय अपकर्ष का परिणाम होता है।
- मृदा परिवर्तनशील तथा विकासोन्मुख तत्त्व है। यह वृद्धि का भी माध्यम होता है। मृदा की विशेषताएं मौसम के साथ परिवर्तित होती रहती हैं। ये ठंडी, गर्म या शुष्क तथा आर्द्र हो सकती हैं।
- यदि मृदा अत्यधिक ठंडी या अत्यधिक शुष्क होती है, तो जैविक क्रिया धीमी या बंद हो जाती है। यदि इसमें पत्तियाँ गिरती हैं या घासें सूख जाती हैं, तो जैव पदार्थ बढ़ जाते हैं।
- पेडोलॉजी मृदा के अध्ययन से संबंधित विज्ञान है। मिट्टी का अध्ययन करने वाले वैज्ञानिक को पेडोलॉजिस्ट कहा जाता है

मृदा निर्माण की प्रक्रियाएँ

- मृदा निर्माण या **मृदाजनन** (Pedogenesis) की प्रक्रिया अपक्षय पर निर्भर करती है। अपक्षयित प्रावार अथवा लाए गए पदार्थों के निक्षेप, बैक्टीरिया या काई तथा लाइकेन जैसे सूक्ष्म पौधों द्वारा उपनिवेशित किए जाते हैं।
- प्रावार एवं निक्षेप के अंदर कई गौण जीव आश्रय प्राप्त करते हैं। जीव व पौधों के मृत अवशेष **ह्यूमस**[38] के एकत्रीकरण में सहायक होते हैं।
- पौधों की जड़ें भूमि के अंदर तक चली जाती हैं। बिल बनाने वाले जानवरों द्वारा कणों (Particles) को सतह पर लाया जाता है, इससे पदार्थों के पुंज छिद्रमय तथा स्पंज की तरह कार्य करने लगते हैं।
- इस प्रकार मृदा में जल-धारण करने की क्षमता तथा वायु के प्रवेश करने की क्षमता विकसित हो जाती है, जिसके परिणामस्वरूप परिपक्व खनिज तथा जीव-उत्पाद युक्त मृदा का निर्माण होता है।

मृदा निर्माण को प्रभावित करने वाले कारक

मृदा निर्माण को प्रभावित करने वाले पाँच प्रमुख कारक निम्न हैं

1. मूल पदार्थ / शैल

- मृदा निर्माण में मूल शैल (Parent Material) की भूमिका निष्क्रिय नियंत्रक कारक की होती है। मूल शैल स्वस्थाने अथवा निक्षेप (परिवहनकृत मृदा) अथवा अपने स्थान पर अपक्षयित शैल मलबा हो सकती है।
- मृदा का निर्माण, गठन, संरचना एवं शैल निक्षेप के खनिज व रासायनिक संयोजन पर आधारित होता है।
- मूल पदार्थ में अपक्षय की प्रकृति तथा उसकी दर एवं आवरण की गहराई एवं मोटाई के प्रमुख तत्त्व होते हैं।

38 **ह्यूमस** मिट्टी में पाया जाने वाला एक कार्बनिक पदार्थ है, यह पौधों और जानवरों के सड़ने से बनता है।

- एक समान आधार की शैलों पर मृदा में अंतर हो सकता है तथा असमान आधार पर समान मृदाएँ मिल सकती हैं।
- मृदा जब बहुत नूतन व पर्याप्त परिपक्व नहीं होती है, तो मृदा व मूल शैल के प्रकार में घनिष्ठ संबंध होता है।
- **कुछ चूना क्षेत्रों**[39] (Limestone Areas) में जहाँ अपक्षय प्रक्रियाएँ विशेष प्रकार की होती हैं, वहाँ मृदा तथा मूल शैलों में स्पष्ट संबंध होता है।

2. स्थलाकृति/उच्चावच

- स्थलाकृति (Topography) भी मृदा निर्माण के लिए एक दूसरा निष्क्रिय नियंत्रक कारक है। सूर्य की किरणें स्थलाकृतियों पर मूल पदार्थों के आच्छादन या अनावृत्ति को प्रभावित करती हैं तथा ये धरातलीय एवं उप-सतही अप्रवाह की प्रक्रिया को भी प्रभावित करती हैं।
- तीव्र ढालों पर मृदा की परत पतली होती है, जबकि सपाट उच्च क्षेत्रों में गहरी/मोटी परत होती है।
- मंद ढालों पर अपरदन मंद एवं जल का **परिश्रवण**[40] (Percolation) निकासी अनुकूल रहता है, जिससे मंद ढालों पर मृदा निर्माण अनुकूल होता है।
- समतल/सपाट क्षेत्रों में चीका मृदा की मोटी परत विकसित हो जाती है। यहाँ पर जैव पदार्थ के एकत्रीकरण के कारण मृदा का रंग गहरा (काला) हो सकता है।

3. जलवायु

- मृदा निर्माण में **जलवायु** की महत्त्वपूर्ण भूमिका होती है। जलवायविक तत्त्व, जो मृदा निर्माण में महत्त्वपूर्ण होते हैं;
  (i) प्रवणता वर्षा एवं वाष्पीकरण की बारंबारता व अवधि तथा आर्द्रता
  (ii) तापक्रम में मौसमी एवं दैनिक भिन्नता

(i) प्रवणता वर्षा एवं वाष्पीकरण की बारंबारता व अवधि तथा आर्द्रता

- इसमें वर्षा की तीव्रता, आवृत्ति और अवधि शामिल होती हैं।
- वर्षा मिट्टी को नमी प्रदान करती है, जो रासायनिक और जैविक गतिविधियों में मदद करती है।
- पानी ऊपरी परतों से मिट्टी के कणों को ले जाता है और उन कणों को निचली परतों में जमा करता है।
- भारी वर्षा वाले क्षेत्रों में, कैल्शियम, मैग्नीशियम, सोडियम, पोटेशियम और सिलिकेट के प्रमुख भाग हटा दिए जाते हैं। इस हटाने की प्रक्रिया को डिसिलिकेशन कहा जाता है।
- शुष्क जलवायु में, वाष्पीकरण वर्षा से अधिक होता है। भूजल **कोशिका क्रिया**[41] द्वारा सतह पर आता है और इस प्रक्रिया में पानी वाष्पित हो जाता है और नमक पीछे रह जाता हैं। ऐसे लवण मिट्टी में एक परत बनाते हैं, जिसे **हार्डपैन** कहा जाता है।
- उष्णकटिबंधीय क्षेत्र में जहाँ मध्यम मात्रा में वर्षा होती है, वहाँ कैल्शियम कार्बोनेट नोड्यूल (कैंकर) का निर्माण होता है।

(ii) तापक्रम में मौसमी एवं दैनिक भिन्नता

- तापमान में मौसमी और दैनिक बदलाव शामिल होते हैं।
- रासायनिक और जैविक गतिविधि की दर तापमान के साथ बदलती है। उच्च तापमान में, रासायनिक गतिविधि की दर बढ़ जाती है, जबकि निम्न तापमान मान में दर कम हो जाती हैं य रूक जाती है।
- उष्म कटिबंधीय क्षेत्रों में, मिट्टी की रूपरेखा गहरी होती है और टुंड्रा (ठंडे) क्षेत्र में तापमान के अंतर के कारण मिट्टी खराब रूप से विकसित होती है।

(iii) जैविक क्रियाएँ

जैविक क्रियाएँ, मृदा निर्माण में महत्त्वपूर्ण भूमिका का निर्वहन करती है।

4. पौधे

- मिट्टी को ह्यूमस या नमी मृत पौधों के माध्यम से सूक्ष्म जीवों द्वारा प्राप्त होती है। ये मिट्टी की संरचना और गुणवत्ता को बढ़ाते हैं।
- कुछ जैविक अम्ल, जो ह्यूमस बनने की अवधि में निर्मित होते हैं, मृदा के मूल पदार्थों के खनिजों के **विनियोजन**[42] में सहायता करते हैं।

---

39 **चूना पत्थर** एक अवसादी चट्टान है, जो मुख्य रूप से कैल्शियम कार्बोनेट के विभिन्न क्रिस्टलरूपों से मिलकर बने होते है।
40 **परिश्रवण** किसी द्रव पदार्थ के बहुत छोटे, छिद्रों वाले पदार्थ के माध्यम से धीरे-धीरे आगे बढ़ने की प्रक्रिया परिश्रवण कहलाती है।
41 **केशिका क्रिया** केशिका क्रिया जिसे आमतौर पर केशिका प्रभाव या गति के रूप में जाना जाता है। यह बाहरी बलों जैसे गुरुत्वाकर्षण के बिना संकीर्ण स्थान में रहता है।
42 **विनियोजन** उद्देश्य तथा लक्ष्यों का निर्धारण तथा उन्हें प्राप्त करने की कार्य योजना।

- चींटी, दीमक, केंचुए, कृंतक आदि कीटों का महत्त्व अभियांत्रिकी-सा होता है, परंतु ये मृदा निर्माण में महत्त्वपूर्ण भूमिका निभाते हैं।
- बैक्टीरिया एवं मृदा के जीव हवा से नाइट्रोजन प्राप्त कर उसे रासायनिक रूप में परिवर्तित कर देते है। जिनका उपयोग पौधों द्वारा किया जाता है।
- कुछ जैविक अम्ल, जो ह्यूमस बनने की अवधि में निर्मित होते हैं, मृदा के मूल पदार्थों के खनिजों के विनियोजन में सहायता करते हैं। सूक्ष्म जीवों (बैक्टीरियल कार्य) की गहनता ठंडी तथा गर्म जलवायु की मृदाओं में भिन्नता को दर्शाती है। ठंडी जलवायु में **बैक्टीरियल वृद्धि**[43] मंद होती है, जिसके कारण इन क्षेत्रों में ह्यूमस एकत्र हो जाते हैं।
- उष्ण, आर्द्र तथा भूमध्यरेखीय जलवायु क्षेत्रों में ह्यूमस की मात्रा कम रह जाती है, क्योंकि इन क्षेत्रों में बैक्टीरियल वृद्धि तथा क्रियाएँ सघन होती हैं व मृत वनस्पतियाँ तीव्रता के साथ ऑक्सीकृत हो जाती हैं।
- राइजोबियम, एक प्रकार के बैक्टीरिया जंतुवाले पौधों के जड़ ग्रंथिका में रहता है और मेजबान पौधों के लिए लाभकारी नाइट्रोजन का निर्धारण करता है।

5. कालावधि (समय)

- कालावधि मृदा निर्माण का तीसरा महत्त्वपूर्ण कारक है। मृदा की परिपक्वता एवं **पार्श्विका** (Profile) विकास का निर्धारण उसकी निर्माण प्रक्रियाओं के प्रचलन में लगने वाली काल की अवधि के आधार पर होता है।
- मृदा तब परिपक्व मानी जाती है, जब मृदा निर्माण की पूरी प्रक्रियाएँ लंबे समय तक पार्श्विका विकास करते हुए कार्य करती रहती हैं।
- संपूर्ण परिप्रेक्ष्य में मिट्टी के विकास या उसकी परिपक्वता के लिए कोई विशिष्ट कालावधि नहीं है।

चेक प्वॉइंट 4

1. मिट्टी में कार्बनिक पदार्थ की वृद्धि का क्या कारण है?
2. किस स्थलाकृति में मिट्टी अधिक मोटी होती है?
3. ठंडी जलवायु में धीमी जीवाणु गतिविधि के कारण, मिट्टी में क्या जमा होता है?
4. अपक्षयित पदार्थ या परिवहन के बाद जमा किए गए पदार्थों में कौन-सा जीव सबसे पहले बसता है?

---

43 बैक्टीरियल वृद्धि यह मिट्टी का शीर्ष जैविक आवरण, जो आंशिक रूप से विघटित कार्बनिक पदार्थों से बना होता है।

Mind Map

भू-आकृतिक प्रक्रियाएँ

1 अंतर्जनित प्रक्रियाएँ

- पृथ्वी के अंदर से निकलने वाली ऊर्जा भू-आकृतिक प्रक्रियाओं के लिए प्रमुख बल स्रोत होती है; जैसे– पटल विरूपण और ज्वालामुखी क्रियाएँ।
- **पटल विरूपण** ये सभी प्रक्रियाएँ, जो पृथ्वी की सतह को ऊपर उठाने व नवीन संरचना निर्मित करने में सहायता करती हैं।
- **ज्वालामुखीयता** पृथ्वी के भीतर मौजूद मैग्मा का सतह की ओर बढ़ना या बाहर आना है।

अपक्षय

- चट्टानों का विखंडन या टूटना यांत्रिक और रासायनिक प्रक्रियाओं द्वारा होता है।

अपक्षय के प्रकार

- **रासायनिक अपक्षय** इसमें विलयन कार्बोनेटीकरण, जलयोजन, ऑक्सीकरण तथा न्यूनीकरण जैसी प्रक्रियाएँ शामिल हैं।
- **भौतिक अपक्षय** इसमें अपरूपण प्रतिबल, तापक्रम में परिवर्तन, क्रिस्टल रवों में वृद्धि एवं पशुओं के क्रियाकलापों के कारण उत्पन्न विस्तारण बल जैसी प्रक्रियाएँ शामिल हैं।
- **जैविक अपक्षय** जीवों की वृद्धि या संचलन से उत्पन्न अपक्षय वातावरण एवं भौतिक परिवर्तन से खनिजों एवं आयन के स्थानांतरण की दिशा में एक योगदान है।

2 बहिर्जनिक प्रक्रियाएँ

ये सूर्य की ऊर्जा और गुरुत्वाकर्षण बल द्वारा संचालित होती हैं।

निक्षेपण

- विभिन्न कारकों द्वारा टूटी चट्टानों को हटाना और उनका परिवहन करना।
- हवा, जल प्रवाह, ग्लेशियर, भूमिगत जल तथा तरंगें आदि भौगोलिक कारकों द्वारा निक्षेपण क्रिया होती है।

वृहत् संचलन

इसमें शैलों का वृहत् मलबा गुरुत्वाकर्षण के सीधे प्रभाव के कारण ढाल के अनुरूप स्थानांतरित होता है।

- **भूस्खलन** अपेक्षाकृत तीव्र एवं अवगम्य संचलन है। इसमें स्खलित होने वाले पदार्थ अपेक्षाकृत शुष्क होते हैं।
- **भूस्खलन के प्रकार**

स्लंप, मलबा का तीव्र लोटन, शैल स्खलन

अपरदन

- विखंडित चट्टानों का हटना और परिवहन विभिन्न कारकों द्वारा किया जाता है।
- भू-आकृतिक कारकों में हवा, पानी, हिमनद, भू-जल और समुद्री तरंगें मुख्य कारक होते हैं।

3 मृदा निर्माण

मृदा निर्माण को प्रभावित करने वाले कारक

- मूल पदार्थ (शैलें) इसमें चट्टानों की बनावट संरचना और रासायनिक संरचना शामिल है।
- स्थलाकृति जैसे ढलान और ऊँचाई।
- जैविक क्रियाएँ; जैसे- पौधों व जानवरों के अवशेष, जीवाणु आदि।
- समय की अवधि मृदा की परिपक्वता को निर्धारित करती है।
- जलवायु जैसे आर्द्रता और तापमान का प्रभाव।

मृदा निर्माण की प्रक्रियाएँ

- चट्टानों के अपक्षय से मृदा निर्माण के प्रारंभिक मूल पदार्थ बनते है।
- अपक्षय के बाद पौधों और जीवों के अपघटन से ह्यूमस बनता है।
- एक परिपक्व मृदा का निर्माण होता है, जिसमें खनिज और जैविक तत्त्वों का मिश्रण होता है।

NCERT फोल्डर

अध्याय के मध्य में दिए गए प्रश्न

1. धरातल, असमतल क्यों है?

उत्तर धरातल, असमतल होने के कई कारण हैं, जो आंतरिक और बाह्य भू-वैज्ञानिक प्रक्रिया के कारण होता है। इसमें आंतरिक प्रक्रियाओं के अंतर्गत प्लेट टेक्टोनिक्स, ज्वालामुखी गतिविधियाँ शामिल, होने के साथ ही अपक्षय, अपरदन जैसी बाह्य प्रक्रियाएँ भी धरातल के निर्माण में सहायक होती हैं। इन प्रक्रियाओं के कारण ही पर्वत, घाटियों, पठार तथा विविधीकृत मैदानों का निर्माण होता है।

2. क्या आप समझते हैं कि भू-आकृतिक कारकों एवं भू-आकृतिक प्रक्रियाओं में अंतर करना आवश्यक है?

उत्तर हाँ, भू-आकृति कारकों एवं भू-आकृतिक प्रक्रियाओं में अंतर करना आवश्यक है।

- **भू-आकृतिक कारक** प्रकृति के किसी भी बहिर्जनिक तत्त्व (जैसे- जल, हिम, वायु इत्यादि), जो धरातल के पदार्थों का अधिग्रहण एवं परिवहन करने में सक्षम है, को भू-आकृतिक कारक कहा जाता है।
- **भू-आकृतिक प्रक्रियाएँ** धरातल के पदार्थों पर अंतर्जनित एवं बहिर्जनिक बलों द्वारा भौतिक दबाव तथा रासायनिक क्रियाओं के कारण भू-तल के विंयास में परिवर्तन को भू-आकृतिक प्रक्रियाएँ कहते हैं।

3. ज्वालामुखीयता एवं ज्वालामुखी शब्दों में भेद कीजिए।

उत्तर ज्वालामुखीयता के अंतर्गत पिघली हुई शैलों या लावा (Magma) का भू-तल की ओर संचलन एवं अनेक आंतरिक तथा बाह्य ज्वालामुखी स्वरूपों का निर्माण सम्मिलित होता है। ज्वालामुखी पृथ्वी की पपड़ी में एक छिद्र है, जिसके माध्यम से विस्फोट के दौरान गैस, पिघली हुई चट्टान, राख आदि बाहर निकलता हैं।

4. आप क्यों सोचते हैं कि ढाल या प्रवणता बहिर्जनिक बलों से नियंत्रित विवर्तनिक कारकों द्वारा नियंत्रित होते हैं।

उत्तर बहिर्जनिक प्रक्रियाएँ अपनी ऊर्जा सूर्य द्वारा निर्धारित वायुमंडलीय ऊर्जा एवं अंतर्जनित शक्तियों से नियंत्रित विवर्तनिक कारकों से उत्पन्न प्रवणता से प्राप्त करती हैं।

5. सभी बहिर्जनिक प्रक्रियाओं के पीछे एकमात्र प्रेरक बल क्या होता है?

उत्तर सभी बहिर्जनिक प्रक्रियाओं के पीछे एकमात्र प्रेरक बल गुरुत्वाकर्षण बल होता है। गुरुत्वाकर्षण और ढालों के बिना कोई गतिशीलता नहीं होगी और इसलिए कोई क्षरण, परिवहन और निक्षेपण नहीं होगा।

6. क्या अपक्षय के कारण कभी-कभी होने वाली धीमी गति परिवहन का पर्याय है? यदि नहीं तो क्यों?

उत्तर नहीं, अपक्षय के कारण कभी-कभी होने वाली धीमी गति परिवहन का पर्याय है। अपक्षय एक भू-वैज्ञानिक प्रक्रिया है, जिसमें चट्टानें छोटे-छोटे टुकड़ों में टूटती हैं। चूँकि, अपक्षय में पदार्थों का बहुत थोड़ा अथवा नगण्य संचलन होता है। यह एक स्वस्थाने या तदस्थ प्रक्रिया है।

7. विभिन्न जलवायु प्रदेशों के अक्षांश को अंकित कीजिए तथा उनसे प्राप्त विवरण की तुलना कीजिए।

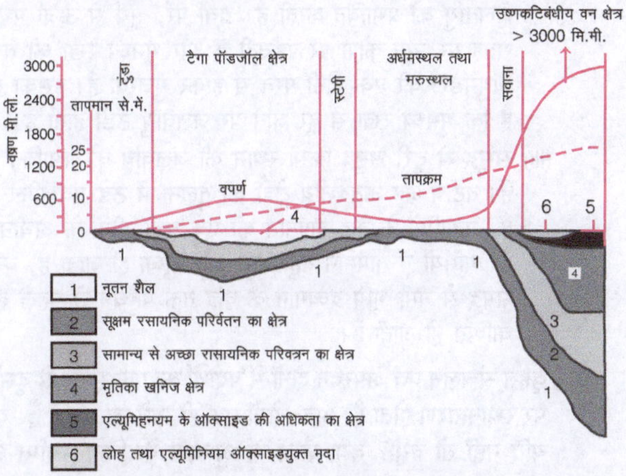

उत्तर 1. उष्णकटिबंधीय क्षेत्र

- **अक्षांश** 0° से 23.5°, उत्तर-दक्षिण
- **विवरण** इस क्षेत्र में उच्च तापमान और अधिक वर्षा होती है। इसमें रेखीय प्रदेश शामिल होते हैं।

2. उपोष्णकटिबंधीय क्षेत्र

- **अक्षांश** 23.5° से 40°, उत्तर व दक्षिण
- **विवरण** यह क्षेत्र शुष्क या अर्द्ध शुष्क होता है, जैसे- रेगिस्तानी क्षेत्र।

3. समशीतोष्ण क्षेत्र

- **अक्षांश** 40° से 66.5°, उत्तर व दक्षिण
- **विवरण** इस क्षेत्र का तापमान मध्यम रहता है, और इसमें चार ऋतुएँ होती हैं।

4. ध्रुवीय क्षेत्र

- **अक्षांश** 66.5° से 90°, उत्तर व दक्षिण
- **विवरण** यहाँ का तापमान अत्यंत ठंडा रहता है और बर्फ अधिकतर जमा रहती है।

5. इस चित्र में पृथ्वी की सतह के नीचे विभिन्न परतों की गहराई और भू-आकृति प्रक्रिया दिखाई देती है; जैसे-
चित्र में दिए गए खनिज "एल्युमिनियम ऑक्साइड" और "लौह तत्त्व" विभिन्न जलवायु प्रदेशों में परिवर्तनशील होते हैं।
उदाहरण के लिए

- उष्णकटिबंधीय क्षेत्रों में रासायनिक अपक्षय अधिक तीव्र होता है।
- समशीतोष्ण क्षेत्र में अपक्षय की दर मध्यम रहती है।
- ध्रुवीय क्षेत्र में यांत्रिक अपक्षय अधिक प्रभावी होता है।

8. क्या आप जलवायु के तीन नियंत्रित कारकों की तुलना कर सकते हैं?

उत्तर विश्व की जलवायु कई कारकों द्वारा प्रभावित होती है, जिसके वजह से पृथ्वी की अलग-अलग जलवायु का जन्म होता है।

(i) **प्रचलित हवाओं की दिशा** समुद्र से चलने वाली हवाएँ अकसर तट पर बारिश लाती हैं और अंतर्देशीय क्षेत्रों में शुष्क मौसम लाती हैं।

(ii) **भूमध्य रेखा से दूरी** भूमध्य रेखा से दूरी किसी स्थान की जलवायु को प्रभावित करती है। ध्रुवों पर, सूर्य से ऊर्जा पृथ्वी की सतह पर न्यून कोण पर पहुँचती है और भूमध्य रेखा की तुलना में वायुमंडल की एक मोटी परत से होकर गुजरती है। इसका तात्पर्य है कि भूमध्य रेखा से दूर जाने पर जलवायु ठंडी होती है।

(iii) **समुद्र से दूरी** समुद्र किसी स्थान की जलवायु को प्रभावित करता है। तटीय क्षेत्र अंतर्देशीय क्षेत्रों की तुलना में ठंडे एवं गीले होते हैं। महाद्वीपों के केंद्र तापमान की एक बड़ी सीमा के अधीन होते हैं। गर्मियों में तापमान बहुत गर्म और शुष्क हो जाता है, क्योंकि समुद्र से नमी भूमि द्रव्यमान के केंद्र तक पहुँचने से पहले ही वाष्पित हो जाती हैं।

9. वृहत् संचलन एवं अपरदन दोनों में पदार्थों का एक स्थान से दूसरे स्थान पर स्थानांतरण होता है। अतः दोनों एक ही माने जा सकते हैं। या नहीं? यदि नहीं तो क्यों? क्या शैलों के अपक्षय के बिना पर्याप्त अपरदन संभव हो सकता है?

उत्तर वृहत् संचलन एवं अपरदन दोनों में पदार्थों का एक स्थान से दूसरे स्थान पर स्थानांतरण होता है। दोनों एक नहीं माने जा सकते हैं, क्योंकि अपरदन में, धरातल पर जल, वायु और हिमानी के कारण से घर्षण होता है, इसमें शैलों के मलबे को प्राप्त करना और उन्हें एक स्थान से दूसरी स्थान ले जाना शामिल है। वहीं वृहत् संचलन में, गुरुत्वाकर्षण बल के कारण शैलों का बड़ा मलबा ढाल के मुताबिक एक स्थान से दूसरे स्थान तक जाता है। अपरदन के द्वारा उच्चावचों का निम्नीकरण होता है अर्थात् भूदृश्य विघर्षित होता है। इसका तात्पर्य यह है कि अपक्षय अपरदन में सहायक होता है, लेकिन अपक्षय अपरदन के लिए अनिवार्य दशा नहीं है।

10. क्या अपक्षय मिट्टी के निर्माण के लिए पूर्णरूप से उत्तरदायी है? यदि नहीं तो क्यों?

उत्तर अपक्षय मृदा निर्माण के लिए पूर्ण रूप से उत्तरदायी नहीं है तथापि अपक्षयित पदार्थों का जल एवं वायु द्वारा परिवहन कर निक्षेपण किया जाता है। इस निक्षेपित पदार्थ में जीव एवं पौधे के मृत अवशेषों द्वारा ह्यूमस का एकत्रीकरण होता है। कालांतर में जल धारण की क्षमता एवं वायु के प्रवेश के साथ परिपक्व मृदा का निमार्ण होता है। उपक्षय निमार्ण मात्र निवेश प्रदान करता है। जबकि इसका नियंत्रण स्थानाकृति, मूल पदार्थ, जलवायु, जैविक क्रिया एवं समय पर निर्भर करता है।

11. क्या मृदा निर्माण प्रक्रिया द्वारा मृदा निर्माण नियंत्रक कारकों को अलग करना आवश्यक है?

मृदा निर्माण-प्रक्रिया में कालावधि, स्थलाकृति एवं मूल पदार्थ निष्क्रय नियंत्रक कारक क्यों माने जाते हैं?

उत्तर मृदा निर्माण की प्रक्रिया को मिट्टी नियंत्रक कारकों से अलग करना आवश्यक नहीं हो सकता है, क्योंकि ये कारक प्रक्रिया के अभिन्न अंग है। हालाँकि मिट्टी के निर्माण में व्यक्तिगत कारकों और उनकी भूमिकाओं को बेहतर ढंग से समझने में सहायता मिल सकती है। मृदा निर्माण में कालावधि तीसरा महत्त्वपूर्ण कारक है। मृदा निर्माण प्रक्रियाओं के प्रचलन में लगने वाले समय की अवधि मृदा की परिपक्वता एवं पार्श्विका का विकास निर्धारण करती है। एक मृदा तभी परिपक्व होती है, जब मृदा निर्माण की सारी प्रक्रियाएँ लंबे समय तक पार्श्विका विकास करते हुए कार्यरत् रहता हैं। थोड़े समय पहले निक्षेपित जलोढ़ मिट्टी या हिमानी टिल से विकसित मृदाएँ तरुण/युवा मानी जाती हैं तथा उनमें संस्तर का अभाव होता है। संपूर्ण परिपेक्ष में मिट्टी के विकास या परिपक्वता के लिए कोई विशिष्ट कालावधि नहीं है।

नीचे दिए प्रश्नों के उत्तर संक्षेप में दीजिए

1. निम्नलिखित में से कौन-सी एक अनुक्रमिक प्रक्रिया है?

(a) निक्षेप (b) ज्वालामुखीयता
(c) पटल-विरूपण (d) अपरदन

उत्तर *(d)* अपरदन

2. जलयोजन प्रक्रिया निम्नलिखित पदार्थों में से किसे प्रभावित करती है?

(a) ग्रेनाइट (b) क्वार्ट्ज
(c) चीका (क्ले) मिट्टी (d) लवण

उत्तर *(d)* लवण

3. मलबा अवधाव को किस श्रेणी में सम्मिलित किया जा सकता है?

(a) भूस्खलन (b) तीव्र प्रवाही वृहत संचलन
(c) मंद प्रवाही वृहत् संचलन (d) अवतलन/धसकन

उत्तर *(b)* तीव्र प्रवाही वृहत् संचलन

निम्नलिखित प्रश्नों के उत्तर लगभग 30 शब्दों में दीजिए

1. अपक्षय पृथ्वी पर जैव-विविधता के लिए उत्तरदायी है। कैसे?

उत्तर अपक्षय अप्रत्यक्ष रूप से जैव-विविधता के लिए उत्तरदायी है, क्योंकि अपक्षय मृदा निर्माण में महत्त्वपूर्ण भूमिका निभाता है और मृदा, वन एवं जीव-जंतु के लिए आधार उपलब्ध कराता है, ऐसे में अपक्षय जैव मात्रा और जैव-विविधता दोनों के लिए उत्तरदायी है।

दीमक, चूहे इत्यादि जैसे जीवों की भी मृदा निर्माण में भूमिका होती है। सड़े-गले पदार्थों की भूमिका मृदा को उपजाऊ बनाने में होती है। इससे शैवाल व बैक्टीरिया जैसे सूक्ष्म जीव भी मृदा का भाग होते हैं। निष्कर्षतः यह कहा जा सकता है कि अपक्षय जैव-विविधता के लिए उत्तरदायी है। इसके अतिरिक्त अपक्षय का अपना अलग आर्थिक महत्त्व भी होता है।

2. वृहत् संचलन जो वास्तविक, तीव्र एवं गोचर/अवगम्य हैं, क्या हैं? सूचीबद्ध कीजिए।

उत्तर वृहत् संचलन के अंतर्गत वे सभी संचलन आते हैं, जिनमें चट्टानों का मलबा ढाल के सहारे बिना किसी भू-आकृतिक या गतिज ऊर्जा की सहायता से स्थानांतरण निहित होता है।

कुछ वास्तविक, तीव्र एवं अवगम्य वृहत संचलन निम्न हैं

- भूस्खलन
- शैल स्खलन
- मलबा स्खलन
- शैल पतन
- अवसर्पण

3. विभिन्न गतिशील एवं शक्तिशाली बहिर्जनिक भू-आकृतिक कारक क्या हैं तथा वे क्या प्रधान कार्य संपन्न करते हैं?

उत्तर भू-आकृतिक कारकों के द्वारा धरातलीय पदार्थों को हटाया एवं निक्षेपित किया जाता है। इन कारकों में प्रवाहयुक्त जल, भूमिगत जल, हिमानी, हवा, लहरों, धाराओं आदि को शामिल किया जाता है।

इन प्रक्रियाओं में गुरुत्वाकर्षण एवं ढाल प्रवणता की भी अहम भूमिका होती है, जो पदार्थों के संचलन के साथ-साथ अपरदन, परिवहन एवं निक्षेपण में भी प्रमुखता से शामिल होता है। इन भू-आकृतिक कारणों के द्वारा अपक्षय, अपरदन, संचलन, वृहत् क्षरण एवं परिवहन आदि कार्य संपन्न किए जाते हैं।

4. क्या मृदा निर्माण में अपक्षय एक आवश्यक अनिवार्यता है?

उत्तर मृदा निर्माण अपक्षय एवं अपक्षयित पदार्थ की गहराई पर निर्भर करता है। अपक्षयित पदार्थ में काई, लाइकेन व बैक्टीरिया द्वारा लाए गए उपनिवेशित पदार्थ भी शामिल होते हैं। निक्षेप व अपक्षयित पदार्थ में कई गौण जीव आश्रय प्राप्त करते हैं, जो मृदा में ह्यूमस के एकत्रीकरण के लिए उत्तरदायी होते हैं।

निम्नलिखित प्रश्नों के उत्तर लगभग 150 शब्दों में दीजिए

1. "हमारी पृथ्वी भू-आकृतिक प्रक्रियाओं के दो विरोधात्मक वर्गों के खेल का मैदान है।" विवेचना कीजिए।

उत्तर उपर्युक्त कथन यह बताता है कि किस प्रकार दो विरोधी बल पृथ्वी पर विभिन्न भू-आकृतियों के निर्माण में सक्रिय भूमिका निभाते हैं। पृथ्वी सदा गतिशील एवं गत्यात्मक रहती है, जो क्षैतिज व ऊर्ध्वाधर दोनों प्रकार से गति करती है।

भू-पर्पटी की गत्यात्मकता के लिए पृथ्वी के अंदर के बल एवं पृथ्वी के बाह्य बल उत्तरदायी होते हैं। यहाँ आंतरिक बल को अंतर्जनित तथा बाह्य बल को बहिर्जनिक बल कहा जाता है।

अंतर्जनित बल धरातलीय भागों को ऊपर उठाता है एवं उनका निर्माण करता है, जबकि बहिर्जनिक बल विभिन्न बेसिन/गर्तों का भराव करता है और साथ ही भूमि का विघर्षण भी करता है। धरातल पर भिन्नता तब तक बनी रहती है, जब तक अंतर्जनित व बहिर्जनिक बलों में विरोधाभास चलता रहता है।

बहिर्जनिक प्रक्रियाओं को सामान्य रूप से अनाच्छादन भी कहा जा सकता है, क्योंकि अनाच्छादन से तात्पर्य आवरण हटाना या निरावृत्त करना होता है, जिसके अंतर्गत अपक्षय, अपरदन, संचलन, वृहत् क्षरण एवं परिवहन आदि सम्मिलित होते हैं। इनके द्वारा बहिर्जनिक बल पृथ्वी पर साम्य लाने का कार्य निरंतर करते रहते हैं।

धरातल पर अंतर्जनित और बहिर्जनिक बल अलग-अलग रूप में कार्य करते हैं, जिसमें अंतर्जनित बल धरातल को पटलविरूपण बल एवं ज्वालामुखी क्रिया द्वारा उत्थान प्रदान करता है और बहिर्जनिक बल अपक्षय तथा अपरदन जैसी क्रियाओं द्वारा निम्नीकरण का कार्य करता है। अंतर्जनित प्रक्रियाओं के लिए बल पृथ्वी के अंदर के रेडियोधर्मी क्रियाओं, ज्वारीय घर्षण, घूर्णन एवं आंतरिक ऊष्माओं आदि से प्राप्त होते हैं। बहिर्जनिक प्रक्रियाओं को ऊर्जा आंतरिक बलों से उत्पन्न ढाल प्रवणता एवं सूर्य द्वारा निर्धारित वायुमंडलीय ऊर्जा से प्राप्त होती है।

2. "बहिर्जनिक भू-आकृतिक प्रक्रियाएँ अपनी अंतिम ऊर्जा सूर्य की गर्मी से प्राप्त करती हैं।" व्याख्या कीजिए।

उत्तर बहिर्जनिक प्रक्रियाओं को ऊर्जा आंतरिक बलों से उत्पन्न ढाल प्रवणता एवं सूर्य द्वारा निर्धारित वायुमंडलीय ऊर्जा से प्राप्त होती है। इस प्रकार सौर से प्राप्त ऊर्जा वायुमंडलीय विभिन्न प्रक्रियाओं को बल प्रदान करती है, जो विभिन्न भौतिक एवं रासायनिक क्रियाओं में परिवर्तित होती हैं। तापमान एवं वर्षण विभिन्न प्रक्रियाओं को नियंत्रित करते हैं, इसलिए बहिर्जनिक भू-आकृतिक प्रक्रियाएँ भिन्न-भिन्न क्षेत्रों में अलग-अलग होती हैं। ऐसा जलवायु में विभिन्नता के कारण भी होता है। इसमें अक्षांशीय स्थिति, मौसमी दशाएँ, जल व स्थल के विस्तार की भी भूमिका होती है। गर्मी के कारण शैलें फैलती हैं तथा ठंड के कारण शैलें सिकुड़ती हैं। इसलिए दिन और रात के दैनिक तापांतर के कारण शैलें क्रमिक रूप से फैलती और सिकुड़ती हैं। इससें इनमें दरार उत्पन्न हो जाती है, जो धीरे-धीरे चौड़ी हो जाती हैं। शैलें सामान्यतः ताप की कुचालक होती हैं। अधिक गर्मी के कारण शैलों की बाहरी परत जल्दी फैल जाती है, किंतु भीतरी परत लगभग अप्रभावित रहती है। क्रमिक रूप से फैलने और सिकुड़नें के कारण शैलों की बाहरी परतें मुख्य भाग से अलग हो जाती हैं। इस प्रकार तापमान तथा इससे उत्पन्न आर्द्रता पृथ्वी की आंतरिक संरचना के भौतिक रासायनिक परिवर्तन का प्रमुख कारक हैं। इसके अतिरिक्त वनस्पतियाँ तथा उनके प्रकारों का वितरण भी मुख्यतः तापमान पर निर्भर है, जो पृथ्वी के बहिर्जनिक भू-आकृतिक प्रभावों पर अप्रत्यक्ष प्रभाव डालते हैं। अतः स्पष्ट है कि विभिन्न जलवायु प्रदेशों में विभिन्न जलवायविक तत्त्वों द्वारा भी बहिर्जनिक प्रक्रियाएँ निर्धारित होती हैं।

3. क्या भौतिक एवं रासायनिक अपक्षय प्रक्रियाएँ एक-दूसरे से स्वतंत्र हैं? यदि नहीं तो क्यों? सोदाहरण व्याख्या कीजिए।

उत्तर भौतिक और रासायनिक अपक्षय प्रक्रियाएँ एक -दूसरे से स्वतंत्र नहीं हैं। इसके लिए कई उदाहरण दिए जा सकते हैं, जिनका विवरण निम्नलिखित हैं

- लवण अपक्षय के अंतर्गत शैलों में सोडियम, कैल्सियम, मैग्नीशियम, पोटैशियम, बेरियम जैसे लवण उपस्थित होते हैं, जो तापीय क्रिया, क्रिस्टलीकरण एवं जलयोजन आदि के कारण फैलते हैं। इस प्रक्रिया से शैलों में कणिक विघटन एवं कणीय शल्कन भी होता है।
- रासायनिक अपक्षय प्रक्रियाओं; जैसे—जलयोजन, ऑक्सीकरण, न्यूनीकरण, कार्बोनेशन तथा विलयन इत्यादि को तीव्रता प्रदान करने में भौतिक अपक्षय की क्रियाएँ सहायक होती हैं।

भौतिक अपक्षय की क्रियाओं में मंद एवं तीव्र होने में भी रासायनिक अपक्षय और रासायनिक अपक्षय की क्रियाओं के मंद एवं तीव्र होने में भौतिक अपक्षय की भूमिका होती है। जैसे रासायनिक अभिक्रिया को ताप एवं दाब प्रभावित करते है, वैसे ही भौतिक क्रियाओं को पदार्थ के संघटन एवं संरचनाएँ प्रभावित करती हैं।

निष्कर्षतः यह कहा जा सकता है कि भौतिक एवं रासायनिक अपक्षय प्रक्रियाएँ एक-दूसरे से स्वतंत्र नहीं हैं, बल्कि एक-दूसरे की क्रियाओं में सहायक होती हैं और अपक्षय के अंतर्गत वायुमंडलीय तत्त्वों के प्रति धरातल के पदार्थों की प्रतिक्रिया सम्मिलित होती है, जो दोनों अपक्षयों के अलग होने के बाद भी इसको जोड़ने का कार्य करती है।

4. आप किस प्रकार मृदा निर्माण प्रक्रियाओं तथा मृदा निर्माण कारकों के बीच अंतर ज्ञात करते हैं? जलवायु एवं जैविक क्रियाओं की मृदा निर्माण में दो महत्त्वपूर्ण कारकों के रूप में क्या भूमिका है?

उत्तर **मृदा निर्माण की प्रक्रियाएँ** मृदा निर्माण अपक्षय एवं अपक्षयित पदार्थ की गहराई पर निर्भर करता है। अपक्षयित पदार्थ में काई, लाइकेन व बैक्टीरिया द्वारा लाए गए निवेशित पदार्थ भी शामिल होते हैं। निक्षेप व अपक्षयित पदार्थ में कई गौण जीव आश्रय प्राप्त करते हैं, जो मृदा में ह्यूमस के एकत्रीकरण के लिए उत्तरदायी होते हैं

मृदा निर्माण के कारक मृदा निर्माण के कारकों में मूल शैल, उच्चावच, समयावधि, जलवायु तथा जैविक तत्त्व आदि शामिल होते हैं। इनमें मूल शैल, उच्चावच, समयावधि को निष्क्रिय कारक और जलवायु एवं जैविक तत्त्व को सक्रिय कारक कहा जाता है।

मृदा निर्माण में जलवायु एवं जैविक क्रियाओं की भूमिका निम्नलिखित हैं

जलवायु जलवायु मृदा निर्माण का सक्रिय कारक है। इसमें वर्षा, वाष्पीकरण की आवृत्ति एवं अवधि, आर्द्रता तथा प्रवणता के साथ-साथ तापमान की दैनिक व मौसमी भिन्नता शामिल है।

जैविक क्रियाएँ जैविक क्रियाओं के कारण सम्मिलित जैव पदार्थ मृदा में नमी धारण करने की क्षमता, ह्यूमस एवं नाइट्रोजनीकरण के लिए उत्तरदायी होता है। मृत पौधें मृदा को सूक्ष्म विभाजित जैव पदार्थ ह्यूमस उपलब्ध कराते हैं। इसके अतिरिक्त कुछ ऐसे जैविक अम्ल, जो ह्यूमस निर्माण की अवधि में बनते हैं, मृदा के मूल पदार्थों के खनिजों के विनियोजन में सहायक होते हैं। ठंडी जलवायु में ह्यूमस की मात्रा अधिक जबकि आर्द्र, उष्ण एवं भूमध्यरेखीय जलवायु में ह्यूमस की मात्रा कम होती है।

अभ्यास प्रश्न

वस्तुनिष्ठ प्रश्न

बहुविकल्पीय प्रश्न

1. धरातल पर अपरदन के माध्यम से उच्चावच के मध्य अंतर के कम होने को क्या कहा जाता है?

(a) अंतर्जनित बल (b) बहिर्जनिक बल
(c) तल संतुलन (d) विवर्तनिक बल

उत्तर (c) तल संतुलन

2. बहिर्जनिक बलों की क्रियाओं का परिणाम क्या होता है?

(a) उभरी हुई भू-आकृतियों का विघर्षण
(b) भू-आकृतियों का निर्माण
(c) भू-आकृतियों का अनाच्छादन
(d) अपक्षय की प्रक्रिया का स्वस्थाने होना

उत्तर (a) उभरी हुई भू-आकृतियों का विघर्षण

3. धरातल के पदार्थों पर अंतजनित एवं बहिजनिक बलों द्वारा भौतिक दबाव तथा रासायनिक क्रियाओं के कारण भूतल के विन्यास में परिवर्तन को क्या कहा जाता है?

(a) भू-विलोपन प्रक्रियाएँ
(b) भू-आकृतिक प्रक्रियाएँ
(c) ढाल प्रवणता क्रियाएँ
(d) ज्वालामुखीयता की क्रियाएँ

उत्तर (b) भू-आकृतिक प्रक्रियाएँ

4. अपक्षय, वृहत् क्षरण, अपरदन, निक्षेपण आदि किस प्रकार के धरातल पर पाई जाने वाली प्रक्रियाएँ हैं?

(a) बहिर्जनिक भू-आकृतिक प्रक्रियाएँ
(b) अंतर्जनित भू-आकृतिक प्रक्रियाएँ
(c) पटल विरूपण प्रक्रियाएँ
(d) प्लेट विवर्तनिकी प्रक्रियाएँ

उत्तर (a) बहिर्जनिक भू-आकृतिक प्रक्रियाएँ

5. कौन-सा बल लहरों एवं ज्वार-भाटा जनित धाराओं को क्रियाशील बनाता है?

(a) प्रत्यक्ष गुरुत्वाकर्षण बल
(b) अप्रत्यक्ष गुरुत्वाकर्षण बल
(c) बहिर्जनिक बल
(d) अंतर्जनित बल

उत्तर (b) अप्रत्यक्ष गुरुत्वाकर्षण बल

6. निम्नलिखित में से कौन-सा अंतर्जनित बल भू-आकृतिक प्रक्रियाओं के लिए ऊर्जा का स्रोत है?

(a) रेडियोधर्मिता
(b) घूर्णन एवं ज्वारीय घर्षण
(c) पृथ्वी की उत्पत्ति से जुड़ी ऊष्मा
(d) उपरोक्त सभी

उत्तर (d) उपरोक्त सभी

7. भूतल पर किसके कारण से दबाव, आयतन तथा तापक्रम में परिवर्तन होता है, जिसके फलस्वरूप शैलों का कायांतरण प्रेरित होता है?

(a) भूकंप एवं प्लेट विवर्तनिकी से
(b) भू-पर्पटी में भ्रंश एवं अनाच्छादन से
(c) तापमान एवं आकृति परिवर्तन से
(d) बहिर्जनिक भू-आकृति प्रक्रिया से

उत्तर (a) भूकंप एवं प्लेट विवर्तनिकी से

8. धरातल पर अपरदन के माध्यम से उच्चावच के मध्य अंतर के कम होने को .... कहते हैं।

(a) तल संतुलन (b) गर्तों का भराव
(c) निम्न क्षेत्र (d) इनमें से कोई नहीं

उत्तर (a) तल संतुलन

9. **मृदा निर्माण या मृदा जनन सर्वप्रथम अपक्षय पर निर्भर करता है। मृदा निर्माण पाँच मूल कारकों द्वारा नियंत्रित होता है। ये पाँच मूल कारक निम्नलिखित में से किस विकल्प में समाहित हैं।**

(a) मूल पदार्थ, स्थलाकृति, जलवायु, जैविक क्रियाएँ तथा समय
(b) स्थलाकृति, जलवायु, तल संतुलन, जैविक क्रियाएँ तथा समय
(c) जलवायु, स्थलाकृति, मूल पदार्थ, वर्षा का पानी तथा समय
(d) स्थलाकृति, जलवायु, जैविक क्रियाएँ, कृत्रिम झीले तथा मूल पदार्थ

उत्तर *(a)* मूल पदार्थ, स्थलाकृति, जलवायु, जैविक क्रियाएँ तथा समय

10. **निम्नलिखित कथनों में से कौन-सा कथन सही नहीं है?**

(a) गुरुत्वाकर्षण बल के कारण ही हम धरातल पर स्थिर रह पाते हैं
(b) अप्रत्यक्ष गुरुत्वाकर्षण प्रतिबल लहरों एवं ज्वार-भाटा जनित धाराओं को क्रियाशील बनाता है
(c) अनाच्छादन का अर्थ आवरण हटाना होता है
(d) महाद्वीपीय रचना महासागर निर्माण प्रक्रिया है

उत्तर *(d)* महाद्वीपीय रचना महासागर निर्माण प्रक्रिया है

11. **निम्नलिखित में से कौन-सा अपरदन का भू-आकृतिक कारक नहीं है?**

(a) प्रवाहित जल (b) हिमानी
(c) भौमजल (d) मलबों का जमा होना

उत्तर *(d)* मलबों का जमा होना

12. **वृहत् संचलन के संबंध में कौन-सा कथन सही नहीं है?**

(a) अत्यधिक वर्षा संतृप्ति एवं ढाल के पदार्थ के स्नेहक द्वारा उत्पन्न अतिभार
(b) ढालों की प्रवणता एवं ऊँचाई में वृद्धि
(c) अपक्षयित प्रावार या लाए गए पदार्थों का निक्षेप
(d) अत्यधिक प्राकृतिक रिसाव

उत्तर (c) अपक्षयित प्रावार या लाए गए पदार्थों का निक्षेप

13. **पश्चिमी घाट एवं नीलगिरि क्षेत्र में भूस्खलन के लिए .... जिम्मेदार नहीं है।**

(a) खड़ी ढलान
(b) तापमान के कारण यांत्रिक अपक्षय
(c) भारी वर्षा
(d) विवर्तनिक अस्थिरता

उत्तर *(d)* विवर्तनिक अस्थिरता

14. **.......... में पदार्थों का बहुत-थोड़ा अथवा नगण्य संचलन होता है यह एक स्वस्थाने (Institute) या तदस्थन (on-site) प्रक्रिया है।**

(a) वृहत् संचलन (b) अपक्षय
(c) अपरदन (d) पटल विरूपण

उत्तर *(b)* अपक्षय

15. **निम्नलिखित में से कौन-सा युग्म सही नहीं है?**

(a) पटल विरूपण, ज्वालामुखीयता-अंतर्जनित भू-आकृतिक प्रक्रियाएँ
(b) अपक्षय, वृहत् क्षरण-बहिर्जनिक भू-आकृतिक प्रक्रियाएँ
(c) जल, हिम, वायु- बहिर्जनिक तत्त्व
(d) अपरदन, निक्षेपण - अंतर्जनित भू आकृतिक प्रक्रियाएँ

उत्तर *(d)* अपरदन, निक्षेपण - अंतर्जनित भू आकृतिक प्रक्रियाएँ

16. **पृथ्वी के अन्दर से निकलने वाली ऊर्जा भू-आकृतिक प्रक्रियाओं के लिए प्रमुख बल स्रोत है। पृथ्वी की आंतरिक ऊर्जा अधिकांशतः रेडियोधर्मी क्रियाओं, घूर्णन एवं ज्वारीय घर्षण तथा पृथ्वी की उत्पत्ति से जुड़ी ऊष्मा उत्पन्न होती है। भू-तापीय प्रवणता तथा अंदर से विस्थापित ऊर्जा भू-आकृतिक प्रक्रियाओं को संचालित करती हैं। निम्नलिखित के आधार पर उस प्रक्रिया की पहचान कीजिए, जो इस बल द्वारा संचालित होती है।**

(a) अपरदन (b) जैविक अपक्षय
(c) पटल विरूपण (d) रासायनिक अपक्षय

उत्तर (c) पटल विरूपण

17. **निम्नलिखित कथनों पर विचार कीजिए**

1. **अपक्षय एक स्वस्थाने व तदस्थन प्रक्रिया है।**
2. **अपक्षय की प्रक्रिया में महत्त्वपूर्ण कारक जलवायु है।**
3. **भौतिक अपक्षय प्रक्रिया में गुरुत्वाकर्षण बल सहायक होता है।**

उपरोक्त कथनों में से कौन-सा/से कथन सही है/हैं?

(a) 2 और 3 (b) केवल 2
(c) 1, 2 और 3 (d) 1 और 2

उत्तर (c) 1, 2 और 3

18. **'रासायनिक अपक्षय प्रक्रियाओं' के संदर्भ में कौन-सा/से कथन सही हैं?**

1. **यह प्रक्रिया केवल एक दिशा में होती है।**
2. **इसमें रासायनिक यौगिकों का टूटना शामिल होता है।**
3. **यह प्रक्रिया तापमान में वृद्धि से धीमी होती है।**
4. **इसमें केवल धातुओं का अपक्षय होता है।**

कूट

(a) केवल 1 (b) केवल 2
(c) 1 और 2 (d) 2 और 4

उत्तर *(b)* केवल 2

19. **मृदा निर्माण के कारकों के संबंध में कौन-सा कथन सही नहीं है?**

1. **जलवायु मृदा निर्माण में एक महत्त्वपूर्ण सक्रिय कारक है।**
2. **मृदा निर्माण में मूल शैल एक निष्क्रिय नियंत्रक कारक है।**
3. **मूल पदार्थ के अंतर्गत अपक्षय की प्रकृति एवं उसकी दर तथा आवरण की गहराई/मोटाई विचारणीय तत्त्व होते हैं।**
4. **उप-आर्कटिक एवं टुंड्रा जलवायु में निम्न बैक्टीरियल क्रियाओं के कारण अवियोजित जैविक पदार्थों के साथ पीट के संस्तर विकसित नहीं हो पाते हैं।**

कूट

(a) 1 और 4 (b) केवल 2 (c) केवल 3 (d) केवल 4

उत्तर *(d)* केवल 4

20. **भू-आकृतिक प्रक्रियाओं के संदर्भ में निम्नलिखित कथनों पर विचार करें**

1. **भू-आकृतिक प्रक्रियों पृथ्वी की सतह पर प्राकृतिक बलों के कारण होने वाले परिवर्तनों से संबंधित होती है।**
2. **ज्वालामुखीय गतिविधियाँ केवल पृथ्वी की बाहरी सतह पर होती हैं।**
3. **पटल विरूपण में पृथ्वी की सतह पर बड़े पैमाने पर परिवर्तनों का निर्माण होता है।**

उपरोक्त में से कौन-सा/से कथन सही है/ हैं?

(a) केवल 1 (b) 1 और 3
(c) 2 और 3 (d) 1, 2 और 3

उत्तर (b) 1 और 3

21. **निम्नलिखित कथनों पर विचार करके नीचे दिए गए कूट से सही कथन का चयन करें**

1. शैलों के मलबे की अवाप्ति एवं उनके परिवहन को अपरदन में सम्मिलित किया जाता है।
2. अपरदन द्वारा उच्चावचन में बढ़ोतरी होती है।
3. अपरदन, वृहत् क्षरण एवं अपक्षय निम्नीकरण की प्रक्रियाएँ हैं।

कूट

(a) केवल 1 (b) 2 और 3
(c) 1 और 3 (d) 1, 2 और 3

उत्तर (a) केवल 1

22. **निम्नलिखित कथनों पर विचार कीजिए**

1. मृदा एक स्थिर माध्यम है।
2. मृदा यदि बहुत अधिक ठंडी या बहुत अधिक शुष्क होती है, तो जैविक गतिविधि धीमी हो जाती है।

उपरोक्त कथनों में से कौन-सा कथन सही है?

(a) केवल 1 (b) केवल 2
(c) 1 और 2 दोनों (d) इनमें से कोई नहीं

उत्तर (b) केवल 2

23. **मृदा निर्माण के निम्नलिखित चरणों को एक क्रम में व्यवस्थित करें**

1. परिपक्व मिट्टी का निर्माण
2. छोटी घास और फर्न की वृद्धि
3. सभी पदार्थों का प्रवेश
4. पौधों की जड़ों का प्रवेश
5. जीवाणुओं द्वारा अपक्षयित पदार्थों का औपनिवेशीकरण
6. जीवों एवं पौधों के मृत अवशेष का ह्यूमस में संचय

कूट

(a) 5, 6, 4, 3, 2, 1 (b) 5, 6, 2, 4, 3, 1
(c) 6, 5, 2, 4, 3, (d) 5, 6, 3, 2, 4, 1

उत्तर (b) 5, 6, 2, 4, 3, 1

24. **सूची I को सूची II से सुमेलित करें और सही विकल्प का चयन करें**

सूची I	सूची II
A. रासायनिक अपक्षय प्रक्रिया	1. पौधों की जड़ों का विस्तार
B. भौतिक अपक्षय प्रक्रिया	2. कार्बोनेटीकरण
C. जैविक अपक्षय प्रक्रिया	3. तापक्रम में परिवर्तन

कूट

	A	B	C		A	B	C
(a)	2	3	1	(b)	2	1	3
(c)	1	2	3	(d)	1	3	2

उत्तर (a) 2 3 1

25. **सूची I को सूची II से सुमेलित करें और सही विकल्प का चयन करें**

सूची I	सूची II
A. मलबा स्खलन	1. पार्श्व-आवर्तन के साथ चट्टानी मलबे का फिसलना
B. शैल स्खलन	2. बिना पश्च आवर्तन के मलबे का तीव्र लोटन
C. शैल पतन	3. भ्रंशन पृष्ठभूमि पर व्यापक मात्रा में चट्टानों का स्खलन
D. ढाल	4. पश्च अपवर्तन के साथ शैल मलबे के एक या अनेक इकाई का फिसलना

कूट

	A	B	C	D		A	B	C	D
(a)	2	3	1	4	(b)	1	2	3	4
(c)	2	1	3	4	(d)	1	3	2	4

उत्तर (a) 2 3 1 4

26. **निम्नलिखित में से कौन-सा युग्म सही सुमेलित नहीं है?**

(a) तल संतुलन — अपरदन की क्रिया द्वारा उच्चावच के मध्य कम अंतर
(b) अपरूपण प्रतिबल — बिलगकारी बल
(c) अनाच्छादन — सभी बहिर्जनिक भू-आकृतिक प्रक्रियाओं का न होना
(d) अपक्षय — वायुमंडलीय तत्वों द्वारा भू-तल के पदार्थों पर की गई क्रिया

उत्तर (c) अनाच्छादन—सभी बहिर्जनिक भू-आकृतिक प्रक्रियाओं का न होना

27. **सही विकल्प का चुनाव कर चार्ट को पूरा करें**

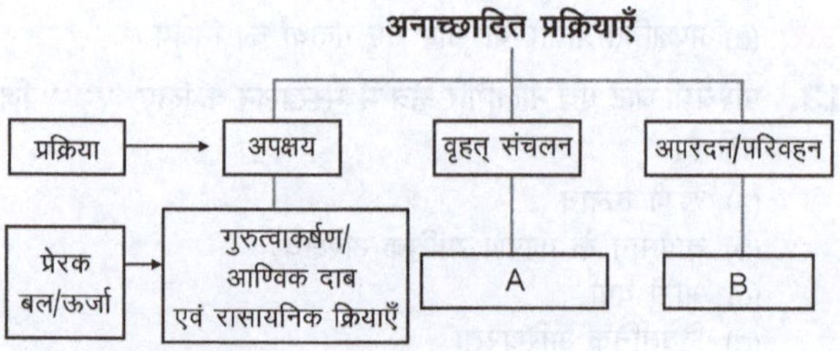

(a) A-रासायनिक क्रिया, B-गुरुत्वाकर्षण बल
(b) A-गतिज ऊर्जा, B-रासायनिक क्रिया
(c) A-गुरुत्वाकर्षण बल, B-गतिज ऊर्जा
(d) A-रासायनिक क्रिया, B-आण्विक दाब

उत्तर (c) A-गुरुत्वाकर्षण बल, B-गतिज ऊर्जा

28. **कथन I मृदा एक गत्यात्मक माध्यम है जिसमें बहुत-सी रासायनिक, भौतिक एवं जैविक क्रियाएँ अनवरत् चलती रहती हैं।**

कथन II मृदा निर्माण सर्वप्रथम अपक्षय पर निर्भर करती है।

कूट

(a) केवल कथन I सही है
(b) केवल कथन II सही है
(c) कथन I और II दोनों सही हैं
(d) कथन I और कथन II दोनों गलत हैं

उत्तर (c) कथन I और II दोनों सही हैं

निर्देश (प्र.सं. 29-30) नीचे दिए गए कथन (A) एवं कारण (R)को ध्यानपूर्वक पढ़कर दिए गए कूट की सहायता से सही उत्तर दीजिए।

(a) A और R दोनों सही हैं तथा R, A की सही व्याख्या है
(b) A और R दोनों सही हैं परंतु R, A की सही व्याख्या नहीं है
(c) A सही है किंतु R गलत है
(d) A गलत किंतु R सही है

29. कथन (A) बहिर्जनिक प्रक्रियाएँ सूर्य से उत्पन्न ऊर्जा पर आधारित होती हैं।

कारण (R) वायुमंडलीय प्रक्रियाओं के कारण पृथ्वी की सतह पर भौतिक और रासायनिक परिवर्तन होते हैं।

उत्तर *(a)* बहिर्जनिक प्रक्रियाएँ सूर्य से उत्पन्न ऊर्जा पर आधारित होती हैं, और ये वायुमंडलीय प्रक्रियाओं से संचालित होती हैं, जो पृथ्वी की सतह पर भौतिक और रासायनिक परिवर्तनों का कारण बनती हैं।

30. कथन (A) मैग्मा की ऊपरी सतह पर ठंडा होने से ज्वालामुखीय शिलाओं का निर्माण होता है।

कारण (R) ज्वालामुखीय शिलाँए पृथ्वी की आंतरिक प्रक्रियाओं द्वारा निर्मित होती हैं, जो बहिर्जनिक प्रक्रियाओं से पूरी तरह स्वतंत्र होती हैं।

उत्तर *(c)* ज्वालामुखी शिलाओं का निर्माण मैग्मा के ठंडा होने से होता है, लेकिन ये आंतरिक प्रक्रियाँ बहिर्जनिक प्रक्रियाएँ से पूरी तरह स्वतंत्र नहीं हैं, क्योंकि बाहरी कारक भी इनके विकास को प्रभावित करते हैं।

31. कथन (A) वृहत् संचलन का अध्ययन केवल जलवायु विज्ञान तक सीमित है।

कारण (R) वृहत् संचलन का प्रभाव समुद्री धाराओं और पारिस्थितिकी तंत्र पर भी पड़ता है।

उत्तर *(c)* A गलत, किंतु R सही है, क्योंकि वृहत् संचलन का अध्ययन न केवल जलवायु विज्ञान में, बल्कि समुद्री धाराओं और पारिस्थितिकी तंत्र के अध्ययन में भी महत्त्वपूर्ण है। वृहत् संचलन के कारण समुद्र की धाराएँ और परिस्थितिकी तंत्र में परिवर्तन होते हैं, जो जैव-विविधता को प्रभावित करते हैं।

स्रोत/ग्राफ आधारित प्रश्न

निम्नलिखित स्रोतों को ध्यानपूर्वक पढ़कर उन पर आधारित प्रश्नों के उत्तर दीजिए

1. पृथ्वी के अंदर से निकलने वाली ऊर्जा भू-आकृतिक प्रक्रियाओं के लिए प्रमुख बल स्रोत होती है। पृथ्वी के अंदर की ऊर्जा अधिकांशतः रेडियोधर्मी क्रियाओं, घूर्णन एवं ज्वारीय घर्षण तथा पृथ्वी की उत्पत्ति से जुड़ी ऊष्मा द्वारा उत्पन्न होती है। भू-तापीय प्रवणता एवं अंदर से निकले ऊष्मा प्रवाह से प्राप्त ऊर्जा पटल विरूपण एवं ज्वालामुखीयता को प्रेरित करती है। भू-तापीय प्रवणता एवं अंदर के ऊष्मा प्रवाह, भू-पर्पटी की मोटाई एवं दृढ़ता में अंतर के कारण अंतर्जनित बलों के कार्य समान नहीं होते हैं। अतः विवर्तनिक द्वारा नियंत्रित मूल भू-पर्पटी की सतह असमतल होती है।

सभी प्रक्रियाएँ जो भू-पर्पटी को संचालित, उत्पादित तथा निर्मित करती हैं, पटल विरूपण के अंतर्गत आती हैं। इनमें निम्नलिखित सम्मिलित हैं

(i) तीक्ष्ण वलयन के माध्यम से पर्वत निर्माण तथा भू-पर्पटी की लंबी एवं संकीर्ण पट्टियों को प्रभावित करने वाली पर्वतनी प्रक्रियाएँ।

(ii) धरातल के बड़े भाग के उत्थापन या विकृति में संलग्न महाद्वीप रचना संबंधी प्रक्रियाएँ।

(iii) अपेक्षाकृत छोटे स्थानीय संचलन के कारण उत्पन्न भूकंप।

(iv) पर्पटी प्लेट के क्षैतिज संचलन करने में प्लेट विवर्तनिक की भूमिका।

प्लेट विवर्तनिक/पर्वतनी की प्रक्रिया में भू-पर्पटी वलयन के रूप में तीक्ष्णता से विकृत हो जाती है। महाद्वीप रचना के कारण साधारण विकृति हो सकती है। पर्वतनी पर्वत निर्माण प्रक्रिया है, जबकि महाद्वीप रचना महाद्वीप निर्माण प्रक्रिया है। पर्वतनी, महाद्वीप रचना, भूकंप एवं प्लेट विवर्तनिक की प्रक्रियाओं से भू-पर्पटी में भ्रंश तथा विभंग हो सकता है। इन सभी प्रक्रियाओं के कारण दबाव, आयतन तथा तापक्रम में परिवर्तन होता है, जिसके फलस्वरूप शैलों का कायांतरण प्रेरित होता है।

ज्वालामुखीयता के अंतर्गत पिघली हुई शैलों या लावा का भूतल की ओर संचलन एवं अनेक आंतरिक तथा बाह्य ज्वालामुखी स्वरूपों का निर्माण सम्मिलित होता है।

(i) अंतर्जनित बलों की उत्पत्ति का प्रमुख कारक कौन-सा है?

उत्तर अंतर्जनित बलों की उत्पत्ति का प्रमुख कारक रेडियोधर्मिता है। भू-तापीय प्रवणता एवं अंदर से निकलने वाली ऊष्मा प्रवाह से प्राप्त ऊर्जा पटल विरूपण एवं ज्वालामुखीयता को प्रेरित करती है।

(ii) किस प्रक्रिया के अंतर्गत पृथ्वी की सतह पर पर्वतों का निर्माण होता है?

उत्तर पर्वतनी प्रक्रिया के अंतर्गत पृथ्वी की सतह पर पर्वतों का निर्माण होता है। पर्वतनी, महाद्वीप रचना, भूकंप एवं प्लेट विवर्तनिक की प्रक्रियाओं से भू-पर्पटी पर भ्रंश तथा विभंग हो सकता है।

(iii) ज्वालामुखी उद्गार के कारण किस स्थलाकृति का निर्माण आंतरिक भागों में होता है?

उत्तर ज्वालामुखी उद्गार के कारण फैकोलिक स्थलाकृति का निर्माण आंतरिक भागों में होता हैं। ज्वालामुखीयता के अंतर्गत पिघली हुई शैलों या लावा का भूतल की ओर संचलन एवं अनेक आंतरिक तथा बाह्य ज्वालामुखी स्वरूपों का निर्माण सम्मिलित होता है।

2. बहिर्जनिक प्रक्रियाएँ अपनी ऊर्जा सूर्य द्वारा निर्धारित वायुमंडलीय ऊर्जा एवं अंतर्जनित शक्तियों से नियंत्रित विवर्तनिक कारकों से उत्पन्न प्रवणता से प्राप्त करती हैं।

गुरुत्वाकर्षण बल ढालयुक्त सतह वाले धरातल पर कार्यरत् रहता है तथा ढाल की दिशा में पदार्थ को संचलित करता है। प्रति इकाई क्षेत्र पर अनुप्रयुक्त बल को प्रतिबल कहते हैं। ठोस पदार्थ में प्रतिबल धक्का एवं खिंचाव से उत्पन्न होता है। इससे विकृति प्रेरित होती है। धरातल के पदार्थों के सहारे सक्रिय बल अपरूपण प्रतिबल (विलगकारी बल) होते हैं। यही प्रतिबल शैलों एवं धरातल के पदार्थों को तोड़ता है। अपरूपण प्रतिबल का परिणाम कोणीय विस्थापन या विसर्पण/फिसलन होता है। धरातल के पदार्थ गुरुत्वाकर्षण प्रतिबल के अतिरिक्त आण्विक प्रतिबलों से भी प्रभावित होते हैं, जो कई कारकों; जैसे-तापमान में परिवर्तन, क्रिस्टलन एवं पिघलन द्वारा उत्पन्न होते हैं। रासायनिक प्रक्रियाएँ सामान्यतः कणों के बीच के बंधन को ढीला करते हैं तथा

विलेय पदार्थों को घुला देते हैं। इस प्रकार, धरातल के पदार्थों के पिंड में प्रतिबल का विकास अपक्षय, वृहत् क्षरण संचलन, अपरदन एवं निक्षेपण का मूल कारण है।

चूँकि, धरातल पर विभिन्न प्रकार के जलवायु प्रदेश मिलते हैं, इसलिए बहिर्जनिक भू-आकृतिक प्रक्रियाएँ भी एक प्रदेश से दूसरे प्रदेश में भिन्न होती हैं। तापक्रम तथा वर्षण दो महत्त्वपूर्ण जलवायवीय तत्त्व हैं, जो विभिन्न प्रक्रियाओं को नियंत्रित करते हैं।

सभी बहिर्जनिक भू-आकृतिक प्रक्रियाओं को एक सामान्य शब्दावली अनाच्छादन के अंतर्गत रखा जा सकता है। अनाच्छादन शब्द का अर्थ है-निरावृत्त करना या आवरण हटाना। अपक्षय, वृहत् क्षरण, संचलन, अपरदन, परिवहन आदि सभी इसमें सम्मिलित किए जाते हैं।

बहिर्जनिक भू-आकृतिक प्रक्रियाएँ एक क्षेत्र से दूसरे क्षेत्र में भिन्न-भिन्न होती हैं। जैसा कि स्पष्ट है कि पृथ्वी के धरातल पर तापीय प्रवणता के कारण भिन्न-भिन्न जलवायु प्रदेश स्थित हैं जोकि अक्षांशीय, मौसमी एवं जल-थल विस्तार में भिन्नता के द्वारा उत्पन्न होते हैं। तापमान एवं वर्षण जलवायु के दो महत्त्वपूर्ण घटक हैं, जोकि विभिन्न भू-आकृतिक प्रक्रियाओं को नियंत्रित करते हैं। वनस्पति का घनत्व, प्रकार एवं वितरण, जो प्रमुखतः वर्षा एवं तापक्रम पर निर्भर करते हैं, बहिर्जनिक भू-आकृतिक प्रक्रियाओं पर अप्रत्यक्ष प्रभाव डालते हैं।

(i) प्रति इकाई क्षेत्र पर अनुप्रयुक्त बल को क्या कहते हैं?

(a) प्रतिबल (b) बल
(c) 'a' और 'b' दोनों (d) गुरुत्वाकर्षण बल

उत्तर (a) प्रतिबल

(ii) किस प्रतिबल के कारण कोणीय विस्थापन या विसर्पण फिसल होता है?

(a) अपरूपण प्रतिबल (b) गुरुत्वाकर्षण बल
(c) कोरियालिस बल (d) 'a' और 'c' दोनों

उत्तर (c) कोरियालिस बल

(iii) कौन-से दो महत्त्वपूर्ण जलवायवीय तत्त्व हैं, जो विभिन्न प्रक्रिया को नियंत्रित करते हैं?

(a) तापक्रम (b) वर्षण
(c) 'a' और 'b' दोनों (d) घर्षण

उत्तर (c) 'a' और 'b' दोनों

लघु उत्तरीय प्रश्न

1. भू-आकृतिक प्रक्रियाओं से आप क्या समझते हैं?

उत्तर भूतल का विन्यास जब अंतर्जनित एवं बहिर्जनिक बलों के भौतिक दबाव और रासायनिक क्रियाओं के कारण परिवर्तित होता हैं, तो वह भू-आकृतिक प्रक्रियाओं की श्रेणी में आता हैं। अंतर्जनित बलों में ज्वालामुखी एवं पटल विरूपणी शामिल होता है। बहिर्जनिक प्रक्रियाओं में अपक्षय, अपरदन, निक्षेपण एवं वृहत् क्षरण शामिल होता हैं।

अंतर्जनित बल धरातलीय भागों को ऊपर उठाता है एवं उनका निर्माण करता है, तो बहिर्जनिक बल विभिन्न बेसिन गर्तों का भराव करता है और साथ ही भूमि का विघर्षण भी करता हैं। धरातल पर भिन्नता तब तक बनी रहती है, जब तक अंतर्जनित व बहिर्जनिक बलों में विरोधाभास चलता रहता है।

2. पटल विरूपण के अंतर्गत क्या-क्या शामिल होता है?

उत्तर पटल विरूपण के अंतर्गत वलय के द्वारा पर्वत निर्माण के साथ वे पर्वतीय प्रक्रियाएँ शामिल होती हैं, जो पर्वत निर्माण व भू-पर्पटी की लंबी व संकरी पट्टियों से प्रभावित होती हैं। महाद्वीप के रचना संबंधी धरातल के बड़े भाग के उत्थान, स्थानीय संचलन से उत्पन्न भूकंप और प्लेट के क्षैतिज संचलन से संबंधी प्लेट विवर्तनिकी/पर्वतीय प्रक्रिया आदि शामिल होती हैं। इन प्रक्रियाओं के कारण दबाव, आयतन तथा तापक्रम में परिवर्तन होता है, जो कायांतरण के लिए उत्तरदायी होता है।

3. ज्वालामुखीयता एवं ज्वालामुखी में अंतर स्पष्ट कीजिए।

उत्तर ज्वालामुखीयता से तात्पर्य ज्वालामुखी क्रिया द्वारा पिघली हुई शैलों या लावा का भूतल की ओर संचलन और उनसे अनेक आंतरिक एवं बाह्य ज्वालामुखी स्वरूपों का निर्माण सम्मिलित होता हैं। इसके विपरीत ज्वालामुखी धरातल का वह स्थान होता हैं, जहाँ से गैसें, राख, तरल चट्टानी पदार्थ और लावा पृथ्वी के धरातल पर पहुँचता है। इसके अनुसार हम देख सकते हैं कि ज्वालामुखीयता एक वृहत् एवं व्यापक शब्दावली हैं, जिसमें प्रक्रियाओं का अध्ययन होता है, जबकि ज्वालामुखी एक छिद्र होता हैं, जिससे आंतरिक पदार्थ बाह्य धरातल पर पहुँचता है।

4. अपक्षय का किसी देश की अर्थव्यवस्था में महत्त्व को रेखांकित कीजिए

उत्तर अपक्षय का किसी देश की अर्थव्यवस्था में निम्नांकित महत्त्व होता हैं

- अपक्षय मृदा निर्माण में प्रमुख भूमिका निभाता हैं, जो पेड़-पौधों के साथ-साथ जीव-जंतुओं के विकास में आवश्यक होता हैं। मृदा किसी देश की अर्थव्यवस्था का मुख्य भाग होता है, क्योंकि कृषि का सीधा संबंध मृदा से होता हैं।
- अपक्षय द्वारा निर्मित मृदा, वनस्पति एवं जैव-विविधता के लिए भी आवश्यक होता है, जिस पर कई उद्योग तथा कई समुदाय की आजीविका का भार होता है।
- अपक्षय के द्वारा कई खनिजों; जैसे—लोहा, मैंगनीज, ताँबा, एल्युमीनियम आदि के अयस्कों का संकेंद्रण व समृद्धीकरण होता है, जो देश के औद्योगिक विकास के लिए महत्त्वपूर्ण होता है।
- विभिन्न प्रकार की स्थलाकृतियों के निर्माण में भी अपरदन के साथ अपक्षय की भूमिका होती है।

5. रासायनिक अपक्षय प्रक्रिया कार्बोनेशन को स्पष्ट कीजिए।

उत्तर कार्बोनेशन कार्बोनेट एवं बाई-कार्बोनेट के खनिजों की प्रतिक्रिया का प्रतिफल है। इस प्रक्रिया में कैल्सियम कार्बोनेट एवं मैग्नीशियम कार्बोनेट बिना अवशेष छोड़े कार्बनिक एसिड में घुल जाते हैं, जो भूमिगत गुफाओं के निर्माण के लिए उत्तरदायी भी होते हैं। कार्बोनिक अम्ल का निर्माण वायुमंडलीय कार्बन डाइ-ऑक्साइड के जल में घुलने से होता है। क्रस्ट क्षेत्रों में स्थलाकृतियों का निर्माण कार्बोनेशन प्रक्रिया की भूमिका महत्त्वपूर्ण मानी जाती है।

कार्बोनेशन की प्रक्रिया में फेल्सपार तथा कार्बोनेट खनिज को पृथक् किया जाता है। इस प्रक्रिया में जल द्वारा वायुमंडल तथा मृदा वायु से कार्बन डाइ-ऑक्साइड को अवशोषित करती है।

6. भौतिक अपक्षय एवं रासायनिक अपक्षय के अंतर को स्पष्ट कीजिए

उत्तर भौतिक अपक्षय एवं रासायनिक अपक्षय के अंतर निम्नलिखित हैं–

भौतिक अपक्षय	रासायनिक अपक्षय
इसमें चट्टानों का अपघटन भौतिक/यांत्रिक क्रियाओं द्वारा होता है।	इसमें चट्टानों का विघटन रासायनिक क्रियाओं द्वारा होता है।
इससे चट्टानों के खनिज में कोई परिवर्तन नहीं होता है।	इससे चट्टानों के रासायनिक तत्त्वों में परिवर्तन होता है।
इसमें विस्तारण, भारविहीनीकरण, हिमकरण, पिघलन एवं तुषार वेजिंग जैसी क्रियाएँ होती हैं।	इसमें कार्बोनेशन, ऑक्सीकरण, जल योजन जैसी क्रियाएँ होती हैं।

7. ऑक्सीकरण से आप क्या समझते हैं?

उत्तर ऑक्सीकरण वह प्रक्रिया है, जिसमें लौह धारक खनिज ऑक्सीजन की उपस्थिति में जल के संपर्क में आने से विघटित होता है। इस प्रक्रिया में लौह, मैंगनीज, गंधक आदि शामिल होते हैं। ऑक्सीकरण के कारण लोहे का लाल रंग पीले व भूरे रंग में परिवर्तित होता है। ऑक्सीकरण में ऑक्साइड या हाइड्रोऑक्साइड के निर्माण के लिए खनिज व ऑक्सीजन के मध्य संयोग होता है। इस प्रक्रिया में ऑक्सीजन के योग के कारण शैलों में व्यवधान होता है, जिससे शैलें टूटती रहती हैं। इसके परिणामस्वरूप लौह धारक खनिज; जैसे—बायोटाइट, ओलीवाइन एवं पाइरोक्लीन प्रभावित होते हैं।

8. लवण अपक्षय से आप क्या समझते हैं? विवरण दीजिए।

उत्तर शैलों में सोडियम, कैल्सियम, मैग्नीशियम, पोटैशियम एवं बेरियम जैसे लवण उपस्थित होते हैं, जो तापीय क्रिया, क्रिस्टलीकरण एवं जलयोजन आदि के कारण फैलते हैं। इस प्रक्रिया से शैलों में कणीय विघटन एवं कणीय शल्कन होता है। लवण क्रिस्टलन प्रक्रिया में शैलों का विघटन अधिक प्रभावशाली होता है, क्योंकि इसमें निकट स्थित कण अलग हो जाते हैं। लवण क्रिस्टल की वृद्धि के कारण खड़िया, चूना पत्थर, शैल, नीस व ग्रेनाइट आसानी से टूटती हैं।

9. निक्षेपण अपरदन का परिणाम होता है, स्पष्ट कीजिए।

अथवा **"निक्षेपण वस्तुतः किसी कारक का कार्य नहीं होता है" इस कथन की पुष्टि कीजिए।** दक्षता आधारित प्रश्न

उत्तर निक्षेपण अपरदन का परिणाम होता है, क्योंकि अपरदन एक व्यापक प्रक्रिया है, जिसमें शैल व मृदा के कटाव-छटाँव के साथ-साथ उसका परिवहन भी शामिल होता है। इस प्रकार से ढाल की कमी से जब अपरदन के कारकों (नदियाँ, पवनें, लहरें, हिमानी) के वेग में कमी आती है, तो उनके साथ चल रहे अवसाद का निक्षेपण होता है। निक्षेपण के द्वारा हमेशा निम्न भू-भाग को भरा जाता है। लगातार निक्षेपण से निम्न भू-भाग में जब उठान होता है, तो पुनः अपरदन के कारकों द्वारा उसका अपरदन एवं निक्षेपण अन्य निम्न स्थानों पर किया जाता है और यह प्रक्रिया लगातार चलती रहती है।

10. मृदा एवं शैल के बीच का अंतर बताइए

उत्तर मृदा एवं शैल के बीच के अंतर निम्नलिखित हैं

मृदा	शैल
मृदा की उत्पत्ति शैलों से होती है।	शैलों का निर्माण खनिज के मिश्रण से होता है।
इसमें जैव पदार्थ ह्यूमस के रूप में होता है।	इसमें जैव और अजैव दोनों प्रकार के पदार्थ पाए जाते हैं।
इसके कण बारीक होते हैं।	शैलों के कण विभिन्न आकार के होते हैं।
मृदा धरातलीय पदार्थ होता है।	शैल धरातल पर व धरातल के अंदर भी पाए जाते हैं।

दीर्घ उत्तरीय प्रश्न

1. निम्नलिखित पर संक्षिप्त विवरण लिखिए

1. **अंतर्जनित प्रक्रियाएँ**
2. **बहिर्जनिक प्रक्रियाएँ**

उत्तर **अंतर्जनित प्रक्रियाएँ**

अंतर्जनित प्रक्रियाओं के लिए बल पृथ्वी के अंदर के रेडियोधर्मी क्रियाओं, ज्वारीय घर्षण, घूर्णन एवं आंतरिक ऊष्माओं आदि से प्राप्त होते हैं। इसमें प्रमुखतया दो बलों-पटल विरूपण और ज्वालामुखी का अध्ययन किया जाता है, जिसका विवरण निम्नलिखित है–

पटल विरूपण पटल विरूपण के अंतर्गत वे सभी प्रक्रियाएँ आती हैं, जो भू-पर्पटी को संचालित, उत्पादित और निर्मित करती हैं। इनमें निम्नलिखित तथ्यों को शामिल किया जाता है

(i) तीक्ष्ण वलयन के द्वारा पर्वत निर्माण, भू-पर्पटी की लंबी तथा संकीर्ण पट्टियों को प्रेरित करने वाली पर्वतनी प्रक्रियाएँ।
(ii) भूतल के बड़े भाग के उत्थान या विकृति में संलग्न महाद्वीप रचना संबंधी प्रक्रियाएँ।
(iii) अपेक्षाकृत छोटी स्थानीय गतिशीलता के कारण उत्पन्न भूकंप।
(iv) पर्पटी प्लेट के क्षैतिज गति करने में प्लेट विवर्तनिकी की भूमिका।

प्लेट विवर्तनिक या पर्वतनी की प्रक्रिया के अंतर्गत भू-पर्पटी वलयन के रूप में तीक्ष्णता से विकृत हो जाती है। पर्वतनी एक प्रक्रिया है, जिसके अंतर्गत पर्वत का निर्माण होता है।

महाद्वीप रचना की महाद्वीप निर्माण प्रक्रिया है।

पर्वतनी, महाद्वीप रचना, प्लेट विवर्तनिक एवं भूकंप की प्रक्रियाओं के कारण भू-पर्पटी में भ्रंश व विभंग उत्पन्न हो जाते हैं, साथ ही महाद्वीपीय रचना के कारण साधारण विकृति हो सकती है। इन प्रक्रियाओं से दबाव, आयतन एवं तापक्रम परिवर्तित हो जाते हैं। इसके परिणामस्वरूप शैलों का कायांतरण हो जाता है।

ज्वालामुखीयता जब पिघली हुई शैलों या **लावा** का भूतल की ओर संचलन होता है तथा उनसे अनेक आंतरिक तथा बाह्य ज्वालामुखी स्वरूपों का निर्माण होता है, तो इस प्रक्रिया को ज्वालामुखीयता कहते हैं।

बहिर्जनिक प्रक्रियाएँ

पृथ्वी पर बहिर्जनिक प्रक्रियाएँ आंतरिक बलों से उत्पन्न ढाल प्रवणता एवं सूर्य के द्वारा निर्धारित वायुमंडलीय ऊर्जा से बल प्राप्त करती हैं।

बहिर्जनिक प्रक्रियाओं में गुरुत्वाकर्षण बहुत ही महत्त्वपूर्ण होता है। बहिर्जनिक प्रक्रियाओं को सामान्य रूप से अनाच्छादन भी कहा जा सकता है, क्योंकि अनाच्छादन से तात्पर्य आवरण हटाना या निरावृत्त करना होता है, जिसके अंतर्गत अपक्षय, अपरदन, संचलन, वृहत् क्षरण एवं परिवहन आदि सम्मिलित होते हैं।

तापमान एवं वर्षण विभिन्न प्रक्रियाओं को नियंत्रित करते हैं, इसलिए बहिर्जनिक भू-आकृतिक प्रक्रियाएँ भिन्न-भिन्न क्षेत्रों में अलग-अलग होती हैं। ऐसा जलवायु में विभिन्नता के कारण भी होता है। इसमें अक्षांशीय स्थिति, मौसमी दशाएँ तथा जल व स्थल के विस्तार की भी भूमिका होती है।

2. वृहत् संचलन से आप क्या समझते हैं? विवरण दीजिए।

अथवा **"वृहत् संचलन में शैल मलवा, चाहे वह शुष्क हो अथवा नम, गुरुत्वाकर्षण के कारण स्वयं आधारतल हो जाते हैं"। इस कथन की पुष्टि के लिए तथ्य प्रस्तुत कीजिए।**

उत्तर गुरुत्वाकर्षण के प्रभाव के कारण जब ढाल के अनुसार शैलों का वृहत् मलबा स्थानांतरित होता है, तो वह वृहत् संचलन कहलाता है। वृहत् संचलन की गति मंद होती है, इसमें मलबा अपने साथ वायु, जल तथा हिम को भी ले जाता है। वृहत् क्षरण के लिए अपक्षय अनिवार्य नहीं होता है, लेकिन अपक्षयित पदार्थ का वृहत् संचलन अधिक तीव्र होता है। वृहत् संचलन में पदार्थों का संचलन ढाल के अनुसार गुरुत्वाकर्षण की सहायता से होता है, जिसमें ढाल प्रतिरोध करता है, तो भी ढाल का प्रतिरोध प्रभावी नहीं हो पाता है। वृहत् संचलन में कई तत्त्व सहायक होते हैं, जो निम्न हैं

- ऊपर के पदार्थों के टिके रहने के आधार की समाप्ति (प्राकृतिक व कृत्रिम साधनों द्वारा)
- ढालों की ऊँचाई एवं प्रवणता
- पदार्थों का अतिभार (प्राकृतिक व कृत्रिम भराव के कारण)
- अत्यधिक वर्षा (ढालों पर स्नेहक का कार्य करता है)
- मूल सतह से पदार्थ/भार का हटना
- भूकंप आना
- मशीनों तथा विस्फोट का कंपन
- प्राकृतिक रिसाव में तीव्रता
- नदियों, झीलों एवं जलाशयों से भारी मात्रा में जल का निष्कासन
- प्राकृतिक वनस्पति का विनाश

3. अपक्षय एवं अपरदन के मध्य अंतर का उल्लेख कीजिए

उत्तर अपक्षय एवं अपरदन के मध्य अंतर निम्नलिखित हैं

अपक्षय	अपरदन
अपक्षय की प्रक्रिया में शैलों का विघटन एवं अपघटन एक स्थिर प्रक्रिया के रूप में होता है।	अपरदन की प्रक्रिया में शैलों का विखंडन एवं स्थानांतरण एक अस्थिर प्रक्रिया के रूप में होता है।
चट्टानों का अपक्षय भौतिक, रासायनिक एवं जैविक प्रक्रियाओं द्वारा होता है।	अपरदन में चार प्रक्रियाएँ होती हैं–शैलों को उठाना, शैलों का स्थानांतरण, शैलों के स्थानांतरण के समय भूमि को खुरचना, विखंडित शैलों का निक्षेपण।
अपक्षय के निम्न कारक होते हैं–सूर्यातप, वर्षा, पाला, जीव-जंतु, पेड़-पौधे तथा रासायनिक प्रक्रियाएँ।	अपरदन के निम्न कारक होते हैं–बहता हुआ जल, हिमनदी, पवन, भूमिगत जल, सागरीय तरंगें।
अपक्षय मृदा निर्माण के लिए उत्तरदायी होता है और मृदा मानव के लिए उपयोगी संसाधन है।	अपरदन से मृदा का कटाव होता है, जिससे मृदा अनुपजाऊ हो जाती है, जो मानव के लिए अनुपयोगी होता है।
अपक्षय के अंतर्गत मौसम व जलवायु के कार्यों को शैलों के यांत्रिक विखंडन और रासायनिक अपघटन के रूप में परिभाषित किया जाता है।	अपरदन के द्वारा ही धरातल में अनवरत परिवर्तन होता है।

4. "मृदा निर्माण की प्रक्रिया एक दीर्घकालिक तथा सतत् प्रक्रिया है, जिसमें विभिन्न कारकों की भूमिका अंतर्निहित है।" कथन की समीक्षा कीजिए।

उत्तर मृदा का निर्माण या मृदाजनन सर्वप्रथम अपक्षय पर निर्भर करती है। यही अपक्षयी प्रावार ही मृदा निर्माण का मूल निवेश होता है। सर्वप्रथम अपक्षयित प्रावार या लाए गए पदार्थों के निक्षेप, बैक्टीरिया या अन्य निकृष्ट पौधे जैसे काई एवं लाइकेन द्वारा उपनिवेशित किए जाते हैं। प्रावार एवं निक्षेप के अंदर कई गौण जीव भी आश्रय प्राप्त कर लेते हैं। जीव एवं पौधे के मृत अवशेष ह्यूमस के एकत्रीकरण में आवश्यक होते हैं। प्रारंभ में गौण घास एवं फर्न्स की वृद्धि हो सकती है, बाद में पक्षियों एवं वायु द्वारा लगाए गए बीजों से वृक्ष एवं क्षाणियों में वृद्धि होने लगती हैं। पौधे की जड़ें नीचे तक घुस जाती हैं। बिल बनाने वाले जानवर कणों को ऊपर लाते हैं, जिससे पदार्थों का पुंज छिद्रमय एवं स्पंज की तरह हो जाता है। इस प्रकार जल-धारण करने की क्षमता, वायु के प्रवेश आदि के कारण अंततः परिपक्व, खनिज एवं जीव-उत्पाद मुक्त मृदा का निर्माण होता है।

मृदा निर्माण में कालावधि एक महत्त्वपूर्ण कारक है। मृदा निर्माण प्रक्रियाओं के प्रचलन में लगने वाली अवधि मृदा की परिपक्वता एवं उसके पार्श्विका का विकास निर्धारण करती है। एक मृदा तभी परिपक्व होती है, जब मृदा निर्माण की सभी प्रक्रियाएँ लम्बे काल तक पार्श्विका विकास के लिए कार्यरत् रहती हैं।

मृदा निर्माण पाँच मूल कारकों द्वारा नियंत्रित होती है, ये पाँच कारक मूल पदार्थ (शैलें), स्थलाकृति, जलवायु, जैविक क्रियाएँ तथा समय हैं।

स्वयं को जाँचें

वस्तुनिष्ठ प्रश्न

1. पृथ्वी के भीतर लागू होने वाली आंतरिक शक्तियाँ ………… हैं।

(a) बहिर्जात बल
(b) अंतर्जात बल
(c) भूमि ग्रेडिंग बल
(d) आपेक्षिक बल

2. पटल विरूपण के संबंध में कौन-सा कथन सही नहीं है?

(a) इसके अंतर्गत अपेक्षाकृत छोटी स्थानीय गतिशीलता के कारण भूकंप की उत्पत्ति
(b) ढाल की दिशा में पदार्थ का संचलन
(c) पटल विरूपण में भू-पर्पटी को संचालित करने वाली प्रक्रियाएँ शामिल हैं
(d) भूतल के बड़े भाग के उत्थान या विकृति में संलग्न महाद्वीप रचना संबंधी प्रक्रियाएँ

3. निम्नलिखित कथनों में से कौन-सा वृहत् संचलन की क्रिया के लिए प्रमुख कारक है?

(a) पदार्थों के प्राकृतिक या कृत्रिम भराव से उत्पन्न अतिभार
(b) प्राकृतिक वन का विनाश
(c) भूकंप आना
(d) उपरोक्त सभी

4. निम्नलिखित कथनों पर विचार करें

1. अपक्षय प्रक्रिया अपरदन एवं वृहत् संचलन के लिए उत्तरदायी है।
2. अपक्षय मृदा निर्माण की एक महत्त्वपूर्ण प्रक्रिया है।
3. शैलों का अपक्षय एवं निक्षेपण राष्ट्रीय अर्थव्यवस्था के लिए महत्त्वपूर्ण है।

उपरोक्त कथनों में से कौन-से कथन सही हैं?

कूट

(a) 1 और 2 (b) 2 और 3
(c) 1 और 3 (d) ये सभी

5. निम्नलिखित कथनों में से कौन-सा सही है?

1. वृहत् संचलन अपक्षयित ढलानों के बजाए अपक्षयित सामग्री पर सक्रिय है।
2. वृहत् संचलन में गुरुत्वाकर्षण शक्ति सहायक होती है।
3. वृहत् संचलन के लिए अपक्षय को अनिवार्य माना जाता है।

कूट

(a) केवल 1 (b) 2 और 3 (c) 1 और 2 (d) ये सभी

अतिलघु उत्तरीय प्रश्न

6. आंतरिक शक्तियाँ धरातल पर किस तरह का कार्य करती हैं?

7. बाह्य शक्तियों का क्या कार्य होता है?

8. भू-आकृतिक कारक से क्या तात्पर्य है?

लघु उत्तरीय प्रश्न

9. समृद्धीकरण से आप क्या समझते हैं?

10. जैविक अपक्षय किस प्रकार होता है? स्पष्ट कीजिए।

11. अंतर्जनित एवं बहिर्जनित प्रक्रियाओं को संक्षेप में समझाइए

12. "भूस्खलन, असंलग्न वृहत् का आकार एवं आकृति शैल में अनिरंतरता की प्रवृत्ति, क्षरण का अंश तथा दाल की ज्यामिति पर निर्भर करते हैं।, इस कथन की पुष्टि कीजिए।

दीर्घ उत्तरीय प्रश्न

11. भौतिक अपक्षय की प्रक्रियाओं के संदर्भ में वर्णन कीजिए

12. अपक्षय की क्रिया कितने प्रकार से होती है? शुष्क एवं ठंडे क्षेत्रों में होने वाले यांत्रिक अपक्षय की प्रक्रियाओं में अंतर स्पष्ट कीजिए

15. "मृदा निर्माण या मृदा जनन' सर्वप्रथम अपक्षय पर निर्भर करती है" इस तथ्य की पुष्टि के लिए तर्क प्रस्तुत कीजिए।

6

अध्याय

भू-आकृतियाँ तथा उनका विकास

यह अध्याय उस भू-आकृति के बारे में है, जो पानी, ग्लेशियर की हवा और लहरों जैसे विभिन्न भू-आकृति कारकों द्वारा निर्मित होती है। इन भू आकृतियों की अपनी अलग विशेषताएँ होती हैं। भू-आकृतियों के निर्माण की प्रक्रिया अधिकांश तथा धीमी ही होती है, इसलिए इनके स्वरूप निर्माण में समय लगता है।

▼ अध्ययन एक नजर में

6.1 भू-आकृति

6.2 प्रवाहित जल

6.3 भौमजल

6.4 हिमनद

▼ अभ्यास के लिए

– बहुविकल्पीय प्रश्न 33, (अभिकथन/कारण, सुमेलित कीजिए)

– वर्णनात्मक प्रकार के प्रश्न (लघु उत्तरीय प्रश्न 11, दीर्घ उत्तरीय प्रश्न 4)

– स्रोत आधारित प्रश्न 3 मानचित्र आधारित प्रश्न

पृथ्वी के धरातल का निर्माण करने वाले पदार्थों पर अपक्षय की प्रक्रिया के पश्चात् भू-आकृतिक कारक; जैसे-प्रवाहित जल, भूमिगत जल, वायु, हिमनद तथा तरंग अपरदन करते हैं। अपरदन धरातलीय स्वरूप को बदल देता है। निक्षेपण प्रक्रिया अपरदन प्रक्रिया का परिणाम है और निक्षेपण से भी धतरातलीय स्वरूप में परिवर्तन होता है। यह अध्याय भू-आकृतियों तथा उनके विकास से संबंधित है।

6.1 भू-आकृति

पृथ्वी के छोटे से मध्यम आकार के भूखंड को भू-आकृति (Landform) कहते हैं। अनेक भू-आकृतियाँ मिलकर भू-दृश्य (Landscape) का निर्माण करती हैं, जो भूतल के विस्तृत भाग हैं। भू-आकृतियों की अपनी कुछ भौतिक विशेषताएँ होती हैं, जिनका वर्णन इस प्रकार हैं

- प्रत्येक भू-आकृति की अपनी भौतिक आकृति, आकार व पदार्थ होते हैं, जिनका निर्माण भू-प्रक्रियाओं तथा उनके कारकों द्वारा होता है। अधिकतर भू-आकृतियाँ धीमी गति से कार्य करने के कारण लंबी समयावधि में अपना आकार ग्रहण कर पाती हैं।
- **वायुराशियों**[1] के ऊर्ध्वाधर अथवा क्षैतिज संचलन (Vertical and Horizontal Movements) तथा जलवायु संबंधी बदलाव के कारण भू-आकृतिक प्रक्रियाएँ स्वयं या गहनता के कारण परिवर्तित हो जाती हैं और रूपांतरित होने लगती हैं।

1 **वायुराशि** (Air Pressure) वायुखंड का वैसा भाग जिसमें तापमान एवं आर्द्रता के क्षैतिज वितरण लगभग समान होते हैं।

- भू-पर्पटी (Crust) का निर्माण करने वाले पदार्थों को अपक्षय (Weathering) की प्रक्रियाएँ विघटित कर देती हैं। इसके पश्चात् भू-आकृतिक कारक; जैसे—प्रवाहित जल (Running Water), भूमिगत जल (Groundwater), वायु (Wind), हिमनद (Glacier) एवं तरंग (Wave) अपरदन करके भू-पर्पटी का स्वरूप बदल देते हैं। निक्षेपण से भी भू-पर्पटी में बदलाव संभव है, क्योंकि निक्षेपण अपरदन का परिणाम है।

भू-आकृति का विकास

- विकास से तात्पर्य पृथ्वी की सतह के किसी एक भाग में एक भू-आकृति का दूसरी भू-आकृति में परिवर्तित होने की अवस्था से है अर्थात् प्रत्येक भू-आकृति का समय के साथ परिवर्तन हुआ है।
- कोई भी स्थल रूप या स्थालाकृति विकास की विभिन्न अवस्थाओं से गुजरती है, जिसे जीवन की युवावस्था (Youth), प्रौढ़ावस्था (Mature) एवं वृद्धावस्था (Old) के साथ तुलना कर समझा जा सकता है। किसी भी भू-आकृति का एक इतिहास रहा है, जिसके अनुसार यह कहा जा सकता है कि समय के साथ-साथ आकृति में परिवर्तन होता रहा है।
- भू-आकृतियों के एक बार बनने के बाद उनके आकार आकृति व प्रकृति में बदलाव आता है, जो भू-आकृतिक प्रक्रियाओं व कार्यकर्ताओं के लगातार धीमें अथवा तेज गति के कारक होता है।
- भू-आकृतिक विज्ञान के अंतर्गत भूतल के आकार, पदार्थों व प्रक्रियाओं, जिनसे भूतल निर्मित है, इन सभी का अध्ययन किया जाता है।

6.2 प्रवाहित जल

- प्रवाहित जल (Running Water) आर्द्र प्रदेशों में सबसे महत्त्वपूर्ण भू-आकृतिक कारक की भूमिका निभाता है, क्योंकि अत्यधिक वर्षा के कारण प्रवाहित जल धरातल के निम्नीकरण के लिए उत्तरदायी होता है। प्रवाहित जल के मुख्यतः दो तत्त्व हैं—
  (i) धरातल पर परत के रूप में फैला हुआ प्रवाह हैं।
  (ii) रैखिक प्रवाह (यह प्रवाह घाटियों में नदियों एवं सरिताओं के रूप में बहता है)
- बहते हुए जल द्वारा निर्मित अधिकांश स्थलरूप नदियों की आक्रामक युवावस्था को प्रदर्शित करते हैं। इस अवस्था में नदियाँ ढाल प्रवणता के अनुरूप अपरदन करती हैं।

प्रवाहित जल से निर्मित भू-आकृतियाँ

- प्रवाहित जल के अधिकांश भू-आकृतियाँ नदी की युवावस्था के दौरान खड़ी ढ़लानों पर बनती हैं। इस अवधि के दौरान, तेज गति से बहने वाली धाराओं द्वारा ढलान का सक्रिय क्षरण होता है।
- समय के साथ लगातार अपरदन के कारण तेज ढाल मंद पड़ जाता है तथा नदियों का वेग (Velocity) भी कम हो जाता है, परिणामस्वरूप **निक्षेपण**[2] की प्रक्रिया आरंभ होती है।
- तीव्र ढाल के अनुरूप प्रवाहित सरिताओ से कुछ निक्षेपित भू-आकृतियाँ निर्मित होती हैं, जो नदियों के मध्यम एवं मंद ढाल पर बने आकारों की अपेक्षाकृत काफी कम होती हैं।
- प्रवाहित जल द्वारा कम या ज्यादा मात्रा में बहाकर लाए गए तलछटों के कारण छोटी सरिताएँ बनती हैं। ये सरिताएँ समय के साथ लंबी एवं विस्तृत अवनलिकाओं में परिवर्तित हो जाती हैं।
- प्रवाहित जल का ढाल जितना कम होगा, उतना ही अधिक निक्षेपण होगा। जब लगातार अपरदन के कारण नदी का तल समतल हो जाता है, तब अधोमुखी कटाव कम हो जाता है और तटों की ओर पार्श्व अपरदन बढ़ जाता है। इस संपूर्ण प्रक्रिया के परिणामस्वरूप पहाड़ियाँ और घाटियाँ समतल मैदानों में परिवर्तित हो जाती हैं।
- **स्थलगत प्रवाह** (Overland Flow) के कारण परत **अपरदन**[3] होता है, जो भूमि की अनियमितताओं के आधार पर संकीर्ण एवं विस्तृत मार्गों में हो सकता है।
- बहते जल में एक घर्षण विकसित हो जाता है, जिसके कारण सतह से सामग्री की छोटी-बडी मात्रा प्रवाह की दिशा से हट जाती है, जिसके परिणामस्वरूप एक नाले का निर्माण होता है।
- नालियाँ लंबी और चौडी नालियों में विकसित होती हैं। नालियों की गहराई, चौडाई और लंबाई में वृद्धि होने से घाटी का निर्माण होता है।

---

2 **निक्षेपण** यह एक ऊष्मागतिक प्रक्रिया है जिसमें कोई गैस, ठोस बन जाती है।

3 **परत अपरदन** वर्षा जल की बूदों एवं जल बहाव के कारण ऊपरी मृदा से एक समान रूप से पतली परतों के रूप से पतली परतों के रूप में मृदा का कटाव एवं अलगाव परत अपरदन कहलाता है।

बहते जल स्थलरूपों के विकास के चरण

प्रवाहित जल से निर्मित प्रत्येक अवस्था की स्थलस्वरूप संबंधी विशेषताओं का वर्णन निम्न प्रकार है—

युवावस्था

- युवावस्था (Youth) में नदियों की संख्या बहुत कम पाई जाती है। इस अवस्था में नदियाँ V-आकार की उथली घाटी का निर्माण करती हैं। इस अवस्था में बाढ़ के मैदान लगभग अनुपस्थित रहते हैं तथा मुख्य नदी के सहारे संकरे बाढ़ के मैदान पाए जाते हैं। जल विभाजक समतल एवं विस्तृत होते हैं, जिसमें दलदल व झीलें होती हैं।
- ऊँचे समतल धरातल पर नदी विसर्प (Stream Meander) का निर्माण होता है। ये विसर्प ऊँचे धरातलों की तली में निम्न कटाव करते हुए गहराई में बढ़ते जाते हैं। रास्ते में जिस स्थान पर अनावरित एवं कठोर चट्टानें मिलती हैं, वहाँ पर **क्षिप्रिकाएँ**[4] (Rapids) एवं जलप्रपात का विकास होता है।

प्रौढावस्था

- इस अवस्था में नदी में सहायक नदियों के मिलने से जल की मात्रा बढ़ जाती है। प्रौढ़ावस्था (Mature) में नदियाँ V-आकार की गहरी घाटी का निर्माण करती हैं।
- मुख्य नदी के व्यापक और विस्तृत होने के कारण इस अवधि में विस्तृत बाढ़ के मैदान पाए जाते हैं, जिनमें घाटी के अंदर ही नदियाँ विसर्प बनाती हुई प्रवाहित होती हैं। इस युवावस्था में निर्मित समतल, विस्तृत व अंतर नदीय दलदली क्षेत्र लुप्त हो जाते हैं साथ ही नदी विभाजक स्पष्ट दिखाई देते हैं तथा क्षिप्रिकाएँ एवं जलप्रपात लुप्त हो जाते हैं।

वृद्धावस्था

- इस अवस्था में ढाल अपेक्षाकृत मंद हो जाते हैं साथ ही छोटी सहायक नदियों की संख्या में भी कमी आती है। नदियाँ स्वतंत्र रूप से विस्तृत बाढ़ के मैदानों में बहती हुई नदी विसर्प, प्राकृतिक तटबंध (Natural Levees), गोखुर झील (Oxbow Lakes) जैसी स्थलाकृति का निर्माण करती हैं।
- जल विभाजक अधिक बड़े एवं समतल होते हैं तथा वहाँ पर झीलों एवं दलदल की अधिकता पाई जाती है। अधिकांश स्थल समुद्रतल के बराबर अथवा उससे कुछ ऊँचे दिखाई पड़ते हैं।

▲ होगनेक (धर्मपुरी) के समीप गॉर्ज के रूप में कावेरी नदी की घाटी

प्रवाहित जल का अपरदित स्थलरूप घाटियाँ

- घाटियाँ शुरू में संकीर्ण (Narrow) एवं छोटी-छोटी क्षुद्र सरिताओं से बनती हैं। धीरे-धीरे ये क्षुद्र सरिताएँ लंबी तथा विस्तृत **अवनलिकाओं**[5] (Gullies) में विकसित हो जाती हैं। ये अवनलिकाएँ समय के साथ गहरी हो जाती हैं तथा चौड़ी एवं लंबी होकर घाटियों का रूप धारण कर लेती हैं।
- ये घाटियाँ लंबाई, चौड़ाई तथा आकृति के आधार पर V-आकार घाटी, गॉर्ज और कैनियन आदि में विभाजित की जा सकती हैं।
- गॉर्ज एक गहरी संकीर्ण घाटी है, जिसके दोनों किनारे तीव्र ढाल वाले होते हैं।
- कैनियन के पार्श्व भी तीव्र ढाल वाले होते हैं तथा यह गॉर्ज की तरह ही गहरी भी होती हैं, लेकिन गॉर्ज की चौड़ाई इसके तल तथा ऊपरी भाग में लगभग एक समान होती है, जबकि कैनियन के तल की अपेक्षा ऊपरी भाग अधिक चौड़ा होता है। वास्तव में कैनियन गॉर्ज का ही दूसरा रूप है।
- चट्टानों के प्रकार तथा संरचना पर घाटी का प्रकार निर्भर करता है; जैसे—कैनियन का निर्माण अवसादी चट्टानों में क्षैतिज स्तरण के पाए जाने से होता है तथा गॉर्ज का निर्माण कठोर चट्टानों में होता है।

---

4 **क्षिप्रिकाएँ** नदी के मार्ग का वह हिस्सा है, जहाँ किसी अवरोध के कारण ढाल सामान्य की अपेक्षा तीव्र होता है, जल का प्रवाह अत्याधिक तीव्र होता है।

5 **अवनलिकाएँ** जल प्रवाह के कारण ढलान वाली जमीन पर बनने वाले गड्ढों को अवनलिका कहते हैं।

जलगर्तिका व अवनमित कुंड

- पर्वतीय क्षेत्रों में नदी तल में अपरदित छोटे चट्टानी टुकड़े छोटे गर्तों में फँसकर वृत्ताकार रूप में घूमते हैं, जिसे **जलगर्तिका**[6] (Potholes) कहते हैं। छोटे तथा उथले गर्तों के बन जाने के पश्चात् कंकड़, पत्थर तथा **गोलाश्म**[7] (Boulders) इन गर्तों में जमा हो जाते हैं तथा प्रवाहित जल के साथ घूमने लगते हैं, जिससे समय के साथ इन गर्तों के आकार में वृद्धि होने लगती है। कुछ समय पश्चात् ये गर्त आपस में मिल जाते हैं, जिसके परिणामस्वरूप नदी घाटी गहरी होती जाती है।
- जलप्रपात के तल में भी गहरे तथा बड़े जलगर्तिका का निर्माण होता है, जो जल की ऊँचाई से गिरने तथा उनमें शिलाखंडों के वृत्ताकार घूमने के कारण निर्मित होता है। जलप्रपातों के तल में इस प्रकार के बड़े तथा गहरे कुंड को **अवनमित कुंड** (Plunge Pools) कहते हैं। ये कुंड भी घाटियों को गहरा करने में सहायक होते हैं तथा अन्य स्थलरूपों की तरह जलप्रपात का ऊपरी तल धीरे-धीरे तल के बराबर हो जाता है।

▲ संयुक्त राज्य अमेरिका में कोलोरेडो का गभीरीभूत विसर्प लूप, जो इसकी घाटी के कैनियन जैसे सोपान सदृश्य पार्श्वीय ढाल दर्शाता है।

अध:कर्तित विसर्प या गभीरीभूत विसर्प

- नदियाँ तेज गति से बढ़ती हुई ढालों की तीव्रता के अनुरूप अपने तल पर अपरदन करती हैं। तीव्र ढालों की अपेक्षा मंद ढालों पर पार्श्व अपरदन अधिक होता है।
- इस प्रकार मंद ढालों के कारण क्षैतिज अपरदन अधिक होता है, फलस्वरूप नदियाँ वक्रित होकर विसर्प का निर्माण करती हैं।
- प्राय: बाढ़ के मैदानों व डेल्टा के मैदानों पर नदी विसर्प पाए जाते हैं, क्योंकि इन क्षेत्रों में नदियों की ढालें काफी मंद होती हैं। कठोर चट्टानों में गहरे तथा विस्तृत विसर्प मिलते हैं। ये विसर्प **अध:कर्तित विसर्प** (Incised Meanders) अथवा **गभीरीभूत विसर्प** (Entrenched Meanders) कहलाते हैं।

नदी वेदिकाएँ

- पुरानी नदी घाटियों के तलों के चिह्न या आरंभिक बाढ़ के मैदान को नदी वेदिका (River Terraces) के नाम से जाना जाता है। नदी वेदिकाएँ जलोढ़ रहित मूल चट्टानों के धरातल या नदियों के तल हैं, जो निक्षेपित जलोढ़ वेदिकाओं के रूप में पाए जाते हैं। अलग-अलग ऊँचाइयों पर अनेक वेदिकाएँ होती हैं, जो आरंभिक नदी जल स्तर को दर्शाती हैं। जब नदी वेदिकाएँ नदी के दोनों ओर समान ऊँचाई वाली हों, तो इन्हें **युग्म वेदिकाएँ** (Paired Terraces) कहते हैं।
- जब वेदिकाएँ केवल एक तरफ दिखाई देती हैं और दूसरी तरफ कोई वेदिका नहीं होती है या भिन्न ऊँचाई पर होती है तब उन्हें अयुग्मित वेदिका कहा जाता है।

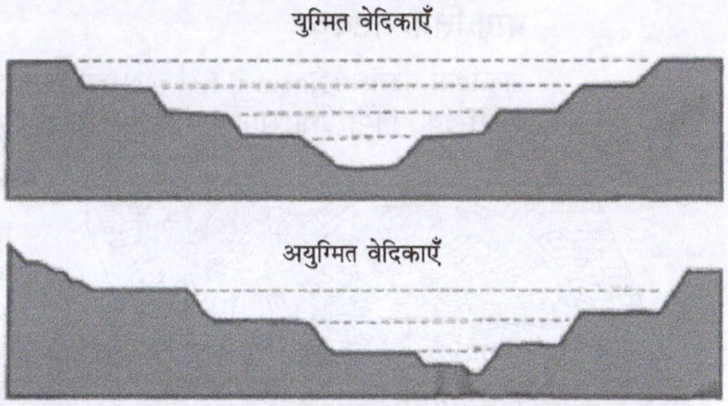

प्रवाहित जल का निक्षेपित स्थलरूप

जलोढ़ पंख

- जलोढ़ पंख का निर्माण नदी के उच्च ढलानों से प्रवाहित होकर गिरिपद एवं मंद ढाल वाले मैदानों में प्रवेश करने पर होता है। प्राय: पहाड़ी क्षेत्रों में बहने वाली नदियाँ भारी व स्थूल आकार के नद्य-भार को वहन करती हैं। जब नदियाँ इस भार को मंद ढालों पर प्रवाहित करने में असमर्थ हो जाती हैं, तो ये शंकु (Cone) के आकार में निक्षेपित हो जाती हैं, जिसे **जलोढ़ पंख** (Alluvial Fans) कहते हैं।

▲ अमरनाथ, जम्मू तथा कश्मीर के मार्ग में एक पहाड़ी सरिता द्वारा निक्षेपित जलोढ़ पंख

- जो नदियाँ जलोढ़ पंखों से होकर बहती हैं, वे सामान्यत: अपने वास्तविक मार्ग पर अधिक दूर तक प्रवाहित नहीं होती, बल्कि अपना मार्ग परिवर्तित कर लेती हैं तथा अनेक शाखाओं में विभाजित हो जाती हैं, जिन्हें **जलवितरिकाएँ** (Distributaries) कहते हैं। अधिकांशत: आर्द्र क्षेत्रों में जलोढ़ पंख प्राय: निम्न शंकु की आकृति और शीर्ष से पाद तक कम ढाल वाले होते हैं। शुष्क और अर्द्ध-शुष्क जलवायु प्रदेशों में जलोढ़ पंख तीव्र ढाल वाले तथा उच्च शंकु वाले होते हैं।

---

6 **जलगर्तिका** नदी द्वारा निर्मित एक अपरदनात्मक स्थलरूप, है जिसमें नदी में गोल-गोल छेद जैसी आकृतियाँ निर्मित हो जाती है।

7 **गोलाश्म** यह चट्टान का एक बड़ा टुकड़ा जिसका व्यास 10.1 इंच अधिक होता है।

डेल्टा

- **डेल्टा**[8] जलोढ़ पंखों के समान ही होते हैं, परंतु इनके विकसित होने का स्थान भिन्न होता है।
- ये प्राय: नदी के मुख द्वार पर ही बनते हैं।
- नदी अपने साथ लाए हुए अवसादों को समुद्री तटों पर निक्षेपित कर देती है। यदि इन अवसादों को समुद्र में दूर तक नहीं ले जाया जाता, तो ये तट के साथ ही शंकु रूप में एक साथ फैल जाते हैं।
- डेल्टा में मोटे पदार्थ तट के समीप व गाद जैसे सूक्ष्म कण दूर तक एकत्र हो जाते हैं। जैसे-जैसे डेल्टा के आकार में वृद्धि होती है, नदी वितरिकाओं की लंबाई बढ़ती जाती है तथा डेल्टा समुद्र के अंदर तक बढ़ता रहता है।

बाढ़-मैदान

- जिस प्रकार घाटियों का निर्माण अपरदन से होता है उसी प्रकार बाढ़ के मैदान का निर्माण निक्षेपण से होता है। अत: बाढ़ के मैदान नदी निक्षेपण के मुख्य स्थलरूप हैं।
- जब नदी तीव्र ढाल से मंद ढाल में प्रवेश करती है, तो विशाल आकार के पदार्थ पहले ही निक्षेपित हो जाते हैं, जबकि रेत, चीका मिट्टी तथा गाद जैसे सूक्ष्म पदार्थ मंद ढालों पर प्रवाहित होने वाली धीमी गति वाली जल धाराओं में मिलते हैं तथा जब बाढ़ आने पर जल नदी के तटों पर फैल जाता है, तो ये उस तल पर एकत्र हो जाते हैं।
- नदियों के निक्षेप से निर्मित ऐसे तल को **सक्रिय बाढ़ का मैदान** कहते हैं तथा जो तलों से ऊँचाई पर निर्मित होते हैं उन्हें **असक्रिय बाढ़ के मैदान** कहते हैं। असक्रिय बाढ़ के मैदान दो प्रकार के निक्षेपों—बाढ़ निक्षेप तथा सरिता निक्षेप से बने होते हैं।
- प्राय: मैदानी क्षेत्रों में नदियाँ क्षैतिज दिशा में अपना मार्ग परिवर्तित करती हैं, जिसके परिणामस्वरूप कटे हुए मार्ग समय के साथ भर जाते हैं। बाढ़ मैदान के ऐसे क्षेत्र जो नदियों के कटे हुए या छूटे हुए भाग हैं उनमें स्थूल पदार्थों के जमाव होते हैं। ऐसे जमाव जो बाढ़ के पानी फैलाने से बनते हैं, अपेक्षाकृत महीन कणों-चिकनी मिट्टी गाद आदि के होते हैं। इस प्रकार के जो मैदान डेल्टाई क्षेत्रों में बनते हैं, उन्हें **डेल्टा का मैदान** (Plain of Delta) कहा जाता है।

प्राकृतिक तटबंध

प्राकृतिक तटबंध (Natural Levees) का निर्माण बड़ी नदियों के किनारे पर होता है। ये तटबंध नदियों के किनारों में स्थूल पदार्थों के रैखिक, निम्न तथा समानांतर कटक के रूप में उपस्थित होते हैं, जो कई स्थानों पर कटे हुए होते हैं।

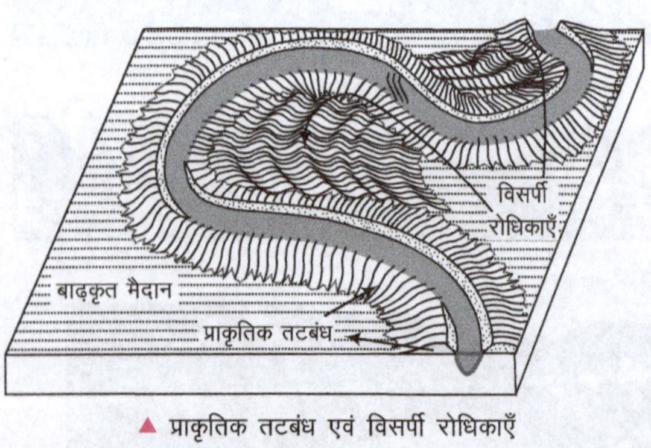

▲ प्राकृतिक तटबंध एवं विसर्पी रोधिकाएँ

विसर्पी रोधिका

- विसर्पी रोधिका (Meander Bars) को **नदी रोधिका** (Point Bar) के नाम से भी जाना जाता है। ये विशाल नदी विसर्पों के अवतल ढालों पर बनी होती हैं। इन रोधिकाओं का निर्माण बहते हुए जल द्वारा लाए गए तलछटों (Sedimentary) के नदी किनारों पर निक्षेपण से होता है। इसके अवसाद मिश्रित आकार के होते हैं तथा इसकी चौड़ाई एवं परिच्छेदिका (Profile) लगभग एक समान ही होती हैं।

नदी विसर्प

विसर्प (Meanders) का निर्माण उस स्थिति में होता है, जब डेल्टाई एवं बाढ़ के मैदानों पर लूप की तरह चैनल विकसित होते हैं। विसर्प कोई स्थलरूप नहीं हैं, बल्कि एक चैनल प्रारूप है। नदी विसर्प का निर्माण निम्नलिखित कारणों से होता है

- मंद ढालों पर प्रवाहित जल द्वारा क्षैतिज अथवा पार्श्विक कटाव करने की प्रवृत्ति का होना।
- जलोढ़ का तटों पर अनियमित व असंगठित जमाव या निक्षेपण, जिससे जल के दबाव का नदी पार्श्वों पर बढ़ना।
- कोरिओलिस प्रभाव से प्रवाहित जल का विक्षेपण
- चैनल का ढाल अत्यधिक कम हो जाने पर नदी में भी जल का प्रवाह धीमा हो जाता है और पार्श्वों का अपरदन अधिक होता हैं। नदी तटों पर अनियमितताएँ अल्प मात्रा में होने पर भी धीरे-धीरे मोड़ों के रूप में परिवर्तित हो जाती हैं।

---

8 डेल्टा (Delta) जब नदी समुद्रतटवर्ती मुहानों पर एक भाग में न बहकर कई भागों में बहने लगती है, उसे डेल्टा कहते हैं।

- सामान्यत: बड़ी नदियों के विसर्प में अवतल तटों पर सक्रिय निक्षेपण होते हैं तथा उत्तल तटों पर अधोमुखी (Undercutting) कटाव होते हैं। अवतल किनारे वाले कटाव अत्यधिक अपरदन से **तीव्र कगार** (Steep Cliff) के रूप में रूपांतरित हो जाते हैं। उत्तल तटों के ढाल मंद हो जाते हैं और विसर्पो के गहरे छल्ले के रूप में विकसित हो जाने के कारण ये आंतरिक भागों पर अपरदन के कारण कट जाते हैं, जिससे **गोखुर झील** (Ox-bow Lake) का निर्माण होता है।

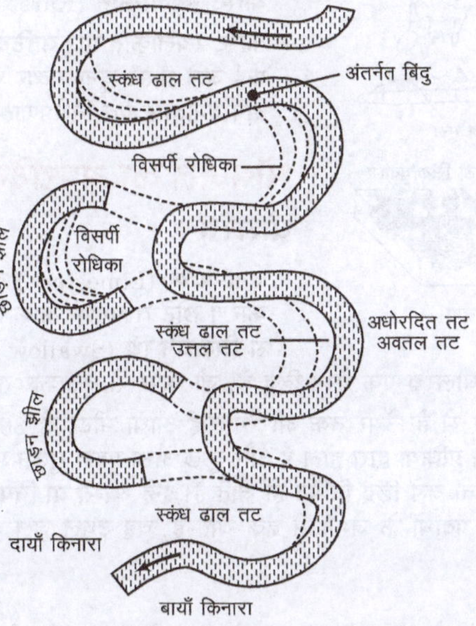

▲ विसर्प वृद्धि एवं छाड़न लूप तथा स्कंध ढाल एवं अधोरदित तट

चेक प्वॉइंट 1

1. भू-पर्पटी का निर्माण करने वाले पदार्थों को कौन-सी प्रक्रियाएँ विघटित कर देती हैं?
2. जब गतिमान जल किसी ऊँचे भागों से नीचे गिरता है, तो क्या कहलाता है?
3. प्रौढ़ावस्था में नदियाँ किस आकार की गहरी घाटी का निर्माण करती हैं?
4. गोखुर झील जैसी स्थलाकृति का विकास कहाँ होता हैं?

6.3 भौमजल

भौमजल (Groundwater) का वर्णन यहाँ अपरदन के कारक के रूप में किया गया है, जिसके द्वारा विभिन्न प्रकार की स्थलाकृतियों का निर्माण होता है। यदि चट्टानें पारगम्य, कम सघन, अत्यधिक जोड़ों/संधियों व दरारों वाली हों, तो धरातल पर प्रवाहित जल का अंत:स्रवण सुगमता से हो जाता है। पृथ्वी के आंतरिक भाग में जाने के बाद जल धरातल के नीचे चट्टानों की संधियों, छिद्रों व संस्तरण तल से होकर क्षैतिज अवस्था में प्रवाह प्रारंभ करता है। जल का यह क्षैतिज व ऊर्ध्वाधर प्रवाह ही चट्टानों के अपरदन का कारण होता है।

भौमजल स्थलाकृति के क्षेत्र

- भौमजल में पदार्थों के परिवहन द्वारा बने स्थलरूप महत्त्वहीन होते हैं। इसलिए भौमजल का कार्य सभी प्रकार की चट्टानों में नहीं देखा जा सकता, परंतु ऐसी चट्टानें; जैसे— चूना-पत्थर या डोलोमाइट, जिसमें मुख्यत: कैल्शियम कार्बोनेट पाया जाता है, उनमें धरातलीय व भौमजल रासायनिक प्रक्रिया द्वारा अनेक स्थलरूपों का विकास करते हैं।
- ये स्थलरूप रासायनिक प्रक्रिया के परिणामस्वरूप घोलीकरण व अवक्षेपण बनते हैं। ये दो प्रक्रियाएँ घोलीकरण व अवक्षेपण या तो चूना-पत्थर व डोलोमाइट चट्टानों में अलग से या अन्य चट्टानों के साथ सम्मिलित रूप में पाई जाती हैं।

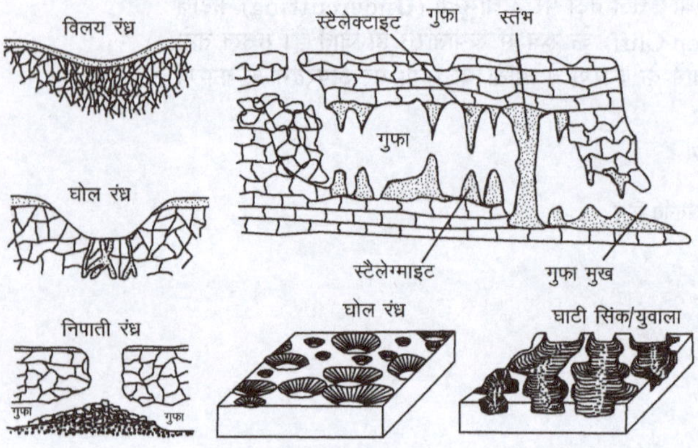

▲ कार्स्ट स्थलाकृति के विभिन्न रूपों का परिच्छेद चित्रण

कार्स्ट स्थलाकृति का निर्माण

- चूना-पत्थर अथवा डोलोमाइट चट्टानों वाले क्षेत्रों में भूमिगत जल से घुलन प्रक्रिया तथा उसके निक्षेपण प्रक्रिया से निर्मित स्थलाकृति को **कार्स्ट स्थलाकृति** (Karst Topography) कहते हैं।
- कार्स्ट स्थलाकृति **एड्रियाटिक सागर** के साथ **बालकन कार्स्ट** प्रदेश में पाई जाने वाली चूना-पत्थर पर विकसित स्थलाकृतियों पर आधारित है। अपरदनात्मक एवं निक्षेपणात्मक कार्स्ट स्थलाकृतियों की विशेषताएँ हैं।

भौमजल का अपरदित स्थलरूप

घोलरंध्र

- चूना-पत्थर (Limestone) वाली चट्टानों की सतह पर घुलन क्रिया के कारण छोटे व मध्यम आकार के छोटे घोल गर्त बनते हैं, जिनके विलय से **विलयन रंध्र** (Swallow Holes) का निर्माण होता है। कार्स्ट क्षेत्रों में घोलरंध्र की अधिकता पाई जाती है। घोलरंध्र एक ऐसा छिद्र है, जो ऊपर से वृत्ताकार तथा नीचे कीप के आकार का होता है।
- इनका क्षेत्रीय विस्तार कुछ वर्ग मीटर से हेक्टेयर तक और गहराई आधा मीटर से 30 मी अथवा उससे ज्यादा भी हो सकती है। कुछ घोलरंध्रों का निर्माण केवल घुलन प्रक्रिया द्वारा होता है और कुछ अन्य पहले घुलन प्रक्रिया द्वारा बनते हैं, यदि घोलरंध्रों के नीचे बनी कंदराओं की छत ध्वस्त हो जाए तो बड़े छिद्र निर्मित हो जाते हैं। इन्हें **ध्वस्त या निपात रंध्र** (Collapse Sinks) कहा जाता है। अधिकांश घोलरंध्र ऊपर से अपरदित पदार्थों के जमने से ढक जाते हैं, वह उथले जल कुंड जैसे दिखते हैं।

डोलाइन

- डोलाइन (Dolines) ध्वस्त घोलरंध्र हैं। घोलरंध्रों की संख्या अधिक जबकि ध्वस्तरंध्रों की कम होती है। प्रायः धरातलीय प्रवाहित जल घोलरंध्रों तथा विलयन रंध्रों से बहता हुआ अतः भौमिक नदी के रूप में विलीन हो जाता है। फिर कुछ दूरी तय करने के बाद किसी कंदरा से भूमिगत नदी के रूप में निकल आता है।

घाटी रंध्र

स्खलन होने पर कंदराओं की छत गिर जाती है, जिससे घोलरंध्र एवं डोलाइन आपस में मिल जाते हैं। यहाँ पर एक विस्तृत, लंबी एवं तंग खाई का निर्माण होता है, जिसे **घाटी रंध्र** (Valley Sinks) या **युवाला** (Uvalas) कहा जाता है।

लेपीस

- समय के साथ चूना-युक्त चट्टानों के अधिकांश भाग इन गर्तों व खाइयों में अपरदित होकर चले जाते हैं ये पूरे-क्षेत्रों में अत्यधिक अनियमित, पतले तथा नुकीले कटक शेष रह जाते हैं, इन्हें **लेपीस** (Lapies) कहा जाता है।
- इनका निर्माण चट्टानी संधियों के बलन प्रक्रिया के पश्चात् होता है। यही लेपीस कभी-कभी विस्तृत क्षेत्रों में समतल चूना-युक्त चबूतरों का निर्माण करते हैं।

कंदराएँ

- ऐसे प्रदेश जहाँ पर चट्टानों के एकांतर संस्तर (शैल, बालू पत्थर व क्वार्ट्ज़ाइट) हों तथा इनके मध्य में यदि चूना-पत्थर तथा डोलोमाइट चट्टानें हों अथवा सघन चूना-पत्थर वाली चट्टानों के संस्तर हो तो वहाँ मुख्य रूप से कंदराएँ (Caves) निर्मित होती हैं। जल दरारों व संधियों से रिसकर शैल संस्तरणों के क्षैतिज दिशा में प्रवाहित होता है।
- इसी संस्तरण के सहारे चूना-पत्थर घुलते हैं, जिसके कारण लंबे तथा तंग विस्तृत रिक्त स्थानों का निर्माण होता है, जिन्हें कंदराएँ कहते हैं।
- विभिन्न स्तरों पर बनने वाली कंदराओं का जाल चूना-युक्त चट्टानों के तल एवं उनके बीच संस्तरित चट्टानों पर निर्भर करता है। अधिकांशतः कंदराओं का एक मुख खुला होता है, जिससे नदियाँ बाहर निकलती हैं। जब कंदराओं के दोनों सिरे खुले हों तो, उन्हें **सुरंग** (Tunnels) कहते हैं।

भौमजल का निक्षेपित स्थलरूप

- अधिकांश निक्षेपित स्थलरूप (Depositional Landforms) कंदराओं के अंदर ही निर्मित होते हैं।
- चूना-पत्थर चट्टानों में प्रमुख रसायन कैल्शियम कार्बोनेट होता है, जो कार्बनयुक्त जल (वर्षा जल में घुला हुआ कार्बन) में शीघ्रता से घुल जाता है।
- इस जल के वाष्पीकरण हो जाने के कारण, इसमें घुले हुए कैल्शियम कार्बोनेट का निक्षेपण हो जाता है अथवा कैल्शियम कार्बोनेट वाष्पीकरण के साथ ही कार्बन डाइ-ऑक्साइड गैस मुक्त हो जाती है।

स्टैलेक्टाइट

चूना-पत्थर के क्षेत्रों में हिमस्तंभों के समान मोटे लटकते हुए स्थलाकृति को स्टैलेक्टाइट (Stalactites) कहा जाता है। सामान्यत: ये कंदरा की छत या आधार के पास मोटे एवं अपने अंतिम छोर पर पतले होते हैं, जो अनेक आकारों में दिखाई देते हैं।

स्टैलेग्माइट

इसका निर्माण कंदराओं की छत से धरातल पर टपकने वाले चूना-युक्त जल के द्वारा होता है। यह कंदराओं के फर्श से ऊपर की तरफ बढ़ते हैं। स्टैलेक्टाइट के ठीक नीचे **स्टैलेग्माइट** (Stalagmites) का निर्माण पतले पाइप की आकृति में होता है।

- स्टैलेग्माइट स्तंभ की तरह दिखते हैं, कभी-कभी यह एक डिस्क की तरह दिखता है, जो चिकनी, उभरी हुई छोरों वाली गोल होती है। कभी-कभी यह गढ्ढे वाली आकृति का रूप ले लेता है।

कंदरा स्तंभ

- विभिन्न मोटाई वाले स्टैलेग्माइट तथा स्टैलेक्टाइट के आपस में मिलने से कंदरा स्तंभ का निर्माण होता है। जब स्टैलेग्माइट एक स्तंभ के एक चपटी तश्तरीनुमा आकार में या समतल अथवा क्रेटरनुमा (Miniature Crater) गड्ढे के आकार में विकसित हो जाते हैं, तो भी स्तंभ या कंदरा स्तंभ (Column Pillar) का निर्माण होता है।

चेक प्वॉइंट 2

1. भूजल, भू-आकृतियाँ किस प्रकार के क्षेत्रों में पाई जाती हैं।
2. उन दो प्रक्रियाओं के नाम बताइए जिनके द्वारा चूना पत्थर की चट्टानों पर भू-आकृतियाँ विकसित होती हैं।
3. डोलिन में घोलरंध्रों की संख्या अधिक जबकि ध्वस्तरंध्रों की संख्या .... होती है।
4. स्टैलेग्माइट किस प्रकार की संरचना की तरह दिखते हैं?

6.4 हिमनद

- पृथ्वी की सतह पर परत के रूप में हिम प्रवाह अथवा पर्वतीय ढालों से घाटियों में रैखिक प्रवाह के रूप में प्रवाहित हिम संहति को हिमनद (Glacier) कहते हैं। जब वृहत् समतल क्षेत्र पर हिम परत के रूप में फैले हों, तो उसे **महाद्वीपीय हिमनद** या **गिरिपद हिमनद** कहते हैं।
- घाटी हिमनद तथा पर्वतीय हिमनद (Mountain Glacier) वे हिमनद हैं, जो पर्वतीय ढालों पर प्रवाहित होते हैं। जल के विपरीत हिमनद का प्रवाह बहुत मंद होता है।
- प्रतिदिन ये हिमनद कुछ सेंटीमीटर या इससे कम कुछ मीटर तक प्रवाहित हो सकते हैं।
- हिमनद मुख्य रूप से गुरुत्व बल के कारण गतिशील होते हैं। इनके द्वारा तीव्र अपरदन होता है, क्योंकि इसके भार से घर्षण उत्पन्न होता है।
- हिमनद द्वारा अपरदित चट्टानी पदार्थ इसके तल में ही इसके साथ चले जाते हैं अथवा घाटी के पार्श्वों पर अपघर्षण व घर्षण द्वारा अत्यधिक अपरदन करते हैं, जिसके परिणामस्वरूप ऊँचे पर्वत, छोटी पहाड़ियों तथा समतल मैदानों में रूपांतरित हो जाते हैं।

भारत के हिमनद

भारत में अनेक हिमनद पाए जाते हैं, जो हिमालय पर्वतीय ढालों से घाटी में बहते हैं। उत्तराखंड, हिमाचल प्रदेश व जम्मू-कश्मीर के उच्च प्रदेशों में हिमनद पाए जाते हैं।

भागीरथी नदी का उद्गम गंगोत्री हिमनद का अग्रभाग (गोमुख) है।

अलकापुरी हिमनद से अलकनंदा नदी निकलती है। देवप्रयाग में अलकनंदा तथा भागीरथी आपस में मिलती हैं, इसी मिलन स्थल से गंगा प्रारंभ होती है।

हिमनद का अपरदित स्थलरूप

सर्क

- सर्क (Cirque) एक महत्त्वपूर्ण अपरदनात्मक स्थलाकृति है, जो हिमानीकृत पर्वतीय भागों में हिमनद द्वारा उत्पन्न की जाती है।
- अधिकांश सर्क हिमनद घाटियों के शीर्ष पर पाए जाते हैं। नीचे आती हुई सर्क को पर्वतीय क्षेत्रों में एकत्रित हिम द्वारा काटा जाता है।
- सर्क गहरे, लंबे व चौड़े गर्त के रूप में पाए जाते हैं, इनकी दीवार अवतल या तीव्र ढाल वाली सीधी होती है।
- हिमनद के पिघलने पर जल से भरी झील भी प्रायः इन गर्तों में दिखने लगती है, इसलिए इन्हें **सर्क झील** (Cirque Lake) अथवा **टार्न झील** (Tarn Lake) कहा जाता है। जहाँ पर दो या दो से अधिक सर्क आपस में मिलते हैं, वह स्थल सीढ़ीनुमा क्रम जैसा दिखता है।

हॉर्न या गिरिश्रृंग और सिरेटेड कटक

- हॉर्न का निर्माण सर्क के शीर्ष पर अपरदन के फलस्वरूप होता है। तीन या इससे अधिक विकीर्णित हिमनद शीर्ष पर निरंतर अपरदन के कारण एक नुकीली चोटी बनाते हैं, जिसे हॉर्न (Horn) कहा जाता है।
- एरीट्स में तीव्र शिखा और जिग-जैग प्रकार की रूप रेखा होती है।

Mind Map

भू-आकृतियाँ और उनका विकास

1 प्रवाहित जल द्वारा निर्मित स्थलरूप

- प्रवाहित जल एक महत्त्वपूर्ण भू-आकृति कारक है।
- युवावस्था, प्रौढ़ावस्था और वृद्धावस्था स्थलाकृति विकास की अवस्थाएँ हैं।

संबंधित प्रक्रियाएँ

शीट अपरदन, नदी जल द्वारा नीचे की ओर कटाव, पार्श्व अपरदन।

अपरदित स्थलरूप

- **घाटियाँ** जलगर्तिका तथा अवनमित कुंड
- अधः कर्तित विसर्प या गभीरी भूत विसर्प
- नदी वेदिकाएँ

घाटियाँ

निक्षेपित स्थलरूप

- जलोढ़ पंख
- डेल्टा
- बाढ़ मैदान
- प्राकृतिक तटबंध
- विसर्पी रोधिका

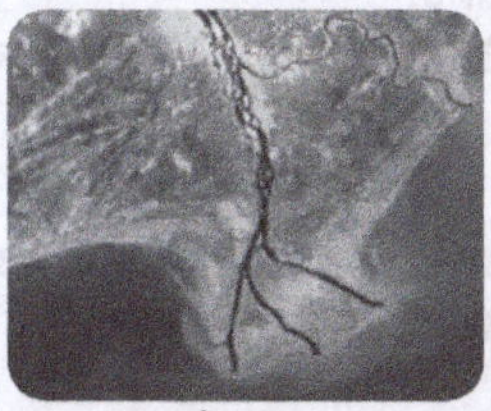

डेल्टा

2 भौम जल स्थलरूप

भौम जल एक सक्रिय कारक है, जो उन क्षेत्रों में प्रभावी होता है, जहाँ चट्टानें पारगम्य होती हैं।

संबंधित प्रक्रियाएँ

- रासायनिक प्रक्रियाएँ; जैसे-कार्बोनेशन, घुलन या चोलीकरण अवक्षेपण इत्यादि

अपरदित स्थलरूप

- घोल रंध्र
- कुंड
- डोलाइन
- घाटी रंध्र
- लैपीज
- गुफाएँ

निक्षेपित स्थलरूप

- स्टैलैग्माइट
- स्टैलेक्टाइट
- स्तंभ एवं खंभे

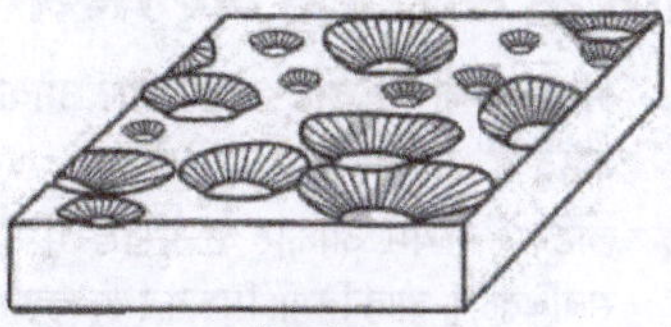

सिंकहोल

स्टैलैग्माइट

3 हिमनद

हिमनदों में बर्फ की गतिशील मात्रा विभिन्न स्थलाकृतियों को आकार देती है।

संबंधित प्रक्रियाएँ

- यांत्रिक प्रक्रियाएँ, जैसे घर्षण और अपघर्षण (प्लकिंग)

अपरदित स्थलरूप

- सर्क
- हार्न या गिरिशृंग और सिरेटेड कटक
- हिमनद घाटी/गर्त

निक्षेपित स्थलरूप

- हिमोढ़
- एस्कर
- हिमानी धौल मैदान
- ड्रमलिन

4 तरंग एवं धाराएँ

- तरंगें और समुद्री धाराएँ समुद्री तटीय क्षेत्रों में सबसे अधिक विनाशकारी होती हैं।

संबंधित प्रक्रियाएँ

- जल दाब की क्रिया, अपक्षय और तरंग ऊर्जा

अपरदित स्थलरूप

- भृगु और वेदिकाएँ
- कंदराएँ
- स्टैक

निक्षेपित स्थलरूप

- पुलिन और टिब्बे
- रोधिका
- रोध
- स्पिट
- लैगून

5 पवन

उष्ण मरुस्थलों के अनाच्छादनकर्ता कारकों में पवन एक महत्त्वपूर्ण कारक है।

संबंधित प्रक्रियाएँ

- अपवाहन तथा घर्षण प्रभाव।

अपरदनात्मक स्थलरूप

- पेडीमेंट
- पदस्थल
- प्लाया
- अपवाहन गर्त
- छत्रक शैल

निक्षेपित स्थलरूप

- अर्धचंद्राकार बालू टिब्बे
- अनुप्रस्थ बालू टिब्बे
- अनुदैर्ध्य बालू टिब्बे
- परबलयिक बालू टिब्बे
- सीफ बालू टिब्बे

NCERT फोल्डर

पाठ के बीच दिए गए प्रश्न

1. अगर पृथ्वी के छोटे-से मध्यम आकार के स्थलखंड को भू-आकृति कहते हैं, तो भू-दृश्य क्या है?

उत्तर छोटे-से मध्यम आकार के भूखंड भू-आकृति कहलाते हैं। बहुत-सी संबंधित भू-आकृतियाँ मिलकर भू-दृश्य बनाती हैं, जो भू-तल के विस्तृत भाग हैं।

2. भू-आकृतियों के विकास के दो महत्त्वपूर्ण पहलू क्या हैं?

उत्तर भू-आकृतियों के विकास में कटाव व निक्षेपण दो महत्त्वपूर्ण पहलू हैं। पृथ्वी पर मुख्य रूप से पर्वत, पहाड़ियाँ, पठार और मैदान ये चार प्रकार की भू-आकृतियाँ होती हैं।

3. क्या ऊँचे स्थलरूपों के उच्चावच का संपूर्ण निम्नीकरण सम्भव है?

उत्तर उच्चावच-अनुपस्थित भू-आकृति का निर्माण सम्भव है। ऊँचे स्थलरूपों पर यदि अंतर्जात बल नहीं लगा और यह केवल बहिर्जात बल नहीं लगा और यह केवल बर्हिजात प्रक्रिया जैसे अपक्षय कटाव और निक्षेपण समय के साथ सक्रिय रहता है, तो ऊँचे स्थलरूपों के उच्चावच का समग्र निम्नतम संभव है।

4. प्राकृतिक तटबंध विसर्प अवरोधिकाओं से कैसे भिन्न हैं?

उत्तर प्राकृतिक तटबंध विसर्प अवरोधिका दोनों ही नदी के किनारों पर बनने वाली संरचनाएँ हैं, लेकिन इनके निर्माण कार्य में अंतर होता है। प्राकृतिक तटबंध नदी के किनारों पर बाढ़ के समय जमा होने वाले जलोढ़ से बनते हैं, जबकि विसर्प अवरोधिका नदी के विसर्प के कारण बनने वाली संरचना है।

5. नदी घाटियों तथा हिमनद घाटियों में आधारभूत अंतर क्या है?

उत्तर हिमनद चौड़े और कुछ हद तक सपाट होते हैं, इसलिए वे U- आकार की घाटियाँ बनाते हैं। दूसरी ओर, नदियाँ अपने किनारों पर धीरे-धीरे तलछट बहाकर घाटियाँ बनाती हैं। जैसे-जैसे नदी में समय के साथ बाढ़ आती है, यह तलछट को चौड़ा करती है, लेकिन फिर भी V-आकार में सिमट जाती है।

6. नदी के जलोढ़ मैदान व हिमानी धौत मैदानों में अंतर स्पष्ट करें।

उत्तर जलोढ़ मैदान, नदियों द्वारा जमा किए गए तलछट से बनी समतल या धीरे से ढलान वाली सतह होती है, जबकि हिमानी गिरिपद के मैदानों में अथवा महाद्वीपीय हिमनदों से दूर हिमानी-जलोढ़ निक्षेपों से हिमानी धौत मैदान निर्मित होते हैं।

7. गोलाश्मी मृत्तिका व जलोढ़ में क्या अंतर है?

उत्तर गोलाश्मी मृत्तिका हिमानी द्वारा ढोए जोने वाले पदार्थ हैं, जबकि जलोढ़ नदी जल में अपहरण वाले पदार्थ को कहा जाता है।

8. उच्च चट्टानी व निम्न अवसादी तटों की प्रक्रियाओं व स्थलाकृतियों के संदर्भ में विभिन्न अंतर क्या है?

उत्तर ऊँची चट्टानों ढलानों के समुद्र तट की लहरें अवनमित चट्टानों पर भारी बल के साथ प्रभाव डालती हैं, जहाँ पहाड़ी बल की पृष्ठभूमि भृगु आकार लेती है। तरंग घृणित पुलिन, रोधिका, लैगून संबंधित स्थलाकृतियाँ हैं, जबकि निम्नतम अवसादी ढलानों के साकेत नदियाँ, तटवर्ती क्षेत्र तथा डेल्टा विस्तारित भूमि हैं। जब मंद ढाल वाले अवसादी तरंगों पर तरंगे अवनमित होती हैं, तो अवरोधिकाएँ, लैगून, स्पिट और डेल्टा निर्मित होते हैं।

9. बाढ़ चादर व पवन के द्वारा बनाए गए अपरदनात्मक स्थलरूपों को वर्णित करें।

उत्तर बाढ़ चादर द्वारा बनाए गए अपरदनात्मक स्थलरूपों में U आकार की घाटी, लटकती घाटी, सर्क तथा हिम गहर, हॉर्न या गिरिशृंग, फियोर्ड आदि शामिल हैं।

पवन के द्वारा बनाए पेडीमेंट, प्लाया. अपवाहन गर्त बालू टिब्बे आदि शामिल होते हैं।

नीचे दिए चार विकल्पों में से सही उत्तर चुनिए

1. स्थलरूप विकास की किस अवस्था में अधोमुख कटाव प्रमुख होता है?

(a) तरुणावस्था
(b) प्रथम प्रौढ़ावस्था
(c) अंतिम प्रौढ़ावस्था
(d) वृद्धावस्था

उत्तर *(a)* तरुणावस्था

2. एक गहरी घाटी, जिसकी विशेषता सीढ़ीनुमा खड़े ढाल होते हैं, किस नाम से जानी जाती है?

(a) U-आकार की घाटी (b) अंधी घाटी
(c) गॉर्ज (d) कैनियन

उत्तर *(d)* कैनियन

3. निम्न में से किन प्रदेशों में रासायनिक अपक्षय प्रक्रिया यांत्रिक अपक्षय प्रक्रिया की अपेक्षा अधिक शक्तिशाली होती है?

(a) आर्द्र प्रदेश
(b) शुष्क प्रदेश
(c) चूना-पत्थर प्रदेश
(d) हिमनद प्रदेश

उत्तर *(c)* चूना-पत्थर प्रदेश

4. निम्न में से कौन-सा वक्तव्य लैपीज शब्द को परिभाषित करता है?

(a) छोटे से मध्यम आकार के उथले गर्त
(b) ऐसे स्थलरूप, जिनके ऊपरी मुख वृत्ताकार व नीचे से कीप के आकार के होते हैं
(c) ऐसे स्थलरूप, जो धरातल से जल के टपकने से बनते हैं
(d) अनियमित धरातल, जिनके तीखे कटक व खाँच हों

उत्तर *(d)* अनियमित धरातल जिनके तीखे कटक व खाँच हों।

5. गहरे, लंबे व विस्तृत गर्त या बेसिन जिनके शीर्ष दीवार खड़े ढाल वाले व किनारे खड़े व अवतल होते हैं, उन्हें क्या कहते हैं?

(a) सर्क
(b) पार्श्विक हिमोढ़
(c) घाटी हिमनद
(d) एस्कर

उत्तर *(a)* सर्क

निम्नलिखित प्रश्नों के उत्तर लगभग 30 शब्दों में दीजिए

1. चट्टानों में अध:कर्तित विसर्प और मैदानी भागों में जलोढ़ के सामान्य विसर्प क्या बताते हैं?

उत्तर चट्टानों में पाए जाने वाले अधःकर्तित विसर्प और मैदानी भागों में जलोढ़ के सामान्य विसर्प से यह संकेत मिलता है कि नदी विकास की प्रारंभिक अवस्था में प्रारंभिक मंद ढाल पर विसर्प लूप विकसित होते हैं और ये लूप चट्टानों में गहराई तक होते हैं। कालांतर में ये गहरे तथा विस्तृत होकर कठोर चट्टानी भागों में गहरे गॉर्ज व कैनियन के रूप में पाए जाते हैं। ये उन प्राचीन धरातलों के परिचायक हैं, जिन पर नदियों का विकास हुआ हैं।

2. घाटी रंध्र अथवा युवाला का विकास कैसे होता है?

उत्तर जब घोल रंध्र व डोलाइन, कंदराओं की छत के गिरने से या पदार्थों के स्खलन से एक-दूसरे में मिल जाते हैं, तो लंबी, संकीर्ण व विस्तृत खाइयों (गर्त) का निर्माण होता हैं, जिसे घाटी रंध्र अथवा युवाला कहते हैं। इसका आकार डोलाइन से बड़ा होता हैं।

3. चूना युक्त चट्टानी प्रदेशों में धरातलीय जल प्रवाह की अपेक्षा भौम जल प्रवाह अधिक पाया जाता है, क्यों?

उत्तर चूना युक्त चट्टानी प्रदेशों में चट्टानें पारगम्य, कम सघन, अत्यधिक जोड़ों, संधियों व दरार वाली होती हैं, जिससे धरातल पर प्रवाहित जल का अंतःस्रवण सुगमता से हो जाता है। अतः यहाँ धरातलीय जल प्रवाह की अपेक्षा भौम जल प्रवाह अधिक पाया जाता है।

4. हिमनद घाटियों में कई रैखिक निक्षेपण स्थलरूप में मिलते हैं। इनकी अवस्थिति व नाम बताएँ।

उत्तर हिमनद पृथ्वी की सतह पर परत के रूप में हिम प्रवाह या पहाड़ी ढालों से घाटियों में रैखिक प्रवाह के रूप में प्रवाहित होते हैं। इस प्रक्रिया के अंतर्गत रैखिक निक्षेपण से निम्नलिखित स्थलाकृतियों का निर्माण होता हैं

- हिमानी धौत
- हिमोढ़ तथा अंतस्थ हिमोढ़
- एस्कर
- ड्रमलिन

5. मरुस्थली क्षेत्रों में पवन कैसे अपना कार्य करती हैं? क्या मरुस्थलों में यही एक कारक अपरदित स्थलरूपों का निर्माण करता है?

उत्तर मरुस्थली क्षेत्रों में पवन अपरदन की क्रिया अपवाहन तथा घर्षण द्वारा होती है। अपवाहन के अंतर्गत पवन सतह से चट्टानों के छोटे कण तथा धूल उठाती है। पवन के प्रवाह की क्रिया में रेत और बजरी धरातलीय चट्टानों पर चोट पहुँचाकर घर्षण करते हैं।

मरुस्थलों में अपरदित स्थलरूपों के निर्माण में पवन ही केवल कारक नहीं है, बल्कि प्रवाहित जल भी एक कारक है।

निम्नलिखित प्रश्नों के उत्तर लगभग 150 शब्दों में दीजिए

1. आर्द्र व शुष्क जलवायु प्रदेशों में प्रवाहित जल ही सबसे महत्त्वपूर्ण भू-आकृतिक कारक है। विस्तार से वर्णन करें।

उत्तर **आर्द्र व जलवायु प्रदेशों में प्रवाहित जल का कार्य**

अत्यधिक वर्षा वाले स्थानों पर गतिशील जल सर्वाधिक महत्त्वपूर्ण भू-आकृतिक कारक है, जिससे भूतल का निम्नीकरण होता है। प्रवाहित जल से निर्मित अधिकांशतः अपरदित स्थलरूप ढाल प्रवणता के अनुसार तीव्र रूप से प्रवाहित होता है, जो नदियों की युवावस्था से संबंधित है।

समय के साथ तीव्र ढाल अनवरत अपरदन के परिणामस्वरूप मंद ढाल में बदल जाते हैं, जिससे नदियों का प्रवाह मंद हो जाता है तथा निक्षेपण आरंभ होता है। जितने मंद ढाल पर जल प्रवाहित होगा, उतना ही अधिक निक्षेपण होगा।

जब अनवरत अपरदन से नदी तल समतल हो जाए, तो अधोमुखी अपरदन मंद हो जाता हैं, लेकिन तटों के पार्श्व अपरदन में वृद्धि हो जाती है। इसके परिणामस्वरूप पहाड़ियाँ एवं घाटियाँ समतल मैदानों में परिवर्तित हो जाती हैं। समतल उच्चावच में यत्र-तत्र अवरोध चट्टानों के अवशेष दिखाई पड़ते हैं, जिन्हें मोनाडनोक कहते हैं।

नदियों के अपरदन से निर्मित ये मैदान, संप्राय मैदान अथवा पेनीप्लेन कहलाते हैं। शुष्क जलवायु प्रदेशों में भी प्रवाहित जल एक महत्त्वपूर्ण भू-आकृतिक कारक होता हैं। मरुस्थलों में वृहत् क्षरण तथा प्रवाहित जल की चादर बाढ़ से अधिकतर स्थलाकृतियों का निर्माण होता हैं।

शुष्क जलवायु प्रदेश में प्रवाहित जल का कार्य

मरुस्थलों में वर्षा बहुत कम होती हैं, परंतु कम समय में मूसलाधार वर्षा होती हैं। मरुस्थलीय क्षेत्रों में चट्टानें वन विहीन होती हैं। ये चट्टानें दैनिक तापांतर के कारण यांत्रिक एवं रासायनिक अपक्षय से अधिक प्रभावित होती हैं। अतः इनका क्षय तीव्रता के साथ होता हैं तथा वेग प्रवाह इस अपक्षयित मलबे को सुगमता से बहा ले जाता हैं। वृहत् अपरदन, बाढ़ या वृष्टि धोवन से होता हैं। मरुस्थलीय क्षेत्रों में नदियाँ चौड़ी, अनियमित व वर्षा के पश्चात् अल्प अवधि तक बहती हैं। शुष्क जलवायु प्रदेशों में प्रवाहित जल के अतिरिक्त पवन भी महत्वपूर्ण भू-आकृतिक कारक है।

2. चूना चट्टानें आर्द्र व शुष्क जलवायु में भिन्न व्यवहार करती हैं, क्यों? चूना प्रदेशों में प्रमुख व मुख्य भू-आकृतिक प्रक्रिया कौन-सी है और इसके क्या परिणाम हैं?

उत्तर चूना चट्टानें आर्द्र व शुष्क जलवायु में भिन्न व्यवहार करती हैं, क्योंकि आर्द्र जलवायु प्रदेशों में प्रवाहित जल का अंतःस्रवण सुगमता से हो जाता हैं। पृथ्वी के आंतरिक भाग में जाने के बाद जल धरातल के नीचे चट्टानों की संधियों, छिद्रों व संस्तरण तल से होकर क्षैतिज अवस्था में प्रवाह प्रारंभ करता हैं। जल के क्षैतिज व ऊर्ध्वाधर प्रवाह से ही चट्टानों का अपरदन होता हैं।

भूमिगत जल के अंतर्गत पदार्थों के प्रवाह से बने स्थलरूप महत्त्वहीन होते हैं, इसलिए भौम जल का कार्य सभी प्रकार की चट्टानों में नहीं देखा जा सकता हैं।

प्रमुख व मुख्य भू-आकृतिक प्रक्रिया

चूना प्रदेशों में प्रमुख व मुख्य भू-आकृतिक प्रक्रिया भू-जल की क्रिया द्वारा क्षरण और जमाव है।

चूना प्रदेशों में भू-आकृतिक प्रक्रिया के परिणाम

ऐसी चट्टानें; जैसे—चूना-पत्थर या डोलोमाइट, जिनमें मुख्यतः कैल्सियम कार्बोनेट पाया जाता हैं, उनमें धरातलीय व भूमिगत जल द्वारा अनेक स्थलरूपों का विकास होता है। ये स्थलरूप रासायनिक प्रक्रिया द्वारा (घोलीकरण व अवक्षेपण) बनते हैं।

चूना-पत्थर अथवा डोलोमाइट चट्टानों वाले क्षेत्रों में भूमिगत जल से घोलीकरण तथा उसके निक्षेपण की प्रक्रिया से निर्मित स्थलाकृति को कार्स्ट कहते हैं।

शुष्क प्रदेशों में वर्षा नहीं होती है, जिसके कारण चूना-पत्थर चट्टानें सामान्य चट्टानों की तरह व्यवहार करती हैं तथा वहाँ पर स्थलाकृतियाँ आर्द्र जलवायु प्रदेशों से भिन्न होती हैं।

3. हिमनद ऊँचे पर्वतीय क्षेत्रों को निम्न पहाड़ियों व मैदानों में कैसे परिवर्तित करते हैं या किस क्रिया से यह कार्य संपन्न होता है? बताइए।

उत्तर पृथ्वी की सतह पर परत के रूप में हिम प्रवाह अथवा पहाड़ी ढालों से घाटियों में रैखिक प्रवाह के रूप में प्रवाहित हिम संहति को हिमनद कहते हैं। हिमनद मुख्य रूप से गुरुत्व बल के कारण गतिशील होते हैं। हिमनदों द्वारा तीव्र अपरदन होता है, क्योंकि इनके भार से घर्षण उत्पन्न होता है।

हिमनद द्वारा अपरदित चट्टानी पदार्थ इसके तल में ही इसके साथ घसीटे जाते हैं अथवा घाटी के पार्श्वों पर अपघर्षण व घर्षण द्वारा अत्यधिक अपरदन करते हैं, जिसके परिणामस्वरूप ऊँचे पर्वत छोटी पहाड़ियों तथा समतल मैदानों में रूपांतरित हो जाते हैं।

हिमनद के अनवरत प्रवाहित होने के कारण मलबा हटता है तथा विभाजक नीचे हो जाते हैं। समय के साथ ढाल इतने मंद हो जाते हैं कि हिमनद की प्रवाह शक्ति समाप्त हो जाती है।

छोटी पहाड़ियों तथा अन्य निक्षेपित स्थलरूपों वाला एक हिमानी धौत शेष रह जाता है।

अभ्यास प्रश्न

वस्तुनिष्ठ प्रश्न

बहुविकल्पीय प्रश्न

1. अनेक भू-आकृतियाँ मिलकर किस प्रकार की आकृति का निर्माण करती हैं?

(a) V-आकार की घाटी का निर्माण
(b) भू-दृश्य का निर्माण
(c) पुलिन का निर्माण
(d) जलप्रपात एवं क्षिप्रिकाओं का निर्माण

उत्तर *(b)* भू-दृश्य का निर्माण

2. 'एस्कर' आमतौर पर किस स्थान पर पाए जाते हैं?

(a) रेगिस्तान
(b) ग्लेशियरों के निकट
(c) ज्वालामुखी क्षेत्रों में
(d) तटीय क्षेत्रों में

उत्तर *(b)* ग्लेशियरों के निकट

3. निम्न में से कौन-सा वक्तव्य मोनाडनोक शब्द को परिभाषित करता है?

(a) समतल उच्चावच में कहीं-कहीं अवरोधी चट्टानों के अवशेष
(b) समतल उच्चावच में गहरी खाइयों का अवशेष
(c) भूतल का विवर्तनिक स्वरूप
(d) धरातल पर परत के रूप में फैला हुआ प्रवाह

उत्तर *(a)* समतल उच्चावच में कहीं-कहीं अवरोधी चट्टानों के अवशेष

4. किस कथन के अनुसार 'प्लाया' एक प्रकार का भूगर्भीय ढाँचा है, जो विशेष जलवायु परिस्थितियों में बनता है?

(a) प्लाया हमेशा समुद्र के पास स्थित होते हैं
(b) प्लाया केवल ऊँचे पहाड़ों पर पाए जाते हैं
(c) प्लाया आमतौर पर शुष्क और अर्द्धशुष्क क्षेत्रों में बनते हैं
(d) प्लाया केवल वर्षा के मौसम में भरते हैं

उत्तर *(c)* प्लाया आमतौर पर शुष्क और अर्द्धशुष्क क्षेत्रों में बनते हैं।

5. भू-आकृतियों के विकास के किस चरण में झरने और क्षिप्रिकाएँ का निर्माण होता है?

(a) युवावस्था (b) प्रौढ़ावस्था
(c) वृद्धावस्था (d) उपरोक्त में से कोई नहीं

उत्तर *(a)* युवावस्था

6. प्रौढ़ावस्था में किस प्रकार की आकृति का निर्माण होता है?

(a) V-आकार की गहरी घाटी का निर्माण
(b) U-आकार की घाटी का निर्माण
(c) गोखुर झील का निर्माण
(d) गभीर विसर्प का निर्माण

उत्तर *(a)* V-आकार की गहरी घाटी का निर्माण

7. पर्वतीय क्षेत्रों में अपरदित छोटे चट्टानी टुकड़े नदी तल के छोटे मार्गों (गर्तों) में फँसकर वृत्ताकार रूप में घूमते हैं, तो इसे ····· कहा जाता है।

(a) अवनमित कुंड (b) गोखुर झील
(c) जलगर्तिका (d) युग्म वेदिका

उत्तर *(c)* जलगर्तिका

8. जब नदी के दोनों किनारे समान ऊँचाई के होते हैं, तो इसे किस नाम से जाना जाता है?

(a) अयुग्मित वेदिका (b) युग्मित वेदिका
(c) अवनमित कुंड (d) कैनियन

उत्तर *(b)* युग्मित वेदिका

9. ········ में नदियों में जल की मात्रा अधिक ऐसी है और सहायक नदियाँ भी इसमें आकर मिलती हैं। नदी घाटियाँ V-आकार की होती हैं, लेकिन गहरी होती हैं।

(a) युवावस्था (b) प्रौढ़ावस्था
(c) वृद्धावस्था (d) निर्वाणवस्था

उत्तर *(b)* प्रौढ़ावस्था

10. **हिमनद घाटियों के शीर्ष पर कौन-सी आकृति पाई जाती है?**
(a) सर्क (b) एस्कर (c) हिमोढ़ (d) हॉर्न

उत्तर (a) सर्क

11. **एवरेस्ट किसका उदाहरण है?**
(a) एस्कर (b) हॉर्न
(c) ड्रमलिन (d) धौल मैदान

उत्तर (b) हॉर्न

12. **जब किसी खाड़ी का मुख रोधिका के निर्माण के फलस्वरूप अवरुद्ध हो जाता है, तो उसे कहते हैं**
(a) स्कंध ढाल (b) लोयस (c) पुलिन (d) लैगून

उत्तर (d) लैगून

13. **ऐसे प्लाया मैदान, जहाँ लवणों के निक्षेप पाए जाते हैं, वे कहलाते हैं**
(a) बालू टिब्बा (b) बरखान
(c) सर्क (d) कल्लर भूमि

उत्तर (d) कल्लर भूमि

14. **उष्ण शुष्क मरुस्थल में किसका निर्माण होता है?**
(a) बालू टिब्बा (b) डाइक (c) स्टैक (d) कंदरा

उत्तर (a) बालू टिब्बा

15. **निम्नलिखित कथनों में से कौन-सा कथन जलोढ़ पंख के बारे में सही है?** *दक्षता आधारित प्रश्न*
(a) मैदानी क्षेत्र में नदियाँ क्षैतिज दिशा में अपना मार्ग परिवर्तित करती हैं
(b) इसमें जमाव महीन-कणों व चिकनी मिट्टी का होता है
(c) इनका निर्माण नदियों द्वारा लाए गए मलबे के शंकु आकार में जमा होने से होता है
(d) भू-आकृति पर चूना पत्थर की स्थलाकृति

उत्तर (c) इनका निर्माण नदियों द्वारा लाए गए मलबे के शंकु आकार में जमा होने से होता है

16. **निम्नलिखित कथनों में से कौन-सा हिमोढ़ के बारे में सही है?**
(a) यह एक प्रकार की लंबी कटकें होती हैं
(b) इनका निर्माण गोलाश्मी मृत्तिका के जमाव से होता है
(c) इनका जमाव घाटी की दीवार के समानांतर होता है
(d) उपरोक्त सभी

उत्तर (d) उपरोक्त सभी

17. **निम्नलिखित में से कौन समुद्री स्टैक को सही ढंग से परिभाषित करता है?**
(a) समुद्री चट्टान में एक बड़ा-सा प्राकृतिक खोखला भाग
(b) भृगु के ध्वस्त होने से चट्टानों के कुछ अवशेष का भाग
(c) समुद्र के अपतटीय क्षेत्र में रेत और शिंगिल का कटक
(d) समुद्री भृगु से प्राप्त मलबे का ढेर

उत्तर (b) भृगु के ध्वस्त होने से चट्टानों के कुछ अवशेष का भाग

18. **निम्नलिखित कथनों पर विचार कीजिए**
1. **पृथ्वी के छोटे से मध्यम आकार के भूखंड को भू-दृश्य कहा जाता है।**
2. **पृथ्वी की सतह के बड़े हिस्से को भू-आकृतियाँ कहा जाता है।**

उपरोक्त में से कौन-सा/से कथन सही है/हैं?
(a) केवल 1 (b) केवल 2
(c) 1 और 2 दोनों (d) इनमें से कोई नहीं

उत्तर (d) इनमें से कोई नहीं

19. **निम्नलिखित कथनों पर विचार कीजिए और नीचे दिए गए गलत कथन का चुनाव करें**
1. **गॉर्ज का निर्माण कठोर चट्टानों से होता हैं।**
2. **गॉर्ज एक गहरी संकीर्ण घाटी है, जिसके दोनों किनारे पर तीव्र ढाल होता हैं।**

उपरोक्त में से कौन-सा/से कथन सही है/हैं?
(a) केवल 1 (b) केवल 2
(c) 1 और 2 दोनों (d) इनमें से कोई नहीं

उत्तर (c) 1 और 2 दोनों

20. **निम्नलिखित में से कौन-सा कथन 'समप्राय मैदान' के बारे में सही है?** *दक्षता आधारित प्रश्न*
1. **समप्राय मैदान उच्च जल-धारण क्षमता वाले होते हैं।**
2. **समप्राय मैदानों को पेनीप्लेन भी कहते हैं।**
3. **समप्राय मैदानों का अधिकांश भाग रेतीला होता है।**
4. **ये मैदान अत्यधिक ऊँचाई पर स्थित होते हैं।**

कूट
(a) 1 और 2 (b) 2 और 3
(c) 3 और 4 (d) ये सभी

उत्तर (a) 1 और 2

21. **निम्नलिखित कथनों पर विचार कीजिए** *दक्षता आधारित प्रश्न*
1. **चूना-पत्थर के क्षेत्रों में हिम स्तंभों की लटकती हुई आकृति को स्टैलेक्टाइट कहते हैं।**
2. **कंदरा की छत या आधार पर पतले एवं अंतिम छोर पर मोटे होते हैं।**
3. **स्टैलेग्माइट का निर्माण पतले पाइप की आकृति में होता है।**
4. **विभिन्न मोटाई के स्टैलेग्माइट या स्टैलेक्टाइट के मिलने से फोयर्ड तट बनते हैं।**

उपरोक्त में से कौन-से कथन सही हैं?
(a) 1 और 3
(b) 2 3 और 4
(c) 1, 2 और 3
(d) इनमें से कोई नहीं

उत्तर (a) 1 और 3

22. **प्रवाहित जल से निर्मित प्रत्येक अवस्था के स्थलरूपों को क्रम में व्यवस्थित करें**
1. **युवावस्था** 2. **प्रौढ़ावस्था**
3. **वृद्धावस्था**

कूट
(a) 1, 2, 3 (b) 3, 2, 1
(c) 2, 1, 3 (d) 1, 3, 2

उत्तर (a) 1, 2, 3

23. निम्नलिखित में से कौन-सा कथन नदियों की युवावस्था के सन्दर्भ में सही नहीं है? *दक्षता आधारित प्रश्न*

1. नदियों की युवावस्था में उथली V-आकार की घाटियाँ बनती हैं।
2. इस अवस्था में जलप्रवाह की गति धीमी होती है।
3. युवावस्था का मुख्य लक्षण जलप्रपात और खड़ी घाटियों को बनाना है।
4. इस अवस्था में उर्ध्वाधर अपरदन देखने को मिलता है।

कूट

(a) केवल 1 (b) केवल 2 (c) 1 और 3 (d) 2 और 4

उत्तर *(b)* केवल 2

24. नदियों के प्रवाह मार्ग में बनने वाली भू-आकृतियों के क्रम को व्यवस्थित कीजिए

1. डेल्टा 2. जलोढ़ मैदान
3. क्षिप्रिका 4. गोखुर झील

कूट

(a) 2, 3, 4, 1 (b) 1, 3, 4, 2 (c) 3, 2, 4, 1 (d) 1, 2, 4, 3

उत्तर (c) 3, 2, 4, 1

25 'जलगर्तिका' के संबंध में विवरण से गर्तों के आकार के संबंध में विभिन्न चरणों की पहचान कीजिए।

पहाड़ी क्षेत्रों में नदी तल में अपरदित छोटे चट्टानी टुकड़े छोटे गर्तों में फंसकर वृत्ताकार रूप में घूमते हैं, जिन्हें जलगर्तिका कहते हैं। कालांतर में गर्त गहरे होते जाते हैं तथा गर्तें आपस में मिल जाती हैं। जलप्रपात के तल में भी गहरे व बड़े जलगर्तिका का निर्माण होता है, जो जल के ऊँचाई से गिरने व उनमें शिलाखंडों के वृत्ताकार घूमने से निर्मित होते हैं। जलप्रपातों के तल में ऐसे विशाल व गहरे कुंड अवनर्मित कुंड कहलाते हैं।

(a) गर्तों का आकार अपरिवर्तित रहता है
(b) गर्तों का आकार बढ़ जाता है
(c) गर्तों का आकार कम हो जाता है
(d) गर्तों का आकार लगातार बढ़ता एवं घटता जाता है

26. सूची I को सूची II से मिलाएँ और नीचे दिए गए कूटों की सहायता से सही विकल्प का चुनाव करें *दक्षता आधारित प्रश्न*

सूची I	सूची II
A. डोलाइन	1. समतल चूना-युक्त चबूतरा
B. घाटी रंध्र	2. ध्वस्त घोलरंध्र
C. लेपीस	3. चट्टानों का एकांतर संस्तर
D. कंदरा	4. विस्तृत लंबी एवं तंग खाई
E. घोलरंध्र	5. वृत्ताकार तथा नीचे से कीप के आकार का
F. कंदरा स्तंभ	6. स्टैलिग्माइट तथा स्टैलेक्टाइट का विलय

कूट

	A	B	C	D	E	F
(a)	1	2	3	4	5	6
(b)	4	3	2	1	5	6
(c)	2	4	1	3	5	6
(d)	2	1	3	4	5	6

उत्तर *(c)* 2 4 1 3 5 6

27. सूची I को सूची II से मिलाएँ और नीचे दिए गए कूटों का सही मिलान करें। *दक्षता आधारित प्रश्न*

सूची I	सूची II
A. सर्क	1. हिमानीकृत पर्वतीय भागों में अपरदनात्मक स्थलाकृति
B. एस्कर	2. सर्क के शीर्ष पर नुकीली चोटी
C. हॉर्न	3. हिमावर्तन के पश्चात् वक्राकार कटक का निर्माण
D. हिमोढ़	4. गोलाश्मी मृत्तिका से निर्मित लंबी कटकें

कूट

	A	B	C	D
(a)	1	2	3	4
(b)	1	3	2	4
(c)	2	4	1	3
(d)	2	1	3	4

उत्तर *(b)* 1 3 2 4

28. निम्नलिखित में से कौन-सा युग्म सही सुमेलित नहीं है?

(a) डेल्टा — जलोढ़ पंखों के समान
(b) विसर्पी रोधिका — विशाल नदी विसर्पो के अवतल ढालों पर
(c) नदी विसर्प — चैनल प्रारूप
(d) डोलाइन — तीव्र कगार

उत्तर *(d)* डोलाइन—तीव्र कगार

29. नीचे दिए गए कथन को ध्यानपूर्वक पढ़िए

कथन I नदी वेदिकाएँ प्रारंभिक बाढ़ मैदानों या पुरानी नदी घाटियों के तलों के चिह्न हैं।

कारण II नदी वेदिकाएँ केवल नदी की दाईं ओर होती हैं।

कूट

(a) केवल कथन I सही है
(b) केवल कथन II सही है
(c) कथन I और कथन II दोनों सही हैं
(d) कथन I और कथन II दोनों गलत हैं

उत्तर *(a)* केवल कथन I सही है।

30. सही विकल्प का चयन कर चार्ट को भरें

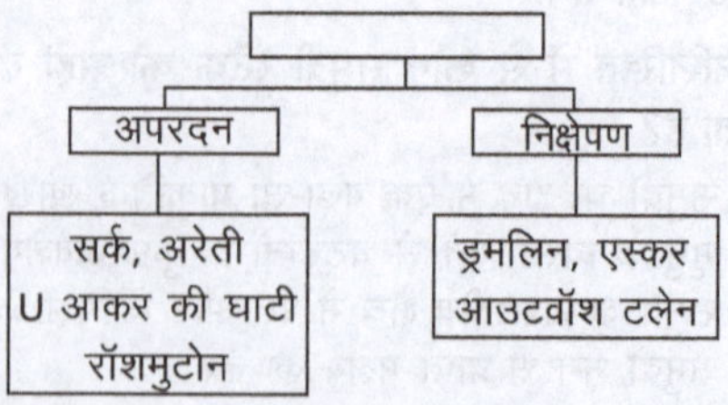

(a) सागरीय तरंग
(b) हिमनद
(c) भूमिगत जल प्रवाह
(d) पवन

उत्तर *(b)* हिमनद

निर्देश (प्र. सं. 31-33) नीचे दिए गए कथन A एवं कारण R को ध्यानपूर्वक पढ़कर कूट की सहायता से सही उत्तर का चयन कीजिए।

कूट
(a) A और R दोनों सही हैं तथा R, A की सही व्याख्या है
(b) A और R दोनों सही हैं, परंतु R, A की सही व्याख्या नहीं है
(c) A सही है, किंतु R गलत है
(d) A गलत है, किंतु R सही है

31. कथन (A) सभी नदियाँ डेल्टा बनाती हैं। *दक्षता आधारित प्रश्न*

कारण (R) डेल्टा तब बनता है, जब नदी अपने प्रवाह के अंतिम चरण में एक समतल क्षेत्र में पहुँचती है और वहाँ पर अवसाद जमा करती है।

उत्तर *(d)* सभी नदियाँ डेल्टा नहीं बनाती हैं, क्योंकि डेल्टा बनाने के लिए नदियों को समतल क्षेत्र में पहुँचना आवश्यक है, जहाँ वे समुद्र, झील या किसी अन्य जल निकाय में मिलती हैं। कुछ नदियाँ पहाड़ी क्षेत्रों में बहती हैं और वहाँ डेल्टा नहीं बनाती हैं।

32. कथन (A) जब नदी उच्च स्थलों में बहती हुई मंद ढाल के मैदानों में प्रवेश करती है, तो जलोढ़ पंख का निर्माण होता है। *दक्षता आधारित प्रश्न*

कारण (R) मंद ढालों पर नदियाँ नद्य-भार को वहन करने में असमर्थ होती हैं।

उत्तर *(a)* जब नदी ऊँचे स्थलों से बहती हुई गिरिपद व मंद ढाल के मैदानों में प्रवेश करती है, तो जलोढ़ पंख का निर्माण होता है। सामान्यतः पर्वतीय क्षेत्रों में बहने वाली नदियाँ भारी व स्थूल आकार के नद्य-भार को वहन करती हैं। मंद ढालों पर नदियाँ यह भार वहन करने में असमर्थ होती हैं, तो यह शँकु के आकार में निक्षेपित हो जाता है। जिसे जलोढ़ पंख कहते हैं।

33. कथन (A) अवनमित कुंड अक्सर जलप्रपातों के नीचे तल में बनते हैं। *दक्षता आधारित प्रश्न*

कारण (R) ये तब बनते हैं, जब जल प्रपात का पानी तेजी से गिरता है और नीचे की सतह को घिसता है।

उत्तर *(a)* अवनमित कुंड जलप्रपातों के नीचे पानी के गिरने के कारण बनते हैं; जिससे तल में गहराई होती है। ये तब बनते है, जब जल प्रपात का पानी तेजी से गिरता है और नीचे की सतह को घिसता है।

स्रोत आधारित प्रश्न

निम्नलिखित स्रोतों को ध्यानपूर्वक पढ़कर उन पर आधारित प्रश्नों के उत्तर दीजिए

अनुच्छेद के आधार पर निम्नलिखित प्रश्नों के उत्तर दीजिए

1. **उष्ण मरुस्थलों के दो प्रभावशाली अनाच्छादनकर्ता कारकों में पवन एक महत्वपूर्ण अपरदन का कारक है। मरुस्थलीय धरातल शीघ्र गर्म और शीघ्र ठंडे हो जाते हैं। उष्ण धरातलों के ठीक ऊपर वायु गर्म हो जाती है, जिससे हल्की गर्म हवा प्रक्षुब्धता के साथ ऊर्ध्वाधर गति करती है। इसके मार्ग में कोई रुकावट आने पर भँवर, वातावृत्त बनते हैं तथा अनुवात एवं उत्त्वात प्रवाह उत्पन्न होता हैं। पवनें मरुस्थलीय धरातल के साथ-साथ भी तीव्र गति से चलती हैं और उनके मार्ग में रुकावटें पवनों में विक्षोभ उत्पन्न करते हैं। निःसंदेह तूफानी पवन अधिक विनाशकारी होती हैं। पवन अपवाहन, घर्षण आदि द्वारा अपरदन करती हैं। अपवाहन में पवन धरातल से चट्टानों के छोटे कण व धूल उठाती हैं। वायु की परिवहन की प्रक्रिया में रेत व बजरी आदि औजारों की तरह धरातलीय चट्टानों पर चोट पहुँचाकर घर्षण करती हैं। जब वायु में उपस्थित रेत के कण चट्टानों के तल से टकराते हैं, तो इसका प्रभाव पवन के संवेग पर निर्भर करता है। यह प्रक्रिया बालू घर्षण जैसी है। मरुस्थलों में पवनें कई रोचक अपरदनात्मक व निक्षेपणात्मक स्थलरूप बनाती हैं।**

वास्तव में, मरुस्थलों में अधिकतर स्थलाकृतियों का निर्माण बृहत् क्षरण और प्रवाहित जल की चादर बाढ़ से होता है। यद्यपि मरुस्थलों में वर्षा बहुत कम होती है, लेकिन यह अल्प समय में मूसलाधार वर्षा के रूप में होती है। मरुस्थलीय चट्टानें अत्यधिक वनस्पति विहीन होने के कारण तथा दैनिक तापांतर के कारण यांत्रिक व रासायनिक अपक्षय से अधिक प्रभावित होती है। अतः इनका शीघ्र क्षय होता है और वेग प्रवाह इस अपक्षय जनित मलबे को आसानी से बहा ले जाते हैं अर्थात् मरुस्थलों में अपक्षय जनित मलबा केवल पवन द्वारा ही नहीं, वरन् वर्षा व वृष्टि धोवन से भी प्रवाहित होता है। पवन केवल महीन मलबे का ही अपवाहन कर सकती हैं और बृहत् अपरदन मुख्यतः परत बाढ़ या वृष्टि धोवन से ही संपन्न होता है। मरुस्थलों में नदियाँ चौड़ी, अनियमित तथा वर्षा के बाद अल्प समय तक ही प्रवाहित होती हैं।

(i) **किस क्षेत्र में सबसे अधिक पवन अपरदन होता है?**

उत्तर उष्ण मरुस्थलों के दो प्रभावशाली अनाच्छादनकर्ता कारकों में पवन एक महत्वपूर्ण अपरदन कारक है।

(ii) **हवाओं के निक्षेपण का कारक कौन है?**

उत्तर हवाओं के निक्षेपण का कारक बरखान है।

(iii) **कौन-सी प्रक्रियाएँ रेगिस्तानी क्षेत्रों में भू-आकृतियों के निर्माण को प्रभावित करती हैं?**

उत्तर हवा का कटाव, नदी का कटाव तथा हवा का जमाव आदि प्रक्रियाएँ रेगिस्तानी क्षेत्रों में भू-आकृतियों के निर्माण को प्रभावित करती हैं।

2.

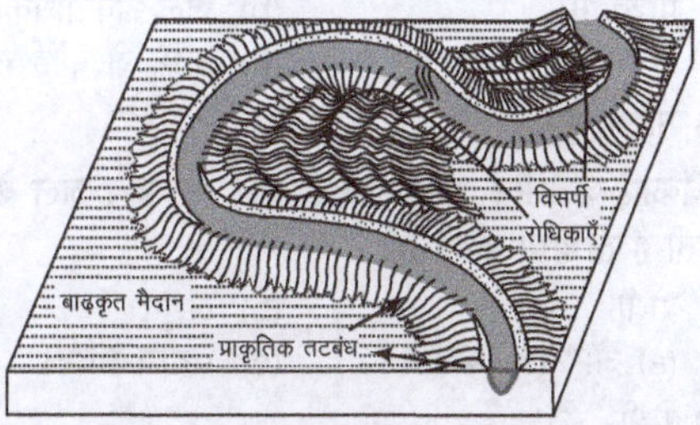

(i) **प्राकृतिक तटबंधों का निर्माण कहाँ किया जाता है?**

उत्तर प्राकृतिक तटबंधों का निर्माण बड़ी नदियों के किनारे. किया जाता है। ये नदियों के पार्श्वों में स्थूल पदार्थों के रैखिक, निम्न व समांतर कटक के रूप में पाए जाते हैं।

(ii) **बाढ़ के मैदानों का विकास किस कारण होता है?**

उत्तर बाढ़ के मैदानों का विकास नदी निक्षेपण के कारण होता है।

(iii) **विसर्पी रोधिकाएँ क्या हैं?**

उत्तर बाढ़ तथा डेल्टाई मैदानों में लूप जैसी संरचनाओं को विसर्प कहा जाता है। यह एक चैनल प्रारूप होता है।

3. **ऊँचे चट्टानी तटों के सहारे तट रेखाएँ अनियमित होती हैं तथा नदियाँ जलमग्न प्रतीत होती हैं। तटरेखा का अत्यधिक अवनमन होने से किनारे के स्थल भाग जलमग्न हो जाते हैं और वहाँ फियोर्ड तट बनते हैं। पहाड़ी भाग सीधे जल में डूबे होते हैं। सागरीय किनारों पर प्रारंभिक निक्षेपित स्थलरूप नहीं होते। अपरदित स्थलरूपों की बहुतायत होती है।**

ऊँचे चट्टानी तटों के सहारे तरंगें अवनमित होकर धरातल पर अत्यधिक बल के साथ प्रहार करती हैं, जिससे पहाड़ी पार्श्व भृगु का आकार ले लेती है। तरंगों के स्थायी प्रहार से भृगु शीघ्रता से पीछे हटते हैं और समुद्री भृगु के सम्मुख तरंग घर्षित चबूतरे बन जाते हैं तरंगें धीरे-धीरे सागरीय किनारों की अनियमितताओं को कम कर देती हैं। समुद्री भृगु से गिरने वाला चट्टानी मलबा धीरे-धीरे छोटे टुकड़ों में टूट जाता है और लहरों के साथ घर्षित होता हुआ किनारों से दूर निक्षेपित हो जाता है। भृगु के विकास व उसके निवर्तन के वांछनीय समय के बाद तट रेखा कुछ सम/चिकनी हो जाती है तथा कुछ अतिरिक्त मलबे के किनारों से दूर जमाव से तरंग घर्षित वेदिकाओं के सामने तरंग निर्मित वेदिकाएँ देखी जा सकती हैं। जैसे ही तटों के साथ अपरदन आरंभ होता है, वेलांचली प्रवाह व तरंगें इस अपरदित पदार्थ को सागरीय किनारों पर पुलिन और रोधिकाओं के रूप में निक्षेपित करती हैं। रोधिकाएँ जलमग्न आकृतियाँ हैं और जब यही रोधिकाएँ जल के ऊपर दिखाई देती हैं, तो इन्हें रोध कहा जाता है। ऐसी रोधिकाएँ, जिनका एक भाग खाड़ी के शीर्षस्थल से जुड़ा हो, तो इसे स्पिट कहा जाता है। जब रोधिका तथा स्पिट किसी खाड़ी के मुख पर निर्मित होकर इसके मार्ग को अवरुद्ध कर देते हैं, तब लैगून निर्मित होते हैं। कालांतर में लैगून स्थल से बहाए गए तलछट से भर जाता है और तटीय मैदान की रचना होती है।

(i) **ऊँची चट्टानी तटों के सहारे तरंगें अवनमित होकर धरातल पर अत्यधिक बल से प्रहार करती हैं, जिससे किस प्रकार की स्थानाकृति का निर्माण होता है?**

(a) पार्श्व भृगु (b) जल अवरोधिका
(c) लैगून (d) इनमें से कोई नहीं

उत्तर (a) पार्श्व भृगु

(ii) **रोधिकाएँ जलमग्न आकृतियाँ है और यह जब जल के ऊपर दिखाई पड़ती है तो क्या कहते हैं?**

(a) रोधी (b) लैगून
(c) (a) और (b) दोनों (d) तटीय मैदान

उत्तर (a) रोधी

(iii) **जब रोधिका तथा स्पिट किसी खाड़ी के मार्ग को अवरुद्ध कर देती है, तो किस प्रकार की स्थलाकृति का निर्माण होता है?**

(a) रोधी (b) डेल्टा
(c) (a) और (b) दोनों (d) लैगून

उत्तर (c) लैगून

लघु उत्तरीय प्रश्न

1. **भू-आकृति की प्रमुख विशेषताओं को स्पष्ट कीजिए।**

उत्तर भू-आकृतियों की अपनी कुछ भौतिक विशेषताएँ होती हैं, जिनका वर्णन इस प्रकार है

- प्रत्येक भू-आकृति की अपनी भौतिक आकृति, आकार व पदार्थ होते हैं, जिनका निर्माण भू-प्रक्रियाओं तथा उनके कारकों द्वारा होता है।
- अधिकतर भू-आकृतियों धीमी गति से कार्य करने के कारण, लंबी समयावधि में अपना आकार ग्रहण कर पाती हैं।
- वायुराशियों के ऊर्ध्वाधर अथवा क्षैतिज संचलन तथा जलवायु संबंधी बदलाव के कारण भू-आकृतिक प्रक्रियाएँ स्वयं या गहनता के कारण परिवर्तित हो जाती हैं और रूपांतरित होने लगती हैं।

2. **भूतल में हुए परिवर्तनों की मुख्य विशेषताओं को बताइए।**

उत्तर भूतल पर परिवर्तन अनेक भू-आकृतिक कारकों के द्वारा किए गए अपरदन से होता है। निक्षेपण की प्रक्रिया भी घाटियों, बेसिनों व निचले स्थलरूपों को भरकर धरातलीय स्वरूप अर्थात् भूतल को परिवर्तित करती है। अपरदन की प्रक्रिया के पश्चात् निक्षेपण होता है और निक्षेपित तल पुनः अपरदित होते हैं। हिमनद, भूमिगत जल, प्रवाहित जल, हवाएँ व तरंगें प्रबल अपरदनकारी व निक्षेपणकारी कारक हैं, जिनके साथ अपक्षय व वृहत् क्षरण सहायक कारक बनकर भूतल का आकार निर्धारित करते हैं तथा साथ ही परिवर्तित भी करते हैं।

3. **प्रवाहित जल को स्पष्ट करते हुए उसके दो मुख्य तत्त्वों को बताइए।**

अथवा **'प्रवाहित जल आर्द्र प्रदेशों में सबसे महत्त्वपूर्ण भू-आकृतिक भूमिका निभाता है।' इस कथन की पुष्टि कीजिए।**

उत्तर प्रवाहित जल आर्द्र प्रदेशों में सबसे महत्त्वपूर्ण भू-आकृतिक कारक की भूमिका निभाता है, क्योंकि अत्यधिक वर्षा के कारण प्रवाहित जल धरातल के निम्नीकरण के लिए उत्तरदायी होता है।

प्रवाहित जल के मुख्यतः दो तत्त्व हैं

(i) धरातल पर परत के रूप में फैला हुआ प्रवाह

(ii) रैखिक प्रवाह (यह प्रवाह घाटियों में नदियों एवं सरिताओं के रूप में बहता है)।

4. **प्रवाहित जल से निर्मित किन्हीं दो अवस्थाओं को स्पष्ट कीजिए।**

उत्तर प्रवाहित जल से निर्मित दो अवस्थाएँ निम्नलिखित हैं

युवावस्था इस अवस्था में नदियों की संख्या बहुत कम पाई जाती है। इस अवस्था में नदियाँ V आकार की उथली घाटी का निर्माण करती हैं। इस अवस्था में बाढ़ के मैदान लगभग अनुपस्थित रहते हैं तथा मुख्य नदी के सहारे संकरे बाढ़ के मैदान पाए जाते हैं। जल विभाजक समतल एवं विस्तृत होते हैं, जिसमें दलदल व झीलें होती हैं।

प्रौढ़ावस्था इस अवस्था में नदी में सहायक नदियों के मिलने से जल की मात्रा बढ़ जाती है। प्रौढ़ावस्था (Mature) में नदियाँ V-आकार की गहरी घाटी का निर्माण करती हैं। मुख्य नदी के व्यापक और विस्तृत होने के कारण इस अवधि में विस्तृत बाढ़ के मैदान पाए जाते हैं, जिनमें घाटी के अंदर ही नदियाँ विसर्प बनाती हुई प्रवाहित होती हैं।

5. **जलोढ़ पंख की प्रमुख विशेषताओं को बताइए।**

उत्तर जलोढ़ पंख की प्रमुख विशेषताएँ निम्न हैं

- जलोढ़ पंख का निर्माण नदी के उच्च ढलानों से प्रवाहित होकर गिरिपद एवं मंद ढाल वाले मैदानों में प्रवेश करने पर होता है।
- पहाड़ी क्षेत्रों में बहने वाली नदियाँ भारी व स्थूल आकार के नद्य भार को वहन करती हैं। जब नदियाँ इस भार को मंद ढालों पर प्रवाहित करने में असमर्थ हो जाती हैं, तो यह शंकु के आकार में निक्षेपित हो जाती हैं, जिसे जलोढ़ पंख कहते हैं।

- जो नदियाँ जलोढ़ पंखों से होकर बहती हैं, वे सामान्यतः अपने वास्तविक मार्ग पर अधिक दूर तक प्रवाहित नहीं होती, बल्कि अपना मार्ग परिवर्तित कर लेती हैं तथा अनेक शाखाओं में विभाजित हो जाती हैं, जिन्हें जलवितरिकाएँ कहते हैं।
- अधिकांशतः आर्द्र क्षेत्रों में जलोढ़ पंख प्रायः निम्न शंकु की आकृति और शीर्ष से पाद तक कम ढाल वाले होते हैं। शुष्क और अर्द्ध-शुष्क जलवायु प्रदेशों में जलोढ़ पंख तीव्र ढाल वाले तथा उच्च शंकु वाले होते हैं।

6. नदी द्वारा निक्षेपित स्थल रूप के बारे में व्याख्या करें।

उत्तर नदियों के निक्षेपण से बनने वाले स्थल रूप निम्न हैं

(i) **जलोढ़ पंख** नदियों द्वारा पर्वतीय ढाल के आधार तल के पास अर्द्धवृत्ताकार रूप में पदार्थों का निक्षेपण, जो आकृति में पंख के समान होता है, जलोढ़ पंख कहलाता है।

(ii) **डेल्टा** नदी जब झील या सागर में गिरती है, तो वह लाए गए मलबा के निक्षेपण से एक विशेष प्रकार के स्थलरूप का निर्माण कर देती है, जिसे डेल्टा कहते हैं।

(iii) **बाढ़ का मैदान** मैदानी भाग में भूमि समतल होती है। अतः नदी में जब बाढ़ आ जाती है, तो बाढ़ का जल नदी के समीपवर्ती समतल प्राय भाग में फैल जाता है। इस जल में बालू एवं मिट्टी मिली हुई रहती है। बाढ़ के हटने के बाद यह मिट्टी वहीं जमा हो जाती है। मिट्टी के निक्षेपण से संपूर्ण मैदान समतल और लहरदार प्रतीत होता है। ऐसे मैदानों को बाढ़कृत मैदान कहते हैं।

(iv) **प्राकृतिक तटबंध** नदी के किनारों पर पाए जाने वाली बाँध-सी आकृति प्राकृतिक तटबंध कहलाती है।

(v) **विसर्पी रोधिकाएँ** विसर्पी रोधिकाएँ नदी के उत्तल ढालों पर पाई जाती हैं। इन रोधिकाओं का निर्माण किनारों पर अवसाद के जमा होने से होता है।

7. नदी विसर्प निर्माण के कारणों को स्पष्ट कीजिए।

अथवा **"विसर्प एक स्थल रूप न होकर एक प्रकार का चैनल प्रारूप है" इस कथन की पुष्टि के लिए तर्क प्रस्तुत कीजिए।** *दक्षता आधारित प्रश्न*

उत्तर नदी विसर्प निर्माण निम्नलिखित कारणों से होता है

- मंद ढालों पर प्रवाहित जल द्वारा क्षैतिज अथवा पार्श्विक कटाव करने की प्रवृत्ति का होना।
- जलोढ़ का तटों पर अनियमित व असंगठित जमाव या निक्षेपण, जिससे जल के दबाव का नदी पार्श्वों पर बढ़ना।
- कोरिओलिस प्रभाव से प्रवाहित जल का विक्षेपण।
- नदी पर थोड़ी-सी अनियमितताएँ भी, धीरे-धीरे मोड़ने के रूप में परिवर्तित हो जाती हैं।

8. डोलाइन एवं लेपीज पर संक्षिप्त टिप्पणी लिखिए।

उत्तर डोलाइन भी ध्वस्त घोलरंध्र हैं। इनकी संख्या अधिक होती है, जबकि ध्वस्तरंध्रों की संख्या कम होती है। प्रायः धरातलीय प्रवाहित जल घोलरंध्रों तथा विलयन रंध्रों से बहता हुआ अंतभौमिक नदी के रूप में विलीन हो जाता है। फिर कुछ दूरी तय करने के बाद किसी कंदरा से भूमिगत नदी के रूप में निकल आता है।

लैपीज समय के साथ चूनायुक्त चट्टानों के अधिकांश भाग इन गर्तों व खाइयों में अपरदित होकर चले जाते हैं तथा पूरे-क्षेत्रों में अत्यधिक अनियमित, पतले तथा नुकीले कटक शेष रह जाते हैं, इन्हें लेपीस कहा जाता है। इनका निर्माण चट्टानी संधियों वलन प्रक्रिया के पश्चात् होता है। यही लेपीज कभी-कभी विस्तृत क्षेत्रों में समतल चूनायुक्त चबूतरों का निर्माण करते हैं।

9. नदी के जलोढ़ मैदान व हिमानी धौत मैदानों में अंतर स्पष्ट करें।

उत्तर नदी के जलोढ़ मैदान व हिमानी धौत मैदानों में अंतर निम्नलिखित हैं

नदी के जलोढ़ मैदान	हिमानी धौत मैदान
नदी जलोढ़ मैदान का निर्माण जलोढ़ निक्षेपण से होता हैं।	हिमानी, धौत मैदान का निर्माण हिमानी-जलोढ़ के निक्षेपों से होता है।
इसका निर्माण प्रवाहित जल द्वारा होता है।	इसका निर्माण प्रवाहित हिम द्वारा होता है।
इसका निर्माण नदी के मध्यावस्था में मैदान में होता हैं।	इसका निर्माण गिरिपद में होता हैं।

10. नदी घाटियों तथा हिमनद घाटियों में आधारभूत अंतर क्या है?

उत्तर नदी घाटियों तथा हिमनद घाटियों में आधारभूत अंतर निम्नलिखित हैं

नदी घाटियाँ	हिमनद घाटियाँ
ये नदियों द्वारा बनती हैं।	ये गतिमान हिम द्वारा बनती हैं।
ये V आकार की होती हैं।	ये U आकार की होती हैं।
ये पर्वतीय तथा मैदानी किसी भी स्थान पर बन सकती हैं।	ये निम्न तापमान वाले क्षेत्रों में निर्मित होती हैं।

11. पवनों के अपरदनात्मक कार्य को बताइए।

अथवा **'पवनें अपवाहन तथा घर्षण द्वारा अपरदन करती हैं।" इस कथन की पुष्टि कीजिए।** *दक्षता आधारित प्रश्न*

उत्तर पवनें अपवाहन तथा घर्षण द्वारा अपरदन करती हैं। अपवाहन के अंतर्गत पवन सतह से चट्टानों के छोटे कण तथा धूल को उठाती है। हवा की प्रवाह की क्रिया में रेत और बजरी आदि औजारों की तरह धरातलीय चट्टानों पर चोट पहुँचाकर घर्षण करते हैं। हवा में उपस्थित रेत के कण जब चट्टानों के तल से टकराते हैं, तो इसका प्रभाव वायु के संवेग पर निर्भर करता है, यह प्रक्रिया **बालू घर्षण** कहलाती है। मरुस्थलों में पवनें अपरदनात्मक तथा निक्षेपणात्मक स्थलाकृतियों का निर्माण करती हैं। मरुस्थलों में वर्षा काफी कम होती है, परंतु कम समय में **मूसलाधार वर्षा** होती है। मरुस्थलीय क्षेत्रों में चट्टानें वन विहीन होती हैं। ये चट्टानें दैनिक तापांतर के कारण यांत्रिक एवं रासायनिक अपक्षय से अधिक प्रभावित होते हैं।

दीर्घ उत्तरीय प्रश्न

1. भौमजल का अध्ययन किस रूप में किया जाता है? इसके क्षेत्र एवं निर्माण का वर्णन कीजिए।

अथवा **"जल का क्षैतिज व ऊर्ध्वाधर प्रवाह ही चट्टानों के अपरदन का कारण होता है।" इस कथन की पुष्टि के लिए तर्क प्रस्तुत कीजिए।** *दक्षता आधारित प्रश्न*

उत्तर भौमजल का अध्ययन अपरदन के कारक के रूप में किया गया है, जिसके द्वारा विभिन्न प्रकार की स्थलाकृतियों का निर्माण होता है। यदि चट्टानें पारगम्य, कम सघन, अत्यधिक जोड़ों, संधियों व दरारों वाली हों, तो धरातल पर प्रवाहित जल का अंतःस्रवण सुगमता से हो जाता है। पृथ्वी के आंतरिक भाग में जाने के बाद जल धरातल के नीचे चट्टानों की संधियों, छिद्रों व संस्तरण तल से होकर क्षैतिज अवस्था में प्रवाह प्रारंभ करता हैं। जल का यह क्षैतिज व ऊर्ध्वाधर प्रवाह ही चट्टानों के अपरदन का कारण होता हैं।

भौमजल स्थलाकृति के क्षेत्र

भौमजल में पदार्थों के परिवहन द्वारा बने स्थलरूप महत्त्वहीन होते हैं। इसीलिए भौमजल का कार्य सभी प्रकार की चट्टानों में नहीं देखा जा सकता, परंतु ऐसी चट्टानें; जैसे–चूना-पत्थर या डोलोमाइट, जिसमें मुख्यतः कैल्शियम कार्बोनेट पाया जाता हैं, उनमें धरातलीय व भौमजल रासायनिक प्रक्रिया द्वारा अनेक स्थलरूपों का विकास करते हैं। ये स्थलरूप रासायनिक प्रक्रिया के परिणामस्वरूप घोलीकरण व अवक्षेपण बनते हैं। ये दो प्रक्रियाएँ घोलीकरण व अवक्षेपण या तो चूना-पत्थर व डोलोमाइट चट्टानों में अलग से या अन्य चट्टानों के साथ अंतरासंस्तरित पाई जाती हैं।

कार्स्ट स्थलाकृति का निर्माण

चूना-पत्थर अथवा डोलोमाइट चट्टानों वाले क्षेत्रों में भूमिगत जल से घुलनप्रक्रिया तथा उसके निक्षेपण प्रक्रिया से निर्मित स्थलाकृति को कार्स्ट स्थलाकृति कहते हैं। कार्स्ट स्थलाकृति एड्रियाटिक सागर के साथ बालकन कार्स्ट प्रदेश में पाई जाने वाली चूना-पत्थर पर विकसित स्थलाकृतियों पर आधारित हैं। अपरदनात्मक एवं निक्षेपणात्मक कार्स्ट स्थलाकृतियों की विशेषताएँ हैं।

2. भौमजल के निक्षेपित स्थलरूप का वर्णन कीजिए।

उत्तर **भौमजल के निक्षेपित स्थलरूप**

भौमजल के अधिकतर निक्षेपित स्थलरूप कंदराओं के भीतर ही निर्मित होते हैं। चूना पत्थर चट्टानों में मुख्य रसायन कैल्शियम कार्बोनेट हैं, जो कार्बन युक्त जल (वर्षा जल में घुला हुआ कार्बन) में शीघ्रता से घुल जाता है। जब इस जल का वाष्पीकरण हो जाता है, तो घुले हुए कैल्शियम कार्बोनेट का निक्षेपण हो जाता है।

प्रमुख निक्षेपित स्थलरूप

(i) **स्टैलेक्टाइट-** ये विभिन्न मोटाइयों के लटकते हुए हिमस्तम्भ जैसे होते हैं। प्रायः ये आधार पर या कंदरा की छत के पास मोटे होते हैं और अंत के छोर पर पतले होते जाते हैं।

(ii) **स्टैलेग्माइट-** ये कंदराओं के फर्श से ऊपर की ओर बढ़ते हैं। स्टैलेग्माइट कंदराओं की छत से धरातल पर टपकने वाले चूना मिश्रित जल से बनते हैं या स्टेलेक्टाइट के ठीक नीचे पतले पाइप की आकृति में बनते हैं।

(iii) **स्तंभ** विभिन्न मोटाई के स्टैलेग्माइट या स्टैलेक्टाइट के मिलने से स्तंभ या कंदरा स्तंभ बनते हैं।

3. तरंग व धाराओं के अपरदित स्थलरूप का वर्णन कीजिए।

उत्तर तरंग व धाराओं के अपरदित स्थलरूप को निम्न प्रकार समझ सकते हैं

(i) **भृगु तथा वेदिकाएँ** जिस तट पर अपरदन की क्रिया होती हैं, उस तट पर प्रायः दो आकृतियाँ तरंग घर्षित भृगु तथा वेदिकाएँ पाई जाती हैं। अधिकतर समुद्री भृगु की ढाल तीव्र होती है, जो कुछ मीटर से लेकर 30 मी अथवा उससे ज्यादा हो सकती हैं। इनकी तलहटी पर एक मंद ढाल वाला या समतल प्लेटफार्म होता है, जो समुद्री भृगु से प्राप्त शैल मलबे से ढका होता है, प्लेटफार्म तरंग कहलाता हैं। यदि ये प्लेटफार्म तरंग की औसत ऊँचाई से अधिक ऊँचाई पर पाए जाते हैं, तो इन्हें तरंग घर्षित वेदिकाएँ कहते हैं।

(ii) **कंदराएँ** यदि भृगु के कठोर चट्टानों से तरंगें टकराती हैं, तो भृगु के आधार पर रिक्त स्थान निर्मित होते हैं। तरंगें भृगु के आधार को गहराई तक खोखला कर देती हैं, जिसके परिणामस्वरूप समुद्री कंदराएँ निर्मित होती हैं। इन कंदराओं की छतों के गिरने से समुद्री भृगु स्थल की ओर बढ़ते हैं।

(iii) **स्टैक** भृगु के ध्वस्त होने से चट्टानों के कुछ अवशेष तटों के साथ अलग-अलग छूट जाते हैं, इन छूटे हुए चट्टानों से जिस आकृति का निर्माण होता है उसे **समुद्री स्टैक** कहते हैं। अन्य आकृतियों की तरह समुद्री स्टैक भी अस्थायी स्थलाकृतियाँ हैं, जो तरंग अपरदन (Wave Erosion) के कारण समुद्री पहाड़ियों तथा भृगु की तरह समय के साथ संकीर्ण समुद्री मैदानों में बदल जाते हैं।

4. बालू-टिब्बे के निर्माण का विस्तारपूर्वक वर्णन करें।

अथवा **"बालू-टिब्बों" का निर्माण उष्ण एवं शुष्क मरुस्थल में होता है। इस कथन की पुष्टि कीजिए।** *दक्षता आधारित प्रश्न*

उत्तर बालू-टिब्बों का निर्माण उष्ण शुष्क मरुस्थल में होता है। बालू-टिब्बे के निर्माण के लिए अवरोध का होना आवश्यक है। ये विभिन्न प्रकार के हो सकते हैं

(i) **बरखान** यह मरुभूमि की महत्त्वपूर्ण स्थलाकृति है। यह नवचंद्राकार के आकार की होती है, इसमें बालू-टिब्बे की भुजाएँ पवनों की दिशा में निकली होती हैं।

(ii) **परवलयिक** इसका निर्माण वहाँ होता है, जहाँ रेतीले भूतल पर आंशिक रूप से वनस्पति पाई जाती है। यदि पवनों की दिशा स्थायी रहे, तो परवलयिक बालू-टिब्बे बरखान से अलग आकृति वाले होते हैं।

(iii) **सीफ** ये बरखान की तरह ही होते हैं। सीफ में केवल एक ही भुजा होती है। ऐसा केवल पवनों की दिशा में परिवर्तन के फलस्वरूप होता है। यह भुजा ऊँची तथा अधिक लंबाई में विकसित हो सकती है।

(iv) **अनुदैर्ध्य टिब्बे** जब रेत की आपूर्ति कम व पवनों की दिशा स्थायी रहे, तो अनुदैर्ध्य टिब्बों का निर्माण होता है। ये अधिक लंबाई तथा कम ऊँचाई के लंबे कटक प्रतीत होते हैं।

(v) **अनुप्रस्थ टिब्बे** ये प्रचलित पवनों की दिशा के समकोण पर निर्मित होते हैं। इन टिब्बों के निर्माण के लिए पवनों की दिशा निश्चित तथा रेत का स्रोत पवनों की दिशा के समकोण पर होना चाहिए। अनुप्रस्थ टिब्बे अधिक लंबे तथा कम ऊँचाई वाले होते हैं। रेत की आपूर्ति अधिक होने पर अधिकांश बालू-टिब्बे एक-दूसरे में विलीन हो जाते हैं तथा उनकी आकृति व विशेषताएँ शेष नहीं रह जाती हैं। मरुस्थलों में अधिकांश टिब्बों का स्थानांतरण होता है तथा इनमें से कुछ मानव बस्तियों के समीप स्थित हो जाते हैं।

स्वयं को जाँचें

वस्तुनिष्ठ प्रश्न

1. **निम्नलिखित में कौन-सा भू-आकृति में परिवर्तन के लिए उत्तरदायी नहीं है?**

(a) समुद्र तल का स्थायित्व (b) प्रवाहित जल
(c) भूमिगत जल (d) हिमनद

2. **जब नदी समुद्रतटवर्ती मुहानों पर एक भाग में न बहकर कई भागों में बहने लगती है, तो उसे कहते हैं**

(a) तटीय मैदान
(b) जल वितरिकाएँ
(c) डेल्टा
(d) समप्राय मैदान

3. **मरुस्थली क्षेत्रों में पर्याप्त जल की उपलब्धता होने पर मैदान उथली झील में परिवर्तित होने को क्या कहा जाता है?**

(a) पदस्थली (b) पेडिमेंट
(c) प्लाया (d) पेडिप्लेन

4. **भारत के पूर्वी भाग में स्थित तटीय मैदान किस प्रकार का तट है?**

(a) अपरदनात्मक तट (b) अवसादी तट
(c) अपक्षयित तट (d) तरंगित तट

5. **मरुस्थल क्षेत्रों में वैसी आकृति जिनके आधार तल पतले और ऊपरी भाग विस्तृत व गोल टोपी में हों उसे ……… कहते हैं।**

6. **'नदी घाटियों के संदर्भ में सही विकल्प का चयन करें।**

1. **ये घाटियाँ नदियों द्वारा बनती हैं।**
2. **ये V-आकार की होती हैं।**
3. **ये पर्वतीय या मैदानी किसी भी स्थान पर बन सकती हैं।**

कूट

(a) केवल 1 (b) केवल 2
(c) 1 और 3 (d) 1, 2 और 3

7. **जब गतिमान जल किसी ऊँचे भाग से नीचे की ओर गिरता है, तो उसे ……… कहते हैं।**

अतिलघु उत्तरीय प्रश्न

8. **भू-आकृतियों के बनने में अधिक समय क्यों लगता है?**

9. **अपरदित तथा निक्षेपित दो प्रकार के स्थलरूपों का निर्माण क्यों होता है?**

10. **तीव्र ढाल मंद ढाल में परिवर्तित क्यों होते हैं?**

11. **जलप्रपात तथा क्षिप्रिकाओं में क्या अंतर है?**

12. **गोखुर झील तथा प्राकृतिक तटबंधों का निर्माण किस प्रकार से होता है?**

लघु उत्तरीय प्रश्न

13. **भू-आकृतियों में परिवर्तन क्यों होता है?**

14. **स्थलरूपों का क्रमबद्ध तथा अनुक्रमिक विकास अवरुद्ध क्यों होता है?**

15. **पहाड़ियाँ एवं घाटियाँ समतल मैदानों में किस प्रकार बदलती हैं?**

16. **"आर्द्र प्रदेशों में जलोढ़ पंख प्रायः निम्न शुष्क की आकृति तथा शीर्ष से पद तक मंद ढाल वाले होते हैं। इस कथन की पुष्टि के लिए तर्क प्रस्तुत कीजिए।**

दीर्घ उत्तरीय प्रश्न

17. **मरुस्थलीय स्थलाकृतियों का विस्तार से उल्लेख करें।**

18. **हिम घाटी में होने वाले अपरदन के बारे में उल्लेख करें तथा एस्कर व ड्रमलिन में अंतर स्पष्ट करें।**

19. **भू-आकृतिक कारक भू-दृश्य के विकास में कैसे योगदान देते हैं? संक्षिप्त में व्याख्या करें।**

20. **पवन के अपरदन तथा निक्षेपण द्वारा निर्मित स्थलाकृतियों की व्याख्या कीजिए।**

21. **"नदी वेदिकाएँ प्रारंभिक बाढ़ मैदानों या पुरानी नदी घाटियों के चिह्न हैं।" इस कथन की पुष्टि कीजिए।**

7

अध्याय

वायुमंडल का संघटन तथा संरचना

पृथ्वी की अन्योन्याश्रित भौतिक प्रणालियों के मुख्य घटकों में से एक वातावरण या वायुमंडल भी है। एक ग्रह या अन्य खगोलीय पिंडों के चारों ओर गैस की परतों से इसका निर्माण होता है, जो उस पिंड के गुरुत्वाकर्षण बल के कारण उससे आबद्ध रहता है। इस अध्याय में वायुमंडल संरचना के घटकों को शामिल किया गया है।

▼ अध्ययन एक नजर में

▼ अभ्यास के लिए

- बहुविकल्पीय प्रश्न 32, (अभिकथन/कारण, सुमेलित कीजिए)
- वर्णनात्मक प्रकार के प्रश्न (लघु उत्तरीय प्रश्न 5, दीर्घ उत्तरीय प्रश्न 2)
- स्रोत आधारित प्रश्न 2, मानचित्र आधारित

पृथ्वी के चारों ओर व्याप्त वायुमंडल जलवाष्प, धूलकणों और अनेक गैसों से निर्मित है। इनमें कुछ ऐसी गैसें भी हैं, जो पृथ्वी पर प्राणियों तथा वनस्पतियों के अस्तित्व व विकास हेतु अति आवश्यक हैं।

- वायु रंगहीन और गंधहीन होती है। इसे केवल तब महसूस किया जा सकता है, जब यह बहाव के रूप में वातावरण में गति करती है।
- वायु पृथ्वी के द्रव्यमान का अभिन्न भाग है तथा इसके कुल द्रव्यमान का 99 % पृथ्वी की सतह से 32 किमी की ऊँचाई तक स्थित है।

7.1 वायुमंडल का संघटन

- वायुमंडल गैसों, जलवाष्प एवं धूल कणों से बना है।
- पृथ्वी के वायुमंडल के लगभग 78% नाइट्रोजन 21% ऑक्सीजन तथा 1% अन्य गैसों का मिश्रण पाया जाता है। गैसों का अनुपात ऊँचाई के अनुसार बदलता है। 120 किमी की ऊँचाई पर ऑक्सीजन की मात्रा बहुत कम होती है।
- इसी प्रकार, कार्बन डाइ-ऑक्साइड और जलवाष्प जैसी गैसें पृथ्वी की सतह से केवल 90 किमी की ऊँचाई तक ही पाई जाती हैं।

गैसें

- वायुमंडल में विभिन्न गैसों का मिश्रण होता है। ये गैसें निम्नलिखित हैं

कार्बन डाइआक्साइड

- सौर विकिरण के लिए पारदर्शी और **पार्थिव विकिरण**[3] (Terrestrial Radiation) के लिए अपारदर्शी (Opaque) होने के कारण कार्बन डाइऑक्साइड गैस मौसम विज्ञान की दृष्टि से अत्यधिक महत्त्वपूर्ण है। यह गैस सौर विकिरण के एक अंश को अवशोषित (Absorbed) कर कुछ भाग को पृथ्वी की सतह की ओर प्रतिबिंबित (Reflected) कर देती है।

---

1 **पार्थिव विकिरण** (Terrestrial Radiation) वे विकिरण है, जो पृथ्वी की सतह से वापस परावर्तित होती है

- **जीवाश्म ईंधन** को अत्यधिक मात्रा में जलाने के कारण पिछले कुछ दशकों में कार्बन डाइ-ऑक्साइड के आयतन में लगातार वृद्धि हो रही है, जबकि अन्य गैसों का आयतन स्थिर है। यह गैस **ग्रीन हाउस प्रभाव**[2] के लिए भी उत्तरदायी है, इसके परिणामस्वरूप हवा के तापमान में भी लगातार वृद्धि हो रही है।

ओजोन

- पृथ्वी की सतह से 10 से 50 किमी की ऊँचाई के बीच पाया जाने वाला **ओजोन** वायुमंडल के दूसरे महत्त्वपूर्ण घटक के रूप में जाना जाता है। ओजोन एक फिल्टर की तरह कार्य करता है, जो सूर्य से निकलने वाली पराबैंगनी किरणों (Ultraviolet Rays) को अवशोषित कर उन्हें पृथ्वी तक पहुँचने से रोकता है, जिससे हमारी पृथ्वी ग्रीन हाउस प्रभाव (Greenhouse Effect) से सुरक्षित रहती है।

जलवाष्प

- वायुमंडल में उपस्थित जलवाष्प ऐसी परिवर्तनीय गैस है, जिसका ऊँचाई के साथ ह्रास होता है।
- **विषुवत**[3] वृत्त (Equator) से ध्रुव (Poles) की ओर जलवाष्प की मात्रा कम होती जाती है। आर्द्र उष्णकटिबंध (Wet Tropics) तथा गर्म प्रदेशों में यह हवा के आयतन का 4% होता है, जबकि रेगिस्तान जैसे शुष्क और ध्रुवों जैसे ठंडे प्रदेशों में यह हवा के आयतन के 1% भाग से भी कम होता है।
- जलवाष्प पृथ्वी से निकलने वाले ताप को संग्रहित करता है तथा **सौर विकिरण**[4] को संग्रहित करने के साथ-साथ उसके कुछ अंश को अवशोषित भी करता है।
- यह प्रक्रिया पृथ्वी को अधिक गर्म और अधिक ठंडा होने से बचाती है। यह उसके लिए एक कंबल का कार्य करती है तथा साथ ही वायु के स्थिर और गतिमान होने में भी महत्त्वपूर्ण योगदान देती है।

धूलकण

- वायुमंडल में सूक्ष्म रूप में ठोस कण भी विद्यमान होते हैं, ये कण राख, मिट्टी, धुएँ, धूल, समुद्री नमक, (Disintegrated Particles of Meteors), पराग उल्काओं के टूटे कण आदि स्रोतों से निकलते हैं।
- धूलकणों के वायुमंडल की निचली सतह में अवस्थित होने के बावजूद भी **संवहनीय वायु प्रवाह**[5] इन्हें काफी ऊँचाई तक ले जाते हैं।
- ध्रुवीय और विषुवतीय प्रदेशों की तुलना में शुष्क वायु के कारण उपोष्ण तथा शीतोष्ण प्रदेशों में धूलकण अधिक मात्रा में एकत्रित होते हैं।
- धूल और नमक के कण के चारों ओर ही जलवाष्प संघनित होकर बादलों का निर्माण करते हैं, इस प्रकार ये कण **आर्द्रताग्राही केंद्र**[6] (Hygroscopic Nuclei) के रूप में कार्यरत् होते हैं।

चेक प्वॉइंट 1

1. वायुमंडल का 99% द्रव्यमान कितनी ऊँचाई तक सीमित है?
2. वायुमंडल के प्रमुख तत्त्व कौन-से हैं?
3. जलवाष्प की न्यूनतम मात्रा कहाँ पाई जाती है?
4. वायुमंडल में कार्बन डाईऑक्साइड की सांद्रता में वृद्धि का प्रमुख कारण क्या है?
5. ओजोन का विस्तार कहाँ तक पाया जाता है?

---

2 ग्रीन हाउस प्रभाव (Greenhouse Effect) पार्थिव विकिरण तरंगों के रूप में अंतरिक्ष में प्रेषित ऊर्जा को वायुमंडल द्वारा अवशोषित करके पृथ्वी की सतह के तापमान को बढ़ाना आदि।

3 विषुवत (Equator) यह पृथ्वी के मध्य के चारों ओर एक काल्पनिक रेखा है, जो उत्तर ध्रुव और दक्षिण ध्रुव से समान दूरी पर स्थित है।

4 सौर विकिरण (Solar Rodiation) यह सूर्य से आने वाली सौर ऊर्जा को संदर्भित करता है।

5 संवहनीय वायु प्रवाह (Convectional Air Currents) यह वे उर्ध्वाधर वायु प्रवाह होते हैं, जो पृथ्वी की सतह के ताप से उत्पन्न होते हैं।

6 आर्द्रताग्राही केंद्र (Hyguoscopic Nuclei) यह छोटे कण होते हैं, जो सामान्यतः वायुमंडल में पाए जाते हैं और जो आस-पास की वायु से जलवाष्प को अवशोषित करने की क्षमता रखते हैं।

7.2 वायुमंडल की संरचना

वायुमंडलीय परत विभिन्न घनत्व एवं तापमान से निर्मित है। ऊँचाई बढ़ने के साथ-साथ घनत्व घटता जाता है, जबकि धरातल के समीप घनत्व अधिक होता है। वायुमंडल को तापमान के आधार पर पाँच विभिन्न संस्तरों (Layers) में बाँटा गया है; जैसे– ये संस्तर हैं क्षोभमंडल, समतापमंडल, मध्यमंडल और बाह्य वायुमंडल (आयनमंडल) और बहिर्मंडल आदि।

क्षोभमंडल

- यह वायुमंडल का सबसे नीचे का संस्तर (Layer) है। क्षोभमंडल (Troposphere) की सतह से औसत ऊँचाई लगभग 13 किमी है, जबकि विषुवत् वृत्त पर यह 18 किमी तथा ध्रुवों के निकट 8 किमी तक पाई जाती है।
- विषुवत् वृत्त पर तीव्र वायु प्रवाह के कारण ताप को अधिक ऊँचाई तक संवहन किया जाता है, इसलिए यहाँ पर क्षोभमंडल की अधिक ऊँचाई पाई जाती है। क्षोभमंडल की मोटाई इस क्षेत्र में अधिक होती है।
- वायुमंडल के इस स्तर में धूलकण तथा जलवाष्प विद्यमान होते हैं। क्षोभमंडल में प्रत्येक 165 मी की ऊँचाई पर तापमान में 1° सेल्सियस गिरावट होती है।
- **क्षोभमंडल** तथा **समतापमंडल** (Stratosphere) को अलग करने वाले भाग को क्षोभसीमा (Tropopause) कहते हैं।
- विषुवत् वृत्त के ऊपर क्षोभसीमा में हवा का तापमनान –80° सेल्सियस तथा ध्रुव के ऊपर –45° सेल्सियस होता है।

समतापमंडल

- क्षोभसीमा से ऊपर 50 किमी की ऊँचाई तक समतापमंडल पाया जाता है।
- अत्यधिक महत्त्वपूर्ण ओजोन परत (Ozone Layer) इसी संस्तर में पाई जाती है। ओजोन परत पराबैंगनी (UVs) किरणों को अवशोषित करती है और साथ ही ऊर्जा के तीव्र तथा हानिकारक तत्त्वों से पृथ्वी को बचाती है।

मध्यमंडल

- मध्यमंडल (Mesosphere) का विस्तार समतापमंडल के ऊपर 80 किमी की ऊँचाई तक है। क्षोभमंडल की भाँति इस मंडल में भी ऊँचाई बढ़ने पर तापमान में ह्रास होता है।
- 80 किमी की ऊँचाई पर तापमान गिरकर -100° सेल्सियस हो जाता है। मध्यमंडल की ऊपरी सीमा **मध्यसीमा**[7] (Mesopause) कहलाती है।

बाह्य वायुमंडल (आयनमंडल)

- मध्यमंडल (Ionosphere) के ऊपर 80 से 400 किमी के मध्य आयनमंडल स्थित होता है। इस मंडल में ऐसे कण पाए जाते हैं, जो विद्युत आवेशित होते हैं, जिन्हें आयन कहा जाता है।
- आयन की उपस्थिति के कारण इस मंडल को आयनमंडल कहा जाता है। इस मंडल की विशेषता यह है कि पृथ्वी से जाने वाली **रेडियो तरंगों**[8] को पुनः पृथ्वी पर वापस भेज दिया जाता है। वायुमंडल के इस मंडल में ऊँचाई बढ़ने पर तापमान में भी वृद्धि होने लगती है।

---

7 मध्यसीमा (Mesopause) यह पृथ्वी के वायुमंडल में मध्यमंडल और आयनमंडल के मध्य की सीमा है।
8 रेडियों तरंगें (Radio waves) ये दीर्घ तरंगीय विकिरण है, जिनका उपयोग दूरसंचार हेतु किया जाता है।

बहिर्मंडल

- बहिर्मंडल (Exosphere) वायुमंडल का सबसे ऊपरी स्तर होता है, जिसे **तापमंडल** (Thermosphere) भी कहते हैं। इस संस्तर के बारे में पर्याप्त जानकारी का अभाव है। इस संस्तर के सभी घटक विरल हैं, जो आगे बढ़ने पर बाहरी अंतरिक्ष में प्रवेश कर जाते हैं।

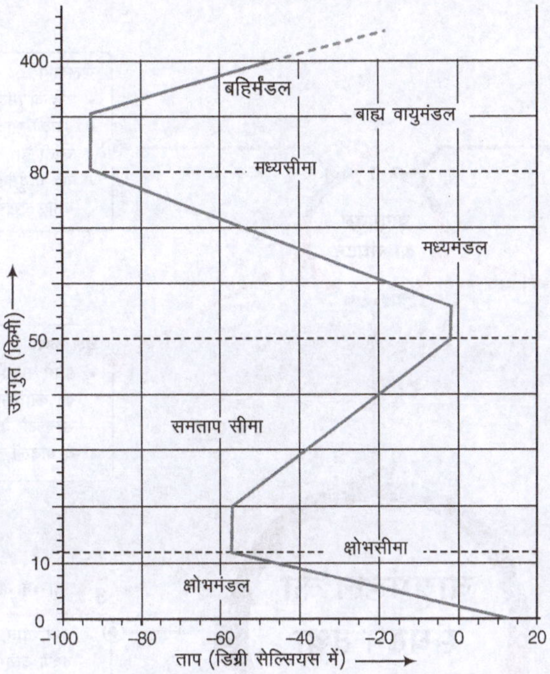

7.3 मौसम और जलवायु के तत्त्व

- वायुमंडल के मुख्य तत्त्व जो लगातार बदलते रहते हैं और जो मानव जीवन एवं उसके परिवेश को प्रभावित करते हैं; जैसे-
- तापमान, दाब, वायु, बादल, आर्द्रता, वर्षण (वर्षा) आदि।
- किसी विशेष स्थान पर किसी विशेष समय में वायुमंडल की स्थिति को मौसम कहा जाता है। वायुमंडल में इस स्थिति में उस विशेष स्थान का तापमान, आर्द्रता, वायु प्रवाह, दाब, कोहरा, वर्षा, हिमपात इत्यादि सभी परिस्थितियाँ शामिल होती हैं। किसी स्थान का मौसम परिवर्तनीय होता है और यह दिन प्रतिदिन बदल सकता है।
- मौसम स्थान विशेष पर भी निर्भर करता है। जलवायु किसी स्थान के वातावरण की लगभग स्थायी दशा को कहते हैं। जलवायु मौसम का ही व्यापक रूप माना जाता है। जलवायु बड़े भौगोलिक क्षेत्रों व बड़े कालखंडों के लिए प्रयुक्त होता है।
- जलवायु में मौसम के सभी तत्त्वों को शामिल किया जाता है। किसी बड़े क्षेत्र के तापमान, वायुदाब, वायु प्रवाह, आर्द्रता, वर्षा आदि के कम-से-कम 30 वर्षों के औसत को उस क्षेत्र की जलवायु कहते हैं। किसी स्थान की जलवायु पर उस स्थान के अक्षांश और सौर प्रकाश, पवन, महासागरीय धाराएँ निम्न व उच्च वायुदाब द्वारा नियंत्रित होती हैं।

चेक प्वॉइंट 2

1. वायुमंडल को कितने परतों में विभाजित किया गया है?
2. क्षोभमंडल की औसत ऊँचाई कितनी है?
3. ओजोन परत किस वायुमंडलीय परत में पाई जाती है?
4. वायुमंडल की सबसे बाहरी परत कौन-सी है?
5. मध्यमंडल की ऊपरी सीमा को क्या कहते हैं?
6. किसी स्थान की जलवायु निर्धारित करने के लिए न्यूनतम कितने वर्षों का औसत लिया जाता है?

Mind Map

वायुमंडल का संघटन तथा संरचना

1 वायुमंडल का संघटन

कार्बन-डाइऑक्साइड
- यह सूर्य से आने वाले सौर विकिरण के लिए पारदर्शी होती है।
- यह पार्थिव विकिरण को अवशोषित करती है।
- यह ग्रीन हाउस प्रभाव के लिए उत्तरदायी है।

जलवाष्प
- यह वायुमंडल में एक परिवर्तनीय गैस है।
- इसकी सांद्रता ऊँचाई के साथ घटती जाती है।
- यह वायुमंडल में स्थिरता और अस्थिरता बनाए रखने में सहायक होती है।

ओजोन
- यह पृथ्वी की सतह से 10-50 किमी की ऊँचाई के बीच पाई जाती है।
- यह सूर्य से आने वाली पराबैंगनी किरणों को अवशोषित करती है।

धूल कण
- इनमें समुद्री नमक, महीन मिट्टी, धुएँ की कालिमा, राख, पराग धूल तथा उल्काओं के टूटे हुए कण शामिल होते हैं।
- ये बादलों के निर्माण में सहायक होते हैं।

3 मौसम और जलवायु के तत्त्व

- ताप, दाब, हवा, आर्द्रता, बादल और वर्षण वायुमंडल के महत्त्वपूर्ण तत्त्व हैं।

2 वायुमंडल की संरचना

वायुमंडल अलग-अलग घनत्व तथा तापमान वाली विभिन्न परतों का बना होता है।

बहिर्मंडल
- यह वायुमंडल का सबसे ऊपरी संस्तर है।
- इस संस्तर में उपस्थित सभी घटक धीरे-धीरे बाहरी अंतरिक्ष में मिल जाते हैं।

आयनमंडल
- यह संस्तर 80-400 किमी की ऊँचाई के बीच स्थित होती है।
- पृथ्वी के द्वारा भेजी गई रेडियो तरंगें इस संस्तर के द्वारा वापस पृथ्वी पर लौट आती हैं।

मध्यमंडल
- यह समतापमंडल के ऊपर स्थित होता है और 80 किमी तक विस्तृत होता है।
- इस संस्तर में ऊँचाई बढ़ने के साथ तापमान घटता है।

क्षोभमंडल
- इसकी औसत ऊँचाई 13 किमी है।
- सभी जलवायु और मौसम से संबंधित घटनाएँ इसी संस्तर में घटित होती हैं।

समतापमंडल
- यह क्षोभमंडल के ऊपर स्थित होता है और इसमें ओजोन गैस मौजूद होती है।
- यह क्षोभ सीमा से 50 किमी की ऊँचाई तक पाया जाता है।

NCERT फोल्डर

अध्याय के मध्य में दिए गए प्रश्न

1. क्या आप कल्पना कर सकते हैं कि वायुमंडल में ओजोन की अनुपस्थिति से हमारे ऊपर क्या प्रभाव होगा?

उत्तर ओजोन, वायुमंडल में एक महत्त्वपूर्ण गैस है, जो सूर्य की हानिकारक पराबैंगनी (UV) किरणों से पृथ्वी पर जीवन की रक्षा करती है। यदि वायुमंडल से ओजोन की अनुपस्थिति हो जाए, तो इसके कई गंभीर परिणाम होंगे।

इसका सबसे बड़ा प्रभाव मानव स्वास्थ्य पर पड़ेगा। UVS किरणें सीधे त्वचा तक पहुँचेगी जिससे त्वचा कैंसर, आँखों में मोतियाबिद और रोग प्रतिरोधक क्षमता में कमी जैसी समस्याएँ बढ़ेगी। साथ ही पौधों और फसलों पर भी बुरा प्रभाव होगा क्योंकि पराबैंगनी किरणें उनके विकास को बाधित करेंगी। इससे खाद्य आपूर्ति श्रृंखला प्रभावित हो सकती है।

सामुद्रिक जीवन, विशेष रूप से प्लवक (प्लैंकटन) पर भी इसका नकारात्मक प्रभाव पड़ेगा, जो खाद्य श्रृंखला का आधार है। कुल मिलाकर ओजोन की अनुपस्थिति से पृथ्वी पर जीवन अस्थिर और संकटग्रस्त हो सकता है।

नीचे दिए प्रश्नों के उत्तर संक्षेप में दीजिए

1. निम्नलिखित में से कौन-सी गैस वायुमंडल में सबसे अधिक मात्रा में मौजूद है?

(a) ऑक्सीजन (b) ऑर्गन
(c) नाइट्रोजन (d) कार्बन डाइ-ऑक्साइड

उत्तर *(c)* नाइट्रोजन

2. वह वायुमंडलीय परत, जो मानव जीवन के लिए महत्त्वपूर्ण है

(a) समतापमंडल (b) क्षोभमंडल
(c) मध्यमंडल (d) आयनमंडल

उत्तर *(b)* क्षोभमंडल

3. समुद्री नमक, पराग, राख, धुएँ की कालिमा, महीन मिट्टी किससे संबंधित है?

(a) गैस (b) जलवाष्प (c) धूलकण (d) उल्कापात

उत्तर *(c)* धूलकण

4. निम्नलिखित में से कितनी ऊँचाई पर ऑक्सीजन की मात्रा नगण्य हो जाती है?

(a) 90 किमी (b) 100 किमी
(c) 120 किमी (d) 150 किमी

उत्तर *(c)* 120 किमी

5. निम्नलिखित में कौन-सी गैस सौर विकिरण के लिए पारदर्शी है तथा पार्थिव विकिरण के लिए अपारदर्शी?

(a) ऑक्सीजन (b) नाइट्रोजन
(c) हीलियम (d) कार्बन डाइ-ऑक्साइड

उत्तर *(d)* कार्बन डाइ-ऑक्साइड

निम्नलिखित प्रश्नों के उत्तर लगभग 30 शब्दों में दीजिए

1. वायुमंडल से आप क्या समझते हैं?

उत्तर पृथ्वी के चारों ओर गंधहीन, रंगहीन और स्वादहीन पारदर्शी गैसों के मिश्रण का एक विशाल आवरण है। इस आवरण को ही वायुमंडल कहा जाता है।

2. मौसम एवं जलवायु के तत्त्व कौन-कौन से हैं?

उत्तर तापमान, दाब, आर्द्रता, बादल तथा वर्षण मौसम और जलवायु के महत्त्वपूर्ण तत्त्व हैं। ये तत्त्व प्रत्यक्ष या परोक्ष रूप से मौसम एवं जलवायु को प्रभावित करते हैं, जिससे पृथ्वी पर मानव जीवन प्रभावित होता है।

निम्नलिखित प्रश्नों के उत्तर लगभग 150 शब्दों में दीजिए

1. वायुमंडल के संघटन की व्याख्या कीजिए।

उत्तर वायुमंडल के संघटन में गैस, जलवाष्प तथा धूलकण हैं, जिनकी व्याख्या इस प्रकार है

(i) **गैस** वायुमंडल अनेक प्रकार की गैसों का मिश्रण है। इसमें मनुष्यों, जंतुओं तथा पौधों के जीवन के लिए आवश्यक गैसें ऑक्सीजन व कार्बन डाइ-ऑक्साइड पाई जाती हैं। वायुमंडल की ऊपरी परतों में गैसों का अनुपात परिवर्तित होता है; जैसे—120 किमी की ऊँचाई पर ऑक्सीजन की मात्रा नगण्य हो जाती है, जबकि कार्बन डाइ-ऑक्साइड धरातल से 90 किमी की ऊँचाई तक ही पाई जाती है। ओजोन वायुमंडल में एक महत्त्वपूर्ण घटक है, जो पृथ्वी की सतह से 10 से 50 किमी की ऊँचाई के मध्य पाया जाता है।

(ii) **जलवाष्प** जलवाष्प सूर्य से उत्सर्जित होने वाले ताप के कुछ हिस्से को अवशोषित कर लेती है एवं पृथ्वी के धरातल से लौटने वाले ताप को संग्रहित करती है। इस प्रक्रिया के द्वारा जलवाष्प एक कंबल की तरह कार्य करती है। इससे पृथ्वी न तो अधिक गर्म और न ही अधिक ठंडी होती है। यह हवा को भी प्रभावित करती है।

(iii) **धूलकण** धूलकण प्रायः वायुमंडल के निचले भाग में पाए जाते हैं, लेकिन संवहनीय वायु द्वारा ऊँचाई तक भी पाए जाते हैं। धूल और नमक के कण आर्द्रताग्राही केंद्र की तरह कार्य करते हैं, जिसके चारों ओर जलवाष्प संघनित होकर मेघों का निर्माण करती है।

2. वायुमंडल की संरचना का चित्र खींचे और व्याख्या कीजिए।

अथवा **वायुमंडल की संरचना के विषय में लिखें।**

अथवा **वायुमंडल के सभी संस्तरों में क्षोभमंडल सबसे महत्त्वपूर्ण क्यों है?**

उत्तर वायुमंडल भिन्न-भिन्न घनत्व एवं तापमान वाली विभिन्न परतों से निर्मित है। पृथ्वी के धरातल के समीप घनत्व अधिक होता है, लेकिन ऊँचाई बढ़ने के साथ-साथ घनत्व घटता जाता है।

तापमान के आधार पर वायुमंडल को पाँच विभिन्न संस्तरों में विभाजित किया जाता है, जिनकी व्याख्या निम्न प्रकार है

(i) **क्षोभमंडल** वायुमंडल के सबसे नीचे संस्तर को क्षोभमंडल कहते हैं। इसकी औसत ऊँचाई धरातल से लगभग 13 किमी है, जबकि विषुवत् वृत्त पर 18 किमी तथा ध्रुव के समीप 8 किमी तक पाई जाती है। इसमें धूलकण व जलवाष्प उपस्थित होते हैं। इस संस्तर में जलवायु और मौसम संबंधी संपूर्ण घटनाएँ घटती हैं। यह संस्तर जैविक क्रिया के लिए बहुत ही महत्त्वपूर्ण है। इसमें प्रत्येक 165 मी की ऊँचाई पर तापमान 1° सेल्सियस कम हो जाता है। क्षोभमंडल तथा समतापमंडल को क्षोभसीमा अलग करती है।

(ii) **समतापमंडल** क्षोभसीमा के ऊपर समतापमंडल 50 किमी की ऊँचाई तक पाया जाता है। ओजोन परत समतापमंडल में पाई जाती है। इस परत द्वारा पराबैंगनी किरणों को अवशोषित कर लिया जाता है, जिससे पृथ्वी ऊर्जा के तीव्र एवं हानिकारक तत्त्वों से सुरक्षित रहती है।

(iii) **मध्यमंडल** मध्यमंडल, समतापमंडल के ऊपर 80 किमी की ऊँचाई तक विस्तृत है। मध्यमंडल की ऊपरी सीमा मध्य सीमा कहलाती है।

(iv) **आयनमंडल या बाह्य वायुमंडल** मध्यमंडल के ऊपर 80 से 400 किमी के मध्य आयनमंडल स्थित होता है। पृथ्वी से परवर्तित रेडियो तरंगें इसी परत से पृथ्वी पर लौट आती हैं। यह मंडल संचार की दृष्टि से अनुकूल है।

(v) **बहिर्मंडल** बहिर्मंडल वायुमंडल का सबसे ऊपरी स्तर होता है, जिसे तापमंडल भी कहते है। इस सस्तर के बारे में पर्याप्त जानकारी का अभाव है।

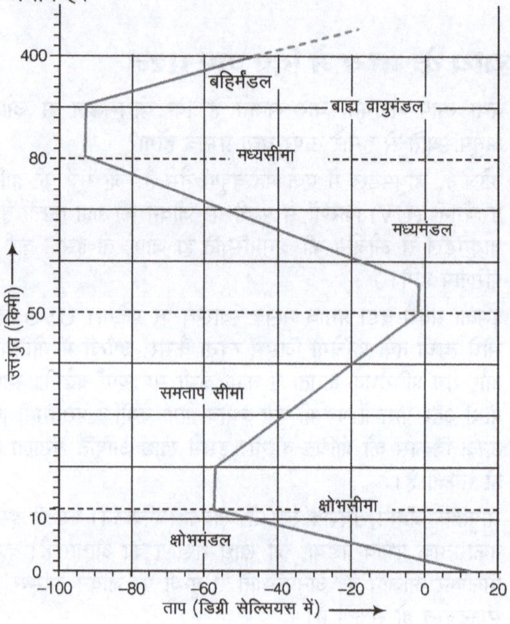

अभ्यास प्रश्न

वस्तुनिष्ठ प्रश्न

बहुविकल्पीय प्रश्न

1. निम्नलिखित में से कौन-सी गैस पौधों के लिए आवश्यक है?

(a) हाइड्रोजन (b) ओजोन
(c) कार्बन डाइ-ऑक्साइड (d) आॅर्गन

उत्तर (c) कार्बन डाइ-ऑक्साइड

2. पिछले कुछ दशकों में वायुमंडल में कौन-सी गैस की माग बढ़ी है?

(a) ऑक्सीजन (b) नाइट्रोजन
(c) कार्बन डाइ-आक्साइड (d) हीलियम

उत्तर (c) कार्बन डाइ-आक्साइड

3. .... एवं जलवाष्प धरातल से .... से ऊपर की ऊँचाई पर नहीं पाए जाते हैं।

(a) कार्बन डाइ-ऑक्साइड, 120 किमी
(b) नाइट्रोजन, 90 किमी
(c) ऑक्सीजन, 50 किमी
(d) कार्बन डाइ-ऑक्साइड, 90 किमी

उत्तर (d) कार्बन डाइ-ऑक्साइड, 90 किमी

4. निम्नलिखित गैसों में से हरित गृह प्रभाव के लिए जिम्मेदार गैस है

(a) ऑक्सीजन
(b) जेनॉन
(c) क्रिप्टन
(d) कार्बन डाइ-ऑक्साइड

उत्तर (d) कार्बन डाइ-ऑक्साइड

5. पृथ्वी की सतह से .... से .... किमी की ऊँचाई के बीच ओजोन वायुमंडल पाया जाता है।

(a) 5, 30 (b) 10, 50
(c) 20, 80 (d) 30, 100

उत्तर (b) 10, 50

6. विषुवत् वृत्त के ऊपर क्षोभसीमा का तापमान कितना होता है?

(a) -45° से
(b) −80° से
(c) −100° से
(d) −0° से

उत्तर (b) −80° से

7. निम्नलिखित कथनों में से कौन-सा सही है?

(a) वायुमंडल का सबसे निचला संस्तर समतापमंडल है
(b) वायुमंडल में नाइट्रोजन गैस सबसे अधिक पाई जाती है
(c) जीवाश्म ईंधन के अधिक मात्रा में जलाने से वायुमंडल में नाइट्रोजन गैस बढ़ती है
(d) मध्यमंडल से रेडियो तरंगें पुनः वापस लौट आती हैं

उत्तर (b) वायुमंडल में नाइट्रोजन गैस सबसे अधिक पाई जाती है

8. वायुमंडल में पाई जाने वाली गैसों के आयतन के प्रतिशत के अनुसार सही क्रम कौन-सा है?

(a) ऑक्सीजन, नाइट्रोजन, ऑर्गन, जलवाष्प
(b) नाइट्रोजन, ऑर्गन, जलवाष्प, ऑक्सीजन
(c) नाइट्रोजन, ऑक्सीजन, ऑर्गन, कार्बन डाइ-ऑक्साइड
(d) नाइट्रोजन, ऑर्गन, ऑक्सीजन, जेनॉन

उत्तर (c) नाइट्रोजन, ऑक्सीजन, ऑर्गन, कार्बन डाइ-ऑक्साइड

9. निम्नलिखित कथनों में कौन-सा सही नहीं है?

(a) पृथ्वी के चारों ओर व्याप्त वायुमंडल जलवाष्प, धूलकणों तथा गैसों का मिश्रण है
(b) ओजोन वायुमंडल सूर्य से निकलने वाली पराबैंगनी किरणों को अवशोषित करती है
(c) विषुवत् वृत्त से ध्रुव की ओर जाने पर जलवाष्प की मात्रा बढ़ती है
(d) धूलकण वायुमंडल में आर्द्रताग्राही केंद्र के रूप में कार्य करता है

उत्तर (c) विषुवत् वृत्त से ध्रुव की ओर जाने पर जलवाष्प की मात्रा बढ़ती है।

10. क्षोभमंडल वायुमंडल का सबसे निचला का संस्तर है। इसकी ऊँचाई सतह से 13 किमी है तथा यह ध्रुव के निकट ······· तथा विषुवत् वृत्त पर ······· की ऊँचाई तक है।

(a) 5 किमी, 13 किमी (b) 8 किमी, 16 किमी
(c) 18 किमी, 8 किमी (d) 8 किमी. 18 किमी

उत्तर (d) 8 किमी. 18 किमी

11. वायुमंडल में कार्बन-डाइ-ऑक्साइड की मात्रा को कम करने/सीमित करने का उद्देश्य है

(a) तापमान को बढ़ाने में सहायता के लिए
(b) अतिशीतलन अवस्था के लिए
(c) वायुमंडल में इस गैस का कोई उपयोग नहीं
(d) पृथ्वी को गर्म होने से बचाने के लिए

उत्तर (d) पृथ्वी को गर्म होने से बचाने के लिए

12. क्षोभमंडल में ऊँचाई के साथ-साथ तापमान में कमी आती है, यह मापन आधारित है।

(a) 165 मी/सेल्सियस (b) 164 मी/सेल्सियस
(c) 174 मी/सेल्सियस (d) 155 मी /सेल्सियस

उत्तर (a) 165 मी/सेल्सियस

14. निम्नलिखित कथन वायुमंडल की परतों के संदर्भ में हैं, इन्हें ध्यानपूर्वक पढ़ें तथा क्रमिक रूप (ऊपर से नीचे) में व्यवस्थित कीजिए।

1. बहिर्मंडल की संरचना सबसे विरल है, जिसका विस्तार अन्ततः बाह्य अंतरिक्ष में होता है।
2. क्षोभमंडल की मोटाई विषुवत वृत्त पर सर्वाधिक है।
3. ओजोन परत समताप मंडल में पाई जाती है, जो सूर्य से निकलने वाली पराबैंगनी किरणों में पृथ्वी की रक्षा करती है।
4. मध्यमंडल में ऊँचाई के साथ-साथ तापमान घटता जाता है।

कूट

(a) 1, 4, 3, 2 (b) 4, 3, 2, 1
(c) 1, 2, 3, 4 (d) 4, 1, 2, 3

उत्तर (a) 1, 4, 3, 2

16. वायुमंडल की संरचना में 5 संस्तर/मंडल पाए गए हैं, नीचे दिए गए विवरण से संबंधित मंडल/संस्तर की पहचान कीजिए।

इसकी ऊँचाई सतह से लगभग 13 किमी है तथा यह ध्रुव के निकट 8 किमी तथा विषुवत् वृत्त पर 18 किमी की ऊँचाई तक है। इसकी मोटाई विषुवत् वृत्त पर सर्वाधिक है क्योंकि तेज वायु प्रवाह के कारण ताप का अधिक ऊँचाई तक संवहन किया जाता है। इस संस्तर में धूलकण तथा जलवाष्प मौजूद होते हैं। मौसम में परिवर्तन इसी संस्तर में होता है।

(a) क्षोभमंडल (b) समतापमंडल
(c) आयनमंडल (d) मध्यमंडल

उत्तर (a) क्षोभमंडल

15. जलवाष्प पृथ्वी को न तो अधिक गर्म और न ही अधिक ठंडा होने देती है क्योंकि ....।

(a) यह सूर्यतप को पूर्णतः परावर्तित करती है
(b) यह पृथ्वी से निकलने वाले ताप को पूर्णतः परावर्तित करती है
(c) यह सूर्यतप के कुछ भाग का अवशोषण तथा पृथ्वी के ताप को पूर्णतः परावर्तित करती है
(d) सूर्यतप के कुछ अंश का अवशोषण व पृथ्वी से निकलने वाले ताप को संग्रहित करती है

उत्तर (d) सूर्यतप के कुछ अंश का अवशोषण व पृथ्वी से निकलने वाले ताप को संग्रहित करती है

17. निम्नलिखित में से कौन-सा तत्त्व वायुमंडल में शामिल है?

1. गैस 2. धूलकण
3. जलवाष्प

कूट

(a) केवल 1 (b) 2 और 3 (c) 1, 2 और 3 (d) 1 और 2

उत्तर (c) 1, 2 और 3

18. वायुमंडल में स्थित धूलकण निम्नलिखित में से किसका मिश्रण है?

1. समुद्री नमक 2. उल्काओं के टूटे कण
3. राख एवं मिट्टी के कण

कूट

(a) केवल 2 (b) 2 और 3
(c) 1 और 2 (d) 1, 2 और 3

उत्तर (d) 1, 2 और 3

19. निम्नलिखित कथनों में से सही कथनों की पहचान करें

1. ओजोन परत क्षोभमंडल में स्थित है।
2. वायुमंडल का सबसे निचला भाग क्षोभमंडल है, जिसमें बादल और मौसमी परिवर्तन होते हैं।
3. विद्युत आवेशित कण आयनमंडल में पाए जाते हैं।
4. क्षोभमंडल के ऊपर मध्यमंडल स्थित है।

कूट

(a) केवल 1 (b) केवल 2
(c) 2 और 3 (d) 2, 3 और 4

उत्तर (c) 2 और 3

20. निम्नलिखित कथनों को ध्यानपूर्वक पढ़ें और मध्यमंडल के संदर्भ में कौन-सा /से कथन सही नहीं है?

1. मध्यमंडल समतापमंडल के ऊपर 80 किमी की ऊँचाई तक विस्तृत है।
2. इसमें ऊँचाई के साथ-साथ तापमान में वृद्धि होने लगती है।
3. मध्यमंडल की ऊपरी परत को मध्य सीमा कहते हैं।

कूट

(a) केवल 1 (b) केवल 2
(c) 1 और 3 (d) 2 और 3

उत्तर (b) केवल 2

21. निम्नलिखित कथनों में से कौन-सा /से कथन सही है/हैं।

1. ओजोन परत की कमी से पृथ्वी पर UV विकिरण में वृद्धि हो सकती है।
2. मध्यमंडल में ऊँचाई के साथ तापमान में कमी होने लगती है।
3. क्षोभमंडल में प्रत्येक 165 मीटर की ऊँचाई पर तापमान 2° सेमी घटता जाता है।

कूट

(a) केवल 1 (b) केवल 2
(c) 1 और 2 (d) 2 और 3

उत्तर (c) 1 और 2

22. निम्नलिखित में से कौन-सा युग्म सही नहीं है?

(a) जलवाष्प-विषुवत् वृत्त से ध्रुव की ओर जलवाष्प की मात्रा कम होती जाती है

(b) कार्बन-डाइ-ऑक्साइड यह ग्रीन हाउस प्रभाव के लिए पूरी तरह उत्तरदायी है

(c) ऑक्सीजन-वायुमंडल में इसकी प्रतिशत मात्रा 78.08% है

(d) नाइट्रोजन-नाइट्रोजन से पेड़-पौधों में प्रोटीन का निर्माण होता है, जो भोजन का मुख्य अंग है

उत्तर (c) ऑक्सीजन-वायुमंडल में इसकी प्रतिशत मात्रा 78.08% है।

23. नीचे सूची I का सूची II से सही मिलान कीजिए

सूची I (गैसें)	सूची II (द्रव्यमान प्रतिशत)
A. ऑक्सीजन	1. 78.8
B. नाइट्रोजन	2. 20.95
C. कार्बन डाइ-ऑक्साइड	3. 0.93
D. ऑर्गन	4. 0.036

कूट

	A	B	C	D		A	B	C	D
(a)	1	2	3	4	(b)	2	1	4	3
(c)	2	1	3	4	(d)	4	3	2	1

उत्तर (b) 2 1 4 3

24. नीचे सूची I का सूची II से सही मिलान कीजिए

सूची I गैसों	सूची II गुण
A. ऑक्सीजन	1. सूर्य से UV विकिरण को अवशोषित करता है।
B. कार्बन डाई-ऑक्साइड	2. श्वसन के लिए आवश्यक
C. नाइट्रोजन	3. तापमान में वृद्धि
D. ओजोन	4. पृथ्वी के वायुमंडल में सर्वाधिक भाग

कूट

	A	B	C	D		A	B	C	D
(a)	2	4	3	1	(b)	2	3	4	1
(c)	4	3	1	2	(d)	2	3	1	4

उत्तर (b) 2 3 4 1

25. सूची I को सूची II से सही सुमेलित कीजिए।

सूची I (मंडल)	सूची II (ऊँचाई)
A. समतापमंडल	1. 13 किमी
B. आयनमंडल	2. 50 किमी
C. क्षोभमंडल	3. 400 किमी से अधिक
D. बहिर्मंडल	4. 80-400 किमी

कूट

	A	B	C	D		A	B	C	D
(a)	1	2	3	4	(b)	4	3	1	2
(c)	2	4	1	3	(d)	2	1	3	4

उत्तर (c) 2 4 1 3

26. सूची I को सूची II से सही सुमेलित विकल्प का चयन करें

सूची I	सूची II
A. क्षोभमंडल	1. सबसे निचला मंडल
B. समतापमंडल	2. स्वच्छ वातावरण
C. मध्यमंडल	3. तापमान का ह्रास
D. ओजोन मंडल	4. पराबैंगनी किरण
E. आयनमंडल	5. रेडियो तरंगों का अपवर्तन
F. बहिर्मंडल	6. वायुमंडल का ऊपरी हिस्सा

कूट

	A	B	C	D	E	F
(a)	1	2	3	4	5	6
(b)	2	3	4	1	5	6
(c)	6	2	1	3	5	4
(d)	1	2	4	3	5	6

उत्तर (a) 1 2 3 4 5 6

27. निम्नलिखित में से कौन-सा युग्म सही सुमेलित नहीं है?

(a) धूलकण तथा जलवाष्प विद्यमान — क्षोभमंडल

(b) अत्यधिक महत्त्वपूर्ण ओजोन परत — मध्यमंडल

(c) विद्युत आवेशित कण — आयनमंडल

(d) क्षोभसीमा से ऊपर — समताप मंडल

उत्तर (b) अत्यधिक महत्त्वपूर्ण ओजोन परत—मध्यमंडल

निर्देश (प्र. सं. 29-31) दिए गए कथन (A) और कारण (R) को ध्यानपूर्वक पढ़कर कूट की सहायता से सही उत्तर का चयन कीजिए।

कूट

(a) A और R दोनों सही हैं तथा R, A की सही व्याख्या है

(b) (A) और (R) दोनों सही हैं, परंतु (R), (A) की सही व्याख्या नहीं है

(c) A सही है, किंतु R गलत है

(d) A गलत है, किंतु R सही है

28. कथन (A) पृथ्वी के वायुमंडल में अधिकांश ओजोन परत समताप मंडल में पाई जाती है।

कारण समताप मंडल में ओजोन परत सूर्य की पराबैंगनी किरणों को अवशोषित करती है और पृथ्वी पर जीवन की रक्षा करती हैं।

उत्तर (a) पृथ्वी के वायुमंडल में समतापमंडल का विस्तार क्षोभ सीमा के पश्चात् 50 किमी तक है। समतापमंडल का एक महत्त्वपूर्ण लक्षण यह है कि इसमें ओजोन परत पाई जाती है, जो सूर्य से आने वाली पराबैंगनी किरणों को अवशोषित कर उन्हें पृथ्वी की सतह तक पहुँचने से रोकती है, जिससे पृथ्वी पर जीवन की रक्षा होती है।

29. कथन (A) वायुमंडल की सबसे निचली परत को समतापमंडल कहते हैं।

कारण (R) वायुमंडल की अधिकांश जलवाष्प और मौसमी घटनाएँ क्षोभमंडल में ही होती हैं।

उत्तर *(d)* वायुमंडल की सबसे निचली परत क्षोभमंडल है, जहाँ लगभग सभी जलवाष्प, बादल और मौसमी घटनाएँ, जैसे–वर्षा, तूफान, इत्यादि होती हैं। यह परत पृथ्वी की सतह से, 18 किमी तक फैली है। इस परत में तापमान ऊँचाई बढ़ने के साथ घटता है।

30. कथन (A) आयनमंडल द्वारा रेडियो तरंगों के परावर्तन के कारण पृथ्वी पर रेडियो संचार संभव हुआ

कारण (R) आयनमंडल में गैस के अणु ऊर्जावान कणों के रूप में आयनित होते हैं।

उत्तर *(a)* इसमें विद्युत आवेशित कण पाए जाते हैं, जिसके कारण इसे आयन मंडल के नाम से जाना जाता है। पृथ्वी द्वारा भेजी गई रेडियो तरंग इस संस्तर के द्वारा वापस पृथ्वी पर भेज दी जाती है, जिससे रेडियो संचार व्यवस्था संचालित होती है।

31. नीचे दो कथन दिए गए हैं

कथन I वायुमंडल में मुख्यतः नाइट्रोजन और ऑक्सजीन गैसें होती हैं।

कथन II वायुमंडल की परतों में तापमान हमेशा समान रहता है।

कूट

(a) केवल कथन I सही है

(b) केवल कथन II सही है

(c) कथन I और II दोनों सही हैं

(d) कथन I और II दोनों गलत हैं

उत्तर *(a)* केवल कथन I सही है

32. ग्राफ के आधार पर नीचे दिए गए निम्नलिखित प्रश्नों के उत्तर दीजिए

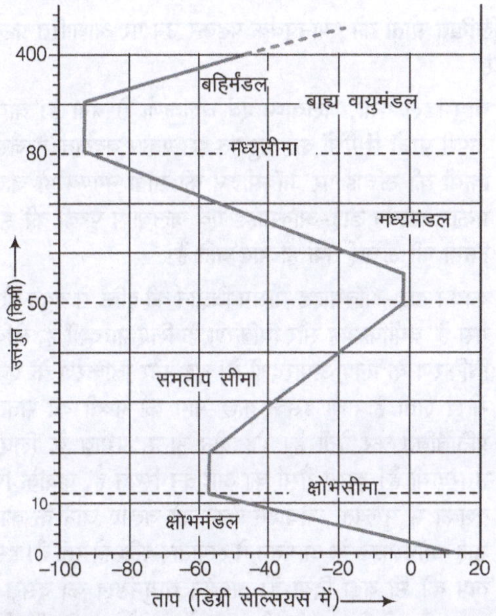

(i) वायुमंडल में 0 से 10 किलोमीटर के मध्य का भाग क्या कहलाता है?

(a) बाह्यमंडल

(b) क्षोभमंडल

(c) मध्यमंडल

(d) समतापमंडल

उत्तर *(b)* क्षोभमंडल

(ii) वायुमंडल में 80 से 100 किलोमीटर के मध्य कौन-सी परत का विस्तार है?

(a) आयनमंडल

(b) क्षोभमंडल

(c) मध्यमंडल

(d) समतापमंडल

उत्तर *(a)* आयनमंडल

(iii) मौसम में परिवर्तन किस संस्तर में होता है?

(a) मध्यमंडल

(b) क्षोभमंडल

(c) आयनमंडल

(d) समतापमंडल

उत्तर *(b)* क्षोभमंडल

(iv) ओजोन परत किस मंडल में पाई जाती है?

(a) समतापमंडल (b) क्षोभमंडल

(c) आयनमंडल (d) मध्यमंडल

उत्तर *(a)* समतापमंडल

स्रोत आधारित प्रश्न

निम्नलिखित स्रोतों को ध्यानपूर्वक पढ़कर उन पर आधारित प्रश्नों के उत्तर दीजिए

1. वायुमंडल गैसों, जलवाष्प एवं धूलकणों से बना है। वायुमंडल की ऊपरी परतों में गैसों का अनुपात इस प्रकार बदलता है जैसे कि 120 किमी की ऊँचाई पर ऑक्सीजन की मात्रा नगण्य हो जाती है। इसी प्रकार, कार्बन डाइ-ऑक्साइड एवं जलवाष्प पृथ्वी की सतह से 90 किमी की ऊँचाई तक ही पाए जाते हैं।

कार्बन डाइ-ऑक्साइड मौसम विज्ञान की दृष्टि से बहुत ही महत्त्वपूर्ण गैस है, क्योंकि यह सौर विकिरण के लिए पारदर्शी है, लेकिन पार्थिव विकिरण के लिए अपारदर्शी है। यह सौर विकिरण के एक अंश को सोख लेती है तथा इसके कुछ भाग को पृथ्वी की सतह की ओर प्रतिबिंबित कर देती है। यह ग्रीन हाउस प्रभाव के लिए पूरी तरह उत्तरदायी है। दूसरी गैसों का आयतन स्थित है, जबकि पिछले कुछ दशकों में मुख्यत: जीवाश्म ईंधन को जलाए जाने के कारण कार्बन डाइ-ऑक्साइड के आयतन में लगातार वृद्धि हो रही है। इसने हवा के ताप को भी बढ़ा दिया है। ओजोन वायुमंडल का दूसरा महत्त्वपूर्ण घटक है, जो कि पृथ्वी की सतह से 10 से 50 किमी की ऊँचाई के बीच पाया जाता है।

जलवाष्प वायुमंडल में उपस्थित ऐसी परिवर्तनीय गैस है, जो ऊँचाई के साथ घटती जाती है। गर्म तथा आर्द्र उष्ण कटिबंध में यह हवा के आयतन का 4% होती है, जबकि ध्रुवों जैसे ठंडे तथा रेगिस्तानों जैसे शुष्क प्रदेशों में यह हवा के आयतन के 1% भाग से भी कम होती है। विषुवत् वृत्त से ध्रुव की तरफ जलवाष्प की मात्रा कम होती जाती है। यह सूर्य से निकलने वाले ताप के कुछ भाग को अवशोषित करती है तथा पृथ्वी से निकलने वाले ताप को संग्रहित करती है। इस प्रकार, यह एक कंबल की तरह कार्य करती है तथा पृथ्वी को न तो अधिक गर्म तथा न ही अधिक ठंडा होने देती है। जलवाष्प वायु को स्थिर और अस्थिर होने में भी योगदान देती है।

(i) वायुमंडल में धूलकणों की क्या भूमिका है?

उत्तर धूलकण वायुमंडल में समुद्री नमक, मिट्‌टी, धुआँ, राख, पराग और उल्का के टूटे कणों से उत्पन्न होते हैं। ये प्रायः वायुमंडल के निचले भाग में होते हैं और संवहनीय वायु प्रवाह के कारण, ऊँचाई तक पहुँच सकते हैं। ये बादल निर्माण और विकिरण के संतुलन में सहायक होते हैं।

(ii) वायुमंडल में स्थित कार्बन डाइ-ऑक्साइड का मौसम विज्ञान में क्या महत्त्व है?

उत्तर कार्बन डाइ-ऑक्साइड सौर विकिरण के लिए पारदर्शी और पार्थिव विकिरण के लिए अपारदर्शी है। यह ग्रीनहाउस प्रभाव के लिए उत्तरदायी है, जिससे पृथ्वी की सतत् गर्म होती है। जीवाश्म ईंधन के जलने से इसका स्तर बढ़ रहा है, जिससे वायुमंडल का तापमान भी बढ़ रहा है।

(iii) वायुमंडल में ओजोन की भूमिका क्या है?

उत्तर ओजोन, वायुमंडल में 10 से 50 किमी की ऊँचाई पर पाई जाती है। यह सूर्य से आने वाली पराबैंगनी किरणों को अवशोषित करती है और उन्हें पृथ्वी की सतह तक पहुँचने से रोकता है। यह पृथ्वी पर जीवन की सुरक्षा के लिए एक फिल्टर की तरह कार्य करता है।

2. क्षोभमंडल, वायुमंडल का सबसे नीचे का संस्तर है। इसकी ऊँचाई सतह से लगभग 13 किमी है तथा यह ध्रुव के निकट 8 किमी तथा विषुवत् वृत्त पर 18 किमी की ऊँचाई तक है। क्षोभमंडल की मोटाई विषुवत् वृत्त पर सबसे अधिक है, क्योंकि तेज वायु प्रवाह के कारण ताप का अधिक ऊँचाई तक संवहन किया जाता है। इस संस्तर में धूलकण तथा जलवाष्प उपस्थित होते हैं।

क्षोभमंडल और समतापमंडल को अलग करने वाले भाग को क्षोभसीमा कहते हैं। विषुवत् वृत्त के ऊपर क्षोभसीमा में हवा का तापमान – 80° से. और ध्रुव के ऊपर – 45° से. होता है। यहाँ पर तापमान स्थिर होने के कारण इसे क्षोभसीमा कहा जाता है। समतापमंडल इसके ऊपर 50 किमी की ऊँचाई तक पाया जाता है। समतापमंडल का एक महत्त्वपूर्ण लक्षण यह है कि इसमें ओजोन परत पाई जाती है। यह परत पराबैंगनी किरणों को अवशोषित कर पृथ्वी को ऊर्जा के तीव्र तथा हानिकारक तत्त्वों से बचाती है।

मध्यमंडल, समतापमंडल के ठीक ऊपर 80 किमी की ऊँचाई तक फैला होता है। इस संस्तर में भी ऊँचाई के साथ-साथ तापमान में कमी होने लगती है और 80 किमी की ऊँचाई तक पहुँचकर यह – 100° से. हो जाता है। आयनमंडल मध्यमंडल के ऊपर 80 से 400 किमी के बीच स्थित होता है। इसमें विद्युत आवेशित कण पाए जाते हैं, जिन्हें आयन कहते हैं। इसलिए इसे आयनमंडल के नाम से जाना जाता है।

वायुमंडल का सबसे ऊपरी संस्तर, जो बाह्यमंडल के ऊपर स्थित होता है, उसे बहिर्मंडल कहते हैं। यह सबसे ऊँचा संस्तर है तथा इसके बारे में बहुत कम जानकारी उपलब्ध है।

(i) वायुमंडल की किस परत में पराबैंगनी विकिरण का अवशोषण होता है?

उत्तर समतापमंडल का एक महत्त्वपूर्ण लक्षण यह है कि इसमें ओजोन परत पाई जाती है। यह परत पराबैंगनी किरणों को अवशोषित कर पृथ्वी को ऊर्जा के तीव्र तथा हानिकारक तत्त्वों से बचाती है।

(ii) वायुमंडल की किस परत में वायुयानों की उड़ान के लिए आदर्श दशाएँ मौजूद हैं?

उत्तर समतापमंडल, क्षोभसीमा के ऊपर 50 किमी की ऊँचाई तक पाया जाता है। इस परत में वायुयानों की उड़ान के लिए आदर्श दशाएँ मौजूद हैं।

(iii) पराबैंगनी किरणों के कारण कौन-सी बीमारी फैलने की संभावना अधिक होती है?

उत्तर पराबैंगनी किरणों के कारण मोतियाबिंद तथा त्वचा कैंसर जैसी बीमारी फैलने की संभावना अधिक होती है।

लघु उत्तरीय प्रश्न

1. वायुमंडल का पृथ्वी से क्या संबंध है? संक्षेप में बताइए।

अथवा **वायुमंडल में उपस्थित कौन-से घटक पृथ्वी के लिए महत्त्वपूर्ण हैं।**

उत्तर वायुमंडल के कारण ही पृथ्वी पर जीवन संभव है, चूँकि वायुमंडल में विद्यमान विभिन्न प्रकार की गैसें मानव के साथ-साथ अन्य जीव-जंतुओं तथा वनस्पतियों को जीने का आधार प्रदान करती हैं। संपूर्ण वायु के द्रव्यमान का 99% भाग पृथ्वी की सतह से 32 किमी की ऊँचाई तक स्थित है तथा गुरुत्वाकर्षण बल द्वारा पृथ्वी से सटा हुआ है। वायुमंडल पृथ्वी पर मनुष्य के जीवन को प्रत्यक्ष एवं अप्रत्यक्ष दोनों रूपों में प्रभावित करता है। वायुमंडल के संस्तर समतापमंडल में ओजोन परत पराबैंगनी किरणों से हमारी रक्षा करती है।

2. वायुमंडल के महत्त्व को स्पष्ट कीजिए।

उत्तर पृथ्वी पर मनुष्य सहित सभी जीव-जंतु एवं वनस्पतियों के लिए वायुमंडल का व्यापक महत्त्व है, जो निम्नलिखित रूप में है

(i) वायुमंडल में मनुष्य, जीव-जंतु तथा वनस्पतियों के लिए अतिआवश्यक ऑक्सीजन तथा कार्बन डाइ-ऑक्साइड गैसें विद्यमान हैं।

(ii) वायुमंडल की ओजोन परत अत्यंत हानिकारक पराबैंगनी किरणों को शोषित कर पृथ्वी पर जीवन का आधार निर्मित करती है।

(iii) वायुमंडल मौसम संबंधी गतिविधियों को परिवर्तित करने में मुख्य भूमिका निभाता है।

(iv) वर्षा, तापमान, आर्द्रता आदि दशाओं का निर्धारण वायुमंडल में होता है।

3. वायुमंडल में धूल कणों का क्या महत्त्व है? स्पष्ट कीजिए।

उत्तर वायुमंडल में धूलकण वायुमंडल के निचले स्तर अर्थात् क्षोभमंडल में पाए जाते हैं। ये धूलकण आर्द्रताग्राही या संघनन केंद्र होते हैं, जहाँ वायुमंडलीय जलवाष्प संघनित होकर वर्षण के विभिन्न रूपों की उत्पत्ति का कारण बनती है, धूलकण सूर्य से आने वाली किरणों में प्रकीर्णन उत्पन्न करते हैं जिस कारण आकाश का नीला रंग, सूर्योदय तथा सूर्यास्त एवं गोधूलि के नयनाभिराम रंग संभव हो पाते हैं।

इस प्रकार, वायुमंडल में धूल कणों की उपस्थिति प्राकृतिक संतुलन और पर्यावरण के लिए आवश्यक होती है, लेकिन इनकी अधिक मात्रा मानव स्वास्थ्य और जलवायु के लिए हानिकारक हो सकती है।

4. "जलवाष्प तथा धूलकण मौसम में बदलाव हेतु कहाँ तक जिम्मेदार हैं?" स्पष्ट कीजिए।

उत्तर जलवाष्प परिवर्तनशील गैस है, जो ऊँचाई के साथ घटती जाती है। यह सूर्य से निकलने वाले ताप के कुछ भाग को अवशोषित करती है तथा पृथ्वी से निकलने वाले ताप को भी संग्रहित करती है, जिससे पृथ्वी न अधिक गर्म और न ही अधिक ठंडी हो पाती है, जिससे मौसम में अधिक बदलाव नहीं आता है। वहीं यह वायु को स्थिर तथा अस्थिर करके भी मौसम में बदलाव लाती है।

इसी तरह धूलकण में छोटे-छोटे कण पाए जाते हैं, जिनका अधिक जमाव उपोष्ण और शीतोष्ण प्रदेशों में पाया जाता है। इसमें धूल के कण और नमक के कण आर्द्रताग्राही का काम करते हैं, जिसके चारों ओर जलवाष्प संघनित होकर मेघ का निर्माण करती है। इसी तरह से यह भी मौसम के बदलाव में सहायक होते हैं। अतः जलवाष्प के साथ धूलकण मौसमी दशाओं के बदलाव में सहायक होते हैं।

5. समतापमंडल की किन्हीं तीन विशेषताओं को बताइए।

उत्तर समतापमंडल में सभी वायुमंडलीय गतिविधियाँ शांत होती है, क्योंकि इस मंडल में मेघ का निर्माण नहीं होता है और तापमान भी स्थिर रहता है। इसकी तीन विशेषताएँ निम्नलिखित हैं

(i) समतापमंडल की सबसे प्रमुख विशेषता यहाँ ओजोन परत का पाया जाना है। इस परत द्वारा पराबैंगनी किरणों को अवशोषित कर लिया जाता है, जिससे पृथ्वी ऊर्जा के तीव्र एवं हानिकारक तत्त्वों से सुरक्षित रहती है।

(ii) समतापमंडल क्षोभसीमा से ऊपर 50 किमी की ऊँचाई तक पाया जाता है।

(iii) यह मंडल वायुयानों के उड़ने के लिए अनुकूल होता है। जेट वायुयान इसी मंडल में उड़ते हैं।

दीर्घ उत्तरीय प्रश्न

1. वायुमंडल संघटन का वर्णन करें तथा नाइट्रोजन, ऑक्सीजन व कार्बन डाइ-ऑक्साइड का महत्त्व लिखें।

उत्तर वायुमंडल अनेक गैसों का मिश्रण है, जिसमें ठोस और तरल पदार्थों के कण असमान मात्रा में तैरते रहते हैं। नाइट्रोजन सर्वाधिक मात्रा (78.08%) में पाई जाती है। उसके बाद क्रमशः ऑक्सीजन (20.95%), ऑर्गन (0.93%), कार्बन डाइ-ऑक्साइड (0.036%), निऑन (0.002%), हीलियम (0.0005%), व क्रिप्टॉन (0.001%) आदि गैसों का स्थान आता है। वायुमंडल का संघटन विभिन्न परतों में बँटा होता है; जैसे-क्षोभमंडल, समतापमंडल, मध्यमंडल, वायुमंडल और बहिर्मंडल आदि। प्रत्येक परत का अपना विशेष महत्त्व होता है और यह पृथ्वी पर जीवन को संभव बनाती है।

नाइट्रोजन

- इस गैस की प्रतिशत मात्रा सभी गैसों से अधिक है। नाइट्रोजन की उपस्थिति के कारण ही वायुदाब पवनों की शक्ति तथा प्रकाश के परावर्तन का आभास होता है।
- नाइट्रोजन से पेड़-पौधों में प्रोटीन का निर्माण होता है, जो भोजन का मुख्य अंग है। उल्लेखनीय है कि इस स्वतंत्र वायुमंडलीय नाइट्रोजन का लेग्यूमिनस पौधे तथा शैवाल आदि प्रजातियाँ मृदा में स्थिरीकरण करती हैं

ऑक्सीजन

- यह जंतुओं तथा मनुष्यों के लिए प्राणदायिनी गैस होती है। ध्यातव्य है कि हरे पौधे प्रकाश-संश्लेषण की क्रिया में वायुमंडल में विशुद्ध ऑक्सीजन विमुक्त करते हैं।
- वायुमंडल में इसकी प्रतिशत मात्रा लगभग 20.95% है।

कार्बन डाइ-ऑक्साइड

- वायुमंडल में इस गैस की मात्रा कुल गैसीय घटकों का 0.036% है। यह मौसम विज्ञान की दृष्टि से बहुत ही महत्त्वपूर्ण गैस है, क्योंकि यह सौर विकिरण के लिए पारदर्शी, लेकिन पार्थिव विकिरण के लिए अपारदर्शी है।
- पौधे प्रकाश-संश्लेषण की क्रिया में अपने भोजन निर्माण के लिए कार्बन डाइ-ऑक्साइड का उपयोग करते हैं।

2. वायुमंडल में ओजोन परत की अनुपस्थिति से हमारे ऊपर क्या प्रभाव पड़ेगा? वायुमंडल हमारे लिए क्यों महत्त्वपूर्ण है?

उत्तर **वायुमंडल में ओजोन परत की अनुपस्थिति** यदि वायुमंडल में ओजोन परत की अनुपस्थित होती, तो संभवतः पृथ्वी पर जीवन की कल्पना नहीं की जा सकती, क्योंकि यह पृथ्वी के लिए सुरक्षा कवच के रूप में कार्य करती है एवं सूर्य से निकलने वाली पराबैंगनी किरणों को अवशोषित कर लेती है। ये किरणें अत्यंत हानिकारक होती हैं। पराबैंगनी किरणें प्राणियों की त्वचा को अधिक नुकसान पहुँचाती हैं। ये किरणें विभिन्न प्रकार के रोगों को जन्म देती हैं, जिससे पृथ्वी पर जीवन संभव नहीं हो सकता। अतः ओजोन परत इन किरणों को अवशोषित कर पृथ्वी पर प्राणियों की रक्षा करती है। अतः इस परत के अभाव में मानव जीवन का अस्तित्व ही खतरे में पड़ जाएगा।

वायुमंडल का महत्त्व

- वायुमंडल मानव जीवन के लिए महत्त्वपूर्ण है, क्योंकि वायुमंडल ही एक ऐसा आवरण है, जहाँ प्राणदायिनी गैस ऑक्सीजन का संचयन होता है, जिसका उपयोग जीवित प्राणी श्वसन की क्रिया के लिए करते हैं।
- प्रकाश-संश्लेषण की क्रिया के लिए आवश्यक यौगिक कार्बन डाइ-ऑक्साइड भी वायुमंडल में पाया जाता है, जिसका उपयोग पौधे अपना भोजन बनाने की प्रक्रिया के लिए करते हैं।
- जिस प्रकार नाइट्रोजन, ऑर्गन आदि वायुमंडल में पाई जाने वाली गैसें प्रत्यक्ष या परोक्ष रूप से प्राणियों के लिए आवश्यक होती हैं, उसी प्रकार वायुमंडल पृथ्वी पर सूर्यातप की प्राप्ति का माध्यम है, जिससे कई जीवनदायी क्रियाओं का संपादन एवं संचालन होता है। इसी प्रकार वायुमंडल कई रूपों में हमारे लिए महत्त्वपूर्ण है।

स्वयं को जाँचें

वस्तुनिष्ठ प्रश्न

1. वायुमंडल का निर्माण कैसे हुआ है?

(a) जलवाष्प (b) धूलकण

(c) गैस (d) ये सभी

2. रेडियो तरंगें वायुमंडल की किस परत में पाई जाती हैं?

(a) समतापमंडल (b) मध्यमंडल

(c) आयनमंडल (d) वायुमंडल

3. बादलों की उपस्थिति व मेघ गर्जन वायुमंडल की किस परत में पाई जाती है?

(a) क्षोभमंडल (b) बहिर्मंडल

(c) मध्यमंडल (d) आयनमंडल

4. निम्नलिखित कथनों पर विचार कीजिए

1. क्षोभमंडल में प्रत्येक 165 मी की ऊँचाई पर तापमान में 4° गिरावट होती है।
2. जैविक क्रिया के लिए यह स्तर सबसे महत्त्वपूर्ण है।

उपरोक्त में से कौन-सा/से कथन सही है/है?

कूट

(a) केवल 1

(b) केवल 2

(c) 1 और 2 दोनों

(d) इनमें से कोई नहीं

5. निम्नलिखित कथनों पर विचार कीजिए

1. कार्बन डाइ-ऑक्साइड मौसम और जलवायु के लिए महत्त्वपूर्ण है।
2. ऑक्सीजन की मात्रा 120 किमी ऊँचाई से ऊपर भी समान रूप से पाई जाती है।

उपरोक्त में से कौन-सा/से कथन सही है/हैं?

कूट

(a) केवल 1 (b) केवल 2

(c) 1 और 2 दोनों (d) इनमें से कोई नहीं

अतिलघु उत्तरीय प्रश्न

6. वायुमंडल की ऊपरी परतों में गैसों के अनुपात पर क्या प्रभाव होता है?

7. आर्द्र उष्णकटिबंध में जलवाष्प वायु के आयतन का कितने प्रतिशत होती है?

लघु उत्तरीय प्रश्न

8. वायु पृथ्वी के द्रव्यमान का अभिन्न हिस्सा है, इसे कैसे सत्यापित करेंगे?

9. कार्बन डाइ-ऑक्साइड के महत्त्व को बताइए।

10. जलवाष्प पृथ्वी के लिए एक कंबल की तरह कार्य कैसे करती है?

11. वायुमंडल पृथ्वी पर जीवन के लिए क्यों आवश्यक है?

12. क्षोभमंडल किसे कहते हैं और इसका क्या महत्त्व है?

दीर्घ उत्तरीय प्रश्न

13. वायुमंडल के संघटन का विश्लेषण कीजिए तथा धूलकण व जलवाष्प का उल्लेख कीजिए।

14. वायुमंडल की संरचना में हो रहे परिवर्तनों का जलवायु परिवर्तनों का जलवायु परिवर्तन पर क्या प्रभाव पड़ता है? क्या मानवीय गतिविधियों के कारण वायुमंडल की संरचना में बदलाब हो रहे है ? अपने विचार प्रस्तुत कीजिए।

8

अध्याय

सौर विकिरण, ऊष्मा संतुलन एवं तापमान

सौर विकरण सूर्य द्वारा विद्युत चुंबकीय तरंगों के माध्यम से उत्सर्जित ऊर्जा है, जो पृथ्वी पर जैविक गतिविधियों के संचालन के साथ-साथ वायुमंडलीय तथा जलवायु संबंधी गतिविधियों का भी संचालक है। इस अध्याय में सूर्य द्वारा प्राप्त इस ऊर्जा के वितरण, तापीय संतुलन तथा संबंधित कारकों का अध्ययन किया गया है।

▼ **अध्ययन एक नजर में**

8.1 सौर विकिरण

8.2 पृथ्वी उष्मा बजट

8.3 तापमान

▼ **अभ्यास के लिए**

- बहुविकल्पीय प्रश्न 28, (अभिकथन/कारण, सुमेलित कीजिए)
- वर्णनात्मक प्रकार के प्रश्न (लघु उत्तरीय प्रश्न 8, दीर्घ उत्तरीय प्रश्न 4)
- स्रोत आधारित प्रश्न 2, मानचित्र आधारित प्रश्न

- पृथ्वी चारों ओर से वायु से घिरी हुई है, वायु का यह आवरण वायुमंडल (Atmosphere) कहलाता है, जो बहुत-सी गैसों से मिलकर बना है।
- पृथ्वी अपनी ऊर्जा का लगभग संपूर्ण भाग सूर्य से प्राप्त करती है, जिसके बदले पृथ्वी सूर्य से प्राप्त ऊर्जा को अंतरिक्ष में वापस विकिरित कर देती है, फलस्वरूप पृथ्वी न तो अधिक समय तक गर्म रहती है और न ही ठंडी, जिससे यह ज्ञात होता है कि पृथ्वी के अलग-अलग भागों से प्राप्त ताप की मात्रा समान नहीं होती।
- इसी भिन्नता के कारण वायुमंडल के दाब में भिन्नता पाई जाती है एवं पवनों द्वारा ताप का स्थानांतरण एक स्थान से दूसरे स्थान पर होता हैं।

8.1 सौर विकिरण

- पृथ्वी के पृष्ठ पर ऊर्जा का अधिकतम भाग लघु तरंगदैर्ध्य (Wavelength) के रूप में आता है। पृथ्वी को प्राप्त होने वाली ऊर्जा को आगामी सौर **विकिरण**[1] या छोटे रूप में सूर्यातप (Insolation) कहते हैं।
- पृथ्वी का आकार भू-आभ (Geoid) है, जिसके कारण पृथ्वी सौर ऊर्जा के बहुत कम अंश को ही प्राप्त कर पाती है, क्योंकि सूर्य की किरणें वायुमंडल के ऊपरी भाग पर तिरछी पड़ती हैं।
- पृथ्वी वायुमंडल की ऊपरी सतह पर औसत रूप से 1.94 कैलोरी/प्रतिवर्ग सेमी प्रति मिनट ऊर्जा प्राप्त करती है। पृथ्वी एवं सूर्य के मध्य दूरी में अंतर होने के कारण वायुमंडल की ऊपरी सतह पर प्राप्त होने वाली ऊर्जा में प्रतिवर्ष कुछ परिवर्तन होता है।
- सूर्य के चारों ओर परिक्रमण के दौरान 4 जुलाई को पृथ्वी सूर्य से सबसे अधिक दूर होती है, इस दिन पृथ्वी से सूर्य की दूरी 15 करोड़ 20 लाख किमी होती है। यह पृथ्वी और सूर्य के मध्य सबसे अधिक दूरी है। पृथ्वी की इस स्थिति को अपसौर (Aphelion) कहते हैं।

1 **विकिरण** (Radiation) यह ऊर्जा का किरणों या तरंगों के रूप में उत्सर्जन है।

- पृथ्वी 3 जनवरी को सूर्य के सबसे समीप होती है, इस दिन पृथ्वी से सूर्य की दूरी 14 करोड़ 70 लाख किमी होती है। पृथ्वी की यह स्थिति **उपसौर** (Perihelion) कहलाती है।
- उपसौर के कारण ही 3 जनवरी को 4 जुलाई की तुलना में पृथ्वी द्वारा प्राप्त वार्षिक सूर्यातप अधिक होता है, लेकिन सूर्यातप की भिन्नता का यह प्रभाव, स्थल तथा समुद्र के वितरण एवं वायुमंडल परिसंचरण जैसे दूसरे कारकों द्वारा कम हो जाता है, जिसके परिणामस्वरूप धरातल पर प्रतिदिन के मौसम परिवर्तन पर सूर्यातप की इस भिन्नता से अधिक प्रभाव नहीं पड़ता है।

पृथ्वी की सतह पर सूर्यातप में भिन्नता

- सूर्य से पृथ्वी पर प्राप्त होने वाले सूर्यातप की तीव्रता की मात्रा में प्रतिदिन, प्रतिवर्ष एवं प्रत्येक मौसम में परिवर्तन होता रहता है।
- पृथ्वी पर प्राप्त होने वाले सौर विकिरण (Insolation) को प्रभावित करने वाले कुछ प्रमुख कारक हैं

(i) पृथ्वी का अपने अक्ष पर घूमना
(ii) सूर्य की किरणों का नति कोण
(iii) दिन की अवधि
(iv) वायुमंडल की पारदर्शिता
(v) स्थल विन्यास

अंतिम दो कारकों का सूर्यातप पर कम प्रभाव पड़ता है।

- पृथ्वी का अक्ष सूर्य के चारों ओर परिक्रमा करते हुए समतल कक्षा से $66\frac{1}{2}°$ का कोण बनाता है, जो विभिन्न अक्षांशों पर प्राप्त होने वाले सूर्यातप की मात्रा को अधिक प्रभावित करता है।
- सूर्यातप की मात्रा को प्रभावित करने वाला महत्त्वपूर्ण कारक किरणों का नति कोण बनना है, जो किसी स्थान के अक्षांश पर निर्भर करता है। अक्षांश जितना उच्च होगा, किरणों का नति कोण उतना ही कम होगा, जिसके कारण सूर्य की किरणें तिरछी पड़ेंगी। तिरछी किरणों की अपेक्षा सीधी किरणें कम स्थान पर पड़ती हैं।
- किरणों के अधिक क्षेत्र पर पड़ने के कारण ऊर्जा वितरण (Energy Distribution) बड़े क्षेत्र पर होता है, जिससे प्रति इकाई क्षेत्र को कम ऊर्जा मिलती है। इसके अतिरिक्त तिरछी किरणों को वायुमंडल की अधिक गहराई से गुजरना पड़ता है, अत: अधिक **अवशोषण** (Absorption), **प्रकीर्णन** (Scattering) एवं **विसरण** (Diffusion) के द्वारा ऊर्जा का अधिक ह्रास होता है

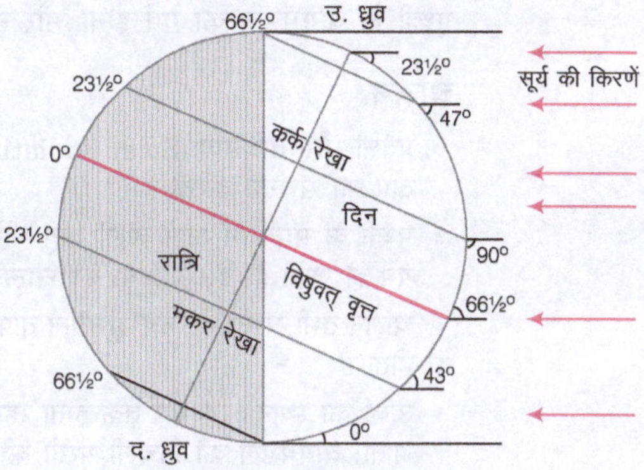

▲ चित्र उत्तर अयनांत

सौर विकिरण का वायुमंडल से होकर गुजरना

- पृथ्वी की सतह पर पहुँचने से पहले सूर्य की किरणें वायुमंडल से होकर गुजरती हैं, जिसमें सूर्य की किरणों को वायुमंडल की विभिन्न स्तरों से होकर गुजरना पड़ता है। लघु तरंगदैर्ध्य वाले **सौर विकिरण**[2] के लिए वायुमंडल अधिकांश पारदर्शी होता है।
- क्षोभमंडल में उपस्थित जलवाष्प, ओजोन तथा अन्य किरणें **अवरक्त विकिरण**[3] (Infrared Radiation) को अवशोषित कर लेती हैं तथा क्षोभमंडल में छोटे **निलंबित कण**[4] **दृश्य किरणों**[5] के पुंज को अंतरिक्ष एवं पृथ्वी की सतह की ओर विकीर्ण कर देते हैं। यह प्रक्रिया आकाश में रंग दिखने के लिए भी उत्तरदायी है।
- **उदाहरण के लिए,** सूर्य उदय एवं सूर्यास्त के समय सूर्य का लाल दिखना तथा आकाश का नीला दिखना, ऐसा वायुमंडल में प्रकाश के प्रकीर्णन द्वारा संभव है।

सूर्यातप का पृथ्वी की सतह पर स्थानिक वितरण

- धरातल पर प्राप्त सूर्यातप की मात्रा में बहुत भिन्नता पाई जाती है। उष्ण कटिबंध में सूर्यातप की मात्रा लगभग 320 वाट प्रति वर्गमीटर है। वहीं ध्रुवों पर प्राप्त होने वाली सूर्यातप की मात्रा लगभग 70 वाट प्रति वर्गमीटर है। ऊष्णकटिबंध की अपेक्षा विषुवत् वृत्त पर कम मात्रा में सूर्यातप पाया जाता है।

---

2 **सौर विकिरण** (Solar Radiation) सूर्य लगातार अंतरिक्ष में ऊष्मा का विकिरण करता रहता है, जिसे सौर विकिरण कहते हैं।
3 **अवरक्त विकिरण** (Infrared Radiation) यह एक प्रकार का विद्युत चुंबकीय विकिरण है, जो मानव आँखों के लिए दृश्य होता है और जिसका तरंग दैर्ध्य 750-2500 नैनोमीटर होती है।
4 **निलंबित कण** (Suspended Particle) वायुमंडल में पाए जाने वाले तथा सौर विकिरण के प्रभाव से अलग बिखरने वाले कण।
5 **दृश्य किरणों के पुंज** (Visible spectrum) यह विद्युत चुंबकीय स्पेक्ट्रम का वह भाग होता है, जो मानव आँखों के लिए दृश्य होता है और जिसकी तरंगदैर्ध्य 400-700 नैनोमीटर होती है।

- सबसे अधिक सूर्यातप उपोष्ण कटिबंधीय मरुस्थलों पर प्राप्त होता है, क्योंकि यहाँ मेघाच्छादन (Cloudiness) बहुत कम पाया जाता है।
- सामान्यत: एक ही अक्षांश पर स्थित महाद्वीपीय भाग पर अधिक और महासागरीय भाग में अपेक्षाकृत कम मात्रा में सूर्यातप प्राप्त होता है। इस तरह शीत ऋतु में मध्य एवं उच्च अक्षांशों पर ग्रीष्म ऋतु की अपेक्षा कम मात्रा में विकिरण प्राप्त होता है।

चेक प्वॉइंट 1

1. पृथ्वी अपनी कक्षा के अक्ष क साथ कितने डिग्री कोण पर झुकी होती है?
2. ध्रुवीय और विषुवत रेखीय क्षेत्र को कितनी मात्रा में सौर विकिरण प्राप्त होता है?
3. किस तिथि को पृथ्वी सूर्य से सबसे अधिक दूरी पर होती है?
4. सौर विकिरण किस क्षेत्र में सबसे अधिक प्राप्त होता है?
5. दृश्य स्पेक्ट्रम की तरंगदैर्ध्य कितनी होती है?

वायुमंडल का तापन एवं शीतलन

पृथ्वी के वायुमंडल का गर्म होना और ठंडा होना विभिन्न तरीकों से होता है।

चालन

- प्रवेशी **सौर विकिरण** (Solar Radiation) से गर्म होने के बाद पृथ्वी सतह के निकट स्थित वायुमंडलीय परतों में दीर्घ तरंगों के रूप में ताप का संचरण करती है।
- पृथ्वी के संपर्क में आने वाली वायु धीरे-धीरे गर्म होती है तथा निचली परतों के संपर्क में आने वाली वायुमंडल की ऊपरी परतें भी गर्म हो जाती हैं। इस प्रक्रिया को **चालन**[6] (Conduction) कहते हैं।
- चालन तभी संभव है, जब असमान ताप वाले दो पिंड एक-दूसरे के संपर्क में आते हैं। गर्म पिंड से ठंडे पिंड की ओर ऊर्जा का प्रवाह होता है
- ऊर्जा का स्थानांतरण तब तक होता रहता है, जब तक दोनों पिंडों का तापमान एक समान नहीं हो जाता अथवा उनमें संपर्क टूट नहीं जाता। वायुमंडल की निचली परतों को गर्म करने में चालन महत्त्वपूर्ण है।

संवहन

- पृथ्वी के संपर्क में आई वायु गर्म होकर धाराओं के रूप में लंबवत् उठती है और वायुमंडल में ताप का संचरण करती है।
- वायुमंडल के लंबवत् तापन की यह प्रक्रिया ही **संवहन** (Convection) कहलाती है। इसमें ऊर्जा का स्थानांतरण केवल क्षोभमंडल तक सीमित रहता है।

स्थानांतरण अभिवहन

- वायु के क्षैतिज संचलन से होने वाला ताप का **स्थानांतरण अभिवहन** (Transfer Advection) कहलाता है।
- वायु के लंबवत् संचलन की अपेक्षा वायु के क्षैतिज संचलन अधिक महत्त्वपूर्ण होता है। मध्य अक्षांशों में दैनिक मौसमी परिवर्तन अभिवहन के कारण ही होता है। उष्णकटिबंधीय प्रदेशों में उत्तरी भाग में गर्मियों में चलने वाली स्थानीय पवनें **लू**[7] इसी अभिवहन का परिणाम हैं।

पार्थिव विकिरण

- पृथ्वी द्वारा प्राप्त प्रवेशी सौर विकिरण जो लघु तरंगों के रूप में प्राप्त होता है, पृथ्वी की सतह को गर्म करता है। पृथ्वी गर्म होने के पश्चात् स्वयं एक विकिरण पिंड बन जाती है और वायुमंडल में दीर्घ तरंगों के रूप में ऊर्जा का विकिरण करने लगती है। यह ऊर्जा वायुमंडल को नीचे से गर्म करने लगती है। इस प्रक्रिया को **पार्थिव विकिरण**[8] (Terrestrial Radiation) कहा जाता है।
- दीर्घ तरंगदैर्ध्य विकिरण वायुमंडलीय गैसों मुख्यत: कार्बन डाइ-ऑक्साइड तथा अन्य ग्रीनहाउस गैसों द्वारा अवशोषित कर लिया जाता है।
- पार्थिव विकिरण को वायुमंडल द्वारा वापस अंतरिक्ष में भेजा जाता है। इस प्रक्रिया से पृथ्वी पर ऊष्मा संतुलित रहती है, जो इसके तापमान को बनाए रखने में सहायता करती है।

---

6 चालन (Conduction) आण्विक सक्रियता के द्वारा पदार्थ के माध्यम से ऊष्मा के संचार को 'चालन अथवा संचालन' कहते हैं।
7 लू (Loo) यह एक गर्म हवा, शुष्क और धूल भरी हवा है, जो गर्मियों में भारत के उत्तरी मैदानी क्षेत्रों में बहती है।
8 पार्थिव विकिरण (Terrestrial Radiation) पृथ्वी से होने वाले विकिरण को 'पार्थिव विकिरण' कहते हैं।

8.2 पृथ्वी का ऊष्मा बजट

- पृथ्वी पर सूर्यातप और भौतिक विकिरण के संतुलन को ही पृथ्वी का ऊष्मा बजट (Heat Budget) कहते हैं। पृथ्वी अपने तापमान को स्थिर रखती है और यह ऊष्मा का न तो संचय करती है और न ही ह्रास करती है।
- यदि यह संतुलन बनाए नहीं रखा जाता, तो पृथ्वी बहुत ठंडी या गर्म हो सकती है।
- ऊष्मा का संचय तथा ह्रास तभी संभव है, जब सूर्य विकिरण द्वारा सूर्यातप के रूप में प्राप्त ऊष्मा एवं पार्थिव विकिरण द्वारा अंतरिक्ष में संचरित ताप बराबर हो।
- पृथ्वी के विभिन्न स्रोत विभिन्न मात्रा में ऊर्जा विकिरित करते हैं। विभिन्न स्रोतों द्वारा परावर्तित विकिरण की मात्रा को पृथ्वी का एल्बिडो कहा जाता है।

विकिरण का अनुमान

- वायुमंडल से गुजरते हुए ऊर्जा का कुछ अंश परावर्तित, प्रकीर्णित एवं अवशोषित हो जाता है।
- माना यदि वायुमंडल की ऊपरी सतह पर प्राप्त सूर्यातप (100 इकाई) है।
- सूर्यातप की 100 इकाई में से 35 इकाइयाँ पृथ्वी के धरातल पर पहुँचने से पहले ही अंतरिक्ष में परावर्तित हो जाती हैं।
- इसमें 27 इकाइयाँ बादलों के उत्तरी छोर से तथा 2 इकाइयाँ पृथ्वी के हिमाच्छादित क्षेत्रों द्वारा परवर्तित होकर लौट जाती हैं।
- शेष 65 इकाइयों में से 14 वायुमंडल में व 51 पृथ्वी के धरातल द्वारा अवशोषित होती हैं। पृथ्वी द्वारा अवशोषित 51 इकाइयाँ पुन: पार्थिव विकिरण के रूप में वापस कर दी जाती हैं।
- इनमें से 17 इकाइयाँ सीधे अंतरिक्ष में चली जाती हैं और 34 इकाइयाँ वायुमंडल द्वारा अवशोषित होती हैं, 6 इकाइयाँ स्वयं वायुमंडल द्वारा, 9 इकाइयाँ संवहन और **वायुमंडलीय विक्षोभ**[9] (Turbulence) के माध्यम से व 19 इकाइयाँ **संघनन**[10] की **गुप्त ऊष्मा**[11] के रूप में।
- वायुमंडल द्वारा 48 इकाइयों का अवशोषण होता है। इनमें 14 इकाइयाँ सूर्यातप की और 34 इकाइयाँ पार्थिव विकिरण की होती हैं। वायुमंडल विकिरण द्वारा इनको भी अंतरिक्ष में वापस भेज देता है। इस प्रकार पृथ्वी के धरातल तथा वायुमंडल से अंतरिक्ष में वापस जाने वाली विकिरण की इकाइयाँ क्रमश: 17 व 48 हैं, जिनका योग 65 है। ये इकाइयाँ उन 65 इकाइयों का संतुलन कर देती हैं, जो सूर्य से प्राप्त होती हैं। यही पृथ्वी का **ऊष्मा बजट** अथवा **ऊष्मा संतुलन** है।

इसी कारण ऊष्मा के स्थानांतरण के पश्चात् भी पृथ्वी न तो बहुत गर्म होती है और न ही ठंडी होती है।

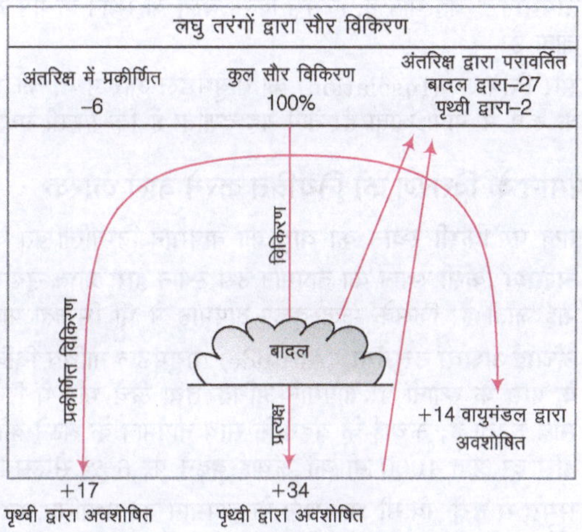

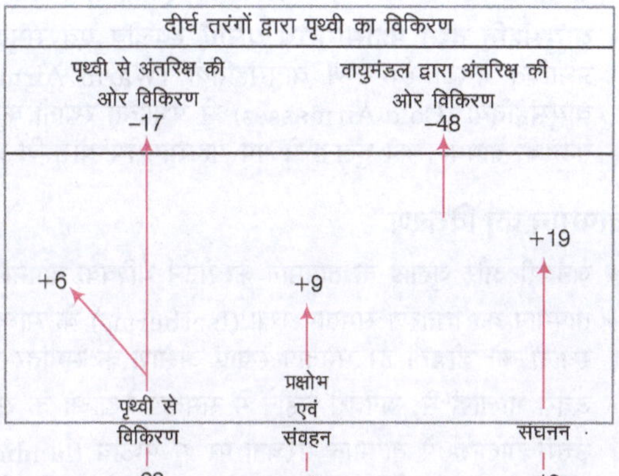

▲ पृथ्वी का ऊष्मा बजट

पृथ्वी की सतह पर कुल ऊष्मा बजट में भिन्नता

- पृथ्वी की सतह पर प्राप्त सौर विकिरण की मात्रा में भिन्नता पाई जाती है। पृथ्वी के कुछ भागों जहाँ विकिरण **अधिशेष** (Surplus) पाया जाता है वहीं दूसरी ओर कुछ भागों में ऋणात्मक विकिरण पाया जाता है।
- विषुवत् रेखा से 40° उत्तरी व दक्षिणी अक्षांशों में सूर्यातप की अधिशेष मात्रा पाई जाती है, जबकि ध्रुवों के पास सूर्यातप की मात्रा में कमी (Deficit) पाई गई है।
- उष्णकटिबंधीय क्षेत्रों से ताप ऊर्जा का ध्रुवों की ओर पुनर्वितरण होता है, परिणामस्वरूप उष्णकटिबंध ताप संचयन के कारण बहुत अधिक गर्म नहीं होते और न ही उच्च अक्षांश अत्यधिक कमी के कारण पूरी तरह जमे होते हैं।

9 वायुमंडलीय विक्षोभ. (Turbulence) पृथ्वी के वायुमंडल में वायु का अनिश्चित प्रवाह।
10 संघनन (Codensation) यह वह प्रक्रिया है, जिसमें कोई वाष्प या गैस तरल में परिवर्तित होता है।
11 गुप्त ऊष्मा (Latent Heat) वस्तु के अवस्था परिवर्तन के लिए आवश्यक ऊष्मा की मात्रा को गुप्त ऊष्मा कहते हैं।

चेक प्वॉइंट 2

1. गर्मी के मौसम में स्थानीय पवन 'लू' मुख्य रूप से कहाँ पाई जाती है?
2. पृथ्वी के वायुमंडल को अप्रत्यक्ष रूप से गर्म कौन-सी प्रक्रिया करती है?
3. पृथ्वी पर विभिन्न स्रोतों द्वारा विकिरण परिवर्तित मात्रा को क्या कहा जाता है?
4. संचरण संवहन (Conduction) में ऊर्जा का संचरण किसके माध्यम से होता है?
5. पार्थिव विकिरण का किस प्रक्रिया द्वारा पृथ्वी से ऊर्जा का उत्सर्जन होता है?

8.3 तापमान

- **तापमान**[12] वह माप है, जिससे किसी वस्तु या स्थान के गर्म या ठंडा होने के स्तर का पता लगाया जाता है। इसे डिग्री सेल्सियस में मापा जाता है।
- सौर विकिरण (Insolation) का वायुमंडल और पृथ्वी की सतह के साथ संपर्क से ऊष्मा उत्पन्न होती है और इस ऊष्मा को तापमान के रूप में मापा जाता हैं। ताप यह दर्शाता है कि किसी पदार्थ में अणु किस प्रकार गति कर रहे हैं।

तापमान के वितरण को नियंत्रित करने वाले कारक

धरातल पर किसी स्थान की वायु का तापमान निम्नलिखित कारकों द्वारा प्रभावित होता है

- **अक्षांश** किसी स्थान का तापमान उस स्थान द्वारा प्राप्त सूर्यातप पर निर्भर करता है। सूर्यातप की मात्रा में अक्षांश के अनुसार भिन्नता पाई जाती है। जिसके फलस्वरूप तापमान में भी भिन्नता पाई जाती है।
- **ऊँचाई अथवा उत्तुंगता** (Altitude) वायुमंडल पार्थिव विकिरण द्वारा नीचे की परतों में पहले गर्म होता है, जिसके कारण समुद्र तल के पास के स्थानों पर तापमान अधिक तथा ऊँचे भाग में स्थित स्थानों पर तापमान कम होता है। तापमान सामान्यत: ऊँचाई बढ़ने के साथ घटता है, ऊँचाई के बढ़ने के साथ तापमान के घटने की दर को **सामान्य ह्रास दर** (Normal Lapse Rate) कहते हैं। सामान्य ह्रास दर प्रति 1000 मी की ऊँचाई बढ़ने पर 6.5° सेल्सियस है।
- **समुद्र से दूरी** किसी भी स्थान के तापमान को प्रभावित करने वाला कारक समुद्र से उस स्थान की दूरी है। स्थल की अपेक्षा समुद्र धीरे-धीरे गर्म और धीरे-धीरे ठंडा होता है। स्थल जल्दी गर्म और जल्दी ठंडा होता है इसलिए समुद्र के ऊपर स्थल की अपेक्षा तापमान में भिन्नता कम होती है।
- समुद्र के निकट स्थित क्षेत्रों पर समुद्री एवं स्थलीय समीर का सामान्य प्रभाव पड़ता है और तापमान समान बना रहता है।
- **वायुसंहति तथा महासागरीय धाराएँ** स्थलीय एवं समुद्री हवाओं की तरह वायु द्रव्यमान (बहने वाली पवनें) भी तापमान को प्रभावित करता है। उष्ण वायुसंहतियों (Warm Airmasses) से प्रभावित होने वाले स्थानों का तापमान अधिक एवं शीत वायुसंहतियों (Cold Airmasses) से प्रभावित स्थानों का तापमान कम होता है। ठंडी **महासागरीय धारा**[13] के प्रभाव वाले समुद्री तटों के तापमान की तुलना में गर्म महासागरीय धारा के प्रभाव में आने वालों तटों का तापमान अधिक होता है।

तापमान का वितरण

- जनवरी और जुलाई के तापमान का पैटर्न वैश्विक तापमान वितरण को दर्शाता है।
- तापमान का वितरण समताप रेखा (Isotherms) के माध्यम से दर्शाया जाता है। समताप रेखा वे रेखाएँ हैं, जो समान तापमान वाले स्थानों को जोड़ती है। समताप रेखाएँ अक्षांश के समांतर चलती हैं।
- उत्तरी गोलार्द्ध में, जनवरी महीने में समताप रेखाओं के सामान्य प्रवृत्ति में जुलाई की तुलना में अधिक अंतर होता है।
- उत्तरी गोलार्द्ध में तापमान संरचना पर भू पृष्ठीय (landmass) और महासागरीय धाराओं (Ocean Current) का प्रभाव अधिक स्पष्ट होता है, क्योंकि यहाँ भूमि क्षेत्र का आकार दक्षिणी गोलार्द्ध की तुलना में विस्तृत है।

कालिक वितरण

- समताप रेखाओं की स्थिति जनवरी में महासागर के ऊपर उत्तर और महाद्वीपों पर दक्षिण की ओर विचलित होती है। उत्तरी अटलांटिक महासागर पर यह स्पष्ट रूप से देख सकते हैं।
- उत्तरी अटलांटिक महासागर में समताप रेखाएँ **गल्फ स्ट्रीम** (Gulf Stream) और **उत्तरी अटलांटिक महासागरीय ड्रिफ्ट** (North Atlantic Drift) नामक दो गर्म जलधाराओं के कारण उत्तर की ओर खिसक जाती हैं।

---

12 तापमान (Temperature) ऊष्मा की तीव्रता अर्थात् तप्तता की मात्रा का माप तापमान है।
13 महासागरीय धारा (Ocean Current) यह महासागरीय जल की एक निरंतर और निर्दिष्ट गति है, जो कई बलों द्वारा उत्पन्न होती है।

- भूतल के ऊपर तापमान शीघ्रता से कम हो जाता है तथा समताप रेखाएँ यूरोप में दक्षिण की ओर मुड़ जाती हैं। यह साइबेरिया के मैदान पर अधिक स्पष्ट होता है।
- जनवरी का औसत तापमान 60° पूर्वी देशांतर के साथ 80° एवं 50° उत्तरी अक्षांशों पर 20° सेल्सियस, विषुवतरेखीय महासागरों पर 27° सेल्सियस, उष्णकटिबंधों में 24° सेल्सियस से अधिक, मध्य अक्षांशों पर 20° सेल्सियस से 0° सेल्सियस तथा यूरेशिया के आंतरिक भाग में -18° से॰ से -48° से॰ पाया जाता है।
- दक्षिणी गोलार्द्ध में समताप रेखाएँ उत्तरी गोलार्द्ध की अपेक्षा भिन्नता कम तीव्र होती है तथा अक्षांशों के समानांतर होती है। उदाहरणस्वरूप; 20° सेग्रे., 10° सेग्रे एवं 0° सेग्रे की समताप रेखाएँ क्रमश: 35°, 45° तथा 60° दक्षिण अक्षांश के समानांतर पाई जाती हैं।
- जुलाई में समताप रेखाएँ एवं अक्षांश रेखाएँ समानांतर होती हैं। विषुवतरेखीय महासागरों पर 27° सेग्रे से अधिक, एशिया के उपोष्ण कटिबंधीय स्थलीय भागों में 30° उत्तरी अक्षांश पर 30° सेग्रे से अधिक तथा 40° उत्तरी एवं 40° दक्षिणी अक्षांशों पर 10° सेग्रे तापमान पाया जाता है।
- जनवरी और जुलाई के मध्य तापमान की उच्चतम सीमा 60° से॰ अधिक पाई जाती है।
- यह यूरेशिया के उत्तर -पूर्वी क्षेत्र में पाया जाता है और यह "**महाद्वीपीयता**[14]," के कारण होता है।
- तापमान की न्यूनतम सीमा 30° से॰ होती है और यह 20° दक्षिणी और 10° उत्तरी अंक्षाशों के मध्य पाई जाती है।

तापमान का व्युत्क्रमण

- जब ऊँचाई में वृद्धि के साथ तापमान में वृद्धि होती है, तो इसे 'तापमान का व्युत्क्रमण' कहा जाता है।
- तापमान का व्युत्क्रमण सामान्यत: एक छोटे समय के लिए होता है। तापमान व्युत्क्रमण हेतु आवश्यक अनुकूल परिस्थितियाँ निम्नलिखित हैं
  - सर्दियों की मेघविहीन लंबी रातें होनी चाहिए।
  - उस क्षेत्र में वायु शांत और स्थिर होनी चाहिए।
- दिन में प्राप्त **ऊष्मा**[15] रात्रि के समय पृथ्वी द्वारा विकिरित (परावर्तित) कर दी जाती है तथा सुबह तक भूतल अपने ऊपर की वायु से अधिक ठंडा हो जाता है। प्राय: ध्रुवीय क्षेत्रों में पूरे वर्ष तापमान का व्युत्क्रमण होता रहता है।
- वायुमंडल के निचले स्तर में स्थिरता को **भू-पृष्ठीय व्युत्क्रमण** बढ़ावा देता है।
- धुआँ और धूलकण व्युत्क्रमण स्तर से नीचे जमा होकर चारों ओर फैल जाते हैं, जिससे वायुमंडल का निम्न स्तर भर जाता है। इससे सर्दियों में सुबह के समय घने कुहरे की स्थिति बन जाती है। यह व्युत्क्रमण कुछ ही समय तक रहता है। सूर्य के उत्तरायण होने तथा पृथ्वी के गर्म होने के पश्चात् यह समाप्त हो जाता है।
- पर्वतीय प्रदेशों में व्युत्क्रमण वायु अपवाह के कारण उत्पन्न होता है। रात्रि में पर्वतीय हवाएँ भारी और घनी होने के कारण गुरुत्वाकर्षण के प्रभाव में आकर बहते हुए जल की तरह व्यवहार करने लगती हैं और पर्वतीय जल के साथ यह नीचे उतरती हैं। यह घाटी के तल में गर्म वायु के नीचे जमा हो जाती हैं जिसे **वायु अपवाह** कहते हैं। यह **पाले**[16] से पौधों को सुरक्षित रखती हैं।

- **प्लैंक का नियम** (Plank's Law) यह बताता है कि एक गर्म वस्तु अधिक ऊर्जा विकिरित करती है और यह लघु तरंगदैर्ध्य (Shortwave Radiation) के रूप में होती है।
- **विशिष्ट ऊष्मा** (Specific Heat) यह वह ऊर्जा है जो एक ग्राम पदार्थ के तापमान को एक डिग्री सेल्सियस बढ़ाने के लिए आवश्यक होती है।

चेक प्वॉइंट 3

1. जनवरी और जुलाई के मध्य तापमान में सबसे अधिक अंतर किस क्षेत्र में पाया जाता है?
2. 'समताप रेखा' क्या दर्शाते हैं?
3. जनवरी में उत्तरी अटलांटिक महासागर के ऊपर समताप रेखा किस दिशा में झुकते हैं?
4. उत्तर-पूर्वी यूरेशिया में तापमान में अधिक अंतर का एक मुख्य कारण क्या है?
5. 20° दक्षिणी और 150° उत्तरी अक्षांशों के मध्य तापमान में अंतर कितना है?
6. ऊँचाई बढ़ने के साथ तापमान बढ़ने की दर को क्या कहते हैं?

---

14 महाद्वीपीयता (Continentality) यह एक माप है कि किसी स्थान के जलवायु पर महासागर और महासागरीय वायु से उसकी दूरी का कितना प्रभाव पड़ता है।
15 ऊष्मा (Heat) ऊष्मा ऊर्जा है जो विभिन्न तरंगो के तरंगदैर्ध्य से उत्पन्न होती है।
16 पाला (Frost) यह बर्फ की एक पतली परत होती है जो जमीन और अन्य सतहों पर बनती है, विशेष रूप से रात के समय जब तापमान 0 डिग्री सेल्सियस के नीचे चला जाता है।

Mind Map

सौर विकिरण ऊष्मा संतुलन एवं तापमान

1 सौर विकिरण

- पृथ्वी को प्राप्त होने वाली ऊर्जा को 'आगामी सौर विकिरण' या 'सूर्यातप' कहते हैं।
- जब पृथ्वी परिक्रमण (सूर्य के) के दौरान सूर्य से सबसे दूर होती है, तो उसे 'अपसौर' कहते हैं तथा जब सूर्य के सबसे निकट होती है, तो उसे 'उपसौर' कहते हैं।

पृथ्वी की सतह पर सूर्यातप में भिन्नता के कारक

1. पृथ्वी का अपने अक्ष पर घूमना
2. सूर्य की किरणों का नति कोण
3. दिन की अवधि
4. वायुमंडल की पारदर्शिता
5. स्थल विन्यास

2 वायुमंडल का तापन एवं शीतलन

पृथ्वी का वायुमंडल विभिन्न प्रक्रियाओं द्वारा गर्म होता है

संवहन पृथ्वी के संपर्क में आयी वायु गर्म होकर धाराओं के रूप में लंबवत उठती है और वायुमंडल में ताप का संचरण करती है। वायुमंडल के लंबवत ताप की यह प्रक्रिया संवहन कहलाती है। ऊर्जा के स्थानांतरण का यह प्रकार केवल क्षोभमंडल तक सीमित रहता है।

अभिवहन वायु के क्षैतिज संचलन से होने वाले ताप का स्थानांतरण अभिवहन कहलाता है। मध्य अक्षांशों में दैनिक मौसम में आने वाली भिन्नताएँ केवल अभिवहन के कारण होती हैं।

चालन जब असमान ताप वाले दो पिंड एक-दूसरे के संपर्क में आते हैं, तब गर्म पिंड से ठंडे पिंड की ओर ऊर्जा का प्रवाह चलता है। ऊर्जा का स्थानांतरण तब तक होता है जब तक दोनों पिंडों का तापमान समान नहीं हो जाता अथवा उनमें संपर्क टूट नहीं जाता। वायुमंडल की निचली परतों को गर्म करने में चालन महत्त्वपूर्ण है।

पार्थिव विकिरण पृथ्वी सूर्य से प्राप्त ऊर्जा को दीर्घ तरंगों के माध्यम से वायुमंडल में विकिरित करती है। यह ऊर्जा वायुमंडल को नीचे से गर्म करती है।

3 पृथ्वी का ऊष्मा बजट

जब सूर्य विकिरण को सूर्यातप से प्राप्त ऊष्मा एवं पार्थिव विकिरण द्वारा अंतरिक्ष में संचरित ताप के बराबर होने की व्यवस्था के रूप में परिभाषित किया जाता है।

शुद्ध विकिरण संतुलन में अनुदैर्ध्य परिवर्तन

ऊष्णकटिबंधीय क्षेत्र इन क्षेत्रों में सूर्यातप की अधिकता होती है।

ध्रुव क्षेत्र इन क्षेत्रों में सूर्यातप की कमी होती है।

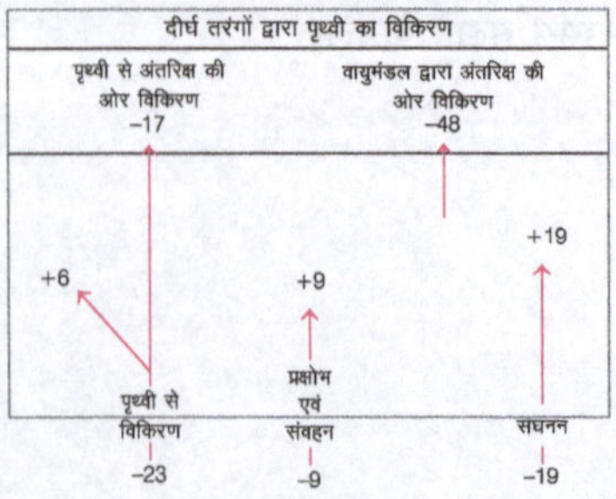

▲ पृथ्वी का ऊष्मा बजट

तापमान का वितरण

- **सामान्य ह्रास दर** उत्तुंगता के बढ़ने के साथ तापमान के घटने की दर को 'सामान्य ह्रास दर'' कहते हैं। यह 6.5°C/km है।
- **तापमान का व्युत्क्रमण** तापमान ऊँचाई के साथ बढ़ती है।

4 तापमान

तापमान वितरण को प्रभावित करने वाले कारक

अक्षांश किसी भी स्थान का तापमान उस स्थान द्वारा प्राप्त सूर्यातप पर निर्भर करता है, क्योंकि सूर्यातप की मात्रा में अक्षांश के अनुसार भिन्नता पाई जाती है।

उत्तुंगता कम ऊँचाई से अधिक ऊँचाई तक तापमान घटता है।

समुद्र से दूरी स्थल की अपेक्षा समुद्र धीरे-धीरे गर्म और ठंडा होता है, इसलिए समुद्र के ऊपर स्थल की अपेक्षा तापमान में भिन्नता कम होती है।

वायु संहति तथा महासागरीय धाराएँ कोष्ण वायु संहतियों से प्रभावित होने वाले स्थानों का तापमान अधिक एवं शीत वायु संहतियों से प्रभावित होने वाले स्थानों का तापमान कम होता है।

NCERT फोल्डर

नीचे दिए चार विकल्पों में से सही उत्तर चुनिए

1. निम्न में से किस अक्षांश पर 21 जून की दोपहर सूर्य की किरणें सीधी पड़ती हैं?

(a) विषुवत् वृत्त पर (b) 23.5° उत्तरी
(c) 66.5° दक्षिणी (d) 66.5° उत्तरी

उत्तर *(b)* 23.5° उत्तरी

2. निम्न में से किस शहर में दिन अधिक लंबा होता है?

(a) तिरुवनंतपुरम (b) हैदराबाद
(c) चंडीगढ़ (d) नागपुर

उत्तर *(c)* चंडीगढ़

3. निम्नलिखित में से किस प्रक्रिया द्वारा वायुमंडल मुख्यत: गर्म होता है?

(a) लघु तरंगदैर्ध्य वाले सौर विकिरण से
(b) लंबी तरंगदैर्ध्य वाले स्थलीय विकिरण से
(c) परावर्तित सौर विकिरण से
(d) प्रकीर्णित सौर विकिरण से

उत्तर *(b)* लंबी तरंगदैर्ध्य वाले स्थलीय विकिरण से

4. निम्न पदों को उसके उचित विवरण के साथ मिलाएँ

A. सूर्यातप	1. सबसे कोष्ण और सबसे शीत महीनों के माध्य तापमान का अंतर
B. एल्बिडो	2. समान तापमान वाले स्थानों को जोड़ने वाली रेखा
C. समताप रेखा	3. आने वाला सौर विकिरण
D. वार्षिक तापांतर	4. किसी वस्तु के द्वारा परावर्तित दृश्य प्रकाश का प्रतिशत

कूट

	A	B	C	D		A	B	C	D
(a)	4	3	2	1	(b)	1	2	3	4
(c)	2	3	4	1	(d)	3	4	2	1

उत्तर *(d)* 3 4 2 1

5. पृथ्वी के विषुवत् वृत्तीय क्षेत्रों की अपेक्षा उत्तरी गोलार्द्ध के उपोष्ण कटिबंधीय क्षेत्रों का तापमान अधिकतम होता है, इसका मुख्य कारण है

(a) विषुवतीय क्षेत्रों की अपेक्षा उपोष्ण कटिबंधीय क्षेत्रों में कम बादल होते हैं
(b) उपोष्ण कटिबंधीय क्षेत्रों में गर्मी के दिनों की लंबाई विषुवतीय क्षेत्रों से अधिक होती है
(c) उपोष्ण कटिबंधीय क्षेत्रों में 'ग्रीन हाउस प्रभाव' विषुवतीय क्षेत्रों की अपेक्षा अधिक होता है
(d) उपोष्ण कटिबंधीय क्षेत्र विषुवतीय क्षेत्रों की अपेक्षा महासागरीय क्षेत्र के अधिक करीब है

उत्तर *(a)* विषुवतीय क्षेत्रों की अपेक्षा उपोष्ण कटिबंधीय क्षेत्रों में कम बादल होते हैं।

निम्नलिखित प्रश्नों के उत्तर लगभग 30 शब्दों में दीजिए

1. पृथ्वी पर तापमान का असमान वितरण किस प्रकार जलवायु और मौसम को प्रभावित करता है?

उत्तर पृथ्वी पर तापमान का असमान वितरण जलवायु और मौसम को प्रत्यक्ष रूप से प्रभावित करता है; जैसे—जिन प्रदेशों में अधिक तापमान पाया जाता है उन प्रदेशों की जलवायु शुष्क और गर्म होती है। इसके विपरीत जिन प्रदेशों में तापमान कम होता है, उन प्रदेशों में शीत ऋतु अधिक लंबी होती है; जैसे—उच्च अक्षांशों में शीत ऋतु लंबी होती है।

2. वे कौन-से कारक हैं, जो पृथ्वी पर तापमान के वितरण को प्रभावित करते हैं?

उत्तर पृथ्वी पर किसी स्थान की वायु का तापमान निम्नलिखित कारकों पर निर्भर करता है

(i) **अक्षांश** भूमध्य रेखा से किसी भी स्थान की उत्तरी अथवा दक्षिणी ध्रुव की ओर की कोणीय दूरी है।
(ii) **ऊँचाई** किसी भी स्थान के ऊँचे भाग को कहते हैं, जिसका तापमान कम होता है।
(iii) **समुद्र से दूरी** भी तापमान को प्रभावित करती है। समुद्र स्थल की अपेक्षा धीरे-धीरे गर्म व धीरे-धीरे ठंडा होता है।
(iv) **महासागरीय धाराएँ तथा पवनें** भी तापमान वितरण को प्रभावित करती हैं।

3. भारत में मई में तापमान सर्वाधिक होता है, लेकिन उत्तर अयनांत के बाद तापमान अधिकतम नहीं होता। क्यों?

उत्तर भारत में मई में तापमान सर्वाधिक होने का कारण सूर्य का उत्तरायण होना है, जिसमें सूर्य की किरणें कर्क रेखा पर लंबवत् पड़ती हैं और कर्क रेखा भारत के मध्य से होकर गुजरती है, जिससे मई के महीने का तापमान 45° C तक पहुँच जाता है। लेकिन यह तापमान मई के अंत तक ही संपूर्ण भारत में अधिकतम रहता है, क्योंकि मई के अंत के बाद दक्षिण भारत के तटीय क्षेत्रों में वर्षा की शुरुआत हो जाती है। अतः उत्तर अयनांत से धूलकण वाली आँधियों के चलने तथा सूर्य के विकिरण के फैलने तथा कम वर्षा के कारण तापमान अधिक नहीं हो पाता है।

4. साइबेरिया के मैदान में वार्षिक तापांतर सर्वाधिक होता है। क्यों?

उत्तर साइबेरिया के मैदान में वार्षिक तापांतर सर्वाधिक होने के प्रमुख कारण निम्नलिखित हैं

(i) साइबेरिया एक विस्तृत मैदानी क्षेत्र है, जो महासागर से दूर है, जिससे दैनिक तथा वार्षिक तापांतर अधिक होता है।
(ii) यह उपध्रुवीय निम्न दाबपेटी में स्थित है। इन क्षेत्रों में उष्ण तथा उपोष्ण कटिबंधीय प्रदेशों से गर्म जल की धाराएँ बहती हैं, जिससे ताप में वृद्धि तथा वायु भार में कमी होती है।
(iii) साइबेरिया उच्च अक्षांश में अवस्थित है, फलस्वरूप बर्खोयांस्क नामक स्थान पर ग्रीष्म ऋतु का तापमान 155° से० तथा शीत ऋतु का तापमान - 50° से० पाया जाता है। इस क्षेत्र में जेट वायुधाराएँ चलती हैं, जिससे यह क्षेत्र गर्म होता है।

निम्नलिखित प्रश्नों के उत्तर लगभग 150 शब्दों में दीजिए

1. अक्षांश और पृथ्वी के अक्ष का झुकाव किस प्रकार पृथ्वी की सतह पर प्राप्त होने वाली विकिरण की मात्रा को प्रभावित करते हैं?

उत्तर **अक्षांश** भूमध्य रेखा पर लगभग वर्षभर सूर्य की किरणें लंबवत् पड़ती हैं, जिसके कारण भूमध्य रेखा पर सूर्यातप की मात्रा अधिक पाई जाती है। जैसे-जैसे हम उच्च अक्षांशों की ओर जाते हैं, सूर्यातप की मात्रा कम होती जाती है। पृथ्वी के गोलाकार होने के कारण भूमध्य रेखा से उत्तरी अथवा दक्षिणी अक्षांशों में सूर्यातप की मात्रा कम होती जाती है। यही करण है कि सूर्यातप विषुवत् रेखा पर अधिक, किंतु ध्रुवीय प्रदेशों में कम होता है।

पृथ्वी के अक्ष का झुकाव पृथ्वी का अपने अक्ष पर झुका व होने के कारण सूर्यातप के वितरण में भिन्नता पाई जाती है। पृथ्वी का जो भाग सूर्य की तरफ अधिक झुका होता है, उस भाग को सूर्यातप की अधिक मात्रा प्राप्त होती है। इसके विपरीत सूर्य से विमुख पृथ्वी का भाग सूर्यातप की कम मात्रा प्राप्त करता है। पृथ्वी का अपने अक्ष पर झुका होने के कारण सूर्य की किरणें किसी स्थान पर सीधी पड़ती हैं तथा किसी स्थान पर तिरछी पड़ती हैं। जैसे भूमध्य रेखा पर सूर्य की किरणों के सीधे पड़ने के कारण सूर्यातप अधिक तथा ध्रुवों पर सूर्य की किरणें तिरछी पड़ने के कारण वहाँ पर सूर्यातप की मात्रा कम होती है।

2. उन प्रक्रियाओं की व्याख्या करें, जिनके द्वारा पृथ्वी तथा इसका वायुमंडल ऊष्मा संतुलन बनाए रखते हैं।

उत्तर पृथ्वी पर सूर्यातप का असमान वितरण है। सूर्यातप के असमान वितरण के पश्चात् भी वायुमंडल सूर्यातप की असमानता को कम कर देता है। सूर्य पृथ्वी को गर्म करता है और पृथ्वी वायुमंडल को गर्म करती है। प्रकृति संपूर्ण पृथ्वी पर संतुलन बनाए रखने के लिए ऐसी क्रियाविधि को जन्म देती है, जिससे ऊष्मा का स्थानांतरण उष्णकटिबंध से उच्च अक्षांशों की ओर वायुमंडलीय परिसंचरण तथा महासागरीय धाराओं द्वारा संपन्न होता है।

उष्णकटिबंधीय क्षेत्र में अधिक गर्मी पड़ने के कारण वहाँ की वायु गर्म होकर ऊपर उठ जाती है और उस खाली स्थान को भरने के लिए उपोष्ण कटिबंध से हवाएँ उष्णकटिबंध की ओर चलती हैं। जिससे उष्णकटिबंध के तापमान में ज्यादा वृद्धि नहीं हो पाती है। इस तरह से उपोष्ण कटिबंध क्षेत्र में शीतोष्ण कटिबंध से हवाएँ चलकर इन क्षेत्रों के तापमान में संतुलन बनाती हैं।

इसी तरह से वायुमंडल एक क्षेत्र के तापमान को ज्यादा नहीं बढ़ने देती तथा शीत कटिबंधीय और शीतोष्ण कटिबंधीय क्षेत्रों में यदि गर्म महासागरीय धाराएँ चलती हैं, तो ये धाराएँ इन क्षेत्रों के तापमान को बढ़ा देती हैं और यदि उष्णकटिबंधीय क्षेत्रों में ठंडी धाराएँ चलती हैं, तो उन क्षेत्रों के तापमान को कम कर देती हैं। इस तरह पृथ्वी की महासागरीय धाराएँ वायुमंडल ताप को संतुलित करती हैं।

3. जनवरी में पृथ्वी के उत्तरी और दक्षिणी गोलार्द्ध के बीच तापमान के विश्वव्यापी वितरण की तुलना करें।

उत्तर जनवरी के माह में सूर्य की किरणें दक्षिणी गोलार्द्ध में स्थित मकर रेखा पर लंबवत् पड़ती हैं, जिससे दक्षिणी गोलार्द्ध में ग्रीष्म तथा उत्तरी गोलार्द्ध में शीत ऋतु होती है।

अतः दक्षिणी गोलार्द्ध में तापमान अधिक तथा उत्तरी गोलार्द्ध में तापमान कम होता है। जनवरी माह में दक्षिणी गोलार्द्ध में स्थित उत्तर-पश्चिमी अर्जेंटीना, पूर्वी मध्य अफ्रीका, बोर्नियो और मध्य ऑस्ट्रेलिया में तापमान 30° सेल्सियस से भी अधिक होता है।

जनवरी माह में उत्तरी गोलार्द्ध में महाद्वीपों की अपेक्षा महासागर अधिक गर्म रहते हैं, इसलिए समताप रेखाएँ महाद्वीपों को पार करते समय भूमध्य रेखा की ओर तथा महासागरों को पार करते हुए ध्रुवों की ओर मुड़ जाती हैं। दक्षिणी गोलार्द्ध में स्थिति ठीक इसके विपरीत होती है। यहाँ समताप रेखाएँ महासागरों को पार करते समय भूमध्य रेखा की ओर तथा महाद्वीपों को पार करते समय ध्रुवों की ओर मुड़ जाती हैं। उत्तरी गोलार्द्ध में स्थल खंडों के अधिक होने के कारण समताप रेखाएँ अनियमित और पास-पास होती हैं, जबकि दक्षिणी गोलार्द्ध में जल भाग के अधिक होने के कारण समताप रेखाएँ अपेक्षाकृत अधिक नियमित तथा दूर-दूर होती हैं।

अभ्यास प्रश्न

वस्तुनिष्ठ प्रश्न

बहुविकल्पीय प्रश्न

1. वायुमंडल की ऊपरी सतह पर प्राप्त होने वाली ऊर्जा में प्रतिवर्ष थोड़ा परिवर्तन का कारण है?

(a) सूर्यातप की क्षैतिज वितरण असमानता
(b) पृथ्वी एवं सूर्य के बीच की दूरी में अंतर
(c) पृथ्वी का अपने अक्ष पर घूर्णन
(d) ऊष्मा का विकिरण लघु तरंग में होना

उत्तर (b) पृथ्वी एवं सूर्य के बीच की दूरी में अंतर

2. निम्नलिखित में से किस दिन अपसौर की घटना घटित होती है?

(a) 3 जनवरी (b) 4 जुलाई (c) 30 जून (d) 31 दिसंबर

उत्तर (b) 4 जुलाई

3. सूर्य से पृथ्वी पर प्राप्त होने वाले सूर्यातप की तीव्रता की मात्रा में प्रतिदिन प्रतिवर्ष एवं प्रत्येक मौसम में होने वाली विभिन्नता का कारण है

(a) स्थलीय विन्यास अथवा बनावट
(b) पृथ्वी का अपने अक्ष पर घूमना
(c) सूर्य की किरणों का नति कोण
(d) उपरोक्त सभी

उत्तर (d) उपरोक्त सभी

4. निम्नलिखित में से कौन क्षोभमंडल के निकट अवरक्त विकिरण का अधिकांश भाग अवशोषित करता है?

(a) जलवाष्प (b) गैस (c) ओजोन (d) ये सभी

उत्तर (d) ये सभी

5. सूर्यातप की सर्वाधिक मात्रा भू-पृष्ठ पर स्थित उपोष्ण कटिबंधीय मरुस्थलों पर ही क्यों प्राप्त होता है?

(a) मरुस्थलों के ऊपर उपोष्ण कटिबंधीय क्षेत्र अधिक रहता है
(b) उपोष्ण कटिबंधीय मरुस्थलों के ऊपर मेघाच्छादन अधिक रहता है
(c) उपोष्ण कटिबंधीय मरुस्थलों में वार्षिक तापांतर अधिक रहता है
(d) उपोष्ण कटिबंधीय मरुस्थलों के ऊपर मेघाच्छादन बहुत कम पाया जाता है

उत्तर (d) उपोष्ण कटिबंधीय मरुस्थलों के ऊपर मेघाच्छादन बहुत कम पाया जाता है

6. प्लैंक (Planck) के नियम के अनुसार वस्तु जितनी गर्म होगी वह ………।

(a) उतनी ही अधिक ऊर्जा का विकिरण करेगी।
(b) उतनी ही कम ऊर्जा का विकिरण करेगी।
(c) तरंगदैर्ध्य को बढ़ा देगी।
(d) तरंगदैर्ध्य को कम कर देगी।

उत्तर (a) उतनी ही अधिक ऊर्जा का विकिरण करेगी।

7. पृथ्वी के संपर्क में आई वायु गर्म होकर धाराओं के रूप में लंबवत् उठती है और वायुमंडल में ताप का संचरण करती है। यह प्रक्रिया कहलाती है

(a) स्थानांतरण अभिवहन (b) वायु का संवहन
(c) वायु का चालन (d) पार्थिव विकिरण

उत्तर (b) वायु का संवहन

8. पृथ्वी की सतह पर पहुँचने से पूर्व ही सूर्य ऊर्जा का कुछ भाग परावर्तित हो जाता है। सौर विकिरण की इस परावर्तित मात्रा को मापन की भाषा में क्या कहा जाता है?

(a) सूर्य का एल्बिडो (b) पृथ्वी का एल्बिडो
(c) गोरे (d) चालन

उत्तर (b) पृथ्वी का एल्बिडो

9. पृथ्वी का 'ऊष्मा बजट' के अध्ययन का उद्देश्य है

(a) अपनी कक्षा को पास करना
(b) यह समझना कि पृथ्वी अपने तापमान को अस्थिर रखती है।
(c) यह समझना कि पृथ्वी ऊर्जा का संचय करती है।
(d) यह समझना कि पृथ्वी न तो ऊर्जा का संचय करती है, और न ही ह्रास।

उत्तर (d) यह समझना कि पृथ्वी न तो ऊर्जा का संचय करती है, और न ही ह्रास।

10. भू-पृष्ठ द्वारा दीर्घ तरंगों के रूप में विकिरित ऊष्मा का अवशोषण वायुमंडल में उपस्थित किन गैसों द्वारा किया जाता है?

(a) वायुमंडल में उपस्थित ऑक्सीजन और नाइट्रोजन गैस द्वारा
(b) वायुमंडल में उपस्थित कार्बन डाइ-ऑक्साइड और नाइट्रोजन गैस द्वारा
(c) वायुमंडल में उपस्थित कार्बन डाइ-ऑक्साइड और ग्रीन हाउस गैस द्वारा
(d) उपरोक्त में से कोई नहीं

उत्तर (c) वायुमंडल में उपस्थित कार्बन डाइ-ऑक्साइड और ग्रीन हाउस गैस द्वारा

11. निम्नलिखित कथनों में से कौन-सा कथन सही है?

(a) पृथ्वी और सूर्य के बीच की सर्वाधिक दूरी को उपसौर कहते हैं
(b) पृथ्वी और सूर्य के बीच की सबसे कम दूरी को अपसौर कहते हैं
(c) 3 जनवरी को पृथ्वी, सूर्य से सबसे अधिक सूर्यातप प्राप्त करती है
(d) पृथ्वी के पृष्ठ पर ऊर्जा का अधिकतम भाग दीर्घ तरंग दैर्ध्य के रूप में आता है

उत्तर (c) 3 जनवरी को पृथ्वी सूर्य से सबसे अधिक सूर्यातप प्राप्त करती है।

12. तापमान व्युत्क्रमण के संबंध में कौन-सा कथन सही नहीं हैं?
(a) तापमान ऊँचाई बढ़ने के साथ-साथ बढ़ता जाता है
(b) तापमान व्युत्क्रमण बहुत कम समय के लिए घटित होता है
(c) ध्रुवीय क्षेत्रों में पूरे वर्ष तापमान का व्युत्क्रमण होता रहता है
(d) पर्वतीय प्रदेशों में व्युत्क्रमण वायु अपवाह के कारण उत्पन्न होता है

उत्तर (a) तापमान ऊँचाई बढ़ने के साथ-साथ बढ़ता जाता है।

13. दीर्घ तरंगदैर्ध्य विकिरण को वायुमंडलीय गैसे मुख्यतः कार्बन डाई-ऑक्साइड तथा अन्य ग्रीनहाउस गैसों द्वारा अवशोषित कर लिया जाता है। अतः वायुमंडल पार्थिव विकिरण द्वारा अप्रत्यक्ष रूप से गर्म होता है। इस प्रकार वायुमंडल और पृथ्वी की सतह का तापमान ....।
(a) बढ़ता है
(b) स्थिर रहता है
(c) घटता है
(d) पहले बढ़ता है फिर घटने लगता है

उत्तर (b) स्थिर रहता है।

14. वायुमंडल के तापन तथा शीतलन की एक निश्चित प्रक्रिया होती है। दिए गए कथन के अनुसार सही प्रक्रिया का चयन करें जो इसके संबंधित है।

प्रवेशी सौर विकिरण के गर्म होने के बाद पृथ्वी सतह के निकट स्थित वायुमंडलीय परतों के दीर्घ तरंगों के रूप में ताप का संचरण करती है, जिससे निचली परतों के संपर्क में आने वाली वायु धीरे-धीरे गर्म होती है। तथा निचली परतों के संपर्क में आने वाली वायुमंडल की ऊपरी परतें भी गर्म हो जाती हैं।

(a) चालन (b) संवहन
(c) स्थानांतरण अभिवहन (d) पार्थिव विकिरण

उत्तर (a) चालन

15. निम्नलिखित में से कौन-सा कारक पृथ्वी की सतह पर सूर्यातप में भिन्नता के संदर्भ में सही है?
1. पृथ्वी का अपने अक्ष पर घूर्णन
2. सूर्य की किरणों का नति कोण बनाना
3. वायुमंडल की अपारदर्शिता
4. स्थलीय विन्यास अथवा बनावट

कूट
(a) 1, 2 और 3 (b) 2, 3 और 4
(c) 1, 2 और 4 (d) 1, 2, 3 और 4

उत्तर (c) 1, 2 और 4

16. पृथ्वी की सतह पर कुल ऊष्मा बजट की भिन्नता के संदर्भ में कौन-सा/से कथन सही नहीं है/हैं?
1. पृथ्वी के कुछ भागों में विकिरण अधिशेष पाया जाता है।
2. विषुवत् रेखा के दोनों ओर उत्तरी व दक्षिणी अक्षांशों में सूर्यातप की अधिशेष मात्रा पाई जाती है।
3. उष्णकटिबंधीय क्षेत्रों से ताप ऊर्जा भूमध्य रेखा की ओर पुनर्वितरण होती है।

कूट
(a) 2 और 3 (b) केवल 1 (c) केवल 3 (d) 1 और 2

उत्तर (a) 2 और 3

17. सौर परिक्रमण के संबंध में कौन-सा/से कथन सही है/हैं?
1. सूर्य के चारों ओर परिक्रमण के दौरान 4 जुलाई को पृथ्वी सूर्य से सबसे कम दूरी पर होती है।
2. इस दिन पृथ्वी से सूर्य की दूरी 15.60 करोड़ किमी. होती है।
3. पृथ्वी की इस स्थिति को अपसौर कहते हैं।
4. भारत में इस समय ग्रीष्म ऋतु का मौसम होता है।

कूट
(a) केवल 3 (b) केवल 4
(c) 1 और 2 दोनों (d) 3 और 4 दोनों

उत्तर (d) 3 और 4 दोनों

18. निम्नलिखित कथनों पर विचार कीजिए
1. उष्णकटिबंध में सूर्यातप की मात्रा लगभग 320 वाट प्रतिवर्ग मीटर है।
2. ध्रुवों पर सूर्यातप की मात्रा लगभग 120 वाट प्रतिवर्ग मीटर है।
3. एक ही अक्षांश पर स्थित महाद्वीपीय भाग पर अधिक और महासागरीय भाग में अपेक्षाकृत कम मात्रा में सूर्यातप प्राप्त होता है।

उपरोक्त कथनों में से कौन-सा/से कथन सही है/हैं?
(a) केवल 2 (b) केवल 3
(c) 1 और 3 (d) 1, 2 और 3

उत्तर (c) 1 और 3

19. निम्नलिखित घटनाओं के उत्तरी गोलार्द्ध में घटित होने के क्रम में ग्रेगोरियन कैलेंडर के अनुसार, क्रम में व्यवस्थित कीजिए।
1. ग्रीष्मकालीन सक्रांति/अयनांत
2. उपसौर
3. अपसौर
4. शीतकालीन अयनांत/सक्रांति

कूट
(a) 1 2 3 4 (b) 4 3 2 1 (c) 2 1 3 4 (d) 2 1 4 3

उत्तर (c) 2 1 3 4

20. पृथ्वी की ऊष्मा बजट के संदर्भ में निम्न कथनों को क्रम में व्यवस्थित कीजिए
1. पृथ्वी के धरातल तथा वायुमंडल से अंतरिक्ष में वापस आने वाली विकिरण की इकाइयाँ क्रमशः 17 व 48 हैं।
2. वायुमंडल द्वारा 48 इकाइयों का अवशोषण होता है।
3. वायुमंडल विकिरण द्वारा इन 48 इकाइयों को भी अंतरिक्ष में वापस भेज दिया जाता है।
4. ये इकाइयाँ उन 65 इकाइयों का संतुलन कर देती हैं, जो सूर्य से प्राप्त होती हैं।

कूट
(a) 2, 3, 1, 4 (b) 3, 2, 1, 4
(c) 1, 2, 3, 4 (d) 4, 3, 1, 2

उत्तर (a) 2, 3, 1, 4

21. **सूची I को सूची II से सुमेलित कीजिए**

सूची I	सूची II
A. अपसौर	1. पृथ्वी और सूर्य के बीच सबसे कम दूरी
B. उपसौर	2. पृथ्वी के संपर्क में आकर वायु गर्म होकर ऊपर उठती है।
C. संवहन	3. वायु के क्षैतिज संचलन से ताप का स्थानांतरण
D. अभिवहन	4. पृथ्वी और सूर्य के बीच सबसे अधिक दूरी

कूट

	A	B	C	D
(a)	1	2	3	4
(b)	2	3	4	1
(c)	4	1	2	3
(d)	4	3	2	1

उत्तर (c) 4 1 2 3

22. **सूची I को सूची II से सुमेलित कीजिए**

सूची I	सूची II
A. अक्षांश	1. विषुवत् रेखा पर उत्तर से दक्षिण के बीच की दूरी
B. विकिरण	2. ऊर्जा का उत्सर्जन किरण और तरंग के रूप में
C. प्रकीर्णन	3. वह प्रक्रिया, जिसके अंतर्गत सूर्य की किरणें परावर्तित होती हैं।
D. समताप रेखा	4. एकसमान तापमान वाली दो स्थानों को मिलाने वाली रेखा

कूट

	A	B	C	D
(a)	1	2	3	4
(b)	2	3	1	4
(c)	3	1	2	4
(d)	4	3	2	1

उत्तर (a) 1 2 3 4

23. **निम्नलिखित में से कौन-सा युग्म सही सुमेलित नहीं है?**

(a) चालन — समान ताप वाले दो पिंडों का संपर्क

(b) विकीर्णन — सूर्य की किरणों का विभिन्न दिशाओं में फैलना

(c) एल्बिडो — किसी सतह से परावर्तित सौर्य विकिरण की कुल मात्रा

(d) गुप्त ऊष्मा — वस्तु के अवस्था परिवर्तन के लिए आवश्यक ऊष्मा की मात्रा

उत्तर *(a)* चालन—समान ताप वाले दो पिंडों का संपर्क

निर्देश (प्र.सं. 22-23) नीचे दो कथन दिए गए हैं, जिनमें एक कथन (A) और दूसरा कारण (R) है। दिए गए कूट की सहायता से सही उत्तर चुनिए।

कूट

(a) A और R दोनों सही हैं तथा R, A की सही व्याख्या है

(b) A और R दोनों सही हैं, परंतु R, A की सही व्याख्या नहीं है

(c) A सही है, किंतु R गलत है

(d) A गलत है, किंतु R सही है

24. **कथन (A) पृथ्वी सौर ऊर्जा के बहुत कम अंश को ही प्राप्त कर पाती है।**

कारण (R) सूर्य की किरणें वायुमंडल के ऊपरी भाग पर तिरछी पड़ती हैं।

उत्तर *(a)* पृथ्वी के पृष्ठ पर ऊर्जा का अधिकतम भाग लघु तरंगदैर्ध्य के रूप में आता है। पृथ्वी को प्राप्त होने वाली ऊर्जा को आगामी सौर विकिरण या छोटे रूप में सूर्यातप कहते हैं। पृथ्वी का आकार भू-आभ है, जिसके कारण पृथ्वी सौर ऊर्जा के बहुत कम अंश को ही प्राप्त कर पाती है, क्योंकि सूर्य की किरणें वायुमंडल के ऊपरी भाग पर तिरछी पड़ती हैं।

25. **कथन (A) समुद्र तल के पास के स्थानों पर तापमान अधिक तथा ऊँचे भाग में स्थित स्थानों पर तापमान कम होता है।**

कारण (R) वायुमंडल पार्थिव विकिरण द्वारा नीचे की परतों में पहले गर्म होता है।

उत्तर *(a)* वायुमंडल पार्थिव विकिरण द्वारा नीचे की परतों में पहले गर्म होता है, जिसके कारण समुद्र तल के पास के स्थानों पर तापमान अधिक तथा ऊँचे भाग में स्थित स्थानों पर तापमान कम होता है।

तापमान सामान्यतः ऊँचाई बढ़ने के साथ घटता है। ऊँचाई के बढ़ने के साथ तापमान के घटने की दर को सामान्य ह्रास दर कहते हैं।

26. **कथन (A) धरातल पर प्राप्त सूर्यातप की मात्रा में बहुत भिन्नता पाई जाती है।**

कारण (R) ध्रुवों पर प्राप्त होने वाली सूर्यातप की मात्रा लगभग 70 वाट प्रति वर्ग मीटर है।

उत्तर *(b)* धरातल पर प्राप्त सूर्यातप की मात्रा में बहुत भिन्नता पाई जाती है। उष्णकटिबंध में सूर्यातप की मात्रा लगभग 320 वाट प्रति वर्ग मीटर है। वहीं ध्रुवों पर प्राप्त होने वाली सूर्यातप की मात्रा लगभग 70 वाट प्रति वर्ग मीटर है। उष्णकटिबंध की अपेक्षा विषुवत् वृत्त पर कम मात्रा में सूर्यातप पाया जाता है।

27. **कथन I पृथ्वी के पृष्ठ पर प्राप्त होने वाली ऊर्जा का अधिकतम अंश दीर्घ तरंगदैर्ध्य के रूप में आता है।**

कथन II सूर्यातप की तीव्रता की मात्रा में प्रतिदिन, प्रत्येक मौसम और प्रतिवर्ष परिवर्तन होता रहता है।

कूट

(a) केवल कथन I सही है (b) केवल कथन II सही है

(c) कथन I और II दोनों सही हैं (d) कथन I और II दोनों गलत हैं

उत्तर (b) केवल कथन II सही है

28. **नीचे दिए गए ग्राफ का अध्ययन कर निम्नलिखित प्रश्नों का उत्तर दीजिए**

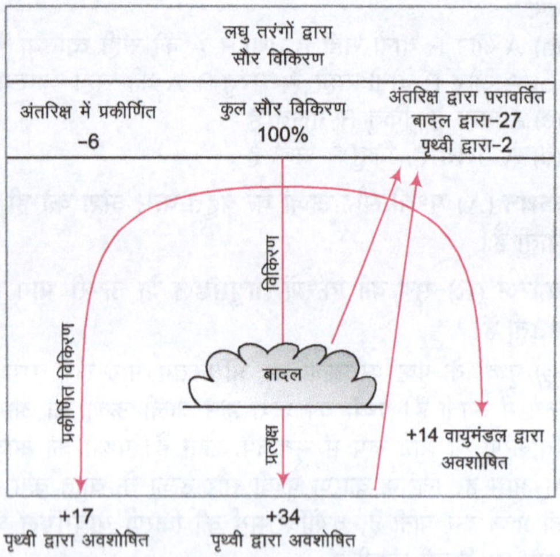

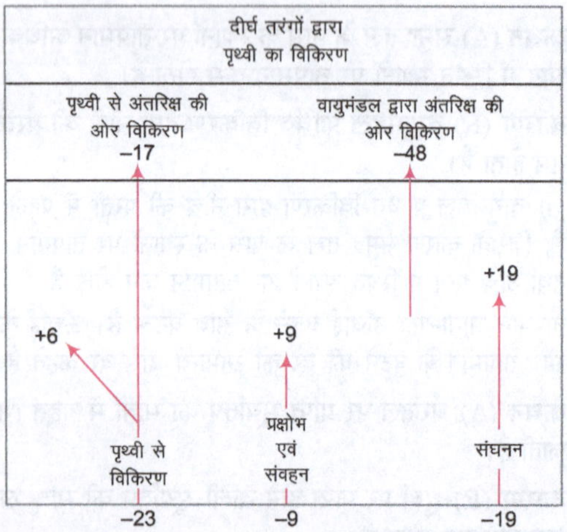

(i) **पृथ्वी के बाहरी सतह पर पहुँचे बिना विकिरण की कितनी मात्रा को वापस अंतरिक्ष में परावर्तित कर दिया जाता है?**

(a) 50 इकाई (b) 100 इकाई
(c) 35 इकाई (d) 29 इकाई

उत्तर (c) 35 इकाई

(ii) **पृथ्वी की सतह से कुल कितनी मात्रा में स्थलीय विकिरण परावर्तित होता है?**

(a) 29 इकाई
(b) 22 इकाई
(c) 41 इकाई
(d) 51 इकाई

उत्तर (d) 51 इकाई

(iii) **सूर्यातप की कितनी प्रतिशत मात्रा को पृथ्वी की सतह द्वारा अवशोषित किया जाता है?**

(a) 40% (b) 50% (c) 65% (d) 70%

उत्तर (c) 65%

स्रोत आधारित प्रश्न

निम्नलिखित स्रोतों को ध्यानपूर्वक पढ़कर उन पर आधारित प्रश्नों के उत्तर दीजिए

1. **प्रवेशी सौर विकिरण से गर्म होने के बाद पृथ्वी सतह के निकट स्थित वायुमंडलीय परतों में दीर्घ तरंगों के रूप में ताप का संचरण करती है, पृथ्वी के संपर्क में आने वाली वायु धीरे-धीरे गर्म होती है। निचली परतों के संपर्क में आने वाली वायुमंडल की ऊपरी परतें भी गर्म हो जाती हैं। इस प्रक्रिया को चालन कहा जाता है। चालन तभी होता है जब असमान ताप वाले दो पिंड एक-दूसरे के संपर्क में आते हैं। गर्म पिंड से ठंडे पिंड की ओर ऊर्जा का प्रवाह चलता है। ऊर्जा का स्थानांतरण तब तक होता रहता है जब तक दोनों पिंडों का तापमान एक समान नहीं हो जाता अथवा उनमें संपर्क टूट नहीं जाता। वायुमंडल की निचली परतों को गर्म करने में चालन महत्त्वपूर्ण है। पृथ्वी के संपर्क में आई वायु गर्म होकर धाराओं के रूप में लंबवत् उठती है और वायुमंडल में ताप का संचरण करती है। वायुमंडल के लंबवत् तापन की यह प्रक्रिया ही संवहन कहलाती है, ऊर्जा के स्थानांतरण का यह प्रकार केवल क्षोभमंडल तक सीमित रहता है। वायु के क्षैतिज संचलन से होने वाला ताप का स्थानांतरण अभिवहन कहलाता है। लंबवत् संचलन की अपेक्षा वायु का क्षैतिज संचलन सापेक्षिक रूप से अधिक महत्त्वपूर्ण होता है। मध्य अक्षांशों में दैनिक मौसम में आने वाली भिन्नताएँ केवल अभिवहन के कारण होती हैं। उष्णकटिबंधीय प्रदेशों में, विशेषतः उत्तरी भाग में गर्मियों में चलने वाली स्थानीय पवन लू इसी अभिवहन का ही परिणाम है।**

पृथ्वी द्वारा प्राप्त प्रवेशी सौर विकिरण, जो लघु तरंगों के रूप में होता है, पृथ्वी की सतह को गर्म करता है। पृथ्वी स्वयं गर्म होने के बाद एक विकिरण पिंड बन जाती है और वायुमंडल में दीर्घ तरंगों के रूप में ऊर्जा का विकिरण करने लगती है। यह ऊर्जा वायुमंडल को नीचे से गर्म करती है। इस प्रक्रिया को 'पार्थिव विकिरण' कहा जाता है।

दीर्घ तरंगदैर्घ्य विकिरण वायुमंडलीय गैसों, मुख्यतः कार्बन डाइ-ऑक्साइड एवं अन्य ग्रीनहाउस गैसों द्वारा अवशोषित कर लिया जाता है। इस प्रकार वायुमंडल पार्थिव विकिरण द्वारा अप्रत्यक्ष रूप से गर्म होता है न कि सीधे सूर्यातप से। तदुपरांत वायुमंडल विकीर्णन द्वारा ताप को अंतरिक्ष में संचरित कर देता है। इस प्रकार पृथ्वी की सतह एवं वायुमंडल का तापमान स्थिर रहता है।

(i) **वायुमंडल की निचली परतों को गर्म करने में चालन की क्या भूमिका है?**

उत्तर चालन वायुमंडल की निचली परतों को गर्म करने की प्रक्रिया है। पृथ्वी की सतह के संपर्क में आने वाली वायु गर्म होती है और ऊपरी परतों में ताप पहुँचाती है। यह प्रक्रिया तब तक चलती रहती है जब तक तापमान संतुलित न हो जाए। चालन (Conduction) तभी होता है, जब असमान ताप वाले दो पिंड एक-दूसरे के संपर्क में आते हैं।

(ii) **पार्थिव विकिरण क्या है? यह वायुमंडल को कैसे गर्म करता है?**

उत्तर पार्थिव विकिरण वह ऊर्जा है, जो पृथ्वी द्वारा दीर्घ तरंगों के रूप में उत्सर्जित होती है। वायुमंडलीय गैसें, विशेष रूप से ग्रीन हाउस गैसें, इसे अवशोषित करती है, जिससे वायुमंडल नीचे से गर्म होता है।

(iii) **संवहन और अभिवहन में क्या अंतर है?**

उत्तर संवहन में गर्म वायु धाराओं के रूप में लंबवत् उठती है, जबकि अभिवहन वायु के क्षैतिज संचालन द्वारा ताप का स्थानांतरण करता है। दैनिक मौसम भिन्नताएँ और लू जैसी गर्म हवाएँ अभिवहन का परिणाम हैं।

2. पृथ्वी के पृष्ठ पर प्राप्त होने वाली ऊर्जा का अधिकतम अंश लघु तरंगदैर्ध्य के रूप में आता है। पृथ्वी को प्राप्त होने वाली ऊर्जा को 'आगमी सौर विकिरण' या छोटे रूप में 'सूर्यातप' कहते हैं। पृथ्वी का आकार भू-आभ है। सूर्य की किरणें वायुमंडल के ऊपरी भाग पर तिरछी पड़ती हैं, जिसके कारण पृथ्वी सौर ऊर्जा के बहुत कम अंश को ही प्राप्त कर पाती है। पृथ्वी औसत रूप से वायुमंडल की ऊपरी सतह पर 1.94 कैलोरी/प्रतिवर्ग सेमी प्रति मिनट ऊर्जा प्राप्त करती है। सूर्य के चारों ओर परिक्रमण के दौरान पृथ्वी 4 जुलाई को सूर्य के सबसे दूर अर्थात् 15 करोड़ 20 लाख किमी दूर होती है। पृथ्वी की इस स्थिति को अपसौर कहा जाता है। 3 जनवरी को पृथ्वी सूर्य के सबसे निकट अर्थात् 14 करोड़, 70 लाख किमी दूर होती है।

इस स्थिति को 'उपसौर' कहा जाता है। इसलिए पृथ्वी द्वारा प्राप्त वार्षिक सूर्यातप 3 जनवरी को 4 जुलाई की अपेक्षा अधिक होता है फिर भी सूर्यातप की भिन्नता का यह प्रभाव दूसरे कारकों; जैसे-स्थल एवं समुद्र का वितरण तथा वायुमंडल परिसंचरण के द्वारा कम हो जाता है। यह तथ्य है कि पृथ्वी का अक्ष सूर्य के चारों ओर परिक्रमण की समतल कक्षा से $66\frac{1}{2}°$ का कोण बनाता है, जो विभिन्न अक्षांशों पर प्राप्त होने वाले सूर्यातप की मात्रा को बहुत प्रभावित करता है। सूर्यातप की मात्रा को प्रभावित करने वाला दूसरा कारक किरणों का नति कोण है। यह किसी स्थान के अक्षांश पर निर्भर करता है। तथा अक्षांश जितना उच्च होगा (अर्थात् ध्रुवों की ओर) किरणों का नति कोण उतना ही कम होगा। अतएव सूर्य की किरणें तिरछी पड़ेंगी। तिरछी किरणों की अपेक्षा सीधी किरणें कम स्थान पर पड़ती हैं। इसके अतिरिक्त तिरछी किरणों को वायुमंडल की अधिक गहराई से गुजरना पड़ता है। अतः अधिक अवशोषण, प्रकीर्णन एवं विसरण के द्वारा ऊर्जा का अधिक ह्रास होता है।

(i) **उपसौर की घटना कब घटित होती है?**

उत्तर 3 जनवरी को पृथ्वी सूर्य के सबसे निकट अर्थात् 14 करोड़, 70 लाख किमी दूर होती है। इस स्थिति को उपसौर कहा जाता है।

(ii) **सूर्यातप में होने वाली भिन्नता किसके कारण होती है?**

उत्तर सूर्यातप में होने वाली भिन्नता का कारण पृथ्वी का अपने अक्ष पर घूर्णन, सूर्य की किरणों का नति कोण, वायुमंडल की पारदर्शिता आदि है।

(iii) **किरणों का नति कोण किस पर निर्भर करता है?**

उत्तर सूर्यातप की मात्रा को प्रभावित करने वाला दूसरा कारक किरणों का नति कोण है। यह किसी स्थान के अक्षांश पर निर्भर करता है।

लघु उत्तरीय प्रश्न

1. अपसौर एवं उपसौर पर संक्षिप्त टिप्पणी लिखिए

अथवा **सौर विकिरण के संदर्भ में पृथ्वी तथा सूर्य के बीच की अधिकतम तथा न्यूनतम दूरी का उल्लेख कीजिए**

उत्तर **अपसौर** सूर्य के चारों ओर परिक्रमण के दौरान 4 जुलाई को पृथ्वी सूर्य से सबसे अधिक दूर होती है। इस दिन पृथ्वी से सूर्य की दूरी 15 करोड़ 20 लाख किमी होती है। यह पृथ्वी और सूर्य के बीच सबसे ज्यादा दूरी है। पृथ्वी की इस स्थिति को अपसौर कहते हैं।

उपसौर पृथ्वी 3 जनवरी को सूर्य के सबसे समीप होती है, इस दिन पृथ्वी से सूर्य की दूरी 14 करोड़ 70 लाख किमी होती है। पृथ्वी की यह स्थिति उपसौर कहलाती है। इसलिए 3 जनवरी को 4 जुलाई की तुलना में पृथ्वी द्वारा प्राप्त वार्षिक सूर्यातप अधिक होता है।

सूर्यातप की भिन्नता का यह प्रभाव, स्थल तथा समुद्र के वितरण एवं वायुमंडल परिसंचरण जैसे दूसरे कारकों द्वारा कम हो जाता है, जिसके परिणामस्वरूप धरातल पर प्रतिदिन के मौसम परिवर्तन पर सूर्यातप की इस भिन्नता से अधिक प्रभाव नहीं पड़ता है।

2. सूर्यातप से आप क्या समझते हैं? सूर्यातप के संदर्भ में पृथ्वी पर प्रकाश डालिए।

उत्तर पृथ्वी के पृष्ठ पर ऊर्जा का अधिकतम भाग लघु तरंगदैर्ध्य के रूप में आता है एवं पृथ्वी को प्राप्त होने वाली ऊर्जा को आगामी सौर विकिरण या छोटे रूप में सूर्यातप कहते हैं।

पृथ्वी का आकार भू-आभ है तथा पृथ्वी सौर ऊर्जा के बहुत कम अंश को ही प्राप्त कर पाती है, क्योंकि सूर्य की किरणें वायुमंडल के ऊपरी भाग पर तिरछी पड़ती हैं। पृथ्वी वायुमंडल की ऊपरी सतह पर औसत रूप से 1.94 कैलोरी/प्रतिवर्ग सेमी प्रति मिनट ऊर्जा प्राप्त करती है। पृथ्वी एवं सूर्य के मध्य दूरी में अंतर के कारण पृथ्वी को प्राप्त होने वाली ऊर्जा में प्रतिवर्ष कुछ परिवर्तन होता है। यह परिवर्तन सूर्य और पृथ्वी के मध्य दूरी में अंतर के कारण होता है।

3. सूर्यातप का महत्त्व स्पष्ट कीजिए

उत्तर सूर्यातप का महत्त्व निम्न प्रकार है

(i) अनेक भौतिक तथा रासायनिक क्रियाओं का संपादन एवं संचालन सूर्यातप के माध्यम से होता है।

(ii) सूर्यातप के प्रभाव के कारण ही समुद्री धाराओं तथा पवनों का संचलन होता है।

(iii) सूर्यातप के कारण पृथ्वी पर मानव जीवन की उत्पत्ति एवं विकास में सहायता मिलती है।

(iv) सूर्यातप की कम मात्रा के कारण विषुवत् वृत्त के क्षेत्रों में सघन वन पाए जाते हैं।

(v) सूर्यातप पृथ्वी पर ऋतु परिवर्तन का आधार है।

(vi) सूर्यातप से प्राप्त ऊष्मा का उपयोग मानव अपनी ऊर्जा के लिए करता है।

4. वायुमंडल के गर्म एवं ठंडा होने की किन्हीं दो प्रक्रियाओं को समझाइए?

उत्तर वायुमंडल के गर्म और ठंडा होने की दो प्रक्रिया निम्न हैं

(i) **चालन** प्रवेशी सौर विकिरण से गर्म होने के बाद पृथ्वी सतह के निकट स्थित वायुमंडलीय परतों में दीर्घ तरंगों के रूप में ताप का संचरण करती है। पृथ्वी के संपर्क में आने वाली वायु धीरे-धीरे गर्म होती है तथा निचली परतों के संपर्क में आने वाली वायुमंडल की ऊपरी परतें भी गर्म हो जाती हैं। इस प्रक्रिया को चालन कहते हैं।

चालन तभी संभव है, जब असमान ताप वाले दो पिंड एक-दूसरे के संपर्क में आते हैं। गर्म पिंड से ठंडे पिंड की ओर ऊर्जा का प्रवाह चलता है एवं ऊर्जा का स्थानांतरण तब तक होता रहता है जब तक दोनों पिंडों का तापमान एक समान नहीं हो जाता अथवा उनमें संपर्क टूट नहीं जाता। वायुमंडल की निचली परतों को गर्म करने में चालन महत्त्वपूर्ण है।

- **संवहन** पृथ्वी के संपर्क में आई वायु गर्म होकर धाराओं के रूप में लंबवत् उठती है और वायुमंडल में ताप का संचरण करती है। वायुमंडल के लंबवत् तापन की यह प्रक्रिया ही संवहन कहलाती है।

5. समुद्र से दूरी किस प्रकार तापमान को प्रभावित करती है?

अथवा **पृथ्वी पर तापमान के वितरण को नियंत्रित करने वाले कारकों में समुद्र से दूरी किस प्रकार प्रभावित करती है? चर्चा कीजिए।**

उत्तर स्थल की अपेक्षा जल देर से गर्म होता है और देर से ठंडा होता है। अतः जो स्थान समुद्र के निकट है, वहाँ पर तापमान लगभग एक समान रहता है। इसके विपरीत समुद्र से दूर स्थित स्थानों का तापमान विषम होता है अर्थात् समुद्र तट के निकट स्थित स्थानों पर सर्दियों में कम सर्दी तथा गर्मियों में कम गर्मी होती है, जबकि समुद्र तट से दूर स्थित स्थानों पर सर्दियों में अधिक सर्दी तथा गर्मियों में अधिक गर्मी होती है।

6. तापमान के व्युत्क्रमण से क्या समझते हैं?

उत्तर सामान्यतः तापमान ऊँचाई बढ़ने के साथ-साथ कम होता जाता है, जिसे सामान्य ह्रास दर कहते हैं, परंतु कई बार स्थिति परिवर्तित हो जाती है। यह तापमान का व्युत्क्रमण कहलाता है। व्युत्क्रमण एक सामान्य घटना है, जो सामान्यतः बहुत कम समय के लिए घटित होती है। शीत ऋतु के बिना बादलों वाली लंबी रात तथा शांत वायु, व्युत्क्रमण के लिए आदर्श स्थिति होती है। दिन में प्राप्त ऊष्मा रात्रि के समय पृथ्वी द्वारा विकिरित (परावर्तित) कर दी जाती है तथा सुबह तक भूतल अपने ऊपर की वायु से अधिक ठंडी हो जाती है। प्रायः ध्रुवीय क्षेत्रों में पूरे वर्ष तापमान का व्युत्क्रमण होता रहता है। वायुमंडल के निचले स्तर में स्थिरता को भू-पृष्ठीय व्युत्क्रमण बढ़ावा देता है।

7. सौर विकिरण तथा पार्थिव विकिरण में अंतर स्पष्ट कीजिए।

उत्तर सौर विकिरण तथा पार्थिव विकिरण में निम्नलिखित अंतर हैं

सौर विकिरण	पार्थिव विकिरण
सूर्य से निकलने वाली विकिरण ऊर्जा या किरणों को सौर विकिरण कहते हैं।	पृथ्वी से निकलने वाली विकिरण ऊर्जा को पार्थिव विकिरण कहते हैं।
यह लघु तरंगदैर्ध्य की तरंगें होती हैं।	यह दीर्घ तरंग के रूप में उत्सर्जित होती हैं।
सौर विकिरण पृथ्वी पर ऊर्जा का मुख्य स्रोत है, जिसमें पृथ्वी ऊर्जा प्राप्त करती है।	पार्थिव विकिरण से वायुमंडल गर्म होता है।

8. सामान्य ताप ह्रास दर तथा ताप व्युत्क्रमण में अंतर स्पष्ट कीजिए।

उत्तर सामान्य ताप ह्रास दर तथा ताप व्युत्क्रमण में निम्नलिखित अंतर हैं

सामान्य ताप ह्रास दर	ताप व्युत्क्रमण
इसमें ऊँचाई के साथ तापमान घटता है।	इसमें ऊँचाई के साथ तापमान बढ़ता है।
इसमें धरातल के निकट का तापमान गर्म होता है।	इसमें धरातल के निकट के तापमान ठंडा होता है।
यह अपेक्षाकृत दीर्घकालिक होती है, जो कुछ ऊँचाई तक स्थित रहती है।	यह अल्पकालिक होती है, जो कुछ अनुकूल दशाओं में ही देखी जाती है।

दीर्घ उत्तरीय प्रश्न

1. वायुमंडल के गर्म तथा ठंडा होने की क्या मुख्य प्रक्रिया है? इन प्रक्रियाओं का महत्त्व वायुमंडल के संबंध में दीजिए।

उत्तर वायुमंडल के गर्म और ठंडा होने की प्रमुख प्रक्रिया सौर विकिरण है। सूर्य से आने वाली ऊर्जा पृथ्वी के वायुमंडल को गर्म करती है। यह प्रक्रिया मुख्यतः तीन रूपों में होती है

(i) **विकिरण** सूर्य की किरणें पृथ्वी की सतह तक पहुँचती हैं , जिससे सतह गर्म हो जाती है। यह गर्मी वायुमंडल में ऊपर की ओर विकिरण के रूप में फैलती है।

(ii) **चालन** पृथ्वी की सतह और इसके संपर्क में आने वाली वायु के बीच ऊष्मा का आदान-प्रदान होता है। जिससे वायु गर्म होती है।

(iii) **संवहन** गर्म वायु हल्की होकर ऊपर उठती है और ठंडी वायु नीचे आकर इसकी जगह लेती हैं। इस प्रक्रिया से ऊष्मा का वितरण होता है।

(iv) **महत्त्व** वायुमंडल के ठंडा और गर्म होने की ये प्रक्रियाएँ पृथ्वी के तापमान को संतुलित रखती हैं और जलवायु तथा मौसम को प्रभावित करती हैं। इनसे वायुप्रवाह, बादल निर्माण और वर्षा जैसी घटनाएँ संचालित होती हैं, जो पृथ्वी पर जीवन के लिए आवश्यक हैं। ये प्रक्रियाएँ ऊर्जा चक्र को बनाए रखने और पर्यावरण को संतुलित रखने में मुख्य भूमिका निभाती हैं।

2. पृथ्वी पर तापमान के वितरण को नियंत्रित करने वाले कारकों की विस्तृत व्याख्या कीजिए।

अथवा **पृथ्वी पर किसी स्थान की वायु के तापमान को नियंत्रित करने वाले कारकों (अक्षांश, ऊँचाई, समुद्र से दूरी, महासागरीय धाराओं) का वर्णन करें।**

उत्तर पृथ्वी पर तापमान के वितरण कई कारकों पर निर्भर करते हैं, इन कारकों में प्रमुख हैं

(i) **अक्षांश** भूमध्य रेखा के पास सूर्य की किरणें सीधी पड़ती हैं, जिससे यहाँ का तापमान अधिक होता है। उच्च अक्षांशों पर किरणें तिरछी पड़ती हैं, जिससे इस क्षेत्र में तापमान कम हो जाता है।

(ii) **उतुंगता** (Altitude) समुद्र तल से ऊँचाई बढ़ने पर तापमान घटता है। उतुंगता के बढ़ने के साथ तापमान के घटने की दर को 'सामान्य ह्रास दर' कहते हैं। सामान्य ह्रास दर प्रति 1000 मी की ऊँचाई बढ़ने पर 6.5° सेल्सियस है।

(iii) **समुद्र से दूरी** किसी भी स्थान की अपेक्षा समुद्र धीरे-धीरे गर्म और धीरे-धीरे ठंडा होता है, जबकि स्थल जल्दी गर्म व जल्दी ठंडा होता है, इसलिए समुद्र के ऊपर स्थल की अपेक्षा तापमान में भिन्नता कम होती है। समुद्र के निकट के क्षेत्रों पर समुद्र एवं स्थली समीर का सामान्य प्रभाव पड़ता है और तापमान निश्चित रहता है।

(iv) **वायुसंहति तथा महासागरीय धाराएँ**
गर्म एवं ठंडी समुद्री धाराएँ या वायुसंहति तापमान को प्रभावित करती हैं, गर्म धाराएँ या वायुसंहतियाँ तटीय क्षेत्रों का तापमान बढ़ाती हैं, जबकि ठंडी धाराएँ व वायुसंहतियाँ इसे कम करती हैं।

(v) **वनस्पति और मिट्टी** समृद्ध वनस्पति वाले क्षेत्र अधिक तापमान को अवशोषित करते हैं, जबकि रेतीले और शुष्क क्षेत्र तेजी से गर्म होते हैं।

(vi) **मानव गतिविधियाँ** शहरीकरण और औद्योगिकीकरण से तापमान में वृद्धि होती है, जिसे 'शहरी ऊष्म द्वीप प्रभाव' कहा जाता है।

उपर्युक्त सभी कारकों का संयोजन पृथ्वी पर तापमान के वितरण को नियंत्रित करता है।

3. पृथ्वी की सतह पर तापमान में भिन्नता के कारणों का परीक्षण कीजिए

उत्तर पृथ्वी की सतह पर तापमान में भिन्नता के कारण निम्नलिखित हैं

(i) **सूर्य की किरणों का झुकाव** जब सूर्य की किरणें लंबवत् रूप में पड़ती हैं, तो इन किरणों के द्वारा कम क्षेत्र गर्म करना पड़ता है, इसलिए प्रति इकाई सूर्यातप अधिक प्राप्त होता है, जबकि सूर्य की तिरछी किरणें भू-पृष्ठ के अधिक क्षेत्रफल पर फैलती हैं, जिससे उन किरणों द्वारा प्राप्त सूर्यातप प्रति इकाई कम होता है।

(ii) **सौर विकिरण का वायुमंडल से होकर गुजरना** पृथ्वी की सतह पर पहुँचने से पहले सूर्य की किरणें वायुमंडल से होकर गुजरती हैं। इसमें सूर्य की किरणों को वायुमंडल के विभिन्न स्तरों से होकर गुजरना पड़ता है। लघु तरंगदैर्ध्य वाले सौर विकिरण के लिए वायुमंडल पारदर्शी होता है। क्षोभमंडल में मौजूद जलवाष्प, ओजोन तथा अन्य किरणें अवरक्त विकिरण को अवशोषित कर लेती हैं। इस तरह मेघ आर्द्रता तथा धूलकण आदि परिवर्तनशील दशाएँ सूर्यातप को अवशोषित, परावर्तित तथा प्रकीर्णन करती हैं, जिससे सूर्यातप में परिवर्तन आ जाता है। साथ ही वायुमंडल की मोटाई से भी सूर्यातप का ह्रास होता है। क्षोभमंडल में छोटे निलंबित कण किरणों के पुंज को अंतरिक्ष तथा पृथ्वी की सतह की ओर विकीर्णित कर देते हैं। यह प्रक्रिया आकाश में रंग के लिए भी उत्तरदायी होती हैं
जैसे—सूर्य उदय एवं सूर्यास्त के समय सूर्य का लाल दिखना।

4. पृथ्वी के ऊष्मा बजट की संपूर्ण प्रक्रिया का चित्र सहित वर्णन कीजिए

उत्तर पृथ्वी ऊष्मा का न तो संचय करती है और न ही ह्रास करती है। पृथ्वी अपने तापमान को स्थिर रखती है और यह ऊष्मा को संचय तथा ह्रास तभी संभव है, जब सूर्य विकिरण द्वारा सूर्यातप के रूप में प्राप्त ऊष्मा एवं पार्थिव विकिरण द्वारा अंतरिक्ष में संचरित ताप बराबर न हो। ऊर्जा का कुछ अंश वायुमंडल से गुजरते हुए परावर्तित, प्रकीर्णित अवशोषित हो जाता है, केवल शेष भाग ही पृथ्वी की सतह तक पहुँचता है।

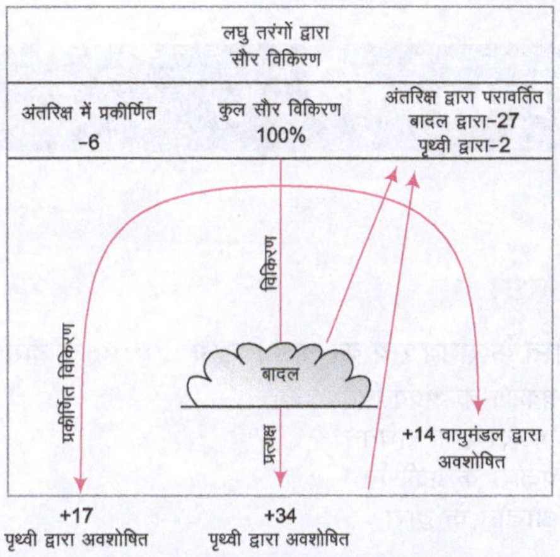

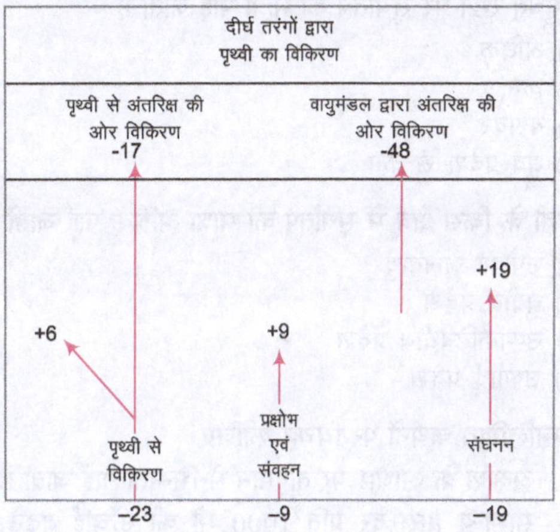

मान लीजिए वायुमंडल की ऊपरी सतह पर प्राप्त सूर्यातप 100% है। सूर्यातप 100 इकाई में से 35 इकाइयाँ पृथ्वी के धरातल पर पहुँचने से पहले ही अंतरिक्ष में परावर्तित हो जाती हैं। इसमें 27 इकाइयाँ बादलों के उत्तरी क्षेत्र से तथा 2 इकाइयाँ पृथ्वी के हिमाच्छादित क्षेत्रों द्वारा परावर्तित होकर लौट जाती हैं। सौर विकिरण की परावर्तित मात्रा को ही एल्बिडो कहते हैं। प्रथम 35 इकाइयों को छोड़कर शेष 65 इकाइयाँ अवशोषित होती हैं—14 वायुमंडल में तथा 51 पृथ्वी के धरातल द्वारा। पृथ्वी द्वारा अवशोषित ये 51 इकाइयाँ पुनः पार्थिव विकिरण के रूप में लौटा दी जाती हैं। इन 51 इकाइयों में से 17 इकाइयाँ तो सीधे अंतरिक्ष में चली जाती हैं और 34 इकाइयाँ वायुमंडल द्वारा अवशोषित होती हैं।

इन 34 इकाइयों में से 6 इकाइयाँ स्वयं वायुमंडल द्वारा, 9 इकाइयाँ संवहन के द्वारा और 19 इकाइयाँ संघनन की गुप्त ऊष्मा के रूप में वायुमंडल में अवशोषित होती हैं।

इस प्रकार वायुमंडल द्वारा 48 इकाइयों का अवशोषण होता है। इनमें 14 इकाइयाँ सूर्यातप की तथा 34 इकाइयाँ पार्थिव विकिरण की होती हैं। वायुमंडल विकिरण द्वारा इनको भी अंतरिक्ष में वापस लौटा देता है। अतः पृथ्वी के धरातल तथा वायुमंडल से अंतरिक्ष में वापस लौटने वाली विकिरण की इकाइयाँ क्रमशः 17 और 48 हैं, जिनका योग 65 होता है। वापस लौटने वाली ये इकाइयाँ उन 65 इकाइयों को संतुलित कर देती हैं, जो सूर्य से प्राप्त होती हैं। यही पृथ्वी का ऊष्मा बजट अथवा ऊष्मा संतुलन है।

स्वयं को जाँचें

वस्तुनिष्ठ प्रश्न

1. **सूर्यास्त के समय सूर्य का लाल दिखना ········ के द्वारा होता है।**
(a) प्रकाश के अपवर्तन
(b) जलवाष्प के संघनन
(c) प्रकाश के प्रकीर्णन
(d) ओजोन के द्वारा

2. **विषुवत् रेखा पर सूर्यातप की मात्रा पाई जाती है**
(a) अधिक
(b) कम
(c) बराबर
(d) ध्रुव प्रदेश से कम

3. **पृथ्वी के किस क्षेत्र में सूर्यातप की मात्रा अधिक पाई जाती है?**
(a) उपोष्ण जलवायु
(b) ध्रुवीय प्रदेश
(c) उष्णकटिबंधीय प्रदेश
(d) उष्णार्द्र प्रदेश

4. **निम्नलिखित कथनों पर विचार कीजिए**
1. अक्षांश के आधार पर तापमान में भिन्नता पाई जाती है।
2. सामान्य ह्रास दर प्रति 1000 मी की ऊँचाई बढ़ने पर 6.5° सेल्सियस होता है।
3. पार्थिव विकिरण द्वारा नीचे की परत पहले गर्म होती है।

उपरोक्त कथनों में से कौन-सा/से सही है/हैं?
(a) केवल 1 (b) 1 और 2
(c) 2 और 3 (d) 1, 2 और 3

5. **निम्नलिखित कथनों पर विचार कीजिए**
1. स्थलीय भाग दक्षिणी गोलार्द्ध की तुलना में उत्तरी गोलार्द्ध में अधिक है।
2. उत्तरी गोलार्द्ध में समुद्री धारा का प्रभाव स्पष्ट होता है।

उपरोक्त कथनों में कौन-सा/से सही है/हैं?
(a) केवल 1 (b) केवल 2
(c) 1 और 2 (d) इनमें से कोई नहीं

6. **कथन (A) सबसे अधिक सूर्यातप उपोष्ण कटिबंधीय मरुस्थलों पर प्राप्त होता है।**
कारण (R) यहाँ मेघाच्छादन बहुत कम पाया जाता है।
कूट
(a) A और R दोनों सही हैं, तथा R, A की सही व्याख्या है
(b) A और R दोनों सही हैं, परंतु R, A की सही व्याख्या नहीं है
(c) A सही है, किंतु R गलत है
(d) A गलत है, किंतु R सही है

अतिलघु उत्तरीय प्रश्न

7. **पृथ्वी के लिए ऊर्जा का मुख्य स्रोत क्या है?**
8. **पृथ्वी किस प्रकार गर्म होती है?**
9. **उष्ण कटिबंधीय क्षेत्र में सूर्यातप अधिक होता है क्यों?**

लघु उत्तरीय प्रश्न

10. **वायुमंडल किस प्रकार सौर विकिरण को प्रभावित करती है? व्याख्या कीजिए।**

11. **पृथ्वी की सतह पर कुल ऊष्मा बजट में भिन्नता क्यों पाई जाती है?**

12. **समताप रेखाओं की स्थिति जनवरी में महासागर के ऊपर और महाद्वीपों पर दक्षिण की ओर विचलित होती है। स्पष्ट कीजिए।**

दीर्घ उत्तरीय प्रश्न

13. **वायुमंडल के तापन तथा शीतलन की प्रक्रिया को विस्तार से समझाइए।**

14. **ऊष्मा बजट की व्याख्या कीजिए।क्या पृथ्वी का ऊष्मा बजट उसके तापमान को स्थिर रखता है? विश्लेषण कीजिए।**

15. **पृथ्वी को प्राप्त होने वाली आगामी सौर विकिरण या सूर्यातप ऊर्जा को समझाइए तथा पृथ्वी की सतह पर सूर्यातप में भिन्नता को बताइए?**

अथवा **सामान्यत: तापमान ऊँचाई के साथ घटता जाता है, जिसे सामान्य ह्रास दर कहते हैं, परंतु कई बार स्थिति बदल जाती है और सामान्य ह्रास दर विपरित हो जाती है, यह घटना क्यों होती है? व्याख्या कीजिए।**

9

अध्याय

वायुमंडलीय परिसंचरण तथा मौसम प्रणालियाँ

वायु मण्डलीय परिसंरचण पृथ्वी की सतह पर ताप का परिवहन करती है, जो बादलों का निर्माण तथा वर्षा की घटनाओं सहित जल चक्र को प्रभावित करता है। इस अध्याय में परिसंरचण को प्रभावित करने वाले कारकों को शामिल किया गया है।

▼ **अध्ययन एक नजर में**

9.1 वायुमंडलीय दाब
9.2 पवनों की दिशा एवं वेग को प्रभावित करने वाले बल
9.3 वायुमंडल का सामान्य परिसंचरण
9.4 चक्रवात और प्रतिचक्रवात

▼ **अभ्यास के लिए**

- बहुविकल्पीय प्रश्न 32, (कथन/कारण, सुमेलित कीजिए)
- वर्णनात्मक प्रकार के प्रश्न (लघु उत्तरीय प्रश्न 11, दीर्घ उत्तरीय प्रश्न 4)
- स्रोत आधारित प्रश्न 3, मानचित्र आधारित

- पृथ्वी के धरातल पर तापमान का वितरण असमान पाया जाता है। उच्च तापमान होने पर वायु गर्म होकर फैलती है तथा निम्न तापमान होने पर वायु ठंडी होकर सिकुड़ती है, जिसके कारण वायुमंडल दाब में भिन्नता आती है।
- परिणामस्वरूप वायु का उच्च वायुदाब क्षेत्र से निम्न वायुदाब क्षेत्र की ओर **क्षैतिज प्रवाह** (Horizontal Flow) होता है।
- वायुमंडलीय दाब द्वारा ही वायु के ऊपर उठने या नीचे बैठने का निर्धारण होता है। पवनें आर्द्रता (Humidity Winds) एवं तापमान का पुनर्वितरण (Temperature Redistribution) कर पृथ्वी के तापमान को स्थिर बनाए रखने में योगदान देती हैं। ऊपरी उठती हुई आर्द्र वायु का तापमान कम होता जाता है। बादल बनते हैं और वर्षा होती है।

9.1 वायुमंडलीय दाब

- माध्य समुद्रतल से वायुमंडल की अंतिम सीमा तक एक इकाई क्षेत्रफल के वायु स्तंभ के भार को **वायुमंडलीय दाब** (Atmospheric Pressure) कहते हैं। अन्य शब्दों में, वायुमंडल द्वारा, पृथ्वी तल के प्रति इकाई क्षेत्रफल पर डाले गए वायु स्तंभ के दाब को ही वायुमंडलीय दाब कहते हैं। वायु मंडलीय दाब मिलीबार में मापा जाता है। समुद्रतल पर औसत वायुमंडलीय दाब 1,013.2 मिलीबार होता है। पृथ्वी पर गुरुत्वाकर्षण के कारण धरातल के निकट वायु सघन पाई जाती है और इसी कारण वायुदाब अधिक होता है। वायुदाब को मापने के लिए पारद वायुदाबमापी (Mercury Barometer) अथवा निर्द्रव वायुदाबमापी (Aneroid Barometer) का प्रयोग करते हैं। ऊँचाई पर वायुदाब भिन्न स्थानों पर भिन्न-भिन्न होता है और यह ऊँचाई के साथ घटता है।

- वायुदाब की इसी असमानता के कारण ऊँचाई पर वायु में गति उत्पन्न हो जाती है अर्थात् वायु का प्रवाह उच्च वायुदाब से निम्न वायुदाब क्षेत्र की ओर होता है। *उदाहरणस्वरूप* जब हम ऊँचाई पर चढ़ते हैं, तो साँस लेने में कठिनाई होती है, क्योंकि ऊँचाई पर वायु विरल होती जाती है।

वायुदाब में ऊर्ध्वाधर भिन्नता

- जब हम निम्न वायुमंडल से उच्च वायुमंडल की ओर जाते हैं, तो वायुदाब में परिवर्तन होता है।

स्तर	वायुदाब (मिलीबार में)	तापमान (°से. में)
समुद्रतल	1,013.25	15.2
1 किमी	898.76	8.7
5 किमी	540.48	-17.3
10 किमी	265.00	-49.7

निश्चित ऊँचाई पर मानक तापमान व वायुदाब

- वायुमंडल के निचले भाग में वायुदाब ऊँचाई के साथ-साथ तीव्रता से घटता है। प्रत्येक 10 मीटर की ऊँचाई पर यह दर 1 मिलीबार होती है, जिसके परिणामस्वरूप वायुदाब में ऊर्ध्वाधर भिन्नता हो जाती है, लेकिन वायुदाब की ह्रास दर (Depreciation rate) हमेशा एक समान नहीं होती है।
- दी गई तालिका में एक मानक वायुमंडल के लिए एक विशेष ऊँचाई पर औसत दबाव और तापमान को दिखाया गया है।
- ऊर्ध्वाधर **दाब प्रवणता**[1] क्षैतिज दाब प्रवणता (Horizontal Pressure Gradient) की अपेक्षाकृत अधिक होती है। ऊर्ध्वाधर पवनें (Vertical Winds) क्षैतिज पवनों से अधिक शक्तिशाली नहीं होती हैं, क्योंकि ऊर्ध्वाधर पवनों के विपरीत दिशा में कार्यरत गुरुत्वाकर्षण बल इसे संतुलित कर देता है।

वायुदाब का क्षैतिज वितरण

- धरातल पर वायुमंडलीय दाब के अक्षांशीय वितरण (Latitudinal Distribution) को वायुदाब का क्षैतिज वितरण (Horizontal Distribution of Pressure) कहते हैं।
- वायुदाब से ही पवनों की दिशा एवं वेग (Directions of Wind and Velocity) निर्धारित होते हैं। इसमें अल्प अंतर भी पवनों की दिशा एवं वेग को परिवर्तित कर देता है।
- वायुदाब के क्षैतिज वितरण का अध्ययन समान अंतराल पर खींची गई समदाब रेखाओं (Isobars Lines) द्वारा किया जाता है। समुद्रतल से एकसमान वायुदाब वाले स्थानों को मिलाने वाली रेखा को समदाब रेखा कहते हैं।
- दाब पर ऊँचाई के प्रभाव को दूर करने तथा तुलनात्मक बनाने के लिए मापी गई वायुदाब को समुद्रतल के स्तर पर घटा लिया जाता है। समुद्रतल पर वायुदाब वितरण मौसम मानचित्रों में दिखाया जाता है।
- निम्नदाब प्रणाली एक या एक से अधिक समदाब रेखाओं से घिरी होती है, जिसके केंद्र में निम्न वायुदाब होता है।
- उच्च वायुदाब प्रणाली में भी एक या अधिक समदाब रेखाएँ होती हैं, जिसके केंद्र में उच्च वायुदाब होता है।

समुद्रतल वायुदाब का विश्व वितरण

- विश्वभर में उच्च दाब और निम्न दाब प्रणालियाँ वितरित होती हैं। इस दाब प्रणाली को चार दाब कटिबंधों में वितरित किया गया है, जो इस प्रकार हैं

(i) **विषुवत् निम्न अवदाब क्षेत्र** यह निम्न दाब प्रणाली कटिबंध है, जो विषुवत् रेखा के पास स्थित है।

(ii) **उपोष्ण उच्च वायुदाब क्षेत्र** यह उच्च दाब प्रणाली क्षेत्र है, जो 30° उत्तर और 30° दक्षिण अक्षांश के मध्य स्थित है।

(iii) **अधोध्रुवीय निम्नदाब** पट्टियाँ यह निम्न दाब प्रणाली क्षेत्र है, जो 60° उत्तर और 60° दक्षिण अक्षांश के मध्य स्थित है।

(iv) **ध्रुवीय उच्च वायुदाब** पट्टियाँ यह उच्च दाब प्रणाली क्षेत्र है, जो ध्रुवों के पास स्थित है।

ये दाब कटिबंध स्थिर नहीं होते। ये उत्तरी और दक्षिणी गोलार्द्ध में सूर्य की गति के साथ बदलते रहते हैं।

दाब कटिबंध

ये पृथ्वी पर ऐसे क्षेत्र होते हैं, जहाँ उच्च या निम्न दाब कोशिका या प्रणालियाँ होती हैं। उच्च व निम्न दाब कटिबंध पृथ्वी की सतह पर वैकल्पिक रूप से व्यवस्थित होते हैं।

1 दाब प्रवणता (Vertical Pressure gradient)- यह वह दर है, जिससे वायुमंडलीय दबाव किसी बिंदु पर क्षैतिज दूरी के संबंध में बदलता है।

9.2 पवनों की दिशा एवं वेग को प्रभावित करने वाले बल

- धरातल पर विभिन्न क्षेत्रों में अलग-अलग वायुदाब पाए जाते हैं, परिणामस्वरूप वायुदाब में असमानता उत्पन्न हो जाती है, जिससे वायु में गति उत्पन्न होती है। जब वायु की गति क्षैतिज हो जाती है, तो उसे पवन कहते हैं।
- धरातलीय उच्चावच या विषमता के कारण पृथ्वी पर घर्षण उत्पन्न होता है, जो पवनों की गति को प्रभावित करता है। पृथ्वी की घूर्णन गति भी पवनों के वेग एवं दिशा को प्रभावित करती है।
- दाब प्रवणता बल (Pressure Gradient Force), घर्षण बल (Frictional Force) तथा कोरिओलिस बल (Coriolis Force) के संयुक्त प्रभावों के परिणामस्वरूप ही क्षैतिज पवनों का निर्माण होता है।

(i) दाब-प्रवणता बल

- दूरी के संदर्भ में वायुदाब परिवर्तन की दर को दाब प्रवणता (Pressure Gradient) कहते हैं। वायुमंडलीय वायुदाब में असमानता के कारण एक बल उत्पन्न होता है, जो वायुदाब में परिवर्तन लाता है।
- जब समदाब रेखाएँ पास-पास होती हैं, तो वहाँ दाब प्रवणता तथा पवनों की गति अधिक होती है। इसी प्रकार जब समदाब रेखाएँ दूर-दूर होती हैं, तो वहाँ दाब प्रवणता तथा पवनों की गति कम होती है।

(ii) घर्षण बल

- यह पवनों की गति को प्रभावित करता है। धरातलीय विषमताओं के कारण धरातल पर **घर्षण**[2] बल (Frictional Force) सर्वाधिक होता है, जिसका प्रभाव प्राय: धरातल से 1 से 3 किमी ऊँचाई तक होता है।
- समुद्र सतह पर घर्षण कम होता है, जिसके परिणामस्वरूप धरातल की अपेक्षाकृत समुद्र सतह पर पवनों का वेग तीव्र होता है।

(iii) कोरिओलिस बल

- पृथ्वी के घूर्णन द्वारा लगने वाले बल को कोरिओलिस बल (Coriolis Force) कहते हैं, जो अपने अक्ष पर पवनों की दिशा को प्रभावित करता है।
- इसके प्रभाव से पवनें उत्तरी गोलार्द्ध (North Hemisphere) में अपनी मूल दिशा से दाईं ओर तथा दक्षिणी गोलार्द्ध (South Hemisphere) में बाईं ओर मुड़ जाती हैं या विक्षेपित (Deflect) हो जाती हैं। पवनों के वेग के अधिक होने पर विक्षेपण भी अधिक होता है।
- कोरिओलिस बल अक्षांशों के कोण के सीधे समानुपात में बढ़ता है। यह ध्रुवों पर सर्वाधिक और विषुवत् वृत्त पर अनुपस्थित होता है।
- कोरिओलिस बल, दाब प्रवणता के समकोण पर कार्य करता है। दाब प्रवणता बल समदाब रेखाओं के समकोण पर होता है। दाब प्रवणता जितनी अधिक होगी, पवनों का वेग उतना ही अधिक होगा तथा पवनों की दिशा भी उतनी ही अधिक विक्षेपित होगी।
- दाब प्रवणता बल एवं कोरिओलिस बल के एक-दूसरे से समकोण पर होने के कारण निम्न वायुदाब क्षेत्र में पवनें इसी के आस-पास बहती हैं।
- विषुवत् वृत्त पर पवनें लंबवत् या समकोण चलती हैं, क्योंकि यहाँ कोरिओलिस बल का प्रभाव शून्य होता है, जिसके परिणामस्वरूप निम्न वायुदाब का क्षेत्र गहन न होकर हल्का (पूरित) हो जाता है। उष्णकटिबंधीय चक्रवातों का विषुवत् वृत्त के निकट न बनने का यही कारण है।

वायुदाब एवं पवनें

- पवनों को उत्पन्न करने वाले बल ही पवनों की दिशा एवं वेग को निर्धारित करते हैं। ऊपरी वायुमंडल में पवनें पृथ्वी की सतह से 2-3 किमी की ऊँचाई पर धरातलीय घर्षण के प्रभाव में नहीं रहती हैं, परंतु कोरिओलिस बल और दाब प्रवणता का व्यापक रूप से प्रभाव पड़ता है।
- समदाब रेखाओं के सीधे होने तथा घर्षण के प्रभाव न होने पर दाब प्रवणता बल को कोरिओलिस बल संतुलित कर देता है, जिसके परिणामस्वरूप पवनें समदाब रेखाओं के समानांतर बहती हैं, जिन्हें **भू-विक्षेपी पवन**[3] (Geostrophic Wind) कहते हैं।

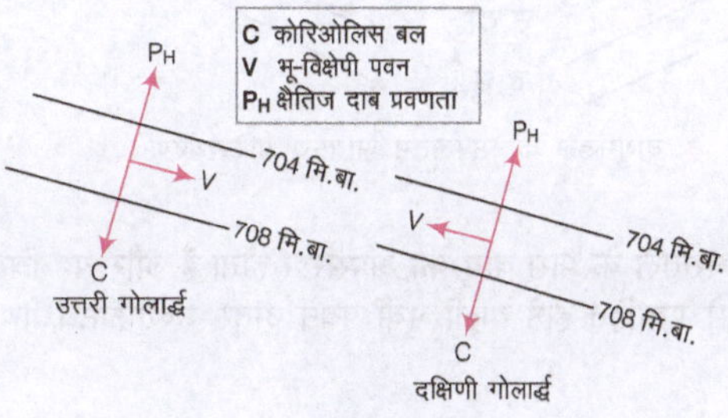

▲ भू-विक्षेपी पवन

2 **घर्षण** (Friction) यह वह बल है, जो ठोस सतहों, द्रव परतों व पदार्थों तत्त्वों के आपस में रगड़ने या खिसकने के विरुद्ध प्रतिरोध उत्पन्न करता है।
3 **भू-विक्षेपी पवन** (Geostrophic wind) समदाब रेखाओं के समांतर चलने वाली पवन को भू-विक्षेपी पवन कहते हैं।

चेक प्वॉइंट 1

1. समदाब रेखाओं के समानांतर बहने वाली वायु को क्या कहते हैं?
2. विषुवत् रेखा पर कोरिओलिस बल का मान कितना होता है?
3. वायुमंडलीय दाब को मापने हेतु किस यंत्र का उपयोग किया जाता है?
4. समुद्रतल पर औसत वायुमंडलीय दाब कितना होता है?
5. अधोध्रुवीय निम्नदाब पट्टी कहाँ स्थित होती है?

9.3 वायुमंडल का सामान्य परिसंचरण

वायुमंडलीय पवनों के प्रवाह प्रारूप को ही वायुमंडलीय सामान्य परिसंचरण (General Circulation of the Atmosphere) कहते हैं। वायुमंडलीय परिसंचरण महासागरीय जल में गति उत्पन्न करता है, जो पृथ्वी की जलवायु को भी प्रभावित करती है। **भूमंडलीय पवनों**[4] के प्रारूप पर मुख्यतः निम्न कारणों का प्रभाव पड़ता है

(i) वायुमंडलीय ताप में अक्षांशीय भिन्नता (Latitudinal Variation of Atmospheric Pressure)
(ii) वायुदाब पट्टियों की उपस्थिति (Emergence of Pressure Belts)
(iii) वायुदाब पट्टियों का सौर किरणों के साथ विस्थापन (Shift in the pressure belt due to movement of Sun)
(iv) महाद्वीपों एवं महासागरों का वितरण (The Distribution of Continents and Oceans)
(v) पृथ्वी का घूर्णन (The Rotation of the Earth)

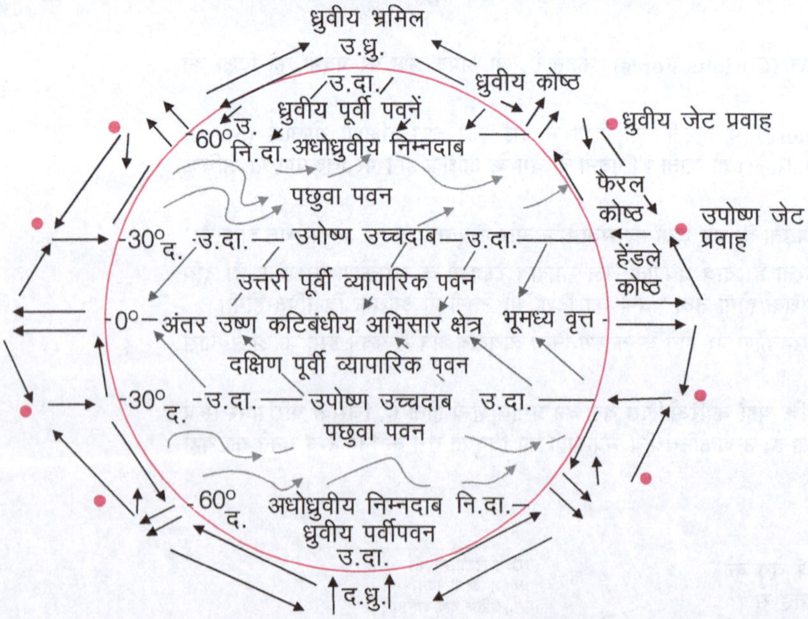

▲ वायुमंडल का सरलतम सामान्य परिसंचरण

- वायुमंडल का सामान्य परिसंचरण महासागरीय जल के परिसंचरण को उत्पन्न करता है, जो पृथ्वी की जलवायु को प्रभावित करता है।
- अंतर-उष्णकटिबंधीय अभिसरण क्षेत्र (Inter Tropical Convergence Zone, ITCZ) में उच्च सूर्यातप एवं निम्न वायुदाब पाया जाता है, जिस कारण इन क्षेत्रों में वायु संवहन धाराओं के रूप में ऊपर उठती है।
- निम्नदाब क्षेत्रों में उष्णकटिबंधों से चलने वाली हवाएँ अभिसरण कर वायु संवहन धाराओं के रूप में ऊपर उठती हैं। यह क्षोभमंडल (Stratosphere) के ऊपर 14 किमी की ऊँचाई तक चढ़ती फिर ध्रुवों की ओर प्रवाहित होती हैं।
- इसके परिणामस्वरूप लगभग 30° उत्तर एवं 30° दक्षिणी अक्षांश पर वायु एकत्रित होकर अवतलित होती है, जिससे उपोष्ण उच्च वायुदाब (Subtropical High Pressure) का निर्माण होता है। अवतलन का एक कारण यह है कि जब वायु 30° उत्तरी एवं दक्षिणी अक्षांश पर पहुँचती है, तो वह ठंडी हो जाती है।
- उपोष्ण उच्च वायुदाब से वायु का विषुवत् वृत्त एवं मध्य अक्षांशीय क्षेत्रों की ओर अपसरण होता है।
- धरातल के पास वायु का अपसरण होता है और यह विषुवत् वृत्त की ओर पूर्वी पवनों के रूप में बहती है। विषुवत् वृत्त के दोनों ओर से प्रवाहित होने वाली पूर्वी पवनें अंतर-उष्णकटिबंधीय अभिसरण क्षेत्र पर मिलती हैं।

4 **भूमंडलीय पवन** (Planetary winds)- यह स्थायी पवनें हैं, जो उच्च दाब से निम्न दाब की पट्टियों की ओर पूरे वर्ष भर चलती हैं।

- पृथ्वी की सतह से ऊर्ध्वाधर होने वाले परिसंचरण और इसके विपरीत दिशा में होने वाले परिसंचरण को कोष्ठ (Cell) कहते हैं।
  (i) **हेडले कोष्ठ** उष्णकटिबंधीय क्षेत्रों में परिसंचरण कोष्ठ (Circulation Cell) को हेडले कोष्ठ कहते हैं।
  (ii) **फैरल कोष्ठ** मध्य अक्षांशीय वायु परिसंचरण में ध्रुवों से चलने वाली ठंडी पवनों का अवतलन होता है तथा उपोष्ण उच्च वायुदाब कटिबंधीय क्षेत्रों से आने वाली वायु ऊपर उठती है। धरातल पर ये पवनें **पछुआ पवनों**[5] के नाम से जानी जाती हैं। इस प्रकार एक कोष्ठ का निर्माण होता है, जिसे फैरल कोष्ठ कहते हैं।
  (iii) **ध्रुवीय कोष्ठ** ध्रुवीय अक्षांशों पर ठंडी सघन वायु का ध्रुवों पर अवतलन होता है और यह ठंडी सघन वायु मध्य अक्षांशों की ओर ध्रुवीय पवनों के रूप में प्रवाहित होती है।
- इस प्रक्रिया के परिणामस्वरूप यहाँ एक कोष्ठ का निर्माण होता है, जिसे ध्रुवीय कोष्ठ कहते हैं।
- उपरोक्त तीनों कोष्ठ वायुमंडल के सामान्य परिसंचरण का प्रारूप निर्धारित करते हैं। तापीय ऊर्जा का निम्न अक्षांशों से उच्च अक्षांशों में स्थानांतरण सामान्य परिसंचरण को बनाए रखता है।
- वायुमंडल का सामान्य परिसंचरण महासागरीय धाराओं को भी प्रभावित करता है। धीमी गति की पवनें धीमी गति की महासागरीय धाराओं को तथा अधिक गति की पवनें अधिक गति की महासागरीय धाराओं को प्रवाहित करती हैं। वायु को ऊर्जा एवं जलवाष्प महासागर से प्राप्त होती है, लेकिन ये अंतर्संबंध महासागरों के विस्तृत क्षेत्रों पर अपेक्षाकृत कम होते हैं।

वायुमंडल का सामान्य परिसंचरण और उसका महासागरों पर प्रभाव

- प्रशांत महासागर के गर्म या ठंडा होने में वायुमंडल के सामान्य परिसंचरण की महत्त्वपूर्ण भूमिका होती है। जब मध्य प्रशांत महासागर की गर्म जलधाराएँ दक्षिणी अमेरिकी देश पेरू के तट पर प्रभावित होने वाली ठंडी जलधारा का स्थान ले लेती हैं, तो इस तट पर इन गर्म जलधाराओं को **एल-निनो** (El-Nino) कहते हैं।
- एल-निनो के निर्माण का मध्य प्रशांत महासागर और ऑस्ट्रेलिया के वायुदाब परिवर्तन से गहरा संबंध है। प्रशांत महासागर पर वायुदाब के इस परिवर्तन को **दक्षिणी दोलन** (Southern Oscillation) कहते हैं।
- दक्षिणी दोलन एवं एल-निनो की संयुक्त घटना को ENSO (El-Nino Southern Oscillation) कहते हैं। जिस वर्ष ENSO शक्तिशाली होता है, उस वर्ष विश्व स्तर पर वृहत् मौसम संबंधी परिवर्तन देखे जाते हैं। इनके कारण ऑस्ट्रेलिया एवं भारत कभी-कभी अकालग्रस्त हो जाते हैं तथा दक्षिण अमेरिका के पश्चिमी शुष्क तट पर भारी वर्षा होती है और चीन में बाढ़ भी आ जाती है।

मौसमी पवनें

- सूर्य के विस्थापन से विभिन्न मौसमों में पवनों के प्रवाह के प्रारूप में बदलाव आता है, जिसका मुख्य कारण अत्यधिक तापन, पवन एवं वायुदाब पट्टियों के विस्थापन आदि हैं।
- ऐसे विस्थापन का सबसे अधिक स्पष्ट प्रभाव दक्षिण-पूर्व एशिया में मानसून पवनों पर पड़ता है।

स्थानीय पवनें

- भूतल के गर्म एवं ठंडे होने से भिन्नता तथा दैनिक एवं वार्षिक चक्रों के विकास से बहुत-सी स्थानीय एवं क्षेत्रीय पवनें प्रवाहित होती हैं।

स्थल एवं समुद्र समीर

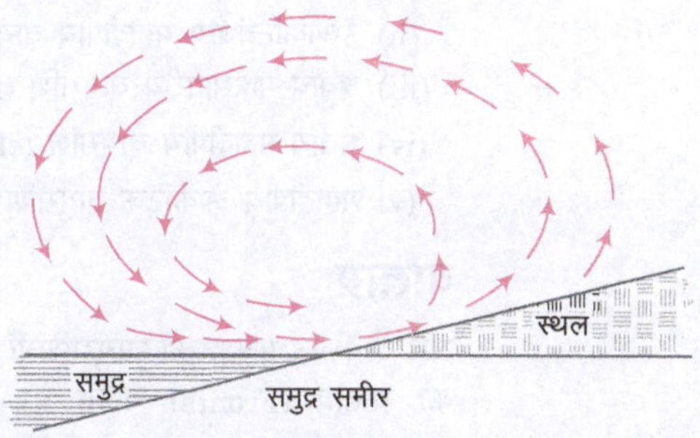

- ऊष्मा के अवशोषण एवं स्थानांतरण में स्थल और समुद्र में भिन्नता पाई जाती है।
- दिन के समय स्थल भाग समुद्र की अपेक्षा अधिक गर्म हो जाता है, जिससे स्थल भाग पर हवाएँ गर्म होकर ऊपर उठती हैं और निम्न वायुदाब क्षेत्र का निर्माण होता है, जबकि समुद्र अपेक्षाकृत ठंडे रहते हैं, जिससे वहाँ पर उच्च वायुदाब बना रहता है।
- परिणामस्वरूप समुद्र से स्थल की ओर दाब प्रवणता उत्पन्न हो जाती है और पवनें समुद्र से स्थल की ओर चलने लगती हैं, इसे समुद्री समीर (Sea Breeze) कहा जाता है।
- रात्रि के समय इसके विपरीत प्रक्रिया होती है तथा स्थल, समुद्र की अपेक्षा जल्दी ठंडा हो जाता है, परिणामस्वरूप दाब प्रवणता स्थल से समुद्र की ओर उत्पन्न हो जाती है और पवनें स्थल से समुद्र की ओर चलने लगती हैं, इसे स्थल समीर (Land Breeze) कहते हैं।

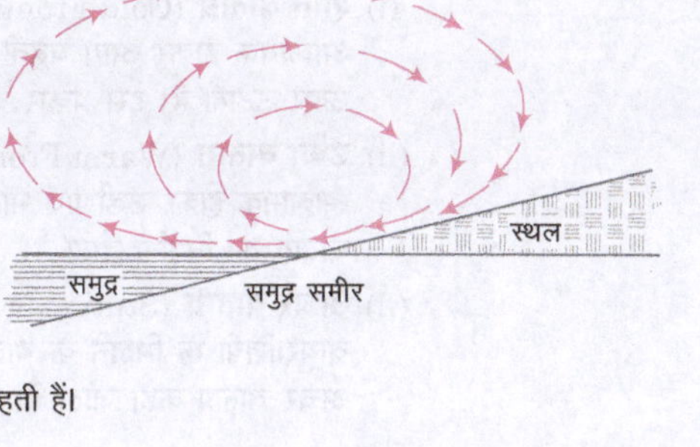

पर्वत एवं घाटी पवनें

- इस प्रकार की स्थानीय पवनें पर्वतीय क्षेत्रों और घाटियों के गर्म और ठंडा होने में अंतर के कारण उत्पन्न होती हैं।

5 **पछुआ पवन** (westerlies) यह स्थायी पवनें हैं, जो मध्य अक्षांशों में उच्च दबाव से निम्न दबाव की ओर बहती हैं।

- पर्वतीय प्रदेशों में दिन के समय ढाल गर्म हो जाते हैं, जिससे वायु भी गर्म होकर ढाल के साथ-साथ ऊपर उठती है।
- परिणामस्वरूप इस स्थान को भरने के लिए घाटी से वायु प्रवाहित होने लगती है, इस प्रवाहित वायु को घाटी समीर (Valley Breeze) कहते हैं।
- रात्रि के समय पर्वतीय ढाल ठंडे हो जाते हैं, जिससे वायु ठंडी एवं सघन होकर घाटी में नीचे उतरती है, जिसे पर्वतीय पवनें (Mountain Winds) कहते हैं।
- ठंडी हवाएँ जो उच्च पठारों और हिम क्षेत्रों से घाटी में बहती हैं, उन्हें अवरोही पवनें (Katabatic Wind) कहते हैं।
- पर्वत श्रेणियों के पवनाभिमुख ढालों (Leeward Side) पर प्रवाहित होने वाली उष्ण एवं आर्द्र पवनें पर्वत श्रेणियों को पार करते हुए संघनित होकर वर्षण (Precipitation) करती हैं, लेकिन जब ये पवनें पर्वत श्रेणियों के पवनाभिमुख ढालों पर नीचे उतरती हैं, तो ये शुष्क पवनें **रुद्धोष्म** (Adiabatic) प्रक्रिया से गर्म हो जाती हैं। ये शुष्क पवनें कम समय में बर्फ को पिघला सकती हैं।

वायुराशियाँ

- जब वायुराशियाँ किसी समांगी अर्थात् समजातीय (Homogeneous) भाग पर पर्याप्त लंबे समय तक रहती हैं, तो वह उस क्षेत्र के गुणों को धारण कर लेती हैं। तापमान एवं आर्द्रता संबंधी विशिष्ट गुणों को धारण करने वाली वायु को वायुराशि (Air Masses) कहते हैं।
- अन्य शब्दों में, वायु का वह वृहत भाग, जिसमें तापमान एवं आर्द्रता संबंधी क्षैतिज असमानताएँ बहुत कम होती हैं, तो उस वायु भाग को वायुराशि कहते हैं, जिस समांग धरातल पर वायुराशियों का निर्माण होता है, उसे वायुराशियों का **उद्गम क्षेत्र** (Source Region of Air Masses) कहते हैं।
- उष्णकटिबंधीय वायुराशियाँ गर्म होती हैं, जबकि ध्रुवीय वायुराशियाँ ठंडी होती हैं।

वायुराशियों का वर्गीकरण उनके उद्गम क्षेत्र के आधार पर किया जाता है। वायुराशियों के प्रमुख पाँच उद्गम क्षेत्र इस प्रकार हैं

(i) उष्ण एवं उपोष्ण कटिबंधीय महासागर (Warm Tropical and Sub-tropical Oceans)
(ii) उपोष्णकटिबंधीय उष्ण मरुस्थल (The Sub-tropical Hot Deserts)
(iii) उच्च अक्षांशीय अपेक्षाकृत ठंडे महासागर (The Relatively Cold High Latitude Oceans)
(iv) उच्च अक्षांशीय अति शीत बर्फ आच्छादित महाद्वीपीय क्षेत्र (The Very Cold Snow Covered Continents in High Latitudes)
(v) स्थायी रूप से बर्फ आच्छादित अंटार्कटिक महाद्वीप एवं आर्कटिक महासागर (Permanently Ice Covered Continents in the Arctic and Antarctica)

इन स्रोतों के आधार पर निम्नलिखित वायुराशियों की पहचान की गई है।

(i) उष्णकटिबंधीय महासागरीय वायुराशि (mT-Maritime Tropical)
(ii) उष्णकटिबंधीय महाद्वीपीय वायुराशि (cT-Continental Tropical)
(iii) ध्रुवीय महासागरीय वायुराशि (mP-Maritime Polar)
(iv) ध्रुवीय महाद्वीपीय वायुराशि (cP-Continental Polar)
(v) महाद्वीपीय आर्कटिक वायुराशि (cA-Continental Arctic)

वाताग्र

जब दो भिन्न प्रकार की वायुराशियाँ मिलती हैं, तो उनके मध्य सीमा क्षेत्र को वाताग्र (Fronts) कहते हैं। वाताग्रों के बनने की प्रक्रिया को वाताग्र-जनन (Frontogenesis) कहते हैं। वाताग्र चार प्रकार के होते हैं

(i) **शीत वाताग्र** (Cold Fronts) जब ठंडी एवं भारी वायुराशि आक्रामक होकर आगे बढ़ती है, जो गर्म एवं हल्की वायुराशि को ऊपर उठाती है। इस प्रकार बने वाताग्र को शीत वाताग्र कहते हैं।
(ii) **उष्ण वाताग्र** (Warm Fronts) जब गर्म एवं हल्की वायुराशि आक्रामक होकर ठंडी एवं भारी वायुराशि के ऊपर चढ़ती है, तो उष्ण वाताग्र का निर्माण होता है।
(ii) **अचर वाताग्र** (Stationary Fronts) दो विपरीत गुणों वाली वायुराशियों के मिलने के बाद वाताग्र स्थिर हो जाए तो, उसे अचर वाताग्र कहा जाता है। इसमें कोई भी वायु ऊपर नहीं उठती है।

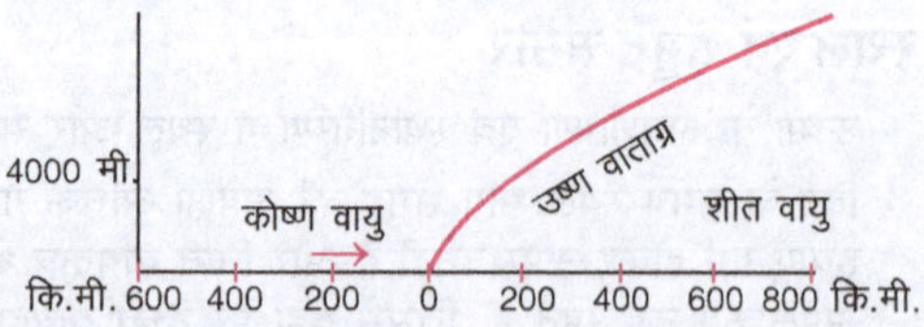

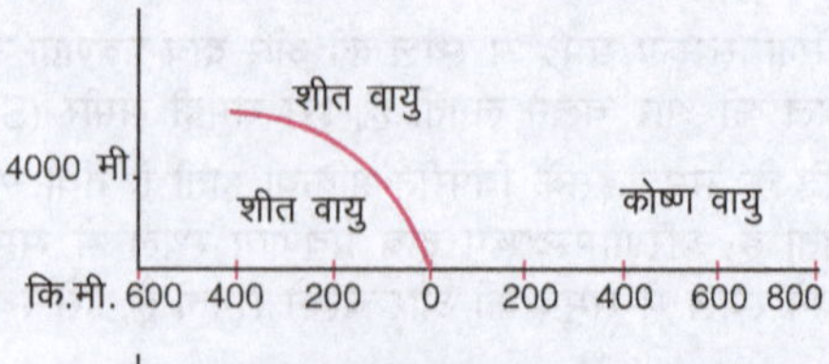

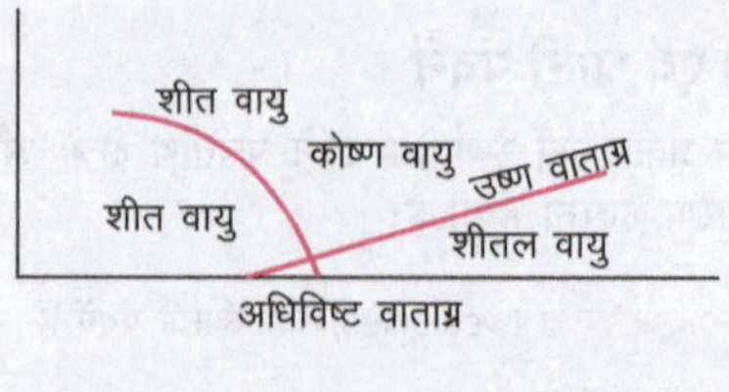

(iv) **अधिविष्ट वाताग्र** जब एक वायुराशि को दूसरी वायुराशि पूर्णत: धरातल से ऊपर उठा देती है, तो अधिविष्ट वाताग्र का निर्माण होता है।

- वाताग्र मुख्य रूप से मध्य अक्षांशों में पाए जाते हैं। इनकी मुख्य विशेषता तीव्र वायुदाब एवं तापमान प्रवणता है।
- किसी क्षेत्र में वाताग्र बनने पर तापमान में अचानक बदलाव होता है, जिससे बादलों का निर्माण होता है और वर्षा होती है।

चेक प्वॉइंट 2

1. पृथ्वी पर कितनी दाब पट्टियाँ पाई जाती हैं?
2. आईटीसी जेड (ITCZ) का पूर्ण रूप क्या हैं?
3. किस प्रकार की वायुराशि गर्म उष्णकटिबंधीय और उपोष्णकटिबंधीय महासागरों पर निर्मित होती हैं?
4. पर्वतीय पवन की दिशा क्या होती हैं?
5. वायुराशियों का निर्माण कहाँ होता हैं?

9.4 चक्रवात और प्रतिचक्रवात

- निम्न दाब कटिबंध के चारों ओर वायु परिसंचरण को चक्रवाती परिसंचरण (Cyclonic circulation) कहते हैं, जबकि उच्च दाब कटिबंध के चारों ओर वायु परिसंचरण को प्रतिक्रवाती परिसंचरण (Anticyclonic circulation) कहते हैं।
- चक्रवाती और प्रतिचक्रवाती परिसंचरण में वायु की दिशा विभिन्न गोलार्द्धों के अनुसार परिवर्तित होती रहती है।
- पृथ्वी की सतह पर उच्च व निम्न दाब के चारों ओर चलने वाली पवनों का परिसंचरण का संबंध वायुमंडल की ऊँचाई पर चलने वाली/वाले परिसंचरण से होता है।
- निम्न वायुदाब क्षेत्रों में वायु अभिसरित (Converged) होकर ऊपर उठती है, जबकि उच्च वायुदाब क्षेत्रों में वायु का अवतलन (Subsidence) होता है तथा धरातल पर उच्च वायुदाब क्षेत्रों से वायु का अपसरण (Divergence) होता है।
- अभिसरण के अतिरिक्त वायु, संवहन धाराओं में (Convection Currents), भ्रमिल (Eddies) रूप में, **पर्वतों के सहारे वाताग्र ऊपर उठता**[6] है, जिसके कारण बादल बनते हैं तथा वर्षा होती है।

चक्रवात तथा प्रतिचक्रवात में पवनों की दिशा का प्रारूप

दाब पद्धति	केंद्र में दाब की दशा	पवन दिशा का प्रारूप	
		(उत्तरी गोलार्द्ध)	(दक्षिणी गोलार्द्ध)
चक्रवात	निम्न	घड़ी की सूई की दिशा के विपरीत	घड़ी की सूई की दिशा के अनुरूप
प्रतिचक्रवात	उच्च	घड़ी की सूई की दिशा के अनुरूप	घड़ी की सूई की दिशा के विपरीत

- वे चक्रवातीय वायु प्रणालियाँ जिनका विकास मध्य एवं उच्च अक्षांशों में उष्णकटिबंध से दूर होता है, उन्हें बहिरुष्ण या शीतोष्ण कटिबंधीय चक्रवात (middle latitude or extra tropical cyclone) कहते हैं।
- ये मध्य तथा उच्च अक्षाशों के जिन क्षेत्रों से गुजरते हैं, वहाँ की मौसम संबंधी अवस्थाओं में अचानक तेजी से परिवर्तन करते हैं।

बहिरुष्ण/शीतोष्ण कटिबंधीय चक्रवात का निर्माण

- बहिरुष्ण कटिबधीय चक्रवात का निर्माण धुवीय वाताग्र (वायुमय) के साथ-साथ होता है। प्रारंभ में वाताग्र अचर अर्थात् अपरिवर्तित (Constant) होता है तथा उत्तरी गोलार्द्ध में वाताग्र के दक्षिण दिशा से कोष्ण (Warm) अर्थात् गर्म एवं उत्तर दिशा से ठंडी हवा प्रवाहित होती है।
- जब वाताग्र के साथ निम्न वायुदाब का विकास होता है, तो कोष्ण वायु उत्तर दिशा की ओर तथा ठंडी वायु दक्षिण दिशा में घड़ी की सुइयों के विपरीत चक्रवातीय परिसंचरण करती है।

---

6 **पर्वतों के सहारे वाताग्रों का ऊपर उठना** (Orographic uplift) यह हवा का ऊर्ध्वाधर बहाव है, जब वायु पहाड़ से टकराती है और उसे पहाड़ की ढलानों पर ऊपर की ओर जाने के लिए मजबूर किया जाता है।

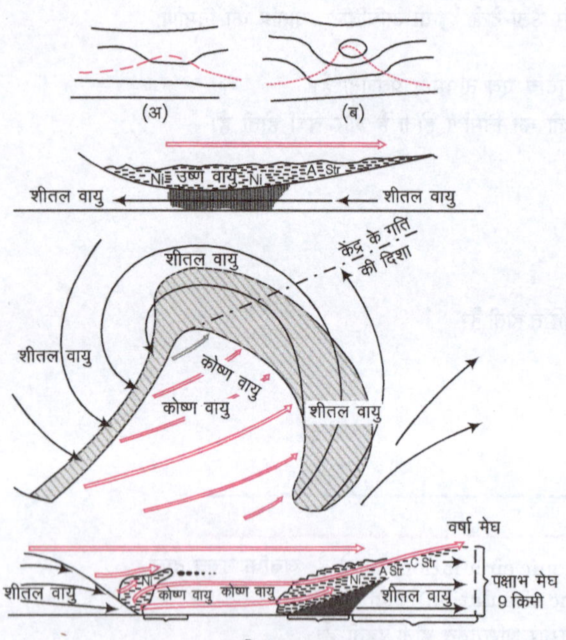

▲ बहिरुष्ण चक्रवात

- इस चक्रवाती प्रवाह से बहिरुष्ण कटिबंधीय चक्रवात का विकास होता है, जिसमें एक उष्ण वाताग्र (Warm Fronts) तथा एक शीत वाताग्र (Cold Fronts) होता है।
- बहिरुष्ण कटिबंधीय चक्रवात में कोष्ण वायु क्षेत्र या खंड के अग्रभाग एवं पिछले भाग में शीत वायु क्षेत्र या खंड पाया जाता है अर्थात् कोष्ण वायु खंड शीत अग्रभाग एवं पिछले शीत खंड के बीच स्थित रहता है।
- कोष्ण वायु आक्रामक होकर ठंडी वायु के ऊपर चढ़ती है और उष्ण वाताग्र के पहले भाग में स्तरीय मेघ का निर्माण करती है, जिससे वर्षा होती है।
- उष्ण वायु को पीछे से आने वाला शीत वाताग्र ऊपर उठा देता है, तब वहाँ शीत वाताग्र के साथ **कपासी मेघ** (Cumulus Clouds) का निर्माण होता है।
- शीत वाताग्र की गति उष्ण वाताग्र की अपेक्षा अधिक होती है, जिससे शीत वाताग्र उष्ण वाताग्र को पूरी तरह ढक लेते हैं। परिणामस्वरूप कोष्ण वायु ऊपर उठ जाती है एवं इसका भूतल से संपर्क नहीं रहता, जिससे **अधिविष्ट वाताग्र** (Occluded Fronts) का निर्माण होता है एवं चक्रवात की धीरे-धीरे समाप्ति होने लगती है। धरातल एवं ऊँचाई के वायु परिसंचरण की प्रक्रियाएँ अंतर्संबंधित होती हैं।

उष्णकटिबंधीय चक्रवात

- उष्णकटिबंधीय चक्रवात (Tropical Cyclones) की उत्पत्ति उष्णकटिबंधीय क्षेत्रों के महासागर पर होती है और ये तटीय क्षेत्रों की ओर गतिमान होते हैं। ये आक्रामक तूफान है, जिसमें आक्रामक पवनों के कारण विस्तृत विनाश एवं अत्यधिक वर्षा होती है।

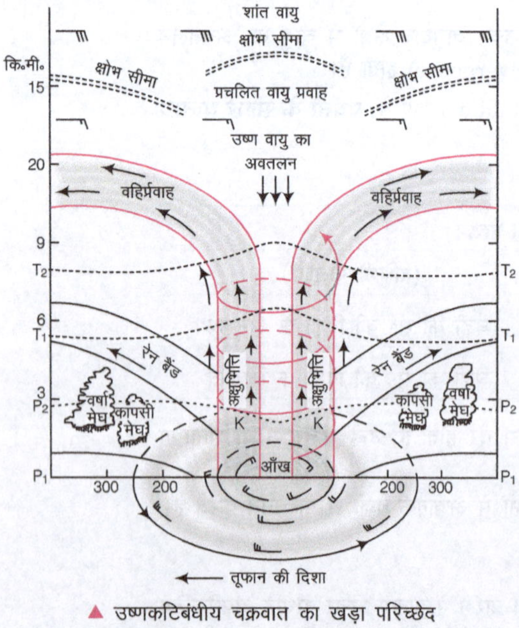

▲ उष्णकटिबंधीय चक्रवात का खड़ा परिच्छेद

- ये चक्रवात विध्वंसक प्राकृतिक आपदाओं में से एक हैं। हिंद महासागर में इन्हें चक्रवात, अटलांटिक महासागर में हरिकेन (Hurricanes), पश्चिमी प्रशांत और दक्षिण चीन सागर में टाइफून (Typhoons) और पश्चिमी ऑस्ट्रेलिया में विली-विलीज (Willy-Willies) के नाम से जाना जाता है।
- उष्णकटिबंधीय चक्रवात की उत्पत्ति एवं विकास उष्णकटिबंधीय महासागरों में होता है। इनकी उत्पत्ति एवं विकास के लिए निम्नलिखित अनुकूल स्थितियाँ आवश्यक हैं
  (i) वृहत समुद्री क्षेत्र, जिसका तापमान 27° सेल्सियस से अधिक हो।
  (ii) ऊर्ध्वाधर पवनों की गति में अंतर कम हो।
  (iii) कमजोर निम्न वायुदाब क्षेत्र या निम्न स्तर का चक्रवातीय परिसंचरण का होना।
  (vi) कोरिओलिस बल की उपस्थिति।
  (v) समुद्री तल तंत्र के ऊपरी भाग में अपसरण।

उपर्युक्त परिस्थितियों के उपलब्ध होने पर चक्रवात की उत्पत्ति होती है। उसके बाद ऊँचे कपासी स्तरी मेघों की संघनन प्रक्रिया से ऊर्जा प्राप्त होती है, जो चक्रवातों को और भी अधिक विध्वंसक बनाती है तथा इसके केंद्र को घेरे रहती है। इसके साथ ही समुद्रों से लगातार आर्द्रता की आपूर्ति इसको अधिक प्रबल बनाए रखती है। जैसे ही चक्रवात स्थल पर पहुँचते हैं आर्द्रता की आपूर्ति रुक जाती है और ये क्षीण होकर समाप्त हो जाते हैं। जिस स्थान पर तट को पार करके उष्णकटिबंधीय चक्रवात स्थल पर पहुँचते हैं, उस स्थान को चक्रवात का लैंडफॉल कहते हैं।

वे चक्रवात जो प्राय: 20° उत्तरी अक्षांश से होकर गुजरते हैं, उनकी दिशा अनिश्चित होती है और ये अधिक विध्वंसक होते हैं।

उष्णकटिबंधीय चक्रवात की विशेषताएँ

- एक विकसित उष्णकटिबंधीय चक्रवात की मुख्य विशेषता यह है कि इसके केंद्र के चारों ओर प्रबल सर्पिल पवनों का परिसंचरण होता है, जिसे **चक्रवात की आँख** कहते हैं। इस परिसंचरण प्रणाली का व्यास 150 से 250 किमी तक होता है।

- उष्णकटिबंधीय चक्रवात का केंद्रीय क्षेत्र (चक्रवात की आँख) शांत होता है, क्योकि इसमें पवनों का अवतलन अर्थात् चक्रवात की आँख के चारों ओर **अक्षुभित्ति**[7] (Axillary wall) होती है, जिसके चारों ओर वायु का प्रबल एवं वृत्ताकार रूप में आरोहण (चढ़ाव) होता है।
- वायु का यह प्रबल आरोहण वायु की गति घटाता है। यह क्षोभसीमा की ऊँचाई तक पहुँचता है, इसमें पवनों का वेग अधिकतम होता है एवं इसकी गति 250 किमी प्रति घंटा तक होती है।
- उष्णकटिबंधीय चक्रवातों से मूसलाधार वर्षा होती है। चक्रवात की आँख से **रेनबैंड**[8] (Rain Bands) विकरित होते हैं, जिससे कपासी वर्षा बादलों की पंक्तियाँ बाहरी क्षेत्र की ओर विस्थापित हो सकती हैं।
- उष्णकटिबंधीय चक्रवात का व्यास 600 से 1200 किमी के बीच होता है, जो बंगाल की खाड़ी, अरब सागर एवं हिंद महासागर पर अवस्थित होते हैं। इनकी परिसंचरण प्रणाली धीमी गति 300 से 500 किमी प्रतिदिन की दर से आगे बढ़ती है।
- ये चक्रवात **तूफानी तरंगों**[9] को उत्पन्न करते हैं, चक्रवात स्थल पर आने के बाद इन तरंगों की शक्ति में भी ह्रास होता है और ये समाप्त हो जाते हैं।

बहिरुष्ण कटिबंधीय चक्रवात और उष्णकटिबंधीय चक्रवात में अंतर

बहिरुष्ण कटिबंधीय चक्रवात	उष्णकटिबंधीय चक्रवात
बहिरुष्ण कटिबंधीय चक्रवातों में स्पष्ट वाताग्र प्रणाली होती है।	उष्णकटिबंधीय चक्रवातों में स्पष्ट वाताग्र प्रणाली नहीं होती।
ये बड़े क्षेत्र में फैलते हैं और भूमि व समुद्र दोनों पर उत्पन्न हो सकते हैं।	ये केवल समुद्र पर उत्पन्न होते हैं और भूमि पर पहुँचने पर समाप्त हो जाते हैं।
ये विस्तृत क्षेत्र को प्रभावित करते हैं।	ये बहिरुष्ण कटिबंधीय चक्रवातों की तलना में छोटे क्षेत्र को प्रभावित करते हैं।
बहिरुष्ण कटिबंधीय चक्रवातों में वायु की गति तीव्र और विध्वंसक होती है।	उष्णकटिबंधीय चक्रवातों में भी वायु की गति अधिक होती है और यह भी विध्वंसक होती हैं
इनकी दिशा परिश्चम से पूर्व होती है।	इनकी दिशा पूर्व से पश्चिम होती है।

तड़ितझंझा एवं टोरनेडो

- तड़ितझंझा (Thunderstorms) तथा टोरनेडो स्थानीय विध्वंसक तूफान हैं, जो अल्प समय के लिए रहते हैं। इनका क्षेत्रफल अपेक्षाकृत सीमित होता है, लेकिन यह बहुत आक्रामक होते हैं। तड़ितझंझा की उत्पत्ति उष्ण आर्द्र दिनों में प्रबल संवहन के कारण होती है। यह गरज एवं बिजली उत्पन्न करने वाला पूर्णत: विकसित **कपासी बादल**[10] है। यह बादल जब अधिक ऊँचाई पर पहुँचते हैं, तो शून्य डिग्री तापमान के कारण इससे ओले बनते हैं और ओलावृष्टि (Hailstorm) होती है।
- जब आर्द्रता कम होती है, इससे धूल भरी आँधी आती है। उष्ण वायु का तेजी से ऊर्ध्वप्रवाह तड़ितझंझा की विशेषता है। इन्हीं विशेषताओं के कारण बादल अधिक ऊँचाई तक पहुँचते हैं और घने भी होते हैं, जो वर्षण कराने में अहम भूमिका निभाते हैं, इसके बाद नीचे की ओर वात/वायु प्रवाह पृथ्वी पर ठंडी वायु एवं वर्षा लाते हैं। कभी-कभी भयानक तड़ितझंझा से वायु आक्रामक रूप में हाथी की सूँड़ की तरह सर्पिल अवरोहण करती है, तो इसके केंद्र पर अत्यंत निम्न वायुदाब का निर्माण हो जाता है, परिणामस्वरूप यह व्यापक रूप से भयंकर विनाशकारी होता है, इस घटना को ही **टोरनेडो** (Tornadoes) कहते हैं।
- टोरनेडो सामान्यत: मध्य अक्षांशों में उत्पन्न होते हैं। जब टोरनेडो का विकास समुद्र पर होता है, तो उसे जलस्तंभ (Water Spouts) कहते हैं। असमान वायुमंडलीय ऊर्जा वितरण को ये आक्रामक तूफान व्यवस्थित करते हैं। इन तूफानों के कारण स्थितिज एवं ताप ऊर्जा गतिज ऊर्जा में परिवर्तित हो जाती है तथा अशांत वायुमंडलीय दशाएँ पुन:स्थिर या शांत स्थिति में लौट आती हैं।

चेक प्वॉइंट 3

1. फिलीपींस में चक्रवात को क्या कहते हैं?
2. चक्रवात परिसंचरण किस दाब कटिबंध के चारों ओर बनता है?
3. बहिरुष्ण कटिबंधीय चक्रवात का प्रारंभ कहाँ होता है?
4. चक्रवात और प्रतिचक्रवात परिसंचरण में वायु दिशा में क्या अंतर होता है?
5. उष्णकटिबंधीय चक्रवात हेतु कौन-सी परिस्थितियाँ अनुकूल होती हैं?

---

7 **अक्षुभित्ति** यह उष्णकटिबंधीय चक्रवात का सबसे खतरनाक व विध्वंसक भाग होता है। यहाँ हवाएँ सबसे तीव्र होती हैं और वर्षा अत्यधिक होती है और गहरे संवेदनशील बादल ऊपर उठते हैं।

8 **रेनबैंड** ये चक्रवात के चारों ओर पाई जाती है, जहाँ भारी वर्षा और तूफान होते हैं।

9 **तूफानी तरंग** इसमें तूफानों जैसे चक्रवात और आँधी-तूफान के कारण समुद्र जल स्तर में वृद्धि होती है।

10 **कपासी बादल** यह सभी बादलों में सबसे ऊँचे होते हैं। ये बादल भारी वर्षा और तूफान लाने के लिए जाने जाते हैं।

Mind Map

वायुमंडलीय परिसंचरण तथा मौसम प्रणालियाँ

1 वायुमंडलीय दाब

- प्रति इकाई क्षेत्र में हवा के भार को कहा जाता है।
- इसे मिलीबार में मापा जाता है।

वायुदाब का क्षैतिज वितरण

- वायुदाब के क्षैतिज वितरण का अध्ययन समान अंतराल पर खींची गई समदाब रेखाओं द्वारा किया जाता है।

वायुदाब में ऊर्ध्वाधर भिन्नता

वायुमंडल के निचले भाग में वायुदाब ऊँचाई के साथ तीव्रता से घटता है। यह ह्रास दर प्रत्येक 10 मीटर की ऊँचाई पर 1 मिलीबार होता है।

दाब पेटियाँ

- संपूर्ण विश्व में वितरित उच्च और निम्न दाब की एक पेटी है।

वैश्विक दाब पेटी

- उपोष्णकटिबंधीय उच्च दाब पट्टी
- उप-ध्रुवीय निम्न दाब पट्टियाँ
- ध्रुवीय-उच्च दाब पट्टी

2 पवनों की दिशा व वेग को प्रभावित करने वाले बल

- **दाब प्रवणता बल** यह बल वायुमंडलीय दाब में अंतर होने पर उत्पन्न होता है। समदाब रेखाओं के पास दाब प्रवणता अधिक तथा समदाब रेखाओं के दूर होने पर दाब प्रवणता कम होती है।
- **कोरिऑलिस बल** यह बल पृथ्वी के घूमने से उत्पन्न होता है। विषुवत् रेखा पर यह बल शून्य होता है। तथा कोरिऑलिस बल दाब प्रवणता के समकोण पर कार्य करता है। जितना दाब प्रवणता अधिक होगी पवनों का वेग उतना अधिक होगा और दिशा उतनी ही अधिक विक्षेपित होगी।
- **घर्षण बल** इसका प्रभाव धरातल से 1-3 किमी ऊँचाई तक होता है, समुद्र सतह पर घर्षण न्यूनतम होता है।

पवनों के प्रकार

- **भू-स्थैतिक पवन** यह समताप रेखा के समानांतर चलती है।
- सतही पवन

4 चक्रवात और प्रति चक्रवात

- **चक्रवात** केंद्र में कम दबाव
- **प्रतिचक्रवात** केंद्र में उच्च दबाव

चक्रवात के प्रकार

- **उष्णकटिबंधीय चक्रवात** इनकी उत्पत्ति उष्णकटिबंधीय क्षेत्रों के महासागरों पर होती है और ये तटीय क्षेत्रों की तरफ गतिमान होते हैं। यह परिसंचरण प्रणाली धीमी गति से 300-500 किमी प्रतिदिन की दर से आगे बढ़ती है।
- **बहिरुष्ण कटिबंधीय चक्रवात** बहिरुष्ण कटिबंधीय चक्रवात ध्रुवीय वाताग्र के साथ-साथ बनते हैं। ये पश्चिम से पूर्व दिशा में चलते हैं।

3 वायुमंडल का सामान्य परिसंचरण

वायु राशियाँ

- वायु की एक वृहद् मात्रा, जो क्षेत्र विशेष में तापमान और आर्द्रता संबंधी न्यूनतम भिन्नता को ग्रहण करती है, जैसे- उष्णकटिबंधीय, ध्रुवीय तथा समुद्री वायु राशियाँ।
- निर्माण समरूप सतहों पर होता है।

पवन प्रणाली

- **ग्रहीय पवनें/हवाएँ** ये पवनें वैश्विक स्तर पर उत्पन्न होती हैं, जैसे- व्यापारिक पवनें, पश्चिमी पवनें, पूर्वी हवाएँ।
- **स्थानीय पवनें** ये पवनें स्थानीय स्तर पर उत्पन्न होती हैं; जैसे- स्थल और समुद्र समीर, पर्वत व घाटी पवनें

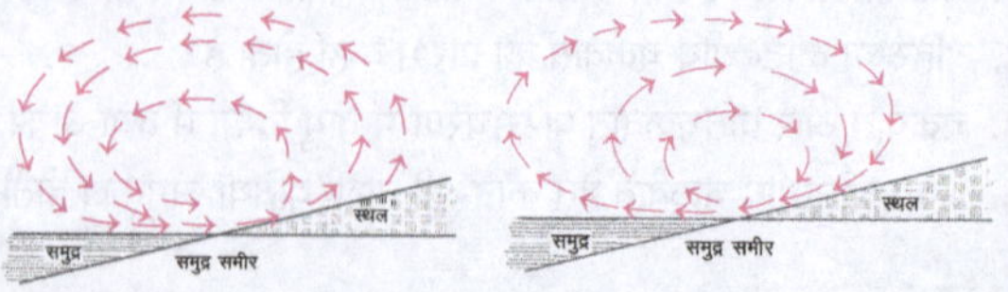

वाताग्र

- जब दो भिन्न प्रकार की वायुराशियाँ मिलती हैं, तो उनके मध्य सीमा क्षेत्र को वाताग्र कहते हैं। वाताग्र मध्य अक्षांशों में ही बनते हैं तथा तीव्र वायुदाब और तापमान प्रवणता इनकी विशेषता है।

NCERT फोल्डर

नीचे दिए चार विकल्पों में से सही उत्तर चुनिए

1. यदि धरातल पर वायुदाब 1,000 मिलीबार है, तो धरातल से 1 किमी की ऊँचाई पर वायुदाब कितना होगा?

(a) 700 मिलीबार
(b) 900 मिलीबार
(c) 1,100 मिलीबार
(d) 1,300 मिलीबार

उत्तर *(b)* 900 मिलीबार

2. अंतर-उष्णकटिबंधीय अभिसरण क्षेत्र प्रायः कहाँ होता है?

(a) विषुवत् वृत्त के निकट (b) कर्क रेखा के निकट
(c) मकर रेखा के निकट (d) आर्कटिक वृत्त के निकट

उत्तर *(a)* विषुवत् वृत्त के निकट

3. उत्तरी गोलार्द्ध में निम्न वायुदाब के चारों तरफ पवनों की दिशा क्या होगी?

(a) घड़ी की सुइयों के चलने की दिशा के अनुरूप
(b) घड़ी की सुइयों के चलने की दिशा के विपरीत
(c) समदाब रेखाओं के समकोण पर
(d) समदाब रेखाओं के समानांतर

उत्तर *(b)* घड़ी की सुइयों के चलने की दिशा के विपरीत

4. वायुराशियों के निर्माण के उद्गम क्षेत्र निम्नलिखित में से कौन-सा है?

(a) विषुवतीय वन
(b) साइबेरिया का मैदानी भाग
(c) हिमालय पर्वत
(d) दक्कन पठार

उत्तर *(b)* साइबेरिया का मैदानी भाग

निम्नलिखित प्रश्नों के उत्तर लगभग 30 शब्दों में दीजिए

1. वायुदाब मापने की इकाई क्या है? मौसम मानचित्र बनाते समय किसी स्थान के वायुदाब को समुद्रतल तक क्यों घटाया जाता है?

उत्तर वायुदाब मापने की इकाई **मिलीबार** और पास्कल है। मौसम मानचित्र बनाते समय वायुदाब पर ऊँचाई के प्रभाव को दूर करने तथा तुलनात्मक बनाने के लिए वायुदाब को समुद्रतल तक घटा लिया जाता है, क्योंकि वायुदाब ऊँचाई के साथ तीव्रता से घटता है, जो विभिन्न स्थानों पर भिन्न-भिन्न होता है।

2. जब दाब प्रवणता बल उत्तर से दक्षिण दिशा की ओर हो अर्थात् उपोष्ण उच्च दाब से विषुवत् वृत्त की ओर हो तो उत्तरी गोलार्द्ध में उष्णकटिबंध में पवनें उत्तरी-पूर्वी क्यों होती हैं?

उत्तर पृथ्वी के घूर्णन से उत्पन्न **कोरिऑलिस बल** के कारण उत्तरी गोलार्द्ध में उपोष्ण उच्चदाब से विषुवत् वृत्त की ओर चलने वाली पवनों की दिशा उत्तरी-पूर्वी होती है। कोरिऑलिस बल के कारण ही पवनें उत्तरी गोलार्द्ध में अपनी मूल दिशा से दाईं ओर मुड़ जाती हैं।

3. भू-विक्षेपी पवनें क्या हैं?

उत्तर जब समदाब रेखाएँ सीधी हों और उनमें घर्षण बल का प्रभाव न हो, तब दाब प्रवणता बल कोरिऑलिस बल से संतुलित हो जाता है तथा इसके फलस्वरूप पवनें समदाब रेखाओं के समानांतर बहती हैं। इन्हीं पवनों को भू-विक्षेपी पवनें कहा जाता है।

4. समुद्र व स्थल समीर का वर्णन कीजिए।

उत्तर समुद्र व स्थल समीर का वर्णन इस प्रकार है

(i) **समुद्र समीर** दिन के समय स्थल भाग समुद्र की अपेक्षा अधिक गर्म हो जाता है जिससे निम्न वायुदाब का निर्माण हो जाता है, परिणामस्वरूप पवनें समुद्र से स्थल की ओर चलने लगती हैं, इसे ही समुद्र समीर कहते हैं।

(ii) **स्थल समीर** इसमें रात्रि के समय स्थल भाग समुद्र की अपेक्षा अधिक ठंडा होकर उच्च वायुदाब में परिवर्तित हो जाता है, जिससे स्थल से समुद्र की ओर पवनें चलने लगती हैं, जिसे स्थल समीर कहते हैं।

निम्नलिखित प्रश्नों के उत्तर लगभग 150 शब्दों में दीजिए

1. पवनों की दिशा में वेग को प्रभावित करने वाले कारक बताइए?

उत्तर पवनों की दिशा में वेग को निम्नलिखित कारक प्रभावित करते हैं

(i) **दाब-प्रवणता बल** दूरी के संदर्भ में वायुदाब परिवर्तन की दर को दाब-प्रवणता कहते हैं। वायुमंडलीय वायुदाब में असमानता के कारण एक बल उत्पन्न होता है, जो वायुदाब में परिवर्तन लाता है। जब समदाब रेखाएँ पास-पास होती हैं, तो वहाँ दाब-प्रवणता तथा पवनों की गति अधिक होती है। इसी प्रकार जब समदाब रेखाएँ दूर-दूर होती हैं, तो वहाँ दाब-प्रवणता तथा पवनों की गति कम होती है।

(ii) **घर्षण बल** यह पवनों की गति को प्रभावित करता है। धरातलीय विषमताओं के कारण धरातल पर घर्षण बल सर्वाधिक होता है, जिसका प्रभाव प्रायः धरातल से 1 से 3 किमी ऊँचाई तक होता है। समुद्र सतह पर घर्षण कम होता है, जिसके परिणामस्वरूप धरातल की अपेक्षाकृत समुद्र सतह पर पवनों का वेग तीव्र होता है।

(iii) **कोरिऑलिस बल** पृथ्वी के घूर्णन द्वारा लगने वाले बल को कोरिऑलिस बल कहते हैं, जो अपने अक्ष पर पवनों की दिशा को प्रभावित करता है। 1844 ई. में फ्रांसीसी वैज्ञानिक कोरिऑलिस ने इसका विवरण प्रस्तुत किया, इसलिए इस बल को कोरिऑलिस बल का नाम दिया गया। इसके प्रभाव से पवनें उत्तरी गोलार्द्ध में अपनी मूल दिशा से दाईं ओर तथा दक्षिणी गोलार्द्ध में बाईं ओर मुड़ जाती हैं या विक्षेपित हो जाती हैं। पवनों के वेग के अधिक होने पर विक्षेपण भी अधिक होता है। कोरिऑलिस बल अक्षांशों के कोण के सीधे समानुपात में बढ़ता है। यह ध्रुवों पर सर्वाधिक और विषुवत् वृत्त पर अनुपस्थित होता है। दाब-प्रवणता बल एवं कोरिऑलिस बल के एक-दूसरे से समकोण पर होने के कारण निम्न वायुदाब क्षेत्र में पवनें इसी के आस-पास बहती हैं।

2. पृथ्वी पर वायुमंडलीय सामान्य परिसंचरण का वर्णन करते हुए चित्र बनाइए। 30° उत्तरी व दक्षिण अक्षांशों पर उपोष्ण कटिबंधीय उच्च वायुदाब के संभव कारण बताइए।

उत्तर वायुमंडल का सामान्य परिसंचरण मुख्यतः हवाओं का परिसंचरण है, जिसमें उच्च वायुदाब से हवाएँ निम्न वायुदाब की ओर चलने लगती हैं और इससे हवाओं की विभिन्न पेटियों; जैसे- फैरल कोष्ठ और हेडले कोष्ठ का निर्माण होता है।

उष्णकटिबंधीय अभिसरण क्षेत्र में उच्च तापमान एवं निम्न वायुदाब पाया जाता है। इनमें उत्तरी-पूर्वी व्यापारिक पवनें तथा दक्षिणी-पूर्वी पवनें अभिसरण करती हैं तथा वायु संवहन धाराओं के रूप में ऊपर उठकर क्षोभमंडल के ऊपरी भाग में 14 किमी की ऊँचाई पर पहुँचकर फिर ध्रुवों की तरफ प्रवाहित होती हैं।

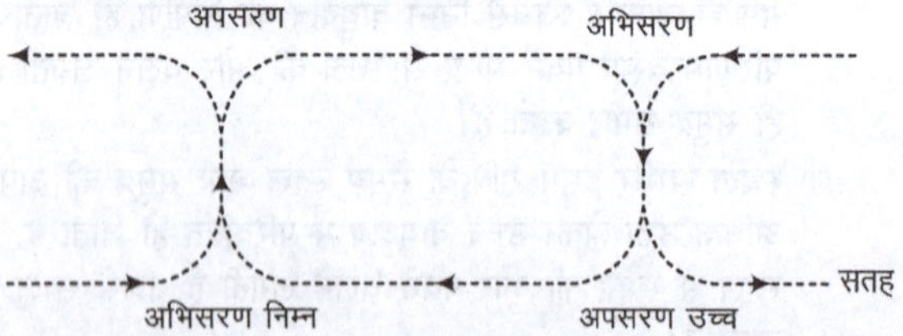

ध्रुवों की ओर प्रवाहित होने वाली पवनें 30° उत्तरी एवं दक्षिणी अक्षांशों पर पहुँचते-पहुँचते ठंडी हो जाती हैं, जिससे भारी होकर पवनें अवतलित होने लगती हैं। इस क्षेत्र में पवनों के अवतलन से सतह पर वायु एकत्रित होकर उच्च वायुदाब का निर्माण करती है। इस उच्च वायुदाब को उपोष्ण उच्च दाब कहते हैं। इसे अश्व अक्षांश उच्च दाब भी कहते हैं। यहाँ से दोनों ओर पवनें प्रवाहित होती हैं। विषुवत् वृत्त की ओर प्रवाहित होने वाली पवनों को व्यापारिक पवन, जबकि मध्य अक्षांशों की ओर प्रवाहित होने वाली पवनों को पछुआ पवन कहते हैं।

3. उष्णकटिबंधीय चक्रवातों की उत्पत्ति केवल समुद्रों पर ही क्यों होती है? उष्णकटिबंधीय चक्रवात के किस भाग में मूसलाधार वर्षा होती है?

उत्तर उष्णकटिबंधीय क्षेत्रों में उत्पन्न होने वाले चक्रवातों को उष्णकटिबंधीय चक्रवात कहते हैं। इन चक्रवातों की उत्पत्ति केवल समुद्र पर इसलिए होती है, क्योंकि वहाँ इनके उत्पन्न होने के लिए अनुकूल स्थितियाँ पाई जाती हैं, जो निम्न प्रकार हैं

- वृहत समुद्री क्षेत्र जिनका तापमान 27° सेल्सियस से अधिक होता है।
- समुद्री तल के ऊपरी भाग में अपसरण होता है।
- कोरिऑलिस बल की उपस्थिति होती है।
- ऊर्ध्वाधर पवनों की गति में अंतर कम होता है।
- कमजोर निम्न वायुदाब क्षेत्र या निम्न स्तर का चक्रवातीय परिसंचरण होता है।

समुद्रों से चक्रवात को हमेशा आर्द्रता की पूर्ति होती रहती है तथा इसके संघनन से ऊर्जा प्राप्त होती है। यही ऊर्जा चक्रवातों को और अधिक विध्वंसकारी बनाती है। जैसे ही चक्रवात स्थल पर पहुँचते हैं, उनकी आर्द्रता की पूर्ति बंद हो जाती है, इसके परिणामस्वरूप चक्रवात क्षीण होकर अंततः समाप्त हो जाता है।

उष्णकटिबंधीय चक्रवात में वर्षा का क्षेत्र उष्णकटिबंधीय चक्रवात का केंद्रीय भाग शांत होता है, जिसमें उच्च तापमान एवं निम्न वायुदाब पाया जाता है। इसे चक्रवात की आँख कहते हैं। इसके चारों ओर वायु का प्रबल एवं वृत्ताकार रूप में आरोहण होता है, जिसमें पवनों की गति 150 से 250 किमी प्रति घंटा होती है। इसी क्षेत्र में मूसलाधार वर्षा होती है। यह वर्षा समुद्र तटीय क्षेत्रों में होती है, जो काफी तीव्र होती है। यह कभी-कभी काफी भयावह स्थिति उत्पन्न कर देती है। भारत तथा चीन के दक्षिण-पूर्वी तट पर इसी चक्रवात के कारण काफी वर्षा होती है।

अभ्यास प्रश्न

वस्तुनिष्ठ प्रश्न

बहुविकल्पीय प्रश्न

1. वायुमंडलीय दबाव निर्धारित करता है

(a) भूकंप का आना
(b) हवा का ऊपर उठना और नीचे गिरना
(c) वृहत स्तर पर जलवायु में बदलाव
(d) ज्वालामुखी विस्फोट का होना

उत्तर (b) हवा का ऊपर उठना और नीचे गिरना

2. समुद्रतल पर औसत वायुमंडलीय दाब कितना होता है?

(a) 1,013.2 मिलीबार (b) 1,016.3 मिलीबार
(c) 1,020.4 मिलीबार (d) 1,024.1 मिलीबार

उत्तर (a) 1,013.2 मिलीबार

3. ऊँचाई में जाने पर वायुदाब में भिन्नता होती है और साँस लेने में कठिनाई की अनुभूति क्यों होती है?

(a) ऊँचाई में वायु सघन अवस्था में पाई जाती है
(b) ऊँचाई में वायु नहीं पाई जाती है
(c) ऊँचाई में वायु बहुत तेज बहती है
(d) ऊँचाई में वायु विरल अवस्था में पाई जाती है

उत्तर (d) ऊँचाई में वायु विरल अवस्था में पाई जाती है

4. समान दबाव वाले स्थानों को जोड़ने वाली रेखा को क्या कहा जाता है?

(a) समदाब रेखाएँ (b) समताप रेखाएँ
(c) समलवणीय रेखाएँ (d) समभूकंपीय रेखाएँ

उत्तर (a) समदाब रेखाएँ

5. कौन-सा पैरामीटर/ईकाई वायुमंडलीय दाब के मापन का आधार है?

(a) सेंटी मीटर (b) पास्कल (c) किलोवाट (d) डेसीबल

उत्तर (b) पास्कल

6. धरातल पर विभिन्न क्षेत्रों में अलग-अलग वायुदाब पाए जाते हैं, परिणामस्वरूप वायुदाब में असमानता उत्पन्न हो जाती है, जिससे वायु में गति उत्पन्न होती है। जब वायु की गति क्षैतिज हो जाती है, तो उसे ……… कहते हैं।

(a) दाब प्रवणता (b) कोरिऑलिस बल
(c) पवन (d) वायुदाब पट्टी

उत्तर (c) पवन

7. 60° उत्तरी एवं 60° दक्षिणी अक्षांशों के निकट निम्न वायुदाब की पट्टियों को किस नाम से जाना जाता है?

(a) विषुवतीय निम्न अवदाब क्षेत्र
(b) उपोष्ण उच्च वायुदाब क्षेत्र
(c) उपध्रुवीय निम्न वायुदाब पट्टियाँ
(d) ध्रुवीय उच्च वायुदाब पेटियाँ

उत्तर (c) उपध्रुवीय निम्न वायुदाब पट्टियाँ

8. छात्रों का एक दल वायुमंडलीय दाब पर शोध कार्य कर रहा है, यदि उन्हें वायुमंडलीय दाब का मापन करना हो, तो वह किस यंत्र का प्रयोग करेंगे

(a) पारद वायुदाब मापी (बैरोमीटर)
(b) निर्द्रव बैरोमीटर
(c) एमीटर
(d) 'a' और 'b' दोनों

उत्तर (d) 'a' और 'b' दोनों

9. निम्नलिखित में से किस कारण से क्षैतिज पवनों का विकास होता है?

(a) घर्षण बल (b) दाब-प्रवणता
(c) कोरिऑलिस बल (d) ये सभी

उत्तर (d) ये सभी

10. पृथ्वी की सतह को उर्ध्वाधर होने वाले परिसंचरण और इसके विपरित दिशा में होने वाले परिसचंरण को कोष्ठ कहते हैं। दिए गए कथन के अनुसार सही कोष्ठ का चयन करें।

मध्य अक्षांशीय परिसंचरण में ध्रुवों से चलने वाली ठंडी पवनों का अवतलन होता है तथा उपोष्ण उच्च वायुदाब कटिबंधीय क्षेत्रों से आने वाली वायु ऊपर उठती है। धरातल पर ये पवनें पछुआ पवनों के नाम से जानी जाती हैं। इस प्रकार एक कोष्ठ का निर्माण होता है।

(a) ध्रुवीय कोष्ठ (b) उपध्रुवीय कोष्ठ
(c) फैरल कोष्ठ (d) हेडले कोष्ठ

उत्तर (c) फैरल कोष्ठ

11. कोरिऑलिस बल के प्रभाव से उत्तरी गोलार्द्ध की पवनें किस दशा में प्रवाहित होती हैं?

(a) मूल दिशा में दाईं ओर
(b) मूल दिशा से बाईं ओर
(c) मूल दिशा में उत्तर की ओर
(d) पूर्व निर्धारित दिशा में नहीं बहती हैं

उत्तर (a) मूल दिशा में दाईं ओर

12. जब दो विपरीत गुण वाली दो वायुराशियाँ मिलती हैं, तो उनके मध्य के सीमा क्षेत्र को कहते हैं

(a) वायुराशि (b) पवन
(c) डोलड्रम क्षेत्र (d) वाताग्र

उत्तर (d) वाताग्र

13. अधिविष्ट वाताग्र से तात्पर्य है कि ……।

(a) जब गर्म एवं हल्की वायुराशि आक्रमक होकर ठंडी एवं भारी वायुराशि के ऊपर चढ़ती है।
(b) जब एक वायुराशि को दूसरी वायुराशि पूर्णतः धरातल से ऊपर उठा देती है

(c) जब ठंडी एवं भारी वायुराशि आक्रमक होकर आगे बढ़ती हैं, जो गर्म एवं हल्की वायुराशि को ऊपर उठाती है
(d) दो विपरीत गुणों वाली वायुराशियों के मिलने के बाद वाताग्र स्थिर हो जाए

उत्तर (b) जब एक वायुराशि को दूसरी वायुराशि पूर्णतः धरातल से ऊपर उठा देती है।

14. निम्नलिखित कथनों में से कौन-सा कथन सही नहीं है?
(a) वायुमंडल के घने क्षेत्र की वायु को वायुराशि कहते हैं
(b) कनाडा एवं अमेरिका में गर्म पवन चिनूक बहती है
(c) पूर्वी अफ्रीका में हरमट्टन नामक गर्म पवनें बहती हैं
(d) विली-विली ऑस्ट्रेलिया महाद्वीप में प्रवाहित होती है

उत्तर (c) पूर्वी अफ्रीका में हरमट्टन नामक गर्म पवनें बहती हैं

15. निम्न कथनों में से कौन-सा कथन सही है?
(a) पेरू तट पर गर्म जलधाराओं को एल-निनो कहा जाता है
(b) एल-निनो का निर्माण मध्य अटलांटिक महासागर में होता है
(c) एल-निनो को हिंद महासागर में दक्षिणी दोलन नाम से जाना जाता है
(d) एल-निनो के कारण भारत में हिमपात शुरू हो जाता है

उत्तर (a) पेरू तट पर गर्म जलधाराओं को एल-निनो कहा जाता है

16. दिए गए कथनों में से कौन-सा/से कथन शीतोष्ण कटिबंधीय चक्रवात के संबंध में सही नहीं है?
1. ये मध्य तथा उच्च अक्षांशों के क्षेत्र में मौसम संबंधी अवस्थाओं में अचानक तेजी से परिवर्तन करते हैं।
2. इनका निर्माण ध्रुवीय वाताग्र के साथ-साथ होता है।
3. यह वाताग्र प्रारंभ में परिवर्तित होता है।
4. उत्तरी गोलार्द्ध में वाताग्र के दक्षिण दिशा में गर्म एवं उत्तर दिशा में ठंडी हवा प्रवाहित होती है।

कूट
(a) केवल 1 (b) केवल 3
(c) 1 और 4 (d) कथन 2 और 4

उत्तर (d) केवल 3

17. उष्णकटिबंधीय चक्रवात की उत्पत्ति एवं विकास के लिए अनुकूल स्थितियों के संदर्भ में कौन-सा/से कथन सही है/हैं?
1. वृहत् समुद्री क्षेत्र जिसका तापमान 30°C से अधिक हो।
2. ऊर्ध्वाधर पवनों की गति से अधिक अंतर हो।
3. कमजोर निम्न वायुदाब क्षेत्र।
4. समुद्रीतल तंत्र के ऊपरी भाग में अपसरण।

कूट
(a) केवल 2 (b) केवल 3
(c) 1 और 2 दोनों (d) 3 और 4 दोनों

उत्तर (d) 3 और 4 दोनों

18. वायुदाब के उर्ध्वाधर वितरण के संबंध में कौन-सा/से कथन सही है/हैं?
1. वायुमंडल के निचले भाग में वायुदाब ऊँचाई के साथ-साथ तीव्रता से घटता है।
2. प्रत्येक 10 मी की ऊँचाई पर यह दर 1 मिलीबार होती है।
3. वायुदाब की ह्रास दर हमेशा एकसमान होती है।
4. उर्ध्वाधर दाब प्रवणता क्षैतिज दाब प्रवणता की अपेक्षाकृत अधिक होती है।

कूट
(a) 1, 2, 3 (b) 2, 3, 4 (c) 1, 2, 4 (d) 1, 3, 4

उत्तर (c) 1, 2, 4

19. वायुदाब के क्षैतिज वितरण के अध्ययन के संदर्भ में निम्न कथनों को क्रम में लगाए?
1. समदाब रेखाएँ वे रेखाएँ हैं, जो समुद्र तल से एक समान वायुदाब वाले स्थानों को मिलाती हैं।
2. वायुदाब के क्षैतिज वितरण का अध्ययन समान अंतराल पर खींची गईं समदाब रेखाओं द्वारा किया जाता है।
3. समुद तल पर वायुदाब वितरण मौसम मानचित्रों में दिखाया जाता है।
4. दाब पर ऊँचाई के प्रभाव को दूर करने और तुलनात्मक बनाने के लिए, वायुदाब मापने के बाद इसे समुद्र तल के स्तर पर घटा दिया जाता है।

कूट
(a) 2, 1, 4, 3 (b) 1, 2, 4, 3 (c) 3, 4, 1, 2 (d) 4, 3, 2, 1

उत्तर (a) 2, 1, 4, 3

20. निम्नलिखित कथनों पर विचार कीजिए
1. अंतर-उष्णकटिबंधीय अभिसरण क्षेत्र में उच्च सूर्यातप एवं निम्न वायुदाब पाया जाता है।
2. इन क्षेत्रों में वायु संवहन धाराओं के रूप में ऊपर उठता है।
3. विषुवत् वृत्त की ओर बहने वाली वायु को पूर्वी पवन कहा जाता है।

उपरोक्त कथनों में से कौन-सा/से कथन सही है/हैं?
(a) केवल 1 (b) 1 और 2
(c) 2 और 3 (d) 1, 2 और 3

उत्तर (d) 1, 2 और 3

21. निम्नलिखित इकाइयों में से किसमें वायुमंडलीय दबाव को व्यक्त किया जाता है?
1. मिलीबार 2. पास्कल
3. किलोवाट 4. किलोपास्कल

कूट
(a) 1, 2 और 3 (b) 1, 2 और 4
(c) 2, 3 और 4 (d) 1, 2, 3 और 4

उत्तर (b) 1, 2 और 4

22. विषुवतीय प्रदेश में ध्रुवीय क्षेत्रों में प्रवाहित निम्नलिखित वायुदाब पेटियों को दक्षिण से उत्तर के क्रम में व्यवस्थित कीजिए
1. उपोष्ण उच्च वायुदाब पेटी
2. उपध्रुवीय निम्न वायुदाब पेटी
3. विषुवतीय निम्न वायुदाब पेटी
4. ध्रुवीय उच्च वायुदाब पेटी

कूट
(a) 1, 2, 3, 4 (b) 2, 3, 4, 1 (c) 3, 1, 2, 4 (d) 4, 3, 2, 1

उत्तर (c) 3, 1, 2, 4

23. सूची I को सूची II से सुमेलित कीजिए

सूची I	सूची II
A. अचर वाताग्र	1. ठंडी एवं भारी वायुराशि मिलती है और हल्की वायुराशि को ऊपर उठाती है।
B. उष्ण वाताग्र	2. गर्म और हल्की वायुराशि, ठंडी एवं भारी वायुराशि के ऊपर चढ़ती है।
C. शीत वाताग्र	3. दो विपरीत वायुराशि के मिलन स्थल पर वायु ऊपर नहीं उठती है।
D. अधिविष्ट वाताग्र	4. एक वायुराशि को दूसरी वायुराशि धरातल से पूर्णत: ऊपर उठा देती है।

कूट

	A	B	C	D		A	B	C	D
(a)	1	2	3	4	(b)	2	4	3	1
(c)	3	2	1	4	(d)	4	3	2	1

उत्तर *(c)* 3 2 1 4

24. सूची I को सूची II से सुमेलित कीजिए

सूची I	सूची II
A. उष्णकटिबंधीय महासागरीय वायुराशि	1. cP
B. ध्रुवीय महाद्वीपीय वायुराशि	2. cA
C. ध्रुवीय महासागरीय वायुराशि	3. mT
D. महाद्वीपीय आर्कटिक वायुराशि	4. mP

कूट

	A	B	C	D		A	B	C	D
(a)	1	2	3	4	(b)	3	1	4	2
(c)	3	4	2	1	(d)	1	2	4	3

उत्तर *(b)* 3 1 4 2

25. निम्नलिखित तालिका में रिक्त स्थान को उचित शब्दों से पूरा कीजिए।

दाब पद्धति	केंद्र में दाब की स्थिति
A-?	निम्न
प्रतिचक्रवात	B-?

उत्तर A-चक्रवात, B-उच्च

26. निम्नलिखित में से कौन-सा युग्म सही सुमेलित नहीं है?

(a) हेडले कोष्ठ — उष्णकटिबंधीय क्षेत्रों में परिसंचरण कोष्ठ
(b) रेनबैंड — चक्रवात की आँख से विकरित
(c) तड़ितझंझा — उष्ण आर्द्र दिनों में प्रबल संवहन के कारण
(d) टोरनेडो — नदी पर विकास

उत्तर *(d)* टोरनेडो—नदी पर विकास

निर्देश (प्र.स. 27-29) नीचे दिए गए कथन (A) और दूसरा कारण (R) को ध्यानपूर्वक पढ़कर कूट की सहायता से सही उत्तर चुनिए।

कूट

(a) A और R दोनों सही हैं तथा R, A की सही व्याख्या है
(b) A और R दोनों सही हैं, परंतु R, A की सही व्याख्या नहीं है
(c) A सही है, किंतु R गलत है
(d) A गलत है, किंतु R सही है

27. कथन (A) पृथ्वी के धरातल पर वायुदाब अधिक होता है।

कारण (R) गुरुत्वाकर्षण के कारण धरातल के निकट वायु सघन पाई जाती है।

उत्तर *(a)* माध्य समुद्रतल से वायुमंडल की अंतिम सीमा तक एक इकाई क्षेत्रफल के वायु स्तंभ के भार को वायुमंडलीय दाब कहते हैं। समुद्रतल पर औसत वायुमंडलीय दाब 1,013.2 मिलीबार होता है। पृथ्वी पर गुरुत्वाकर्षण के कारण धरातल के निकट वायु सघन पाई जाती है और इसी कारण वायुदाब अधिक होता है। वायुदाब मापने के लिए पारद वायुदाब मापी का प्रयोग करते हैं।

28. कथन (A) वायुमंडल के निचले भाग में वायुदाब ऊँचाई के साथ-साथ तीव्रता से घटता है।

कारण (R) प्रत्येक 10 मी की ऊँचाई पर यह दर 1 मिलीबार होती है।

उत्तर *(b)* वायुमंडल के निचले भाग में वायुदाब ऊँचाई के साथ-साथ तीव्रता से घटता है। प्रत्येक 10 मी. की ऊँचाई पर यह दर 1 मिलीबार होती है।, जिसके परिणामस्वरूप वायुदाब में उर्ध्वाधर भिन्नता हो जाती है, लेकिन वायुदाब ही ह्रास पर हमेशा एक समान नहीं होती है।

29. कथन (A) वायु को ऊर्जा एवं जलवाष्प महासागर से प्राप्त होती है।

कारण (R) ये अंतर्संबंध महासागरों के विस्तृत क्षेत्रों पर अपेक्षाकृत अधिक होते हैं।

उत्तर *(c)* वायुमंडल का सामान्य परिसंचरण महासागरीय धाराओं को भी प्रभावित करता है। धीमी गति की पवनें धीमी गति की महासागरीय धाराओं को तथा अधिक गति की पवनें अधिक गति की महासागरीय धाराओं को प्रवाहित करती है। वायु को ऊर्जा एवं जलवाष्प महासागर से प्राप्त होती हैं, लेकिन ये अंतर्संबंध महासागरों के विस्तृत क्षेत्रों पर अपेक्षाकृत कम होते हैं।

30 कथन I टोरनेडो सामान्यत: मध्य अक्षांशों में उत्पन्न होते हैं।

कथन II गुरुत्वाकर्षण के कारण धरातल के निकट वायु विरल होती है।

कूट

(a) केवल कथन I सही है (b) केवल कथन II सही है
(c) कथन I और II दोनों सही हैं (d) कथन I और II दोनों गलत हैं

उत्तर (a) केवल कथन I सही है।

31. नीचे दिए गए चित्र का अध्ययन कीजिए और निम्नलिखित प्रश्नों के उत्तर दीजिए

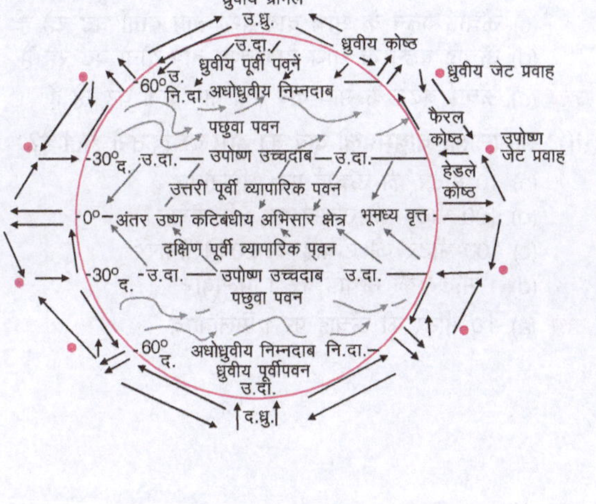

(i) 30° से 60° उत्तरी एवं दक्षिणी अक्षांश में कौन-सी पवन प्रवाहित होती है?

(a) ध्रुवीय पूर्वी पवन (b) पछुआ पवन
(c) व्यापारिक पवन (d) भू-विक्षेपी पवन

उत्तर (b) पछुआ पवन

(ii) अंतः उष्णकटिबंधीय अभिसरण क्षेत्र कहाँ स्थित रहता है?

(a) विषुवत् वृत्त पर
(b) ध्रुवों पर
(c) उपोष्ण कटिबंध क्षेत्र
(d) उच्च वायुदाब क्षेत्र

उत्तर (a) विषुवत् वृत्त पर

(iii) हेडले कोष्ठ का परिसंचरण कहाँ होता है?

(a) उष्णकटिबंधीय क्षेत्र (b) शीतोष्ण क्षेत्र
(c) ध्रुवीय क्षेत्र (d) इनमें से कोई नहीं

उत्तर (a) उष्णकटिबंधीय क्षेत्र

32. नीचे दिए गए ग्राफ को पढ़िए तथा संबंधित प्रश्नों का उत्तर दीजिए।

स्तर	वायुदाब (मिलीबार में)	तापमान (डिग्री सेटीग्रेड में)
समुद्रतल	1.013.25	15.2
1 किमी	898.76	8.7
5 किमी	540.48	–17.3
10 किमी	265.00	–49.7

(i) ग्राफ के अनुसार वायुमंडली दाब में क्या परिवर्तन हो रहा है?

(a) सदैव निर्धारित दर से घट रहा है
(b) एक निर्धारित दर से बढ़ रहा है
(c) सदैव निर्धारित दर से बढ़ रहा है
(d) ह्रास दर से निश्चित नहीं है

उत्तर (d) ह्रास दर से निश्चित नहीं है

(ii) ग्राफ के अनुसार वायुमंडलीय दाब व वायु मंडलीय ताप में क्या संबंध दिख रहा है?

(a) ऊँचाई बढ़ने के साथ दाब बढ़ रहा है, किंतु ताप घट रहा है
(b) ऊँचाई बढ़ने के साथ दाब घट रहा है, किंतु ताप बढ़ रहा है
(c) ऊँचाई बढ़ने के साथ दाब तथा ताप दोनों घट रहे हैं
(d) ऊँचाई बढ़ने के साथ दाब तथा ताप दोनों बढ़ रहे हैं

उत्तर (c) ऊँचाई बढ़ने के साथ दाब तथा ताप दोनों घट रहे हैं

(iii) सामान्यता: वायुमंडली दाब का ह्रास दर कितनी होती है?

(a) 10 मीटर की ऊँचाई पर 1 मिलीबार
(b) 100 मीटर की ऊँचाई पर 1 मिलीबार
(c) 100 मीटर की ऊँचाई पर 20 मिलीबार
(d) 1 मीटर की ऊँचाई पर 1 मिलीबार

उत्तर (a) 10 मीटर की ऊँचाई पर 1 मिलीबारब

स्रोत आधारित प्रश्न

निम्नलिखित स्रोतों को ध्यानपूर्वक पढ़कर उन पर आधारित प्रश्नों के उत्तर दीजिए

1. **उष्णकटिबंधीय चक्रवात का खड़ा परिच्छेद चित्र को ध्यानपूर्वक देखें और नीचे दिए गए प्रश्नों के उत्तर दीजिए।**

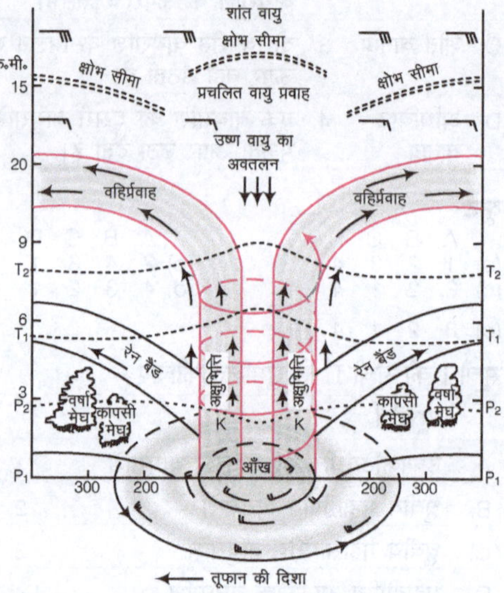

(i) **चक्रवात के केंद्र में हवा का व्यवहार कैसा होता है?**

उत्तर चक्रवात के केंद्र में हवा ऊपर की ओर उठती है, जिससे कम दबाव का क्षेत्र निर्मित होता है। यह प्रबल सर्पिल पवनों का परिसंचरण है, जिसे 'आँख' कहा जाता है।

(ii) **वर्षा किस क्षेत्र में सबसे अधिक होती है?**

उत्तर चक्रवात के 'रेन बैड्स' में वर्षा सबसे अधिक होती है। यह बाहरी किनारों पर स्थित होता है।

(iii) **उष्ण वायु का अवतलन कहाँ होता है?**

उत्तर उष्ण वायु का अवतलन चक्रवात के बाहरी भागों में होता है, जिससे शीतल वायु नीचे की ओर जाती है।

2. **पृथ्वी का अपने अक्ष पर घूर्णन पवनों की दिशा को प्रभावित करता है। 1844 ई. में फ्रांसीसी वैज्ञानिक ने इसका विवरण प्रस्तुत किया और इन्हीं के नाम पर इस बल को कोरिऑलिस बल कहा जाता है। इस प्रभाव से पवनें उत्तरी गोलार्द्ध में अपनी मूल दिशा में दाहिने ओर व दक्षिण गोलार्द्ध में बाईं ओर विक्षेपित हो जाती हैं। जब पवनों का वेग अधिक होता है, तब विक्षेपण भी अधिक होता है। कोरिऑलिस बल अक्षांशों के कोण के सीधा समानुपात में बढ़ता है। यह ध्रुवों पर सर्वाधिक और विषुवत् वृत्त पर अनुपस्थित होती है।**

कोरिऑलिस बल दाब-प्रवणता के समकोण पर कार्य करता है। दाब-प्रवणता बल समदाब रेखाओं के समकोण पर होता है। जितनी दाब-प्रवणता अधिक होगी, पवनों का वेग उतना ही अधिक होगा और पवनों की दिशा उतनी ही अधिक विक्षेपित होगी। इन दो बलों के

एक-दूसरे से समकोण पर होने के कारण निम्नदाब क्षेत्रों में पवनें इसी के आसपास बहती हैं। विषुवत् वृत्त पर कोरिऑलिस बल शून्य होता है और पवनें समदाब रेखाओं के समकोण पर बहती हैं। अतः निम्नदाब क्षेत्र और अधिक गहन होने की बजाय पूरित हो जाता है। यही कारण है कि विषुवत् वृत्त के निकट उष्णकटिबंधीय चक्रवात नहीं बनते।

पवनों का वेग व उनकी दिशा, पवनों को उत्पन्न करने वाले बलों का परिणाम है। पृथ्वी की सतह से 2-3 किमी की ऊँचाई पर ऊपरी वायुमंडल में पवनें धरातलीय घर्षण के प्रभाव से मुक्त होती हैं और मुख्यतः दाब-प्रवणता तथा कोरिऑलिस बल से नियंत्रित होती हैं। जब समदाब रेखाएँ सीधी हों और घर्षण का प्रभाव न हो, तो दाब-प्रवणता बल कोरिऑलिस बल से संतुलित हो जाता है और फलस्वरूप पवनें समदाब रेखाओं के समानांतर बहती हैं। ये पवनें भू-विक्षेपी पवनों के नाम से जानी जाती हैं।

(i) **कोरिऑलिस बल किस प्रकार कार्य करता है?**

उत्तर कोरिऑलिस बल दाब प्रवणता के समकोण पर कार्य करता है। दाब प्रवणता बल समदाब रेखाओं के समकोण पर होता है।

जितनी दाब-प्रवणता अधिक होगी पवनों का वेग उतना ही अधिक होगा और पवनों की दिशा उतनी ही अधिक विक्षेपित होगी।

(ii) **भू-विक्षेपी पवनें क्या हैं?**

उत्तर जब समदाब रेखाएँ सीधी हों और घर्षण का प्रभाव न हो तो दाब प्रवणता बल कोरिऑलिस बल से संतुलित हो जाता है और फलस्वरूप पवनें समदाब रेखाओं के समानांतर बहती हैं। ये पवनें भू-विक्षेपी पवनें कहलाती हैं।

(iii) **उष्ण कटिबंधीय अभिसरण क्षेत्र (ITCI) पर वायु संवहन धाराओं के रूप में कब ऊपर उठती है?**

उत्तर उच्च सूर्यातप व निम्न वायुदाब होने से अंतर उष्णकटिबंधीय अभिसरण क्षेत्र पर वायु संवहन धाराओं के रूप में ऊपर उठती है।

3. उष्णकटिबंधीय चक्रवात आक्रामक तूफान है, जिनकी उत्पत्ति उष्णकटिबंधीय क्षेत्रों के महासागरों पर होती है और ये तटीय क्षेत्रों की तरफ गतिमान होते हैं। ये चक्रवात आक्रामक पवनों के कारण विस्तृत विनाश, अत्यधिक वर्षा और तूफान लाते हैं। ये चक्रवात विध्वंसक प्राकृतिक आपदाओं में से एक हैं। हिंद महासागर में ये 'चक्रवात' अटलांटिक महासागर में 'हरिकेन' के नाम से, पश्चिम प्रशांत और दक्षिण चीन सागर में 'टाइफून' और पश्चिमी ऑस्ट्रेलिया में 'विली-विलीज' के नाम से जाने जाते हैं। उष्णकटिबंधीय चक्रवात, उष्णकटिबंधीय महासागरों में उत्पन्न व विकसित होते हैं। इनकी उत्पत्ति व विकास के लिए अनुकूल स्थितियाँ हैं : (i) वृहत् समुद्री सतह; जहाँ तापमान 27° सेल्सियस से अधिक हो; (ii) कोरिऑलिस बल का होना; (iii) ऊर्ध्वाधर पवनों की गति में अंतर कम होना (iv) कमजोर निम्न दाब क्षेत्र या निम्न स्तर का चक्रवातीय परिसंचरण का होना (v) समुद्री तल तंत्र पर ऊपरी अपसरण।

चक्रवातों को और अधिक विध्वंसक करने वाली ऊर्जा संघनन प्रक्रिया द्वारा ऊँचे कपासी स्तरी मेघों से प्राप्त होती है, जो इस तूफान के केंद्र को घेरे होती है। समुद्रों से लगातार आर्द्रता की आपूर्ति से ये तूफान अधिक प्रबल होते हैं। स्थल पर पहुँचकर आर्द्रता की आपूर्ति रुक जाती है और ये क्षीण होकर समाप्त हो जाते हैं। वह स्थान जहाँ से उष्णकटिबंधीय चक्रवात तट को पार करके जमीन पर पहुँचते हैं। चक्रवात का लैंडफाल कहलाता है। वे चक्रवात जो प्रायः 20° उत्तरी अक्षांश से गुजरते हैं, उनकी दिशा अनिश्चित होती है और ये अधिक विध्वंसक होते हैं।

(i) **उष्णकटिबंधीय चक्रवातों की उत्पत्ति के लिए कौन-कौन-सी अनुकूल स्थितियाँ आवश्यक हैं?**

उत्तर उष्णकटिबंधीय चक्रवातों की उत्पत्ति के लिए वृहत् समुद्री सतह जहाँ का तापमान 27°C से अधिक हो, कोरिऑलिस बल का होना, ऊर्ध्वाधर पवनों की गति में अंतर कम होना, कमजोर निम्न दाब क्षेत्र या निम्न स्तर का चक्रवातीय परिसंचरण का होना तथा समुद्री तल तंत्र पर ऊपरी अपसरण का होना आवश्यक है।

(ii) **चक्रवातों को ऊर्जा कहाँ से प्राप्त होती हैं और उनका क्षीणन कैसे होता हैं?**

उत्तर चक्रवातों को ऊर्जा समुद्रों से संघनन प्रक्रिया द्वारा प्राप्त होती है। स्थल पर पहुँचने के बाद आर्द्रता की आपूर्ति रुक जाती है, जिस कारण वह धीरे-धीरे क्षीण होकर समाप्त हो जाती है।

(iii) **चक्रवातीय परिसंचरण की 'आँख' और 'अक्षुभित्ति' में क्या अंतर है?**

उत्तर चक्रवातीय 'आँख' शांत क्षेत्र है, जहाँ पवनों का अवतलन होता है, जबकि 'अक्षुभित्ति' इसके चारों ओर स्थित प्रबल प्रश्नों और आरोहण का क्षेत्र है, जहाँ पवन वेग अधिकतम होता है।

लघु उत्तरीय प्रश्न

1. वायुमंडलीय दाब किसे कहते हैं? वायुदाब को मापने में किसका प्रयोग किया जाता है?

उत्तर समुद्रतल से वायुमंडल की अंतिम सीमा तक एक इकाई क्षेत्रफल के वायु स्तंभ के भार को वायुमंडलीय दाब कहते हैं। अन्य शब्दों में, वायुमंडल द्वारा, पृथ्वी तल के प्रति इकाई क्षेत्रफल पर डाले गए वायु स्तंभ के दाब को ही वायुमंडलीय दाब कहते हैं।

वायुदाब को मिलीबार में मापा जाता है। समुद्रतल पर औसत वायुमंडलीय दाब 1,013.2 मिलीबार होता है। पृथ्वी पर गुरुत्वाकर्षण के कारण धरातल के निकट वायु सघन पाई जाती है और इसी कारण वायुदाब अधिक होता है। वायुदाब को मापने के लिए पारद वायुदाबमापी तथा निर्द्रव वायुदाबमापी का प्रयोग करते हैं। ऊँचाई पर वायुदाब भिन्न स्थानों पर भिन्न-भिन्न होता है और यह ऊँचाई के साथ घटता है। वायुदाब की इसी असमानता के कारण ऊँचाई पर वायु में गति उत्पन्न हो जाती है अर्थात् वायु का प्रवाह उच्च वायुदाब से निम्न वायुदाब क्षेत्र की ओर होता है। उदाहरणस्वरूप, जब हम ऊँचाई पर चढ़ते हैं, तो साँस लेने में कठिनाई होती है, क्योंकि ऊँचाई पर वायु विरल होती जाती है।

2. वायुदाब के वितरण को कितने भागों में विभक्त किया जाता है? किसी एक पर संक्षिप्त टिप्पणी लिखिए।

अथवा **वायुदाब के उर्ध्वाधर वितरण से आप क्या समझते हैं? ऊँचाई के साथ इसमें क्या परिवर्तन होता है?**

उत्तर पृथ्वी पर वायुदाब के वितरण को दो भागों में विभक्त किया जाता है

(i) **वायुदाब का ऊर्ध्वाधर वितरण** वायुमंडल के निचले भाग में वायुदाब ऊँचाई के साथ-साथ तीव्रता से घटता है। प्रत्येक 10 मी की ऊँचाई पर यह दर 1 मिलीबार होती है, जिसके परिणामस्वरूप वायुदाब के ऊर्ध्वाधर में भिन्नता हो जाती है, लेकिन वायुदाब की ह्रास दर हमेशा एकसमान नहीं होती है।

(ii) **वायु दाब का क्षैतिज वितरण** ऊर्ध्वाधर दाब प्रवणता क्षैतिज दाब-प्रवणता क्षैतिज दाब-प्रवणता की अपेक्षाकृत अधिक होती है। ऊर्ध्वाधर पवनें क्षैतिज पवनों से अधिक शक्तिशाली नहीं होती हैं, क्योंकि ऊर्ध्वाधर पवनों के विपरीत दिशा में कार्यरत् गुरुत्वाकर्षण बल इसे संतुलित कर देते हैं।

3. विषुवतीय निम्न अवदाब एवं उपध्रुवीय निम्न वायुदाब पर संक्षिप्त टिप्पणी लिखिए।

उत्तर **विषुवतीय निम्न अवदाब** समुद्रतल से वायुदाब के विश्व-वितरण पर ग्रीष्म एवं शीत ऋतु में स्पष्ट प्रभाव पड़ता है, इसलिए यह वितरण जनवरी एवं जुलाई के महीनों में अलग-अलग दिखाई देता है। विषुवत् वृत्त के निकट वायुदाब कम होता है, जिसे विषुवतीय निम्न अवदाब क्षेत्र कहते हैं।

उपध्रुवीय निम्न वायुदाब दोनों गोलार्द्धों में 30° उत्तरी एवं 30° दक्षिणी अक्षांशों के निकट उच्च वायुदाब क्षेत्र पाया जाता है, जिसे उपोष्ण उच्च वायुदाब क्षेत्र कहते हैं। इसी प्रकार 60° उत्तरी एवं 60° दक्षिणी अक्षांशों के निकट निम्न वायुदाब पट्टियाँ पाई जाती हैं, जिन्हें उपध्रुवीय या अधोध्रुवीय निम्न दाब पट्टियाँ कहते हैं।

4. भू-विक्षेपी पवन एवं मौसमी पवन को स्पष्ट कीजिए।

उत्तर **भू-विक्षेपी पवन** पवनों को उत्पन्न करने वाले बल ही पवनों की दिशा एवं वेग को निर्धारित करते हैं। ऊपरी वायुमंडल में पवनें पृथ्वी की सतह से 2-3 किमी की ऊँचाई पर धरातलीय घर्षण के प्रभाव में नहीं रहती हैं, परंतु कोरिऑलिस बल और दाब-प्रवणता का व्यापक रूप से प्रभाव पड़ता है। समदाब रेखाओं के सीधे होने तथा घर्षण के प्रभाव न होने पर दाब-प्रवणता बल को कोरिऑलिस बल संतुलित कर देता है, जिसके परिणामस्वरूप पवनें समदाब रेखाओं के समानांतर बहती हैं, जिन्हें भू-विक्षेपी पवन कहते हैं।

मौसमी पवन सूर्य के विस्थापन से विभिन्न मौसमों में पवनों के प्रवाह के प्रारूप में बदलाव आता है, जिसका मुख्य कारण अत्यधिक तापन, पवन एवं वायुदाब पट्टियों के विस्थापन आदि हैं। ऐसे विस्थापन का सबसे अधिक स्पष्ट प्रभाव दक्षिण-पूर्व एशिया में मानसून पवनों पर पड़ता है। दक्षिणी एशिया मानसून पवनों की दिशा शीत ऋतु में उत्तरी-पूर्वी होती है, जबकि ग्रीष्म ऋतु में इसकी दिशा दक्षिणी-पश्चिमी होती है।

5. वायुमंडल का सामान्य परिसंचरण किसे कहा जाता है? भूमंडलीय पवनों के प्रारूप पर किन कारणों का प्रभाव पड़ता है?

उत्तर वायुमंडलीय पवनों के प्रवाह प्रारूप को ही वायुमंडलीय सामान्य परिसंचरण कहते हैं। वायुमंडलीय परिसंचरण द्वारा महासागरीय जल में गति उत्पन्न की जाती है, जो पृथ्वी की जलवायु को भी प्रभावित करती है। भूमंडलीय पवनों के प्रारूप पर मुख्यतः निम्न कारणों का प्रभाव पड़ता है

- वायुमंडलीय ताप में अक्षांशीय भिन्नता
- वायुदाब पट्टियों की उपस्थिति
- वायुदाब पट्टियों का सौर किरणों के साथ विस्थापन
- महाद्वीपों एवं महासागरों का वितरण
- पृथ्वी का घूर्णन

6. कोष्ठ किसे कहते हैं? यह कितने प्रकार के होते हैं? स्पष्ट कीजिए।

अथवा **पृथ्वी की सतह से उर्ध्वाधर होने वाले परिसंचरण को क्या कहते हैं? इसके विभिन्न प्रकारों की चर्चा कीजिए।**

उत्तर पृथ्वी की सतह से ऊर्ध्वाधर होने वाले परिसंचरण और इसके विपरीत दिशा में होने वाले परिसंचरण को कोष्ठ कहते हैं। कोष्ठ को निम्न भागों में विभाजित किया जा सकता है

(i) **हेडले कोष्ठ** उष्णकटिबंधीय क्षेत्रों में परिसंचरण कोष्ठ को हेडले कोष्ठ कहते हैं।

(ii) **फैरल कोष्ठ** मध्य अक्षांशीय वायु परिसंचरण में ध्रुवों से चलने वाली ठंडी पवनों का अवतलन होता है तथा उपोष्ण उच्च वायुदाब कटिबंधीय क्षेत्रों से आने वाली वायु ऊपर उठती है। धरातल पर ये पवनें पछुआ पवनों के नाम से जानी जाती हैं। इस प्रकार एक कोष्ठ का निर्माण होता है, जिसे फैरल कोष्ठ कहते हैं।

(iii) **ध्रुवीय कोष्ठ** ध्रुवीय अक्षांशों पर ठंडी सघन वायु का ध्रुवों पर अवतलन होता है और यह ठंडी सघन वायु मध्य अक्षांशों की ओर ध्रुवीय पवनों के रूप में प्रवाहित होती है। इस प्रक्रिया के परिणामस्वरूप यहाँ एक कोष्ठ का निर्माण होता है, जिसे ध्रुवीय कोष्ठ कहते हैं।

7. वायुराशियाँ क्या हैं? वायुराशियों के प्रमुख उद्गम क्षेत्र को बताइए।

उत्तर वायुमंडल में विस्तृत तथा घने क्षेत्र की वायु को वायुराशि कहते हैं। इसमें विभिन्न ऊँचाइयों पर क्षैतिज रूप में तापमान तथा आर्द्रता संबंधी समानताएँ पाई जाती हैं। यह समांगी क्षेत्र होता है, जो विस्तृत महासागरीय सतह या विस्तृत मैदानी भाग हो सकता है। वायुराशियों को उनके उद्गम क्षेत्र के आधार पर वर्गीकृत किया जाता है। इनके प्रमुख पाँच उद्गम क्षेत्र हैं, जो इस प्रकार हैं

(i) उष्ण व उपोष्ण कटिबंधीय महासागर
(ii) उपोष्ण कटिबंधीय उष्ण मरुस्थल
(iii) उच्च अक्षांशीय अपेक्षाकृत ठंडे महासागर
(iv) उच्च अक्षांशीय अति शीत बर्फ आच्छादित महाद्वीपीय क्षेत्र
(v) स्थायी रूप से बर्फ आच्छादित महाद्वीप

8. वाताग्र को परिभाषित कीजिए। इसके प्रकारों का उल्लेख कीजिए।

उत्तर जब दो भिन्न प्रकार की वायुराशियाँ मिलती हैं, तो उनके मध्य सीमा क्षेत्र को वाताग्र कहते हैं। वाताग्रों के बनने की प्रक्रिया को वाताग्र-जनन कहते हैं। वाताग्र चार प्रकार के होते हैं

(i) **अचर वाताग्र** दो विपरीत गुणों वाली वायुराशियों के मिलने के बाद वाताग्र स्थिर हो जाए, तो उसे अचर वाताग्र कहा जाता है, इसमें कोई भी वायु ऊपर नहीं उठती है।

(ii) **अधिविष्ट वाताग्र** जब एक वायुराशि को दूसरी वायुराशि, पूर्णतः धरातल से ऊपर उठा देती है, तो अधिविष्ट वाताग्र का निर्माण होता है।

(iii) **उष्ण वाताग्र** जब गर्म एवं हल्की वायुराशि आक्रामक होकर ठंडी एवं भारी वायुराशि के ऊपर चढ़ती है, तो उष्ण वाताग्र का निर्माण होता है।

(iv) **शीत वाताग्र** जब ठंडी एवं भारी वायुराशि आक्रामक होकर आगे बढ़ती है, जो गर्म एवं हल्की वायुराशि को ऊपर उठाती है। इस प्रकार बने वाताग्र को शीत वाताग्र कहते हैं।

9. उष्णकटिबंधीय चक्रवात की प्रमुख विशेषताएँ बताइए।

उत्तर उष्णकटिबंधीय चक्रवात की प्रमुख विशेषताएँ निम्नलिखित हैं

- इस चक्रवात के केंद्र के चारों तरफ प्रबल सर्पिल पवनों का परिसंचरण होता है, जिसे इसकी आँख कहते हैं।
- इसमें परिसंचरण प्रणाली का व्यास 150 से 250 किमी तक होता है।
- इसका केंद्र शांत होता है, जहाँ पवनों का अवतलन होता है।
- केंद्र के चारों ओर पवनों का वृत्ताकार रूप में आरोहण होता है, जिसका वेग 250 किमी प्रति घंटा होता है।
- इन चक्रवातों से मूसलाधार वर्षा होती है।
- चक्रवात की आँख से रेनबैंड विकसित होते हैं।
- इनका व्यास बंगाल की खाड़ी, अरब सागर व हिंद महासागर पर 600 से 1200 किमी के बीच होता है। ये तूफान तरंगें उत्पन्न करते हैं और तटीय निम्न क्षेत्रों को जल प्लावित कर देते हैं।

10. तड़ितझंझा व टोरनेडो को स्पष्ट कीजिए।

उत्तर **तड़ितझंझा** यह तीव्र स्थानीय झंझावत होता है, जिसमें विस्तृत तथा घने कपासी वर्षा मेघ (कपासी मेघ ऊर्ध्वाधर विकास वाले मेघ होते हैं। ये आकाश में धुनी हुई रूई के ढेर के समान प्रतीत होते हैं।) होते हैं तथा इसमें नीचे से ऊपर की ओर प्रबल हवा चलती है। यह अल्प समय के लिए कम क्षेत्रों पर प्रभावी होते हैं, जो उष्ण-आर्द्र दिनों में प्रबल संवहन के कारण उत्पन्न होते हैं। आर्द्रता के कम होने पर ये धूलभरी आँधियाँ लाते हैं। भूमध्य रेखीय प्रदेश इनके लिए आदर्श होते हैं।

टोरनेडो यह चक्रवातों के आकार की दृष्टि से लघुतम होता है, परंतु प्रभाव के दृष्टिकोण से सर्वाधिक प्रलयकारी तथा प्रचंड होता है। टोरनेडो सामान्यतः मध्य अक्षांशों से उत्पन्न होते हैं। समुद्र पर टोरनेडो को जलस्तंभ कहते हैं। इसके केंद्र में अत्यंत न्यून वायुदाब होता है। अतः इन तूफानों से स्थितिज व ताप ऊर्जा गतिज में परिवर्तन हो जाते हैं और अशांत वायुमंडलीय दशाएँ पुनः स्थिर स्थिति में आ जाती हैं।

11. निम्नलिखित के मध्य अंतर स्पष्ट कीजिए

(i) **पवन तथा वायुराशि में अंतर बताइए।**

उत्तर पवन तथा वायुराशि में निम्नलिखित अंतर हैं

पवन	वायुराशि
अलग-अलग स्थानों पर वायु के तापमान एवं आर्द्रता में अंतर पाया जाता है।	वायुराशि में तापमान एवं आर्द्रता लगभग समान रूप में रहती है।
वायु का प्रवाह उच्च वायुदाब क्षेत्र से निम्न वायुदाब क्षेत्र की ओर होता है।	वायुराशि का उद्गम क्षेत्र ध्रुवों एवं उष्णकटिबंधीय क्षेत्र में होता है।
यह वायु का क्षैतिज प्रवाह होता है।	वायुराशि, वायु का भाग होता है, जिसमें तापमान और आर्द्रता का क्षैतिज वितरण समान होता है।

(ii) **उष्णकटिबंधीय चक्रवात तथा शीतोष्ण कटिबंधीय चक्रवात के तीन मुख्य अंतरों को बताइए।**

उत्तर उष्णकटिबंधीय चक्रवात तथा शीतोष्ण कटिबंधीय चक्रवात के तीन अंतर इस प्रकार हैं

उष्णकटिबंधीय चक्रवात	शीतोष्ण कटिबंधीय चक्रवात
उष्णकटिबंधीय चक्रवात की उत्पत्ति महासागरों में होती है।	इनकी उत्पत्ति जल तथा स्थलों दोनों पर होती है।
इनकी स्थिति प्रायः 6° से 15° उत्तरी तथा दक्षिणी अक्षांशों के मध्य पाई जाती है।	इनकी स्थिति प्रायः 35° तथा 65° दक्षिणी अक्षांशों के मध्य पाई जाती है।
इसमें स्पष्ट उष्ण तथा शीत वाताग्र नहीं होते हैं, किंतु अंतर-उष्णकटिबंधीय वाताग्र होता है।	इसमें स्पष्ट उष्ण तथा शीत वाताग्र पाए जाते हैं।

(iii) **बहिरुष्ण कटिबंधीय चक्रवात और उष्णकटिबंधीय चक्रवात में अंतर स्पष्ट कीजिए।**

उत्तर बहिरुष्ण कटिबंधीय चक्रवात और उष्णकटिबंधीय चक्रवात में निम्नलिखित अंतर है

बहिरुष्ण कटिबंधीय चक्रवात	उष्णकटिबंधीय चक्रवात
इसमें स्पष्ट वाताग्र प्रणालियाँ पाई जाती हैं।	इसमें वाताग्र प्रणालियाँ नहीं पाई जाती हैं।
इनकी उत्पत्ति जल एवं स्थल दोनों पर होती है।	इनकी उत्पत्ति केवल समुद्रों पर होती है। स्थलीय भागों में पहुँचने पर ये नष्ट हो जाते हैं।
ये विस्तृत क्षेत्र को प्रभावित करते हैं।	ये सीमित क्षेत्र को प्रभावित करते हैं।
इसमें वायु का वेग कम होता है तथा ये कम विनाशकारी होते हैं।	इसमें पवनों का वेग तीव्र होता है तथा ये बहुत विनाशकारी होते हैं।
इनकी दिशा पश्चिम से पूर्व की ओर होती है।	इनकी दिशा पूर्व से पश्चिम की ओर होती है।

दीर्घ उत्तरीय प्रश्न

1. पवनों की दिशा एवं वेग को प्रभावित करने वाले बलों का वर्णन कीजिए।

अथवा **पवनों से आप क्या समझते हैं? पवनों को प्रभावित करने वाले दाब प्रवणता बल, घर्षण बल तथा कोरिऑलिस बल की व्याख्या कीजिए।**

उत्तर पवनों की दिशा एवं वेग को प्रभावित करने वाले बल निम्नलिखित हैं

(i) **दाब प्रवणता बल** यह बल उच्च दाब क्षेत्र से निम्न दाब क्षेत्र की ओर कार्य करता है। दाब प्रवणता जितनी अधिक होगी, पवन की गति उतनी तीव्र होगी।

(ii) **कोरिऑलिस बल** पृथ्वी की घूर्णन के कारण यह बल पवनों को उनकी दिशा से विचलित करता हैं। उत्तरी गोलार्द्ध में यह पवनों को दाईं ओर तथा दक्षिणी गोलार्द्ध में बाईं ओर मोड़ता है।

(iii) **घर्षण बल** पृथ्वी की सतह के संपर्क में आने से पवनों की गति पर घर्षण बल का प्रभाव पड़ता है। यह बल सतह के लगभग रहने वाली पवनों की गति को धीमा करता है और उनकी दिशा को भी बदल देता है।

(iv) **केंद्राभिमुख बल** जब पवनें घुमावदार पथ पर चलती हैं, तो यह बल उन्हें संतुलन में रखता है। यह चक्रवातों और प्रतिचक्रवातों के दौरान विशेष रूप से प्रभावी होता है।

यह सभी बल मिलकर पवनों की गति एवं दिशा को निर्धारित करते हैं। इनका संतुलन ही विभिन्न प्रकार की वायुमंडलीय स्थितियों को उत्पन्न करता है।

2. वायुमंडल के सामान्य परिसंचरण तथा इसके महासागरों पर प्रभाव को स्पष्ट कीजिए।

उत्तर प्रशांत महासागर के गर्म या ठंडा होने में वायुमंडल के सामान्य परिसंचरण की महत्त्वपूर्ण भूमिका है। जब मध्य प्रशांत महासागर की गर्म जलधाराएँ दक्षिणी अमेरिकी देश पेरू के तट पर प्रभावित होने वाली ठंडी जलधारा का स्थान ले लेती हैं, तो इस तट पर इन गर्म जलधाराओं को एल-निनो कहते हैं। एल-निनो के निर्माण का मध्य प्रशांत महासागर और ऑस्ट्रेलिया के वायुदाब परिवर्तन से गहरा संबंध है। प्रशांत महासागर पर वायुदाब के इस परिवर्तन को दक्षिणी दोलन कहते हैं। दक्षिणी दोलन एवं एल-निनो की संयुक्त घटना को ENSO कहते हैं। जिस वर्ष ENSO शक्तिशाली होता है, उस वर्ष विश्व स्तर पर वृहत मौसम संबंधी परिवर्तन देखे जाते हैं। इनके कारण ऑस्ट्रेलिया एवं भारत कभी-कभी अकालग्रस्त होते हैं तथा दक्षिण अमेरिका के पश्चिमी शुष्क तट पर भारी वर्षा होती है और चीन में बाढ़ भी आ जाती है।

3. चक्रवात किसे कहते हैं? उष्णकटिबंधीय चक्रवात को स्पष्ट कीजिए।

उत्तर चक्रवात एक तीव्र वायुमंडलीय घटना है, जिसमें हवा का दबाव बहुत कम हो जाता है और तेज हवाएँ एक गोलाकार दिशा में घूमने लगती है। यह प्राकृतिक घटना मुख्यतः महासागरों में उत्पन्न होती हैं और इसके साथ भारी बारिश और तूफानी हवाएँ चलती हैं। चक्रवातों को उनकी उत्पत्ति और स्थान के आधार पर विभिन्न प्रकारों में विभाजित किया जाता है, जिनमें उष्णकटिबंधीय चक्रवात प्रमुख हैं।

उष्णकटिबंधीय चक्रवात ये ऐसे चक्रवात होते हैं, जो उष्णकटिबंधीय क्षेत्रों (20° उत्तर और दक्षिणी अक्षांशों के मध्य) में बनते हैं। ये चक्रवात तब विकसित होते हैं, जब समुद्र की सतह का तापमान 26° C से अधिक होता है और वायुमंडलीय दबाव में तीव्र गिरावट आती है। इसके परिणामस्वरूप नमी युक्त हवा ऊपर उठती है और एक गोलाकार गति में घूमने लगती है। यह प्रक्रिया गर्मी और नमी की ऊर्जा से संचालित होती है।

उष्णकटिबंधीय चक्रवात तेज हवाओं, भारी बारिश और समुद्र की लहरों के रूप में तटीय क्षेत्रों में गंभीर क्षति पहुँचाते हैं। इन्हें क्षेत्रीय नाम; जैसे- हरिकेन, टाइफून आदि के रूप में जाना जाता है। इसकी सुरक्षा हेतु पूर्वानुमान और आपदा प्रबंधन महत्त्वपूर्ण हैं।

4. शीतोष्ण कटिबंधीय चक्रवात की उत्पत्ति एवं दिशा का वर्णन कीजिए तथा कपासी मेघ का निर्माण कब होता है, बताइए।

उत्तर **शीतोष्ण कटिबंधीय चक्रवात की उत्पत्ति** इसकी उत्पत्ति ध्रुवीय वाताग्र के सहारे होती है। इसके लिए दो विपरीत भौतिक गुण एवं विपरीत दिशा से आने वाली वायुराशियों की आवश्यकता होती है। इसमें पहले स्थायी वाताग्र का निर्माण होता है। फिर उसके बाद वह चक्रवात का रूप धारण करता है। इसमें दो वाताग्र बनते हैं—शीत वाताग्र एवं उष्ण वाताग्र। इन्हीं वाताग्रों के सहारे गर्म एवं आर्द्र वायु ऊपर उठती है और बादल का निर्माण कर वर्षा करती है।

शीतोष्ण कटिबंधीय चक्रवात की दिशा उत्तरी गोलार्द्ध में वाताग्र के दक्षिण में गर्म तथा उत्तर में ठंडी हवा चलती है। चक्रवात के वाताग्र के सहारे जब निम्न वायुदाब होता है, तो गर्म वायु उत्तर दिशा की ओर तथा ठंडी वायु दक्षिण दिशा की ओर घड़ियों की सुइयों के विपरीत वायु प्रवाहित होती है। शीतोष्ण चक्रवात के चलने की दिशा पश्चिम से पूर्व होती है। जिस स्थान से ये गुजरती हैं, वहाँ के मौसम में अचानक परिवर्तन लाती हैं। शीतोष्ण कटिबंधीय चक्रवात का क्षेत्र अधिक विस्तृत होता है।

- बहिरुष्ण कटिबंधीय चक्रवात में कोष्ण वायु क्षेत्र या खंड के अग्रभाग एवं पिछले भाग में शीत वायु क्षेत्र या खंड पाया जाता है अर्थात् कोष्ण वायु खंड शीत अग्रभाग एवं पिछले शीत खंड के बीच स्थित रहता है।
- कोष्ण वायु आक्रामक होकर ठंडी वायु के ऊपर चढ़ती है और उष्ण वाताग्र के पहले भाग में स्तरीय मेघ का निर्माण करती है, जिससे वर्षा होती है। उष्ण वायु को पीछे से आने वाला शीत वाताग्र उष्मा वायु को ऊपर धकेल देता है, तब वहाँ शीत वाताग्र के साथ **कपासी मेघ** (Cumulus Clouds) का निर्माण होता है।

मानचित्र पर आधारित प्रश्न

1. दिए गए विश्व के मानचित्र पर निम्न को चिह्नित कीजिए।

(i) मोजावे रेगिस्तान (ii) पेंटागोनिया रेगिस्तान (iii) सहारा रेगिस्तान (iv) गोबी रेगिस्तान

(v) थार रेगिस्तान (vi) ग्रेट विक्टोरिया रेगिस्तान

उत्तर

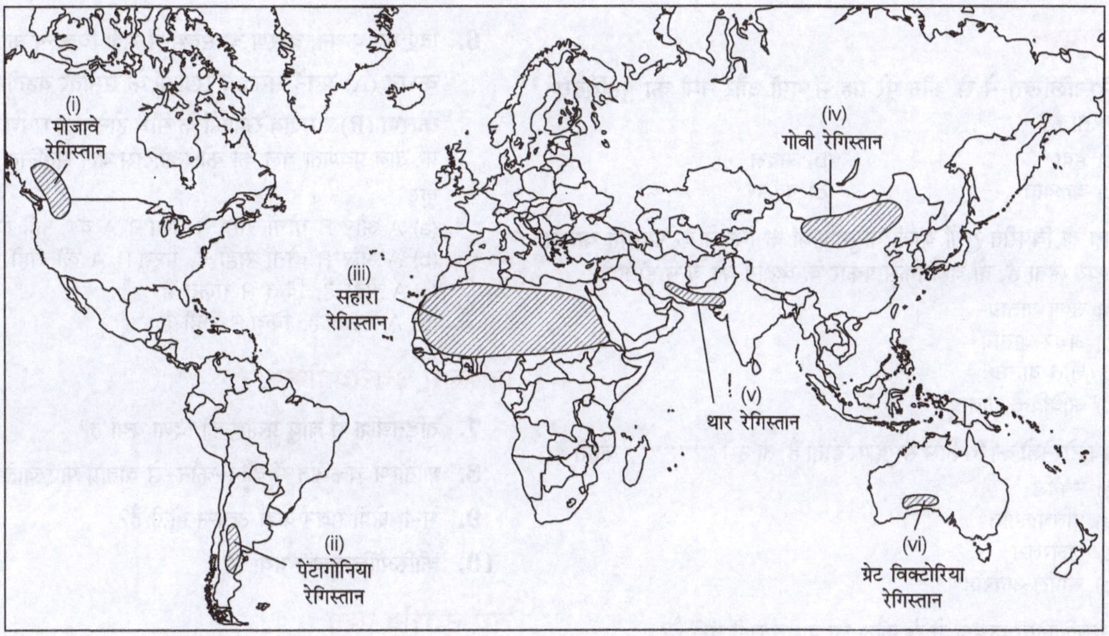

स्वयं को जाँचें

वस्तुनिष्ठ प्रश्न

1. **निम्नलिखित में से कौन पूरे ग्रह में गर्मी और नमी का पुनर्वितरण करता है?**

(a) हवा (b) बादल
(c) चक्रवात (d) बवंडर

2. **जब दो विपरीत गुणों वाली वायुराशियों के मिलने के पश्चात् वाताग्र स्थिर रहता है, तो वहाँ किस प्रकार के वाताग्र का जन्म होता है?**

(a) उष्ण वाताग्र
(b) अचर वाताग्र
(c) शीत वाताग्र
(d) अधिविष्ट वाताग्र

3. **जब टोरनेडो का विकास समुद्र पर होता है, तो उसे ………… कहते हैं।**

(a) रेनबैंड
(b) प्रतिचक्रवात
(c) जलस्तंभ
(d) सर्पिल अवरोहण

4. **निम्नलिखित कथनों में से कौन-सा कथन सही नहीं है?**

(a) वायुदाब प्रत्येक 10 मीटर की ऊँचाई पर यह दर 1 मिलीबार होता है
(b) ऊर्ध्वाधर दाब प्रवणता अधिक होती है
(c) ऊर्ध्वाधर पवनें कम शक्तिशाली होती हैं
(d) वायुदाब से पवनों की दिशा एवं वेग का निर्धारण नहीं किया जाता है

5. **निम्नलिखित कथनों पर विचार कीजिए**

1. वायुदाब में परिवर्तन की दर दाब प्रवणता है।
2. घर्षण बल पवनों की गति को प्रभावित करता है।
3. कोरिऑलिस बल के कारण दक्षिणी गोलार्द्ध की पवनें दाईं ओर मुड़ जाती हैं।

उपरोक्त कथनों में कौन-सा/से सही है/हैं?

(a) केवल 1
(b) केवल 2
(c) 1 और 2 दोनों
(d) 1, 2 और 3

6. **दिए गए कथन, कारण के संदर्भ में सही विकल्प का चयन करें?**

कथन (A) **पवनें समदाब रेखाओं के समांतर बहती हैं।**

कारण (R) **समदाब रेखाओं के सीधे होने तथा घर्षण का प्रभाव न होने पर दाब प्रवणता बल को कोरिऑलिस बल संतुलित कर देता है।**

कूट

(a) A और R दोनों सही हैं तथा R, A की सही व्याख्या है
(b) A और R दोनों सही हैं, परंतु R, A की सही व्याख्या नहीं है
(c) A सही है, किंतु R गलत है
(d) A गलत है, किंतु R सही है

अतिलघु उत्तरीय प्रश्न

7. तड़ितझंझा में वायु प्रवाह की दिशा क्या है?

8. शीतोष्ण चक्रवात में कौन-कौन-से वाताग्र पाए जाते हैं?

9. भू-विक्षेपी पवन कहाँ उत्पन्न होती है?

10. कोरिऑलिस बल क्या है?

लघु उत्तरीय प्रश्न

11. वायुदाब कटिबंधों के प्रकार बताएँ एवं उनकी विशेषता का वर्णन कीजिए।

12. 'धरातल पर वायुमंडलीय दाब के अक्षांशीय वितरण का वर्णन करें।

13. पर्वत एवं घाटी पवनें किसे कहते हैं?

14. स्थल एवं समुद्र समीर को परिभाषित करें।

दीर्घ उत्तरीय प्रश्न

15. वायुमंडलीय दाब के ऊर्ध्वाधर एवं क्षैतिज भिन्नता को बताइए।

16. उष्णकटिबंधीय चक्रवात के लिए अनुकूल परिस्थितियों का वर्णन करें तथा इसकी विशेषताओं को भी लिखिए।

17. बहिरुष्ण या शीतोष्ण कटिबंधीय चक्रवात से आप क्या समझते हैं? व्याख्या कीजिए?

वाताग्र किसे कहते हैं? इसके निर्माण हेतु आदर्श/अनुकूल दशाओं का संक्षिप्त वर्णन कीजिए।

10

अध्याय

वायुमंडल में जल

इस अध्याय में वायुमंडल में उपस्थित जल के विभिन्न रूपों और उनके महत्त्व की अवधारणा से संबंधित मुद्दे शामिल हैं। वाष्पीकरण, संघनन और वर्षा की प्रक्रियाओं के माध्यम से वायुमंडल, महासागर और महाद्वीपों के मध्य जल का निरंतर आदान-प्रदान होता है।

▼ अध्ययन एक नजर में

▼ अभ्यास के लिए

- बहुविकल्पीय प्रश्न 22, (कथन/कारण, सुमेलित कीजिए)
- वर्णनात्मक प्रकार के प्रश्न (लघु उत्तरीय प्रश्न 9, दीर्घ उत्तरीय प्रश्न 5)
- स्रोत आधारित प्रश्न 2

10.1 जलवाष्प और आर्द्रता

- वायु में जलवाष्प (Vapour) उपस्थित होती है, यह वायुमंडल के आयतन में 0-4% तक भिन्नता में उपलब्ध रहती है।
- वायुमंडल में जल मुख्य रूप से तीन रूपों में पाया जाता है, गैस, ठोस और तरल।
- पौधों के **वाष्पोत्सर्जन**[1] (Transpiration) तथा जलीय भागों से वाष्पीकरण (evaporation) द्वारा वायुमंडल में नमी बनी रहती है।
- वायु में उपस्थित जलवाष्प को 'आर्द्रता' कहा जाता है। आर्द्रता को विभिन्न मात्राओं में व्यक्त किया जाता है।

निरपेक्ष आर्द्रता

- वायुमंडल में उपस्थित जलवाष्प की वास्तविक मात्रा निरपेक्ष आर्द्रता कहलाती है।
- इसे ग्राम प्रति घन मीटर के रूप में व्यक्त किया जाता है।
- निरपेक्ष आर्द्रता प्रत्येक स्थान पर समान नहीं होती, यह पृथ्वी की सतह पर स्थान के अनुसार भिन्न होती है। किसी स्थान का तापमान वायुमंडल में जलवाष्प को संचित करने की क्षमता निर्धारित करने में महत्त्वपूर्ण भूमिका निभाता है।

सापेक्ष आर्द्रता

- दिए गए तापमान पर अपनी पूरी क्षमता की तुलना में वायुमंडल में उपस्थित आर्द्रता के प्रतिशत को सापेक्ष आर्द्रता (Relative Humidity) कहते हैं। हवा के तापमान में परिवर्तन के साथ ही आर्द्रता ग्रहण करने की क्षमता तापमान में वृद्धि से होती है और सापेक्ष आर्द्रता भी इससे प्रभावित होती है।
- सापेक्ष आर्द्रता महाद्वीपों पर कम, जबकि महासागरों में सबसे अधिक होती है। निश्चित तापमान वाली वायु जब जलवाष्प से पूरी तरह पूरित हो जाती है, तो उसे **संतृप्त वायु** (Saturated Air) कहते हैं, और जिस तापमान पर वायु संतृप्त होती है, उसे **ओसांक** (Dew Point) कहा जाता है।
- इस प्रकार की वायु की सापेक्ष आर्द्रता 100% होती है। इसका तात्पर्य है कि वायु और अधिक नमी को संचित नहीं कर सकती।

1 वाष्पोत्सर्जन (Transpiration) यह वह प्रक्रिया है, जिसमें पौधे अपने पत्तों पर मौजूद सूक्ष्म रंध्रों के माध्य से जलवाष्प को वायुमंडल में छोड़ते हैं।

वाष्पीकरण

- **वाष्पीकरण**[2] एक ऐसी प्रक्रिया है, जिसके अंतर्गत जल, द्रव से गैसीय अवस्था में बदलता है। वाष्पीकरण का मुख्य कारण ताप है। जल का वाष्पीकरण जिस तापमान पर प्रारंभ होता है, उसे वाष्पीकरण की **गुप्त ऊष्मा**[3] (Latent Heat) कहते हैं।
- तापमान में वृद्धि के साथ ही वायु में जल को अवशोषित करने व धारण रखने की क्षमता में वृद्धि होती है तथा इसी प्रकार आर्द्रता कम होने की दशा में नमी को अवशोषित करने तथा धारण करने की क्षमता में भी वृद्धि होती है। असंतृप्त परत के द्वारा संतृप्त परत को गतिशील वायु हटा देती है। अत: हवा की गति तेज होने पर वाष्पीकरण भी तेजी से होता है।

संघनन

- जलवाष्प का जल के रूप में परिवर्तित होना **संघनन**[4] (Condensation) कहलाता है। संघनन के कारण ऊष्मा का ह्रास होता है। आर्द्र वायु ठंडी होने पर जलवाष्प धारण नहीं बन पाती, जिसके फलस्वरूप जलवाष्प द्रव में संघनित हो जाती है, लेकिन जब यह सीधे ठोस रूप में परिवर्तित होता है, तो **ऊर्ध्वपातन**[5] (Sublimation) कहलाता है।
- वायु में उपस्थित छोटे-छोटे कणों के चारों ओर ठंडा होने के कारण ही संघनन होता है, इन छोटे-छोटे कणों को **संघनन केंद्रक** (Hyguoscopic condensation nuclei) कहा जाता है। मुख्यत: धूल, धुआँ एवं महासागरों के नमक के कण अच्छे केंद्रक के रूप में जाने जाते हैं, क्योंकि ये जल को अवशोषित कर सकते हैं।
- संघनन उस अवस्था में भी संभव है, जब आर्द्र वायु किसी ठंडी वस्तु के संपर्क में आती है तथा जब तापमान ओसांक के निकट होता है। संघनन हवा की सापेक्ष आर्द्रता तथा ठंडा होने की मात्रा पर निर्भर होता है। अत: कहा जा सकता है कि संघनन वायु के आयतन, ताप, दाब एवं आर्द्रता से प्रभावित होता है।

संघनन की अवस्थाएँ

- संघनन उन अवस्थाओं में होता है, जब हवा का आयतन नियम हो तथा तापमान ओसांक तक गिर जाए।
- स्वतंत्र हवा में, छोटे-छोटे कणों के चारों ओर ठंडा होने के कारण संघनन होता है, तब इन छोटे-छोटे कणों को संघनन केंद्रक कहा जाता है।
- वायु का आयतन एवं तापमान दोनों ही कम हो जाएँ।
- इस तरह संघनन ठंडा होने की मात्रा तथा हवा की सवेग आर्द्रता पर निर्भर करता है।
- वाष्पीकरण के कारण वायु में और अधिक जलवाष्प अवशोषित हो जाए।
- इसके बाद भी वायु के तापमान में कमी संघनन के लिए अच्छी स्थिति है। वायुमंडल की जलवाष्प या आर्द्रता संघनन के पश्चात् ओस, कोहरा, तुषार (पाला) एवं बादल में परिवर्तित हो जाती है।

संघनन के प्रकार

- संघनन के बाद, वायुमंडल में जलवाष्प या नमी (आर्द्रता) विभिन्न रूपों में परिवर्तित हो जाती है।
- संघनन के विभिन्न रूपों को तापमान व स्थान के आधार पर वर्गीकृत किया गया है

ओस

- जब जलवाष्प वायु में संघनन केंद्रकों पर संघनित न होकर पत्थर, घास एवं पौधों की पत्तियों की ठंडी सतहों पर जल की बूँदों के रूप में जमा हो, तो उसे ओस (Dew) कहते हैं।
- इसके बनने के लिए शांत हवा, स्वच्छ आकाश, उच्च सापेक्ष आर्द्रता, ठंडी एवं लंबी रात्रि आवश्यक है।
- ओस निर्माण के लिए, ओसांक जमाव बिंदु से ऊपर होना चाहिए।

तुषार (पाला)

- जब कभी धरातल का तापमान हिमांक बिंदु से नीचे हो जाता है, तब वायुमंडल का जलवाष्प हिमकणों में बदल जाता है, जिसे **तुषार** या पाला कहते हैं।
- यह ठंडी सतहों पर बनता है, जब संघनन 0° सेल्सियस या उससे कम तापमान पर होता है अर्थात् इस समय ओसांक जमाव बिंदु पर या उसके नीचे होता है। अतिरिक्त नमी पानी की बूँदों की जगह छोटे-छोटे बर्फ के रवों (Crystals) के रूप में जमा होती है।
- ओस और तुषार लगभग एक-जैसी परिस्थितियों में बनते हैं, इन दोनों के निर्माण के लिए वायु का तापमान जमाव बिंदु पर या उससे नीचे होना चाहिए।

---

2 **वाष्पीकरण** (Evaporation) यह जल के रूप में बदलने की प्रक्रिया है।
3 **गुप्त ऊष्मा** (Latent Heat) पदार्थ की अवस्था परिवर्तन के लिए आवश्यक ऊष्मा की मात्रा को गुप्त ऊष्मा कहते हैं।
4 **संघनन** (Condensation) जल के गैसीय अवस्था में तरल या ठोस अवस्था में बदलने की प्रक्रिया को संघनन कहते हैं
5 **ऊर्ध्वपातन** (Sublimation) पदार्थ का ठोस अवस्था से सीधे गैसीय रूप में बदलना ही ऊर्ध्वपातन कहलाता है।

कोहरा एवं कुहासा

- धरातल के निकट की वायु के ठंडी होने से वायु में जल कणों के कारण वायुमंडल की पारदर्शिता या दृश्यता प्रभावित हो जाती है, जिसे **कोहरा** (Fog) कहते हैं। जब कोहरे में 2 किमी तक स्थित वस्तुएँ दृष्टिगत होती हैं, तो उसे **कुहासा** (Mist) कहते हैं।
- संघनन की प्रक्रिया अत्यधिक मात्रा में जलवाष्प से भरी वायु संहति के नीचे गिरने के कारण छोटे-छोटे धूलकणों के ऊपर होती है।
- कोहरा एक बादल है, जिसका आधार धरातल पर या धरातल के बहुत समीप होता है।
- कोहरा एवं कुहासा के कारण दृश्यता प्रभावित होती है अर्थात् दृश्यता कम से शून्य तक हो जाती है।
- नगरीय तथा औद्योगिक क्षेत्रों में धुएँ की मात्रा अधिक होने के कारण केंद्रकों की संख्या भी अधिक होती है तथा कोहरे और कुहासे के बनने में सहायता करती है। ऐसी स्थिति, जिसमें कोहरा एवं धुआँ एकसाथ शामिल हो जाएँ, तो उसे **धूम्र कोहरा** कहते हैं।
- कुहासे में कोहरे की अपेक्षा आर्द्रता (नमी) अधिक होती है। पर्वतीय प्रदेशों में कुहासा अधिक पाया जाता है, क्योंकि गर्म वायु ऊपर उठने के क्रम में ढाल पर ठंडी सतह के संपर्क में आती है। जिस स्थान पर गर्म वायु की धारा ठंडी वायु के संपर्क में आती है, वहाँ पर कोहरा अधिक प्रबल होता है। कुहासे की अपेक्षा कोहरा शुष्क होता है। कुहासे में धूलकण, धुआँ तथा नमक के कण पाए जाते हैं। संघनन की क्रिया केंद्रकों के चारों ओर होती है।

बादल

- बादल[6] सूक्ष्म जल की बूँदों या हिम के सूक्ष्म कणों का समूह होता है, जो वायुमंडल में जलवाष्प के एक निश्चित ऊँचाई पर संघनन से निर्मित होता है।
- बादल पृथ्वी की सतह पर एक निश्चित ऊँचाई पर बनते हैं, इसलिए ये विभिन्न आकार धारण करते हैं।
- विस्तार, घनत्व, पारदर्शिता या अपारदर्शिता के आधार पर बादलों को उनकी ऊँचाई के अनुसार, चार प्रकारों में वर्गीकृत किया गया है।

(i) **पक्षाय मेघ** ये मेघ सफेद रंग के होते हैं। इनका निर्माण 8,000 से 12,000 मी की ऊँचाई पर होता है। पक्षाभ मेघ (Cirrus Clouds) पंख के समान दिखते हैं तथा ये बिखरे और पतले बादल होते हैं।

(ii) **कपासी मेघ** इनका निर्माण 4,000 से 7,000 मी की ऊँचाई पर होता है। कपासी मेघ (Cumulus Clouds) चपटे आधार वाले होते हैं तथा रूई के समान दिखाई देते हैं। ये इधर-उधर बिखरे हुए देखे जा सकते हैं।

(iii) **स्तरी मेघ** स्तरी प्रकार के मेघों का निर्माण ऊष्मा के ह्रास अथवा भिन्न-भिन्न तापमानों पर वायु के आपस में मिश्रित होने से होता है। ये परतदार बादल (Stratus Clouds) आकाश के बहुत विशाल क्षेत्र में फैले हुए होते हैं।

(iv) **वर्षा मेघ** ये मध्य स्तरों अथवा पृथ्वी के धरातल के बहुत समीप निर्मित होते हैं। सूर्य की किरणें इस बादल को पार करने में असमर्थ होती हैं। वर्षा मेघ (Nimbus Clouds) मोटे जलवाष्प वाले और आकृति विहीन संहति वाले होते हैं तथा ये काले अथवा गहरे स्लेटी रंग के होते हैं। कभी-कभी इन बादलों की ऊँचाई बहुत कम होती है, जिसके कारण ये सतह को छूते हुए प्रतीत होते हैं।

बादलों की श्रेणियाँ

- पक्षाभ मेघ, कपासी मेघ, स्तरी मेघ तथा वर्षा मेघ मिलकर अन्य निम्नलिखित रूपों के मेघों का निर्माण करते हैं; जैसे—
- **ऊँचे बादल** ये ऊँचे स्थानों पर निर्मित होते हैं। इनमें पक्षाभ, पक्षाभ स्तरी और पक्षाभ कपासी बादल शामिल हैं।
- **मध्यम ऊँचाई के बादल** ये बादल मध्यम ऊँचाई पर निर्मित होते है। इनमें स्तरी मध्य और कपासी मध्य बादल शामिल हैं।
- **स्तरी कपासी, स्तरी वर्षा मेघ व कपासी वर्षा मेघ** ये कम ऊँचाई वाले बादल है जिनका ऊर्ध्वाधर विस्तार बहुत विस्तृत होता है

चेक प्वॉइंट 1

1. निरपेक्ष आर्द्रता को किसमें मापा जाता है?
2. वायुमंडल में जलवाष्प की मात्रा कितने प्रतिशत के बीच होती है?
3. किस बादल का रंग काला या गहरा धूसर होता है व यह सूर्य की किरणों के लिए अपारदर्शी होता है?
4. ऊँचाई के संदर्भ में सबसे कम ऊँचाई वाले बादल कौन-से हैं?
5. कपासी मेघ बादलों की ऊँचाई कितनी होती हैं?

---

6 **बादल** (Cloud)- हिमकण, जल की बूँदें तथा अन्य छोटे-छोटे कणों से निर्मित राशि को बादल कहते हैं।

10.2 वर्षण

- संघनन की प्रक्रिया लंबे समय तक चलने से संघनित कणों का आकार बढ़ता है।
- जब वायु का प्रतिरोध गुरुत्वाकर्षण बल के विरुद्ध संघनित कणों को रोक नहीं पाता, तब ये कण भूतल पर गिरते हैं। फलत: जलवाष्प के संघनन के पश्चात् आर्द्रता से मुक्त होने की अवस्था को ही वर्षण कहते हैं।

वर्षण के रूप

- जब वर्षण जल के रूप में होता है, तो इसे वर्षा कहते हैं। 2 वों जल तापमान 0° से कम होता है, तो वर्षण बर्फ के महीन रवों के रूप होता है, जिसे **हिमपात**[7] कहते हैं। बर्फ के रवे षट्कोणीय खों में बनते हैं।
- वर्षा तथा हिमपात के अतिरिक्त वर्षण के दूसरे प्रकार **सहिम वृष्टि** तथा **करकापात** है। यद्यपि करकापात काफी सीमित क्षेत्र में होता है तथा समय की दृष्टि से कभी-कभार ही होता है।
  - **सहिम वृष्टि** जमी हुई वर्षा की बूंदें हैं। ये बूँदें जब गर्म हवा को पार कर नीचे की ओर ठंडी हवा से मिलती है, तो वे ठोस हो जाती है तथा सतह पर वर्षा की बूँदों से भी छोटे आकार में बर्फ के रूप में गिरती हैं। इस प्रकार जमात बिंदु के तापमान वाली परत सतह के नजदीक आधे जमें हुए परत पर गिरती है, तब सहिम वृष्टि होती है।
  - **ओलावृष्टि**[8] वर्षण बर्फ के गोले के रूप में होती है। कभी-कभी वर्षा की बूँदें बादल से मुक्त होने के बाद बर्फ के गोलेकार ठोस टुकड़ों में परिवर्तित हो जाती हैं, जो पृथ्वी की सतह पर गिरती है, जिसे ओला पत्थर कहते हैं। इसका निर्माण वर्षा के जल के द्वारा होता है। ओला वृष्टि पत्थर एक के ऊपर एक बर्फ की कई संकेंद्रीय परतों से बन होते हैं।

वर्षा के प्रकार

उत्पत्ति के आधार पर वर्षा को तीन मुख्य प्रकारों में वर्गीकृत किया जाता है

1. संवहनीय वर्षा

- पृथ्वी की सतह के गर्म होने से उसके साथ बहने वाली हवा भी गर्म हो जाती है। हवा गर्म हो जाने पर हल्की हो जाती है तथा संवहन धाराओं के रूप में ऊपर की ओर उठती है।
- तापमान में कमी होने से ये ठंडी होती हैं तथा वायुमंडल की ऊपरी परत पर फैलती हैं। इस प्रक्रिया के परिणामस्वरूप संघनन की क्रिया प्रारंभ होती है तथा **कपासी मेघ** (Cumulus Clouds) बनते हैं।
- गरज तथा बिजली कड़कने के साथ भारी वर्षा होती है, परंतु ये लंबी अवधि तक नहीं होती। संवहनीय वर्षा (Convectional Rain) गर्मियों में गर्म होती है।
- विषुवतीय क्षेत्र एवं मुख्य रूप से उत्तरी गोलार्द्ध के महाद्वीपों के आंतरिक भागों में संवहनीय वर्षा होती है।

2. पर्वतीय वर्षा

- यह वर्षा पर्वतीय क्षेत्रों में होती है, जब संतृप्त हवा (Saturated Air) की संहति पर्वतीय ढाल के सहारे ऊपर उठती है, तो यह फैल जाती है तथा इसका तापमान गिर जाता है एवं आर्द्रता संघनित हो जाती है, परिणामस्वरूप भारी वर्षा होती है।
- इस वर्षा की मुख्य विशेषता यह है कि पवनाभिमुख ढाल (Windward Slope) पर यह अत्यधिक होती है।
- पवनाभिमुख ढाल पर वर्षा होने के पश्चात् वायु दूसरे ढाल की ओर पहुँचती है तथा नीचे उतरने के क्रम में इसके तापमान में वृद्धि होती है।
- इससे वायु में आर्द्रता धारण करने की क्षमता बढ़ जाती है तथा हवा के विपरीत ढाल में वर्षा नहीं होती और ये क्षेत्र सूखे रह जाते हैं। इसे **वृष्टिछाया क्षेत्र** (Rain-Shadow Area) भी कहा जाता है। इसे पर्वतीय वर्षा (Orographic Rain) को **स्थलकृत वर्षा** (Relief Rain) के नाम से भी जाना जाता है।

3. चक्रवातीय वर्षा या फ्रंटल वर्षा

- चक्रवातों द्वारा होने वाली वर्षा को चक्रवातीय या फ्रंटल वर्षा (Frontal Rain) कहते हैं। शीतोष्ण कटिबंधीय चक्रवात में गर्म तथा आर्द्र वायु हल्की होने के कारण ठंडी वायु शुष्क वायु के ऊपर चढ़ जाती है, जिसके परिणामस्वरूप गर्म वायु में उपस्थित जल का संघनन हो जाता है तथा भारी वर्षा होती है।

---

7 हिमपात (snowfall) वायुमंडल में जल के हिम बनने के कारण बर्फ धरातल पर आच्छादित हो जाती है, जिसे हिमपात कहते हैं।
8 ओलावृष्टि (Hail) ओलावृष्टि एक प्रकार का तूफान है , जिसमें बर्फ के गोलों के रूप में वर्षा होती है।

चेक प्वॉइंट 2

1. वर्षा के दौरान, यदि तापमान 0° से कम हो, तो वर्षा किस रूप में होती है?
2. 'वृष्टि छाया क्षेत्र' किसे कहते हैं?
3. पर्वतीय वर्षा में वायु के ऊपर उठने से क्या होता है?
4. संवहनीय वर्षा किस मौसम में सामान्यतः होती हैं?
5. ओले का आकार सामान्यः क्या हो सकता है?

10.3 विश्व में वर्षा का वितरण

- धरातल पर विभिन्न प्रदेशों में एक वर्ष में होने वाली वर्षा अलग-अलग ऋतुओं में भिन्न-भिन्न मात्रा में होती है।
- विषुवत् वृत्त से ध्रुव की ओर बढ़ने पर वर्षा की मात्रा कम होने लगती है।
- विश्व में महाद्वीपों के आंतरिक प्रदेशों की अपेक्षा तटीय क्षेत्रों में अधिक वर्षा होती है।
- स्थलीय भागों की अपेक्षा महासागरों पर अधिक वर्षा होती है, क्योंकि महासागर में जल का स्रोत अधिक है, जिससे वहाँ पर वाष्पीकरण की क्रिया निरंतर चलती रहती है।
- विषुवत् वृत्त से 35° से 40° उत्तरी एवं दक्षिणी अक्षांशों के मध्य पूर्वी तटों पर अधिक वर्षा होती है तथा पश्चिम की ओर कम होती जाती है, परंतु विषुवत् रेखा से 45° एवं 65° उत्तर तथा दक्षिण के मध्य **पछुआ पवनों** (Westerlies) से महाद्वीपों के पश्चिमी तटों पर वर्षा पहले होती है तथा पूर्व की ओर कम होती जाती है।
- तट के समानांतर पड़ने वाले पर्वतीय क्षेत्रों में वर्षा पवनाभिमुख तटीय क्षेत्र में अधिक होती है तथा **प्रतिपवन**[9] (Leeward) दिशा की ओर यह कम होती जाती है।
- विषुवत रेखीय कटिबंध और कुछ ठंडे समशीतोष्ण क्षेत्रों में, वर्षा पूरे वर्ष में अधिक समान रूप से फैलती है।

10.4 विश्व में वर्षा के क्षेत्र

किसी क्षेत्र में वार्षिक वर्षा की कुल मात्रा के आधार पर, विश्व के प्रमुख वर्षा क्षेत्र निम्नलिखित हैं

उच्च वर्षा वाले क्षेत्र वह क्षेत्र जो वार्षिक 200 सेंटीमीटर या उससे अधिक वर्षा प्राप्त करता है, इस श्रेणी में आता है। विषुवतरेखीय कटिबंध, पश्चिमी तटों पर स्थित पर्वतों की पवनभिमुख ढालें, शीतोष्ण क्षेत्र के ठंडे क्षेत्र और मानसूनी भूमि को तटीय क्षेत्र इस श्रेणी में आते हैं।

मध्यम वर्षा वाले क्षेत्र वह क्षेत्र जो वार्षिक 100-200 सेंटीमीटर वर्षा प्राप्त करता है, इस श्रेणी में आता है महाद्वीपों के आंतरिक भाग और महाद्वीपों के तटीय क्षेत्र इस श्रेणी में आते हैं।

कम वर्षा वाले क्षेत्र वह क्षेत्र जो वार्षिक 50-100 सेंटीमीटर वर्षा प्राप्त करता है इस श्रेणी में आता है। उष्णकटिबंधीय भूमि के केंद्रीय भाग और समशीतोष्ण भूमि के पूर्वी और आंतरिक भाग इस श्रेणी में आते हैं।

अत्यंत कम वर्षा वाले क्षेत्र वह क्षेत्र जो वार्षिक 50 सेंटीमीटर से कम वर्षा प्राप्त करता है, इस श्रेणी में आता है। महाद्वीप के आंतरिक भाग के वर्षा वृष्टिछाया क्षेत्र और उच्च अक्षांश वाले क्षेत्र इस श्रेणी में आते हैं।

चेक प्वॉइंट 3

1. महाद्वीपों के आंतरिक भाग किस वर्षा श्रेणी में आते हैं?
2. 45° और 65° अक्षांश के मध्य वर्षा किस कारण अधिक होती हैं?
3. 200 सेंटीमीटर या उससे अधिक वर्षा प्राप्त करने वाला क्षेत्र किस श्रेणी में आते हैं?
4. समशीतोष्ण भूमि के आंतरिक भाग किस वर्षा श्रेणी में आते हैं?
5. यदि किसी क्षेत्र में वर्षा 50 सेंटीमीटर से कम वर्षा होती है, तो वह किस श्रेणी में आता है।

---

9 **प्रतिपवन** (Leeward) वह तट जिस ओर से हवाएँ आ रही हैं, उसके विपरीत तट पर उतरने वाली हवाओं को प्रतिपवन कहते हैं।

Mind Map

वायुमंडल में जल

1 जलवाष्प और आर्द्रता

- हवा में मौजूद जलवाष्प को आर्द्रता के रूप में परिभाषित किया जाता है। मात्रात्मक दृष्टि से इसे विभिन्न प्रकार से व्यक्त किया जाता है; जैसे- सापेक्ष आर्द्रता, निरपेक्ष आर्द्रता

2 वाष्पीकरण

- वाष्पीकरण वह प्रक्रिया है जिसके द्वारा जल द्रव से गैसीय अवस्था में परिवर्तित होता है।
- वाष्पीकरण का मुख्य कारण ताप है
- हवा की गति वाष्पीकरण की दर को प्रभावित करती है।

3 संघनन

- जलवाष्प का जल के रूप में स्वरूप परिवर्तन संघनन कहलाता है।
- संघनन ठंडा होने की मात्रा तथा हवा की सापेक्ष आर्द्रता पर निर्भर करता है।

संघनन के प्रकार

- **ओस बनने की उपयुक्त अवस्थाएँ** साफ आकाश, शांत हवा, उच्च सापेक्ष आर्द्रता और ठंडी एवं लंबी रातें तथा ओसांक का जमाव बिंदु से ऊपर होना है।
- **तुषार** ठंडी सतहों पर बनता है, जब संघनन तापमान के जमाव बिंदु से नीचे (0°C) होता है।
- **कोहरा एवं कुहासा** बादल के समान है जिसका आधार सतह के बहुत नज़दीक होता है।
- **बादल** पानी की छोटी बूँदों या बर्फ के छोटे रवों की संहति होती है

बादलों के प्रकार

- **ऊँचे बादल** पक्षाभ, पक्षाभी स्तर, पक्षाभ कपासी
- **मध्य ऊँचाई वाले बादल** स्तरी मध्य तथा कपासी मध्य
- **कम ऊँचाई वाले बादल** स्तरी कपासी, स्तरी वर्षा मेघ तथा कपासी वर्षा मेघ

4 वर्षण

यह वह जल है, जो तरल या जमी हुई (ठोस) अवस्था में जमीन पर गिरता है।

वर्षण के प्रकार

- **हिमपात** 0° सेमी. से कम ताप पर जमी हुई हिम तुलों के रूप में
- **वर्षा** जब वर्षा पानी के रूप में होती है ।
- सहिम वृष्टि करकापात सीमित क्षेत्र में जमी हुई बूँदों के रूप में

वर्षा के प्रकार

- संवहनीय वर्षा पृथ्वी की सतह के गर्म होने के कारण होती है। यह भूमध्यरेखीय क्षेत्रों और महाद्वीपों के आंतरिक भागों में होती है।
- पर्वतीय वर्षा तब होती है जब गर्म हवा पहाड़ की ढ़लान पर ऊपर की ओर बढ़ती है। पर्वत के हवा की दिशा वाले हिस्से में अधिक वर्षा होती है, जबकि हवा की दिशा के विपरीत (पवनाविमुख ढ़ाल) सूखा रहता है।
- चक्रवाती वर्षा चक्रवाती तूफानों के दौरान होती है।

5 संसार में वर्षा का वितरण

- **उच्च वर्षा वाले क्षेत्र** भूमध्य रेखीय क्षेत्र, पूर्वी तटीय मैदान, विषुवत वृत्त से 35° से 40° उ. एवं द. अक्षांशों के मध्य पहाड़ों का पवनाभिमुख भाग
- **निम्न वर्षा वाले क्षेत्र** ध्रुवीय क्षेत्र, महाद्वीप का आंतरिक भाग, पश्चिमी तट, पहाड़ों का पवनामुखी भाग

NCERT फोल्डर

नीचे दिए चार विकल्पों में से सही उत्तर को चुनिए।

1. मानव के लिए वायुमंडल का सबसे महत्त्वपूर्ण घटक निम्नलिखित में से कौन-सा है?

(a) जलवाष्प (b) धूलकण
(c) नाइट्रोजन (d) ऑक्सीजन

उत्तर (d) ऑक्सीजन

2. निम्नलिखित में से वह प्रक्रिया कौन-सी है, जिसके द्वारा जल, द्रव से गैस में बदल जाता है?

(a) संघनन (b) वाष्पीकरण
(c) वाष्पोत्सर्जन (d) अवक्षेपण

उत्तर (b) वाष्पीकरण

3. निम्नलिखित में से कौन-सा वायु की उस दशा को दर्शाता है, जिसमें नमी उसकी पूरी क्षमता के अनुरूप होती है?

(a) सापेक्ष आर्द्रता (b) निरपेक्ष आर्द्रता
(c) विशिष्ट आर्द्रता (d) संतृप्त हवा

उत्तर (d) संतृप्त हवा

4. निम्नलिखित प्रकार के बादलों में से आकाश में सबसे ऊँचा बादल कौन-सा है?

(a) पक्षाभ (b) वर्षा मेघ
(c) स्तरी (d) कपासी

उत्तर (a) पक्षाभ

निम्नलिखित प्रश्नों के उत्तर लगभग 30 शब्दों में दीजिए

1. वर्षण के तीन प्रकारों के नाम लिखिए।

उत्तर जलवाष्प के संघनन के बाद नमी के मुक्त होने की अवस्था को वर्षण कहते हैं। वर्षण के तीन प्रकार निम्न हैं

(i) जलवृष्टि (ii) हिमपात (iii) ओलावृष्टि

2. सापेक्ष आर्द्रता की व्याख्या कीजिए।

उत्तर दिए गए तापमान पर अपनी पूरी क्षमता की तुलना में वायुमंडल में उपस्थित आर्द्रता के प्रतिशत को सापेक्ष आर्द्रता कहते हैं। हवा के तापमान में परिवर्तन के साथ ही आर्द्रता ग्रहण करने की क्षमता घटती या बढ़ती रहती है और सापेक्ष आर्द्रता भी इससे प्रभावित होती है। सापेक्ष आर्द्रता महाद्वीपों पर कम, जबकि महासागरों में सबसे अधिक होती है।

3. ऊँचाई के साथ जलवाष्प की मात्रा तेजी से क्यों घटती है?

उत्तर ऊँचाई बढ़ने के साथ तापमान घटता है, जिससे हवा ठंडी होती जाती है। तापमान कम होने के कारण वायु की जलवाष्प धारण रखने की क्षमता समाप्त हो जाती है।

यही कारण है कि ऊँचाई बढ़ने के साथ जलवाष्प की मात्रा तेजी से घटती है।

4. बादल कैसे बनते हैं? बादलों का वर्गीकरण कीजिए।

उत्तर बादल जल की छोटी बूँदों या बर्फ के छोटे कणों की संतृप्ति अर्थात् जमाव होते हैं जोकि पर्याप्त ऊँचाई पर स्वतंत्र हवा में जलवाष्प के संघनन के कारण बनते हैं। बादल मुख्यतः हवा की रुद्धोष्म प्रक्रिया द्वारा ठंडे होने पर उस तापमान के ओसांक से नीचे गिरने से बनते हैं।

बादल को इनकी ऊँचाई, विस्तार, घनत्व तथा पारदर्शिता या अपारदर्शिता के आधार पर निम्न चार (पक्षाभ मेघ, कपासी मेघ, स्तरी मेघ, वर्षा मेघ) रूपों में वर्गीकृत किया जाता है

निम्नलिखित प्रश्नों के उत्तर लगभग 150 शब्दों में दीजिए

1. विश्व के वर्षण वितरण के प्रमुख लक्षणों की व्याख्या कीजिए।

उत्तर एक वर्ष में पृथ्वी की सतह पर अलग-अलग भागों में होने वाली वर्षा की मात्रा भिन्न-भिन्न होती है तथा यह अलग-अलग मौसमों में भी होती है।

- सामान्यतः जब हम विषुवत् वृत्त से ध्रुव की ओर जाते हैं, तो वर्षा की मात्रा धीरे-धीरे घटती जाती है।
- विश्व के तटीय क्षेत्रों में महाद्वीपों के आंतरिक भागों की अपेक्षा अधिक वर्षा होती है।
- विश्व के स्थलीय भागों की अपेक्षा महासागरों के ऊपर वर्षा अधिक होती है। इसका कारण यह है कि वहाँ पानी के स्रोत की अधिकता के कारण वाष्पीकरण की क्रिया लगातार होती रहती है। विषुवत् वृत्त से 35° से 40° उत्तरी एवं दक्षिणी अक्षांशों के मध्य, पूर्वी तटों पर बहुत अधिक वर्षा होती है तथा पश्चिम की ओर यह घटती जाती है।
- विषुवतीय पट्टी, शीतोष्ण प्रदेशों में पश्चिमी तटीय किनारों के पास के पर्वतों के वायु की ढाल पर तथा मानसून वाले क्षेत्रों के तटीय भागों में वर्षा बहुत अधिक होती है, जो प्रतिवर्ष 200 सेमी से ऊपर होती है। महाद्वीपों के आंतरिक भागों में प्रतिवर्ष 100 से 200 सेमी वर्षा होती है।

2. संघनन के कौन-कौन से प्रकार हैं? ओस एवं तुषार के बनने की प्रक्रिया की व्याख्या कीजिए।

उत्तर जलवाष्प का जल के रूप में बदलना संघनन कहलाता है। यह हवा में छोटे-छोटे कणों के चारों ओर ठंडा होने के कारण होता है। अतः वायुमंडल में संघनित जलवाष्प संघनन की प्रक्रिया के पश्चात् ओस, तुषार, कोहरा, कुहासा, हिमपात, ओलावृष्टि एवं मेघ या बादल में परिवर्तित रूप को संघनन के प्रकार कहते हैं।

ओस जब जलवाष्प वायु में संघनन केंद्रकों पर संघनित न होकर पत्थर, घास एवं पौधों की पत्तियों की ठंडी सतहों पर जल की बूँदों के रूप में जमा हो, तो उसे ओस कहते हैं। इसके बनने के लिए शांत हवा, स्वच्छ आकाश, उच्च सापेक्ष आर्द्रता, ठंडी एवं लंबी रात्रि आवश्यक है। ओस निर्माण के लिए, ओसांक जमाव बिंदु से ऊपर होना चाहिए।

तुषार (पाला) यह ठंडी सतहों पर बनता है, जब संघनन 0° सेल्सियस या उससे कम तापमान पर होता है अर्थात् इस समय ओसांक जमाव बिंदु पर या उसके नीचे होता है।

अभ्यास प्रश्न

वस्तुनिष्ठ प्रश्न

बहुविकल्पीय प्रश्न

1. वायु में विद्यमान जलवाष्प की मात्रा को कहा जाता है

(a) गैस (b) संतृप्त वायु
(c) आर्द्रता (d) ओसांक

उत्तर (c) आर्द्रता

2. वायुमंडल में उपस्थित जलवाष्प की वास्तविक मात्रा को किस इकाई में मापा जाता है?

(a) किग्रा प्रति घन सेमी (b) किग्रा प्रति घन मी
(c) ग्राम प्रति घन सेमी (d) ग्राम प्रति घन मी

उत्तर (d) ग्राम प्रति घन मी

3. हवा के तापमान में परिवर्तन के साथ ही आर्द्रता ग्रहण करने की क्षमता तापमान में वृद्धि से होती है और इससे प्रभावित होता है? *दक्षता आधारित प्रश्न*

(a) निरपेक्ष आर्द्रता (b) संतृप्त वायु
(c) सापेक्ष आर्द्रता (d) वायुमंडलीय जलवाष्प

उत्तर (c) सापेक्ष आर्द्रता

4. निम्नलिखित में से वह प्रक्रिया कौन-सी है, जिसके द्वारा जल, द्रव से सीधे वाष्प में बदल जाता है?

(a) संघनन (b) वाष्पीकरण
(c) वाष्पोत्सर्जन (d) अवक्षेपण

उत्तर (b) वाष्पीकरण

5. निश्चित तापमान वाली वायु जलवाष्प से पूरी तरह पूरित हो जाती है, तो उसे संतृप्त वायु कहते हैं और जिस तापमान पर वायु संतृप्त होती है, उसे ...... कहते हैं। *दक्षता आधारित प्रश्न*

(a) हिमांक (b) ओसांक
(c) तुषार (d) गुप्त ऊष्मा

उत्तर (a) हिमांक

6. संघनन के चार प्रकारों को दर्शाया गया है। नीचे दिए गए कथन के अनुसार सही प्रकार का चयन करें? *दक्षता आधारित प्रश्न*

यह ठंडी सतहों पर बनता है। जब संघनन 0° सेल्सियस था।

उससे कम तापमान पर होता है अर्थात् इस समय ओसांक जमाव बिंदु पर या उसके नीचे होता है

इसके अतिरिक्त नमी पानी की बूँदों की जगह छोटे-छोटे बर्फ के रवों के रूप में जमा होती है।

(a) ओस (b) कोहरा
(c) कुहासा (d) तुषार

उत्तर (d) तुषार

7. पदार्थ का गैसीय अवस्था से सीधे ठोस रूप में परिवर्तित होने की प्रक्रिया को क्या कहते हैं?

(a) संघनन (b) निक्षेपण
(c) वाष्पीकरण (d) वाष्पोत्सर्जन

उत्तर (b) निक्षेपण

8. वायु में उपस्थित छोटे-छोटे कणों को कहा जाता है

(a) ओस (b) संघनन केंद्र
(c) संघनन (d) आर्द्रता

उत्तर (b) संघनन केंद्र

9. ओस संघन का एक ऐसा प्रकार है, जिसमें ...... ।

(a) जलवाष्प वायु में संघनन केंद्रकों पर संघनित न होकर पत्थर, घास एवं पौधों की पत्तियों की ठंडी सतहों पर जल की बूँदों के रूप में जमा होती है
(b) धरातल का तापमान हिमांक बिंदु से नीचा हो जाता है तथा वायुमंडल की जलवाष्प हिमकणों में बदल जाती है
(c) धरातल के निकट की वायु के ठंडी होने से वायु में जल कणों के कारण वायुमंडल की पारदर्शिता या दृश्यता प्रभावित हो जाती है
(d) संघनन की प्रक्रिया अत्यधिक मात्रा में जलवाष्प से भरी वायु संहति के नीचे गिरने के कारण छोटे-छोटे धूलकणों के ऊपर होती है

उत्तर (a) जलवाष्प वायु में संघनन केंद्रकों पर संघनित न होकर पत्थर, घास एवं पौधों की पत्तियों की ठंडी सतहों पर जल की बूँदों के रूप में जमा होती है।

10. निम्नलिखित में से कौन-सा कथन सापेक्ष आर्द्रता के लिए सही नहीं है?

1. हवा के तापमान में परिवर्तन से आर्द्रता ग्रहण करने में वृद्धि होती है
2. सापेक्ष आर्द्रता महाद्वीपों पर सर्वाधिक होती है
3. सापेक्ष आर्द्रता महासागरों में अधिक होती है
4. तापमान में वृद्धि से सापेक्ष आर्द्रता प्रभावित होती है

कूट

(a) केवल 2 (b) केवल 3 (c) केवल 4 (d) 1 और 4

उत्तर (a) केवल 2

11. निम्नलिखित में से कौन-सा/ से कथन सही है?

1. जलवाष्प जल हिमकणों में बदल जाता है, तो ओस बनता है
2. ओस का निर्माण ओसांक जमाव बिंदु से ऊपर होता है
3. तुषार का संघनन 20° C से कम तापमान पर होता है
4. ओस बनने के लिए शांत हवा, स्वच्छ आकाश, ठंडी एवं लंबी रात्रि की आवश्यकता नहीं होती है

कूट

(a) केवल 2 (c) 1 और 3

(b) केवल 4 (d) 2 और 3 दोनों

उत्तर *(a)* केवल 2

12. **निम्नलिखित में से किस प्रक्रिया के माध्यम से पानी का लगातार आदान-प्रदान होता है?**

1. वाष्पीकरण 2. वाष्पोत्सर्जन
3. संघनन 4. वर्षा

उपरोक्त में से कौन-से विकल्प सही हैं?

(a) 1 और 2 (b) 2, 3 और 4

(c) 1, 2 और 3 (d) ये सभी

उत्तर *(d)* ये सभी

13. **निम्नलिखित कथनों में संघनन के लिए कौन-सी अनुकूल शर्त है?**

1. संघनन के कारण ऊष्मा का ह्रास होता है।
2. आर्द्र वायु ठंडी होने पर जलवाष्प धारण नहीं करती है।
3. संघनन की प्रक्रिया तब होती है, जब आर्द्र वायु किसी ठंडी वस्तु के संपर्क में आती है।
4. संघनन हवा की सापेक्ष तथा गर्म होने की मात्रा पर निर्भर होता है।

कूट

(a) 1, 3, 4 (b) 2, 3, 4

(c) 1, 2, 3 (d) 1, 2, 4

उत्तर (c) 1, 2 और 3

14. **बादलों को उनके ऊँचाई के क्रम में (नीचे से ऊपर) व्यवस्थित करें**

1. कपासी मेघ 2. पक्षाभ मेघ
3. वर्षा मेघ 4. स्तरी मेघ

कूट

(a) 1, 2, 3, 4 (b) 2, 3, 4, 1

(c) 3, 4, 1, 2 (d) 4, 3, 2, 1

उत्तर (c) 3, 4, 1, 2

15. **वर्षा होने के संदर्भ में विभिन्न प्रक्रियाओं को क्रम में व्यवस्थित करें**

1. संघनन 2. वाष्पीकरण
3. बादल 4. वर्षण

कूट

(a) 1, 2, 3, 4 (b) 2, 1, 3, 4

(c) 3, 4, 2, 1 (d) 4, 3, 2, 1

उत्तर *(b)* 2, 1, 3, 4

16. **सूची I को सूची II से सुमेलित कीजिए** दक्षता आधारित प्रश्न

	सूची I		सूची II
A.	आर्द्रता	1.	वातावरण में उपस्थित जलवाष्प
B.	वायुमंडलीय नमी का स्रोत	2.	महासागर
C.	ओसांक	3.	जिस तापमान पर वायु संतृप्त होती है
D.	संवहन	4.	जलवाष्प का जल में परिवर्तन

कूट

	A	B	C	D		A	B	C	D
(a)	1	2	3	4	(b)	2	3	4	1
(c)	3	2	1	4	(d)	4	3	2	1

उत्तर *(a)* 1 2 3 4

17. **सूची I को सूची II से सुमेलित कीजिए**

	सूची I (वर्षा क्षेत्र)		सूची II (वार्षिक वर्षा की मात्रा)
A.	भूमध्यरेखीय क्षेत्र	1.	100-200 सेमी
B.	महाद्वीपीय क्षेत्र	2.	200 सेमी से अधिक
C.	उष्णकटिबंधीय क्षेत्र	3.	50 सेमी में कम
D.	समशीतोष्ण क्षेत्र	4.	50-100 सेमी

कूट

	A	B	C	D		A	B	C	D
(a)	1	2	3	4	(b)	2	1	4	3
(c)	3	2	1	4	(d)	4	2	1	3

उत्तर *(b)* 2 1 4 3

18. **निम्नलिखित में से कौन-सा युग्म सही सुमेलित नहीं है?**

दक्षता आधारित प्रश्न

(a) पक्षाभ मेघ — काले रंग के

(b) कपासी मेघ — चपटे आधार वाले

(c) स्तरी मेघ — परतदार बादल

(d) वर्षा मेघ — आकृति विहिन

उत्तर *(a)* पक्षाभ मेघ—काले रंग के

निर्देश (प्र.स. 19-22) नीचे दिए गए कथन (A) और कारण (R) को ध्यान पूर्वक पढ़कर कूट की सहायता से सही उत्तर का चयन करें।

कूट

(a) A और R दोनों सही हैं तथा R, A की सही व्याख्या है

(b) A और R दोनों सही हैं, परंतु R, A की सही व्याख्या नहीं है

(c) A सही है, किंतु R गलत है

(d) A गलत है, किंतु R सही है

19. **कथन (A) वायुद्वारा जलवाष्प को ग्रहण करने की क्षमता पृथ्वी की सतह पर अलग-अलग स्थानों में अलग-अलग होती है।**

कारण (R) यह संपूर्ण रूप से तापमान पर निर्भर करती है।

उत्तर *(a)* वायुमंडल में उपस्थित जलवाष्प की वास्तविक मात्रा निरपेक्ष आर्द्रता कहलाती है। इसे ग्राम प्रति धन मीटर के रूप में व्यक्त किया जाता है। यह हवा की प्रति इकाई आयतन में जलवाष्प का वजन होती है। वायु द्वारा जलवाष्प को ग्रहण करने की क्षमता संपूर्ण रूप से तापमान पर निर्भर करती है। यह पृथ्वी की सतह पर अलग-अलग स्थानों में अलग-अलग होती है।

20. **कथन (A) धूल, धुआँ एवं महासागरों के नमक के कण अच्छे संघनन केंद्रक के रूप में जाने जाते हैं।**

कारण (R) ये जल को अवशोषित कर सकते हैं।

उत्तर (b) वायु में उपस्थित छोटे-छोटे कणों के चारों ओर ठंडा होने के कारण ही संघनन होता है। इन छोटे-छोटे कणों को संघनन केंद्रक कहा जाता है। मुख्यतः धूल, धुआँ एवं महासागरों के नमक के कण अच्छे केंद्रक के रूप में जाने जाते हैं, क्योंकि ये जल को अवशोषित कर सकते हैं।

21. **कथन** (A) जल की छोटी बूँदों अथवा हिम के सूक्ष्म रवों से बादल निर्मित होते हैं। *दक्षता आधारित प्रश्न*

कारण (R) इनका निर्माण पर्याप्त ऊँचाई पर स्वतंत्र वायु में जलवाष्प के संघनन के कारण होता है।

उत्तर (a) जल की छोटी बूँदों अथवा हिम के सूक्ष्म रवों से बादल निर्मित होते हैं। इनका निर्माण पर्याप्त ऊँचाई पर स्वतंत्र वायु में जलवाष्प के संघनन के कारण होता है। पृथ्वी की सतह से कुछ ऊँचाई पर निर्मित होने के कारण ये विभिन्न आकार के होते है।

22. नीचे दिए गए कथनों को ध्यान पूर्वक पढ़कर कूट की सहायता से सही उत्तर दीजिए *दक्षता आधारित प्रश्न*

कथन I स्वतंत्र हवा में लगातार संघनन की प्रक्रिया संघनित कणों के आकार को बड़ा करने में सहायता करती है। जब हवा का प्रतिरोध गुरुत्वाकर्षण बल के विरुद्ध उनको रोकने में असफल हो जाता है, तब ये पृथ्वी की सतह पर गिरते हैं। जलवाष्प के संघनन के बाद नमी के मुक्त होनी की अवस्था को वर्षण कहते हैं।

कथन II सहिम वृष्टि जमी हुई वर्षा की बूँदें हैं या पिघली हुई बर्फ के पानी की जमी हुई बूँदें हैं। जमाव बिंदु के तापमान के साथ जब वायु की एक परत सतह के नजदीक आधे जमे हुए परत पर गिरती है, तब सहिम वृष्टि होती है।

कूट

(a) कथन । और ॥ दोनों सही हैं
(b) कथन । और ॥ दोनों गलत हैं
(c) कथन । सही है, किंतु कथन ॥ गलत है
(d) कथन । गलत है, किंतु कथन ॥ सही है

उत्तर (a) कथन। और॥ दोनों सही हैं।

स्रोत आधारित प्रश्न

निम्नलिखित स्रोतों को ध्यानपूर्वक पढ़कर उन पर आधारित प्रश्नों के उत्तर दीजिए

1. कभी-कभी वर्षा की बूँदें बादल से मुक्त होने के बाद बर्फ के छोटे गोलाकार ठोस टुकड़ों में परिवर्तित हो जाती हैं तथा पृथ्वी की सतह पर पहुँचती हैं, जिसे ओलापत्थर कहा जाता है। ये वर्षा के जल से बनती हैं, जो कि ठंडी परतों से होकर गुजरती हैं। ये ओलापत्थर एक के ऊपर एक बर्फ की कई सकेंद्रीय परतों वाले होते हैं। उत्पत्ति के आधार पर वर्षा को तीन प्रमुख प्रकारों में बाँटा जा सकता है–संवहनीय, पर्वतीय तथा चक्रवातीय या फ्रंटल वर्षा।

हवा गर्म हो जाने पर हल्की होकर संवहन धाराओं के रूप में ऊपर की ओर उठती है, वायुमंडल की ऊपरी परत में पहुँचने के बाद यह फैलती है तथा तापमान के कम होने से ठंडी होती है। परिणामस्वरूप संघनन की क्रिया होती है तथा कपासी मेघों का निर्माण होता है। गरज तथा बिजली कड़कने के साथ मूसलाधार वर्षा होती है, लेकिन यह बहुत लंबे समय तक नहीं रहती है। इस प्रकार की वर्षा गर्मियों में या दिन के गर्म समय में प्रायः होती है। यह विषुवतीय क्षेत्र तथा खासकर उत्तरी गोलार्द्ध के महाद्वीपों के भीतरी भागों में प्रायः होती है।

जब संतृप्त वायु की संहति पर्वतीय ढाल पर आती है, तब यह ऊपर उठने के लिए बाध्य हो जाती है तथा जैसे ही यह ऊपर की ओर उठती है, यह फैलती है, तापमान गिर जाता है तथा आर्द्रता संघनित हो जाती है। इस प्रकार की वर्षा का मुख्य गुण है कि पवनाभिमुख ढाल पर सबसे अधिक वर्षा होती है। इस भाग में वर्षा होने के बाद ये हवाएँ दूसरे ढाल पर पहुँचती हैं, वे नीचे की ओर उतरती हैं तथा उनका तापमान बढ़ जाता है। तब उनकी आर्द्रता धारण करने की क्षमता बढ़ जाती है एवं इस प्रकार प्रतिपवन ढाल सूखे तथा वर्षा विहीन रहते हैं। प्रतिपवन भाग में स्थित क्षेत्र, जिसमें कम वर्षा होती है, उसे वृष्टिछाया क्षेत्र कहा जाता है। इसे पर्वतीय वर्षा या स्थलकृत वर्षा के नाम से जाना जाता है।

(i) वृष्टि-छाया क्षेत्र क्या है?

(a) उच्चावच जिसमें भारी वर्षा होती है
(b) उच्चावच जिसमें कोई वर्षा नहीं होती है या बहुत कम होती है
(c) भूमि क्षेत्र को छाया से ढका हो
(d) तटीय क्षेत्र

उत्तर (b) उच्चावच जिसमें कोई वर्षा नहीं होती है या बहुत कम होती है।

(ii) हिमपात, ओला वृष्टि और आते किसके रूप है?

(a) वर्षण (b) संघनन
(c) वाष्पोत्सर्जन (d) वाष्पीकरण

उत्तर (a) दर्षण

(iii) संवहनीय वर्षा किस क्षेत्र में अधिक होती है?

(a) भूमध्यरेखीय क्षेत्र (b) शीतोष्ण क्षेत्र
(c) उष्णटिबंधीय क्षेत्र (d) ध्रुवीय क्षेत्र

उत्तर (b) भूमध्यरेखीय क्षेत्र

2. एक साल में पृथ्वी की सतह पर अलग-अलग भागों में होने वाली वर्षा की मात्रा भिन्न-भिन्न होती है तथा यह अलग-अलग मौसमों में भी होती है। सामान्य तौर पर जब हम विषुवत् वृत्त से ध्रुव की ओर जाते हैं, तो वर्षा की मात्रा धीरे-धीरे घटती जाती है। विश्व के तटीय क्षेत्रों में महाद्वीपों के भीतरी भागों की अपेक्षा अधिक वर्षा होती है। विश्व के स्थलीय भागों की अपेक्षा महासागरों के ऊपर वर्षा अधिक होती है, क्योंकि वहाँ पानी के स्रोत की अधिकता के कारण वाष्पीकरण की क्रिया लगातार होती रहती है। विषवत् वृत्त से 35° से 40° उत्तर. एवं दक्षिण. अक्षांशों के मध्य, पूर्वी तटों पर बहुत अधिक वर्षा होती है तथा पश्चिम की तरफ यह घटती जाती है लेकिन विषुवत् वृत्त से 45° तथा 65° उत्तर. एवं दक्षिण के बीच पछुआ पवनों के कारण सबसे पहले महाद्वीपों के पश्चिमी किनारों पर वर्षा होती है तथा यह पूर्व की तरफ घटती जाती हैं। जहाँ भी पहाड़ तट के समानांतर हैं, वहाँ वर्षा की मात्रा पवनाभिमुख तटीय मैदान में अधिक होती है एवं यह प्रतिपवन दिशा की ओर घटती जाती हैं।

वार्षिक वर्षण की कुल मात्रा के आधार पर विश्व की मुख्य वर्षण प्रवृत्ति को निम्नलिखित रूपों में पहचाना जाता है

विषुवतीय पट्टी, शीतोष्ण प्रदेशों में पश्चिमी तटीय किनारों के पास के पर्वतों के वायु की ढाल पर तथा मानसून वाले क्षेत्रों के तटीय भागों में वर्षा बहुत अधिक होती है, जो प्रतिवर्ष 200 सेमी से ऊपर होती है। महाद्वीपों के आंतरिक भागों में प्रतिवर्ष 100 से 200 सेमी वर्षा होती है। महाद्वीपों के तटीय क्षेत्रों में वर्षा की मात्रा मध्यम होती है। उष्णकटिबंधीय क्षेत्र के केंद्रीय भाग तथा शीतोष्ण क्षेत्रों के पूर्वी एवं भीतरी भागों में वर्षा की मात्रा 50 से 100 सेमी प्रतिवर्ष तक होती है। महाद्वीप के भीतरी भाग के वृष्टिछाया क्षेत्रों में पड़ने वाले भाग तथा ऊँचे

अक्षांशों वाले क्षेत्रों में प्रतिवर्ष 50 सेमी से भी कम वर्षा होती है। वर्षा का मौसमी वितरण इसकी प्रभाविता को समझने का एक महत्त्वपूर्ण पहलू है। कुछ क्षेत्रों; जैसे–विषुवतीय पट्टी तथा ठंडे समशीतोष्ण प्रदेशों में वर्षा पूरे वर्ष होती रहती है।

(i) **विश्व के स्थलीय भागों की अपेक्षा महासागरों के ऊपर वर्षा अधिक होने का मुख्य कारण क्या है?**

उत्तर विश्व के स्थलीय भागों की अपेक्षा महासागरों के ऊपर वर्षा अधिक होती है, क्योंकि वहाँ पानी के स्रोत की अधिकता के कारण वाष्पीकरण की क्रिया लगातार होती रहती है।

(ii) **महाद्वीपों के पश्चिमी किनारों पर सबसे पहले वर्षा किस कारण होती है?**

उत्तर विषुवत् वृत्त से 45° तथा 65° उत्तरी एवं दक्षिणी के बीच पछुआ पवनों के कारण सबसे पहले महाद्वीपों के पश्चिमी किनारों पर वर्षा होती है।

(iii) **विश्व में सबसे अधिक वर्षा किस क्षेत्र में होती है?**

उत्तर विश्व में सबसे अधिक वर्षा विषुवतीय प्रदेशों के क्षेत्रों में होती है, क्योंकि इन प्रदेशों में सूर्य की किरणें लंबत पड़ती हैं, जिसमें वाष्पीकरण अधिक होता है।

लघु उत्तरीय प्रश्न

1. सापेक्ष आर्द्रता महासागरों के ऊपर अधिक तथा महाद्वीपों के ऊपर सबसे कम होती है। स्पष्ट कीजिए।

उत्तर सापेक्ष आर्द्रता महासागरों के ऊपर अधिक तथा महाद्वीपों के ऊपर सबसे कम होती है क्योंकि, सापेक्ष आर्द्रता किसी भी तापमान पर वायु में उपस्थित जलवाष्प तथा उसी तापमान पर उसी वायु की जलवाष्प धारण करने की क्षमता का अनुपात होता है। चूँकि आर्द्रता हवा के तापमान के बदलने के साथ आर्द्रता ग्रहण करने की क्षमता घटती बढ़ती है, जिससे सापेक्ष आर्द्रता प्रभावित होती है। महाद्वीपों के ऊपर की वायु में जलवाष्प की मात्रा कम पाई जाती है, जिससे आर्द्रता की मात्रा भी कम होती है। वहीं महासागरों के ऊपर की वायु में जलवाष्प की मात्रा अधिक होती है, फलस्वरूप आर्द्रता की अधिकता होती है। अतः सापेक्ष आर्द्रता महासागरों के ऊपर अधिक तथा महाद्वीपों के ऊपर सबसे कम होती है।

2. संघनन किसे कहते हैं? संघनन प्रक्रिया किन बातों पर निर्भर करती है।

उत्तर जलवाष्प का जल के रूप में परिवर्तित होना संघनन कहलाता है। ऊष्मा की कमी के कारण ही संघनन की प्रक्रिया होती है। संघनन की प्रक्रिया निम्न बातों पर निर्भर करती है

- वायु का आयतन नियत हो एवं तापमान ओसांक तक गिर जाए।
- वायु का आयतन तथा तापमान दोनों ही कम हो जाएँ। वाष्पीकरण द्वारा वायु में और अधिक जलवाष्प प्रवष्टि हो जाए।
- संघनन हवा के आयतन, ताप, दाब तथा आर्द्रता से प्रभावित होता है।

3. कोहरा एवं कुहासा का निर्माण कैसे होता है? स्पष्ट कीजिए।

उत्तर ओसांक के नीचे वायु का तापमान कम होने पर कोहरे का निर्माण होता है अर्थात् जब बहुत अधिक मात्रा में जलवाष्प से भरी हुई वायु संहति अचानक नीचे गिरती है, तब छोटे-छोटे कणों के ऊपर संघनन की प्रक्रिया होती है। फलस्वरूप कोहरे का निर्माण होता है।

कुहासा, कोहरे का ही एक रूप है, जब कोहरा अत्यधिक न होकर कम होता है, तो उसे कुहासा या धुंध कहते हैं। इसका निर्माण पहाड़ों पर अधिक होता है। इसका निर्माण ऊपर उठती हुई गर्म हवा का ढालों पर ठंडी हवा के संपर्क में आने से होता है। इसमें भी दोनों विपरीत गुण वाली हवाओं के मिलने के पश्चात् संघनन की प्रक्रिया होती है।

4. कोहरा एवं कुहासा में अंतर स्पष्ट कीजिए।

उत्तर कोहरा एवं कुहासे में निम्नलिखित अंतर पाया जाता है

कुहासा	कोहरा
इसमें नमी अधिक होती है।	इसमें अपेक्षाकृत नमी कम होती है।
यह पहाड़ों पर अधिक पाया जाता है, क्योंकि इसमें ऊपर उठती हुई गर्म हवा ढाल पर ठंडी सतह के संपर्क में आती है।	जहाँ गर्म हवा ठंडी हवा के संपर्क में आती है, वहाँ यह प्रबल होता है।
इसमें दृश्यता 1 किमी से अधिक, किंतु 2 किमी से कम होती है।	इसमें दृश्यता 1 किमी से कम होती है।

6. पर्वतीय वर्षा एवं चक्रवातीय वर्षा पर संक्षिप्त टिप्पणी लिखिए।

उत्तर **पर्वतीय वर्षा** पर्वतीय क्षेत्रों में होती है, जब संतृप्त हवा की संहति पर्वतीय ढाल के सहारे ऊपर उठती है, तो यह फैल जाती है तथा इसका तापमान गिर जाता है एवं आर्द्रता संघनित हो जाती है, परिणामस्वरूप भारी वर्षा होती है। इस वर्षा की मुख्य विशेषता यह है कि पवनाभिमुख ढाल पर यह अत्यधिक होती है।

चक्रवातीय वर्षा चक्रवातों द्वारा होने वाली वर्षा को चक्रवाती या फ्रंटल वर्षा कहते हैं। शीतोष्ण कटिबंधीय चक्रवात में गर्म तथा आर्द्र वायु हल्की होने के कारण ठंडी वायु शुष्क वायु के ऊपर चढ़ जाती है, जिसके परिणामस्वरूप गर्म वायु में उपस्थित जल का संघनन हो जाता है तथा भारी वर्षा होती है।

7. संवहनीय वर्षा तथा चक्रवातीय वर्षा में अंतर स्पष्ट कीजिए।

उत्तर संवहनीय वर्षा तथा चक्रवाती वर्षा में निम्न अंतर हैं

संवहनीय वर्षा	चक्रवातीय वर्षा
संवहनीय धाराओं के ऊपर उठने एवं ठंडी सतह से होने वाली वर्षा को संवहनीय वर्षा कहते हैं।	चक्रवातों द्वारा होने वाली वर्षा को चक्रवाती वर्षा कहते हैं।
यह विषुवतीय क्षेत्र मुख्यतः उत्तरी गोलार्द्ध के महाद्वीपों के भीतरी भागों में होती है।	यह वर्षा विशेषकर मध्य अक्षांशों में होती है।
यह वर्षा कम समय के लिए होती है।	यह वर्षा अपेक्षाकृत लंबे समय तक होती है।

8. विश्व के तटीय क्षेत्रों में महाद्वीपों के आंतरिक भागों की अपेक्षा अधिक वर्षा होती है, क्यों? *दक्षता आधारित प्रश्न*

अथवा **आर्द्रता के कारण महाद्वीपों के आंतरिक भागों की अपेक्षा तटीय क्षेत्रों में अधिक वर्षा होती है। कथन की समीक्षा कीजिए।**

उत्तर महाद्वीपों के आंतरिक भागों में स्थलीय स्वरूपों के पाए जाने के कारण धरातल के आस-पास की वायु सूर्यताप के कारण गर्म होती है, जिसमें आर्द्रता की कमी होती है, किंतु वहीं तटीय क्षेत्रों में स्थलीय एवं समुद्री हवाओं का संचरण होता है, जिसमें समुद्र से आने वाली हवाओं में आर्द्रता की मात्रा अधिक होती है, जब तटीय क्षेत्र की वायु से समुद्री हवाएँ मिलती हैं, तब संघनन की प्रक्रिया तीव्र गति से प्रारंभ होती है, जिससे जलवाष्प वर्षा का रूप लेकर गिरने लगती है। अतः आर्द्रता के कारण महाद्वीपों के आंतरिक भागों की अपेक्षा तटीय क्षेत्रों में अधिक वर्षा होती है।

9. वार्षिक वर्षा की मात्रा के आधार पर विश्व में वर्षण की प्रवृत्ति को कितने भागों में बाँटा गया है? बताइए।

अथवा **एक वर्ष में पृथ्वी की सतह पर अलग-अलग भागों में होने वाली वर्षा के भाग भिन्न-भिन्न होते है। इस संदर्भ में विश्व में वर्षण की प्रवृत्ति का वर्णन कीजिए।**

उत्तर वार्षिक वर्षण की मात्रा के आधार पर विश्व की वर्षण प्रवृत्ति को निम्नलिखित रूपों में दर्शाया गया है

(i) **प्रतिवर्ष 200 सेमी से अधिक वर्षा वाले क्षेत्र** इसके अंतर्गत विषुवतीय पट्टी, भूमध्यरेखीय कटिबंध, शीतोष्ण प्रदेशों में पश्चिमी तटीय किनारों के पास की पवनाभिमुख ढालें तथा मानसून क्षेत्र के तटीय भाग आते हैं।

(ii) 100 **से 200 सेमी वर्षा वाले क्षेत्र** इसके अंतर्गत महाद्वीपों के आंतरिक भाग आते हैं। महाद्वीपों के तटीय क्षेत्रों में वर्षा की मात्रा मध्यम होती है।

(iii) **50 से 100 सेमी वर्षा वाले क्षेत्र** इस वर्ग के अंतर्गत उष्णकटिबंधीय क्षेत्र के केंद्रीय भाग एवं शीतोष्ण क्षेत्रों के पूर्वी तथा आंतरिक भाग आते हैं।

(iv) **50 सेमी से भी कम वर्षा वाले क्षेत्र** इसके अंतर्गत महाद्वीपों के आंतरिक भाग के वृष्टिछाया क्षेत्र में पड़ने वाले भाग एवं ऊँचे अक्षांशों वाले क्षेत्र आते हैं।

दीर्घ उत्तरीय प्रश्न

1. आर्द्रता किसे कहते हैं? यह कितने प्रकार की होती है?

अथवा **निरपेक्ष आर्द्रता किसे कहते हैं? इसकी इकाई का वर्णन कीजिए**

उत्तर वायुमंडल में विद्यमान जलवाष्प को आर्द्रता कहते हैं। वायुमंडल में आर्द्रता की प्राप्ति जलाशयों से वाष्पीकरण तथा पौधों से वाष्पोत्सर्जन द्वारा होती है। मात्रात्मक दृष्टि से आर्द्रता को दो प्रकारों में विभाजित किया जाता है

(i) **निरपेक्ष आर्द्रता** वायुमंडल में उपस्थित जलवाष्प की वास्तविक मात्रा निरपेक्ष आर्द्रता कहलाती है। इसे ग्राम प्रति घन मीटर के रूप में व्यक्त किया जाता हैं। यह हवा के प्रति इकाई आयतन में जलवाष्प का वजन होती है। वायु द्वारा जलवाष्प को ग्रहण करने की क्षमता संपूर्ण रूप से तापमान पर निर्भर करती है। यह पृथ्वी की सतह पर अलग-अलग स्थानों में अलग-अलग होती है।

(ii) **सापेक्ष आर्द्रता** तापमान पर अपनी पूरी क्षमता की तुलना में वायुमंडल में उपस्थित आर्द्रता के प्रतिशत को सापेक्ष आर्द्रता कहते हैं। हवा के तापमान में परिवर्तन के साथ ही आर्द्रता ग्रहण करने की क्षमता से तापमान में वृद्धि होती है और सापेक्ष आर्द्रता भी इससे प्रभावित होती है।

सापेक्ष आर्द्रता महाद्वीपों पर कम होती है, जबकि महासागरों पर अधिक होती है। किसी क्षेत्र में वर्षा की संभावना सापेक्ष आर्द्रता पर निर्भर करती है। सापेक्ष आर्द्रता को प्रतिशत में प्रदर्शित करते हैं। तापमान एवं सापेक्ष आर्द्रता में विपरीत संबंध पाया जाता है। तापमान के बढ़ने पर सापेक्ष आर्द्रता घटती है तथा तापमान के घटने पर सापेक्ष आर्द्रता बढ़ती है, क्योंकि निरपेक्ष आर्द्रता स्थिर रहती है, जबकि सामर्थ्य में अंतर होता रहता है।

2. वाष्पीकरण एवं संघनन को सविस्तार समझाइए।

उत्तर वायुमंडल में वाष्पीकरण के कारण जलवाष्प की मात्रा बढ़ती है, जबकि संघनन के कारण वायुमंडल में जलवाष्प की मात्रा घटती है। वाष्पीकरण एवं संघनन का वर्णन निम्नलिखित है

वाष्पीकरण

- वाष्पीकरण एक ऐसी प्रक्रिया है, जिसके अंतर्गत जल, द्रव से गैसीय अवस्था में बदलता है। वाष्पीकरण का मुख्य कारण ताप है। जल का वाष्पीकरण जिस तापमान पर प्रारंभ होता है, वह वाष्पीकरण की गुप्त ऊष्मा कहलाता है।
- तापमान में वृद्धि के साथ ही वायु में जल को अवशोषित करने व धारण रखने की क्षमता में वृद्धि होती हैं तथा इसी प्रकार आर्द्रता कम होने की दशा में नमी को अवशोषित करने तथा धारण करने की क्षमता में भी वृद्धि होती है। असंतृप्त परत के द्वारा संतृप्त परत को गतिशील वायु हटा देती है। अतः हवा की गति तेज होने पर वाष्पीकरण भी तेजी से होता है।

संघनन

- जलवाष्प का जल के रूप में परिवर्तित होना संघनन कहलाता हैं। संघनन का कारण ऊष्मा का ह्रास होना हैं। आर्द्र वायु ठंडी होने पर जलवाष्प धारण नहीं कर पाती, जिसके फलस्वरूप जलवाष्प द्रव में संघनित हो जाती है, लेकिन, जब यह सीधे ठोस रूप में परिवर्तित होता हैं, तो ऊर्ध्वपातन कहलाता है।
- वायु में उपस्थित छोटे-छोटे कणों के चारों ओर ठंडा होने के कारण ही संघनन होता हैं, इन छोटे-छोटे कणों को संघनन केंद्रक कहा जाता है। मुख्यतः धूल, धुआँ एवं महासागरों के नमक के कण अच्छे केंद्रक के रूप में जाने जाते हैं, क्योंकि ये जल को अवशोषित कर सकते हैं।
- संघनन उस अवस्था में भी संभव है, जब आर्द्र वायु किसी ठंडी वस्तु के संपर्क में आती हैं तथा जब तापमान ओसांक के निकट होता हैं। संघनन हवा की सापेक्ष आर्द्रता तथा ठंडा होने की मात्रा पर निर्भर होता हैं। अतः कहा जा सकता है कि संघनन वायु के आयतन, ताप, दाब एवं आर्द्रता से प्रभावित होता हैं।

3. **स्थिति और तापमान के आधार पर संघनन को कितने भागों में विभाजित किया जाता है?**

अथवा **ओस, पाला, कोहरा एवं कुहासा को परिभाषित कीजिए।**

उत्तर इस प्रश्न के उत्तर के लिए पृष्ठ संख्या 148 पर 'संघनन के प्रकार' शीर्षक का अध्ययन करें।

4. **मेघ कितने प्रकार के होते हैं? स्पष्ट कीजिए।**

अथवा **मेघों की ऊँचाई, विस्तार तथा घनत्व के आधार पर इसके प्रकारों की चर्चा कीजिए।** *दक्षता आधारित प्रश्न*

अथवा **मेघों का वर्गीकरण करके उनके विषय में बताइए।**

उत्तर बादल पानी की छोटी बूँदों या बर्फ के छोटे रवों की संहति होता है, जो कि पर्याप्त ऊँचाई पर स्वतंत्र हवा में जलवाष्प के संघनन के कारण बनते हैं। चूँकि बादल का निर्माण पृथ्वी की सतह से कुछ ऊँचाई पर होता है, इसलिए ये विभिन्न आकारों के होते हैं। इनकी ऊँचाई, विस्तार, घनत्व तथा पारदर्शिता के आधार पर बादलों को चार रूपों में वर्गीकृत किया गया है, जो निम्नलिखित हैं

(i) **पक्षाभ मेघ** पक्षाभ मेघों का निर्माण 8000-12000 मी की ऊँचाई पर होता है। ये पतले तथा बिखरे हुए मेघ होते हैं, जो पंख के समान प्रतीत होते हैं। ये हमेशा सफेद रंग के होते हैं।

(ii) **कपासी मेघ** कपासी मेघ रूई के समान प्रतीत होते हैं। ये प्रायः 4000-7000 मी की ऊँचाई पर बनते हैं। ये छितरे तथा इधर-उधर बिखरे देखे जा सकते हैं। ये चपटे आधार वाले होते हैं।

(iii) **स्तरी मेघ** ये परतदार मेघ होते हैं, जोकि आकाश के बहुत बड़े भाग पर फैले रहते हैं। ये मेघ सामान्यतः या तो ऊष्मा के ह्रास या अलग-अलग तापमानों पर हवा के आपस में मिश्रित होने से बनते हैं।

(iv) **वर्षा मेघ** वर्षा मेघ काले या गहरे स्लेटी रंग के होते हैं। ये मध्य स्तरों या पृथ्वी की सतह के काफी नजदीक बनते हैं। ये सूर्य की किरणों के लिए बहुत ही अपारदर्शी होते हैं। कभी-कभी मेघ इतनी कम ऊँचाई पर होते हैं कि ये सतह को छूते हुए प्रतीत होते हैं। वर्षा मेघ मोटे जलवाष्प की आकृति विहीन संहति होते हैं।

5. **वर्षण किसे कहते हैं? वर्षण के रूपों की व्याख्या कीजिए।**

उत्तर जब संघनित जलवाष्प, जल बिंदुओं या ठोस कणों के रूप में धरातल पर गिरती है, तब उसे वर्षण कहा जाता है। यह वर्षण जब पानी के रूप में होता है, तो उसे वर्षा कहते हैं। वर्षण के विभिन्न रूप निम्नलिखित हैं

(i) **वर्षा** जब जलवाष्प से लदी हुई वायु ऊपर उठती है तो वह ठंडी हो जाती है और जलवाष्प का संघनन होने से जलकण उत्पन्न होते हैं और वे वायुमंडल में उपस्थित धूलकणों पर एकत्रित होकर वायु में ही तैरने लगते हैं। वायु का अवरोध जल की बूँदों को वायुमंडल में लटकाए रखने में असमर्थ हो जाता है, जब धरातल पर जल वर्षा की बूँदों के रूप में आ गिरती है।

(ii) **हिमपात** जब कभी संघनन क्रिया के समय वायु का तापमान हिमांक बिंदु से अधिक नीचे गिर जाता है, तो जलवाष्प हिमकणों के रूप में बदल जाती है, जिससे धरातल पर हिमपात हो जाता है।

(iii) **ओलावृष्टि** जब हिमकणों का रूप अधिक बड़ा हो जाता है और संवहन धाराएँ इन्हें सँभाल नहीं पातीं, तो ये नीचे बर्फ के बड़े कणों या ओलों के रूप में गिर पड़ते हैं। इसे ओलावृष्टि कहा जाता है।

(iv) **सहिमवृष्टि** यह जमी हुई वर्षा की बूँदें हैं। जमाव बिंदु के तापमान के साथ जब वायु की परत सतह के निकट आधी जमी हुई परत पर गिरती है, तब सहिमवृष्टि होती है।

स्वयं को जाँचें

वस्तुनिष्ठ प्रश्न

1. **सापेक्षिक आर्द्रता सबसे अधिक होती है**

(a) महाद्वीप में (b) महासागर में
(c) 'a' और 'b' दोनों (d) वायुमंडल में

2. **जल का वाष्पीकरण जिस तापमान पर प्रारंभ होता है, उसे क्या कहते हैं?**

(a) वाष्पीकरण (b) वाष्पोत्सर्जन
(c) संघनन (d) गुप्त ऊष्मा

3. **निम्नलिखित में से कौन कोहरे में सम्मिलित नहीं है?**

(a) धूलकण (b) धुआँ
(c) नमक के कण (d) ये सभी

4. **तापमान 0° सेंटीग्रेड से कम होने की दशा में वर्षण .... के रूप में होता है।**

(a) हिमपात (b) हिमतूलों
(c) तुषार (d) ओला

5. **.......... जमी हुई वर्षा की बूँदें या पिघली हुई बर्फ के जल की जमी बूँदें हैं।**

(a) काकरापात
(b) सहिम वृष्टि
(c) अतिवृष्टि
(d) फुहार

6. **निम्नलिखित कथनों पर विचार कीजिए**

1. **विषुवत् रेखा से 45° एवं 65° उत्तर तथा दक्षिण के मध्य पछुआ पवन प्रवाहित होती है।**
2. **विश्व में महाद्वीपों के आंतरिक भागों की अपेक्षा तटीय क्षेत्रों में अधिक वर्षा होती है।**

उपरोक्त कथनों में कौन-सा/से कथन सही है/हैं?

(a) केवल 1
(b) केवल 2
(c) 1 और 2 दोनों
(d) इनमें से कोई नहीं

7. **बादलों को विभिन्न भागों में विभाजित किया गया है दिए गए कथन के संदर्भ में सही बादल (मेघा) का चयन करें।**

इनका मेघों का निर्माण 8000-12,000 मी की ऊँचाई पर होता है। ये पतले तथा बिखरे हुए बादल होते हैं, जो पंख के समान प्रतीत होते हैं। ये हमेशा सफेद रंग के होते हैं।

(a) पक्षाभ मेघ (b) कपासी मेघ
(c) स्तरी मेघ (d) वर्षा मेघ

अतिलघु उत्तरीय प्रश्न

8. **वाष्पीकरण क्या है?**

9. **गुप्त ऊष्मा से आप क्या समझते हैं?**

10. **जल के तीनों रूप और अवस्थाएँ कौन-कौन सी हैं?**

11. **सहिम वर्षा क्या है?**

12. **वृष्टिछाया प्रदेश किसे कहते हैं?**

लघु उत्तरीय प्रश्न

13. **निरपेक्ष आर्द्रता और सापेक्षिक आर्द्रता में अंतर स्पष्ट कीजिए।**

14. **वायुमंडलीय आर्द्रता का संक्षिप्त परिचय दीजिए।**

15. **ओस तथा तुषार को समझाइए।**

16. **वर्षण क्या है? वर्षण के विभिन्न रूपों के नाम बताइए।**

17. **वार्षिक वर्षण की पूरी मात्रा के आधार पर विश्व की वर्षण प्रवृत्ति को परिभाषित कीजिए।**

दीर्घ उत्तरीय प्रश्न

18. **वायुमंडल में वाष्पीकरण को नियंत्रित करने वाले कारकों का वर्णन कीजिए।**

19. **वर्षा के वितरण तथा नियंत्रक कारकों की विवेचना कीजिए।**

20. **वर्षा किस कहते हैं? परिभाषित कीजिए तथा उत्पत्ति के आधार पर इसके प्रकारों की चर्चा कीजिए।**

11

अध्याय

विश्व की जलवायु एवं जलवायु परिवर्तन

इस अध्याय में जलवायु संबंधी आँकड़ों एवं जानकारियों को संगठित कर विश्व की जलवायु के अध्ययन को शक्ति किया गया है, साथ ही इन आँकड़ों को समझने तथा उनका वर्गीकरण एवं विश्लेषण करने के लिए उन्हें छोटी इकाइयों में बाँटकर संश्लेषित किया गया है।

▼ अध्ययन एक नजर में

11.1 कोपेने की जलवायु वर्गीकृत की पद्धति

11.2 जलवायु परिवर्तन

11.2 भूमंडलीय उष्मन

▼ अभ्यास के लिए

– बहुविकल्पीय प्रश्न 26 (कथन/कारण, सुमेलित कीजिए)

– वर्णनात्मक प्रकार के प्रश्न (लघु उत्तरीय प्रश्न 9, दीर्घ उत्तरीय प्रश्न 4)

– स्रोत आधारित प्रश्न 2, मानचित्र आधारित प्रश्न 1

जलवायु का वर्गीकरण तीन वृहत उपगमनों के अनुसार किया गया है- **आनुभविक**[1] (Empirical) जननिक (Genetic) तथा अनुप्रयुक्त (Applied)। प्रेक्षित रूप में तापमान एवं वर्षण (Precipitation) से संबंधित आँकड़ों पर आनुभविक वर्गीकरण आधारित होता है। **जननिक**[2] वर्गीकरण जलवायु को उनके कारणों के आधार पर संगठित करने का प्रयास है। जलवायु का **अनुप्रयुक्त**[3] वर्गीकरण विशिष्ट उद्देश्य के लिए किया जाता है।

11.1 कोपेन की जलवायु वर्गीकरण की पद्धति

- जलवायु का वर्गीकरण **वी कोपेन** द्वारा किया गया था, जिसमें आनुभविक पद्धति का व्यापक रूप से उपयोग किया जाता है।
- कोपेन के अनुसार, वनस्पति के वितरण तथा जलवायु के मध्य घनिष्ठ संबंध होता है।
- कोपेन ने तापमान व वर्षण के कुछ निश्चित मानो का चयन करके वनस्पति वितरण से संबंध स्थापित करते हुए, उनका उपयोग जलवायु के वर्गीकरण के लिए किया है। इस वर्गीकरण के अंतर्गत वर्षा एवं तापमान के वार्षिक तथा मासिक आँकड़ों का मध्यमान लिया गया है।
- जलवायु के समूहों व प्रकारों की पहचान करने के लिए कोपेन ने अंग्रेजी के बड़े तथा छोटे अक्षरों का प्रयोग किया।

1 आनुभविक (Empirical) यह उस ज्ञान को संदर्भित करता है, जो सिद्धांत के अतिरिक्त प्रयोग और अवलोकन पर आधारित होता है।

2 जननिक (Genetic) यह एक विधि है, जिसमें भौगोलिक लक्षणों और परिदृश्यों का अध्ययन उनके उत्पत्ति, विकास और प्रक्रियाओं की जाँच करके किया जाता है।

3 अनुप्रयुक्त (Applied) यह भूगोल में एक दृष्टिकोण है, जो भौगोलिक ज्ञान और विधियों का उपयोग वास्तविक दुनिया की समस्याओं और व्यावहारिक मुद्दों को हल करने के लिए करता है।

- कोपेन ने वर्ष 1918 में इस सिद्धांत का प्रतिपादन किया, जो समय के साथ संशोधित हुआ। कोपेन ने पाँच प्रमुख जलवायु समूहों की पहचान की, जिनमें से चार तापमान पर तथा एक वर्षण पर आधारित है।
- आर्द्र जलवायु को बड़े अक्षर A, C, D तथा E और शुष्क जलवायु को B से प्रदर्शित किया जाता है।

कोपेन के अनुसार, जलवायु समूह

समूह	लक्षण
A उष्णकटिबंधीय	सभी महीनों का औसत तापमान 18° सेल्सियस से अधिक।
B शुष्क जलवायु	वर्षण की तुलना में वाष्पीकरण की अधिकता।
C कोष्ण शीतोष्ण	सर्वाधिक ठंडे महीने का औसत तापमान 3° सेल्सियस से अधिक, किंतु 18° सेल्सियस से कम मध्य अक्षांशीय जलवायु।
D शीतल हिमवन जलवायु	वर्ष के सर्वाधिक ठंडे महीने का औसत तापमान शून्य अंश तापमान से 3° नीचे।
E शीत	सभी महीनों का औसत तापमान 10° सेल्सियस से कम।
H उच्चभूमि	ऊँचाई के कारण शीत।

जलवायु समूहों का वर्गीकरण

- तापक्रम तथा वर्षा की मौसमी विशेषताओं के आधार पर जलवायु समूहों को कई उप-प्रकारों में भी विभाजित किया जाता है, जिनको छोटे अक्षरों द्वारा निरूपित किया जाता है।
- f, m, w तथा s छोटे अक्षरों द्वारा शुष्क मौसम को प्रदर्शित किया गया है। इनमें f शुष्क मौसम के न होने को, m मानसून जलवायु को, w शुष्क शीत ऋतु को तथा s शुष्क ग्रीष्म ऋतु को दर्शाता है।
- छोटे अक्षर a, b, c और d तापमान की उग्रता वाले भाग को प्रदर्शित करते हैं।
- कोपेन ने B समूह की जलवायु को उप-विभाजित करते हुए स्टेपी अथवा अर्द्ध-शुष्क के लिए S व मरुस्थल के लिए W जैसे बड़े अक्षरों का प्रयोग किया है।

कोपेन के अनुसार, जलवायु प्रकार

समूह	प्रकार	कूट अक्षर	लक्षण
A उष्णकटिबंधीय आर्द्र जलवायु	उष्णकटिबंधीय आर्द्र उष्णकटिबंधीय मानसून उष्णकटिबंधीय आर्द्र एवं शुष्क	Af Am Aw	कोई शुष्क ऋतु नहीं मानसून, लघु शुष्क ऋतु जाड़े की शुष्क ऋतु
B शुष्क जलवायु	उपोष्ण कटिबंधीय स्टेपी उपोष्ण कटिबंधीय मरुस्थल मध्य अक्षांशीय स्टेपी मध्य अक्षांशीय मरुस्थल	BSh BWh BSk BWk	निम्न अक्षांशीय अर्द्ध शुष्क एवं शुष्क निम्न अक्षांशीय शुष्क मध्य अक्षांशीय अर्द्ध शुष्क अथवा शुष्क मध्य अक्षांशीय शुष्क
C कोष्ण शीतोष्ण (मध्य अक्षांशीय) जलवायु	आर्द्र उपोष्ण कटिबंधीय भूमध्यसागरीय समुद्री पश्चिम तटीय	Cfa Csa Cfb	मध्य अक्षांशीय अर्द्धशुष्क अथवा शुष्क शुष्क गर्म ग्रीष्म कोई शुष्क ऋतु नहीं, कोष्ण तथा शीतल ग्रीष्म
D शीतल हिमवन जलवायु	आर्द्र महाद्वीपीय उप-उत्तर ध्रुवीय	Df Dw	कोई शुष्क ऋतु नहीं, भीषण जाड़ा जाड़ा शुष्क तथा अत्यंत भीषण
E शीत जलवायु	टुंड्रा ध्रुवीय हिमटोपी	ET EF	सही अर्थों में कोई ग्रीष्म नहीं सदैव हिमाच्छादित हिम
F उच्च भूमि	उच्च भूमि	H	हिमाच्छादित उच्च भूमियाँ

समूह A : उष्णकटिबंधीय आर्द्र जलवायु

- **उष्णकटिबंधीय जलवायु** (Tropical Climate) **कर्क रेखा**[4] (Tropic of Cancer) तथा **मकर रेखा**[5] (Tropic of Capricorn) के मध्य पाई जाती है। संपूर्ण वर्ष सूर्य के ऊर्ध्वस्थ तथा अंतर उष्णकटिबंधीय अभिसरण क्षेत्र की उपस्थिति के कारण यहाँ की जलवायु उष्ण एवं आर्द्र रहती है।
- इन क्षेत्रों में वर्षा अधिक होती है तथा वार्षिक तापांतर बहुत कम होता है।
- उष्णकटिबंधीय जलवायु (Tropical Climate) को तीन प्रकारों में विभाजित किया जाता है, उष्णकटिबंधीय आर्द्र जल वायु (Af) उष्णकटिबंधीय मानसून जलवायु (Am) उष्णकटिबंधीय आर्द्र एव शुष्क जलवायु (Aw)

उष्णकटिबंधीय आर्द्र जलवायु (Af)

- उष्णकटिबंधीय आर्द्र जलवायु विषुवत् वृत्त के समीप पाई जाती है। दक्षिण अमेरिका का अमेजन बेसिन, पश्चिमी विषुवतीय अफ्रीका तथा दक्षिण-पूर्वी एशिया के द्वीप उष्णकटिबंधीय आर्द्र जलवायु में पड़ने वाले प्रमुख क्षेत्र हैं।
- वर्ष के प्रत्येक माह में दोपहर के बाद गरज और बौछारों के साथ अत्यधिक मात्रा में वर्षा होती है।
- तापमान समान रूप से अधिक और वार्षिक तापांतर नगण्य होता है। किसी भी दिन अधिकतम तापमान 30° सेल्सियस तथा न्यूनतम तापमान लगभग 20° सेल्सियस होता है।
- उष्णकटिबंधीय आर्द्र जलवायु में सघन **वितान**[6] तथा व्यापक जैव-विविधता वाले **उष्णकटिबंधीय सदाहरित** (Tropical Evergreen Forests) वन पाए जाते हैं।

उष्णकटिबंधीय मानसून जलवायु (Am)

- यह जलवायु भारतीय उपमहाद्वीप, दक्षिण अमेरिका के उत्तर-पूर्वी भाग व उत्तरी ऑस्ट्रेलिया में पाई जाती है। यहाँ पर गर्मियों में अत्यधिक वर्षा होती है, लेकिन शीत ऋतु शुष्क होती है।

उष्णकटिबंधीय आर्द्र एवं शुष्क जलवायु (Aw)

- यह जलवायु Af प्रकार की जलवायु प्रदेशों के उत्तर तथा दक्षिण क्षेत्रों में पाई जाती है।
- इस जलवायु की सीमा महाद्वीपों के पश्चिमी भाग में शुष्क जलवायु के साथ तथा पूर्वी भाग में Cf तथा Cw की जलवायु के साथ पाई जाती है।
- दक्षिण अमेरिका में स्थित ब्राजील के वनों के उत्तर तथा दक्षिण में बोलिविया तथा पैरागुए के निकटवर्ती भागों और सूडान तथा मध्य अफ्रीका के दक्षिण में Aw प्रकार की जलवायु पाई जाती है।
- Af और Am प्रकार की जलवायु की अपेक्षा इस जलवायु में वार्षिक वर्षा कम होती है।
- आर्द्र ऋतु छोटी अवधि की, जबकि शुष्क ऋतु लंबी अवधि की होती है।
- पूरे वर्ष तापमान ऊँचा रहता है तथा शुष्क ऋतु में दैनिक तापांतर सबसे अधिक होता है। इस जलवायु क्षेत्र में **पर्णपाती वन**[7] (Deciduous Forest) के साथ-साथ पेड़ों से ढकी घास भूमियाँ प्रमुख रूप से पाई जाती हैं।

चेक प्वॉइंट 1

1. जलवायु का वर्गीकरण कितने उपागमों में किया गया है।
2. किस वर्गीकरण में जलवायु को उनके करणों के आधार पर संगठित किया जाता है?
3. कोपेन ने कितने जलवायु समूहों की पहचान की है?
4. किस जलवायु में वार्षिक तापांतर बहुत कम होता है?
5. सूडान तथा मध्य अफ्रीका के दक्षिण में किस प्रकार की जलवायु पाई जाती है?

---

4 कर्क रेखा (Tropic of Cancer) उत्तरी गोलार्द्ध में भूमध्य रेखा के समानांतर 23ष्ट.30 उत्तरी अक्षांश एक काल्पनिक रेखा है, जो ग्लोब पर पश्चिम से पूर्व की ओर खींची गई है।

5 मकर रेखा (Tropic of Capricorn) दक्षिण गोलार्द्ध मे भूम्ध्य रेखा के समानांतर 23ष्ट.30 दक्षिण अक्षांश एक काल्पनिक रेखा है जो ग्लोब पर पश्चिम से पूर्व की और खींची गई है।

6 वितान (Willow) छाते के समान फैली हुई वनस्पति को वितान कहते है।

7 पर्णपाती वन- जहाँ पेड़ मौसम के अनुसार पत्तियाँ झाड़ते है, खासकर सूखा मौसम ।

समूह B : शुष्क जलवायु

- अत्यंत कम वर्षा शुष्क जलवायु की विशेषता होती है, जो वनस्पतियों की वृद्धि के लिए पर्याप्त नहीं होती।
- शुष्क जलवायु पृथ्वी के विशाल भू-भाग पर पाई जाती है, जो **विषुवत् वृत्त** (Equator) से 15° से 60° उत्तर तथा दक्षिण अक्षांशों के मध्य विस्तृत है।
- 15° से 30° के निम्न अक्षांशों में यह **उपोष्ण कटिबंधीय** (Sub-tropical) उच्च वायुदाब क्षेत्र में पाई जाती है। यहाँ वर्षा नहीं होती, क्योंकि यहाँ तापमान का अवतलन तथा उत्क्रमण होता है।
- महाद्वीपों के पश्चिमी सीमांतों पर मुख्य रूप से दक्षिण अमेरिका के पश्चिमी तट पर समुद्री ठंडी धाराओं के आसन्न क्षेत्र की ओर अर्थात् यह जलवायु विषुवत् वृत्त की ओर अधिक विस्तृत है। यह जलवायु तटीय भाग में भी पाई जाती है।
- शुष्क जलवायु मध्य अक्षांशों में विषुवत् वृत्त से 35° से 60° उत्तर तथा दक्षिण के मध्य उन आंतरिक भागों तक स्थित होती है, जहाँ पर्वतों से घिरे होने के कारण सामान्यतः समुद्री आर्द्र पवनें नहीं पहुँच पातीं।
- इस जलवायु को स्टेपी या **अर्द्ध-शुष्क जलवायु** (Semi-Arid Climate) (BS) तथा **मरुस्थलीय जलवायु** (Desert Climate) (BW) में विभाजित किया जाता है।
- इस जलवायु को आगे 15° से 35° अक्षांशों के मध्य उपोष्ण कटिबंधीय स्टेपी (BSh) तथा उपोष्ण कटिबंधीय मरुस्थल (BWh) में विभाजित किया जाता है।
- 35° तथा 60° अक्षांशों के बीच इस जलवायु को मध्य अक्षांशीय स्टेपी (BSk) और मध्य अक्षांशीय मरुस्थल (BWk) में विभाजित किया जाता है।

उपोष्ण कटिबंधीय स्टेपी (BSh) एवं उपोष्ण कटिबंधीय मरुस्थल (BWh) जलवायु

- उपोष्ण कटिबंधीय स्टेपी (Bsh) तथा उपोष्ण कटिबंधीय मरुस्थल (Bwh) जलवायु में वर्षण तथा तापमान के लक्षण एकसमान होते हैं।
- उपोष्ण कटिबंधीय स्टेपी जलवायु, आर्द्र एवं शुष्क जलवायु के संक्रमण क्षेत्र में अवस्थित होती है, जिसके कारण यहाँ मरुस्थलीय जलवायु की तुलना में वर्षा थोड़ी अधिक होती है, जो विरल घास भूमियों के लिए पर्याप्त होती है।
- इन दोनों ही जलवायु में वर्षा परिवर्तनशील होती है।
- मरुस्थल की अपेक्षा स्टेपी में वर्षा की परिवर्तनशीलता जीवन को अधिक प्रभावित करती है, जिससे कई बार अकाल की स्थिति उत्पन्न हो जाती है।
- मरुस्थलों में वर्षा गरज के साथ तीव्र बौछार के रूप में होती है और इससे मृदा में नमी पर्याप्त मात्रा में नहीं होती है। जब ठंडी जलधाराएँ तट पर स्थित गर्म मरुस्थल के पास से गुजरती हैं, तब वहाँ कोहरा उत्पन्न होना सामान्य बात है। उपोष्ण कटिबंधीय मरुस्थल जलवायु के अंतर्गत ग्रीष्म ऋतु में अधिकतम तापमान बहुत अधिक होता है। 13 सितंबर, 1922 को लीबिया के अल-अजीजिया में उच्चतम तापमान 58° सेल्सियस दर्ज किया गया था। इस जलवायु में वार्षिक तथा दैनिक तापांतर भी अधिक होता है।

समूह C : कोष्ण शीतोष्ण (मध्य अक्षांशीय) जलवायु

- कोष्ण शीतोष्ण (मध्य अक्षांशीय) जलवायु मुख्य रूप से 30° से 50° अक्षांशों के बीच महाद्वीपों के पूर्वी तथा पश्चिमी सीमांतों पर विस्तृत है। इस जलवायु में प्रायः ग्रीष्म ऋतु कोष्ण तथा शीत ऋतु मृदुल होती है।
- इस जलवायु को चार भागों में विभाजित किया गया है

आर्द्र उपोष्ण कटिबंधीय जलवायु (Cwa)

- आर्द्र उपोष्ण कटिबंधीय जलवायु कर्क तथा मकर रेखा से ध्रुवों की ओर पाई जाती है। यह जलवायु भारत के उत्तरी मैदान तथा दक्षिण चीन के आंतरिक मैदानों में मुख्य रूप से पाई जाती है।
- यह जलवायु Aw जलवायु की तरह ही होती है जिसमें केवल इतनी भिन्नता होती है कि इसमें सर्दियों का तापमान कोष्ण होता है।

भूमध्यसागरीय जलवायु (Cs)

- उपोष्ण कटिबंध से 30° से 40° अक्षांशों के मध्य महाद्वीपों के पश्चिमी तट तथा भूमध्य सागर के चारों ओर भूमध्यसागरीय जलवायु (Mediterranean Climate) पाई जाती है। मध्य कैलिफोर्निया, मध्य चिली और ऑस्ट्रेलिया के दक्षिणी-पूर्वी तथा दक्षिण-पश्चिमी तट पर भी यह जलवायु प्रमुख रूप से पाई जाती है।
- शीत ऋतु में पछुआ पवनों के प्रभाव में तथा ग्रीष्म ऋतु में उपोष्ण कटिबंधीय उच्च वायुदाब की दशा इन क्षेत्रों की जलवायु को प्रभावित करती है।

- सर्दी का मौसम मृदु एवं वर्षायुक्त तथा गर्मी का मौसम उष्ण व शुष्क इस जलवायु की विशेषताएँ हैं। यहाँ का तापमान शीत ऋतु में 10^0 सेल्सियस से कम तथा ग्रीष्म ऋतु में 25^0 सेल्सियस के आस-पास होता है और यहाँ 35 से 90 सेमी तक वार्षिक वर्षा होती है।

आर्द्र उपोष्ण कटिबंधीय जलवायु (Cfa)

- उपोष्ण कटिबंधीय अक्षांशों में महाद्वीपों के पूर्वी भागों में इस प्रकार की जलवायु पाई जाती है।
- इस प्रदेश में वर्षभर वर्षा होती है तथा **वायुराशियाँ** (Airmasses) प्रायः अस्थिर रहती हैं। आर्द्र उपोष्ण कटिबंधीय जलवायु पूर्वी संयुक्त राज्य अमेरिका, उत्तर-पूर्वी अर्जेंटीना, तटीय दक्षिण अफ्रीका, दक्षिणी तथा पूर्वी चीन, दक्षिणी जापान तथा ऑस्ट्रेलिया के पूर्वी तट पर पाई जाती है।
- इन जलवायु प्रदेशों में औसत वार्षिक वर्षा 75 से 150 सेमी के बीच होती है।
- शीत ऋतु में **वाताग्री वर्षण** (Frontal Precipitation) तथा ग्रीष्म ऋतु में तड़ितझंझा इस जलवायु की विशेषताएँ हैं। औसत मासिक तापमान ग्रीष्म ऋतु में 27° सेल्सियस तथा शीत ऋतु में 5° से 12° सेल्सियस के मध्य रहता है। यहाँ दैनिक तापांतर अत्यधिक कम होता है।

समुद्री पश्चिमी तटीय जलवायु (Cfb)

- भूमध्यसागरीय जलवायु से ध्रुवों की ओर महाद्वीपों के पश्चिमी तटों पर समुद्र पश्चिमी तटीय जलवायु (Cfb) पाई जाती है। उत्तर-पश्चिमी यूरोप, उत्तरी अमेरिका का पश्चिमी तट, उत्तरी कैलिफोर्निया, दक्षिणी चिली, न्यूजीलैंड तथा दक्षिण-पूर्वी ऑस्ट्रेलिया इस प्रकार की जलवायु के प्रमुख क्षेत्र हैं।
- इस जलवायु प्रदेश में समुद्री प्रभाव के कारण तापमान मध्यम बना रहता है।
- परिणामस्वरूप शीत ऋतु में समान अक्षांश पर महाद्वीप के आंतरिक भागों में स्थित स्थानों की तुलना में तापमान कोष्ण होने के कारण यहाँ ठंड कम होती है।
- ग्रीष्म ऋतु में औसत मासिक तापमान 15° से 20° सेल्सियस तथा सर्दियों में 4° से 10° सेल्सियस के मध्य रहता है। इसमें दैनिक तथा वार्षिक तापांतर बहुत कम पाया जाता है।
- यहाँ पूरे वर्ष वर्षण होता है, परंतु शीत ऋतु में वर्षण अधिक होता है। वर्षण 50 सेमी से 250 सेमी के मध्य घटता-बढ़ता रहता है।

समूह D : शीत हिमवन जलवायु

उत्तरी गोलार्द्ध में 40° से 70° अक्षांशों के मध्य शीत हिमवन प्रकार की जलवायु पाई जाती है। यह जलवायु यूरोप, एशिया तथा उत्तरी अमेरिका के विस्तृत महाद्वीपीय क्षेत्रों में फैली हुई है। इस जलवायु को दो प्रकारों में विभाजित किया जाता है

आर्द्र जाड़ों से युक्त ठंडी जलवायु (Df)

यह जलवायु समुद्री पश्चिम तटीय जलवायु तथा मध्य अक्षांशीय स्टेपी जलवायु से ध्रुवों की ओर पाई जाती है।

शीत ऋतु ठंडी तथा बर्फीली होती है। इसमें तुषार मुक्त ऋतु छोटी होती है तथा वार्षिक तापांतर अधिक होता है।

इन जलवायु प्रदेशों में कम समय के लिए तथा अचानक मौसमी परिवर्तन होता है। इन जलवायु वाले प्रदेशों में ध्रुवों की ओर शीत ऋतु अधिक कड़ाके की होती है।

शुष्क जाड़ों से युक्त ठंडी जलवायु (Dw)

- यह जलवायु मुख्य रूप से उत्तर-पूर्वी एशिया में पाई जाती है। शीत ऋतु में **प्रतिचक्रवात** (Anti-cyclone) का विकास होता है और ग्रीष्म ऋतु में यह कमजोर पड़ जाता है, जिसके कारण इन क्षेत्रों में पवनों का प्रत्यावर्तन होता है, इससे मानसून जैसी दशाएँ उत्पन्न होती हैं।
- ग्रीष्म ऋतु में ध्रुवों की ओर तापमान कम होता है तथा सर्दियों में तापमान अत्यंत न्यून होता है। कुछ स्थान ऐसे भी हैं, जहाँ वर्षा के सात माह तक तापमान हिमांक बिंदु से नीचे रहता है।
- 12 से 15 सेमी तक की वार्षिक वर्षा इन क्षेत्रों में हो जाती है।

समूह E : ध्रुवीय जलवायु

यह जलवायु 70° अक्षांश से ऊपर ध्रुवों की ओर पाई जाती है, जो जलवायु दो प्रकार की होती है इसका संक्षिप्त विवरण इस प्रकार है,

टुंड्रा जलवायु (ET)

- **काई** (Mosses), लाइकेन तथा पुष्पी पादप जैसी सूक्ष्म वनस्पतियों के आधार पर इस जलवायु का नामकरण किया गया है।

- यह स्थायी **तुषार** (Frost) का क्षेत्र है, जहाँ **अधोभूमि**[8] (Sub-soil) स्थायी रूप से जमी रहती है। छोटी वनस्पतियों का पोषण **लघुवर्द्धन काल** (Short growing season) और **जलाक्रांति** (Water logging) द्वारा होता है। टुंड्रा क्षेत्रों में ग्रीष्म ऋतु में दिन के प्रकाश की अवधि लंबी होती है।

हिमटोपी जलवायु (EF)

- ग्रीनलैंड और अंटार्कटिका के आंतरिक क्षेत्रों में हिमटोप या सतत हिमाच्छादित प्रकार की जलवायु पाई जाती है। इन जलवायु प्रदेशों में तापमान गर्मी में भी हिमांक से नीचे ही रहता है। यहाँ वर्षा बहुत ही कम मात्रा में होती है।
- हिम तथा तुषार के जमाव से दबाव भी बढ़ता है, जिससे हिम परत विकृत हो जाती है। आर्कटिक एवं अंटार्कटिक में खिसककर प्लावी हिम शैलों के रूप में हिम परतों के टुकड़े तैरने लगते हैं। प्लेट्यू स्टेशन, जो 79^0 दक्षिण अक्षांश पर अंटार्कटिक में अवस्थित है, वहाँ भी इसी प्रकार की जलवायु पाई जाती है।

समूह F : उच्च भूमि जलवायु

- यह जलवायु भूमि की आकृति द्वारा नियंत्रित होती है। ऊँचे पर्वतीय क्षेत्रों में औसत तापमान में काफी अंतर होता है।
- उच्च भूमियों में वर्षण के प्रकार और उसकी गहनता में भी स्थानीय और क्षेत्रीय स्तर पर अंतर पाया जाता है। पर्वतीय क्षेत्र में ऊँचाई के अनुरूप प्रदेशों के कटिबंधों का स्तरित ऊर्ध्वाधर कटिबंध पाए जाते हैं।

चेक प्वॉइंट 2

1. शुष्क जलवायु किस अक्षांश के मध्य पाई जाती हैं ?
2. किस जलवायु में वर्षण तथा तापमान के लक्षण एकसमान होते हैं?
3. ऑस्ट्रेलिया के दक्षिण-पूर्वी क्षेत्र में किस प्रकार की जलवायु पाई जाती है?
4. किस ऋतु में प्रतिचक्रवात का विकास होता है?
5. ग्रीन लैंड और अंटार्कटिका के आंतरिक क्षेत्रों में किस प्रकार की जलवायु पाई जाती है?

11.2 जलवायु परिवर्तन

- पृथ्वी ने अपने प्रारंभ से ही जलवायु में अनेक परिवर्तन देखें हैं।
- इन परिवर्तनों की प्रक्रिया हिमयुगों तथा **अंतर-हिमयुगों** (Inter-Glacial Period) में **भू-गर्भिक अभिलेखों** (Geological Records) से परिलक्षित होती है।
- मुख्य रूप से उच्च अक्षांशों तथा ऊँचाई पर हिमानियों के आगे-पीछे खिसकने के चिह्न वाले **भू-आकृतिक** (Geomorphological) अभिलक्षण प्रदर्शित होते हैं।
- वृक्षों के तनों में पाए जाने वाले वलय से आर्द्र एवं शुष्क युगों का तथा हिमानी निर्मित झीलों में अवसादों के निक्षेपण से उष्ण एवं शीत युगों का पता चलता है।
- पुरातात्विक खोजों के अनुसार, ईसा से लगभग 8,000 वर्ष पूर्व राजस्थान मरुस्थल की जलवायु आर्द्र तथा शीतल थी। ईसा से लगभग 3,000 से 1,700 वर्ष पूर्व यहाँ वर्षा बहुत होती थी। 2,000 से 1,700 (Archaeological) ईसा पूर्व यह क्षेत्र हड़प्पा संस्कृति का केंद्र था। इसी काल में यहाँ शुष्क दशाएँ गहन हुईं
- भू वैज्ञानिक अतीत में विशेष रूप से 50 करोड़ से 30 करोड़ वर्ष पहले पृथ्वी ने कैब्रियन, आडोविशियन और सिल्युरियन अवधि के दौरान एक गर्म जलवायु का अनुभव किया।
- प्लाइस्टोसीन युग के दौरान हिमयुग और अंतर-हिमयुग अवधियाँ थीं, जिसमें अंतिम प्रमुख हिमयुग लगभग 18,000 वर्ष हुआ था। जबकि अंतर हिमयुग अवधियाँ लगभग 10,000 वर्ष पूर्व शुरू हुईं थीं।

अभिनव पूर्व काल में जलवायु

वर्तमान जलवायु पिछले 10,000 वर्षों से बनी हुई है, जिसमें कुछ और कभी-कभार परिवर्तन हुए हैं। इस जलवायु में हमेशा परिवर्तन होता रहता है। पिछली शताब्दी के 90 के दशक में मौसम की घटनाएँ देखी गईं, जो इस प्रकार हैं

- 1990 के दशक में शताब्दी का सर्वाधिक तापमान तथा विश्व में भयंकर बाढ़ों को दर्ज किया गया।
- 1967 से 1977 के दौरान सहारा मरुस्थल के दक्षिण में स्थित साहेल क्षेत्र में आया विनाशकारी सूखा ऐसा ही एक परिवर्तन था।

---

8 अधोभूमि (Permafrost)- मिट्टी की एक परत जो स्थायी रूप से जमी रहती है।

- संयुक्त राज्य अमेरिका के वृहत मैदान के दक्षिण-पश्चिमी भाग, जिसे धूल का कटोरा कहा जाता है, में 1930 के दशक में भीषण सूखा पड़ गया।
- फसलों की उपज अथवा फसलों के विनाश, बाढों तथा लोगों के प्रवास संबंधी ऐतिहासिक अभिलेख परिवर्तनशील जलवायु के प्रभावों के विषय में बताते हैं; जैसे-
  - अनेक बार यूरोप में उष्ण, आर्द्र, शीत तथा शुष्क युग आए।
  - यूरोप के वाइकिंग कबीले 10वीं तथा 11वीं शताब्दी की उष्ण एवं शुष्क दशाओं के कारण ग्रीनलैंड में बस गए थे।
  - यूरोप में 1550 से 1850 के दौरान लघु हिम युग जैसी स्थिति थी।
  - 1885 से 1940 तक विश्व तापमान में वृद्धि दर्ज की गई। तापमान में वृद्धि की दर वर्ष 1940 के पश्चात् घटी है।

जलवायु परिवर्तन के कारण

जलवायु परिवर्तन के विभिन्न कारण हैं। इन्हें खगोलीय तथा पार्थिव कारणों में विभाजित किया जा सकता है

खगोलीय कारण

खगोलीय कारणों का वर्णन निम्नलिखित है

(i) **सौर कलंक** (Sunspot) की गतिविधियों से उत्पन्न सौर्यिक निर्गत ऊर्जा में परिवर्तन खगोलीय कारणों से संबंधित है। वैज्ञानिकों के अनुसार सौर कलंकों (Sunspots) की संख्या बढ़ने पर मौसम ठंडा और आर्द्र हो जाता है तथा तूफानों के आने की संख्या बढ़ जाती है। सौर कलंकों की संख्या घटने से उष्ण एवं शुष्क दशाएँ उत्पन्न होती हैं। ये खोज आँकड़ों की दृष्टि से महत्त्वपूर्ण नहीं है।

(ii) **मिलैंकोविच दोलन** (Milankovitch Oscillations) एक अन्य खगोलीय सिद्धांत है। इसके द्वारा सूर्य के चारों ओर पृथ्वी के कक्षीय लक्षणों में परिवर्तन के चक्रों, पृथ्वी की कंपन तथा पृथ्वी के **अक्षीय**[9] झुकाव में बदलाव के बारे में अनुमान लगाया जाता है। इन कारकों से सूर्य से प्राप्त होने वाले सूर्यातप में परिवर्तन से जलवायु में भी बदलाव आता है।

पार्थिव कारण

पार्थिव कारणों का वर्णन इस प्रकार किया गया है।

(i) **ज्वालामुखी उद्भेदन** (Volcanic Eruption) से वायुमंडल में भारी मात्रा में एरोसॉल आ जाते हैं। धरातल पर पहुँचने वाले सूर्यातप को ये ऐरोसॉल वायुमंडल में उपलब्ध होने के कारण कम कर देते हैं। पृथ्वी का औसत तापमान एलसियोल व पिनाटोबा ज्वालामुखी उद्भेदनों के पश्चात् कुछ हद तक गिर गया था।

(ii) जलवायु पर पड़ने वाला सबसे महत्त्वपूर्ण कारण है, जो मानवोद्भवी वायुमंडल में ग्रीन हाउस गैसों का बढ़ता सांद्रण है। इससे भूमंडलीय ऊष्मन हो सकता है।

11.3 भूमंडलीय ऊष्मन

- ग्रीन हाउस गैसों के कारण वायुमंडल एक ग्रीन हाउस की तरह व्यवहार करता है। वायुमंडल **प्रवेशी सौर विकिरण** (Incoming Solar Radiation) का **पारेषण** (Transmit) भी करता है,
- लेकिन पृथ्वी की सतह से ऊपर की ओर उत्सर्जित होने वाली दीर्घ तरंगों को अवशोषित कर लेता है।
- ऐसी गैसें जो विकिरण की दीर्घ तरंगों का अवशोषण करती हैं, उन्हें ग्रीन हाउस गैसें कहते हैं।
- वायुमंडल के तापमान में वृद्धि करने वाली प्रक्रियाओं को सामूहिक रूप से **ग्रीन हाउस प्रभाव** (Green House Effect) कहा जाता है।

ग्रीन हाउस

- ग्रीन हाउस शब्द उस ग्रीन हाउस से लिया गया है, जिसका उपयोग ठंडे क्षेत्रों में ऊष्मा का परीक्षण करने के लिए किया जाता है। ग्रीन हाउस काँच का बना होता है।
- काँच प्रवेशी सौर विकिरण की लघु तरंगों के लिए पारदर्शी और बहिर्गामी विकिरण की दीर्घ तरंगों के लिए अपारदर्शी होता है। इस प्रकार काँच अधिकाधिक विकिरण को आने देता है और दीर्घ तरंगों वाले विकिरण को काँच घर से बाहर जाने से रोकता है।

---

9 **अक्षीय** वह अदृश्य रेखा या समतल है, जिसके चारों ओर कोई वस्तु घूमती है।

- इससे ग्रीन हाउस इमारत के अंदर बाहर की अपेक्षा तापमान अधिक हो जाता है। उदाहरण के लिए, जब गर्मियों में किसी बंद खिड़की वाली कार या बस में प्रवेश करते हैं, तो बाहर की अपेक्षा अधिक गर्मी अनुभव करते हैं। इसी प्रकार सर्दियों में बंद दरवाजों व खिड़कियों वाला वाहन बाहर की अपेक्षा गर्म रहता है।

ग्रीन हाउस गैसें

- कार्बन डाइ-ऑक्साइड (CO_2), **क्लोरो-फ्लोरो कार्बन**[10] (CFCs), मीथेन (CH_4), नाइट्रस ऑक्साइड (N_2O) और ओजोन (O_3) प्रमुख ग्रीन हाउस गैसें हैं।
- नाइट्रिक ऑक्साइड (NO) और कार्बन मोनो-ऑक्साइड (CO) जैसी कुछ अन्य गैसें आसानी से ग्रीन हाउस गैसों से प्रतिक्रिया कर वायुमंडल में उनके सांद्रण को प्रभावित करती हैं।
- CFCs और ओजोन स्थलीय विकिरण को अवशोषित करने में अत्यधिक प्रभावी है। ओजोन समतापमंडल में पराबैंगनी विकिरण को अवशोषित करता है। यह निचले समतापमंडल में मौजूद होने पर स्थलीय विकिरण को अवशोषित करने में बहुत प्रभावी होता है।
- वायुमंडल में ग्रीन हाउस गैसों का प्रभाव वायुमंडल में गैसों का जीवनकाल, इसके द्वारा अवशोषित विकिरण तरंग की लंबाई तथा इसके सांद्रण में वृद्धि की मात्रा पर निर्भर करता है।
- यह एक महत्त्वपूर्ण तथ्य है कि ग्रीन हाउस गैसों के अणु जितने लंबे समय तक बने रहते हैं इनके द्वारा लाए गए परिवर्तनों से पृथ्वी के वायुमंडलीय तंत्र को उभरने में उतना अधिक समय लगता है।

कार्बन डाइ-ऑक्साइड गैस की भूमिका

- वायुमंडल में उपस्थित गैसों में सबसे अधिक सांद्रण कार्बन डाइ-ऑक्साइड गैस का है, जिसका **उत्सर्जन** (Emission) मुख्यत: **जीवाश्म ईंधनों**—तेल, गैस एवं कोयला के दहन से होता है।
- कार्बन डाइ-ऑक्साइड का उपयोग स्थलीय एवं सागरीय वनस्पति अपनी वृद्धि के लिए करते हैं, इसलिए वन एवं सागर को कार्बन डाइ-ऑक्साइड का कुंड भी कहते हैं।
- भूमि उपयोग के लिए जंगलों की कटाई की जाती है, जिससे कार्बन डाइ-ऑक्साइड की मात्रा बढ़ जाती है।
- वनोन्मूलन के फलस्वरूप कार्बन डाइ-ऑक्साइड की मात्रा में जो वृद्धि हो जाती है, उसे पुन: अपनी स्थिति में आने में 20 से 50 वर्ष लग जाते हैं।
- जलवायु में होने वाले परिवर्तनों की गणना कार्बन डाइ-ऑक्साइड की मात्रा को पूर्व औद्योगिक काल से दोगुना मानकर किया जाता है।
- कार्बन डाइ-ऑक्साइड 0.5% की वार्षिक दर से बढ़ रही है।

क्लोरो-फ्लोरो कार्बन और ओजोन

- ओजान परत, हमें पराबैंगनी किरणों से बचाती है, जो क्लोरो-फ्लोरो कार्बन (CFCs) के कारण नष्ट हो जाती है। यह समतापमंडल में पाई जाती है, जहाँ पराबैंगनी किरणें ऑक्सीजन को ओजोन में परिवर्तित करती हैं।
- समतापमंडल में ओजोन की मात्रा में भारी कमी को 'ओजोन छिद्र' कहा जाता हैं, जो पराबैंगनी किरणों को क्षोभमंडल में प्रवेश करने की अनुमति देता है। अंटार्कटिका के ऊपर ओजोन की भारी कमी पाई जाती है।

ग्रीन हाउस का प्रभाव

- वायुमंडल में ग्रीन हाउस गैसों के संकेंद्रण में वृद्धि पृथ्वी को गर्म करती है।
- भूमंडलीय ऊष्मन का प्रभाव सभी जगहों पर एकसमान नहीं होता और इसके दुष्प्रभाव से जीवन पोषक तंत्र भी प्रभावित होता है।
- इसके अतिरिक्त हिमनदियों और हिमटोपियों या हिम शिलाखंड के पिघलने से समुद्री जलस्तर में वृद्धि होगी, जिससे तटीय क्षेत्रों के विस्तृत भागों और द्वीपों के डूबने का खतरा हो सकता है।
- ग्रीन हाउस गैसों में वृद्धि से सामाजिक समस्याएँ उत्पन्न होंगी और विश्वभर में यह एक चिंता का विषय है। इसको नियंत्रित करने के प्रयास आरंभ हो चुके हैं।

---

10 **क्लोरो-फ्लोरो कार्बन** यह क्रत्रिम रूप से निर्मित गैस है, जो पृथ्वी के वायुमंडल में केंद्रित हो गई है।

ग्रीन हाउस एक प्रमुख चिंता के रूप में

- भूमंडलीय ऊष्मन वर्तमान समय में विश्व के लिए चिंता का विषय है। पश्चिमी यूरोप के आँकड़ों के आधार पर पता लगाएँगे कि भूमंडलीय ऊष्मन कितना बढ़ चुका है।
- वर्ष 1961-80 के काल में पृथ्वी के धरातल के निकट वायु का औसत वार्षिक तापमान लगभग 14° सेल्सियस था।
- वर्ष 1961-90 के सामान्य तापमान की तुलना में 1856-2000 के दौरान पृथ्वी पर पाए गए धरातल के निकट वार्षिक तापमान में विसंगति को दर्शाता है।
- 20वीं शताब्दी से तापमान में बढ़ोतरी दर्ज की गई और इस शताब्दी में दो बार वर्ष 1901-44 और 1977-99 में सबसे अधिक तापन हुआ। इन दोनों वर्षों में 0.4° सेल्सियस तापमान में बढ़ोतरी हुई।
- 19वीं शताब्दी में दर्ज किए गए तापमान से 20वीं शताब्दी में औसत वर्षिक तापमान 0.6° सेल्सियस अधिक था।
- 1856-2000 के दौरान सबसे अधिक गर्म साल अंतिम दशक दर्ज किया गया था।
- वर्ष 1998 को 20वीं शताब्दी का सबसे गर्म वर्ष माना जाता है। यह वर्ष पूरे सहस्राब्दि का सबसे गर्म वर्ष था।

ग्रीन हाउस गैसों के उत्सर्जन को नियंत्रित करना

- वायुमंडल में ग्रीन हाउस गैसों के उत्सर्जन को कम करने के लिए अंतर्राष्ट्रीय स्तर पर सबसे महत्त्वपूर्ण प्रयास वर्ष 1997 में उद्घोषित क्योटो प्रोटोकॉल है।
- इसे वर्ष 2005 में 141 देशों ने अनुमोदन किया है।
- इसके द्वारा सुनिश्चित किया गया कि 35 विकसित राष्ट्रों में ग्रीन हाउस गैस के उत्सर्जन को वर्ष 2012 तक 1990 के स्तर से 5% कम पर लाना है।

चेक प्वॉइंट 3

1. आर्द्र एवं शुष्क युगों का पता किससे चलता है?
2. 800 वर्ष पूर्व राजस्थान मरुस्थल की जलवायु किस प्रकार की थी?
3. वायुमंडल किस प्रकार की नरंगों को अदशेषित करता है?
4. ठंडे क्षेत्रों में ऊष्मा का परीक्षण किसके माध्यम से किया जाता है?
5. ग्रीन हाउस गैसों में सर्वाधिक मात्रा किस गैस की होती है?
6. मानवीय गतिविधियों से किस गैस की उत्पति होती है?

Mind Map

विश्व की जलवायु एवं जलवायु परिवर्तन

1 जलवायु का वर्गीकरण

जलवायु वर्गीकरण के लिए दृष्टिकोण
- आनुभाविक वर्गीकरण प्रक्षेपित किए गए आंकड़ों पर आधारित होता है।
- जननिक वर्गीकरण जलवायु के कारणों पर आधारित होता है।
- अनुप्रयुक्त वर्गीकरण को विशिष्ट उपयोगों के लिए डिजाइन किया गया है।

कोपेन की जलवायु वर्गीकरण की पद्धति,
यह वर्गीकरण तापमान, वर्षा और वनस्पति के वितरण पर आधारित है।

जलवायु समूहों का वर्गीकरण
- **समूह A** (उष्णकटिबंधीय) जैसे Af (उष्णकटिबंधीय आर्द्र)
- **समूह B** (शुष्क) जैसे Bwh (उष्णकटिबंधीय रेगिस्तान)
- **समूह C** (कोष्ण शीतोष्ण) जैसे Cs (भूमध्य सागरीय)
- **समूह D** (शीत हिम-वन जलवायु) जैसे Df (शुष्क मौसम नहीं, सर्दियाँ अत्यधिक भीषण)
- **समूह E** (शीत जलवायु) जैसे ef (सदैव हिमाच्छादित हिम)
- **समूह F** (उच्च भूमि जलवायु) जैसे बर्फ से ढके ऊँचे स्थान।

2 जलवायु परिवर्तन

भूमंडलीय ऊष्मन
- ग्रीन हाउस गैसों के कारण भूमंडलीय तापमान में वृद्धि।
- **ग्रीन हाऊस गैसें** कार्बन डाइ-ऑक्साइड, (CO_2) मीथेन, नाइट्रस ऑक्साइड (N_2O) ओज़ोन (O_3) और क्लोरोफ्लोरो कार्बन (CFCs)

प्रभाव
- बर्फ की परतों का पिघलना
- समुद्र का जलस्तर बढ़ना

जलवायु परिवर्तन के कारण
- **खगोलीय कारण** इनका संबंध सौर कंलकों की गतिविधियों से उत्पन्न सौर्मिक निर्गत ऊर्जा में परिवर्तन से है।
- **पार्थिव कारण** ज्वालामुखी विस्फोट से एरोसोल निकलते हैं, जो वायुमंडल में बने रहते हैं और पृथ्वी की सतह तक पहुँचने वाले सूर्य के विकिरण को कम करते हैं।
- मिलैंकोविच दोलन

जलवायु परिवर्तन एक सतत् और प्राकृतिक प्रक्रिया है।

साक्ष्य
- ग्लेशियरों का पिघलना और इनका सिकुड़ना
- पेड़ में मौजूद वलय आर्द्र और शुष्क मौसम के बारे में संकेत देते हैं।

अभिनव पूर्वकाल में जलवायु
- वर्तमान जलवायु संभवत: पिछले 10,000 वर्षों से छोटे-मोटे और कभी - कभी होने वाले परिवर्तनों के साथ अस्तित्व में है।
- 1990 के दशक में शताब्दी का सबसे गर्म तापमान और विश्व में सबसे भयंकर बाढ़ों को दर्ज किया गया है।
- सहारा मरुस्थल के दक्षिण में स्थित साहेल प्रदेश में वर्ष 1967 से 1977 के दौरान आया विनाशकारी सूखा ऐसा ही एक परिवर्तन था।
- यूरोप ने 1550 से 1850 ई. के दौरान लघु हिम युग का अनुभव किया।
- 1885 से 1940 तक विश्व के तापमान में वृद्धि की प्रवृत्ति पाई गई।
- वर्ष 1940 के बाद तापमान में वृद्धि की दर घटी है।

NCERT फोल्डर

अध्याय के मध्य में दिए गए प्रश्न

1. भूमंडलीय ऊष्मन पर एक व्याख्यात्मक टिप्पणी लिखें।

उत्तर भूमंडलीय ऊष्मन वर्तमान समय की सबसे बड़ी पर्यावरणीय चुनौतियों में से एक है। यह संपूर्ण पृथ्वी और उसकी पारिस्थितिकी को प्रभावित कर रहा है। इसे नियंत्रित करने के लिए वैश्विक स्तर पर समन्वित प्रयासों की आवश्यकता है। इस हरित और सतत जीवशैली को अपनाकर हम आने वाली पीढ़ियों के लिए एक सुरक्षित और स्वस्थ ग्रह सुनिश्चित कर सकते हैं।

भूमंडलीय ऊष्मन पृथ्वी के औसत तापमान में वृद्धि को दर्शाता है, जो मुख्य रूप से ग्रीनहाउस गैसों (CO_2, मीथेन, CFCs) के उत्सर्जन के कारण हो रहा है। ये गैसें सौर विकिरण को अवशोषित कर तापमान बढ़ाती हैं।

मुख्य कारण

- जीवाश्म ईंधन का दहन, ऊर्जा उत्पादन के लिए तेल, गैस और कोयले का उपयोग
- वनों की कटाई से CO_2 का अवशोषण घटता है।
- क्लोरो-क्लोरो कार्बन के उपयोग से ओजोन परत को क्षति पहुँचती है।

प्रमुख कारण

- अनियमित वर्षा और प्राकृतिक आपदाएँ
- हिमनदों के पिघलने से तटीय क्षेत्र खतरे में
- जैव-विविधता को नुकसान

समाधान

- नवीकरणीय ऊर्जा का उपयोग
- पुनः वनीकरण और वृक्षारोपण
- भूमंडलीय ऊष्मन को नियंत्रित करने के लिए वैश्विक स्तर पर प्रयास आवश्यक है। हरित और टिकाऊ जीवनशैली अपनाकर इस समस्या का समाधान किया जा सकता है।

नीचे दिए गए विकल्पों में से एक सही उत्तर का चयन कीजिए

1. कोपेन के A प्रकार की जलवायु के लिए निम्न में से कौन-सी दशा अर्हक (सत्य) है?

(a) सभी महीनों में उच्च वर्षा
(b) सबसे ठंडे महीने का औसत मासिक तापमान हिमांक बिंदु से अधिक
(c) सभी महीनों का औसत मासिक तापमान 18° सेल्सियस से अधिक
(d) सभी महीनों का औसत तापमान 10° सेल्सियस के नीचे

उत्तर *(c)* सभी महीनों का औसत मासिक तापमान 18° सेल्सियस से अधिक

2. जलवायु के वर्गीकरण से संबंधित कोपेन की पद्धति को व्यक्त किया जा सकता है

(a) अनुप्रयुक्त (b) व्यवस्थित (c) जननिक (d) आनुभविक

उत्तर *(d)* आनुभविक

3. भारतीय प्रायद्वीप के अधिकतर भागों को कोपेन की पद्धति के अनुसार वर्गीकृत किया जाएगा

(a) "Af" (b) "BSh" (c) "Cfb" (d) "Am"

उत्तर *(d)* "Am"

4. निम्नलिखित में से कौन-सा वर्ष विश्व का सबसे गर्म वर्ष माना गया है?

(a) वर्ष 1990 (b) वर्ष 1998
(c) वर्ष 1885 (d) वर्ष 1950

उत्तर *(b)* वर्ष 1998

5. नीचे लिखे गए चार जलवायु के समूहों में से कौन आर्द्र दशाओं को प्रदर्शित करता है?

(a) A-B-C-E (b) A-C-D-E
(c) B-C-D-E (d) A-C-D-F

उत्तर *(b)* A-C-D-E

निम्नलिखित प्रश्नों के उत्तर लगभग 30 शब्दों में दीजिए

1. जलवायु के वर्गीकरण के लिए कोपेन द्वारा किन दो जलवायविक चरों का प्रयोग किया गया है?

उत्तर कोपेन का जलवायु वर्गीकरण मुख्यतः तापमान एवं वर्षण पर आधारित है। इन्होंने तापमान एवं वर्षण के कुछ निश्चित मानों का चयन करके उनका वनस्पति के वितरण से संबंध स्थापित किया गया और इन्हीं के आधार पर जलवायु का वर्गीकरण किया है।

2. वर्गीकरण की जननिक प्रणाली आनुभविक प्रणाली से किस प्रकार भिन्न है?

उत्तर जलवायु वर्गीकरण के आनुभविक उपागम का संबंध तापमान एवं वर्षण के आँकड़ों से होता है, जबकि जननिक उपागम में जलवायु का वर्गीकरण उनके कारणों के आधार पर किया जाता है।

विश्व में जलवायु का वर्गीकरण आनुभविक, जननिक के साथ-साथ अनुप्रयुक्त उपागमों के आधार पर भी किया जाता है।

3. किस प्रकार की जलवायु में तापांतर बहुत कम होता है?

उत्तर उष्णकटिबंधीय जलवायु, हिम शीतवन जलवायु और ध्रुवीय जलवायु में तापांतर बहुत ही कम होता है, क्योंकि विषुवतीय प्रदेश में वर्षभर सूर्य की किरणें सीधी पड़ती हैं और ध्रुवीय प्रदेश में वर्षभर सूर्य की किरणें तिरछी पड़ती हैं। इन्हीं कारणों से उपर्युक्त जलवायु में तापांतर बहुत कम होता है।

4. सौर कलंकों में वृद्धि होने पर किस प्रकार की जलवायविक दशाएँ प्रचलित होंगी?

उत्तर सौर कलंक सूर्य पर काले धब्बे होते हैं, जो एक चक्रीय ढंग से घटते-बढ़ते हैं। जब सूर्य पर सौर कलंकों की संख्या बढ़ती है, तो मौसम ठंडा एवं आर्द्र हो जाता है और तूफानों की संख्या बढ़ती है। इसी तरह जब सौर कलंकों की संख्या घटती है, तो उष्ण एवं शुष्क दशाएँ उत्पन्न होती हैं।

निम्नलिखित प्रश्नों के उत्तर लगभग 150 शब्दों में दीजिए

1. A एवं B प्रकार की जलवायु की जलवायविक दशाओं की तुलना कीजिए।

उत्तर A और B प्रकार की जलवायु की जलवायविक दशाओं की तुलना निम्न तालिका के आधार पर कर सकते हैं

A **जलवायु**	B **जलवायु**
यह जलवायु प्रदेश कर्क और मकर रेखा के बीच स्थित है।	यह 15°–60° उत्तर व दक्षिणी अक्षांशों के बीच स्थित है।
यह आर्द्र एवं उष्ण जलवायु है।	यह शुष्क जलवायु है।
इन जलवायु प्रदेशों में वार्षिक तापांतर बहुत कम होता है।	इन जलवायु प्रदेशों में वार्षिक तापांतर बहुत अधिक होता है।
वर्षा की अधिकता इस जलवायु प्रदेश की खास विशेषता है।	वर्षा की न्यूनता इस जलवायु प्रदेश की विशेषता है।
इस जलवायु प्रदेश को तीन समूहों में विभक्त किया गया है (a) उष्णकटिबंधीय आर्द्र जलवायु (Af) (b) उष्णकटिबंधीय मानसून जलवायु (Am) (c) उष्णकटिबंधीय आर्द्र शुष्क जलवायु (Aw)	इस जलवायु प्रदेश को दो समूहों में बाँटा गया है (a) अर्द्ध शुष्क जलवायु (Bs) (b) मरुस्थलीय जलवायु (Bw)

2. C तथा A प्रकार की जलवायु में आप किस प्रकार की वनस्पति पाएँगे?

उत्तर **जलवायु समूह** A

जलवायु A एक उष्णकटिबंधीय जलवायु समूह है, जिसके तीन प्रकार होते हैं

(i) **उष्णकटिबंधीय आर्द्र जलवायु (Af)** इसमें सदाहरित वन पाए जाते हैं। इसमें पेड़ों के झुंड, लंबे व घने वृक्ष पाए जाते हैं।

(ii) **उष्णकटिबंधीय मानसूनी जलवायु** (Am) इसमें पर्णपाती वन पाए जाते हैं, जो वर्ष में एक बार अपनी पत्तियाँ गिरा देते हैं। इसमें शीशम, आम, महुआ आदि वृक्ष पाए जाते हैं।

(iii) **उष्णकटिबंधीय आर्द्र एवं शुष्क जलवायु** (Aw) इस जलवायु प्रदेश में पर्णपाती वन और पेड़ों से ढकी घास भूमियाँ पाई जाती हैं।

जलवायु समूह C

C जलवायु प्रदेश में चार समूह सम्मिलित हैं, जिनका विवरण निम्न प्रकार है

(i) **आर्द्र उपोष्ण कटिबंधीय जलवायु** (Cwa) ऐसे जलवायु प्रदेश में आर्द्र पर्णपाती वन पाए जाते हैं।

(ii) **भूमध्य सागरीय वन जलवायु** (Cs) इन जलवायु प्रदेशों में रसदार फलों विशेषकर संतरा, नीबू, अँगूर आदि वनस्पति वन मिलते हैं।

(iii) **आर्द्र उपोष्ण कटिबंधीय जलवायु** (Cfa) यहाँ आर्द्र पर्णपाती वन पाए जाते हैं।

(iv) **समुद्री पश्चिम तटीय जलवायु** (Cfb) इन प्रदेशों में बेलांचली व अनूप वन मिलते हैं।

3. ग्रीन हाउस गैसों से आप क्या समझते हैं? ग्रीन हाउस गैसों की सूची तैयार कीजिए।

उत्तर ग्रीन हाउस गैसें वे गैसें होती हैं, जो सूर्य की विकिरण को अवशोषित करके हरित गृह प्रभाव उत्पन्न करती हैं। हरित गृह प्रभाव के कारण वायुमंडल का तापन होता है। इसके लिए कई गैसें उत्तरदायी होती हैं, जो ग्रीन हाउस गैसों की श्रेणी में आती हैं। हरित गृह प्रभाव के अंतर्गत ग्रीन हाउस गैसे लंबी तरंगदैर्ध्य वाली विकिरणों का अवशोषण करती है। वायुमंडल में किसी भी ग्रीन हाउस गैस की जीवन अवधि उसके द्वारा अवशोषित विकिरण की तरंगदैर्ध्य पर निर्भर करती हैं।

ग्रीन हाउस गैसों के अणु जितने लंबे समय तक वातावरण में बने रहते हैं और उससे जो परिवर्तन होता है, उससे पृथ्वी के वायुमंडलीय तंत्र को उभरने में भी उतना ही समय लगता है। वायुमंडल में उपस्थित ग्रीनहाउस गैसों में सबसे अधिक सांद्रण कार्बन डाइ-ऑक्साइड का है। ग्रीन हाउस गैसों में निम्नलिखित गैसे शामिल हैं

- कार्बन डाइ-ऑक्साइड (CO_2)
- क्लोरो-फ्लोरो कार्बन (CFCs)
- मीथेन (CH_4)
- नाइट्रस ऑक्साइड (N_2O)
- ओजोन (O_3)
- नाइट्रिक ऑक्साइड (NO)
- कार्बन मोनो-ऑक्साइड (CO)

अभ्यास प्रश्न

वस्तुनिष्ठ प्रश्न

बहुविकल्पीय प्रश्न

1. वी. कोपेन द्वारा विकसित किए गए जलवायु वर्गीकरण में किस पद्धति का सबसे व्यापक उपयोग किया जाता है?

(a) क्रमवार पद्धति (b) आनुभविक पद्धति
(c) आनुवंशिक पद्धति (d) अनुप्रयोग पद्धति

उत्तर *(b)* आनुभविक पद्धति

2. कोपेन ने जलवायु वर्गीकरण के लिए किसके मानों का सर्वाधिक उपयोग किया है?

(a) तापमान एवं वनस्पति (b) तापमान एवं वर्षण
(c) वर्षण एवं बादल (d) वर्षण एवं वनस्पति

उत्तर *(b)* तापमान एवं वर्षण

3. कोपेन ने जलवायु वर्गीकरण के सिद्धांत की व्याख्या के लिए किनके बीच व्यापक घनिष्ठ संबंध की चर्चा की है?

(a) वनस्पति और मिट्टी (b) मिट्टी और जलवायु
(c) वनस्पति और जलवायु (d) इनमें से कोई नहीं

उत्तर *(c)* वनस्पति और जलवायु

4. कोपेन ने वनस्पति के वितरण तथा जलवायु के बीच एक घनिष्ठ संबंध की पहचान की। तापमान तथा वर्षा के कुछ विशिष्ट मानों का चयन कर वनस्पति के वितरण से संबंध स्थापित किया तथा इनका प्रयोग जलवायु के वर्गीकरण के लिए किया। कोपेन द्वारा जलवायु वर्गीकरण की इस विधि का प्रतिपादन अनुभाविक पद्धति के आधार पर किया गया था। इसका प्रतिपादन किस वर्ष किया गया था? *दक्षता आधारित प्रश्न*

(a) वर्ष 1915 (b) वर्ष 1917
(c) वर्ष 1918 (d) वर्ष 1920

उत्तर *(c)* वर्ष 1918

5. निम्नलिखित में से कौन कोपेन के A प्रकार की जलवायु के लिए उपयुक्त है?

(a) सभी महीनों में उच्च वर्षा
(b) सबसे ठंडे महीने का औसत तापमान हिमांक से अधिक
(c) सभी महीनों का औसत मासिक तापमान 18°C से अधिक
(d) सभी महीनों का औसत मासिक न्यूनतम तापमान 10°C से कम

उत्तर *(a)* सभी महीनों में उच्च वर्षा

6. जलवायु वर्गीकरण के अनुसार कोष्ण शीतोष्ण जलवायु को किस समूह में रखा गया है?

(a) समूह A (b) समूह B
(c) समूह C (d) समूह E

उत्तर *(c)* समूह C

7. भारतीय प्रायद्वीप के अधिकतर भागों को कोपेन की पद्धति के अनुसार, किस प्रकार की जलवायु में वर्गीकृत किया गया है?

(a) Af प्रकार (b) BSh प्रकार
(c) Cfb प्रकार (d) Am प्रकार

उत्तर *(d)* Am प्रकार

8. उष्णकटिबंधीय आर्द्र जलवायु के लिए निम्नलिखित में से कौन-से कूट का प्रयोग किया जाता है?

(a) एफ (f) (b) एम (m)
(c) डब्ल्यू (w) (d) ये सभी

उत्तर *(d)* ये सभी

9. निम्नलिखित में से कौन-सी विशेषता समुद्री पश्चिम तटीय जलवायु में पाई जाती है?

(a) यह महाद्वीपों के पश्चिमी तटों पर पाई जाती है
(b) यहाँ पर समुद्री प्रभाव के कारण तापमान मध्यम होते हैं
(c) यहाँ पर वर्षा सर्दियों में सर्वाधिक होती है
(d) उपरोक्त सभी

उत्तर *(d)* उपरोक्त सभी

10. उपोष्ण कटिबंधीय स्टेपी जलवायु के संबंध में कौन-सा कथन सही नहीं है? *दक्षता आधारित प्रश्न*

(a) यह जलवायु आर्द्र एवं शुष्क जलवायु के संक्रमण क्षेत्र में स्थित है
(b) यह 15° से 35° अक्षांशों के मध्य स्थित है
(c) ग्रीष्मकाल में तापमान सबसे अधिक रहता है
(d) इस जलवायु में सबसे अधिक वर्षा होती है

उत्तर *(d)* इस जलवायु में सबसे अधिक वर्षा होती है

11. निम्नलिखित में से कौन-सा जलवायु समूह उनके क्रमानुसार सही है?

(a) शुष्क जलवायु, उष्णकटिबंधीय जलवायु, गर्म तापमान
(b) उष्णकटिबंधीय जलवायु, शुष्क जलवायु, गर्म तापमान
(c) शुष्क जलवायु, गर्म तापमान, उष्णकटिबंधीय जलवायु
(d) गर्म तापमान, शुष्क जलवायु, उष्णकटिबंधीय जलवायु

उत्तर *(b)* उष्णकटिबंधीय जलवायु, शुष्क जलवायु, गर्म तापमान

12. वायुमंडल में ग्रीनहाउस गैसों के उत्सर्जन को कम करने के लिए अंतर्राष्ट्रीय स्तर पर प्रयास किए गए हैं। इनमें से सबसे महत्त्वपूर्ण 'क्योटो प्रोटोकॉल' है, जिसकी उद्घोषणा वर्ष ...... में की गई थी।

(a) 1993 वर्ष (b) 1995 वर्ष
(c) 1997 वर्ष (d) 1999 वर्ष

उत्तर (c) 1997 वर्ष

13. ग्रीन हाउस गैस भू-मंडलीय उष्मन के प्रमुख कारक हैं। नीचे कुछ ग्रीन हाउस गैसे दी गई हैं। वायुमंडल में इनकी मात्रा के आधार पर अवरोही क्रम (घटते क्रम) में व्यवस्थित करने वाला सही कूल क्या होगा?
दक्षता आधारित प्रश्न

1. मीथेन (CH_4)
2. कार्बन डाई-ऑक्साइड (CO_2)
3. क्लोरो फ्लोरो कार्बन (CFC,&)
4. नाइट्रॉस ऑक्साइड (N_2O)

कूट
(a) 4, 1, 3, 2 (b) 2, 1, 3, 4 (c) 1, 2, 3, 4 (d) 4, 3, 2, 1

उत्तर (b) 2, 1, 3, 4

14. "मिलैको विच दोलन" एक खगोलीय सिद्धांत है, जो ....
दक्षता आधारित प्रश्न

(a) सौर कलंकों के बारे में सूचना देता है
(b) ग्रीन हाउस गैसों की संघनता का आकलन करता है
(c) सूर्य के चारों ओर पृथ्वी की कक्षीय लक्षणों में बदलाव के चक्रों तथा अक्षीय झुकाव का अनुमान लगाता है
(d) गुरुत्वाकर्षण सिद्धांतों की व्याख्या करता है

उत्तर (c) सूर्य के चारों ओर पृथ्वी की कक्षीय लक्षणों में बदलाव के चक्रों तथा अक्षीय झुकाव का अनुमान लगाता है।

15. निम्नलिखित में से कौन जलवायु वर्गीकरण के सिद्धांत के लिए सही पद्धति है?

1. आनुभविक पद्धति
2. जननिक
3. अनुप्रयुक्त पद्धति

कूट
(a) केवल 1 (b) 2 और 3 (c) 1 और 2 (d) ये सभी

उत्तर (d) ये सभी

16. निम्नलिखित कथनों में आर्द्र उपोष्ण कटिबंधीय जलवायु के लिए कौन-सा सही है?
दक्षता आधारित प्रश्न

1. इसका विस्तार महाद्वीपों के पूर्वी भाग में है।
2. यहाँ पर पूरे वर्ष वर्षा होती है।
3. ग्रीष्म ऋतु में औसत तापमान 27°C रहता है।
4. दैनिक तापांतर बहुत ज्यादा पाया जाता है।

कूट
(a) 1, 2 और 3 (b) 2 और 3 (c) 2, 3 और 4 (d) ये सभी

उत्तर (a) 1, 2 और 3

17. "हिमटोप जलवायु (EF)" के संदर्भ में कौन-सा/ से कथन सही है/ हैं चयन करें?

1. हिमटोप जलवायु ग्रीनलैंड और अंटार्कटिका के आंतरिक भागों में पाई जाती है।
2. इस क्षेत्र में वर्षा अधिक मात्रा में होती है।
3. अंटार्कटिक में 79° दक्षिण अक्षांश पर (प्लेट्यू स्टेशन) पर भी हिमटोप जलवायु पाई जाती है।

कूट
(a) केवल 1 (b) केवल 2 (c) 2 और 3 (d) 1 और 3

उत्तर (b) केवल कथन 2

18. निम्नलिखित जलवायु को उनके क्रम के अनुसार व्यवस्थित कीजिए
दक्षता आधारित प्रश्न

1. शीत हिमवन जलवायु
2. उच्चभूमि जलवायु
3. ध्रुवीय जलवायु

कूट
(a) 1, 2, 3 (b) 2, 3, 1 (c) 1, 3, 2 (d) 3, 2, 1

उत्तर (c) 1, 3, 2

19. सूची I का सूची II से सुमेलित कीजिए
दक्षता आधारित प्रश्न

सूची I (जलवायु समूह)	सूची II (लक्षण)
A. उष्णकटिबंधीय	1. ऊँचाई के कारण शीत वातावरण
B. शुष्क जलवायु	2. सभी महीनों का औसत तापमान 10°C से कम
C. उच्च भूमि जलवायु	3. वर्षा की अपेक्षा वाष्पीकरण की अधिकता
D. शीत जलवायु	4. सभी महीनों का औसत तापमान 18°C से अधिक

कूट

	A	B	C	D
(a)	1	2	3	4
(b)	2	3	4	1
(c)	4	3	1	2
(d)	3	4	2	1

उत्तर (c) 4 3 1 2

20. सूची I का सूची II से सुमेलित कीजिए

सूची I (जलवायु कूट अक्षर)	सूची II (जलवायु प्रकार)
A. Af	1. उष्णकटिबंधीय आर्द्र जलवायु
B. Am	2. उष्णकटिबंधीय मानसून जलवायु
C. Df	3. आर्द्र महाद्वीपीय जलवायु
D. Aw	4. उष्णकटिबंधीय आर्द्र एवं शुष्क जलवायु

कूट

	A	B	C	D
(a)	1	2	3	4
(b)	2	3	4	1
(c)	3	2	1	4
(d)	4	1	2	3

उत्तर (a) 1 2 3 4

21. निम्नलिखित में से कौन-सा युग्म सही सुमेलित नहीं है?
दक्षता आधारित प्रश्न

(a) आर्द्र एवं शुष्क जलवायु के संक्रमण क्षेत्र में अवस्थित — शीतोष्ण कटिबंधीय
(b) कर्क तथा मकर रेखा से ध्रुवों की ओर पाई जाती है — आर्द्र उपोष्ण कटिबंधीय जलवायु
(c) ग्रीन लैंड और अंटार्कटिका के आंतरिक क्षेत्रों में — हिमटोपी जलवायु
(d) भूमि की आकृति द्वारा नियंत्रित — उच्च भूमि जलवायु

उत्तर (a) आर्द्र एवं शुष्क जलवायु के संक्रमण क्षेत्र में अवस्थित—शीतोष्ण कटिबंधीय

22. निम्नलिखित कथनों पर विचार कीजिए।

कथन I भूमध्यसागरीय जलवायु क्षेत्र में शुष्क ग्रीष्मकाल और आर्द्र शीतकाल होता है।

कथन II भूमध्यसागरीय जलवायु में अधिकांश वर्षा ग्रीष्म ऋतु में होती है।

कूट

(a) केवल कथन I सही है।
(b) केवल कथन II सही है।
(c) दोनों कथन सही हैं।
(d) दोनों कथन गलत हैं।

उत्तर *(a)* केवल कथन 1 सही है।

निर्देश (प्र. सं 23-25) नीचे दो कथन दिए गए हैं, जिनमें एक कथन (A) और दूसरा कारण (R) को ध्यानपूर्वक पढ़कर कूट की सहायता से सही उत्तर चुनिए

कूट

(a) A और R दोनों सही हैं तथा R, A की सही व्याख्या है
(b) A और R दोनों सही हैं, परंतु R, A की सही व्याख्या नहीं है
(c) A सही है, किंतु R गलत है
(d) A गलत है, किंतु R सही है

23. कथन (A) कोपेन की जलवायु वर्गीकरण प्रणाली का उपयोग जलवायु प्रकारों का निर्धारण करने के लिए व्यापक रूप से किया जाता है।

कारण (R) यह प्रणाली तापमान और वर्षा पर आधारित है, जो किसी स्थान की प्राकृतिक वनस्पति और कृषि पर प्रभाव डालते हैं।

उत्तर (a) कोपेन ने जलवायु को उनके तापमान और वर्षा के आधार पर वर्गीकृत किया, जो सीधे किसी क्षेत्र की प्राकृतिक वनस्पति से संबंधित है। यह प्रणाली विभिन्न प्रकार के जलवायु; जैसे–उष्ण कटिबंधीय शीतोष्ण और शुष्क जलवायु को अलग-अलग करने में सहायक होती है।

24. कथन (A) कोपेन की जलवायु वर्गीकरण प्रणाली में 'A' प्रकार की जलवायु को गर्म आर्द्र जलवायु कहा जाता है।

कारण (R) प्रकार की जलवायु उन क्षेत्रों में पाई जाती है जहाँ शीत ऋतु के दौरान तापमान में अत्यधिक गिरावट होती है।

उत्तर (c) कोपेन की प्रणाली में 'A' प्रकार की जलवायु को उष्णकटिबंधीय या गर्म-आर्द्र जलवायु माना गया है, जो आमतौर पर भूमध्य रेखा के आसपास के क्षेत्रों में पाई जाती है। इन क्षेत्रों में तापमान उच्च रहता है और वर्ष भर में वर्षा की अच्छी मात्रा होती है। शीत ऋतु में तापमान में गिरावट नहीं होगी।

25. कथन (A) शुष्क जलवायु में वाष्पीकरण दर वर्षा दर से अधिक होती है।

कारण (R) शुष्क क्षेत्रों में वर्षा कम होती है और तापमान उच्च होता है।

उत्तर (a)शुष्क जलवायु क्षेत्रों में, जैसे कि रेगिस्तानी और अर्द्ध रेगिस्तानी क्षेत्र में वर्षा कम होती है और तापमान अधिक होने के कारण वाष्पीकरण की दर तेज होती है। इसी कारण इन क्षेत्रों में नमी की कमी होती है।

26. नीचे दिए गए ग्राफ को ध्यान से पढ़िए तथा प्रश्न का उत्तर दीजिए।

समूह	प्रकार	कूट अक्षर
A उष्णकटिबंधीय आर्द्र जलवायु	उष्णकटिबंधीय आर्द्र	Af
	उष्णकटिबंधीय मानसून	Am
	उष्णकटिबंधीय आर्द्र एवं शुष्क	Aw
B शुष्क जलवायु	उपोष्ण कटिबंधीय स्टैपी	BSh
	उपोष्ण कटिबंधीय मरुस्थल	BWh
	मध्य अक्षाशीय स्टैपी	BSk
	मध्य अक्षांशीय मरुस्थल	BWk
C कोष्ण शीतोष्ण (मध्य अक्षांशीय जलवायु)	आर्द्र उपोष्ण कटिबंधीय	Cfa
	भूमध्य सागरीय	Csa
	समुद्री पश्चिम तटीय	Cfb

(i) उष्णकटिबंधीय आर्द्र एवं शुष्क प्रकार का कूट अक्षर क्या है?

दक्षता आधारित प्रश्न

(a) Af (b) Am
(c) BSk (d) Aw

उत्तर (d) Aw

(ii) BSk कूट अक्षर किस प्रकार के जलवायु वर्गीकरण को प्रदर्शित करता है?

(a) मध्य अक्षांशीय स्टैपी (b) उपोष्ण कटिबंधीय स्टैपी
(c) उष्णकटिबंधीय मानसून (d) भूमध्य सागरीय

उत्तर (a) मध्य अक्षांशीय स्टैपी

(iii) कोष्ण शीतोष्ण (मध्य अक्षांशीय जलवायु) में कौन-सा वर्गीकरण शामिल नहीं है?

(a) समुद्री पश्चिम तटीय (b) मध्य अक्षांशीय स्टैपी
(c) आर्द्र उपोष्ण कटिबंधीय (d) भूमध्य सागरीय

उत्तर *(b)* मध्य अक्षांशीय स्टैपी

स्रोत आधारित प्रश्न

निम्नलिखित स्रोतों को ध्यानपूर्वक पढ़कर उन पर आधारित प्रश्नों के उत्तर दीजिए

दक्षता आधारित प्रश्न

1. शुष्क जलवायु की विशेषता अत्यंत न्यून वर्षा है, जो पादपों की वृद्धि के लिए पर्याप्त नहीं होती। यह जलवायु पृथ्वी के बहुत बड़े भाग पर पाई जाती है, जो विषुवत् वृत्त से 15° से 60° उत्तर व दक्षिणी अक्षांशों के बीच विस्तृत है। 15° से 30° के निम्न अक्षांशों में यह उपोष्ण कटिबंधीय उच्च वायुदाब क्षेत्र में पाई जाती है। जहाँ तापमान का अवतलन और उत्क्रमण, वर्षा नहीं होने देते। महाद्वीपों के पश्चिमी सीमांतों पर, ठंडी धाराओं के आसन्न क्षेत्र, विशेषत: दक्षिण अमेरिका के पश्चिमी तट पर, यह जलवायु विषुवत् वृत्त की ओर अधिक विस्तृत है और तटीय भाग में पाई जाती है। मध्य अक्षांशों में विषुवत् वृत्त से

35° से 60° उत्तर व दक्षिण के बीच यह जलवायु महाद्वीपों के उन आंतरिक भागों तक परिरुद्ध होती है जहाँ पर्वतों से घिरे होने के कारण प्रायः समुद्री आर्द्र पवनें नहीं पहुँच पाता हैं।

शुष्क जलवायु को स्टेपी अथवा अर्द्ध-शुष्क जलवायु (BS) और मरुस्थल जलवायु (BW) में विभाजित किया जाता है। इसे आगे 15° से 35° अक्षांशों के बीच उपोष्ण कटिबंधीय स्टेपी (BSh) और उपोष्ण कटिबंधीय मरुस्थल (BWh) में बाँटा जाता है। 35° और 60° अक्षांशों के बीच इसे मध्य अक्षांशीय स्टेपी (BSk) तथा मध्य अक्षांशीय मरुस्थल (BWk) में विभाजित किया जाता है।

उपोष्ण कटिबंधीय स्टेपी (BSh) एवं उपोष्ण कटिबंधीय मरुस्थल (BWh) जलवायु में वर्षण और तापमान के लक्षण एकसमान होते हैं। आर्द्र एवं शुष्क जलवायु के संक्रमण क्षेत्र में अवस्थित होने के कारण उपोष्ण कटिबंधीय स्टेपी जलवायु में मरुस्थल जलवायु की अपेक्षा वर्षा थोड़ी ज्यादा होती है, जो विरल घासभूमियों के लिए पर्याप्त होती है। वर्षा दोनों ही जलवायु में परिवर्तनशीलता होती है। वर्षा की परिवर्तनशीलता मरुस्थल की अपेक्षा स्टेपी में जीवन को अधिक प्रभावित करती है। इससे कई बार अकाल की स्थिति उत्पन्न हो जाती है। मरुस्थलों में वर्षा थोड़ी किंतु गरज के साथ तीव्र बौछारों के रूप में होती है, जो मृदा में नमी पैदा करने में अप्रभावी सिद्ध होती है। ग्रीष्म ऋतु में अधिकतम तापमान बहुत ऊँचा होता है। लीबिया के अल-अजीजिया में 13 सितंबर, 1922 को उच्चतम तापमान 58°C दर्ज किया गया था। इस जलवायु में वार्षिक और दैनिक तापांतर भी अधिक पाए जाते हैं।

(i) **शुष्क जलवायु की प्रमुख विशेषताएँ लिखिए और यह कहाँ पाई जाती हैं?**

दक्षता आधारित प्रश्न

उत्तर शुष्क जलवायु में अत्यंत कम वर्षा होती हैं, जो पादपों की वृद्धि के लिए अपर्याप्त होती है। यह 15° से 60° उत्तर और दक्षिण अक्षांशों के मध्य पाई जाती है।

- 15°-30° अक्षांशों में-उपोष्ण कटिबंधीय उच्च वायु क्षेत्र।
- 35°-60° अक्षांशों में-महाद्वीपों के आंतरिक भाग, जहाँ पर्वत समुद्री पवनों को रोकते हैं।
- ठंडी समुद्री धाराओं के पास, जैसे दक्षिण अमेरिका के पश्चिमी तट पर, यह अधिक विस्तृत होती है।

(ii) **उपोष्ण कटिबंधीय स्टेपी (Bsh) और मध्य अक्षांशीय स्टेपी (Bsk) में अंतर बताइए।**

उत्तर Bsh : 15°-35° अक्षांशों में, अधिक तापमान और थोड़ी अधिक वर्षा।

- Bsk : 35°-60° अक्षाशों में, कम तापमान और कम वर्षा।
- Bsh में वर्षा अनियमित होती है, जबकि Bsk महाद्वीपों के आंतरिक भागों में स्थित होते है।

(iii) **शुष्क जलवायु में वर्षा की प्रकृति और मृदा पर क्या प्रभाव है?**

दक्षता आधारित प्रश्न

उत्तर शुष्क जलवायु में वर्षा कम तीव्र बौछारों के रूप में होती है, जो मृदा में नमी पैदा करने में असफल रहती है।मृदा पर प्रभाव

- मृदा शुष्क और रेतीली होती है।
- जैविक गतिविधि कम होती है।
- तीव्र बौछारों से अपरदन बढ़ता है।
- पौधों की वृद्धि सीमित रहती है।

2. वर्तमान में चिंता का कारण बनीं मुख्य ग्रीन हाउस गैसें कार्बन डाइ-ऑक्साइड (CO_2), क्लोरो-फ्लोरो कार्बन (CFCs), मीथेन (CH_4), नाइट्रस ऑक्साइड (N_2O) और ओजोन (O_3) हैं। कुछ अन्य गैसें; जैसे–नाइट्रिक ऑक्साइड (NO) और कार्बन मोनो-ऑक्साइड (CO) आसानी से ग्रीनहाउस गैसों से प्रतिक्रिया करती हैं और वायुमंडल में उनके सांद्रण को प्रभावित करती हैं। किसी भी ग्रीनहाउस गैस का प्रभाव इसके सांद्रण में वृद्धि के परिमाण, वायुमंडल में इसके जीवनकाल तथा इसके द्वारा अवशोषित विकिरण की तरंग लंबाई पर निर्भर करता है। क्लोरो-फ्लोरो कार्बन अत्यधिक प्रभावी होते हैं। समतापमंडल में पराबैंगनी किरणों को अवशोषित करने वाली ओजोन जब निम्न समतापमंडल में उपस्थित होती है, तो वह पार्थिव विकिरण को अत्यंत प्रभावी ढंग से अवशोषित करती है। एक अन्य महत्त्वपूर्ण तथ्य यह है कि ग्रीनहाउस गैसों के अणु जितने लंबे समय तक बने रहते हैं, इनके द्वारा लाए गए परिवर्तनों से पृथ्वी के वायुमंडलीय तंत्र को उबरने में उतना अधिक समय लगता है। वायुमंडल में उपस्थित ग्रीनहाउस गैसों में सबसे अधिक सांद्रण कार्बन डाइ-ऑक्साइड का है। CO_2 का उत्सर्जन मुख्यतः जीवाश्मी ईंधनों (तेल, गैस एवं कोयला) के दहन से होता है।

क्लोरो-फ्लोरो कार्बन मानवीय गतिविधियों से उत्पन्न होते हैं। ओजोन समताप मंडल में उपस्थित होती है, जहाँ पराबैंगनी किरणें ऑक्सीजन को ओजोन में बदल देती हैं। इससे पराबैंगनी किरणें पृथ्वी की सतह पर नहीं पहुँच पातीं। समताप मंडल में वाहित होने वाली ग्रीनहाउस गैसें भी ओजोन को नष्ट करती हैं। ओजोन का सबसे अधिक ह्रास अंटार्कटिका के ऊपर हुआ है। समतापमंडल में ओजोन के सांद्रण का ह्रास ओजोन छिद्र कहलाता है। यह छिद्र पराबैंगनी किरणों को क्षोभमंडल से गुजरने देता है।

वायुमंडल में ग्रीनहाउस गैसों के उत्सर्जन को कम करने के लिए अंतर्राष्ट्रीय स्तर पर प्रयास किए गए हैं। इनमें से सबसे महत्त्वपूर्ण 'क्योटो प्रोटोकॉल' है, जिसकी उद्घोषणा वर्ष 1997 में की गई थी। वर्ष 2005 में प्रभावी हुई इस उद्घोषणा का 141 देशों ने अनुमोदन किया।

(i) **ओजोन पार्थिव विकिरण को अत्यंत प्रभावी ढंग से कब अवशोषित करती है?**

उत्तर समतापमंडल में पराबैंगनी किरणों को अवशोषित करने वाली ओजोन जब निम्न समतापमंडल में उपस्थित होती है, तो वह पार्थिव विकिरण को अत्यंत प्रभावी ढंग से अवशोषित करती है।

(ii) **ग्रीन हाउस गैस के प्रभाव के विषय में किन कारणों से पता चलता है?**

उत्तर ग्रीन हाउस गैस के सांद्रण में वृद्धि, वायुमंडल में गैस के जीवनकाल तथा विकिरण तरंग की लंबाई से ग्रीन हाउस गैस के प्रभाव के विषय में पता चलता है।

(iii) **वायुमंडल में ग्रीन हाउस गैसों के सांद्रण में वृद्धि की प्रवृत्ति से भविष्य में क्या प्रभाव पड़ेगा?**

उत्तर वायुमंडल में ग्रीन हाउस गैसों के सांद्रण में वृद्धि की प्रवृत्ति आगे चलकर पृथ्वी को गर्म कर सकती है। एक बार भूमंडलीय ऊष्मन के आरंभ हो जाने पर इसे उलटना बहुत मुश्किल होगा।

लघु उत्तरीय प्रश्न

1. कोपेन के जलवायु वर्गीकरण की पद्धति को स्पष्ट कीजिए।

उत्तर जलवायु का वर्गीकरण वी कोपेन द्वारा किया गया था, जिसमें आनुभविक पद्धति का व्यापक रूप से उपयोग किया जाता है। कोपेन के अनुसार, वनस्पति के वितरण तथा जलवायु के मध्य घनिष्ठ संबंध होता है। कोपेन ने तापमान व वर्षण के कुछ निश्चित मानों का चयन करके वनस्पति वितरण से संबंध स्थापित करते हुए, उनका उपयोग जलवायु के वर्गीकरण के लिए किया है। इस वर्गीकरण के अंतर्गत वर्षा एवं तापमान के वार्षिक तथा मासिक आँकड़ों का मध्यमान लिया गया है। जलवायु के समूहों व प्रकारों की पहचान करने के लिए कोपेन ने अंग्रेजी के बड़े तथा छोटे अक्षरों का प्रयोग किया। कोपेन ने वर्ष 1918 में इस सिद्धांत का प्रतिपादन किया, जो समय के साथ संशोधित हुआ। कोपेन ने पाँच प्रमुख जलवायु समूहों की पहचान की, जिनमें से चार तापमान पर तथा एक वर्षण पर आधारित है। आर्द्र जलवायु को बड़े अक्षर A, C, D तथा E और शुष्क जलवायु को B से प्रदर्शित किया जाता है।

2. कोपेन के द्वारा दी गई जलवायु समूह की सूची बनाइए।

उत्तर कोपेन द्वारा दी गई जलवायु समूह का विवरण निम्न प्रकार है

	समूह	लक्षण
A	उष्णकटिबंधीय	सभी महीनों का औसत तापमान 18° सेल्सियस से अधिक।
B	शुष्क जलवायु	वर्षण की तुलना में वाष्पीकरण की अधिकता।
C	कोष्ण शीतोष्ण	सर्वाधिक ठंडे महीने का औसत तापमान 3° सेल्सियस से अधिक किंतु 18° सेल्सियस से कम मध्य अक्षांशीय जलवायु।
D	शीतल हिमवन जलवायु	वर्ष के सर्वाधिक ठंडे महीने का औसत तापमान शून्य अंश तापमान से 3° नीचे।
E	शीत	सभी महीनों का औसत तापमान 10° सेल्सियस से कम।
H	उच्चभूमि	ऊँचाई के कारण शीत।

3. उष्णकटिबंधीय जलवायु को कितने भागों में विभाजित किया जाता है?

उत्तर उष्णकटिबंधीय जलवायु कर्क रेखा तथा मकर रेखा के मध्य पाई जाती है। संपूर्ण वर्ष सूर्य के ऊर्ध्वस्थ तथा अंतर उष्णकटिबंधीय अभिसरण क्षेत्र की उपस्थिति के कारण यहाँ की जलवायु उष्ण एवं आर्द्र रहती है। उष्णकटिबंधीय जलवायु को तीन प्रकारों में विभाजित किया जाता है, जो निम्नलिखित हैं

(i) **उष्णकटिबंधीय आर्द्र जलवायु** उष्णकटिबंधीय आर्द्र जलवायु विषुवत् वृत्त के समीप पाई जाती है। दक्षिण अमेरिका का अमेजन बेसिन, पश्चिमी विषुवतीय अफ्रीका तथा दक्षिण-पूर्वी एशिया के द्वीप उष्णकटिबंधीय आर्द्र जलवायु में पड़ने वाले प्रमुख क्षेत्र हैं। किसी भी दिन अधिकतम तापमान 30° सेल्सियस तथा न्यूनतम तापमान लगभग 20° सेल्सियस होता है।

(ii) **उष्णकटिबंधीय मानसून जलवायु** यह जलवायु भारतीय उपमहाद्वीप, दक्षिण अमेरिका के उत्तर-पूर्वी भाग व उत्तरी ऑस्ट्रेलिया में पाई जाती है। यहाँ पर गर्मियों में अत्यधिक वर्षा होती है, लेकिन शीत ऋतु शुष्क होती है।

(iii) **उष्णकटिबंधीय आर्द्र एवं शुष्क जलवायु** यह जलवायु Af प्रकार की जलवायु के प्रदेशों में उत्तर तथा दक्षिण क्षेत्रों में पाई जाती है। इस जलवायु की सीमा महाद्वीपों के पश्चिमी भाग में शुष्क जलवायु के साथ तथा पूर्वी भाग में Cf तथा Cw की जलवायु के साथ पाई जाती है।

4. भूमध्यसागरीय जलवायु की प्रमुख विशेषताओं को स्पष्ट कीजिए।

उत्तर भूमध्यसागरीय जलवायु की प्रमुख विशेषताएँ निम्नलिखित हैं

- उपोष्ण कटिबंध से 30° से 40° अक्षांशों के मध्य महाद्वीपों के पश्चिमी तट तथा भूमध्यसागर के चारों ओर भूमध्यसागरीय जलवायु पाई जाती है।
- मध्य कैलिफोर्निया, मध्य चिली और ऑस्ट्रेलिया के दक्षिणी-पूर्वी तथा दक्षिण-पश्चिमी तट पर भी यह जलवायु प्रमुख रूप से पाई जाती है।
- शीत ऋतु में पछुआ पवनों के प्रभाव में तथा ग्रीष्म ऋतु में उपोष्ण कटिबंधीय उच्च वायुदाब की दशा इन क्षेत्रों की जलवायु को प्रभावित करती है।
- यहाँ का तापमान शीत ऋतु में 10° सेल्सियस से कम तथा ग्रीष्म ऋतु में 25° सेल्सियस के आस-पास होता है तथा 35 से 90 सेमी तक वार्षिक वर्षा होती है।

5. समुद्री पश्चिमी तटीय जलवायु की मुख्य विशेषताओं को बताइए।

उत्तर भूमध्यसागरीय जलवायु से ध्रुवों की ओर महाद्वीपों के पश्चिमी तटों पर समुद्री पश्चिमी तटीय जलवायु पाई जाती है। उत्तर-पश्चिमी यूरोप, उत्तरी अमेरिका का पश्चिमी तट, उत्तरी कैलिफोर्निया, दक्षिणी चिली, न्यूजीलैंड तथा दक्षिण-पूर्वी ऑस्ट्रेलिया इस प्रकार की जलवायु के प्रमुख क्षेत्र हैं।

- इस जलवायु प्रदेश में समुद्री प्रभाव के कारण तापमान मध्यम बना रहता है।
- शीत ऋतु में समान अक्षांश पर महाद्वीप के आंतरिक भागों में स्थित स्थानों की तुलना में तापमान कोष्ण होने के कारण यहाँ ठंड कम होती है।
- गर्मी का औसत तापमान 15° से 20° सेल्सियस और ठंड में 4° से 10° सेल्सियस के मध्य रहता है।
- वार्षिक और दैनिक तापांतर कम होता है।
- इस क्षेत्र में वर्षभर वर्षा होती है और सर्दियों में वर्षा अधिक होती है।

6. शीत हिमवन जलवायु को स्पष्ट करते हुए उसके प्रकारों की विवेचना कीजिए।

उत्तर उत्तरी गोलार्द्ध में 40° से 70° अक्षांशों के मध्य शीत हिमवन प्रकार की जलवायु पाई जाती है। यह यूरोप, एशिया तथा उत्तरी अमेरिका के विस्तृत महाद्वीपीय क्षेत्रों में फैली हुई है। इस जलवायु को दो प्रकारों में विभाजित किया जाता है

(i) **आर्द्र जाड़ों से युक्त ठंडी जलवायु** यह जलवायु समुद्री पश्चिम तटीय जलवायु तथा मध्य अक्षांशीय स्टेपी जलवायु से ध्रुवों की ओर पाई जाती है। शीत ऋतु ठंडी तथा बर्फीली होती है। इसमें तुषार मुक्त ऋतु छोटी होती है तथा वार्षिक तापांतर अधिक होता है। ध्रुवों की ओर शीत ऋतु अधिक कड़ाके की होती है।

(ii) **शुष्क जाड़ों से युक्त ठंडी जलवायु** यह जलवायु मुख्य रूप से उत्तर-पूर्वी एशिया में पाई जाती है। शीत ऋतु में प्रतिचक्रवात का विकास होता है और ग्रीष्म ऋतु में यह कमजोर पड़ जाता है, जिसके कारण इन क्षेत्रों में पवनों का प्रत्यावर्तन होता है, इससे मानसून जैसी दशाएँ उत्पन्न होती हैं। ग्रीष्म ऋतु में ध्रुवों की ओर तापमान कम होता है तथा सर्दियों में तापमान अत्यंत न्यून होता है। 12 से 15 सेंटीमीटर तक की वार्षिक वर्षा इन क्षेत्रों में हो जाती है।

7. "कार्बन डाइ-ऑक्साइड गैस प्राकृतिक भूमिका में मानव जीवन के लिए महत्त्वपूर्ण घटक है।" कथन की समीक्षा करते हुए वायुमंडल में इसकी अति सांद्रता के कारण बताइए। *दक्षता आधारित प्रश्न*

उत्तर कार्बन डाइ-ऑक्साइड का उपयोग स्थलीय एवं सागरीय वनस्पति अपनी वृद्धि के लिए करते हैं, इसलिए वन एवं सागर को कार्बन डाइ-ऑक्साइड का कुंड भी कहते हैं।

जो मानव तथा जीव-जंतुओं के लिए खाद्य उपलब्धता का प्रमुख स्रोत है। इसके अतिरिक्त कार्बन डाई-ऑक्साइड एक महत्त्वपूर्ण ग्रीन हाउस गैस है, जो पृथ्वी के वायमुंडल को गर्म रखती है। इसके अभाव में असहनीय रूप से ठंडा हो जाएगा, जो आवास के अनुकूल नहीं होगा। वायुमंडल में उपस्थित गैसों में सबसे अधिक सांद्रण कार्बन डाइ-ऑक्साइड गैस का है, जिसका उत्सर्जन मुख्यतः जीवाश्म ईंधनों (तेल, गैस एवं कोयला) के दहन से होता है। कार्बन डाइ-ऑक्साइड की सांद्रता में वृद्धि को निम्न बिंदुओं के माध्यम से समझा जा सकता है।

- भूमि उपयोग के लिए जंगलों की कटाई की जाती है, जिससे कार्बन डाइ-ऑक्साइड की मात्रा बढ़ जाती है।
- वनोन्मूलन के फलस्वरूप कार्बन डाइ-ऑक्साइड की मात्रा में जो वृद्धि हो जाती है, उसे पुनः अपनी स्थिति में आने में 20 से 50 वर्ष लग जाते हैं।
- जलवायु में होने वाले परिवर्तनों की गणना के लिए कार्बन डाइ-ऑक्साइड की मात्रा को पूर्व औद्योगिक काल से दोगुना मानकर किया जाता है, जो वर्तमान में लगभग 0.5% वार्षिक दर से बढ़ रही है।

8. शुष्क जलवायु एवं भूमध्यसागरीय जलवायु में अंतर कीजिए।

उत्तर शुष्क जलवायु एवं भूमध्यसागरीय जलवायु में निम्न अंतर हैं

शुष्क जलवायु	भूमध्यसागरीय जलवायु
यह जलवायु दोनों गोलार्द्ध में 20° से 30° अक्षांशों के बीच पाई जाती है।	यह जलवायु दोनों गोलार्द्धों में 30° से 40° अक्षांशों के मध्य पाई जाती है।
इस जलवायु को मरुस्थलीय जलवायु भी कहा जाता है। इसमें वार्षिक वर्षा न्यूनतम होती है।	यहाँ पर उष्ण व शुष्क गर्मियाँ तथा मृदु एवं वर्षायुक्त सर्दियाँ इस जलवायु की विशेषता हैं।
यह जलवायु दक्षिण अमेरिका के पेरू व चिली, अफ्रीका के कालाहारी के अतिरिक्त ऑस्ट्रेलिया, सहारा व थार के मरुस्थल में पाई जाती है।	यह जलवायु मध्य कैलिफोर्निया, मध्य चिली तथा ऑस्ट्रेलिया के दक्षिण-पूर्वी और दक्षिण-पश्चिमी तट पर पाई जाती है।

9. वैश्विक तापन की प्रवृत्ति से आप क्या समझते हैं?

अथवा **"वर्तमान में भूमंडलीय ऊष्मन विश्व की प्रमुख चिंताओं में से एक है।" इस कथन की समीक्षा करें।** *दक्षता आधारित प्रश्न*

उत्तर तापमान बढ़ने की प्रवृत्ति 20वीं शताब्दी में अधिक दिखाई देती है। 20वीं शताब्दी में सबसे अधिक तापन दो समयावधि वर्ष 1901-44 और 1977-99 में देखने को मिलती है। इन दोनों कालावधि में भूमंडलीय ऊष्मन 0.4°C बढ़ा है। यही कारण रहा है कि 20वीं शताब्दी का औसत वार्षिक तापमान 19वीं शताब्दी के औसत वार्षिक तापमान से 0.6°C अधिक रहा। वर्ष 1998 को पूरी सहस्राब्दि (सौ वर्ष) का सबसे गर्म वर्ष माना गया था। वैश्विक समुदाय के सामने यह चुनौती है कि हिमटोपियों व हिमनदियों के पिघलने से समुद्री जल स्तर में बढ़ोतरी से कैसे निपटा जाए, क्योंकि इससे कई सामाजिक समस्याएँ उत्पन्न होंगी। वैश्विक स्तर पर ग्रीन हाउस गैसों की कमी के लिए व भूमंडलीय ऊष्मन के प्रभाव को कम करने के लिए कई प्रयत्न किए जा रहे हैं, जिससे यह आशा जाग्रत होती है कि आने वाली पीढ़ी के लिए संसार बेहतर एवं वास करने योग्य होगा।

दीर्घ उत्तरीय प्रश्न

1. शुष्क जलवायु से आप क्या समझते हैं? विस्तारपूर्वक चर्चा कीजिए।

उत्तर शुष्क जलवायु पृथ्वी के विशाल भू-भाग पर पाई जाती है, जो विषुवत् वृत्त से 15° से 60° उत्तर तथा दक्षिण अक्षांशों के मध्य विस्तृत है। 15° से 30° के निम्न अक्षांशों में यह उपोष्ण कटिबंधीय उच्च वायुदाब क्षेत्र में पाई जाती है। अत्यंत कम वर्षा शुष्क जलवायु की विशेषता होती है, जो वनस्पतियों की वृद्धि के लिए पर्याप्त नहीं होती। यहाँ वर्षा नहीं होती, क्योंकि यहाँ तापमान का अवतलन तथा उत्क्रमण होता है। महाद्वीपों के पश्चिमी सीमांतों पर मुख्य रूप से दक्षिण अमेरिका के पश्चिमी तट पर समुद्री ठंडी धाराओं के आसन्न क्षेत्र की ओर अर्थात् यह जलवायु विषुवत् वृत्त की ओर अधिक विस्तृत है। यह तटीय भाग में भी पाई जाती है। शुष्क जलवायु मध्य अक्षांशों में विषुवत् वृत्त से 35° से 60° उत्तर तथा दक्षिण के मध्य उन आंतरिक भागों तक स्थित होती है, जहाँ पर्वतों से घिरे होने के कारण सामान्यतः समुद्री आर्द्र पवनें नहीं पहुँच पातीं।

इस जलवायु को स्टेपी या अर्द्ध-शुष्क जलवायु तथा मरुस्थलीय जलवायु में बाँटा जाता है। इस जलवायु को आगे 15° से 35° अक्षांशों के मध्य उपोष्ण कटिबंधीय स्टेपी तथा उपोष्ण कटिबंधीय मरुस्थल में विभाजित किया जाता है।

35° से 60° अक्षांशों के बीच इस जलवायु को मध्य अक्षांशीय स्टेपी और मध्य अक्षांशीय मरुस्थल में विभाजित किया जाता है।

उपोष्ण कटिबंधीय स्टेपी जलवायु, आर्द्र एवं शुष्क जलवायु के संक्रमण क्षेत्र में अवस्थित होती है, जिसके कारण यहाँ मरुस्थलीय जलवायु की तुलना में वर्षा थोड़ी अधिक होती है, जो विरल घासभूमियों के लिए पर्याप्त होती है। इन दोनों ही जलवायु में वर्षा परिवर्तनशील होती है। मरुस्थल की अपेक्षा स्टेपी में वर्षा की परिवर्तनशीलता जीवन को अधिक प्रभावित करती है, जिससे कई बार अकाल की स्थिति उत्पन्न हो जाती है। उपोष्ण कटिबंधीय मरुस्थल जलवायु के अंतर्गत ग्रीष्म ऋतु में अधिकतम तापमान बहुत अधिक होता है। इस जलवायु में वार्षिक तथा दैनिक तापांतर भी अधिक होता है।

2. "जलवायु परिवर्तन एक दीर्घकालिक मौसमी परिवर्तन का प्रारूप है, जिसमें प्राकृतिक और मानवीय गतिविधियाँ दोनों शामिल है, किंतु मानवीय अपेक्षाकृत अधिक।" कथन की समीक्षा करते हुए जलवायु परिवर्तन के साक्ष्यों का उल्लेख कीजिए। दक्षता आधारित प्रश्न

उत्तर जलवायु परिवर्तन का तात्पर्य तापमान के मौसम के पैटर्न में दीर्घकालिक बदलावों से है। ऐसे बदलाव प्राकृतिक भी हो सकते हैं और मानवीय भी। प्राकृतिक बदलावों के अंतर्गत बड़े ज्वालामुखी विस्फोट, सूर्य की गतिविधि में परिवर्तन आदि', किंतु औद्योगीकरण के पश्चात् जलवायु परिवर्तन की मानवीय गतिविधियों की भूमिका में विस्तार हुआ। मुख्यतः जीवाश्म ईंधन के प्रयोग के पश्चात् जीवाश्म ईंधन के दहन से ग्रीन हाउस गैसों का उत्सर्जन होता है, जो पृथ्वी को चारों ओर से ढक लेता है। इस प्रकार सूर्य से आने वाली गर्मी को पृथ्वी के वायुमंडल से बाहर नहीं निकलने देता है। इन मानवीय गतिविधियों में वन क्षेत्रों की कटाई की भी महत्त्वपूर्ण भूमिका है। वन कार्बन के महत्त्वपूर्ण अवशोषक होते हैं, जो कार्बन डाइ-आर्क्साइड की सांद्रता को संतुलित करते हैं। जलवायु का अनुभव उसके थोड़े-बहुत उतार-चढ़ाव (परिवर्तन) के साथ किया जा सकता है। परिवर्तन की प्रक्रिया हिमयुगों तथा अंतर-हिमयुगों में भू-गर्भिक अभिलेखों से परिलक्षित होती है। मुख्य रूप से उच्च अक्षांशों तथा ऊँचाई पर हिमानियों के आगे-पीछे खिसकने के चिह्न वाले भू-आकृतिक अभिलक्षण प्रदर्शित होते हैं।

वृक्षों के तनों में पाए जाने वाले वलय से आर्द्र एवं शुष्क युगों का तथा हिमानी निर्मित झीलों में अवसादों के निक्षेपण से उष्ण एवं शीत युगों का पता चलता है।

जलवायु परिवर्तन के प्रमुख साक्ष्य निम्नलिखित हैं

- जलवायु परिवर्तन प्रत्येक युग में होते रहे हैं। 1990 के दशक में शताब्दी का सर्वाधिक तापमान तथा विश्व में भयंकर बाढ़ों को दर्ज किया गया।
- वर्ष 1967 से 1977 के दौरान सहारा मरुस्थल के दक्षिण में स्थित साहेल क्षेत्र में आया विनाशकारी सूखा ऐसा ही एक परिवर्तन था।
- संयुक्त राज्य अमेरिका के वृहत् मैदान के दक्षिण-पश्चिमी भाग में, जिसे 'धूल का कटोरा' कहा जाता है, वहाँ 1930 के दशक में भीषण सूखा पड़ा। फसलों की उपज अथवा फसलों के विनाश बाढ़ों तथा लोगों के प्रवास संबंधी ऐतिहासिक अभिलेख परिवर्तनशील जलवायु के प्रभावों के बारे में बताते हैं।
- अनेक बार यूरोप में उष्ण, आर्द्र, शीत तथा शुष्क युग आए। यूरोप के वाइकिंग कबीले 10वीं तथा 11वीं शताब्दी की उष्ण एवं शुष्क दशाओं के कारण ग्रीनलैंड में बस गए थे। यूरोप में 1550 से 1850 ई. के दौरान लघु हिमयुग जैसी स्थिति थी। 1885 ई. से वर्ष 1940 तक विश्व तापमान में वृद्धि दर्ज की गई। तापमान में वृद्धि की दर वर्ष 1940 के पश्चात् घटी है।

3. वायुमंडलीय ऊष्मन एवं ग्रीन हाउस गैस पर टिप्पणी कीजिए।

उत्तर **वायुमंडलीय ऊष्मन** वायुमंडल में ग्रीन हाउस गैसों की उपस्थिति के कारण सूर्य से आने वाले विकिरण तो आसानी से प्रवेश कर जाते हैं और पार्थिव विकिरण को यह अवशोषित कर लेते हैं। इस क्रिया में जो भी गैसें शामिल होती हैं वे ग्रीन हाउस गैसें कहलाती हैं। वायुमंडलीय ऊष्मन को साधारण रूप में 'ग्रीन हाउस प्रभाव' भी कहा जाता है। वायुमंडलीय ऊष्मन जब एक बार प्रारंभ हो जाता है, तो उसको उलटना कठिन होता है। वायुमंडलीय ऊष्मन का प्रभाव प्रत्येक स्थान पर समान नहीं होता है। इसका दुष्प्रभाव जीवन पोषक तंत्र को भी प्रभावित करता है।

ग्रीन हाउस गैसें कार्बन डाइ-ऑक्साइड (CO_2), मीथेन (CH_4), क्लोरो-फ्लोरो कार्बन (CFCs), नाइट्रस ऑक्साइड (N_2O) और ओजोन प्रमुख ग्रीन हाउस गैसें हैं। इनके अतिरिक्त भी कुछ गैसें हैं, जो ग्रीन हाउस गैसों जैसी ही प्रतिक्रिया देती हैं; जैसे—नाइट्रिक ऑक्साइड (NO), कार्बन मोनो-ऑक्साइड (CO) आदि। वायुमंडल में किसी ग्रीन हाउस गैस की जीवनावधि उसके द्वारा अवशोषित विकिरण की तरंगदैर्ध्य पर निर्भर करती है। वायुमंडल में मौजूद ग्रीन हाउस गैसों में सबसे अधिक मात्रा CO_2 (कार्बन डाइ-ऑक्साइड) की है। CO_2 का उत्सर्जन मुख्यतया जीवाश्मी ईंधनों; जैसे—तेल, गैस एवं कोयला से होता है। वन व महासागर CO_2 के कुंड के रूप में जाने जाते हैं; जैसे—वन अपनी वृद्धि के लिए CO_2 का उपयोग करता है और वनोन्मूलन से वातावरण में CO_2 की मात्रा बढ़ जाती है। कार्बन डाइ-ऑक्साइड की बढ़ी हुई मात्रा को सामान्य स्तर पर लाने में 20-50 वर्ष तक लग जाते हैं। वर्तमान में CO_2 की वार्षिक वृद्धि की दर 0.5% है।

4. मौसम एवं जलवायु के मध्य अंतर बताइए।

उत्तर मौसम एवं जलवायु में निम्नलिखित अंतर हैं

मौसम	जलवायु
मौसम दिन-प्रतिदिन परिवर्तनशील होता है।	जलवायु लगभग स्थायी रूप में होती है।
मौसम किसी स्थान पर विशेष का होता है। आने वाले मौसम का पूर्वानुमान कुछ घंटे पहले लगाया जा सकता है।	जलवायु का पूर्वानुमान नहीं होता है, बल्कि इसकी केवल संभावना व्यक्त की जा सकती है।
मौसम में अध्ययन थोड़े समय (एक सप्ताह या दो एक दिन) के लिए होता है।	जलवायु में अध्ययन एक लंबे समय अंतराल; जैसे—10 से 20 या इससे लंबे समय के लिए होता है।
मौसम तापमान एवं वर्षण जैसे प्रधान तत्त्वों पर निर्भर करता है।	जलवायु सभी तत्त्वों के सामूहिक संयोग पर निर्भर करता है; जैसे—आर्द्रता या शुष्कता।
मौसम की विशेषता यह है कि एक स्थान पर प्रत्येक प्रकार के रूप में होता है।	जलवायु की विशेषता यह है कि एक स्थान पर प्रत्येक प्रकार की जलवायु नहीं मिलती है।
मौसम का मानव के दैनिक जीवन पर प्रभाव पड़ता है।	जलवायु लोगों के सामूहिक रहन-सहन में भिन्नता को निर्धारित करता है।
मौसम किसी स्थान विशेष; जैसे—पटना, दिल्ली, मेरठ आदि का होता है।	जलवायु किसी प्रदेश या क्षेत्र विशेष का होता है; जैसे—बुंदेलखंड की जलवायु, भारत के मैदानी भाग की जलवायु आदि।

मानचित्र पर आधारित प्रश्न

1. नीचे विश्व मानचित्र पर A, B, C तथा D स्थान अंकित हैं। इन स्थानों को ध्यान से देखिए तथा इन स्थानों पर पाए जाने वाले जलवायु प्रदेशों के नाम लिखिए।

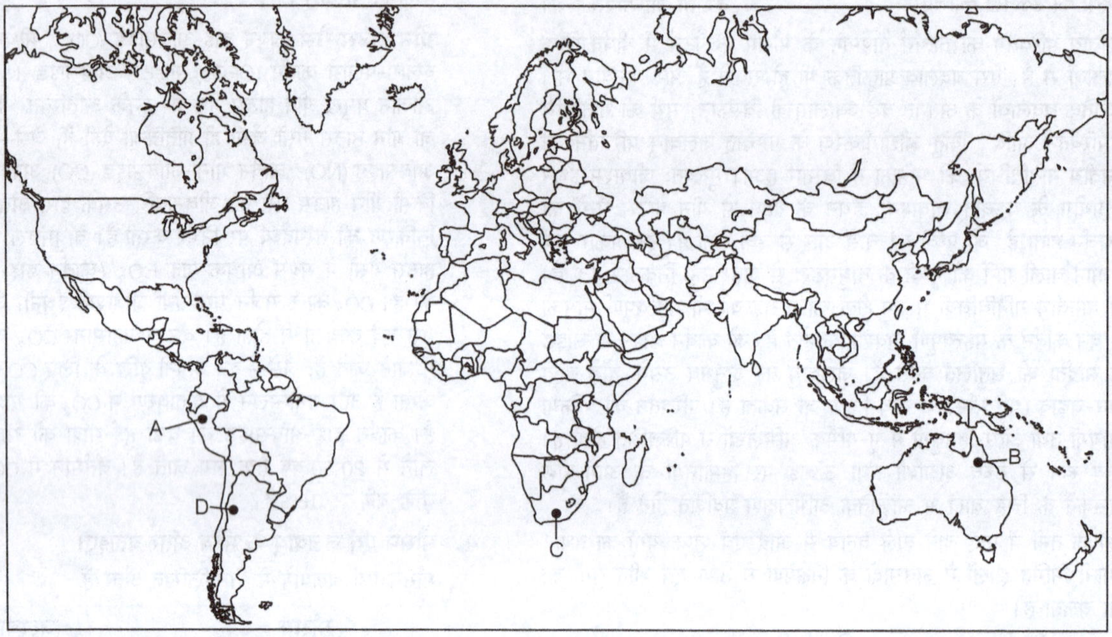

उत्तर A उष्णकटिबंधीय जलवायु (A)-अमेजन बेसिन

B उष्णकटिबंधीय मानसून जलवायु-उत्तरी ऑस्ट्रेलिया

C आर्द्र उपोष्ण कटिबंध (Cfa)-दक्षिण अफ्रीका

D भूमध्य सागरीय जलवायु (Cf)-मध्य चिली

स्वयं को जाँचें

वस्तुनिष्ठ प्रश्न

1. कोपेन का जलवायु वर्गीकरण किस पर आधारित है?
(a) तापमान के मासिक एवं वार्षिक मध्यमान
(b) वर्षण के मासिक एवं वार्षिक मध्यमान
(c) 'a' और 'b' दोनों
(d) भूमि के प्रकार

2. जलवायु का वर्गीकरण किस पर आधारित नहीं है?
(a) आनुभविक
(b) आनुवंशिक
(c) अनुप्रयुक्त
(d) प्रकृति प्रदत्त

3. आज से लगभग 8000 वर्ष पहले .... की जलवायु आर्द्र एवं शीतल थी।
(a) राजस्थान मरुस्थल (b) सहारा मरुस्थल
(c) टकलामकान मरुस्थल (d) गोबी मरुस्थल

4. भूमंडलीय ऊष्मन के लिए उत्तरदायी गैस है
(a) कार्बन डाइ-ऑक्साइड (b) ओजोन
(c) क्लोरो-फ्लोरो कार्बन (d) ये सभी

5. समतापमंडल में .... पाई जाती है।
(a) नाइट्रोजन (b) हाइड्रोजन
(c) ओजोन (d) ऑक्सीजन

6. निम्नलिखित कथनों पर विचार कीजिए
1. शीत हिमवन जलवायु उत्तरी गोलार्द्ध में 40° से 70° अक्षांशों पर पाई जाती है।
2. इसमें यूरोप, एशिया व उत्तरी अमेरिका के महाद्वीपीय क्षेत्र आते हैं।
3. यहाँ आर्द्र जाड़ों से युक्त ठंडी जलवायु पाई जाती है।

उपरोक्त कथनों में से कौन-सा/से कथन सही हैं/है?
(a) 1 और 2 (b) 2 और 3
(c) 1 और 3 (d) ये सभी

अतिलघु उत्तरीय प्रश्न

7. कोपेन ने किस वर्ष तथा कितने प्रमुख जलवायु समूह में जलवायु वर्गीकरण प्रस्तुत किया था?

8. आर्द्र उपोष्ण कटिबंधीय जलवायु वितरण बताइए।

9. ज्वालामुखी क्रिया का सौर्यिक विकिरण पर क्या प्रभाव पड़ता है?

10. ओजोन छिद्र क्या है?

लघु उत्तरीय प्रश्न

11. कोपेन द्वारा जलवायु वर्गीकरण में प्रयोग किए गए अंग्रेजी वर्णमाला का वर्णन कीजिए।

12. B प्रकार के शुष्क जलवायु के विभिन्न प्रकारों का वर्णन कीजिए।

13. उष्णकटिबंधीय आर्द्र जलवायु AF की विशेषताओं को लिखिए।

14. आर्द्र उपोष्ण कटिबंधीय जलवायु Cwa तथा भूमध्यसागरीय जलवायु Cs में अंतर स्पष्ट कीजिए।

15. भू-मध्यसागरीय जलवायु एवं हिमटोपी जलवायु में कोई तीन अंतर लिखिए।

16. कार्बन डाइ-ऑक्साइड गैस का जलवायु पर क्या प्रभाव है?

दीर्घ उत्तरीय प्रश्न

17. कोष्ण शीतोष्ण जलवायु C को स्पष्ट कीजिए। इसके उपवर्गों की व्याख्या कीजिए।

18. जलवायु परिवर्तन और भूमंडलीय ऊष्मन के संबंधों का उल्लेख कीजिए। भूमंडलीय ऊष्मन जलवायु परिवर्तन में क्या भूमिका निभाता है?

19. ग्रीनहाउस गैसों से आप क्या समझते हैं? ग्रीनहाउस गैसों के उत्सर्जन को नियंत्रित करने के लिए कब-कब अंतर्राष्ट्रीय प्रयास किए गए?

12

अध्याय

महासागरीय जल

पृथ्वी का तीन-चौथाई भाग जल से घिरा हुआ है, पृथ्वी के संपूर्ण जल का 97.3% भाग महासागरों और समुद्रों में स्थित है, जो खारा या नमकीन है। सागर में स्थित यह जल भी लगातार गतिशील रहता है।

▼ अध्ययन एक नजर में

▼ अभ्यास के लिए

- बहुविकल्पीय प्रश्न 28 (कथन/कारण, सुमेलित कीजिए)
- वर्णनात्मक प्रकार के प्रश्न (लघु उत्तरीय प्रश्न 8, दीर्घ उत्तरीय प्रश्न 4)
- स्रोत आधारित प्रश्न 2, मानचित्र आधारित 1

पृथ्वी पर रहने वाले सभी जीवों के लिए जल एक आवश्यक घटक है। पृथ्वी एक जलीय ग्रह है। इसके अतिरिक्त सूर्य अथवा सौरमंडल में कहीं भी जल नहीं है। जल की प्रचुर आपूर्ति के कारण ही पृथ्वी को नीला ग्रह (Blue Planet) कहा जाता है।

12.1 जलीय चक्र

- जल एक चक्रीय संसाधन है, क्योंकि इसके उपयोग के पश्चात् इसका पुन: प्रयोग कर सकते हैं। जल एक चक्र के रूप में महासागर से स्थल अथवा धरातल पर और स्थल से महासागर तक पहुँचता है, जिसे जलीय चक्र कहते हैं।
- जलीय चक्र पृथ्वी की सतह पर, सतह के नीचे तथा वायुमंडल में जल के संचलन की व्याख्या करता है। पृथ्वी की उत्पत्ति के साथ ही जलीय चक्र की शुरुआत हो गई, जो पृथ्वी पर सभी प्रकार के जीवन का आधार भी बना अर्थात् जलीय चक्र करोड़ों वर्ष से कार्यरत है।
- वायु के पश्चात् जल पृथ्वी पर जीवन के अस्तित्व के लिए सबसे आवश्यक तत्त्व है। जलीय चक्र पृथ्वी के जलमंडल में गैस (Gas), तरल (Liquid) एवं ठोस (Solid) के रूप में परिसंचरण (Circulation) करता है, जिसका संबंध महासागर, वायुमंडल, धरातल, अध:स्तल (Subsurface), वनस्पति एवं जीव-जंतुओं के मध्य जल के सतत आदान-प्रदान से होता है।

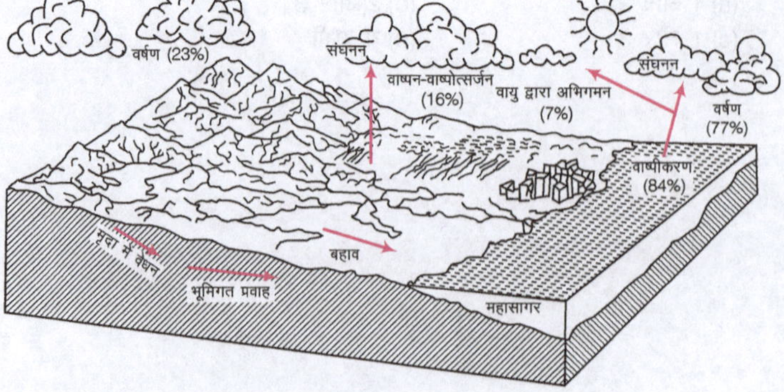

▲ जलीय चक्र

- पृथ्वी की सतह का करीब 71% हिस्सा पानी से ढँका हुआ है। पृथ्वी पर मौजूद अधिकतर ताजा जल का हिस्सा बर्फ एवं ग्लेशियरों में जमा है।
- धरातल पर गिरने वाले जल का लगभग 59% भाग महासागरों एवं अन्य स्थानों से वाष्पीकरण के द्वारा वायुमंडल में चला जाता है। शेष भाग धरातल पर बहते हुए कुछ भूमि में रिस जाता है और कुछ भाग **हिमनदी** के रूप में परिवर्तित हो जाता है।
- पृथ्वी पर मौजूद पानी का 1.6% हिस्सा जमीन के नीचे है।

जल चक्र के घटक एवं प्रक्रियाएँ

घटक	प्रक्रियाएँ
महासागरों में संगृहीत जल	वाष्पीकरण, वाष्पोत्सर्जन, ऊर्ध्वपातन
वायुमंडल में जल	संघनन, वर्षण
हिम एवं बर्फ में पानी का संग्रहण	हिम पिघलने पर नदी-नालों के रूप में बहना
धरातलीय जल बहाव	जलधारा के रूप में, ताजा जल संग्रहण व जल रिसाव
भौम जल संग्रहण	भौम जल का विसर्जन, झरने

12.2 महासागरीय अध:स्तल का उच्चावच

- भूगोलविदों ने पृथ्वी के इस महासागरीय भाग को पाँच महासागरों–प्रशांत, अटलांटिक, हिंद महासागर, दक्षिण महासागर एवं आर्कटिक में विभाजित किया है, जबकि अनेक समुद्र, खाड़ियाँ (Bays), गल्फ तथा अन्य **निवेशिकाएँ**[1] (Inlets) इन्हीं पाँच महासागरों के भाग हैं।
- समुद्र तल से 3 से 6 किमी की गहराई तक महासागरीय अध:स्तल (Oceanic Floor) के प्रमुख भाग पाए जाते हैं, जो स्थल पर पाए जाने वाले लक्षणों की अपेक्षा अधिक जटिल एवं विभिन्न प्रकार के लक्षणों को प्रदर्शित करते हैं।
- विश्व की सबसे बड़ी पर्वत श्रृंखलाएँ, सबसे गहरे गर्त (Deepest Trenches) एवं सबसे बड़े मैदान महासागरों की तली पर पाए जाते हैं, जिसके परिणामस्वरूप महासागरीय अध:स्तल ऊबड़-खाबड़ होते हैं। महाद्वीपों पर पाई जाने वाली पर्वत श्रृंखलाएँ, गर्तें एवं मैदानों की तरह ही महासागरीय तली पर विवर्तनिक (Tectonic), ज्वालामुखी एवं निक्षेपण (Deposition) की क्रियाओं द्वारा इनका निर्माण होता है।

महासागरीय अध: स्तल का विभाजन

महासागरीय अध:स्तल को चार प्रमुख भागों में विभाजित किया गया है

- इस विभाजन के अतिरिक्त महासागरीय तली पर कुछ बड़े या छोटे उच्चावच संबंधी लक्षण पाए जाते हैं, जैसे-कटकें, पहाड़ियाँ, समुद्री ढाल, निगमन द्वीप, खाइयाँ व खड्डे आदि।

महाद्वीपीय शेल्फ

- महाद्वीपीय शेल्फ प्रत्येक महाद्वीप का विस्तृत सीमांत होता है, जो अपेक्षाकृत उथले समुद्रों तथा **खाड़ियों**[2] से घिरा होता है।
- यह महासागर का सबसे उथला भाग होता है, जिसकी औसत प्रवणता 1 डिग्री या उससे भी कम होती है।
- यह शेल्फ अत्यंत तीव्र ढाल पर समाप्त होता है, जिसे **शेल्फ अवकाश**[3] कहा जाता है।
- महाद्वीपीय शेल्फों की चौड़ाई एक महासागर से दूसरे महासागर में भिन्न होती है।
- महाद्वीपीय शेल्फों की औसत चौड़ाई 80 किलोमीटर होती है।

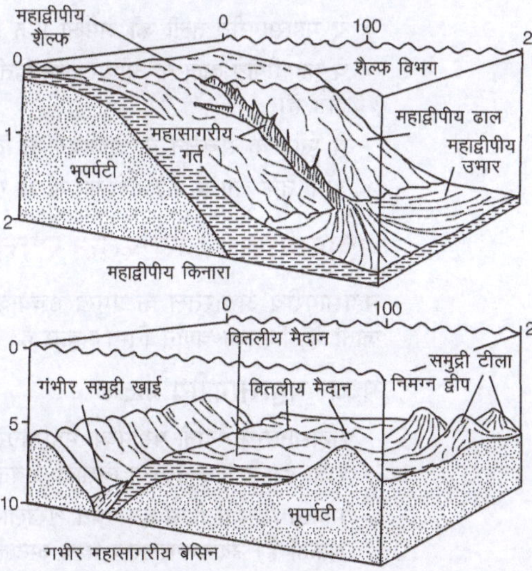

▲ महासागरीय अध:स्तल के उच्चावच

1 **निवेशिका** स्थलीय भाग में संकरी समुद्री जलीय भाग निवेशिका कहलाता है।
2 **खाड़ियाँ** ये समुद्र से जुड़ा हुआ एक ऐसा जलाशय होता है, जो तीनों तरफ जमीन से घिरा हुआ है।
3 **शेल्फ अवकाश** उस बिंदु को कहते हैं, जहाँ महाद्वीपीय शेल्फ गहरे समुद्र के तल में गिर जाता है।

- कुछ सीमांतों के साथ शेल्फ नहीं होते अथवा अत्यंत संकीर्ण होते हैं जैसे कि चिली के तट तथा सुमात्रा के पश्चिमी तट इत्यादि इसके विपरीत आर्कटिरू महासागर में साइबेरियन शेल्फ विश्व में सबसे बडा है जिसकी चौडाई 1500 किमी है।
- शेल्फ की गहराई भी भिन्न-भिन्न होती है। कुछ क्षेत्रों में यह 30 मीटर और कुछ क्षेत्रों में 600 मीटर गहरी होती है।
- महाद्वीपीय शेल्फों पर अवसादों की मोटाई भी अलग-अलग होती है। ये अवसाद भूमि में नदियों, हिमनदियों तथा पवन द्वारा लाए जाते हैं और तरंगों तथा धाराओं द्वारा विपरित किए जाते हैं।
- महाद्वीपीय शेल्फों पर लंबे समय तक प्राप्त स्थूल तलछटी अवसाद जीवाश्मी ईधनों के स्रोत बनाते हैं।

महाद्वीपीय ढाल

- महाद्वीपीय ढाल महासागरीय बेसिनों और महाद्वीपीय शेल्फ को जोड़ती है। इसकी शुरुआत वहाँ होती है। जहाँ महाद्वीपीय शेल्फ की तली तीव्र ढाल में परिवर्तित होती है।
- ढाल वाले प्रदेश की प्रवणता 2-5 डिग्री के मध्य तथा प्रदेश की इसकी गहराई 200 के 3000 मी के मध्य होती है।
- ढाल का किनारा महाद्वीपों की समाप्ति को इंगित करता है इसी प्रदेश में कैनियन (गंभीर खड्डा) एवं खाइयाँ दिखाई देती हैं।

गंभीर सागरीय मैदान

- महासागरीय बेसिनों के मंद ढाल वाले क्षेत्र, जो सबसे विस्तृत, सपाट एवं चिकने होते हैं, गहरे सागरीय मैदान (Deep Sea Plains) कहलाते हैं।
- इसकी औसत गहराई 3000 से 6000 मी के मध्य होती है तथा यह महीन कण वाले अवसादों; जैसे—**मृतिका**[4] (Clay) एवं **गाद**[5] (Silt) से ढका होता है।

महासागरीय गर्त

- ये महासागरों के सबसे गहरे भाग होते हैं। ये गर्त अपेक्षाकृत खड़े किनारे वाले संकीर्ण बेसिन होते हैं।
- ये महासागरीय तली की अपेक्षा 3-5 किमी तक गहरे होते हैं।
- ये महाद्वीपीय ढाल के आधार तथा द्वितीय चापों के पास स्थित होते हैं एवं सक्रिय ज्वालामुखी तथा प्रबल भूकंप वाले क्षेत्रों से संबंधित होते हैं।
- ये प्लेट के संचलन के अध्ययन के लिए काफी महत्त्वपूर्ण हैं।
- अभी तक लगभग 57 गर्तों को खोजा गया है, जिनमें से 32 प्रशांत महासागर, 19 अटलांटिक महासागर और 6 हिंद महासागर में है।

महासागरीय अध:स्तल उच्चवच की लघु आकृतियाँ

महासागरीय अध:स्तल के प्रमुख उच्चावचों के अतिरिक्त कुछ लघु और महत्त्वपूर्ण आकृतियाँ महासागरों के विभिन्न भागों में पाई जाती हैं, जिनका वर्णन निम्न प्रकार है

मध्य-महासागरीय कटक

- महासागरीय मैदानों पर मध्य-महासागरीय कटक (Mid-Oceanic Ridge) पाई जाती हैं, जिनका निर्माण पर्वतों की दो शृंखलाओं से होता है। ये खाइयों तथा विशाल अवनमन अर्थात् खड्डों (Large Depression) द्वारा अलग की गई हैं।
- महासागरीय तली से इन पर्वत शृंखलाओं की ऊँचाई 2,500 मी तक हो सकती है तथा इनमें से कुछ समुद्र की सतह तक भी पहुँच सकती हैं। उदाहरणस्वरूप मध्य अटलांटिक कटक का आइसलैंड।

समुद्री टीला

- ऐसे पर्वत, जो समुद्री तली से ऊपर की ओर उठते है, किंतु महासागरों की सतह तक नहीं पहुँच पाते **समुद्री टीला**[6] (Sea Mount) कहलाते हैं। नुकीले शिखरों वाले ये पर्वत ज्वालामुखी से उत्पन्न होते हैं। इनकी ऊँचाई समुद्री तल से 3,000 से 4,500 मी तक हो सकती है, लेकिन ये समुद्री तल से ऊपर नहीं पहुँचते हैं। प्रशांत महासागर में हवाई द्वीप समूहों का विस्तार 'एम्पेरर समुद्री टीला' इसका एक उदाहरण है।

---

4 मृतिका (Clay) महिन कणों वाले अवसादी शैलें हैं।
5 गाद (Silt) रेत, मिट्टी या कीचड़ जो नदी के किनारे या तल पर जमा हो जाती है।
6 समुद्री टीला समुद्र की तली पर नुकीले शिखरों वाला पर्वत समुद्री टीला कहलाता है।

सबसे सपाट जलमग्न कैनियन

- ये गहरी घाटियाँ होती हैं, जिनमें से कुछ की तुलना कोलोरेडो नदी की ग्रैंड **कैनियन**[7] से की जा सकती है।
- अनेक बार ये सपाट जलमग्न खड्ड (कैनियन) बड़ी नदियों के मुँख से आगे की ओर विस्तृत होकर महाद्वीपीय शेल्फ व ढालों को आर-पार काटते नजर आते हैं, हड़सन कैनियन विश्व प्रसिद्ध कैनियन है।

निमग्न द्वीप

- निमग्न द्वीप (Guyots) चपटे शिखर वाले समुद्री टीले हैं, इनका निर्माण चपटे शिखर वाले जलमग्न पर्वत के क्रम से होने वाले अवतलन (Subsidence) अर्थात् घटाव से होता है। 10,000 से अधिक समुद्री टीले एवं निमग्न द्वीप केवल प्रशांत महासागर में उपस्थित हैं।

प्रवाल द्वीप

- उष्णकटिबंधीय महासागरों में उपस्थित **प्रवाल भित्तियों**[8] (Coral Reefs) से युक्त निम्न आकार के द्वीप प्रवाल द्वीप (Atoll) कहलाते हैं।
- ये समुद्र के चारों ओर से घिरे होते हैं। प्रवाल द्वीप के चारों ओर का जल समुद्री जल या साफ जल भी हो सकता है।

चेक प्वॉइंट 1

1. जल की प्रचुर आपूर्ति के कारण पृथ्वी को क्या कहा जाता है?
2. पृथ्वी पर जीवन के लिए सबसे आवश्यक तत्त्व कौन-सा है?
3. पृथ्वी पर जल का वितरण सबसे कम कहाँ पाया जाता है?
4. साइबेरियन शेल्फ कहाँ पाया जाता है?
5. महासागरों के किस भाग में जीवाश्म ईंधन पाए जाते हैं?
6. ग्रह पर मौजूद पानी का कितना प्रतिशत हिस्सा महासागर में पाया जाता है?

12.3 महासागरीय जल का तापमान

महासागरीय जल स्थल के समान सौर ऊर्जा (Solar Energy) के द्वारा गर्म होता है। स्थल की अपेक्षा जल के तापन व शीतलन की प्रक्रिया धीमी होती है।

तापमान वितरण को प्रभावित करने वाले कारक

महासागरीय जल का तापमान सभी स्थानों पर एक समान नहीं होता है, क्योंकि महासागरीय जल के तापमान को कई कारक प्रभावित करते हैं, जो निम्नलिखित हैं

(i) **अक्षांश** (Latitude) ध्रुवों की ओर प्रवेशी सौर विकिरण (Entrant Solar Radiation) की मात्रा घटने के कारण महासागरों के सतही जल का तापमान विषुवत् वृत्त (Equator) से ध्रुवों (Poles) की ओर घटता चला जाता है।

(ii) **स्थल एवं जल का असमान वितरण** (Unequal Distribution of Land and Water) उत्तरी गोलार्द्ध में स्थलखंड का विस्तार अधिक है, जबकि दक्षिणी गोलार्द्ध में स्थलखंड का विस्तार कम होता है। परिणामस्वरूप उत्तरी गोलार्द्ध के महासागर अधिक मात्रा में ऊष्मा प्राप्त करते हैं, जबकि दक्षिणी गोलार्द्ध के महासागर कम मात्रा में ऊष्मा प्राप्त करते हैं।

(iii) **सनातन पवनें** (Prevailing Winds) स्थल से महासागरों की ओर बहने वाली सनातन पवनें महासागरों की सतह से गर्म जल को तट से दूर धकेलती हैं, जिससे नीचे का ठंडा जल ऊपर की ओर आ जाता है, परिणामस्वरूप तापमान में देशांतरीय अंतर (Longitudinal Variation) आता है। इसके विपरीत अभितटीय पवनें (Onshore Winds) गर्म जल को तट पर जमा कर देती हैं और इससे तापमान बढ़ जाता है।

(iv) **महासागरीय धाराएँ** (Ocean Currents) गर्म महासागरीय धाराएँ ठंडे महासागरीय क्षेत्रों के तापमान को बढ़ा देती हैं, जबकि ठंडी महासागरीय धाराएँ गर्म महासागरीय क्षेत्रों के तापमान को घटा देती हैं। *उदाहरणस्वरूप* गर्म महासागरीय धारा, गल्फ स्ट्रीम उत्तरी अमेरिका के पूर्वी तट तथा यूरोप के पश्चिमी तट के तापमान को बढ़ा देती है, जबकि **लेब्राडोर**, ठंडी महासागरीय धारा उत्तरी अमेरिका के उत्तरी-पूर्वी तट के तापमान को घटा देती है।

---

7 कैनियन (Canyons) यह महाद्वीपीय मग्नतट तथा मग्न ढाल पर संकरी गहरी तथा खड़ी दीवार वाली महासागरीय घाटी होती है।
8 प्रवाल भित्तियाँ (Coral reefs) ये जीवित समुद्री जीवों से बनी संरचना को संदर्भित करता है।

- उपरोक्त कारक महासागरीय जल के तापमान को स्थानीय रूप से प्रभावित करते हैं। इसके अतिरिक्त निम्न अक्षांशों में स्थित परिवेष्ठित समुद्रों का तापमान खुले समुद्रों के तापमान से अधिक होता है, जबकि उच्च अक्षांशों में स्थित परिवेष्ठित समुद्रों का तापमान खुले समुद्रों के तापमान से कम होता है।

तापमान का ऊर्ध्वाधर तथा क्षैतिज वितरण

- महासागरीय जल की तापीय -गहराई के पार्श्वचित्र द्वारा बढ़ती गहराई के साथ घटते तापमान को दिखाया जाता है। महासागरीय जल के पार्श्वचित्र द्वारा महासागर के सतही जल एवं गहरी परतो के बीच सीमा क्षेत्र को दर्शाया जाता है।

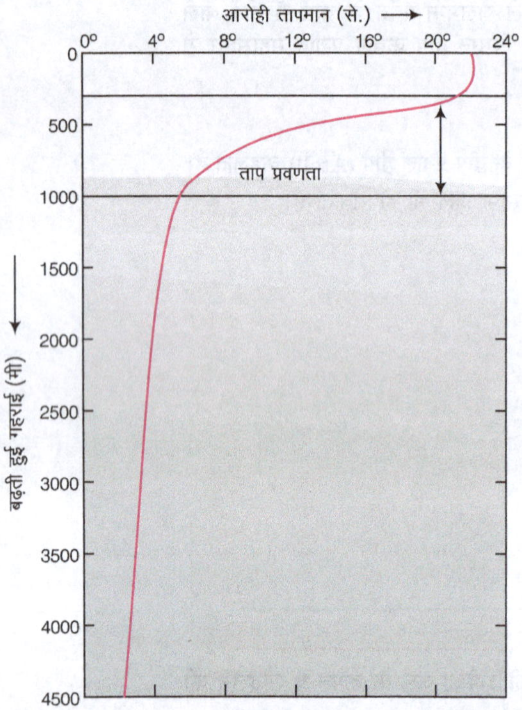

▲ ताप प्रवणता

- पार्श्वचित्र द्वारा प्रदर्शित सीमा क्षेत्र समुद्री सतह के लगभग 100 से 400 मी नीचे से प्रारंभ होकर कई सौ मीटर नीचे तक जाता है। जिस सीमा क्षेत्र से तापमान में तीव्र गिरावट शुरु हो जाती है, उसे तापप्रवणता (Thermocline) कहते हैं।
- जल के कुल आयतन का लगभग 90% भाग गहरे महासागर में ताप प्रवणता के नीचे पाया जाता है, इस क्षेत्र में तापमान 0° सेल्सियस तक पहुँच जाता है।

महासागरीय के तापमान की संरचना

- मध्य एवं निम्न अक्षांशों में महासागरों के तापमान की संरचना का सतह से तली की ओर तीन परतों वाली प्रणाली के रूप में समझा जा सकता है
  (i) **पहली परत** यह गर्म महासागरीय जल की सबसे ऊपरी परत है, जिसका तापमान 20° से 25° सेल्सियस के मध्य होता है, इसकी मोटाई लगभग 500 मी होती है। यह परत उष्णकटिबंधीय महासागरीय क्षेत्रों में संपूर्ण वर्ष उपस्थित रहती है, जबकि मध्य अक्षांशों के महासागरीय क्षेत्रों में केवल ग्रीष्म ऋतु में विकसित होती है।
  (ii) **दूसरी परत** इस परत को ताप प्रवणता (थर्मोक्लाईन) परत कहा जाता है, और यह पहली परत के नीचे स्थित होती है। इसमें गहराई के बढ़ने के साथ तापमान में तीव्र गिरावट आती है। यहाँ थर्मोक्लाईन की मोटाई 500-1000 मीटर तक होती है।
  (iii) **तीसरी परत** यह परत बहुत अधिक ठंडी होती है तथा गंभीर महासागरीय तली तक विस्तृत होती है। आर्कटिक एवं अंटार्कटिक वृत्तों में, सतही जल का तापमान 0°C के निकट होता है और इसलिए गहराई के साथ तापमान में बहुत कम परिवर्तन होता है। यहाँ ठंडे पानी की केवल एक ही परत पाई जाती है, जो सतह से गंभीर महासागरीय तली तक विस्तृत होती है।

महासागरीय जल के तापमान का क्षैतिज वितरण

- महासागरों की सतह के जल का औसत तापमान लगभग 27° सेल्सियस होता है, लेकिन यह विषुवत् वृत्त से ध्रुवों की ओर क्रमिक रूप से घटता जाता है। विषुवत् रेखा से दोनों गोलार्द्धों (Hemispheres) में अक्षांशों के बढ़ने के साथ ही तापमान के घटने की दर प्रति अक्षांश 0.5° सेल्सियस होती है।
- दोनों गोलार्द्धों में महासागरीय सतही जल का औसत तापमान 20° अक्षांश पर लगभग 22° सेल्सियस, 40° अक्षांश पर 14° सेल्सियस तथा ध्रुवों के समीप 0° सेल्सियस होता है। उत्तरी गोलार्द्ध के महासागरों का तापमान दक्षिणी गोलार्द्ध की अपेक्षा अधिक होता है।
- उत्तरी गोलार्द्ध के महासागरों का वार्षिक औसत तापमान 19° सेल्सियस तथा दक्षिणी गोलार्द्ध के महासागरों का वार्षिक औसत तापमान 16° सेल्सियस के लगभग होता है।
- महासागरों का असमान तापमान वितरण उत्तरी तथा दक्षिणी गोलार्द्धों में स्थल एवं जल के असमान वितरण के कारण है। महासागरों में उच्चतम तापमान विषुवत् वृत्त के समीप न होकर उससे कुछ उत्तर की ओर होता है। महासागरों की ऊपरी सतह सूर्य की ऊष्मा को प्रत्यक्ष रूप से प्राप्त करती है, इसलिए इसका तापमान हमेशा उच्चतम बना रहता है।
- यह सूर्य की ऊष्मा महासागरों के निचले भाग में संवहन की प्रक्रिया (Process of Convection) द्वारा पहुँचती है, परिणामस्वरूप गहराई बढ़ने के साथ-साथ तापमान में कमी आती जाती है, लेकिन तापमान में कमी की दर महासागर के सभी क्षेत्रों में समान नहीं होती है। 200 मी की गहराई तक तापमान में गिरावट तीव्र होती है तथा उसके बाद गिरावट की दर कम होती जाती है।

12.4 महासागरीय जल की लवणता

महासागरीय जल के भार एवं उसमें घुले हुए लवण के अनुपात को **लवणता**[9] (Salinity) कहते हैं। प्रकृति में उपस्थित सभी जल में खनिज लवण घुले रहते है, लेकिन लवणता का उपयोग समुद्री जल में घुले हुए नमक की मात्रा को निर्धारित करने में किया जाता है।

- महासागरीय जल की लवणता की गणना 1,000 ग्राम (एक किलोग्राम) समुद्री जल में घुले हुए नमक (ग्राम में) की मात्रा के आधार पर की जाती है। इसे प्रति 1,000 भाग (‰) या PPT (Parts Per Thousand) के रूप में व्यक्त किया जाता है।
- लवणता समुद्री जल का महत्त्वपूर्ण गुण है, जिसकी उच्च सीमा 24.7‰ मानी गई है और यह मान खारे जल को सीमांकित करने की उच्च सीमा माना गया है।

महासागरीय लवणता को प्रभावित करने वाले कारक

महासागरीय जल में लवणता (Salinity in Oceanic Water) सभी क्षेत्रों में समान नहीं पाई जाती है। यह कई कारकों द्वारा प्रभावित होती है, जो निम्नलिखित हैं

- महासागरों की सतह के जल की लवणता मुख्यत: वाष्पीकरण एवं वर्षण पर निर्भर करती है।
- तटीय क्षेत्रों की लवणता नदियों के द्वारा लाए गए जल तथा ध्रुवीय क्षेत्रों में बर्फ के जमने एवं पिघलने से प्रभावित होती है।
- वायु जल को एक क्षेत्र से दूसरे क्षेत्र में स्थानांतरित करती है, जिससे सतही जल की लवणता प्रभावित होती है।
- महासागरीय धाराएँ भी लवणता में भिन्नता उत्पन्न करने में सहयोग करती हैं। जल के तापमान एवं घनत्व में किसी भी प्रकार का परिवर्तन उसकी लवणता को प्रभावित करता है, क्योंकि लवणता, तापमान एवं घनत्व आपस में अंतर्संबंधित होते हैं। उच्च तापमान वाले क्षेत्रों में लवणता के अधिक होने से उसका घनत्व भी अधिक हो जाता है।

लवणता का क्षैतिज वितरण

- खुले महासागरीय जल की औसत लवणता 33‰ से 37‰ के मध्य होती है।
- गर्म एवं शुष्क क्षेत्रों में उच्च वाष्पीकरण के कारण कभी-कभी वहाँ की लवणता 70‰ तक पहुँच जाती है।
- स्थलखंड से घिरे लाल सागर में लवणता 41‰ तक होती है, जबकि आर्कटिक एवं ज्वार नद मुख (Estuaries) अर्थात् बड़ी नदी के मुख की ओर मौसम के अनुसार लवणता 0 से 35‰ के मध्य होती है।

प्रशांत महासागर

- वृहत आकार एवं बहुत अधिक क्षेत्रीय विस्तार के कारण प्रशांत महासागर में लवणता में क्षेत्रीय असमानता पाई जाती है।
- उत्तरी गोलार्द्ध में प्रशांत महासागर के पश्चिमी भागों में लवणता 35‰ से कम होकर 31‰ हो जाती है, क्योंकि यहाँ पर आर्कटिक क्षेत्र के पिघले हुए जल की आपूर्ति होती है।
- दक्षिणी गोलार्द्ध में प्रशांत महासागर की लवणता 15° से 20° दक्षिणी अक्षांश के बाद कम होकर 33‰ तक हो जाती है।

अटलांटिक महासागर

- अटलांटिक महासागर की औसत लवणता लगभग 36‰ है। इसमें उच्चतम लवणता 15° से 20° उत्तरी एवं दक्षिणी अक्षांश के मध्य दर्ज की गई है,
- अधिकतम लवणता 20° से 30° उत्तरी अक्षांश तथा 20° से 60° पश्चिमी देशांतर के मध्य पाई जाती है। इसके बाद उत्तर की ओर लवणता क्रमश: घटती जाती है।
- उत्तरी अटलांटिक प्रवाह के द्वारा लाए गए अधिक लवणीय जल के कारण अधिक लवणता पाई जाती है।
- बाल्टिक सागर की लवणता कम होती है, क्योंकि इसमें बहुत अधिक मात्रा में नदियों का जल प्रवेश करता है।
- भूमध्य सागर की लवणता उच्च वाष्पीकरण के कारण अधिक होती है।
- काले सागर की लवणता नदियों के द्वारा अधिक मात्रा में लाए जाने वाले ताजे जल के कारण कम होती है।

हिंद महासागर

- हिंद महासागर की औसत लवणता 35% है।
- बंगाल की खाड़ी में गंगा नदी के जल के मिलने से लवणता की प्रवृत्ति कम पाई जाती है।
- अरब सागर की लवणता उच्च वाष्पीकरण एवं ताजे जल की कम प्राप्ति के कारण अधिक है।

9 लवणता (Salinity) सागरीय जल के भार तथा उसमें घुले पदार्थों के भार अनुपात को सागरीय लवणता कहते हैं।

लवणता का ऊर्ध्वाधर वितरण

- गहराई के साथ लवणता में परिवर्तन आता है, लेकिन इसमें परिवर्तन समुद्र की स्थिति पर निर्भर करता है।
- सतह की लवणता जल के बर्फ या वाष्प के रूप में परिवर्तित हो जाने के कारण बढ़ जाती है या ताजा जल मिल जाने से घटती है।
- गहराई में लवणता लगभग नियत होती है, क्योंकि वहाँ किसी प्रकार से पानी की कमी नहीं होती जिससे वहाँ नमक की मात्रा में 'वृद्धि' नहीं होती।
- महासागरों के सतही क्षेत्रों एवं गहरे क्षेत्रों के बीच लवणता में अंतर स्पष्ट होता है।
- कम लवणता वाला जल उच्च लवणता व घनत्व वाले जल के ऊपर स्थित होता है।
- लवणता साधारणतः गहराई के साथ बढ़ती है तथा एक स्पष्ट क्षेत्र जिसे **हैलोक्लाइन**[10] कहा जाता है, में यह तीव्रता से बढ़ती है।
- लवणता समुद्री जल के घनत्व को प्रभावित करती है तथा महासागरीय जल के **स्तरीकरण**[11] को प्रभावित करती है।
- उच्च लवणता वाला समुद्री जल प्रायः कम लवणता वाले जल के नीचे बैठ जाता है, इससे लवणता का स्तरीकरण हो जाता है।

चेक प्वॉइंट 2

1. विषुवत् वृत्त से ध्रुवों की ओर जाने पर सौर विकिरण की मात्रा पर क्या प्रभाव पड़ता है?
2. महासागरीय जल की सतह की ऊपरी परत का तापमान कितना होता है?
3. महासागरों की सतह के जल की लवणता मुख्यतः किस पर निर्भर करती है?
4. महासागर के सतही जल का औसत तापमान कितना है?
5. हिंद महासागर की औसत लवणता कितनी है?

---

10 **हैलोक्लाइन** समुद्री क्षेत्र की सीमा जहाँ से लवणता में वृद्धि होती है, हैलोक्लाइन कहलाती है।
11 **स्तरीकरण** यह लवणता के अंतर पर जल निकाय को विभिन्न परतो में विभाजित करने की प्रक्रिया है।

Mind Map

महासागरीय जल

1 जलीय चक्र

इसका संबंध महासागरों, वायुमंडल, भू-पृष्ठ, अधः स्तल और जीवों के बीच जल के सतत् आदान-प्रदान से है।

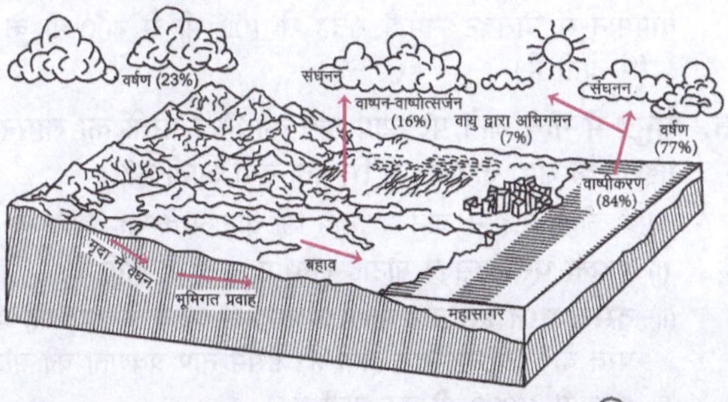

2 महासागरीय अधस्तल का विभाजन

उच्चावच की लघु आकृतियाँ

- मध्य महासागरीय कटक पर्वतों की दो शृंखलाओं से बना होता है, जो एक विशाल अवनमन द्वारा अलग किया गया होता है।
- समुद्री टीला नुकीले शिखरों वाला एक पर्वत है, जो समुद्री तली से ऊपर की ओर उठता है, किंतु महासागरों के सतह तक नहीं पहुँचता। यह ज्वालामुखी के द्वारा उत्पन्न होता है। यह 3000 से 4500 मीटर ऊँचा हो सकता है।
- सबसे सपाट जलमग्न कैनियन गहरी घाटियाँ होती हैं, जो बड़ी नदियों के मुहाने से आगे की ओर विस्तृत होकर महाद्वीपीय शेल्फ व ढालों को आर-पार काटती हैं।
- निमग्न द्वीप चपटे शिखर वाले समुद्री टीले हैं, जो क्षरण के पश्चात् जलमग्न पर्वत बन गए हैं।
- प्रवाल द्वीप उष्णकटिबंधीय महासागरों में पाए जाने वाले निम्न आकार के द्वीप हैं। ये समुद्री जल या ताजे पानी का हिस्सा हो सकते हैं।

महासागरीय अधस्तल का विभाजन

- महाद्वीपीय शेल्फ महासागर का सबसे उथला हिस्सा है जिसका औसत झुकाव 1° (औसत चौड़ाई 80 किमी) या उससे कम भी हो सकता है। यह नदियों, ग्लेशियरों आदि द्वारा लाए गए और जमा किए गए तलछट से ढका है, यह तलछटी जमाव लंबे समय में जीवाश्म ईंधन का स्रोत बन जाता है।
- महाद्वीपीय ढाल, महासागरीय बेसिनों (200-3000 मीटर के मध्य गहराई) और महाद्वीपीय शेल्फ को जोड़ता है। इसकी ढाल, प्रवणता 2°-5° के मध्य होती है। इस क्षेत्र में कैनियन एवं खाइयाँ पाई जाती हैं।
- गंभीर सागरीय मैदान विश्व के सबसे चिकने तथा सबसे सपाट भाग हैं। इनकी गहराई 3000-6000 मीटर के मध्य है। मैदान महीन कणों वाले अवसादों; जैसे- मृत्तिका एवं गाद से ढके होते हैं।
- महासागरीय गर्त और खाइयाँ महासागरों के सबसे गहरे भाग (3-5 किमी गहरें) होते हैं, जो महाद्वीपीय ढाल के आधार तथा द्वीपीय चापों के पास स्थित होते हैं एवं सक्रिय ज्वालामुखी तथा प्रबल भूकंप वाले क्षेत्रों से संबंधित होते हैं।

3 महासागरीय जल का तापमान

तापमान वितरण को प्रभावित करने वाले कारक

- अक्षांश महासागरों के सतही जल का तापमान विषुवत वृत्त से ध्रुवों की ओर घटता जाता है।
- **स्थल एवं जल का असमान वितरण** उत्तरी गोलार्द्ध के महासागर दक्षिणी गोलार्द्ध के महासागरों की अपेक्षा अधिक मात्रा में ऊष्मा प्राप्त करते हैं।
- **सनातन पवनें** स्थल से महासागरों की तरफ बहने वाली पवनें महासागरों के सतही गर्म जल को तट से दूर धकेल देती हैं जिससे परिणामस्वरूप तापमान में कमी आती है, दूसरी ओर, तटीय हवाएँ तथा पवनें गर्म जल को तट पर जमा कर देती हैं, जिससे तापमान बढ़ जाता है।
- **महासागरीय धाराएँ**, गर्म महासागरीय धाराएँ ठंडे क्षेत्रों में तापमान को बढ़ा देती हैं, जबकि ठंडी धाराएँ गर्म महासागरीय क्षेत्रों में तापमान को घटा देती हैं।

तापमान का ऊर्ध्वाधर तथा क्षैतिज वितरण

- भूमध्य रेखा से ध्रुवों की ओर क्षैतिज तापमान घटता है।
- सतह से गहरे समुद्र की ओर जाने पर ऊर्ध्वाधर तापमान घटता है।

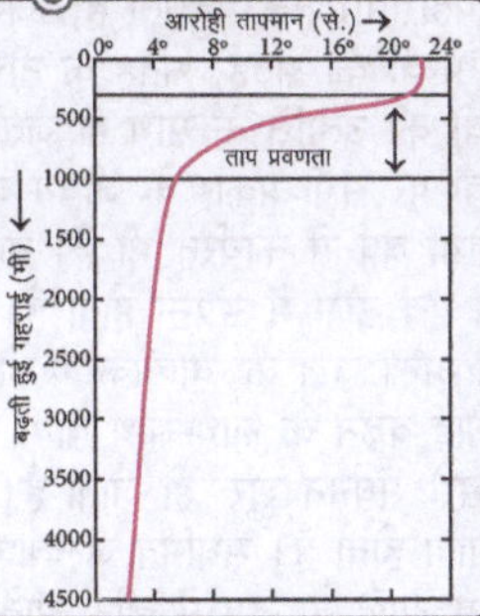

4 महासागरीय जल की लवणता

महासागरीय लवणता को प्रभावित करने वाले कारक

- वाष्पीकरण और वर्षा की दर
- ताज़े नदी के जल का प्रवाह
- प्रचलित हवा
- महासागरीय धाराएँ

लवणता का क्षैतिज और ऊर्ध्वाधर वितरण

- क्षैतिज लवणता 15°-20° अक्षांशों के मध्य उच्चतम पाई जाती है, जबकि ध्रुवीय क्षेत्रों और नदी के मुहानों में कम लवणता पाई जाती है।
- ऊर्ध्वाधर लवणता 200 मीटर तक बढ़ती है और फिर पुनः घटती है।

NCERT फोल्डर

नीचे दिए गए प्रश्नों के उत्तर संक्षेप में दीजिए

1. उस तत्त्व की पहचान करें, जो जलीय चक्र का भाग नहीं है

(a) वाष्पीकरण (b) वर्षण
(c) जलयोजन (d) संघनन

उत्तर (c) जलयोजन

2. महाद्वीपीय ढाल की औसतन गहराई निम्नलिखित के बीच होती है

(a) 2-20 मी (b) 20-200 मी
(c) 200-2,000 मी (d) 2,000-20,000 मी

उत्तर (c) 200-2,000 मी

3. निम्नलिखित में से कौन-सी लघु उच्चावच आकृति महासागरों में नहीं पाई जाती है?

(a) समुद्री टीला (b) महासागरीय गंभीर
(c) प्रवाल द्वीप (d) निमग्न द्वीप

उत्तर (b) महासागरीय गंभीर

4. लवणता को प्रति समुद्री जल में घुले हुए नमक (ग्राम) की मात्रा से व्यक्त किया जाता है

(a) 10 ग्राम (b) 100 ग्राम
(c) 1,000 ग्राम (d) 10,000 ग्राम

उत्तर (c) 1,000 ग्राम

5. निम्नलिखित में से कौन-सा सबसे छोटा महासागर है?

(a) हिंद महासागर
(b) अटलांटिक महासागर
(c) आर्कटिक महासागर
(d) प्रशांत महासागर

उत्तर (c) आर्कटिक महासागर

निम्नलिखित प्रश्नों के उत्तर लगभग 30 शब्दों में दीजिए

1. हम पृथ्वी को नीला ग्रह क्यों कहते हैं?

उत्तर पृथ्वी की कुल सतह के 71% भाग पर जल की उपस्थिति होने के कारण अंतरिक्ष से यह नीली दिखाई देती है। इसलिए इसे 'नीला ग्रह' कहते हैं अर्थात् जल की प्रचुर आपूर्ति के कारण पृथ्वी को नीला ग्रह कहते हैं।

2. महाद्वीपीय सीमांत क्या होता है?

उत्तर महाद्वीपीय भाग के विस्तार वाला वह क्षेत्र, जो समुद्र के उथले जल में डूबा रहता है, महाद्वीपीय सीमांत कहलाता है। महाद्वीपीय सीमांत में महाद्वीप एवं महासागर मिलते हैं, इसमें महाद्वीपों का अंत तथा महासागर की शुरुआत होती है।

3. विभिन्न महासागरों के सबसे गहरे गर्तों की सूची बनाइए।

उत्तर वर्तमान में 57 गर्तों की खोज विभिन्न महासागरों में की गई है, जिसमें से 32 प्रशांत महासागर में जैसे मेरियाना, टोंगा, मिडनाओ आदि 19 अटलांटिक महासागर में जैसे -जूटोरिकी रोमशे आदि तथा 6 हिंद महासागरों में जैसे सुंडा, डायमेंटिंना आदि हैं।

4. ताप प्रवणता क्या है?

उत्तर महासागरीय जल की तापमान में गहराई बढ़ने पर जिस सीमा क्षेत्र से तीव्र गिरावट शुरू हो जाती है, उसे ताप प्रवणता कहते हैं। समुद्र में तापमान में गिरावट समुद्री सतह से 100 मी से 400 मी के नीचे से प्रारंभ होती है।

5. समुद्र में नीचे जाने पर आप ताप की किन परतों का सामना करेंगे? गहराई के साथ तापमान में भिन्नता क्यों आती है?

उत्तर समुद्र की गहराई में जाने पर ताप की तीन परतें पाई जाती हैं

(i) **पहली परत** इसकी मोटाई लगभग 500 मी होती है।
(ii) **दूसरी परत** इसे ताप प्रवणता परत भी कहते हैं तथा यह प्रथम परत के नीचे उपस्थित होती है। इसमें ताप प्रवणता की मोटाई 500 से 1,000 मी तक होती है।
(iii) **तीसरी परत** यह अत्यधिक ठंडी होती है तथा इसका विस्तार गहरी महासागरीय तली तक होता है।

समुद्र में गहराई पर जाने पर तापमान में भिन्नता पाई जाती है, क्योंकि समुद्र का तापमान संवहन प्रक्रिया द्वारा निर्धारित होता है।

6. समुद्री जल की लवणता क्या है?

उत्तर समुद्र के प्रति हजार ग्राम जल में विभिन्न प्रकार के लवणों की जितनी ग्राम मात्रा पाई जाती है, उसे ही लवणता की संज्ञा प्रदान की जाती है। महासागरीय जल की लवणता उसमें घोल के रूप में पाए जाने वाले सभी प्रकार के लवणों के योग का घोतक होता है। समुद्र वैज्ञानिक लवणता को प्रतिशत में व्यक्त न करके प्रति हजार (%) में व्यक्त करते हैं।

महासागरों के पृष्ठीय जल की लवणता में सर्वत्र समानता नहीं पाई जाती। इसके लिए निम्नलिखित कारक उत्तरदायी होते हैं

(i) वाष्पीकरण
(ii) वर्षा द्वारा स्वच्छ जल की आपूर्ति
(iii) नदियों द्वारा स्वच्छ जलापूर्ति
(iv) प्रचलित पवने
(v) महासागरीय जल की गतियाँ

निम्नलिखित प्रश्नों के उत्तर लगभग 150 शब्दों में दीजिए

1. जलीय चक्र के विभिन्न तत्त्व किस प्रकार अंतर-संबंधित हैं?

उत्तर जल एक चक्र के रूप में महासागर से स्थलखंड तक और स्थलखंड से महासागर तक पहुँचता है, जिसे जलीय चक्र कहते हैं। इसमें जल का पृथ्वी की सतह, सतह के नीचे तथा वायुमंडल में संचलन होता है। पृथ्वी की उत्पत्ति के साथ ही जलीय चक्र की शुरुआत हो गई, जो पृथ्वी पर सभी प्रकार के जीवन का आधार भी बना अर्थात् जलीय चक्र करोड़ों वर्ष से कार्यरत् भी है। यह जल की तीनों अवस्थाओं तरल, गैस एवं ठोस में संपन्न होता है। सूर्य की ऊष्मा के कारण समुद्री जल एवं अन्य जल का वाष्पीकरण होता है, जो वायुमंडल में पहुँचता है। ऊँचाई बढ़ने के साथ-साथ वाष्प का तापमान कम होने लगता है, जिससे संघनन शुरू हो जाता है। संघनन की प्रक्रिया से बादल का निर्माण होता है। संघनित जलवाष्प धरातल पर वर्षा, ओले, हिम एवं ओस आदि के रूप में लौट आते हैं।

जलीय चक्र के तत्त्व (वायु, जल) पृथ्वी पर जीवन के लिए आवश्यक होते हैं, लेकिन पृथ्वी पर जल का वितरण असमान होता है। इस असमानता को दूर करने में जलीय चक्र की भूमिका अहम होती है। इस पूरी प्रक्रिया में जल चक्र महासागरों, वायुमंडल, भू-पृष्ठ, जीवों व अधःस्तल के बीच अंतर्संबंध स्थापित करता है।

2. महासागरों के तापमान वितरण को प्रभावित करने वाले कारकों का परीक्षण कीजिए।

उत्तर महासागरीय जल का तापमान सभी स्थानों पर एक समान नहीं होता है, क्योंकि महासागरीय जल के तापमान को कई कारक प्रभावित करते हैं, जो निम्न हैं

(i) **अक्षांश** ध्रुवों की ओर प्रवेशी सौर विकिरण की मात्रा घटने के कारण महासागरों के सतही जल का तापमान विषुवत् वृत्त से ध्रुवों की ओर घटता चला जाता है।

(ii) **स्थल एवं जल का असमान वितरण** उत्तरी गोलार्द्ध में स्थलखंड का विस्तार अधिक है, जबकि दक्षिणी गोलार्द्ध में स्थलखंड का विस्तार कम होता है। परिणामस्वरूप उत्तरी गोलार्द्ध के महासागर अधिक मात्रा में ऊष्मा प्राप्त करते हैं, जबकि दक्षिणी गोलार्द्ध के महासागर कम मात्रा में ऊष्मा प्राप्त करते हैं।

(iii) **सनातन पवनें** स्थल से महासागरों की ओर बहने वाली सनातन पवनें महासागरों की सतह से गर्म जल को तट से दूर धकेलती हैं, जिसके परिणामस्वरूप नीचे का ठंडा जल ऊपर की ओर आ जाता है। परिणामस्वरूप तापमान में देशांतरीय अंतर आता है। इसके विपरीत अभितटीय पवनें गर्म जल को तट पर जमा कर देती हैं और इससे तापमान बढ़ जाता है।

(iv) **महासागरीय धाराएँ** गर्म महासागरीय धाराएँ ठंडे महासागरीय क्षेत्रों के तापमान को बढ़ा देती हैं, जबकि ठंडी महासागरीय धाराएँ गर्म महासागरीय क्षेत्रों के तापमान को घटा देती हैं।

उदाहरणस्वरूप गर्म महासागरीय धारा, गल्फ स्ट्रीम उत्तरी अमेरिका के पूर्वी तट तथा यूरोप के पश्चिमी तट के तापमान को बढ़ा देती है, जबकि **लेब्राडोर**, ठंडी महासागरीय धारा उत्तरी अमेरिका के उत्तरी-पूर्वी तट के तापमान को घटा देती है।

उपरोक्त कारक महासागरीय जल के तापमान को स्थानीय रूप से प्रभावित करते हैं। इसके अतिरिक्त निम्न अक्षांशों में स्थित नजदीकी समुद्रों का तापमान खुले समुद्रों के तापमान से अधिक होता है, जबकि उच्च अक्षांशों में स्थित स्थलखंड से घिरे समुद्रों का तापमान खुले समुद्रों के तापमान से कम होता है।

अभ्यास प्रश्न

वस्तुनिष्ठ प्रश्न

बहुविकल्पीय प्रश्न

1. निम्नलिखित में से कौन चक्रीय संसाधन का उदाहरण है?

(a) हवा (b) भूमि
(c) जल (d) इनमें से कोई नहीं

उत्तर *(c)* जल

2. पृथ्वी के जलमंडल के जलीय चक्र में कौन-सी प्रक्रिया शामिल होती है?

(a) द्रव (b) गैस
(c) ठोस (d) ये सभी

उत्तर *(d)* ये सभी

3. निम्नलिखित में से महासागरों में जल संग्रहण की प्रक्रिया में जल चक्र का कौन-सा घटक सम्मिलित होता है?

(a) वाष्पीकरण (b) वाष्पोत्सर्जन
(c) ऊर्ध्वपातन (d) ये सभी

उत्तर *(d)* ये सभी

4. ग्रहीय जल का कितना प्रतिशत भाग महासागरों में पाया जाता है?

(a) 40% (b) 60%
(c) 71% (d) 92%

उत्तर *(c)* 71%

5. निम्नलिखित में से कौन-सी आकृति महासागरों की तली में पाई जाती है?

(a) महाद्वीपीय शेल्फ (b) महाद्वीपीय गर्त
(c) गंभीर सागरीय मैदान (d) ये सभी

उत्तर *(d)* ये सभी

6. प्रशांत महासागर में स्थित हवाई द्वीप समूह निम्न में से किसका विस्तार है?

(a) एम्पेरर समुद्री टीला (b) कैनियन मग्नतट
(c) मैरियाना गर्त (d) महासागरीय गर्त

उत्तर *(a)* एंपरेर समुद्री टीला

7. कैनियन घाटी है

(a) गहरी घाटी (b) पहाड़ों के नुकीले शिखर
(c) महासागरों की सपाट सतह (d) चपटे शिखर वाले समुद्री टीले

उत्तर *(a)* गहरी घाटी

8. महासागरों की सतह के जल का उच्चतम तापमान किस क्षेत्र में पाया जाता है?

(a) समशीतोष्ण प्रदेश (b) उपोष्ण कटिबंधीय क्षेत्र
(c) ध्रुवीय प्रदेश (d) विषुवतीय प्रदेश

उत्तर *(b)* उपोष्ण कटिबंधीय क्षेत्र

9. उत्तरी महासागर एवं बाल्टिक सागर एक ही अक्षांश पर उपस्थित होने के बावजूद भी लवणता में असमानता क्यों पाई जाती है?

(a) उत्तरी अटलांटिक जलधारा लवणीय जल से उत्तरी सागर की लवणता को बढ़ा देती है
(b) बाल्टिक सागर में गिरने वाली नदियाँ ताजा जल अपवाहित करती हैं
(c) 'a' और 'b' दोनों
(d) उत्तरी महासागर में प्रशांत महासागर के मिलने से इसका खारापन बढ़ता है

उत्तर *(c)* 'a' और 'b' दोनों

10. मध्य महासागरीय कटक के संबंध में कौन-सा कथन सही है?

(a) महासागरीय नितल में गहरी खाई है
(b) इनका निर्माण दो पर्वत शृंखलाओं से हुआ है
(c) ज्वालामुखी से उत्पन्न हुए हैं
(d) चपटे शिखर वाले समुद्री टीले हैं

उत्तर *(b)* इनका निर्माण दो पर्वत शृंखलाओं से हुआ है

11. नीचे दिए गए विवरण से महासागर के विभिन्न भागों में पाई जाने वाली लघु आकृतियों के बारे में पहचान करें। *दक्षता आधारित प्रश्न*

यह नुकीले शिखरों वाला एक पर्वत है, जो समुद्री तल से ऊपर की ओर उठता है, किंतु महासागरों की सतहों तक नहीं पहुँच पाता। ये ज्वालामुखी के द्वारा उत्पन्न होते हैं। ये 3000 से 4500 मी ऊँचे हो सकते हैं। एम्पेरर इसका एक अच्छा उदाहरण है, जो प्रशांत महासागर में हवाई द्वीपों का विस्तार है।

(a) निमग्न द्वीप
(b) प्रवाल द्वीप
(c) समुद्री टीला
(d) मध्य महासागरीय कटक

उत्तर *(c)* समुद्री टीला

12. महासागरीय जल के तापमान के संबंध में कौन-सा कथन सही नहीं है? *दक्षता आधारित प्रश्न*

1. महासागरीय जल की सबसे ऊपरी परत का तापमान 20° से 25°C होता है
2. इसकी गहराई 500 से 1000 किमी तक होती है
3. यह मुख्यत: शीत कटिबंध प्रदेश में पाया जाता है
4. गहराई में जाने पर तापमान घटता जाता है

कूट
(a) 1 और 4 (b) केवल 2 (c) केवल 3 (d) केवल 4

उत्तर *(c)* केवल 3

13. महाद्वीपीय ढाल के संदर्भ में निम्नलिखित कथनों पर विचार कीजिए तथा सही कथनों का चयन करें *दक्षता आधारित प्रश्न*

1. यह महासागरीय बेसिन और महाद्वीपीय शेल्फ को जोड़ती है।
2. महाद्वीपीय ढाल प्रदेश की प्रवणता 3° से 7° के मध्य होती है।
3. महाद्वीपीय ढाल की गहराई 200 से 3000 मी के मध्य होती है।
4. ढाल का किनारा महाद्वीपों की समाप्ति का सूचक है।

कूट
(a) 1, 2 और 3
(b) 1, 2 और 4
(c) 1, 3 और 4
(d) 2, 3 और 4

उत्तर *(c)* 1, 3 और 4

14. महासागरीय जल के तापमान वितरण को प्रभावित करने वाले कारक कौन-से सही हैं?

1. स्थल एवं जल का असमान वितरण
2. सनातन (प्रचलित) पवनें
3. महासागरीय धाराएँ
4. अक्षांश

कूट
(a) 1, 2 और 3
(b) 2, 3 और 4
(c) 1, 3 और 4
(d) ये सभी

उत्तर *(d)* ये सभी

15. महासागरीय अध: स्तल के विभाजन के अंतर्गत निम्न कथनों को उनकी आकृतियों के अनुसार स्थल से सागर के क्रम में लगाएँ *दक्षता आधारित प्रश्न*

1. महासागरीय बेसिनों के बीच तीव्र ढाल वाले भाग को महाद्वीपीय ढाल कहा जाता है।
2. महाद्वीपों का विस्तृत और उथला भाग, जो महासागरीय जल में डूबा रहता है तथा जिसकी औसत प्रवणता 1° या उससे भी कम होती है, महाद्वीपीय शेल्फ कहलाता है।
3. महासागरीय बेसिनों के किनारे पाए जाने वाले संकीर्ण बेसिनों को महासागरीय गर्त कहते हैं।
4. महासागरीय बेसिनों के मंद ढाल वाले क्षेत्र, जो सबसे विस्तृत सपाट एवं चिकने होते हैं, गहरे सागरीय मैदान कहलाते हैं।

कूट
(a) 2, 1, 4, 3
(b) 1, 2, 3, 4
(c) 4, 3, 2, 1
(d) 3, 4, 2, 1

उत्तर *(a)* 2, 1, 4, 3

16. महासागरीय अध: स्तल का विभाजन चार भागों में किया गया है। दिए गए कथन के अनुसार सही भाग का चयन करें।

महासागरीय बेसिनों के मंद ढाल वाले क्षेत्र, जो सबसे विस्तृत, सपाट एवं चिकने होते हैं। इसकी औसत गहराई 3000 से 6000 मी के मध्य होती है तथा यह महीन कण वाले अवसादों; जैसे-मृत्तिका एवं गाद से ढका होता है।

(a) महाद्वीपीय शेल्फ
(b) महाद्वीपीय ढाल
(c) गंभीर सागरीय मैदान
(d) महासागरीय गर्त

उत्तर *(c)* गंभीर सागरीय मैदान

17. निम्नलिखित लवणता वाले क्षेत्रों को उच्चतम से निम्नतम के क्रम में व्यवस्थित कीजिए

1. मृत सागर
2. ग्रेट साल्ट लेक
3. वॉन झील
4. लाल सागर

कूट
(a) 1, 2, 3, 4
(b) 2, 4, 3, 1
(c) 3, 1, 2, 4
(d) 4, 3, 2, 1

उत्तर *(c)* 3, 1, 2, 4

18. सूची I को सूची II से सुमेलित कीजिए और विकल्पों की सहायता से सही उत्तर का चयन कीजिए *दक्षता आधारित प्रश्न*

सूची I (घटक)	सूची II (प्रक्रिया)
A. वायुमंडल में जल	1. संघनन, वर्षण
B. धरातलीय जल बहाव	2. जलधारा के रूप में ताजा जल संग्रहण व जल रिसाव
C. महासागरों में संगृहीत जल	3. वाष्पीकरण, वाष्पोत्सर्जन, ऊर्ध्वपातन
D. हिम एवं बर्फ में पानी का संग्रहण	4. हिम पिघलने पर नदी नालों के रूप में बहना

कूट

	A	B	C	D		A	B	C	D
(a)	1	2	3	4	(b)	2	3	4	1
(c)	4	2	1	3	(d)	1	4	3	2

उत्तर *(a)* 1 2 3 4

19. सूची I का सूची II से मिलान कीजिए और सही विकल्प का चयन कीजिए

सूची I (महासागरीय जल के तापमान की परत)	सूची II (प्रकृति)
A. पहली परत	1. अत्यधिक ठंडा महासागरीय जल
B. तीसरी परत	2. ताप प्रवणता परत
C. दूसरी परत	3. गर्म महासागरीय जल

कूट

	A	B	C		A	B	C
(a)	1	2	3	(b)	3	2	1
(c)	2	3	1	(d)	3	1	2

उत्तर *(d)* 3 1 2

20. निम्नलिखित में से कौन-सा युग्म सही सुमेलित नहीं है? *दक्षता आधारित प्रश्न*

(a) महाद्वीपीय शेल्फ — महाद्वीपों का निचला भाग
(b) गंभीर सागरीय मैदान — महासागरीय बेसिनों के मंद ढाल वाले क्षेत्र
(c) निमग्न द्वीप — चपटे शिखर वाले समुद्री टीले
(d) प्रवाल द्वीप — उष्णकटिबंधीय महासागरों में उपस्थित प्रवाल भित्तियों से युक्त

उत्तर *(a)* महाद्वीपीय शेल्फ—महाद्वीपों का निचला भाग

21. निम्नलिखित तालिका में रिक्त स्थान की पूर्ती करें।

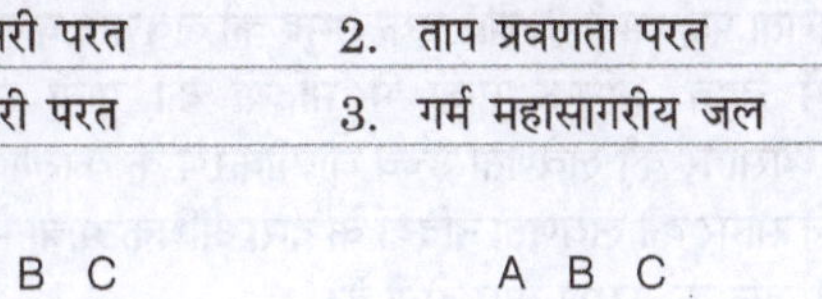

स्थल एवं जल का असमान वितरण

(a) महाद्वीपीय शेल्फ (b) महासागरीय धाराएँ
(c) निमग्न द्वीप (d) इन में से कोई नहीं

उत्तर (b) महासागरीय धाराएँ

22. यह गर्म महासागरीय जल की सबसे ऊपरी परत है, जिसका तापमान 20° से 25° सेल्सियस के मध्य होता है।, इसकी मोटाई लगभग 500 मी होती है। यह परत उष्णकटिबंधीय महासागरीय क्षेत्रों में संपूर्ण वर्ष उपस्थित रहती है, जबकि मध्य अक्षांशों के महासागरीय क्षेत्रों में केवल .... में विकसित होती है। *दक्षता आधारित प्रश्न*

(a) बसंत ऋतु (b) शीत ऋतु
(c) ग्रीष्म ऋतु (d) शिशिर ऋतु

उत्तर (c) ग्रीष्म ऋतु

23. निमग्न द्वीप से तात्पर्य है ....

(a) उष्णकटिबंधीय महासागरों में उपस्थित प्रवाल भित्तियों से युक्त निम्न आकार के द्वीप
(b) चपटे शिखर वाले समुद्री टीले
(c) ऐसे पर्वत, जो समुद्री तली से ऊपर की ओर उठते हैं
(d) महासागरीय मैदानों पर स्थित मध्य-महासागरीय कटाव

उत्तर (b) चपटे शिखर वाले समुद्री टीले

24. नीचे दो कथन दिए गए हैं

कथन I महासागरीय जल का औसत तापमान 27°C होता है, जो ध्रुवों से विषुवत् रेखा की ओर घटता जाता है।

कथन II महासागरों का जल सूर्य की किरणों द्वारा संवहनीय प्रक्रिया से गर्म होता है।

कूट

(a) केवल कथन I सही है
(b) केवल कथन II सही है
(c) कथन I और II दोनों सही हैं
(d) कथन I और II दोनों गलत हैं

उत्तर (b) केवल कथन II सही है

निर्देश (प्र.सं. 25-27) नीचे दिए गए कथन (A) और कारण (R) को ध्यान पूर्वक पढ़कर कूट की सहायता से सही उत्तर का चयन करें।

कूट

(a) A और R दोनों सही हैं तथा R, A की सही व्याख्या है
(b) A और R दोनों सही हैं, परंतु R, A की सही व्याख्या नहीं है
(c) A सही है, किंतु R गलत है
(d) A गलत है, किंतु R सही है

25. **कथन** (A) महासागरीय मैदानों पर मध्य महासागरीय कटक पाई जाती है।

कारण (R) इनका निर्माण पर्वतों की दो शृंखलाओं से होता है।

उत्तर *(a)* महासागरीय मैदानों पर मध्य-महासागरीय कटक पाई जाती है, जिनका निर्माण पर्वतों की दो शृंखलाओं से होता है। ये खाइयों तथा विशाल अवनमन अर्थात् खंडों द्वारा अलग की गई हैं।

26. **कथन** (A) निमग्न द्वीप चपटे शिखर वाले समुद्री टीले हैं।

कारण (R) इनका निर्माण चपटे शिखर वाले जलमग्न पर्वत के क्रम से होने वाले अवतलन से होता है।

उत्तर (a) निमग्न द्वीप चपटे शिखर वाले समुद्री टीले हैं। इनका निर्माण चपटे शिखर वाले जलमग्न पर्वत के क्रम से होने वाले अवतलन अर्थात् घटाव से होता है 10,000 से अधिक समुद्री टीले एवं निमग्न द्वीप केवल प्रशांत महासागर में उपस्थित हैं।

27. कथन (A) महाद्वीपीय ढाल, महासागरीय बेसिनों के बीच तीव्र ढाल वाले भाग को कहा जाता है।

कारण (R) यह महासागरीय बेसिनों और महाद्वीपीय शेल्फ को जोड़ती है।

उत्तर (b) महाद्वीपीय ढाल, महासागरीय बेसिनों के बीच तीव्र ढाल वाले भाग को कहा जाता है। यह महासागरीय बेसिनों और महाद्वीपीय शेल्फ को जोड़ती है। महाद्वीपीय ढाल प्रदेश की प्रवणता 2° से 5° के मध्य तथा इसकी गहराई 200 से 3000 मी के मध्य होती है। इसी प्रदेश में गंभीर खड्ड तथा खाइयाँ भी दिखाई देती हैं। ढाल का किनारा महाद्वीपों की समाप्ति का सूचक है।

28. नीचे दिए गए ग्राफ की सहायता से निम्नलिखित प्रश्नों के उत्तर दीजिए

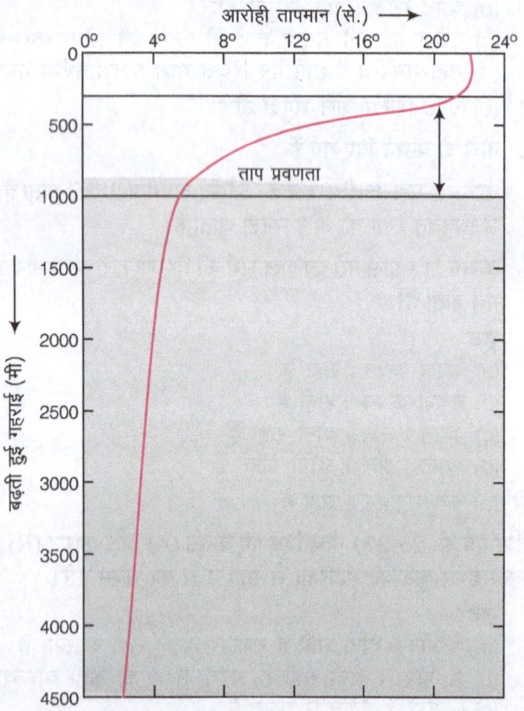

(i) **वह सीमा क्षेत्र, जहाँ तापमान में तीव्र गिरावट आती है, उसे कहा जाता है**

(a) ताप प्रवणता (b) महासागरीय लवणता
(c) समदाब रेखा (d) समताप रेखा

उत्तर *(a)* ताप प्रवणता

(ii) **निम्नलिखित में से किस क्षेत्र में समुद्री ठंडे पानी की केवल एक परत पाई जाती है?**

(a) भूमध्यरेखीय क्षेत्र (b) आर्कटिक क्षेत्र
(c) उष्णकटिबंधीय क्षेत्र (d) भूमध्यसागरीय क्षेत्र

उत्तर *(b)* आर्कटिक क्षेत्र

(iii) **निम्नलिखित में से किस क्षेत्र में महासागर का अधिकतम तापमान दर्ज किया जाता है?**

(a) मध्य परत (b) गंभीर महासागर
(c) सतही परत (d) थर्मोक्लाइन परत

उत्तर *(c)* सतही परत

स्रोत आधारित प्रश्न

निम्नलिखित स्रोतों को ध्यानपूर्वक पढ़कर उन पर आधारित प्रश्नों के उत्तर दीजिए

1. सामान्य खुले महासागर की लवणता 33‰ से 37‰ के बीच होती है। चारों तरफ स्थल से घिरे लाल सागर में यह 41‰ तक होती है, जबकि आर्कटिक एवं ज्वारनद मुख में मौसम के अनुसार लवणता 0 से 35‰ के बीच पाई जाती है। गर्म तथा शुष्क क्षेत्रों में, जहाँ वाष्पीकरण उच्च होता है कभी-कभी वहाँ की लवणता 70‰ तक पहुँच जाती है।

प्रशांत महासागर की लवणता में भिन्नता मुख्यतः इसके आकार एवं बहुत अधिक क्षेत्रीय विस्तार के कारण है। उत्तरी गोलार्द्ध के पश्चिमी भागों में लवणता 35‰ में से कम होकर 31‰ हो जाती है, क्योंकि आर्कटिक क्षेत्र का पिघला हुआ जल वहाँ पहुँचता है। इसी प्रकार 15° से 20° दक्षिण के बाद यह 33‰ तक घट जाती है।

अटलांटिक महासागर की औसत लवणता 36‰ के लगभग है। उच्चतम लवणता 15° से 20° अक्षांश के बीच दर्ज की गई है। अधिकतम लवणता 20° N एवं 30° N तथा 20° W से 60° W के बीच पाई जाती है। यह उत्तर की ओर क्रमिक रूप से घटती जाती है। उच्च अक्षांश में स्थित होने के बावजूद उत्तरी सागर में उत्तरी अटलांटिक प्रवाह के द्वारा लाए गए अधिक लवणीय जल के कारण अधिक लवणता पाई जाती है। बाल्टिक समुद्र की लवणता कम होती है, क्योंकि इसमें बहुत अधिक मात्रा में नदियों का पानी प्रवेश करता है। भूमध्यसागर की लवणता उच्च वाष्पीकरण के कारण अधिक होती है। काले सागर की लवणता नदियों के द्वारा अधिक मात्रा में लाए जाने वाले ताजे जल के कारण कम होती है।

हिंद महासागर की औसत लवणता 35‰ है। बंगाल की खाड़ी में गंगा नदी के जल के मिलने से लवणता की प्रवृत्ति कम पाई जाती है। इसके विपरीत, अरब सागर की लवणता उच्च वाष्पीकरण एवं ताजे जल की कम प्राप्ति के कारण अधिक है।

(i) **आर्कटिक महासागर में लवणता मौसम के अनुसार क्यों बदलती है?**

उत्तर आर्कटिक महासागर में लवणता मौसम के अनुसार इसलिए बदलती है, क्योंकि गर्मियों में बर्फ पिघलने के कारण इसमें ताजे जल की मात्रा बढ़ जाती है, जिससे लवणता कम हो जाती है। वहीं सर्दियों में बर्फ बनने की प्रक्रिया से जल में लवणता बढ़ जाती है।

(ii) **प्रशांत महासागर में लवणता में भिन्नता के प्रमुख कारण क्या हैं?**

उत्तर प्रशांत महासागर में लवणता में भिन्नता इसके विशाल आकार और क्षेत्रीय विस्तार के कारण होती है। इसके उत्तरी गोलार्द्ध के पश्चिमी भाग में आर्कटिक क्षेत्र के पिघले जल के कारण लवणता घटकर 31% हो जाती है, जबकि उष्ण कटिबंधीय क्षेत्रों में वाष्पीकरण के कारण यह अधिक होती है।

(iii) **बाल्टिक सागर की लवणता कम क्यों होती है?**

उत्तर बाल्टिक सागर की लवणता कम होने का मुख्य कारण यह है कि इसमें अत्यधिक मात्रा में नदियों का ताजा जल प्रवेश करता है। इसके अलावा वाष्पीकरण की दर भी कम होती है जिससे लवणता घट जाती है।

2 महासागर पृथ्वी की बाहरी परत में वृहत् गर्तों में स्थित है। महाद्वीपों के विपरीत महासागर एक-दूसरे में इतने स्वाभाविक तरीके से विलय हो जाते हैं कि उनका सीमांकन करना कठिन हो जाता है। भूगोलविदों ने पृथ्वी के महासागरीय भाग को पाँच महासागरों में विभाजित किया है। उनके नाम हैं-प्रशांत, अटलांटिक, हिंद, दक्षिणी महासागर एवं आर्कटिक। अनेक समुद्र, खाड़ियाँ, गल्फ तथा अन्य निवेशिकाएँ इन पाँच बड़े महासागरों के भाग हैं। महासागरीय अधस्थल का प्रमुख भाग समुद्र तल के नीचे 3 से 6 किमी के बीच पाया जाता है। महासागरों के जल के नीचे की भूमि अर्थात् महासागरीय अधस्तल, भूमि पर पाए जाने वाले लक्षणों की अपेक्षा जटिल हैं। महासागरों की तली में विश्व की सबसे बड़ी पर्वत शृंखलाएँ, सबसे गहरे गर्त एवं सबसे बड़े मैदान में होने के कारण ये उबड़-खाबड़ होते हैं। महाद्वीपों पर पाए जाने वाले लक्षणों की तरह ये लक्षण भी विवर्तनिक, ज्वालामुखीय एवं निक्षेपण की क्रियाओं से बनते हैं।

महासागरीय अधस्तल को चार प्रमुख भागों में बाँटा गया है

(i) महाद्वीपीय
(ii) महाद्वीपीय ढाल
(iii) गहरे समुद्री मैदान
(iv) महासागरीय गंभीर

इस विभाजन के अतिरिक्त महासागरीय तल पर कुछ बड़े तथा छोटे उच्चावच संबंधी लक्षण पाए जाते हैं, जैसे-कटक, पहाड़ियाँ, समुद्री टीला निमग्न द्वीप, खाइयाँ तथा खड्ड आदि।

(i) महासागरों की तली पर कौन-कौन-से प्रमुख भू-आकृतिक लक्षण पाए जाते हैं?

उत्तर महासागरों की तली पर निम्नलिखित प्रमुख भू-आकृतिक लक्षण पाए जाते हैं

(i) कटक
(ii) पहाड़ियाँ
(iii) निमग्न पर्वत
(iv) खाड़ियाँ तथा
(v) गर्त

(ii) महासागरों को भूगोलविदों ने कितने भागों में विभाजित किया है? उनके नाम बताइए।

उत्तर भूगोलविदों ने महासागरों को पाँच भागों में विभाजित किया है। उनके नाम हैं

I. प्रशांत महासागर, II. अटलांटिक महासागर, III. हिंद महासागर, IV. दक्षिणी महासागर V. आर्कटिक महासागर।

(iii) समुद्र तल की संरचना महाद्वीपीय संरचना से कैसे भिन्न है?

उत्तर समुद्र तल की संरचना महाद्वीपीय संरचना की तुलनामें अधिक जटिल होती है। इसमें गहरे गर्त, निमग्न द्वीप, खाइयाँ और खड्डे पाए जाते हैं, जबकि महाद्वीपीय संरचना अपेक्षाकृत समतल और स्थिर होती है।

लघु उत्तरीय प्रश्न

1. पृथ्वी पर जल का वितरण कैसा है? संक्षेप में समझाइए।

अथवा **पृथ्वी की सतह पर विद्यमान जल के असमान वितरण पर प्रकाश डालिए।** *दक्षता आधारित प्रश्न*

उत्तर पृथ्वी पर जल का वितरण असमान है। कुछ क्षेत्रों में जल की उपलब्धता अधिक है, तो कुछ क्षेत्रों में यह सीमित मात्रा में उपलब्ध है। पृथ्वी पर पाए जाने वाले जल का लगभग 71% भाग महासागरों में तथा शेष भाग पर हिमानियों, हिमटोपी, भूमिगत जल, झीलों, मृदा में आर्द्रता के रूप में, नदियों एवं जीवधारियों में पाया जाता है। धरातल पर वर्षण के रूप में प्राप्त होने वाले जल का लगभग 59% भाग महासागरों एवं अन्य भागों से वाष्पीकृत होकर फिर वायुमंडल में चला जाता है। वर्षण का शेष जल धरातल पर बहता है, जिसमें से कुछ भाग भूमि में रिस जाता है तथा कुछ भाग हिमनदी के रूप में परिवर्तित हो जाता है।

2. लवणता, तापमान और घनत्व के बीच संबंध को समझाइए।

उत्तर लवणता, तापमान और घनत्व महासागरीय जल के तीन प्रमुख भौतिक गुण हैं, जो आपस में गहराई से जुड़े हुए हैं।

(i) **लवणता और तापमान का संबंध**
- जब तापमान अधिक होता है, तो वाष्पीकरण की दर बढ़ जाती है, जिससे लवणता बढ़ती है।
- कम तापमान वाले क्षेत्रों में जल बर्फ में बदल जाता है, जिससे शेष जल की लवणता बढ़ जाती है।

(ii) **लवणता और घनत्व का संबंध**
- अधिक लवणता वाले जल का घनत्व अधिक होता है, जिससे वह जल नीचे की ओर प्रवाहित होता है।
- कम लवणता वाला जल हल्का होता है और सतह पर बना रहता है।

(iii) तापमान और घनत्व का संबंध
- गर्म पानी हल्का होता है और सतह पर तैरता है, जबकि ठंडा पानी भारी होता है और नीचे चला जाता है।
- ठंडे और खारे पानी का घनत्व सबसे अधिक होता है।

3. महासागर जलवायु के निर्धारक होते हैं, इस कथन की पुष्टि कीजिए।

उत्तर महासागर जलवायु को निर्धारित करते हैं इसको निम्न बिंदुओं के माध्यम से समझा जा सकता है।
- ये तटीय क्षेत्रों के तापमान एवं आर्द्रता पर प्रभाव डालते हैं।
- महासागर, सौर ऊर्जा का अवशोषण कर उसका संचय करते हैं तथा फिर उसका निष्कर्षण करते हैं।
- महासागर तटीय क्षेत्रों के तापांतर को बहुत कम बनाए रखते हैं।
- महासागरीय धाराएँ तट के तापमान को नियंत्रित कर समान बनाती हैं।

4. महासागरीय जल का उच्चतम तापमान ऊपरी सतहों पर क्यों होता है?

अथवा **गहराई के साथ महासागरीय जल के तापमान में होने वाले परिवर्तनों का विश्लेषण करें।**

उत्तर महासागरीय जल के तापमान का स्रोत सूर्य है, सूर्य से प्राप्त ऊष्मा महासागरों की ऊपरी सतह से निचले भागों में संवहन की प्रक्रिया द्वारा संचरित होती है। इसलिए महासागरीय जल का उच्चतम तापमान हमेशा उनकी ऊपरी सतहों में पाया जाता है। गहराई बढ़ने के साथ-साथ तापमान में कमी आती है, लेकिन तापमान में कमी की दर प्रत्येक स्थान पर एक समान नहीं होती है। 200 मीटर की गहराई तक महासागरीय जल का तापमान तीव्र गति से कम होता है, जबकि इसके नीचे तापमान की गिरावट की दर कम हो जाती है।

5. महासागरीय लवणता को प्रभावित करने वाले कारकों को बताइए।

अथवा **महासागरीय जल में लवणता सभी क्षेत्रों में समान नहीं पाई जाती है। ये किन कारकों द्वारा प्रभावित होती है? स्पष्ट कीजिए।** *दक्षता आधारित प्रश्न*

उत्तर महासागरीय जल में लवणता सभी क्षेत्रों में समान नहीं पाई जाती है। यह कई कारकों द्वारा प्रभावित होती है, जो निम्नलिखित हैं

- महासागरों की सतह के जल की लवणता मुख्यतः वाष्पीकरण एवं वर्षण पर निर्भर करती है।
- तटीय क्षेत्रों की लवणता नदियों के द्वारा लाए गए जल तथा ध्रुवीय क्षेत्रों में बर्फ के जमने एवं पिघलने से प्रभावित होती है।
- वायु जल को एक क्षेत्र से दूसरे क्षेत्र में स्थानांतरित करती है, जिससे सतही जल की लवणता प्रभावित होती है। महासागरीय धाराएँ भी लवणता में भिन्नता उत्पन्न करने में सहयोग करती हैं।
- जल के तापमान एवं घनत्व में किसी भी प्रकार का परिवर्तन उसकी लवणता को प्रभावित करता है, क्योंकि लवणता, तापमान एवं घनत्व आपस में अंतर्संबंधित होते हैं। उच्च तापमान वाले क्षेत्रों में लवणता के अधिक होने से उसका घनत्व भी अधिक हो जाता है।

6. प्रशांत महासागर में लवणता के क्षैतिज वितरण एवं हिंद महासागर में क्षैतिज वितरण को स्पष्ट कीजिए। *दक्षता आधारित प्रश्न*

उत्तर **प्रशांत महासागर में लवणता का क्षैतिज वितरण** वृहत आकार एवं अत्यधिक क्षेत्रीय विस्तार के कारण प्रशांत महासागर में लवणता में क्षेत्रीय असमानता पाई जाती है। उत्तरी गोलार्द्ध में प्रशांत महासागर के पश्चिमी भागों में लवणता 35‰ से कम होकर 31‰ हो जाती है, क्योंकि यहाँ पर आर्कटिक क्षेत्र के पिघले हुए जल की आपूर्ति होती है। दक्षिणी गोलार्द्ध में प्रशांत महासागर की लवणता 15° से 20° दक्षिणी अक्षांश के बाद कम होकर 33‰ तक हो जाती है।

हिंद महासागर में लवणता का क्षैतिज वितरण हिंद महासागर की औसत लवणता 35‰ होती है, जबकि बंगाल की खाड़ी एवं अरब सागर की लवणता अलग-अलग पाई जाती है। बंगाल की खाड़ी में गंगा तथा ब्रह्मपुत्र नदियाँ ताजे जल की आपूर्ति करती हैं, जिससे इसकी लवणता कम हो जाती है, जबकि अरब सागर में उच्च वाष्पीकरण एवं ताजे जल की कमी के कारण इसकी लवणता अधिक पाई जाती है।

7. महाद्वीपीय मग्नतट एवं महाद्वीपीय मग्नढाल में अंतर स्पष्ट कीजिए।

उत्तर महाद्वीपीय मग्नतट एवं महाद्वीपीय मग्नढाल में निम्नलिखित अंतर हैं

महाद्वीपीय मग्नतट (शेल्फ)	महाद्वीपीय मग्नढाल
महाद्वीपों का विस्तृत एवं उथला भाग जो महासागरीय जल में डूबा रहता है, उसे महाद्वीपीय मग्नतट कहते हैं।	महाद्वीपीय मग्नतट एवं महासागरीय बेसिनों के मध्य तीव्र ढाल वाले भाग को महाद्वीपीय मग्नढाल कहते हैं।
इसकी औसत प्रवणता 1° या इससे भी कम पाई जाती है।	इसकी औसत प्रवणता 2° से 5° के मध्य पाई जाती है।
इसकी गहराई कुछ क्षेत्रों में 30 मी, जबकि कुछ क्षेत्रों में 600 मी तक भी होती है।	इसकी गहराई 200 मी से 3,000 मी के मध्य पाई जाती है।
इस पर अवसादों का जमाव पाया जाता है।	इस पर अवसादों का जमाव नहीं पाया जाता है।

8. महासागरीय गर्त एवं जलमग्न कैनियन में अंतर स्पष्ट कीजिए।

उत्तर महासागरीय गर्त एवं जलमग्न कैनियन में निम्नलिखित अंतर हैं

महासागरीय गर्त	जलमग्न कैनियन
महासागरीय बेसिनों के खड़े किनारों वाले संकीर्ण बेसिनों को महासागरीय गर्त कहते हैं।	महाद्वीपीय मग्नतट एवं मग्नढाल पर जलमग्न गहरी घाटियाँ होती हैं, जिन्हे जलमग्न कैनियन कहते हैं।
यह महाद्वीपीय मग्नढाल तथा द्वीपीय चापों के आधार के समानांतर स्थित होते हैं।	ये महाद्वीपीय मग्नतट एवं मग्नढाल पर लंबवत् रूप में पाए जाते हैं।
अभी तक 57 महासागरीय गर्त की खोज की जा चुकी है, जिसमें मैरियाना गर्त सबसे गहरा गर्त है।	ये नदियों के मुहाने पर पाए जाते हैं, जिसमें हडसन कैनियन विश्व का सबसे बड़ा कैनियन है।

दीर्घ उत्तरीय प्रश्न

1. जलीय चक्र को परिभाषित कीजिए एवं जल चक्र के घटक एवं प्रक्रिया को सविस्तार समझाइए।

उत्तर इस प्रश्न के उत्तर के लिए पृष्ठ संख्या 206 व 207 पर 'जलीय चक्र' एवं 'जल चक्र के घटक व प्रक्रियाएँ' का अध्ययन करें।

2. महासागरीय अध:स्तल के विभाजन को सविस्तार बताइए।

अथवा **महासागरीय अधस्तल के विभिन्न भागों का वर्णन कीजिए। इसमें महाद्वीपीय शेल्फ महाद्वीपीय ढाल, गंभीर सागरीय मैदान और महासागरीय गर्त के बारे में विस्तार से लिखें।** *दक्षता आधारित प्रश्न*

उत्तर महासागरीय अध:स्तल को चार प्रमुख भागों में विभाजित किया गया है

(i) **महाद्वीपीय शेल्फ** महाद्वीपों का विस्तृत और उथला भाग, जो महासागरीय जल में डूबा रहता है तथा जिसकी औसत प्रवणता 1° या उससे भी कम होती है, महाद्वीपीय शेल्फ कहलाता है। यह प्रत्येक महाद्वीप का विस्तृत सीमांत होता है, जो उथले समुद्रों एवं खाड़ियों से घिरा होता है।

यह शेल्फ अत्यंत तीव्र ढाल पर समाप्त होता है, जिसे शेल्फ अवकाश कहा जाता है। महाद्वीपीय शेल्फों की औसत चौड़ाई 80 किमी होती है, लेकिन इसकी चौड़ाई एक महासागर से दूसरे महासागर में भिन्न होती है, जिनमें कुछ सीमांतों के साथ शेल्फ नहीं होते अथवा अत्यंत संकीर्ण होते हैं।

(ii) **महाद्वीपीय ढाल** महाद्वीपीय ढाल, महासागरीय बेसिनों के बीच तीव्र ढाल वाले भाग को कहा जाता है। यह महासागरीय बेसिनों और महाद्वीपीय शेल्फ को जोड़ती है। महाद्वीपीय ढाल प्रदेश की प्रवणता 2° से 5° के मध्य तथा इसकी गहराई 200 से 3000 मी के मध्य होती है। इसी प्रदेश में गंभीर खड्ड तथा खाइयाँ भी दिखाई देती हैं। ढाल का किनारा महाद्वीपों की समाप्ति का सूचक है।

(iii) **गंभीर सागरीय मैदान** महासागरीय बेसिनों के मंद ढाल वाले क्षेत्र, जो सबसे विस्तृत, सपाट एवं चिकने होते हैं, गहरे सागरीय मैदान कहलाते हैं। इनकी औसत गहराई 3000 से 6000 मी के मध्य होती है तथा ये महीन कण वाले अवसादों; जैसे—मृत्तिका एवं गाद से ढके होते हैं।

(iv) **महासागरीय गर्त** महासागरीय बेसिनों के किनारे खड़े संकीर्ण बेसिनों को महासागरीय गर्त कहते हैं। ये महासागर के सबसे गहरे भाग होते हैं, जिनकी गहराई अपने आस-पास की महासागरीय तली से 3 से 5 किमी तक होती है।

ये महाद्वीपीय ढाल के आधार तथा द्वीपीय चापों के पास स्थित होते हैं। इनका संबंध सक्रिय ज्वालामुखी एवं प्रबल भूकंप वाले क्षेत्रों से होता है। इसी कारण इनका प्लेटो के संचलन के अध्ययन में अधिक महत्त्वपूर्ण स्थान है। वर्तमान में 57 महासागरीय गर्तों की खोज की गई है, जिनमें से 32 प्रशांत महासागर में, 19 अटलांटिक महासागर में तथा 6 हिंद महासागर में स्थित हैं।

3. महासागरीय अधस्तल के प्रमुख उच्चावचों के अतिरिक्त कुछ लघु और महत्त्वपूर्ण आकृतियाँ महासागरों के किन भागों में पाई जाती हैं? वर्णन कीजिए।

उत्तर महासागरीय अधस्तल के प्रमुख उच्चावचों के अतिरिक्त कुछ लघु और महत्त्वपूर्ण आकृतियाँ महासागरों के विभिन्न भागों में पाई जाती हैं, जिनका वर्णन निम्न प्रकार है

(i) **मध्य-महासागरीय कटक** महासागरीय मैदानों पर मध्य-महासागरीय कटक पाई जाती हैं, जिनका निर्माण पर्वतों की दो श्रृंखलाओं से होता है। ये खाइयों तथा विशाल अवनमन अर्थात् खड्डों द्वारा अलग की गई हैं। महासागरीय तली से इन पर्वत श्रृंखलाओं की ऊँचाई 2,500 मी तक हो सकती है तथा इनमें से कुछ समुद्र की सतह तक भी पहुँच सकती हैं। मध्य अटलांटिक कटक का एक भाग आइसलैंड है, जो इसका सबसे अच्छा उदाहरण है।

(ii) **समुद्री टीला** ऐसे पर्वत, जो समुद्री तली से ऊपर की ओर उठते हैं, किंतु महासागरों की सतह तक नहीं पहुँच पाते, समुद्री टीला कहलाते हैं। नुकीले शिखरों वाले ये पर्वत ज्वालामुखी से उत्पन्न होते हैं। इनकी ऊँचाई समुद्री तल से 3,000 से 4,500 मी तक हो सकती है, लेकिन ये समुद्री तल से ऊपर नहीं पहुँचते हैं। प्रशांत महासागर में हवाई द्वीप समूहों का विस्तार इसका उदाहरण है।

(iii) **सबसे सपाट जलमग्न खड्ड** ये गहरी घाटियाँ होती हैं, जिनमें से कुछ की तुलना कोलोरेडो नदी की **ग्रैंड कैनियन** से की जा सकती है। अनेक बार ये सपाट जलमग्न कैनियन बड़ी नदियों के मुख से आगे की ओर विस्तृत होकर महाद्वीपीय शेल्फ व ढालों को आर-पार काटते नजर आते हैं। हडसन कैनियन विश्व का सबसे अधिक सपाट माना जाने वाला कैनियन है।

(iv) **निमग्न द्वीप** निमग्न द्वीप चपटे शिखर वाले समुद्री टीले हैं। इनका निर्माण चपटे शिखर वाले जलमग्न पर्वत के क्रम से होने वाले अवतलन अर्थात् घटाव से होता है। 10,000 से अधिक समुद्री टीले एवं निमग्न द्वीप केवल प्रशांत महासागर में उपस्थित हैं।

(v) **प्रवाल द्वीप** उष्णकटिबंधीय महासागरों में उपस्थित प्रवाल भित्तियों से युक्त निम्न आकार के द्वीप, प्रवाल द्वीप कहलाते हैं। ये समुद्र से चारों ओर से घिरे होते हैं। प्रवाल द्वीप के चारों ओर का जल समुद्री या जल साफ जल भी हो सकता है।

4. महासागरीय जल के तापमान के क्षैतिज वितरण को स्पष्ट कीजिए।

अथवा **निम्न एवं मध्य अक्षांशों में महासागरों के तापमान की संरचना को बताइए तथा महासागरीय जल के तापमान का क्षैतिज वितरण स्पष्ट कीजिए।**

उत्तर निम्न एवं मध्य अक्षांशों में महासागरों के तापमान की संरचना

(i) **उपरी परत** (सतही परत)

- यह परत सबसे गर्म होती है और लगभग 500 मी की गहराई तक पाई जाती है।
- इसका तापमान 20°C से 25°C तक होता है।
- उष्ण कटिबंधीय क्षेत्रों में यह परत पूरे वर्ष बनी रहती है, जबकि मध्य अक्षांशों में यह केवल गर्मियों में विकसित होती है।

(ii) **ताप प्रवणता परत** (थमौक्लाइन)

- यह परत पहली के नीचे 500 मी से 1000 मी तक की गहराई में होती है।
- इसमें गहराई के साथ ताप में तेजी से गिरावट आती है।
- इस परत के कारण सतही गर्म जल और गहरे ठंडे जल के बीच स्पष्ट भिन्नता देखी जाती है।

(iii) **गहरी परत** (ठंडी परत)

- यह परत अत्यंत ठंडी होती है और महासागरों की तली तक विस्तारित होती है।
- ध्रुवीय क्षेत्रों में सतह से ही यह परत ठंडी होती है और तापमान में कोई परिवर्तन नहीं होता है।

महासागरीय जल के तापमान का क्षैतिज वितरण

(i) **विषुवत् वृत्त के पास**

- महासागरों की सतह का औसत तापमान लगभग 27°C होता है।
- विषुवत् रेखा पर सूर्य की सीधी किरणों के कारण यह सबसे गर्म होता है।

(ii) **अक्षांशों के बढ़ने के साथ**

- तापमान क्रमशः कम होता है।
- प्रत्येक अक्षांश पर औसतन 0.5°C की गिरावट होती है।
- 20° अक्षांश पर तापमान लगभग 22°C होता है तथा 40° अक्षांश पर 14°C और ध्रुवों के पास यह 0°C तक पहुँच जाता है।

(iii) **गोलार्द्धों के बीच भिन्नता**

- उत्तरी गोलार्द्ध का तापमान दक्षिणी गोलार्द्ध से अधिक होता है।
- उत्तरी गोलार्द्ध का औसत तापमान 19°C और दक्षिणी गोलार्द्ध का 16°C होता है।

(iv) **विशेष स्थानिक संरचना**

- उच्चतम तापमान विषुवत् रेखा पर नहीं, बल्कि इसके उत्तर में पाया जाता है।
- यह स्थल और जल के असमान वितरण के कारण होता है।

अतः सूर्य की ऊष्मा सीधे सतही जल को गर्म करती है तथा संवहन प्रक्रिया के कारण यह ऊष्मा नीचे तक पहुँचती है। गहराई के साथ तापमान में कमी आती है, लेकिन यह गिरावट प्रत्येक स्थान पर एकसमान नहीं होती है। 200 मी तक तापमान तेजी से घटता है तथा इसके बाद धीरे-धीरे कम होता है।

मानचित्र पर आधारित प्रश्न

1. विश्व के मानचित्र पर निम्न को चिह्नित कीजिए

(i) काला सागर (ii) बाल्टिक सागर (iii) कैस्पियन सागर (iv) भूमध्य सागर
(v) उत्तरी सागर (vi) लाल सागर (vii) फंडी की खाड़ी

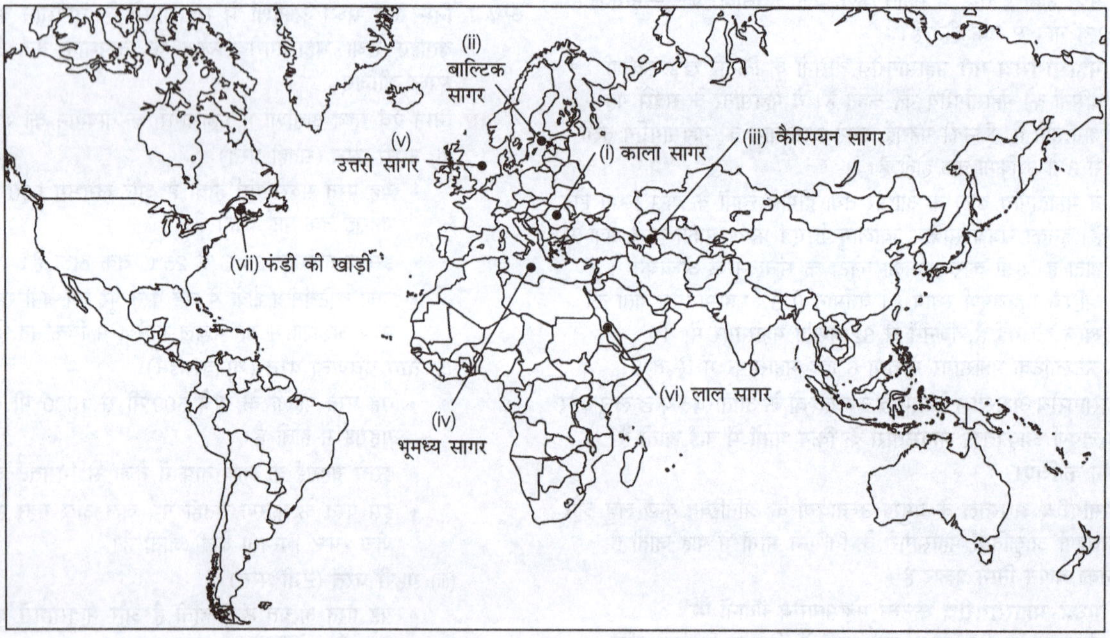

स्वयं को जाँचें

वस्तुनिष्ठ प्रश्न

1. पृथ्वी पर रहने वाले सभी जीवों के लिए .... एक आवश्यक घटक है।

(a) जल (b) वस्त
(c) पर्वत (d) भूमि

2. महासागरीय नितल में महाद्वीपीय ढाल की गहराई कितने मीटर के मध्य तक होती है?

(a) 100-5000 मी (b) 200-3000 मी
(c) 300-2000 मी (d) 400-1000 मी

3. मध्य महासागरीय कटक की ऊँचाई ...... तक होती है।

(a) 8000 मी (b) 6000 मी
(c) 4000 मी (d) 2500 मी

4. .... महासागरों में प्रवाल द्वीपों का निर्माण होता है।

(a) उष्णकटिबंधीय
(b) शीत कटिबंधीय
(c) ध्रुवीय कटिबंधीय
(d) उपरोक्त में से कोई नहीं

5. निम्नलिखित कथनों पर विचार कीजिए

1. समुद्री टीले की ऊँचाई 3000 से 4500 मी तक हो सकती है।
2. समुद्री टीला समुद्री तल से ऊपर भी आ सकता है।

उपरोक्त में से कौन–सा कथन सही है?

(a) केवल 1
(b) केवल 2
(c) 1 और 2 दोनों
(d) उपरोक्त में से कोई नहीं

6. दिए गए कथन, कारण के संदर्भ में सही कूट का चयन करें

कथन (A) महासागरों की सतह के जल का औसत तापमान लगभग 27°C होता है।

कारण (R) यह विषुवत् वृत्त से ध्रुवों की ओर क्रमिक रूप से घटता जाता है।

कूट

(a) A और R दोनों सही हैं तथा R, A की सही व्याख्या है
(b) A और R दोनों सही हैं, परंतु R, A की सही व्याख्या नहीं है
(c) A सही है, किंतु R गलत है
(d) A गलत है, किंतु R सही है

अतिलघु उत्तरीय प्रश्न

6. धरातल पर गिरने वाले जल का कितना प्रतिशत भाग वायुमंडल में चला जाता है?

7. महासागरीय भाग को किस रूप में वर्गीकृत किया गया है?

8. सबसे सँकरे तथा चौड़े महाद्वीपीय शेल्फ का नाम बताइए।

9. महासागरीय जल के तापमान वितरण पर महासागरीय धाराओं के प्रभाव को बताइए

लघु उत्तरीय प्रश्न

10. महासागरीय जल की लवणता के ऊर्ध्वाधर वितरण का उल्लेख कीजिए।

11. जल चक्र के घटक एवं प्रक्रियाओं को स्पष्ट कीजिए

12. महासागरीय जल की लवणता को प्रभावित करने वाले तीन कारकों का उल्लेख कीजिए।

13. महासागरीय बेसिनों के किनारे पाए जाने वाले संकीर्ण बेसिनों को क्या कहते हैं? स्पष्ट कीजिए।

दीर्घ उत्तरीय प्रश्न

14. महासागरीय जल की लवणता को स्पष्ट कीजिए। इसके वितरण को बताइए।

15. महासागरीय अधस्तल के उच्चावच से आप क्या समझते हैं? महासागरीय उच्चावच की लघु आकृतियों का वर्णन कीजिए।

16. महाद्वीपीय मग्नतट (शेल्फ) की व्याख्या कीजिए!

13

अध्याय

महासागरीय जल संचलन

इस अध्याय में जल संचलन संबंधी कारकों को शामिल किया गया है। स्थल की भाँति महासागरों में भी गति होती है। यह गति महासागरीय धाराओं के मध्यम से होती है। महासागरीय जल की भौतिक विशेषताएँ तथा बाह्य बल अपने प्रभाव से महासागरीय जल को क्षैतिज व ऊर्ध्वाधर दोनों प्रकार की गतियाँ प्रदान करते हैं। इसके सूर्य, चंद्रमा और पृथ्वी के गुरुत्वाकर्षण प्रभाव से उत्पन्न ज्वार-भाटा भी महासागरीय जल संचलन की महत्त्वपूर्ण भूमिका निभाते हैं।

▼ अध्ययन एक नजर में

13.1 महासागरीय जल की क्षैतिज एवं ऊर्ध्वाधर गति

13.2 महासागरीय धाराओं के प्रकार

▼ अभ्यास के लिए

- बहुविकल्पीय प्रश्न 29 (कथन/कारण, सुमेलित कीजिए)
- वर्णनात्मक प्रकार के प्रश्न (लघु उत्तरीय प्रश्न 10, दीर्घ उत्तरीय प्रश्न 4)
- स्रोत आधारित प्रश्न 2, मानचित्र आधारित 2

महासागरीय जल स्थिर नहीं, बल्कि गतिमान है। महासागरीय धारा की गति तापमान, लवणता, घनत्व आदि जैसी भौतिक विशेषताओं से प्रभावित होती है। महासागरीय धारा की गति कुछ बाहरी बलों द्वारा भी प्रभावित होती है, जैसे सूर्य, चंद्रमा और पवन आदि।

13.1 महासागरीय जल की क्षैतिज एवं ऊर्ध्वाधर गति

- महासागरीय जल की गति क्षैतिज और ऊर्ध्वाधर दोनों तरह की होती हैं। इनमें क्षैतिज गति परिणामस्वरूप समुद्री धाराएँ और लहरें बनाती है, जबकि ऊर्ध्वाधर गति होती है, जिससे ज्वार का निर्माण करती है।
- महासागरीय धाराएँ एक स्थान से दूसरे स्थान पर गति करती हैं और इस दौरान पानी की विशाल मात्रा का निरंतर प्रवाह होता है।, जबकि तरंगे जल की क्षैतिज गति होती हैं।
- धाराओं में गति के दौरान जल का एक स्थान से दूसरा पर स्थान गमन होता है, किंतु तरंगों में जल गति नहीं करता बल्कि तरंगे स्वयं गति करते हुए आगे बढ़ जाती हैं।
- महासागरों एंव समुद्रों में जल ऊपर उठने तथा नीचे गिरने को **ऊर्ध्वाधर गति**[1] कहते है। अध:स्तल से ठंडे जल का उत्प्रवाह एवं अवप्रवाह महासागरीय जल के ऊर्ध्वाधर गति प्रकार हैं।
- सूर्य और चंद्रमा के आकर्षण के कारण समुद्र का पानी ऊपर उठता है और नीचे गिरता है, जिसे ज्वार-भाटा कहा जाता है। ऐसी घटना दिन में दो बार होती है।

---

1 ऊर्ध्वाधर गति एक समुद्री प्रक्रिया है, जिसमें गहरा ठंडा पानी समुद्र की सतह पर आ जाता है।

13.2 महासागरीय धाराओं के प्रकार

- महासागरीय जल की धारा ऊर्ध्वाधर गति तीन प्रकार की होती हैं।

1. तरंगें 2. ज्वारभाटा 3. धाराएँ

1. तरंगें

- तरंगें वास्तव में ऊर्जा हैं, जल नहीं, जो कि महासागरीय सतह के आर-पार गति करती हैं।
- तरंगों में जल व कण छोटे वृत्ताकार रूप से गति करते हैं। वायु जल को ऊर्जा प्रदान करती है, जिससे तरंगे उत्पन्न होती हैं।
- वायु के कारण तरंगे महासागर में गति करती हैं।
- तरंगें पानी की सतह पर गतिमान ऊर्जा है, ये जल की गति के बिना आगे बढ़ती रहती हैं।
- तरंगों में जल के अणु छोटे-छोटे घेरों में गतिमान रहते हैं, इससे ऊर्जा उनके माध्यम से गुजरती रहती है।
- हवा इन तरंगों को समुद्र में गति करने के लिए ऊर्जा प्रदान करती है तथा यह ऊर्जा तट के किनारे जाकर निर्मुक्त हो जाती है।
- सतही जल में होने वाली इस गति से सामान्यत: गहरे तल के जल कभी-कभी ही प्रभावित होते हैं।

तरंगों की विशेषताएँ

- जैसे ही एक तरंग महासागरीय तट पर पहुँचती है, तो इसकी गति कम हो जाती है। ऐसा गत्यात्मक जल के मध्य आपस में घर्षण होने के कारण होता है।
- जब जल की गहराई तरंग की तरंगदैर्ध्य के आधे से कम होती है, तब तरंग टूट जाती है।
- बड़ी तरंगें खुले महासागरों में पाई जाती हैं। तरंग जैसे ही आगें की ओर बढ़ती हैं बड़ी होती जाती हैं तथा वायु से ऊर्जा अवशोषित करती हैं।
- अधिकतर तरंगें वायु के जल की विपरीत दिशा में गति से उत्पन्न होती हैं।
- जब दो नोट या उससे कम वाली समीर शांत जल पर बहती है, तब छोटी-छोटी उर्मिकाएँ (Ripples) बनती हैं तथा वायु की गति बढ़ने के साथ ही इनका आकार बढ़ता जाता है, जब इनके टूटने से सफेद बुलबुले नहीं बन जाते।
- **तटरेखा**[2] के पास पहुँचने, टूटने तथा सफेद बुलबुलों में **सर्फ**[3] की भाँति धुलने से पहले तरंगें हजारों किमी की यात्रा करती हैं।,

तरंगों की गति

- तरंगें महासागरों के दो महत्त्वपूर्ण बलों वायु तथा गुरुत्वाकर्षण के कारण विचरण करती हैं।
- वायु जल को प्रवाहित करती है, जिस कारणवश तरंगें गति करती हैं, जबकि गुरुत्वाकर्षण बल तरंगों के शिखरों को नीचे की ओर खींचता है। तरंगें गर्त (Trough) एवं शिखर (Crest) के रूप में गति करती हैं, जिसमें जब जल गिरता है, तो गर्त को ऊपर धकेल कर शिखर बना देता है एवं तरंगें नई स्थिति में गति करने लगती हैं।
- तरंगों के नीचे जल की गति वृत्ताकार होती है, जो यह इंगित करता है कि आती हुई तरंग पर वस्तुओं का वहन आगे तथा ऊपर की ओर होता है एवं लौटती हुई तरंग पर नीचे तथा पीछे की ओर होता है।

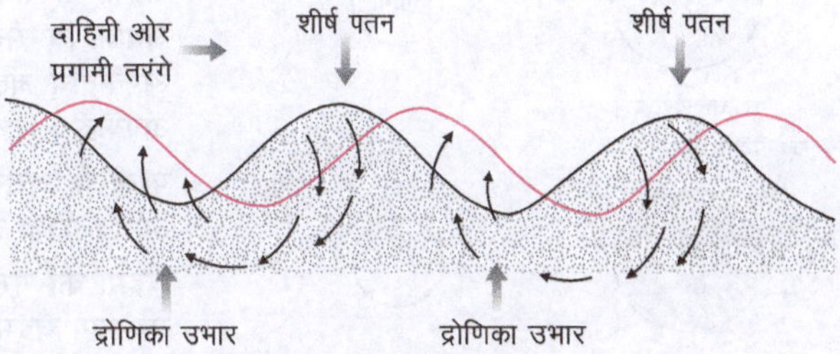

▲ तरंगों की गति एवं जलीय-अणु

तरंगों के घटक

तरंगों के घटक निम्नलिखित हैं

(i) **तरंग शिखर एवं गर्त** तरंग के उच्चतम बिंदु को शिखर एवं निम्नतम बिंदु को गर्त कहा जाता है।

(ii) **तरंग की ऊँचाई** तरंग के गर्त के अध:स्थल से शिखर के ऊपरी भाग की ऊर्ध्वाधर दूरी को तरंग की ऊँचाई कहते हैं।

(iii) **तरंग आयाम** तरंग की ऊँचाई का आधा तरंग आयाम होता है।

(iv) **तरंग काल** एक निश्चित बिंदु से गुजरने वाली दो लगातार तरंग शिखरों या गर्तों के बीच का समयांतराल तरंग काल होता है।

(v) **तरंगदैर्ध्य** दो लगातार शिखरों या गर्तों के बीच की क्षैतिज दूरी तरंगदैर्ध्य कहलाती है।

2 तटरेखा यह भूमि सतह और महासागर के बीच संपर्क रेखा है।

3 सर्फ जब समुद्री लहर तट पर पहुँच कर टूटती है, तो उससे उत्पन्न होने वाला झाग, छपाक को सर्फ कहते हैं।

(vi) **तरंग गति** जल के माध्यम से तरंग की गति करने की दर को तरंग गति कहते हैं, इसे नॉट में मापा जाता है।
(vii) **तरंग आवृत्ति** एक सेकंड के समयांतराल में दिए गए बिंदु से गुजरने वाली तरंगों की संख्या को तरंग आवृत्ति कहते हैं।

तरंगों की उत्पत्ति

- तरंगों की उत्पत्ति को उसके आकार तथा आकृति को देखकर समझा जा सकता है।
- तीव्र पार्श्व वाली लहरें युवा प्रकृति की होती हैं तथा स्थानीय पवन द्वारा निर्मित होती हैं।
- धीमी तथा स्थिर तरंगें दूर स्थान से गति करते हुए, क्योंकि इनकी उत्पत्ति भी दूर स्थित किसी बिंदु से होती हैं
- लहरों (तरंगों) की अधिकतम ऊँचाई वायु की तीव्रता द्वारा निर्धारित होती है अर्थात् वायु उस क्षेत्र की कितने समय तक एक दिशा में प्रवाहित हो रही है। यह स्थिति जितनी अधिक समय तक रहेगी लहर उतनी दूर तक जाएगी।

चेक प्वॉइंट 1

1. महासागरीय धारा और लहरें क्या हैं?
2. महासागरीय जल की ऊर्ध्वाधर गति को क्या नाम दिया गया हैं?
3. तरंग की महत्त्वपूर्ण विशेषताएँ बताइए।
4. तरंग को चलाने वाले एक बल का उल्लेख कीजिए।

2. ज्वारभाटा

- महासागरीय गतियों में तरंगों एवं धाराओं के अतिरिक्त ज्वार-भाटा (Tides) भी महत्त्वपूर्ण होते हैं। सूर्य तथा चंद्रमा की आकर्षण शक्तियों के कारण सागर के जल के नियतकालिक ऊपर उठने तथा गिरने को **ज्वारभाटा** कहा जाता है।
- ज्वारभाटा के कारण सागर का जल बहुत प्रभावित होता है। जलवायु संबंधी प्रभावों (वायु एवं वायुमंडलीय दाब में परिवर्तन) के कारण जल की गति को **महोर्मि** (Surge) कहा जाता है। ज्वारभाटा की तरह महोर्मि नियमित नहीं होते। आवृत्ति, परिणाम तथा ऊँचाई में भिन्नता के कारण ज्वारभाटाओं का स्थानिक एवं कालिक अध्ययन बहुत ही कठिन है।

ज्वारभाटा की उत्पत्ति के कारण

ज्वारभाटा की उत्पत्ति के निम्नलिखित कारण हैं

- चंद्रमा एवं सूर्य के गुरुत्वाकर्षण के साथ **अपकेंद्रीय बल**[4] भी ज्वारभाटा की उत्पत्ति में योगदान देता है, अपकेंद्रीय बल गुरुत्वाकर्षण को संतुलित भी करता है। अत: गुरुत्वाकर्षण बल तथा अपकेंद्रीय बल मिलकर पृथ्वी पर दो प्रकार के ज्वारभाटाओं को उत्पन्न करते हैं।

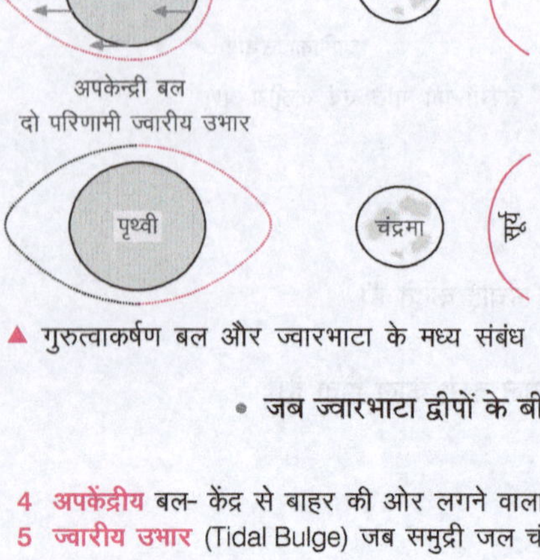

▲ गुरुत्वाकर्षण बल और ज्वारभाटा के मध्य संबंध

- चंद्रमा के सामने वाले पृथ्वी के भाग पर चंद्रमा के गुरुत्वाकर्षण के कारण ज्वार उत्पन्न होता है, जबकि विपरीत भाग पर चंद्रमा का गुरुत्वीय आकर्षण बल उसकी दूरी के कारण कम होता है, तब अपकेंद्रीय बल के कारण दूसरी ओर ज्वार उत्पन्न होता है। चंद्रमा का गुरुत्वीय आकर्षण तथा अपकेंद्रीय बल के बीच का अंतर ही ज्वार उत्पन्न करने वाला बल होता है।
- पृथ्वी के धरातल पर चंद्रमा के निकट वाले भागों में अपकेंद्रीय बल की अपेक्षा गुरुत्वाकर्षण बल अधिक होता है, इसलिए गुरुत्वाकर्षण बल चंद्रमा की ओर **ज्वारीय उभार**[5] का कारण बनता है।
- चंद्रमा का गुरुत्वाकर्षण पृथ्वी के दूसरी ओर अपकेंद्रीय बल की अपेक्षाकृत कम होता है, क्योंकि यह भाग चंद्रमा से अधिकतम दूरी पर है तथा यहाँ अपकेंद्रीय बल प्रभावशाली होता है, जिससे चंद्रमा से दूर दूसरा उभार पैदा होता है। इसका मुख्य कारण अपकेंद्रीय बल है।
- पृथ्वी के धरातल पर क्षैतिज ज्वार उत्पन्न करने वाले बल ऊर्ध्वाधर बलों से अधिक महत्त्वपूर्ण हैं, जिनसे ज्वारीय उभार उत्पन्न होते हैं।
- विस्तृत महाद्वीप मग्न तट पर अधिक ऊँचाई वाले ज्वारीय उभार आते हैं, लेकिन ज्वारीय उभार मध्य महासागरीय द्वीपों से टकराते हैं, तो ऊँचाई में अंतर आ जाता है।
- तटों के ज्वारनद एवं खाड़ियों की आकृतियाँ भी ज्वारभाटाओं की तीव्रता को बदल देते हैं। जब ज्वार शंक्वाकार खाड़ी में आता है, तो उसका परिणाम बदल जाता है।
- जब ज्वारभाटा द्वीपों के बीच से या खाड़ियों तथा ज्वारनद संगमों में से गुजरता है, तो उन्हें **ज्वारीय धारा** (Tidal Currents) कहते हैं।

4 **अपकेंद्रीय** बल- केंद्र से बाहर की ओर लगने वाला बल।
5 **ज्वारीय उभार** (Tidal Bulge) जब समुद्री जल चंद्रमा एवं सूर्य के गुरुत्वाकर्षण के कारण ऊपर उठता है, उसे ज्वारीय उभार कहते हैं।

कनाडा में फंडी की खाड़ी का ज्वारभाटा

कनाडा के नवास्कोशिया में स्थित फंडी की खाड़ी में विश्व का सबसे ऊँचा ज्वारभाटा आता है। वहाँ आने वाले ज्वारीय उभार की ऊँचाई 15 से 16 मी तक होती है। वहाँ दो उच्च एवं दो निम्न ज्वार प्रतिदिन आते हैं, इसका तात्पर्य है कि एक ज्वार 6 घंटे के अंतराल में आता है। लगभग 2.4 मी ऊँचाई तक ज्वारीय उभार एक घंटे में उठता है, जिससे यह अनुमान लगाया जा सकता है कि ज्वार प्रतिदिन 4 सेमी ज्यादा ऊपर की ओर उठता है।

ज्वारभाटा के प्रकार

ज्वार की आवृत्ति, दिशा एवं गति में भिन्नता पाई जाती हैं। यह भिन्नता स्थानीय एवं सामयिक होती है। ज्वारभाटाओं को उनकी ऊँचाई या उनकी बारंबारता (24 घंटे में या एक दिन में कितनी बार आता हैं।) के आधार पर वर्गीकृत किया जाता हैं

आवृत्ति के आधार पर ज्वारभाटा

आवृत्ति के आधार पर ज्वारभाटा को निम्नलिखित भागों में बाँटा गया है

(i) **अर्द्ध-दैनिक ज्वार** इसके अंतर्गत प्रत्येक दिन दो उच्च एवं निम्न ज्वार आते हैं, जो लगभग समान ऊँचाई के होते हैं। यह सबसे सामान्य ज्वारीय प्रक्रिया है।

(ii) **दैनिक ज्वार** इसमें प्रतिदिन केवल एक उच्च एवं एक निम्न ज्वार आते हैं, जिसकी ऊँचाई भी समान होती है।

(iii) **मिश्रित ज्वार** ऐसे ज्वार-भाटा जिनकी ऊँचाई में भिन्नता होती है, उसे मिश्रित ज्वार-भाटा कहते हैं। सामान्यत: ऐसे ज्वारभाटा उत्तरी अमेरिका के पश्चिमी तट एवं प्रशांत महासागर के द्वीप समूहों में उत्पन्न होते हैं।

सूर्य, चंद्रमा तथा पृथ्वी की स्थिति पर आधारित ज्वारभाटा

उच्च ज्वार की ऊँचाई पृथ्वी के सापेक्ष सूर्य तथा चंद्रमा की स्थिति के अनुसार घटती-बढ़ती है। इस आधार पर ही ज्वारभाटा को दो प्रकारों में विभाजित किया गया है

(i) **वृहत् ज्वार** (Spring Tides) ज्वार की ऊँचाई सूर्य, चंद्रमा एवं पृथ्वी की स्थिति से प्रत्यक्ष रूप से प्रभावित होती है। जब ये तीनों एक रेखा में स्थित होते हैं, तो ज्वारीय उभार अधिकतम होता है। इन्हें वृहत् ज्वारभाटा कहा जाता है। यह स्थिति महीने में दो बार पूर्णिमा एवं अमावस्या के दिन होती है।

(ii) निम्न ज्वार जब चंद्रमा एवं सूर्य एक-दूसरे के समकोण पर होते हैं, तो सूर्य एवं चंद्रमा के गुरुत्व बल एक-दूसरे के विरुद्ध कार्य करते हैं। यह स्थिति सप्तमी या अष्टमी (कृष्ण एवं शुक्ल दोनों पक्ष) में उत्पन्न होती है। फलस्वरूप निम्न ज्वार उत्पन्न होते हैं।

- वृहत् ज्वार के सात दिन बाद निम्न ज्वार की स्थिति उत्पन्न होती है। चंद्रमा पृथ्वी के सबसे नजदीक होता है, जिस कारणवश उसकी आकर्षण शक्ति अधिक है। चंद्रमा पृथ्वी के सबसे नजदीक महीने में एक बार होता है (उपभू), उस दौरान असामान्य रूप से उच्च एवं निम्न ज्वार उत्पन्न होता है। चंद्रमा का आकर्षण सूर्य के दोगुने से अधिक होते हुए भी यह बल सूर्य के गुरुत्वाकर्षण के समक्ष धूमिल हो जाता है। ज्वारीय क्रम भी इस समय सामान्य से अधिक होता है। **उप अपभू** दो सप्ताह के बाद जब चंद्रमा पृथ्वी से अधिकतम दूरी (अपभू) पर होता है। इस स्थिति में चंद्रमा का गुरुत्वाकर्षण सीमित होता है तथा ज्वारभाटा के क्रम उनकी औसत ऊँचाई से कम होते हैं।
- जब पृथ्वी सूर्य के निकटतम होती है, तब यह स्थिति **उपसौर** (Perihelion) कहलाती है। प्रत्येक वर्ष 3 **जनवरी** के आस-पास उच्च एवं निम्न ज्वारों के क्रम भी अधिक न्यून होते हैं।
- जब पृथ्वी सूर्य से सबसे दूर होती है, तो वह स्थिति **अपसौर** (Aphelion) कहलाती है। प्रत्येक वर्ष 4 **जुलाई** के आस-पास, ज्वार के क्रम औसत की अपेक्षा कम होते हैं।
- उच्च ज्वार के बाद जब जल-स्तर नीचे गिरता है तो उसे भाटा (Ebb) कहते हैं। उच्च ज्वार एवं निम्न ज्वार के बीच के समय जब ज्वार ऊपर चढ़ता है, तो उसे बहाव (Flow) या बाढ़ (Flood) कहा जाता है।

ज्वारभाटा का महत्त्व

ज्वारभाटा के महत्त्व को निम्न बिंदुओं द्वारा समाझ सकतें हैं

- ज्वारों का पूर्वानुमान पृथ्वी, चंद्रमा व सूर्य की स्थिति से लगाया जा सकता है।
- मछुआरे व नौसंचालक ज्वारभाटे की सहायता से समुद्र में मछली पकड़ने की कार्य योजना बनाते हैं, क्योंकि नौसंचालन में ज्वारीय प्रवाह का अत्यधिक महत्त्व होता है।
- ज्वार की ऊँचाई बहुत अधिक महत्त्वपूर्ण है, विशेषकर नदियों के किनारे वाले बंदरगाहों पर एवं **ज्वारनदमुख**[6] के अंदर, जहाँ प्रवेश द्वार पर छिछले रोधिका होते हैं, जो नौकाओं व जहाजों को पोताश्रय में प्रवेश करने से रोकते हैं।

6 **ज्वारनदमुख** (Estuary) जब नदियाँ बिना डेल्टा बनाए समुद्र में गिरें।

- तलछटों के डीसिल्टेशन (Sediments and Desilting) में भी ज्वारभाटा सहायता करता है तथा प्रदूषित जल को ज्वारनदमुख से बाहर कर समुद्र में बहाकर ले जाता है।
- फ्रांस, रूस, कनाडा व चीन में ज्वार से बिजली उत्पादन भी किया जाता है। भारत में भी पश्चिम बंगाल में सुंदरवन के दुर्गादुवानी में 3 मेगावाट का विद्युत संयंत्र लगाया जा रहा है।

चेक प्वॉइंट 2

1. महासागरों या समुद्रों में जल के ऊपर उठने एवं नीचे गिरने की गति को क्या कहा जाता है?
2. जब दो नॉट से कम वायु शांत जल पर बहती है, तो किस आकृति का निर्माण होता है?
3. युवा तरंगें किस प्रकार की होती हैं?
4. ज्वार-भाटा के लिए उत्तरदायी दो बलों के नाम बताइए
5. विश्व के सबसे ऊँची ज्वार -भाटा कहाँ उत्पन्न होती है

3. महासागरीय धाराएँ

महासागरों के एक भाग से दूसरे भाग की ओर निश्चित दिशा में जल के निरंतर प्रवाह को **महासागरीय धारा** (Ocean Current) कहते हैं। वस्तुतः **महासागरीय धाराएँ** स्थल पर बहने वाली नदियों के समान हैं, परंतु महासागरीय धाराएँ स्थलीय नदियों की अपेक्षा कहीं अधिक विशाल होती हैं तथा इनके जल का प्रवाह नियमित होता है। महासागरीय धाराएँ दो प्रकार के बलों से प्रभावित होती हैं

प्राथमिक बल

महासागरीय धाराओं को प्रभावित करने वाले प्राथमिक बल निम्नलिखित हैं

(i) **सौर ऊर्जा से जल का गर्म होना** सौर ऊर्जा से जल के गर्म होने के कारण महासागरीय जल का स्तर मध्य अक्षांशों की अपेक्षा विषुवत् वृत्त के पास 8 सेमी अधिक ऊँचा होता है यानि जल का फैलाव होता है, जिस कारण कम प्रवणता उत्पन्न होती है तथा जल का बहाव ढाल से नीचे की ओर होता है।

(ii) **वायु** प्रचलित पवनें सदा एक ही दिशा में चलती हैं। ये सागर के ऊपरी तल से गुजरते समय अपनी घर्षण शक्ति से जल को गतिमान करती हैं।

(iii) **कोरियोलिस बल** कोरियोलिस बल के कारण जल मुड़कर दीर्घ वृत्ताकार मार्ग का अनुसरण करता है, जिसे वलय (Gyres) कहते हैं। इन वलयों में जल का परिसरण उत्तरी गोलार्द्ध में घड़ी की सुइयों के अनुकूल तथा दक्षिणी गोलार्द्ध में घड़ी की सुइयों के प्रतिकूल होता है। इनके कारण सभी महासागरीय बेसिनों में वृहत वृत्ताकार धाराएँ उत्पन्न होती हैं।

(iv) **घनत्व** किसी पदार्थ के इकाई आयतन में उपस्थित पदार्थों की मात्रा को उस पदार्थ का घनत्व कहते हैं। महासागरीय जलधाराओं में ऊर्ध्वाधर गति भी उत्पन्न होती है, जिसे मुख्य रूप से जल का घनत्व प्रभावित करता है। जल के घनत्व को लवणता और तापमान भी प्रभावित करते हैं। अधिक खारा जल कम खारे जल की अपेक्षा अधिक सघन होता है। इसी प्रकार ठंडा जल गर्म जल की अपेक्षा सघन होता है। सघन जल नीचे बैठने की प्रवृत्ति रखता हैं, जबकि हल्का जल ऊपर उठने की प्रवृत्ति रखता है। जब ध्रुवों के पास ठंडा जल नीचे बैठता है, तो महासागरीय धारा उत्पन्न हो जाती है, जो धीरे-धीरे विषुवत् वृत्त की ओर गति करने लगती है। गर्म जलधाराएँ विषुवत् वृत्त से ध्रुवों की ओर प्रवाहित होने लगती हैं और ठंडे जल का स्थान ले लेती हैं।

द्वितीयक बल

- पानी के घनत्व में अंतर, महासागरीय जलधाराओं के ऊर्ध्वाधर गति को प्रभावित करता है।
- अधिक खारा जल निम्न खारे जल की अपेक्षा अधिक सघन होता है तथा इसी प्रकार ठंडा जल, गर्म जल की अपेक्षा अधिक सघन होता है।
- सघन जल नीचे बैठता है, जबकि हल्के जल की प्रवृत्ति ऊपर उठने की होती है।
- ठंडे जल वाली **महासागरीय धाराएँ**[7] तब उत्पन्न होती हैं, जब ध्रुवों के पास वाला जल नीचे बैठता है एवं धीरे-विषुवत् वृत्त की ओर गति करता है।
- गर्म जलधाराएँ विषुवत से सतह के साथ होते हुए ध्रुवों की ओर जाती हैं और ठंडे जल का स्थान लेती हैं।

7 महासागरीय धाराएँ (Ocean currents) एक निश्चित दिशा में बहुत अधिक दूरी तक महासागरीय जल की एक राशि के प्रवाह को महासागरीय धाराएँ कहते हैं।

महासागरीय धाराओं की विशेषताएँ

महासागरीय धाराओं की विशेषताएँ निम्नलिखित हैं

- धाराओं की जानकारी उनकी गति से होती है। सतह के निकट धाराएँ शक्तिशाली होती हैं, जिसकी गति 5 नॉट से अधिक होती है।
- गहराई बढ़ने के साथ धाराओं की गति कम हो जाती है, जिसकी गति 0.5 नॉट से भी कम होती है। किसी धारा की गति का ज्ञान उसके प्रवाह (Drift) के रूप में होता है, जिसको नॉट में मापा जाता है।
- धारा की शक्ति का संबंध धारा की गति से होता है।

महासागरीय धाराओं के प्रकार

महासागरीय धाराओं को उनकी **गहराई** व तापमान के आधार पर वर्गीकृत किया जाता है।

गहराई के आधार पर महासागरीय धाराएँ दो प्रकार की होती हैं

(i) **ऊपरी अथवा सतही जलधारा** महासागरीय जल की सतह पर चलने वाली धारा को ऊपरी या **सतही जलधारा** कहते हैं, जो पूरे सागरीय जल का 10% भाग है। ये धाराएँ 400 मी की गहराई तक महासागरों में उपस्थित हैं।

(ii) **गहरी जलधारा** महासागरीय जल की तली में चलने वाली जलधारा को **गहरी जलधारा** कहते हैं, जो पूरे महासागरीय जल का 90% भाग है। ये जलधाराएँ महासागरों में घनत्व व गुरुत्व भिन्नता के कारण बहती हैं। गहरी जलधाराएँ उच्च अक्षांशीय क्षेत्रों में जहाँ तापमान कम होने के कारण घनत्व अधिक होता है, वहाँ बहती हैं, क्योंकि यहाँ अधिक घनत्व के कारण पानी नीचे की ओर बैठता है।

तापमान के आधार पर

- तापमान के आधार पर महासागरीय धाराएँ दो प्रकार की होती है

(i) **गर्म जलधाराएँ** निम्न व मध्य अक्षांशीय क्षेत्रों में गर्म जलधाराएँ महाद्वीपों के पूर्वी तटों (दोनों गोलार्द्धों के निम्न व मध्य अक्षांशीय क्षेत्रों में) पर बहती हैं और गर्म जल को इन क्षेत्रों में पहुँचाती हैं। साथ ही यह गर्म जलधारा उत्तरी गोलार्द्ध में उच्च अक्षांश में पहुँचती हैं, तब महाद्वीप के पश्चिमी तट पर बहनें लगती हैं।

(ii) **ठंडी जलधाराएँ** निम्न व मध्य अक्षांशों में महाद्वीपों के पश्चिमी तट पर बहती हैं और ठंडे जल को गर्म जल क्षेत्रों में पहुँचाती हैं। ऐसा दोनों गोलार्द्धों में निम्न व मध्य अक्षांशीय क्षेत्रों में होता है। जब ठंडी जलधारा उत्तरी गोलार्द्ध में उच्च अक्षांश में पहुँचती हैं, तब महाद्वीपों के पूर्वी तट पर बहनें लगती है।

प्रमुख महासागरीय धाराएँ

- महासागरीय धाराओं की उत्पत्ति में पवनों और कोरियोलिस बल का अत्यधिक प्रभाव होता है, इसलिए इनकी दिशाओं एवं वेग पर इनका प्रभाव पड़ता है।
- महासागरीय धाराओं का प्रवाह वायुमंडलीय प्रवाह जैसा ही है। उदाहरणस्वरूप मध्य अक्षांशीय क्षेत्रों में महासागरों पर वायु प्रतिचक्रवात के रूप में बहती है, उसी प्रकार महासागरीय धाराओं का भी प्रवाह होता है।
- इसे उत्तरी गोलार्द्ध की अपेक्षा दक्षिणी गोलार्द्ध में अधिक स्पष्ट रूप में देखा जा सकता है। उच्च अक्षांशीय क्षेत्रों में महासागरीय धाराओं का परिसंचरण चक्रवात के वायु प्रवाह का अनुसरण करता है। इसी प्रकार मानसूनी क्षेत्रों की धाराएँ भी मानसूनी पवनों का अनुसरण करती हैं।
- निम्न अक्षांशों में कोरियोलिस बल के प्रभाव के कारण विषुवत् रेखा से ध्रुवों की ओर बहने वाली गर्म जलधाराएँ उत्तरी गोलार्द्ध में अपने बाईं ओर तथा दक्षिणी गोलार्द्ध में अपने दाईं ओर मुड़ जाती हैं।
- गर्म महासागरीय जलधाराएँ भी वायुमंडलीय प्रवाह की तरह गर्म निम्न अक्षांशों से ऊष्मा को शीत ध्रुवों की ओर स्थानांतरित करती हैं, जबकि शीत धाराएँ शीत ध्रुवीय अक्षांशों से निम्न अक्षांशों की ओर ऊष्मा को स्थानांतरित करती हैं। आर्कटिक व अंटार्कटिक क्षेत्रों की ठंडी जलधाराएँ **उष्णकटिबंधीय** व विषुवतीय क्षेत्रों की ओर तथा गर्म जलधाराएँ ध्रुवों की ओर प्रवाहित होती हैं।

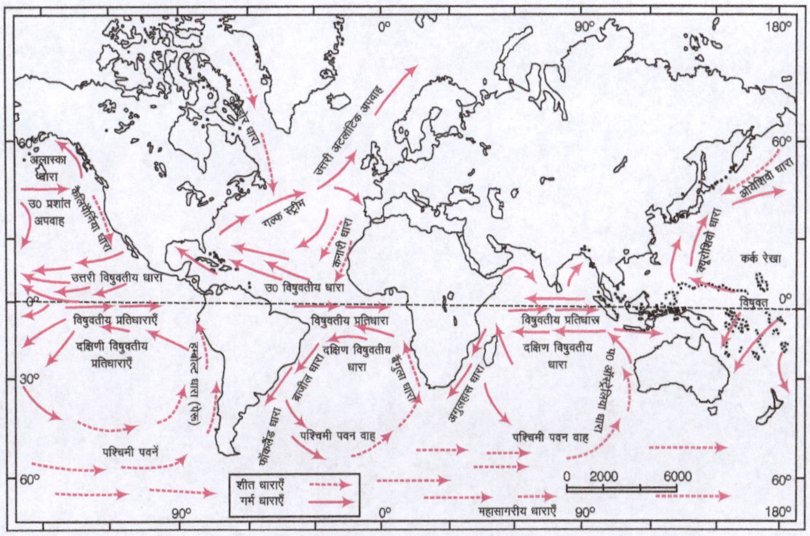

▲ महासागरों में प्रमुख धाराएँ

महासागरीय धाराओं के प्रभाव

- महासागरीय धाराएँ मानवीय क्रियाओं को प्रत्यक्ष व अप्रत्यक्ष रूप से प्रभावित करती हैं। विषुवतीय क्षेत्रों को छोड़कर उष्ण व उपोष्ण कटिबंधीय क्षेत्रों में ठंडी जलधाराएँ महाद्वीपों के पश्चिमी तट पर बहती हैं, वहाँ का औसत तापमान अपेक्षाकृत कम रहता है साथ ही दैनिक और वार्षिक तापांतर भी कम होता है। इन शुष्क प्रदेशों में कोहरे की स्थिति उत्पन्न हो जाती है।
- महाद्वीपों के पश्चिमी तट पर मध्य एवं उच्च अक्षांशों में गर्म जलधाराएँ बहती हैं, जिस कारण इन क्षेत्रों में एक अलग तरह की महासागरीय जलवायु (Marine Climate) पाई जाती है। इन क्षेत्रों में शीतऋतु मृदु और ग्रीष्म ऋतु अपेक्षाकृत कम गर्म होती है।
- महाद्वीपों के पूर्वी तटों के समानांतर बहने वाली गर्म जलधाराओं के कारण उष्ण व उपोष्ण कटिबंधों में वार्षिक तापांतर कम होता है। गर्म धाराओं के परिणामस्वरूप ही इन क्षेत्रों में जलवायु गर्म व आर्द्र होती है। ये क्षेत्र उपोष्ण कटिबंध के प्रतिचक्रवातीय क्षेत्रों के पश्चिमी किनारों पर स्थित हैं, जहाँ गर्म एवं ठंडी जलधाराएँ मिलती हैं, वहाँ ऑक्सीजन की आपूर्ति प्लैंकटन[8] (मछलियों का प्रमुख भोजन) की वृद्धि में सहायक होती है। विश्व के प्रमुख मत्स्य क्षेत्र गर्म व ठंडी जलधारा वाले क्षेत्रों में पाए जाते हैं।

चेक प्वॉइंट 3

1. महासागरीय धाराओं को प्रभावित करने वाली शक्तियाँ कौन-सी हैं?
2. समुद्री धारा की गति मापने की इकाई क्या है?
3. समुद्री जल की गति को प्रभावित करने वाले एक प्राथमिक कारक का उल्लेख कीजिए।

8 **प्लैंक्टन** जहाँ गर्म व ठंडी जलधाराएँ मिलती हैं, वहाँ ऑक्सीजन की आपूर्ति प्लैंकटन बढ़ोतरी में सहायक होती हैं, जो मछलियों का प्रमुख भोजन है।

Mind Map

महासागरीय जल संचलन

1 तरंगें

- जल की क्षैतिज गति तरंग कहलाती है।
- तरंग की उत्पत्ति को उसकी आकृति और आकार का निरीक्षण करके समझा जा सकता है ।

तरंगों की विशेषताएँ

- **तरंग शिखर और तरंग गर्त** तरंग का सबसे ऊँचा और सबसे निचला बिंदु।
- **तरंग दैर्ध्य** दो लगातार शिखरों या गर्तों के बीच की क्षैतिज दूरी।
- **तरंग आवृत्ति** किसी बिंदु से एक सेकंड में गुजरने वाली तरंगों की संख्या।
- **तरंग ऊँचाई** गर्त के निचले भाग से शिखर के ऊपर भाग तक की लंबवत दूरी
- **तरंग गति** किसी निश्चित समय अंतराल में तरंग द्वारा तय की गई दूरी, इसे नॉट में मापा जाता है।
- **तरंग आयाम** यह तरंग की ऊँचाई का आधा होता है।

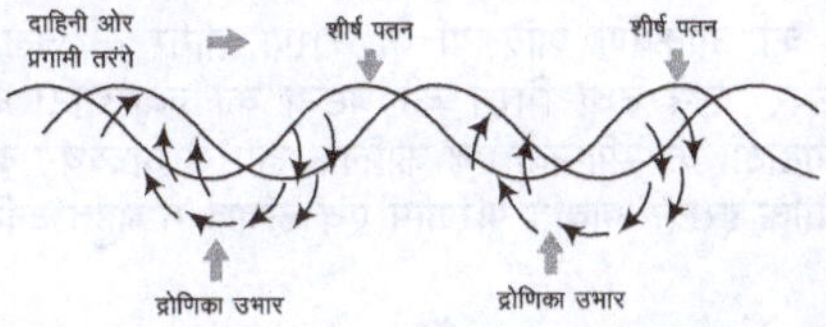

2 ज्वार-भाटा

- समुद्र के जल स्तर में होने वाली नियमित वृद्धि और गिरावट को ज्वार-भाटा कहते हैं।
- यह चंद्रमा और सूर्य के गुरुत्वाकर्षण बल के कारण उत्पन्न होता है।

ज्वार भाटा के प्रकार

आवृत्ति पर आधारित ज्वार भाटा

- **अर्द्ध दैनिक ज्वार** प्रतिदिन दो उच्च ज्वार और दो निम्न ज्वार आते हैं।
- **दैनिक ज्वार** प्रतिदिन केवल एक उच्च ज्वार और एक निम्न ज्वार आता है।
- **मिश्रित ज्वार** इनमें ज्वार की ऊँचाई में भिन्नता होती है।

सूर्य, चंद्रमा और पृथ्वी की स्थिति के आधार पर

- **वृहत् ज्वार** जब सूर्य, चंद्रमा और पृथ्वी एक सीधी रेखा में होते हैं, तब यह ज्वार उत्पन्न होता है।
- **निम्न ज्वार** जब सूर्य और चंद्रमा एक-दूसरे के समकोण पर होते हैं और उनके गुरुत्वाकर्षण बल एक-दूसरे को संतुलित करते हैं, तब यह ज्वार उत्पन्न होता है।
- **उपभू** महीने में एक बार जब चंद्रमा पृथ्वी के सबसे नजदीक होता है, तो उसे उपभू कहा जाता है ।
- **अपभू** जब चंद्रमा पृथ्वी से अधिकतम दूरी पर होता है, तो उसे अपभू कहा जाता है।

3 महासागरीय धाराएँ

- बड़ी मात्रा में जल का एक निश्चित मार्ग और दिशा में प्रवाहित होना।

महासागरीय धाराओं को प्रभावित करने वाले बल

प्राथमिक बल

- सौर ऊर्जा से जल का गर्म होना
- वायु
- गुरुत्वाकर्षण
- कोरिऑलिस बल

द्वितीय बल

- तापमान का अंतर
- लवणता का अंतर

महासागरीय धाराओं के प्रकार

गहराई के आधार पर

- **ऊपरी जलधारा** यह महासागर के कुल जल का लगभग 10% भाग बनाती है।
- **गहरी जलधारा** यह महासागर के कुल जल का लगभग 90% भाग बनाती है।

तापमान के आधार पर

- **ठंडी जलधाराएँ** ये निम्न और मध्य अक्षांशों के महाद्वीपों के पश्चिमी तट तथा उच्च अक्षांशों में महाद्वीपों के पूर्वी तट पर पाई जाती हैं; जैसे-बेंगुला धारा, लैब्रेडोर धारा।
- **गर्म जलधाराएँ** ये निम्न और मध्य अक्षांशों में महाद्वीपों के पूर्वी तट पर पाई जाती हैं; जैसे-गल्फ स्ट्रीम, क्यूरोशिवो धारा।

महासागरीय धाराओं के प्रभाव

- ठंडी धाराएँ, जो उष्णकटिबंधीय और उपोष्णकटिबंधीय क्षेत्रों में महाद्वीपों के पश्चिमी तट पर पाई जाती हैं, जो कोहरा लाती हैं और क्षेत्रों को शुष्क बना देती हैं।
- गर्म धाराएँ, जो मध्य और उच्च अक्षांशों के महाद्वीपों के पश्चिमी तटों पर पाई जाती हैं, ग्रीष्मऋतु को अपेक्षाकृत कम गर्म और शीत ऋतु को हल्का (मृदु) बनाती हैं।
- जब गर्म धाराएँ उष्णकटिबंधीय या उपोष्णकटिबंधीय अक्षांशों में महाद्वीपों के पूर्वी तटों के समानांतर प्रवाहित होती हैं, तो वे क्षेत्र में गर्म और वर्षा युक्त जलवायु लाती हैं।
- जहाँ गर्म व ठंडी जलधाराएँ मिलती हैं वहाँ ऑक्सीजन की आपूर्ति प्लैंकटन बढ़ोतरी में सहायक होती है।

NCERT फोल्डर

अध्याय के मध्य में दिए गए प्रश्न

1. प्रशांत, अटलांटिक और हिंद महासागर में बहने वाली धाराओं की सूची बनाइए। प्रचलित पवन धाराओं की गति को किस प्रकार प्रभावित करती है?

उत्तर प्रशांत, अटलांटिक और हिंद महासागर में बहने वाली धाराओं की सूची इस प्रकार है

1. **प्रशांत महासागर**
   - क्यूरोशिवो धारा
   - कैलीफोर्निया धारा
   - उत्तर विषुवतीय धारा
   - दक्षिण भूमध्यीय धारा
   - पेरु (हंबोल्ट) धारा
2. **अटलांटिक महासागर**
   - गल्फ स्ट्रीम
   - लैब्राडोर धारा
   - कनारी धारा
   - ब्राजील धारा
3. **हिंद महासागर**
   - अगुलहास धारा
   - पश्चिम ऑस्ट्रेलियाई धारा
   - सोमालिया धारा

प्रचलित पवनें महासागरीय धाराओं की दिशा और गति को प्रमुख रूप से प्रभावित करती हैं।

(i) **उत्तरी गोलार्द्ध** यहाँ पश्चिमी पवनें, जैसे पश्चिमी वायु प्रवाह धाराओं को घड़ी की दिशा में घुमाती हैं। उदाहरण - गल्फ स्ट्रीम और क्यूरोशिवो धारा।

(ii) **दक्षिणी गोलार्द्ध** यहाँ पवनें धाराओं को घड़ी की विपरीत दिशा में घुमाती हैं। उदाहरण - पश्चिमी ऑस्ट्रेलियाई धारा।

इस प्रकार पवनें महासागरीय धाराओं के गठन और उनके प्रवाह पर गहरा प्रभाव डालती हैं।

गए चार विकल्पों में से सही उत्तर चुनिए

नीचे दिए प्रश्नों के उत्तर संक्षेप में दीजिए

1. महासागरीय जल के ऊपर एवं नीचे गति किससे संबंधित है?

(a) ज्वार (b) तरंग
(c) धाराएँ (d) इनमें से कोई नहीं

उत्तर *(a)* ज्वार

2. वृहत् ज्वार आने का क्या कारण है?

(a) सूर्य और चंद्रमा का पृथ्वी पर एक दिशा में गुरुत्वाकर्षण बल
(b) सूर्य और चंद्रमा द्वारा एक-दूसरे की विपरीत दिशा से पृथ्वी पर गुरुत्वाकर्षण बल
(c) तटरेखा का दंतुरित होना
(d) उपरोक्त में से कोई नहीं

उत्तर *(a)* सूर्य और चंद्रमा का पृथ्वी पर एक ही दिशा में गुरुत्वाकर्षण बल

3. पृथ्वी तथा चंद्रमा की न्यूनतम दूरी कब होती है?

(a) अपसौर (b) उपसौर (c) उपभू (d) अपभू

उत्तर *(c)* उपभू

4. पृथ्वी उपसौर की स्थिति कब होती है?

(a) अक्टूबर (b) जुलाई (c) सितंबर (d) जनवरी

उत्तर *(d)* जनवरी

निम्नलिखित प्रश्नों के उत्तर लगभग 30 शब्दों में दीजिए

1. तरंगें क्या हैं?

उत्तर तरंगें (Waves) जल न होकर ऊर्जा का एक रूप है, जो महासागरीय सतह (Ocean Surface) के आर-पार गति करती हैं। जब वायु महासागरीय सतह पर गति करती है, तो उससे ऊर्जा पाकर जल के कण छोटे वृत्ताकार रूप में गति करने लगते हैं, जिसे तरंग कहते हैं।

2. महासागरीय तरंगें ऊर्जा कहाँ से प्राप्त करती हैं?

उत्तर तरंगें एक ऊर्जा वायु से प्राप्त करती हैं, जो महासागर सतह पर गति करती हैं। वायु के कारण तरंगें महासागर में गति करती हैं अतः महासागरीय तरंगें वायु से ऊर्जा प्राप्त करती हैं।

3. ज्वारभाटा क्या है?

उत्तर सूर्य तथा चंद्रमा की आकर्षण शक्तियों के कारण सागर के जल के नियतकालिक ऊपर उठने तथा गिरने की घटना को ज्वारभाटा कहा जाता है। ज्वार भाटाओं का सीनिक एवं कालिक रूप से अध्ययन बहुत ही कठिन है, क्योंकि इसके आवृति परिणाम एवं ऊँचाई में बहुत अधिक भिन्नता होती है।

4. ज्वारभाटा उत्पन्न होने के क्या कारण हैं?

उत्तर इसके उत्पन्न होने का महत्त्वपूर्ण कारण अपकेंद्रीय बल है, जो कि गुरुत्वाकर्षण को संतुलित करता है। गुरुत्वाकर्षण बल तथा अपकेंद्रीय बल दोनों मिलकर पृथ्वी पर दो महत्त्वपूर्ण ज्वार भाटाओं को उत्पन्न करते हैं।

5. ज्वारभाटा नौसंचालन से कैसे संबंधित है?

उत्तर ज्वारभाटाओं के कारण छिछले सागर या संकीर्ण सागर में बड़े-बड़े जहाज अपने पोताश्रय पर आसानी से पहुँच जाते हैं, क्योंकि ज्वार के समय यहाँ पर पानी का बहाव अधिक हो जाता है।

निम्नलिखित प्रश्नों के उत्तर लगभग 150 शब्दों में दीजिए

1. जलधाराएँ तापमान को कैसे प्रभावित करती हैं? उत्तर-पश्चिम यूरोप के तटीय क्षेत्रों के तापमान को ये किस प्रकार प्रभावित करती हैं?

उत्तर महासागरीय जलधाराएँ तापमान को दो प्रकार से प्रभावित करती हैं, क्योंकि महासागरों में ठंडी एवं गर्म जलधाराएँ विभिन्न प्रदेशों या क्षेत्रों में प्रवाहित होती हैं। इसका सबसे अधिक प्रभाव महासागरों के तटीय भागों में देखा जा सकता है

(i) ठंडी जलधाराओं का प्रभाव उष्ण व उपोष्ण कटिबंधीय क्षेत्रों में ठंडी जलधाराएँ महाद्वीपों के पश्चिमी तट पर बहती हैं, वहाँ का तापमान अपेक्षाकृत कम रहता है। इन शुष्क प्रदेशों में कोहरे की स्थिति बन जाती है। महाद्वीपों के पश्चिमी तट पर मध्य एवं उच्च अक्षांशों में गर्म जलधाराएँ बहती हैं, जिस कारण इन क्षेत्रों में महासागरीय जलवायु पाई जाती है।

(ii) गर्म जलधाराओं का प्रभाव गर्म धाराएँ जिन क्षेत्रों में चलती हैं, वहाँ का तापमान अधिक तथा जिन क्षेत्रों में ठंडी धाराएँ चलती हैं, वहाँ का तापमान कम होता है।
उत्तर-पश्चिम यूरोप के तटीय क्षेत्रों में गल्फ स्ट्रीम गर्म धारा बहती है और यहाँ के तापमान को ऊँचा बनाए रखती है। गल्फ स्ट्रीम धारा के कारण उत्तर-पश्चिम यूरोप के तट पर मत्स्य उद्योग अधिक विकसित है। चूँकि इस धारा के माध्यम से यहाँ प्लैंकटन नामक घास पाई जाती है, जो मछलियों का प्रमुख भोजन है, वहीं इसके विपरीत एलनिनो के कारण पेरू तट पर प्लैंकटन नामक घास कमी पाई जाती है, जिससे यहाँ मछलियाँ मरने लगती है।

2. जलधाराएँ कैसे उत्पन्न होती हैं?

उत्तर जलधाराएँ, महासागरों के एक भाग से दूसरे भाग की ओर निश्चित दिशा में जल का निरंतर प्रवाह होता है। जलधाराओं के उत्पन्न होने के निम्नलिखित कारक हैं

(i) **सौर ऊर्जा से जल का गर्म होना** सौर ऊर्जा से जल के गर्म होने के कारण महासागरीय जल का स्तर मध्य अक्षांशों की अपेक्षा विषुवत् वृत्त के पास 8 सेमी अधिक ऊँचा होता है, जिस कारण कम प्रवणता उत्पन्न होती है तथा जल का बहाव ढाल से नीचे की ओर होता है।

(ii) **वायु** प्रचलित पवनें सागर के ऊपरी तल से गुजरते समय अपनी घर्षण शक्ति से जल को गतिमान करती हैं। धाराओं के उत्पन्न होने का सबसे बड़ा कारण प्रचलित पवनें हैं। उष्णकटिबंध में कर्क और मकर रेखा के बीच सन्मार्गी पवनें चलती हैं। इनकी दिशा पूर्वी होती है, इसलिए भूमध्य रेखा के उत्तर व दक्षिण की ओर धाराएँ पूर्व से पश्चिम की ओर चलती हैं। शीतोष्ण कटिबंध में पछुआ पवनें पश्चिम की ओर चलती हैं। अतः इस कटिबंध में धाराएँ पश्चिम से पूर्व की ओर चलती हैं।

(iii) **कोरिओलिस बल** इस बल के कारण जल मुड़कर दीर्घ वृत्ताकार मार्ग का अनुसरण करता है, जिसे वलय कहते हैं। इन वलयों में जल का परिसरण उत्तरी गोलार्द्ध में घड़ी की सुइयों के अनुकूल तथा दक्षिणी गोलार्द्ध में घड़ी की सुइयों के प्रतिकूल होता है।

(iv) **गुरुत्वाकर्षण** सागरीय जल गुरुत्वाकषण के कारण नीचे बैठता है, जिसके फलस्वरूप जलदाब प्रवणता में भिन्नता आ जाती है, जिससे महासागरीय जल में गति आ जाती है।

अभ्यास प्रश्न

वस्तुनिष्ठ प्रश्न

बहुविकल्पीय प्रश्न

1. निम्नलिखित में से किस कारण से तरंगें महासागर में प्रवाहित होती हैं?

(a) तापमान (b) वर्षा
(c) हवा (d) घर्षण बल

उत्तर *(c)* **हवा**

2. गुरुत्वाकर्षण बल के कारण तरंगें किस दिशा में प्रवाहित होती हैं?

(a) आगे की ओर (b) ऊपर की ओर
(c) नीचे की ओर (d) इनमें से कोई नहीं

उत्तर *(c)* नीचे की ओर

3. किसी तरंग का उच्चतम बिंदु कहलाता है

(a) गर्त (b) गॉर्ज
(c) सर्ज (d) शिखर

उत्तर *(d)* शिखर

4. एक जगह से दूसरी जगह पर ज्वारभाटा में अंतर को किस प्रकार से निर्धारित किया जाता है?

(a) पृथ्वी से चंद्रमा एवं सूर्य की स्थितियों में अंतर
(b) जलराशियों का असमान वितरण
(c) महासागरों की आकृति एवं विस्तार में विषमता
(d) उपरोक्त सभी

उत्तर *(d)* उपरोक्त सभी

5. पृथ्वी के धरातल पर चंद्रमा के निकट वाले भागों में अपकेंद्रीय बल की अपेक्षा कौन-सा बल अधिक कार्यशील रहता है?

(a) गुरुत्वाकर्षण बल (b) अभिकेंद्रीय बल
(c) घर्षण बल (d) समानांतर बल

उत्तर *(a)* गुरुत्वाकर्षण बल

6. जब ज्वारभाटा द्वीपों के बीच से या खाड़ियों तथा ज्वारनद संगमों में से गुजरता है, तो उसे क्या कहा जाता है?

(a) महासागरीय धारा (b) ज्वारीय धारा
(c) महासागरीय तरंग (d) महासागरीय गति

उत्तर *(b)* ज्वारीय धारा

7. वैसे ज्वार, जिसमें प्रतिदिन केवल एक उच्च एवं एक निम्न ज्वार आते हैं और जिनकी ऊँचाई भी समान होती है, उसे कहा जाता है

(a) मिश्रित ज्वार (b) दैनिक ज्वार
(c) अर्द्ध-दैनिक ज्वार (d) वार्षिक ज्वार

उत्तर *(b)* दैनिक ज्वार

8. सूर्य, चंद्रमा एवं पृथ्वी की स्थिति जब एक सीध में होती है, तो ······· आने की संभावना रहती है।

(a) निम्न ज्वारभाटा (b) दैनिक ज्वारभाटा
(c) उच्च ज्वारभाटा (d) महासागरीय ज्वारभाटा

उत्तर *(c)* उच्च ज्वारभाटा

9. जब सूर्य एवं चंद्रमा एक-दूसरे के समकोण पर होते हैं, तो किस प्रकार के ज्वार की उत्पत्ति होती है?

(a) उच्च ज्वार (b) निम्न ज्वार
(c) 'a' और 'b' दोनों (d) चक्रवातीय ज्वार

उत्तर *(b)* निम्न ज्वार

10. महासागरों के एक भाग से दूसरे भाग की ओर निश्चित दिशा में जल के निरंतर प्रवाह को क्या कहा जाता है?

(a) महासागरीय धाराएँ (b) ज्वारभाटा का संचलन
(c) स्थलीय वायु प्रवाह (d) प्रतिचक्रवात की गति

उत्तर *(a)* महासागरीय धाराएँ

11. महासागरीय धाराओं की उत्पत्ति, दिशा व गति को कौन-सा कारक प्रभावित करता है?

(a) गुरुत्वाकर्षण बल
(b) कोरियोलिस बल
(c) सौर ऊर्जा द्वारा जल का गर्म होना
(d) उपरोक्त सभी

उत्तर *(d)* उपरोक्त सभी

12. निम्नलिखित में से कौन-सा कथन पवन के संदर्भ में सही है?

दक्षता आधारित प्रश्न

1. महासागरीय धाराओं के उत्पन्न होने का सबसे बड़ा कारण प्रचलित पवनें हैं।
2. शीतोष्ण कटिबंध में पछुआ पवनें भी चलती हैं।
3. कर्क और मकर रेखा के बीच ध्रुवीय पवनें प्रवाहित होती हैं।
4. शीतोष्ण कटिबंध में धाराएँ पूर्व से पश्चिम की ओर चलती हैं।

कूट

(a) केवल 1 (d) 2 और 3 (c) 1 और 3 (b) केवल 4

उत्तर *(a)* केवल 1

13. गर्म जलधाराओं के विषय में कौन-सा कथन सही नहीं है?

1. गर्म धाराएँ प्रवाहित क्षेत्रों में तापमान को बढ़ा देती हैं
2. गल्फ स्ट्रीम एक गर्म जलधारा है
3. गर्म जलधारा के कारण प्लैंकटन नामक घास समाप्त हो जाती है
4. उत्तर-पश्चिम यूरोप के तटीय भागों में गर्म जलधारा बहती है

कूट

(a) केवल 2 (b) केवल 3 (c) केवल 4 (d) 1 और 4

उत्तर *(b)* केवल 3

14. मिश्रित ज्वार के संबंध में कौन-सा कथन सही नहीं है?

1. मिश्रित ज्वारभाटा में ऊँचाई में भिन्नता देखने को मिलती है।
2. मिश्रित ज्वारभाटा में चंद्रमा और सूर्य एक-दूसरे के समकोण पर होते हैं।
3. यह ज्वार भाटा आवृत्ति पर आधारित ज्वार-भाटा का प्रकार नहीं है।
4. ये ज्वारभाटा सामान्यतः उत्तरी अमेरिका के पश्चिमी तट एवं प्रशांत महासागर के बहुत-से द्वीप समूहों पर उत्पन्न होते हैं।

कूट

(a) 1 और 4 (b) केवल 2 (c) 2 और 3 (d) केवल 4

उत्तर (c) 2 और 3

15 निम्न ज्वार के संदर्भ में निम्नलिखित कथनों में से कौन-से कथन सही हैं?

1. इसकी उत्पत्ति चंद्रमा एवं सूर्य की स्थिति समकोणीय होने पर होती है।
2. यह मुख्यतः सप्तमी एवं नवमी को होता है।
3. इसकी औसत ऊँचाई सामान्य उच्च ज्वार से ज्यादा होती है।
4. सूर्य एवं चन्द्रमा के गुरुत्व बल एक-दूसरे के विरुद्ध कार्य करते हैं।

कूट

(a) 1, 2 और 3 (b) 2, 3 और 4
(c) 1, 2 और 3 (d) 1, 3 और 4

उत्तर (d) 1, 3 और 4

16. महासागरीय जल की गति को कौन-कौन से कारक प्रभावित करते हैं?

1. तापमान 2. लवणता
3. घनत्व

कूट

(a) केवल 1 (b) 2 और 3
(c) 1 और 2 (d) 1, 2 और 3

उत्तर *(d)* 1, 2 और 3

17. उत्तरी अटलांटिक महासागर में प्रवाहित होने वाली धाराओं को उत्तर से दक्षिण के क्रम में व्यवस्थित करें

1. उत्तरी विषुवतीय धारा 2. गल्फ स्ट्रीम
3. उत्तरी अटलांटिक प्रवाह 4. कनारी धारा

कूट

(a) 1, 2, 3, 4 (b) 2, 3, 4, 1 (c) 3, 2, 4, 1 (d) 4, 2, 3, 1

उत्तर *(c)* 3, 2, 4, 1

18. दक्षिणी अटलांटिक महासागर में प्रवाहित होने वाली धाराओं को एक क्रम में व्यवस्थित करें

1. बेंगुएला धारा 2. ब्राजील धारा
3. दक्षिण-विषुवतीय धारा 4. पश्चिमी पवन प्रवाह

कूट

(a) 1, 2, 3, 4 (b) 4, 3, 2, 1
(c) 3, 2, 4, 1 (d) 2, 4, 1, 3

उत्तर *(c)* 3, 2, 4, 1

19. आवृत्ति के आधार पर ज्वारभाटों को विभाजित किया गया है। दिए गए कथन के अनुसार सही प्रकार का चयन करें।

'जब किसी क्षेत्र में एक चंद्र दिवस में दो उच्च और दो निम्न ज्वार आते हैं, लेकिन इनकी ऊँचाई में काफी भिन्नता होती है। इन ज्वारों को ओवरटाइड भी कहा जाता है। सामान्यतः ऐसे ज्वार उत्तरी अमेरिका के पश्चिमी तट एवं प्रशांत महासागर के द्वीप समूहों में उत्पन्न होते हैं।

दक्षता आधारित प्रश्न

(a) अर्द्ध-दैनिक ज्वार
(b) दैनिक ज्वार
(c) मिश्रित ज्वार
(d) निम्न ज्वार

उत्तर (c) मिश्रित ज्वार

20. सूची I को सूची II से सुमेलित कीजिए

सूची I (महासागर)		सूची II (ठंडी धारा)
A. उत्तरी अटलांटिक महासागर	1.	कनारी धारा
B. दक्षिणी प्रशांत महासागर	2.	हम्बोल्ट धारा
C. दक्षिणी अटलांटिक महासागर	3.	बेंगुएला धारा
D. उत्तरी प्रशांत महासागर	4.	ओयाशियो धारा

कूट

	A	B	C	D		A	B	C	D
(a)	1	2	3	4	(b)	2	3	4	1
(c)	3	4	2	1	(d)	4	3	2	1

उत्तर (a) 1 2 3 4

21. सूची I को सूची II से सुमेलित कीजिए *दक्षता आधारित प्रश्न*

सूची I		सूची II
A. उपभू	1.	जब चाँद पृथ्वी से सबसे दूर होता है।
B. अपभू	2.	जब चाँद पृथ्वी के सबसे निकट होता है।
C. उपसौर	3.	जब पृथ्वी, सूर्य से अधिकतम दूरी पर हो।
D. अपसौर	4.	जब पृथ्वी सूर्य से निकटतम दूरी पर हो

कूट

	A	B	C	D		A	B	C	D
(a)	1	2	3	4	(b)	2	1	4	3
(c)	2	4	3	1	(d)	1	3	4	2

उत्तर *(b)* 2 1 4 3

22. निम्नलिखित में से कौन-सा युग्म सही सुमेलित नहीं है?

(a) अर्द्ध दैनिक ज्वार — प्रत्येक दिन एक उच्च ज्वार
(b) दैनिक ज्वार — प्रत्येक दिन एक उच्च एवं एक निम्न ज्वार
(c) मिश्रित ज्वार — ऊँचाई में भिन्नता
(d) वृहत ज्वार — महीने में दो बार

उत्तर *(a)* अर्द्ध दैनिक ज्वार—प्रत्येक दिन एक उच्च ज्वार

23. इसके अंतर्गत प्रत्येक दिन दो उच्च एवं दो निम्न ज्वार आते हैं, जो लगभग समान ऊँचाई के होते हैं। यह सबसे सामान्य ज्वारीय प्रक्रिया है। इसे ……… कहते हैं। *दक्षता आधारित प्रश्न*

(a) दैनिक ज्वार (b) अर्द्ध-दैनिक ज्वार
(c) मिश्रित ज्वार (d) वृहत ज्वार

उत्तर *(b)* अर्द्ध-दैनिक ज्वार

24. तरंगदैर्ध्य से तात्पर्य है ………।

(a) तरंग के उच्चतम बिंदु तथा निम्नतम बिंदु की दूरी
(b) तरंग के गर्त के अधः स्थल के शिखर के ऊपरी भाग की उर्ध्वाधर दूरी
(c) तरंग की ऊँचाई की आधी दूरी
(d) दो लगातार शिखरों या गर्तों के बीच की क्षैतिज दूरी।

उत्तर *(d)* दो लगातार शिखरों या गर्तों के बीच की क्षैतिज दूरी।

25. निम्नलिखित तालिका को दिए गए विकल्पों से पूर्ण करें।

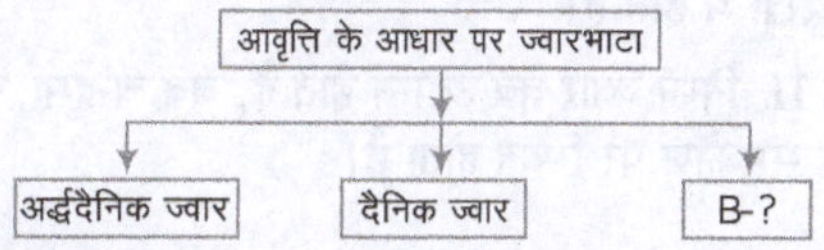

(a) मिश्रित ज्वार
(b) निम्न ज्वार
(c) वृहत् ज्वार
(d) साप्ताहिक ज्वार

उत्तर (a) मिश्रित ज्वार

निर्देश (प्र.सं. 26-28) नीचे दो कथन दिए गए हैं, जिनमें से एक को कथन A और दूसरे को कारण R कहा गया है। कूट की सहायता से सही उत्तर का चयन करें।

कूट

(a) A और R दोनों सही हैं तथा R, A की सही व्याख्या है
(b) A और R दोनों सही हैं, परंतु R, A की सही व्याख्या नहीं है
(c) A सही है, किंतु R गलत है
(d) A गलत है, किंतु R सही है

26. कथन (A) तरंगों का आकार एवं आकृति उसकी उत्पत्ति को दर्शाता है। *दक्षता आधारित प्रश्न*

कारण (R) तरंगों की उत्पत्ति के समय जिस प्रकार की स्थानीय वायु होती है, उसी प्रकार तरंगों का आकार एवं आकृति भी होती है।

उत्तर (a) तरंगों का आकार एवं आकृति उसकी उत्पत्ति को दर्शाता है। तरंगों की उत्पत्ति के समय जिस प्रकार की स्थानीय वायु होती है। उसी प्रकार तरंगों का आकार एवं आकृति भी होती है। युवा तरंगों की ढाल अपेक्षाकृत तीव्र होती है, जो संभवतः स्थानीय वायु द्वारा निर्मित होती है।

27. कथन (A) चंद्रमा एवं सूर्य के गुरुत्वाकर्षण के साथ अपकेंद्रीय बल भी ज्वार-भाटा की उत्पत्ति में योगदान देता है।

कारण (R) गुरुत्वाकर्षण बल तथा अपकेंद्रीय बल मिलकर पृथ्वी पर दो प्रकार के ज्वार-भाटाओं को उत्पन्न करते हैं।

उत्तर (b) चंद्रमा एवं सूर्य के गुरुत्वाकर्षण के साथ अपकेंद्रीय बल भी ज्वार-भाटा की उत्पत्ति में योगदान देता है। अपकेंद्रीय बल गुरुत्वाकर्षण को संतुलित भी करता है। अतः गुरुत्वाकर्षण बल तथा अपकेंद्रीय बल मिलकर पृथ्वी पर दो प्रकार के ज्वार-भाटाओं को उत्पन्न करते हैं।

28. कथन (A) ज्वार-भाटा के कारण सागर का जल बहुत प्रभावित होता है।

कारण (R) जलवायु संबंधी प्रभावों के कारण जल की गति को महोर्मि कहा जाता है।

उत्तर (b) ज्वार-भाटा के कारण सागर का जल बहुत प्रभावित होता है। जलवायु संबंधी प्रभावों के कारण जल की गति को महोर्मि कहा जाता है। ज्वार-भाटा की तरह महोर्मि नियमित नहीं होता। आवृत्ति, परिणाम तथा ऊँचाई में भिन्नता के कारण ज्वार-भाटाओं का स्थानिक एवं कालिक अध्ययन बहुत ही कठिन है।

29. कथन I वृहत् ज्वार तब उत्पन्न होते हैं, जब पृथ्वी, चंद्रमा और सूर्य एक सीधी रेखा में होते हैं।

कथन II निम्न ज्वार तब उत्पन्न होते हैं, जब चन्द्रमा, सूर्य एवं पृथ्वी के सापेक्ष समकोण पर स्थित होता है।

कूट

(a) केवल कथन I सही है (b) केवल कथन II सही है
(c) दोनों कथन सही हैं (d) दोनों कथन गलत हैं

उत्तर (c) दोनों कथन सही हैं।

स्रोत आधारित प्रश्न

निम्नलिखित स्रोतों को ध्यानपूर्वक पढ़कर उन पर आधारित प्रश्नों के उत्तर दीजिए

1. तरंगें वास्तव में, ऊर्जा हैं, जल नहीं, जो महासागरीय सतह के आर-पार गति करती हैं। तरंगों में जल कण छोटे वृत्ताकार रूप में गति करते हैं। वायु, जल को ऊर्जा प्रदान करती है, जिससे तरंगें उत्पन्न होती हैं। वायु के कारण तरंगें महासागर में गति करती हैं तथा ऊर्जा, तटरेखा पर निर्मुक्त होती है। सतह जल की गति महासागरों के गहरे तल के स्थिर जल को कदाचित् ही प्रभावित करती है। जैसे ही एक तरंग महासागरीय तट पर पहुँचती है, इसकी गति कम हो जाती है। ऐसा गत्यात्मक जल के मध्य आपस में घर्षण होने के कारण होता है तथा जब जल की गहराई तरंग के तरंगदैर्ध्य के आधे से कम होती है, तब तरंगें टूट जाती हैं। बड़ी तरंगें खुले महासागरों में पाई जाती हैं। तरंगें जैसे ही आगे की ओर बढ़ती हैं, बड़ी होती जाती हैं तथा वायु से ऊर्जा को अवशोषित करती हैं। अधिकतर तरंगें वायु के जल की विपरीत दिशा में गति से उत्पन्न होती हैं। जब दो नॉट या उससे कम वाली समीर शांत जल पर बहती है, तब छोटी-छोटी उर्मिकाएँ बनती हैं तथा वायु की गति बढ़ने के साथ ही इनका आकार बढ़ता जाता है, जब तक इनके टूटने से सफेद बुलबुले नहीं बन जाते। तट के पास पहुँचने, टूटने तथा सफेद बुलबुलों में सर्फ की भाँति घुलने से पहले तरंगें हजारों किमी की यात्रा करती हैं।

एक तरंग का आकार एवं आकृति उसकी उत्पत्ति को दर्शाता है। युवा तरंगें अपेक्षाकृत ढाल वाली होती हैं तथा संभवत: स्थानीय वायु के कारण बनी होती हैं। कम एवं नियमित गति वाली तरंगों की उत्पत्ति दूरस्थ स्थानों पर होती है, संभवत: दूसरे गोलार्द्ध में। तरंग के उच्चतम बिंदु का पता वायु की तीव्रता के द्वारा लगाया जाता है अर्थात् यह कितने समय तक प्रभावी है तथा उस क्षेत्र के ऊपर कितने समय से एक ही दिशा में प्रवाहमान है?

तरंगें गति करती हैं, क्योंकि वायु जल को प्रवाहित करती है, जबकि गुरुत्वाकर्षण बल तरंगों के शिखरों को नीचे की ओर खींचता है। गिरता हुआ जल पहले वाले गर्त को ऊपर की ओर धकेलता है एवं तरंग नई स्थिति में गति करती है। तरंगों के नीचे जल की गति वृत्ताकार होती है। यह इंगित करता है कि आती हुई तरंग पर वस्तुओं का वहन आगे तथा ऊपर की ओर होता है एवं लौटती हुई तरंग पर नीचे तथा पीछे की ओर।

(i) तरंगों का आकार और उनकी आकृति क्या दर्शाती हैं?

उत्तर तरंगों का आकार और उनकी आकृति उनकी उत्पत्ति को दर्शाती है। युवा तरंगें ढाल वाली होती हैं और स्थानीय वायु से बनती हैं, जबकि कम ऊँचाई और नियमित गति वाली तरंगें दूरस्थ स्थानों अर्थात् दूसरे गोलार्द्ध से उत्पन्न होती हैं।

(ii) तरंगें तट के पास पहुँचने पर तरंगें क्यों टूट जाती हैं?

उत्तर तट के पास पहुँचने पर तरंगें इसलिए टूट जाती हैं, क्योंकि जल की गहराई तरंगदैर्ध्य के आधे से कम हो जाती है। साथ ही जल के कणों में आपसी घर्षण उनकी गति को धीमा कर देता है, जिससे वे टूट जाती हैं।

(iii) वायु और गुरुत्वाकर्षण बल का तरंगों पर क्या प्रभाव होता है?

उत्तर वायु, जल को प्रवाहित करके तरंगों को गति देती है, जबकि गुरुत्वाकर्षण बल तरंग के शिखरों को नीचे की ओर खींचता है। यह प्रक्रिया जल को वृत्ताकार गति में चलने पर मजबूर करती है।

2. सौर ऊर्जा से गर्म होकर जल फैलता है। यही कारण है कि विषुवत् वृत्त के पास महासागरीय जल का स्तर मध्य अक्षांशों की अपेक्षा 8 सेमी अधिक ऊँचा होता है। इसके कारण बहुत कम प्रवणता उत्पन्न होती है तथा जल का बहाव ढाल से नीचे की तरफ होता है। महासागर के सतह पर बहने वाली वायु जल को गतिमान करती है।

इस क्रम में वायु एवं पानी की सतह के बीच उत्पन्न होने वाला घर्षण बल जल की गति को प्रभावित करता है। गुरुत्वाकर्षण के कारण जल नीचे बैठता है और यह एकत्रित जल दाब प्रवणता में भिन्नता लाता है। कोरिओलिस बल के कारण उत्तरी गोलार्द्ध में जल की गति की दिशा के दाहिनी तरफ और दक्षिणी गोलार्द्ध में बाईं ओर प्रवाहित होता है तथा उनके चारों ओर बहाव को वलय कहा जाता है। इनके कारण सभी महासागरीय बेसिनों में वृहत् वृत्ताकार धाराएँ उत्पन्न होती हैं।

पानी के घनत्व में अंतर, महासागरीय जलधाराओं के ऊर्ध्वाधर गति को प्रभावित करता है। अधिक खारा जल निम्न खारे जल की अपेक्षा ज्यादा सघन होता है तथा इसी प्रकार ठंडा जल, गर्म जल की अपेक्षा अधिक सघन होता है। सघन जल नीचे बैठता है, जबकि हल्के जल की प्रवृत्ति ऊपर उठने की होती है। ठंडे जल वाली महासागरीय धाराएँ तब उत्पन्न होती हैं, जब ध्रुवों के पास वाले जल नीचे बैठते हैं एवं धीरे-धीरे विषुवत् वृत्त की ओर गति करते हैं। महासागरीय धाराओं को उनकी गहराई के आधार पर ऊपरी या सतही जलधारा व गहरी जलधारा में वर्गीकृत किया जाता है

(i) वायु एवं पानी की सतह के बीच किस बल के कारण जल की गति प्रभावित होती है?

उत्तर वायु एवं पानी की सतह के बीच उत्पन्न होने वाला घर्षण बल जल की गति को प्रभावित करता है।

(ii) महासागरीय जलधाराओं की ऊर्ध्वाधर गति को कौन प्रभावित करता है?

उत्तर पानी के घनत्व में अंतर, महासागरीय जलधाराओं की ऊर्ध्वाधर गति को प्रभावित करता है। अधिक खारा जल निम्न खारे जल की अपेक्षा अधिक सघन होता है।

(iii) ठंडे जल वाली महासागरीय धारा किस स्थिति में उत्पन्न होती है?

उत्तर ठंडे जल वाली महासागरीय धारा ध्रुवों के पास का जल नीचे चले जाने की स्थिति में उत्पन्न होती है।

3. पृथ्वी, चंद्रमा वे सूर्य की स्थिति ज्वार की उत्पत्ति का कारण है और इनकी स्थिति के सही ज्ञान से ज्वारों का पूर्वानुमान लगाया जा सकता है। यह नौसंचालकों व मछुआरों को उनके कार्य संबंधी योजनाओं में मदद करता है। की ऊँचाई बहुत अधिक महत्त्वपूर्ण है, खासकर नदियों के किनारे वाले पोताश्रय पर एवं जवारनदमुख के भीतर, जहाँ प्रवेश द्वार पर छिछले रोधिका होते हैं, जो कि नौकाओं एवं जहाजों को प्रोताश्रय में प्रवेश करने से रोकते हैं। ज्वार-भाटा तलछटों के डीसिल्टेशन (Desiltation) में भी मदद करती है तथा ज्वारनदमुख से प्रदूषित जल को बाहर निकालने में भी। ज्वारों का इस्तेमाल विद्युत शक्ति (कनाडा, फ्रांस, रूस एवं चीन में) उत्पन्न करने में भी किया जाता है। एक 3 मैगावाट शक्ति का विद्युत संयंत्र पश्चिम बंगाल में सुंदरवन के दुर्गादुवानी में लगाया जा रहा है।

(i) **ज्वार की सही स्थिति का ज्ञान किस प्रकार लगया जा सकता है?**

(a) पृथ्वी की स्थिति से (b) चंद्रमा की स्थिति से
(c) सूर्य की स्थिति से (d) इन सभी से

उत्तर (d) इन सभी से

(ii) **ज्वार-भाटा तलछटों के ····· में भी मदद करती है और जवारनदमुख से प्रदूषित जल को बाहर निकालती है ?**

(a) डीसिल्टेशन (b) डीटिलेशन
(c) गुरुत्वाकर्षण (d) इनमें से कोई नहीं

उत्तर (a) डीसिल्टेशन

(iii) **ज्वार से संबंधित निम्न कथन में से कौन-सा सही है?**

(a) ज्वार नौसंचालकों व मछुआरों को उनके कार्य संबंधी योजनाओं में मदद करता है
(b) ज्वार जहाजों को पोताश्रय में प्रवेश में मदद करता है
(c) ज्वार-भाटा तलछटों के डीसिल्टेयन में भी मदद करता है
(d) उपरोक्त सभी

उत्तर (d) उपरोक्त सभी

लघु उत्तरीय प्रश्न

1. प्रत्येक स्थान पर दिन में दो बार ज्वार आता है, लेकिन दोनों में लगभग 26 मिनट का अंतर होता है। क्यों?

उत्तर पृथ्वी अपनी धुरी पर लगभग 24 घंटे में एक चक्कर पूरा करती है। इसलिए प्रत्येक स्थान पर 12 घंटे के बाद ज्वार आना चाहिए, लेकिन प्रतिदिन ज्वार 26 मिनट देर से आता है। इसका प्रमुख कारण चंद्रमा का अपनी धुरी पर घूमने के साथ ही पृथ्वी की परिक्रमा करना है। पृथ्वी पश्चिम से पूर्व दिशा में चक्कर लगाती है, परिणामस्वरूप ज्वार केंद्र भी पूर्व से पश्चिम दिशा में अग्रसर हो जाता है।

ज्वार केंद्र जब अपना एक चक्कर लगाता है, तब तक चंद्रमा उसके कुछ आगे निकल गया होता है, क्योंकि वह भी पृथ्वी का चक्कर लगता है। परिणामस्वरूप ज्वार केंद्र चंद्रमा के नीचे पहुँचने में लगभग 52 मिनट लगाता है, लेकिन इसी समय ज्वार के विपरीत स्थित भाग में 26 मिनट देरी से आएगा।

2. ज्वारभाटा के महत्त्व को स्पष्ट कीजिए।

अथवा **सूर्य, चंद्रमा तथा पृथ्वी की स्थिति पर आधारित ज्वारभाटों के प्रमुख महत्त्वों की चर्चा कीजिए।**

उत्तर ज्वारभाटा के निम्नलिखित महत्त्व हैं

- मछुआरे व नौसंचालक ज्वारभाटे की सहायता से समुद्र में मछली पकड़ने की कार्य योजना बनाते हैं।
- तलछटों के डीसिल्टेशन में भी ज्वारभाटा मदद करता है तथा प्रदूषित जल को समुद्र में बहाकर ले जाता है।
- कई राष्ट्रों में ज्वार से बिजली का उत्पादन भी किया जाता है।
- बड़े-बड़े जहाजों को बंदरगाह के अंदर तक पहुँचाने में भी ज्वार सहायक होता है।

3. महासागरीय धारा के बारे में संक्षेप में बताइए।

अथवा **महासागरों के एक भाग से दूसरे भाग की ओर निश्चित दिशा में जल के निरंतर प्रवाह को क्या कहते हैं? स्पष्ट कीजिए?**

उत्तर महासागरों के एक भाग से दूसरे भाग की ओर निश्चित दिशा में जल के निरंतर प्रवाह को महासागरीय धारा कहते हैं। वस्तुतः महासागरीय धाराएँ स्थल पर बहने वाली नदियों के समान हैं, परंतु महासागरीय धाराएँ स्थलीय नदियों की अपेक्षा कहीं अधिक विशाल होती हैं तथा इनके जल का प्रवाह नियमित होता है।

महासागरीय धाराएँ दो प्रकार के बलों से प्रभावित होती हैं

(i) **प्राथमिक बल** जो गति को प्रारंभ करता है।
(ii) **द्वितीयक बल** जो धाराओं के प्रवाह को नियंत्रित करता है।

4. महासागरीय धाराओं की विशेषताओं को बताइए।

उत्तर महासागरीय धाराओं की विशेषताएँ निम्नलिखित हैं

- धाराओं की पहचान उनकी गति से होती है।
- सतह के निकट धाराएँ शक्तिशाली होती हैं, जिसकी गति 5 नॉट से अधिक होती है।
- धारा की गति को प्रवाह (Drift) कहा जाता है, जिसे नॉट में मापा जाता है।
- गहराई बढ़ने के साथ धाराओं की गति कम हो जाती है, जिसकी गति 0.5 नॉट से भी कम होती है।
- धारा की शक्ति का संबंध धारा की गति से होता है।

5. गहराई के आधार पर महासागरीय धाराएँ कितने प्रकार की होती हैं? स्पष्ट कीजिए।

उत्तर गहराई के आधार पर महासागरीय धाराएँ दो प्रकार की होती हैं

(i) **ऊपरी अथवा सतही धारा** महासागरीय जल की सतह पर चलने वाली धारा को ऊपरी या सतही जलधारा कहते हैं, जो पूरे सागरीय जल का 10% भाग है। 400 मी की गहराई तक ये धाराएँ महासागरों में उपस्थित हैं।

(ii) **गहरी धारा** महासागरीय जल की तली में चलने वाली जलधारा को गहरी जलधारा कहते हैं, जो पूरे महासागरीय जल का 90% भाग है। ये जलधाराएँ महासागरों में घनत्व व गुरुत्व भिन्नता के कारण बहती हैं। गहरी जलधाराएँ उच्च अक्षांशीय क्षेत्रों में जहाँ तापमान कम होने के कारण घनत्व अधिक होता है, वहाँ बहती हैं, क्योंकि यहाँ अधिक घनत्व के कारण पानी नीचे की ओर बैठता है।

6. तापमान के आधार पर महासागरीय धाराएँ कितने प्रकार की होती हैं?

उत्तर तापमान के आधार पर महासागरीय धाराओं को दो वर्गों में बाँटते हैं

(i) **गर्म जलधारा** दोनों गोलार्द्धों में निम्न एवं मध्य अक्षांशीय क्षेत्रों में महाद्वीपों के पूर्वी तटों पर विषुवत् रेखा से ध्रुवों की ओर चलती हैं।

(ii) **ठंडी जलधारा** दोनों गोलार्द्धों में उच्च एवं मध्य अक्षांशीय क्षेत्रों में चलती हैं। इनकी दिशा ध्रुवों से विषुवत् रेखा की ओर होती है।

7. उच्च ज्वार तथा निम्न ज्वार में अंतर स्पष्ट कीजिए

उत्तर उच्च ज्वार तथा निम्न ज्वार में निम्नलिखित अंतर हैं

उच्च ज्वार	निम्न ज्वार
इसकी उत्पत्ति सूर्य, पृथ्वी एवं चंद्रमा के एक सीधी रेखा में होने से होती है।	इसकी उत्पत्ति चंद्रमा एवं सूर्य के साथ पृथ्वी की समकोणिक स्थिति में होती है।
यह अमावस्या एवं पूर्णिमा को संपन्न होता है।	यह सप्तमी एवं अष्टमी को संपन्न होता है।
इसकी औसत ऊँचाई सामान्य उच्च ज्वार से अधिक होती है।	इसकी औसत ऊँचाई सामान्य उच्च ज्वार से कम होती है।

8. गर्म तथा ठंडी जलधारा में अंतर स्पष्ट कीजिए

उत्तर गर्म तथा ठंडी जलधारा में निम्नलिखित अंतर हैं

गर्म धारा	ठंडी धारा
गर्म धाराएँ उष्णकटिबंध में उच्च अक्षांशों की ओर चलती हैं।	ठंडी धाराएँ उच्च अक्षांशों से निम्न अक्षांशों की ओर चलती हैं।
इनका जल अपेक्षाकृत गर्म रहता है।	इनका जल अपेक्षाकृत ठंडा रहता है।
गर्म धाराएँ महाद्वीपों के पूर्वी भाग में बहती हैं।	ये महाद्वीपों के पश्चिमी तट में बहती हैं।
ये धाराएँ जिन क्षेत्रों में बहती हैं वहाँ का तापमान बढ़ा देती हैं।	ये जिन क्षेत्रों में बहती हैं, वहाँ का तापमान घटा देती हैं।

9. तरंगों और धाराओं में अंतर स्पष्ट कीजिए

उत्तर तरंगों और धाराओं में निम्नलिखित अंतर हैं

तरंगें	धाराएँ
तरंगें केवल जल सतह तक ही सीमित रहती हैं।	जबकि धाराएँ गहराई तक प्रभावकारी होती हैं।
तरंगों का जल ऊपर-नीचे तथा आगे-पीछे गति करता है। वह अपना स्थान छोड़कर आगे नहीं बढ़ता।	जल अपना स्थान छोड़कर आगे बढ़ता है।
तरंगों का वेग वायु के प्रचलन पर निर्भर करता है।	धाराएँ स्थायी पवनों के प्रभाव से चलती हैं।
तरंगें अस्थायी होती हैं तथा ये हमेशा बनती-बिगड़ती हैं।	जबकि धाराएँ स्थायी होती हैं तथा ये निरंतर निश्चित दिशा में बहती हैं।

10. दक्षिणी हिंद महासागर की समुद्री जलधाराओं के विपरीत उत्तरी हिंद महासागर की धाराओं की दिशा, ऋतु अनुसार क्यों बदल जाती है?

उत्तर महासागरीय जलधाराओं की उत्पत्ति कई कारकों का परिणाम है, जिसमें पवनें सबसे अधिक प्रभाव डालती हैं। उत्तरी हिंद महासागर में पवनों की दिशा ऋतु के अनुसार बदल जाती है। जैसे ग्रीष्म ऋतु में पवनों की दिशा दक्षिण-पश्चिम, जबकि शीत ऋतु में उत्तर-पूर्व हो जाती है। पवनों की दिशा के अनुसार ही उत्तरी हिंद महासागर में जलधाराओं की दिशा भी बदल जाती है, लेकिन दक्षिणी हिंद महासागर में पवनें हमेशा एक ही दिशा में चलती हैं। इसलिए धाराओं की दिशा भी एक ही रहती है।

दीर्घ उत्तरीय प्रश्न

1. तरंग से क्या आशय है? इसकी आकार, आकृति व विशेषताएँ भी बताइए।

उत्तर इस प्रश्न के उत्तर के लिए पृष्ठ संख्या 225 व 226 पर 'तरंगें, तरंगों का आकार व आकृति व तरंगों की विशेषताएँ' शीर्षक देखें।

2. ज्वारभाटा की उत्पत्ति की व्याख्या कीजिए

अथवा **पृथ्वी, सूर्य तथा चंद्रमा की किन स्थितियों के कारण पृथ्वी पर महासागरों में ज्वारभाटों की उत्पत्ति होती है? चर्चा कीजिए।**

उत्तर चंद्रमा एवं सूर्य के गुरुत्वाकर्षण के साथ अपकेंद्रीय बल भी ज्वारभाटा की उत्पत्ति में योगदान देता है, अपकेंद्रीय बल गुरुत्वाकर्षण को संतुलित भी करता है। अतः गुरुत्वाकर्षण बल तथा अपकेंद्रीय बल मिलकर पृथ्वी पर दो प्रकार के ज्वारभाटाओं को उत्पन्न करते हैं।

चंद्रमा के सामने वाले पृथ्वी के भाग पर चंद्रमा के गुरुत्वाकर्षण के कारण ज्वार उत्पन्न होता है, जबकि विपरीत भाग पर चंद्रमा का गुरुत्वीय आकर्षण बल उसकी दूरी के कारण कम होता है, तब अपकेंद्रीय बल के कारण दूसरी ओर ज्वार उत्पन्न होता है। चंद्रमा का गुरुत्वीय आकर्षण तथा अपकेंद्रीय बल के बीच का अंतर ही ज्वार उत्पन्न करने वाला बल होता है।

पृथ्वी के धरातल पर चंद्रमा के निकट वाले भागों में अपकेंद्रीय बल की अपेक्षा गुरुत्वाकर्षण बल अधिक होता है, इसलिए गुरुत्वाकर्षण बल चंद्रमा की ओर ज्वारीय उभार का कारण बनता है। चंद्रमा का गुरुत्वाकर्षण पृथ्वी के दूसरी ओर अपकेंद्रीय बल की अपेक्षाकृत कम होता है, क्योंकि यह भाग चंद्रमा से अधिकतम दूरी पर है तथा यहाँ अपकेंद्रीय बल प्रभावशाली होता है, जिससे चंद्रमा से दूर दूसरा उभार पैदा होता है। इसका मुख्य कारण अपकेंद्रीय बल है।

पृथ्वी के धरातल पर क्षैतिज ज्वार उत्पन्न करने वाले बल ऊर्ध्वाधर बलों से अधिक महत्त्वपूर्ण हैं, जिनसे ज्वारीय उभार उत्पन्न होते हैं। विस्तृत महाद्वीप मग्न तट पर अधिक ऊँचाई वाले ज्वारीय उभार आते हैं, लेकिन ज्वारीय उभार मध्य महासागरीय द्वीपों से टकराते हैं, तो ऊँचाई में अंतर आ जाता है।

3. ज्वारभाटा किसे कहते हैं? इसके प्रकारों को स्पष्ट कीजिए।

अथवा **ज्वारभाटा को किस आधार पर वर्गीकृत किया जाता है। आवृत्ति के आधार पर ज्वारभाटा के प्रकार कौन-कौन से हैं? वर्णन कीजिए**

दक्षता आधारित प्रश्न

उत्तर सूर्य तथा चंद्रमा की आकर्षण शक्तियों के कारण सागर के जल के नियतकालिक ऊपर उठने तथा गिरने को ज्वारभाटा कहा जाता है। ज्वार की आवृत्ति, दिशा एवं गति में भिन्नता पाई जाती है। यह भिन्नता स्थानीय एवं सामयिक होती है। ज्वारभाटा को उनकी ऊँचाई या उनकी बारंबारता (24 घंटे में या एक दिन में कितनी बार आता है।) के आधार पर वर्गीकृत किया जाता है

आवृत्ति के आधार पर ज्वारभाटा

आवृत्ति के आधार पर ज्वारभाटा निम्नलिखित हैं

(i) **अर्द्ध-दैनिक ज्वार** इसके अंतर्गत प्रत्येक दिन दो उच्च एवं निम्न ज्वार आते हैं, जो लगभग समान ऊँचाई के होते हैं। यह सबसे सामान्य ज्वारीय प्रक्रिया है।

(ii) **दैनिक ज्वार** इसमें प्रतिदिन केवल एक उच्च एवं एक निम्न ज्वार आता है, जिसकी ऊँचाई भी समान होती है।

(iii) **मिश्रित ज्वार** ऐसे ज्वारभाटा जिनकी ऊँचाई में भिन्नता होती है, उसे मिश्रित ज्वारभाटा कहते हैं। सामान्यतः ऐसे ज्वारभाटा उत्तरी अमेरिका के पश्चिमी तट एवं प्रशांत महासागर के द्वीप समूहों में उत्पन्न होते हैं।

सूर्य, चंद्रमा तथा पृथ्वी की स्थिति पर आधारित ज्वारभाटा

उच्च ज्वार की ऊँचाई पृथ्वी के सापेक्ष सूर्य तथा चंद्रमा की स्थिति के अनुसार घटती-बढ़ती है। इस आधार पर ही ज्वारभाटे को दो प्रकारों में विभाजित किया गया है

(i) **वृहत ज्वार** ज्वार की ऊँचाई सूर्य, चंद्रमा एवं पृथ्वी की स्थिति से प्रत्यक्ष रूप से प्रभावित होती है। जब ये तीनों एक रेखा में स्थित होते हैं, तो ज्वारीय उभार अधिकतम होता है। इन्हें वृहत् ज्वारभाटा कहा जाता है। यह स्थिति महीने में दो बार पूर्णिमा एवं अमावस्या के दिन होती है।

(ii) **निम्न ज्वार** जब चंद्रमा एवं सूर्य एक-दूसरे के समकोण पर होते हैं, तो सूर्य एवं चंद्रमा के गुरुत्व बल एक-दूसरे के विरुद्ध कार्य करते हैं। यह स्थिति सप्तमी या अष्टमी (कृष्ण एवं शुक्ल दोनों पक्ष) में उत्पन्न होती है। फलस्वरूप निम्न ज्वार उत्पन्न होते हैं। वृहत् ज्वार के सात दिन बाद निम्न ज्वार की स्थिति उत्पन्न होती है।

4. महासागरीय धाराओं के प्रभाव को बताइए

अथवा **महाद्वीपों के पूर्वी तटों पर गर्म जलधाराएँ जलवायु को किस प्रकार प्रभावित करती है ?** *दक्षता आधारित प्रश्न*

उत्तर महासागरीय धाराओं के प्रभावों को निम्नलिखित बिंदुओं के माध्यम से समझ सकते है।

- महासागरीय धाराएँ मानवीय क्रियाओं को प्रत्यक्ष व अप्रत्यक्ष रूप से प्रभावित करती हैं। विषुवतीय क्षेत्रों को छोड़कर उष्ण व उपोष्ण कटिबंधीय क्षेत्रों में ठंडी जलधाराएँ महाद्वीपों के पश्चिमी तट पर बहती हैं, वहाँ का औसत तापमान अपेक्षाकृत कम रहता है साथ ही दैनिक और वार्षिक तापांतर भी कम होता है। इन शुष्क प्रदेशों में कोहरे की स्थिति उत्पन्न हो जाती है।
- महाद्वीपों के पश्चिमी तट पर मध्य एवं उच्च अक्षांशों में गर्म जलधाराएँ बहती हैं, जिस कारण इन क्षेत्रों में एक अलग तरह की महासागरीय जलवायु पाई जाती है। इन क्षेत्रों में शीतऋतु मृदु और ग्रीष्म ऋतु अपेक्षाकृत कम गर्म होती है।
- महाद्वीपों के पूर्वी तटों के समानांतर बहने वाली गर्म जलधाराओं के कारण उष्ण व उपोष्ण कटिबंधों में वार्षिक तापांतर कम होता है। गर्म धाराओं के परिणामस्वरूप ही इन क्षेत्रों में जलवायु गर्म व आर्द्र होती है। ये क्षेत्र उपोष्ण कटिबंध के प्रतिचक्रवातीय क्षेत्रों के पश्चिमी किनारों पर स्थित हैं। जहाँ गर्म एवं ठंडी जलधाराएँ मिलती हैं, वहाँ ऑक्सीजन की आपूर्ति प्लैंकटन (मछलियों का प्रमुख भोजन) की वृद्धि में सहायक होती है। विश्व के प्रमुख मत्स्य क्षेत्र गर्म व ठंडी जलधारा वाले क्षेत्रों में पाए जाते हैं।

मानचित्र आधारित प्रश्न

1. विश्व के मानचित्र पर निम्न को दर्शाइए।

(i) अलास्का धारा (ii) हंबोल्ट धारा (iii) लैब्राडोर धारा (iv) ओयोशिवो धारा (v) ब्राजील धारा (vi) अगुलहास धारा

उत्तर

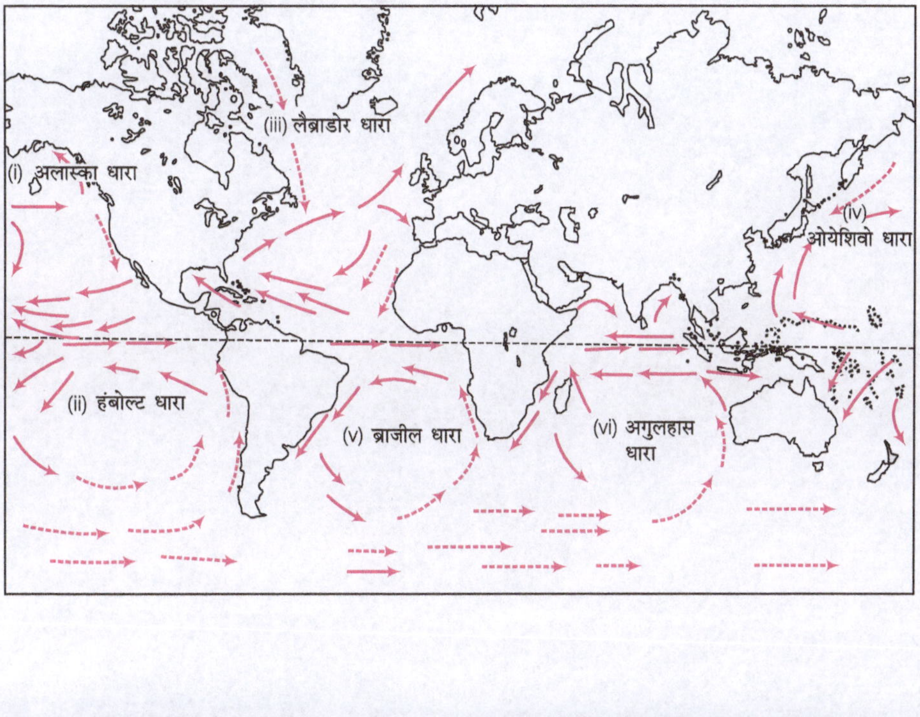

2. विश्व के मानचित्र पर निम्न को चिह्नित कीजिए।

(i) कैलिफोर्निया धारा (ii) फॉकलैंड धारा (iii) कनारी धारा

(iv) पश्चिमी ऑस्ट्रेलिया धारा (v) क्यूरोशिवो धारा (vi) गल्फ स्ट्रीम धारा

उत्तर

स्वयं को जाँचें

वस्तुनिष्ठ प्रश्न

1. मध्य एवं उच्च अक्षांशों में महाद्वीपों के किस भाग में प्रायः गर्म जलधाराएँ प्रवाहित होती हैं?

(a) उत्तरी भाग में
(b) दक्षिणी भाग में
(c) पूर्वी भाग में
(d) पश्चिमी भाग में

2. .... क्षेत्रों में महाद्वीपों के पश्चिमी तटों पर ठंडी जलधाराएँ बहती हैं।

(a) विषुवतीय कटिबंध
(b) उपोष्ण कटिबंध
(c) शीत कटिबंध
(d) भूमध्यसागरीय कटिबंध

3. 20° उत्तरी अक्षांश के पास मैक्सिको की खाड़ी से कौन-सी जलधारा चलती है?

(a) फॉकलैंड धारा
(b) कैलिफोर्निया धारा
(c) गल्फ स्ट्रीम
(d) लैब्राडोर धारा

4. अगुलहास धारा किस महासागर में प्रवाहित होती है?

(a) प्रशांत महासागर
(b) हिंद महासागर
(c) अटलांटिक महासागर
(d) अंटार्कटिक महासागर

5. निम्नलिखित कथनों पर विचार करें

1. ज्वारभाटा चंद्रमा एवं सूर्य के आकर्षण के कारण दिन में एक बार या दो बार आता है।
2. सबसे ऊँचा ज्वार फंडी की खाड़ी में आता है।
3. फंडी की खाड़ी में 20 से 25 मी ऊँचा ज्वार आता है।

उपरोक्त कथनों में से कौन-सा/से कथन सही नहीं हैं?

(a) केवल 1 (b) केवल 3
(c) 2 और 3 (d) ये सभी

6. दिए गए कथन, कारणों के संदर्भ में सही कूट का चयन करें।

कथन (A) महासागरीय जल की तली में चलने वाली जलधारा को गहरी जलधारा कहते हैं।

कारण (R) ये जलधाराएँ महासागरों में घनत्व व गुरुत्व भिन्नता के कारण बहती हैं।

कूट

(a) A और R दोनों सही हैं तथा R, A की सही व्याख्या है
(b) A और R दोनों सही हैं, परंतु R, A की सही व्याख्या नहीं है
(c) A सही है, किंतु R गलत है
(d) A गलत है, किंतु R सही है

अतिलघु उत्तरीय प्रश्न

7. महासागरीय धारा किसे कहते हैं?

8. ज्वारीय उभार अधिकतम कब होता है?

9. सागरों में मछली का भोजन क्या है?

लघु उत्तरीय प्रश्न

10. विश्व का सबसे ऊँचा ज्वारभाटा कहाँ आता है? चर्चा कीजिए।

11. महासागरीय धाराएँ कितने प्रकार की होती हैं?

12. गहराई के आधार पर महासागरीय धाराएँ कितने प्रकार की होती हैं? स्पष्ट कीजिए।

13. आवृत्ति के आधार पर विभाजित ज्वारभाटों के विभिन्न प्रकारों को स्पष्ट कीजिए।

दीर्घ उत्तरीय प्रश्न

14. तरंगों को स्पष्ट करते हुए उसके आकार एवं आकृति की विवेचना कीजिए।

15. तटों के पास ज्वारनद तथा खाड़ियों की आकृतियाँ ज्वारभाटा की तीव्रता को कैसे प्रभावित करती हैं? आवृति पर आधारित ज्वारभाटा के विभिन्न प्रकारों की चर्चा करें।

16. प्रमुख महासागरीय धाराएँ कौन-सी हैं? उनके प्रमुख प्रकारों की चर्चा कीजिए।

14

अध्याय

जैव विविधता एवं संरक्षण

यह अध्याय जैव विविधता का विविधता का विकास, महत्त्व संरक्षण आदि स्रोतों से संबंधित है। इसके अतिरिक्त जैव विविधता के अंतर्गत परिस्थितिकी, आर्थिक एवं वैज्ञानिक भूमिकाओं का भी अध्ययन किया गया है।

▼ अध्ययन एक नजर में

▼ अभ्यास के लिए

- बहुविकल्पीय प्रश्न 24, चित्र आधरित, कथन/कारण, सुमेलित कीजिए
- वर्णनात्मक प्रकार के प्रश्न (लघु उत्तरीय प्रश्न 5, दीर्घ उत्तरीय प्रश्न 4)
- स्रोत आधारित प्रश्न 2, मानचित्र आधारित प्रश्न 2

पृथ्वी पर जैव विविधता समान रूप से नहीं पाई जाती है, क्योंकि वनस्पति विविधता का आधार अपक्षय प्रवार (Weathering Mantle) अर्थात् मौसम का प्रभाव होता है, इसलिए मौसम के प्रभाव या अपक्षय या अपक्षय प्रावार को जैव विविधता (Biodiversity) का भी आधार माना जाता है और ऊर्जा (Solar Energy) एवं जल मुख्य रूप से अपक्षय में विविधता उत्पन्न करते हैं, जिसके कारण जैव विविधता भी उत्पन्न होती है, जिस क्षेत्र में ऊर्जा व जल की उपलब्धता अधिक होती है, उस क्षेत्र में जैव विविधता भी अधिक मिलती है। प्रजातियों और जीवधारियों के दृष्टिकोण से जैव विविधता, सतत विकास (Sustainable Development) का एक तंत्र है।

14.1 जैव विविधता

- जैव विविधता शब्द **बायो** तथा **डायवर्सिटी** शब्दों से मिलकर बना है, जिसमें बायो का अर्थ जीव तथा डायवर्सिटी का अर्थ विविधता होता है। सामान्य शब्दों में, किसी निश्चित भौगोलिक क्षेत्र में पाए जाने वाले जीवों की संख्या और उनकी विविधता को जैव विविधता कहते हैं।
- जैव विविधता का संबंध पौधों के प्रकार, प्राणियों एवं सूक्ष्म जीवाणुओं से है, साथ ही उन जीवों की आनुवंशिकी और उनके द्वारा निर्मित पारितंत्र (Ecosystem) से है। जैव विविधता हमारी सजीव संपदा का महत्त्वपूर्ण अवयव है।
- यह विकास के लाखों वर्षों के इतिहास का परिणाम है। यह पृथ्वी पर पाए जाने वाले जीवधारियों की परिवर्तनशीलता, एक ही प्रजाति व विभिन्न प्रजातियों में परिवर्तनशीलता तथा विभिन्न पारितंत्रों में विविधता से संबंधित है।

जैव विविधता का विकास

- आधुनिक समय में जैव विविधता 2.5 से 3.5 अरब वर्षों के विकास का परिणाम है, जो मानवीय जीवन के आरंभ होने से पूर्व पृथ्वी पर किसी भी अन्य काल की तुलना में अधिक थी। इसके लुप्त या ह्रास होने का कारण किसी एक या अन्य प्रजाति (Species) की आवश्यकता से अत्यधिक उपयोग की प्रवृत्ति थी। आज भी नई प्रजातियों

की खोज निरंतर जारी है। एक अनुमान के अनुसार, विश्व में 20 लाख से 10 करोड़ तक प्रजातियों की संख्या है, परंतु एक करोड़ ही इसका सही अनुमान है।

- बहुत-सी प्रजातियों का वर्गीकरण अभी तक नहीं हुआ है। उदाहरणस्वरूप; दक्षिणी अमेरिका के ताजे पानी में रहने वाली लगभग 40% मछलियों का वर्गीकरण नहीं हो पाया है।
- ऊष्ण कटिबंधीय वनों में जैव-विविधता की अधिकता है।

जैव विविधता का वर्गीकरण

जैव-विविधता का वर्गीकतरण तीन स्तरों पर किया गया है, जिसका विवरण इस प्रकार है

आनुवंशिक जैव विविधता

- जीवन निर्माण की मूलभूत इकाई **जीन**[1] (Gene) है। किसी एक प्रजाति की दूसरी प्रजाति से भिन्नता का मुख्य कारण जीन की विविधता है।
- किसी प्रजाति में जीन की यही विविधता **आनुवंशिकी जैव विविधता** (Genetic Biodiversity) कहलाती है।
- समान भौतिक लक्षणों वाले जीवों के समूह को **प्रजाति** कहा जाता है। मनुष्य आनुवंशिक रूप से **होमोसेपियंस**[2] (Homo sapiens) प्रजाति से संबंधित है, जिसमें कद, रंग, रूप और अलग संरचना दिखावट जैसे शारीरिक लक्षणों में काफी भिन्नता है।
- इसका मूल कारण **आनुवंशिक विविधता**[3] है, साथ ही विभिन्न प्रजातियों के विकास व वृद्धि के लिए आनुवंशिक विविधता अत्यधिक अनिवार्य है।

प्रजातीय जैव विविधता

- यह प्रजातियों के अलग-अलग रूपों एवं संरचना को स्पष्ट करती है तथा यह क्षेत्र विशेष में प्रजातियों की संख्या से संबंधित है। प्रजातिगत विविधता (Species Diversity), उनकी समृद्धि, बहुलता और प्रकार पर निर्भर करती है।
- पृथ्वी पर जैव विविधता का वितरण सभी जगह समान नहीं है। कुछ क्षेत्र विशेष में प्रजातियों की संख्या अधिक, तो कहीं कम होती है। जैव विविधता उष्णकटिबंधीय प्रदेशों (Tropical Regions) में अधिक है। ध्रुवीय क्षेत्रों में जैव विविधता अत्यंत कम होती है।
- जिन क्षेत्रों में **प्रजातीय विविधता**[4] (Species Diversity) अधिक होती है, उसे विविधता का **हॉट-स्पॉट** (Hot-Spot)[5] कहा जाता है।

पारितंत्रीय जैव विविधता

- पारितंत्रों के प्रकारों में व्यापक भिन्नता, अलग-अलग पारितंत्रों की प्रक्रियाएँ तथा आवासीय स्थानों की भिन्नता ही **पारितंत्रीय विविधता** (Ecosystem Diversity) कहलाती है।
- इसकी विविधता का परिसीमन अर्थात् सीमांकन करना जटिल और मुश्किल है, क्योंकि समुदाय और पारितंत्रीय सीमाएँ अनिश्चित हैं।

जैव विविधता का महत्त्व

- जैव विविधता और मानवीय समुदायों के बीच अंतर्संबंध है। जैव विविधता ने जहाँ मानवीय संस्कृति के विकास में अमूल्य योगदान दिया है, वहीं मानव ने भी आनुवंशिक, प्रजातीय और पारिस्थितिक (Ecological) स्तरों पर इस विविधता को बनाए रखने में महत्त्वपूर्ण भूमिका निभाई है।
- जैव विविधता की पारिस्थितिकी, आर्थिक (Economics) और वैज्ञानिक (Scientific) भूमिकाएँ महत्त्वपूर्ण हैं, जिनका वर्णन इस प्रकार है

जैव विविधता की पारिस्थितिकीय भूमिका

- पारितंत्र में विभिन्न प्रकार की प्रजातियाँ हैं, जो भिन्न-भिन्न प्रकार के कार्यों को करती हैं। पारितंत्र में कोई भी प्रजाति बिना कारण के विकसित नहीं होती और न ही उसका अस्तित्व रह सकता है।
- प्रत्येक जीव अपनी आवश्यकता के साथ-साथ दूसरे जीवों की आवश्यकताओं की पूर्ति के लिए वस्तुओं का प्रयोग करता है।

---

1 **जीन** (Gene) जीवन निर्माण के लिए जीन एक मूलभूत इकाई है, जो शरीर में होने वाली कई गतिविधियों को नियंत्रित करती है।
2 **होमोसेपियंस** (Homo sapien) इसका अर्थ बुद्धिमान मानव होता है। होमोसेपियन पृथ्वी पर मौजूद सभी प्राइमेंट्रस की प्रजातियाँ है, जो अतयधिक विकसित और सुव्यवस्थित हैं।
3 **आनुवंशिक विविधता** (Genetic Diversity) यह प्रजाति के अंतर्गत आनुवंशिक या अन्य परिवर्तनों से युक्त होती है।
4 **प्रजातीय विविधता** (Species Diversity) यह आकृतिक, शारीरिक, क्रियात्मक तथा आनुवंशिक लक्षणों द्वारा प्रतिबिंबित होती है।
5 **हॉट-स्पॉट** (Hot-Spot) जिन क्षेत्रों में प्रजातीय विविधता अधिक होती है, उन्हें विविधता के हॉट-स्पॉट कहते हैं।

- ऊर्जा को ग्रहण कर जीव उसका संग्रहण करते हैं तथा साथ ही कार्बनिक पदार्थ उत्पन्न एवं उसका विघटन (Decomposition) भी करते हैं। इसके अतिरिक्त पारितंत्र में जल और पोषक तत्त्वों के चक्र को भी बनाए रखने का कार्य करते हैं।
- साथ-ही-साथ जीव व प्रजातियाँ जलवायु के साथ-साथ वायुमंडलीय गैस को नियंत्रित रखने का कार्य भी करते हैं। ये पारितंत्रीय क्रियाएँ मानव जीवन के लिए महत्त्वपूर्ण क्रियाएँ हैं।
- पारितंत्र में जितनी अधिक विविधता होगी, प्रजातियों के प्रतिकूल स्थितियों में रहने की संभावना और उनकी उत्पादकता भी उतनी ही अधिक होगी। पारितंत्र की क्षमता में कमी प्रजातियों की क्षति से भी संबंधित होती है।
- पर्यावरणीय परिवर्तन को सहने की क्षमता भी अधिक जैव विविधता वाले पारितंत्र में ही होती है। अत: अधिक विविधता वाले पारितंत्र में स्थायित्व भी अधिक होता है। दूसरे शब्दों में, जिस पारितंत्र में जितनी प्रकार की प्रजातियाँ होंगी, वह पारितंत्र उतना ही अधिक स्थायी होगा।

जैव विविधता की आर्थिक भूमिका

- दैनिक जीवन में जैव विविधता एक महत्त्वपूर्ण संसाधन (Resource) है। जिसका एक महत्त्वपूर्ण भाग **'फसलों की विविधता'** (Crop Diversity) है, जिसे **कृषि जैव विविधता**[6] (Agro Biodiversity) भी कहते हैं।
- जैव विविधता के माध्यम से मनुष्य की खाद्य आपूर्ति भी होती है, साथ ही जैव विविधता को संसाधनों के उन भंडारों के रूप में समझा जाता है, जिनका उपयोग भोज्य पदार्थ के साथ-साथ औषधियाँ और सौंदर्य प्रसाधन बनाने में किया जाता है।
- जैव-संसाधनों की परिकल्पना जैव विविधता के विनाश के लिए उत्तरदायी है, साथ ही यह संसाधनों के विभाजन और बँटवारे को लेकर उत्पन्न नए विवादों का भी जनक है।
- मनुष्य को खाद्य फसलों के अतिरिक्त पशु, वन संसाधन, मत्स्य तथा दवा जैसे महत्त्वपूर्ण उत्पाद भी जैव विविधता के माध्यम से उपलब्ध होते हैं। इन उत्पादों की माँग अधिक होती है।

जैव-विविधता की वैज्ञानिक भूमिका

- जैव विविधता इसलिए महत्त्वपूर्ण है, क्योंकि प्रत्येक प्रजाति हमें संकेत देती है कि जीवन का आरंभ कैसे हुआ और आगे कैसे विकसित होगा।
- जैव विविधता का स्तर अन्य जीवित प्रजातियों के साथ हमारे संबंध का एक अच्छा पैमाना है।
- जैव विविधता की अवधारणा कई मानव संस्कृतियों का अभिन्न अंग है।
- मानव का नैतिक कर्त्तव्य है कि वह सभी प्रजातियों को संरक्षण प्रदान करे, क्योंकि किसी भी प्रजाति को स्वेच्छा से विलुप्त करना नैतिकता के विरुद्ध है।

चेक प्वॉइंट 1

1. जैव विविधता को किस प्रकार का तंत्र माना जाता है?
2. मनुष्य आनुवंशिक रूप से किस प्रजाति से संबंधित है?
3. जिन क्षेत्रों में जातीय विविधता आधिक होती है, उसे क्या कहते हैं?
4. विश्व की कुल जनसंख्या का कितना भाग उष्णकटिबंधीय क्षेत्रों में रहता है?
5. आनुवंशिक विविधता का आधार क्या हैं?

14.2 जैव विविधता का ह्रास

- मानव के उद्भव/विकास के साथ ही जैव विविधता में तेजी से गिरावट देखी गई है, निरंतर एक के बाद एक प्रजातियाँ विलुप्त होने लगी हैं। जैव-विविधता के क्षय के निम्नलिखित कारण हैं

जनसंख्या वृद्धि

- तीव्र गति से बढ़ती जनसंख्या का दबाव प्राकृतिक संसाधनों पर पड़ा है। जनसंख्या की इस तीव्र वृद्धि के कारण प्रजातियों तथा उनके आवास में भी ह्रास होने लगा।
- विश्व की कुल जनसंख्या का तीन-चौथाई भाग उष्णकटिबंधीय क्षेत्रों में निवास करता है, जबकि यह भाग विश्व के कुल क्षेत्र का एक-चौथाई ही है।

---

6 **कृषि जैव विविधता** (Agro Biodiversity) जैव विविधता का एक महत्त्वपूर्ण भाग फसलों की विविधता है, जिसे कृषि जैव विविधता भी कहा जाता है।

• इन क्षेत्रों में वनोन्मूलन (Deforestation) तथा संसाधन का व्यापक रूप में दोहन भी जनसंख्या की आवश्यकताओं की पूर्ति के लिए किया जा रहा है। पृथ्वी की लगभग 50% प्रजातियाँ उष्णकटिबंधीय वर्षा वाले वनों में पाई जाती हैं। इनके विनाश से जैवमंडल की भी भारी क्षति हो रही है।

प्राकृतिक आपदा

• भूकंप, बाढ़, सूखा, ज्वालामुखी उद्गार जैसी प्राकृतिक आपदाएँ प्राणी तथा वनस्पति जगत को व्यापक क्षति पहुँचाती हैं, जिसके परिणामस्वरूप संबंधित क्षेत्रों की जैव विविधता में परिवर्तन देखा जाता है।

• प्राकृतिक आपदा वाले क्षेत्रों में जैव विविधता पर प्रतिकूल प्रभाव अधिक होता है। फसलों को कीड़े के प्रकोप से बचाने के लिए व्यापक स्तर पर कीटनाशक का प्रयोग किया जाता है।

• हाइड्रोकार्बन तथा विषैली भारी धातु (Toxic Heavy Metals) जैसे प्रदूषक प्रजातियों को व्यापक रूप से क्षति पहुँचाते हैं। ये संवेदनशील और कमजोर प्रजातियों को नष्ट कर देते हैं।

विदेश प्रजाति

• ऐसी प्रजातियाँ, जो स्थानीय आवास की मूल जैव प्रजाति न होते हुए भी उस तंत्र में स्थापित होती हैं, **विदेशज प्रजातियाँ**[7] (Exotic Species) कहलाती हैं। पारितंत्र की मूल प्रजातियों की व्यापक क्षति संसार के अनेक क्षेत्रों से आने वाली विदेशज प्रजाति के आगमन से भी हुई है।

• जैव विविधता में यह क्षति शिकार के बढ़ते चलन से भी हो रही है। बाघ, चीता, हाथी, गैंडा, मगरमच्छ, मिंक और पक्षियों का अवैध शिकार कुछ दशकों से किया जा रहा है।

• इन जानवरों और पक्षियों का शिकार उनके सींग, सूँड व खालों के उपयोग के लिए किया जा रहा है, जिसके कारण विश्व में कई प्रजातियाँ विलुप्त हो चुकी हैं या विलुप्ति के कगार पर हैं।

संकटापन्न पौधों एवं जीवों की प्रजाति

एक अनुमान के अनुसार 99% प्रजातियाँ, जो कभी धरती पर निवास करती थीं, लुप्तप्राय (Extinct) हो गई हैं। संकटापन्न पौधों व जीवों की प्रजातियों (Endangered Species of Trees and Organisms) को उनके संरक्षण के उद्देश्य से **प्राकृतिक संरक्षण के लिए अंतर्राष्ट्रीय संघ** (The International Union for Conservation of Nature, IUCN) ने उन्हें तीन वर्गों में विभाजित किया है

संकटापन्न प्रजातियाँ

• इस वर्ग में ऐसी प्रजातियों को रखा गया है, जिनके लुप्त होने का खतरा होता है। विश्व की सभी **संकटापन्न प्रजातियों**[8] (Endangered Species) के विषय में रेड लिस्ट (Redlist) के नाम की एक सूचना जारी करता है।

• रेड पांडा एक संकटापन्न प्रजाति है तथा भारत के अगस्त्य मलाई शिखर पर पाई जाने वाली जेनकेरिया सेबसटिनी भी एक अत्यंत संकटापन्न घास की प्रजाति है।

सुभेद्य प्रजातियाँ

• **सुभेद्य प्रजातियाँ**[9] (Vulnerable Species) के वर्ग में ऐसी प्रजातियों को सम्मिलित किया जाता है, जिनकी भविष्य में लुप्त होने की आशंका होती है।

• जैव विविधता के लिए इन प्रजातियों की कम होती संख्या को रोकने की आवश्यकता है।

दुर्लभ प्रजातियाँ

• इस वर्ग में ऐसी प्रजातियों को रखा जाता है, जो सीमित क्षेत्रों में ही विरल रूप में देखी जाती हैं अर्थात् संसार में जिनकी संख्या बहुत कम है।

• भारत के दक्षिण-पश्चिमी घाट में पाई जाने वाली हमबोशिया डेकरेंस बेड एक **दुर्लभ प्रजाति**[10] (Rare Species) है।

---

7 **विदेशज प्रजातियाँ** (Exotic Species) वे प्रजातियाँ, जो स्थानीय आवास की मूल जैव प्रजाति नहीं हैं, लेकिन उस तंत्र में स्थापित की गई हैं, उन्हें विदेशज प्रजातियाँ कहा जाता है।

8 **संकटापन्न प्रजातियाँ** (Endangered Species) इसमें वे सभी प्रजातियाँ सम्मिलित हैं, जिनके लुप्त हो जाने का खतरा है।

9 **सुभेद्य प्रजातियाँ** (Vulnerable Species) इसमें वे प्रजातियाँ सम्मिलित हैं, जिन्हें यदि संरक्षित नहीं किया गया या उनके विलुप्त होने में सहयोगी कारक यदि जारी रहे, तो निकट भविष्य में उनके विलुप्त होने का खतरा है।

10 **दुर्लभ प्रजातियाँ** (Rare Species) संसार में इन प्रजातियों की संख्या बहुत कम है। ये प्रजातियाँ कुछ ही स्थानों पर सीमित हैं या बड़े क्षेत्र में विरल रूप में बिखरी हुई हैं।

14.3 जैव विविधता का संरक्षण

- संरक्षण से तात्पर्य प्राकृतिक प्रजातियों को बिना हानि पहुँचाए विकास की निरंतरता बनाए रखने से है।
- इन प्रजातियों को भविष्य में संरक्षित रखने के प्रयास तथा दुर्लभ प्रजातियों को विलुप्ति से रोकना, मनुष्य की जैवमंडल के साथ पारस्परिक क्रिया किस प्रकार प्रभावित करती है, जैव विविधता पर काफी हद तक निर्भर करता है।
- मानव जीवन के अस्तित्व के लिए जैव विविधता का संरक्षण (Conservation of Biodiversity) अति आवश्यक है।
- किसी भी एक प्रजाति के विलुप्त होने से दूसरी प्रजाति में भी असंतुलन की समस्या प्रबल रूप से आती है, क्योंकि किसी भी प्रजाति की एक-दूसरे पर निर्भरता और जुड़ाव होता है।
- कोई भी प्रजाति पौधे हों या प्राणी, उनके अस्तित्व पर खतरे से मानव अस्तित्व भी खतरे में आ जाता है।
- मानव को पर्यावरण मैत्री के प्रति जागरूक होने की आवश्यकता है, जिससे अन्य प्राणियों के साथ हमारा जीवन भी समन्वित हो सके। संरक्षण की प्रक्रिया को भी बनाए रखना उतना ही आवश्यक है, जितना प्रजातियों का संरक्षण और उनके आवास स्थान की सुरक्षा।

जैव विविधता सम्मेलन रियो -डि- जेनेरो

ब्राजील के रियो-डि-जेनेरो (Rio-de-Janeiro) में वर्ष 1992 में हुए **जैव विविधता सम्मेलन** (Biodiversity Earth Summit) में भारत सहित 155 देशों ने रियो संकल्पों पर हस्ताक्षर किए। जैव विविधता संरक्षण के निम्न तरीके विश्व संरक्षण कार्य योजना में बताए गए हैं

- उन प्रजातियों के संरक्षण के प्रयास किए जाने चाहिए, जो संकटापन्न हैं।
- लुप्तप्राय होने वाली प्रजातियों को बचाने के लिए उचित प्रबंधन एवं योजनाओं का क्रियान्वयन करना चाहिए।
- खाद्यान्नों की किस्में, चारे संबंधी पौधों की किस्में, इमारती लकड़ी के पेड़, पशुधन, जंतु व उनकी वन्य प्रजातियों की किस्मों को संरक्षित करना चाहिए।
- प्रत्येक देश को वन्यजीवों के आवास को चिह्नित कर उनकी सुरक्षा को सुनिश्चित करना चाहिए।
- एक सुरक्षित तथा संरक्षित संस्थान की उपलब्धता, जिसमें प्रजाति स्वतंत्रतापूर्वक विकसित हो।
- वन्यजीवों व पौधों का अंतर्राष्ट्रीय व्यापार नियमों के अनुरूप हो।

वन्य जीव सुरक्षा अधिनियम, 1972

- भारत सरकार ने प्राकृतिक सीमाओं के अंदर विभिन्न प्रकार की प्रजातियों को बचाने, संरक्षित करने और विस्तार करने के लिए इस अधिनियम को पारित किया।
- इसके अंतर्गत नेशनल पार्क, (National park) पशुविहार (Sanctuaries) तथा जीवमंडल आरक्षित क्षेत्र (Biosphere reserves) स्थापित किए गए।

महा विविधता केंद्र

- महा विविधता केंद्र या **मेगा डायवर्सिटी सेंटर** में शामिल सभी देश उष्णकटिबंधीय क्षेत्र में स्थित हैं। जिसमें विश्व की सर्वाधिक प्रजातीय विविधता पाई जाती है। जिन्हें ' महा विविधता केंद्र' कहा जाता है।
- इस केंद्र में 12 देश शामिल हैं- मैक्सिको, कोलंबिया, इक्वाडोर, पेरू, ब्राजील, डेमोक्रेटिक रिपब्लिक ऑफ कांगो, मेडागास्कर, चीन, भारत, मलेशिया, इंडोनेशिया और ऑस्ट्रेलिया। इन देशों में समृद्ध महा-विविधता के केंद्र स्थित है

पारिस्थितिक हॉट-स्पॉट

- ऐसे क्षेत्र, जो अधिक संकट में हैं, उनमें संसाधनों को उपलब्ध कराने के लिए अंतर्राष्ट्रीय संरक्षण संघ (IUCN) ने जैव-विविधता हॉट-स्पॉट (Hot Spot) क्षेत्र के रूप में निर्धारित किया है।
- **हॉट-स्पॉट** को उनकी वनस्पति के आधार पर परिभाषित किया जाता है।
- अधिकतर हॉट-स्पाट में रहने वाली प्रजातियाँ भोजन जलाने के लिए लकड़ी, कृषि भूमि और इमारती लकड़ी आदि के लिए वहाँ पाई जाने वाली समृद्ध पारितंत्रों पर ही निर्भर होती है।

- **मेडागास्कर** में पाए जाने वाले कुल पौधों व जीवों में से 85% पौधे व जीव संसार में अन्यत्र कहीं नहीं पाए जाते हैं। इसके पश्चात् भी मेडागास्कर की गणना गरीब देशों की सूची में की जाती है।
- **हवाई द्वीप** जहाँ विशेष प्रकार की पादप व जंतु प्रजातियाँ मिलती हैं, वह विदेशज प्रजातियाँ के आगमन और भूमि विकास के कारण असुरक्षित हैं।

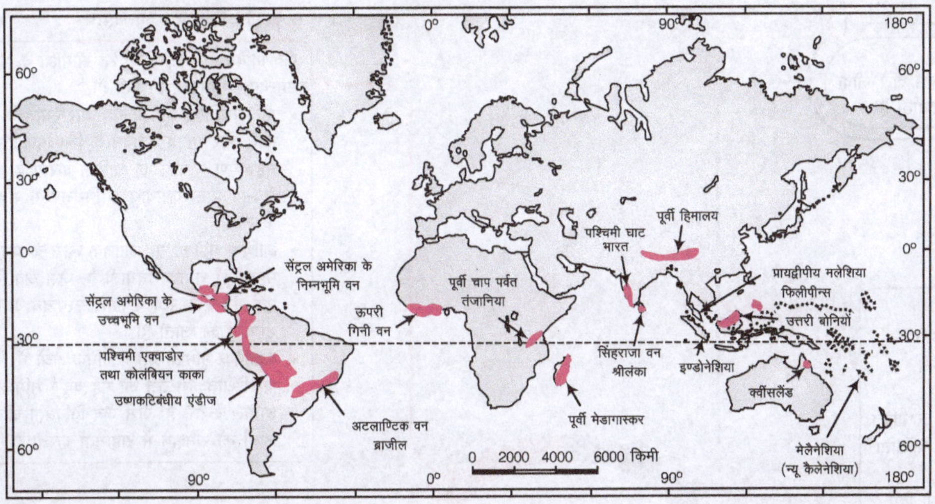

चेक प्वॉइंट 2

1. संकटापन्न प्रजातियों के लिए कौन -सी संस्था रेड लिस्ट जारी करती है?
2. जैव विविधता सम्मेलन वर्ष 1992 में कहाँ आयोजित किया गया था?
3. जीवमंडल आरक्षित क्षेत्र को किस अधिनियम के अंतर्गत स्थापित किया गया था?
4. हॉट-स्पॉट को सामान्यतः किस आधार पर परिभाषित किया जाता है?
5. IUCN के पौधों और जंतुओं की संकटग्रस्त प्रजातियों को कितनी श्रेणियों में वर्गीकृत किया गया है?

Mind Map

जैव विविधता एवं संरक्षण

1 जैव विविधता
- यह किसी दिए गए क्षेत्र में पाए जाने वाले जीवों की संख्या और विविधता को दर्शाती है।

जैव विविधता के स्तर
- **आनुवांशिक जैव विविधता** यह किसी प्रजाति के भीतर जीन में होने वाली विविधता को दर्शाती है।
- **प्रजातीय जैव विविधता** यह किसी निर्धारित क्षेत्र में प्रजातियों की संख्या और विविधता को दर्शाती है।
- **पारितंत्रीय जैव विविधता** यह किसी दिए गए क्षेत्र में पारिस्थितिक तंत्रों की विविधता को दर्शाती है।

2 जैव विविधता का महत्त्व
जैव विविधता अपनी निर्धारित सीमाओं के भीतर तीन महत्त्वपूर्ण भूमिकाएँ निभाती हैं।
- **पारिस्थितिकी भूमिका** यह पारिस्थितिकी तंत्र के कार्य और मानव जीवन के लिए प्रजातियों की महत्त्वपूर्ण भूमिका को शामिल करती है, जैसे- जैव-विविधता जलवायु के नियंत्रण में सहायता करती है।
- **आर्थिक भूमिका** यह आर्थिक लाभ के प्रचार में महत्त्वपूर्ण भूमिका निभाती है, जैसे जैव विविधता एक भंडार के रूप में खाद्य उत्पादन के लिए उपयोग की जाती है।
- **वैज्ञानिक भूमिका** यह वैज्ञानिक क्षेत्रों में पारिस्थितिकीय तंत्र की महत्त्वपूर्ण भूमिका को शामिल करती है, जैसे जैव विविधता जीवन के कार्यों को समझने में सहायता करती है।

3 जैव विविधता का ह्रास
- विभिन्न कारणों से जैव विविधता का ह्रास या लुप्त होना।

संकटग्रस्त प्रजातियों का वर्गीकरण
यह वर्गीकरण प्राकृतिक संसाधनों व पर्यावरण संरक्षण की अंतर्राष्ट्रीय संस्था (IUCN) द्वारा किया जाता है।
- **संकटापन्न प्रजातियाँ** वे प्रजातियाँ, जो विलुप्त होने के खतरे में हैं, इन्हें लाल सूची (Red list) में शामिल किया जाता है।
- **सुभेद्य प्रजातियाँ** वे प्रजातियाँ जिनके निकट भविष्य में विलुप्त होने का खतरा है।
- **दुर्लभ प्रजातियाँ** वे प्रजातियाँ, जो बहुत कम संख्या में पाई जाती हैं।

4 जैव विविधता का संरक्षण
यह प्राकृतिक आवास और उनमें रहने वाले वन्यजीव की सुरक्षा, प्रबंधन या पुनर्स्थापना को संदर्भित करता है।

संरक्षण के तरीके
- पृथ्वी सम्मेलन (वर्ष 1992)
- वन्यजीव संरक्षण अधिनियम, (वर्ष 1972)
- संसाधनों का सतत् उपयोग
- जनता में पर्यावरण के प्रति जागरूकता

NCERT फोल्डर

नीचे दिए प्रश्नों के उत्तर संक्षेप में दीजिए

1. जैव विविधता का संरक्षण निम्न में किसके लिए महत्त्वपूर्ण है?

(a) जंतु (b) पौधे
(c) पौधे और प्राणी (d) सभी जीवधारी

उत्तर (d) सभी जीवधारी

2. निम्नलिखित में से असुरक्षित प्रजातियाँ कौन-सी हैं?

(a) जो दूसरों को असुरक्षा दें
(b) बाघ व शेर
(c) जिनकी संख्या अत्यधिक हो
(d) जिन प्रजातियों के लुप्त होने का खतरा हो

उत्तर (d) जिन प्रजातियों के लुप्त होने का खतरा हो

3. नेशनल पार्क और पशु विहार निम्न में से किस उद्देश्य के लिए बनाए गए हैं?

(a) मनोरंजन के लिए (b) पालतू जीवों के लिए
(c) शिकार के लिए (d) संरक्षण के लिए

उत्तर (d) संरक्षण के लिए

4. जैव विविधता समृद्ध क्षेत्र हैं

(a) उष्णकटिबंधीय क्षेत्र (b) शीतोष्ण कटिबंधीय क्षेत्र
(c) ध्रुवीय क्षेत्र (d) महासागरीय क्षेत्र

उत्तर (a) उष्णकटिबंधीय क्षेत्र

5. निम्न में से किस देश में पृथ्वी सम्मेलन हुआ था?

(a) यू के (b) ब्राजील
(c) मैक्सिको (d) चीन

उत्तर (b) ब्राजील

निम्नलिखित प्रश्नों के उत्तर लगभग 30 शब्दों में दीजिए

1. जैव विविधता क्या है?

उत्तर किसी निश्चित भौगोलिक क्षेत्र में पाए जाने वाले जीवों की संख्या और उनकी विविधता को जैव विविधता कहते हैं। यह पृथ्वी पर पाए जाने वाले जीवधारियों की परिवर्तनशीलता, एक ही प्रजाति व विभिन्न प्रजातियों में परिवर्तनशीलता तथा विभिन्न पारितंत्रों में विविधता से संबंधित है। उष्णकटिबंधीय क्षेत्रों में जैव विविधता अधिक पाई जाती है, क्योंकि उष्णार्द्र क्षेत्रों में वर्षा अधिक होती है, अतः यहाँ वनस्पतियों के उगने की संभावना अधिक होती है।

2. जैव विविधता के विभिन्न स्तर क्या हैं?

उत्तर जैव विविधता के निम्नलिखित तीन स्तर हैं

(i) आनुवंशिक जैव विविधता विभिन्न प्रजातियों के विकास व वृद्धि के लिए अत्यधिक अनिवार्य है।

(ii) प्रजातीय जैव विविधता प्रजातियों के अलग-अलग रूपों एवं संरचना को स्पष्ट करती है।

(iii) पारितंत्रीय जैव विविधता के अतंर्गत समुदाय एवं परितंत्रीय सीमाएँ अनिश्चित है।

3. हॉट-स्पॉट से आप क्या समझते हैं?

उत्तर वे जैव भौगोलिक क्षेत्र जिनमें प्रजातीय वि ाविधता अधिक होती है, लेकिन मानवीय गतिविधियों और अन्य खतरों के काण इन पर खतरा मंडराता रहता है। उन्हें विविधता के हॉट-स्पॉट कहते हैं। दुनिया में 36 से अधिक जैव विविधता हॉट स्पॉट हैं।

4. मानव जाति के लिए जंतुओं के महत्त्व का वर्णन संक्षेप में कीजिए।

उत्तर मानव जाति के लिए जंतुओं का बहुत महत्त्व है। ये हमें भोजन, वस्तु, औषधि, परिवहन और खेती में सहायता करते हैं; साथ ही जंतुओं का पारिस्थितिकीय संतुलन बनाए रखने में भी महत्त्वपूर्ण योगदान है, क्योंकि यह जैव-विविधता को भी संजोए रखते हैं और प्राकृतिक चक्र को भी संतुलित रखते हैं।

5. विदेशज प्रजातियों से आप क्या समझते हैं?

उत्तर वे प्रजातियाँ, जो स्थानीय आवास की मूल जैव प्रजाति नहीं है, लेकिन उस तंत्र में स्थापित की गई हैं, उन्हें विदेशज प्रजातियाँ कहा जाता है। ऐसे कई उदाहरण हैं, जब विदेशज प्रजातियो के आगमन से परितंत्र में प्राकृतिक या मूल जैव समुदाय को व्यापक हानि हुई। पिछले कुछ दशकों के दौरान से कुछ जंतुओं जैसे- बाघ, चीता, हाथी, गैंडा, मगरमच्छ को उनके सींग व खालों के लिए निर्दयतापूर्वक अवैध शिकार किया जा रहा है। इसके फलस्वरूप कुछ प्रजातियाँ लुप्त होने के कगार पर आ गई है।

निम्नलिखित प्रश्नों के उत्तर लगभग 150 शब्दों में दीजिए

1. प्रकृति को बनाए रखने में जैव विविधता की भूमिका का वर्णन कीजिए।

उत्तर प्रकृति को बनाए रखने में जैव विविधता की मुख्यतः तीन भूमिकाएँ हैं, जिन्हें पारिस्थितिक, आर्थिक तथा वैज्ञानिक भूमिका के नाम से जाना जाता है।

(i) **जैव विविधता की पारिस्थितिकीय भूमिका** पारितंत्र में अनेक प्रजातियाँ होती हैं, जो विभिन्न प्रकार के कार्य करती हैं। प्रत्येक जीव अपनी आवश्यकताओं को पूरा करने के लिए कुछ वस्तुओं का प्रयोग करता है और साथ ही अन्य जीवों की आवश्यकताओं की पूर्ति के लिए कुछ पदार्थ लौटाता हैं। अधिक जैव-विविधता वाले पारितंत्र में पर्यावरणीय परिवर्तन को सहन करने की क्षमता अधिक होती है। अतः अधिक विविधता वाले पारितंत्र के स्थायी रहने की संभावनाएँ भी अधिक होती हैं।

(ii) **जैव विविधता की आर्थिक भूमिका** जैव विविधता का आर्थिक महत्त्व बहुत अधिक है, क्योंकि इससे आर्थिक विकास के लिए अनेक संसाधन प्राप्त होते हैं। इससे मानव जाति को भोजन प्राप्त होता है। जैव विविधता से मानव को प्राप्त होने वाली कुछ महत्त्वपूर्ण वस्तुओं में खाद्य फसलें, पशु, वन संसाधन, मत्स्य तथा दवा संसाधन आदि प्रमुख हैं।

(iii) **जैव विविधता की वैज्ञानिक भूमिका** वैज्ञानिक अध्ययन के लिए जैव विविधता का बड़ा महत्त्व है। इससे हमें यह पता चलता है कि जीवन का आरंभ कैसे हुआ और भविष्य में जीवन किस प्रकार विकसित होगा।

2. जैव विविधता के ह्रास के लिए उत्तरदायी प्रमुख कारकों का वर्णन करें। इसे रोकने के उपाय भी बताइए।

अथवा **जैव विविधता के ह्रास के तीन प्रमुख कारकों का वर्णन कीजिए।**

अथवा **जनसंख्या वृद्धि, प्राकृतिक आपदा, विदेशज प्रजाति जैव-विविधता के क्षरण के लिए किस प्रकार उत्तरदायीं हैं? चर्चा कीजिए।** दक्षता आधारित प्रश्न

उत्तर जैव विविधता के ह्रास के प्रमुख कारकों को निम्न प्रकार समझा जा सकता है

(i) **जनसंख्या वृद्धि** विश्व जनसंख्या में तीव्र तथा जीवन स्तर में सुधार के कारण प्राकृतिक संसाधनों पर भार अत्यधिक बढ़ गया है। इससे विभिन्न भागों में प्रजातियों तथा उनके आवास स्थानों का तेजी से ह्रास होने लगा है।

(ii) **प्राकृतिक अपदा** जनसंख्या में वृद्धि तथा जैव ह्रास के कारण उष्णकटिबंधीय क्षेत्रों को बहुत क्षति पहुँची है। भौतिकतावादी प्रवृत्ति के समक्ष मानव के झुकाव ने संसाधनों के अधिक दोहन के लिए उसे प्रेरित किया है, जिससे जैव विविधता को हानि पहुँची है।

(iii) **विदेशी प्रजातियाँ** विश्व के अनेक भागों में विदेशज प्रजातियों के आगमन से पारितंत्र की मूल प्रजातियों की भारी क्षति हुई है। शिकार के बढ़ते चलन से जैव विविधता को अभूतपूर्व क्षति पहुँची है।

जैव विविधता के ह्रास को रोकने के उपाय

जैव विविधता के ह्रास को रोकने के प्रमुख उपाय निम्नलिखित हैं

- संकटापन्न प्रजातियों के संरक्षण के लिए राजकीय स्तर पर वैधानिक कदम उठाए जाने चाहिए।
- प्रजातियों को लुप्त होने से बचाया जाए। ऐसा करके प्रजातियों को संरक्षित किया जा सकता है। प्रजातियों की बहुलता से ही जैव विविधता की गुणात्मकता में सुधार आता है।
- वनों के संरक्षण से न केवल पर्यावरण को सुरक्षित रखा जा सकता है, बल्कि जैव विविधता के संरक्षण के लिए भी वनोन्मूलन आवश्यक है, इसके अतिरिक्त जो क्षेत्र मानव के लिए अगम्य हैं वहाँ जैव विविधता अधिक मिलती है, क्योंकि ऐसे क्षेत्रों में मानवीय गतिविधियाँ कम होती हैं।
- वन्यजीवों के आवास को चिह्नित करके उन्हें सुरक्षा प्रदान करनी चाहिए। ऐसा करने से जैव विविधता को प्रभावी तरीके से संरक्षित किया जा सकता है। वन्यजीवों के संरक्षण हेतु सरकारी स्तर पर अनेक वैधानिक कदम उठाएँ गए हैं, ताकि जैव विविधता के संरक्षण में सरकार की भूमिका भी शामिल हो सके।
- वन्यजीवों एवं पौधों के अंतर्राष्ट्रीय व्यापार को नियमित करना चाहिए। तथा पौधों की सुरक्षा करनी चाहिए।

अभ्यास प्रश्न

वस्तुनिष्ठ प्रश्न

बहुविकल्पीय प्रश्न

1. किसी निश्चित भौगोलिक क्षेत्र में पाए जाने वाले जीवों की संख्या और उनकी विविधता को कहते हैं

(a) आनुवंशिक जैव विविधता (b) आवास
(c) जैव विविधता (d) पारितंत्र

उत्तर *(c)* जैव विविधता

2. निम्नलिखित में से किस क्षेत्र में लगभग 40% ताजे पानी की मछलियों का वर्गीकरण नहीं हुआ है?

(a) उत्तरी अमेरिका (b) दक्षिणी अमेरिका
(c) पश्चिमी यूरोप (d) दक्षिण-पूर्वी एशिया

उत्तर *(b)* दक्षिणी अमेरिका

3. जैव विविधता को कितने स्तरों में विभाजित किया जाता है?

(a) 1 (b) 2 (c) 3 (d) 4

उत्तर *(c)* 3

4. किसी प्रजाति में जीन की विविधता कहलाती है

(a) आनुवंशिक जैव विविधता (b) प्रजातीय जैव विविधता
(c) पारितंत्रीय जैव विविधता (d) इनमें से कोई नहीं

उत्तर *(a)* आनुवंशिक जैव विविधता

5. निम्नलिखित में से किसके अंतर्गत जीवों की संख्या, समृद्धि, बहुलता और प्रकार आदि का वर्णन किया जाता है?

(a) आनुवंशिक विविधता (b) प्रजातीय विविधता
(c) पारितंत्रीय विविधता (d) इनमें से कोई नहीं

उत्तर *(b)* प्रजातीय विविधता

6. निम्नलिखित में से किस क्षेत्र में सर्वाधिक जैव विविधता पाई जाती है?

(a) भूमध्यसागरीय प्रदेश (b) उष्णकटिबंधीय प्रदेश
(c) ध्रुवीय प्रदेश (d) विषुवतीय प्रदेश

उत्तर *(b)* उष्णकटिबंधीय प्रदेश

7. **जैव विविधता अपनी परिभाषित सीमाओं के भीतर निम्नलिखित में से कौन-सी भूमिका निभाती है?**
(a) जैव विविधता की पारिस्थितिकीय भूमिका
(b) जैव विविधता की आर्थिक भूमिका
(c) जैव विविधता की वैज्ञानिक भूमिका
(d) उपरोक्त सभी

उत्तर *(d)* उपरोक्त सभी

8. **जैव विविधता के ह्रास के लिए निम्नलिखित में से कौन-सा कारक जिम्मेदार है?**
(a) जनसंख्या वृद्धि (b) प्राकृतिक आपदा
(c) विदेशज प्रजाति (d) ये सभी

उत्तर *(d)* ये सभी

9. **जैव-विविधता हमारी सजीव संपदा का महत्त्वपूर्ण अवयव है। इसकी पारिस्थितिकीय भूमिका के संदर्भ में दिए गए कथनों में से सही कथन का चयन करें** *दक्षता आधारित प्रश्न*
1. पारितंत्र में कोई भी प्रजाति बिना कारण के विकसित नहीं होती और न ही उसका अस्तित्व रह सकता है।
2. प्रत्येक जीव सिर्फ अपनी आवश्यकताओं की पूर्ति के लिए वस्तुओं का प्रयोग करता है।
3. ऊर्जा को ग्रहण कर जीव उसका संग्रहण करते हैं।
4 .जीव, कार्बनिक पदार्थ उत्पन्न एवं उसका विघटन भी करते हैं।

कूट
(a) 1, 2 और 3 (b) 1, 3 और 4
(c) 2, 3 और 4 (d) 1, 2 और 4

उत्तर *(b)* 1, 3 और 4

10. **प्रजातीय जैव विविधता प्रजातियों की अनेक रूपता को बताती है इसके संदर्भ में कौन-सा कथन सही है?**
1. प्रजातीय जैव विविधता उष्णकटिबंधीय प्रदेश में सबसे अधिक है।
2. ध्रुवों पर जीवधारियों की संख्या सबसे कम है।
3. कम प्रजातीय विविधता वाले क्षेत्रों को हॉट-स्पॉट कहा जाता है।
4. ध्रुवों की ओर जाने पर प्रजातीय विविधता अधिक होती है।

कूट
(a) केवल 1 (b) केवल 4
(c) 1 और 3 (d) 2 और 3

उत्तर *(a)* केवल 1

11. **जैव विविधता संरक्षण के संदर्भ में कौन-सा कथन सही नहीं है?** *दक्षता आधारित प्रश्न*
1. प्रथम सम्मेलन वर्ष 1992 में संपन्न हुआ।
2. इस पर विश्व के 192 देश हस्ताक्षरकर्ता हैं।
3. वन्यजीव व पौधों की अंतर्राष्ट्रीय तस्करी पर रोक लगाना।
4 भारत इस सम्मेलन की संकल्प पर हस्ताक्षरकर्ता देश है।

कूट
(a) केवल 2 (b) केवल 3
(c) केवल 4 (b) 1 और 4

उत्तर *(a)* केवल 2

12. **निम्नलिखित में से कौन जैव विविधता में सम्मिलित है?**
1. पौधे
2. जीव-जंतु
3. पौधों और जानवरों की जीन
4. पारितंत्र

कूट
(a) 1 और 2 (b) 2 और 3
(c) 3 और 4 (d) 1, 2, 3 और 4

उत्तर *(d)* 1, 2, 3 और 4

13. **प्राकृतिक संरक्षण के लिए अंतर्राष्ट्रीय संघ में कौन-सी प्रजातियाँ शामिल हैं?** *दक्षता आधारित प्रश्न*
1. संकटापन्न प्रजातियाँ 2. सुभेद्य प्रजातियाँ
3. दुर्लभ प्रजातियाँ

कूट
(a) 1 और 2 (b) 2 और 3
(c) 1 और 3 (d) 1, 2 और 3

उत्तर *(d)* 1, 2 और 3

14. **इस वर्ग में ऐसी प्रजातियों को सम्मिलित किया जाता है, जिनकी भविष्य में लुप्त होने की आंशका होती है ऐसी प्रजातियों को ……… प्रजातियाँ कहते हैं।**
(a) संकटापन्न (b) सुभेद्य
(c) दुर्लभ (d) विलुप्तापन्न

उत्तर *(b)* सुभेद्य

14. **प्रजातीय विविधता से तात्पर्य ………।**
(a) आनुवांशिक या अन्य परिवर्तनों से युक्त प्रजातीय विविधता
(b) प्रजातियों के आकृतिक, शारीरिक, क्रियात्मक तथा आनुवांशिक लक्षणों द्वारा भिन्नता।
(c) प्रजातियों के प्रकारों तथा आवासीय स्थानों की भिन्नता
(d) जीवों की संख्या और उनकी विविधता।

उत्तर *(a)* आनुवांशिक या अन्य परिवर्तनों से युक्त प्रजातीय विविधता

15. **संकटापन्न पौधों व जीवों की प्रजातियों को उनके संरक्षण के लिए विभिन्न वर्गों में विभाजित किया गया है। दिए गए कथन के अनुसार सही वर्ग का चयन कीजिए।**
संसार में कुछ प्रजातियों की संख्या बहुत कम है। ये प्रजातियाँ कुछ ही स्थानों पर सीमित है या बड़े क्षेत्र में विरल रूप में बिखरी हुई है; जैसे- *दक्षता आधारित प्रश्न*
(a) संकटापन्न प्रजाति (b) सुभेद्य प्रजाति
(c) दुर्लभ प्रजाति (d) विलुप्तापन्न प्रजाति

उत्तर *(c)* दुर्लभ प्रजाति

16. **जैव विविधता के समृद्ध क्षेत्रों को उनके घटते से बढ़ते क्रम में व्यवस्थित करें** *दक्षता आधारित प्रश्न*
1. उष्णकटिबंधीय क्षेत्र 2. शीतोष्ण कटिबंधीय क्षेत्र
3. ध्रुवीय क्षेत्र 4. महासागरीय क्षेत्र

कूट

(a) 1, 2, 3, 4 (b) 2, 3, 4, 1
(c) 3, 2, 1, 4 (d) 4, 1, 2, 3

उत्तर *(d)* 4, 1, 2, 3

17. जैव विविधता के हॉट-स्पॉट क्षेत्रों को पश्चिम से पूर्व के क्रम में व्यवस्थित कीजिए

1. क्वीसलैंड 2. उत्तरी बोर्नियो
3. सिंहराजा वन 4. पश्चिमी घाट

कूट

(a) 2, 3, 4, 1 (b) 1, 4, 2, 3
(c) 4, 3, 2, 1 (d) 4, 1, 2, 3

उत्तर *(c)* 4, 3, 2 ,1

18. सूची I को सूची II से सुमेलित कीजिए

सूची I	सूची II
A. दुर्लभ प्रजातियाँ	1. विरल क्षेत्रों में सीमित संख्या में प्रजाति
B. संकटापन्न प्रजातियाँ	2. लुप्त होने का खतरा
C. सुभेद्य प्रजातियाँ	3. भविष्य में लुप्त होने वाली प्रजाति

कूट

	A	B	C		A	B	C
(a)	1	2	3	(b)	2	3	1
(c)	3	2	1	(d)	2	1	3

उत्तर *(a)* 1 2 3

19. निम्नलिखित में से कौन-सा युग्म सही सुमेलित नहीं है?

(a) पूर्वी चाप पर्वत — ऑस्ट्रेलिया
(b) सिंहराजा वन — श्रीलंका
(c) क्वीसलैंड — ऑस्ट्रेलिया
(d) अटलांटिक वन — ब्राजील

उत्तर *(a)* पूर्वी चाप पर्वत—ऑस्ट्रेलिया

निर्देश (प्र.सं. 20-22) नीचे दो कथन दिए गए हैं, जिनमें एक को कथन A और दूसरे को कारण R कहा गया है। कूट की सहायता से सही उत्तर का चयन करें।

दक्षता आधारित प्रश्न

कूट

(a) A और R दोनों सही हैं तथा R, A की सही व्याख्या है
(b) A और R दोनों सही हैं, परंतु R, A की सही व्याख्या नहीं है
(c) A सही है, किंतु R गलत है
(d) A गलत है, किंतु R सही है

20. कथन (A) वनस्पति विविधता का आधार अपक्षय प्रावार अर्थात् मौसम का प्रभाव होता है।

कारण (R) मौसम के प्रभाव या अपक्षय प्रावार को जैव-विविधता का आधार माना जाता हे।

उत्तर *(b)* वनस्पति विविधता का आधार अपक्षय प्रावार अर्थात् मौसम का प्रभाव होता है। इसलिए मौसम के प्रभाव का अपक्षय प्रावार को जैव-विविधता का भी आधार माना जाता है। सौर ऊर्जा एवं जल मुख्य रूप से अपक्षय में विविधता उत्पन्न करते हैं। जिसके कारण जैव-विविधता भी उत्पन्न होती है।

21. कथन (A) किसी भी एक प्रजाति के विलुप्त होने से दूसरी प्रजाति में भी असंतुलन की समस्या प्रबल रूप से आती है।

कारण (R) किसी भी प्रजाति की एक-दूसरे पर निर्भरता और जुड़ाव होता है।

उत्तर *(a)* किसी भी एक प्रजाति के विलुप्त होने से दूसरी प्रजाति में भी असंतुलन की समस्या प्रबल रूप से आती है, क्योंकि किसी भी प्रजाति की एक-दूसरे पर निर्भरता और जुड़ाव होता है। कोई भी प्रजाति पौधें हों या प्राणी, उनके अस्तित्व पर खतरे से मानव अस्तित्व भी खतरे में आ जाता है।

22. कथन (A) हाट-स्पॉट को उनकी वनस्पति के आधार पर परिभाषित किया गया है।

कारण (R) वनस्पति ही पारितंत्र की प्राथमिक उत्पादकता को निर्धारित करती है।

उत्तर *(a)* हॉट-स्पॉट को उनकी वनस्पति के आधार पर परिभाषित किया गया है, क्योंकि वनस्पति ही पारितंत्र की प्राथमिक उत्पादकता को निर्धारित करती है। अधिकतर हॉट-स्पॉट में रहने वाली प्रजातियाँ भोजन, ईंधन, कृषि, भूमि इमारती लकड़ी आदि के लिए वनस्पति और वहाँ पाई जाने वाले समृद्ध परितंत्रों पर ही निर्भर होती हैं।

23. निम्नलिखित ग्राफ को उपयुक्त उत्तरों से पूर्ण कीजिए

दक्षता आधारित प्रश्न

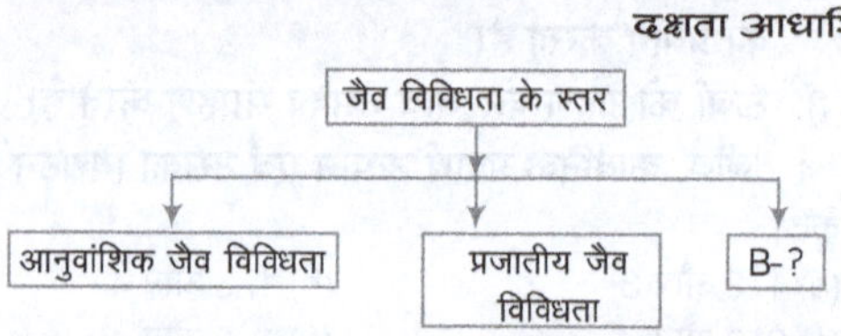

उत्तर A. पारितंत्रीय विविधता B. पारितंत्रीय जैव विविधता
C. कृषि जैव विविधता D. वैज्ञानिक विविधता

24. दिए गए स्रोत के अनुसार इन सभी प्रश्नों का उत्तर दे

सभी मनुष्यों के लिए दैनिक जीवन में जैव-विविधता एक महत्त्वपूर्ण संसाधन है। जैव-विविधता का एक महत्त्वपूर्ण भाग ' फसलों की विविधता' (Crop diversity) है, जिसे कृषि जैव-विविधता भी कहा जाता है। जैव-विविधता को संसाधनों के उन भंडारों के रूप में भी समझा जा सकता है, जिनकी उपयोगिता भोज्य पदार्थ, औषधियाँ ओर सौंदर्य प्रसाधन आदि बनाने में है। जैव संसाधनों की ये परिकल्पना जैव-विविधता के विनाश के लिए भी उत्तरदयी है। साथ ही यह संसाधनों के विभाजन और बँटवारे को लेकर उत्पन्न नये विवादों का भी जनक है। खाद्य फसलें पशुवन संसाधन मत्स्य और औषधी संसाधन आदि कुछ ऐसे प्रमुख आर्थिक महत्त्व के उत्पाद हैं, जो मानव को जैव-विविधता के फलस्वरूप उपलब्ध होते हैं।

(i) जैव-विविधता आर्थिक भूमिका के संदर्भ में कौन-सा कथन सही है?

(a) सभी मनुष्यों के लिए दैनिक जीवन में जैव विविधता एक महत्त्वपूर्ण संसाधन है
(b) जैव विविधता को संसाधनों के भंडारों के रूप में समझा जा सकता है।
(c) खाद्य फसलें, पशु, वन संसाधन, मत्स्य आदि जैव-विविधता के आर्थिक संसाधन है।
(d) उपरोक्त सभी

उत्तर (d) उपरोक्त सभी

(ii) जैव-विविधता का एक महत्त्वपूर्ण भाग 'फसलों की विविधता' है, जिसे अन्य रूपों में क्या कहा जाता है?
(a) कृषि जैव-विविधता
(b) पशु जैव-विविधता
(c) वनस्पति जैव-विविधता
(d) अंतरजातीय जैव-विविधता

उत्तर (a) कृषि जैव-विविधता

(iii) मानव को जैव -विविधता के द्वारा कौन-कौन से संसाधन उपलब्ध होते हैं?
(a) खाद्य फसले
(b) वन संसाधन
(c) औषधी संसाधन
(d) उपरोक्त सभी

उत्तर (d) उपरोक्त सभी

स्रोत आधारित प्रश्न

निम्नलिखित स्रोतों को ध्यानपूर्वक पढ़कर उन पर आधारित प्रश्नों के उत्तर दीजिए

1. पिछले कुछ दशकों से जनसंख्या वृद्धि के कारण प्राकृतिक संसाधनों का उपभोग अधिक होने लगा है। इससे संसार के विभिन्न भागों में प्रजातियों तथा उनके आवास स्थानों में तेजी से कमी हुई है। उष्णकटिबंधीय क्षेत्र, जो विश्व के कुल क्षेत्र का मात्र एक-चौथाई भाग है, यहाँ संसार की तीन-चौथाई जनसंख्या रहती है। इस विशाल जनसंख्या की आवश्यकताओं को पूरा करने के लिए संसाधनों का दोहन और वनोन्मूलन अत्यधिक हुआ है। उष्णकटिबंधीय वर्षा वाले वनों में पृथ्वी की लगभग 50% प्रजातियाँ पाई जाती हैं और प्राकृतिक आवासों का विनाश पूरे जैवमंडल के लिए हानिकारक सिद्ध हुआ है।

प्राकृतिक आपदाएँ; जैसे-भूकंप, बाढ़, ज्वालामुखी उद्गार, दावानल, सूखा आदि पृथ्वी पर पाई जाने वाली प्राणिजात और वनस्पतिजात को क्षति पहुँचाते हैं और परिणामस्वरूप संबंधित प्रभावित प्रदेशों की जैव-विविधता में बदलाव आता है। कीटनाशक और अन्य प्रदूषक; जैसे-हाइड्रोकार्बन और विषैली भारी धातु, संवेदनशील और कमजोर प्रजातियों को नष्ट कर देते हैं। वे प्रजातियाँ, जो स्थानीय आवास की मूल जैव प्रजाति नहीं हैं, लेकिन उस तंत्र में स्थापित की गई हैं, उन्हें 'विदेशज प्रजातियाँ' कहा जाता है। ऐसे कई उदाहरण हैं, जब विदेशज प्रजातियों के आगमन से पारितंत्र में प्राकृतिक या मूल जैव समुदाय को व्यापक नुकसान हुआ। पिछले कुछ दशकों के दौरान, कुछ जंतुओं; जैसे-बाघ, चीता, हाथी, गैंडा, मगरमच्छ और पक्षियों का, उनके सींग, सूँड़ व खालों के लिए निर्दयतापूर्वक अवैध शिकार किया जा रहा है। इसके फलस्वरूप कुछ प्रजातियाँ लुप्त होने के कगार पर आ गई हैं।

(i) कुछ दशकों में उष्ण कटिबंधीय क्षेत्र में क्या परिवर्तन आया है?

उत्तर उष्णकटिबंधीय क्षेत्र, जो विश्व के कुल क्षेत्र का मात्र एक-चौथाई भाग है, यहाँ संसार की तीन-चौथाई जनसंख्या रहती है। इस विशाल जनसंख्या की आवश्यकताओं को पूर्ण करने के लिए संसाधनों का दोहन और वनोन्मूलन अत्यधिक हुआ है। उष्णकटिबंधीय वर्षा वाले वनों में पृथ्वी की लगभग 50% प्रजातियाँ पाई जाती हैं और प्राकृतिक आवासों का विनाश जैवमंडल के लिए हानिकारक सिद्ध हुआ है।

(ii) किसी संपूर्ण क्षेत्र विशेष में पाई जाने वाली जैव-विविधता में बदलाव क्यों आता है?

उत्तर प्राकृतिक आपदाएँ; जैसे-भूकंप, बाढ़, ज्वालामुखी उद्गार, दावानल, सूखा आदि पृथ्वी पर पाई जाने वाली प्राणिजात और वनस्पतिजात को क्षति पहुँचाते हैं और परिणामस्वरूप संबंधित प्रभावित प्रदेशों की जैव-विविधता में परिवर्तन आता है।

(iii) कुछ प्रजातियाँ लुप्त होने की कगार पर आ गई हैं। क्यों?

उत्तर विदेशज प्रजातियों के आगमन से पारितंत्र में प्राकृतिक या मूल जैव समुदाय को व्यापक हानि हुई। पिछले कुछ दशकों के दौरान, कुछ जतुओं; जैसे-बाघ, चीता, हाथी, गैंडा, मगरमच्छ और पक्षियों का उनके सींग, सूँड व खालों के लिए निर्दयतापूर्वक अवैध शिकार किया जा रहा है। इसके फलस्वरूप कुछ प्रजातियाँ लुप्त होने की कगार पर आ गई हैं।

2. मानव के अस्तित्व के लिए जैव विविधता अति आवश्यक है। जीवन का हर रूप एक-दूसरे पर इतना निर्भर है कि किसी एक प्रजाति पर संकट आने से दूसरों में असंतुलन की स्थिति पैदा हो जाती है। यदि पौधों और प्राणियों की प्रजातियाँ संकटापन्न होती हैं, तो इससे पर्यावरण में गिरावट उत्पन्न होती है और अंततोगत्वा मनुष्य का अपना अस्तित्व भी खतरे में पड़ सकता है। आज यह अति आवश्यक है कि मानव को पर्यावरण-मैत्री संबंधी पद्धतियों के प्रति जागरूक किया जाए और विकास की ऐसी व्यावहारिक गतिविधियाँ अपनाई जाएँ, जो दूसरे जीवों के साथ समन्वित हों और सतत पोषणीय हों। इस तथ्य के प्रति भी जागरूकता बढ़ रही है कि संरक्षण तभी संभव और दीर्घकालिक होगा, जब स्थानीय समुदायों व प्रत्येक व्यक्ति की इसमें भागीदारी होगी। इसके लिए स्थानीय स्तर पर संस्थागत संरचनाओं का विकास आवश्यक है। केवल प्रजातियों का संरक्षण और आवास स्थान की सुरक्षा ही अहम समस्या नहीं है, बल्कि संरक्षण की प्रक्रिया को जारी रखना भी उतना ही आवश्यक है।

वर्ष 1992 में ब्राजील के रियो-डि-जेनेरो में हुए जैव विविधता के सम्मेलन में लिए गए संकल्पों का भारत अन्य 155 देशों सहित हस्ताक्षरी है। विश्व संरक्षण कार्य योजना में जैव विविधता संरक्षण के निम्न तरीके सुझाए गए हैं

- संकटापन्न प्रजातियों के संरक्षण के लिए प्रयास करने चाहिए।
- प्रजातियों को लुप्त होने से बचाने के लिए उचित योजनाएँ व प्रबंधन अपेक्षित हैं।
- खाद्यान्नों की किस्में, चारे संबंधी पौधों की किस्में, इमारती लकड़ी के पेड़, पशुधन, जंतु व उनकी वन्य प्रजातियों की किस्मों को संरक्षित करना चाहिए।
- प्रत्येक देश को वन्यजीवों के आवास को चिह्नित कर उनकी सुरक्षा को सुनिश्चित करना चाहिए।
- प्रजातियों के पलने-बढ़ने तथा विकसित होने के स्थान सुरक्षित व संरक्षित हों।
- वन्यजीवों व पौधों का अंतर्राष्ट्रीय व्यापार, नियमों के अनुरूप हो।

भारत सरकार ने प्राकृतिक सीमाओं के भीतर विभिन्न प्रकार की प्रजातियों को बचाने, संरक्षित करने और विस्तार करने के लिए, वन्यजीव सुरक्षा अधिनियम, 1972 पारित किया है, जिसके अंतर्गत नेशनल पार्क व पशु विहार स्थापित किए गए तथा जीवमंडल आरक्षित क्षेत्र घोषित किए गए।

(i) **भारत सरकार द्वारा किस अधिनियम के अंतर्गत नेशनल पार्क और पशु विहार की स्थापना की गई थी?**

उत्तर वन्य जीव संरक्षण अधिनियम के अंतर्गत भारत सरकार द्वारा नेशनल पार्क और पशु विहार की स्थापना की गई थी।

(ii) **जैव-विविधता के सम्मेलन का आयोजन कब और कहाँ किया गया था?**

उत्तर जैव-विविधता सम्मेलन का आयोजन वर्ष 1992 में ब्राजील के रियो-डि-जेनेरो में किया गया था। इसमें भारत सहित 155 देशों ने हस्ताक्षर किए थे। इसकी कार्य योजना में संकटापन्न प्रजातियों के संरक्षण के प्रयास तथा प्रजातियों को लुप्त होने से बचाने के लिए उचित योजनाएँ व प्रबंधन अपेक्षित किए गए थे।

(iii) **जैव विविधता के प्रतिकूल होने की स्थिति में किस प्रकार की समस्या उत्पन्न होने की संभावना होती है?**

उत्तर जैव विविधता के प्रतिकूल होने की स्थिति में पर्यावरणीय असंतुलन, जैविक असंतुलन तथा खाद्य शृंखला का असंतुलन आदि समस्याएँ उत्पन्न होने की संभावना होती है।

लघु उत्तरीय प्रश्न

1. जैव विविधता विकास पर संक्षिप्त टिप्पणी लिखिए।

अथवा **आधुनिक समय में नई प्रजातियों की खोज निरंतर जारी है। जैव-विविधता के इस क्रमिक विकास की चर्चा कीजिए।**

उत्तर आधुनिक समय में जैव विविधता 2.5 से 3.5 अरब वर्षों के विकास का परिणाम है, जो मानवीय जीवन के आरंभ होने से पूर्व पृथ्वी पर किसी भी अन्य काल की तुलना में अधिक थी। इसके लुप्त या ह्रास होने का कारण किसी एक या अन्य प्रजाति की आवश्यकता से अत्यधिक उपयोग की प्रवृत्ति थी। आज भी नई प्रजातियों की खोज निरंतर जारी है। एक अनुमान के अनुसार, विश्व में 20 लाख से 10 करोड़ तक प्रजातियों की संख्या है, परंतु 1 करोड़ ही इसका सही अनुमान है। बहुत-सी प्रजातियों का वर्गीकरण अभी तक नहीं हुआ है। उदाहरणस्वरूप; दक्षिणी अमेरिका के ताजे पानी में रहने वाली लगभग 40% मछलियों का वर्गीकरण नहीं हो पाया है।

2. जैव विविधता को कितने स्तरों में वर्गीकृत किया जाता है? इसका विस्तार पूर्वक वर्णन कीजिए।

अथवा **जैव-विविधता के संदर्भ में आनुवंशिक, प्रजातीय तथा परितंत्रीय जैव -विविधता को परिभाषित कीजिए।**

उत्तर जैव-विविधता को निम्नलिखित तीन स्तरों में वर्गीकृत किया गया है, जिसका विस्तृत विवरण इस प्रकार है

(i) **आनुवंशिक जैव विविधता** जीवन निर्माण की मूलभूत इकाई जीन है। किसी एक प्रजाति की दूसरी प्रजाति से भिन्नता का मुख्य कारण जीन की विविधता है। किसी प्रजाति में जीन की यही विविधता आनुवंशिक जैव विविधता कहलाती है। समान भौतिक लक्षणों वाले जीवों के समूह को प्रजाति कहा जाता है। मनुष्य आनुवंशिक रूप से होमोसेपियंस प्रजाति से संबंधित है, जिसमें कद, रंग, रूप और अलग संरचना दिखावट जैसे शारीरिक लक्षणों में काफी भिन्नता है। इसका मूल कारण आनुवंशिक विविधता है।

(ii) **प्रजातीय जैव विविधता** यह प्रजातियों के अलग-अलग रूपों एवं संरचना को स्पष्ट करती है तथा यह क्षेत्र विशेष में प्रजातियों की संख्या से संबंधित है। प्रजातिगत विविधता, उनकी समृद्धि, बहुलता और प्रकार पर निर्भर करती है। कुछ क्षेत्र विशेष में प्रजातियों की संख्या अधिक, तो कहीं कम होती है। जिन क्षेत्रों में प्रजातीय विविधता अधिक होती है, उसे विविधता का हॉट-स्पॉट कहा जाता है।

(iii) **पारितंत्रीय जैव विविधता** पारितंत्रों के प्रकारों में व्यापक भिन्नता, अलग-अलग पारितंत्रों की प्रक्रियाएँ तथा आवासीय स्थानों की भिन्नता ही पारितंत्रीय विविधता कहलाती है। इसकी विविधता का परिसीमन अर्थात् सीमांकन करना जटिल और मुश्किल है, क्योंकि समुदाय और पारितंत्रीय सीमाएँ अनिश्चित हैं।

3. जैव विविधता की आर्थिक भूमिका को स्पष्ट कीजिए।

अथवा **जैव विविधता से आप क्या समझते हैं। यह एक महत्त्वपूर्ण संसाधन के रूप में मानव जीवन को कैसे प्रभावित करती है? चर्चा कीजिए।**

दक्षता आधारित प्रश्न

उत्तर दैनिक जीवन में जैव विविधता एक महत्त्वपूर्ण संसाधन है, जिसका एक महत्वपूर्ण भाग फसलों की विविधता है, जिसे कृषि जैव विविधता भी कहते हैं।

जैव विविधता के माध्यम से मनुष्य की खाद्य आपूर्ति भी होती है, साथ ही जैव विविधता को संसाधनों के उन भंडारों के रूप में समझा जाता है, जिनका उपयोग भोज्य पदार्थ के साथ-साथ औषधियाँ और सौंदर्य प्रसाधन बनाने में किया जाता है। जैव संसाधनों की परिकल्पना जैव विविधता के विनाश के लिए उत्तरदायी है, साथ ही यह संसाधनों के विभाजन और बँटवारे को लेकर उत्पन्न नए विवादों का भी जनक है। मनुष्य को खाद्य फसलों के अतिरिक्त पशु, वन संसाधन, मत्स्य तथा दवा जैसे महत्त्वपूर्ण उत्पाद भी जैव विविधता के माध्यम से उपलब्ध होते हैं। इन उत्पादों की माँग अधिक होती है।

4. जनसंख्या वृद्धि का जैव विविधता पर क्या प्रभाव पड़ता है? स्पष्ट कीजिए।

अथवा **मानव जनसंख्या में वृद्धि क्या जैव विविधता के ह्रास का कारण बनती है। स्पष्ट कीजिए।**

दक्षता आधारित प्रश्न

उत्तर जनसंख्या वृद्धि का जैव विविधता पर निम्न प्रभाव पड़ता है

- तीव्र गति से बढ़ती जनसंख्या का दबाव प्राकृतिक संसाधनों पर पड़ता है।
- जनसंख्या की इस तीव्र वृद्धि के कारण प्रजातियों तथा उनके आवास में भी ह्रास होने लगता है।
- विश्व की कुल जनसंख्या का तीन-चौथाई भाग उष्णकटिबंधीय क्षेत्रों में निवास करता है, जबकि यह भाग विश्व के कुल क्षेत्रफल का एक-चौथाई ही है।
- उष्णकटिबंधीय क्षेत्रों में जनसंख्या की आवश्यकता पूर्ति के लिए वनोन्मूलन तथा संसाधनों का व्यापक रूप से दोहन किया जा रहा है, जिससे जैव विविधता की भारी क्षति हो रही है।

5. जैव विविधता संरक्षण के तरीकों को स्पष्ट कीजिए।

उत्तर जैव विविधता संरक्षण के निम्न तरीके विश्व संरक्षण कार्य योजना में बताए गए हैं

- उन प्रजातियों के संरक्षण के प्रयास किए जाने चाहिए जो संकटापन्न हैं।
- लुप्तप्राय होने वाली प्रजातियों को बचाने के लिए उचित प्रबंधन एवं योजनाओं का क्रियान्वयन करना चाहिए।

- खाद्यान्नों की किस्में, चारे संबंधी पौधों की किस्में, इमारती लकड़ी के पेड़, पशुधन, जंतु व उनकी वन्य प्रजातियों की किस्मों को संरक्षित करना चाहिए।
- प्रत्येक देश को वन्यजीवों के आवास को चिह्नित कर उनकी सुरक्षा को सुनिश्चित करना चाहिए।
- एक सुरक्षित तथा संरक्षित संस्थान की उपलब्धता, जिसमें प्रजाति स्वतंत्रतापूर्वक विकसित हो।
- वन्यजीवों व पौधों का अंतरराष्ट्रीय व्यापार नियमों के अनुरूप हो।

दीर्घ उत्तरीय प्रश्न

1. जैव विविधता किसे कहते हैं? इसके विकास पर प्रकाश डालिए।

उत्तर जैव-विविधता का अर्थ पृथ्वी पर पाए जाने वाले जीव-जंतुओं, पौधों, सूक्ष्मजीवों और पारिस्थितिक तंत्रों की विविधता से है। यह विविधता प्रजातियों, उनके जेनेटिक घटकों और पारिस्थितिक तंत्रों के स्तर पर देखी जाती है। जैव-विविधता हमारे पर्यावरण को संतुलित रखने में सहायक होती है और मनुष्य के अस्तित्व के लिए महत्त्वपूर्ण होती है।

जैव-विविधता का विकास

जैव-विविधतव का विकास विकासवाद की प्रक्रिया और पर्यावरणीय परिवर्तनों के साथ धीरे-धीरे हुआ। यह विकास लाखों वर्षों की प्राकृतिक प्रक्रियाओं; जैसे- प्राकृतिक चयन, उत्परिवर्तन, आनुवंशिक बहाव और पर्यावरणीय अनुकूलन के माध्यम से सम्भव हुआ।

जैव-विविधता पृथ्वी के जीवन की समृद्धि और स्थिरता का आधार है। इसके संरक्षण के लिए सतत विकास और जागरूकता आवश्यक हैं।

जैव-विविधता के विकास के प्रमुख चरण निम्नलिखित हैं

(i) **जीवन का प्रारंभ** लगभग 3.5 अरब वर्ष पहले सूक्ष्म जीवों के रूप में जीवन की शुरुआत हुई।

(ii) **प्राकृतिक चयन** चार्ल्स डार्विन ने इसे विकास का आधार बताया, जहाँ जीवों की विशेषताएँ उनके जीवित रहने और प्रजनन की क्षमता को प्रभावित करती है।

(iii) **भौगोलिक परिवर्तन** इस परिवर्तन से महाद्वीपीय विस्थापन और प्राकृतिक आपदाओं ने प्रजातियों के प्रसार और विविधता को प्रभावित किया।

(iv) **मानव प्रभाव** मानव गतिविधियों; जैसे- कृषि, शिकार और वनों की कटाई ने जैव-विविधता पर गहरा प्रभाव डाला है।

जैव-विविधता के महत्त्व को उल्लेख इस प्रकार किया गया है

(i) **पर्यावरणीय संतुलन बनाए रखना** विभिन्न प्रजातियाँ खाद्य शृंखला और पारिस्थितिक प्रक्रियाओं में भाग लेकर पर्यावरण को संतुलित बनाए रखती हैं।

(ii) **आर्थिक महत्त्व** के आधार पर कृषि, औषधि, उद्योग और ऊर्जा के स्रोत के रूप में जैव-विविधता महत्त्वपूर्ण है।

(iii) **सांस्कृतिक और सौंदर्यात्मक मूल्य** के रूप में जैव-विविधता से प्रेरणा लेकर मनुष्य कला, साहित्य और धार्मिक परंपराओं का विकास करता है।

2. जैव विविधता के संरक्षण पर एक टिप्पणी कीजिए।

***अथवा* मनुष्य का अस्तित्व बनाए रखने के लिए जैव-विविधता का संरक्षण अति आवश्यक है। क्या आप बता सकते हैं, क्यों?** *दक्षता आधारित प्रश्न*

उत्तर मनुष्य के अस्तित्व के लिए जैव विविधता का संरक्षण अति आवश्यक है, क्योंकि जीवन का प्रत्येक रूप एक-दूसरे पर निर्भर करता है। किसी एक प्रजाति पर संकट आने से दूसरी प्रजाति में असंतुलन की स्थिति उत्पन्न हो जाती है। पौधों और प्राणियों की प्रजातियों के संकट में होने पर पर्यावरण में गिरावट आती है, जिससे मनुष्य का अस्तित्व खतरे में पड़ सकता है। स्थानीय समुदायों एवं प्रत्येक व्यक्ति की भागीदारी से ही जैव विविधता संरक्षण को दीर्घकालिक तथा संभव बनाया जा सकता है।

इसके लिए स्थानीय स्तर पर संस्थागत संरचनाओं का विकास आवश्यक है। जैव विविधता संरक्षण के लिए वर्ल्ड कंजर्वेशन स्ट्रेटेजी ने निम्नलिखित सुझाव दिए हैं

- संकटापन्न प्रजातियों के संरक्षण के लिए प्रयास करने चाहिए।
- प्रजातियों को लुप्त होने से बचाने के लिए उचित योजनाएँ व प्रबंधन अपेक्षित है।
- खाद्यान्नों की किस्में, चारे संबंधी पौधों की किस्में, इमारती लकड़ी के पेड़, पशुधन, जंतु व उनकी वन्य प्रजातियों की किस्मों को संरक्षित करना चाहिए।
- प्रत्येक देश को वन्यजीवों के आवास को चिह्नित कर उनकी सुरक्षा को सुनिश्चित करना चाहिए।

3. रियो-डि-जेनियो में आयोजित जैव विविधता सम्मेलन के दौरान कौन-कौन-सी नीतियाँ अपनाई गईं?

उत्तर रियो-डि जनेरियो जैव-विविधता सम्मेलन (1992), जिसे आधिकारिक रूप से यूएन कन्वेंशन ऑन बायोलॉजिकल डाइवर्सिटी के रूप में जाना जाता है, जो पर्यावरण और सतत विकास के लिए एक ऐतिहासिक कदम था। यह सम्मेलन 3 से 14 जून, 1992 के बीच ब्राजील के रियो-डि- जनेरियो में आयोजित हुआ और इसमें 178 देशों ने भाग लिया। इस सम्मेलन के दौरान पर्यावरणीय संरक्षण और सतत् विकास के लिए कई महत्त्वपूर्ण नीतियों और समझौते अपनाए गए, जो निम्नखिलित हैं

(i) **जैव विविधता पर सम्मेलन** सह सम्मेलन जैव विविधता के संरक्षण, उसके टिकाऊ उपयोग और जैविक संसाधनों से उत्पन्न लाभों के समान वितरण के लिए था। इसे तहत निम्नलिखित उद्देश्य तय किए गए; जैसे–

- जैव- विविधता की रक्षा और संवर्द्धन
- जैव संसाधनों का सतत् उपयोग
- जैविक संसाधनों से उत्पन्न लाभों को समान रूप से साझा करना (जैसे जीन संसाधनों का उपयोग)।

इस सम्मेलन ने कानूनी और संस्थागत उपायों का आधार प्रदान किया।

(ii) **एजेंडा 21** यह वैश्विक कार्य योजना थी, जिसका उद्देश्य पर्यावरणीय क्षरण को रोकना और सतत् विकास को बढ़ावा देना था। इसमें भूमि, जल, जंगल और जैव-विविधता के प्रबंधन को शामिल किया गया।

(iii) **वन सिद्धांत** वनों के सतत् प्रबंधन और संरक्षण के लिए नीतियाँ बनाई गईं। इसमें वनों की जैव-विविधता और उनकी भूमिका को संरक्षित करने पर बल दिया गया।

(iv) **संयुक्त राष्ट्र जलवायु परिवर्तन रूपरेखा सम्मेलन** इस सम्मेलन में यह समझौता जलवायु परिवर्तन को नियंत्रित करने और ग्रीनहाउस गैस उत्सर्जन को कम करने के लिए था। इसमें जैव-विविधता संरक्षण को जलवायु परिवर्तन से जोड़कर देखा गया।

(v) **सतत विकास के सिद्धांत** इस सिद्धांत के अनुसार, विकास जैव-विविधता के संरक्षण के लिए आवश्यक है। इसमें आर्थिक विकास और पर्यावरण संरक्षण को संतुलित करने की आवश्यकता पर बल दिया गया।

रियो-डि-जनेरियो जैव विविधता सम्मेलन ने पर्यावरणीय संरक्षण और जैव- विविधता को बचाने के लिए एक ठोस आधार प्रदान किया। इसके माध्यम से पहली बार दुनिया ने जैव-विविधता संरक्षण, सतत् विकास और जलवायु परिवर्तन को एक-दूसरे से जोड़ने की दिशा में सामूहिक प्रयास शुरू किए। इन नीतियों का प्रभाव आज भी वैश्विक स्तर पर देखा जा सकता है।

4. पारिस्थितिकी हॉट-स्पॉट क्या है? विश्व के प्रमुख हॉट-स्पॉट का विवरण प्रस्तुत कीजिए।

उत्तर पारिस्थितिकी हॉटस्पॉट उन क्षेत्रों को कहते हैं, जहाँ जैव- विविधता बहुत अधिक होती है, लेकिन ये क्षेत्र मानव गतिविधियों, जलवायु परिवर्तन और प्राकृतिक आपदाओं के कारण अत्यधिक खतरे में होते हैं। इस अवधारणा को 1988 में नॉर्मन मायर्स ने प्रस्तुत किया था।

विश्व के प्रमुख पारिस्थितिकी हॉटस्पॉट

वर्तमान में, 36 पारिस्थितिकी हॉटस्पॉट सम्पूर्ण विश्व में पहचाने गए हैं। इनका वर्णन निम्नलिखित हैं

(i) **हिमालयन हॉटस्पॉट** इस हॉटस्पॉट के अंतर्गत भारत, नेपाल, भूटान और पाकिस्तान आते हैं। इस हॉटस्पॉट की प्रमुख विशेषता यह है कि इस क्षेत्र में दुर्लभ पौधे और जीव जैसे स्नो लेपर्ड, लाल पांडा आदि पाए जाते हैं। इसके अतिरिक्त यहाँ खतरे के संकेत; जैसे- जलवायु परिवर्तन, वनों की कटाई और अवैध शिकार आदि।

(ii) **पश्चिमी घाट** भारत में जैव-विविधता का एक हॉट-स्पॉट है, जो बड़ी संख्या में अनोखी प्रजातियों का घर है जैसे नीले मेंढ़क और मालावर सिवेट आदि।

(iii) **इंडों-बर्मा हॉटस्पॉट** भारत के उत्तर-पूर्वी राज्य, म्यांमार, थाईलैंड कंबोडिया और वियतनाम इसके प्रमुख स्थान हैं। यह क्षेत्र कई अद्वितीय प्रजातियों का घर है, जैसे भारतीय हाथी और कई प्रकार की उभयचर प्रजातियाँ आदि इसके अतिरिक्त। यही खनन, वनों की कटाई और शिकार का खतरा बना रहना है।

(iv) सुंडालैंड निकोबार द्वीप समूह और दक्षिण-पूर्व एशिया यहाँ के प्रमुख क्षेत्र है। यहाँ मैंग्रोव वनों और उष्णाकटिबंधीय वर्षा वनों की अधिकता हैं। जलवायु परिवर्तन और मानव जनित गतिविधियाँ से यहाँ खतरा बना रहता है। सुडालैंड को विश्व के सबसे बड़े पुष्प रेफलेसिया की उपस्थिति का गौरव भी प्राप्त है, जो एक मीटर से अधिक बड़ा होता है।

(v) **अमेजन वर्षावन** दक्षिण अमेरिका का प्रमुख क्षेत्र है। इसे 'पृथ्वी के फेफड़े' कहा जाता है, क्योंकि यह क्षेत्र कार्बन डाइऑक्साइड के शोषण में महत्त्वपूर्ण भूमिका निभाता है। वनों की कटाई, कृषि विस्तार और खनन आदि खतरे के संकेत हैं।

(vi) **मेडागास्कर और हिंद महासागर द्वीपसमूह** मेडागास्कर और आस-पास के द्वीप प्रमुख द्वीपसमूह हैं। यहाँ के 90% से अधिक वनस्पति और जीव केवल इसी क्षेत्र में पाए जाते हैं। इसके अतिरिक्त अवैध कटाई और वन क्षेत्र का कृषि भूमि में परिवर्तन होता है।

इन पारिस्थितिकी हॉट-स्पॉट का संरक्षण केवल पर्यावरण ही नहीं, बल्कि मानव अस्तित्व के लिए भी आवश्यक है।

मानचित्र पर आधारित प्रश्न

1. विश्व के मानचित्र पर पाँच बिंदुओं A, B, C, D और E को चिह्नित किया गया है। नीचे दी गई जानकारी के आधार पर इनमें से चार बिंदुओं की पहचान कर उनका नाम लिखें।

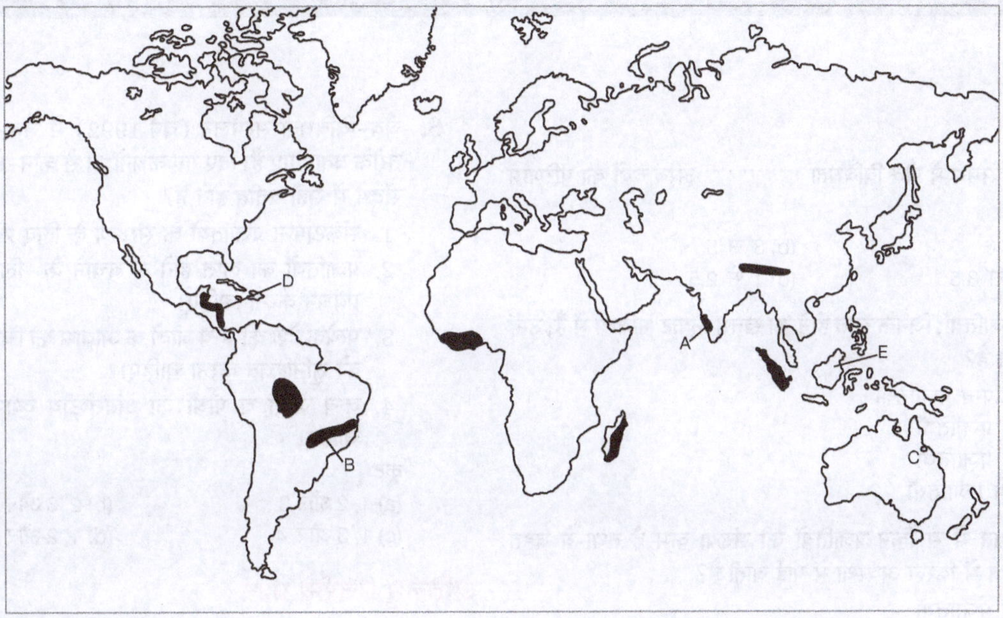

उत्तर A. भारत में स्थित पारिस्थितिकी हॉटस्पॉट
B. ब्राजील में स्थित पारिस्थितिकी हॉटस्पॉट
C. ऑस्ट्रेलिया में स्थित वन क्षेत्र
D. ग्वाटेमाला पर स्थित निम्न भूमि वन
E. उत्तरी बोर्नियो पर स्थित वन

2. नीचे दिए गए संकेतों के आधार पर विश्व के मानचित्रों पर पाँच स्थानों को चिह्नित कीजिए?

(i) उष्णकटिबंधीय एंडीज (ii) ऊपरी गिनी वन
(iii) पूर्वी मेडागास्कर (iv) पूर्वी हिमालय
(v) इंडोनेशिया (vi) सिंहराजा वन श्रीलंका

उत्तर

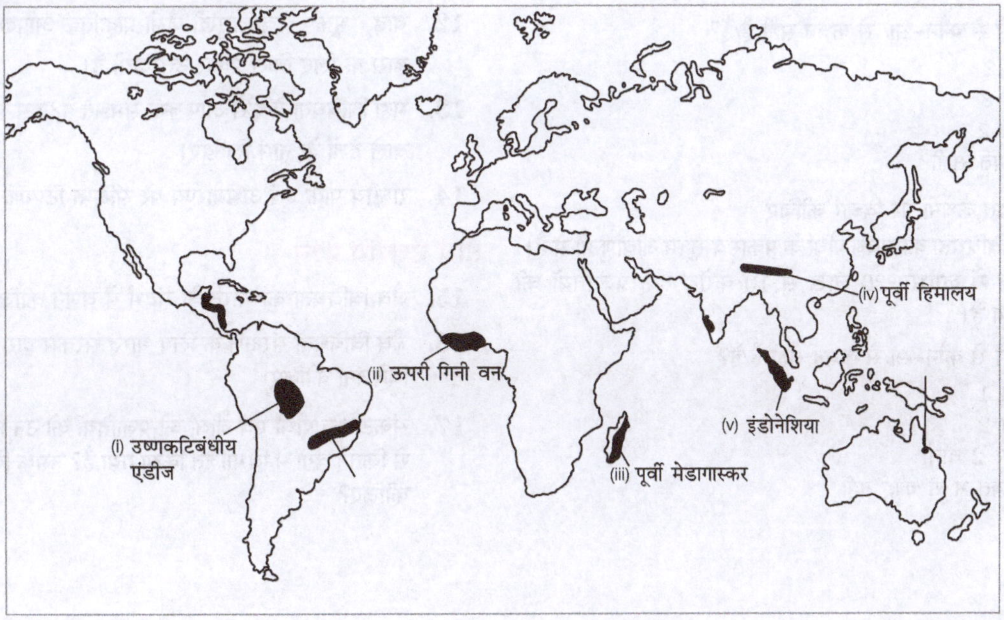

स्वयं को जाँचें

वस्तुनिष्ठ प्रश्न

1. आधुनिक समय में जैव विविधता ………… अरब वर्षों का परिणाम है।

(a) 4 से 6 (b) 3 से 5
(c) 2.5 से 3.5 (d) 1 से 2.5

2. वे सभी प्रजातियाँ, जिनके लुप्त होने का खतरा निकट भविष्य में है, उन्हें क्या कहते हैं?

(a) संकटापन्न प्रजातियाँ
(b) सुभेद्य प्रजातियाँ
(c) दुर्लभ प्रजातियाँ
(d) अवशेष प्रजातियाँ

3. निम्नलिखित में से किन प्रजातियों की संख्या कम है तथा ये बहुत सीमित क्षेत्र में विरल अवस्था में पाई जाती हैं?

(a) दुर्लभ प्रजातियाँ
(b) अतिसंकटाग्रस्त प्रजातियाँ
(c) संकटापन्न प्रजातियाँ
(d) सुभेद्य प्रजातियाँ

4. निम्नलिखित कथनों पर विचार कीजिए

1. संसार की सर्वाधिक प्रजातीय विविधता ध्रुवीय प्रदेशों में पाई जाती है।
2. महा विविधता केंद्र उष्णकटिबंधीय क्षेत्रों में स्थित है।
3. वनस्पति, पारितंत्र की प्राथमिक उत्पादकता है।

उपरोक्त में से कौन-सा/ से कथन सही है/हैं?

(a) केवल 2
(b) 2 और 3
(c) 1 और 2
(d) उपरोक्त सभी

5. निम्नलिखित कथनों पर विचार कीजिए

1. जैव विविधता का संबंध पौधों के प्रकार व सूक्ष्म जीवाणुओं से है।
2. विश्व में लगभग 20 लाख से 10 करोड़ तक प्रजातियों की संख्या है।

उपरोक्त में से कौन-सा/से कथन सही है/हैं?

(a) केवल 1
(b) केवल 2
(c) 1 और 2 दोनों
(d) उपरोक्त में से कोई नहीं

6. जैव-विविधता सम्मेलन (वर्ष 1992) में जैव-विविधता संरक्षण के तरीके बताए गए हैं। दिए गए कथनों में से कौन-से कथन इन तरीकों के संदर्भ में सही प्रतीत होते हैं?

1. संकटापन्न प्रजातियों के संरक्षण के लिए प्रयास करने चाहिए।
2. प्रजातियों को लुप्त होने से बचाने के लिए उचित योजनाएँ व प्रबंधन करना चाहिए।
3. प्रत्येक देश को वन्य जीवों के आवास को चिह्नित कर उनकी सुरक्षा को सुनिश्चित करना चाहिए।
4. वन्य जीवों व पौधों का अंतर्राष्ट्रीय व्यापार प्रतिबंधित करना चाहिए।

कूट

(a) 1, 2 और 3 (b) 2, 3 और 4
(c) 1, 3 और 4 (d) 1, 2 और 4

अतिलघु उत्तरीय प्रश्न

7. प्रजातीय विविधता क्या है?

8. महा विविधता केंद्र किसे कहते हैं?

9. पारितंत्रीय जैव विविधता क्या है?

लघु उत्तरीय प्रश्न

10. पारितंत्र विभिन्नता तथा वंशानुगत विभिन्नता में अंतर स्पष्ट कीजिए।

11. वंशानुगत एवं प्रजाति विभिन्नता में अंतर स्पष्ट कीजिए।

12. बाढ़, भूकंप, ज्वालामुखी जैसी प्राकृतिक आपदाएँ जैव-विविधता के ह्रास के लिए किस प्रकार उत्तरदायी हैं।

13. महा विविधता केंद्र से आप क्या समझते हैं? इस समूह के अंतर्गत आने वाले देशों के नाम लिखिए।

14. राष्ट्रीय पार्क एवं अभयारण्य पर संक्षिप्त टिप्पणी लिखिए।

दीर्घ उत्तरीय प्रश्न

15. जैव विविधता का भारत के संदर्भ में वर्णन कीजिए।

16. जैव विविधता संरक्षण के लिए भारत सरकार द्वारा किए गए प्रयासों की विवेचना कीजिए।

17. संकटापन्न पौधों एवं जीवों की प्रजातियों को उनके संरक्षण के उद्देश्य से कितने वर्गों में विभाजित किया गया है? उसके विभिन्न वर्गों की चर्चा कीजिए?

1

भारत : भौतिक पर्यावरण

अध्याय

भारत-स्थिति

इस अध्याय में भारत के भौगोलिक विस्तार अक्षांशीय तथा देशांतरीय सीमाओं के अध्ययन को शामिल किया गया है। भारत पूर्व में बंगाल की खाड़ी, पश्चिम में अरब सागर और दक्षिण में हिंद महासागर से घिरा हुआ है। विश्व मानचित्र पर भारत उत्तर गोलार्द्ध तथा पूर्वी देशांतर में स्थित है।

▼ अध्ययन एक नजर में

1.1 स्थिति एवं विस्तार

1.2 आकार

1.3 भारत के पड़ोसी देश

▼ अभ्यास के लिए

– बहुविकल्पीय प्रश्न 27, चित्र आधारित, कथन/कारण, सुमेलित कीजिए

– वर्णनात्मक प्रकार के प्रश्न (लघु उत्तरीय प्रश्न 3, दीर्घ उत्तरीय प्रश्न 2)

– स्रोत आधारित प्रश्न 2, मानचित्र आधारित 1

- भारत अपनी विविधता सांस्कृतिक धरोहर और प्राकृतिक सौंदर्य के लिए प्रसिद्ध है, जो भौगोलिक दृष्टि से विश्व के सबसे अनूठे देशों में से एक है।
- क्षेत्रफल के आधार पर भारत विश्व का सातवाँ सबसे बड़ा देश है और इससे बड़े केवल छ: देश-रूस कनाडा, चीन संयुक्त राज्य अमेरिका, ब्राजील तथा ऑस्ट्रेलिया हैं। भारत का यह भौगोलिक विस्तार इसे प्राकृतिक विविधता और अद्वितीयता प्रदान करता है।

1.2 स्थिति एवं विस्तार

- भारत का सीमांत क्षेत्र समुद्र की ओर 21.9 किमी (12 समुद्री मील) तक फैला हुआ है।
- दक्षिणी सीमा बंगाल की खाड़ी में 6°45′ उत्तरी अक्षांश के साथ निर्धारित होती है। भारत देश 32.8 लाख वर्ग किमी तक विस्तृत है, जो विश्व के कुल स्थलीय धरातल का 2.4% है।
- भारत के पूर्वी एवं पश्चिमी देशांतर रेखाओं के बीच 30° का अंतर होता है।
- भारतीय भू-भाग की पूर्व से पश्चिम तक दूरी 2,933 किमी है। यह गुजरात से अरुणाचल प्रदेश तक विस्तृत है, जबकि उत्तर से दक्षिण की दूरी 3,214 किमी है। यह कश्मीर से कन्याकुमारी तक फैला हुआ है। भारतीय भू-भाग की उत्तर से दक्षिण और पूर्व से पश्चिम के बीच की दूरी का अंतर इस तथ्य पर आधारित है कि ध्रुवों की ओर जाते समय दो **देशांतर**[1] रेखाओं के बीच की दूरी घटती जाती है, जबकि दो **अक्षांश**[2] रेखाओं के बीच की दूरी प्रत्येक स्थान पर एक समान रहती है।
- अक्षांश रेखाओं के मान से स्पष्ट होता है कि भारत का दक्षिणी भाग **उष्णकटिबंध** (Tropical) और उत्तरी भाग **उपोष्ण कटिबंध** (Sub-tropical) क्षेत्र में स्थित है, जिसके कारण हमारे देश की भू-आकृति, जलवायु, मिट्टी एवं वनस्पतियों में अधिक भिन्नता देखी जा सकती है।

---

1 **देशांतर** (Longitude) किसी स्थान की कोणीय दूरी, जो प्रधान याम्योत्तर के पूर्व या पश्चिम में होती है, देशांतर कहलाती है।

2 **अक्षांश** (Latitude) भू-पृष्ठ पर विषुवत् रेखा के उत्तरी-दक्षिणी एक याम्योत्तर पर किसी भी बिंदु के केंद्र से मापी गई कोणीय दूरी को अक्षांश कहते हैं।

- भारत के पूर्वी एवं पश्चिमी देशांतर रेखाओं के बीच लगभग 30° का अंतर है और यह अंतर लगभग दो घंटे का होता है। उत्तर-पूर्वी राज्यों में जैसलमेर की तुलना में सूर्य दो घंटे पहले उदय होता है, लेकिन **मानक समय** (Standard Time) पर आधारित घड़ियाँ पूर्व में स्थित डिब्रूगढ़, इंफाल, पश्चिम में स्थित जैसलमेर, भोपाल एवं दक्षिण में स्थित चेन्नई में एक ही समय दिखाती हैं।

▲ भारत : राजनीतिक मानचित्र

मानक याम्योत्तर देशांतर

- विश्व के सभी देशों ने आपसी समझौते से **मानक याम्योत्तर**[3] (Standard Meridian) को 7°30′ देशांतर के गुणांक पर चुना। यही कारण है कि भारत ने 82°30′ पूर्व याम्योत्तर को भारत का मानक याम्योत्तर समय चुना है, जो **ग्रीनविच माध्य समय** (Greenwich Mean Time) से 5 घंटे 30 मिनट आगे है।
- मानक समय के कारण ही भारत के सभी स्थानों की घड़ियाँ एक समय दर्शाती हैं, जबकि पूर्वी-पश्चिमी राज्यों के समय में अंतर होता है। कुछ देश ऐसे हैं, जिनमें अधिक पूर्व-पश्चिम विस्तार के कारण एक से अधिक मानक देशांतर रेखाएँ हैं; जैसे—संयुक्त राज्य अमेरिका में छः समय-कटिबंध हैं।

---

3 **मानक याम्योत्तर रेखा** (Standard Meridian Line) यह 0° देशांतर रेखा है, जो लंदन के ग्रीनविच से गुजरती है। 0° के दोनों ओर 180° तक ये देशांतर रेखाएँ होती हैं।

1.2 आकार

- भारत का क्षेत्रफल 3.28 मिलियन वर्ग किलोमीटर है, जो विश्व के भूमि सतह क्षेत्र का 2.4 प्रतिशत है। यह विश्व का सातवाँ सबसे बड़ा देश है।
- भारत के **चतुष्कोणीय**[4] (Tetrahedral) **आकार** ने इसे विशिष्ट भौतिक विविधता प्रदान की है। भारत के उत्तर में गंगा, ब्रह्मपुत्र, महानदी, कृष्णा, गोदावरी, कावेरी जैसी विशाल नदियाँ प्रवाहित होती हैं, इसके उत्तर-पूर्वी और दक्षिणी भारत में वनों से ढकी हुई पहाड़ी भी अवस्थित है। इसके मरुस्थलीय भाग रेत से आच्छादित हैं।
- भारत उत्तर में हिमालय पर्वत, उत्तर-पश्चिम में हिंदूकुश व सुलेमान श्रेणियाँ, उत्तर-पूर्व में पूर्वांचल पहाड़ियों तथा दक्षिण में विशाल हिंद महासागर से घिरा एक वृहत भौगोलिक-इकाई है, जिसे **भारतीय उपमहाद्वीप**[5] (Indian sub-continent) कहा जाता है। इसमें पाकिस्तान, नेपाल, भूटान, बांग्लादेश और भारत आते हैं।
- भारत भौगोलिक दृष्टि से निम्न से घिरा हुआ है
  - उत्तर में हिमालय पर्वत
  - उत्तर-पश्चिम में हिंदुकुश और सुलेमान पर्वतमाला
  - उत्तर-पूर्व में पूर्वांचल पहाड़ियाँ
  - दक्षिण में हिंद महासागर
- इसकी अनूठी भौगोलिक संरचना को भारतीय उपमहाद्वीप के नाम से जाना जाता है।
- प्राचीन समय में हिमालय ने अपनी अन्य श्रेणियों के साथ मिलकर मजबूत भौतिक अवरोधक की भूमिका को निभाया है।
- इसका प्रायद्वीपीय भाग हिंद महासागर की ओर उभरा हुआ है।
- भारत की तटरेखा 7,517 किलोमीटर लंबी है, जिसमें बंगाल की खाड़ी में अंडमान और निकोबार तथा अरब सागर में लक्षद्वीप की तटरे खाएँ शामिल हैं। भारत की मुख्य भूमि की तटरेखा 6100 किलोमीटर लंबी है।

1.3 भारत के पड़ोसी देश

- भारत एशिया महाद्वीप के दक्षिण-मध्य भाग में स्थित है और बंगाल की खाड़ी व अरब सागर के रूप में विस्तृत इसके दोनों हाथ हैं, जो हिंद महासागर के साथ सीमा बनाते हैं।
- भारत अपनी इस **सामुद्रिक सीमा** (Maritime Location) के कारण ही वायु एवं जलमार्गों से अपने पड़ोसी देशों से जुड़ा है, जिसमें स्थलीय क्षेत्र चीन, पाकिस्तान, बांग्लादेश, म्यांमार, अफगानिस्तान से एवं समुद्रीय क्षेत्र (हिंदमहासागर) मालदीव एवं श्रीलंका स्थित हैं।
- इन दो द्वीपीय देशों में श्रीलंका भारत से **मन्नार की खाड़ी**[6] (Gulf of Mannar) तथा **पाक जलसंधि**[7] (Palk Strait) से अलग है।

---

4 चतुष्कोणीय आकार भारत का चतुष्कोणीय आकार इसे विशिष्ट भौतिक विविधता प्रदान करता है।

5 भारतीय उपमहाद्वीप भारतीय उपमहाद्वीप के अंतर्गत भारत, पाकिस्तान, बांग्लादेश, नेपाल एवं भूटान आते हैं। श्रीलंका एवं मालदीव द्वीपीय देश हैं, जो हिंद महासागर में स्थित हैं।

6 मन्नार की खाड़ी तीनों तरफ से जमीन से घिरा पानी का एक संकरा हिस्सा है। जिसमें एक संकरा मुँह होता है।

7 जलसंधि पानी का एक संकरा हिस्सा, जो दो भू-भागों को विभाजित करता है और दो जल निकायों को जोड़ता है।

Mind Map

भारत-स्थिति

1 स्थिति और विस्तार

अक्षांशीय विस्तार
- 8°4′ उत्तर से 37°6′ उत्तरी अक्षांशों तक।
- कर्क रेखा भारत को दो कटिबंधीय क्षेत्रों में विभाजित करती है।

देशांतर विस्तार
- 68°7′ पूर्वी से 97°25′ पूर्वी देशांतर तक।
- देशांतर के कारण देश के मानक समय में भिन्नताएँ होती हैं।

मानक समय
- 82°30′ पूर्वी देशांतर का स्थानीय समय पूरे देश में भारतीय मानक समय के रूप में जाना जाता है।

2 आकार

क्षेत्र
- भारत का क्षेत्रफल 32.8 लाख वर्ग किलोमीटर है, जिस कारण यहाँ भौतिक विविधता अत्यधिक है।

उत्तर-दक्षिण विस्तार
- उत्तर से दक्षिण तक मापी गई वास्तविक दूरी 3214 किमी है।

पूर्व-पश्चिम विस्तार
- पूर्व से पश्चिम तक मापी गई वास्तविक दूरी 2933 किमी है।

तटरेखा
- भारत की संपूर्ण तटरेखा द्वीप समूहों समेत क्षेत्रफल 7,517 किमी पर विस्तृत है।

3 भौतिक विविधता
- उत्तर में हिमालय तथा गंगा, ब्रह्मपुत्र नदियाँ।
- उत्तर-पूर्व में हिंदू कश व सुलेमान श्रेणियाँ।
- दक्षिण में दक्कन का पठार तथा पूर्वोत्तर में वनाच्छादित पहाड़ियाँ।
- पश्चिम में मरुस्थलीय रेत का विस्तार।

4 भौगोलिक महत्त्व
- हिमालय और अन्य पर्वत शृंखलाएँ एक भौतिक अवरोध के रूप में कार्य करती हैं।
- सामरिक समुद्री स्थिति वैश्विक व्यापार मार्गों से जुड़ाव प्रदान करती है।

5 भारत और उसके पड़ोसी
- भारत एशिया महाद्वीप के दक्षिण मध्य भाग में स्थित है।
- भारत की भू-सीमाएँ पाकिस्तान, बांग्लादेश, म्यांमार, चीन, अफगानिस्तान, भूटान, नेपाल से लगती हैं।
- श्रीलंका और मालदीव इसके द्वीपीय पड़ोसी हैं।

NCERT फोल्डर

अध्याय के मध्य में दिए गए प्रश्न

1. खाड़ी तथा जलसंधि में अंतर स्पष्ट कीजिए।

उत्तर खाड़ी तथा जलसंधि दोनों ही जलस्रोत से संबंधित भौगोलिक विशेषताएँ हैं, लेकिन इनमें कुछ महत्त्वपूर्ण अंतर है, जो निम्न हैं

खाड़ी यह एक बड़ा उथला जलमंडल है, जो तट से भीतर की ओर फैली होती है। यह अकसर समुद्र या महासागर से मिलकर एक गोल या अर्धगोल आकृति का निर्माण करती है और समुद्र के जल के एक भाग को तट के पास घेर लेती हैं। यह जहाजों के लिए सुरक्षित पलन प्रदान कर सकती है। उदाहरण के लिए बंगाल की खाड़ी।

जलसंधि जलसंधि एक संकीर्ण जलमार्ग होती है, जो दो भू-भागों के बीच स्थित होती है और दो बड़े जलनिकायों को जोड़ती है। यह समुद्रों, महासागारों या झीलों के बीच एक प्राकृतिक मार्ग के रूप में कार्य करती है, जो जल परिवहन के लिए महत्त्वपूर्ण है।

इस प्रकार, खाड़ी एक बड़ी, उथली जलमंडल होती है, जबकि जलसंधि एक संकीर्ण जलमार्ग है। खाड़ी समुद्र के पानी को तट के पास घेरे रहती है, जबकि जलसंधि दो बड़े जलनिकायों को जोड़ती है।

नीचे दिए गए चार विकल्पों में से सही उत्तर चुनिए।

1. निम्नलिखित में से कौन-सा अक्षांशीय विस्तार भारत की संपूर्ण भूमि के विस्तार के संदर्भ में प्रासंगिक है?

(a) 8°41′ उ. से 35°7′ उ. (b) 8°4′ उ. से 35°6′ उ.
(c) 8°4′ उ. से 37°6′ उ. (d) 6°45′ उ. से 37°6′ उ.

उत्तर *(d)* 6°45′ उ. से 37°6′ उ.

2. निम्नलिखित में से किस देश की भारत के साथ सबसे लंबी स्थलीय सीमा है?

(a) बांग्लादेश (b) पाकिस्तान
(c) चीन (d) म्यांमार

उत्तर *(a)* बांग्लादेश

3. निम्नलिखित में से कौन-सा देश क्षेत्रफल में भारत से बड़ा है?

(a) चीन (b) फ्रांस (c) मिस्र (d) ईरान

उत्तर *(a)* चीन

4. निम्नलिखित याम्योत्तर में से कौन-सा भारत का मानक याम्योत्तर है?

(a) 69°30′ पूर्व
(b) 75°30′ पूर्व
(c) 82°30′ पूर्व
(d) 90°30′ पूर्व

उत्तर *(c)* 82°30′ पूर्व

5. यदि आप एक सीधी रेखा में राजस्थान से नागालैंड की यात्रा करें तो निम्नलिखित में से किस एक को आप पार नहीं करेंगे?

(a) यमुना (b) सिंधु (c) ब्रह्मपुत्र (d) गंगा

उत्तर *(b)* सिंधु

निम्नलिखित प्रश्नों के उत्तर लगभग 30 शब्दों में दीजिए

1. क्या भारत को एक से अधिक मानक समय की आवश्यकता है? यदि हाँ तो आप ऐसा क्यों सोचते हैं?

उत्तर हाँ, भारत के भौगोलिक क्षेत्रफल को देखकर लगता है कि इसका एक से अधिक मानक समय होना चाहिए, क्योंकि भारत का पूर्व-पश्चिम दिशा में विस्तार अधिक है, जिसके कारण स्थानीय समय में लगभग दो घंटे का अंतर है।

2. भारत की लंबी तटरेखा के क्या प्रभाव हैं?

उत्तर भारत की लंबी तटरेखा से रणनीतिक एवं आर्थिक आधार पर भारत को महत्त्वपूर्ण लाभ है

(i) तटरेखा के लंबा होने से जगह-जगह पर बंदरगाहों के विकास से आयात-निर्यात के कारण व्यापार में बढ़ोत्तरी हुई है।
(ii) वर्तमान समय में रणनीतिक आवश्यकताओं के आधार पर अंतर्राष्ट्रीय शक्तियों की निगरानी में भी लंबी तटरेखा होने से लाभ मिलता है।
(iii) तटरेखा लंबी होने से मत्स्यन, पेट्रोलियम विदोहन के साथ-साथ पर्यटन के विकास में भी सहायता मिलती है।

3. भारत का देशांतरीय फैलाव इसके लिए किस प्रकार लाभप्रद है?

उत्तर भारत का देशांतरीय विस्तार लगभग 68°7′–97°25′ पूर्वी देशान्तर (30 डिग्री) है, इसके विस्तार का प्रभाव भारत की जलवायु, विविधता, समय, तापमान और मौसम पर पड़ता है। भारत के पूर्वी और पश्चिमी भाग के समय में लगभग 2 घंटे का अंतर आता है, परंतु घड़ी के समय में कोई अंतर नहीं है। जिसके कारण साम्यता की कमी हुई।

देशांतरीय विस्तार का प्रमुख लाभ यह है कि यहाँ व्यापक स्तर पर सूर्य किरणों की उपलब्धता रहती है, जिससे कृषि तथा संबंधित गतिविधियों के परिचालन में लाभ मिलता है। इसके अतिरिक्त इस विस्तार से भारत एशिया और दक्षिण पूर्व एशिया से व्यापारिक तथा सामरिक जुड़ाव आसान है।

4. जबकि पूर्व में उदाहरणत: नागालैंड में सूर्य पहले उदय होता है और पहले ही अस्त होता है, फिर कोहिमा और नई दिल्ली में घड़ियाँ एक ही समय क्यों दिखाती हैं?

उत्तर भारत ने 82°30′ पूर्वी देशांतर को स्थानीय मानक समय माना है, जो पूरे भारत के लिए एक है, इसलिए कोहिमा और नई दिल्ली की घड़ियाँ एक ही समय दिखाती हैं।

परिशिष्ट I पर आधारित क्रियाकलाप

1. एक ग्राफ पेपर पर मध्य प्रदेश, कर्नाटक, मेघालय, गोवा, केरल तथा हरियाणा के जिलों की संख्या को आलेखित कीजिए। क्या जिलों की संख्या का राज्यों के क्षेत्रफल से कोई संबंध है?

उत्तर राज्यों के जिले और क्षेत्रफल के आँकड़े

राज्य	जिलों की संख्या	क्षेत्रफल (वर्ग किमी)
मध्य प्रदेश	55	3,08,252
कर्नाटक	31	1,91,79
मेघालय	12	22,429
गोवा	2	3,702
केरल	14	38,863
हरियाणा	23	44212

जिलों की संख्या और क्षेत्रफल के मध्य सीधा संबंध नहीं है, क्योंकि यह राज्य की प्रशासनिक आवश्यकताओं, जनसंख्या घनत्व और भूगोल पर भी निर्भर करता है।

2. उत्तर प्रदेश, पश्चिम बंगाल, गुजरात, अरुणाचल प्रदेश, तमिलनाडु, त्रिपुरा तथा राजस्थान में से कौन-सा राज्य सर्वाधिक जनसंख्या घनत्व वाला और कौन-सा एक न्यूनतम जनसंख्या घनत्व वाला राज्य है?

उत्तर भारत के राज्यों का जनसंख्या घनत्व का निर्धारण जनसंख्या और क्षेत्रफल के आधार पर किया जाता है।

राज्यों के जनसंख्या घनत्व के आँकड़े (2011) की जनगणना के अनुसार

राज्य	जनसंख्या घनत्व (प्रति वर्ग किमी)
उत्तर प्रदेश	829
पश्चिम बंगाल	1028
गुजरात	308
अरुणाचल प्रदेश	17
तमिलनाडु	555
त्रिपुरा	350
राजस्थान	200

इसलिए दिए गए राज्ये में सर्वाधिक जनसंख्या धनत्व वाला राज्य पश्चिम बंगाल और न्यूनतम जनसंख्या घनत्व वाला राज्य अरुणाचल प्रदेश है।

3. राज्य के क्षेत्रफल व जिलों की संख्या के बीच संबंध बताइए।

उत्तर राज्य के क्षेत्रफल और जिलों की संख्या के बीच प्रत्यक्ष संबंध नहीं है। राज्य का जनसंख्या घनत्व, प्रशासनिक अवश्यकताएँ, भौगोलिक अवस्थिति, राजनीतिक और ऐतिहासिक कारक जिलों की संख्या को प्रभावित करने वाले मुख्य कारक हैं। क्षेत्रफल और जिलों की संख्या का संबंध अन्य कारकों के साथ संयुक्त रूप से कार्य करता है।

4. तटीय सीमाओं से संलग्न राज्यों की पहचान कीजिए।

उत्तर भारत में तटीय सीमाओं से जुड़े राज्यों और केंद्रशासित प्रदेशों की पहचान नीचे दी गई है। भारत की कुल तटीय रेखा 7516.6 किमी है, जिसमें मुख्य भूमि तटरेखा 5422.6 किमी है।

5. पश्चिम से पूर्व की ओर स्थलीय सीमा वाले राज्यों का क्रम तैयार करें।

उत्तर पश्चिम से पूर्व की ओर स्थलीय सीमा वाले राज्यों का क्रम क्रमशः गुजरात, राजस्थान, पंजाब, जम्मू-कश्मीर, लद्दाख, हिमाचल प्रदेश, उत्तराखंड, उत्तर प्रदेश, बिहार, पश्चिम बंगाल, सिक्किम, अरुणाचल प्रदेश, असम, मेघालय, त्रिपुरा, मिजोरम, नागालैंड, मणिपुर है।

परिशिष्ट II पर आधारित क्रियाकलाप

1. भारत में ऐसे केंद्रशासित प्रदेश जिनकी तटवर्ती स्थिति है, उनकी सूची नीचे दी गई है।

1. **अंडमान और निकोबार द्वीप समूह**
   तट बंगाल की खाड़ी
   विशेषता द्वीपों का समूह, भारत का सबसे बड़ा केन्द्रशासित प्रदेश (क्षेत्रफल में)
2. **पुदुचेरी** (पांडिचेरी)
   तट बंगाल की खाड़ी
   विशेषता की पुदुचेरी कराइकल, माहे और यनम शामिल
3. **दमन और दीव** (दादरा नगर हवेली और दमन एवं दीव)
   तट अरब सागर
   विशेषताएँ दमन और दीव तटवर्ती क्षेत्र हैं।

2. राष्ट्रीय राजधानी क्षेत्र दिल्ली तथा अंडमान व निकोबार द्वीप समूह के क्षेत्रफल और जनसंख्या में अंतर की व्याख्या आप किस प्रकार करेंगे?

उत्तर राष्ट्रीय राजधानी क्षेत्र (NCR) दिल्ली और अंडमान व निकोबार द्वीप समह के क्षेत्रफल और जनसंख्या के बीच बड़ा अंतर है।

क्षेत्रफल और जनसंख्या का तुलनात्मक विवरण

विशेषता	राष्ट्रीय राजधानी क्षेत्र दिल्ली	अंडमान निकोबार द्वीप समूह
क्षेत्रफल (वर्ग किमी)	1,484	8,249
जनसंख्या (2011)	1.68 करोड़	3,80,581
जनसंख्या घनत्व	11320 व्यक्ति/वर्ग किमी	46 व्यक्ति/वर्ग किमी

अभ्यास प्रश्न

वस्तुनिष्ठ प्रश्न

बहुविकल्पीय प्रश्न

1. भारत उत्तरी गोलार्द्ध में किन अक्षांशों के मध्य स्थित है?

(a) 8°4′ से 36°8′ उत्तरी अक्षांश (b) 8°4′ से 37°6′ उत्तरी अक्षांश
(c) 6°8′ से 40°8′ उत्तरी अक्षांश (d) 6°7′ से 41°6′ उत्तरी अक्षांश

उत्तर *(b)* 8°4′ से 37°6′ उत्तरी अक्षांश

2. भारत का देशांतरीय विस्तार पाया जाता है

(a) 68°7′ से 97°25′ पूर्वी देशांतर (b) 68°7′ से 96°28′ पूर्वी देशांतर
(c) 69°8′ से 97°25′ पूर्वी देशांतर (d) 70°9′ से 98°28′ पूर्वी देशांतर

उत्तर *(a)* 68°7′ से 97°25′ पूर्वी देशांतर

3. छात्रों को देश के प्राकृतिक संसाधनों पर्यावरण और सतत् विकास में उनकी भूमिका के बारे में जागरूक करने के उद्देश्य से एन.सी.ई.आर.टी. के पाठ्यक्रम पर आधारित इसरो द्वारा पोर्टल का विकास किया गया, जिसका नाम .... ।

(a) शिक्षा (b) भुवन
(c) पर्यावरण समझ (d) पाठशाला

उत्तर *(a)* भुवन

4. उत्तर से दक्षिण भारतीय भू-भाग की दूरी कितने किमी है?

(a) 3116 किमी (b) 3214 किमी
(c) 3412 किमी (d) 3525 किमी

उत्तर *(b)* 3214 किमी

5. भारत का कुल भौगोलिक क्षेत्र है लगभग

(a) 30.2 लाख वर्ग किमी (b) 32.4 लाख वर्ग किमी
(c) 32.8 लाख वर्ग किमी (d) 33.6 लाख वर्ग किमी

उत्तर *(c)* 32.8 लाख वर्ग किमी

6. निम्नलिखित में से किस देश का क्षेत्रफल भारत से कम है?

(a) अमेरिका (b) ब्राजील (c) ऑस्ट्रेलिया (d) अल्जीरिया

उत्तर *(d)* अल्जीरिया

7. विश्व के कुल भौगोलिक क्षेत्रफल के कितने प्रतिशत भू-भाग पर भारत का विस्तार पाया जाता है?

(a) 1.7% (b) 2.2% (c) 2.4% (d) 4.2%

उत्तर *(c)* 2.4%

8. किस मानक से निर्धारित होता है कि दक्षिण भारत उष्णकटिबंधीय है?

(a) देशांतर रेखा (b) अक्षांश रेखा
(c) उत्तरी गोलार्द्ध (d) अष्ट गोलार्द्ध

उत्तर *(b)* अक्षांश रेखा

9. भौगोलिक दृष्टिकोण से भारत का आकार है?

(a) त्रिभुजकोणीय (b) चतुष्कोणीय
(c) पंचकोणीय (d) अष्ठकोणीय

उत्तर *(b)* चतुष्कोणीय

10. पूर्वांचल की पहाड़ियाँ किस भाग में स्थित हैं?

(a) पूर्वी भाग में (b) उत्तरी भाग में
(c) उत्तर-पश्चिमी भाग में (d) उत्तर-पूर्वी भाग में

उत्तर *(d)* उत्तर-पूर्वी भाग में

11. भारतीय उपमहाद्वीप में .... शामिल है। दक्षता आधारित प्रश्न

(a) नेपाल, चीन, बांग्लादेश, भारत
(b) भारत, नेपाल, बांग्लादेश, भूटान, चीन
(c) भारत, नेपाल, बांग्लादेश, भूटान, पाकिस्तान
(d) थाईलैंड, भारत, नेपाल, बांग्लादेश, भूटान पाकिस्तान

उत्तर *(c)* भारत, नेपाल, बांग्लादेश, भूटान, पाकिस्तान

12. निम्नलिखित में से कौन-सा एक दर्रा हिमालय क्षेत्र में विद्यमान नहीं है?

(a) शिपकीला (b) शेनकोट्टा (c) बोमडीला (d) नाथूला

उत्तर *(b)* शेनकोट्टा

13. प्रायद्वीपीय भारत के संदर्भ में कौन-सा कथन सही नहीं है?

(a) यह हिंद महासागर की ओर उभरा हुआ है
(b) प्रायद्वीपीय भाग में उपोष्ण कटिबंध जलवायु मिलती है
(c) प्रायद्वीपीय भाग में पाई जाने वाली वनस्पतियों में भिन्नता पाई जाती है
(d) भारत का सीमांत क्षेत्र समुद्र की ओर 21.9 किमी है

उत्तर *(b)* प्रायद्वीपीय भाग में उपोष्ण कटिबंध जलवायु मिलती है।

14. क्षेत्रफल के आधार पर देशों का सही अवरोही क्रम बताइए
दक्षता आधारित प्रश्न

1. भारत 2. कनाडा 3. चीन 4. रूस

कूट
(a) 1, 2, 3, 4 (b) 2, 4, 3, 1 (c) 4, 2, 3, 1 (d) 4, 3, 1, 2

उत्तर *(c)* 4, 2, 3, 1

15. भारतीय नगरों को पूर्व से पश्चिम क्रम में व्यवस्थित कीजिए
दक्षता आधारित प्रश्न

1. डिब्रूगढ़ 2. भोपाल 3. चेन्नई 4. जैसलमेर

कूट
(a) 2, 1, 3, 4 (b) 1, 4, 3, 2 (c) 1, 3, 2, 4 (d) 1, 2, 3, 4

उत्तर *(c)* 1, 3, 2, 4

16. अक्षांश और देशांतर रेखाओं के संबंध में कौन-सा/से कथन सही है/हैं?
दक्षता आधारित प्रश्न

1. ध्रुवों की ओर जाने पर देशांतरों के मध्य की दूरी अपरिवर्तित रहती है।
2. ध्रुवों की ओर जाने पर अक्षांशों के मध्य की दूरी घटती जाती है।
3. ध्रुवों से भू-मध्य रेखा की ओर आने पर देशांतरों के मध्य की दूरी बढ़ती है।
4. अक्षांश रेखाओं की दूरी हर जगह समान रहती है।

कूट

(a) 1, 2 और 4 (b) 4, 3 और 1

(c) 3 और 4 (d) 1, 2, 3 और 4

उत्तर (c) 3 और 4

17. 'भारत की स्थिति'' से संबंधित निम्नलिखित में से सही कथन कौन-सा है? सही विकल्प का चयन करें। दक्षता आधारित प्रश्न

1. भारत का उत्तरी गोलार्द्ध 8°4' उत्तर से 37°6' उत्तरी अक्षांश और 68°7' पूर्व से 97°25' पूर्व देशांतर के बीच स्थित है।
2. भारत का देशांतरीय विस्तार लगभग 32° है, जिससे समय क्षेत्र में 3 घंटे का अंतर होता है।
3. भारत का भौगोलिक क्षेत्र 3.28 मिलियन वर्ग किमी है, जो इसे विश्व का सातवाँ सबसे बड़े देश के रूप में निर्धारित करता है।
4. भारत के संदर्भ में, उत्तर से दक्षिण तक इसकी वास्तविक दूरी 3214 किमी और पूर्व से पश्चिम तक इसकी दूरी मात्र 2933 किमी है।

कूट

(a) 1, 2 और 3 (b) 1, 2 और 4

(c) 2, 3 और 4 (d) 2, 1 और 4

उत्तर (b) 1, 2 और 4

18. निम्नलिखित को बढ़ते क्रम में व्यवस्थित कीजिए दक्षता आधारित प्रश्न

1. भारत का उत्तर से दक्षिण विस्तार (किमी)
2. भारत का पूर्व से पश्चिम विस्तार (किमी)
3. भारत का सीमांतर्गत क्षेत्र (किमी)
4. भारत की संपूर्ण तट रेखा द्वीपों समेत (किमी)

कूट

(a) 3, 2, 1, 4 (b) 2, 1, 3, 4 (c) 4, 3, 2, 1 (d) 3, 2, 4, 1

उत्तर (a) 3, 2, 1, 4

19. भारत के संदर्भ में निम्नलिखित में से कौन-सा कथन सही है?

1. उत्तर-पूर्वी और दक्षिणी भारत की पहाड़ियाँ वनस्पति विहीन हैं।
2. भारत के उत्तर में हिंदुकुश व सुलेमान पर्वत श्रेणियाँ हैं।
3. भारत के उत्तर-पश्चिमी में हिमालय का वृहद् विस्तार है,
4. भारत के दक्षिण में हिंद महासागर स्थित है।

कूट

(a) 1 और 2 (b) केवल 2 (c) केवल 4 (d) 2 और 3

उत्तर (c) केवल 4

20. यदि आप भारत के अक्षांशीय और देशांतरीय विस्तार की गणना करें, तो यह लगभग 30 है। जबकि उत्तर से दक्षिण तक इसकी दूरी 3,214 किमी तथा पूर्व से पश्चिम तक इसकी दूरी 2,933 किमी है। अक्षांश रेखाओं के विस्तार से भारत दक्षिण और उत्तरी हिस्सा दो भिन्न कटिबंधों में स्थित है। भारत का उत्तर और दक्षिण क्रमशः किस कटिबंध में स्थित है? दक्षता आधारित प्रश्न

(a) क्रमशः उष्ण और शीत कटिबंध

(b) क्रमश शीत और उष्ण कटिबंध

(c) क्रमशः उष्ण और कोष्ण कटिबंध

(d) क्रमशः कोष्ण और उष्ण कटिबंध

उत्तर (d) क्रमशः कोष्ण और उष्ण कटिबंध

21. सूची I को सूची II से सुमेलित कीजिए और नीचे दिए गए कूट में से सही उत्तर का चयन कीजिए दक्षता आधारित प्रश्न

	सूची I		सूची II
A.	भारत की दक्षिणतम सीमा	1.	6°45'N
B.	भारत में अक्षांश और देशांतर का विस्तार	2.	30°
C.	कर्क रेखा की स्थिति	3.	23°30'N
D.	विश्व के स्थलीय धरातल में भारत का हिस्सा	4.	2.4%

कूट

	A	B	C	D		A	B	C	D
(a)	1	2	3	4	(b)	2	4	3	1
(c)	2	3	4	1	(d)	1	4	3	2

उत्तर (a) 1 2 3 4

22. सूची I को सूची II सुमेलित कीजिए दक्षता आधारित प्रश्न

	सूची I		सूची II
A.	तुजू दर्रा	1.	अरुणाचल प्रदेश
B.	दीफू दर्रा	2.	मणिपुर
C.	नाथूला दर्रा	3.	उत्तराखंड
D.	लिपुलेख दर्रा	4.	सिक्किम

कूट

	A	B	C	D
(a)	1	2	3	4
(b)	2	1	4	3
(c)	3	2	1	4
(d)	4	1	2	3

उत्तर (b) 2 1 4 3

23. निम्नलिखित में से कौन-सा युग्म सही सुमेलित नहीं है?

(a) भारतीय भू-भाग की पूर्व से पश्चिम तक दूरी — 3214 किमी

(b) भारत का दक्षिणी भाग — उष्णकटिबंधीय क्षेत्र

(c) भारत का आकार — चतुष्कोणीय

(d) भारत की स्थल सीमा की लंबाई — 15200 किमी

उत्तर (a) भारतीय भू-भाग की पूर्व से पश्चिम तक दूरी—3214 किमी

24 प्राचीन काल में दर्रें आगमन के प्रमुख मार्ग थे। भारत के उत्तर में स्थित हिमालय आवागमन का प्रमुख अवरोधक था, किंतु इनमें स्थित दर्रों ने इसे सुगम बनाया। नीचे दिए गए दर्रों को उत्तर से उत्तर-पूर्व की ओर क्रम में व्यवस्थित करें।

1. बोलन 2. नाथुला

3. शिपकीला 4. बोमडिला

कूट

(a) 1, 2, 3, 4 (b) 2, 3, 4, 1

(c) 1, 3, 2, 4 (d) 4, 3, 2, 1

उत्तर (c) 1, 3, 2, 4

निर्देश (प्र.सं. 25-27) नीचे दो कथन दिए गए हैं, जिनमें से एक को कथन (A) और दूसरे को कारण (R) कहा गया है। नीचे दिए गए कूट की सहायता से सही उत्तर का चयन कीजिए।

कूट

(a) A और R दोनों सही हैं तथा R, A की सही व्याख्या है

(b) A और R दोनों सही हैं, परंतु R, A की सही व्याख्या नहीं है

(c) A सही है, किंतु R गलत है

(d) A गलत है, किंतु R सही है

25. कथन (A) भारत के पूर्वी एवं पश्चिमी छोरों (भाग) के समय में लगभग 2 घंटे का अंतर पाया जाता है।

कारण (R) भारत के पूर्वी एवं पश्चिमी छोरों के देशांतरों में लगभग 30° देशांतरों का अंतर है, जो इन दोनों छोरों के मध्य अंतर का कारण है। *दक्षता आधारित प्रश्न*

उत्तर (a) भारत के पूर्वी एवं पश्चिमी किनारों (भागों) के समय में लगभग 2 घंटे का अंतर पाया जाता है, जिसके कारण इन दोनों छोरों के देशांतरों के मध्य लगभग 30° का अंतर होना है।

1° देशांतर के अंतर पर समय, में 4 मिनट का अंतर आता है इसलिए 30° देशांतर पर समयांतराल में अंतर $30 \times 4 = 120$ मिनट अर्थात् 2 घंटे का अंतर आएगा।

26. कथन (A) भारत का अक्षांशीय तथा देशांतरीय विस्तार लगभग समान है।

कारण (R) भारत का विस्तार चतुष्कोणीय है, जो उत्तर दक्षिणी तथा पूर्व पश्चिम में समान है।

उत्तर (c) भारत का अक्षांशीय तथा देशांतरीय विस्तार लगभग समान है यह लगभग 30° है। इसलिए भारत का आकार चतुष्कोणीय है, जो उत्तर-दक्षिण तथा पूर्व-पश्चिम में समान नहीं है। इसका उत्तर से दक्षिणी विस्तार 3214 किमी है, जबकि पूर्व-पश्चिमी विस्तार 2933 किमी है।

27. कथन (A) भारत में भू-आकृतिक, जलवायु मिट्टी के प्रकारों तथा वनस्पतियों में भिन्नता पाई जाती है।

कारण (R) भारत की उपर्युक्त विविधता का कारण इसका शीतकटिबंध में पाया जाना है।

उत्तर (c) भारत में भू-आकृतिक, जलवायु मिट्टी के प्रकारों तथा वनस्पतियों में भिन्नता पाई जाती है, इस भिन्नता का कारण भारत के उत्तरी भाग का उपोष्ण कटिबंध अथवा कोष्ण शीतोष्ण कटिबंध में तथा दक्षिणी भाग का उष्णकटिबंध में पाया जाना है।

स्रोत आधारित प्रश्न

निम्नलिखित स्रोतों को ध्यानपूर्वक पढ़कर उन पर आधारित प्रश्नों के उत्तर दिजिए

1. भारत की मुख्य भूमि उत्तर में कश्मीर से लेकर दक्षिण में कन्याकुमारी तक और पूर्व में अरुणाचल प्रदेश से पश्चिम में गुजरात तक फैली हुई है। भारत का सीमांतर्गत क्षेत्र आगे समुद्र की ओर 12 समुद्री मील (लगभग 21.9 किमी) तक फैला हुआ है। हमारे देश की दक्षिणी सीमा बंगाल की खाड़ी में 6°45′ उत्तर अक्षांश के साथ निर्धारित होती है।

यदि भारत के अक्षांशीय और देशांतरीय विस्तार की गणना करें, तो यह लगभग 30° है, जबकि उत्तर से दक्षिण तक इसकी वास्तविक दूरी 3,214 किमी और पूर्व से पश्चिम तक इसकी दूरी केवल 2,933 किमी है। इस अंतर का क्या कारण है? यह अंतर तथ्य पर आधारित है कि ध्रुवों की ओर जाते समय दो देशांतर रेखाओं के बीच की दूरी घटती जाती है, जबकि दो अक्षांश रेखाओं के बीच दूरी हर जगह एक-सी रहती है।

अक्षांश रेखाओं के मानों से ज्ञात होता है कि भारत का दक्षिणी हिस्सा उष्णकटिबंध में और उत्तरी हिस्सा उपोष्ण कटिबंध अथवा कोष्ण शीतोष्ण कटिबंध में स्थित है। यही स्थिति देश में भूआकृति, जलवायु, मिट्टी के प्रकारों तथा प्राकृतिक वनस्पति में पाई जाने वाली भारी भिन्नता के लिए उत्तरदायी है। देशांतर रेखाओं के मानों से स्पष्ट होता है कि इनमें लगभग 30° का अंतर है, जो हमारे देश के सबसे पूर्वी व सबसे पश्चिमी भागों के समय में लगभग 2 घंटों का अंतर पैदा करता है। आप भारतीय मानक समय से पहले से ही परिचित हैं। जब उत्तर-पूर्वी राज्यों में जैसलमेर की तुलना में सूर्य दो घंटे पहले उदय होता है तो पूर्व में डिब्रूगढ़, इम्फाल तथा देश के अन्य भागों में स्थित जैसलमेर, भोपाल अथवा चेन्नई में घड़ियाँ एक जैसा समय दिखाती हैं।

(i) भारत के उत्तर से दक्षिण और पूर्व से पश्चिम तक की वास्तविक दूरी में अंतर क्यों है?

(a) आक्षांश रेखाओं की दूरी घटती है

(b) देशांतर रेखा की दूरी घटती है

(c) पृथ्वी का घूर्णन

(d) पृथ्वी का अंडाकार आकार

उत्तर (b) देशांतर रेखा की दूरी घटती है

(ii) भारत का दक्षिणी भाग किस कटिबंध में स्थित है?

(a) शीतोष्ण कटिबंध (b) उपोष्ण कटिबंध

(c) उष्णकिबंधीय (d) ध्रवीय कटिबंध

उत्तर (c) उष्णकटिबंधीय

(iii) भारत में विभिन्न प्रकार की जलवायु, मिट्टी और वनस्पति के लिए कौन-सा कारक उत्तरदायी है?

(a) देश का अक्षांशीय विस्तार (b) देश का देशांतरीय विस्तार

(c) समुद्री सीमा (d) भूगर्भीय संरचना

उत्तर (a) देश का अक्षांशीय विस्तार

2. भारत के आकार ने इसे विशिष्ट भौतिक विविधता प्रदान की है। उत्तर में ऊँचे पर्वत, गंगा, ब्रह्मपुत्र, महानदी, कृष्णा, गोदावरी और कावेरी जैसी बड़ी नदियाँ हैं; उत्तर-पूर्वी और दक्षिणी भारत में वनाच्छादित पहाड़ियाँ हैं, जबकि मरुस्थली में रेत के विस्तृत फैलाव हैं। उत्तर में हिमालय पर्वत, उत्तर-पश्चिम में हिंदूकुश व सुलेमान श्रेणियों, उत्तर-पूर्व में पूर्वांचल पहाड़ियों तथा दक्षिण में विशाल हिंद महासागर से सीमांकित एक वृहत भौगोलिक इकाई है, जिसे भारतीय उपमहाद्वीप कहा जाता है। इसमें पाकिस्तान, नेपाल, भूटान, बांग्लादेश और भारत आते हैं। भूतकाल में हिमालय अपनी अन्य श्रेणियों के साथ एक मजबूत भौतिक, अवरोधक की भूमिका निभाता रहा है। खैबर, बोलन, शिपकीला, नाथुला तथा बोमडीला जैसे कुछ पहाड़ी दर्रों को छोड़कर इसे पार करना मुश्किल था। हिमालय पर्वत ने भारतीय उपमहाद्वीप को एक अद्वितीय क्षेत्रीय पहचान स्थापित करने में सहायता की है। भारत के भौतिक मानचित्र का हवाला देते हुए अब उन भौतिक विविधताओं का वर्णन कर सकते हैं, जो कश्मीर से कन्याकुमारी और राजस्थान में जैसलमेर से मणिपुर में इम्फाल तक यात्रा करते समय आपके मार्ग में आएँगी।

भारत का प्रायद्वीप भाग हिंद महासागर की ओर उभरा हुआ है। भारत की संपूर्ण तट-रेखा द्वीपसमूहों समेत 7,517 किमी पर विस्तृत है। अतः एक देश के रूप में भारत भौतिक दृष्टि से विविधतापूर्ण भू-भाग है, जिससे यहाँ विभिन्न प्रकार के संसाधन पाए जाते हैं। भारत की स्थिति एशिया महाद्वीप के दक्षिण-मध्य भाग में स्थित है और बंगाल की खाड़ी और अरब सागर के रूप में विस्तृत इसकी दोनों भुजाएँ हिंद महासागर के साथ सीमा बनाती हैं। प्रायद्वीपीय भारत की इस सामुद्रिक स्थिति की वजह से ही भारत समुद्री व वायुमार्गों द्वारा अपने पड़ोसी क्षेत्रों से जुड़ा है।

श्रीलंका और मालदीव, हिंद महासागर में स्थित दो द्वीपीय देश हैं, जो भारत के पड़ोसी हैं। श्रीलंका भारत से मन्नार की खाड़ी और पाक जलसंधि द्वारा अलग हुआ है।

(i) **भारतीय उपमहाद्वीप एक व्यापक भौगोलिक इकाई का प्रतिनिधित्व करता है इसके अंतर्गत किसे सम्मिलित किया जाता है?**

उत्तर उत्तर में हिमालय पर्वत, उत्तर-पश्चिम में हिंदूकुश व सुलेमान श्रेणियों, उत्तर-पूर्व में पूर्वांचल पहाड़ियों तथा दक्षिण में विशाल हिंद महासागर से सीमांकित एक वृहत भौगोलिक इकाई है, जिसे भारतीय उपमहाद्वीप कहा जाता है। इसमें पाकिस्तान, नेपाल, भूटान, बांग्लादेश और भारत आते हैं।

(ii) **मन्नार की खाड़ी किन दो देशों के मध्य सीमा विभाजक का कार्य करती है?**

उत्तर श्रीलंका भारत से मन्नार की खाड़ी और पाक जल संधि द्वारा अलग हुआ है। यह हिंद महासागर में लक्षद्वीप सागर के एक भाग का निर्माण करता है।

(iii) **भारत के साथ किस देश की सबसे लंबी स्थलीय सीमा है?**

उत्तर भारत के साथ बांग्लादेश की सबसे लंबी स्थलीय सीमा है। इसकी लंबाई 4096 किमी है।

लघु उत्तरीय प्रश्न

1. भारत के अंतर्राष्ट्रीय स्थलीय सीमा के देशों के साथ लगने वाले भारतीय राज्यों केंद्र शासित प्रदेशों को स्पष्ट कीजिए

उत्तर भारत के अंतर्राष्ट्रीय स्थलीय सीमा के देशों के साथ लगने वाले भारतीय राज्य निम्नलिखित हैं

(i) **पाकिस्तान** गुजरात, राजस्थान, पंजाब एवं जम्मू-कश्मीर और लद्दाख (UT)।

(ii) **अफगानिस्तान** लद्दाख (UT)।

(iii) **चीन** जम्मू-कश्मीर, लद्दाख (UT) हिमाचल प्रदेश, उत्तराखंड, सिक्किम एवं अरुणाचल प्रदेश।

(iv) **नेपाल** उत्तराखंड, उत्तर प्रदेश, बिहार, पश्चिम बंगाल एवं सिक्किम।

(v) **भूटान** सिक्किम, पश्चिम बंगाल, अस एवं अरुणाचल प्रदेश।

(vi) **म्यांमार** अरुणाचल प्रदेश, नागालैंड, मिजोरम और मणिपुर।

(vii) **बांग्लादेश** पश्चिम बंगाल, मिजोरम, मेघालय, त्रिपुरा और असम।

2. भारत के विस्तार और आकार के विषय में संक्षिप्त टिप्पणी लिखिए

उत्तर भारतीय गणतंत्र का क्षेत्रफल 32,87,263 वर्ग किमी है। क्षेत्रफल की दृष्टि से यह संसार का सातवाँ सबसे बड़ा देश है। भारत की मुख्य भूमि 8°4′ उत्तरी अक्षांश से लेकर 37°6′ उत्तरी अक्षांश और 68°7′ पूर्वी देशांतर से लेकर 97°25′ पूर्वी देशांतर के मध्य विस्तृत है। उत्तर से दक्षिण तक इसकी लंबाई 3,214 किमी तथा पूर्व से पश्चिम तक इसकी चौड़ाई 2,933 किमी है। कर्क रेखा भारत को लगभग दो भागों में विभाजित करती है। भारत की स्थल सीमा पर चीन, पाकिस्तान, अफगानिस्तान, नेपाल, भूटान, म्यांमार और बांग्लादेश आदि देश स्थित हैं। भारत की स्थल सीमा की कुल लंबाई 15,200 किमी तथा द्वीपसमूहों सहित तटीय सीमा कुल 7,517 किमी है। भारत का विस्तार इतना अधिक है कि जब अरुणाचल प्रदेश में सूर्योदय होता है, तब गुजरात का पोरबंदर अंधेरे में डूबा रहता है।

3. क्या उपमहाद्वीप एक विशाल, स्वतंत्र भौगोलिक ईकाई होते हैं? स्पष्ट कीजिए।

उत्तर उपमहाद्वीप एक विशाल स्वतंत्र भौगोलिक इकाई होता है, जो मुख्य महाद्वीप से स्पष्ट रूप से अलग होता है। इसकी विशालता के कारण इसमें सांस्कृतिक, सामाजिक एवं आर्थिक स्वरूपों में विभिन्नताएँ पाई जाती हैं। इस भू-भाग की सीमाएँ विभिन्न स्थलाकृतियों द्वारा बनाई जाती हैं, जो इसे सीमावर्ती प्रदेशों से पृथक् करती हैं। इसका सबसे उपयुक्त उदाहरण भारतीय उपमहाद्वीप है, जो एशिया महाद्वीप से हिमालय पर्वत द्वारा पृथक् हुआ है, इसके अंतर्गत भारत, पाकिस्तान, बांग्लादेश, नेपाल, भूटान, मालदीव एवं श्रीलंका आते हैं।

दीर्घ उत्तरीय प्रश्न

1. "भारत का विश्व में महत्त्वपूर्ण स्थान इसकी भौगोलिक स्थिति के कारण है।" समीक्षा कीजिए।

अथवा **भारत की भौगोलिक स्थिति किस प्रकार इसे अंतर्राष्ट्रीय व्यापार और राजनीतिक संबंधों में महत्त्वपूर्ण बनाती है? उदाहरण सहित विश्लेषण कीजिए।**

दक्षता आधारित प्रश्न

उत्तर भारत की भौगोलिक स्थिति ही विश्व में इसको महत्त्वपूर्ण स्थान प्रदान करती है, इसका वर्णन निम्न प्रकार है

- भारत विश्व में पूर्वी गोलार्द्ध में स्थित है। पूर्व में पूर्वी एशिया, ऑस्ट्रेलिया आदि तथा पश्चिम में अफ्रीका, यूरोप एवं पश्चिम एशिया आदि की दूरी भारत से लगभग समान है।
- भारत का उत्तरी भाग उपोष्ण कटिबंध में, जबकि दक्षिणी भाग उष्णकटिबंध में स्थित है, क्योंकि इसके मध्य से कर्क रेखा गुजरती है, परिणामस्वरूप भारत में लगभग वर्षभर फसलों के लिए वर्धनकाल प्राप्त हो जाता है, जिससे यहाँ वर्षभर कृषि की जा सकती है।
- भारत का प्रायद्वीपीय आकार इसे लंबी तटरेखा प्रदान करता है, जिसके कारण प्राकृतिक बंदरगाह भी उपलब्ध हो गए हैं।
- भारत की हिंद महासागर में केंद्रीय स्थिति है, जिससे पश्चिमी देशों एवं पूर्वी देशों के जोड़ने वाले समुद्री मार्ग भारत से होकर गुजरते हैं, परिणामस्वरूप भारत को अंतर्राष्ट्रीय व्यापार के लिए अनुकूल स्थिति प्राप्त हो जाती है।
- भारत के प्रायद्वीपीय आकार के कारण हिंद महासागर का जलवायु पर विशेष प्रभाव पड़ता है। भारतीय मानसून की उत्पत्ति में हिंद महासागर विशेष भूमिका निभाता है।
- हिमालय पर्वत भारत के उत्तरी छोर पर स्थित है, जो ध्रुवीय क्षेत्र की ठंडी हवा को रोककर भारत को एक उपोष्ण देश बनाए रखने में मदद करता है, साथ ही मानसूनी हवा को रोककर वर्षा कराने में भी योगदान देता है।

2. **अक्षांश और देशांतर रेखाओं में अंतर स्पष्ट कीजिए**

उत्तर अक्षांश और देशांतर रेखाओं में निम्नलिखित अंतर हैं

अक्षांश रेखा	देशांतर रेखा
भू-पृष्ठ पर विषुवत् रेखा के उत्तर-दक्षिण एक याम्योत्तर पर किसी भी बिंदु के केंद्र से मापी गई कोणीय दूरी को अक्षांश कहते हैं।	किसी स्थान की कोणीय दूरी, जो प्रधान याम्योत्तर के पूर्व एवं पश्चिम में होती है, को देशांतर कहते हैं।
0° अक्षांश को भूमध्य रेखा कहते हैं, जो पृथ्वी को दो बराबर भागों में बाँटती है।	0° देशांतर को प्रधान याम्योत्तर कहते हैं, जो लंदन के ग्रीनविच से गुजरती है।
भूमध्य रेखा से समांतर ध्रुव तक दोनों गोलार्द्ध में अनेक वृत्तों का निर्माण होता है, उसे अक्षांश रेखा कहते हैं।	प्रधान याम्योत्तर से पश्चिम एवं पूर्व से खींची गई रेखा को देशांतर रेखा कहते हैं।
कुल अक्षांश रेखाओं की संख्या 179 है।	कुल देशांतर रेखाओं की संख्या 360 है।
भूमध्य रेखा से ध्रुवों की ओर जाने पर दो अक्षांशों के बीच की दूरी लगभग स्थिर रहती है।	भूमध्य रेखा से ध्रुवों की ओर जाने पर दो देशांतरों के बीच की दूरी कम होती जाती है तथा ध्रुवों पर शून्य हो जाती है।

मानचित्र पर आधारित प्रश्न

1. **भारत के दिए गए राजनीतिक मानचित्र पर पाँच भौगोलिक विशेषताओं को A, B, C, D E के रूप में चिह्नित किया गया हैं। निम्नलिखित जानकारी की सहायता से इन्हें पहचाने और मानचित्र मे इंगित करें।**

A. अक्षांशीय विस्तार B. देशांतरीय विस्तार C. मानक रेखा
D. कर्क रेखा के पास से गुजरने वाले राज्य E. भारत के मुख्य भूमि का दक्षिणी बिंदु

उत्तर

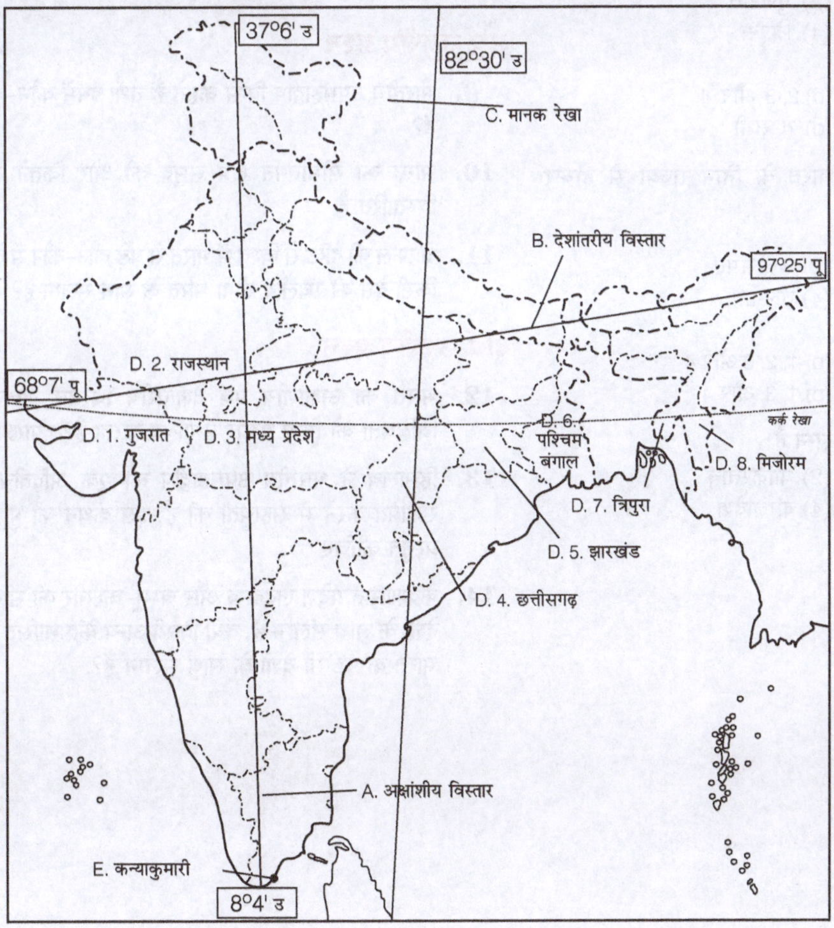

स्वयं को जाँचें

वस्तुनिष्ठ प्रश्न

1. भारत किस गोलार्द्ध में स्थित है?

(a) उत्तरी गोलार्द्ध (b) दक्षिणी गोलार्द्ध
(c) पूर्वी गोलार्द्ध (d) पश्चिमी गोलार्द्ध

2. भारत कितने डिग्री अक्षांशों के मध्य स्थित है?

(a) 10°4′ से 30°6′ उत्तर
(b) 8°4′ से 37°6′ उत्तर
(c) 6°4′ से 32°2′ उत्तर
(d) °4′ से 34°6′ उत्तर

3. कर्क रेखा भारत के किन राज्यों से होकर गुजरती है?

(1) महाराष्ट्र (2) गुजरात
(3) राजस्थान (4) त्रिपुरा

कूट

(a) 1, 2 और 3 (b) 2, 3 और 4
(c) 2 और 3 (d) ये सभी

4. $82\frac{1}{2}°$ मानक याम्योत्तर रेखा भारत के किन राज्यों से होकर गुजरती है?

(1) मध्य प्रदेश (2) छत्तीसगढ़
(3) आंध्र प्रदेश (4) तेलंगाना

कूट

(a) 1, 2 और 3 (b) 1, 2, 3 और 4
(c) 2, 3, और 4 (d) 1, 3, और 4

5. भारत की स्थलीय सीमा .... संलग्न है।

(1) नेपाल (2) पाकिस्तान
(3) चीन (4) बांग्लादेश

कूट

(a) 1, 2, और 3
(b) 2, 3 और 4
(c) 1, 2 और 4
(d) सभी के साथ

6. निम्नलिखित में से भारत की सबसे लंबी नदी कौन-सी है?

1. गोदावरी 2. गंगा
3. ब्रह्मपुत्र

कूट

(a) केवल 1 (b) केवल 2
(c) 1 और 3 (d) ये सभी

अतिलघु उत्तरीय प्रश्न

7. भारत का अक्षांशीय और देशांतरीय विस्तार बताइए।

8. भारत के पूर्वी एवं पश्चिमी किनारों के समय में कितना अंतर होता है? इस समयांतर के कारण पर भी प्रकाश डालिए।

लघु उत्तरीय प्रश्न

9. भारतीय उपमहाद्वीप किसे कहते हैं तथा इनमें कौन-कौन से देश आते हैं?

10. भारत का सीमांतर्गत क्षेत्र समुद्र की ओर कितने समुद्री मील तक विस्तारित है

11. क्षेत्रफल की दृष्टि से विश्व में भारत से बड़े कौन-कौन से देश हैं, क्या इनमें से किसी देश की स्थलीय सीमा भारत के साथ संलग्न है?

दीर्घ उत्तरीय प्रश्न

12. भारत का अक्षांशीय एवं देशांतरीय विस्तार जलवायु तथा जैव-विविधता को किस प्रकार प्रभावित करता है? व्याख्या कीजिए।

13. हिमालय ने भारतीय उपमहाद्वीप को एक अद्वितीय क्षेत्रीय पहचान स्थापित करने में सहायता की है, इस कथन की पुष्टि में अपने तर्क प्रस्तुत कीजिए

14. केंद्रशासित प्रदेश लद्दाख और जम्मू-कश्मीर की सीमाएँ किन पड़ोसी देशों के साथ संलग्न हैं, क्या किसी अन्य केंद्र शासित प्रदेश की सीमाएँ भारत के पड़ोसी देशों के साथ संलग्न हैं?

2

अध्याय

संरचना तथा भू-आकृति विज्ञान

इस अध्याय में भारत की विभिन्न भू-आकृतियों के अध्ययन और विस्तार को शामिल किया गया है। पृथ्वी की सतह पर बनने वाली प्राकृतिक संरचनाओं को भू-आकृतिक संरचना कहते हैं। भू-आकृतियाँ पृथ्वी की ऊपरी सतह पर बनती हैं। भू-आकृतियों के आकार-प्रकार और उनमें होने वाले परिवर्तन का अध्ययन भू-आकृति विज्ञान कहलाता है।

▼ अध्ययन एक नजर में

▼ अभ्यास के लिए

- बहुविकल्पीय प्रश्न 22, चित्र आधारित, कथन/कारण, सुमेलित कीजिए
- वर्णनात्मक प्रकार के प्रश्न (लघु उत्तरीय प्रश्न 11, दीर्घ उत्तरीय प्रश्न 5)
- स्रोत आधारित प्रश्न 3, मानचित्र आधारित 6

वर्तमान अनुमान के अनुसार पृथ्वी की आयु लगभग 460 करोड़ वर्ष है। पृथ्वी के प्लेट विवर्तनिक (Plate Tectonics) सिद्धांत के आधार पर यह स्पष्ट है कि करोड़ों वर्ष पूर्व धरातल छः बड़ी प्लेटों में विभक्त था, जिसमें इंडियन प्लेट भूमध्य रेखा के दक्षिण में स्थित थी। भारतीय उपमहाद्वीप की वर्तमान भू-वैज्ञानिक संरचना (Geological Structure) प्लेट के क्षैतिज संचलन की अंत:क्रिया बहिर्जात (Exogenic) एवं अंतर्जात बलों (Endogenic Forces) का परिणाम है, जिसका भौतिक पर्यावरण पर महत्त्वपूर्ण प्रभाव पड़ता है।

2.1 भारत का भू-वैज्ञानिक खंड

भू-वैज्ञानिक संरचना व शैल समूह की भिन्नता के आधार पर भारत को तीन भू-वैज्ञानिक खंडों या प्रभागों में विभाजित किया जाता है, जो निम्न हैं

1. प्रायद्वीपीय खंड

- इसका विस्तार कच्छ से लेकर अरावली पहाड़ियों के पश्चिम से दिल्ली तक तथा गंगा एवं यमुना नदी के समानांतर राजमहल की पहाड़ियों व गंगा नदी के डेल्टा तक है।
- उत्तर-पूर्व में कार्बी ऐंगलॉग व मेघालय का पठार तथा पश्चिम में राजस्थान तक इसका विस्तार है।
- पश्चिम बंगाल का मालदा भ्रंश (Malda Fault) उत्तरी-पूर्वी भाग में स्थित मेघालय एवं कार्बी ऐंगलॉग पठार को छोटा नागपुर पठार से अलग करता है। यह प्रायद्वीपीय खंड राजस्थान में मरुस्थल एवं मरुस्थलीय आकृतियों से ढका हुआ है।
- इस खंड का विकास कैंब्रियन कल्प में हुआ है, जो मुख्य रूप से नाइस एवं ग्रेनाइट चट्टानों से बना है। इसका पश्चिमी तट समुद्र में डूबा हुआ है। विवर्तनिक क्रियाओं (Tectonic Activity) में परिवर्तन होने के पश्चात् भी इसके वास्तविक आधार तल में कोई परिवर्तन नहीं हुआ है।

- प्रायद्वीपीय खंड की उत्तरी सीमा कच्छ से दिल्ली के पास अरावली पर्वतमाला के पश्चिमी किनारे के सहारे असामान्य तरीके से फैली हुई है।
- यह इंडो-ऑस्ट्रेलियन प्लेट का हिस्सा होने के कारण ऊर्ध्वाधर संचलन एवं भ्रंश खंड से प्रभावित होता है।
- इस खंड में नर्मदा, तापी और महानदी की रिफ्ट घाटियाँ तथा सतपुड़ा के ब्लॉक पर्वत अवस्थित हैं।
- यहाँ अरावली, नल्लामाला, जावादी, वेलीकोंडा, पालकोंडा श्रेणी और महेंद्रगिरी प्रमुख अवशिष्ट पहाड़ियाँ हैं।
- यहाँ की नदियों की प्रवणता कम तथा घाटियाँ उथली पाई जाती हैं। पूर्व की ओर बहने वाली अधिकांश नदियाँ बंगाल की खाड़ी में मिलने से पहले डेल्टा का निर्माण करती हैं; जैसे—महानदी, गोदावरी तथा कृष्णा नदी द्वारा निर्मित डेल्टा।

2. हिमालय और अन्य अतिरिक्त-प्रायद्वीपीय पर्वतमालाएँ

- इन पर्वतों की उत्पत्ति विवर्तनिक क्रिया से जुड़ी हुई है। फलस्वरूप इनकी भू-वैज्ञानिक संरचना नवीन, दुर्बल एवं लचीली पाई जाती है। वर्तमान समय में भी यह पर्वत **बहिर्जात**[1] तथा **अंतर्जात बलों**[2] की अंत:क्रिया से प्रभावित है, जिससे यहाँ **वलन**, **भ्रंश** और **ध्रस्ट** का निर्माण होता है।
- नदियाँ यहाँ तीव्र वेग से गतिशील होने के साथ अपरदन कार्य द्वारा गॉर्ज (पर्वतों के मध्य संकुचित मार्ग), V आकार की घाटियाँ, क्षिप्रिकाएँ (छोटे झरने) तथा जलप्रपात का निर्माण करती हैं, जो इस पर्वत की युवा अवस्था को प्रमाणित करते हैं।

3. सिंधु-गंगा-ब्रह्मपुत्र मैदान

- सिंधु-गंगा-ब्रह्मपुत्र के मैदान को **उत्तर का विशाल मैदान** कहा जाता है।
- यह भारत का तृतीय भू-वैज्ञानिक खंड है। यह अवसादों के जमाव से निर्मित मैदान है। इसका निर्माण मुख्य रूप से हिमालय पर्वतमाला निर्माण प्रक्रिया के तीसरे चरण में लगभग 6.4 करोड़ वर्ष पहले हुआ है। यहाँ हिमालय तथा प्रायद्वीप से निकलने वाली नदियाँ अवसादों को लाकर फैलाती हैं। इस मैदान में जलोढ़ की औसत गहराई 1000 से 2000 मी तक पाई जाती है।
- भारत के विभिन्न क्षेत्रों की भू-वैज्ञानिक संरचना में अंतर पाया जाता है, जिसका धरातल तथा भू-आकृति पर दीर्घकालिक प्रभाव पड़ता है।

2.2 भारत की भू-आकृति

- किसी स्थान की भू-आकृति उसकी संरचना, प्रक्रिया और विकास की अवस्था का प्रतिफल होती है। भारत में धरातलीय विभिन्नताएँ अत्यंत जटिल हैं।
- भारतीय उपमहाद्वीप में सक्रिय भूवैज्ञानिक और भू-आकृति विज्ञान प्रक्रियाओं ने भू-आकृति विज्ञान को अधिक प्रभावित किया है।
- इसके उत्तर में एक बड़े क्षेत्र में ऊबड़-खाबड़ स्थलाकृति विस्तृत है, इसमें हिमालय की पर्वत शृंखलाएँ है, जिनमें अनेक चोटियाँ है, सुंदर घाटियाँ व **महाखड्ड**[3] है।
- दक्षिण भारत में अत्याधिक विस्तृत पठार, अनावृत्त चट्टानों और खड़ी चट्टानों की विकसित शृंखला के पास स्थिर समतल भूमि है। विशाल उत्तर भारतीय मैदान हिमालय और दक्कन पठार के मध्य स्थित है।

1. उत्तर तथा उत्तरी-पूर्वी पर्वतमाला	2. उत्तरी भारत का मैदान
3. प्रायद्वीपीय पठार	4. भारतीय मरुस्थल
5. तटीय मैदान	6. द्वीप समूह

1 बहिर्जात बल (Exogenic Force) पृथ्वी की सतह पर उत्पन्न होने वाले बल, जो विषमताओं को समतल करते हैं।
2 अंतर्जात बल (Endogenic Force) धरातल के आंतरिक भाग से उत्पन्न बल; जैसे-भूकंप, ज्वालामुखी आदि का उत्पन्न होना।
3 महाखड्ड नदी के तीव्र गति के अपरदन से निर्मित गहरी एवं सँकरी घाटी।

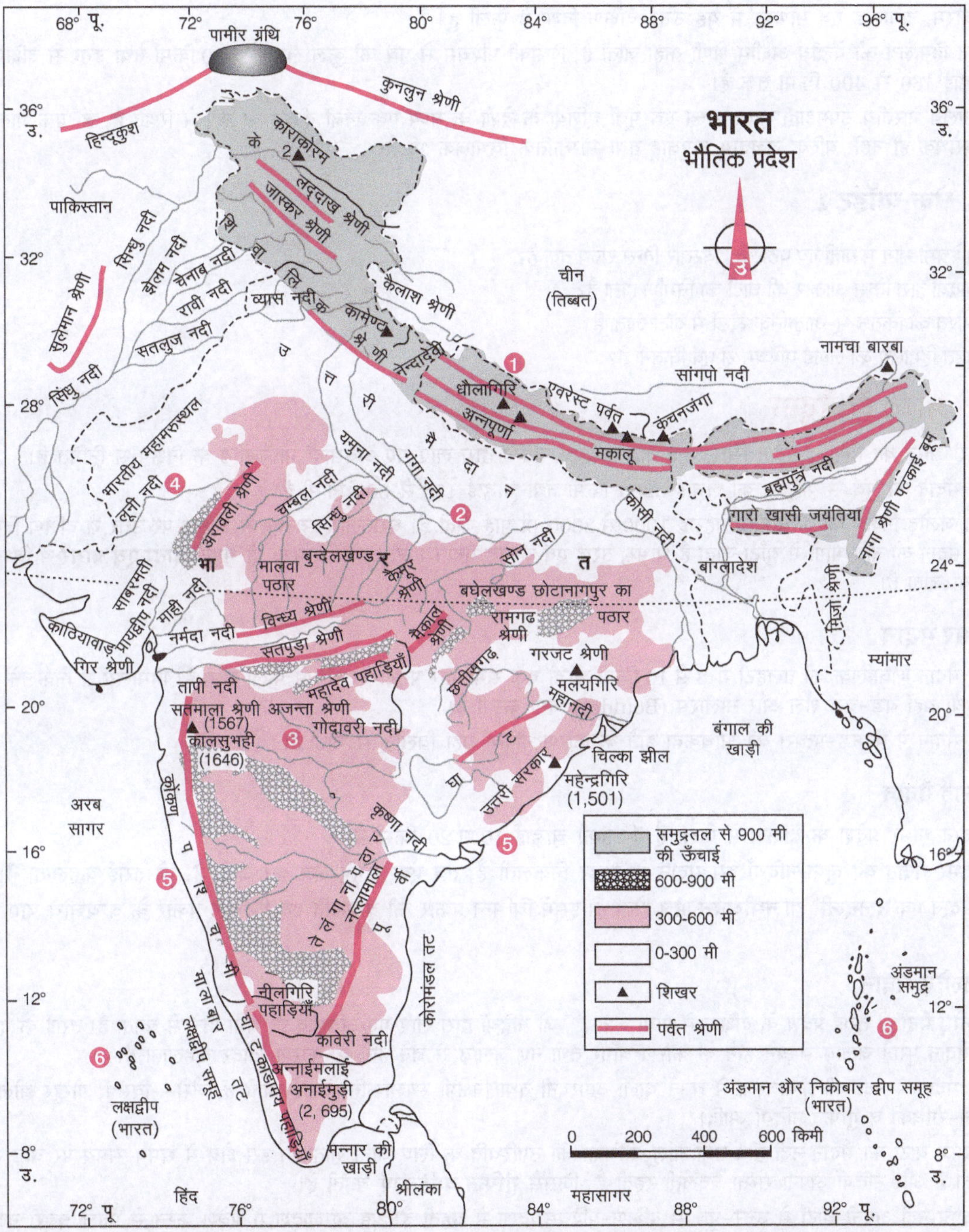

उत्तर तथा उत्तरी-पूर्वी पर्वतमाला

- उत्तर तथा उत्तरी-पूर्वी पर्वतमाला में हिमालय पर्वत तथा उत्तर-पूर्वी पहाड़ियाँ शामिल हैं।
- हिमालय में कई पर्वत शृंखलाएँ समानांतर पाई जाती हैं; जैसे—**वृहत हिमालय, पार हिमालय, मध्य हिमालय** और **शिवालिक श्रेणी**। शिवालिक शब्द की उत्पत्ति देहरादून के निकट शिवावाला में पाई जाने वाली भू-गर्भिक रचनाओं से हुई है।
- हिमालय की ये श्रेणियाँ भारत के उत्तरी-पश्चिम भाग में उत्तर-पश्चिम से दक्षिण-पूर्व दिशा की ओर फैली हैं।
- दार्जिलिंग और सिक्किम क्षेत्र में यह पूर्व-पश्चिम दिशा में फैली हैं वहीं अरुणाचल प्रदेश में यह दक्षिण-पश्चिम से उत्तर-पश्चिम दिशा की ओर मुड़ जाती हैं।

- मिजोरम, नागालैंड एवं मणिपुर में यह उत्तर-दक्षिण दिशा में फैली हुई हैं।
- वृहत हिमालय को केंद्रीय अक्षीय श्रेणी कहा जाता है, जिसकी पश्चिम से पूर्व की कुल लंबाई 2500 किमी तथा उत्तर से दक्षिण की चौड़ाई 160 से 400 किमी तक है।
- हिमालय भारतीय उपमहाद्वीप तथा मध्य एवं पूर्वी एशिया के देशों के मध्य एक लंबी दीवार के रूप में स्थित है, जो एक प्राकृतिक अवरोधक ही नहीं, बल्कि जलवायु अपवाह तथा सांस्कृतिक विभाजक भी है।

चेक प्वॉइंट 1

1. पश्चिमी भाग में प्राद्वीपीय पठार का विस्तार किस राज्य तक है?
2. नदियों द्वारा किस आकार की घाटी का निर्माण होता है?
3. भारत को कितने भू-आकृतिक खंडों में बाँटा जाता है?
4. वृहत हिमालय की लंबाई पश्चिम से पूर्व कितनी है?

उत्तरी भारत के मैदान

- उत्तरी भारत का विशाल मैदान सिंधु, गंगा और ब्रह्मपुत्र नदियों द्वारा लाए गए अवसादों या जलोढ़ के निक्षेप से निर्मित है।
- इस मैदान की पूर्व से पश्चिम की लंबाई 3200 किमी तथा चौड़ाई 150 से 300 किमी है।
- यहाँ जलोढ़ निक्षेप की अधिकतम गहराई 1000 से 2000 मी पाई जाती है। धरातलीय स्वरूप के आधार पर उत्तर से दक्षिण दिशा में इस मैदान को तीन भागों में बाँटा जाता है भाभर, तराई एवं जलोढ़ मैदान। जलोढ़ को क्रमशः दो भागों **खादर एवं बांगर** में विभाजित किया जाता है।

(i) भाभर मैदान

- यह मैदान शिवालिक की तलहटी में 8 से 10 किमी चौड़ी एक समानांतर पट्टी के रूप में फैला हुआ है। हिमालय से निकलने वाली नदियाँ यहाँ बड़े-बड़े शैल और गोलाश्म (Boulder) जमा करती हैं।
- इस मैदान में कंकड़-पत्थरों की अधिकता होने के कारण नदियाँ यहाँ विलीन हो जाती हैं।

(ii) तराई मैदान

यह मैदान भाभर प्रदेश के दक्षिण में फैला है, जिसकी चौड़ाई 10 से 20 किमी है।

जब भाभर मैदान की लुप्त नदियाँ इस मैदान के बाहर निकलती हैं, तब एक अनूप क्षेत्र बन जाता है, जो तराई कहलाता है।

तराई मैदान एक **दलदली**[4] या **नमीयुक्त क्षेत्र** होता है। इसमें विभिन्न प्रकार की वनस्पति एवं विभिन्न प्रकार के वन्यजीव पाए जाते हैं।

(iii) जलोढ़ मैदान

- **जलोढ़ मैदान**[5] तराई प्रदेश के दक्षिण में पाया जाता है, जो नदियों द्वारा लाए गए अवसाद के जमा होने से बनता है। तराई के दक्षिण में मैदान पुराने जलोढ़ से बने होने के कारण बाँगर तथा नए जलोढ़ से बने होने के कारण खादर कहलाता है।
- इस मैदान में नदी की प्रौढ़ावस्था में बनने वाली अपरदनी तथा निक्षेपी स्थलाकृतियाँ पाई जाती हैं; जैसे—विसर्प, गोखुर झील एवं बालू-रोधिका व गुंफित नदियाँ आदि।
- ब्रह्मपुत्र घाटी का मैदान नदी द्वीप तथा बालू-रोधिका की उपस्थिति के लिए जाना जाता है। इस क्षेत्र में समय-समय पर बाढ़ आती रहती हैं और नदियाँ अपना रास्ता बदलती रहती हैं, जिससे **गुंफित वाहिकाएँ** बनती हैं।
- ब्रह्मपुत्र नदी अपनी घाटी में उत्तर-पूर्व से दक्षिण-पश्चिम दिशा में बहती है। यह बांग्लादेश में प्रवेश करने से पहले धुबरी नदी के समीप 90° तक मुड़ जाती है।
- यह मैदान जलोढ़ मिट्टी से युक्त होने के कारण इसमें गेहूँ, चावल, गन्ना और जूट को उगाया जाता है, साथ ही यहाँ जनसंख्या घनत्व भी अधिक पाया जाता है।
- उत्तर भारत के मैदान में बहने वाली नदियाँ अपने मुहाने पर विशाल डेल्टा का निर्माण करती हैं; जैसे—सुंदरवन डेल्टा। यह एक सपाट मैदान होता है, जिसकी समुद्रतल से औसत ऊँचाई 50 से 100 मी पाई जाती है।
- हरियाणा और दिल्ली राज्य सिंधु और गंगा नदी तंत्र के जल विभाजक हैं।

---

4 दलदली क्षेत्र को आर्द्रभूमि कहते हैं, यह एक ऐसा क्षेत्र होता है, जहाँ वर्ष भर पानी जमा रहता है।
5 जलोढ़ मृदा नदियों के द्वारा लाए गए निक्षेप से निर्मित मैदान की मिट्टी को जलोढ़ मृदा कहते हैं।

प्रायद्वीपीय पठार

- भारत के विशाल मैदान से 150 मी ऊँचा उठा हुआ त्रिकोण आकार का कटा-फटा भूखंड प्रायद्वीपीय पठार है, जो 600 से 900 मी तक ऊँचा है।
- इसका विस्तार उत्तर-पश्चिम में दिल्ली, कटक (अरावली विस्तार), पूर्व में राजमहल पहाड़ियाँ, उत्तर-पूर्व में शिलांग तथा कार्बी **ऐंगलॉग पठार**, पश्चिम में गिर पहाड़ियाँ तथा दक्षिण में इलायची (कार्डामम) पहाड़ियों तक पाया जाता है।
- यह प्रायद्वीपीय भारत हजारीबाग पठार, पलामू पठार, राँची पठार, मालवा पठार, कोयंबटूर पठार और कर्नाटक पठार से मिलकर बना है।
- यह प्राचीन तथा स्थिर भू-भाग है। इस भाग की ऊँचाई पश्चिम में अधिक तथा पूर्व में कम होती है। इसका प्रमाण यहाँ की नदियों के बहाव की दिशा में मिलता है।
- इस भाग में टॉर, ब्लॉक, पर्वत, भ्रंश घाटियाँ, पर्वत स्कंध, नग्न चट्टान संरचना, टेकरी (Hummocky) पहाड़ियाँ और क्वाट्र्जाइट भित्तियाँ (Dykes) जैसी प्राकृतिक स्थलाकृतियाँ पाई जाती हैं, जो प्राकृतिक जल संग्रह के स्थल हैं।
- इस पठार के पश्चिमी तथा उत्तर-पश्चिमी भाग में मुख्य रूप से काली मिट्टी पाई जाती है।
- प्रायद्वीपीय पठार के अनेक हिस्सों में बार-बार होने वाली भूकंपीय हलचलों से अनेक भ्रंशों का निर्माण हुआ है; जैसे—भीमा भ्रंश, कोयना भ्रंश।
- भूकंपीय क्रियाओं की क्षेत्रीय विभिन्नता के कारण प्रायद्वीपीय पठार पर धरातलीय विविधता पाई जाती है।
- इसके उत्तरी-पश्चिमी भाग में नदी खड्ड तथा महाखड्ड धरातल को जटिल बनाते हैं; जैसे—चंबल, भिंड तथा मोरेना खड्ड।

प्रायद्वीपीय पठार को मुख्य उच्चावच के लवणों के आधार पर तीन भागों में बाँटा जाता है दक्कन का पठार, मध्य उच्च भू-भाग, एवं उत्तरी-पूर्वी पठार।

(i) दक्कन का पठार

- दक्कन का पठार **लावा निर्मित पठार**[6] है, जिसके पश्चिम में पश्चिमी घाट, पूर्व में पूर्वी घाट तथा उत्तर में सतपुड़ा, मैकाल और महादेव पहाड़ियाँ हैं, जिसकी औसत ऊँचाई 1500 मी है।
- पश्चिमी घाट को स्थानीय तौर पर कई नामों से जाना जाता है; जैसे—महाराष्ट्र में सह्याद्रि, कर्नाटक और तमिलनाडु में नीलगिरि और केरल में अन्नामलाई और इलायची (कार्डामम) पहाड़ियाँ। पूर्वी घाट की तुलना में पश्चिमी घाट अधिक ऊँचे हैं, जो उत्तर से दक्षिण की ओर बढ़ते जाते हैं।
- प्रायद्वीपीय पठार की सबसे ऊँची चोटी **अनाईमुड़ी** (2695 मी) है, जो पश्चिमी घाट की अन्नामलाई पहाड़ियों में स्थित है। अधिकतर प्रायद्वीपीय नदियों की उत्पत्ति पश्चिमी घाट से ही होती है। पूर्वी घाट महानदी, कृष्णा, गोदावरी और कावेरी नदियों द्वारा अपरदित होता है।
- पूर्वी घाट और पश्चिमी घाट नीलगिरि पहाड़ियों पर आपस में मिलते हैं, जहाँ प्रायद्वीपीय पठार की दूसरी सबसे ऊँची चोटी डोडाबेटा (2,637 मी.) नीलगिरि पर्वत श्रेणी में स्थित है। इसके अतिरिक्त यहाँ जावादी पहाड़ियाँ, पालकोंडा श्रेणी, नल्लामाला पहाड़ियाँ तथा महेंद्रगिरी पहाड़ियाँ अन्य मुख्य श्रेणियाँ हैं।

(ii) मध्य उच्च भू-भाग

- इस भू-भाग के पश्चिम में अरावली पर्वत है तथा पूर्व में राजमहल की पहाड़ियाँ हैं, जिसके दक्षिण में छोटानागपुर का पठार है, जो खनिजों से संपन्न है। इसके दक्षिण में सतपुड़ा पहाड़ की श्रेणियाँ हैं, जो समुद्रतल से 600 से 900 मी तक ऊँची हैं। साथ ही यह दक्कन के पठार की उत्तरी सीमा भी है।
- भारत के मध्य भाग में स्थित विंध्यन क्षेत्री नर्मदा घाटी के उत्तरी भाग में स्थित है। इसका निर्माण चूना पत्थर से हुआ है। विंध्यन क्षेत्री का विस्तार पूर्वी भाग में कैमूर श्रेणी तक विस्तृत है। यह गुजरात के पश्चिम भाग से उत्तर प्रदेश, छत्तीसगढ़, बिहार व झारखंड तक विस्तृत है। सतपुड़ा श्रेणी इसके दक्षिणी भाग में स्थित है।
- इस भू-भाग का विस्तार जैसलमेर तक पाया जाता है, जो अनुदैर्ध्य रेत के टिब्बों से ढके होते हैं। संगमरमर स्लेट और नाइस की उपस्थिति इसकी कायांतरित प्रक्रियाओं को व्यक्त करता है।
- इस भू-भाग की ऊँचाई समुद्रतल से **700 से 1000 मी** तक पाई जाती है। इस भू-भाग की ऊँचाई उत्तर तथा उत्तर-पूर्व दिशा में घटती जाती है।
- **बनास,** चंबल की एकमात्र सहायक नदी है, जो पश्चिम में अरावली से निकलती है। इसके अतिरिक्त यमुना की अधिकतर सहायक नदियाँ विंध्याचल और कैमूर श्रेणियों से निकलती हैं।

---

6 लावा निर्मित पठार ज्वालामुखी गतिविधि से निर्मित होता है। यह लावा मुख्य रूप से बेसाल्ट से बना होता है।

(iii) उत्तर-पूर्वी पठार

- यह **प्रायद्वीपीय पठार** का ही विस्तृत भाग है।
- हिमालय उत्पत्ति के समय इंडियन प्लेट का उत्तर-पूर्व में खिसकने के कारण राजमहल पहाड़ियों तथा **मेघालय के पठार** के बीच भ्रंश घाटी का निर्माण हुआ, जिससे यह भाग अलग हो गया।
- इस भ्रंश में नदियों द्वारा जमा किए गए जलोढ़ के कारण ही मेघालय और **कार्बी ऐंगलॉग पठार** मुख्य **प्रायद्वीपीय पठार** से अलग-अलग बना हुआ है।
- यहाँ वास करने वाली जनजातियों के आधार पर मेघालय पठार को **गारो पहाड़ियाँ**, **खासी पहाड़ियाँ** तथा **जयंतिया पहाड़ियों** में बाँटा गया है जहाँ ये जनजातियाँ बड़े स्तर पर निवास करती हैं। असम की कार्बी ऐंगलॉग पहाड़ियाँ भी इसी पठार का विस्तार हैं।
- इस क्षेत्र में अधिकतर वर्षा दक्षिण-पश्चिम मानसून से होती है। मेघालय का पठार एक अपरदित तल है।
- चेरापूँजी नग्न चट्टानों से ढका स्थल है, जहाँ वनस्पति नहीं के बराबर पाई जाती है।
- मेघालय का पठार छोटानागपुर पठार की तरह कोयला, लोहा, सिली मेनाइट, चूने के पत्थर और यूरेनियम[7] जैसे खनिजों से संपन्न है।

चेक प्वॉइंट 2

1. दक्कन पठार के पश्चिमी और पूर्वी किनारों को निर्मित करने वाली पहाड़ी का नाम बताइए?
2. केंद्रीय उच्च भूमि का विस्तार कहाँ तक हैं?
3. पश्चिमी घाट की सबसे ऊँची चोटी कौन-सी हैं?
4. प्रायद्वीपीय पठार की मुख्य भूमि से कौन-से दो पठार अलग हैं?

भारतीय मरुस्थल

- भारतीय विशाल मरुस्थल एक ऊबड़-खाबड़ भूतल है जिस पर बहुत-से अनुदैर्ध्य रेतीले टीले पाए जाते हैं, जो अरावली पहाड़ियों से उत्तर-पूर्व में स्थित हैं।
- यह एक शुष्क और वनस्पति रहित क्षेत्र होता है, जिस कारण इसे **मरुस्थली** कहा जाता है, जहाँ पर वार्षिक वर्षा 150 मिमी से कम होती है। यह क्षेत्र मेसोजोइक काल में समुद्र का भाग था।

▲ भारतीय मरुस्थल

- आकल क्षेत्र में स्थित काष्ठ जीवाश्म पार्क में उपलब्ध प्रमाण तथा जैसलमेर के निकट ब्रह्मसर के समुद्री निक्षेप (काष्ठ जीवाश्म की आयु लगभग 18 करोड़ वर्ष मानी गई है।) इसकी प्रामाणिकता को दर्शाते हैं।
- इस क्षेत्र की भू-गर्भिक चट्टान संरचना प्रायद्वीपीय पठार के विस्तार को दिखाती है।
- यहाँ शुष्क दशाओं के होने के कारण धरातलीय आकृतियाँ अपक्षय तथा पवन क्रिया द्वारा निर्मित हैं; जैसे—रेतीले टीले, छत्रक चट्टानें और मरुउद्यान।
- इस क्षेत्र की अधिकतर नदियाँ **अल्पकालिक नदियाँ** (Ephemeral river) है। ऐसी नदियाँ सालभर सदानीरा नहीं होती है बल्कि वर्षा ऋतु के दौरान जल युक्त होती है। **लूनी** इसके दक्षिणी भाग में बहने वाली प्रमुख नदी है। अल्प वृष्टि तथा अधिक वाष्पीकरण के कारण इस प्रदेश में जल की कमी पाई जाती है।
- यहाँ की नदियाँ **अंतःस्थलीय अपवाह**[8] को दिखाती हैं अर्थात् नदियाँ कुछ दूरी तय करने के बाद मरुस्थल, झील अथवा प्लाया (Playas) में मिल जाती हैं जहाँ झीलों का जल खारा होता है, जिससे नमक बनाया जाता है।
- ढाल के आधार पर मरुस्थल को दो भागों में बाँटा जाता है—(i) सिंधु की ओर ढाल वाला उत्तरी भाग (ii) उत्तरी भाग और कच्छ के रन की ओर ढाल वाला दक्षिणी भाग।

---

7 **यूरेनियम** एक रेडियोधर्मी धातु है, जो प्राकृतिक रूप से पाया जाता है।
8 **अंतःस्थलीय प्रवाह** के अंतर्गत नदियाँ किसी सागर या महासागर में न गिरकर, अंदर ही आंतरिक भागों में समा जाती है।

तटीय मैदान

स्थिति और सक्रिय भू-आकृतिक प्रक्रियाओं के आधार पर तटीय मैदानों को दो भागों में बाँटा जाता है।

(i) पश्चिमी तटीय मैदान

- पश्चिमी तटीय मैदान जलमग्न तटीय मैदान है, जो एक संकीर्ण पट्‌टी के रूप में है। यह पत्तनों व बंदरगाहों के विकास हेतु प्राकृतिक परिस्थितियाँ प्रदान करता है।
- यह मैदान उत्तर में गुजरात तट से दक्षिण में केरल तट तक फैले हैं। इसे कई भागों में बाँटा जाता है; जैसे—गुजरात का कच्छ और काठियावाड़ तट, महाराष्ट्र का कोंकण तट एवं गोवा तट तथा कर्नाटक और केरल के मालाबार तट। यहाँ कांडला, मझगाँव, जे एल एन नावहा शेवा, मर्मागाओ, मैंगलोर तथा कोचीन आदि प्रमुख प्राकृतिक बंदरगाह हैं।
- इस तटीय मैदान में बहने वाली नदियाँ डेल्टा नहीं बनाती हैं। मालाबार तट पर स्थित **कयाल स्थलाकृति**[9] मछली पकड़ने, अन्त:स्थलीय नौकायन तथा पर्यटकों के आकर्षण केंद्र के रूप में महत्त्वपूर्ण है।
- केरल में प्रतिवर्ष **नेहरू ट्राफी वलामकाली** (नौका दौड़) का आयोजन पुन्नामदा कयाल (Backwaters) में किया जाता है।

▲ तटीय मैदान

(ii) पूर्वी तटीय मैदान

- पूर्वी तटीय मैदान चौड़ा तथा उभरा हुआ है। पूर्व की ओर बहने वाली और बंगाल की खाड़ी में गिरने वाली नदियाँ लंबे-चौड़े डेल्टा बनाती हैं; जैसे—कृष्णा, गोदावरी, महानदी तथा कावेरी का डेल्टा।
- यह प्रदेश उभरा तट होने के कारण पत्तन तथा पोताश्रय के अनुकूल नहीं है।
- यहाँ महाद्वीपीय शेल्फ की चौड़ाई 500 किमी पाई जाती है, जिससे पोताश्रय का विकास असंभव नहीं होता है।

द्वीप समूह

भारत में दो प्रमुख **द्वीप समूह**[10] (Islands) हैं बंगाल की खाड़ी के द्वीप और अरब सागर के द्वीप

(i) बंगाल की खाड़ी के द्वीप समूह

- बंगाल की खाड़ी के द्वीप समूह में लगभग 572 द्वीप हैं, जो 6° उत्तर से 14° उत्तर तथा 92° पूर्व से 94° पूर्व के मध्य स्थित हैं। रीची द्वीप समूह तथा लबरींथ द्वीप यहाँ के दो प्रमुख द्वीप समूह हैं।
- इसके द्वीप समूहों को उत्तर में अंडमान तथा दक्षिण में निकोबार की दो श्रेणियों में बाँटा जाता है।
- ये द्वीप समुद्र में जलमग्न पर्वतों के भाग हैं। इसमें कुछ द्वीपों की उत्पत्ति ज्वालामुखी से हुई है।
- भारत का एकमात्र जीवित ज्वालामुखी बैरन आइलैंड (द्वीप) है, जो निकोबार द्वीप समूह में स्थित है। इसके द्वीप असंगठित कंकड़, पत्थरों तथा गोलाश्मों से बने हैं।
- अंडमान निकोबार द्वीपसमूह में कुछ प्रमुख चोटियाँ हैं सैडल चोटी (उत्तरी अंडमान-738 मी), माउंट डियोवोली (मध्य अंडमान-515 मी), माउंट कोयोब (दक्षिणी अंडमान-460 मी) और माउंट थुईल्लर (ग्रेट निकोबार-642 मी)।
- तटीय रेखा पर कुछ जमा प्रवाल की ओर सुंदर तट है। इन द्वीपों पर संवहनीय वर्षा होती है और यहाँ भूमध्य रेखीय वनस्पति पाई जाती है।

▲ एक द्वीप

9 **कयाल स्थलाकृति** ये समुद्र तट के समानांतर उथले-समुद्री इनलेट या लैगून होते हैं। केरल में लैगून झीलों को कयाल के रूप में जाना जाता है।
10 **द्वीप समूह** (Islands) कई द्वीपों के सम्मिलित रूप को द्वीप समूह कहा जाता है।

(ii) अरब सागर के द्वीप समूह

- अरब सागर में 36 द्वीप हैं, जिनमें 11 पर मानव बसाव है। यहाँ मिनिकॉय सबसे बड़ा द्वीप है, जिसका क्षेत्रफल 453 वर्ग किमी है। यहाँ लक्षद्वीप और मिनिकॉय प्रमुख द्वीप पाए जाते हैं।
- ये द्वीप समूह 8° उत्तर से 12° उत्तर तथा 71° पूर्व से 74° पूर्व के मध्य स्थित है, जो केरल तट से 220 से 440 किमी दूर स्थित हैं।
- ये द्वीप समूह 9 डिग्री चैनल द्वारा दो भागों में बँटे हैं; जैसे—उत्तर में अमीनी द्वीप और दक्षिण में कनानोरे द्वीप।
- यहाँ के द्वीपों पर संवहनी वर्षा (Vascular Rain) होती है, जिसमें भूमध्य रेखीय प्रकार की वनस्पति पाई जाती है।
- इस द्वीप समूह में पुलिन की आकृति है, जो तूफान निर्मित है, जिस पर अबद्ध गुटिकाएँ शिगिंल, गोलाश्मिकाएँ तथा गोलाश्म पूर्वी तट पर पाए जाते हैं।

चेक प्वॉइंट 3

1. पश्चिमी तटीय मैदानों के तीन प्रमुख बंदरगाहों का नाम बताइए?
2. तटीय मैदानों की कुल सीमा कितनी हैं?
3. रेगिस्तानी क्षेत्रों में नमक का मुख्य स्रोत क्या हैं?
4. लक्षद्वीप के दो द्वीपों का नाम बताइए?

Mind Map

संरचना तथा भू-आकृति विज्ञान

1 भारत का भू-वैज्ञानिक विभाजन
- यह विभाजन भारत की भू-वैज्ञानिक संरचना और गठन पर आधारित है।

प्रायद्वीपीय खंड
- यह मुख्यतः प्राचीन रूपांतरित व आग्नेय चट्टानों से बना है, जैसे-नीस, ग्रेनाइट।
- प्रायद्वीपीय खंड की उत्तरी सीमा एक अनियमित रेखा के रूप में विस्तारित होती है, जो कच्छ से अरावली पर्वत शृंखला के पश्चिमी किनारे के पास दिल्ली तक जाती है और फिर यमुना और गंगा के समानांतर राजमहल पहाड़ियों और गंगा डेल्टा तक जाती है।
- पश्चिम बंगाल में मालदा भ्रंश उत्तरी-पूर्वी भाग में स्थित मेघालय व कर्बी ऐंगलोंग पठार को छोटा नागपुर से अलग करता है।

सिंधु-गंगा-ब्रह्मपुत्र मैदान
- ये मैदान सिंधु, गंगा और ब्रह्मपुत्र नदियों द्वारा लाई गई अवसादी मिट्टी से बने हैं।
- हिमालयी और प्रायद्वीपीय मैदान नदियों द्वारा लाई गई गाद से धीरे-धीरे भरे गए हैं।
- इन मैदानों में जलोढ़ की औसत गहराई 1000 से 2000 मीटर है।

हिमालय और अन्य प्रायद्वीपीय पर्वतमालाएँ
- ये भू-गर्भीय हलचलों के कारण बनी हैं। ये पर्वतमालाएँ तेज बहाव वाली नदियों से अपरदित होने के बावजूद अभी भी युवा अवस्था में हैं।
- ये भू-वैज्ञानिक संरचना में तरुण, दुर्बल और लचीली हैं।

2 भारत की भू-आकृति

उत्तर भारत का मैदान
- यह क्षेत्र सिंधु, गंगा और ब्रह्मपुत्र नदियों द्वारा लाए गए जलोढ़ निक्षेप से बना है।
- **भाबर** यह एक संकरी पट्टी है, जिसकी चौड़ाई 8 से 10 किमी है, जो शिवालिक पहाड़ियों के समानांतर स्थित है।
- **तराई** यह भाबर के दक्षिण में स्थित है और इसकी चौड़ाई 10 से 12 किमी है। इस क्षेत्र में प्राकृतिक वनस्पति और वन्यजीवों की विविधता का सघन विकास है।
- **खादर और बाँगर** यह तराई से दक्षिण में एक मैदान है, जो पुराने और नए जलोढ़ से बना होने के कारण खादर और बाँगर कहलाता है। इस मैदान में नदी की प्रौढ़ावस्था से बनने वाली अपरदनी और निक्षेपण, स्थलाकृतियाँ; जैसे- बालू-रोधिका, विसर्प, गोखुर झीलें और गुंफित नदियाँ पाई जाती हैं।

उत्तर और उत्तर -पूर्वी पर्वतमाला
- यह क्षेत्र हिमालय और उत्तर-पूर्वी पहाड़ियों से बना है।
- महत्त्वपूर्ण हिमालयी पर्वत शृंखलाएँ हैं– महान हिमालय, मध्य हिमालय, शिवालिक।

प्रायद्वीपीय पठार
- यह भारत का सबसे पुराना और स्थिर स्थलाखंड है। इसका विस्तार पश्चिम में जैसलमेर तक है, जहाँ यह अनुदैर्ध्य रेत की पहाड़ियों और चापाकार (बरखान) रेतीले टिब्बों से ढका है।
- **दक्कन का पठार** इसके पश्चिम में पश्चिमी घाट, पूर्व में पूर्वी घाट और उत्तर में सतपुड़ा, मैकाल शृंखला तथा महादेव पहाड़ियाँ स्थित हैं।
- **मध्य उच्च भू भाग** पश्चिम में अरावली पर्वत इसकी सीमा बनाती है।
- **उत्तरी-पूर्वी पठार** यह मुख्य प्रायद्वीपीय पठार का ही एक विस्तार है।

द्वीप समूह
- बंगाल की खाड़ी द्वीप समूह
- अरब सागर द्वीप समूह

तटीय मैदान

भारत की लंबी तटरेखा बंगाल की खाड़ी और अरब सागर के किनारे फैली है।
- **पश्चिमी तटीय मैदान** यह एक जलमग्न तटीय मैदान है। यह बीच में संकरा होता है और उत्तर व दक्षिण में चौड़ा हो जाता है। इस मैदान से बहने वाली नदियाँ डेल्टा का निर्माण नहीं करती हैं।
- **पूर्वी तटीय मैदान** यह एक उभरे हुए तट का उदाहरण है, यहाँ महाद्वीपीय शेल्फ समुद्र में लगभग 500 किमी तक फैला हुआ है।

भारतीय मरुस्थल
- यह अरावली पहाड़ियों के उत्तर-पश्चिम में स्थित है।
- यहाँ वार्षिक वर्षा 150 मिलीमीटर से कम होती है।
- यहाँ प्रमुख स्थलाकृतियाँ स्थानांतरी रेतीले टीले, छत्रक चट्टानें और मरु उद्यान (दक्षिण भाग में) हैं।

NCERT फोल्डर

अध्याय के मध्य में दिए गए प्रश्न

1. 26 दिसंबर, 2004 को अंडमान और निकोबार द्वीपों पर एक प्राकृतिक आपदा ने कहर ढाया। क्या आप इस आपदा का नाम बता सकते हैं और इससे प्रभावित शेष क्षेत्रों की पहचान कर सकते हैं?

उत्तर 26 दिसंबर, 2004 को अंडमान और निकोबार द्वीपों पर प्राकृतिक आपदा 'सुनामी' ने कहर ढाया। यह हिंद महासागर में उत्पन्न होने वाली अत्यंत विनाशकारी सुनामी थी, इसका उद्गम बिंदु इंडोनेशिया के समीप था। इसका प्रभाव बिंदु-प्रशांत क्षेत्र के अतिरिक्त श्रीलंका भारत का पूर्वी तट, मॉरीशस, अरब प्रायद्वीप यहाँ तक कि मेडागास्कर व सुदूर दक्षिण अफ्रीका उत्तरी ऑस्ट्रेलिया तक महसूस किया गया था।

2. क्या आप इस चित्र में दिखाए गए बालू के टिब्बों के प्रकार को पहचान सकते हैं?

उत्तर बालू के टिब्बों के प्रमुख प्रकार निम्नलिखित हैं।

(i) अनुदैर्ध्य बालू टिब्बा (ii) बरखान बालू टिब्बा
(iii) परवलयिक बालू टिब्बा (iv) सीफ़
(v) पवनविमुख रेखीय टिब्बा

नीचे दिए गए चार विकल्पों में से सही उत्तर चुनिए

1. अंडमान और निकोबार को कौन-सा जल क्षेत्र अलग करता है?

(a) 11° चैनल (b) 10° चैनल
(c) मन्नार की खाड़ी (d) अंडमान सागर

उत्तर *(b)* 10° चैनल

2. डोडाबेटा चोटी निम्नलिखित में से कौन-सी पहाड़ी शृंखला में स्थित है?

(a) नीलगिरि (b) कार्डामम (c) अन्नामलाई (d) नल्लामाला

उत्तर *(a)* नीलगिरि

निम्नलिखित प्रश्नों के उत्तर लगभग 30 शब्दों में दीजिए

1. यदि एक व्यक्ति को लक्षद्वीप जाना हो, तो वह कौन-से तटीय मैदान से होकर जाएगा और क्यों?

उत्तर लक्षद्वीप अरब सागर में अवस्थित है, जो पश्चिमी समुद्र से 280 किमी से लेकर 480 किमी तक है। मालाबार तट से इसकी दूरी कम (280 किमी) है। अतः किसी व्यक्ति को लक्षद्वीप जाने हेतु मालाबार तट के केरल तट से जाना उचित होगा, क्योंकि यहाँ से लक्षद्वीप की दूरी कम पाई जाती है।

2. भारत में ठंडा मरुस्थल कहाँ स्थित है? इस क्षेत्र की मुख्य श्रेणियों के नाम बताइए।

उत्तर भारत में ठंडा मरुस्थल लद्दाख में स्थित है। इस मरुस्थल का विस्तार हिमाचल और उत्तराखंड हिमालय के सुदूर उत्तरी भाग में पाया जाता है, जो लाहौल तथा स्पीति जिले में अवस्थित है।

इस खंड में हिमालय की तीनों पर्वत शृंखलाएँ पाई जाती हैं। इस क्षेत्र की मुख्य श्रेणियाँ क्रमशः लद्दाख, जास्कर, काराकोरम हैं।

3. पश्चिमी तटीय मैदान पर कोई डेल्टा क्यों नहीं है?

उत्तर पश्चिमी तटीय मैदान जलमग्न तटीय मैदान है, जो एक संकीर्ण पट्टी के रूप में है। यह तट पूर्वी मैदान की तुलना में ऊँचा है। इस मैदान में बहने वाली नदियों के वेग तीव्र होते हैं, जिससे निक्षेप यहाँ जमा नहीं हो पाते हैं। अतः इस मैदान में नदियाँ डेल्टा नहीं बनाती हैं।

निम्नलिखित प्रश्नों के उत्तर लगभग 150 शब्दों में दीजिए

1. अरब सागर और बंगाल की खाड़ी में स्थित द्वीप समूहों का तुलनात्मक विवरण प्रस्तुत कीजिए

उत्तर अरब सागर और बंगाल की खाड़ी में स्थित द्वीप समूहों का तुलनात्मक विवरण निम्न है।

अरब सागर	बंगाल की खाड़ी
अरब सागर में लगभग 36 द्वीप हैं।	बंगाल की खाड़ी में लगभग 572 द्वीप हैं।
इसके द्वीप समूह 8° उत्तर से 12° उत्तर तथा 71° पूर्व से 74° पूर्व के मध्य स्थित हैं।	इसके द्वीप समूह 6° उत्तर से 14° उत्तर तथा 92° पूर्व से 94° पूर्व के मध्य स्थित हैं।
यहाँ लक्षद्वीप तथा मिनिकॉय प्रमुख द्वीपसमूह पाए जाते हैं।	यहाँ रीची तथा लबरींथ प्रमुख द्वीपसमूह पाए जाते हैं।
इसके द्वीप समूह के उत्तर में अमीनी द्वीप और दक्षिण में कनानोरे द्वीप पाए जाते हैं।	इसके द्वीप समूह के उत्तर में अंडमान तथा दक्षिण में निकोबार की दो श्रेणियाँ पाई जाती हैं।
इस सागर के द्वीप समूह छोटे हैं।	इसमें पाए जाने वाले द्वीप समूह अपेक्षाकृत बड़े होते हैं।
इसके द्वीप मूँगे अथवा प्रवाल निक्षेप के बने हैं।	इसके द्वीप समूह जलमग्न पर्वतों के भाग हैं।
इसके द्वीप समूह 90° चैनल द्वारा दो भागों में अलग होते हैं।	इसमें अंडमान तथा निकोबार द्वीप समूह 10° चैनल से अलग होते हैं।
यहाँ पूरा द्वीप समूह प्रवाल निक्षेप से संबद्ध है।	यहाँ के कुछ छोटे द्वीपों की उत्पत्ति ज्वालामुखी से जुड़ी हुई है।

2. नदी घाटी मैदान में पाई जाने वाली महत्त्वपूर्ण स्थलाकृतियाँ कौन-सी हैं? इनका विवरण दीजिए।

उत्तर नदी जब पर्वतीय क्षेत्र से मैदानी भाग में प्रवेश करती है, तब उसकी गति मलबे के कारण मंद हो जाती है, जिससे कई स्थलाकृतियों का निर्माण होता है। नदियाँ अपने साथ कंकड़, पत्थर तथा अन्य गोलाश्म को लेकर आगे बढ़ती हैं।

नदियाँ सबसे पहले मैदानी भाग में जलोढ़ पंख का निर्माण करती हैं। नदियाँ जब तराई से जलोढ़ मैदान में पहुँचती हैं, अवसादों की अधिकता तथा अपरदनी तथा निक्षेपी कार्य से कई स्थलाकृतियों का निर्माण करती हैं; जैसे—विसर्प, गोखुर झील, बालूका स्तूप आदि तथा ब्रह्मपुत्र घाटी का मैदान, नदी द्वीप तथा बालू रोधिका की उपस्थिति के लिए जाना जाता है। इस क्षेत्र में समय-समय पर बाढ़ आती रहती है और नदियाँ अपना रास्ता बदलती रहती हैं, जिससे गुंफित आकार की आकृतियों का निर्माण होता है।

नदी घाटी के जलोढ़ से निर्मित मैदान बाँगर तथा खादर के रूप में निर्मित होता है। इसके अतिरिक्त नदियाँ जब मुहाने के नजदीक होती हैं तब धाराएँ वितरित हो जाती हैं, जिससे डेल्टा जैसी आकृतियों का निर्माण करती हैं, जहाँ मैंग्रोव वन पाए जाते हैं, जैसे उत्तर भारत में बहने वाली नदियों द्वारा निर्मित सुंदरवन का डेल्टा, जो विश्व प्रसिद्ध है।

3. यदि आप बद्रीनाथ से सुंदरवन डेल्टा तक गंगा नदी के साथ-साथ चलते हैं, तो आपके रास्ते में कौन-सी मुख्य स्थलाकृतियाँ आएँगी?

उत्तर यदि हम बद्रीनाथ से सुंदरवन डेल्टा तक गंगा नदी के साथ-साथ चलते हैं, तो कई प्रकार की स्थलाकृतियाँ देखने को मिलती हैं, जो नदियों द्वारा निर्मित होती हैं।

बद्रीनाथ के बाद तीव्र ढाल में बहते हुए गंगा अपरदन करते हुए गहरी घाटी तथा महाखड्डों का निर्माण करती है। हरिद्वार के निकट कंकड़-पत्थर को जमा कर जलोढ़ शंकु का निर्माण करती हैं। हरिद्वार के बाद गंगा की गति मंद हो जाती है और घाटियाँ चौड़ी हो जाती हैं तत्पश्चात् जलोढ़ मैदान का निर्माण करती है। इस जलोढ़ मैदान में भी कई आकृतियों को देखा जाता है; जैसे—बाँगर मैदान, खादर मैदान आदि। नदियाँ जब आगे बढ़ती हुई उत्तर प्रदेश तथा बिहार में पहुँचती हैं तब विसर्पों तथा गोखुर झीलों का निर्माण करती हैं। इसके अतिरिक्त प्राकृतिक तटबंध तथा बाढ़ का मैदान जैसी आकृतियाँ एकसाथ देखने को मिलती हैं। आगे बढ़ने पर यह पाया जाता है कि नदियाँ सीधी न बहकर वितरित हो जाती हैं, जिससे डेल्टा जैसी आकृति का निर्माण करती हैं, जिसे सुंदरवन कहा जाता है। अतः बद्रीनाथ से सुंदरवन डेल्टा तक जाने में बाँगर, तराई, जलोढ़ मैदान के साथ गोखुर झील, प्राकृतिक तटबंध, विसर्प, डेल्टा आदि जैसी आकृतियाँ देखने को मिलती हैं।

अभ्यास प्रश्न

वस्तुनिष्ठ प्रश्न

बहुविकल्पीय प्रश्न

1. भू-वैज्ञानिक संरचना व शैल समूह की भिन्नता के आधार पर भारत को किस भू-वैज्ञानिक खंडों में विभाजित किया गया है?

(a) प्रायद्वीपीय खंड
(b) हिमालय और अन्य अतिरिक्त प्रायद्वीपीय पर्वतमालाएँ
(c) सिंधु-गंगा-ब्रह्मपुत्र मैदान
(d) ये सभी

उत्तर *(d)* ये सभी

2. उत्तर-पूर्वी भाग में स्थित मेघालय एवं कार्बी ऐंगलॉग पठार को छोटानागपुर पठार से किस भ्रंश द्वारा विभाजित किया जाता है?

(a) ब्रह्मपुत्र भ्रंश (b) मालदा भ्रंश
(c) जयंतिया भ्रंश (d) बांग्लादेश भ्रंश

उत्तर *(b)* मालदा भ्रंश

3. प्रायद्वीपीय खंड की संरचना में निम्नलिखित में से कौन-सी अवशिष्ट पहाड़ियों का उदाहरण है?

(a) अरावली पहाड़ियाँ (b) जावादी पहाड़ियाँ
(c) नल्लामाला पहाड़ियाँ (d) ये सभी

उत्तर *(d)* ये सभी

4. सिंधु-गंगा-ब्रह्मपुत्र मैदान में जलोढ़ मैदान की औसत गहराई कितनी है?

(a) 500-1000 मी
(b) 1000-1500 मी
(c) 1000-2000 मी
(d) 1500-2500 मी

उत्तर *(c)* 1000-2000 मी

5. उत्तरी भारत के मैदान में स्थित दलदली और नमीयुक्त क्षेत्र को क्या कहा जाता है?

(a) भाबर मैदान (b) जलोढ़ मैदान
(c) तराई मैदान (d) खादर मैदान

उत्तर *(c)* तराई मैदान

6. निम्नलिखित बंदरगाहों में से कौन-सा बंदरगाह पश्चिमी घाट मैदान में स्थित है?

(a) तूतीकोरिन
(b) पारादीप
(c) नवाहाशेवा
(d) चेन्नई

उत्तर *(c)* नहावा शेवा

7. **निम्नलिखित में से कौन-सा युग्म सही नहीं है?** *दक्षता आधारित प्रश्न*

(a) जलोढ़ मैदान – तराई प्रदेश के उत्तर में पाया जाता है।
(b) जलोढ़ मैदान – नदियाँ विसर्प व गोखुर झील का निर्माण करती हैं।
(c) नए जलोढ़ मैदान – इसे खादर मैदान कहा जाता है।
(d) पुराने जलोढ़ मैदान – इसे बाँगर मैदान कहा जाता है।

उत्तर *(a)* जलोढ़ मैदान – तराई प्रदेश के उत्तर में पाया जाता है।

8. **निम्नलिखित पर्वत श्रेणी को उनके उत्तर से दक्षिण में अवस्थिति के अनुसार सही क्रम में लागाइए।** *दक्षता आधारित प्रश्न*

(a) कराकोरम श्रेणी, लद्दाख श्रेणी, जास्कर श्रेणी, शिवालिक श्रेणी
(b) लद्दाख श्रेणी, कराकोरम श्रेणी जास्कर श्रेणी, शिवालिक श्रेणी
(c) शिवालिक श्रेणी, जास्कर श्रेणी, लद्दाख श्रेणी, कराकोरम श्रेणी
(d) जास्कर श्रेणी, कराकोरम श्रेणी, शिवालिक श्रेणी, लद्दाख श्रेणी

उत्तर *(a)* कराकोरम श्रेणी, लद्दाख श्रेणी, जास्कर श्रेणी, शिवालिक श्रेणी

9. **भारतीय मरुस्थल के विषय में कौन-सा कथन सही नहीं है?**

(a) यहाँ पर वार्षिक वर्षा 150 मिली मीटर से कम होती है।
(b) मेसेजोइक काल में यह समुद्र का हिस्सा था।
(c) यह एक ऊबड़-खाबड़ भू-तल है, जिस पर अनुदैर्ध्य रेतीले ढीले और बरखान पाए जाते हैं
(d) यहाँ प्लाया झीलों का जल मृदु होता है तथा पीने योग्य होता है

उत्तर (d) यहाँ प्लाया झीलों का जल मृदु होता है तथा पीने योग्य होता है।

10. **उत्तरी भारतीय मैदान के संदर्भ में कौन-सा कथन सही है?**

(a) सिंधु, गंगा एवं ब्रह्मपुत्र के द्वारा निर्मित है
(b) पूर्व से पश्चिम इसकी लंबाई 4200 किमी है
(c) इस मैदान की उत्तर से दक्षिण चौड़ाई 400 से 500 किमी है
(d) यहाँ पर जलोढ़ निक्षेप की गहराई 500 से 1000 मी है

उत्तर *(a)* सिंधु, गंगा एवं ब्रह्मपुत्र के द्वारा निर्मित है

11. **प्रायद्वीपीय पठार नदियों के मैदान से 150 मीटर ऊँचाई से ऊपर उठता हुआ तिकोने आकार वाला कटा-फटा भू-खंड है, जिसकी ऊँचाई 600 से 900 मीटर है। उत्तर-पश्चिम में दिल्ली, कटक (अरावली विस्तार) पूर्व में राजमहल पहाड़ियाँ, पश्चिम में गिर पहाड़ियाँ और दक्षिण में इलायची कार्डामम) पहाड़ियाँ प्रायद्वीपीय पठार की सीमाएँ निर्धारित करती हैं। उत्तर-पूर्व में शिलांग तथा कार्बी-ऐंगलोंग पठार भी इसी भूखंड का विस्तार है। प्रायद्वीपीय पठार के संबंध में निम्नलिखित में से कौन-सा कथन सही नहीं है?** *दक्षता आधारित प्रश्न*

(a) यह तिकोने आकार का कटा-फटा भूखंड है
(b) शिलांग पठार प्रायद्वीपीय पठार का ही विस्तार है
(c) प्रायद्वीपीय पठार के पश्चिम में गिर पहाड़ियाँ हैं
(d) प्रायद्वीपीय पठार के दक्षिण में अरावली स्थित है

उत्तर *(d)* प्रायद्वीपीय पठार के दक्षिण में अरावली स्थित है

12. **प्रायद्वीपीय पठार की सबसे ऊँची चोटी अनाईमुडी (2695 मी.) है, जो पश्चिमी घाट की अन्नामलाई पहाड़ियों में स्थित है। दूसरी सबसे ऊँची चोटी डोडाबेटा है यह पश्चिमी घाट की ……।** *दक्षता आधारित प्रश्न*

(a) मलय गिरी पहाड़ियों पर स्थित है
(b) नीलगिरि पहाड़ियों पर स्थित है
(c) सतमाला श्रेणी पर स्थित है
(d) नल्लामाला श्रेणी पर स्थित है

उत्तर *(b)* नीलगिरि पहाड़ियों पर स्थित है

13. **निम्नलिखित पर्वत श्रेणियों को उनके पूर्व से पश्चिम के क्रम में व्यवस्थित करें**

1. गारो श्रेणी
2. जयंतिया श्रेणी
3. खासी श्रेणी
4. नागा श्रेणी

कूट

(a) 1, 2, 3, 4 (b) 2, 3, 4, 1
(c) 3, 2, 1, 4 (d) 4, 2, 3, 1

उत्तर *(d)* 4, 2, 3, 1

14. **उत्तर भारत के मैदान को उत्तर से दक्षिण में निम्न भागों में बाँट सकते हैं, किंतु ये इसी क्रम में नहीं जैसे दिए गए हैं। दिए गए कूट की सहायता से इन्हें क्रमानुसार व्यवस्थित करें।**

1. भारत का तराई क्षेत्र प्राकृतिक वनस्पतियों तथा वन्य प्राणियों से भरा हुआ है। इस मैदान की चौड़ाई 10 से 20 किमी है।
2. खादर जलोढ़ का एक प्रकार है, जो अधिकांश नई बाढ़ के अधीन रहता है यहाँ नदियाँ रास्ता बदलकर गुम्फित वाहिकाएँ बनाती हैं।
3. शिवालिक गिरिपाद के समानांतर फैली श्रृंखला को भाभर कहा जाता है।
4. बाँगर मैदान में बाढ़ नहीं आती है तथा यह कम उपजाऊ होते हैं।

कूट

(a) 3, 2, 1, 4 (b) 3, 1, 4, 2
(c) 4, 3, 2, 1 (d) 1, 3, 4, 2

उत्तर *(b)* 3, 1, 4, 2

15. **दक्कन पठार के संबंध में निम्नलिखित कथनों पर विचार कीजिए** *दक्षता आधारित प्रश्न*

1. दक्कन पठार लावा निर्मित पठार है।
2. महाराष्ट्र में इसे कोंकण तट कहा जाता है।
3. इस पठार की सबसे ऊँची चोटी डोडाबेटा है।

उपरोक्त में से कौन-सा/कथन सही है/हैं?

(a) केवल 1 (b) 2 और 3 (c) केवल 3 (d) 1 और 3

उत्तर *(a)* केवल 1

16. **निम्नलिखित कथनों पर विचार कीजिए** *दक्षता आधारित प्रश्न*

1. बंगाल की खाड़ी में लगभग 572 द्वीप हैं।
2. 10° चैनल लक्षद्वीप और मिनीकॉय को अलग करती है।
3. बैरन ज्वालामुखी निकोबार द्वीप समूह पर स्थित है।
4. बैरन ज्वालामुखी एशिया महाद्वीप में सर्वाधिक ऊँचाई पर स्थित है।

उपरोक्त कथनों में से कौन-सा/से कथन सही है/हैं?

(a) केवल 1 (b) 2 और 4 (c) 1 और 3 (b) ये सभी

उत्तर (c) 1 और 3

17. 'तटीय मैदान' के संदर्भ में कौन-सा/से कथन सही नहीं है/हैं।

दक्षता आधारित प्रश्न

1. स्थिति और सक्रिय भू-आकृतिक प्रक्रियाओं के आधार पर तटीय मैदान की दो भागों से बाँटा जा सकता है।
2. पश्चिम तटीय मैदान मध्य में चौड़े तथा उत्तर व दक्षिण में संकीर्ण होते जाते हैं।
3. पश्चिमी तटीय मैदान की तुलना में पूर्वी तटीय मैदान संकीर्ण हैं।
4. पश्चिम तटीय मैदान जलमग्न तटीय मैदानों के उदाहरण हैं।

कूट

(a) 1 और 4 (b) 2 और 3

(c) केवल 3 (d) 3 और 4

उत्तर (b) 2 और 3

18. कथन I मेघालय का पठार एक अति अपरदित भूतल है।,

कथन II मेघालय के पठार के अपरदन का एक प्रमुख कारण यहाँ होने वाली मानूसनी वर्षा है।

निम्नलिखित विकल्पों में से कौन-सा सही है?

दक्षता आधारित प्रश्न

(a) केवल कथन I सही है

(b) केवल कथन II सही हैं

(c) कथन I और दानों II सही हैं

(d) कथन I और II दोनों गलत हैं

उत्तर (c) कथन I और दानों II सही हैं

19. सूची I के साथ सूची II को सुमेलित कीजिए

सूची I (चोटी)	सूची II (ऊँचाई)
A. सैडल	1. 738 मी
B. माउंट डियोवोली	2. 515 मी
C. माउंट कोयोब	3. 460 मी
D. माउंट थुईल्लर	4. 642 मी

कूट

	A	B	C	D		A	B	C	D
(a)	1	2	3	4	(b)	2	1	3	4
(c)	3	2	1	4	(d)	4	2	1	3

उत्तर (a) 1 2 3 4

निर्देश (प्र. स. 20-22) नीचे दो कथन दिए गए हैं, जिनमें से एक को कथन (A) और दूसरे को कारण (R) कहा गया है। नीचे दिए गए कूट से सही उत्तर का चयन कीजिए।

कूट

(a) A और R दोनों सही हैं तथा R, A की सही व्याख्या है

(b) A और R दोनों सही हैं, परंतु R, A की सही व्याख्या है

(c) A सही है, किंतु R गलत है

(d) A गलत है, किंतु R सही है

20. कथन (A) मेघालय और कर्बी ऐंगलॉग पठार मुख्य प्रायद्वीपीय पठार का भाग होते हुए भी इससे अलग-थलग प्रतीत होते हैं।

कारण (B) हिमालय की उत्पत्ति के समय इंडियन प्लेट के उत्तर-पूर्व दिशा में खिसकने व एक भ्रंश घाटी के निर्माण के कारण मेघालय और कार्बी ऐंगलॉग पठार प्रायद्वीपीय पठार से अलग प्रतीत होते हैं।

दक्षता आधारित प्रश्न

उत्तर (b) उत्तर-पूर्व का पठार वास्तव में प्रायद्वीपीय पठार का ही एक विस्तारित भाग है, यह माना जाता है कि हिमालय की उत्पत्ति के समय इंडियन प्लेट के उत्तर-पूर्व दिशा में खिसकने के कारण, राजमहल की पहाड़ियों और मेघालय के पठार के बीच भ्रंश घाटी बनाने से यह अलग हो गया था। बाद में यह नदी द्वारा जमा किए गए अवसादों द्वारा पाट दिया गया। आज मेघालय और कार्बी ऐंगलॉग पठार इसी कारण से प्रायद्वीपीय भारत से अलग-थगल हैं।

21. अभिकथन (A) बंगाल की खाड़ी में लगभग 572 द्वीप हैं।

कारण (R) बैरन ज्वालामुखी निकोबार द्वीप समूह पर स्थित है।

उत्तर (b) भारत में दो प्रमुख द्वीप समूह हैं, एक बंगाल की खाड़ी में और दूसरा अरब सागर में। बंगाल की खाड़ी के द्वीप समूहों में लगभग 572 द्वीप हैं। जिनमें से रीची द्वीप, लबरींथ द्वीप तथा अंडमान और निकोबार द्वीप समूह हैं। ये द्वीप समूह समुद्र में जलमग्न पर्वतों का भाग हैं। कुछ छोटे द्वीपों की उत्पत्ति ज्वालामुखी से भी हुई है। बैरन आइलैंड नामक भारत का एकमात्र जीवंत ज्वालामुखी निकोबार द्वीप समूह में स्थित है।

22. कथन (A) भाभर क्षेत्र में नदियाँ लुप्त प्रतीत होती हैं।

कारण (R) हिमालय से निकलकर नदियाँ भारी जल-भार भाभर क्षेत्रों में जमा कर देती है। जिस कारण यहाँ वे लुप्त प्रतीत होती हैं।

दक्षता आधारित प्रश्न

उत्तर (b) भावर 8 से 10 किमी चौड़ाई की पतली पट्टी है, जो शिवालिक गिरिपाद के समानांतर फैली हुई है। उसके परिणामस्वरूप हिमालय पर्वत श्रेणियों से बाहर निकलती नदियाँ यहाँ पर भारी जल-भार, जैसे बड़े शैल और गोलाश्म जमा कर देती हैं और कभी-कभी स्वयं इसी में लुप्त हो जाती हैं। भाबर क्षेत्र में लुप्त नदियाँ तराई क्षेत्र में धरातल पर निकलकर प्रकट होती हैं,

स्रोत आधारित प्रश्न

निम्नलिखित स्रोतों को ध्यानपूर्वक पढ़कर उन पर आधारित प्रश्नों के उत्तर दीजिए

1. उत्तरी भारत का मैदान सिंधु, गंगा और ब्रह्मपुत्र नदियों द्वारा बहाकर लाए गए जलोढ़ निक्षेप से बना है। इस मैदान की पूर्व से पश्चिम तक लंबाई लगभग 3200 किमी है। इसकी औसत चौड़ाई 150 से 300 किमी है। जलोढ़ निक्षेप की अधिकतम गहराई 1000 से 2000 मीटर है। उत्तर से दक्षिण दिशा में इन मैदानों को तीन भागों में बाँट सकते हैं—भाभर, तराई और जलोढ़ मैदान। जलोढ़ मैदान को आगे दो भागों में बाँटा जाता है—खादर और बाँगर।

भाभर 8 से 10 किमी चौड़ाई की पतली पट्टी है, जो शिवालिक गिरिपाद के समानांतर फैली हुई है। उसके परिणामस्वरूप हिमालय पर्वत श्रेणियों से बाहर निकलती नदियाँ यहाँ पर भारी जल-भार;

जैसे–बड़े शैल और गोलाश्म जमा कर देती हैं और कभी-कभी स्वयं इसी में लुप्त हो जाती हैं। भाभर के दक्षिण में तराई क्षेत्र है जिसकी चौड़ाई 10 से 20 किमी है। भाभर क्षेत्र में लुप्त नदियाँ इस प्रदेश में धरातल पर निकलकर प्रकट होती हैं, क्योंकि इनकी निश्चित वाहिकाएँ नहीं होतीं, ये क्षेत्र अनूप बन जाता है, जिसे तराई कहते हैं। यह क्षेत्र प्राकृतिक वनस्पति से ढका रहता है और विभिन्न प्रकार के वन्य प्राणियों का घर है।

तराई से दक्षिण में मैदान है, जो पुराने और नए जलोढ़ से बना होने के कारण बाँगर और खादर कहलाता है। इस मैदान में नदी की प्रौढ़ावस्था में बनने वाली अपरदनी और निक्षेपण स्थलाकृतियाँ; जैसे–बालू-रोधिका, विसर्प, गोखुर झीलें और गुंफित नदियाँ पाई जाती हैं। ब्रह्मपुत्र घाटी का मैदान नदीय द्वीप और बालू-रोधिकाओं की उपस्थिति के लिए जाना जाता है।

यहाँ ज्यादातर क्षेत्र में समय-समय पर बाढ़ आती रहती है और नदियाँ अपना रास्ता बदलकर गुंफित वाहिकाएँ बनाती रहती हैं। उत्तर भारत के मैदान में बहने वाली विशाल नदियाँ अपने मुहाने पर विश्व के बड़े-बड़े डेल्टाओं का निर्माण करती हैं; जैसे–सुंदरवन डेल्टा। सामान्य रूप से पर यह एक सपाट मैदान है, जिसकी समुद्र तल से औसत ऊँचाई 50 से 100 मीटर है। हरियाणा और दिल्ली राज्य सिंधु और गंगा नदी तंत्रों के बीच जल-विभाजक है। ब्रह्मपुत्र नदी अपनी घाटी में उत्तर-पूर्व से दक्षिण-पश्चिम दिशा में बहती है। परंतु बांग्लादेश में प्रवेश करने से पहले धुबरी के समीप यह नदी दक्षिण की ओर 90° मुड़ जाती है। ये मैदान उपजाऊ जलोढ़ मिट्टी से बने हैं। जहाँ कई प्रकार की फसलें; जैसे–गेहूँ, चावल, गन्ना और जूट उगाई जाती हैं। अतः यहाँ जनसंख्या का घनत्व अधिक है।

(i) **भाभर क्षेत्र में लुप्त हुई नदियाँ किस प्रदेश मे अचानक से प्रकट होती हैं?**

उत्तर भाभर क्षेत्र में लुप्त हुईं नदियाँ तराई प्रदेश में अचानक से प्रकट होती हैं। भाभर 8 से 10 किमी चौड़ाई की पतली पट्टी होती है, जो शिवालिक गिरिपाद के समानांतर विस्तृत है।

(ii) **कौन-सा राज्य गंगा और सिंधु नदी तंत्र के बीच दल विभाजक का कार्य करता है?**

उत्तर **दिल्ली -हरियाणा** गंगा और सिंधु नदी तंत्र के बीच जल विभाजक का कार्य करती है। उत्तर भारत के मैदानों में बहने वाली विशाल नदियाँ अपने मुहाने पर विश्व के बड़े-बड़े डेल्टाओं का निर्माण करती हैं।

(iii) **खादर के नवीन जलोढ़ मृदा क्यों कहते हैं?**

उत्तर खादर को नवीन जलोढ़ मृदा कहने के निम्नलिखित कारण हैं
(i) उपजाऊ मृदा का होना
(ii) यह बाढ़ग्रस्त क्षेत्र में उपस्थित रहता है।
(iii) यह निम्न मैदानी क्षेत्रों में पाया जाता है।

2. नदियों के मैदान से 150 मीटर ऊँचाई से ऊपर उठता हुआ प्रायद्वीपीय पठार तिकोने आकार वाला कटा-फटा भूखंड है, जिसकी ऊँचाई 600 से 900 मीटर है। उत्तर-पश्चिम में दिल्ली, कटक (अरावली विस्तार), पूर्व में राजमहल पहाड़ियाँ, पश्चिम में गिर पहाड़ियाँ, गुजरात और दक्षिण में इलायची (कार्डमिम) पहाड़ियाँ, प्रायद्वीप पठार की सीमाएँ निर्धारित करती हैं। उत्तर-पूर्व में शिलांग तथा कार्बी-ऐंगलॉग पठार भी इसी भूखंड का विस्तार है। प्रायद्वीपीय भारत अनेक पठारों से मिलकर बना है; जैसे–हजारीबाग पठार, पालामू पठार, राँची पठार, मालवा पठार, कोयंबटूर पठार और कर्नाटक पठार। यह भारत के प्राचीनतम और स्थिर भू-भागों में से एक है। सामान्य तौर पर प्रायद्वीप की ऊँचाई पश्चिम से पूर्व की ओर कम होती चली जाती है, जिसका प्रमाण यहाँ की नदियों के बहाव की दिशा से भी मिलता है। इस क्षेत्र की मुख्य प्राकृतिक स्थलाकृतियों में टॉर, ब्लॉक पर्वत, भ्रंश घाटियाँ, पर्वत स्कंध, नग्न चट्टान संरचना, टेकरी पहाड़ी शृंखलाएँ और क्वार्ट्जाइट भित्तियाँ शामिल हैं, जो प्राकृतिक जल संग्रह के स्थल हैं। इस पठार के पश्चिमी और उत्तर-पश्चिमी भाग में मुख्य रूप से काली मिट्टी पाई जाती है। प्रायद्वीपीय पठार के अनेक हिस्से भू-उत्थान व निमज्जन, भ्रंश तथा विभंग निर्माण प्रक्रिया के अनेक पुनरावर्ती दौर से गुजरे हैं (भीमा भ्रंश का उल्लेख करना आवश्यक है, क्योंकि वहाँ बार-बार भूकंपीय हलचलें होती रहती हैं) अपनी पुनरावर्ती भूकंपीय क्रियाओं की क्षेत्रीय विभिन्नता के कारण ही प्रायद्वीपीय पठार पर धरातलीय विविधताएँ पाई जाती हैं। इस पठार के उत्तरी-पश्चिमी भाग में नदी खड्ड और महाखड्ड इसके धरातल को जटिल बनाते हैं। चंबल, भिंड और मोरेना खड्ड इसके उदाहरण हैं।

(i) **प्रायद्वीपीय खंड का विकास किस काल में हुआ है?**

उत्तर प्रायद्वीपीय खंड का विकास कैंब्रियन काल में हुआ है। प्रायद्वीपीय खंड तिकोने आकार वाला कटा फटा भू-खण्ड है, जिसकी ऊँचाई 600 से 900 मीटर है।

(ii) **प्रायद्वीपीय पठार में कौन-कौन-सी आकृतियाँ पाई जाती हैं?**

उत्तर प्रायद्वीपीय पठारी क्षेत्र में टॉर, ब्लॉक पर्वत, भ्रंश घाटियाँ, पर्वत स्कंध, नग्न चट्टान संरचना, टेकरी पहाड़ी शृंखलाएँ आदि प्राकृतिक स्थलाकृतियाँ पाई जाती हैं।

(iii) **किस पठार के पश्चिमी और उत्तर-पश्चिमी भाग में मुख्य रूप से काली मिट्टी पाई जाती है?**

उत्तर प्रायद्वीपीय पठार के पश्चिमी और उत्तर-पश्चिमी भाग में मुख्य रूप से काली मिट्टी पाई जाती है। इस पठार के उत्तरी-पश्चिमी भाग में नदी खड्ड और महाखड्ड इसके धरातल को जटिल बनाते हैं। चंबल, भिंड और मोरेना खड्ड इसके प्रमुख उदाहरण हैं।

3. **स्थिति और सक्रिय भूआकृतिक प्रक्रियाओं के आधार पर तटीय मैदानों को दो भागों में बाँटा जा सकता है; (i) पश्चिमी तटीय मैदान (ii) पूर्वी तटीय मैदान**

पश्चिमी तटीय मैदान जलमग्न तटीय मैदानों के उदाहरण किसी समय पश्चिम तटीय मैदान पर मुख्य भूमि पर स्थिति था, जो अब पानी में डूबा हुआ है। जल मग्न होने के कारण पश्चिमी तटीय मैदान एक संकीर्ण पट्टी मात्र है और पत्तनों एवं बंदरगाह विकास के लिए प्राकृतिक परिस्थितियाँ प्रदान करता है। यहाँ पर स्थित प्राकृतिक बंदरगाहों में कांडला, मजगाँव, जे एल एन नावहा शेवा मर्मागाओं मंगलौर, कोचीन शामिल हैं। उत्तर में गुजरात तट से दक्षिण में केरल तट तक फैले पश्चिमी तटीय मैदान को निम्नलिखित भागों में विभाजित किया जा सकता है गुजरात का कच्छ और काठियावाड़ तट, महाराष्ट्र का कोंकण तट और गोवा तट, कर्नाटक तथा केरल के क्रमशः मालाबार तट। पश्चिमी तटीय मैदान मध्य में संकीर्ण हैं, परंतु उत्तर और दक्षिण में चौड़े

हो जाते हैं। इस तटीय मैदान में बहने वाली नदियाँ डेल्टा नहीं बनाती हैं। मालाबार तट की विशेष स्थलाकृति 'कयाल' (Backwaters) जिसे मछली पकड़ने और अंत: स्थलीय नौकायन के लिए प्रयोग किया जाता है और पर्यटकों के लिए विशेष आकर्षण का केंद्र है। केरल में प्रत्येक वर्ष प्रसिद्ध 'नेहरू ट्राफी वलामकाली' (नौका दौड़) का आयोजन 'पुन्नामदा कयाल' में किया जाता है।

पश्चिमी तटीय मैदान की तुलना में पूर्वी तटीय मैदान चौड़ा है और उभरे हुए तट का उदाहरणइ है। पूर्व की ओर बहने वाली और बंगाल की खाड़ी में गिरने वाली नदियाँ यहाँ लंबे-चौड़े डेल्टा बनाती हैं। इसमें महानदी, गोदावरी कृष्णा और कावेरी का डेल्टा शामिल है। उभरा तट होने के कारण यहाँ पत्तन और पोताश्रय कम हैं। यहाँ पर महाद्वीपीय शेल्फ की चौड़ाई 500 किलोमीटर है, जिसके कारण यहाँ पत्तनों और प्रोताश्रयों का विकास मुश्किल है।

(i) पश्चिमी तटीय मैदान का मुख्य कारण कारण क्या है कि यहाँ नदियाँ डेल्टा नहीं बनाती हैं?

(a) जल मग्न तट की संकीर्णता
(b) समुद्र तल का उच्च होना
(c) पर्वतीय क्षेत्रों की अधिकता
(d) जल निकासी का अभाव

उत्तर (a) जल मग्न तट की संकीर्णता

(ii) 'कयाल' विशेष रूप से किस तटीय क्षेत्र में पाया जाता है?

(a) कोंकण तट (b) मालाबार तट
(c) काठियावाड़ तट (d) गोवा तट

उत्तर (b) मालाबार तट

(iii) पश्चिमी तटीय मैदान में स्थित प्रसिद्ध 'नेहरू ट्रॉफी बलामकाली' किस कयाल में आयोजित की जाती है?

(a) पुन्नामदा कयाल
(b) वेंबनाड कयाल
(c) अष्टमुडी कयाल
(d) परावुर कयाल

उत्तर (a) पुन्नामदा कयाल

लघु उत्तरीय प्रश्न

1. ग्रेनाइट और नाइस चट्टानों से निर्मित प्रायद्वीपीय खंड जिसका विकास कैंब्रियन काल में हुआ था की संरचना को स्पष्ट कीजिए।

उत्तर प्रायद्वीपीय खंड का विकास कैंब्रियन कल्प में हुआ है, जो मुख्य रूप से नाइस एवं ग्रेनाइट चट्टानों से बना है। इसका पश्चिमी तट समुद्र में डूबा हुआ है। विवर्तनिक क्रियाओं में परिवर्तन होने के पश्चात् भी इसके वास्तविक आधार तल में कोई परिवर्तन नहीं होता है।

यहाँ इंडो-ऑस्ट्रेलियन प्लेट का हिस्सा होने के कारण ऊर्ध्वाधर संचलन एवं भ्रंश खंड से प्रभावित होता है। इस खंड में नर्मदा, तापी और महानदी की रिफ्ट घाटियाँ तथा सतपुड़ा के ब्लॉक पर्वत अवस्थित हैं। इसके अतिरिक्त यहाँ अरावली, नल्लामाला, जावादी, वेलीकोंडा, पालकोंडा श्रेणी और महेंद्रगिरी प्रमुख अवशिष्ट पहाड़ियाँ हैं।

यहाँ की नदियों की प्रवणता कम तथा घाटियाँ उथली पाई जाती हैं। पूर्व की ओर बहने वाली अधिकांश नदियाँ बंगाल की खाड़ी में मिलने से पहले डेल्टा का निर्माण करती हैं।

2. हिमालय स्थलाकृतियों के प्रमुख लक्षणों पर संक्षिप्त चर्चा कीजिए। हिमालयी स्थलाकृतियों की शृंखला चाप के रूप में पाई जाती है। इस कथन की पुष्टि कीजिए। *दक्षता आधारित प्रश्न*

उत्तर हिमालय पर्वतमालाओं की शृंखला चाप के रूप में पाई जाती है। इनकी प्रमुख स्थलाकृतियों के लक्षणों को इस प्रकार देखा जा सकता है

- हिमालय, वृहत हिमालय, पार हिमालय, मध्य हिमालय तथा शिवालिक श्रेणी में विभक्त है। यह पश्चिम से पूर्व की ओर 2500 किमी तक विस्तृत है।
- हिमालय भारतीय उपमहाद्वीप तथा मध्य एवं पूर्वी एशिया के देशों के मध्य एक लंबी दीवार के रूप में स्थित है, जो एक प्राकृतिक अवरोधक ही नहीं, बल्कि जलवायु अपवाह तथा सांस्कृतिक विभाजक भी है।
- ये पर्वत विवर्तनिक क्रिया से जुड़े हुए हैं। फलतः इनकी संरचना नवीन, कमजोर एवं लचीली पाई जाती है तथा यहाँ वलन, भ्रंश और भ्रस्ट का निर्माण होता है।
- यहाँ नदियाँ V आकार की घाटी, U आकार की घाटी, जलप्रपात तथा गॉर्ज एवं महाखड्ड का निर्माण करती हैं।

3. हिमालय एवं प्रायद्वीपीय खंड की भू-वैज्ञानिक संरचना में क्या अंतर है? स्पष्ट कीजिए।

उत्तर भू-वैज्ञानिक संरचना और भू-आकृति शैल विज्ञान की दृष्टि से प्रायद्वीपीय पठार और हिमालय पर्वत एक-दूसरे से बिल्कुल भिन्न हैं तथा इनमें निम्न अंतर हैं

हिमालय पर्वत	प्रायद्वीपीय पठार
हिमालय की भू-वैज्ञानिक संरचना तरुण, दुर्बल एवं कोमल है।	प्रायद्वीपीय पठार कठोर शैलों का प्राचीन भू-खंड है।
हिमालय विवर्तनिक पर्वत है, इस कारण यहाँ नदियाँ युवावस्था में हैं और तीव्र गति से बहती हैं।	प्रायद्वीपीय पठार की नदी घाटियाँ उथली तथा मंद ढाल वाली हैं।
हिमालय पर्वत एक चाप आकार में है।	वहीं प्रायद्वीपीय खंड त्रिभुजाकार हैं।
यहाँ अधिकतर तलछटी चट्टानें पाई जाती हैं।	यहाँ अधिकतर आग्नेय चट्टानें पाई जाती हैं।

4. भारत के उत्तर तथा उत्तर-पूर्वी क्षेत्र में स्थित पर्वतमाला पर चर्चा कीजिए।

अथवा **हिमालय में कई पर्वत शृंखलाएँ समानांतर पाई जाती हैं। इस कथन की पुष्टि उपयुक्त तर्कों के साथ कीजिए।** *दक्षता आधारित प्रश्न*

उत्तर उत्तर तथा उत्तर-पूर्वी पर्वतमाला में हिमालय पर्वत तथा उत्तर-पूर्वी पहाड़ियाँ शामिल हैं। हिमालय में कई पर्वत शृंखलाएँ समानांतर पाई जाती हैं; जैसे—वृहत हिमालय, पार हिमालय, मध्य हिमालय और शिवालिक श्रेणी। हिमालय की ये श्रेणियाँ भारत के उत्तरी पश्चिम भाग में उत्तर-पश्चिम से दक्षिण-पूर्व दिशा की ओर फैली हुई हैं। दार्जिलिंग और सिक्किम क्षेत्र में यह पूर्व-पश्चिम दिशा में फैली हैं, वहीं अरुणाचल प्रदेश में यह दक्षिण-पश्चिम से उत्तर-पश्चिम दिशा की ओर मुड़ जाती हैं। मिजोरम, नागालैंड एवं मणिपुर में यह उत्तर-दक्षिण दिशा में फैली हुई हैं।

वृहत हिमालय को केंद्रीय अक्षीय द्रोणी कहा जाता है, जिसकी पश्चिम से पूर्व की कुल लंबाई 2500 किमी तथा उत्तर से दक्षिण की चौड़ाई 160 से 240 किमी है। हिमालय भारतीय उपमहाद्वीप तथा मध्य एवं पूर्वी एशिया के देशों के मध्य एक लंबी दीवार के रूप में स्थित है, जो एक प्राकृतिक अवरोधक ही नहीं, बल्कि जलवायु अपवाह तथा सांस्कृतिक विभाजक भी है।

5. शिवालिक गिरिपाद के समानांतर दक्षिण में स्थिति भाभर एवं तराई में अंतर के प्रमुख बिंदुओं को रेखांकित कीजिए।

उत्तर भाँबर एवं तराई में निम्नलिखित अंतर हैं

भाभर	तराई
हिमालय पर्वत के पर्वतीय क्षेत्र के दक्षिणी भाग में इसके समानांतर फैला है।	यह भाभर के दक्षिण में इसके समानांतर स्थित है।
इसकी चौड़ाई 8 से 10 किमी है।	इसकी चौड़ाई 10 से 25 किमी है।
यह बड़े शैल एवं गोलाश्म से निर्मित है।	यह छोटे कणों एवं चिकनी मिट्टी से निर्मित है।
नदियाँ यहाँ पर लुप्त हो जाती हैं।	भाभर में लुप्त नदियाँ यहाँ पर प्रकट हो जाती हैं।

6. नदियों द्वारा निक्षेपित अवसादों से निर्मित 'खादर' तथा 'बाँगर' क्षेत्रों में अंतर स्पष्ट कीजिए।

उत्तर खादर तथा बांगर में निम्नलिखित अंतर हैं

खादर	बाँगर
नवीन जलोढ़ मिट्टी, जो बाढ़ वाले नदी क्षेत्रों में पाई जाती हैं, उसे खादर कहते हैं।	नदी घाटियों के ऊपरी भाग में पाई जाने वाली पुरानी जलोढ़ मिट्टी को बाँगर कहते हैं।
यह बहुत उपजाऊ होती है।	यह खादर की अपेक्षा कम उपजाऊ होती है।
यहाँ नदियाँ प्रतिवर्ष नई जलोढ़ मृदा निक्षेपित करती हैं।	नदियों के आस पास स्थिति पुरानी जलोढ़ का ऊँचा भूमि क्षेत्र जहाँ बाढ़ का पानी नहीं पहुँच पाता।

7. दक्कन के पठार के विशिष्ट भू-आकृतिक लक्षणों को बताइए।

उत्तर दक्कन के पठार के विशिष्ट भू-आकृतिक लक्षण निम्नलिखित हैं

- दक्कन का पठार लावा निर्मित पठार है, जिसके पश्चिम में पश्चिमी घाट, पूर्व में पूर्वी घाट तथा उत्तर में सतपुड़ा, मैकाल और महादेव पहाड़ियाँ हैं।
- पश्चिमी घाट को स्थानीय तौर पर कई नामों से जाना जाता है; जैसे– महाराष्ट्र में सह्याद्रि, कर्नाटक और तमिलनाडु में नीलगिरि तथा केरल में अन्नामलाई आदि।
- पश्चिमी घाट, पूर्वी घाट की तुलना में अधिक ऊँचे हैं, जो उत्तर से दक्षिण की ओर बढ़ते जाते हैं।
- पूर्वी घाट तथा पश्चिमी घाट दोनों एक-दूसरे से नीलगिरि पहाड़ियों पर मिलते हैं।

8. प्रायद्वीपीय भारत के पश्चिमी घाट एवं पूर्वी घाट में अंतर के प्रमुख बिंदुओं को दर्शाइए।

उत्तर पश्चिमी घाट एवं पूर्वी घाट में निम्नलिखित अंतर हैं

पश्चिमी घाट	पूर्वी घाट
इसे सह्याद्रि भी कहते हैं, जो ताप्ती नदी से लेकर कन्याकुमारी तक फैला है।	यह ओडिशा से नीलगिरि तक फैला है।
इसकी औसत ऊँचाई 1000 से 3000 मी के मध्य पाई जाती है।	इसकी औसत ऊँचाई 600 मी है।
यह पश्चिमी तट के समानांतर एक दीवार के रूप में खड़ा है, जिसे कुछ दर्रों से ही पार किया जा सकता है।	यह पूर्वी तट के समानांतर है, लेकिन इसे पूर्व की ओर प्रवाहित होने वाली नदियाँ अपरदित कर देती हैं, जिससे यह कई भाग में विभाजित हो गया है।
पश्चिमी घाट की सबसे ऊँची चोटी अनाईमुड़ी है।	पूर्वी घाट की सबसे ऊँची चोटी महेंद्रगिरि है।

9. पश्चिमी तटीय मैदान की विशेषताओं पर संक्षिप्त चर्चा कीजिए

उत्तर पश्चिम तटीय मैदान की विशेषताएँ निम्नलिखित हैं

- पश्चिम तटीय मैदान जलमग्न तटीय मैदान है, जो एक संकीर्ण पट्टी के रूप में विस्तृत है।
- यह मैदान पत्तनों व बंदरगाहों के विकास हेतु प्राकृतिक परिस्थितियाँ प्रदान करता है।
- इस तटीय मैदान से बहने वाली नदियाँ डेल्टा नहीं बनाती हैं।
- इसके मालाबार तट पर स्थित 'कयाल' स्थलाकृति मछली पकड़ने तथा पर्यटकों के आकर्षण केंद्र के रूप में महत्त्वपूर्ण है।

10. पश्चिमी तटीय मैदान तथा पूर्वी तटीय मैदान का तुलनात्मक अध्ययन कीजिए

उत्तर पश्चिमी तटीय मैदान तथा पूर्वी तटीय मैदान की तुलना निम्नलिखित है

पश्चिमी तटीय मैदान	पूर्वी तटीय मैदान
पश्चिमी तटीय मैदान एक संकरा मैदान है, जिसकी औसत चौड़ाई 65 किमी है।	यह अपेक्षाकृत चौड़ा मैदान है, जिसकी औसत चौड़ाई 80 से 120 किमी है।
यह पश्चिमी घाट तथा अरब सागर के तट के बीच स्थित है।	यह पूर्वी घाट तथा बंगाल की खाड़ी के तट के बीच स्थित है।
पश्चिमी तट अधिक कटा-फटा है, जिस कारण यहाँ पर अधिक प्राकृतिक बंदरगाह पाए जाते हैं।	पूर्वी तट कम कटा-फटा है, जिस कारण यहाँ प्राकृतिक बंदरगाह कम हैं।

11. गॉर्ज तथा भू-भ्रंश घाटी में क्या अंतर है?

उत्तर गॉर्ज तथा भू-भ्रंश घाटी में निम्नलिखित अंतर हैं

गॉर्ज	भू-भ्रंश घाटी
गॉर्ज 'I' आकार में होती है।	भू-भ्रंश घाटी 'V' आकार में होती है।
नदी द्वारा तीव्र गति से अपरदन होने से गॉर्ज का निर्माण होता है।	दरारों के बीच भूमि के धँसने से भू-भ्रंश घाटी का निर्माण होता है।
सिंधु, सतलुज, गंगा आदि नदियाँ हिमालय में गॉर्ज का निर्माण करती हैं।	नर्मदा तथा ताप्ती नदियाँ भू-भ्रंश घाटी में बहती हैं।

दीर्घ उत्तरीय प्रश्न

1. भू-वैज्ञानिक संरचना व शैल समूह की भिन्नता के आधार पर भारत के तीनों भू-वैज्ञानिक खंडों की चर्चा कीजिए।

उत्तर भू-गर्भीय संरचना और मिट्टी के समूह के आधार पर भारत तीन वैज्ञानिक खंडों में बाँटा जा सकता है। हिमालय और उससे जुड़े पहाड़ों का समूह, सिंधु एवं गंगा का मैदान तथा प्रायद्वीपीय भाग उत्तर में हिमालय पर्वत बेल्ट और पूर्व में नागा-लुशाई पर्वत आदि।

(i) **हिमालय और अन्य अतिरिक्त प्रायद्वीपीय पर्वतमालाएँ** कठोर एवं स्थिर प्रायद्वीपीय खंड के विपरीत हिमालय और अतिरिक्त प्रायद्वीपीय पर्वतमालाओं की भू-वैज्ञानिक संरचना तरुण, दुर्बल एवं लचीली हैं। ये पर्वत वर्तमान में समय में भी बहिर्जनिक तथा अंतर्जनित बलों की अंतः क्रियाओं का परिणाम हैं, जिसके फलस्वरूप वलन, भ्रंश और निक्षेप बनते हैं। इन पर्वतों की उत्पत्ति विवर्तनिकी हलचलों से जुड़ी है।

(ii) **सिंधु गंगा-ब्रह्मपुत्र मैदान** भारत का द्वितीय भू-वैज्ञानिक खंड सिंधु, गंगा और ब्रह्मपुत्र का मैदान है। मूलतः यह एक भू-अभिनति गर्त हैं, जिसका निर्माण हिमालय पर्वतमाला के निर्माण प्रक्रिया के तीसरे चरण में लगभग 6.4 करोड़ वर्ष पहले हुआ था। इन मैदानों में जलोढ़ की औसत गहराई 1000 से 2000 मी है।

(iii) **प्रायद्वीपीय खंड** प्रायद्वीपीय खंड की उत्तरी सीमा कटी-फटी है, जो कच्छ से आरंभ होकर अरावली पहाड़ियों के पश्चिम से गुजरती हुई दिल्ली तक और फिर यमुना व गंगा नदी के समानांतर राजमहल की पहाड़ियों के पश्चिम से गुजरती हुई गंगा डेल्टा तक जाती है। प्रायद्वीप मुख्यतः प्राचीन नाइस व ग्रेनाइट के बना है। प्रायद्वीप में मुख्यतः अवशिष्ट पहाड़ियाँ शामिल हैं। यहाँ की नदी घाटियाँ उथली है, जिनकी उनकी प्रवणता कम होती है।

भारतीय उपमहाद्वीप में भू-वैज्ञानिक और भू- आकृतिक प्रक्रियाओं का यहाँ की भू-आकृति एवं उच्चावच पर महत्त्वपूर्ण प्रभाव पाया जाता है।

2. उत्तरी भारत के विशाल मैदान को धरातलीय स्वरूप के आधार पर विभाजित कीजिए।

उत्तर उत्तरी भारत के विशाल मैदान को धरातलीय स्वरूप के आधार पर उत्तर से दक्षिण दिशा में तीन भागों में विभाजित किया जाता है

(i) **भाभर मैदान** यह शिवालिक की तलहटी में पश्चिम में सिंधु नदी से पूरब में तिस्ता के मध्य 8 से 10 किमी चौड़ी एक समानांतर पट्टी के रूप में फैला हुआ है। इसका निर्माण हिमालय से निकलने वाली नदियों द्वारा बड़े-बड़े शैल और गोलाश्म के जमाव से हुआ है। इस मैदान में कंकड़-पत्थरों की अधिकता के कारण इनकी रंध्रता इतनी अधिक है कि नदियाँ इसमें विलीन हो जाती हैं और धरातल पर केवल सूखी घाटी दिखाई पड़ती है। केवल बड़ी नदियाँ ही इस मैदान पर प्रवाहित होती दिखाई देती हैं।

(ii) **तराई मैदान** यह भाभर मैदान के दक्षिण में 10 से 25 किमी की चौड़ाई में फैला है। भाभर मैदान की लुप्त नदियाँ इसमें पुनः सतह पर दिखाई देने लगती हैं, जिससे एक अनूप क्षेत्र बन जाता है, जिसे तराई कहते हैं। तराई मैदान एक दलदली या नमीयुक्त क्षेत्र होता है। वर्षा की अधिकता के कारण तराई मैदान का पश्चिम की अपेक्षा पूर्व में अधिक विस्तार है। इसमें विभिन्न प्रकार के वनस्पति एवं वन्यजीव पाए जाते हैं।

(iii) **जलोढ़ मैदान** यह तराई मैदान के दक्षिण में फैला हुआ है, जो नदियों के अवसाद के निक्षेप से निर्मित है। इस मैदान में नदियों के प्रौढ़ावस्था में बनने वाली अपरदनात्मक और निक्षेपात्मक स्थलाकृतियाँ पाई जाती हैं; जैसे—विसर्प, गोखुर झील एवं बालू रोधिका आदि। ब्रह्मपुत्र नदी घाटी के मैदान में नदी द्वीप तथा बालू रोधिका पाया जाता है। इस क्षेत्र में समय-समय पर बाढ़ आती रहती है और नदियाँ अपना मार्ग बदलती रहती हैं, जिससे गुंफित वाहिकाओं का निर्माण होता है। जलोढ़ मैदान को मुख्य रूप से दो वर्गों में विभाजित किया जाता है

(a) **खादर मैदान** नदियों द्वारा निर्मित नए जलोढ़ मैदान को खादर मैदान कहा जाता है। इस मैदान में नदियों के बाढ़ का पानी प्रतिवर्ष पहुँचता रहता है। यह उपजाऊ मिट्टी होती है, जिसमें प्रतिवर्ष वृद्धि होती है।

(b) **बाँगर मैदान** नदियों द्वारा निर्मित पुराने जलोढ़ मैदान को बाँगर मैदान कहा जाता है। यह मैदान नदी घाटी के ऊपरी भागों में पाई जाती है। इसमें नदियों के बाढ़ का पानी नहीं पहुँचता है। यह खादर की अपेक्षा कम उपजाऊ होती है।

3. मध्यवर्ती उच्च भूमियों तथा विशाल मैदान के विशिष्ट भू-अक्षरों का अंतर स्पष्ट कीजिए।

उत्तर मध्यवर्ती उच्च भूमियाँ तथा विशाल मैदान के विशिष्ट भू-अक्षरों में निम्नलिखित अंतर हैं

मध्यवर्ती उच्च भूमि	विशाल मैदान
भारत में मध्यवर्ती उच्च भूमि उत्तर-पश्चिम अरावली से पूर्वी भाग में स्थित विन्ध्य पर्वत के कगार तक विस्तृत है।	हिमालय पर्वतमाला एवं प्रायद्वीपीय खंड के मध्य में स्थित भाग को विशाल मैदान कहते हैं।
इसका विस्तार राजस्थान एवं मध्य प्रदेश तथा उत्तर प्रदेश के कुछ पश्चिमी-दक्षिणी भाग में स्थित है।	इसका विस्तार राजस्थान, पंजाब, हरियाणा, उत्तर प्रदेश, बिहार, पश्चिम बंगाल एवं असम आदि में है।
इसकी ऊँचाई 600 से 900 मी तक के बीच है। समुद्र तल से मध्य उच्च भू-भाग की ऊँचाई 700 से 1000 मीं के मध्य है।	इसकी लंबाई लगभग 3200 किमी एवं इसकी औसत चौड़ाई 150 से 300 किमी तक है तथा इस समतल मैदान की औसत ऊँचाई 150-200 मीटर तक है।
यह पूरा क्षेत्र वनों से आच्छादित है तथा यहाँ जनजातियों का निवास है।	इस क्षेत्र में कृषि के विकास के कारण वनों का विनाश हो गया है। इसमें भारत की सबसे अधिक आबादी निवास करती है।
इसे दो भागों में बाँटा गया है—उत्तरी उच्च भूमि एवं दक्षिणी उच्च भूमि।	इसे मुख्यतः तीन भागों में बाँटा गया है—भाँबर, तराई एवं जलोढ़ मैदान।
इस क्षेत्र से कई नदियों का उद्गम होता है; जैसे— अरावली से बनास, साबरमती, विंध्य पर्वत से चंबल, बेतवा आदि।	इससे किसी नदी का उद्गम नहीं होता, बल्कि अनेक नदियाँ प्रवाहित होती हैं; जैसे—गंगा, यमुना, घाघरा, गंडक आदि।

4. भारत के तटीय मैदान की विस्तृत व्याख्या कीजिए।

उत्तर भारत के तटीय मैदान को स्थिति और सक्रिय भू-आकृतिक प्रक्रियाओं के आधार पर दो भागों में बाँटा जा सकता है

(i) **पश्चिम तटीय मैदान** ये तटीय मैदानों के उदाहरण हैं। जलमग्न होने के कारण पश्चिमी तटीय मैदान एक संकीर्ण पट्टी मात्र हैं, जो दर पत्तनों एवं बंदरगाहों के विकास के लिए आवश्यक प्राकृतिक परिस्थितियाँ प्रदान करते हैं।

- उत्तर में गुजरात तट से दक्षिण में केरल तट तक फैले पश्चिमी तटीय मैदान को निम्नलिखित भागों में विभाजित किया जाता है गुजरात का कच्छ और काठियावाड़ तट।
- कर्नाटक और केरल में मालाबार तट तथा महाराष्ट्र एवं गोवा में कोंकण तट है।
- पश्चिमी तटीय मैदान मध्य में संकीर्ण है, परंतु उत्तर-दक्षिण मे चौड़े हो जाते हैं। इस तटीय मैदान में बहने वाली नदियाँ डेल्टा नहीं बनाती हैं।

(ii) **पूर्वी तटीय मैदान** पूर्वी तटीय मैदान चौड़े हैं और उभरे हुए तट का उदाहरण है। पूर्व की ओर बहने वली नदियाँ लंबे-चौड़े डेल्टा बनाती हैं। उभरा हुआ तट होने के कारण यहाँ पत्तन (बंदरगाह) और पोताश्रय कम हैं। यहाँ पर महाद्वीपीय सेल्फ की चौड़ाई 500 किमी है

5. भारतीय भू-आकृति में शामिल प्रमुख द्वीप समूहों का वर्णन कीजिए।

उत्तर भारतीय भू-आकृति में शामिल प्रमुख द्वीप समूहों का वर्णन निम्नलिखित है

- भारत में दो प्रमुख द्वीप द्वी समूह हैं एक बंगाल की खाड़ी में दूसरा अरब सागर में। बंगाल की खाड़ी में द्वीप समूह में लगभग 572 द्वीप हैं। ये द्वीप 6° उत्तर से 14° उत्तर और 92° पूर्व से 94° पूर्व की ओर स्थित हैं। रीची द्वीप समूह और लबरीन्थ द्वीप यहाँ के दो प्रमुख द्वीप समूह है। बंगाल की खाड़ी के द्वीपों का को श्रेणियों में बाँटा जा सकता है। उत्तर में अंडमान दक्षिण मे निकोबार। में द्वीप समुद्र में डूबे पर्वतों का हिस्सा है।
- कुछ अन्य छोटे द्वीपों का उभार ज्वालामुखी क्रिया से जुड़ा हुआ हैं। निकोबार द्वीप समूह, असंगठित कंकड़, पत्थरों और गोलाश्मों से बना हुआ है।
- पश्चिमी तट के साथ कुछ प्रवाल निक्षेप तथा खूबसूरत पुलिन है। यहाँ स्थित द्वीपों पर संवहनी वर्षा होती है और भूमध्य सागरीय वनस्पति उगती है।
- अरब सागर के द्वीपों में लक्षद्वीप और मिनिकॉय शामिल हैं। ये द्वीप 80° उत्तर से 12° उत्तर और 71° पूर्व से 74° पूर्व के मध्य बिखरे हुए हैं। ये केरल तट के 220 किमी से 440 किमी दूर स्थित है।
- संपूर्ण द्वीप प्रवाल निक्षेप से बना है। यहाँ 36 द्वीप विद्यमान हैं, जिसमें से 11 पर मानव आवास है। मिनीकॉया सबसे बड़ा द्वीप है जिसका क्षेत्रफल 453 वर्ग किमी है। संपूर्ण द्वीप समूह 9 डिग्री चैनल द्वारा दो भागों में विभक्त है।
- उत्तर में अमीनी द्वीप और दक्षिण में कलानोरे द्वीप हैं। इस द्वीप समूह पर तूफान निर्मित पुलिन है जिस पर शिंगिल, गोलाश्मिकाएँ, अबद्ध गुटिकाएँ तथा पूर्वी समुद्र तट पर पाए जाते हैं।

मानचित्र आधारित प्रश्न

1. भारत के मानचित्र पर निम्न को दर्शाइए

(i) कराकोरम श्रृंखला (ii) गारो-खासी श्रृंखला
(iii) जयंतिया पहाड़ियाँ (iv) अरावली श्रृंखला
(v) विंध्य श्रृंखला (vi) सतपुड़ा श्रृंखला
(vii) पश्चिमी घाट (viii) पूर्वी घाट

उत्तर

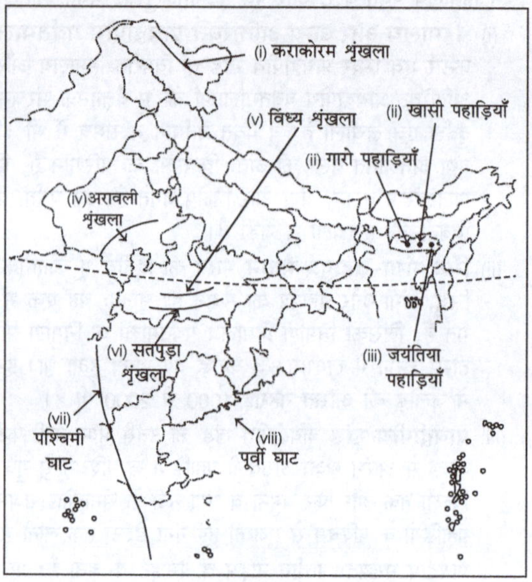

2. भारत के मानचित्र पर निम्न को दर्शाइए

(i) K2 (ii) कंचनजंघा
(iii) नंदा देवी (iv) नंगा पर्वत
(v) नामचा बरवा (vi) अनाईमुड़ी

उत्तर

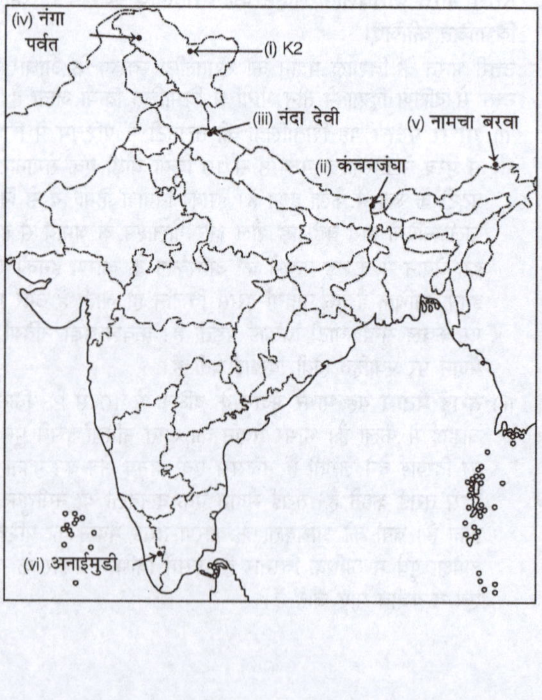

3. दिए गए मानचित्र में निम्नलिखित दर्रों को चिह्नित कीजिए

(i) शिपकी ला (ii) नाथुला
(iii) पालघाट (iv) भोरघाट
(v) थालघाट

उत्तर

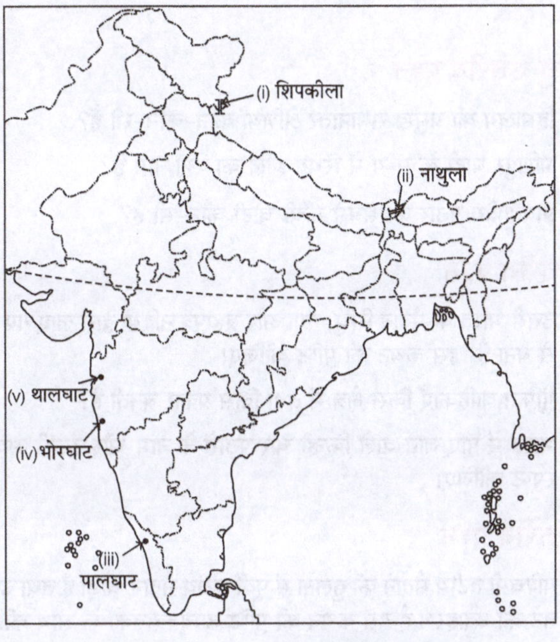

4. दिए गए मानचित्र पर निम्न पठारों को चिह्नित कीजिए

(i) मालवा का पठार (ii) छोटानागपुर का पठार
(iii) मेघालय का पठार (iv) दक्कन का पठार

उत्तर

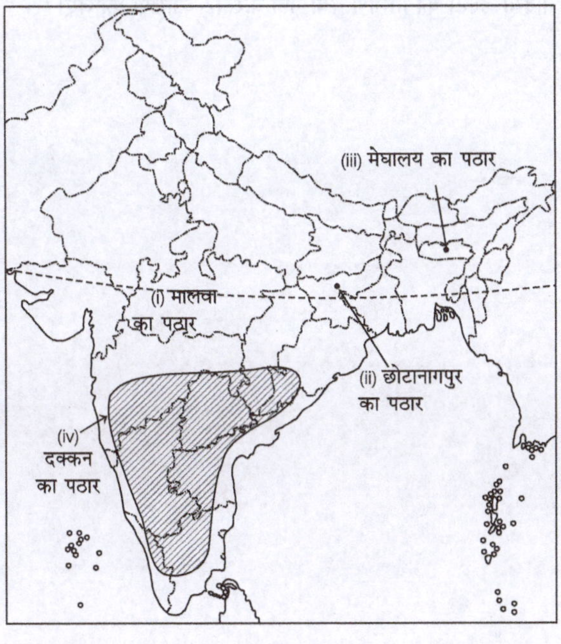

5. दिए गए मानचित्र पर निम्न तटवर्ती मैदानों को चिह्नित कीजिए

(i) सौराष्ट्र (ii) कोंकण
(iii) मालाबार (iv) कोरोमंडल
(v) उत्तरी सरकार

उत्तर

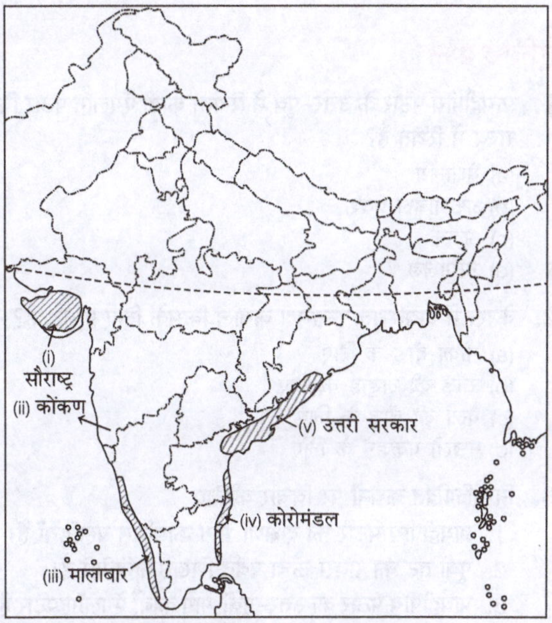

6. दिए गए मानचित्र पर निम्न द्वीपों को चिह्नित कीजिए

(i) अंडमान निकोबार द्वीप
(ii) लक्षद्वीप

उत्तर

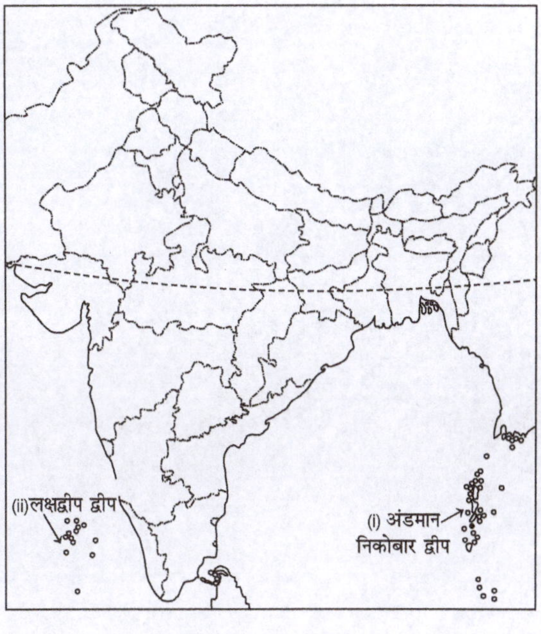

स्वयं को जाँचें

वस्तुनिष्ठ प्रश्न

1. प्रायद्वीपीय पठार के उत्तर-पूर्व में स्थित। कार्बी ऐंगलॉग पठार किस राज्य में स्थित है?

(a) मेघालय
(b) अरुणाचल प्रदेश
(c) असम
(d) नागालैंड

2. केरल में अवस्थित पुन्नामदा कयाल किसके लिए प्रसिद्ध है?

(a) नौका दौड़ के लिए
(b) साँड़ की लड़ाई के लिए
(c) बैलों की दौड़ के लिए
(d) मछली पकड़ने के लिए

3. निम्नलिखित कथनों पर विचार कीजिए

1. प्रायद्वीपीय पठार का दक्षिणी भाग कार्डामम पहाड़ियाँ हैं।
2. पूर्वी तट का सबसे ऊँचा पर्वत शिखर महेंद्रगिरि है।
3. प्रायद्वीपीय पठार का उत्तर-पूर्वी भाग कार्बी ऐंगलॉग पठार है।

उपरोक्त में से कौन-सा/से सही है/हैं?

(a) केवल 1
(b) 2 और 3
(c) 1 और 2
(d) ये सभी

अतिलघु उत्तरीय प्रश्न

4. हिमालय की प्रमुख समानांतर श्रेणियाँ कौन-कौन-सी हैं?

5. मणिपुर घाटी के मध्य में स्थित झील का क्या नाम है?

6. प्रायद्वीपीय पठार की सबसे ऊँची चोटी कौन-सी है?

लघु उत्तरीय प्रश्न

7. उत्तरी भारत के मैदान सिंधु, गंगा और ब्रह्मपुत्र नदियों द्वारा लाए गए निक्षेपों से बना है। इस कथन की पुष्टि कीजिए।

8. गुंफित वाहिकाएँ किस क्षेत्र में तथा किस प्रकार बनती हैं?

9. भारत में पाए जाने वाले किन्ही चार पठारों के नाम और उनकी अवस्थिति स्पष्ट कीजिए।

दीर्घ उत्तरीय प्रश्न

10. पश्चिमी तटीय मैदान की तुलना में पूर्वी तटीय मैदान चौड़ा है तथा उभरे हुए तट का उदाहरण है इस कथन की पुष्टि उपयुक्त तर्कों के साथ कीजिए।

11. भारत के दो प्रमुख द्वीप समूह हैं, एक बंगाल की खाड़ी में और दूसरा अरब सागर में है इनकी प्रमुख विशेषताओं का उल्लेख कीजिए।

12. प्रायद्वीपीय पठार की अरब सागर में गिरने वाली नदियाँ कौन-सी हैं? ये नदियाँ डेल्टा का निर्माण क्यों नहीं करती? व्याख्या कीजिए।

3

अध्याय

अपवाह तंत्र

''इस अध्याय में भारत अपवाह तंत्र के विकास विस्तार को शामिल किया गया है।'' इसके अतिरिक्त नदियों के उद्गम स्थान से लेकर उसके मुहाने तक नदी व इसकी सहायक नदियों द्वारा की गई रचना को अपवाह प्रतिरूप कहा जाता है। इसमें वृक्षाकार, वलयाकार, अभिकेंद्रीय, गुंबदाकृति समानांतर प्रतिरूप आदि शामिल किए जाते हैं।

▼ अध्ययन एक नजर में

3.1 अपवाह प्रतिरूप

3.2 भारतीय अपवाह तंत्र के वर्गीकरण के आधार

3.3 नदी जल उपयोग की सीमा

▼ अभ्यास के लिए

- बहुविकल्पीय प्रश्न 28, चित्र आधारित, कथन/कारण, सुमेलित कीजिए
- वर्णनात्मक प्रकार के प्रश्न (लघु उत्तरीय प्रश्न 08, दीर्घ उत्तरीय प्रश्न 3)
- स्रोत आधारित प्रश्न 2, मानचित्र आधारित 4

किसी क्षेत्र का अपवाह तंत्र उस क्षेत्र की चट्टानों की प्रकृति एवं संरचना, स्थलाकृति ढाल बहते जल की मात्रा और बहाव की अवधि पर निर्भर करता है। नदी जिस विशिष्ट क्षेत्र से जल को बहाकर लाती है, उसे जलग्रहण क्षेत्र (Catchment Area) कहा जाता है तथा मुख्य नदी एवं सहायक नदियों द्वारा अपवाहित क्षेत्र को अपवाह द्रोणी (Drainage Basin) कहा जाता है। एक अपवाह द्रोणी को दूसरी अपवाह द्रोणी से अलग करने वाली सीमा को जल विभाजक (Waterdivide) अथवा जलसंभर (Watershed) कहा जाता है। नदी द्रोणी का आकार बड़ा होता है, जबकि जलसंभर छोटा होता है।

3.1 अपवाह प्रतिरूप

मुख्य नदियाँ एवं उनकी सहायक नदियों के अपवाह के विन्यास को अपवाह प्रतिरूप कहा जाता है। नदियों के अपवाह के विभिन्न प्रतिरूप निम्नलिखित हैं

(i) **वृक्षाकार प्रतिरूप** वृक्षों की शाखाओं के रूप में विकसित अपवाह तंत्र को वृक्षाकार अपवाह प्रतिरूप कहते हैं; जैसे—उत्तरी मैदान की नदियों के अपवाह प्रतिरूप।

(ii) **अरीय प्रतिरूप** पर्वत से निकलकर सभी दिशाओं में बहने वाली नदियों का अरीय अपवाह प्रतिरूप विकसित होता है; जैसे—अमरकंटक पर्वत श्रृंखला से निकलने वाली नदियों के अपवाह प्रतिरूप।

(iii) **जालीनुमा प्रतिरूप** जब नदियाँ समांतर प्रवाहित होती हैं, व सहायक नदियाँ समकोण पर मिलती हैं, तो इस प्रतिरूप का निर्माण होता है।

(iv) **अभिकेंद्री प्रतिरूप** जब अनेक नदियाँ एक ही स्थान पर आकर मिलती हैं, तो यह प्रतिरूप विकसित होता है। सांभर झील इसका मुख्य उदाहरण है।

3.2 भारतीय अपवाह तंत्र के वर्गीकरण के आधार

भारतीय अपवाह तंत्र के वर्गीकृत के आधार को निम्नलिखित दो वर्गों में विभाजित किया गया जाता है, समुद्र में जल विसर्जन के आधार समुद्र में जल विर्सजन के आधार पर भारतीय अपवास तंत्र को दो भागों में बाँटा गया है।

समुद्र में जल विसर्जन के आधार पर

समुद्र में जल विसर्जन के आधार पर भारतीय अपवाह तंत्र को दो भागों में बाँटा जाता है, जो दिल्ली, कटक, अरावली एवं सह्याद्रि द्वारा अलग होते हैं, जो निम्नलिखित हैं

(i) **बंगाल की खाड़ी का अपवाह तंत्र** (The Bay of Bengal Drainage) इस अपवाह तंत्र में गंगा, ब्रह्मपुत्र, महानदी, कृष्णा आदि नदियाँ अपवाहित होती हैं, जो अपने जल को बंगाल की खाड़ी में गिराती हैं। यह तंत्र कुल अपवाहित क्षेत्र के 77% भाग में अपवाहित होते हैं।

(ii) **अरब सागर का अपवाह तंत्र** (The Arabian Sea Drainage) इस अपवाह तंत्र में सिंधु, नर्मदा, तापी, माही व पेरियार नदियाँ अपवाहित होती हैं, जो अपने जल को अरब सागर में गिराती हैं। यह तंत्र कुल अपवाह क्षेत्र के 23% भाग में अपवाहित होते हैं।

जलसंभर क्षेत्र के आकार के आधार पर

जलसंभर क्षेत्र के आकार के आधार पर भारतीय अपवाह द्रोणियों को तीन भागों में बाँटा जाता है

(i) **प्रमुख नदी द्रोणी** इसका अपवाह क्षेत्र 20,000 वर्ग किमी से अधिक होता है। इसमें गंगा, ब्रह्मपुत्र, कृष्णा, तापी, नर्मदा, माही, पेन्नार, साबरमती एवं बराक सहित 14 नदी द्रोणियाँ पाई जाती हैं।

(ii) **मध्यम नदी द्रोणी** इसका अपवाह क्षेत्र 2,000 से 20,000 वर्ग किमी के मध्य पाया जाता है। इसमें 44 नदी द्रोणियाँ शामिल हैं; जैसे—कालिंदी पेरियर, मेघना आदि नदियों की द्रोणी।

(iii) **लघु नदी द्रोणी** इसमें लघु नदी द्रोणियाँ शामिल होती हैं, जिनका अपवाह क्षेत्र 2,000 वर्ग किमी से कम पाया जाता है। इसमें न्यून वर्षा के क्षेत्रों में बहने वाली नदियाँ शामिल होती हैं।

भारत के अपवाह तंत्र

भारतीय अपवाह तंत्र में अनेक छोटी-बड़ी नदियाँ पाई जाती हैं, जिनकी उत्पत्ति तीन बड़ी भू-आकृतिक इकाइयों की विकास प्रक्रिया तथा वर्षण की प्रकृति व लक्षणों के फलस्वरूप हुई है। भारत का अपवाह तंत्र मुख्य रूप से दो भागों में विभक्त है

हिमालयी अपवाह तंत्र

- हिमालयी अपवाह तंत्र में मुख्य रूप से गंगा, सिंधु व ब्रह्मपुत्र नदी द्रोणियाँ पाई जाती हैं, जो बर्फ के पिघलने व वर्षा दोनों से जल प्राप्त करती हैं, जिससे इन नदियों में वर्षभर जल की आपूर्ति होती रहती है। अतः ये नदियाँ बारहमासी (Perennial) कहलाती हैं।
- ये नदियाँ गहरे महाखड्डों से (Gorges) गुजरती हैं, जो हिमालय के उत्थान के साथ अपरदन क्रिया से निर्मित हैं। महाखड्डों के अतिरिक्त नदियाँ पर्वतीय मार्ग में 'वी' (V) आकार की घाटियाँ, **क्षिप्रिकाएँ**[1] (Rapid) व जलप्रपात बनाती हैं।
- नदियाँ जब पहाड़ों से मैदानी भाग में प्रवाहित होती हैं, तब समतल घाटियाँ, गोखुर झीलें, बाढ़कृत मैदान, गुंफित वाहिकाएँ और नदी के **मुहाने**[2] पर **डेल्टा**[3] जैसी स्थलाकृतियों का निर्माण करती हैं। हिमालय क्षेत्र में नदियों का मार्ग वक्राकार तथा मैदानी भागों में सर्पाकार (Serpentiform) होता है। मैदानी क्षेत्र में पर्वतीय क्षेत्र से लाए गए अवसादों की नदियों का मार्ग अवरुद्ध हो जाता है और वे अपनी दिशा बदल लेती हैं।
- कोसी नदी जिसे बिहार का शोक(Sorrow of Bihar), कहा जाता है अपना मार्ग बदलने के लिए प्रसिद्ध है।

हिमालय पर्वतीय अपवाह तंत्र का विकास

- हिमालय पर्वतीय अपवाह तंत्र का विकास भू-गर्भिक इतिहास (Geological History) के लंबे समय में हुआ। **मायोसीन कल्प** में (लगभग 2.4 करोड़ से 50 लाख वर्ष) पूर्व एक विशाल नदी शिवालिक अथवा इंडो-ब्रह्म थी, जो हिमालय के विस्तार के साथ असम से पंजाब तक प्रवाहित होती थी और सिंध की खाड़ी में जल गिराती थी।

1 क्षिप्रिकाएँ ये नदी के वे हिस्से हैं, जहाँ नदी के तल की ढ़ाल उपेक्षाकृत तीव्र होती है और पानी का वेग और कटाव बढ़ जाता है।
2 मुहाना वह स्थान है, जहाँ नदी समुद्र या झील में गिरती है।
3 डेल्टा यह नदी के मुहाने पर एक त्रिकोणीय जलोढ़ आकृति है।

- **प्लीस्टोसीन काल** में हिमालय के पश्चिमी भाग में स्थित पोटवार पठार (दिल्ली रिज) ने **जल विभाजक**[4] का कार्य किया, जिससे कुछ परिवर्तन हुए, जिससे इंडो-ब्रह्म नदी तीन मुख्य अपवाह तंत्रों में बँट गई
  (i) पश्चिम में सिंध और हिमालय से निकलने वाली इनकी सहायक नदियाँ।
  (ii) मध्य में गंगा और हिमालय से निकलने वाली सहायक नदियाँ।
  (iii) पूर्व में ब्रह्मपुत्र का भाग व हिमालय से निकलने वाली सहायक नदियाँ।
- इसी प्रकार **मध्य प्लीस्टोसीन काल** में राजमहल पहाड़ियों और मेघालय पठार के मध्य स्थित माल्दा गैप का क्षेपण हुआ, जिसमें गंगा व ब्रह्मपुत्र नदी तंत्र बंगाल की खाड़ी की ओर प्रवाहित होने लगे।

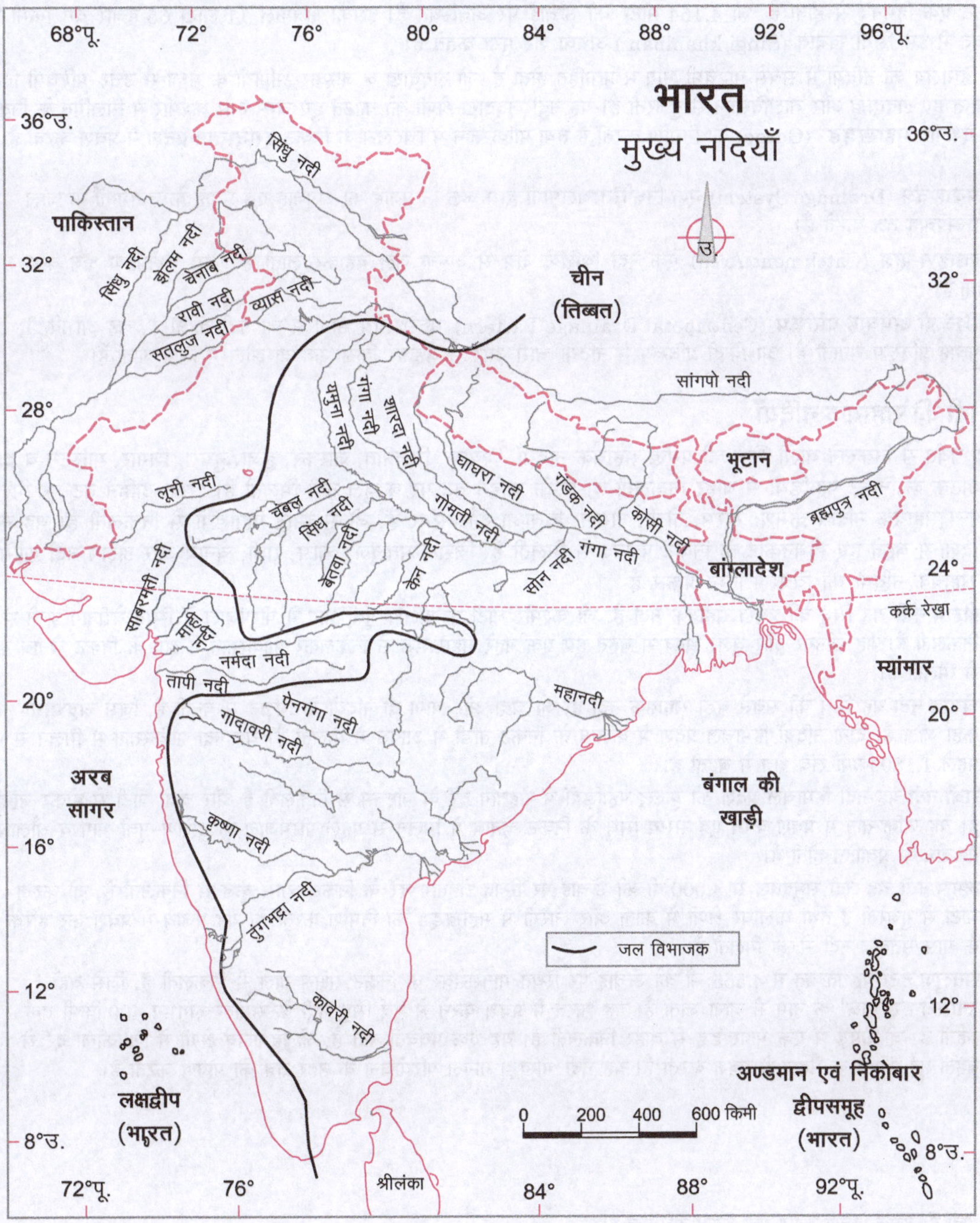

4 **जल विभाजक** वह उच्च भूमि, जो दो बड़े जल निकासी घाटियों को दो भागों में बाँटता है।

हिमालय अपवाह तंत्र की नदियाँ

- हिमालयी अपवाह तंत्र में कई नदी तंत्र हैं जो, निम्नलिखित हैं

सिंधु नदी तंत्र

- भारत में इसका क्षेत्रफल 3,21,289 वर्ग किमी हैं। इस नदी की कुल लंबाई 2,880 किमी पाई जाती है, जो भारत में 1,114 किमी लंबी हैं।
- यह संसार की बड़ी नदियों में से एक है। इसका उद्गम तिब्बती क्षेत्र में कैलाश पर्वत श्रेणी में **बोखर चू** (Bokhar Chu) के निकट एक हिमनद से होता है, जो 4,164 मीटर की ऊँचाई पर अवस्थित है। इसका क्षेत्रफल 11 लाख 65 हजार वर्ग किमी है। तिब्बत में इसे सिंगी खंबाव (Singi khamban) अथवा शेर मुख कहते हैं।
- यह हिमालय की नदियों में सबसे पश्चिमी भाग में प्रवाहित होती है, जो लद्दाख व जास्कर श्रेणियों के मध्य से उत्तर-पश्चिमी दिशा में बहते हुए लद्दाख और बालतिस्तान से गुजरती है। यह नदी लद्दाख श्रेणी को काटते हुए जम्मू और कश्मीर में गिलगित के निकट एक दर्शनीय **महाखड्ड**[5] (Gorge) का निर्माण करती है तथा पाकिस्तान में चिल्लस के निकट **दरदिस्तान प्रदेश** में प्रवेश करती है।

- **अपवाह तंत्र** (Drainage System) एक निर्धारित जलमार्गों द्वारा जल के प्रवाह को अपवाह एवं प्रवाह के जलमार्गों के जाल को अपवाह तंत्र कहते हैं।
- **जलग्रहण क्षेत्र** (Catchment Area) एक नदी विशिष्ट क्षेत्र से अपना जल बहाकर लाती है, जिसे जलग्रहण क्षेत्र कहा जाता है।
- **अभिकेंद्री अपवाह प्रतिरूप** (Centripetal Drainage Pattern) मरुस्थलीय भागों में जो नदी बहती है, वह अभिकेंद्री अपवाह प्रतिरूप बनाती है। अभिकेंद्री प्रतिरूप में नदियाँ चारों ओर से बहकर किसी गर्त या झील में मिल जाती हैं।

सिंधु नदी की सहायक नदियाँ

हिमालय पर्वत से निकलने वाली सिंधु की प्रमुख सहायक नदियाँ [6] श्योक, गिलगित, जास्कर, हुंजा, नुबरा, शिगार, गास्टिंग व द्रास हैं, जो अटक के निकट पहाड़ियों से बाहर निकलती हैं। इसके दाहिने तट पर काबुल नदी मिलती है। इसके दाहिने तट पर मिलने वाली अन्य सहायक नदियाँ क्रमशः खुर्रम, तोची, गोमल, विबोआ और संगर हैं, जो सुलेमान पहाड़ियों से निकलती हैं। यह नदी दक्षिण दिशा में बहते हुए मीथनकोट के निकट पंचनद से मिलती है, जिसमें सतलुज, व्यास, रावी, चेनाब और झेलम नदी शामिल हैं। इन सहायक नदियों का विवरण निम्न प्रकार है

(i) **झेलम नदी** यह सिंधु की प्रमुख सहायक नदी है, जो कश्मीर घाटी के दक्षिण-पूर्वी भाग में पीरपंजाल में स्थित वेरीनाग झरने से निकलती है। यह श्रीनगर और वुलर झील से बहते हुए एक गहरे महाखड्ड से निकलकर पाकिस्तान में झंग के निकट चेनाब नदी से मिलती है।

(ii) **चेनाब नदी** यह सिंधु की सबसे बड़ी सहायक नदी है, जो चंद्रा और भागा दो नदियों के मिलने से बनती है, जिसे **चंद्रभागा** कहा जाता है। दोनों नदियाँ हिमाचल प्रदेश में केलाँग के निकट तांडी में आपस में मिलती हैं। यह नदी पाकिस्तान में मिलने से पहले 1,180 किमी लंबे क्षेत्र में बहती है।

(iii) **रावी नदी** यह नदी हिमाचल प्रदेश की कुल्लू पहाड़ियों में रोहतांग दर्रे के पश्चिम से निकलती है और चंबा घाटी से होकर बहती है। यह पाकिस्तान में प्रवेश करने एवं सराय सिंधु के निकट चेनाब में मिलने से पहले पीरपंजाल के दक्षिण-पूर्वी भाग व धौलाधर के बीच से प्रवाहित होती है।

(iv) **व्यास नदी** यह नदी समुद्रतल से 4,000 मी की ऊँचाई पर स्थित रोहतांग दर्रे के निकट व्यास कुंड से निकलती है, जो कुल्लू घाटी से गुजरती है तथा धौलाधर श्रेणी में काती और लारगी में महाखड्ड का निर्माण करती है। यह पंजाब में प्रवेश कर हरिके के पास सतलुज नदी से जा मिलती है।

(v) **सतलुज नदी** यह तिब्बत में 4,555 मी की ऊँचाई पर स्थित मानसरोवर के निकट राक्षस ताल से निकलती है, जिसे वहाँ **'लॉगचेन खंबाब'** के नाम से जाना जाता है। यह भारत में प्रवेश करने से पूर्व सिंधु नदी के समांतर लगभग 400 किमी तक बहती है, जो रोपड़ में एक महाखडड् से बाहर निकलती है। यह एक पूर्ववर्ती नदी है, जो हिमालय श्रेणी में शिपकीला दर्रे से बहती हुई पंजाब के मैदान में प्रवेश करती है। यह नदी भाखड़ा नांगल परियोजना के नहर तंत्र का पोषण करती है।

5 **महाखड्ड** एक ऐसी घाटी होती है जिसके किनारे करीब खड़े ढ़लान वाले होते हैं।
6 **सहायक नदी** जो छोटी नदियाँ किसी बड़ी नदी में मिलती हैं, उन्हें सहायक नदी कहते हैं।

गंगा नदी तंत्र

- यह भारत का सबसे बड़ा अपवाह तंत्र है। यह नदी उत्तराखंड राज्य के उत्तरकाशी जिले में गोमुख के निकट गंगोत्री हिमनद से 3,900 मी की ऊँचाई से निकलती है। यहाँ यह **भागीरथी** के नाम से जानी जाती है और जब यह देवप्रयाग में अलकनंदा से मिलती है, तो वहाँ गंगा निकलती है।
- अलकनंदा नदी का उद्‌गम बद्रीनाथ के ऊपर सतोपथ हिमनद से होता है, जो जोशीमठ या विष्णुप्रयाग में धौली और विष्णु गंगा धाराओं के मिलने से बनती है। इसकी अन्य सहायक नदी **पिंडार** है, जो कर्णप्रयाग में मिलती है तथा मंदाकिनी या काली गंगा इससे रुद्रप्रयाग में मिलती है।
- गंगा नदी हरिद्वार में मैदान में प्रवेश करती है, जो पहले दक्षिण की ओर फिर दक्षिण-पूर्व की ओर और फिर पूर्व की ओर बहती है। अंत में यह दक्षिणमुखी होकर भागीरथी और पदमा दो धाराओं में बँट जाती है।
- गंगा नदी की कुल लंबाई 2,525 किमी है, जो उत्तराखंड में 110 किमी, उत्तर प्रदेश में 1450 किमी, बिहार में 445 किमी और पश्चिम बंगाल में 520 किमी लंबी दूरी तय करती है। इस नदी की द्रोणी भारत के 8.6 लाख वर्ग किमी क्षेत्र में विस्तृत है।
- यह भारत का सबसे बड़ा अपवाह तंत्र है।

नमामि गंगे योजना

भारत सरकार द्वारा **जून, 2014** में नमामि गंगे परियोजना को एकीकृत संरक्षण मिशन के रूप में प्रारंभ किया गया। इसके अंतर्गत राष्ट्रीय गंगा नदी के लिए दो प्रमुख उद्‌देश्य निर्धारित किए गए हैं

(i) प्रदूषण के प्रभाव को कम करना
(ii) संरक्षण और कायाकल्प को पूरा करना

नमामि गंगे कार्यक्रम के प्रमुख स्तंभ हैं

- सीवेज ट्रीटमेंट व्यवस्था
- नदी सतह सफाई
- वनीकरण
- औद्योगिक अपशिष्ट निगरानी
- नदी-किनारे का विकास
- जैव-विविधता
- जन जागरुकता
- गंगा ग्राम

- अलकनंदा उत्तराखंड में सतोपथ और भागीरथी खरक नामक हिमनदों से निकलती है, जो जोशीमठ या विष्णुप्रयाग में धौली और विष्णु गंगा धाराओं से बनती है।
- इसकी सहायक नदीयाँ पिंडार है, जो कर्णप्रयाग में मिलती है और मंदाकिनी या काली गंगा इससे रुद्र प्रयाग में मिलती है।

गंगा नदी की सहायक नदियाँ

- गंगा के अपवाह तंत्र में उत्तर की **बारहमासी** नदियाँ तथा प्रायद्वीपीय पठार से निकलने वाली नदियाँ भी शामिल होती हैं, जो सहायक नदियों के रूप में पहचानी जाती हैं।
- सोन इसके दाहिने किनारे पर तथा बाएँ किनारे पर मिलने वाली प्रमुख सहायक नदियाँ क्रमश: रामगंगा, गोमती, घाघरा, गंडक, कोसी व महानंदा हैं। अंत में गंगा नदी बंगाल की खाड़ी में गिरती है।

गंगा की अन्य प्रमुख सहायक नदियाँ निम्नलिखित हैं

(i) **यमुना नदी** यमुना गंगा की सबसे पश्चिमी और सबसे लंबी सहायक नदी है, जिसका स्रोत यमुनोत्री हिमनद है, जो हिमालय में बंदरपूँछ श्रेणी की पश्चिमी ढाल पर 6,316 मी ऊँचाई पर स्थित है। यह प्रयाग (इलाहाबाद) में गंगा से मिलती है। प्रायद्वीपीय पठार की चंबल, सिंध, बेतवा व केन नदी इसके दाहिने तट पर मिलती हैं तथा हिंडन, रिंद, सेंगर, वरुणा आदि नदियाँ बाएँ तट पर मिलती हैं। इसका अधिकांश जल सिंचाई हेतु पूर्वी तथा पश्चिमी नहरों द्वारा आगरा में लाया जाता है।

(ii) **चंबल नदी** चंबल नदी मध्य प्रदेश के मालवा पठार में महु के निकट निकलती है, जो उत्तर दिशा में बहते हुए राजस्थान के कोटा में पहुँचती है। इस नदी पर यहाँ गाँधीसागर बाँध बनाया गया है। यहाँ से यह नदी बूँदी, सवाई माधोपुर और धौलपुर से निकलती हुई यमुना नदी में मिलती है। यह नदी अपनी भू-आकृति के कारण जानी जाती है, जिसे चंबल खड्ड (Chambal Ravine) कहते हैं।

(iii) **गंडक नदी** यह नदी कालीगंडक तथा त्रिशूलगंगा के मिलने से बनती है, जो नेपाल, हिमालय में धौलागिरि व माउंट एवरेस्ट के मध्य से निकलती है और मध्य नेपाल को अपवाहित करती है। यह नदी बिहार के चंपारण में गंगा के मैदानी भाग में प्रवेश करती है और अंत में पटना में सोनपुर के निकट गंगा में मिल जाती है।

(iv) **घाघरा नदी** यह मापचाचुँगों हिमनद से निकलती है, जो तिया, सेती व बेरी नामक सहायक नदियों का जल ग्रहण करके शीशापानी में एक खड्ड का निर्माण करते हुए बाहर निकलती है, शारदा नदी (काली या काली गंगा) इससे मैदान में मिलती है और अंत में गंगा नदी में मिल जाती है।

(v) **कोसी नदी** यह एक पूर्ववर्ती नदी है, जिसका उद्गम बिंदु माउंट एवरेस्ट के उत्तर में है, यहाँ से इसकी मुख्य धारा अरुणा निकलती है। नेपाल के पश्चिम से सोन, कोसी और पूर्व से तमुर, कोसी इसमें मिलती हैं। जब कोसी, अरुणा नदी से मिलती है, तब यह सप्तकोसी कहलाती है।

(vi) **रामगंगा नदी** यह एक छोटी नदी है, जो गैरसेन के निकट गडवाल पहाड़ियों से निकलती है। शिवालिक को पार करने के पश्चात् यह दक्षिण-पश्चिम दिशा में मुड़ती है। नजीबाबाद, उत्तर प्रदेश के निकट मैदान में उतरती है और अंत में कन्नौज के निकट गंगा नदी में मिल जाती है।

(vii) **दामोदर नदी** यह नदी छोटानागपुर पठार के पूर्वी किनारे पर बहती है और भ्रंश से होते हुए हुगली नदी में गिरती है। बराकर इसकी प्रमुख सहायक नदी है। दामोदर नदी को **बंगाल का शोक** कहा जाता है।

(viii) **शारदा या सरयू नदी** इस नदी का उद्गम नेपाल हिमालय के मिलाम हिमनद में है, जहाँ इसे गौरी गंगा कहा जाता है। यह भारत-नेपाल सीमा के साथ बहती हुई घाघरा नदी में मिल जाती है, जहाँ इसे काली या चाइक कहा जाता है।

(ix) **महानंदा नदी** यह दार्जिलिंग पहाड़ियों से निकलती है, जो पश्चिम बंगाल में गंगा के बाएँ तट पर मिलने वाली अंतिम सहायक नदी है।

(x) **सोन नदी** यह गंगा के दक्षिणी तट पर मिलने वाली एक बड़ी सहायक नदी है, जो अमरकंटक पठार से निकलती है और पठार के उत्तरी किनारे पर जलप्रपातों को बनाती हुई पटना के आरा के पास गंगा नदी में विलीन हो जाती है।

ब्रह्मपुत्र नदी तंत्र

- ब्रह्मपुत्र नदी विश्व की बड़ी नदियों में से एक है, जिसका उद्गम स्थल कैलाश पर्वत श्रेणी की मानसरोवर झील के निकट चेमायुंगडुंग (Chemayungdung) हिमनद में है। यह नदी पूर्व दिशा में बहती हुई दक्षिणी तिब्बत के शुष्क व समतल मैदान में लगभग 1200 किमी की दूरी तय करती है। जहाँ इसे **सांग्पो** (Tsangpo) अर्थात् 'शोधक' कहा जाता है। तिब्बत की रागोसांग्पो नदी इसके दाहिने तट पर मिलने वाली प्रमुख सहायक नदी है।
- मध्य हिमालय में नमचा, बरबा (7755 मी) के निकट एक गहरा महाखड्ड बनाती हुई एक तीव्र बहाव के साथ बाहर निकलती है, जो हिमालय के गिरिपाद में सिशंग या दिशंग के नाम से जानी जाती है। यह अरुणाचल प्रदेश के सादिया कस्बे के पश्चिम से भारत में प्रवेश करती है।
- दक्षिण-पश्चिम दिशा में बहते हुए बाएँ तट पर दिबांग या सिकांग और लोहित नदियाँ आकर मिलती हैं, जिसके बाद यह **ब्रह्मपुत्र** कहलाती है।

ब्रह्मपुत्र नदी तंत्र की सहायक नदियाँ

- असम की घाटी में यह नदी 750 किमी प्रवाहित होने के बाद इसमें असंख्य नदियाँ आकर मिलती हैं। इसके बाएँ तट पर मिलने वाली सहायक नदियाँ बूढ़ी दिहिंग, धनसरी और कालांग हैं तथा दाएँ तट पर मिलने वाली नदियाँ सुबनसिरि, कामेंग, मानस व संकोश हैं।
- सुबनसिरि एक **पूर्ववर्ती नदी**[7] है, जिसका उद्गम स्थल तिब्बत में है। ब्रह्मपुत्र बांग्लादेश में दक्षिण दिशा में बहती है, जहाँ तिस्ता नदी इसके दाहिने किनारे पर आकर मिलती है, जहाँ यह जमुना कहलाती है। अंत में यह पदमा नदी के साथ मिलकर बंगाल की खाड़ी में गिरती है।
- ब्रह्मपुत्र नदी, बाढ़ मार्ग परिवर्तन एवं तटीय अपरदन की क्रिया के लिए जानी जाती है। ऐसा मुख्य सहायक नदियों के बड़े होने तथा इनके जल **ग्रहण क्षेत्रों** में अत्यधिक अवसाद के बहकर आने से होता है।

चेक प्वॉइंट 1

1. कुल अपवाह तंत्र का कितना प्रतिशत भाग अरब सागर अपवाह तंत्र के अंतर्गत आता है?
2. हिमालय निर्माण से पूर्व इसके समीप कौन -सी नदी प्रवाहित होती थी?
3. सिंधु की सबसे बड़ी सहायता नदी कौन-सी है?
4. किस नदी को बंगाल का शोक वहा जाता है?
5. कौन-सी भौतिक विशेषता अरब सागर जल निकासी और बंगाल की खाड़ी जल निकासी प्रणाली को अलग करती है?
6. कौन-सी नदी धौलाधर श्रेणी में काटी और लार्गी में घाटियाँ बनाती है।

7 **पूर्ववर्ती नदी** वह नदी होती है, जो किसी स्थल मंडल के उठने से पहले उससे होकर बहती रहती है।

प्रायद्वीपीय अपवाह तंत्र

- प्रायद्वीपीय अपवाह तंत्र की नदियाँ प्रौढ़ावस्था में बहती हैं, जो हिमालय तंत्र से पुरानी हैं।
- यह पश्चिमी घाट, बंगाल की खाड़ी में गिरने वाली प्रायद्वीपीय नदियों तथा अरब सागर में गिरने वाली छोटी नदियों के मध्य जल विभाजक का कार्य करती हैं।
- नर्मदा एवं तापी नदियों को छोड़कर अधिकतर प्रायद्वीपीय नदियाँ पश्चिम से पूर्व दिशा में बहती हैं।
- इसके उत्तरी भाग में निकलने वाली सिंध, चंबल, बेतवा, केन व सोन, गंगा नदी तंत्र की सहायक नदियाँ हैं। इसके अतिरिक्त महानदी, गोदावरी, कृष्णा और कावेरी प्रमुख नदी तंत्र हैं। इस भाग की नदियाँ एक सुनिश्चित मार्ग पर चलती हैं, बारहमासी नहीं होती हैं तथा विसर्प नहीं बनाती हैं। यहाँ नर्मदा एवं तापी को अपवाद रूप में देखा जा सकता है।

प्रायद्वीपीय अपवाह तंत्र का विकास

भू-गर्भिक घटनाओं ने प्रायद्वीपीय अपवाह तंत्र के विकास को तीन स्वरूप प्रदान किए हैं, जो निम्नलिखित हैं

(i) टर्शियरी काल के समय प्रायद्वीप के पश्चिमी भाग में कुछ परिवर्तन हुए, जिससे यह समुद्रतल से नीचे चला गया।

(ii) हिमालय के उत्थान से प्रायद्वीपीय खंड के उत्तरी भाग में अवतलन हुआ, जिससे **भ्रंश द्रोणियों**[8] का निर्माण हुआ। नर्मदा एवं तापी इन्हीं भ्रंश घाटियों में बहती हैं। अत: इन नदियों में निक्षेप की कमी पाई जाती है।

(iii) इसी काल में प्रायद्वीपीय खंड उत्तर-पश्चिम दिशा से दक्षिण-पूर्व दिशा में झुक गया, जिसके फलस्वरूप इसका अपवाह बंगाल की खाड़ी की ओर मुड़ गया।

प्रायद्वीपीय नदी तंत्र

प्रायद्वीपीय अपवाह में अनेक नदी तंत्र विकसित हैं, जो निम्न प्रकार हैं

(i) **महानदी** इस नदी की लंबाई 851 किमी है और इसका जलग्रहण क्षेत्र लगभग 1.42 लाख वर्ग किमी है। यह नदी छत्तीसगढ़ के रायपुर जिले से निकलकर उड़ीसा से बहती हुई बंगाल की खाड़ी में गिरती है। इस नदी की अपवाह द्रोणी का 53% भाग मध्य प्रदेश व छत्तीसगढ़ में तथा 47% भाग ओडिशा राज्य में फैला है।

(ii) **गोदावरी** यह प्रायद्वीपीय भाग की सबसे बड़ी नदी है, जिसे **दक्षिण गंगा** के नाम से भी जाना जाता है। यह महाराष्ट्र के नासिक जिले से निकलती है। यह 1,465 किमी लंबी है, जिसका जलग्रहण 3.13 लाख वर्ग किमी है। इसके जलग्रहण क्षेत्र का 49% भाग महाराष्ट्र में और 20% भाग मध्य प्रदेश व छत्तीसगढ़ में और शेष भाग आंध्र प्रदेश में पड़ता है। इसकी सहायक नदियाँ महाराष्ट्र, मध्य प्रदेश, छत्तीसगढ़, उड़ीसा और आंध्र प्रदेश राज्यों से होकर प्रवाहित होती हैं। पेनगंगा, इंद्रावती, प्राणहिता और मंजरा इनकी मुख्य सहायक नदियाँ हैं। पोलावरम् के दक्षिण में यह सुंदर प्रपात बनाती है तथा इसके डेल्टाई भाग में नौसंचालन भी होता है। यह नदी राजामुंद्री के बाद कई धाराओं में विभाजित होकर डेल्टा का निर्माण करती है।

(iii) **कृष्णा** यह पूर्व दिशा में बहने वाली प्रायद्वीपीय भाग की दूसरी बड़ी नदी है, जो सह्याद्रि में महाबलेश्वर के निकट से निकलती है। यह 1401 किमी लंबी नदी है। इस नदी के कुल जलग्रहण क्षेत्र का 27% भाग महाराष्ट्र में, 44% भाग कर्नाटक में और 29% भाग आंध्र प्रदेश व तेलंगाना में पड़ता है। कोयना, तुंगभद्रा और भीमा इसकी प्रमुख सहायक नदियाँ हैं।

(iv) **कावेरी** यह नदी कर्नाटक के कोडागु जिले में स्थित ब्रह्मगिरि (1341 मी ऊँची) पहाड़ियों से निकलती है, जो 800 किमी लंबी है तथा यह 81,155 वर्ग किमी क्षेत्र को अपवाहित करती है। इस नदी का ऊपरी जलग्रहण क्षेत्र गर्मी में दक्षिण-पश्चिम मानसून से तथा सर्दी में उत्तर-पूर्वी मानसून से वर्षा का जल प्राप्त करते हैं। अत: यह कम उतार-चढ़ाव के साथ लगभग वर्षभर बहती है। इस नदी की द्रोणी का 3% भाग केरल में, 41% भाग कर्नाटक में तथा 56% भाग तमिलनाडु में पड़ता है। अमरावती, भवानी और काबीनी इसकी प्रमुख सहायक नदियाँ हैं।

(v) **नर्मदा** यह अमरकंटक पठार के पश्चिमी भाग से लगभग 1,057 मी की ऊँचाई से निकलती है। यह दक्षिण में सतपुड़ा और उत्तर विंध्याचल श्रेणियों के मध्य एक भ्रंश घाटी से बहती हुई संगमरमर की चट्टानों में महाखड्ड और जबलपुर के निकट धुआँधार जलप्रपात का निर्माण करती है। यह लगभग 1,312 किमी लंबी दूरी में बहने के बाद भड़ौच के दक्षिण में अरब सागर में मिल जाती है तथा यह 27 किमी लंबी ज्वारनदमुख का निर्माण करती है। इस नदी पर महत्त्वपूर्ण **सरदार सरोवर परियोजना** निर्मित है। नर्मदा नदी के संरक्षण के लिए प्रारंभ की गई योजना **नमामि देवि नर्मदे-एक यात्रा** है।

(vi) **तापी** यह पश्चिम दिशा में बहने वाली नदी है, जो मध्य प्रदेश में बैतूल जिले के मुल्ताई से निकलती है, जो 724 किमी लंबी है और 65,145 वर्ग किमी क्षेत्र को अपवाहित करती है। इसके कुल अपवाह क्षेत्र का 79% भाग महाराष्ट्र में, 15% भाग मध्य प्रदेश में और शेष 6% भाग गुजरात में प्रवाहित होता है।

8 **भ्रंश द्रोणी** एक भू-वैज्ञानिक प्रक्रिया है, जिसके कारण पृथ्वी की सतह पर एक व संकीर्ण गर्त बन जाता है, जो दोनों ओर से भ्रंशों से घिरा होता है।

(vii) **लूनी** इस नदी का उद्गम पुष्कर के समीप सरस्वती और साबरमती के रूप में होता है। यह गोविंदगढ़ के निकट आपस में मिलती हैं और अरावली के पश्चिम से लूनी के नाम से निकलती है। यह राजस्थान का बड़ा नदी तंत्र है, जो तलवाड़ा तक पश्चिम दिशा में बहने के पश्चात् दक्षिण-पश्चिम दिशा में बहता हुआ कच्छ के रन में मिलता है। यह संपूर्ण नदी तंत्र अल्पकालिक है।

3.3 नदी जल उपयोग की सीमा

- **नदी जल उपयोग**[9] की सीमा का आशय नदी जल के उचित प्रबंधन से है। भारत की नदियाँ प्रतिवर्ष विशाल जल की मात्रा का वहन करती हैं, जिसमें बारहमासी नदियाँ वर्षभर तथा अनित्यवाही नदियाँ ऋतु विशेष में ही जल वहन करती हैं।
- समय एवं स्थान के अनुसार इसमें असमानता पाई जाती है, जिससे वर्षा ऋतु में बाढ़ आ जाती है और जल बर्बाद हो जाता है, तो दूसरी तरफ सूखा क्षेत्र उत्पन्न हो जाता है।
- जल की उपयोगिता को सुनिश्चित करने हेतु नदियों के जल को स्थानांतरित करने अथवा दो नदियों या नदी द्रोणियों को जोड़ने की आवश्यकता महसूस की जाती है। अत: सरकार द्वारा नदियों की द्रोणियों को जोड़ने हेतु कुछ योजनाएँ बनाई गई हैं; जैसे—गंगा-कावेरी लिंक नहर, व्यास-सतलुज लिंक नहर आदि।
- नदी जल उपयोग से संबंधित निम्नलिखित समस्या है–

(i) पर्याप्त मात्रा में जल उपलब्ध न होना
(ii) नदी जल प्रदुषण
(iii) नदी जल में बाढ़
(iv) ऋतु व जल का असमान प्रवाह
(v) राज्यों के बीच नदी जल-विवाद
(vi) मध्य क्यारा की ओर बस्तियों के विस्तार के कारण नदी वाहिकाओं का सिकुड़ना
(vii) नदी जल में गाद

नदी जल प्रदूषण के निम्नलिखित प्रमुख कारण है

- नदियों में औद्योगिक कूड़ा-करकट डाला जाता है
- बहुत से श्मशान नदी घाट के किनारे है और कई बार मृत शरीरों को नदियों में विसर्जित कर दिया जाता है।
- सामाजिक और धार्मिक कारण जैसे त्यौहारों पर फूलों और मूर्तियों को नदियों में डुबोना और बड़े पैमाने पर स्नान व कपड़ा धोना आदि नदी जल के प्रमुख कारण हैं।

चेक प्वॉइंट 2

1. प्रायद्वीपीय भारत की सबसे लंबी नदी कौन-सी है?
2. सरदार सरोवर परियोजना किस नदी पर निर्मित है?
3. माडवी एवं जुआरी किस राज्य की नदियाँ हैं?
4. कौन-सी प्रायद्वीपीय नदी के केवल डेल्टाई क्षेत्र में ही नौगम्य हैं?
5. जल प्रदुषण के दो आर्थिक और प्राकृतिक कारणों का उल्लेख कीजिए?

9 **नदी जल उपयोग** सीमा नदी जल के उचित उपयोग एवं प्रबंधन को नदी जल उपयोग सीमा कहते हैं।

Mind Map

1 मुख्य अपवाह प्रतिरूप

यह भू-वैज्ञानिक समय, स्थलाकृति, ढलान और चट्टानों की संरचना का परिणाम होता है। यह प्रतिरूप सामान्यतः उत्तरी मैदानी नदियों में देखा जाता है।

- **वृक्षाकार प्रतिरूप** यह पेड़ की शाखाओं के समान दिखाई देता है।
- **अरीय प्रतिरूप** इसमें नदियाँ एक स्रोत से उत्पन्न होकर सभी दिशाओं में बहती हैं, जैसे अमरकंटक पर्वतशृंखला।
- **जालीनुमा अपवाह** जब मुख्य नदियाँ एक-दूसरे के समानांतर बहती हो और सहायक नदियाँ उनसे समकोण पर मिलती है।
- **अभिकेंद्री प्रतिरूप** इसमें चारों दिशाओं से जल एक झील में जमा होता है।

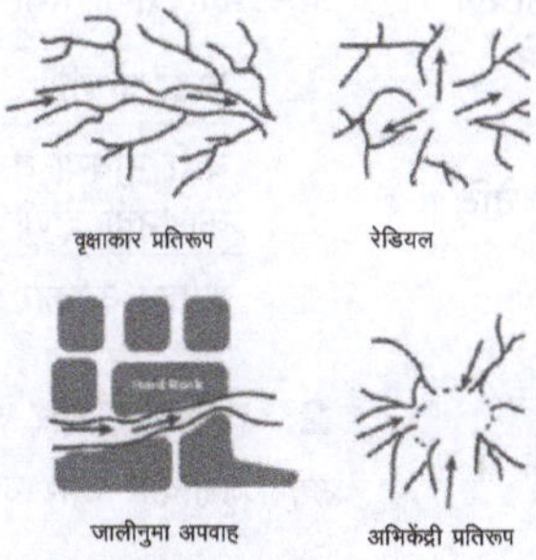

अपवाह तंत्र

2 भारत के अपवाह तंत्र

उत्पत्ति, प्रकृति और विशेषताओं के आधार पर अपवाह तंत्र

हिमालयी अपवाह

- यह हिमालय से उत्पन्न होता है। इन नदियों को जल हिम के पिघलने और वर्षा से प्राप्त होता है।
- **मुख्य विशेषताएँ** गहरी घाटियाँ, मैदानों में घुमावदार प्रवाह और नदी मार्ग में बार-बार परिवर्तन।

  उदाहरण-सिंधु, गंगा, ब्रह्मपुत्र नदी तंत्र।

प्रायद्वीपीय अपवाह तंत्र

- यह पुराना अपवाह तंत्र है, जिसमें परिवपक्व और उथली घाटियाँ होती हैं। इन नदियों के मार्ग निश्चित होते हैं।
- **मुख्य विशेषताएँ** अधिकांश नदियाँ पूर्व की ओर बहती हैं, अपवाद स्वरूप नर्मदा और ताप्ति पश्चिम की ओर बहती हैं।

  उदाहरण -गोदावरी,कृष्णा, कावेरी, महानदी, लूनी, नर्मदा, ताप्ती नदी तंत्र।

जल निकासी के आधार पर अपवाह तंत्र

- **अरब सागर अपवाह तंत्र** में यह कुल अपवाह क्षेत्र का 23% भाग कवर करता है। इसमें सिंधु, नर्मदा, ताप्ति, माही और पेरियार नदी तंत्र शामिल हैं।
- **बंगाल की खाड़ी अपवाह तंत्र** यह कुल अपवाह क्षेत्र का 77% भाग कवर करता है। इसमें गंगा, ब्रह्मपुत्र, महानदी, कृष्णा आदि नदी तंत्र शामिल हैं।

जलसंभर के आकार के आधार पर नदी घाटियाँ

- **प्रमुख नदी द्रोणी** इनका जलग्रहण क्षेत्र 20,000 वर्ग किलोमीटर से अधिक होता है।
- **मध्य नदी द्रोणी** इनका जलग्रहण क्षेत्र 2000 से 20,000 वर्ग किलोमीटर के बीच होता है।
- **लघु नदी द्रोणी** इनका जलग्रहण क्षेत्र 2000 वर्ग किलोमीटर से कम होता है।

NCERT फोल्डर

अध्याय के मध्य में दिए गए प्रश्न

1. उन राज्यों के नाम लिखिए जो यमुना नदी द्वारा अपवाहित हैं।

उत्तर यमुना नदी के जलग्रहण क्षेत्र और अपवाहित क्षेत्र उत्तराखण्ड, हिमाचल प्रदेश, हरियाणा, दिल्ली राजस्थान मध्य प्रदेश और उत्तर प्रदेश में विस्तृत हैं।

2. नर्मदा नदी के संरक्षण के लिए प्रारंभ की गई योजना "नमामि देवि नर्मदे-एक यात्रा" के विषय में जानकारी एकत्रित करें।

उत्तर "नमामि देवि नर्मदे-एक यात्रा" नर्मदा नदी के संरक्षण और जन जागरूकता के लिए मध्य प्रदेश सरकार द्वारा प्रारंभ की गई एक महत्वाकांक्षी योजना है। यह यात्रा 11 दिसंबर 2016 को अमरकंटक से शुरू हुई, जो नर्मदा का उद्गम स्थल है। इस मात्रा का उद्देश्य नर्मदा नदी को स्वच्छ, सुरक्षित और अविरल बनाए रखना है। इस अभियान के अंतर्गत नदी के किनारे वृक्षारोपण, जल संरक्षण गंदगी निस्तारण और जन सहयोभिगता के लिए कार्यक्रम आयोजित किए गए। इस यात्रा में पर्यावरणविद्, सामाजिक कार्यकर्ता और आम जनता ने बढ़-चढ़कर भाग लिया। यह अभियान न केवल नदी के संरक्षण को प्रोत्साहित करता है, बल्कि इसे सांस्कृतिक और आध्यात्मिक दृष्टि से भी महत्त्वपूर्ण मानता है।

नीचे दिए गए प्रश्नों के उत्तर संक्षेप में दीजिए

1. निम्नलिखित में से कौन-सी नदी 'बंगाल का शोक' के नाम से जानी जाती है?

(a) गंडक (b) कोसी (c) सोन (d) दामोदर

उत्तर *(d)* दामोदर

2. निम्नलिखित में से किस नदी की द्रोणी भारत में सबसे बड़ी है?

(a) सिंधु (b) ब्रह्मपुत्र
(म) गंगा (d) कृष्णा

उत्तर (c) गंगा

3. निम्नलिखित में से कौन-सी नदी पंचनद में शामिल नहीं है?

(a) रावी (b) सिंधु (c) चेनाब (d) झेलम

उत्तर *(b)* सिंधु

4. निम्नलिखित में से कौन-सी नदी भ्रंश घाटी में बहती है?

(a) सोन (b) यमुना
(c) नर्मदा (d) लूनी

उत्तर (c) नर्मदा

5. निम्नलिखित में से कौन-सा अलकनंदा व भागीरथी का संगम स्थल है?

(a) विष्णुप्रयाग (b) रुद्रप्रयाग
(c) कर्णप्रयाग (d) देवप्रयाग

उत्तर *(d)* देवप्रयाग

निम्न में अंतर स्पष्ट कीजिए

1. नदी द्रोणी और जलसंभर

उत्तर नदी द्रोणी तथा जलसंभर में निम्नलिखित अंतर हैं

नदी द्रोणी	जलसंभर
बड़ी नदियों के जलग्रहण क्षेत्र को 'नदी द्रोणी' कहा जाता है।	छोटी नदियों व नालों द्वारा अपवाहित क्षेत्र को 'जलसंभर' कहते हैं।
इसका आकार बड़ा होता है।	इसका आकार छोटा होता है।

2. वृक्षाकार और जालीनुमा अपवाह प्रतिरूप

उत्तर वृक्षाकार और जालीनुमा अपवाह प्रारूप में निम्नलिखित अंतर हैं

वृक्षाकार अपवाह प्रतिरूप	जालीनुमा अपवाह प्रतिरूप
वृक्षों की शाखाओं के रूप में विकसित अपवाह प्रतिरूप को वृक्षाकार अपवाह प्रतिरूप कहा जाता है।	जब मुख्य नदियाँ समांतर रूप में बहती हैं तथा सहायक नदियाँ समकोण पर आकर मिलती हैं, तब ऐसे प्रतिरूप को जालीनुमा अपवाह प्रतिरूप कहते हैं।
इसमें एक नदी की सरिताएँ कई भागों में वितरित होती हैं।	मुख्य नदियाँ समांतर बहती हैं अर्थात् इसमें दो नदियों के बाद जालीनुमा अपवाह प्रतिरूप बनता है।

3. अपकेंद्रीय और अभिकेंद्रीय अपवाह प्रारूप

उत्तर अपकेंद्रीय और अभिकेंद्रीय अपवाह प्रतिरूप में निम्नलिखित अंतर हैं

अपकेंद्रीय अपवाह प्रतिरूप	अभिकेंद्रीय अपवाह प्रतिरूप
जब नदियाँ किसी पर्वत से निकलकर सभी दिशाओं में बहती हैं, तब ऐसे अपवाह प्रारूप को अपकेंद्रीय अपवाह प्रतिरूप कहते हैं।	जब नदियाँ सभी दिशाओं से बहकर किसी झील या गर्त में आकर मिलती हैं, तब ऐसे अपवाह प्रतिरूप को अभिकेंद्रीय अपवाह प्रतिरूप कहते हैं।
इसमें पर्वतीय नदियों को देखा जा सकता है।	इसमें राजस्थान की लूनी नदी को देखा जा सकता है।

4. डेल्टा और ज्वारनदमुख

उत्तर डेल्टा और ज्वारनदमुख में निम्नलिखित अंतर हैं

डेल्टा	ज्वारनदमुख
नदियाँ मुहाने के निकट मलबे की अधिकता व मंद गति के कारण कई धाराओं में बँट जाती हैं, जिससे निर्मित आकृति को डेल्टा कहा जाता है।	नदियाँ मुहाने पहले तीव्र वेग के कारण एक गहरी घाटी का निर्माण करती हैं, जिसे ज्वारनदमुख कहते हैं।
इसमें नदियों का वेग कम होता है।	इसमें नदियों का वेग तीव्र होता है।
इसका आकार त्रिभुजाकार होता है।	इसका कोई स्वरूप नहीं होता है।
इसमें नदियाँ वितरित होती हैं।	इसमें नदियाँ वितरित नहीं होती हैं।

निम्नलिखित प्रश्नों के उत्तर लगभग 30 शब्दों में दीजिए

1. भारत में नदियों को आपस में जोड़ने के सामाजिक-आर्थिक लाभ क्या हैं?

उत्तर भारत में नदियों को आपस में जोड़ने के सामाजिक-आर्थिक लाभ निम्नलिखित हैं

- भारत में नदियों को आपस में जोड़ने से जल की बहुलता (अधिकता) वाले क्षेत्रों से जल को जलाभाव वाले क्षेत्रों तक ले जाने में सुविधा होगी।
- इससे कृषि उत्पादन में क्षेत्रीय विषमताओं को दूर करने में सहायता मिलेगी।
- भारत में नदियों को आपस में जोड़ने से सामाजिक भिन्नताएँ भी कम होंगी।

2. प्रायद्वीपीय नदी के तीन लक्षण लिखिए

उत्तर प्रायद्वीपीय नदी के तीन लक्षण निम्नलिखित हैं

(i) प्रायद्वीपीय नदियों में वर्षभर पानी नहीं पाया जाता है।

(ii) प्रायद्वीपीय नदियाँ प्रौढ़ावस्था में प्रवाहित होती हैं।

(iii) इस भाग की नदियाँ एक सुनिश्चित मार्ग पर चलती हैं।

निम्नलिखित प्रश्नों के उत्तर लगभग 150 शब्दों में दीजिए

1. उत्तर भारतीय नदियों की महत्त्वपूर्ण विशेषताएँ क्या हैं? ये प्रायद्वीपीय नदियों से किस प्रकार भिन्न हैं?

उत्तर उत्तर भारतीय नदियों की प्रमुख विशेषताएँ इस प्रकार हैं

- ये नदियाँ हिमालय से निकलती हैं।
- इनमें मुख्य रूप से गंगा, सिंधु व ब्रह्मपुत्र नदी द्रोणियाँ पाई जाती हैं।
- ये नदियाँ हिमखंडों व वर्षा दोनों से जल की प्राप्ति करती हैं, जिससे वर्षभर जल की आपूर्ति होती रहती है।
- ये नदियाँ बंगाल की खाड़ी तथा अरब सागर दोनों में जल विसर्जन करती हैं।
- ये नदियाँ विशाल मैदानी भागों में होकर बहती हैं, जिससे नहरें निकालकर सिंचाई कार्य किया जाता है।
- उत्तर भारत की नदियों में कुछ प्रायद्वीपीय भाग की नदियाँ, सहायक के रूप में देखी जाती हैं।
- ये नदियाँ अपने मुहाने के निकट डेल्टा का निर्माण करती हैं।

प्रायद्वीपीय नदियाँ निम्न कारणों से उत्तर भारतीय नदियों से भिन्न पाई जाती हैं

- प्रायद्वीपीय नदियाँ वर्षा से जलग्रहण करती हैं, अर्थात ये गैर-बारहमासी नदियाँ है।
- ये नदियाँ कठोर व सुनिश्चित मार्गों में बहती हैं, जिससे नहरें बनाना कठिन होता है।
- ये नदियाँ तीव्र वेग के साथ बहती हैं, जिससे डेल्टा के स्थान पर ज्वारनदमुख का निर्माण करती हैं।
- प्रायद्वीपीय क्षेत्रों में बहने वाली नदियों का मार्ग बहुत अधिक लंबा नहीं पाया जाता है।
- प्रायद्वीपीय नदियाँ उत्तर भारत की नदियों से अधिक पुरानी हैं।
- प्रायद्वीपीय भाग के उत्तरी भाग से निकलने वाली नदियाँ गंगा नदी की सहायक नदी भी हैं।
- प्रायद्वीपीय भाग में नर्मदा व तापी को छोड़ अधिकांश नदियाँ पश्चिम से पूर्व की ओर प्रवाहित होती हैं।

2. मान लीजिए आप हिमालय के गिरिपद के साथ-साथ हरिद्वार से सिलीगुड़ी तक यात्रा कर रहे हैं। इस मार्ग में आने वाली मुख्य नदियों के नाम बताइए। इसमें से किसी एक नदी की विशेषताओं का वर्णन भी करें

उत्तर हिमालय के गिरिपद के साथ-साथ हरिद्वार से सिलीगुड़ी तक यात्रा करने पर टौंस, गोमती, शारदा, कोसी, गंडक, बूढ़ी गंडक, गंगा आदि प्रमुख नदियाँ मार्ग में पाई जाती हैं। इसमें गंगा एक प्रमुख नदी है, जिसकी प्रमुख विशेषताएँ निम्नलिखित हैं

- गंगा भारत का प्रमुख अपवाह तंत्र है, जो अपनी द्रोणी और सांस्कृतिक महत्त्व के कारण प्रसिद्ध है।
- यह नदी उत्तराखंड राज्य के उत्तरकाशी जिले में गोमुख के निकट गंगोत्री हिमनद से 3,900 मी की ऊँचाई से निकलती है।
- यह देवप्रयाग में अलकनंदा नदी से मिलकर गंगा कहलाती है।
- गंगा नदी हरिद्वार में, मैदान में प्रवेश करती है, जो पहले दक्षिण की ओर, फिर दक्षिण-पूर्व की ओर और फिर पूर्व की ओर बहती है। इस नदी की कुल लंबाई 2,525 किमी है, जो उत्तराखंड में 110 किमी, उत्तर प्रदेश में 1,450 किमी, बिहार में 445 किमी तथा पश्चिम बंगाल में 520 किमी की दूरी तय करती है।

अभ्यास प्रश्न

वस्तुनिष्ठ प्रश्न

बहुविकल्पीय प्रश्न

1. एक निर्धारित जलमार्ग से होने वाले जल के प्रवाह को कहते हैं

(a) अपवाह (b) वाटरशेड
(c) जलग्रहण क्षेत्र (d) अपवाह द्रोणी

उत्तर (a) अपवाह

2. उत्तरी मैदान की नदियों का अपवाह प्रतिरूप किस प्रकार है?

(a) अरीय प्रतिरूप (b) वृक्षाकार प्रतिरूप
(c) अभिकेंद्री प्रतिरूप (d) जालीनुमा प्रतिरूप

उत्तर (b) वृक्षाकार प्रतिरूप

3. जब नदियाँ सभी दिशाओं से बहकर किसी गर्त या झील में मिलती हैं, तो इसे अपवाह का कौन-सा प्रतिरूप माना जाता है?

(a) अरीय प्रतिरूप (b) वृक्षाकार प्रतिरूप
(c) अभिकेंद्री प्रतिरूप (d) जालीनुमा प्रतिरूप

उत्तर (c) अभिकेंद्री प्रतिरूप

4. निम्नलिखित में से कौन-सी नदी बंगाल की खाड़ी अपवाह तंत्र का हिस्सा है?

(a) गंगा नदी (b) महानदी
(c) कृष्णा नदी (d) ये सभी

उत्तर (d) ये सभी

5. निम्नलिखित में से किस नदी को तिब्बत में सिंगी खंबान के नाम से जाना जाता है?

(a) सिंधु नदी (b) ब्रह्मपुत्र नदी
(c) सतलुज नदी (d) सप्तकोसी नदी

उत्तर (a) सिंधु नदी

6. सिंधु नदी तंत्र में प्रवाहित होने वाली सर्वाधिक लंबी सहायक नदी कौन-सी है?

(a) व्यास (b) चेनाब (c) रावी (d) झेलम

उत्तर (b) चेनाब

7. निम्नलिखित में से किस नदी को बंगाल का शोक के नाम से जाना जाता है?

(a) कोसी नदी (b) दामोदर नदी
(c) बैतरणी नदी (d) हुगली नदी

उत्तर (b) दामोदर नदी

8. गंगा नदी में दाएँ तट से मिलने वाली प्रमुख नदी कौन-सी है?

(a) गंडक नदी (b) महानंदा नदी
(c) सोन नदी (d) तिस्ता नदी

उत्तर (c) सोन नदी

9. प्रायद्वीपीय भारत की सबसे लंबी नदी कौन-सी है?

(a) नर्मदा नदी (b) कावेरी नदी
(c) कृष्णा नदी (d) गोदावरी नदी

उत्तर (d) गोदावरी नदी

10. निम्नलिखित में से किस नदी पर धुआँधार जलप्रपात स्थित है?

(a) नर्मदा नदी (b) तापी नदी
(c) माही नदी (d) गोदावरी नदी

उत्तर (a) नर्मदा नदी

11. दिए गए कथनों में गंगा नदी से मिलने वाली नदियों के कथनों को क्रम से लगाएँ।

1. देवप्रयाग में भागीरथी और अलकनंदा नदियाँ मिलती हैं
2. विष्णु प्रयाग में धौली और विष्णु गंगा नदियाँ मिलती हैं।
3. कर्ण प्रयाग में अलकनंदा और पिंडार नदियाँ मिलती हैं।
4. रुद्रप्रयाग में मंदाकिनी और अलकनंदा नदी मिलती हैं।

कूट

(a) 2, 3, 4, 1 (b) 1, 2, 3, 4 (c) 2, 4, 1, 3 (d) 2, 1, 3, 4

उत्तर (a) 2, 3, 4, 1

12. नीचे दिए गए कथन गंगा के बायें तट पर मिलने वाली सहायक नदियों से संबंधित है। इन सहायक नदियों को पश्चिम से पूर्व के क्रम में व्यवस्थित करें।

1. दो धाराओं कालीगंडक और त्रिशूलगंगा के मिलने से बनने वाली गंडक नदी।
2. बिहार का शोक कही जाने वाली कोसी नदी।
3. गढ़वाल पहाड़ियों से निकलने वाली रामगंगा नदी।
4. मापचाचुंग हिमनद से निकलने वाली घाघरा नदी।

कूट

(a) 1, 2, 3, और 4 (b) 3, 4, 1, और 2
(c) 2, 3, 1 और 4 (d) 4, 2, 3 और 1

उत्तर (b) 3, 4, 1 और 2

13 गंगा नदी तंत्र में गंगा नदी से मिलने वाली विभिन्न नदियों को सम्मिलित किया जाता है। दिए गए कथन के अनुसार गंगा नदी तंत्र की सही नदी का विकल्प चुनिए

यह एक छोटी नदी है, जो गैरसेन के निकट गढ़वाल पहाड़ियों से निकलती है। शिवालिक को पार करने के पश्चात् यह दक्षिण-पश्चिम दिशा में मुड़ती है। नजीबाबाद उत्तर प्रदेश के निकट मैदान में उतरती है और अंत में कन्नौज के निकट गंगा नदी में मिल जाती है।'

(a) शारदा नदी (b) कोसी नदी
(c) रामगंगा नदी (d) घाघरा नदी

उत्तर (c) रामगंगा नदी

14. **दिए गए कथनों के लिए सही विकल्प का चयन करें**

कथन-I टर्शियरी काल के समय प्रायद्वीप के पश्चिमी भाग में कुछ परिवर्तन हुए, जिससे यह समुद्रतल से नीचे चला गया है।

कथन-II इसी काल में प्रायद्वीपीय खंड उत्तर-पश्चिम दिशा से दक्षिण-पूर्व दिशा में झुक गया, जिसके फलस्वरूप इसका अपवाह बंगाल की खाड़ी की ओर मुड़ गया।

कूट

(a) कथन I सही है
(b) कथन II सही है
(c) कथन I और II दोनो सही हैं
(d) कथन I और II दोनों गलत हैं

उत्तर (c) दोनों कथन सही हैं।

15. **सुबनसिरी नदी के संबंध में कौन-सा कथन सही नहीं है?**

1. **यह एक पूर्ववर्ती नदी है।**
2. **इसका उद्गम स्थान तिब्बत में है।**
3. **यह ब्रह्मपुत्र नदी में बाएँ तट से मिलती है।**
4. **उपरोक्त सभी**

कूट

(a) केवल 1 और 4 (b) केवल 2
(c) केवल 3 (d) केवल 4

उत्तर (c) केवल 3

16. **प्रायद्वीपीय भारत में अनेक नदी तंत्र विकसित हैं इन नदियों के संबंध में कौन-सा कथन सही है?**

1. **यहाँ की नदियाँ युवावस्था रूप में बहती हैं।**
2. **यह नदी तंत्र हिमालय नदी तंत्र से पुराना है।**
3. **यहाँ की अधिकतर नदियाँ पूर्व से पश्चिम दिशा में बहती हैं।**
4. **प्रायद्वीपीय नदियाँ बारहमासी होती हैं।**

कूट

(a) 1 और 3 (b) केवल 2
(c) 2 और 4 (d) केवल 4

उत्तर (b) केवल 2

17. **बंगाल की खाड़ी में प्रवाहित होने वाली नदियों को उनकी लंबाई के अनुसार बढ़ते से घटते क्रम में व्यवस्थित करें।**

(a) गोदावरी, कृष्णा, कावेरी, महानदी
(b) गोदावरी, कृष्णा, महानदी, कावेरी
(c) कावेरी, महानदी, कृष्णा, गोदावरी
(d) कावेरी, गोदावरी, कृष्णा, महानदी

उत्तर (b) गोदावरी, कृष्णा, महानदी, कावेरी

18. **सिंधु नदी तंत्र में दाहिने तट पर कौन-कौन सी नदियाँ मिलती हैं?**

1. **खुर्रम नदी** 2. **गोमल नदी**
3. **संगर नदी** 4. **विबोआ नदी**

कूट

(a) 1, 2 और 3 (b) 2, 3 और 4
(c) 1, 3 और 4 (d) 1, 2, 3 और 4

उत्तर (d) 1, 2, 3 और 4

19. **गंगा नदी तंत्र के संबंध में कौन-से कथन सही हैं?**

1. **गंगा नदी हरिद्वार में मैदान में प्रवेश करती है।**
2. **गंगा नदी में बाएँ तट पर मिलने वाली अंतिम सहायक नदी बराकर नदी है।**
3. **गंगा नदी बिहार में 445 किमी प्रवाहित होती है।**
4. **गंगा नदी की द्रोणी भारत के 8.6 लाख वर्ग किमी क्षेत्र में फैली हुई है।**

कूट

(a) 1, 2 और 3 (b) 2, 3 और 4
(c) 1, 3 और 4 (d) 1, 2 और 3

उत्तर (c) 1, 3 और 4

20. **निम्नलिखित नदियों को उनके उत्तर से दक्षिण के क्रम में व्यवस्थित करें**

1. **झेलम** 2. **चेनाब**
3. **रावी** 4. **सतलुज**

कूट

(a) 1, 2, 3, 4 (b) 2, 3, 4, 1
(c) 3, 2, 1, 4 (d) 4, 3, 2, 1

उत्तर (a) 1, 2, 3, 4

21. **सुमेलित कीजिए**

सूची I (नदी)	सूची II (सहायक नदी)
A. सिंधु	1. पेनगंगा
B. ब्रह्मपुत्र	2. चंबल
C. गंगा	3. हुंजा
D. गोदावरी	4. कामेंग

कूट

	A	B	C	D		A	B	C	D
(a)	1	2	3	4	(b)	2	4	1	3
(c)	3	4	2	1	(d)	4	2	3	1

उत्तर (c) 3 4 2 1

22. **निम्नलिखित में से कौन-सा युग्म सही सुमेलित नहीं है?**

(a) ब्रह्मपुत्र — चेमायुंगडुंग
(b) घाघरा — मापचाचुंगों
(c) अलकनंदा — मिलाम
(d) सिंधु — बोखर चू

उत्तर (c) अलकनंदा—मिलाम

23. **नीचे दिए गए रिक्त स्थान को सही विकल्प से पूर्ण करें :**

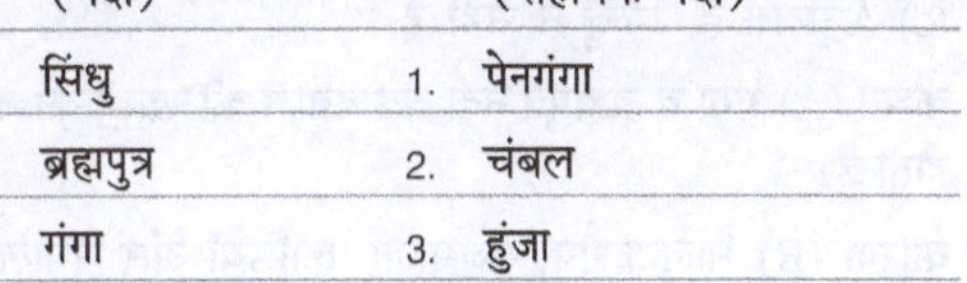

(a) जालीनुमा प्रतिरूप (b) रेडियल प्रतिरूप
(c) अपकेंद्री प्रतिरूप (d) द्रोणी प्रतिरूप

उत्तर (a) जालीनुमा प्रतिरूप

24 **यह नदी मध्य प्रदेश के मालवा पठार में महू के निकट निकलती है, जो उत्तर दिशा में बहते हुए राजस्थान के कोटा में पहुँचती है। इस नदी पर यहाँ गाँधीसागर बाँध बनाया गया है। यहाँ से यह नदी बूँदी, सवाई माधोपुर और धौलपुर से निकलती हुई यमुना नदी में मिलती है। इस नदी को …… कहते हैं।**

(a) माही नदी
(b) बनास नदी
(c) काली सिंध नदी
(d) चंबल नदी

उत्तर *(d)* चंबल नदी

25 **मध्यम नदी द्रोणी का अपवाह क्षेत्र ……।**

(a) 2,000 वर्ग किमी से कम पाया जाता है
(b) 2,000 से 20,000 वर्ग किमी से मध्य पाया जाता है
(c) 20,000 से 2,00,000 वर्ग किमी के मध्य पाया जाता है।
(d) 2,00,000 वर्ग किमी से अधिक पाया जाता है

उत्तर (b) 2,000 से 20,000 वर्ग किमी से मध्य पाया जाता है।

निर्देश (प्र. स. 26-28 नीचे दो कथन दिए गए है, जिसमें से एक कथन (A) और दूसरा कारण (R) है। दिए गए कूट की सहायता से सही उत्तर चुनिए।

कूट

(a) A और R दोनों सही हैं तथा R, A की सही व्याख्या है
(b) A और R दोनों सही हैं, परंतु R, A की सही व्याख्या नहीं है
(c) A सही है, किंतु R गलत है
(d) A गलत है, किंतु R सही है

26. **कथन (A) गंगा व ब्रह्मपुत्र नदी तंत्र बंगाल की खाड़ी की ओर प्रवाहित होती हैं।**

कारण (R) मालदा गैप, राजमहल पहाड़ियों और मेघालय पठार के मध्य स्थित है।

उत्तर *(a)* मध्य प्लोस्टोसीन काल में राजमहल पहाड़ियों और मेघालय पठार के मध्य स्थित मालदा गैप का क्षेपण हुआ, जिसमें गंगा व ब्रह्मपुत्र नदी तंत्र बंगाल की खाड़ी की ओर प्रवाहित होने लगे।

27. **कथन (A) हिमालयी अपवाह तंत्र की नदियाँ बारहमासी कहलाती हैं।**

कारण (R) इन नदियों में वर्षभर जल की आपूर्ति होती रहती है।

उत्तर *(b)* हिमालय अपवाह तंत्र में मुख्य रूप से गंगा, सिंधु व ब्रह्मपुत्र नदी द्रोणियाँ पाई जाती हैं, जो बर्फ के पिघलने व वर्षा दोनों से जल प्राप्त करती हैं, जिससे इन नदियों में वर्षभर जल की आपूर्ति होती रहती है। अतः ये नदियाँ बारहमासी कहलाती हैं।

28. **कथन (A) हिमालय क्षेत्र में नदियों का मार्ग टेढ़ा-मेढ़ा तथा मैदानी भागों में सर्पाकार होता है।**

कारण (R) मैदानी क्षेत्र में पर्वतीय क्षेत्र से लाए गए अवसादों से नदियों का मार्ग अवरुद्ध हो जाता है।

उत्तर (b) नदियाँ जब पहाड़ों से मैदानी भाग में प्रवाहित होती हैं, तब समतल घाटियाँ, गोरखुर झीलें, बाढ़कृत मैदान, गुंफित वाहिकाएँ और नदी के मुहाने पर डेल्टा जैसी स्थलाकृतियों का निर्माण करती हैं। हिमालय क्षेत्र में नदियों का मार्ग टेढ़ा-मेढ़ा तथा मैदानी भागों में सर्पाकार होता है। मैदानी क्षेत्र में पर्वतीय क्षेत्र से लाए गए अवसादों से नदियों का मार्ग अवरुद्ध हो जाता है और वे अपनी दिशा बदल लेती हैं।

स्रोत आधारित प्रश्न

निम्नलिखित स्रोतों को ध्यानपूर्वक पढ़कर उन पर आधारित प्रश्नों के उत्तर दीजिए

1. **हिमालयी अपवाह तंत्र भूगर्भिक इतिहास के एक लंबे दौर में विकसित हुआ है। इसमें मुख्यतः गंगा, सिंधु व ब्रह्मपुत्र नदी द्रोणियाँ शामिल हैं। यहाँ की नदियाँ बारहमासी हैं, क्योंकि ये बर्फ पिघलने व वर्षण दोनों पर निर्भर हैं। ये नदियाँ गहरे महाखड्डों से गुजरती हैं, जो हिमालय के उत्थान के साथ-साथ अपरदन क्रिया द्वारा निर्मित हैं। महाखड्डों के अतिरिक्त ये नदियाँ अपने पर्वतीय मार्ग में V-आकार की घाटियाँ, क्षिप्रिकाएँ व जलप्रपात भी बनाती हैं। जब ये मैदान में प्रवेश करती हैं, तो निक्षेपणात्मक स्थलाकृतियाँ; जैसे-समतल घाटियों, गोखुर झीलें, बाढ़कृत मैदान, गुंफित वाहिकाएँ और नदी के मुहाने पर डेल्टा का निर्माण करती हैं। हिमालय क्षेत्र में इन नदियों का रास्ता टेढ़ा-मेढ़ा है, परंतु मैदानी क्षेत्र में इनमें सर्पाकार मार्ग में बहने की प्रवृत्ति पाई जाती है और अपना रास्ता बदलती रहती हैं। कोसी नदी, जिसे बिहार का शोक कहते हैं, अपना मार्ग बदलने के लिए कुख्यात रही है।**

यह नदी पर्वतों के ऊपरी क्षेत्रों से भारी मात्रा में अवसाद लाकर मैदानी भाग में जमा करती है। इससे नदी मार्ग अवरुद्ध हो जाता है व परिणामस्वरूप नदी अपना मार्ग बदल लेती है। हिमालय पर्वतीय नदियों के विकास के बारे में मतभेद है। यद्यपि भू-वैज्ञानिक मानते हैं कि मायोसीन कल्प में (लगभग 2.4 करोड़ से 50 लाख वर्ष पहले) एक विशाल नदी, जिसे शिवालिक या इंडो-ब्रह्म कहा गया है, हिमालय के संपूर्ण अनुदैर्ध्य विस्तार के साथ असम से पंजाब तक बहती थी और अंत में निचले पंजाब के पास सिंधु की खाड़ी में अपना पानी विसर्जित करती थी। शिवालिक पहाड़ियों की असाधारण निरंतरता, इनका सरोवरी उद्गम और इनका जलोढ़ निक्षेप से बना होना जिसमें रेत, मृत्तिका, चिकनी मिट्टी, गोलाश्म व कोंगलोमेरेट शामिल है, इस धारणा की पुष्टि करते हैं।

(i) **हिमालय की नदियों को बारहमासी क्यों कहा जाता है?**

उत्तर हिमालयी नदियों को बारहमासी इसलिए कहा जाता है, क्योंकि इनका जल प्रवाह बर्फ पिघलने और वर्षा पर निर्भर करता है।
गर्मी के समय ग्लेशियर से बर्फ पिघलने के कारण जल की आपूर्ति होती है, जबकि मानसून के दौरान भारी वर्षा इन नदियों को भरपूर जल प्रदान करती है। इस वजह से इन नदियों में वर्ष भर पानी रहता है।

(ii) **कोसी नदी को "बिहार का शोक" क्यों कहा जाता है?**

उत्तर कोसी नदी को "बिहार का शोक" इसलिए कहा जाता है, क्योंकि यह पर्वतीय क्षेत्रों के भारी मात्रा में अवसाद लाकर मैदानी भागों में जमा करती है। इससे नदी का मार्ग अवरुद्ध हो जाता है और यह बार-बार अपना रास्ता बदलती है। मार्ग परिवर्तन के कारण बाढ़ आती है, जिससे बिहार के बड़े हिस्से को भारी नुकसान होता है।

(iii) हिमालयी नदियों की घाटियाँ पर्वतीय और मैदानी भागों में कैसे भिन्न होती हैं?

उत्तर पर्वतीय भागों में हिमालयी नदियाँ V-आकार की गहरी घाटियाँ और महाखड्ड बनाती हैं। यहाँ पानी तेजी से बहता है, और अपरदन की क्रियाएँ प्रमुख होती हैं।

दूसरी और मैदानी भागों में ये नदियाँ धीमी गति से बहती हैं ओर निक्षेपण क्रियाएँ करती हैं। इससे समतल घाटियाँ, झीले, बाढ़कृत मैदान और डेल्टा जैसी स्थलाकृतिया बनती हैं।

2. प्रायद्वीपीय अपवाह तंत्र हिमालयी अपवाह तंत्र से पुराना है। यह तथ्य नदियों की प्रौढ़ावस्था और नदी घाटियों के चौड़ा व उथला होने से प्रमाणित होता है। पश्चिमी तट के समीप स्थित पश्चिमी घाट बंगाल की खाड़ी में गिरने वाली प्रायद्वीपीय नदियों और अरब सागर में गिरने वाली छोटी नदियों के बीच जल-विभाजक का कार्य करता है। नर्मदा और तापी को छोड़कर अधिकतर प्रायद्वीपीय नदियाँ पश्चिम से पूर्व की ओर बहती हैं। प्रायद्वीप के उत्तरी भाग में निकलने वाली चंबल, सिंध, बेतवा, केन व सोन नदियाँ गंगा नदी तंत्र का अंग हैं। प्रायद्वीप के अन्य प्रमुख नदी-तंत्र महानदी, गोदावरी, कृष्णा और कावेरी हैं। प्रायद्वीपीय नदियों की विशेषता है कि ये एक सुनिश्चित मार्ग पर चलती हैं, विसर्प नहीं बनाती और ये बारहमासी नहीं हैं, यद्यपि भ्रंश घाटियों में बहने वाली नर्मदा और तापी इसका अपवाद हैं।

अति प्राचीनकाल की तीन प्रमुख भूगर्भिक घटनाओं ने आज के प्रायद्वीपीय भारत के अपवाह तंत्र को स्वरूप प्रदान किया है

I. आरंभिक टर्शियरी काल के दौरान प्रायद्वीप के पश्चिमी पार्श्व का अवतलन या धँसाव जिससे यह समुद्रतल से नीचे चला गया। इससे मूल जल संभर के दोनों ओर नदी की सामान्यतः सममित योजना में गड़बड़ी हो गई।

II. हिमालय में होने वाले प्रोत्थान के कारण प्रायद्वीप खंड के उत्तरी भाग का अवतलन हुआ और परिणामस्वरूप भ्रंश द्रोणियों का निर्माण हुआ। नर्मदा और तापी इन्हीं भ्रंश घाटियों में बह रही हैं और अपरदन पदार्थ से मूल दरारों को भर रही हैं। इसलिए, इन नदियों में जलोढ़ व डेल्टा निक्षेप की कमी पाई जाती है।

III. इसी काल में प्रायद्वीप खंड उत्तर-पश्चिम दिशा से, दक्षिण-पूर्व दिशा में झुक गया। परिणामस्वरूप इसका अपवाह बंगाल की खाड़ी की ओर उन्मुख हो गया।

(i) अरब सागर में प्रवाहित होने वाले तथा बंगाल की खाड़ी में गिरने वाली नदियों के मध्य जल विभाजक कौन है?

उत्तर पश्चिमी तट के समीप स्थित पश्चिमी घाट बंगाल की खाड़ी में गिरने वाली प्रायद्वीपीय नदियों और अरब सागर में गिरने वाली छोटी नदियों के बीच जल विभाजक का कार्य करता है।

(ii) प्रायद्वीपीय खंड उत्तर-पश्चिम दिशा से दक्षिण-पूर्वी दिशा की ओर किस काल में अवतलित हो गया था?

उत्तर प्रायद्वीपीय खंड उत्तर-पश्चिम दिशा से दक्षिण-पूर्वी दिशा की ओर टर्शियरी काल में अवतलित हो गया था।

(iii) प्रायद्वीपीय खंड की किस नदी द्वारा डेल्टा का निर्माण नहीं किया जाता है?

उत्तर प्रायद्वीपीय खंड की तापी नदी द्वारा डेल्टा का निर्माण नहीं किया जाता है।

3. चंबल नदी मध्य प्रदेश के मालवा पठार में महु के निकट निकलती है और उत्तरमुखी होकर एक महाखडड से बहती हुई राजस्थान में कोटा पहुँचती है, जहाँ इस पर गांधीसागर बाँध बनाया गया है। कोटा पहुँचती है, जहाँ इस पर गांधीरागर बाँध बनाया गया है। कोटा पहुँचती है, जहाँ इस पर गांधीसागर बाँध बनाया गया है। कोटा से यह बूँदी, सवाई माधोपुर और धौलपुर होती हुई यमुना नदी में मिल जाती है। चंबल अपनी उत्खात भूमि वाली भू- आकृति के लिए प्रसिद्ध है, जिसे चंबल खड्ड (Ravine) कहा जाता है।

गंडक नदी दो धाराओं कालीगंडक और त्रिशूलगंगा के मिलने से बनती है। यह नेपाल हिमालय में धौलागिरी व माऊंट एवरेस्ट के बीच निकलती है और मध्य नेपाल को अपवाहित करती है। बिहार के चंपारन जिले में यह गंगा मैदान में प्रवेश करती है और पटना के निकट सोनपुर में गंगा नदी में जा मिलती है।

घाघरा नदी मापचाचुँगो हिमनद से निकलती है तथा तिला, सेती व बेरी नामक सहायक नदियों का जलग्रहण करने के उपरांत यह शीशापानी में एक गहरे महाखड्ड का निर्माण करते हुए पर्वत से बाहर निकलती है। शारदा नदी (काली या काली गंगा) इससे मैदानें मिलती है और अंततः छपरा में यह गंगा नदी में विलीन हो जाती है।

कोसी एक पूर्ववर्ती नदी है जिसका स्रोत तिब्बत में माऊंट एवरेस्ट के उत्तर में है जहाँ से इसकी मुख्य धारा अरुण निकलती है। नेपाल में, मध्य हिमालय को पार करने के बाद इसमें पश्चिम से सोन कोसी और पूर्व से तमुर कोसी मिलती है। अरुण नदी से मिलकर यह सप्तकोसी बनाती है।

(i) चंबल नदी का उद्गम किस पठार से होता है ?

(a) नागपुर का पठार (b) दक्कन का पठार
(c) मालवा का पठार (d) तिब्बत का पठार

उत्तर (c) मालवा का पठार

(ii) चंबल नदी पर कौन-सा बाँध बनाया गया है?

(a) गाँधी सागर (b) नागार्जुन सागर
(c) रिहंद सागर (d) टिहरी

उत्तर (a) गाँधी सागर

(iii) कोसी एक पूर्ववर्ती नदी है, इसकी मुख्य धारा किससे निकलती है?

(a) वरूणा से (b) अरुण से
(c) सप्तकोषी से (d) इनमें से कोई नहीं।

उत्तर (b) अरुण से

लघु उत्तरीय प्रश्न

1. अपवाह प्रतिरूप क्या है? वृक्षाकार अपवाह प्रतिरूप तथा अरीय प्रतिरूप को स्पष्ट कीजिए।

उत्तर मुख्य नदियों तथा सहायक नदियों के अपवाह के विन्यास को अपवाह प्रतिरूप कहा जाता है। वृक्षाकार अपवाह प्रतिरूप तथा अरीय प्रतिरूप का वर्णन इस प्रकार है

(i) **वृक्षाकार अपवाह प्रतिरूप** वृक्षों की शाखाओं के रूप में विकसित अपवाह तंत्र को वृक्षाकार प्रतिरूप कहते हैं; जैसे— उत्तरी मैदान के नदियों के अपवाह प्रतिरूप।

(ii) **अरीय अपवाह प्रतिरूप** पर्वत से निकलकर सभी दिशाओं में बहने वाली नदियों के विकसित अपवाह प्रतिरूप या अपवाह तंत्र को अरीय अपवाह प्रतिरूप कहा जाता है; जैसे—अमरकंटक पर्वत श्रृंखला से निकलने वाली नदियों के अपवाह प्रतिरूप।

2. समुद्र में जल विसर्जन के आधार पर भारतीय अपवाह तेज को कितने भागों में विभाजित किया गया है?

उत्तर समुद्र में जल विसर्जन के आधार पर भारतीय अपवाह तंत्र को दो भागों में बाँटा जाता है, जो दिल्ली, कटक, अरावली एवं सह्याद्रि द्वारा अलग होते हैं, उनका वर्णन निम्नलिखित है

(i) **बंगाल की खाड़ी का अपवाह तंत्र** इस अपवाह तंत्र में गंगा, ब्रह्मपुत्र, महानदी, कृष्णा आदि नदियाँ अपवाहित होती हैं, जो अपने जल को बंगाल की खाड़ी में गिराती हैं। ये तंत्र कुल अपवाहित क्षेत्र के 77% भाग में अपवाहित होते हैं।

(ii) **अरब सागर का अपवाह तंत्र** इस अपवाह तंत्र में सिंधु, नर्मदा, तापी, माही व पेरियार नदियाँ अपवाहित होती हैं, जो अपने जल को अरब सागर में गिराती हैं। ये तंत्र कुल अपवाह क्षेत्र के 23% भाग में अपवाहित होते हैं।

3. हिमालयी अपवाह तंत्र की चार विशेषताओं को बताइए

उत्तर हिमालयी अपवाह तंत्र की चार विशेषताएँ निम्नलिखित हैं

- इस अपवाह तंत्र की नदियाँ बर्फ के पिघलने तथा वर्षा जल दोनों से जल को प्राप्त करती हैं।
- इसकी नदियाँ गहरे महाखड्डों से गुजरती हैं, जो हिमालय के उत्थान के साथ अपरदन क्रिया से निर्मित हैं
- ये नदियाँ मैदानी भागों में समतल घाटियाँ, गोखुर झील, बाढ़कृत मैदान, गुंफित वाहिकाएँ और डेल्टा आदि का निर्माण करती हैं।
- हिमालय अपवाह तंत्र की नदियाँ बारहमासी जल प्रवाह करती हैं।

4. सिंधु नदी तंत्र की किंहीं तीन सहायक नदियों की व्याख्या कीजिए

अथवा **सिंधु नदी तंत्र की हिमालय पर्वत श्रृंखला से निकलने वाली प्रमुख सहायक नदियों का वर्णन करें**

उत्तर सिंधु नदी तंत्र की सहायक नदियाँ निम्नलिखित हैं

(i) **झेलम नदी** यह सिंधु की प्रमुख सहायक नदी है, जो कश्मीर घाटी के दक्षिण-पूर्वी भाग में पीरपंजाल में स्थित वेरीनाग झरने से निकलती है। यह श्रीनगर और वुलर झील से बहते हुए एवं एक गहरे महाखड्ड से निकलकर पाकिस्तान में झंग के निकट चेनाब नदी से मिलती है।

(ii) **चेनाब नदी** यह सिंधु की सबसे बड़ी सहायक नदी है, जो चंद्रा और भागा नामक दो नदियों के मिलने से बनती है, जिसे **चंद्रभागा** कहा जाता है। दोनों नदियाँ हिमाचल प्रदेश में केलाँग के निकट तांडी में आपस में मिलती हैं। यह नदी पाकिस्तान में मिलने से पहले 1,180 किमी लंबे क्षेत्र में बहती है।

(iii) **रावी नदी** यह नदी हिमाचल प्रदेश की कुल्लू पहाड़ियों में रोहतांग दर्रे के पश्चिम से निकलती है और चंबा घाटी से होकर बहती है। यह पाकिस्तान में प्रवेश करने एवं सराय सिंधु के निकट चेनाब में मिलने से पहले पीरपंजाल के दक्षिण-पूर्वी भाग व धौलाधर के बीच से प्रवाहित होती है।

5. गंगा नदी तंत्र की छः विशेषताओं को बताइए

उत्तर गंगा नदी तंत्र की छः विशेषताएँ निम्नलिखित हैं

(i) यह भारत का सबसे बड़ा अपवाह तंत्र है।

(ii) यह नदी अपनी द्रोणी तथा सांस्कृतिक महत्त्व के कारण जानी जाती है।

(iii) यह देवप्रयाग में अलकनंदा से मिलकर गंगा कहलाती है।

(iv) गंगा नदी तंत्र विश्व प्रसिद्ध सबसे बड़ा डेल्टा सुंदरवन का निर्माण करती है।

(v) गंगा नदी उत्तराखंड राज्य के उत्तरकाशी जिले में गोमुख के निकट गंगोत्री हिमनद से 3,900 मी की ऊँचाई से निकलती है।

(vi) गंगा नदी हरिद्वार में, मैदान में प्रवेश करती है, इसके बाद यह उत्तर प्रदेश, बिहार और पश्चिम बंगाल से होकर बंगाल की खाड़ी में मिलती है।

6. गंगा नदी की किन्हीं तीन सहायक नदियों को स्पष्ट कीजिए

उत्तर गंगा की तीन प्रमुख सहायक नदियाँ निम्नलिखित हैं

(i) **यमुना नदी** यमुना गंगा की सबसे पश्चिमी और सबसे लंबी सहायक नदी है, जिसका स्रोत यमुनोत्री हिमनद है, जो हिमालय में बंदरपूँछ श्रेणी की पश्चिमी ढाल पर 6,316 मी ऊँचाई पर स्थित है। यह प्रयाग (इलाहाबाद) में गंगा से मिलती नदियाँ है।

(ii) **चंबल नदी** चंबल नदी मध्य प्रदेश के मालवा पठार में महु के निकट जानापाव पहाडी से निकलती है, जो उत्तर दिशा में बहते हुए राजस्थान के कोटा में पहुँचती है। इस नदी पर यहाँ गाँधीसागर बाँध बनाया गया है। यहाँ से यह नदी बूँदी, सवाई माधोपुर और धौलपुर से निकलती हुई यमुना नदी में मिलती है। यह नदी अपनी भू-आकृति के कारण जानी जाती है, जिसे चंबल खड्ड कहते हैं।

(iii) **गंडक नदी** यह कालीगंडक तथा त्रिशूलगंगा के मिलने से बनती है, जो नेपाल, हिमालय में धौलागिरि व माउंट एवरेस्ट के मध्य से निकलती है और मध्य हिमालय को अपवाहित करती है। बिहार के चंपारण में गंगा के मैदानी भाग में प्रवेश करती है और अंत में पटना में सोनपुर के निकट गंगा में मिल जाती है।

7. ब्रह्मपुत्र द्रोणी की विशेषताएँ बताइए। इस द्रोणी में प्रायः बाढ़ क्यों आती है?

अथवा **ब्रह्मपुत्र द्रोणी में बाढ़ आने का क्या कारण है? तथा इसकी विशेषताओं का वर्णन कीजिए**

उत्तर ब्रह्मपुत्र द्रोणी की विशेषताएँ निम्नलिखित हैं

- ब्रह्मपुत्र नदी विश्व की बड़ी नदियों में से एक है, जिसका उद्गम स्थल कैलाश पर्वत श्रेणी की मानसरोवर झील के निकट चेमायुँगडुंग हिमनद में है।
- यह नदी पूर्व दिशा में बहती हुई दक्षिणी तिब्बत के शुष्क व समतल मैदान में लगभग 1200 किमी की दूरी तय करती है। जहाँ इसे सांग्पो अर्थात् शोधक कहा जाता है। तिब्बत की रागोंसांग्पो नदी इसके दाहिने तट पर मिलने वाली प्रमुख सहायक नदी है।
- यह अरुणाचल प्रदेश के सादिया कस्बे के पश्चिम से भारत में प्रवेश करती है। दक्षिण-पश्चिम दिशा में बहते हुए बाएँ तट पर दिरांग या सिकांग और लोहित नदियाँ आकर मिलती हैं, जिसके बाद यह ब्रह्मपुत्र कहलाती है।

यह नदी बाढ़ मार्ग परिवर्तन एवं तटीय अपरदन की क्रिया के लिए जानी जाती है। ऐसा इसलिए होता है, क्योंकि इस क्षेत्र में वर्षा अधिक होती है तथा सहायक नदियाँ बड़ी हैं, जो बड़े क्षेत्र से बड़ी मात्रा में अवसाद लेकर आती हैं, जिसके कारण बाढ़ आ जाती है।

8. प्रायद्वीपीय नदियों के विकास से संबंधित किन्हीं चार पहलुओं की व्याख्या कीजिए

उत्तर प्रायद्वीपीय नदियों के विकास से संबंधित चार पहलू निम्नलिखित हैं

(i) प्रायद्वीपीय अपवाह तंत्र की नदियाँ प्रौढ़ावस्था से प्रवाहित हैं, जो हिमालय तंत्र से पुरानी हैं।

(ii) यह पश्चिमी घाट, बंगाल की खाड़ी में गिरने वाली प्रायद्वीपीय नदियों तथा अरब सागर में गिरने वाली छोटी नदियों के मध्य जल विभाजक का कार्य करती हैं।

(iii) नर्मदा एवं तापी नदियों को छोड़कर अधिकतर प्रायद्वीपीय नदियाँ पश्चिम से पूर्व दिशा में बहती हैं। इसके उत्तरी भाग में निकलने वाली सिंध, चंबल, बेतवा, केन व सोन गंगा नदी तंत्र की सहायक नदियाँ हैं।

(iv) इसके अतिरिक्त महानदी, गोदावरी, कृष्णा और कावेरी प्रमुख नदी तंत्र हैं। इस भाग की नदियाँ एक सुनिश्चित मार्ग पर चलती हैं, बारहमासी नहीं होती हैं तथा विसर्प नहीं बनाती हैं। यहाँ नर्मदा एवं तापी को अपवाद रूप में देखा जा सकता है।

दीर्घ उत्तरीय प्रश्न

1. अपवाह तंत्र से आप क्या समझते हैं? भारतीय अपवाह तंत्र के वर्गीकरण के आधारों को सविस्तार समझाइए।

उत्तर अपवाह तंत्र (Drainage system) से तात्पर्य उस प्रणाली से है, जिसमें नदियाँ झीलें, जलाशय और भूमिगत जल का संग्रहण होता है। यह प्रणाली भू-भाग के जल को एक विशिष्ट दिशा में बहने के लिए संचालित करती है, ताकि यह जल किसी बड़े समुद्र या महासागर में मिल सके। भारत में अपवाह तंत्र का वर्गीकरण विभिन्न आधारों पर किया गया है। इसे प्रमुख रूप से समुद्र के जल विसर्जन, जल संभर क्षेत्र के आकार और उत्पत्ति के आधार पर विभाजित किया जा सकता है।

1. **समुद्र में जल विसर्जन के आधार पर वर्गीकरण**
भारत में अपवाह तंत्र को समुद्र में जल विसर्जन के आधार पर दो मुख्य समूहों में बाँटा गया है

(i) **अरब सागर का अपवाह तंत्र** इसमें नदियाँ अपना जल अरब सागर में गिराती हैं। इसमें सिंधु, नर्मदा, तापी, माही और पेरियार जैसी नदियाँ शामिल हैं।

(ii) **बंगाल की खाड़ी का अपवाह तंत्र** इसमें नदियाँ अपना जल बंगाल की खाड़ी मे विसर्जित करती हैं। इसमें गंगा, ब्रह्मपुत्र, महानदी, कृष्णा, साबरमती और मेघना आदि नदियाँ शामिल हैं।

2. जल-संभर क्षेत्र के आकार के आधार पर वर्गीकरण
भारतीय अपवाह तंत्र के जल-संभर क्षेत्र के आकार के आधार पर तीन श्रेणियों में बाँटा गया है

- **प्रमुख नदी द्रोणी**–जिनका अपवाह क्षेत्र 20,000 वर्ग किमी से अधिक है। इसमें गंगा, ब्रह्मपुत्र, कृष्णा, तापी, नर्मदा, माही आदि प्रमुख नदियाँ शामिल हैं।
- मध्यम नदी द्रोणी जिनका अपवाह क्षेत्र 2,000 से 20,000 वर्ग किमी तक होता हैं। इसमें 44 नदी द्रोणियाँ है, जैसे-कालिंदी, पेरियार, मेघना आदि।
- लघु नदी द्रोणी जिनका अपवाह क्षेत्र 2,000 वर्ग किमी, से कम होता है। इसमें छोटी और कम वर्षा वाले क्षेत्रों की नदियाँ शामिल हैं।

3. उद्गम स्थल के आधार पर वर्गीकरण –भारतीय अपवाह तंत्र को उत्पत्ति के आधार पर भी वर्गीकृत किया जाता है

हिमालयी अपवाह तंत्र– इस तंत्र की नदियाँ। हिमालय पर्वत से निकलती है और यह बंगाल की खाड़ी में जल विसर्जित करती हैं। उत्तर भारत की प्रमुख नदियाँ, जैसे-गंगा, यमुना, ब्रह्मपुत्र आदि हिमालयी अपवाह तंत्र में आती हैं।

प्रायद्वीपीय अपवाह तंत्र-इस तंत्र की नदियाँ प्रायद्वीपीय क्षेत्र (मुख्यतः पश्चिमी घाट) के निकलती हैं। इन नदियों का जल अरब सागर या बंगाल की खाड़ी में विसर्जित होता है। इनमें नर्मदा, तापी, कृष्णा, कावेरी जैसी नदियाँ शामिल हैं।

2. हिमालय अपवाह तंत्र और प्रायद्वीपीय अपवाह तंत्र की महत्ता बताइए

अथवा **भारतीय अपवाह तंत्र के अंतर्गत हिमालयी अपवाह के महत्त्व को समझाइए।**

अथवा **भारतीय अपवाह तंत्र से आप क्या समझते हैं? इसके अंतर्गत हिमालयी अपवाह तंत्र तथा प्रायद्वीपीय अपवाह तंत्र के महत्त्व को समझाइए।**

उत्तर भारतीय अपवाह तंत्र में अनेक छोटी-बड़ी अनेक नदियाँ पाई जाती हैं, जिनकी उत्पत्ति तीन बड़ी भू-आकृतिक इकाइयों की विकास प्रक्रिया तथा वर्षण की प्रकृति व लक्षणों के फलस्वरूप हुई है।

भारत के अपवाह तंत्र मुख्य रूप से दो भागों में विभक्त हैं

(i) **हिमालयी अपवाह तंत्र** इसमें सिंधु, गंगा, ब्रह्मपुत्र नदी तंत्र हैं, जिनके विस्तृत अपवाह क्षेत्र हैं तथा ये वर्षभर प्रवाह होती हैं। ये तराई व जलोढ़ मैदान का विकास करती हैं, जो कृषि के लिए काफी उपयुक्त है। इसके अतिरिक्त ये समतल में प्रवाहित होती हैं, जिससे नौका संचालन होता है।

नहरों के लिए पर्याप्त जल की प्राप्ति हो जाती है तथा जहाँ संभव हो वहाँ बाँधों का निर्माण कर विद्युत उत्पादन किया जाता है।

(ii) **प्रायद्वीपीय अपवाह तंत्र** प्रायद्वीपीय भाग से प्रवाहित होने वाली नदियों का वेग तीव्र होता है, जो जलप्रपात एवं अन्य आकर्षक केंद्रों का निर्माण करती हैं। इसके साथ ही ये जलविद्युत उत्पादन के लिए अनुकूल स्थिति पैदा करती हैं इतना ही नहीं देश तथा बाहर के क्षेत्रों में व्यापार को बढ़ावा देने हेतु प्राकृतिक पत्तन या बंदरगाह के अनुकूल भौगोलिक स्वरूप प्रदान करती हैं।

3. गंगा नदी तंत्र से आप क्या समझते हैं? इसकी प्रमुख सहायक नदियों का वर्णन करें।

उत्तर **गंगा नदी तंत्र**

- यह भारत का सबसे बड़ा और महत्त्वपूर्ण नदी तंत्र है, जो देश के उत्तरी, मध्य और पूर्वी क्षेत्रों में जल, सिंचाई, कृषि व्यापार और सांस्कृतिक गतिविधियों का आधार है। इसका स्रोत हिमालय की गंगोत्री हिमनद से निकलने वाली भागीरथी नदी है, जो देवप्रयाग में अलकनंदा से मिलकर गंगा कहलाती है। इसकी लंबाई लगभग 12,525 किमी है और यह उत्तराखंड, उत्तर प्रदेश, बिहार, झारखंड और पश्चिम बंगाल से होकर गुजरती है।

गंगा की प्रमुख सहायक नदियाँ

- गंगा की कई सहायक नदियाँ हैं, जो इसे भारत का सबसे बड़ा अपवाह तंत्र बनाती हैं। सहायक नदियों को दाए तट पर और बाएँ तट पर मिलने वाली नदियों में वर्गीकृत किया जा सकता है।

1. **दाएँ तट की सहायक नदियाँ**

(i) **यमुना नदी** यह गंगा की सबसे लंबी सहायक नदी है, जो हिमालय के यमुनोत्री हिमनद से निकलती है और प्रयागराज में गंगा से मिलती है।

(ii) **सोन नदी** यह मध्यभारत के अमरकंटक पठार से निकलती है और बिहार में पटना के निकट गंगा में मिल पाती है

(iii) **चम्बल, केन, बेतवा** और **सिंध** ये नदियाँ प्रायद्वीपीय भारत से निकलती हैं और यमुना नदी में मिलती हैं।

2. **बाएँ तट की सहायक नदियाँ**

(i) **रामगंगा** यह उत्तराखंड से निकलकर उत्तर प्रदेश में कन्नौज के निकट गंगा नदी में मिल जाती है।

(ii) **गोमती** यह उत्तर प्रदेश में बहती है और वाराणसी के पास गंगा में मिलती है।

(iii) **घाघरा** यह नेपाल से निकलती है और उत्तर प्रदेश में गंगा में मिलती है।

(iv) **गंडक** यह नेपाल के धौलागिरी से निकलती है और बिहार के सोनपुर में गंगा में मिलती है।

(v) **कोसी** यह नेपाल से होकर बिहार में गंगा में मिलती है और इसे 'बिहार का शोक' भी कहा जाता है।

(vi) **महानंदा** यह दार्जिलिंग पहाड़ियों से निकलकर पश्चिम बंगाल में गंगा के बाएँ तट से मिलने वाली अंतिम सहायक नदी है।

मानचित्र आधारित प्रश्न

1. भारत के मानचित्र पर नीचे दी गई नदियों को चिह्नित करें

(i) सिंधु (ii) नर्मदा (iii) तापी
(iv) गोदावरी (v) कृष्णा

उत्तर

2. भारत के मानचित्र पर नीचे दी गई नदियों को चिह्नित करें

(i) कावेरी (ii) महानदी (iii) सांग्पो (ब्रह्मपुत्र)
(iv) सतलज (v) गंगा

उत्तर

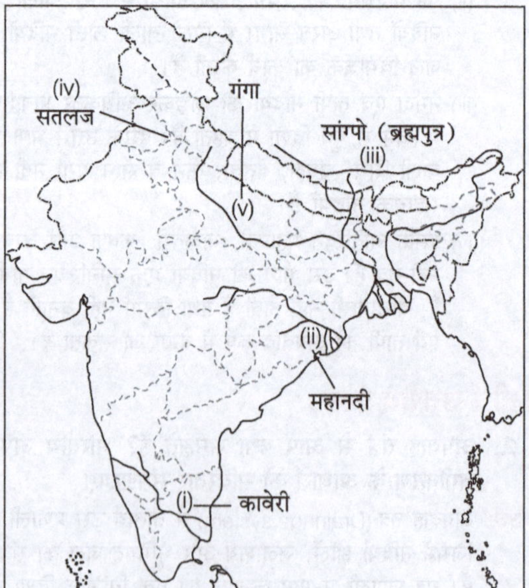

3. **भारत के मानचित्र पर नीचे दी गई नदियों को चिह्नित करें**

(i) यमुना (ii) चंबल
(iii) दामोदर (iv) लूनी

उत्तर

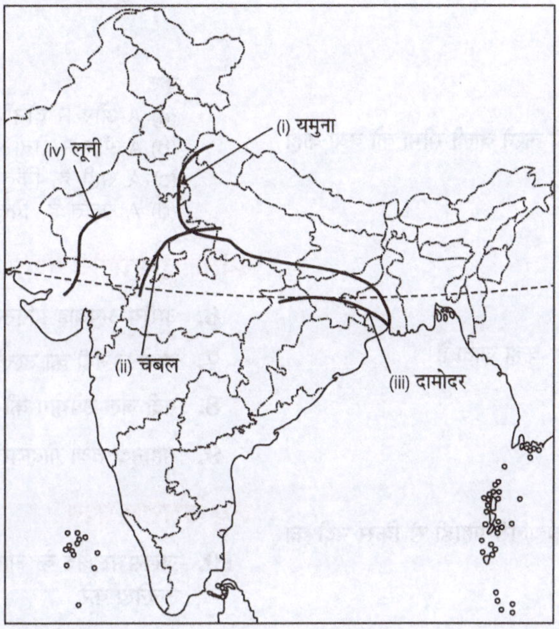

4. **भारत के मानचित्र पर निम्न को चिह्नित कीजिए।**

(i) पाक जलडमरुमध्य (ii) कच्छ का रण
(iii) कच्छ की खाड़ी (iv) मन्नार की खाड़ी
(v) खंभात की खाड़ी

उत्तर

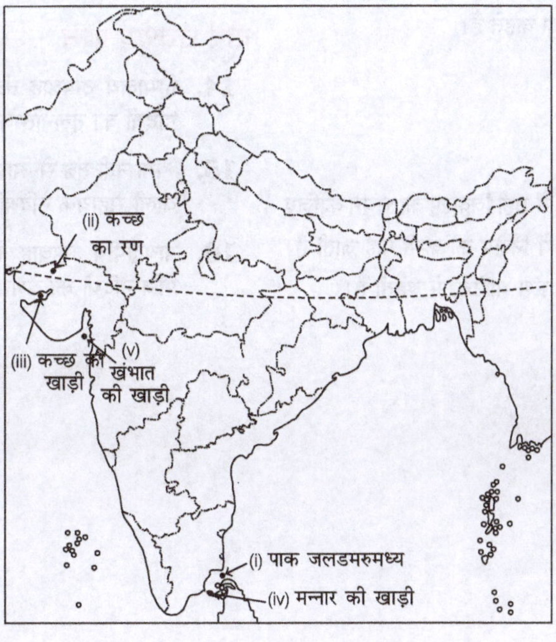

स्वयं को जाँचें

वस्तुनिष्ठ प्रश्न

1. एक अपवाह द्रोणी को दूसरे से अलग करने वाली सीमा को क्या कहा जाता है?
   (a) अपवाह द्रोणी
   (b) जल विभाजक
   (c) अपवाह जाल
   (d) अपवाह तंत्र

2. सिंधु नदी को तिब्बत में ………… कहा जाता है।
   (a) पेमा खंबान
   (b) सिंगी खंबान
   (c) सांग्पो
   (d) गार्स्टिंग

3. कर्नाटक में कोडागु जिले में स्थित ब्रह्मगिरी पहाड़ी से किस नदी का उद्गम होता है?
   (a) कृष्णा
   (b) गोदावरी
   (c) कावेरी
   (d) तुंगभद्रा

4. यह गंगा के दक्षिण तट पर एक बड़ी सहायक नदी है, जो अमरकंटक के पठार से निकलती है तथा पठार के उत्तरी किनारे पर जलप्रपातों की श्रृंखला बनाती हुई यह नदी पटना से पश्चिम में आरा के पास गंगा नदी में विलीन हो जाती है। इसे …… नदी कहते हैं।
   (a) दामोदर नदी
   (b) सरयू नदी
   (c) महानंदा नदी
   (d) सोन नदी

5. नीचे दिए गए कथन, कारणों के संदर्भ में सही विकल्प का चयन कीजिए
   कथन (A) नर्मदा तथा तापी नदियाँ में निक्षेप की कमी पाई जाती है।
   कारण (R) नर्मदा तथा तापी नदियाँ भ्रंश घाटियों में बहती हैं।

   कूट
   (a) A और R दोनों सही हैं तथा R, A की सही व्याख्या है
   (b) A और R दोनों सही हैं, परंतु R, A की सही व्याख्या नहीं है
   (c) A सही है, किंतु R गलत है
   (d) A गलत है, किंतु R सही है

अतिलघु उत्तरीय प्रश्न

6. अरीय अपवाह प्रतिरूप क्या है?
7. दामोदर नदी का उल्लेख कीजिए
8. नदी जल उपयोग की सीमा से क्या आशय है?
9. महानदी तथा गोदावरी नदी तंत्र में दो अंतर बताइए

लघु उत्तरीय प्रश्न

10. जलसंभर क्षेत्र के आकार के आधार पर भारतीय अपवाह द्रोणियों का उल्लेख करें
11. हिमालय पर्वतीय अपवाह तंत्र के विकास की भू-गर्भिक इतिहास की चर्चा कीजिए
12. 'नदी जल उपयोग की सीमा' का वर्णन करें
13. जलसंभर क्षेत्र के आकार के आधार पर भारतीय अपवाह द्रोणियों को कितने भागों में बाँटा गया है? वर्णन कीजिए।

दीर्घ उत्तरीय प्रश्न

14. हिमालय अपवाह तंत्र की नदियों तथा प्रायद्वीपीय अपवाह तंत्र की नदियों का तुलनात्मक अध्ययन करें।
15. गंगा नदी तंत्र से आप क्या समझते हैं? एवं इसके बाएँ तट पर मिलने वाली सहायक नदियों का वर्णन करें।
16. प्रायद्वीपीय अपवाह तंत्र से आप क्या समझते हैं? इस तंत्र की प्रमुख पाँच नदियों का वर्णन कीजिए।

4

अध्याय

जलवायु

यह अध्याय भारत की जलवायु और उसके विभिन्न रूपों से संबंधित है। इसमें मौसम, वर्षा और हवाओं जैसे विभिन्न कारकों का उपयोग करके भारत की जलवायु का वर्णन किया गया है। यह मानसून की कार्य प्रक्रिया का वर्णन करता है, साथ ही यह भी दर्शाता है कि भारत की जलवायु कृषि को कैसे प्रभावित करती है।

- विभिन्न ऋतुओं में मौसम की दशाओं में भिन्नता पाई जाती है। यह भिन्नता मौसम के तत्त्वों (तापमान, **वायुदाब**[1], आर्द्रता, **वर्षण**[2] और पवनों की दिशा एवं गति आदि) में परिवर्तन से आती है।
- मौसम वायुमंडल की क्षणिक अवस्था है, जबकि जलवायु का तात्पर्य अपेक्षाकृत दीर्घ समय की मौसमी दशाओं के औसत से है।
- मौसम में त्वरित परिवर्तन होता है, जैसे कि एक दिन में या एक सप्ताह में, परंतु जलवायु में परिवर्तन 50 अथवा इससे भी अधिक वर्षों में आता है।

▼ अध्ययन एक नजर में

4.1 मानसून जलवायु में एकरूपता एवं विविधता
4.2 भारत की जलवायु को प्रभावित करने वाले कारक
4.3 भारतीय मानसून की प्रकृति
4.4 शीत ऋतु
4.5 ग्रीष्म ऋतु
4.6 दक्षिण-पश्चिम मानसून की ऋतु (वर्षा ऋतु)
4.7 मानसून के निवर्तन की ऋतु
4.8 भारत की परंपरागत ऋतुएँ

▼ अभ्यास के लिए

- बहुविकल्पीय प्रश्न 22, चित्र आधारित, कथन/कारण, सुमेलित कीजिए
- वर्णनात्मक प्रकार के प्रश्न (लघु उत्तरीय प्रश्न 7, दीर्घ उत्तरीय प्रश्न 2)
- स्रोत आधारित प्रश्न 2, मानचित्र आधारित 2

4.1 मानसून जलवायु में एकरूपता एवं विविधता

- मानसून से तात्पर्य ऐसी जलवायु से है, जिसमें ऋतु के अनुसार पवनों की दिशा में उत्क्रमण हो जाता है।
- दक्षिणी एवं दक्षिणी-पूर्वी एशिया में पाई जाने वाली भारत की जलवायु उष्ण मानसूनी है।
- मानसून पवनों की व्यवस्था भारत और दक्षिण-पूर्व एशिया के मध्य एकता को बल प्रदान करती है। मानसून जलवायु की व्यापक एकता के इस दृष्टिकोण से किसी को भी जलवायु की प्रादेशिक भिन्नताओं को उपेक्षित नहीं करना चाहिए। यही भिन्नता भारत के विभिन्न प्रदेशों के मौसम व जलवायु को भिन्न-भिन्न करती है। उदाहरण के लिए दक्षिण में केरल तथा तमिलनाडु की जलवायु उत्तर में उत्तर प्रदेश तथा बिहार की जलवायु से भिन्न है।
- भारत की जलवायु में विभिन्न प्रादेशिक भिन्नताएँ हैं जिन्हें पवनों के प्रतिरूप, वर्षा और तापक्रम, ऋतुओं की लय तथा शुष्कता एवं आर्द्रता की मात्रा में भिन्नता के रूप में देखा जा सकता हैं
- इन प्रादेशिक विविधताओं का जलवायु के उपवर्गों के रूप में वर्णन किया जा सकता है, जो निम्न प्रकार है

  (i) **वायु प्रतिरूप की भिन्नता के आधार पर** गर्मियों में पश्चिमी मरुस्थल में तापक्रम 55° सेल्सियस तक पहुँच जाता है, जबकि सर्दियों में लेह के आसपास में तापमान 45° सेल्सियस होता है।

1 **वायुदाब** (Air Pressure) धरातलीय सतह या सागर तल पर प्रति इकाई क्षेत्र पर स्थित वायुमंडल की समस्त परतों पर पड़ने वाले समस्त भार को वायुदाब कहते हैं

2 **वर्षण** (Precipitation) जल बूँदों एवं ठोस के रूप में धरातलीय सतह पर गिरने को वर्षण कहते हैं।

(ii) **वर्षण की भिन्नता के आधार पर** हिमाचल में वर्षण मुख्यत: हिमपात के रूप में होता है जबकि देश के अन्य भागों में वर्षण जल की बूँदों के रूप में होता है। इसमें वर्षण के प्रकारों के साथ-साथ वर्षण की मात्रा में भी अंतर पाया जाता है। मेघालय की खासी पहाड़ियों में स्थित चेरापूजी और मॉसिनराम में औसत वार्षिक वर्षा 1,080 सेमी से अधिक होती है। इसके विपरीत राजस्थान के जैसलमेर में औसत वार्षिक वर्षा शायद ही 9 सेमी से अधिक होती है।

- जुलाई या अगस्त में गंगा के डेल्टा तथा ओडिशा के तटीय भागों में प्रत्येक तीसरे या पाँचवे दिन प्रचंड तूफान मूसलाधार वर्षा करते हैं, जबकि इन्ही महीनों मे मात्र एक हजार किमी की दूरी पर स्थित दक्षिण में तमिलनाडु का कोरोमंडल तट शांत एवं शुष्क रहता है।

4.2 भारत की जलवायु को प्रभावित करने वाले कारक

भारत की जलवायु को प्रभावित करने वाले कारक निम्नलिखित हैं

अक्षांश

- भारत की मुख्य भूमि 8°4′ और 37°6′ उत्तरी अक्षांश तथा 68°7′ और 97°25′ पूर्वी देशांतर के मध्य अवस्थित है। कर्क रेखा भारत के मध्य भाग से पूर्व-पश्चिम दिशा में गुजरती है।
- **कर्क रेखा** (Tropic of Cancer) से भारत का उत्तरी भाग शीतोष्ण कटिबंध में तथा दक्षिणी भाग **उष्णकटिबंध**[3] (Tropical) में अवस्थित है। भूमध्यरेखा से अधिक निकट होने के कारण उष्णकटिबंध में वर्षभर उच्च तापमान, कम दैनिक एवं वार्षिक तापांतर पाया जाता है, जबकि भूमध्यरेखा से दूर होने के कारण कर्क रेखा के उत्तर में स्थित भाग में उच्च दैनिक एवं वार्षिक तापांतर वाली जलवायु पाई जाती है।

हिमालय पर्वत

- उत्तर में अवस्थित हिमालय पर्वत शृंखला **जलवायु विभाजक**[4] (Climate Divisor) के साथ ही उपमहाद्वीप को उत्तरी ठंडी पवनों से सुरक्षा प्रदान करता है। ये ठंडी पवनें उत्तरी ध्रुव रेखा के निकट पैदा होती हैं एवं मध्य तथा पूर्वी एशिया में आर-पार बहती हैं। हिमालय पर्वत मानसून पवनों को रोककर उपमहाद्वीप में वर्षा का कारण बनता है।

जल और स्थल का वितरण

- भारत का दक्षिणी भाग तीन ओर से **हिंद महासागर** से घिरा हुआ है, जबकि उत्तर की ओर ऊँची व अविच्छिन्न पर्वत श्रेणी है। स्थल की अपेक्षा जल देर से गर्म और देर से ठंडा होता है। तापन के इस अंतर के कारण भारतीय उपमहाद्वीप में विभिन्न ऋतुओं में विभिन्न वायुदाब प्रदेश का निर्माण होता है। वायुदाब में भिन्नता के कारण मानसून पवनों की दिशा विपरीत हो जाती है।

समुद्र तट से दूरी

- लंबी तटीय रेखा के कारण भारत के विस्तृत तटीय प्रदेशों में समकारी जलवायु पाई जाती है, जबकि आंतरिक भाग में समुद्री प्रभाव से वंचित रहने के कारण विषम जलवायु पाई जाती है। परिणामस्वरूप मुंबई तथा कोंकण तट पर तापमान की विषमता में ऋतु परिवर्तन नहीं होता है, जबकि समुद्र से दूर देश के आंतरिक भागों में अवस्थित दिल्ली, कानपुर और अमृतसर में तापमान की विषमता में मौसमी परिवर्तन होता है तथा मानव जीवन को प्रभावित करता है।

समुद्र तल से ऊँचाई

- ऊँचाई बढ़ने के साथ-साथ तापमान घटता है और वायु विरल (Thin Air) होती जाती है। इसी कारण पर्वतीय प्रदेश मैदानों की तुलना में अधिक ठंडे होते हैं। उदाहरण के लिए, आगरा और दार्जिलिंग एक ही अक्षांश पर स्थित होने के पश्चात् भी जनवरी में आगरा का तापमान 16° सेल्सियस, जबकि दार्जिलिंग का तापमान 4° सेल्सियस होता है।

उच्चावच

- उच्चावच तापमान (Elevation Temperature), वायुदाब, पवनों की गति, दिशा, वितरण तथा ढाल की मात्रा को प्रभावित करता है। उदाहरण के लिए, जून और जुलाई के मध्य पश्चिमी घाट तथा असम के पवनाभिमुखी ढाल पर अधिक वर्षा होती है, जबकि पश्चिमी घाट के दक्षिणी पठार पर पवनविमुखी स्थिति के कारण कम वर्षा होती है।

---

3 उष्णकटिबंध (Tropical) भूमध्यरेखा के दोनों ओर कर्क एवं मकर रेखा के मध्य का क्षेत्र।
4 जलवायु विभाजन (Climate Division) उच्चावचन का एक प्रमुख लक्षण, जो अपने दोनों ओर के भिन्न जलवायु प्रदेशों को पृथक् करता है।

4.3 भारतीय मानसून की प्रकृति

- दक्षिण एशियाई क्षेत्र में वर्षा के कारणों का व्यवस्थित अध्ययन मानसून के कारणों को समझने में सहायता करता हैं। मानसून का आरंभ तथा उसका स्थल की ओर बढ़ना और मानसून में विच्छेद जैसे पक्ष इसके प्रकार हैं।

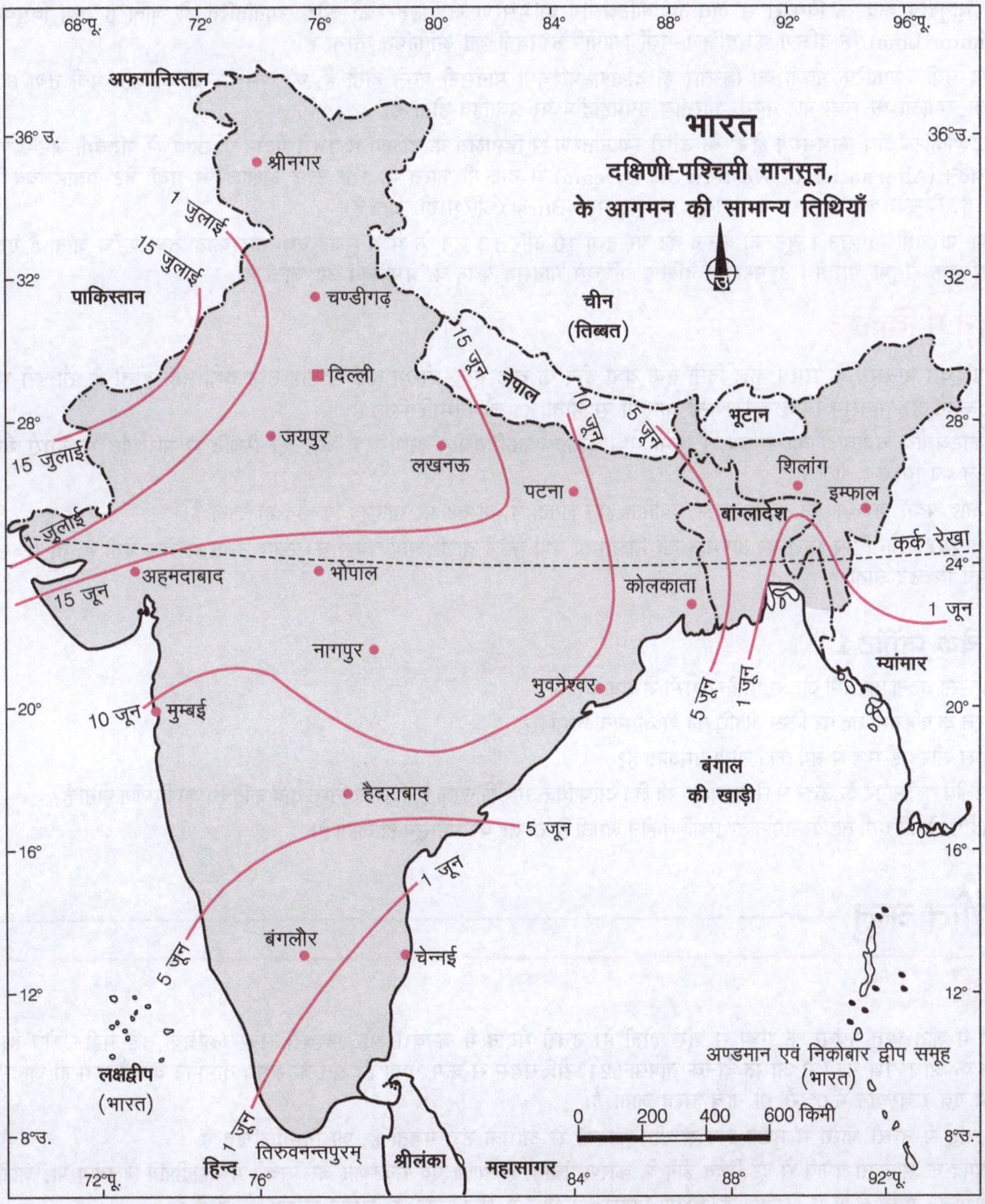

मानसून का आरंभ

- 19वीं सदी के अंत में भारतीय उपमहाद्वीप की ओर चलने वाली मानसून पवनों के लिए प्रमुख कारण गर्मी के महीनों में स्थल और समुद्र का विभेदी तापन (Differential Temperature) को माना गया है।
- अप्रैल एवं मई के महीनों में कर्क रेखा पर सूर्य की किरणें लंबवत् पड़ती हैं, जिससे हिंद महासागर के उत्तर में स्थित विशाल भूखंड अधिक गर्म हो जाता है। परिणामस्वरूप उपमहाद्वीप के उत्तर-पश्चिमी भाग पर एक न्यून दाब क्षेत्र विकसित होता है।
- निम्न वायुदाब केंद्र के विकास से अंत:उष्णकटिबंधीय अभिसरण क्षेत्र उत्तर की ओर स्थानांतरित हो जाता है तथा विषुवत् रेखा (Equator Line) के दक्षिण की दक्षिण-पूर्वी व्यापारिक पवनों को आकर्षित करता है।

  दक्षिण-पूर्वी व्यापारिक पवनों का विस्तार ही दक्षिण-पश्चिमी मानसूनी पवनें होती हैं, जो भूमध्यरेखा को 40° पूर्वी तथा 60° पूर्वी देशांतर रेखाओं के मध्य पार करके भारतीय उपमहाद्वीप पर प्रवाहित होती हैं।
- अंत:उष्णकटिबंधीय अभिसरण क्षेत्र[5] के उत्तरी स्थानांतरण से हिमालय के दक्षिण में उत्तरी मैदान के ऊपर से पश्चिमी जेट-प्रवाह[6] के प्रत्यावर्तन (Alternation of Western Jet Stream) से दक्षिणी भारत के 15° उत्तर अक्षांश पर पूर्वी जेट-प्रवाह विकसित हो जाता है, जिसके कारण भारत में मानसून का प्रस्फोट (Burst) प्रारंभ हो जाता है।
- दक्षिण-पश्चिमी मानसून 1 जून को केरल तट पर तथा 10 और 13 जून के मध्य मुंबई एवं कोलकाता तक पहुँच जाता है एवं मध्य जुलाई तक संपूर्ण भारतीय उपमहाद्वीप दक्षिण-पश्चिम मानसून पवन के प्रभाव में आ जाता है।

मानसून में विच्छेद

दक्षिण-पश्चिम मानसून के समय कुछ दिनों तक वर्षा होने के बाद एक-दो या कई सप्ताह तक वर्षा नहीं होती है, तो इसे मानसून विच्छेद कहते हैं। मानसून विच्छेद विभिन्न कारणों से होता है, जो निम्नलिखित हैं

- उष्णकटिबंधीय चक्रवातों की संख्या में कमी तथा अंत:उष्णकटिबंधीय अभिसरण क्षेत्र की स्थिति में परिवर्तन से उत्तरी मैदान में मानसून का विच्छेद होता है।
- जब आर्द्र पवनें पश्चिमी तट के समानांतर प्रवाहित होने लगती हैं, तो तट पर मानसून विच्छेद हो जाता है।
- जब वायुमंडल के निम्न स्तरों पर तापमान की विलोमता वर्षा करने वाली आर्द्र पवनों को ऊपर उठने से रोक देती है, तो राजस्थान में मानसून विच्छेद होता है।

चेक प्वॉइंट 1

1. कौन-सी घटना पश्चिमी जेट स्ट्रीम के वापसी से संबधित हैं?
2. भारत के पश्चिमी तट पर किस अवधि को शुष्क माना जाता हैं?
3. अप्रैल और मई माह में सूर्य कहाँ सीधा चमकता हैं?
4. भारतीय महासागर के उत्तर में स्थित कौन-सा क्षेत्र अत्याधिक गर्म हो जाता हैं, जिससे निम्न दाब कटिबंध का निर्माण होता हैं?
5. आर्द्र पवनें पश्चिमी तट के समानांतर प्रवाहित होने लगती हैं, तो तट पर मानसून हो जाता है।

4.4 शीत ऋतु

तापमान

- भारत में शीत ऋतु नवंबर के मध्य से शुरू होती है। उत्तरी मैदान में जनवरी और फरवरी सबसे अधिक ठंडे महीने होते हैं। उत्तरी भारत के अधिकांश भागों में औसत दैनिक तापमान 21° सेल्सियस से कम रहता है। रात के समय तापमान काफी कम हो जाता है, जो पंजाब एवं राजस्थान में 0° से भी नीचे चला जाता है।
- शीत ऋतु में उत्तरी भारत में मुख्य रूप से तीन कारणों से अधिक ठंड पड़ती है, जो निम्नलिखित हैं
  (i) समुद्र के समकारी प्रभाव से दूर स्थित होने के कारण पंजाब, हरियाणा एवं राजस्थान जैसे राज्यों में महाद्वीपीय जलवायु पाई जाती है।
  (ii) हिमालय पर्वत श्रेणी में हिमपात के कारण निकटवर्ती क्षेत्रों में शीत लहर की स्थिति उत्पन्न हो जाती है।

---

5 अंत:उष्णकटिबंधीय अभिसरण क्षेत्र (ITCZ) यह वह क्षेत्र है, जो विषुवत् रेखा के चारों ओर स्थित होता है, जहाँ उत्तरी गोलार्द्ध और दक्षिणी गोलार्द्ध की व्यापारिक हवाएँ आपस में मिलती हैं।

6 जेट प्रवाह (Jet Stream) ये वे तेज बहने वाली वायु धाराएँ हैं, जो पृथ्वी के ऊपरी वायुमंडल में स्थित होती हैं।

- तटीय भागों में समुद्र के समकारी प्रभाव तथा भूमध्यरेखा की निकटता के कारण प्रायद्वीपीय भारत में कोई निश्चित शीत ऋतु नहीं होती तथा तापमान के वितरण प्रतिरूप में कोई परिवर्तन नहीं होता है।
- उदाहरणत: तिरुवनंतपुरम् में जनवरी का माध्य अधिकतम तापमान 31° सें. तक रहता है, जबकि जून में यह 29.5° सें. पाया जाता है।
- पश्चिमी घाट की पहाड़ियों पर अपेक्षाकृत कम तापमान पाया जाता है।

वायुदाब तथा पवनें

- दिसंबर के अंत तक (22 दिसंबर) सूर्य दक्षिणी गोलार्द्ध में मकर रेखा पर लंबवत चमकता है। इस ऋतु में मौसम की विशेषता उत्तरी मैदान में एक क्षीण उच्च वायुदाब का विकसित होना है।
- 1,019 मिलीबार तथा 1,013 मिलीबार की समभार रेखाएँ उत्तर-पश्चिमी भारत तथा सुदूर दक्षिण से होकर गुजरती हैं।
- उत्तर-पश्चिम में उच्च वायुदाब क्षेत्र और दक्षिण में हिंद महासागर पर निम्न वायुदाब क्षेत्र के कारण, पवनें इन दोनों के मध्य बहना शुरू करती हैं। इस कम दाब प्रवणता के परिणामस्वरूप लगभग 3-5 किमी प्रति घंटे की धीमी गति से पवनें बहती हैं।
- सामान्य तौर पर क्षेत्र की भू-आकृति भी पवनों की दिशा को प्रभावित करती है।
- गंगा घाटी में इनकी दिशा पश्चिमी और उत्तर-पश्चिमी होती है।
- गंगा ब्रह्मपुत्र डेल्टा में इनकी दिशा उल्टी हो जाती है।
- भू-आकृति के प्रभाव से मुक्त इन पवनों की दिशा बंगाल की खाड़ी में स्पष्ट तौर पर उत्तर-पूर्वी होती है।
- भारत में शीत ऋतु सामान्यत: सुखद और सुहावना होता है लेकिन यह कभी-कभी हल्के चक्रवातीय अवशेषों से बाधित हो सकता है। इन चक्रवातों को पश्चिमी विक्षोभ के नाम से जाना जाता है।
- ये पश्चिमी विक्षोभ पूर्वी भूमध्यसागर में बनते हैं और आगे बढते हुए पश्चिमी एशिया, ईरान, अफगानिस्तान और पाकिस्तान होते हुए भारत के उत्तर-पश्चिमी क्षेत्रों तक पहुँचते हैं। इस दौरान उत्तर में कैस्पियन सागर तथा दक्षिण में ईरान की खाड़ी से गुजरते समय इन चक्रवातों की आर्द्रता में संवर्धन हो जाता है।

वर्षा

- शीतकालीन मानसून पवनें स्थल से समुद्र की ओर चलने के कारण वर्षा नहीं करती, क्योंकि एक तो इनमें नमी केवल नाममात्र की होती है, दूसरे स्थल पर घर्षण के कारण इन पवनों का तापमान बढ़ जाता है, जिससे वर्षा होने की संभावना नहीं रहती है। अत: शीतकालीन वर्षा अधिकांश भारत में नही होती, किंतु अपवाद स्वप्न कुछ क्षेत्रों में शीत ऋतु में वर्षा होती है।
- उत्तर-पश्चिमी भारत में भूमध्य सागर से आने वाले कुछ क्षीण शीतोष्ण कटिबंधीय चक्रवात, पंजाब, दिल्ली, हरियाणा तथा पश्चिमी उत्तर प्रदेश में कुछ वर्षा करते हैं। कम मात्रा में होते हुए भी यह शीतकालीन वर्षा भारत में रबी की फसल हेतु उपयोगी है।
- लघु हिमाचल में हिमपात के रूप में वर्षा होती है। यह हिम गर्मियों के महीनों में हिमालय से निकलने वाली नदियों में जल के प्रवाह को निरंतर बनाए रखती है।
- वर्षा की मात्रा मैदानों में पश्चिम से पूर्व की ओर तथा पर्वतीय क्षेत्रों में उत्तर से दक्षिण की ओर घटती जाती है। दिल्ली में सर्दियों में औसत वर्षा 53 मिलीमीटर होती है, जबकि पंजाब व बिहार के मध्य यह वर्षा 18-25 मिलीमीटर के मध्य रहती है।
- कभी-कभी देश के मध्य क्षेत्रों एवं दक्षिणी प्रायद्वीप के उत्तरी भागों में भी कुछ शीतकालीन वर्षा हो जाती है
- ठंड के महीनों में भारत के उत्तर-पूर्वी भाग में स्थित अरुणाचल प्रदेश व असम में भी लगभग 25-50 मिलीमीटर तक वर्षा हो जाती है।
- उत्तर-पूर्वी मानसूनी पवनें अक्टूबर से नवंबर के बीच बंगाल की खाड़ी को पार करते समय नमी ग्रहण कर लेती हैं और दक्षिण आंध्र प्रदेश, तमिलनाडु, दक्षिण-पूर्वी कर्नाटक तथा दक्षिण-पूर्वी केरल में झंझावती वर्षा करती हैं।

4.5 ग्रीष्म ऋतु

तापमान

- मार्च में सूर्य के कर्क रेखा की ओर आभासी स्थानांतरण से उत्तरी भारत में तापमान बढ़ने लगता है। उत्तरी भारत में अप्रैल, मई एवं जून ग्रीष्म ऋतु होती है।
- भारत के अधिकांश भागों में तापमान 30° से. से 32° से. तक पाया जाता है। मार्च में दक्कन पठार पर दिन का अधिकतम तापमान 38° से. तक हो जाता है
- उत्तरी भारत की अपेक्षा दक्षिणी भारत में ग्रीष्म ऋतु मृदु होती है। समुद्र के समकारी प्रभाव के कारण दक्षिणी भारत के प्रायद्वीपीय भाग का तापमान उत्तरी भारत के प्रचलित तापमान से कम पाया जाता है।

- उत्तरी भारत की अपेक्षा दक्षिणी भारत में ग्रीष्म ऋतु मृदु होती है। समुद्र के समकारी प्रभाव के कारण दक्षिणी भारत के प्रायद्वीपीय भाग का तापमान उत्तरी भारत के प्रचलित तापमान से कम पाया जाता है।
- दक्षिण भारत में तापमान 26° से 32° सेल्सियस के मध्य तथा पश्चिमी घाट की पहाड़ियों के कुछ क्षेत्रों में ऊँचाई के कारण तापमान 25° सेल्सियस से कम होता है।
- तटीय भागों में समताप रेखाएँ तट के समानांतर उत्तर-दक्षिण दिशा में पाई जाती हैं, जो तापमान के उत्तरी भारत से दक्षिणी भारत की ओर न बढ़कर तटीय भाग से आंतरिक भाग की ओर बढ़ता है। आंतरिक भाग में ग्रीष्म ऋतु में औसत न्यूनतम दैनिक तापमान 26° सेल्सियस से कभी भी नीचे नहीं जाता है।

वायुदाब और पवनें

- देश के उत्तरी भाग में ग्रीष्म ऋतु में अत्याधिक गर्मी और गिरता हुआ वायुदाब पाया जाता हैं। उपमहाद्वीप के गर्म हो जाने के कारण जुलाई माह में अत: उष्ण कटिबंधीय अभिसरण क्षेत्र उत्तर की ओर खिसककर लगभग 25° उत्तरी अक्षांश रेखा पर स्थित हो जाता है।
- यह निम्न दाब की लंबी मानसून द्रोणी उत्तर-पश्चिम में थार मरुस्थल से पूर्व की ओर दक्षिण-पूर्व में पटना और छत्तीसगढ़ पठार (छोटानागपुर पठार) तक विस्तृत होती है।
- अत: उष्ण कटिबंधीय अभिसरण क्षेत्र (ITCZ) की स्थिति के कारण सतह पर पवनों का प्रवाह होता है।
- पश्चिमी तट और पश्चिम बंगाल तथा बांग्लादेश के क्षेत्रों में, पवनों की दिशा दक्षिणी-पश्चिमी होती है।
- ये दक्षिण-पश्चिमी मानसून हवाएँ वास्तव में विस्थापित भूमध्य रेखीय पूर्वी पवनों से उत्पन्न होती हैं।
- जून के मध्य तक इन पवनों का अंत: प्रवेश मौसम का वर्षा ऋतु की ओर बदलाव करता है।
- बिहार और उत्तरी बंगाल में इन पवनों की दिशा पूर्वी और दक्षिण-पूर्वी होती है
- उत्तर-पश्चिम में अंत: उष्ण कटिबंधीय क्षेत्र के केंद्र में दोपहर के बाद 'लू'[7] के नाम से शुष्क एवं तप्त हवाएँ चलती हैं, जो कई बार आधी रात तक चलती हैं।
- मई माह में शाम के समय पंजाब, हरियाणा, पूर्वी राजस्थान और उत्तर प्रदेश में धूल भरी आँधियाँ सामान्यत: चलती हैं। ये अस्थायी तूफान पीड़ादायक गर्मी से कुछ राहत प्रदान करते हैं, क्योंकि ये अपने साथ हल्की बारिश और ठंडी हवाएँ लाते हैं।
- कई बार आर्द्रता भरी पवनें द्रोणी की परिधि की ओर आकर्षित होती हैं। शुष्क एवं आर्द्र वायु संहतियों के अचानक संपर्क से स्थानीय स्तर पर तीव्र तूफान निर्मित होते हैं। इन स्थानीय तूफानों के साथ तेज हवाएँ चलती हैं तथा मूसलाधार वर्षा होने के साि ही ओले भी गिरते हैं।

ग्रीष्म ऋतु में होने वाली प्रसिद्ध स्थानीय वर्षा एवं तूफान

- **आम्र वर्षा**[8] केरल एवं तटीय कर्नाटक में ग्रीष्म ऋतु के अंतिम समय में पूर्व-मानसून वर्षा होती है, जिसे स्थानीय स्तर पर आम्र वर्षा कहते हैं, क्योंकि इससे आम जल्दी पकने लगते हैं।
- **फूलों वाली बौछार** पूर्व-मानसून वर्षा से केरल एवं उसके निकटवर्ती कहवा उत्पादक क्षेत्रों में कहवा के फूल आने लगते हैं।
- **काल बैसाखी** बैसाख के महीने में शाम को चलने वाली भयंकर एवं विनाशकारी वर्षायुक्त पवनों को असम और पश्चिम बंगाल में काल बैसाखी कहते हैं। यह चाय, पटसन एवं चावल के लिए लाभदायक होती है। असम में इसे 'बारदोली छीड़ा' कहा जाता है।
- लू उत्तरी मैदान में पंजाब से बिहार तक चलने वाली शुष्क, गर्म एवं पीड़ादायक पवन को 'लू' कहते हैं। दिल्ली और पटना के मध्य इसकी तीव्रता अधिक होती है।

4.6 दक्षिण-पश्चिमी मानसून की ऋतु (वर्षा ऋतु)

- मई में उत्तर-पश्चिमी मैदानों में तापमान के बढ़ने के कारण निम्न वायुदाब का विकास प्रारंभ हो जाता है
- जून में अधिक निम्न वायुदाब के विकास के कारण हिंद महासागर के दक्षिणी गोलार्द्ध की व्यापारिक पवनें तेजी से आकर्षित होती हैं।
- दक्षिणी गोलार्द्ध की दक्षिण-पूर्वी व्यापारिक पवनें भूमध्यरेखा को पार करके बंगाल की खाड़ी और अरब सागर में प्रवेश करती हैं, तो इसकी दिशा दक्षिण-पश्चिमी हो जाती है। इसी कारण इसे दक्षिण-पश्चिम मानसून कहते हैं।

---

7 **लू** (Loo) उत्तर-पश्चिमी भारत में ग्रीष्म ऋतु में दोपहर के बाद चलने वाली शुष्क एवं गर्म हवा।

8 **आम्र वर्षा** (Mango Shower) मानसून के आने से पूर्व केरल तथा पश्चिमी तट पर होने वाली वर्षा आम्र वृष्टि कहलाती है।

- जून के प्रथम सप्ताह में मानसून केरल, कर्नाटक, गोवा तथा महाराष्ट्र के तटीय भागों में पहुँच जाता है, जबकि देश के आंतरिक भागों में जुलाई के प्रथम सप्ताह में पहुँचता है। मध्य जून से मध्य जुलाई के बीच दिन के तापमान मे 50 से 80 से की गिरावट आ जाती है।
- दक्षिण-पश्चिमी मानसून भारत में दो धाराओं मे प्रवेश करता है, अरब सागर की शाखा और बंगाल की खाडी की शाखा।

अरब सागर की मानसून पवनें

(i) **पश्चिमी घाट की शाखा** प्रथम शाखा पश्चिमी घाट के अवरोध के कारण इसके ढाल पर 900 से 1200 मी की ऊँचाई तक ऊपर उठती है तथा ठंडी होकर पश्चिमी घाट अर्थात् सह्याद्रि के पवनाभिमुखी ढाल तथा पश्चिमी तटीय मैदान पर 250 से 400 सेमी तक भारी वर्षा करती है। पश्चिमी घाट के पार करने के बाद मानसून पवनें नीचे उतरने के क्रम में गर्म हो जाती हैं, जिससे इनमें आर्द्रता की कमी हो जाती है। परिणामस्वरूप ये पश्चिमी घाट के पूर्व में अल्प वर्षा करती हैं इस अल्प वर्षा के क्षेत्र को वृष्टि छाया क्षेत्र (Rain Shadow Area) कहते हैं।

(ii) **मध्य भारत शाखा** दूसरी शाखा मुंबई के उत्तर में नर्मदा और तापी नदियों की घाटियों से होकर मध्य भारत में वर्षा करती है। छोटानागपुर पठार पर 15 सेमी वर्षा करने के बाद गंगा के मैदान में प्रवेश कर बंगाल की खाड़ी से आने वाली मानसून की शाखा से मिल जाती है।

(iii) **सौराष्ट्र और कच्छ शाखा** तीसरी शाखा सौराष्ट्र प्रायद्वीप, कच्छ तथा अरावली के साथ-साथ पश्चिमी राजस्थान में बहुत कम वर्षा करती है। पंजाब एवं हरियाणा में बंगाल की खाड़ी से आने वाली मानसून की शाखा से मिलकर पश्चिमी हिमालय के धर्मशाला में वर्षा करती है। दक्षिण-पश्चिम मानसून की अरब शाखा के दौरान तमिलनाडु का तट शुष्क रहता है। यह तट इस शाखा का वृष्टि-छाया क्षेत्र है, क्योंकि तमिलनाडु तट की स्थिति दक्षिण-पश्चिम मानसून की बंगाल की खाड़ी शाखा के समानांतर है इसलिए यहाँ वर्षा की प्राप्ति नहीं होती है।

बंगाल की खाड़ी की मानसून पवनें

- सर्वप्रथम बंगाल की खाड़ी की मानसून पवनों की शाखा म्यांमार के तट तथा दक्षिण-पूर्वी बांग्लादेश के तट पर पहुँचती है। उसके बाद म्यांमार के तट पर स्थित अराकान पहाड़ियाँ इसे भारतीय उपमहाद्वीप की ओर मोड़ देती हैं। परिणामस्वरूप मानसून पश्चिम बंगाल और बांग्लादेश में दक्षिण-पश्चिमी दिशा से न होकर दक्षिणी एवं दक्षिणी-पूर्वी दिशा से प्रवेश करता है।
- बंगाल की खाड़ी की मानसून पवनें हिमालय पर्वत तथा भारत के उत्तर-पश्चिम के तापीय निम्नदाब के कारण दो भागों में बँट जाती हैं

(i) **गंगा के मैदान की शाखा** प्रथम शाखा गंगा के मैदान के साथ-साथ पश्चिम की ओर पंजाब के मैदान तक पहुँचती है।

(ii) **ब्रह्मपुत्र घाटी शाखा** दूसरी शाखा उत्तर एवं उत्तर-पूर्व में ब्रह्मपुत्र घाटी में पहुँचकर विस्तृत क्षेत्रों में वर्षा करती है। इसकी एक उपशाखा मेघालय में स्थित गारो और खासी की पहाड़ियों पर पहुँचती है तथा वहाँ स्थित मॉसिनराम में विश्व की सर्वाधिक औसत वार्षिक वर्षा होती है।

4.7 मानसून के निवर्तन की ऋतु

- अक्टूबर और नवंबर में मानसून के निवर्तन की ऋतु होती है। सितंबर के अंत में सूर्य दक्षिणायन अर्थात् विषुवत् रेखा से दक्षिण होने की स्थिति में निम्न वायुदाब की द्रोणी गंगा के मैदान से दक्षिण की ओर स्थानांतरित होने लगती है, जिससे दक्षिण-पश्चिमी मानसून कमजोर हो जाता है।
- मानसून सितंबर के पहले सप्ताह में पश्चिमी राजस्थान से तथा सितंबर के अंत तक राजस्थान, गुजरात, पश्चिमी गंगा मैदान तथा मध्यवर्ती उच्चभूमियों से लौट जाता है।
- निम्न वायुदाब अक्टूबर के आरंभ में बंगाल की खाड़ी के उत्तरी भाग में तथा नवंबर के प्रारंभ में कर्नाटक और तमिलनाडु में स्थित हो जाता है, जबकि दिसंबर के मध्य तक प्रायद्वीप से पूरी तरह समाप्त हो जाता है।
- मानसून के निवर्तन के ऋतु में आकाश स्वच्छ हो जाता है और तापमान बढ़ने लगता है।
- उच्च तापमान और आर्द्रता की दशाओं से मौसम जटिल हो जाता है। सामान्यत: इसे "कार्तिक मास की ऊष्मा" कहा जाता है।
- अक्टूबर में उत्तरी भारत में तापमान में तीव्र गिरावट होती है। मानसून के निवर्तन की ऋतु में उत्तरी भारत शुष्क होता है, जबकि प्रायद्वीप के पूर्वी भागों में वर्षा होती है। अक्टूबर एवं नवंबर में सबसे अधिक वर्षा होती है।
- मानसून के निवर्तन की ऋतु में अंडमान समुद्र में उत्पन्न होने वाले चक्रवातीय अवदाब दक्षिणी प्रायद्वीप के पूर्वी तट को पार करके वर्षा करते हैं।
- उष्णकटिबंधीय चक्रवात से गोदावरी, कृष्णा और अन्य नदियों के घने बसे डेल्टाई प्रदेश में अत्यधिक विनाशकारी प्रभाव से प्रत्येक वर्ष आपदा आती है। कुछ चक्रवातीय तूफान पश्चिम बंगाल, बांग्लादेश और म्यांमार के तट पर भी पहुँचते हैं।
- कोरोमंडल तट पर अधिकांश वर्षा इन्हीं चक्रवातों एवं अवदाबों से होती है, लेकिन अरब सागर में इनका विकास कम होता है।

एल निनो तथा भारतीय मानसून

- एल-निनो का शाब्दिक अर्थ 'बालक ईसा' है, इसकी उत्पत्ति दिसंबर में क्रिसमस के आस-पास होती है।
- भारत में मानसून की लंबी अवधि के पूर्वानुमान के लिए एल-निनो का उपयोग किया जाता है।
- वर्ष 1990-91 में एल-निनो ने भारत के मानसून को बहुत अधिक प्रभावित किया था, जिसके परिणामस्वरूप देश के अधिकतर भागों में मानसून 5 से 12 दिनों की देरी से आया।
- प्रत्येक तीन या सात वर्षों बाद एल-निनो की उत्पत्ति होती है। परिणामस्वरूप विश्व के विभिन्न भागों में सूखा, बाढ़ और मौसम की उच्च अवस्थाएँ आती हैं।
- एल-निनो एक जटिल मौसम तंत्र है, जिसमें महासागरीय और वायुमंडलीय घटनाओं को शामिल किया जाता है।

- एल-निनो पूर्वी प्रशांत महासागर में पेरू के तट के निकट उष्ण समुद्री धारा है, जो भूमध्यरेखीय उष्ण समुद्री धारा का विस्तार है तथा अस्थायी रूप से पेरूवियन अथवा हम्बोल्ट ठंडी समुद्री धारा को प्रतिस्थापित कर देती है।
- एल-निनो धारा पेरू तट के जल का तापमान 10° सेल्सियस तक बढ़ा देता है, जिससे भारत सहित विश्व के अनेक स्थानों का मौसम प्रभावित होता है।
- इसके अतिरिक्त एल-निनो के निम्नलिखित परिणाम होते हैं—
- भूमध्यरेखीय वायुमंडलीय परिसंचरण में विकृति।
- समुद्री जल के वाष्पन में अनियमितता।
- प्लवक की मात्रा में कमी हो जाती है, जिससे समुद्र में मछलियों की संख्या घट जाती है।

चेक प्वॉइंट 2

1. एल-नीनो कितने वर्षों के अंतराल पर उत्पन्न होता है?
2. 'एल-नीनो' का शाब्दिक अर्थ क्या है?
3. दक्षिण-पूर्वी व्यापारिक हवाएँ भारत में मानसून निर्माण हेतु किस क्षेत्र से आर्द्रता ग्रहण करती हैं?
4. दक्षिण-पश्चिम मानसून का प्रारंभ किन क्षेत्रों में सर्वप्रथम होता हैं?
5. भारत में सर्दियों का मौसम किस महीने में प्रारंभ होता हैं?

4.8 भारत की परंपरागत ऋतुएँ

भारतीय परंपरा के अनुसार एक वर्ष को दो-दो महीनों में छः ऋतुओं में विभाजित किया जाता है, जिसका आधार उत्तरी और मध्य भारत के लोगों का अनुभव और मौसम के घटक का प्राचीनकाल का ज्ञान है, लेकिन ऋतुओं का यह विभाजन दक्षिण-भारत की ऋतुओं से भिन्न है।

ऋतु	भारतीय कैलेंडर के अनुसार महीने	अंग्रेजी कैलेंडर के अनुसार महीने
बसंत	चैत्र-बैसाख	मार्च-अप्रैल
ग्रीष्म	ज्येष्ठ-आषाढ़	मई-जून
वर्षा	श्रावण-भाद्र	जुलाई-अगस्त
शरद	अश्विन-कार्तिक	सितंबर-अक्टूबर
हेमंत	मार्गशीर्ष-पौष	नवंबर-दिसंबर
शिशिर	माघ-फाल्गुन	जनवरी-फरवरी

भारत में वर्षा का वितरण

भारत में औसत वार्षिक वर्षा लगभग 125 सेमी होती है, लेकिन वर्षा के वितरण में क्षेत्रीय भिन्नता मिलती है, जो निम्न प्रकार है

(i) **अधिक वर्षा वाले क्षेत्र** पश्चिमी तट, पश्चिमी घाट, उत्तर-पूर्व के उप-हिमालय क्षेत्र तथा मेघालय की पहाड़ियों में 200 सेमी से अधिक वर्षा होती है। खासी और जयंतिया पहाड़ियों के कुछ भागों में वर्षा 100 सेमी से भी अधिक होती है, जबकि ब्रह्मपुत्र घाटी तथा निकटवर्ती पहाड़ियों में 200 सेमी से भी कम वर्षा होती है।

(ii) **मध्यम वर्षा वाले क्षेत्र** गुजरात के दक्षिणी भाग, पूर्वी तमिलनाडु, ओडिशा सहित उत्तर-पूर्वी प्रायद्वीप, झारखंड, बिहार, पूर्वी मध्य प्रदेश, उप-हिमालय के साथ जुड़े गंगा का उत्तरी मैदान, कछार घाटी और मणिपुर में 100 से 200 सेमी के मध्य वर्षा होती है।

(iii) **न्यून वर्षा वाले क्षेत्र** पश्चिमी उत्तर प्रदेश, दिल्ली, हरियाणा, पंजाब, जम्मू एवं कश्मीर, पूर्वी राजस्थान, गुजरात तथा दक्कन के पठार पर 50 से 100 सेमी के मध्य वर्षा होती है। किसी पर्वत श्रेणी के पवन विमुखी ढाल (leeword slope) पर स्थित वह क्षेत्र जहाँ औसत से अपेक्षाकृत कम वर्षा होती है। ऐसा क्षेत्र या प्रदेश ही वृष्टि छाया प्रदेश कहलाता है—उदाहरणस्वरूप पश्चिमी घाट का पूर्वी क्षेत्र।

(iv) **अपर्याप्त वर्षा वाले क्षेत्र** आंध्र प्रदेश, कर्नाटक, महाराष्ट्र, लद्दाख और पश्चिमी राजस्थान के अधिकांश भाग में 50 सेमी से भी कम वर्षा होती है। हिमपात केवल हिमालय क्षेत्रों में होता है।

मानसून और भारत का आर्थिक जीवन

- संपूर्ण भारत का जीवन चक्र मानसून के चारों ओर घूमता है, क्योंकि भारत की 64% जनसंख्या अपने पोषण के लिए कृषि पर निर्भर है, जो दक्षिण-पश्चिमी मानसून पर निर्भर करती है।
- हिमालय प्रदेश के अतिरिक्त शेष भारत में वर्षभर कृषि योग्य तापमान पाया जाता है।
- मानसून जलवायु की क्षेत्रीय विभिन्नता के कारण विभिन्न प्रकार की फसलों को उगाया जा सकता है।
- वर्षा की परिवर्तनीयता के कारण देश के कुछ भागों में सूखा अथवा बाढ़ आती है।
- भारतीय कृषि की समृद्धि वर्षा का उचित समय पर आने तथा वर्षा के पर्याप्त वितरण पर निर्भर करती है। जिस क्षेत्र में सिंचाई साधनों का विकास नहीं हुआ है, उन क्षेत्रों में वर्षा नहीं होने पर कृषि नष्ट हो जाती है।
- मानसून का अचानक प्रस्फोट से मृदा अपरदन की समस्या उत्पन्न होती है।
- उत्तर भारत में शीतोष्ण कटिबंधीय चक्रवातों से होने वाली शीतकालीन वर्षा रबी फसलों के लिए लाभकारी होती है।
- भारत की जलवायु की क्षेत्रीय विभिन्नता भोजन, वस्त्र और आवासों की विविधता उत्पन्न करती है।

भूमंडलीय तापन

- जलवायु में भूतकाल में वैश्विक और स्थानीय दोनों स्तर पर परिवर्तन हुआ है।
- वृहद्-स्तरीय औद्योगिकीकरण और वातावरण में प्रदूषक गसें भूमंडलीय तापन में योगदान देती हैं।
- वायुमंडल में अल्प मात्रा में मीथेन, क्लोरो-फ्लोरो कार्बन, ओजोन और नाइट्रस ऑक्साइड पाया जाता है। इन गैसों एवं कार्बन डाइऑक्साइड को **हरितगृह गैसें** (Greenhouse Gases) कहते हैं।
- भूमंडलीय तापन के प्राकृतिक कारकों के अतिरिक्त औद्योगीकरण और मानवीय क्रियाओं द्वारा वायुमंडल में प्रदूषणकारी गैसों की वृद्धि महत्त्वपूर्ण कारक हैं। वर्तमान में भूमंडलीय तापन में तीव्र वृद्धि हो रही है।
- मानवीय क्रियाओं द्वारा जीवाश्म ईंधनों के जलने से वायुमंडल में कार्बन डाइऑक्साइड की मात्रा बढ़ रही है। कार्बन डाइऑक्साइड की अपेक्षा मीथेन, क्लोरो-फ्लोरो कार्बन, ओजोन तथा नाइट्रस ऑक्साइड हरितगृह प्रवाह बढ़ाने में अधिक योगदान देती हैं, क्योंकि ये गैसें दीर्घ तरंगी विकिरण को अधिक अवशोषण करती हैं, जिससे पृथ्वी का तापमान बढ़ रहा है।
- पिछले 150 वर्षों में पृथ्वी की सतह का औसत वार्षिक तापमान बढ़ा है। एक अनुमान के अनुसार वर्ष 2100 में भूमंडलीय तापमान में लगभग 2° सेल्सियस की वृद्धि होगी, जिसके परिणामस्वरूप कई परिवर्तन होंगे।
- ताप के कारण हिमानियों और समुद्री बर्फ के पिघलने से समुद्र तल ऊँचा होगा।
- प्रचलित पूर्वानुमान के अनुसार औसत समुद्र तल 21 वीं शताब्दी के अंत तक 48° सेमी ऊँचा हो जाएगा।
- प्राकृतिक बाढ़ों की संख्या में वृद्धि होगी।
- जलवायु परिवर्तन से मलेरिया जैसी बीमारियों में वृद्धि होगी। वर्तमान जलवायु सीमाओं में परिवर्तन, जिसके कारण कुछ भाग अधिक आर्द्र और कुछ भाग अधिक शुष्क होंगे। कृषि के प्रतिरूप में परिवर्तन होगा। जनसंख्या और पारितंत्र में परिवर्तन होगा।

चेक प्वॉइंट 3

1. भारत की परंपरागत ऋतु के अनुसार वर्ष को कितने मौसमों में बाँटा गया है?
2. भारत में औसत वार्षिक वर्षा कितनी होती है?
3. किस क्षेत्र में भारत में सबसे अधिक वर्षा होती है?
4. 'शिशिर' ऋतु भारतीय पंचांग के किस मास में आती है?
5. भूमंडलीय तापन का मुख्य कारण क्या है?

Mind Map

जलवायु

1 मानसून जलवायु में एकरूपता एवं विविधता

तापमान में क्षेत्रीय भिन्नता
- उदाहरण के लिए, एक ही दिन राजस्थान में तापमान 55°C सेमी, तक पहुँच सकता है, जबकि लेह में 45°C सेमी. तक गिर सकता है।

वर्षा में क्षेत्रीय भिन्नता
- उदाहरण के लिए, एक ही दिन चेरापूँजी में 1080 सेमी. से अधिक वर्षा हो सकती है, जबकि जैसलमेर में मात्र 9 सेमी वर्षा होती है।

2 भारत की जलवायु को प्रभावित करने वाले कारक

- अक्षांश
- हिमालय पर्वत
- जल और स्थल का वितरण
- समुद्र तट से दूरी
- समुद्र तल से ऊँचाई
- उच्चावच

3 भारतीय मानसून की प्रकृति

मानसून का आगमन
- आरम्भ में दक्षिण-पश्चिम मानसून भारतीय उपमहाद्वीप में जून के महीने में प्रवेश करता है।

मानसून में विच्छेद
- वह अवधि जब एक सप्ताह या उससे अधिक समय तक वर्षा नहीं होती है।

4 ऋतुओं की लय

ग्रीष्म ऋतु (मार्च-जून)
- इस अवधि में तापमान सबसे अधिक होता है। गर्म लू चलती है।

दक्षिण-पश्चिमी मानसून की ऋतु (वर्षा ऋतु)
- जून से सितंबर माह तक दक्षिण-पश्चिम मानसून से भारी वर्षा होती है।

शीत ऋतु
- दक्षिण भारत में सामान्य ठंड रहती है।
- उत्तर भारत में अत्याधिक ठंड पड़ती है।

मानसून के निवर्तन की ऋतु
- अक्टूबर-नवंबर महीने में शुष्क दिनों के साथ चक्रवाती वर्षा होती है।

5 भारत की परंपरागत ऋतुएँ

वर्षा का वितरण
भारत में औसत वार्षिक वर्षा लगभग 125 सेमी होती है।
- **अधिक वर्षा वाले क्षेत्र** पश्चिमी तट उत्तरी-पूर्वी भारत के उप-हिमालयी क्षेत्र और मेघालय की पहाड़ियों में 200 सेमी से अधिक वर्षा होती है।
- **मध्यम वर्षा वाले क्षेत्र** दक्षिण गुजरात, पूर्वी तमिलनाडु, पूर्वोत्तर प्रायद्वीप क्षेत्र आदि में 100-200 सेमी वर्षा होती है।
- **न्यून वर्षा के क्षेत्र** पश्चिमी उत्तर प्रदेश, दिल्ली, हरियाणा, पंजाब, जम्मू-कश्मीर, पूर्वी राजस्थान, गुजरात और दक्कन के पठार में 50-100 सेमी वर्षा होती है।
- **अपर्याप्त वर्षा के क्षेत्र** आंध्र प्रदेश, कर्नाटक, महाराष्ट्र के कुछ क्षेत्र, लद्दाख और पश्चिमी राजस्थान के अधिकांश भाग में 50 सेमी से कम वर्षा होती है।

मानसून और भारत का आर्थिक जीवन
- भारत की कृषि मानसून पर निर्भर करती है।
- भारत की लगभग 64 प्रतिशत जनसंख्या भरण पोषण के लिए कृषि पर निर्भर है।
- मानसून जलवायु की क्षेत्रीय विभिन्नता विभिन्न प्रकार की फसलों को उगाने में सहायक है।

भू-मंडलीय तापन
- विस्तृत पैमाने पर औद्योगीकरण और प्रदूषित गैसों का उत्सर्जन इसका कारण है।
- भू-मंडलीय तापन का मुख्य कारण हरित गृह प्रभाव है। इससे उत्सर्जित गैसें; जैसे– मीथेन, क्लोरोफ्लोरोकार्बन और नाइट्रस ऑक्साइड पृथ्वी के तापमान में वृद्धि कर रही हैं। इससे हिमानी और ध्रुवीय बर्फ की चादरें पिघल रही हैं।

NCERT फोल्डर

नीचे दिए प्रश्नों के उत्तर संक्षेप में दीजिए

1. जाड़े के आरंभ में तमिलनाडु के तटीय प्रदेशों में वर्षा किस कारण होती है?

(a) दक्षिण-पश्चिमी मानसून
(b) उत्तर-पूर्वी मानसून
(c) शीतोष्ण कटिबंधीय चक्रवात
(d) स्थानीय वायु परिसंचरण

उत्तर *(b)* उत्तर-पूर्वी मानसून

2. भारत के कितने भू-भाग पर 75 सेमी से कम औसत वार्षिक वर्षा होती है?

(a) आधा (b) दो-तिहाई
(c) एक-तिहाई (d) तीन-चौथाई

उत्तर *(c)* एक-तिहाई

3. दक्षिण भारत के संदर्भ में कौन-सा कथन सही नहीं है?

(a) यहाँ दैनिक तापांतर कम होता है
(b) यहाँ वार्षिक तापांतर कम होता है
(c) यहाँ तापमान पूरे वर्ष ऊँचा रहता है
(d) यहाँ जलवायु विषम पाई जाती है

उत्तर *(d)* यहाँ जलवायु विषम पाई जाती है

4. जब सूर्य दक्षिणी गोलार्द्ध में मकर रेखा पर सीधा चमकता है, तब निम्नलिखित में से क्या होता है?

(a) उत्तर-पश्चिमी भारत में तापमान कम होने के कारण उच्च वायुदाब विकसित हो जाता है
(b) उत्तर-पश्चिमी भारत में तापमान बढ़ने के कारण निम्न वायुदाब विकसित हो जाता है
(c) उत्तर-पश्चिमी भारत में तापमान और वायुदाब में कोई परिवर्तन नहीं आता
(d) उत्तर-पश्चिमी भारत में झुलसा देने वाली तेज लू चलती है

उत्तर *(a)* उत्तर-पश्चिमी भारत में तापमान कम होने के कारण उच्च वायुदाब विकसित हो जाता है

निम्नलिखित प्रश्नों के उत्तर लगभग 30 शब्दों में दीजिए

1. अंत:उष्णकटिबंधीय अभिसरण क्षेत्र क्या है?

उत्तर गर्मी का मौसम शुरू होने पर जब सूर्य उत्तरायण स्थिति में आता है, तब उपमहाद्वीप के निम्न तथा उच्च दोनों ही स्तरों पर वायु परिसंचरण में उत्क्रमण हो जाता है। जुलाई के मध्य तक धरातल के निकट निम्न वायुदाब पेटी को अंत:उष्णकटिबंधीय अभिसरण क्षेत्र कहा जाता है। विषुवत् वृत्त पर अवस्थित अंत:उष्णकटिबंधीय अभिसरण क्षेत्र एक निम्न वायुदाब वाला क्षेत्र होता है, जिसमें दोनों गोलार्द्धों से आकर व्यापारिक पवनें मिलकर ऊपर उठती हैं।

2. मानसून प्रस्फोट से आपका क्या अभिप्राय है? भारत में सबसे अधिक वर्षा प्राप्त करने वाले स्थान का नाम लिखिए।

उत्तर दक्षिण-पश्चिमी मानसूनी पवनों के प्रचंड गर्जन और बिजली की कड़क के साथ अचानक चलने को 'मानसून प्रस्फोट' कहते हैं। मेघालय के मॉसिनराम में सबसे अधिक वर्षा होती है। भारत में 75% वर्षा दक्षिण पश्चिम मानसून के द्वारा होती है, जबकि पूर्वी भागों में वर्षा बंगाल की खाड़ी की मानसूनी शाखा से होती है, मॉसिनराम, खाड़ी हिल्स में स्थित है।

3. उत्तर-पश्चिमी भारत में रबी की फसलें बोने वाले किसानों को किस प्रकार के चक्रवातों से वर्षा प्राप्त होती है? वे चक्रवात कहाँ उत्पन्न होते हैं?

उत्तर उत्तर-पश्चिमी भारत में भूमध्यसागर में उत्पन्न होने वाले शीतोष्ण कटिबंधीय चक्रवात से वर्षा होती है, जो भारत में रबी फसल के लिए लाभदायक होती है। भारत में होने वाली कुल वर्षा का करीब 3% वर्षा पश्चिमी विक्षोभ द्वारा होती है। जब पछुआ हवा भूमध्यसागर व फारस की खाड़ी के ऊपर से प्रवाहित होकर आती है, तो अपने साथ पर्याप्त मात्रा में आर्द्रता लाती है, जिससे भारत के उत्तर-पश्चिम भाग में पर्याप्त वर्षा होती है।

निम्नलिखित प्रश्नों के उत्तर लगभग 150 शब्दों में दीजिए

1. जलवायु में एक प्रकार की एकता होते हुए भी भारत की जलवायु में क्षेत्रीय विभिन्नताएँ पाई जाती हैं। उपयुक्त उदाहरण देते हुए इस कथन को स्पष्ट कीजिए।

उत्तर भारत की जलवायु में क्षेत्रीय विभिन्नताएँ स्पष्ट रूप से पाई जाती हैं। जलवायु की ये प्रादेशिक अथवा क्षेत्रीय भिन्नताएँ भारत के विभिन्न प्रदेशों के मौसम और जलवायु को एक-दूसरे से अलग करती हैं। उदाहरण के लिए, उत्तर में बिहार एवं उत्तर प्रदेश की जलवायु, दक्षिण में तमिलनाडु एवं केरल की जलवायु से भिन्न है, फिर भी इन राज्यों की जलवायु मानसूनी प्रकार की है। भारत की जलवायु में अनेक प्रादेशिक भिन्नता तापमान, वर्षा आदि के रूप में दिखाई देती है। गर्मियों में पश्चिमी मरुस्थल में तापमान 55° सेग्रे तक पहुँच जाता है, जबकि सर्दियों में लेह के आस-पास के क्षेत्रों में तापमान -45° सेग्रे होता है। राजस्थान के चुरू जिले में जून में तापमान 50° सेग्रे या इससे भी अधिक हो जाता है, जबकि उसी समय अरुणाचल प्रदेश के तवांग जिले में तापमान 19° सेग्रे होता है। तापमान के वितरण में भिन्नता की ही तरह वर्षा के वितरण में भी विभिन्नताएँ मिलती हैं। मेघालय की खासी पहाड़ियों में स्थित चेरापूँजी और मॉसिनराम में औसत वार्षिक वर्षा 1,080 सेमी से अधिक होती है, जबकि राजस्थान के जैसलमेर में औसत वार्षिक वर्षा लगभग 9 सेमी होती है। जुलाई या अगस्त में गंगा के डेल्टा और ओडिशा के तटीय क्षेत्र में मूसलाधार वर्षा होती है, जबकि तमिलनाडु का कोरोमंडल तट वर्षा विहीन होता है।

2. भारतीय मौसम विज्ञान विभाग के अनुसार भारत में कितने स्पष्ट मौसम पाए जाते हैं? किसी एक मौसम की दशाओं की सविस्तार व्याख्या कीजिए।

उत्तर भारतीय मौसम विज्ञान विभाग ने भारत में वर्ष को चार ऋतुओं में विभाजित किया है

(i) शीत ऋतु
(ii) ग्रीष्म ऋतु
(iii) दक्षिण-पश्चिमी मानसून की ऋतु (वर्षा ऋतु)
(iv) मानसून के निवर्तन की ऋतु

आमतौर पर शीत ऋतु नवंबर के मध्य में प्रारंभ होती है, जो लगभग अप्रैल तक रहती है। उत्तरी मैदान में जनवरी और फरवरी सर्वाधिक ठंड वाले महीने होते हैं। यहाँ के अधिकांश भागों का तापमान लगभग 21°C से कम हो जाता है। रात्रि के तापमान में काफी गिरावट आ जाती है। यद्यपि प्रायद्वीपीय भारत में समुद्र समकारी प्रभाव के कारण ऋतु अनुसार तापमान वितरण में लगभग नगण्य बदलाव रहता है। इसलिए प्रायद्वीपीय भारत में कोई निश्चित शीत ऋतु नहीं होती है, जबकि उत्तर भारत समुद्र के समकारी प्रभाव तथा विषुवत्रेखा से दूर होने के कारण शीत ऋतु के प्रभाव से युक्त होता है। इसके अतिरिक्त हिमालय से निकटतम तथा मध्य एशिया (कैस्पियन सागर तथा तुर्कमेनिस्तान) से उठने वाली ठंडी हवाओं के कारण भी उत्तर भारत में अधिक ठंड पड़ती है।

अभ्यास प्रश्न

वस्तुनिष्ठ प्रश्न

बहुविकल्पीय प्रश्न

1. निम्न में से कौन-सा घटक मौसम को प्रभावित करता है?

(a) तापमान (b) वायुदाब
(c) पवनों की दिशा एवं गति (d) ये सभी

उत्तर (d) ये सभी

2. दक्षिण-पश्चिम मानसून का भारत में आगमन सबसे पहले किस तट पर होता है?

(a) केरल तट
(b) तमिलनाडु तट
(c) उड़ीसा तट
(d) मुंबई तट

उत्तर (a) केरल तट

3. उष्ण कटिबंधीय चक्रवातों की संख्या में कमी तथा अंत:उष्ण कटिबंधीय अभिसरण क्षेत्र की स्थिति में परिवर्तन से किस क्षेत्र में मानसून का विच्छेद होता है?

(a) प्रायद्वीपीय भाग में
(b) उत्तरी मैदान में
(c) पूर्वी तटीय भाग में
(d) पश्चिम तटीय भाग में

उत्तर (b) उत्तरी मैदान में

4. भारत के निम्नलिखित राज्यों में किसमें लौटते मानसून के समय वर्षा होती है?

(a) ओडिशा (b) केरल
(c) तमिलनाडु (d) कर्नाटक

उत्तर (c) तमिलनाडु

5. दक्षिण पश्चिमी मानसून की ऋतु में वर्षा अचानक आरंभ हो जाती है। पहली बारिश का असर यह होता है कि तापमान में काफी गिरावट आ जाती है। प्रचंड गर्जन और बिजली की कड़क के साथ इन आर्द्रता भरी पवनों का अचानक चलना प्राय: मानसून का ......। दक्षता आधारित प्रश्न

(a) 'निवर्तन' कहलाता है। (b) 'प्रस्फोट' कहलाता है।
(c) 'a' और 'b' दोनों (d) इनमें से कोई नहीं

उत्तर (b) 'प्रस्फोट' कहलाता है।

6. सर्दियों में किसके आस-पास का तापमान −45° सेल्सियस होता है?

(a) चुरु (b) लेह (c) जम्मू (d) चेन्नई

उत्तर (b) लेह

7. थार मरुस्थल में रात का तापमान कितने डिग्री सेल्सियस होता है?

(a) 8° सेल्सियस से 10° सेल्सियस
(b) 15° सेल्सियस से 20° सेल्सियस
(c) 10° सेल्सियस से 15° सेल्सियस
(d) 0° सेल्सियस से 15° सेल्सियस

उत्तर (b) 15° सेल्सियस से 20° सेल्सियस

8. निम्नलिखित में से कौन-सा कथन सही नहीं है? दक्षता आधारित प्रश्न

(a) वायुमंडल में 120 किमी की ऊँचाई पर ऑक्सीजन की मात्रा नगण्य हो जाती है
(b) कार्बन डाइ-ऑक्साइड एवं जलवाष्प पृथ्वी की सतह से 90 किमी की ऊँचाई तक ही पाए जाते हैं
(c) कार्बन डाइ-ऑक्साइड गैस सौर विकिरण के अपारदर्शी है, लेकिन पार्थिव विकिरण के लिए पारदर्शी है
(d) विषुवत् वृत्त से ध्रुव की तरफ जलवाष्प की मात्रा कम होती जाती है

उत्तर (c) कार्बन डाइ-ऑक्साइड गैस सौर विकिरण के अपारदर्शी है, लेकिन पार्थिव विकिरण के लिए पारदर्शी है

9. निम्नलिखित में से कौन-सा कथन सही नहीं है?

(a) दक्षिण-पश्चिम एशिया में मानसूनी जलवायु मिलती है
(b) मीथेन एक प्रकार का ग्रीन हाउस प्रभाव गैस है
(c) वायुदाब एवं तापमान में प्रत्यक्ष संबंध होता है
(d) उच्चावच तापमान व पवनों की गति को प्रभावित करता है

उत्तर (a) दक्षिण-पश्चिम एशिया में मानसूनी जलवायु मिलती है।

10. निम्न में से कौन-सा कथन सही है?

1. वायुमंडल की अल्पकालीन अवस्था को मौसम कहते हैं।
2. मौसम में परिवर्तन जल्दी-जल्दी होता है। *दक्षता आधारित प्रश्न*

कूट

(a) केवल 1 (b) केवल 2
(c) 1 और 2 दोनों (d) न तो 1 और न ही 2

उत्तर (c) 1 और 2 दोनों

11. अरब सागर की मानसूनी पवनों के संदर्भ में निम्नलिखित कथनों पर विचार कीजिए

1. इसकी एक शाखा पश्चिमी घाट से टकराती है तथा पवनभिमुख ढाल पर अधिक वर्षा करती है।
2. इसकी दूसरी शाखा नर्मदा और ताप्ती की घाटियों से होकर मध्य भारत में वर्षा करती है।
3. इसकी तीसरी शाखा सौराष्ट्र प्रायद्वीप और कच्छ से टकराती है तथा अरावली के साथ-साथ चलती हुई अत्यधिक वर्षा करती है।

नीचे दिए गए कूट के आधार पर सही उत्तर का चयन कीजिए। *दक्षता आधारित प्रश्न*

(a) केवल 1 (b) केवल 2
(c) 1 और 3 (d) 1, 2 और 3

उत्तर (c) 1 और 3

12. भारत में मानसून के आगमन तथा उस दौरान घटित विभिन्न घटनाक्रमों को निम्नलिखित कथनों में लिखा गया है। इन्हें क्रमानुसार लिखिए।

1. सूर्य के कर्क रेखा पर लंबवत् चमकने से भारतीय उपमहाद्वीप में निम्न वायुदाब का बनना।
2. सितंबर के मध्य में मानसून निवर्तन की स्थिति, जिसमें मानसून उत्तर-पश्चिम भारत से पीछे हटने लगता है।
3. आर्द्र पवनों के तट से सामानांतर बहने के कारण मानसून विच्छेद की स्थिति
4. उत्तर-पूर्वी मानूसन द्वारा तमिलनाडु में वर्षा

कूट

(a) 2,3,4,1 (b) 1,2,3,4 (c) 4,3,2,1 (d) 1,3,2,4

उत्तर (c) 4,3,2,1

13. निम्नलिखित स्थलों को उनकी औसत वार्षिक वर्षा के आधार पर अवरोही क्रम में व्यवस्थित कीजिए *दक्षता आधारित प्रश्न*

1. मॉसिनराय
2. जैसलमेर
3. मेघालय
4. उत्तरी-पश्चिमी हिमालय तथा पश्चिमी मरुस्थल

कूट

(a) 1, 2, 3, 4
(b) 1, 3, 4, 2
(c) 4, 3, 2, 1
(d) 1, 3, 2, 4

उत्तर (b) 1, 3, 4, 2

14. एल-निनो एक जटिल मौसम तंत्र है, जो प्रत्येक पाँच या दस वर्ष बाद उत्पन्न होता है। एल-निनों से संबंधित निम्नलिखित कथनों पर विचार कीजिए।

1. एल-निनो एक कृषि अनुकूल जलवायु परिघटना है।
2. एल-निनो भूमध्यरेखीय उष्ण समुद्री जलधारा का विस्तार है, जो हंबोल्ट की ठंडी धारा को प्रतिस्थापित करती है।
3. इससे जलधारा के गर्म होने के कारण प्लवक की मात्रा में वृद्धि होती है।
4. भारतीय मानसून के पूर्वानुमान में एल-निनो की विशेष भूमिका ह

कूट

(a) 1, 2 और 3 (b) 2 और 4
(c) 2, 3 और 4 (d) 1, 2, 3 और 4

उत्तर (b) 2 और 4

15. निम्नलिखित में से कौन-सा/से कारक भारत की जलवायु को प्रभावित करते हैं/ है?

1. अक्षांश 2. समुद्र तट से दूरी
3. जल और स्थल का वितरण

कूट

(a) केवल 1
(b) 1 और 2
(c) 1 और 3
(d) 1, 2, और 3

उत्तर (d) 1, 2, और 3

16. सूची I को से सूची II से सुमेलित कीजिए

सूची I (वर्षा प्रकृति)	सूची II (क्षेत्र)
A. अधिक वर्षा (200 सेमी से अधिक)	1. ओडिशा
B. मध्यम वर्षा (100 से 200 सेमी)	2. पश्चिमी राजस्थान
C. न्यून वर्षा (50 से 100 सेमी)	3. खासी जयंतिया पहाड़ी
D. अपर्याप्त वर्षा (50 सेमी से कम)	4. पश्चिमी उत्तर प्रदेश

कूट

	A	B	C	D
(a)	1	2	3	4
(b)	4	3	2	1
(c)	3	1	4	2
(d)	2	3	1	4

उत्तर (c) 3 1 4 2

17. निम्नलिखित में से कौन-सा युग्म सही सुमेलित नहीं है ?

दक्षता आधारित प्रश्न

ग्रीष्म ऋतु के स्थानीय तूफान		प्रभावित क्षेत्र
(a) बारदौली छीटा	-	असम
(b) आम्र वर्षा	-	केरल व तटीय कर्नाटक
(c) फूलों वाली बौछार	-	केरल व निकटवर्ती कहवा उत्पादक क्षेत्र
(d) काल वैशाखी	-	महाराष्ट्र

उत्तर *(d)* काल वैशाखी -महाराष्ट्र

18. कथन (I) मानसून पश्चिम बंगाल और बांग्लादेश में दक्षिण-पश्चिमी दिशा की अपेक्षा दक्षिण व दक्षिण-पूर्वी दिशा से प्रवेश करता है।

कथन (II) बंगाल की खाड़ी की मानसूनी पवनों के एक बड़े हिस्से को भारतीय उपमहाद्वीप की ओर विक्षेपित करने में अराकान पहाड़ियों की महत्त्वपूर्ण भूमिका है।

दक्षता आधारित प्रश्न

नीचे दिए गए विकल्पों के आधार पर सही उत्तर का चयन कीजिए

(a) केवल कथन I सही है (b) केवल कथन II सही है
(c) कथन I और II दोनों सही हैं (d) कथन I और II दोनों गलत हैं

उत्तर (c) कथन I और II दोनों सही हैं

निर्देश (प्र. सं. 19-21) नीचे दो कथन दिए गए हैं, जिनमें से एक को कथन (A) और दूसरे को कारण (R) कहा गया है। दिए गए कूट की सहायता से सही उत्तर का चयन करें

कूट

(a) A और R दोनों सही हैं तथा R, A की सही व्याख्या है
(b) A और R दोनों सही हैं, परंतु R, A की सही व्याख्या नहीं है
(c) A सही है, किंतु R गलत है
(d) A गलत है, किंतु R सही है

19. कथन (A) तमिलनाडु और दक्षिण-पूर्वी केरल में उत्तर-पूर्वी मानसून से झंझावत वर्षा होती है।

कारण (R) उत्तर-पूर्वी मानसूनी पवनें बंगाल की खाड़ी में नमी ग्रहण करती हैं और तमिलनाडु तथा दक्षिण-पूर्वी केरल में वर्षा करती हैं।

दक्षता आधारित प्रश्न

उत्तर *(b)* उत्तर-पूर्वी मानसूनी पवनें अक्टूबर से नवंबर के मध्य बंगाल की खाड़ी को पार करते समय नमीं ग्रहण कर लेती हैं और तमिलनाडु दक्षिण आंध्र प्रदेश, दक्षिण-पूर्वी कर्नाटक तथा दक्षिण-पूर्वी केरल में झंझावत वर्षा करती हैं।

20. कथन (A) पूर्वी जेट प्रवाह भारत में मानसून प्रस्फोट हेतु उत्तरदायी है।

कारण (R) यह स्थिति पश्चिमी जेट प्रवाह के इस क्षेत्र में खिसकने और 15° उत्तरी अक्षांश पर पूर्वी जेट प्रवाह के विकास के कारण उत्पन्न होती है।

उत्तर *(b)* अंतः ऊष्ण कटिबंधीय अभिसरण क्षेत्र की स्थिति में परिवर्तन का संबंध हिमालय के दक्षिण में उत्तरी मैदान के ऊपर से पश्चिमी जेट-प्रवाह द्वारा अपनी स्थिति के प्रत्यावर्तन से भी है, क्योंकि पश्चिमी जेट प्रवाह के इस क्षेत्र से खिसकते ही दक्षिणी भारत में 15° उत्तरी अक्षांश पर पूर्वी जेट प्रवाह विकसित हो जाता है। इसी पूर्वी जेट प्रवाह को भारत में मानसून के प्रस्फोट हेतु जिम्मेदार माना जाता है।

21. कथन (A) भारत के उत्तर-पश्चिमी क्षेत्र में शीतकालीन वर्षा रबी की फसल हेतु उपयोगी है।

कारण (R) उत्तर-पश्चिमी भारत में भूमध्य सागर से आने वाले कुछ क्षीण शीतोष्ण कटिबंधीय चक्रवातों से वर्षा होती है।

उत्तर *(c)* उत्तर-पश्चिमी भारत में भूमध्य सागर से आने वाले कुछ क्षीण शीतोष्ण कटिबंधीय चक्रवात पंजाब, हरियाणा, दिल्ली तथा पश्चिमी उत्तर प्रदेश में कुछ वर्षा करते हैं। यह शीतकालीन वर्षा कम मात्रा में होते हुए भी भारत में रबी की फसल हेतु बहुत उपयोगी होती है।

22. दक्षिणी भारत में ग्रीष्म ऋतु मृदु होती है तथा उत्तरी भारत जैसी प्रखर नहीं होती। दक्षिणी भारत की प्रायद्वीपीय स्थिति समुद्र के समकारी प्रभाव के कारण यहाँ के तापमान को उत्तरी भारत में प्रचलित तापमानों से नीचे रखती है। अतः दक्षिण में तापमान 26° से 32° सेल्सियस के बीच रहता है। पश्चिमी घाट की पहाड़ियों के कुछ क्षेत्रों में ऊँचाई के कारण तापमान 25° सेल्सियम से कम रहता है। तटीय भागों में समताप रेखाएँ तट के समानांतर उत्तर-दक्षिण दिशा में फैली हैं, जो प्रमाणित करती हैं कि तापमान उत्तरी भारत से दक्षिणी भारत की ओर न बढ़कर तटों से भीतर की ओर बढ़ता है। गर्मी के महीनों में औसत न्यूनतम दैनिक तापमान भी काफी ऊँचा रहता है और यह 26° सेल्सियस से शायद ही कभी नीचे जाता हो।

वायुदाब और पवनें: देश के आधे उत्तरी भाग में ग्रीष्म ऋतु में अधिक गर्मी और गिरता हुआ वायुदाब पाया जाता है। उपमहाद्वीप के गर्म हो जाने के कारण जुलाई में अंतः उष्ण कटिबंधीय अभिसरण क्षेत्र उत्तर की ओर खिसककर लगभग 25° उत्तरी अक्षांश रेखा पर स्थित हो जाता है। मोटें तौर पर यह निम्न दाब की लंबायमान मानसून द्रोणी उत्तर-पश्चिम में थार मरुस्थल से पूर्व ओर दक्षिण-पूर्व में पटना और छत्तीसगढ़ पठार तक विस्तार होती है। अंत उष्ण कटिबंधीय अभिसरण क्षेत्र की स्थिति पवनों के धरातलीय संचरण को आकर्षित करती करती है, जिनकी दिशा पश्चिमी तट, पश्चिम बंगाल के तट था बांग्लादेश के साथ दक्षिण-पश्चिमी होती है। उत्तरी बंगाल और बिहार में इन पवनों की दिशा पूर्वी और दक्षिण-पूर्वी होती है। इस बात की चर्चा पहले की जा चुकी है कि दक्षिण-पश्चिमी मानसून की ये धाराएँ वास्तव में विस्थापित भूमध्यरेखीय पुराव पवनें हैं। मध्य जून तक इन पवनों का अंतः प्रवेश मौसम का वर्षा ऋतु की ओर बदलाव करता है।

(i) दक्षिण भारत में तापमान कितना रहता है?

(a) 10°C से 15°C (b) 12°C से 16°C
(c) 26°C से 32°C (d) 45°C से 48°C

उत्तर (c) 26°C से 32°C

(ii) उपमहाद्वीप के गर्म हो जाने के कारण किस महीने में उष्णकटिबंधीय अभिसरण क्षेत्र उत्तर की ओर खिसक जाता है ?

(a) मार्च
(b) जून
(c) जुलाई
(d) मई

उत्तर (c) जुलाई

(iii) दक्षिणी-पश्चिमी मानसून की धाराएँ वास्तव में कैसी पवने हैं?
(a) भूमध्य रेखीय पुखा पवनें
(b) पश्चिमी उष्ण कटिबंधीय पवनें
(c) प्रचलित दक्षिणी पवनें
(d) आर्द्र मानसूनी पवनें

उत्तर (a) भूमध्य रेखीय पुखा पवनें

स्रोत आधारित प्रश्न

निम्नलिखित स्रोतों को ध्यानपूर्वक पढ़कर उन पर आधारित प्रश्नों के उत्तर दीजिए

1. **परिवर्तन प्रकृति का नियम है। भूतकाल में जलवायु में भी भूमंडलीय एवं स्थानीय स्तर पर परिवर्तन हुए हैं। जलवायु में परिवर्तन आज भी हो रहे हैं, किंतु ये परिवर्तन अगोचर हैं। अनेक भू-वैज्ञानिक साक्ष्य बताते हैं कि एक समय पृथ्वी के विशाल भाग बर्फ से ढ़के थे। प्राकृतिक कारकों के अतिरिक्त भूमंडलीय तापन के लिए बड़े पैमाने पर औद्योगीकरण तथा वायुमंडल में प्रदूषणकारी गैसों की वृद्धि जैसी मानवीय क्रियाएँ भी महत्त्वपूर्ण उत्तरदायी कारक हैं।**

विश्व के तापमान में काफी वृद्धि हो रही है। मानवीय क्रियाओं द्वारा उत्पन्न कार्बन डाइ-ऑक्साइड की वृद्धि चिंता का मुख्य कारण है। जीवाश्म ईंधनों के जलने से वायुमंडल में इस गैस की मात्रा क्रमशः बढ़ रही है। कुछ अन्य गैसें; जैसे-मीथेन, क्लोरो-फ्लोरो कार्बन, ओजोन और नाइट्रस ऑक्साइड वायुमंडल में अल्प मात्रा में विद्यमान हैं। इन्हें तथा कार्बन डाइ-ऑक्साइड को हरितगृह गैसें कहते हैं। कार्बन डाइऑक्साइड की तुलना में अन्य चार गैसें दीर्घ तरंगी विकिरण का ज्यादा अच्छी तरह से अवशोषण करती हैं, इसलिए हरितगृह प्रभाव को बढ़ाने में उनका अधिक योगदान है। इन्हीं के प्रभाव से पृथ्वी का तापमान बढ़ रहा है।

विगत् 150 वर्षों में पृथ्वी की सतह का औसत वार्षिक तापमान बढ़ा है। ऐसा अनुमान है कि वर्ष 2100 में भूमंडलीय तापमान में लगभग 2°C की वृद्धि हो जाएगी। तापमान की इस वृद्धि से कई अन्य परिवर्तन भी होंगे। इनमें से एक है गर्मी के कारण हिमानियों और समुद्री बर्फ के पिघलने से समुद्र तल का ऊँचा होना। प्रचलित पूर्वानुमान के अनुसार औसत समुद्र तल 21वीं शताब्दी के अंत तक 48 सेमी ऊँचा हो जाएगा। इसके कारण प्राकृतिक बाढ़ों की संख्या बढ़ जाएगी। जलवायु परिवर्तन से मलेरिया जैसी कीटजन्य बीमारियाँ बढ़ जाएँगी।

(i) औद्योगीकरण और प्रदूषणकारी गैसों की वृद्धि जलवायु पर किस प्रकार का प्रभाव डालती हैं?

उत्तर औद्योगीकरण और प्रदूषणकारी गैसों की वृद्धि के कारण वायुमंडल मे कार्बन-डाइ-ऑक्साइड मीथेन, और क्लोरो-फ्लोरों कार्बन जैसी हरितगृह गैसों की मात्रा बढ़ गई। है। ये गैसें सूर्य से आने वाली ऊष्मा को वायुमंडल में रोक लेती हैं और दीर्घ तरंग विकिरण को पुनः पृथ्वी की सतह पर भेजती हैं, जिससे तापमान बढ़ता है। इसके परिणामस्वरूप जलवायु अस्थिर हो जाती है, प्राकृतिक आपदाओं की आवृत्ति बढ़ती है, और वैश्विक पारिस्थितिकी तंत्र पर प्रतिकूल प्रभाव पड़ता है।

(ii) पिछले 150 वर्षों में पृथ्वी के औसत वार्षिक तापमान में क्या परिवर्तन हुए हैं और भविष्य के लिए क्या अनुमान है?

उत्तर पिछले 150 वर्षों में पृथ्वी की सतह का औसत वार्षिक तापमान बढ़ा है। यह वृद्धि मुख्यतः हरित गृह गैसों के प्रभाव और मानवीय गतिविधियों के कारण हुई है। अनुमान है कि वर्ष 2100 तक भू-मंडलीय तापमान में लगभग 2°C की वृद्धि हो सकती है। इस तापमान वृद्धि में से हिमानियों और समुद्री बर्फ का पिघलना तेज होगा, समुद्र तल में वृद्धि होगी और जलवायु से संबंधित अन्य परिवर्तनों की संभावना भी बढ़ेगी।

(iii) जलवायु परिवर्तन के ऐतिहासिक प्रमाण क्या दर्शाते हैं और इसके प्रमुख कारण क्या हैं?

उत्तर जलवायु परिवर्तन के ऐतिहासिक प्रमाण यह दर्शाते हैं कि पृथ्वी के विशाल भाग एक समय बर्फ से ढ़के हुए थे। यह संकेत करता है कि प्राकृतिक कारकों के कारण जलवायु में भू-मंडलीय और स्थानीय स्तर पर परिवर्तन हुए हैं। हालाँकि, वर्तमान में जलवायु परिवर्तन के प्रमुख कारणों में मानवीय क्रियाएँ ;जैसे-बड़े पैमाने पर औद्योगीकरण और वायुमंडल में प्रदूषणकारी गैसों की वृद्धि अत्यंत महत्वपूर्ण भूमिका निभा रही है। कार्बन-डाइ-ऑक्साइड, मीथेन, क्लोरो फ्लोरो कार्बन, ओजोन और नाइट्रस ऑक्साइड जैसी हरितगृत गैसों के कारण पृथ्वी का तापमान लगातार बढ़ रहा है।

2. **19वीं सदी के अंत में यह व्याख्या की गई थी कि गर्मी के महीनों में स्थल और समुद्र का विभेदी तापन ही मानसून पवनों के उपमहाद्वीप की ओर चलने के लिए मंच तैयार करता है। अप्रैल और मई के महीनों में जब सूर्य कर्क रेखा पर लंबवत् चमकता है, तो हिंद महासागर के उत्तर में स्थित विशाल भूखंड अत्यधिक गर्म हो जाता है, इसके परिणामस्वरूप उपमहाद्वीप के उत्तर-पश्चिमी भाग पर एक गहन न्यून दाब क्षेत्र विकसित हो जाता है, क्योंकि भूखंड के दक्षिण में हिंद महासागर अपेक्षतया धीरे-धीरे गर्म होता है। निम्न वायुदाब केंद्र विषुवत् रेखा के उस पार से दक्षिण-पूर्वी सन्मार्गी पवनों को आकर्षित कर लेता है। इन दशाओं में अंतःउष्णकटिबंधीय अभिसरण क्षेत्र उत्तर की ओर स्थानांतरित हो जाता है। इस प्रकार दक्षिण-पश्चिमी मानसूनी पवनों को दक्षिण-पूर्वी सन्मार्गी पवनों के विस्तार के रूप में देखा जा सकता है, जो भूमध्यरेखा को पार करके भारतीय उपमहाद्वीप की ओर विक्षेपित हो जाती हैं। ये पवनें भूमध्यरेखा को 40° पूर्वी तथा 60° पूर्वी देशांतर रेखाओं के बीच पार करती हैं।**

अंतःउष्णकटिबंधीय अभिसरण क्षेत्र की स्थिति में परिवर्तन का संबंध हिमालय के दक्षिण में उत्तरी मैदान के ऊपर से पश्चिमी जेट-प्रवाह द्वारा अपनी स्थिति के प्रत्यावर्तन से भी है, क्योंकि पश्चिमी जेट-प्रवाह के इस क्षेत्र से खिसकते ही दक्षिणी भारत में 15° उत्तर अक्षांश पर पूर्वी जेट-प्रवाह विकसित हो जाता है।

मानसून का भारत में प्रवेश : दक्षिण-पश्चिमी मानसून केरल तट पर 1 जून को पहुँचता है और शीघ्र ही 10 और 13 जून के बीच ये आर्द्र पवनें मुंबई व कोलकाता तक पहुँच जाती हैं। मध्य जुलाई तक संपूर्ण उपमहाद्वीप दक्षिण-पश्चिम मानसून के प्रभावाधीन हो जाता है।

(i) सूर्य के उत्तरायण होने की स्थिति में उपमहाद्वीपीय भाग में कौन-सी घटनाएँ घटित होती हैं?

उत्तर सूर्य के उत्तरायण होने की स्थिति में उपमहाद्वीपीय भाग में निम्न दाब की स्थिति उत्पन्न हो जाती है। महासागरीय भाग धीर-धीरे गर्म होने से विभेदी तापन की स्थिति उत्पन्न हो जाती है। इस भाग में निम्नदाब उत्पन्न होने के कारण अंतः उष्णकटिबंधीय अभिसरण क्षेत्र उत्तर की ओर स्थानांतरित हो जाता है।

(ii) मानसून विस्फोट का मुख्य कारण किसे माना जाता है?

उत्तर मानसून विस्फोट का मुख्य कारण पूर्वी जेट स्ट्रीम को माना जाता है। धरातल से 15-17 किमी की ऊँचाई पर उच्च तापमान के कारण तथा तिब्बत पठार के गर्म होने के कारण इसकी उत्पत्ति होती है।

(iii) दक्षिण-पश्चिमी मानसून केरल तट पर कब पहुँचता है?

उत्तर दक्षिण-पश्चिमी मानसून केरल तट पर 1 जून को पहुँचता है। दक्षिण -पश्चिम से प्राप्त वर्षा मौसमी है, जो जून और सितंबर के मध्य होती हैं। यह हिंद महासागर से आने वाली नमी युक्त हवाओं द्वारा संचालित होता है।

लघु उत्तरीय प्रश्न

1. शीत ऋतु में उत्तरी भारत में अधिक ठंड पड़ने के कारणों का सक्षिप्त वर्णन कीजिए

उत्तर शीत ऋतु में उत्तरी भारत में मुख्य रूप से तीन कारणों से अधिक ठंड पड़ती है, जो निम्नलिखित हैं

(i) समुद्र के समकारी प्रभाव से दूर स्थित होने के कारण पंजाब, हरियाणा एवं राजस्थान जैसे राज्यों में महाद्वीपीय जलवायु पाई जाती है।

(ii) हिमालय पर्वत श्रेणी में हिमपात के कारण निकटवर्ती क्षेत्रों में शीत लहर की स्थिति उत्पन्न हो जाती है।

(iii) फरवरी में कैस्पियन सागर और तुर्कमेनिस्तान की ठंडी पवनें उत्तरी भारत में शीत लहर उत्पन्न करती हैं तथा देश के उत्तर-पश्चिमी भागों में पाला एवं कोहरा भी पड़ता है।

2. ग्रीष्म ऋतु की तुलना में तमिलनाडु में शीत ऋतु में अधिक वर्षा क्यों होती है? संक्षेप में व्याख्या कीजिए।

उत्तर तमिलनाडु में दक्षिण-पश्चिमी मानसून से वर्षा नहीं होती है। उत्तर-पूर्वी मानसून पवनें अक्टूबर से नवंबर के मध्य बंगाल की खाड़ी को पार करते समय आर्द्रता ग्रहण करके तमिलनाडु एवं अन्य दक्षिणी राज्यों में वर्षा करती हैं। सितंबर के बाद से दक्षिण-पश्चिमी मानसूनी पवनें भारत से लौटना प्रारंभ कर देती हैं तथा नवंबर तक पूरे भारत से लौट जाती हैं।

यही पवनें जब बंगाल की खाड़ी में आती हैं, तो उनकी दिशा उत्तर-पूर्व हो जाती है, जो उत्तरी गोलार्द्ध में व्यापारिक पवनों की है। ये पवनें बंगाल की खाड़ी से आर्द्रता ग्रहण कर तमिलनाडु तट से टकराकर वर्षा करती हैं।

3. गंगा की घाटी में दक्षिण-पश्चिमी मानसून की दिशा की संक्षेप में व्याख्या कीजिए

उत्तर दक्षिण-पश्चिमी मानसून की बंगाल की खाड़ी की शाखा सर्वप्रथम म्यांमार के तट पर स्थित अराकान पहाड़ियों से टकराती है। इसके बाद इसकी दिशा मुड़कर भारतीय उपमहाद्वीप की ओर हो जाती है।

बांग्लादेश एवं गंगा की घाटी में इसकी दिशा दक्षिण-पश्चिम न होकर दक्षिणी एवं दक्षिण-पूर्वी होती है। यह शाखा आगे बढ़ते हुए पंजाब के मैदान तक पहुँचकर अरब सागर की मानसूनी शाखा से मिल जाती है।

4. दक्षिण-पश्चिमी मानसून का आगमन और निवर्तन से क्या तात्पर्य है? संक्षेप में चर्चा कीजिए

उत्तर दक्षिण-पश्चिमी मानसून का भारत में प्रवेश अरब सागर एवं बंगाल की खाड़ी से होता है। जून के प्रथम सप्ताह में यह केरल तट पर पहुँच जाता है और यहाँ वर्षा शुरू हो जाती है, इसे ही दक्षिण-पश्चिमी मानसून का आगमन कहते हैं। जून में शुरू होकर मानसून जुलाई तक संपूर्ण भारतीय उपमहाद्वीप में छा जाता है। सितंबर के आरंभ से मानसून उत्तर-पश्चिमी भारत से पीछे हटने लगता है, इसे ही मानसून का निवर्तन कहते हैं। सितंबर से प्रारंभ होकर मध्य अक्टूबर तक दक्षिणी भारत को छोड़कर शेष संपूर्ण भारत से मानसून निवर्तित हो जाता है।

5. मेघालय स्थित चेरापूँजी और मॉसिनराय में अत्यधिक वर्षा के कारणों पर संक्षेप में प्रकाश डालिए

उत्तर दक्षिण-पश्चिमी मानसून की बंगाल खाड़ी की एक शाखा अराकान पहाड़ियों से टकराकर भारतीय उपमहाद्वीप की ओर मुड़ जाती है तथा वह उत्तर एवं उत्तर-पूर्व की ओर ब्रह्मपुत्र घाटी तथा मेघालय पहुँचती है। यह शाखा मेघालय स्थित गारो और खासी की पहाड़ियों से घिरे चेरापूँजी एवं मॉसिनराम में विश्व की सर्वाधिक वर्षा करती है। तीन ओर से घिरा यह स्थान एक कीप के आकार का है। इसमें पहुँचने के बाद मानसून को निकलने का कोई मार्ग नहीं मिलता, इसलिए यहाँ पर अत्यधिक वर्षा होती है।

6. मौसम और जलवायु में अंतर के प्रमुख बिंदुओं को इंगित कीजिए।

उत्तर मौसम और जलवायु में अंतर निम्नलिखित हैं

मौसम	जलवायु
वायुमंडल की अल्पकालीन अवस्था को मौसम कहते हैं।	दीर्घकालीन मौसमी अवस्थाओं के औसत को जलवायु कहते हैं।
मौसम में परिवर्तन जल्दी-जल्दी होता है; जैसे—एक दिन में या एक सप्ताह में।	जलवायु में परिवर्तन 50 या इससे भी अधिक वर्षों में होता है।
किसी एक प्रदेश में मौसम में बार-बार परिवर्तन होता है।	किसी क्षेत्र की जलवायु विविधता होती है परंतु भिन्नता नहीं पाई जाती है।

7. दक्षिण-पश्चिमी मानसून तथा उत्तर-पूर्वी मानसून के मध्य प्रमुख अंतरों का उल्लेख कीजिए

उत्तर दक्षिण-पश्चिमी मानसून एवं उत्तर-पूर्वी मानसून में निम्नलिखित अंतर हैं

दक्षिण-पश्चिमी मानसून	उत्तर-पूर्वी मानसून
जून से सितंबर तक दक्षिण-पश्चिमी मानसून सक्रिय रहता है।	दिसंबर से फरवरी तक उत्तर-पूर्वी मानसून सक्रिय रहता है।
इसकी दिशा दक्षिण-पश्चिम होती है।	इसकी दिशा उत्तर-पूर्व होती है।
इस अवधि में उत्तरी भारत में निम्न वायुदाब का विकास होता है।	इस अवधि में उत्तरी भारत में उच्च वायुदाब का विकास होता है।
इस ऋतु में संपूर्ण भारत में वर्षा होती है, लेकिन तमिलनाडु तट शुष्क रहता है।	इस ऋतु में तमिलनाडु तट पर वर्षा होती है, जबकि शेष भारत शुष्क रहता है।

दीर्घ उत्तरीय प्रश्न

1. भारत की जलवायु से आप क्या समझते हैं? भारत में जलवायु की भिन्नता को उदाहरणों सहित सविस्तार समझाइए।

दक्षता आधारित प्रश्न

उत्तर भारत तथा दक्षिणी एवं दक्षिणी-पूर्वी एशिया में उष्ण मानसूनी जलवायु पाई जाती है। अलग-अलग ऋतुओं में मौसम की दशाओं में भिन्नता पाई जाती है, क्योंकि मौसम के तत्त्वों-तापमान, वायुदाब, पवनों की दिशा एवं गति, आर्द्रता और वर्षण आदि में परिवर्तन होता है। उत्तर-पूर्वी राज्यों की पहाड़ियों को छोड़कर अन्य क्षेत्रों में शीत ऋतु मृदु (कोमल) होती है।

जलवायु में भिन्नता कर्क रेखा भारत के बीच से गुजरती है, जिसके कारण उत्तरी भारत की स्थिति शीतोष्ण कटिबंध में पाई जाती है, लेकिन हिमालय के प्रभाव, दक्षिण की प्रायद्वीपीय स्थिति, उत्तर-पश्चिमी भाग की सागर से अधिक दूरी, देश के विभिन्न भागों में पर्वत श्रेणियों की स्थिति आदि के कारण भारत की जलवायु में प्रादेशिक भिन्नता पाई जाती है। जलवायु में भिन्नता को निम्नलिखित बिंदुओं से समझ सकते हैं

- गर्मियों में पश्चिमी मरुस्थल का तापक्रम 55° सेल्सियस तक पहुँच जाता है, जबकि सर्दियों में लेह में तापमान -45° सेल्सियस होता है।
- राजस्थान के चुरू जिले में जून में तापमान 50° सेल्सियस या इससे अधिक हो जाता है, जबकि उसी समय अरुणाचल प्रदेश के तवांग जिले में तापमान 19° सेल्सियस तक रहता है।
- जम्मू और कश्मीर के द्रास में दिसंबर की किसी रात में तापमान -45° सेल्सियस होता है, जबकि उसी रात को चेन्नई या तिरुवनंतपुरम में तापमान 20° सेल्सियस या 22° सेल्सियस होता है।
- भारत में एक स्थान से दूसरे स्थान पर तथा एक क्षेत्र से दूसरे क्षेत्र में ऋतुओं में अंतर के साथ-साथ किसी एक स्थान के 24 घंटों के तापमान में भी अंतर पाया जाता है।
- केरल और अंडमान द्वीप समूह में दिन एवं रात के तापमान में 7° या 8° सेल्सियस का अंतर होता है, जबकि थार मरुस्थल में दिन का तापमान 50° सेल्सियस तथा रात का तापमान 15° से 20° सेल्सियस तक होता है।
- हिमालय में वर्षण मुख्यतः हिमपात के रूप में होता है, जबकि देश के अन्य भागों में वर्षण जल की बूँदों के रूप में होता है। मेघालय की खासी पहाड़ियों में स्थित चेरापूँजी और मॉसिनराम में औसत वार्षिक वर्षा 1080 सेमी से अधिक होती है जबकि राजस्थान के जैसलमेर में औसत वार्षिक वर्षा लगभग 9 सेमी होती है।
- उत्तर-पूर्व में स्थित मेघालय में वार्षिक वर्षा 400 सेमी से अधिक होती है, जबकि उत्तरी-पश्चिमी हिमालय तथा पश्चिमी मरुस्थल में वार्षिक वर्षा 10 सेमी से भी कम होती है।
- जुलाई या अगस्त में गंगा के डेल्टा और ओडिशा के तटीय भागों में प्रत्येक तीसरे या पाँचवें दिन तूफान के साथ मूसलाधार वर्षा होती है, जबकि इन्हीं महीनों में एक हजार किमी दूर दक्षिण में स्थित तमिलनाडु का कोरोमंडल तट शांत एवं वर्षाविहीन होता है।

2. भारत की ऋतुओं को कितने भागों में विभाजित किया गया है? प्रत्येक का विस्तृत वर्णन कीजिए। क्या भारत की जलवायवी दशाओं को उसके वार्षिक ऋतु चक्र के माध्यम से स्पष्ट रूप से व्यक्त किया जा सकता है?

दक्षता आधारित प्रश्न

उत्तर भारत की ऋतुओं को मुख्यतः छः भागों में विभाजित किया गया हैं, जो भारतीय परंपरा और जलवायुवीय दशाओं पर आधारित हैं। ये ऋतुएँ पृथ्वी की परिक्रमा और सूर्य की स्थिति के आधार पर बदलती हैं। ऋतुओं का यह चक्र भारतीय संस्कृति, कृषि और दैनिक जीवन में महत्त्वपूर्ण भूमिका निभाता है।

भारत की ऋतुएँ और उनका विस्तृत वर्णन

भारत की ऋतुएँ का विस्तृत वर्णन निम्नलिखित है

(i) **बसंत ऋतु** (मार्च-अप्रैल) यह ऋतु सर्दी के बाद आती है और गर्मी की शुरुआत से पहले होती है। इसमें मौसम सुहावना होता है न अधिक गर्मी और न अधिक ठंड। पेड़- पौधे नई कोपलों और फूलों से सज जाते हैं। इसे ऋतुराज कहा जाता है। इस समय बसंत पंचमी और होली जैसे त्योहार मनाए जाते हैं। इस ऋतु में कृषि के अंतर्गत रबी की फसल पकती है।

(ii) **ग्रीष्म ऋतु** (मई जून) यह सबसे गर्म ऋतु है, जिसमें सूर्य की किरणें सीधी पड़ती हैं। दिन लंबे और रातें छोटी होती हैं। अधिकांश भाग में तापमान 30°C से 45°C तक रहता है। गर्मी के कारण जल वाष्पित होकर मानसून के लिए बादल का निर्माण करता है।

(iii) **वर्षा ऋतु** (जुलाई-सितंबर) दक्षिण-पश्चिम मानूसूनी हवाओं के कारण बारिश होती हैं। यह समय भारतीय कृषि के लिए अत्यंत महत्त्वपूर्ण है। आर्द्रता बढ़ जाती है और औसत तापमान 25°C से 35°C के बीच रहता है। खरीफ फसलों के लिए वर्षा आवश्यक होती है। नदियों, झीलों और भू-जल का स्तर बढ़ता है।

(iv) **शरद ऋतु** (अक्टूबर-नवंबर) यह ऋतु वर्षा के बाद आती है और इसमें ठंड की शुरुआत होती है। आकाश साफ और मौसम सुहावना होता है। पत्ते झड़ने लगते हैं। यह त्योहारों का मौसम है; जैस दुर्गा पूजा, दिवाली/किसान खरीफ की कटाई करते है।

(v) **हेमंत ऋतु** (नवंबर -दिसंबर) यह शीत ऋतु का अग्रदूत होता है। इसमे सुबह -शाम ठंड महसूस होने लगती है। हवा शुष्क होती है और तापमान गिरने लगता है। यह रबी की फसलों की बुआई का समय होता है।

(vi) **शीत ऋतु** (जनवरी-फरवरी) यह सबसे ठंडी ऋतु होती है। इसमें न्यूतनम तापमान 5°C से 20°C के बीच होता है। पहाड़ी क्षेत्रों में बर्फबारी होती है। यह समय फसलों की वृद्धि के लिए अनुकूल होता है।

भारत की जलवायुवीय दशाओं को स्पष्ट रूप से ऋतु चक्र के माध्यम से समझा जा सकता है। यह चक्र भारत की भौगोलिक विविधता को ही नहीं, बल्कि कृषि और सांस्कृतिक गतिविधियों को भी प्रदर्शित करता है, जो निम्नलिखित हैं

(i) **कृषि और मौसम का संबंध** खरीफ और रबी फसलों का चक्र वर्षा और शीत ऋतु पर निर्भर करता है। मानसून भारत के अधिकांश भागों में जीवन का आधार है।

(ii) **भौगोलिक विविधता** भारत के विभिन्न भागों में ऋतुओं की तीव्रता भिन्न हो सकती है। उदाहरण के लिए उत्तरी भारत में शीत ऋतु तीव्र होती है, जबकि दक्षिण भारत में यह हल्की होती है।

(iii) **सांस्कृतिक महत्त्व** प्रत्येक ऋतु भारतीय पर्व और त्योहारों से जुड़ी है। ऋतु परिवर्तन भारतीय साहित्य, कला और संगीत में भी महत्त्वपूर्ण स्थान रखता है। इस प्रकार, भारत का ऋतु चक्र जलवायु, कृषि और सांस्कृतिक गतिविधियों को पूर्ण रूप से व्यक्त करता है। यह न केवल प्राकृतिक परिवर्तनों को समझने का माध्यम है, बल्कि भारत के सामाजिक और आर्थिक ढाँचे का भी अभिन्न हिस्सा है।

मानचित्र पर आधारित प्रश्न

1. भारत के मानचित्र पर निम्न को दर्शाइए।

(i) भारत में सर्वाधिक वर्षा वाले क्षेत्र-A

(ii) भारत में न्यूनतम वर्षा वाले क्षेत्र-B

उत्तर

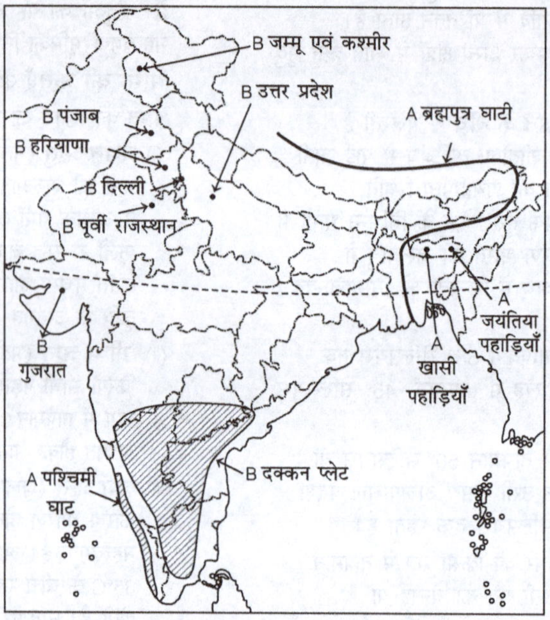

2. भारत के मानचित्र पर निम्न को दर्शाइए।

(i) भारत में सर्वाधिक तापमान वाले क्षेत्र-A

(ii) भारत में न्यूनतम तापमान वाले क्षेत्र-B

उत्तर

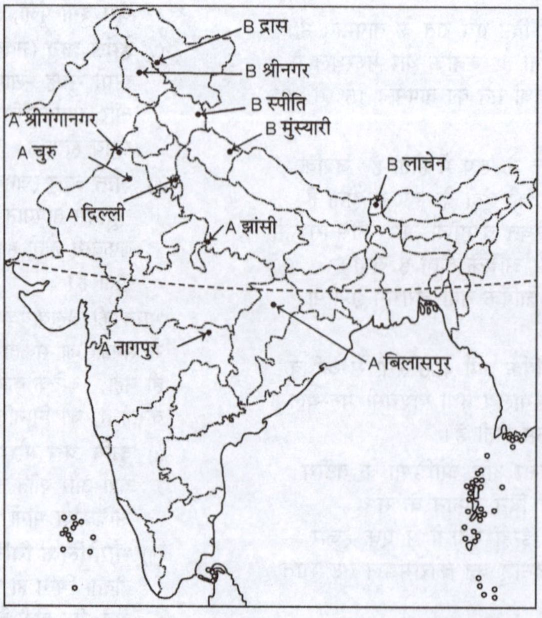

स्वयं को जाँचें

वस्तुनिष्ठ प्रश्न

1. मौसमी दशाओं की भिन्नता के लिए मुख्य रूप से किसे जिम्मेदार माना जाता है?

(a) तापमान (b) वायुदाब
(c) आर्द्रता (d) ये सभी

2. सर्दियों के मौसम में भारत के किस क्षेत्र में तापमान सबसे न्यून पाया जाता है?

(a) जैसलमेर (b) श्रीनगर
(c) लेह (d) तावांग

3. सर्वाधिक वर्षा वाला क्षेत्र मॉसिनराय किस पहाड़ी क्षेत्र में स्थित है?

(a) गारो पहाड़ी (b) खासी पहाड़ी
(c) जयंतिया पहाड़ी (d) मिजो पहाड़ी

4. कोरोमंडल तट पर अधिकांश वर्षा मानसून के निवर्तन काल में .... से होती है।

(a) उत्तर-पूर्वी (b) दक्षिण-पश्चिमी
(c) चक्रवाती अवदाव (d) इनमें से कोई नहीं

5. .... का प्रयोग करने से वायुमंडल में कार्बन डाइ-ऑक्साइड की मात्रा तेजी से बढ़ रही है।

(a) जीवश्म ईधन
(b) सौर ऊर्जा
(c) नाइट्रस आक्साइड
(d) इनमें से कोई नहीं

6. निम्नलिखित कथनों में से कौन-सा/से कथन सही है/हैं?

1. पृथ्वी के वायुमंडलीय भाग में कई गैसों का मिश्रण पाया जाता है, जिसमें हरितगृह प्रभाव गैसें भी विद्यमान हैं।
2. हरितगृह गैसों के प्रभाव के कारण पिछले 50 वर्षों में, पृथ्वी की सतह का वार्षिक औसत तापमान बढ़ा है।

कूट

(a) केवल 1 (b) केवल 2
(c) 1 और 2 दोनों (d) इनमें से कोई नहीं

अतिलघु उत्तरीय प्रश्न

7. उष्ण मानसूनी जलवायु भारत के अतिरिक्त किन क्षेत्रों में पाई जाती है?

8. जून में राजस्थान के चुरू जिले एवं अरुणाचल प्रदेश के तवांग जिले के तापमान का विवरण दें

9. फूलों वाली बौछार क्या है?

10. वर्षा ऋतु में तमिलनाडु तट क्यों शुष्क रह जाता है?

लघु उत्तरीय प्रश्न

11. भारतीय मानसून की प्रकृति स्वभाव की व्याख्या कीजिए

12. मौसम वैज्ञानिकों ने ऋतुओं को कितने भागों में विभाजित किया है? किसी एक भाग की व्याख्या कीजिए

13. भूमंडलीय तापन से आप क्या समझते हैं? इसके लिए उत्तरदायी कुछ प्रमुख कारकों का उल्लेख करें

दीर्घ उत्तरीय प्रश्न

14. भारत में वर्षण की विविधता की कारणों सहित व्याख्या करें

15. मानसून को परिभाषित करते हुए इसकी विभिन्न शाखाओं द्वारा वर्षणा के प्रतिरूपण की संक्षिप्त व्याख्या कीजिए

16. वर्षा की परिवर्तनीयता देश के कुछ भागों में सूखा अथवा बाढ़ का कारण बनती है। उदाहरणों सहित अपनी बात की पुष्टि कीजिए

17. "मासिन राम और चेरापूँजी में अत्यधिक वर्षा क्यों होती है।" इस कथन की पुष्टि के संदर्भ में अपने तर्क प्रस्तुत कीजिए।

5

अध्याय

प्राकृतिक वनस्पति

प्राकृतिक वनस्पति से तात्पर्य उस पौध समुदाय से है, जो लंबे समय तक बिना किसी बाहरी हस्तक्षेप के उगता है और इनकी विभिन्न प्रजातियाँ क्षेत्र विशेष में पाई जाने वाली मिट्टी और जलवायु परिस्थितियों में स्वयं को अनुकूलित कर लेती हैं।

▼ **अध्ययन एक नजर में**

5.1 वनों के प्रकार

5.2 वन संरक्षण

5.3 वन्य प्राणी

▼ **अभ्यास के लिए**

- बहुविकल्पीय प्रश्न 25, चित्र आधारित, कथन/कारण, सुमेलित कीजिए
- वर्णनात्मक प्रकार के प्रश्न (लघु उत्तरीय प्रश्न 6, दीर्घ उत्तरीय प्रश्न 3)
- स्रोत आधारित प्रश्न 1, मानचित्र आधारित 3

भारत विभिन्न प्रकार की प्राकृतिक वनस्पतियों की भूमि है। हिमालय पर्वतों पर शीतोष्ण कटिबंधीय वनस्पतियाँ पाई जाती हैं। पश्चिमी घाट तथा अंडमान और निकोबार द्वीप समूह में उष्ण कटिबंधीय वन व **मैंग्रोव**[1] तथा राजस्थान के मरुस्थलीय और अर्द्ध-मरुस्थलीय क्षेत्रों में विभिन्न प्रकार की झाड़ियाँ, कैक्टस और काँटेदार वनस्पतियाँ पाई जाती हैं।

जलवायु और मिट्टी में विविधता के कारण भारत में वनस्पति में क्षेत्रीय विभिन्नताएँ पाई जाती हैं।

5.1 वनों के प्रकार

कुछ सामान्य विशेषताओं, जैसे प्रमुख वनस्पति प्रकार और जलवायु क्षेत्रों के आधार पर भारत में वनों को निम्नलिखित समूहों में विभाजित किया जा सकता है

(i) उष्णकटिबंधीय सदाबहार एवं अर्द्ध-सदाबहार वन

(ii) उष्णकटिबंधीय पर्णपाती वन

(iii) उष्णकटिबंधीय काँटेदार वन

(iv) पर्वतीय वन

(v) वेलांचली व अनूप वन

उष्णकटिबंधीय सदाबहार वन एवं अर्द्ध-सदाबहार वन

- वार्षिक वर्षा 200 सेमी से अधिक तथा औसत तापमान 22° से से अधिक वाले उष्ण और आर्द्र प्रदेशों पश्चिमी घाट के पश्चिमी ढाल पर, उत्तर-पूर्वी क्षेत्र की पहाड़ियों पर और अंडमान-निकोबार द्वीपसमूह में उष्णकटिबंधीय **सदाबहार वन**[2] एवं अर्द्ध-सदाबहार वन पाए जाते हैं।

---

1 **मैंग्रोव** (Mangrove) लवण, कच्छ, ज्वारीय, संकरी खाड़ी, पंक मैदानों और ज्वारनदमुख के तटीय क्षेत्रों तथा डेल्टाई क्षेत्रों में उगने वाले वन को मैंग्रोव कहते हैं।।

2 **सदाबहार वन** (Evergreen Forest) वृक्षों के पत्ते झड़ने, फूल आने और फल लगने का समय अलग-अलग होने के कारण वर्षभर वृक्ष हरे-भरे दिखाई देते हैं।

- उष्णकटिबंधीय वन सघन (Dense) तथा स्तरों (Levels) में विभाजित होते हैं, जिसमें भूमि के निकट झाड़ियाँ और बेलें, इनके ऊपर छोटे पेड़ और सबसे ऊपर लंबे पेड़ होते हैं, जिनकी लंबाई 60 मी या उससे भी अधिक होती है।
- उष्णकटिबंधीय वन के पेड़ों के पत्ते झड़ने, फूल आने और फल लगने का समय अलग-अलग होने के कारण ये वर्षभर हरे-भरे रहते हैं। इन वनों में रोजवुड, महोगनी, ऐनी और एबनी मुख्य वृक्ष प्रजातियाँ पाई जाती हैं।
- इन पेड़ों के पत्ते झड़नें, फूल आने और फल लगने का समय भिन्न-भिन्न है।
- अर्द्ध-सदाबहार वन उन क्षेत्रों में पाए जाते हैं, जहाँ वर्षा अपेक्षाकृत कम होती है। ये वन सदाबहार और आर्द्र पर्णपाती वनों के मिश्रित रूप हैं।
- इनमें मुख्य वृक्ष प्रजातियाँ साइडर, होलक और कैल हैं।
- इन वनों के सदाबहार होने की विशेषता का मुख्य कारण इनमें पाई जाने वाली **लताएँ**[3] हैं।

वनों का महत्त्व

- ब्रिटिश (अंग्रेज) भारत में वनों के आर्थिक महत्त्व को समझते थे। इसलिए, अंग्रेजों द्वारा वनों का विस्तृत पैमाने पर दोहन प्रारंभ किया गया।
- इस दोहन ने वनों की संरचना को परिवर्तित किया। गढ़वाल और कुमाऊँ में पाए जाने वाले ओक के स्थान पर चीड़ के पेड़ उगाए गए, जो रेल पटरी बिछाने के लिए आवश्यक थे।
- कॉफी, रबड़, चाय के बागान लगाने के लिए भी वनों को साफ किया गया।
- अंग्रेजों ने लकड़ी का उपयोग निर्माण कार्यों में भी किया, क्योंकि लकड़ी उष्मा रोधक होती हैं। वनों का उपयोग मुख्यत: व्यापारिक उद्देश्यों के लिए किया गया।

उष्णकटिबंधीय पर्णपाती वन

- वार्षिक वर्षा 70 से 200 सेमी वाले क्षेत्रों में उष्णकटिबंधीय पर्णपाती वन पाए जाते हैं। ये भारत में सर्वाधिक क्षेत्र पर विस्तृत हैं। इन्हें मानसून वन भी कहा जाता है।
- जल उपलब्धता के आधार पर उष्णकटिबंधीय पर्णपाती वनों को दो वर्गों में विभाजित किया जाता है, जो निम्न हैं

(i) **आर्द्र पर्णपाती वन** 100 से 200 सेमी वर्षा वाले क्षेत्रों, उत्तर-पूर्वी राज्यों और हिमालय के गिरीपद, पश्चिमी घाट के पूर्वी ढालों और ओडिशा में आर्द्र पर्णपाती वन पाए जाते हैं। इन वनों में सागवान, साल, शीशम, हुर्रा, महुआ, आँवला, सेमल, कुसुम और चंदन आदि प्रजातियों के वृक्ष पाए जाते हैं।

(ii) **शुष्क पर्णपाती वन** 70 से 100 सेमी वर्षा वाले क्षेत्रों, अधिक वर्षा वाले प्रायद्वीपीय भागों, उत्तर प्रदेश एवं बिहार के मैदानी भागों में शुष्क पर्णपाती वन पाए जाते हैं। ये आर्द्र क्षेत्रों की ओर आर्द्र **पर्णपाती वन**[4] (Dry Deciduous Forest) एवं शुष्क क्षेत्रों की ओर काँटेदार वनों में मिल जाते हैं। शुष्क पर्णपाती वन अधिक वर्षा वाले प्रायद्वीपीय पठार और उत्तरी भारत के मैदानों में **पार्कनुमा**[5] हो जाते हैं, जिसमें **सागवान** एवं अन्य वृक्षों के मध्य हरी-भरी घास होती है। इन वनों में तेंदू, पलास, अमलतास, बेल, खैर और अक्सलवुड आदि मुख्य वृक्ष प्रजातियाँ पाई जाती हैं, जो शुष्क ऋतु शुरू होते ही अपनी पत्तियाँ गिरा देते हैं। कम वर्षा और अत्यधिक पशुचारण के कारण राजस्थान के पश्चिमी और दक्षिणी भागों में प्राकृतिक वनस्पति बहुत कम हो गई है।

▲ पर्णपाती वन

---

3 लताएँ (Undergrowing Limbers) ये ऐसे पौधे होते हैं, जिनका तना कमजोर होता है और जो स्वयं सीधे खड़े नहीं हो सकते हैं।
4 पर्णपाती वन (Deciduous forest) ये वृक्ष शुष्क मौसम में अपनी पत्तियाँ गिरा देते हैं।
5 पार्कनुमा भूमि (Parkland landscape) यह घास के खुले क्षेत्र होते हैं, जिनमें सामान्यतः समशीतोष्ण पेड़ होते हैं।

उष्णकटिबंधीय काँटेदार वन

- 50 सेमी से कम वर्षा वाले क्षेत्रों दक्षिण-पश्चिमी पंजाब, हरियाणा, राजस्थान, गुजरात, मध्य प्रदेश और उत्तर प्रदेश के अर्द्ध-शुष्क क्षेत्रों में उष्णकटिबंधीय काँटेदार वन पाए जाते हैं।
- उष्णकटिबंधीय काँटेदार वन में कई प्रकार की घास, पौधे और झाड़ियाँ मिलती हैं, परंतु पौधे लगभग वर्षभर पर्णरहित होते हैं, जो झाड़ियों जैसे दिखते हैं।
- बबूल, बेर, खजूर, खैर, नीम, खेजड़ी और पलास आदि मुख्य वृक्ष प्रजातियाँ पाई जाती हैं। इन वृक्षों के नीचे लगभग 2 मी लंबी गुच्छ घास उगती है।

▲ उष्णकटिंबधीय काँटेदार वन

पर्वतीय वन

- ये वन ऊँचाई वाले क्षेत्रों में पाए जाते हैं।
- पर्वतीय क्षेत्रों में ऊँचाई के साथ तापमान घटने के साथ-साथ प्राकृतिक वनस्पतियों में भी परिवर्तन होता है।
- ऊँचाई बढ़ने के साथ हिमालय पर्वत शृंखला में उष्णकटिबंधीय वनों से टुंड्रा में पाई जाने वाली प्राकृतिक वनस्पति पाई जाती हैं।
- पर्वतीय वनों को दो प्रकारों में वर्गीकृत किया जा सकता है,

▲ पर्वती वन

उत्तरी पर्वतीय वन

उत्तरी पर्वतीय वनों को तीन प्रकारों में विभाजित किया जा सकता है, जो निम्नलिखित हैं

(i) आर्द्र शीतोष्ण कटिबंधीय वन

- ये वन 1000-2000 मीटर की ऊँचाई के मध्य पाए जाते हैं।
- उत्तर-पूर्वी भारत की उच्चतर पहाड़ी शृंखलाओं में और पश्चिम बंगाल और उत्तरांचल के पहाड़ी क्षेत्रों में चौड़ी पत्तियों वाले ओक और चेस्टनट जैसे सदाबहार वन पाए जाते हैं।
- इस क्षेत्र में 1500-1750 मीटर की ऊँचाई पर व्यापारिक महत्त्व वाले चीड़ के वन पाए जाते हैं।

(ii) अल्पाइन वन एवं चारागाह

- अल्पाइन वन और चरागाह 3000-4000 मीटर की ऊँचाई पर पाए जाते हैं। कई स्थानों पर समशीतोष्ण घास के मैदान भी देखें जाते हैं।
- यहाँ सामान्यता: सिल्वर फर, जूनियर, पाइन, बर्च और रोडोडेंड्रॉन आदि वृक्ष मिलते हैं।
- ब्लूपाइन और स्प्रूस 2,225-3048 मीटर की ऊँचाई पर पाए जाते हैं।
- **ऋतु-प्रवासी समुदाय**[6] जैसे गुज्जर, बकरवाल, गद्दी और भूटिया चरागाहों का पशुचारण के लिए भरपूर प्रयोग करते हैं।

(iii) टुंड्रा वनस्पति

- अधिक ऊँचाई वाले क्षेत्रों में टुंड्रा वनस्पति; जैसे—मॉस व लाइकेन पाई जाती हैं। यहाँ वनस्पतियाँ नही पाई जाती क्योंकि यह क्षेत्र स्थायी रूप से जमी हुई स्थिति में रहता है।
- हिमालय की दक्षिणी ढलानों पर वनस्पति का घनत्व अधिक होता है, क्योंकि इन ढलानों पर उत्तरी ढालों की तुलना में वर्षा अधिक होती है।

---

6 ऋतु प्रवासी समुदाय (Transhumance) ये समुदाय मौसमी दशाओं की अनुकूलता के अनुसार, चारागाहों की खोज में पशुओं के एक स्थान से दूसरे स्थान पर प्रवास करते हैं।

दक्षिणी पर्वतीय वन

- उष्णकटिबंध में अवस्थित पश्चिमी घाट, विंध्याचल और नीलगिरि पर्वत शृंखलाओं को दक्षिणी पर्वतीय वन के अंतर्गत शामिल करते हैं। इन शृंखलाओं पर समुद्र तल से 1,500 मी की ऊँचाई वाले क्षेत्र में शीतोष्ण कटिबंधीय और निचले क्षेत्रों में उपोष्ण कटिबंधीय प्राकृतिक वनस्पति पाई जाती है।
- केरल, तमिलनाडु और कर्नाटक में पश्चिमी घाट में शीतोष्ण कटिबंधीय और उपोष्ण कटिबंधीय प्राकृतिक वनस्पति पाई जाती हैं। नीलगिरि, अन्नामलाई और पालनी पहाड़ियों पर पाए जाने वाले वन **शोलास**[7] (Sholas) कहलाते हैं।
- इन्हीं वनों में आर्थिक महत्त्व वाले मगनोलिया, लैरेल, सिनकोना और वैटल के वृक्ष भी पाए जाते हैं। ये वन सतपुड़ा और मैकाल श्रेणियों में भी पाए जाते हैं।

वेलांचली एवं अनूप वन

भारत में विभिन्न प्रकार के आर्द्र व अनूप आवास पाए जाते हैं। इसके 70% भाग पर चावल की खेती की जाती है। भारत में लगभग 39 लाख हेक्टेयर भूमि आर्द्र है। भारत में आर्द्र भूमियों को आठ वर्गों में विभाजित किया गया है, जो निम्नलिखित हैं

- दक्षिण में दक्कन पठार के जलाशय और दक्षिण-पश्चिमी तटीय क्षेत्रों के लैगून व अन्य आर्द्र भूमि।
- राजस्थान, गुजरात और कच्छ की खारे जल वाली भूमि।
- गुजरात, राजस्थान से पूर्व केवलादेव राष्ट्रीय पार्क और मध्य प्रदेश की ताजे जल वाली झीलें व जलाशय।
- भारत के पूर्वी तट पर डेल्टाई आर्द्र भूमि व लैगून (चिलका झील आदि)।
- गंगा के मैदान में ताजे जल वाला कच्छ क्षेत्र।
- ब्रह्मपुत्र घाटी में बाढ़ के मैदान व उत्तर-पूर्वी भारत और हिमालय गिरिपद के कच्छ व अनूप क्षेत्र।
- कश्मीर और लद्दाख की पर्वतीय झीलें व नदियाँ।
- अंडमान और निकोबार द्वीपसमूह के द्वीप चापों के मैंग्रोव वन और दूसरे आर्द्र क्षेत्र।
- ओडिशा की चिल्का झील तथा भरतपुर के केवलादेव राष्ट्रीय पार्क को रामसर अधिवेशन के अंतर्गत रक्षित जल कुक्कुट आवास (Protected Water-Fowl Habitat) माना गया है। रामसर अधिवेशन अंतर्राष्ट्रीय महत्त्व की **आर्द्र भूमियों**[8] का अधिवेशन है, जिसके द्वारा आर्द्र भूमियों को संरक्षित किया जाता है।

मैंग्रोव वनस्पति वन

- मैंग्रोव वनस्पति क्षारीय लवण क्षेत्रों; जैसे—कच्छ, ज्वारीय सँकरी खाड़ी, पंक मैदानों और ज्वारनदमुख के तटवर्ती क्षेत्रों पर उगती हैं।
- इनमें ऐसे कई पौधे हैं, जिन पर क्षार का प्रभाव नहीं पड़ता।
- मैंग्रोव वन स्थिर जल और **क्रीक** (दलदलीय प्रवाह से आबदध) **हैं।**
- ये वन विभिन्न प्रकार के पक्षियों को आश्रय प्रदान करते है
- भारत में मैंग्रोव वन 6,740 वर्ग किमी क्षेत्र में फैले हैं, जो विश्वभर के मैंग्रोव क्षेत्रों का 7% है। भारत में मैंग्रोव का सर्वाधिक विकसित क्षेत्र अंडमान निकोबार द्वीप समूह **सुंदरवन डेल्टा** हैं।
- ये महत्त्वपूर्ण पारिस्थितिकी तंत्र अतिक्रमण के कारण संकट में हैं और इन्हें **संरक्षण** की आवश्यकता है।
- इसके अतिरिक्त महानदी, गोदावरी और कृष्णा नदी भी मैंग्रोव के क्षेत्र हैं।

▲ मैंग्रोव वन

---

7 **शोलास** (Sholas) नीलगिरि, अन्नामलाई और पालनी पहाड़ियों पर पाए जाने वाले वन।

8 **आर्द्रभूमि** (Wetlands) स्थलीय तथा जलीय क्षेत्र के बीच संक्रमित क्षेत्र होता है। जहाँ जल स्तर सतह पर या उससे निकट होता है या भूमि उथले पानी से ढकी होती है।

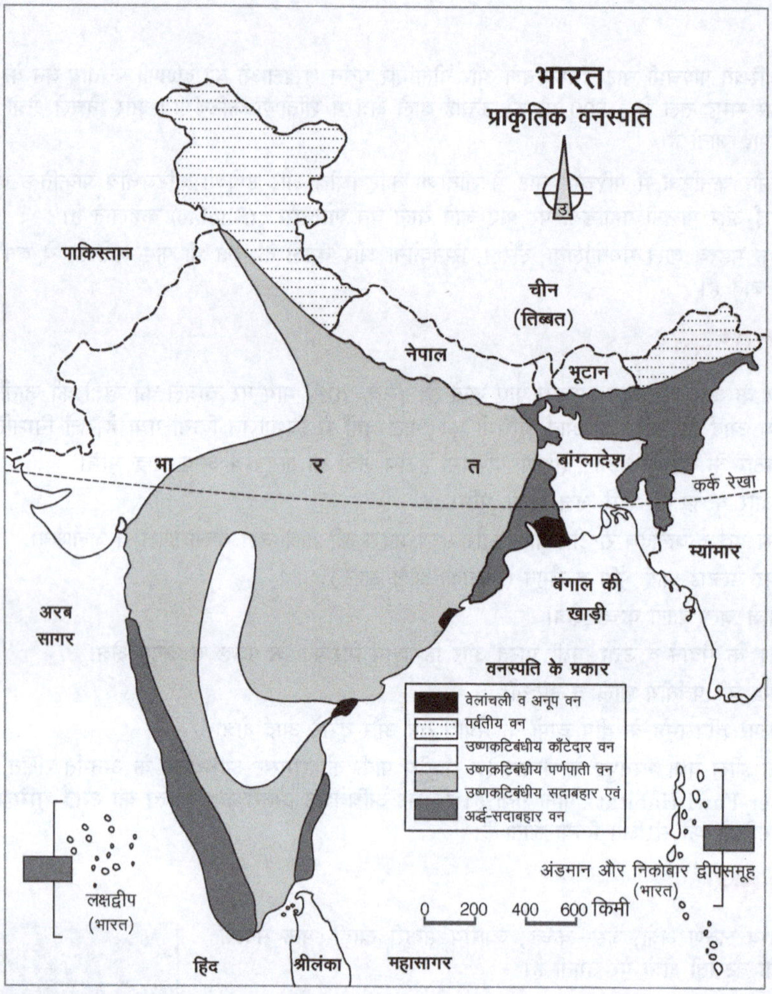

▲ प्राकृतिक वनस्पति

चेक प्वॉइंट 1

1. मैंग्रोव वन कहाँ पाए जाते हैं?
2. आधुनिक काल में अंग्रेजों ने भारतीय वनों का दोहन किस उद्देश्यों से किया?
3. किस वृक्ष का उपयोग रेलवे लाइनों के लिए किया गया था?
4. अल्पाइन वन और चारागाह किस ऊँचाई पर पाए जाते हैं?
5. दक्षिणी पर्वतीय वनों में किस प्रकार की वनस्पति पाई जाती हैं?
6. रामसर अधिवेशन किससे संबंधित माना जाता है

5.2 वन संरक्षण

वन प्रत्यक्ष और अप्रत्यक्ष रूप से आर्थिक व सामाजिक लाभ देते हैं। अत: वनों का **संरक्षण**[9] मानवीय विकास में आवश्यक है। भारत में वन संरक्षण हेतु **वन संरक्षण नीति** वर्ष 1952 में लागू की गई, जिसमें वर्ष 1988 में संशोधन किया गया। इस वन नीति के अनुसार, सरकार सतत पोषणीय वन प्रबंध पर बल देगी, जिससे वन संसाधनों का संरक्षण किया जाएगा और दूसरी ओर स्थानीय लोगों की आवश्यकताओं को पूरा किया जाएगा।

---

9 **संरक्षण** (conservation) यह प्राकृतिक पर्यावरण और प्राकृतिक संसाधनों की भविष्य के लिए सुरक्षा करने की प्रक्रिया है।

वन नीति के निम्नलिखित उद्देश्य हैं

- देश में 33% भाग पर वन लगाना, जो राष्ट्रीय स्तर से 6% अधिक है।
- पारिस्थितिक असंतुलित क्षेत्रों में वन लगाना तथा पर्यावरण संतुलन को बनाए रखना।
- देश की प्राकृतिक धरोहर, जैव-विविधता तथा आनुवंशिक पूल का संरक्षण।
- मृदा अपरदन और मरुस्थलीकरण रोकना तथा बाढ़ व सूखा नियंत्रण।
- निम्नीकरण भूमि पर सामाजिक वानिकी एवं वनारोपण द्वारा वन आवरण का विस्तार।
- वनों की उत्पादकता बढ़ाकर वनों पर निर्भर ग्रामीण जनजातियों को इमारती लकड़ी, ईंधन, चारा और भोजन उपलब्ध करवाना तथा लकड़ी के स्थान पर अन्य वस्तुओं को प्रयोग में लाना।
- पेड़ों की कटाई रोकने तथा पेड़ लगाने के लिए लोगों को जागरूक करना एवं जन-आंदोलन चलाना, जिससे वनों पर दबाव कम हो तथा ऐसे कार्यों में महिलाओं की भागीदारी बढ़ाना।

वन और जीवन

- असंख्य जनजातीय लोगों के लिए वन एक आवास, रोजी-रोटी और अस्तित्व है। ये उन्हें भोजन, फल, खाने लायक वनस्पति, शहद, पौष्टिक जड़ें और शिकार के लिए वन्य जानवर प्रदान करते हैं। ये उन्हें घर बनाने का सामान और कलाकारी की वस्तुएँ देते हैं।
- भारत के 593 जिलों में से 188 जनजातीय जिले हैं। ये जनजातीय जिले भारत के कुल भौगोलिक क्षेत्र का 33.63% हिस्सा है, परंतु देश का 59.61% वन आवरण इन्हीं जिलों में पाया जाता है। इससे पता चलता है कि जनजातीय जिले वन संपदा के धनी हैं।
- वनों और जनजाति समुदायों में घनिष्ठ संबंध है और इनमें एक का विकास दूसरे के बिना असंभव है। वनों के विषय में इनके प्राचीन व्यावहारिक ज्ञान को वन विकास में प्रयोग किया जा सकता है।
- जनजातियों को केवल वनों से गौण उत्पाद संग्रह करने वाले न समझकर, उन्हें वन संरक्षण में भागीदार बनाया जाना चाहिए।

सामाजिक वानिकी

- सामाजिक वानिकी से आशय पर्यावरणीय, सामाजिक तथा ग्रामीण विकास के माध्यम से वनों का संरक्षण व प्रबंधन तथा वनारोपण करना है। राष्ट्रीय कृषि आयोग ने इसे तीन भागों में विभाजित किया है

(i) **शहरी वानिकी** (Urban Forestry) शहरी वानिकी के अंतर्गत शहरों के आस-पास की भूमि; जैसे—पार्क, हरित पट्टी, सड़कों के किनारे की जगह, औद्योगिक व व्यापारिक स्थलों पर वृक्ष लगाना तथा उनका प्रबंधन करना शामिल हैं।

(ii) **ग्रामीण वानिकी** (Rural Forestry) - यह कृषि वानिकी और समुदायिक वानिकी को बढ़ावा देने पर जोर देता है, जैसे-

कृषि वानिकी (Agro Forestry) कृषि वानिकी का अर्थ कृषि योग्य तथा बंजर भूमि में पेड़ एवं फसलों को एक साथ लगाना है। जिससे खाद्यान्न, पशुओं के लिए चारा, फल तथा इमारती लकड़ी का एक साथ उत्पादन हो सकेगा।

सामुदायिकी वानिकी के अंतर्गत सार्वजनिक भूमि सम्मिलित हैं, जिसमें गाँव के चरागाह, मंदिर-भूमि, सड़क एवं रेल पटरियों के किनारे तथा विद्यालय के प्रांगण आदि आते हैं। इन स्थानों पर पेड़ लगाए जाते हैं, जिनका उद्देश्य भूमिहीन लोगों को वानिकी से जोड़ना तथा लाभांवित करना है।

(iii) **फार्म वानिकी** इस वानिकी के अंतर्गत किसान अपने खेतों में वाणिज्यिक महत्त्व के वृक्ष लगाते हैं। वन विभाग द्वारा छोटे एवं मध्यम वर्ग के किसानों को नि:शुल्क पौधे उपलब्ध कराए जाते हैं। विभिन्न भूमि जैसे कृषि भूमि के किनारे, घास के मैदान और चरागाह, घरों के पास पड़ी खाली जमीन व पशुओं के बाडों में भी पेड़ लगाए जा सकते हैं।

चेक प्वॉइंट 2

1. वन नीति में संशोधन किस वर्ष हुआ था?
2. सामाजिक वानिकी को तीन प्रकारों में किसने वर्गीकृत किया?
3. वन विभाग द्वारा विभिन्न राज्यों में लघु और सीमांत कृषकों को क्या वितरित किया जाता है?
4. ग्रामीण वानिकी किस पर जोर देती है?

5.3 वन्य प्राणी

- भारत में वन्य प्राणी (Wildlife) प्राकृतिक विरासत है। विश्वभर में पाए जाने वाले पौधों एवं प्राणियों की किस्मों की 4% से 5% किस्में भारत में ही प्राप्त होती हैं।
- विविध प्रकार के पारिस्थितिकी तंत्र होने के कारण यहाँ **जैव विविधता**[10] (Bio-diversity) पाई जाती है। मानवीय क्रियाओं; जैसे—शहरीकरण, औद्योगीकरण आदि से पारिस्थितिकी तंत्रों के आवास और प्रजातियों की संख्या भी काफी कम हुई है, साथ ही कुछ जैव प्रजातियाँ विलुप्त होने की कगार पर हैं। वन्य प्राणियों की संख्या कम होने के मुख्य कारण निम्नलिखित हैं
  - वनों का सबसे अधिक दोहन औद्योगीकरण और तकनीकी विकास के कारण हुआ।
  - चारा, ईंधन और इमारती लकड़ी के लिए स्थानीय लोगों द्वारा वनों की कटाई व्यापक रूप से हुई।
  - तेजी से बढ़ता शहरीकरण, खेती, खदानों इत्यादि के लिए वनों को काटा गया।
  - वन्यजीवों और उनके आवासों को लोगों ने पशुओं के नए चरागाहों के लिए नष्ट किया है।
  - शिकार के शौक से रजवाड़ों व संभ्रांत वर्ग ने सैकड़ों वन्यजीवों को मार दिया तथा व्यापार के उद्देश्य से अभी भी वन्य प्राणियों को मारा जा रहा है। वन और वन्य प्राणियों की प्रजातियाँ जंगलों में आग लगने से भी नष्ट हुई हैं।
  - विलुप्त हो रही इन राष्ट्रीय व विश्व प्राकृतिक विरासत को बचाने एवं **पारिस्थितिक पर्यटन**[11] को बढ़ावा देने हेतु वन्य प्राणियों का संरक्षण आवश्यक है, जिसके लिए सरकार द्वारा कुछ महत्त्वपूर्ण कदम उठाए गए हैं।

भारत में वन्य प्राणी संरक्षण

- वन्य प्राणियों के संरक्षण से संबंधित **वन्य प्राणी अधिनियम वर्ष**, 1972 में पारित हुआ, जो इनके संरक्षण और रक्षण की कानूनी रूपरेखा तैयार करता है। इस अधिनियम के दो मुख्य उद्देश्य हैं
  (i) सूचीबद्ध संकटापन्न प्रजातियों (Endangered Species Listed) को सुरक्षा
  (ii) नेशनल पार्क, पशु विहार जैसे संरक्षित क्षेत्रों को कानूनी सहायता प्रदान करना।
- वन्य प्राणी अधिनियम, 1972 को 1991 में पूर्णरूप से संशोधित किया गया, जिसके अंतर्गत कुछ पौधों की प्रजातियों को बचाने तथा संकटापन्न प्रजातियों के संरक्षण का प्रावधान किया गया। इसके अतिरिक्त इन्हें हानि पहुँचाने वालों को कठोर दंड का प्रावधान किया गया है।
- देश में 103 **राष्ट्रीय पार्क** और 563 वन्य प्राणी अभयवन हैं।
- यूनेस्को द्वारा कार्यान्वित मानव और जीवमंडल योजना (Man and Biosphere Programme) के अंतर्गत भारत सरकार ने वनस्पतिजात और प्राणि जात के संरक्षण हेतु महत्त्वपूर्ण कदम उठाए हैं।
- प्रोजेक्ट टाइगर (1973) एवं प्रोजेक्ट एलीफेंट (1992) ऐसी विशेष योजनाएँ हैं, जो इन प्राणियों के संरक्षण और उनके आवास को बचाव के लिए चलाई जा रही हैं। प्रोजेक्ट टाइगर योजना वर्ष 1973 में प्रारंभ की गई, जिसका उद्देश्य भारत में बाघों की जनसंख्या स्तर को बनाए रखने से था।
- यह योजना आरंभ में केवल 9 बाघ निचयों (आरक्षित क्षेत्र) में शुरू की गई थी, जो 16,339 वर्ग किमी पर फैले हुए थे। वर्तमान में यह योजना 50 क्रोड बाघ निचयों में चल रही है, जिनका क्षेत्रफल 71027.10 वर्ग किमी है तथा यह 18 राज्यों में स्थित है।
- देश में बाघों की संख्या वर्ष 2006 में 1,411 से बढ़कर वर्ष 2020 में 2967 हो गई हैं जो विश्व की कुल बाघ जनसंख्या का 70% है। यह योजना मुख्य रूप से बाघों पर केंद्रित है, परंतु इसमें पारिस्थितिक तंत्र की स्थिरता पर भी बल दिया गया है।
- बाघों की संख्या का स्तर तभी ऊँचा रह सकता है, जब पारिस्थितिक तंत्र के विभिन्न पोषण स्तरों और इसकी भोजन कड़ी को बनाए रखा जाए। बाघ परियोजना के अतिरिक्त वन्य प्राणी संरक्षण की कुछ अन्य परियोजनाएँ भी हैं; जैसे—मगरमच्छ प्रजनन परियोजना (Crocodile Breeding Project), हंगुल परियोजना (Hangul Project) और हिमालय कस्तूरी मृग परियोजना (Himalayan Musk Deer Project)।

10 जैव विविधता (Bio-Diversity) किसी भी पारिस्थितिकी तंत्र में मिलने वाले पौधों एवं जंतुओं की प्रजातियों की विविधता।
11 पारिस्थितिक पर्यटन (Ecotourism) यह प्रकृति-उन्मुख पर्यटन का एक प्रकार है, जिसका उद्देश्य प्राकृतिक पर्यावरण के संरक्षण में योगदान देना है।

जीवमंडल निचयों की सूची

जीवमंडल का नाम	कुल भौगोलिक क्षेत्र (वर्ग किमी)	स्थापना वर्ष	स्थिति (प्रांत)
नीलगिरि*	5520	01.08-1986	वायनाड, नागरहोल, बाँदीपुर, मुदुमलाई, निलंबूर, साइलेंट वैली और सिरुवली पहाड़ियाँ (तमिलनाडु, केरल और कर्नाटक)
नंदादेवी*	5860.69	18.01-1988	चमोली, पिथौरागढ़ और अल्मोड़ा जिलों के भाग (उत्तराखंड)**
नोकरेक*	820	131..09-1988	गारो पहाड़ियों का भाग (मेघालय)
मानस	2837	14.03-1989	कोकराझार, बोगाई, गाँव, बरपेटा, नलबाड़ी कामरूप व दारांग जिलों के भाग (असम)
सुंदरवन*	9630	29.03-1989	गंगा-ब्रह्मपुत्र नदी तंत्र का डेल्टा व इसका भाग (पश्चिम बंगाल)
मन्नार की खाड़ी*	10500	18.02-1989	भारत और श्रीलंका के बीच स्थित मन्नार की खाड़ी का भारतीय भाग (तमिलनाडु)
ग्रेट निकोबार*	885	06.011989	अंडमान-निकोबार के सुदूर दक्षिणी द्वीप (अंडमान—निकोबार द्वीपसमूह)
सिमलीपाल*	4374	21.06-1994	मयूरभंज जिले के भाग (ओडिशा)
डिब्रू-साईकोवा	765	28.07-1997	डिब्रूगढ़ और तिनसुकिया जिलों के भाग (असम)
दिहांग-देबांग	5111.5	02.09-1998	अरुणाचल प्रदेश में सियांग और देबांग जिलों के भाग
पंचमढ़ी*	2619.92	07.02-2000	उत्तर और पश्चिम सिक्किम के भाग
कंचनजंगा*	4981.72	03.03-1999	बैतूल, होशंगाबाद और छिंदवाड़ा जिलों के भाग (मध्य प्रदेश)
अगस्त्यमलाई*	3500.36	12.11-2001	अगस्त्यमलाई पहाड़ियाँ (केरल)
अचनकमर-अमरकटंक*	3835.51	30.03-2005	मध्य प्रदेश में अनुपुर जिले का भाग और छत्तीसगढ़ में बिलासपुर जिले का भाग
कच्छ	12454	29.01-2008	कच्छ का भाग एवं गुजरात के राजकोट, सुंदर नगर तथा पाटन जिले
ठंडा रेगिस्तान	7770	28-08-2009	पिन वैली नेशनल पार्क एवं प्रतिवेश, चंद्रताल तथा सारचू एवं किब्बर वन्य प्राणी अभयवन, हिमाचल प्रदेश
शेष अचलम	4755.997	20.09-2010	पूर्वी घाट में शेष अचलम की पहाड़ियाँ तथा आंध्र प्रदेश में चितूर तथा कड़प्पा जिलों के भाग
पन्ना*	2998.98	25-08-2011	मध्य प्रदेश में पन्ना एवं छतरपुर जिलों के भाग

स्रोत वार्षिक रिपोर्ट 2018-19 पर्यावरण एवं वन मंत्रालय, भारत सरकार।

- (* यूनेस्को के बी. आर. वर्ल्ड नेटवर्क में सम्मिलित क्षेत्र)

जीव मंडल निचय

- यूनेस्को (UNESCO) के मानव और जीव मंडल प्रोग्राम (Man and the Biosphere Reserve Programme, MAB) के अंतर्गत जीवमंडल निचय (Biosphere Reserve) विशेष प्रकार के भौमिक और तटीय पारिस्थितिक तंत्र हैं। इसके तीन प्रमुख उद्देश्य हैं

  (i) संरक्षण जैव विविधता और पारिस्थितिक तंत्रों का संरक्षण।

  (ii) पर्यावरण और विकास का समन्वय।

  (iii) व्यवस्था अनुसंधान और देख-रेख के लिए अंतर्राष्ट्रीय नेटवर्क।

- भारत में वर्तमान में 18 जीवमंडल हैं। इनमें से नीलगिरि, नंदादेवी, सुंदरवन तथा मन्नार की खाड़ी सहित 12 जीवमंडल निचय यूनेस्को द्वारा जीवमंडल निचय विश्व नेटवर्क पर मान्यता प्राप्त हैं, जिनका विवरण निम्नलिखित है

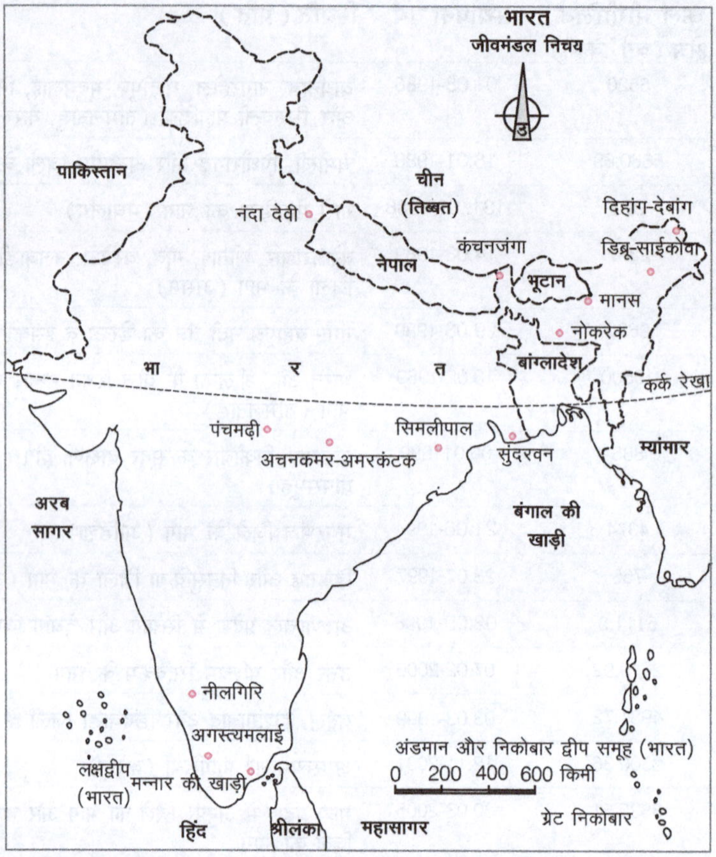

▲ जीवमंडल निचय

चेक प्वॉइंट 3

1. मानव और जीवमंडल प्रोग्राम की स्थापना कब हुई?
2. अगस्त्यमलाई पहाड़ी किस राज्य में विस्तृत है?
3. यूनेस्को द्वारा विश्व नेटवर्क पर कितने भारतीय जीवमंडल निचयों को मान्यता दी गई है?
4. पन्ना जीवमंडल निचय किस राज्य में स्थित है?

Mind Map

प्राकृतिक वनस्पति

1 वनों के प्रकार

उष्णकटिबंधीय सदाबहार एवं अर्द्ध सदाबहार वन
- इन वनों में 150-200 सेमी. वर्षा होती है, जैसे उत्तर पूर्वी पर्वतीय क्षेत्र
- **प्रमुख वृक्ष** रोजवुड, महोगनी, ऐनी, एबनी, साइडर, होलक और कैल हैं।

मैंग्रोव वन
- मैंग्रोव लवण कच्छ, ज्वारीय संकरी खाड़ी, पक मैदानों और ज्वारनदमुख के तटीय क्षेत्रों पर उगते हैं।
- भारत में मैंग्रोव वन 6.740 वर्ग किमी. क्षेत्र में फैले हुए हैं।
- ये अंडमान निकोबार द्वीप समूह व पश्चिम बंगाल के सुंदरवन डेल्टा में अत्यधिक विकसित हैं।

बेलांचली व अनूप वन
- उदाहरण– सुंदरवन, चिल्का झील

उष्णकटिबंधीय काँटेदार वन
- वर्षा 50 सेमी से कम, उदाहरण– राजस्थान, हरियाणा

मुख्य वृक्ष, बबूल, बेर, नीम आदि।

पर्वतीय वन

उत्तर पर्वतीय वन
- **आर्द्र शीतोष्ण कटिबंधीय वन** 1000-2000 मीटर की ऊँचाई पर मिलते हैं।
- **अल्पाइन वन एवं चरागाह** 3000-4000 मीटर की ऊँचाई पर मिलते हैं।
- **टुंड्रा वनस्पति** यह स्थायी रूप से जमी हुई भूमि होती है, यहाँ केवल काई और लाइकेन मिलते हैं।
- **दक्षिण पर्वतीय वन** दक्षिण भारत के पर्वतीय क्षेत्रों में पाए जाते हैं।

उष्णकटिबंधीय पर्णपाती वन
- वर्षा-70-200 सेमी. के मध्य होती है।
- **आर्द्र पर्णपाती वन**
- वर्षा 100-200 सेमी के बीच.
- **मुख्य वृक्ष–** सागवान, साल, शीशम, ऑवला आदि।
- **शुष्क पर्णपाती वन**
- वर्षा 70-100 सेमी के बीच

मुख्य वृक्ष तेंदू, पलाश, बेल, खैर

2 वन संरक्षण

यह वनों को बनाए रखने उनकी सुरक्षा करने और पुनस्थापित करने की प्रक्रिया है

वनों के संरक्षण की नीतियों के आधार पर वर्गीकरण
- **सामाजिक वानिकी** पर्यावरणीय, सामाजिक व ग्रामीण विकास में सहायता के उद्देश्य से वनों का प्रबंध और सुरक्षा तथा भूमि पर वनारोपण।
- **फार्म वानिकी** इसके अंतर्गत किसान अपने खेतों में व्यापारिक महत्त्व वाले पेड़ लगाते हैं।

3 वन्य प्राणी

- विश्व के ज्ञात पौधों और प्राणियों की किस्मों में से 4-5 प्रतिशत किस्में भारत में पाई जाती हैं।
- समय के साथ पारिस्थितिक तंत्रों के आवास, मानव क्रियाओं द्वारा प्रभावित हुए, जिसके परिणामस्वरूप जैव प्रजातियों की संख्या काफी कम हो गई है।

4 भारत में वन्य प्राणी संरक्षण

- वन्य जीव संरक्षण अधिनियम, (1972)
- मानव और जैवमंडल कार्यक्रम (MAB)
- प्रोजेक्ट टाइगर (1973)
- प्रोजेक्ट एलीफेंट (1992)

5 जीवमंडल निचय

यह भौतिक और तटीय पारिस्थितिक तंत्र का एक अनूठा क्षेत्र है, जिसे मानव और जीवमंडल प्रोग्राम के अंतर्गत संरक्षित किया जाता है।

उद्देश्य
- **संरक्षण** जैव-विविधता और पारिस्थितिकी तंत्र का संरक्षण
- **विकास** पर्यावरणीय रूप से संतुलित विकास, लॉजिस्टिक अंतर्राष्ट्रीय शोध और निगरानी से क्षेत्र को जोड़ना

NCERT फोल्डर

नीचे दिए प्रश्नों के उत्तर संक्षेप में दीजिए

1. चंदन वन किस तरह के वन के उदाहरण हैं?

(a) सदाबहार वन (b) डेल्टाई वन
(c) पर्णपाती वन (d) काँटेदार वन

उत्तर *(c)* पर्णपाती वन

2. प्रोजेक्ट टाइगर निम्नलिखित में से किस उद्देश्य से शुरू किया गया है?

(a) बाघ मारने के लिए
(b) बाघ को शिकार से बचाने के लिए
(c) बाघ को चिड़ियाघर में डालने के लिए
(d) बाघ पर फिल्म बनाने के लिए

उत्तर *(b)* बाघ को शिकार से बचाने के लिए

3. नंदादेवी जीवमंडल निचय निम्नलिखित में से किस प्रांत में स्थित है?

(a) बिहार (b) उत्तराखंड
(c) उत्तर प्रदेश (d) ओडिशा

उत्तर *(b)* उत्तराखंड

4. निम्नलिखित में से भारत के कितने जीवमंडल निचय यूनेस्को द्वारा मान्यता प्राप्त हैं?

(a) 5 (b) 7 (c) 9 (d) 12

उत्तर *(d)* 12

5. वन नीति के अनुसार, वर्तमान में निम्नलिखित में से कितने प्रतिशत क्षेत्र, वनों के अधीन होने चाहिए?

(a) 33 (b) 55 (c) 44 (d) 22

उत्तर *(a)* 33

निम्नलिखित प्रश्नों के उत्तर लगभग 30 शब्दों में दीजिए

1. प्राकृतिक वनस्पति क्या है? जलवायु की किन परिस्थितियों में उष्णकटिबंधीय सदाबहार वन उगते हैं?

अथवा जलवायु की कौन-सी परिस्थितियाँ सदाबहार वन उगने के लिए अनुकूल हैं?

उत्तर प्राकृतिक वनस्पति से तात्पर्य किसी बाहरी हस्तक्षेप के बिना उगने वाले पौधों से है।

सदाबहार वन उगने के लिए वार्षिक वर्षा 200 सेमी तथा औसत तापमान 22° सेल्सियस से अधिक पाया जाता है। इस कारण यहाँ की वनस्पतियाँ वर्ष से एक साथ अपने पत्तों को नहीं गिराती हैं।

2. सामाजिक वानिकी से आपका क्या अभिप्राय है?

उत्तर सामाजिक वानिकी से तात्पर्य वनों के प्रबंधन और संरक्षण से है। इसका उद्देश्य ग्रामीण जनसंख्या के लिए वन उत्पादों की आपूर्ति करने से भी है।

3. जीवमंडल निचय को परिभाषित करें। वन क्षेत्र और वन आवरण में क्या अंतर है?

उत्तर जीवमंडल निचय बहुउद्देशीय संरक्षित क्षेत्र होते हैं, जिनमें प्रत्येक आकार के पौधे एवं जंतु को उनके प्राकृतिक प्रवास में संरक्षित किया जाता है। वन क्षेत्र अधिसूचित क्षेत्र होता है, चाहें वृक्ष हों या न हों, जबकि वन आवरण वास्तविक रूप से वनों से ढका होता है।

निम्नलिखित प्रश्नों के उत्तर लगभग 150 शब्दों में दीजिए

1. वन संरक्षण के लिए क्या कदम उठाए गए हैं?

अथवा राष्ट्रीय व विश्व प्राकृतिक धरोहर को बचाने के लिए सरकार द्वारा कौन-कौन से कदम उठाए गए हैं?

उत्तर राष्ट्रीय व विश्व प्राकृतिक धरोहर को बचाने के लिए भारत सरकार ने वन संरक्षण नीति बनाई है, जो वर्ष 1952 से लागू है। इस नीति को वर्ष 1988 में संशोधित किया गया। इस नीति के अनुसार सरकार सतत पोषणीय वन प्रबंधन पर बल देगी।

इस वन नीति के निम्नलिखित उद्देश्य हैं

- देश में 33% भाग पर वन लगाना। पर्यावरण संतुलन बनाए रखना तथा पारिस्थितिक असंतुलित क्षेत्रों में वन लगाना।
- देश की प्राकृतिक धरोहर, जैव विविधता तथा आनुवंशिक पूल का संरक्षण। मृदा अपरदन और मरुस्थलीकरण रोकना आदि।

इस वन नीति के अंतर्गत निम्न कदम उठाए गए हैं

(i) **सामाजिक वानिकी** सामाजिक वानिकी से तात्पर्य पर्यावरणीय, सामाजिक व ग्रामीण विकास में मदद के उद्देश्य से वनों का प्रबंधन और सुरक्षा तथा ऊसर भूमि पर वनारोपण करना है।

(ii) **वन्य प्राणी अधिनियम, 1972** यह अधिनियम वन्य प्राणियों के संरक्षण और रक्षण की कानूनी रूपरेखा तैयार करता है।

इस अधिनियम के दो मुख्य उद्देश्य हैं

(i) अधिनियम के अंतर्गत अनुसूची में सूचीबद्ध संकटापन्न प्रजातियों को सुरक्षा प्रदान करना तथा

(ii) नेशनल पार्क, पशु विहार जैसे संरक्षित क्षेत्रों को कानूनी सहायता प्रदान करना।

2. वन और वन्यजीव संरक्षण में लोगों की भागीदारी कैसे महत्त्वपूर्ण है?

उत्तर सरकार द्वारा बनाई गई वन संरक्षण नीति, 1952 को लागू करने में लोगों की भागीदारिता अति आवश्यक है। इस नीति के अंतर्गत निम्नलिखित कदम उठाए गए

(i) **सामाजिक वानिकी** इसका मुख्य कार्य पर्यावरणीय, सामाजिक व ग्रामीण विकास में मदद के उद्देश्य से वनों का प्रबंधन और सुरक्षा तथा ऊसर भूमि पर वनारोपण करना है। इसके अंतर्गत ग्रामीण वानिकी, फार्म वानिकी एवं शहरी वानिकी भी शामिल हैं।

(ii) **ग्रामीण वानिकी** इसके अंतर्गत कृषि वानिकी और सामुदायिक वानिकी को बढ़ावा दिया जाता है। कृषि वानिकी में कृषि योग्य तथा बंजर भूमि पर पेड़ और फसल एक साथ लगाई जाती है, जबकि सामुदायिक वानिकी में सार्वजनिक भूमि पर वृक्षारोपण किया जाता है। जैसे- मंदिर भूमि, सड़क किनारे, नहर किनारे पेड़ लगाना आदि।

(iii) **फार्म वानिकी** के अंतर्गत किसान अपने खेतों में व्यापारिक महत्त्व वाले या दूसरे पेड़ लगाते हैं। वन विभाग छोटे और मध्यम किसानों को निःशुल्क पौधे उपलब्ध कराता है।

(iv) **शहरी वानिकी** इसके अंतर्गत सार्वजनिक भूमि; जैसे—सड़क किनारे, विद्यालय, औद्योगिक स्थल पर वृक्ष लगाना और उसकी देखभाल करना सम्मिलित हैं।

इसके अतिरिक्त वन संरक्षण नीति, 1952 तथा वन्य प्राणी अधिनियम, 1972 को सरकार द्वारा सख्ती से लागू करने के अतिरिक्त लोगों को भी पालन करने की आवश्यकता है। लोगों को नैतिक कर्त्तव्य एवं जिम्मेदारी समझनी चाहिए कि ये (वन एवं वन्य प्राणी) हमारे धरोहर हैं, इन्हें बचाने का हर संभव प्रयास करना चाहिए, ताकि पारिस्थितिक संतुलन न बिगड़े साथ ही पर्यावरण का नुकसान न हो।

अभ्यास प्रश्न

वस्तुनिष्ठ प्रश्न

बहुविकल्पीय प्रश्न

1. भारत के किस वर्षा क्षेत्र में आर्द्र पर्णपाती वन पाए जाते हैं?

(a) 50 से 100 सेमी
(b) 75 से 100 सेमी
(c) 100 से 150 सेमी
(d) 100 से 200 सेमी

उत्तर (d) 100 से 200 सेमी

2. दक्षिण पर्वतीय वन पाए जाते हैं

(a) पश्चिमी घाट में (b) विंध्यन श्रेणी में
(c) नीलगिरि पर्वत पर (d) ये सभी

उत्तर (d) ये सभी

3. नीलगिरि, अन्नामलाई और पालनी पहाड़ियों पर पाए जाने वाले शीतोष्ण कटिबंधीय वन को कहते हैं

(a) सेल्वास (b) शोलास
(c) लैरेल (d) मगनोलिया

उत्तर (b) शोलास

4. भारत के किस नदीय डेल्टाई क्षेत्र के समीप मैंग्रोव वन नहीं पाया जाता है?

(a) महानदी (b) गोदावरी
(c) कृष्णा (d) नर्मदा

उत्तर (d) नर्मदा

5. उष्णकटिबंधीय वन सघन तथा स्तरों में विभाजित होते हैं, जिसमें भूमि के निकट झाड़ियाँ और बेलें, इनके ऊपर छोटे पेड़ और सबसे ऊपर लंबे पेड़ होते हैं, जिनकी लंबाई …… मी. या, उससे भी अधिक होती है।

दक्षता आधारित प्रश्न

(a) 50 मी (b) 60 मी
(c) 70 मी (d) 80 मी

उत्तर (b) 60 मी

6. शुष्क पर्णपाती वन में ………।

(a) 70 से 200 सेमी वर्षा वाले क्षेत्र शामिल किए जाते हैं
(b) 100 से 200 सेमी वर्षा वाले क्षेत्र शामिल किए जाते हैं
(c) 70 से 100 सेमी वर्षा वाले क्षेत्र शामिल किए जाते हैं
(d) 50 सेमी से कम वर्षा वाले क्षेत्र शामिल किए जाते हैं

उत्तर (c) 70 से 100 सेमी वर्षा वाले क्षेत्र शामिल किए जाते हैं

7. भारत के किस भाग में 30% से अधिक वन क्षेत्र पाया जाता है?

(a) उत्तर-पश्चिम भारत (b) दक्षिण-पश्चिम भारत
(c) मध्यवर्ती भारत (d) उत्तर-पूर्वी भारत

उत्तर (d) उत्तर-पूर्वी भारत

8. निम्नलिखित में से कौन शुष्क-पर्णपाती वनों की विशेषता को बताता है?

दक्षता आधारित प्रश्न

1. इस प्रकार के वन 100-200 सेमी वर्षा क्षेत्र के अंतर्गत पाए जाते हैं।
2. ऐसे वन क्षेत्रों में पार्क लैंड का विस्तार होता है।
3. सागवान के वृक्ष इस प्रकार के वनों में विस्तृत रूप से मिलते हैं।
4. तेंदु के वृक्ष सामान्य रूप से पाए जाते हैं।

कूट

(a) 1, 2, 3 (b) 2, 3, 4 (c) 1, 3, 4 (d) 1, 2, 4

उत्तर (b) 2, 3, 4

9. भारत के वनों के संदर्भ में दिए गए कथनों में से कौन-सा/से कथन सही है/हैं?

दक्षता आधारित प्रश्न

1. भारत में मैंग्रोव का सवाधिक विकसित क्षेत्र सुंदरवन डेल्टा क्षेत्र है।
2. मैंग्रोव वनों को लवणरोधी माना जाता है।
3. विश्व का 9% मैंग्रोव वन भारत में पाया जाता है।
4. केरल, तमिलनाडु और कर्नाटक में उष्णकटिबंधीय आर्द्र पर्णपाती वन पाए जाते हैं।

कूट

(a) केवल 3 (b) 1 और 2 (c) केवल 3 (d) 2 और 3

उत्तर (b) 1 और 2

10. पर्वतीय वनों के संदर्भ में निम्नलिखित में से कौन-सा कथन सही नहीं है? *दक्षता आधारित प्रश्न*

1. हिमालय की गिरीपद पर पर्णपाती वन पाए जाते हैं।
2. पर्वतीय क्षेत्रों में ऊँचाई बढ़ने से प्राकृतिक वनस्पति में बदलाव नहीं होता है।
3. ऊँचाई पर कई स्थानों पर शीतोष्ण कटिबंधीय घास भी पाई जाती है।

कूट

(a) 1 और 2 (b) 1 और 3 (c) केवल 2 (b) 1, 2 और 3

उत्तर (c) केवल 2

11. वन्य जीवों के ह्रास के मुख्य कारण हैं

1. अति पशुचारण
2. जंगलों में आग का लगना
3. निर्वनीकरण
4. शिकार

कूट

(a) 1 और 3 (b) 1, 2 और 3
(c) 2, 3 और 4 (d) 1, 2, 3 और 4

उत्तर *(d)* 1, 2, 3 और 4

12. जीवमंडल निचय को स्थापित करने के मुख्य उद्देश्य में शामिल हैं *दक्षता आधारित प्रश्न*

1. जैव विविधता संरक्षण
2. पर्यावरण का विकास
3. औद्योगिक इकाइयों को हटाना
4. अनुसंधान संबंधित कार्यों पर बल देना

कूट

(a) 1, 2 और 3 (b) 2 और 3
(c) 1, 2 और 4 (d) 1, 2 और 3

उत्तर (c) 1, 2 और 4

13. वर्षा की मात्रा के आधार पर निम्नलिखित वन क्षेत्रों को बढ़ते क्रम में व्यवस्थित कीजिए

1. उष्ण सदाबहार वन
2. आर्द्र पर्णपाती वन
3. शुष्क पर्णपाती वन
4. उष्ण कँटीले वन

कूट

(a) 3, 2, 4, 1 (b) 3, 4, 2, 1
(c) 4, 3, 2, 1 (d) 1, 2, 3, 4

उत्तर (c) 4 3 2 1

14. जीवमंडल निचयों के बारे में दिए गए कथनों को पढ़कर उन्हें उनकी स्थापना वर्ष के क्रम में व्यवस्थित कीजिए

1. मानस जीवमंडल निचय असम के नलबाड़ी कामरूप व दारांग जिले में स्थित है।
2. नंदादेवी जीवमंडल निचय उत्तराखंड के पिथौरागढ़ और अल्मोड़ा जिले में स्थित है।
3. पंचमढ़ी जीवमंडल निचय मध्य प्रदेश के होशंगाबाद और छिंदवाड़ा जिलों में स्थित है।
4. सिमलीपाल जीवमंडल निचय उड़ीसा के मयूरभंज जिले में स्थित है।

कूट

(a) 2, 1, 4, 3 (b) 1, 2, 3, 4
(c) 3, 2, 1 4 (d) 4, 1, 3, 2

उत्तर (a) 2 1 4 3

15. भारत में पाए जाने वाले वनों के संदर्भ में दिए गए कथन के लिए सही विकल्प का चयन कीजिए।

- 'यह वनस्पति क्षारीय लवण क्षेत्रों; जैसे-कच्छ, ज्वारीय संकरी खाड़ी, पंक पमैदानों और ज्वारनदमुख के तटवर्ती क्षेत्रों पर उगती है।
- इनमें ऐसे कई पौधे हैं। जिन पर क्षार का प्रभाव नहीं पड़ता।
- भारत में इन वनों का विस्तार 6,740 वर्ग किमी क्षेत्र में है।

(a) वेलांचली वन (b) मैंग्रोव वन
(c) उत्तरी पर्वतीय वन (d) शुष्क पर्णपाती वन

उत्तर (b) मैंग्रोव वन

16. सूची I को सूची II से सुमेलित कीजिए

सूची I	सूची II
A. शहरी वनिकी	1. हरित पट्टी को विकसित करना
B. ग्रामीण वानिकी	2. बंजर भूमि पर पेड़ व फसलें उगाना
C. फार्म वानिकी	3. व्यापारिक महत्त्व वाले वृक्ष लगाना

कूट

	A	B	C
(a)	1	2	3
(b)	3	2	1
(c)	2	3	1
(d)	1	3	2

उत्तर (a) 1 2 3

17. सूची I को सूची II से सुमेलित कीजिए *दक्षता आधारित प्रश्न*

सूची I (जैवमंडल आरक्षित क्षेत्र)	सूची II (राज्य)
A. नंदादेवी	1. मध्य प्रदेश
B. अचनकमर-अमरकंटक	2. मेघालय
C. नोकरेक	3. ओडिशा
D. सिमलीपाल	4. उत्तराखंड

कूट

	A	B	C	D
(a)	1	2	3	4
(b)	4	2	1	3
(c)	4	3	2	1
(d)	4	1	2	3

उत्तर (d) 4 1 2 3

18. सूची I को सूची II से सुमेलित कीजिए।

सूची I (विभिन्न प्रोजेक्ट/नीति)	सूची II (वर्ष)
A. वन नीति	1. 1973
B. वन्यजीव अधिनियम	2. 1952
C. बाघ संरक्षण योजना	3. 1992
D. हाथी परियोजना	4. 1972

कूट

	A	B	C	D
(a)	4	2	3	1
(b)	2	4	3	1
(c)	2	4	1	3
(d)	1	2	3	4

उत्तर *(c)* 2 4 1 3

19. **निम्नलिखित में से कौन-सा युग्म सुमेलित नहीं है?**

दक्षता आधारित प्रश्न

(a) पन्नी जैवमंडल रिजर्व — मध्य प्रदेश
(b) मानस जैवमंडल रिजर्व — असम
(c) शीत मरुस्थल जैवमंडल रिजर्व — हिमाचल प्रदेश
(d) शेष अचलम जैवमंडल रिजर्व — तेलंगाना

उत्तर *(d)* शेष अचलम जैवमंडल रिजर्व—तेलंगाना

20. **भारत में वन्य प्राणी से संबंधित कुछ कथन दिए गए हैं इन्हें इनके घटित वर्ष के क्रम में स्थापित करें।** *दक्षता आधारित प्रश्न*

1. **बाघों के संरक्षण के लिए तथा पारिस्थितिक स्थिरता के लिए प्रोजेक्ट टाइगर का संचालन किया गया।**
2. **वन्य प्राणी अधिनियम द्वारा वन्य प्राणियों के संरक्षण की रूपरेखा बनाई गई।**
3. **प्रोजेक्ट एलीफेंट लुप्त प्राय: भारतीय हाथियों के संरक्षण के लिए चलाया गया।**
4. **यूनेस्को के मानव और जीवमंडल योजना में सबसे पहले नीलगिरि वन्यजीव अभयारण्य को शामिल किया गया।**

कूट

(a) 2, 3, 1, 4 (b) 2, 1, 4, 3
(c) 4, 3, 2, 4 (d) 1, 2, 3, 4

उत्तर (b) 2, 1, 4, 3

21. **नीचे दिए गए कथनों पर विचार कीजिए** *दक्षता आधारित प्रश्न*

कथन I **राष्ट्रीय कृषि आयोग द्वारा सामाजिक वानिकी को तीन वर्गों शहरी, ग्रामीण तथा फार्म वानिकी में विभाजित किया गया है।**

कथन II **सामाजिक वानिकी में वन प्रबंधन तथा उनकी सुरक्षा की जिम्मेदारी समाज के ऊपर रहती है।**

नीचे दिए गए कूट के आधार पर उत्तर का चयन कीजिए

(a) केवल कथन I सही है
(b) केवल कथन II सही हैं
(c) कथन I और II दोनों सही हैं
(d) कथन I और II दोनों सही नही हैं

उत्तर *(c)* कथन I और कथन II सही हैं

निर्देश (प्र.सं. 22-24) नीचे दो कथन दिए गए हैं। जिनमें से एक कथन (A) और दूसरा कारण (R) है। कूट की सहायता से सही उत्तर चुनिए।

कूट

(a) A और R दोनों सही हैं तथा R, A की सही व्याख्या है
(b) A और R दोनों सही हैं, परंतु R, A की सही व्याख्या नहीं है
(c) A सही है, किंतु R गलत है
(d) A गलत है, किंतु R सही है

22. **कथन** (A) **ब्रिटिश प्रशासन के अंतर्गत गढ़वाल और कुमाऊँ में ओक के स्थान पर चीड़ के पेड़ लगाए गए।**

कारण (R) **चीड़ की लकड़ी का प्रयोग रेल पटरी के लिए आवश्यक था।** *दक्षता आधारित प्रश्न*

उत्तर (a) ब्रिटिश प्रशासन ने वनों के संरक्षण की अपेक्षा इसका व्यापारिक उपयोग प्रारम्भ किया, जिसके अंतर्गत गढ़वाल और कुमाऊँ में पाए जाने वाले ओक के स्थान पर चीड़ के पेड़ लगाए, गए क्योंकि इसका प्रयोग रेल पटरी के लिए आवश्यक था। चाय, कॉफी और रबड़ के बागान लगाने के लिए भी वनों को साफ किया गया।

23. **कथन** (A) **भारत में मैंग्रोव वन** 6,740 **वर्ग किमी क्षेत्र में फैले हैं।**

कारण (R) **विश्व के मैंग्रोव क्षेत्र का 7% भारत में पाया जाता है।**

दक्षता आधारित प्रश्न

उत्तर (b) भारत में मैंग्रोव वन, 6,740 वर्ग किमी क्षेत्र में फैले हैं, जो विश्व के मैंग्रोव क्षेत्र का 7% है। ये अंडमान और निकोबार द्वीप समूह व पश्चिम बंगाल के सुंदर वन डेल्टा में अत्यधिक विकसित हैं। इसके अतिरिक्त ये महानदी, गोदावरी और कृष्णा नदियों के डेल्टाई भाग में भी पाए जाते हैं।

24. **कथन** (A) **वन्य प्राणियों के संरक्षण से संबंधित वन्य प्राणी अधिनियम वर्ष** 1972 **में पारित हुआ।**

कारण (R) **इसमें राष्ट्रीय उदयान पशु बिहार जैसे संरक्षित क्षेत्रों को चिह्नित करने का प्रावधान किया गया।**

उत्तर *(a)* भारत में वन्य प्राणियों के संरक्षण से संबंधित वन्यप्राणी अधिनियम, 1972 में पारित हुआ, जो इनके संरक्षण और रक्षण की कानूनी रूपरेखा तैयार करता है। इसमें सूचीबद्ध संकटापन्न प्रजातियों का सुरक्षा देना तथा नेशनल पार्क, पशु विहार जैसे संरक्षित क्षेत्रों को कानूनी सहायता प्रदान करने जैसे प्रावधान शामिल किए गए हैं।

25. **पर्वतीय क्षेत्रों में ऊँचाई के साथ तापमान घटने के साथ-साथ प्राकृतिक वनस्पति में भी बदलाव आता है। इन वनों को दो भागों में बाँटा जा सकता है-उत्तरी पर्वतीय वन और दक्षिणी पर्वत वन।**

ऊँचाई बढ़ने के साथ हिमालय पर्वत शृंखला में उष्णकटिबंधीय वनों से टुंड्रा में पाई जाने वाली प्राकृतिक वनस्पति पाई जाती है। हिमालय के गिरिपद पर पर्णपाती वन पाए जाते हैं। इसके बाद 1,000 **से** 2,000 **मीटर की ऊँचाई पर आर्द्र शीतोष्ण कटिबंधीय प्रकार के वन पाए जाते हैं। उत्तर-पूर्वी भारत की उच्चतर पहाड़ी शृंखलाओं और पश्चिम बंगाल और उत्तरांचल के पहाड़ी क्षेत्रों में चौड़े पत्तों वाले ओक और चेस्टनट जैसे सदाबहार वन पाए जाते हैं। इस क्षेत्र में** 1,500 **से** 1,750 **मीटर की ऊँचाई पर व्यापारिक महत्त्व वाले चीड़ के वन पाए जाते हैं। हिमालय के पश्चिमी भाग में बहुमूल्य वृक्ष प्रजाति देवदार के वन पाए जाते हैं। देवदार की लकड़ी अधिक मजबूत होती है और निर्माण कार्य में प्रयुक्त होती है।**

इसी तरह चिनार और वालन जिसकी लकड़ी कश्मीर हस्तशिल्प के लिए उपयोग होती है, पश्चिमी हिमालय क्षेत्र में प्रचुर मात्रा में पाए जाते हैं। ब्ल्यूपाइन और स्प्रूस 2,225 **से** 3,048 **मीटर की ऊँचाई पर पाए जाते हैं। इस ऊँचाई पर कई स्थानों पर शीतोष्ण कटिबंधीय घास भी उगती है। इससे अधिक ऊँचाई पर एल्पाइन वन और चरागाह पाए जाते हैं।** 3,000 **से** 4,000 **मीटर की ऊँचाई पर सिल्वर फर, जूनिपर, पाइन, बर्च और रोडोडेंड्रॉन आदि वृक्ष मिलते हैं। ऋतु-प्रवास करने वाले समुदाय; जैसे-गुज्जर, बकरवाल, गद्दी और भोटिया, इन चरागाहों का पशुचारण के लिए भरपूर प्रयोग करते हैं।**

शुष्क उत्तरी ढालों की तुलना में अधिक वर्षा वाले हिमालय के दक्षिणी ढालों पर अधिक वनस्पति पाई जाती है। अधिक ऊँचाई वाले भागों में टुंड्रा वनस्पति जैसे मॉस व लाइकन आदि पाई जाती है।

दक्षिणी पर्वतीय वन मुख्यतः प्रायद्वीप के तीन भागों में मिलते हैं-पश्चिमी घाट, विंध्याचल और नीलगिरि पर्वत शृंखलाएँ। चूँकि, ये शृंखलाएँ उष्णकटिबंध में पड़ती हैं और इनकी समुद्रतल से ऊँचाई लगभग 1,500 मीटर ही है, इसलिए यहाँ ऊँचाई वाले क्षेत्र में शीतोष्ण कटिबंधीय और निचले क्षेत्रों में उपोष्ण कटिबंधीय प्राकृतिक वनस्पति पाई जाती है। केरल, तमिलनाडु और कर्नाटक प्रांतों में पश्चिमी घाट में इस तरह की वनस्पति विशेषकर पाई जाती है।

(i) हिमालय के गिरिपद पर कौन-से प्रकार के वन पाए जाते हैं

(a) टुंड्रावन (b) पर्णपाती वन
(c) अल्पाइन वन (d) शीतोष्ण कटिबंधीय वन

उत्तर (b) पर्णपाती वन

(ii) टुंड्रा वनास्पति में कौन-सी प्रमुख प्रजातियाँ शामिल होती हैं?

(a) ओंक और चेस्टनट (b) मॉस और लाइकेन
(c) पाइन और रोडोडेंड्रान (d) चीड़ और देवदार

उत्तर *(b)* मॉस और लाइकेन

(iii) गुज्जर बकारवाल गद्दी और भेड़िया समुदाय किसके लिए हिमालय के चरागाहों का उपयोग करते हैं ?

(a) कृषि (b) पशुचारण
(c) लकड़ी का संग्रह (d) खनिज खनन

उत्तर (b) पशुचारण

स्रोत आधारित प्रश्न

निम्नलिखित स्रोतों को ध्यानपूर्वक पढ़कर उन पर आधारित प्रश्नों के उत्तर दीजिए।

1. वनों का जीवन और पर्यावरण के साथ जटिल संबंध है। वन प्रत्यक्ष और अप्रत्यक्ष रूप से हमें बहुत आर्थिक व सामाजिक लाभ पहुँचाते हैं। अतः वनों के संरक्षण की मानवीय विकास में एक महत्त्वपूर्ण भूमिका है। फलस्वरूप भारत सरकार ने पूरे देश के लिए वन संरक्षण नीति 1952 में लागू की, जिसे 1988 में संशोधित किया गया। इस नई वन नीति के अनुसार सरकार सतत पोषणीय वन प्रबंध पर बल देगी, जिससे एक ओर वन संसाधनों का संरक्षण व विकास किया जाएगा और दूसरी ओर स्थानीय लोगों की आवश्यकताओं को पूरा किया जाएगा।

इस वन नीति के निम्नलिखित उद्देश्य हैं

- **देश में 33% भाग पर वन लगाना, जो वर्तमान राष्ट्रीय स्तर से 6% अधिक है।**
- **पर्यावरण संतुलन बनाए रखना तथा पारिस्थितिक असंतुलित क्षेत्रों में वन लगाना।**
- **देश की प्राकृतिक धरोहर, जैव विविधता तथा आनुवंशिक पूल का संरक्षण।**
- **मृदा अपरदन और मरुस्थलीकरण रोकना तथा बाढ़ व सूखा नियंत्रण।**
- **निम्नीकृत भूमि पर सामाजिक वानिकी एवं वनरोपण द्वारा वन आवरण का विस्तार।**
- **वनों की उत्पादकता बढ़ाकर वनों पर निर्भर ग्रामीण जनजातियों को इमारती लकड़ी, ईंधन, चारा और भोजन उपलब्ध करवाना और लकड़ी के स्थान पर अन्य वस्तुओं को प्रयोग में लाना।**
- **पेड़ लगाने को बढ़ावा देने के लिए, पेड़ों की कटाई रोकने के लिए जन-आंदोलन चलाना, जिसमें महिलाएँ भी शामिल हों, ताकि वनों पर दबाव कम हो।**

(i) स्वतंत्रता के बाद भारत में पहली बार किस वर्ष वन संरक्षण नीति की घोषणा की गई?

उत्तर स्वतंत्रता के बाद भारत में पहली बार वर्ष 1952 में वन संरक्षण नीति की घोषणा की गई थी। इसके अंतर्गत वनों के संरक्षण के प्रति नीति बनाई गई। इसे वर्ष 1988 में संशोधित किया गया था।

(ii) वन नीति के अंतर्गत सरकार सतत् पोषणीय वन पोषणीय वन प्रबंधन के तहत किन बातों पर बल देती है?

उत्तर वन नीति के अंतर्गत सरकार सतत पोषणीय वन पोषणीय वन प्रबंधन के तहत पर्यावरणीय संरक्षण, वन संसाधनों के समुचित विकास एवं स्थानीय आवश्यकताओं की पूर्ति पर बल देती है।

(iii) वर्तमान समय में मृदा अपरदन एवं मरुस्थलीकरण का मुख्य कारण क्या है?

उत्तर वर्तमान समय में मृदा अपरदन एवं मरुस्थलीकरण का मुख्य कारण निर्वनीकरण है। निर्वनीकरण के कारण मृदा संगठनात्मक रूप से कमजोर हो जाती है। ऐसी मृदा के पृष्ठभाग से जलप्रवाहित होने से कमजोर मृदा का तीव्रता से कटाव हो जाता है। ढालुआ भू-भाग में अपरदन अत्यधिक तीव्र गति से होता है।

लघु उत्तरीय प्रश्न

1. प्राकृतिक वनस्पति के स्थानिक वितरण को प्रभावित करने वाले कारकों को स्पष्ट कीजिए

अथवा **मृदा, जलवायु एवं उच्चावच प्राकृतिक वनस्पति के स्थानिक वितरण को किस प्रकार प्रभावित करते हैं, चर्चा कीजिए**

उत्तर प्राकृतिक वनस्पति को सबसे अधिक प्रभावित करने वाले कारक—मृदा, जलवायु एवं उच्चावच आदि हैं। ऊँचाई, वनस्पति तथा जलवायु के प्रकार में पारस्परिक संबंध पाया है। जैसे ही जलवायु बदलती है वैसे ही प्राकृतिक वनस्पति भी परिवर्तित हो जाती है। ऊँचाई बढ़ने के साथ ही जलवायु में परिवर्तन होता है तथा वनस्पति भी उसी के अनुसार परिवर्तित हो जाती है। हिमालय में पर्वतपाद से चोटी की ओर उष्णकटिबंधीय जलवायु से ध्रुवीय जलवायु पाई जाती है। इसी प्रकार, हिमालय पर्वत के पर्वतपाद पर उष्णकटिबंधीय सदाबहार वन से अल्पाइन वनस्पति पाई जाती है। पश्चिमी घाट तथा अंडमान और निकोबार द्वीपसमूह में उष्णकटिबंधीय वर्षा वन तथा राजस्थान के मरुस्थलीय और अर्द्ध-मरुस्थलीय क्षेत्रों में झाड़ियाँ, कैक्टस और काँटेदार वनस्पति उस क्षेत्र की जलवायु के अनुसार पाए जाते हैं।

2. कठोर लकड़ी के वनों का विनाश शीतोष्ण कटिबंधीय क्षेत्रों में अधिक क्यों हुआ है?

उत्तर शीतोष्ण कटिबंधीय क्षेत्रों में वनों के अधिक विनाश के निम्नलिखित कारण हैं

(i) इन क्षेत्रों के वनों का विस्तार कम जनसंख्या वाले क्षेत्रों तक सीमित है।
(ii) उष्णकटिबंधीय सदाबहार वनों के विपरीत ये वन पारगम्य हैं।
(iii) उष्णकटिबंधीय दशाओं के अनुकूल होने के कारण कृषि तथा उद्योगों का विकास अधिक हुआ है।

(iv) ये वनीय क्षेत्र विकसित देशों में अवस्थित हैं, जिस कारण उच्च तकनीकों की उपलब्धता भी है।

(v) जलयान, भवन निर्माण, ईंधन आदि में इनके उपयोग/ होने के कारण भी इनका दोहन अधिक हुआ है।

3. भारत में आर्द्र भूमि को कितने वर्गों में रखा गया है? ये कौन-कौन से हैं?

उत्तर भारत में आर्द्र भूमि को आठ वर्गों में रखा गया है, जो निम्न हैं

(i) दक्षिण में दक्कन पठार के जलाशय और दक्षिण-पश्चिम तटीय क्षेत्र की लैगून व अन्य आर्द्र भूमि।

(ii) राजस्थान, गुजरात और कच्छ के खारे जल वाली भूमि।

(iii) गुजरात-राजस्थान से पूर्व और मध्य प्रदेश की ताजा जल वाली झीलें व जलाशय।

(iv) भारत के पूर्वी तट पर डेल्टाई आर्द्र भूमि व लैगून।

(v) गंगा के मैदान में ताजा जल वाले कच्छ क्षेत्र।

(vi) उत्तर-पूर्वी भारत और हिमालय गिरिपाद के अनूप क्षेत्र तथा ब्रह्मपुत्र घाटी में बाढ़ के मैदान।

(vii) कश्मीर और लद्दाख की पर्वतीय झील और नदियाँ

(viii) अंडमान-निकोबार द्वीपसमूह के मैंग्रोवन व आर्द्र क्षेत्र।

4. भारत में वन्यजीवों की संख्या में कमी होने के क्या-क्या कारण हैं?

अथवा **कौन-सी मानवीय क्रियाओं के कारण भारत में वन्यजीवों की संख्या में लगातार कमी हुई है, वर्णन कीजिए।**

उत्तर भारत में वन्यजीवों की संख्या में कमी होने के निम्नलिखित कारण हैं

(i) मानवीय आवश्यकताओं की पूर्ति; जैसे—ईंधन के लिए लकड़ी, इमारती लकड़ी आदि के लिए वनों की कटाई हो रही है, जो वन्य प्राणियों के निवास स्थल हैं।

(ii) पालतू पशुओं के लिए चरागाहों की खोज में मानव द्वारा वन्यजीवों और उनके आवासों को नष्ट किया जाना भी वन्यजीवों की संख्या को प्रभावित करता है।

(iii) सबसे महत्वपूर्ण बात शिकार के लिए व्यापक स्तर पर वन्यजीवों को मारा जाना। व्यापारिक महत्त्व के लिए भी वन्यजीवों को व्यापक स्तर पर मारा जाना।

(iv) जंगलों में आग लगने के कारण भी वन्यजीवों की संख्या में कमी हुई है।

5. जीवमंडल निचय की स्थापना किन उद्देश्यों की पूर्ति हेतु की गई थी? उन उद्देश्यों को बताइए।

उत्तर जीवमंडल निचय की स्थापना निम्नलिखित उद्देश्यों की पूर्ति के लिए की गई है

(i) जैव विविधता और पारिस्थितिक तंत्र का संरक्षण।

(ii) पर्यावरण और विकास में विद्यमान अंतर्विरोधों को समाप्त करना। अनुसंधान और सहयोग के लिए अंतर्राष्ट्रीय नेटवर्क का विकास करना।

इन उद्देश्यों की पूर्ति के लिए यूनेस्को के मानव और जीवमंडल योजना के अंतर्गत विश्व में जैवमंडल निचयों की स्थापना की गई है।

6. अंतर स्पष्ट कीजिए

(i) सदाहरित वन और उष्णकटिबंधीय पर्णपाती वनों में अंतर स्पष्ट कीजिए।

उत्तर सदाबहार वन और उष्णकटिबंधीय पर्णपाती वनों में निम्नलिखित अंतर हैं

सदाबहार वन	उष्णकटिबंधीय पर्णपाती वन
ये वन 200 सेमी से अधिक वर्षा वाले क्षेत्रों में पश्चिमी घाट के पवनाभिमुखी ढालों, असम, अरुणाचल प्रदेश, अंडमान-निकोबार द्वीपसमूह आदि क्षेत्रों में पाए जाते हैं।	ये वन 100-200 सेमी वर्षा वाले क्षेत्रों में पश्चिमी घाट के पूर्वी ढालों, प्रायद्वीप के उत्तर-पूर्वी पठार, हिमालय के पर्वतपदीय क्षेत्रों में पाए जाते हैं।
ये सदा हरे-भरे रहते हैं तथा वन अत्यधिक घने होते हैं। इन वनों के वृक्षों की लकड़ियाँ कठोर होती हैं।	ये वन ग्रीष्म ऋतु के उपरांत पत्तों को गिरा देते हैं। ये वन अपेक्षाकृत कम घने और इनकी लकड़ियाँ कम कठोर होती हैं।
इन वनों के मुख्य वृक्षों में महोगनी, बाँस, ताड़, एबनी आदि हैं।	पर्णपाती वनों के मुख्य वृक्षों में सागौन, साल, महुआ, शीशम आदि हैं।

(ii) राष्ट्रीय उद्यान तथा अभयारण्य में अंतर स्पष्ट कीजिए।

उत्तर राष्ट्रीय उद्यान और अभयारण्य में निम्नलिखित अंतर हैं

राष्ट्रीय उद्यान	अभयारण्य
राष्ट्रीय उद्यान में पारितंत्रों की विविधता होती है।	यह वन्य जीवों की सुरक्षा के लिए स्थापित किया जाता है।
इसका विस्तार कम क्षेत्रफल पर होता है।	इसका विस्तार अपेक्षाकृत अधिक क्षेत्र पर होता है।
यहाँ मानवीय हस्तक्षेप पूर्णतः वर्जित होता है।	यहाँ सीमित मानवीय हस्तक्षेप की अनुमति होती है।
यहाँ शिकार तथा कटाई पर पूर्ण प्रतिबंध होता है।	यहाँ सीमित मात्रा में चराई की अनुमति होती है।

दीर्घ उत्तरीय प्रश्न

1. भारत के विभिन्न क्षेत्रों में पाई जाने वाली वनस्पति का उल्लेख कीजिए।

अथवा **वनस्पति प्रकार एवं जलवायु परिस्थिति के आधार पर भारतीय वनों को कितने वर्गों में बाँटा गया है? इसकी विस्तार से चर्चा करें।**

उत्तर भारत में विविध जलवायु, मिट्टी और भौगोलिक स्थितियों के कारण यहाँ विभिन्न प्रकार की वनस्पतियाँ पाई जाती हैं। भारत की वनस्पति को मुख्यतः निम्नलिखित प्रकारों में विभाजित किया जा सकता है

(i) **उष्णकटिबंधीय सदाबहार वन एवं अर्द्ध सदाबहार वन** यह वन उच्च वर्षा वाले क्षेत्रों में पाए जाते हैं; जैसे पश्चिमी घाट, अंडमान-निकोबार द्वीप समूह और पूर्वोत्तर भारत यहाँ साल, महोगनी, रोजवुड, आबनूस और रबड़ तथा साइडर, होलक और कैन जैल वृक्ष पाए जाते हैं।

(ii) **उष्णकटिबंधीय पतझड़ वन** ये वन भारत के अधिकांश हिस्सों में पाए जाते हैं। जल की उपलब्धता के आधार पर इन वनों को आर्द्र और शुष्क पर्णपाती वनों में विभाजित किया जाता है; साल, सागौन, शीशम और तेंदु महुआ, चंदन आँवला, आदि वृक्ष, यहाँ प्रमुख रूप से प्राप्त होते हैं।

(iii) **काँटेदार वनस्पति** इस प्रकार की वनस्पति शुष्क और अर्धशुष्क क्षेत्रों में मिलती है, जैसे-राजस्थान, मध्य प्रदेश, गुजरात। इस प्रकार की वनस्पतियों में बबूल, कीकर, नीम, पलास और खेजड़ी वृक्ष प्रमुख हैं।

(iv) **पर्वतीय वन** इस प्रकार की वनस्पति हिमालय और पश्चिमी घाट के ऊँचाई वाले क्षेत्रों में पाई जाती है। निचली ऊँचाई पर देवदार, चीड़ और फर के वृक्ष मिलते हैं, जबकि ऊँचाई बढ़ने पर पाइन, बर्च, रोडोडेड्रान, सिल्वर फर, जूनियर, आदि वृक्ष मिलते हैं।

वेलांचली व अनूपवन

- भारत में विभिन्न प्रकार के आर्द्र अनूप वन पाए जाते हैं। इनके अंतगर्त दक्षिण में दक्कन पठार के जलाशय और दक्षिण-पश्चिम के तटीय क्षेत्र की लैगून व अन्य आर्द्र भूमि, राजस्थान, गुजरात और कच्छ की खारे जल वाली भूमि,गुजरात-राजस्थान के पूर्व और मध्य प्रदेश की ताजा जल वाली झीलें जलाशय, भारत के पूर्वी तट पर डेल्टाई आर्द्र भूमि व लैगून, गंगा के मैदान में ताजे जल वाले कच्छ क्षेत्र, ब्रह्मपुत्र की घाटी उत्तर-पूर्वी भारत और हिमालय गिरिपद, कश्मीर, लद्दाख, अंडमान -निकोबार आदि में पाई जाने वाली वनस्पतियाँ व मैंग्रोव। भारत की यह जैव-विविधता इसे प्राकृतिक संसाधनों और पर्यावरणीय स्थिरता के लिए अत्यधिक महत्त्वपूर्ण बनाती है।

2. जलवायु किस प्रकार वनस्पति के वितरण को प्रभावित करती है?

उत्तर जलवायु के अंतर्गत तापमान और वर्षा प्रमुख तत्त्व हैं, जो वनस्पति के वितरण को प्रभावित करते हैं। भारत की विभिन्न वनस्पति पेटियाँ जलवायु के साथ अद्‌भुत सामंजस्य को निरूपित करती हैं। उष्णकटिबंधीय सदाबहार क्षेत्र उन क्षेत्रों में पाए जाते हैं, जहाँ वार्षिक वर्षा 200 सेमी तथा 22° सेल्सियम से अधिक तापमान पाया जाता है। इस कारण यहाँ की वनस्पतियाँ वर्ष में एक साथ अपने पत्तों को नहीं गिरातीं। इसी प्रकार उष्णकटिबंधीय सदाबहार क्षेत्र के तुरंत बाद के क्षेत्रों में उष्णकटिबंधीय पर्णपाती वन पाए जाते हैं। यद्यपि यहाँ भी तापमान 20°-22° सेल्सियम के मध्य होता है, परंतु वर्षा की मात्रा घटकर 100-200 सेमी के मध्य हो जाती है। भारत के ऐसे क्षेत्र जहाँ वर्षा 50 सेमी से कम होती है, वहाँ केवल घास और झाड़ियों का विकास होता है, क्योंकि यहाँ वनस्पतियों के विकास के लिए अपेक्षित मात्रा में वर्षा नहीं होती है।

3. उष्णकटिबंधीय पर्णपाती वन एवं उष्णकटिबंधीय काँटेदार वन को सविस्तार से समझाइए।

उत्तर भारत में विभिन्न प्रकार की मिट्‌टी और जलवायुविक परिस्थितियों के कारण विभिन्न प्रकार की प्राकृतिक वनस्पति पाई जाती हैं। प्रमुख वनस्पति तथा जलवायु परिस्थिति के आधार पर भारतीय वनों को प्रमुख रूप से पाँच प्रकारों में विभाजित किया जाता है, जिसमें से उष्णकटिबंधीय पर्णपाती तथा उष्णकटिबंधीय काँटेदार वनों का वर्णन निम्नलिखित है

उष्णकटिबंधीय पर्णपाती वन वार्षिक वर्षा 70 से 200 सेमी वाले क्षेत्रों में उष्णकटिबंधीय पर्णपाती वन पाए जाते हैं। ये भारत में सर्वाधिक क्षेत्र पर विस्तृत हैं।

इन्हें मानसून वन भी कहा जाता है। जल उपलब्धता के आधार पर उष्णकटिबंधीय पर्णपाती वन को दो वर्गों में विभाजित किया जाता है

(i) **आर्द्र पर्णपाती वन** 100 से 200 सेमी वर्षा वाले क्षेत्रों, जैसे– उत्तर-पूर्वी राज्यों और हिमालय के गिरिपद, पश्चिमी घाट के पूर्वी ढालों और ओडिशा में आर्द्र पर्णपाती वन पाए जाते हैं। इन वनों में हुर्रा, महुआ, आँवला, सेमल, कुसुम और चंदन आदि प्रजातियों के वृक्ष पाए जाते हैं।

(ii) **शुष्क पर्णपाती वन** 70 से 100 सेमी वर्षा वाले क्षेत्रों, अधिक वर्षा वाले प्रायद्वीपीय भागों, उत्तर प्रदेश एवं बिहार के मैदानी भागों में शुष्क पर्णपाती वन पाए जाते हैं। ये आर्द्र क्षेत्रों की ओर आर्द्र पर्णपाती वन एवं शुष्क क्षेत्रों की ओर काँटेदार वनों में मिल जाते हैं।

शुष्क पर्णपाती वन अधिक वर्षा वाले प्रायद्वीपीय पठार और उत्तरी भारत के मैदानों में पार्कनुमा हो जाते हैं, जिसमें सागवान एवं अन्य वृक्षों के मध्य हरी-भरी घास होती है। तेंदू, पलास, अमलतास, बेल, खैर और अक्सलवुड आदि मुख्य वृक्ष प्रजातियाँ पाई जाती हैं, जो शुष्क ऋतु शुरू होते ही अपनी पत्तियाँ गिरा देते हैं। कम वर्षा और अत्यधिक पशुचारण के कारण राजस्थान के पश्चिमी और दक्षिणी भागों में प्राकृतिक वनस्पति बहुत कम हो गई है।

उष्णकटिबंधीय काँटेदार वन 50 सेमी से कम वर्षा वाले क्षेत्रों दक्षिण-पश्चिमी पंजाब, हरियाणा, राजस्थान, गुजरात, मध्य प्रदेश और उत्तर प्रदेश के अर्द्ध-शुष्क क्षेत्रों में उष्णकटिबंधीय काँटेदार वन पाए जाते हैं।

उष्णकटिबंधीय काँटेदार वन में कई प्रकार की घास, पौधे और झाड़ियाँ मिलती हैं, परंतु पौधे लगभग वर्षभर पर्णरहित होते हैं, जो झाड़ियों जैसे दिखते हैं। इन वनों में बबूल, बेर, खजूर, खैर, नीम, खेजड़ी और पलास आदि मुख्य वृक्ष प्रजातियाँ पाई जाती हैं।

मानचित्र पर आधारित प्रश्न

1. भारत के मानचित्र पर निम्न को दर्शाइए
(i) कॉर्बेट नेशनल पार्क
(ii) काजीरंगा नेशनल पार्क
(iii) रणथंभौर नेशनल पार्क
(iv) शिवपुरी नेशनल पार्क
(v) सिमलीपाल नेशनल पार्क

उत्तर

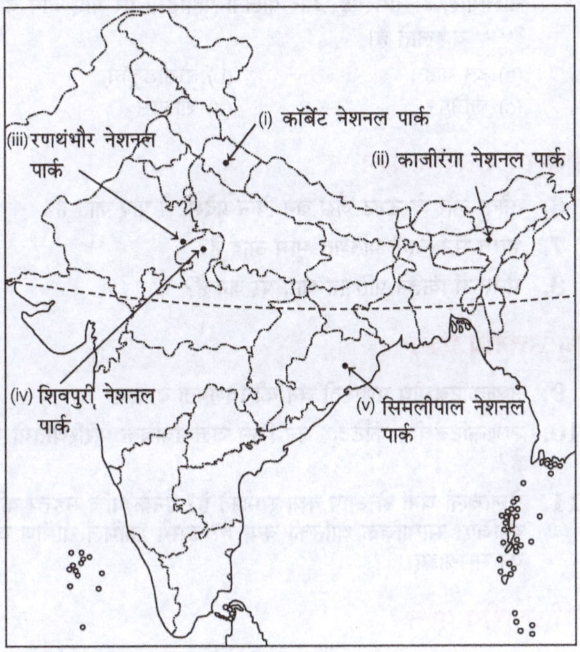

2. भारत के मानचित्र पर निम्न को दर्शाइए।
(i) केवलादेव घाना पक्षी विहार
(ii) रंगनथिट्टो पक्षी विहार
(iii) पेरियार वन्यजीव अभयारण्य
(iv) राजाजी वन्यजीव अभयारण्य
(v) मुदुमलाई वन्यजीव अभयारण्य
(vi) दाँचीग्राम वन्यजीव अभयारण्य

उत्तर

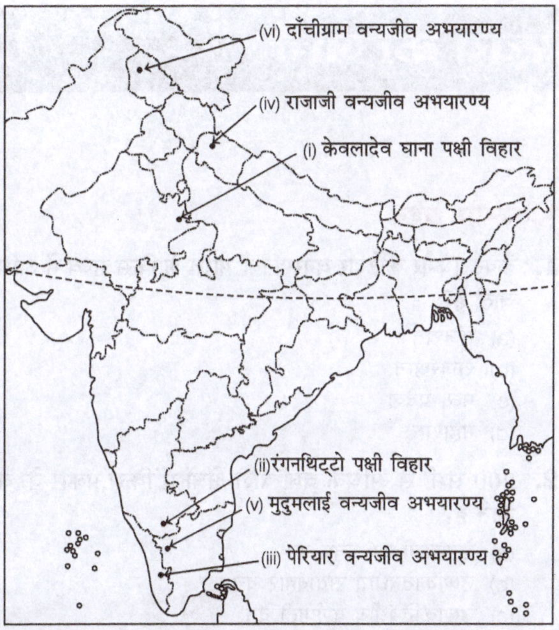

3. भारत के मानचित्र पर संरक्षित जीवमंडल को दर्शाइए।

उत्तर

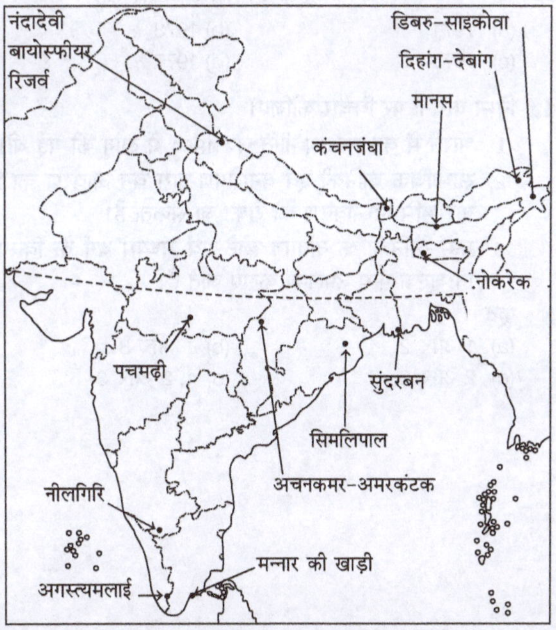

स्वयं को जाँचें

बहुविकल्पीय प्रश्न

1. कैक्टस और काँटेदार वनस्पतियाँ भारत के किस राज्य में अधिक पाई जाती हैं?
(a) गुजरात
(b) राजस्थान
(c) मध्य प्रदेश
(d) महाराष्ट्र

2. 200 सेमी से अधिक वर्षा वाले क्षेत्रों में किस प्रकार के वन पाए जाते हैं?
(a) वेलांचली या अनूप वन
(b) उष्णकटिबंधीय सदाबहार वन
(c) उष्णकटिबंधीय पर्णपाती वन
(d) उपरोक्त सभी

3. प्रोजेक्ट टाइगर योजना किस वर्ष प्रारंभ की गई थी?
(a) 1971 (b) 1973
(c) 1975 (d) 1977

4. निम्न कथनों पर विचार कीजिए।
1. भारत में वन संरक्षण नीति वर्ष 1954 में लागू की गई थी।
2. सामाजिक वानिकी एवं वनारोपण द्वारा वन आवरण का विस्तार कर भूमि निम्नीकरण को रोका जा सकता है।
3. फर्म वानिकी के अंतर्गत छोटे एवं मध्यम वर्ग के किसानों को निःशुल्क पौधे उपलब्ध कराए जाते हैं।

कूट
(a) 1 और 2 (b) 1 और 3
(c) 2 और 3 (d) 1, 2 और 3

5. केरल, तमिलनाडु और कर्नाटक के पश्चिमी घाट में शीतोष्ण कटिबंधीय और उपोष्ण कटिबंधीय प्राकृतिक वनस्पतियाँ पाई जाती हैं। नीलगिरि, अन्नामलाई, और पालनी पहाड़ियों पर पाए जाने वाले वन ...... कहलाते हैं।
(a) ब्लू पाइन (b) रोडोडेंड्रॉन
(c) जूनिपर (d) शोलास

अतिलघु उत्तरीय प्रश्न

6. ओक और चेस्टनट जैसे वन किन प्रदेशों में पाए जाते हैं?

7. भारत में कितनी प्रतिशत भूमि आर्द्र है?

8. भारत में कितने प्रतिशत भाग पर वन हैं?

लघु उत्तरीय प्रश्न

9. उष्णकटिबंधीय पर्णपाती वन की विशेषता बताइए।

10. उष्णकटिबंधीय काँटेदार वन किन जलवायविक परिस्थितियों में होते हैं?

11. वेलांचली वनों से आप क्या समझते हैं? इनके पाँच महत्त्व की चर्चा कीजिए। सामाजिक वानिकी क्या है? इसमें शामिल ग्रामीण वानिकी को समझाइए।।

दीर्घ उत्तरीय प्रश्न

12. भारत में वनों के प्रकार की विस्तारपूर्वक व्याख्या कीजिए।

13. वन्य प्राणी संरक्षण का उद्देश्य एवं महत्त्व बताइए।

14. भारत में वनों के संरक्षण के लिए लाई गई 'वन संरक्षण नीति-1952 के उद्देश्यों की विस्तार से व्याख्या कीजिए।

6

अध्याय

प्राकृतिक संकट तथा आपदाएँ

यह अध्याय प्राकृतिक आपदा और संकट से संबंधित है। भारत की भौगोलिक संरचना में विविधता तथा प्रत्येक क्षेत्र विभिन्न आपदाओं से अलग-अलग रूप से प्रभावित होता है। यह देश भी भौतिक और सामाजिक आर्थिक संरचना को परिवर्तित कर देता है।

▼ अध्ययन एक नजर में

6.1 आपदाएँ

6.2 भारत में प्राकृतिक आपदाएँ और संकट

6.3 आपदा प्रबंधन

▼ अभ्यास के लिए

- बहुविकल्पीय प्रश्न 33, चित्र आधारित, अभिकथन/कारण, सुमेलित कीजिए
- वर्णनात्मक प्रकार के प्रश्न (लघु उत्तरीय प्रश्न 19, दीर्घ उत्तरीय प्रश्न 6)
- स्रोत आधारित प्रश्न 4, मानचित्र आधारित

परिवर्तन एक सतत् प्रक्रिया है, जिसमें बड़े और छोटे, भौतिक और अभौतिक घटनाएँ शामिल हैं, जो हमारे भौतिक और सामाजिक सांस्कृतिक पर्यावरण को प्रभावित करती है। सामान्यत: आपदा और विशेष रूप से प्राकृतिक आपदाएँ, ऐसे परिवर्तन हैं, जो मानव जाति पर नकारात्मक प्रभाव डालते हैं।

6.1 आपदाएँ

- आपदा एक अवांछनीय घटना है, जो मुख्य रूप से उन शक्तियों के परिणामस्वरूप होती हैं जो मानव नियंत्रण में नहीं हैं।
- प्राकृतिक शक्तियों के अतिरिक्त कुछ मानवजनित गतिविधियाँ भी आपदा का कारण बनती हैं
- भोपाल गैस त्रासदी चेरनोबिल नाभिकीय आपदा, युद्ध, सी एफ सी (क्लोरोफ्लोरो कार्बन) गैसें वायुमंडल में छोड़ना तथा ग्रीन हाउस गैसें, ध्वनि, वायु, जल तथा मिट्टी संबंधी पर्यावरण प्रदूषण आदि आपदाओं के लिए मानवीय क्रियाकलाप ही प्रत्यक्ष रूप से उत्तरदायी हैं।

कुछ अन्य मानव गतिविधियाँ अप्रत्यक्ष रूप से आपदाओं की तीव्रता को बढ़ा देती हैं। वनों की कटाई, अवैज्ञानिक **भूमि उपयोग**[1] ओर कमजोर क्षेत्रों में संरचना कार्य के कारण भूस्खलन और बाढ़ जैसी आपदाएँ अप्रत्यक्ष मानव क्रियाओं का परिणाम हैं। आपदा थोड़े समय में ही बिना पूर्व चेतावनी के घटित होने वाली घटनाएँ हैं। जिससे मानवीय क्रियाकलापों में गतिरोध होने के साथ- साथ बड़े पैमाने पर जान माल का भी नुकसान होता है।

1 **भूमि उपयोग** (land use) भूमि को आवासीय, औद्योगिक जैसे विभिन्न उद्देश्यों के लिए उपयोग करना भूमि उपयोग कहलाता है।

प्राकृतिक संकट और आपदा

- विद्वानों द्वारा आपदा और प्राकृतिक संकट शब्द का प्रयोग एक-दूसरे के स्थान पर लिया जाता है। यद्यपि ये एक दूसरे से संबंधित हैं, किंतु इनमें कुछ भिन्नताएँ भी हैं।
- प्राकृतिक संकट, प्राकृतिक पर्यावरण में परिस्थितियों के वे तत्त्व हैं, जिनसे धन-जन या दोनों को नुकसान पहुँचने की संभावना होती है।
- ये बहुत तीव्र हो सकते हैं या पर्यावरण विशेष के स्थायी पक्ष भी हो सकते हैं जैसे महासागरीय धाराएँ, हिमालय में तीव्र ढाल तथा अस्थिर संरचनात्मक आकृतियाँ अथवा रेगिस्तानों तथा हिमाच्छादित क्षेत्रों में विषम जलवायु दशाएँ आदि।
- प्राकृतिक आपदाएँ अपेक्षाकृत अचानक होती हैं और बड़े पैमाने पर लोगों की मृत्यु, संपत्ति की हानि और सामाजिक प्रणालियों तथा जीवन में व्यवधान उत्पन्न कर सकती हैं।
- कोई भी घटना, जो अत्यधिक विनाश और क्षति की उच्च स्तर की क्षमता रखती है, उसे आपदा के रूप में वर्गीकृत किया जा सकता है।

प्राकृतिक आपदा और संकट पर बदलता दृष्टिकोण

- प्राकृतिक आपदा एवं संकट के घटित होने के प्रारूप में परिवर्तन हुआ है। प्रारंभ में प्राकृतिक आपदाएँ एवं संकट दो परस्पर अंतर्संबंधी (Inter-relation) घटनाएँ मानी जाती थीं अर्थात् जिन क्षेत्रों में प्राकृतिक संकट आते थे, वे प्राकृतिक आपदाओं के लिए भी संवेदनशील थे।
- प्रारंभ में मानव पारिस्थितिक तंत्र को अधिक नुकसान नहीं करता था, इसलिए इन आपदाओं से कम नुकसान होता था। तकनीकी विकास ने मानव को पर्यावरण को प्रभावित अर्थात् परिवर्तन करने की क्षमता प्रदान कर दी। परिणामस्वरूप मानव ने आपदा के खतरे वाले क्षेत्रों में भी गहन क्रियाकलाप शुरू कर दिया है।
- मानव के क्रियाकलापों ने आपदाओं के प्रति संवेदनशीलता को बढ़ावा दिया है। उदाहरण के लिए, अधिकांश नदियों के बाढ़ के मैदानों में भू-उपयोग एवं भूमि की कीमतों के कारण तथा तटों पर बड़े नगरों एवं बंदरगाहों—मुंबई एवं चेन्नई आदि के विकास ने तटीय क्षेत्रों को चक्रवातों, प्रभंजनों एवं सुनामी आदि के लिए संवेदनशील या सुमेध (Sensitive) बना दिया है।

6.2 भारत में प्राकृतिक आपदाएँ और संकट

- भारत एक प्राकृतिक और सामाजिक-सांस्कृतिक विविधताओं (Socio-Cultural Diversity) वाला देश है। वृहत् भौगोलिक आकार, पर्यावरणीय विविधताओं और **सांस्कृतिक बहुलता** के कारण भारतीय उपमहाद्वीप को **अनेकता में एकता वाली धरती** (Land of Unity in Diversity) भी कहते हैं।
- भारत के वृहत् आकार, प्राकृतिक परिस्थितियों में विभिन्नता, लंबे समय तक उपनिवेश (Colonial), बहुत अधिक जनसंख्या तथा सामाजिक भेदभाव (Social Discrimination) की निरंतरता के कारण भारत में प्राकृतिक आपदाओं की सुभेद्यता (Vulnerability) बढ़ गई है।
- नीचे कुछ प्रमुख प्राकृतिक आपदाओं पर चर्चा की गई है, जिसका संक्षिप्त विवरण इस प्रकार है

भूकंप

- भूकंप सर्वाधिक विनाशक तथा अनुमान रहित प्राकृतिक आपदा है। विवर्तनिकी (Tectonics) के कारण उत्पन्न भूकंप विस्तृत क्षेत्र में विनाश करते हैं। भूकंप की उत्पत्ति पृथ्वी की ऊपरी सतह में विवर्तनिक क्रियाओं से उत्पन्न ऊर्जा से होती है।
- विवर्तनिक क्रियाओं से उत्पन्न भूकंप की तुलना में ज्वालामुखी विस्फोट, चट्टान गिरने (Rock Fall), भू-स्खलन, खदानों वाले क्षेत्र (Mining Area) में जमीन के धँसने, बाँध एवं जलाशयों के बैठने आदि से उत्पन्न भूकंप सीमित क्षेत्र को प्रभावित करते हैं तथा इनसे क्षति भी कम होती है।
- हिमालय क्षेत्र में भूकंप उत्पन्न होने का मुख्य कारण **इंडियन प्लेट** (Indian Plate) का प्रतिवर्ष उत्तर एवं उत्तर-पूर्व दिशा में एक सेमी की दर से खिसकना है।
- इंडियन प्लेट के उत्तर में स्थित **यूरेशियन प्लेट** (Eurasian Plate) के अवरोध के कारण इसके किनारे लॉक हो जाते हैं तथा अनेक स्थानों पर ऊर्जा के संग्रह से तनाव बढ़ जाता है जो अन्तत: बंध टूटने और ऊर्जा के अचानक मुक्त होने का कारण बनता है। यह ऊर्जा हिमालयी चाप के साथ भूकंप का कारण बनती है।

- हिमालय क्षेत्र में उत्पन्न भूकंप से मुख्य रूप से जम्मू और कश्मीर, हिमाचल प्रदेश, उत्तरांचल, सिक्किम, पश्चिम बंगाल का दार्जिलिंग उपमंडल तथा उत्तर-पूर्व के सात राज्य प्रभावित होते हैं।
- इसके अतिरिक्त मध्य पश्चिमी क्षेत्र में वर्ष 1819, 1956 और 2001 में गुजरात और वर्ष 1967 और 1993 में महाराष्ट्र में विनाशकारी भूकंप आए थे।
- सबसे पुराना स्थिर और प्रौढ़ प्रायद्वीपीय पठार पर आए भूकंप के कारणों की सही व्याख्या नहीं हो पाती, लेकिन कुछ समय पहले भू-वैज्ञानिकों ने एक नया सिद्धांत प्रतिपादित करके भूकंप के कारणों की व्याख्या की है।
- नए सिद्धांत के अनुसार, महाराष्ट्र के लातूर और ओसमानाबाद के नजदीक कृष्णा नदी की सहायक **भीमा नदी** के साथ-साथ एक भ्रंश रेखा (Fault Line) का विकास हुआ है। भ्रंश रेखा के साथ संग्रहित ऊर्जा का निर्गमन भूकंप का कारण है। इसके अतिरिक्त इस सिद्धांत के अनुसार, इंडियन प्लेट टूट रही है।

भूकंप प्रवण क्षेत्र

- राष्ट्रीय भू-भौतिकी प्रयोगशाला, भारतीय भू-गर्भीय सर्वेक्षण, मौसम विज्ञान विभाग, भारत सरकार और हाल ही में गठित में राष्ट्रीय आपदा प्रबंधन संस्थान द्वारा भारत के भूकंप से संबंधित घटनाओं का अध्ययन किया जाता है।
- भारत में आए 1200 भूकंपों के विश्लेषण के आधार इन संस्थानों द्वारा भारत को पाँच भूकंपीय क्षेत्रों में विभाजित किया है
  - (i) **अत्यधिक क्षति जोखिम क्षेत्र** इस क्षेत्र के अंतर्गत उत्तर-पूर्वी राज्य, कश्मीर घाटी, गुजरात का कच्छ क्षेत्र, बिहार में भारत-नेपाल की सीमा पर स्थित दरभंगा तथा अररिया जिला पश्चिमी हिमालय क्षेत्र (धर्मशाला के आस-पास) **उत्तराखंड** इत्यादि आते हैं।
  - (ii) **अधिक क्षति जोखिम क्षेत्र** इस क्षेत्र के अंतर्गत जम्मू और कश्मीर लद्दाक तथा हिमाचल प्रदेश के शेष बचे भाग सिक्किम, उत्तरी पंजाब, **पूर्वी हरियाणा**, दिल्ली, पश्चिमी उत्तर प्रदेश, उत्तरी बिहार इत्यादि आते हैं।
  - (iii) **मध्यम क्षति जोखिम क्षेत्र** इस क्षेत्र के अंतर्गत दक्कन और मध्य उच्च वाले क्षेत्र तथा दक्षिण का **इंडो-गंगगेटिक्स प्लेन** आदि आते हैं।
  - (iv) **निम्न क्षति जोखिम क्षेत्र** इस क्षेत्र के अंतर्गत मालवा पठार, कर्नाटक पठार, छोटानागपुर पठार, तेलंगाना पठार इत्यादि आते हैं।
  - (v) **अति निम्न क्षति जोखिम क्षेत्र** इस क्षेत्र के अंतर्गत प्रायद्वीपीय पठार की भूमि सम्मिलित है। यह क्षेत्र भूकंप से सुरक्षित माने जाने वाला क्षेत्र है।

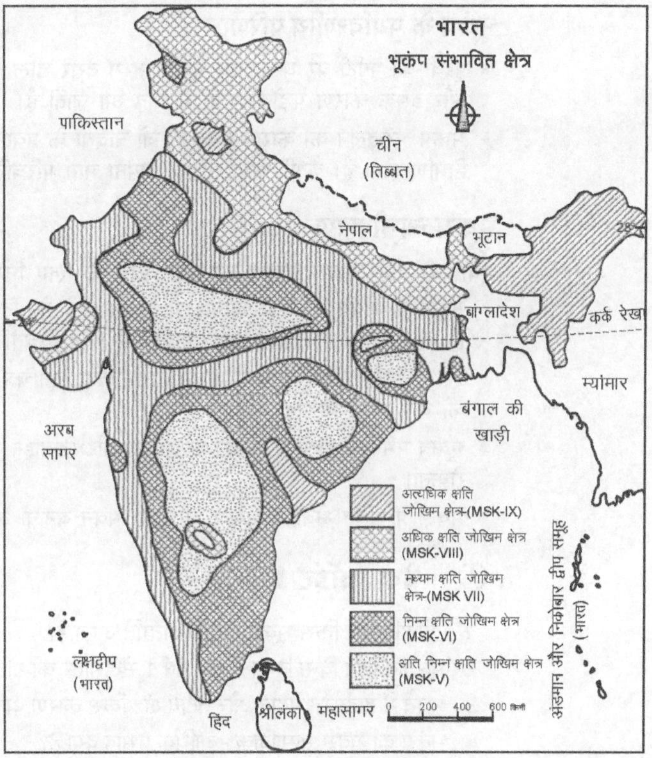

▲ चित्र : भारत भूकंप संभावित क्षेत्र

भूकंप के सामाजिक-आर्थिक परिणाम

भूकंप के साथ भय जुड़ा है, क्योंकि इससे बड़े पैमाने पर और तीव्रता से भूतल का विनाश होता है। अतः भारत के सामाजिक-आर्थिक परिणाम निम्नलिखित हैं

- भूकंप उच्च घनत्व वाली आबादी वाले क्षेत्रों में जीवन और संपत्ति की भारी हानि का कारण बनता है।
- यह बस्तियों, बुनियादी ढाँचे, परिवहन और संचार नेटवर्क, उद्योगों और अन्य विकासात्मक गतिविधियों को नुकसान पहुँचाता है व उन्हें नष्ट कर देता है।
- यह लोगों के आवास को प्रतिकूल प्रभावित करता है तथा विकासशील देशों की पहले से ही कमजोर अर्थव्यवस्था पर अतिरिक्त दबाव व तनाव डालता है।
- यह लोगों द्वारा वर्षों से संचित भौतिक और सामाजिक-सांस्कृतिक विरासत को भी नष्ट कर देता है।

भूकंप के प्रभाव

भूकंप के प्रभाव इस प्रकार हैं

- भूकंप के कारण जमीन मे कंपन उत्पन्न होती है।
- भूकंप के कारण भूस्खलन होता है।
- भूकंप के कारण मिट्टी द्रवीकरण होता है।
- भूकंप के कारण आग और बाढ़ जैसी घटनाएँ उत्पन्न होती हैं।
- भूकंप के कारण कई लोग घायल हो जाते है और मारे जाते हैं।
- भूकंप के कारण सतही भ्रंश, टेक्टोनिक उत्थान और अवतलन होता है।
- जमीन पर दरारें पड़ती हैं।
- भूकंप के कारण हिमस्खलन होता है।
- भूकंप के कारण सुनामी आती है।
- भूकंप के कारण इमारतें, अस्पताल, स्कूल आदि नष्ट हो जाते हैं।
- भूकंप के कारण भू-विस्कोट होता है।

भूकंप के पर्यावरणीय परिणाम

- पृथ्वी की पर्पटी पर धरातलीय भूकंपी तरंगें दरारें डाल देती हैं। जिसमें से पानी और दूसरे **ज्वलनशील पदार्थ**[2] बाहर निकल आते हैं और इसके कारण पड़ोसी क्षेत्रों में बाढ़ आ जाती है।
- भूकंप भूस्खलन का कारण बनते हैं, जो नदियों के प्रवाह और चैनलों में बाधाएँ उत्पन्न करते हैं, जिसके परिणामस्वरूप जलाशयों का निर्माण होता है। कभी-कभी नदियाँ अपना मार्ग परिवर्तित कर लेती हैं, जिससे उस क्षेत्र में बाढ़ और अन्य आपदाएँ आती हैं।

भूकंप न्यूनीकरण

भूकंप से होने वाले नुकसान को कम करने के लिए निम्नलिखित उपाय किए जा सकते हैं

- भूकंप संभावित क्षेत्रों में लोगों को सूचना देने के लिए भूकंप नियंत्रण केंद्रों की स्थापना करना तथा GPS (Geographical Positioning System) की सहायता से प्लेट विवर्तनिकी का पता लगाना चाहिए।
- देश में भूकंप संभावित क्षेत्रों का संवेदनशीलता मानचित्र तैयार करना और लोगों तक संभावित हानि की सूचना देना तथा इसके प्रभाव को कम करने के लिए शिक्षित करना।
- भूकंप प्रभावित क्षेत्रों में मकान के प्रकार और डिजाइन में सुधार करना तथा ऊँचे भवन, बड़े औद्योगिक संस्थान और शहरीकरण को रोकना।
- भूकंप प्रभावित क्षेत्रों में भूकंप प्रतिरोधी भवन बनाना और संवेदनशील क्षेत्रों में हल्की निर्माण सामग्री का प्रयोग करना।

चेक प्वॉइंट 1

1. पूर्वी हरियाणा किस भूकंप क्षेत्र के अंतर्गत आता है?
2. भारतीय प्लेट किस दिशा में प्रति वर्ष 1 सेंटीमीटर की गति से बढ़ रही है?
3. भारत में बाढ़ग्रस्त मैदान और तटीय क्षेत्र किस कारण अधिक संवेदनशील हैं?
4. भूकंप का सबसे सामाजिक -आर्थिक प्रभाव क्या है?
5. भूकंप की निगरानी हेतु कौन-सा उपकरण उपयोगी है?

सुनामी

- महासागरीय धरातल में भूकंप और ज्वालामुखी से अचानक उथल-पुथल से महासागरीय जल एकाएक विस्थापित होता है, जिसके परिणामस्वरूप ऊर्ध्वाधर ऊँची तरंगों का निर्माण होता है, जिन्हें भूकंपीय समुद्री लहरें या सुनामी कहते हैं।
- प्रारंभ में केवल एक ऊर्ध्वाधर तरंग का ही निर्माण होता है, लेकिन बाद में धीरे-धीरे जल तरंगों की एक श्रृंखला का निर्माण हो जाता है। प्रारंभिक तरंग के ऊँचे शिखर और नीचे गर्त के मध्य, जल अपना स्तर बनाए रखने का प्रयास करता है।
- महासागर में जल तरंग की गति जल की गहराई द्वारा निर्धारित होती है। उथले समुद्र में अधिक तथा गहरे समुद्र में कम गति के कारण महासागरों के आंतरिक भाग कम तथा तटीय क्षेत्र अधिक प्रभावित होते हैं। सुनामी द्वारा तटीय क्षेत्रों में अधिक नुकसान होता है।
- सुनामी का समुद्र में जलपोत पर कम प्रभाव पड़ता है। समुद्र के आंतरिक गहरे भाग में सुनामी की लहरों की लंबाई अधिक तथा ऊँचाई कम होने के कारण सुनामी का अनुभव नहीं होता, जिसके परिणामस्वरूप समुद्र के आंतरिक गहरे भाग में सुनामी जलपोत को एक या दो मी तक ही ऊँचा उठा पाती हैं।

2 **ज्वलनशील पदार्थ** (Volatile material) वे पदार्थ, जो अचानक और अप्रत्याशित परिवर्तनों के कारण नुकसान पहुँचाने की सम्भावना रखते हैं।

- उथले समुद्र में जब सुनामी की तरंगें प्रवेश करती हैं, तो इसकी लंबाई कम होती है तथा ऊँचाई बढ़ जाती है। कई बार सुनामी तरंगों की ऊँचाई 15 मी या इससे भी अधिक हो जाती है, जिसे **उथले जल की तरंगें** भी कहते हैं। ये तटीय क्षेत्रों में अत्यंत विनाशकारी होती हैं।

सुनामी प्रभावित क्षेत्र

- सुनामी को सामान्यत: प्रशांत महासागर के ''रिंग ऑफ फायर'' के क्षेत्रों में देखी जाती है, विशेष रूप से अलास्का, जापान, फिलीपींस और दक्षिण-पूर्व एशिया, इंडोनेशिया, मलेशिया, हिंद महासागर में , म्यामांर श्रीलंका और भारत के ततीय भागों में आती है।

सुनामी के प्रभाव

सुनामी के प्रमुख निम्नलिखित हैं

- सुनामी तरंगें तटीय क्षेत्रों पर पहुँचने के बाद बहुत अधिक मात्रा में ऊर्जा निर्मुक्त करती हैं और समुद्री जल तीव्र गति से तटीय क्षेत्रों के बंदरगाह, शहरों, कस्बों, अनेक प्रकार के ढाँचों, भवनों और बस्तियों में पहुँचकर विनाश करती हैं।
- चूँकि तटीय क्षेत्रों में घनी आबादी होती हैं और यहाँ गतिविधियाँ अधिक होती है, इसलिए सुनामी के कारण होने वाली हानि अन्य प्राकृतिक आपदाओं की तुलना में अधिक होती है।
- सुनामी से निपटना किसी अकेले देश या सरकार के लिए संभव नहीं है, इसलिए इससे निपटने के लिए अंतर्राष्ट्रीय स्तर पर कोशिश आवश्यक है। 26 दिसंबर, 2004 को आई सुनामी के कारण 3 लाख से अधिक लोग मारे गए थे।

सुनामी से उत्पन्न संकट का शमन

- सुनामी से उत्पन्न संकट का शमन करना अत्यंत जटिल कार्य है, क्योंकि इसमें हानि बहुत व्यापक पैमाने पर होती है।
- इसलिए, यह किसी भी अकेले देश या सरकार की क्षमता से बाहर है कि वह इस हानि का पूर्ण रूप से शमन कर सके। इसलिए, अंतर्राष्ट्रीय स्तर पर संयुक्त प्रयास ही इन आपदाओं से निकलने का संभावित तरीका है।
- एकमात्र शमन उपाय आपदा पूर्व चेतावनी प्रणाली का पालन करना है, ताकि तटीय क्षेत्रों से अपादा पूर्व ही लोगों को सुरक्षित स्थान पर पहुँचाया जा सके समय के माध्यम से हानि को कम किया जा सके। 2004 की सुनामी आपदा के बाद भारत ने अंतर्राष्ट्रीय सुनामी चेतावनी प्रणाली में शामिल होने का फैसला किया है।

उष्णकटिबंधीय चक्रवात

- उष्णकटिबंधीय चक्रवात (Tropical Cyclone) निम्न वायुदाब वाली प्रचंड मौसम प्रणाली है, जिसका निर्माण 30° उत्तरी तथा 30° दक्षिणी अक्षांशों के मध्य होता है। यह सामान्यत: 500 से 1000 किमी क्षेत्र में फैला होता है और इसकी ऊर्ध्वाधर ऊँचाई 12 से 14 किमी हो सकती है।
- उष्णकटिबंधीय चक्रवात या प्रभंजन एक ऊष्मा इंजन की भाँति कार्य करता है, जिसे ऊर्जा समुद्र सतह से प्राप्त वाष्पीकरण की संघनन प्रक्रिया में मुक्त की गई गुप्त ऊष्मा से प्राप्त होती है।
- हवा महासागरों और समुद्रों के ऊपर चलते हुए आर्द्रता के संघनन के कारण एकत्र होती है।

उष्णकटिबंधीय चक्रवात की उत्पत्ति के लिए निम्नलिखित परिस्थितियाँ आवश्यक हैं

- निरंतर और पर्याप्त मात्रा में उष्ण एवं आर्द्र वायु की सदैव उपलब्धता, जिससे गुप्त ऊष्मा निर्मुक्त हो।
- केंद्र में निम्न वायुदाब के लिए तीव्र कोरिओलिस बल का होना। भूमध्य रेखा के आस-पास 0° से 5° कोरिओलिस बल बहुत कम होता है, जिसके कारण यहाँ चक्रवात उत्पन्न नहीं होते। क्षोभमंडल में अस्थिरता के कारण स्थानीय स्तर पर निम्न वायुदाब वाले क्षेत्रों का निर्माण हो जाता है। इस निम्न दाब क्षेत्र के चारों ओर चक्रवात भी विकसित हो सकते हैं।
- मजबूत ऊर्ध्वाधर वायु फान (Wedge) की अनुपस्थिति जो नम और गुप्त ऊष्मा युक्त वायु के ऊर्ध्वाधर बहाव को अवरुद्ध करें।

भारत में चक्रवातों का क्षेत्रीय और समयानुसार वितरण

भारत की प्रायद्वीपीय आकृति के कारण इसके पूर्व में बंगाल की खाड़ी तथा पश्चिम में अरब सागर में मानसूनी मौसम के समय 10° से 15° उत्तरी अक्षांशों के मध्य भारत में आने वाले चक्रवातों का निर्माण होता है।

बंगाल की खाड़ी में अधिकांश चक्रवात का निर्माण 16° से 21° उत्तरी अक्षांश तथा 92° पूर्वी देशांतर से पश्चिम में अक्टूबर और नवंबर में होता है, लेकिन जुलाई में सुंदरवन डेल्टा के निकट 18° उत्तरी अक्षांश और 90° पूर्वी देशांतर से पश्चिम में चक्रवात का निर्माण होता है।

उष्णकटिबंधीय चक्रवातों के परिणाम

- उष्णकटिबंधीय चक्रवातों को ऊर्जा की प्राप्ति उष्ण आर्द्र वायु से निकलने वाली गुप्त ऊष्मा से होती है, इसलिए समुद्र से दूरी बढ़ने के साथ ही चक्रवात की शक्ति कमजोर हो जाती है।
- भारत में भी बंगाल की खाड़ी और अरब सागर से दूर जाने पर चक्रवात की शक्ति कमजोर हो जाती है, जबकि तटीय क्षेत्रों में उष्णकटिबंधीय चक्रवात 180 किमी प्रति घंटा से टकराते हैं।
- चक्रवातीय क्षेत्र में समुद्रतल भी असाधारण रूप से ऊपर उठ जाता है, जिसे **तूफान महोर्मि**[3] (Storm Surge) कहते हैं। इससे तटीय क्षेत्रों में बस्तियाँ एवं खेत जल में डूब जाते हैं तथा फसलों एवं बस्तियों के मकानों का विनाश हो जाता है।
- समुद्रतल में वायु, समुद्र और जमीन की अंत:क्रिया से 'महोर्मि' (अचानक उठने वाली शक्तिशाली तरंग) का निर्माण होता है। तूफान की अत्यधिक वायुदाब प्रवणता और अत्यधिक तीव्र गति की सतही पवनों की शक्ति से जल में उफान उठता है। इससे समुद्री जल तटीय क्षेत्रों को जलमग्न कर देता है तथा तीव्र वायु प्रवाह के साथ-साथ अधिक वर्षा भी होती है।

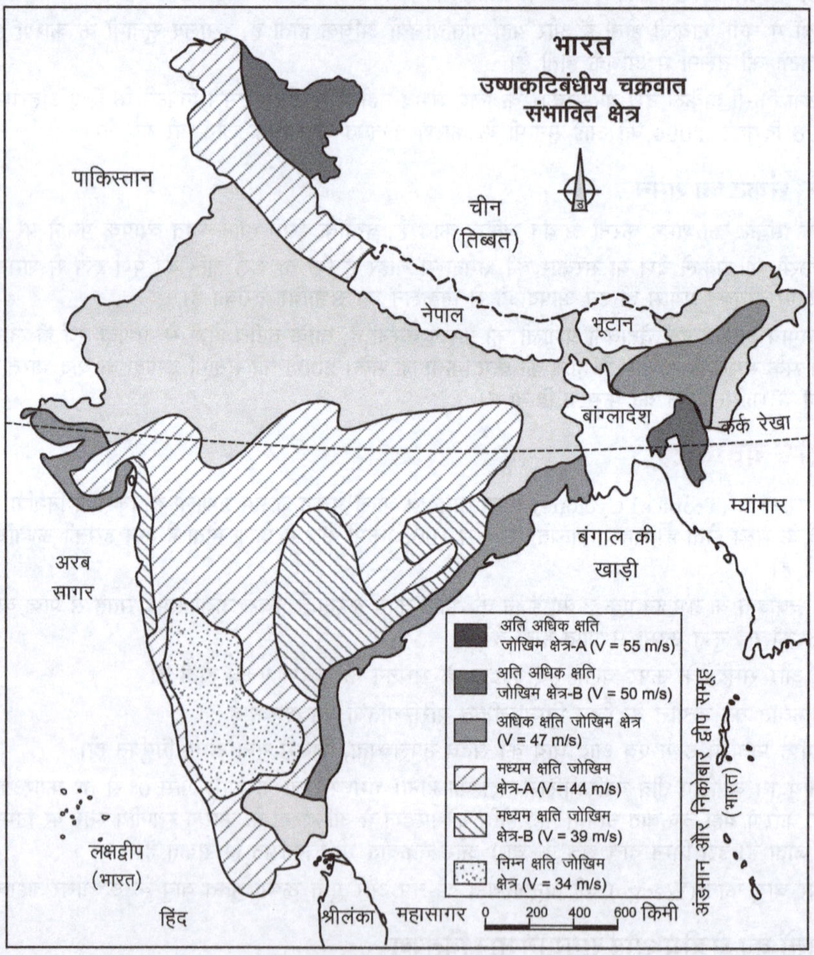

उष्णकटिबंधीय चक्रवातों के लिए जोखिम घटाने के उपाय

- समुदाय के सदस्यों में जागरूकता, ज्ञान और तत्परता का निर्माण करना।
- संवेदनशील क्षेत्रों में भारी व महँगी संरचनाओं और अन्य गतिविधियों का निर्माण करने से बचना।
- तूफान की गति ओर आवृत्ति पर निगरानी रखने के लिए नवीनतम निगरानी प्रणाली स्थापित की जानी चाहिए।
- हवा की गति कम करने हेतु चक्रवात आश्रय, **तटबंधों**[4], बाँधों, जलाशयों और वनीकरण का निर्माण करना।

3 तूफान महोर्मि (Storm surge) यह समुद्र स्तर में असामान्य वृद्धि के रूप में परिभाषित किया जाता है।
4 तटबंध (Dykes) यह एक लंबी और मोटी दीवार होती है, जिसे समुद्र या नदी को निम्न भूमि में बाढ़ आने से रोकने के लिए बनाया जाता है।

बाढ़

- नदी का जल उफान के समय जल वाहिकाओं को तोड़ता हुआ मानव बस्तियों और आस-पास की जमीन पर खड़ा हो जाता है और बाढ़ की स्थिति पैदा कर देता है।
- सामान्यत: बाढ़ अचानक नहीं आती है, यह विशेष ऋतु एवं क्षेत्रों में ही आती है। जब नदी जल वाहिकाओं में उनकी क्षमता **से अधिक जल बहाव** हो जाता है, तब बाढ़ आती है और मैदान के निचले भागों में जल भर जाता है। अनेक बार झीलें और आंतरिक जल क्षेत्रों में भी **क्षमता से अधिक जल भर जाने** के कारण बाढ़ आ जाती है।
- मानवीय क्रियाकलाप, वन कटाव, अवैज्ञानिक कृषि पद्धतियाँ, प्राकृतिक अपवाह तंत्रों का अवरुद्ध होना तथा नदी तल और बाढ़कृत मैदानों पर मानव बसाव बाढ़ की तीव्रता, परिणाम और विनाशकारिता को बढ़ा देते हैं।

बाढ़ के कारण

- बाढ़ आने के निम्नलिखित कारण इस प्रकार हैं
- बाढ़ तब आती है जब नदी जल-वाहिकाओं में इनकी क्षमता से अधिक जल बहाव होता है और जल बाढ़ के रूप में मैदान के निचले हिस्सों में भर जाता है।
- यह तटीय क्षेत्रों में **तूफानी महोर्मि** के कारण भी हो सकती है।
- यह अधिक समय तक उच्च वर्षा की तीव्रता के कारण हो सकती है।
- यह तब भी हो सकता है जब तापमान बढ़ने के कारण बर्फ और बर्फीली परतों का तेजी से पिघलना शुरू हो जाता है।
- सीमेंट वाले शहरी क्षेत्रों में **जल समाहित**[5] (अत: स्पंदित)अंत स्पदित होने की दर कम होती है, जिससे पानी का अधिक बहाव होता है और बाढ़ का कारण बनता है।
- उच्च दर से मृदा क्षरण के कारण यह क्षारित मृदा जल में अधिक मात्रा में होती हैं, जो नालियों में अवरोध उत्पन्न करती है, जिससे क्षेत्र में बाढ़ आती है।
- मानवीय गतिविधियाँ भी बाढ़ों के उत्पन्न होने और फैलने में महत्त्वपूर्ण भूमिका निभाती है; जैसे— अंधाधुंध वृक्षों की कटाई, असंवेनदशील कृषि प्रक्रियाएँ, चैनलों की प्राकृतिक धारा में व्यवधान और नदी के किनारों पर बस्ती का निर्माण जो, बाढ़ों की तीव्रता आकार और गंभीरता को बढ़ाते हैं।

बाढ़ प्रभावित क्षेत्र

- बाढ़ विश्व के विस्तृत क्षेत्रों में आती है और काफी विनाश करती है, लेकिन दक्षिण, दक्षिण-पूर्व और पूर्वी एशिया के देशों—चीन, भारत और बांग्लादेश में बाढ़ की बारंबारता और इससे होने वाली हानि अधिक है।
- **राष्ट्रीय बाढ़ आयोग** (National Flood Commission) ने भारत में 12 प्रतिशत या 4 करोड़ हेक्टेयर भूमि को बाढ़ प्रभावित क्षेत्र घोषित किया है। असम, पश्चिम बंगाल और बिहार राज्य सबसे अधिक बाढ़ प्रभावित क्षेत्र हैं।
- उत्तरी भारत की अधिकांश नदियाँ विशेषकर पंजाब और उत्तर प्रदेश में बाढ़ लाती हैं। पिछले कुछ दशकों से मानसूनी वर्षा की तीव्रता तथा मानव क्रियाकलापों द्वारा प्राकृतिक अपवाह तंत्र के अवरुद्ध होने के कारण राजस्थान, गुजरात, हरियाणा और पंजाब में आकस्मिक बाढ़ भी आई है।
- तमिलनाडु में नवंबर से जनवरी माह के मध्य में लौटते मानसून से बाढ़ आती है।

बाढ़ के प्रभाव

- भारत के विभिन्न राज्यों में बार-बार आने वाली बाढ़ से भारी जन-धन की हानि होती है। असम, पश्चिम बंगाल, बिहार, पूर्वी उत्तर प्रदेश के मैदानी क्षेत्रों तथा ओडिशा, आंध्र प्रदेश, तमिलनाडु और गुजरात के तटीय क्षेत्रों के साथ पंजाब, राजस्थान, हरियाणा और उत्तरी गुजरात में बार-बार बाढ़ आने से कृषि भूमि और मानव बस्तियाँ डूब जाती हैं, जिससे देश की आर्थिक अर्थव्यवस्था एवं समाज पर बुरा प्रभाव पड़ता है।
- बाढ़ के कारण फसलों की हानि के अतिरिक्त आधारभूत ढाँचा; जैसे—सड़कें, रेलमार्ग, पुल और मानव बस्तियों की हानि होती है। बाढ़ग्रस्त क्षेत्रों में अनेक प्रकार की बीमारियाँ; जैसे—हैजा, आंत्रशोध, हेपेटाइटिस और अन्य प्रदूषित जल जनित रोग फैल जाते हैं।
- बाढ़ मानवीय आवास के साथ-साथ पशुधन के लिए समस्या उत्पन्न करता है।
- कृषि भूमि का बाढ़ से जलमग्न होना भारी फसल हानि का कारण बनता है, जिससे खाद्य और चारे की कमी होती है। ऊपरी सतह में कटाव के कारण भूमि बंजर हो सकती है या समुद्र के पानी के आने से सतह लवणीय भी हो जाती है।
- नकारात्मक प्रभावों के अतिरिक्त बाढ़ कुछ सकारात्मक योगदान भी देती है। प्रत्येक वर्ष बाढ़ के कारण कृषि क्षेत्रों में गाद या मिट्टी का जमाव होता है। यह गाद मट्टी फसलों के लिए पोषक तत्त्वों से युक्त होती है।

5 जल अन्तःस्पंदन/अन्तःस्पंदित (infiltration) यह वह प्रक्रिया है जिसके द्वारा पानी चट्टानों के माध्यम से भूमि में प्रवेश करता है।

- बाढ़ मिट्टी की उर्वरता को बढ़ाती है, जैसे ब्रह्मपुत्र नदी पर स्थित माजुली या मजौली (असम) जो सबसे बड़ा नदीय द्वीप है। यद्यपि प्रत्येक वर्ष बाढ़ से ग्रस्त है, किंतु यह क्षेत्र चावल उत्पादन के लिए काफी उपजाऊ है।

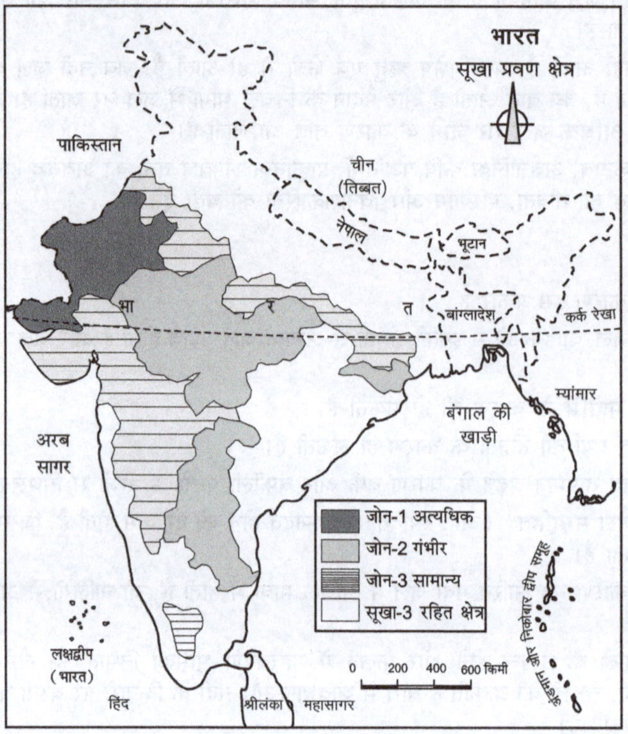

▲ भारत : बाढ़ संभावित क्षेत्र

बाढ़ शमन के उपाय

- भारत सरकार और राज्य सरकारे हर वर्ष बाढ़ से होने वाले नुकसान से अवगत है ओर इसके रोकने के अनेक उपयय किए है।
- नदियों के तटवर्ती क्षेत्रों में मानव गतिविधियों को रोकना और बाढ़ के मैदानी क्षेत्रों से आवासीय संरचना के निर्माण को रोकना।
- ऐसे क्षेत्रों में कोई बड़ी निर्माण परियोजना नहीं होनी चाहिए, जो बार-बार बाढ़ के प्रभाव में आते है
- अस्पताल, विद्यालय और कार्यालय जैसे संस्थान सुरक्षित क्षेत्रों में निर्मित करना चाहिए।
- निम्न स्तर के क्षेत्रों तालाब और झीलों का निर्माण किया जाना चाहिए।
- वनीकरण को बढ़वा देना, मलबा साफ करना, और पानी के बहाव को नियंत्रित करने के लिए प्रयास किए जा सकते हैं।
- बाढ़ रोधी बाँध और **तटबंधों का निर्माण** आदि से नदी वाहिकाओं में सुधार किया जा सकता हैं।
- बाढ़ से पूर्व सुरक्षा उपाय के अंतर्गत घरों के दरवाजों और खिड़कियों को सील करना, रेत की बोरियों का उपयोग आदि करके नुकसान को कम किया जा सकता है।
- भवनों को ऊँचे क्षेत्रों पर निर्मित करना चाहिए।
- बाढ़ के प्रवाह का सटीक आकलन कर लोगों को समय पर स्थानांतरित करने या खाली करने के लिए चेतावनी जारी करनी चाहिए।

चेक प्वॉइंट 2

1. सुनामी तरंगों की गति किन कारकों पर निर्भर करती है?
2. भारत में सबसे अधिक बाढ़ प्रभावित क्षेत्रों में कौन-से राज्य शामिल हैं?
3. भारत में राष्ट्रीय बाढ़ आयोग ने कितने प्रतिशत भूमि को बाढ़ प्रभावित क्षेत्र घोषित किया है?
4. असम के माजुली क्षेत्र में बाढ़ का सकारात्मक प्रभाव क्या है?
5. तमिलनाडु में बाढ़ का मुख्य कारण क्या है?

सूखा

- जब लंबे समय तक कम वर्षा, अत्यधिक वाष्पीकरण तथा जलाशयों एवं भूमिगत जल के अत्यधिक उपयोग से भू-तल पर जल की कमी हो जाती है, तो उस स्थिति को सूखा (Drought) कहते हैं।
- सूखा एक जटिल घटना है, जिसमें वृष्टि, वाष्पीकरण, वाष्पोत्सर्जन, भौम जल, मृदा में नमी, जल भंडारण एवं भरण; कृषि प्रणालियाँ—उगाई जाने वाली फसलें, सामाजिक-आर्थिक क्रियाकलाप और पारिस्थितिकी को शामिल करते हैं।

सूखे के प्रकार

सूखे को चार वर्गों में विभाजित किया जाता है, जो निम्नलिखित हैं

(i) **मौसम विज्ञान संबंधी** जब लंबे समय तक अपर्याप्त वर्षा होती है, तो इसका सामयिक और स्थानिक वितरण भी असंतुलित हो जाता है। उस स्थिति को मौसम विज्ञान संबंधी सूखा कहते हैं।

(ii) **जलविज्ञान संबंधी सूखा** जब विभिन्न जल संग्रहण, जलाशय और झीलों इत्यादि का जल स्तर वर्षा द्वारा की जाने वाली जलापूर्ति के बाद भी नीचे गिर जाए, तो उस स्थिति को जलविज्ञान संबंधी सूखा कहते हैं।

(iii) **कृषि सूखा** इसे भूमि आर्द्रता सूखा भी कहते हैं। भूमि में आर्द्रता की कमी से **फसलें** सूख जाती हैं। कुल बोए गए क्षेत्र में 30% से अधिक **सिंचित क्षेत्रों** को सूखा प्रभावित नहीं माना जाता है।

(iv) **पारिस्थितिक सूखा** जब प्राकृतिक पारिस्थितिक तंत्र में जल के अभाव के कारण उत्पादकता में कमी होने से पारिस्थितिक तंत्र में असंतुलन आ जाता है तथा यह क्षतिग्रस्त हो जाता है, तो उस स्थिति को पारिस्थितिक सूखा कहते हैं

▲ सूखा क्षेत्र

भारत में सूखाग्रस्त क्षेत्र

- भारतीय कृषि मानसूनी वर्षा पर निर्भर है तथा सूखा और बाढ़ भारतीय जलवायु तंत्र के दो तत्त्व हैं। कुछ अनुमानों के अनुसार, भारत में प्रतिवर्ष कुल भौगोलिक क्षेत्र का 19% भाग और जनसंख्या का 12% हिस्सा सूखे से प्रभावित होता है।
- देश का लगभग 30% क्षेत्र तथा 5 करोड़ जनसंख्या सूखे से प्रभावित हो सकते हैं। मानसून में परिवर्तनशीलता और व्यवहार में अनिश्चितता के कारण देश में एक ही समय में कुछ क्षेत्र में बाढ़, तो कुछ क्षेत्र में सूखा रहता है। भारत में सूखे का प्रभाव बहुत विस्तृत है, लेकिन कुछ क्षेत्र में सूखा बार-बार पड़ता है और उसका प्रभाव भी अधिक होता है। सूखे की तीव्रता के आधार पर भारत को निम्नलिखित क्षेत्रों में विभाजित किया जा सकता है।

सूखे की तीव्रता के आधार पर भारत को मुख्य रूप से तीन क्षेत्रों में विभाजित किया जाता है, जो निम्नलिखित हैं

(i) **अत्यधिक सूखा प्रभावित क्षेत्र** (Extreme Drought Affected Areas) इसके अंतर्गत राजस्थान का अधिकांश भाग विशेषकर अरावली के पश्चिम में **स्थित मरुस्थली** और गुजरात का कच्छ क्षेत्र शामिल है। राजस्थान के जैसलमेर और बाड़मेर जिलों में 90 मिलीलीटर से कम औसत वार्षिक वर्षा होती है।

(ii) **अधिक सूखा प्रभावित क्षेत्र** (Severe Drought Affected Areas) इन क्षेत्रों में सामान्य वर्षा की तुलना में 50-80% तक कमी होती है। इसके अंतर्गत राजस्थान का पूर्वी भाग, मध्य प्रदेश का अधिकांश भाग, महाराष्ट्र का पूर्वी भाग, आंध्र प्रदेश का आंतरिक भाग, कर्नाटक का पठार, तमिलनाडु का उत्तरी भाग, झारखंड का दक्षिणी भाग तथा ओडिशा का आंतरिक भाग शामिल है।

(iii) **मध्यम सूखा प्रभावित क्षेत्र** (Moderate Drought Affected Areas) इन क्षेत्रों में सामान्य वर्षा की तुलना में 26-50 प्रतिशत तक कमी होती है। इसके अंतर्गत राजस्थान का उत्तरी भाग, हरियाणा, उत्तर प्रदेश के दक्षिणी जिले, गुजरात के शेष जिलेकोंकण को छोड़कर, महाराष्ट्र, झारखंड, तमिलनाडु में कोयंबटूर पठार और कर्नाटक का आंतरिक भाग शामिल हैं। भारत का शेष बचा भाग बहुत कम या न के बराबर सूखे से प्रभावित होता है।

सूखे के परिणाम

- सूखा सामान्यत: पर्यावरण और समाज को प्रभावित करता है सूखे से फसलें नष्ट हो जाती हैं और अन्न की कमी हो जाती है, जिसे अकाल कहा जाता है। चारा कम होने की स्थिति को **तृण अकाल** तथा जल आपूर्ति की कमी को **जल अकाल** कहते हैं। अकाल, तृण अकाल और जल अकाल की सम्मिलित परिस्थिति को **त्रि-अकाल** कहते हैं। सूखा प्रभावित क्षेत्रों में वृहत स्तर पर पालतू पशुओं और अन्य पशुओं की मौत, पशु पलायन और मानव प्रवास होता है। जल के अभाव के कारण मानव दूषित जल पीने के लिए बाध्य होते हैं, जिससे पेयजल संबंधी बीमारियाँ; जैसे—आंत्रशोध, हैजा और हेपेटाइटिस आदि हो जाती हैं।

सूखे से बचाव के उपाय

- सूखे का सामाजिक और प्राकृतिक पर्यावरण पर तात्कालिक एवं दीर्घकालिक प्रभाव पड़ता है, इसलिए सूखे की समस्या के समाधान के लिए तात्कालिक एवं दीर्घकालिक दोनों तरह की योजनाओं को तैयार करना चाहिए। सूखे से बचाव के उपय हेतु दोनों योजनाओं को इस प्रकार समझाया गया है
  - (i) तात्कालिक योजना के अंतर्गत सुरक्षित पेयजल वितरण, दवाइयाँ, पशुओं के लिए चारा और जल की उपलब्धता तथा मानव एवं पशुओं को सुरक्षित स्थान पर पहुँचाना शामिल हैं।
  - (ii) दीर्घकालिक योजना के अंतर्गत भूमिगत जल के भंडारण का पता लगाना, अधिक जल वाले क्षेत्रों से कम जल वाले क्षेत्रों में जल पहुँचाना, नदियों को जोड़ना और बाँध एवं जलाशयों का निर्माण आदि शामिल हैं।
- सुदू संवेदन और उपग्रहों से प्राप्त चित्रों का प्रयोग नदियों के लिए द्रोणियों की पहचान तथा भूमिगत जल भंडारण की संभावना को ज्ञात करने के लिए किया जाना चाहिए।
- सूखे के दीर्घकालिक उपाय के अंतर्गत सूखा प्रतिरोधी फसलों का प्रचार-प्रसार करना चाहिए। वर्षा जलसंब्दल (Rain Water Harvesting) द्वारा भी सूखे के प्रभाव को कम किया जा सकता है।

प्राकृतिक आपदा न्यूनीकरण की योकोहामा रणनीति कार्य योजना का होना

संयुक्त राष्ट्र के सभी सदस्य देश तथा अन्य देशों की एक बैठक 'प्राकृतिक आपदा न्यूनीकरण' विश्व कान्फ्रेंस 23 से 27 मई, 1994 को योकोहामा नगर में हुई। इस कान्फ्रेंस का मुख्य मुद्दा प्राकृतिक आपदा से विकासशील देश के गरीब एवं साधनहीन लोग थे, क्योंकि ये देश इन चुनौतियों से निपटने के लिए पूर्ण रूप से तैयार नहीं थे। अत: इस बैठक में एक दशक तथा उसके बाद भी आपदाओं की क्षति को न्यून करने की रणनीति योकोहामा रणनीति के नाम से अपनाई गई।

योकोहामा रणनीति कार्य योजना के अंतर्गत प्राकृतिक आपदा न्यूनीकरण के लिए पारित प्रस्ताव

- प्रत्येक देश की प्रमुख जिम्मेदारी है कि वे प्राकृतिक आपदा से अपने नागरिकों की रक्षा करें।
- यह विकासशील देशों, विशेष रूप से सबसे कम विकसित एवं चारों ओर से भू-बद्ध देशों तथा छोटे द्वीपीय विकासशील देशों पर आग्रतापूर्वक ध्यान दिया जाएगा।
- जहाँ भी ठीक समझा जाएगा, वहाँ आपदा से बचाव, निवारण एवं तैयारी के लिए राष्ट्रीय स्तर पर कानून बनाकर क्षमता एवं सामर्थ्य का विकास करना चाहिए तथा इस कार्य में स्वैच्छिक संगठनों तथा स्थानीय समुदायों को
- संगठित किया जाना चाहिए। यह उपक्षेत्रीय तथा अंतर्राष्ट्रीय सहयोग द्वारा उन कार्यों को बढ़ावा तथा मजबूती देगा, जिनसे प्राकृतिक तथा दूसरी आपदाओं को रोका अथवा कम किया जा सके या उसका निवारण किया जा सके।

इस प्रक्रिया में निम्नलिखित बातों पर विशेष बल दिया गया

- मानव तथा संस्थागत क्षमता निर्माण तथा सशक्तीकरण,
- तकनीकों में भागीदारी : सूचना का एकत्रण, प्रकीर्णन (Dissemination) तथा उपयोग और संसाधनों का संग्रह करना।

वर्ष 1999-2000 को आपदा न्यूनीकरण का अंतर्राष्ट्रीय दशक भी घोषित किया गया।

भू-स्खलन

- चट्टान समूह के खिसककर ढाल से नीचे गिरने को भू-स्खलन (Landslide) कहते हैं। भूकंप, ज्वालामुखी फटना, सुनामी और चक्रवात की तुलना में भू-स्खलन छोटी घटना है, लेकिन इसका प्राकृतिक पर्यावरण और राष्ट्रीय अर्थव्यवस्था (Natural Environment and National Economy) पर बुरा प्रभाव पड़ता है।
- आकस्मिक तथा वृहत स्तर पर दीर्घ एवं प्रादेशिक कारकों द्वारा नियंत्रित अन्य आपदाओं की तुलना में भू-स्खलन मुख्य रूप से स्थानीय कारणों से उत्पन्न होता है, इसलिए इसके आँकड़े एकत्र करना और इसके आने की संभावना का अनुमान लगाना कठिन एवं अधिक खर्चीला है।

भू-स्खलन संवेदनशीलता क्षेत्र

पिछले अनुभवों, भू-स्खलन की बारंबारता और इसके घटने को प्रभावित करने वाले कारकों—भू-विज्ञानों, भू-आकृति, ढाल, भूमि उपयोग, वनस्पति आवरण और मानवीय क्रियाकलापों के आधार पर भारत को कई क्षेत्र में विभाजित किया गया है, जो निम्नलिखित हैं

अत्यधिक सुभेद्यता क्षेत्र

- इसके अंतर्गत हिमालय की युवा पर्वत श्रृंखला, अंडमान और निकोबार, पश्चिमी घाट, नीलगिरि में अधिक वर्षा वाले क्षेत्र, उत्तर-पूर्वी क्षेत्र, भूकंप प्रभावी क्षेत्र और अत्यधिक मानवीय क्रियाकलापों वाले क्षेत्र (सड़क और बाँध निर्माण) आदि को शामिल किया जाता है।

अधिक सुभेद्यता क्षेत्र

- इसके अंतर्गत हिमालय क्षेत्र के सभी राज्य और असम को छोड़कर उत्तर-पूर्वी भाग शामिल हैं।
- अत्यधिक सुभेद्यता भू-स्खलन क्षेत्र एवं अधिक सुभेद्यता क्षेत्र की परिस्थितियाँ मिलती-जुलती हैं, लेकिन भू-स्खलन को नियंत्रित करने वाले कारकों के संयोजन, गहनता और बारंबारता में अंतर पाया जाता है।

मध्यम और कम सुभेद्यता क्षेत्र

- इसके अंतर्गत ट्रांस हिमालय का कम वृष्टि वाला लद्दाख क्षेत्र, हिमाचल प्रदेश में स्पीति, अरावली पहाड़ियों में कम वर्षा वाला क्षेत्र, पश्चिमी एवं पूर्वी घाट तथा दक्कन पठार के वृष्टि छाया क्षेत्र को शामिल करते हैं, जहाँ कभी-कभी भू-स्खलन होता है।
- झारखंड, ओडिशा, छत्तीसगढ़, मध्य प्रदेश, महाराष्ट्र, आंध्र प्रदेश, कर्नाटक, तमिलनाडु, गोवा और केरल में खदानों और भूमि धँसने के परिणामस्वरूप भू-स्खलन होता है।

अन्य क्षेत्र

भारत के अंतर्गत अन्य मुस्खलन संभावित क्षेत्र राजस्थान, हरियाणा, उत्तर प्रदेश, बिहार, दार्जिलिंग जिले को छोड़कर पश्चिम बंगाल, कार्बो आंनलोंग को छोड़कर असम और दक्षिण राज्यों के तटीय क्षेत्रों को शामिल किया जाता है।

भू-स्खलनों के परिणाम

- भू-स्खलन का प्रभाव छोटे क्षेत्रों में और सामान्यत: स्थानीय होता है, लेकिन सड़क मार्ग के अवरोध, रेल पटरियों का टूटना और जल वाहिकाओं में चट्टानें गिरने से उत्पन्न अवरोध के गंभीर परिणाम होते हैं।
- भू-स्खलन के कारण नदी मार्ग में परिवर्तन हो जाते हैं और जन-धन की हानि होती है। इससे इन क्षेत्रों में आवागमन बाधित हो जाता है और विकास कार्य रुक जाता हैं।

भू-स्खलन के निवारण

- भू-स्खलन की समस्या के समाधान के उपाय अलग-अलग क्षेत्रों के लिए अलग-अलग होने चाहिए। अधिक भू-स्खलन संभावी क्षेत्रों में सड़क और बड़े बाँध बनाने पर प्रतिबंध होना चाहिए।
- अधिक भू-स्खलन संभावी क्षेत्रों में कृषि नदी घाटी कम ढाल वाले क्षेत्रों तक ही सीमित होनी चाहिए तथा बड़ी विकास परियोजनाओं पर नियंत्रण होना चाहिए।
- वृहत स्तर पर वनीकरण को बढ़ावा और जल बहाव को कम करने के लिए बाँध का निर्माण होना चाहिए।
- स्थानांतरी कृषि या **झूम कृषि**[6] वाले उत्तर-पूर्वी राज्यो में सीढ़ीनुमा खेत बनाकर कृषि की जानी चाहिए।
- भू-जल निकासी नियंत्रण कार्य, भूमिगत पाइप और केबल आदि स्थापित करना, जो भूस्खलन के कारण उत्पन्न बलों को सहन कर सके।
- जागरूकता, शिक्षा, और बीमा से व्यक्तियों को हानि से निपटने में सहायता मिलेगी।

6.3 आपदा प्रबंधन

भूकंप, सुनामी और ज्वालामुखी की तुलना में चक्रवात के आने के समय एवं स्थान का अनुमान लगाना संभव है तथा आधुनिक तकनीक का प्रयोग करके चक्रवात की गहनता, दिशा और परिणाम आदि का विश्लेषण करके इससे होने वाली हानि को कम किया जा सकता हैं।

- **चक्रवात से होने** वाली हानि को कम करने के लिए चक्रवात शेल्टर, तटबंध, डाइक, जलाशय निर्माण तथा वायुवेग को कम करने के लिए वनीकरण आदि उपाय किए जा सकते हैं। भारत, बांग्लादेश, म्यांमार इत्यादि देशों के **तटीय क्षेत्रों में रहने** वाली जनसंख्या की संवेदनशीलता अधिक है, इसलिए इन क्षेत्रों में जन-धन की हानि अधिक होती हैं।
- **भारतीय राष्ट्रीय आपदा प्रबंधन संस्थान** (Indian National Disaster Management Institute, INDMI) की स्थापना वर्ष 1992 में रियो-डि-जेनेरियो (ब्राजील) में भू-शिखर सम्मेलन (Earth Summit) और मई, 1994 में जापान के योकोहामा में आपदा प्रबंध पर विश्व संगोष्ठी (World Seminar) आदि विभिन्न स्तरों पर प्राकृतिक आपदा के प्रबंधन की दिशा में किए जाने वाले प्रयास हैं।

6 झूम कृषि (Jhum Cultivation) यह एक कृषि प्रक्रिया है, जिसमें फसल उगाने के लिए सबसे पहले भूमि को पेड़ों और वनस्पतियों से साफ किया जाता है, फिर उन्हें जलाया जाता है।

- आपदा निवारण में ऐसे उपाय शामिल हैं, जो आपदा के प्रभाव और जोखिम को कम करने के लिए उठाए जाते हैं। और साथ ही भविष्य की आपदाओं की तीव्रता घटाने के लिए स्थितियाँ निर्मित की जाती है
- आपदा निवारण और प्रबंधन की तीन अवस्थाएँ होती है, जो निम्नलिखित है

(i) **आपदा पूर्व प्रबंधन**
- आपदा के बारे में आँकड़े और सूचना एकत्रित करना
- आपदा संभावी क्षेत्रों का मानचित्र तैयार करना
- लोगों को इसके बारे में जानकारी देना
- आपदा संभावी क्षेत्रों में आपदा योजना बनाना, तैयारियाँ रखना और बचाव का उपाय करना।

(ii) **आपदा के दौरान प्रबंधन**
- युद्ध स्तर पर बचाव व राहत कार्य
- आपदाग्रस्त क्षेत्रों से लोगों का सुरक्षित निकालना
- आश्रय स्थल निर्माण
- राहत कैंप, जल, भोजन व दवाई आपूर्ति

(iii) **आपदा के बाद प्रबंधन**
- प्रभावित लोगों का बचाव और पुनर्वास।
- भविष्य में आपदाओं से निपटने हेतु क्षमता निर्माण पर ध्यान केंद्रित करना।

आपदा प्रबंधन अधिनियम, 2005

- इस अधिनियम में किसी क्षेत्र में घटित एक महाविपत्ति, दुर्घटना, संकट या गंभीर घटना के **रूप में आपदा** को परिभाषित किया गया है। आपदा प्राकृतिक या मानवकृत कारणों या दुर्घटना या लापरवाही के कारण उत्पन्न होती है और इससे बड़े स्तर पर **जन-धन की हानि, पर्यावरण** हानि एवं विनाश होता है।
- भारत सरकार ने राष्ट्रीय आपदा प्रबंधन की स्थापना की है और आपदा से निपटने या उनका प्रबंधन करने के लिए आपदा प्रबंधन विधेयक, 2005 पेश किया है
- आपदा की प्रकृति या परिणाम प्रभावित क्षेत्र में रहने वाले मानव समुदाय की सहन क्षमता अधिक होती है।
- यह अधिनियम राष्ट्रीय, राज्य और जिला स्तरों पर आपदाओं से प्रभावी ढंग से निपटने के लिए एजेंसियों और संगठनों का निर्माण करता है। इसके अतरिक्त यह हर स्तर के लिए एक 'योजना' प्रदान करता है।

चेक प्वॉइंट 3

1. भारत का एक ऐसा क्षेत्र बताएँ जो भूस्खलन से सुरक्षित है?
2. सुनामी की लहरों की गति किस पर निर्भर करती है?
3. उष्णकटिबंधीय चक्रवात के दौरान समुद्र के स्तर में असमान वृद्धि को क्या कहते हैं?
4. भूस्खलन क्या है?
5. भारत में भूस्खलन की उच्चतम संवेदनशीलता वाले क्षेत्र कहाँ स्थित हैं?

Mind Map

प्राकृतिक संकट तथा आपदाएँ

1 आपदा
- आपदा एक अनपेक्षित घटना होती है, जो अचानक और बिना किसी चेतावनी के घटित होती है।

2 प्राकृतिक आपदाओं का वर्गीकरण

बाढ़
- **कारण** तटीय क्षेत्रों में तूफान महोर्मि, लंबे समय तक होने वाली तेज बारिश, हिम का पिघलना, जमीन की अंतः स्पंदन दर में कमी आना इत्यादि।
- **प्रभाव** फसल नष्ट होना, संपत्ति का नुकसान, • बीमारियाँ
- **नियंत्रण** वनीकरण, उचित जलनिकासी प्रणाली।

सूखा
- **कारण** कम वर्षा अत्यधिक सिंचाई
- **प्रभाव** फसल नष्ट होना, जल की कमी
- **नियंत्रण** वर्षा जल का संचयन

सुनामी
- **कारण** समुद्र के नीचे भूकंप
- **प्रभाव** तटीय विनाश, भारी जनहानि
- **नियन्त्रण** उचित भूमि उपयोग योजना

भूकंप
- **कारण** विवर्तनिकी हलचल, ज्वालामुखी, गतिविधि
- **प्रभाव** इमारतों का गिरना, भूस्खलन
- **नियंत्रण** भूकंप-रोधी भवन निर्माण

भू-स्खलन
- **कारण** भारी वर्षा, वनों की कटाई
- **प्रभाव**-सड़क अवरोध, संपत्ति की हानि
- **नियंत्रण**-उचित भूमि उपयोग योजना

उष्णकटिबंधीय चक्रवात
- **कारण** निम्न वायुदाब प्रणाली
- **प्रभाव**-तीव्र हवाएँ, बाढ़
- **नियंत्रण**-पूर्व चेतावनी प्रणाली

3 मानवजनित आपदाएँ
- **उदाहरण**- औद्योगिक दुर्घटनाएँ, खनन
- **प्रभाव** वायु प्रदूषण, जल प्रदूषण
- **नियंत्रण** सतत् विकास की नीति, कठोर नियम, कानून

4 आपदा प्रबंधन
यह आपदाओं के प्रभाव से जीवन और संपत्ति की रक्षा करने की प्रक्रिया है।
- **पूर्व-आपदा प्रबंधन**
  डेटा संग्रह, जागरूकता और योजना
- **आपदा के समय प्रबंधन**
  युद्ध स्तर पर बचाव व राहत कार्य, राहत शिविर, चिकित्सा सहायता।
- **आपदा के पश्चात् प्रबंधन**
  पुनर्वास, भविष्य में आपदाओं से निपटने के लिए क्षमता-निर्माण पर ध्यान केंद्रित करना।

NCERT फोल्डर

अध्याय के मध्य में दिए गए प्रश्न

1. अपने आस-पास में छत से वर्षा जल संचयन करने के तरीके समझें और इन्हें ज्यादा कारगर बनाने के उपाय बताएँ।

उत्तर वर्षा जल संचयन, वर्षा के जल को संचित करने की एक प्रभावी पद्धति है। छत से वर्षा जल संचयन करने के कुछ सरल तरीके निम्नलिखित हैं

(i) **पाइपलाइन द्वारा संग्रहण** इसके माध्यम से छत पर गिरने वाला पानी पाइपों के माध्यम से टैंक या भूमिगत जलाशय में संग्रहित किया जाता है।

(ii) **फिल्टर सिस्टम** पानी को साफ रखने के लिए छानने वाले फिल्टर लगाए जाते हैं, जो पत्तियाँ और गंदगी हटाते हैं।

(iii) **भू-जल पुनर्भरण** छत के अतिरिक्त पानी को सोख्तों या भूमिगत पुनर्भरण गडढों में डालकर भू-जल स्तर बढ़ाया जाता है।

(iv) **ओवर फ्लो प्रबंधन** अतिरिक्त पानी को बगीचे या पेड़-पौधों में भेजना।

जल संचयन को कारगर बनाने के उपाय निम्नलिखित हैं

- छत और पाइपलाइन की नियमित सफाई
- उन्नत फिल्टर सिस्टम का उपयोग
- ओवरफ्लो पानी का उपयोग बगीचों में
- पड़ोस में जागरूकता अभियान चलाकर

जल संरक्षण के ये तरीके जल संरक्षण को बढ़ावा देकर भविष्य में जल संकट दूर करने में सहयोग कर सकते हैं।

2. आप अपने पर्यावरण का प्रेक्षण करें और उन परिवर्तनों की सूची तैयार करें, जो दीर्घकालीन हैं और उनकी भी जो अल्पकालीन हैं। क्या आप जानते हैं कि क्यों कुछ बदलाव अच्छे समझे जाते हैं और दूसरे बुरे? उन बदलावों की सूची बनाएँ जो आप रोज अनुभव करते हैं? कारण बताएँ कि क्यों इनमें से कुछ और बुरे माने जाते हैं।

उत्तर पर्यावरण में होने वाले बदलाव दो प्रकार के होते हैं, दीर्घकालीन और अल्पकालीन। दीर्घकालीन बदलावों में जलवायु परिवर्तन, वनों की कटाई, ग्लेशियरों का पिघलना और जैव-विविधता में कमी शामिल हैं ये बदलाव अक्सर मानव गतिविधियों के कारण होते हैं और इनका प्रभाव वर्षों या सदियों तक रहता है।

वहीं अल्पकालीन बदलावों में मौसम परिवर्तन, प्रदूषण, का बढ़ना, बाढ़, को सूखा जैसी घटनाएँ शामिल हैं, जिनका प्रभाव कुछ दिनों तक सीमित रहता है। कुछ बदलावों को अच्छा समझा जाता है: क्योंकि वे पर्यावरण और मानव जीवन को लाभ पहुँचाते है जैसे- वृक्षारोपण, नवीकरणीय ऊर्जा का उपयोग और जल संरक्षण। वहीं अन्य बदलाव, जैसे वायु और जल प्रदूषण, प्राकृतिक संसाधनों का अत्यधिक दोहन, और अन्य कचरे का बढ़ना, बुरे माने जाते हैं, क्योंकि वे पर्यावरण और मानव स्वास्थ्य के लिए हानिकारक होते हैं।

प्रतिदिन हम प्रदूषण, शोर ट्रैफिक और मौसम परिवर्तन का अनुभव करते हैं। ये बुरे इसलिए माने जाते हैं, क्योंकि ये हमारे जीवन की गुणवत्ता को कम करते हैं। दूसरी ओर स्वच्छ हवा हरियाली और स्वच्छ पानी जैसे बदलाव अच्छे माने जाते हैं, क्योंकि ये जीवन को सुखद् बनाते हैं।

बदलावों का अच्छा या बुरा होना इस बात पर निर्भर करता है कि वे प्रकृति या मानव जीवन पर सकारात्मक या नकारात्मक प्रभाव डालते हैं।

नीचे दिए गए प्रश्नों के उत्तर संक्षेप में दीजिए

1. निम्न में से भारत के किस राज्य में बाढ़ अधिक आती है?

(a) बिहार (b) पश्चिम बंगाल (c) असम (d) उत्तर प्रदेश

उत्तर *(c)* असम

2. उत्तराखंड के किस जिले में मालपा भू-स्खलन आपदा घटित हुई थी?

(a) बागेश्वर (b) चंपावत (c) अल्मोड़ा (d) पिथौरागढ़

उत्तर *(d)* पिथौरागढ़

3. निम्न में से किस राज्य में सर्दी के महीनों में बाढ़ आती है?

(a) असम (b) पश्चिम बंगाल
(c) केरल (d) तमिलनाडु

उत्तर *(d)* तमिलनाडु

4. निम्न में से किस नदी में माजुली नदीय द्वीप स्थित है?

(a) गंगा (b) ब्रह्मपुत्र (c) गोदावरी (d) सिंधु

उत्तर *(b)* ब्रह्मपुत्र

5. बर्फानी तूफान किस प्रकार की प्राकृतिक आपदा है?

(a) वायुमंडलीय (b) जलीय
(c) भौमिकी (d) जीवमंडलीय

उत्तर *(a)* वायुमंडलीय

निम्नलिखित प्रश्नों के उत्तर लगभग 30 शब्दों में दीजिए

1. संकट किस दशा में आपदा बन जाता है?

उत्तर प्राकृतिक संकट या मानव निर्मित संकट द्वारा जब धन एवं जन दोनों को नुकसान पहुँचाने की संभावना बढ़ जाती है, तब संकट आपदा बन जाता है; जैसे—किसी क्षेत्र में यदि बाढ़ आती है तो बाढ़ के कारण फसलें नष्ट हो जाती हैं, और मानव निर्मित संचित सामाग्री भी नष्ट हो जाती है, तो यह बाढ़ संकट से आपदा के रूप में नजर आती है।

2. हिमालय और भारत के उत्तर-पूर्वी क्षेत्र में अधिक भूकंप क्यों आते हैं?

उत्तर भारतीय प्लेट निरंतर उत्तर की ओर खिसक रही है, परंतु यूरेशियन प्लेट इसके लिए अवरोध पैदा करती है। परिणामस्वरूप इन प्लेटों के किनारे लॉक हो जाते हैं। ऊर्जा संग्रह से तनाव बढ़ता है, प्लेटों के लॉक टूट जाते हैं और भूकंप आ जाता है। इसलिए हिमालय और भारत के उत्तर-पूर्वी क्षेत्र में भूकंप अधिक आता है।

3. उष्णकटिबंधीय तूफान की उत्पत्ति के लिए कौन-सी परिस्थितियाँ अनुकूल हैं?

उत्तर उष्णकटिबंधीय तूफान की उत्पत्ति के लिए निम्नलिखित परिस्थितियाँ अनुकूल हैं, जो इस प्रकार हैं

- उष्ण तथा आर्द्र वायु
- तेज कोरिऑलिस बल
- क्षोभमंडल में अस्थिरता
- ऊर्ध्वाधर उफान

4. पूर्वी भारत की बाढ़ पश्चिमी भारत की बाढ़ से कैसे भिन्न होती है?

उत्तर पूर्वी भारत में बाढ़ बार-बार आती है, जबकि पश्चिमी भारत में कभी-कभी ही बाढ़ की स्थिति बनती है। इस प्रकार पूर्वी भारत की बाढ़ पश्चिमी भारत की बाढ़ से भिन्न स्थिति रखती है।

5. पश्चिमी और मध्य भारत में अधिक सूखा क्यों पड़ता है?

उत्तर पश्चिमी और मध्य भारत में कम वर्षा होती है। जिसके कारण भूतल पर जल की कमी हो जाती है। कम वर्षा, अत्यधिक वाष्पीकरण और जलाशय तथा भूमिगत जल के अत्यधिक प्रयोग से सूखे की स्थिति पैदा होती है। पश्चिमी भाग, मरुस्थलीय भाग और मध्यवर्ती भाग पठारी भाग हैं। इन दोनों क्षेत्रों में जब वर्षा कम होती है तो सूखे की स्थिति उत्पन्न हो जाती है।

निम्नलिखित प्रश्नों के उत्तर लगभग 150 शब्दों में दीजिए

1. भारत में भू-स्खलन प्रभावित क्षेत्रों की पहचान कीजिए और इस आपदा के निवारण के कुछ उपाय बताइए।

उत्तर सामान्यतः भू-स्खलन भूकंप, ज्वालामुखी फटने, सुनामी और चक्रवात की तुलना में कोई बड़ी घटना नहीं है, परंतु इसका प्राकृतिक पर्यावरण और राष्ट्रीय अर्थव्यवस्था पर गहरा प्रभाव पड़ता है। भू-स्खलन प्रभावित क्षेत्र निम्न हैं

(i) **अत्यधिक सुभेद्यता क्षेत्र** इसके अंतर्गत हिमालय शृंखला, अंडमान और निकोबार, पश्चिमी घाट, नीलगिरि में अधिक वर्षा वाले क्षेत्र, उत्तर-पूर्वी क्षेत्र, भूकंप प्रभावी क्षेत्र और अत्यधिक मानवीय क्रियाकलापों वाले क्षेत्र (सड़क और बाँध निर्माण) आदि को शामिल किया जाता है।

(ii) **अधिक सुभेद्यता क्षेत्र** इसके अंतर्गत हिमालय क्षेत्र के सभी राज्य और असम को छोड़कर उत्तर-पूर्वी भाग शामिल है। अत्यधिक सुभेद्यता भू-स्खलन क्षेत्र एवं अधिक सुभेद्यता क्षेत्र की परिस्थितियाँ मिलती-जुलती हैं, लेकिन भू-स्खलन को नियंत्रित करने वाले कारकों के संयोजन, गहनता और बारंबारता में अंतर पाया जाता है।

(iii) **मध्यम और कम सुभेद्यता क्षेत्र** इसके अंतर्गत ट्रांस हिमालय का कम वृष्टि वाला लद्दाख क्षेत्र, हिमाचल प्रदेश में स्पीति, अरावली पहाड़ियों में कम वर्षा वाला क्षेत्र, पश्चिमी एवं पूर्वी घाट तथा दक्कन पठार के वृष्टि छाया क्षेत्र को शामिल करते हैं, जहाँ कभी-कभी भू-स्खलन होता हैं। झारखंड, ओडिशा, छत्तीसगढ़, मध्य प्रदेश, महाराष्ट्र, आंध्र प्रदेश, कर्नाटक, तमिलनाडु, गोवा और केरल में खदानों और भूमि धँसने के परिणामस्वरूप भू-स्खलन होता हैं। इसके अंतर्गत राजस्थान, हरियाणा, उत्तर प्रदेश, बिहार, दार्जिलिंग जिले को छोड़कर पश्चिम बंगाल, कार्बो अनलोंग को छोड़कर असम और दक्षिण राज्यों के तटीय क्षेत्रों को शामिल किया जाता हैं।

(iv) **भू-स्खलन से निवारण के उपाय**

भू-स्खलन से निवारण के उपाय अलग-अलग क्षेत्रों के लिए अलग-अलग होने चाहिए

- अधिक भू-स्खलन संभावित क्षेत्रों में सड़क और बड़े बाँध बनाने जैसे निर्माण कार्य तथा विकास कार्य पर प्रतिबंध होना चाहिए। इन क्षेत्रों में नदी घाटी कम ढाल वाले क्षेत्रों तक सीमित होनी चाहिए तथा बड़ी परियोजनाओं पर नियंत्रण होना चाहिए।
- सकारात्मक कार्य जैसे वृहत स्तर पर वनीकरण को बढ़ावा और जल बहाव को कम करने के लिए बाँध का निर्माण भू-स्खलन के उपायों के पूरक हैं।
- स्थानांतरी कृषि वाले उत्तर-पूर्वी क्षेत्रों में सीढ़ीनुमा खेत बनाकर कृषि की जानी चाहिए।

2. सुभेद्यता क्या है? सूखे के आधार पर भारत को प्राकृतिक आपदा सुभेद्यता क्षेत्रों में विभाजित कीजिए और इसके निवारण के उपाय बताइए।

उत्तर सुभेद्यता किसी क्षेत्र समुदाय या व्यक्ति की किसी प्राकृतिक या मानवीय खतरें से प्रभावित होने की प्रवृत्ति हैं। यह विभिन्न कारकों पर आधारित होती हैं; जैसे- भौगोलिक स्थिति, पर्यावरणीय दशा आदि।

भारत में सूखे के आधार पर सुभेद्यता का निर्धारण क्षेत्र की भौगोलिक और जलवायु विशेषताओं के अनुसार किया जाता हैं। सूखे की समस्या मुख्यतः जल संसाधनों की कमी और वर्षा में असमानता के कारण होती हैं, जो निम्नलिखित हैं

(i) **अत्यधिक सूखा प्रभावित क्षेत्र** इसके अंतर्गत राजस्थान का अधिकांश भाग विशेषकर अरावली के पश्चिम में स्थित मरुस्थली और गुजरात का कच्छ क्षेत्र शामिल हैं। राजस्थान के जैसलमेर और बाड़मेर जिलों में 90 मिलीलीटर से कम औसत वार्षिक वर्षा होती है।

(ii) **अधिक सूखा प्रभावित क्षेत्र** इसके अंतर्गत राजस्थान का पूर्वी भाग, मध्य प्रदेश का अधिकांश भाग, महाराष्ट्र का पूर्वी भाग, आंध्र प्रदेश का आंतरिक भाग, कर्नाटक का पठार, तमिलनाडु का उत्तरी भाग, झारखंड का दक्षिणी भाग तथा ओडिशा का आंतरिक भाग शामिल है।

(iii) **मध्यम सूखा प्रभावित क्षेत्र** इसके अंतर्गत राजस्थान का उत्तरी भाग, हरियाणा, उत्तर प्रदेश के दक्षिणी जिले, गुजरात के शेष जिले कोंकण को छोड़कर, महाराष्ट्र, झारखंड, तमिलनाडु में कोयंबटूर पठार और कर्नाटक का आंतरिक भाग शामिल है। भारत का शेष बचा भाग बहुत कम या न के बराबर सूखे से प्रभावित होता है।

(iv) **सूखे के निवारण के उपाय**

सूखे का प्रभाव तात्कालिक एवं दीर्घकालिक दोनों रूपों में होता है, इसलिए इसके निवारण के उपाय निम्नलिखित हैं

- भौम जल भंडारण का पता लगाना।
- जल बहुल क्षेत्र से जल न्यून क्षेत्र में पानी का पहुँचाया जाना।
- नदियों को जोड़ने की योजना।
- बाँधों एवं जलाशयों का निर्माण, वर्षा जल संचयन।
- सूखा प्रतिरोधी फसलों के विषय में प्रचार-प्रसार।

3. किस स्थिति में विकास कार्य आपदा का कारण बन सकता है?

उत्तर पर्यावरणीय परिस्थितियों की परवाह किए बिना ही विकास कार्य किया जाना आपदा का कारण बन सकता है। निम्नलिखित स्थिति में विकास कार्य आपदा का कारण बन जाता है

(i) **पर्वतीय क्षेत्र में परिवहन** और तकनीकी विकास की स्थिति ने आपदा के कारण और परिणामों को और तीव्र कर दिया है। पर्वतीय क्षेत्रों में भूकंप और भू-स्खलन हमेशा आते ही रहते हैं, परंतु मानव का अत्यधिक आवागमन इसके परिणामों को प्रबल कर देता है।

(ii) **वनों का विनाश** तीव्र गति से बढ़ती जनसंख्या के कारण भोजन, आवास आदि के लिए व्यापक रूप से वनों का विनाश और उस भूमि पर निर्माण कार्य आपदा का कारण बन सकता है।

(iii) **बाँध का निर्माण** विद्युत एवं सिंचाई के लिए बाँध का निर्माण केवल विकास का ही नहीं, बल्कि आपदा का भी द्योतक है।

(iv) **हानिकारक गैसों का विसर्जन** व्यापक स्तर पर हानिकारक गैसों का उत्सर्जन वैश्विक ऊष्मण का कारण है, जो आपदा का कारण है।

(v) **परमाणु शक्ति का दुरुपयोग** परमाणु शक्ति का दुरुपयोग होना, आपदा को बढ़ावा देता है।

अभ्यास प्रश्न

वस्तुनिष्ठ प्रश्न

बहुविकल्पीय प्रश्न

1. चेरनोबिल आपदा का संबंध निम्नलिखित में से किस घटना से माना जाता है?

(a) गैस रिसाव आपदा (b) नाभिकीय दुर्घटना
(c) भूकंपीय दुर्घटना (d) ज्वालामुखीय दुर्घटना

उत्तर (b) नाभिकीय दुर्घटना

2. भू-स्खलन एवं मृदा अपरदन जैसी प्राकृतिक आपदा का संबंध किस आपदा से माना जाता है?

(a) भौमिक (b) जैविक
(c) वायुमंडलीय (d) जलीय

उत्तर (a) भौमिक

3 निम्नलिखित में से कौन-एक अत्यधिक क्षति जोखिम का भूकंपीय क्षेत्र है?

(a) तेलंगाना पठार (b) मालवा पठार
(c) गुजरात का कच्छ (d) पश्चिमी उत्तर प्रदेश

उत्तर (c) गुजरात का कच्छ

4. निम्नलिखित में किसे भूकंप न्यूनीकरण का प्रासंगिक उपाय माना जाता है?

(a) अत्यधिक जोखिम वाले क्षेत्रों में भूकंप अवरोध निवास का निर्माण
(c) जी.पी.एस. का प्रयोग करना, जिससे सूचनाओं को अविलंब पहुँचाया जा सके
(d) भूकंप प्रभावित क्षेत्रों में ऊँचे भवनों के निर्माण पर रोक
(d) उपरोक्त सभी

उत्तर (d) उपरोक्त सभी

5. निम्न में से किस महासागर में सुनामी आने की संभावना सबसे अधिक रहती हैं?

(a) प्रशांत महासागर (b) अटलांटिक महासागर
(c) हिंद महासागर (d) आर्कटिक महासागर

उत्तर (a) प्रशांत महासागर

6. भारत का कौन-सा राज्य बाढ़ से सबसे अधिक प्रभावित है?

(a) बिहार (b) असम
(c) पश्चिम बंगाल (d) आंध्र प्रदेश

उत्तर (b) असम

7. उष्णकटिबंधीय चक्रवात की उत्पत्ति के संबंध में कौन-सा/से कथन सही है/हैं?

1. इसकी उत्पत्ति के लिए उच्च/तीव्र कोरिऑलिस बल का होना अनिवार्य है।
2. इसके मध्य भाग में उच्च वायुदाब की स्थिति पाई जाती है।
3. क्षैतिजिय रूप से इसका विस्तार 500 से 1000 किमी तक होता है।

कूट

(a) 1 और 3 (b) केवल 1 (c) 2 ओर 3 (d) केवल 3

उत्तर (a) 1 और 3

8. निम्नलिखित कथनों में से कौन-सा कथन सही नहीं है?

दक्षता आधारित प्रश्न

(a) भू-स्खलन की घटनाएँ मुख्यतः पर्वतीय व पठारी क्षेत्रों में होती हैं
(b) वर्षा जलसंभर के माध्यम से सूखे के प्रभाव को कम किया जा सकता है
(c) भारत की कुल जनसंख्या का 19% लोग सूखे से प्रभावित हैं
(d) पारिस्थितिकी तंत्र में असंतुलन की स्थिति उत्पन्न होने से भी सूखे की समस्या गंभीर हो जाती है

उत्तर (c) भारत की कुल जनसंख्या का 19% लोग सूखे से प्रभावित हैं

9. आपदा प्रबंधन अधिनियम का उद्देश्य है

(a) केवल मान वनिर्मित आपदाओं से होने वाले नुकसान को सीमित/कम करने हेतु एक तंत्र स्थापित करना।
(b) केवल प्राकृतिक आपदाओं से होने वाले नुकसान को सीमित/कम करने हेतु एक तंत्र स्थापित करना
(c) 'a' और 'b' दोनों
(b) उपरोक्त से कोई नहीं

उत्तर (c) 'a' और 'b' दोनों

10. निम्नलिखित को उनके अवरोही क्रम में व्यवस्थित कीजिए।
1. आपदा प्रबंधन अधिनियम का पारित होना
2. रियो-डी-जेनेरियो (ब्राजील) में भू-शिखर सम्मेलन
3. योकाहामा, (जापान) आपदा प्रबंधन विश्व संगोष्ठी

कूट
(a) 1, 2, 3 (b) 1, 3, 2
(c) 2, 3, 1 (d) 3, 2, 1

उत्तर (a) 1, 2, 3

11. भारत में घटित होने वाली चार प्रमुख आपदाएँ दी गई हैं। दिए गए विवरण को ध्यानपूर्वक पढ़कर आपदा की पहचान कीजिए।
इसको परिभाषित करना और इसके व्यवहार को शब्दों में बाँधना कठिन कार्य है, परंतु फिर भी पिछले अनुभवों, इसकी बारंबारता और इसके घटने को प्रभावित करने वाले कारकों, जैसे- भू-विज्ञान, भू-आकृति कारक, ढाल, भूमि उपयोग वनस्पति आवरण और मानव क्रियाकलापों के आधार पर भारत को विभिन्न क्षेत्रों में बाँटा गया हैं।
(a) भूकंप (b) सूखा
(c) भू-स्खलन (d) चक्रवात

12. पानी की कमी के कारण लोग दूषित जल पीने को बाध्य होते हैं, जिसके परिणामस्वरूप पेयजल संबंधी बीमारियाँ जैसे ………।
(a) टिटनेस, पोलियो और हैजा हो जाता है
(b) आंत्रशोध, हैजा और हेपेटाइटिस हो जाता है
(c) कालरा, कालाजार और पेलेग्रा हो जाता है
(d) उपरोक्त में से कोई नहीं

उत्तर (b) आंत्रशोध, हैजा और हेपेटाइटिस हो जाता है।

13. भू-स्खलन के लिए मुख्य रूप से जिम्मेदार हैं *दक्षता आधारित प्रश्न*
1. मूसलाधार बारिश
2. भू-गर्भिक पदार्थ का कमजोर होना
3. भूकंप

कूट
(a) 1 और 2 (b) 2 और 3
(c) 1 और 3 (d) 1, 2 और 3

उत्तर (d) 1, 2 और 3

14. निम्नलिखित को सुमेलित कीजिए *दक्षता आधारित प्रश्न*

सूची I (प्राकृतिक आपदा)	सूची II (प्रकार)
A. टॉरनेडो	1. भौमिक
B. हिमस्खलन	2. जैविक
C. सुनामी	3. वायुमंडलीय
D. बर्डफ्लू	4. जलीय
E पाला	5. वायुमंडलीय

कूट
	A	B	C	D	E
(a)	2	3	4	1	5
(b)	4	2	1	3	5
(c)	3	1	4	2	5
(d)	3	4	2	1	5

उत्तर (c) 3 1 4 2 5

15. निम्नलिखित को सुमेलित कीजिए

सूची I (सूखे के प्रकार)	सूची II (परिभाषा)
A. मौसमी	1. मृदा में नमी की कमी
B. जलीय	2. प्राकृतिक पारिस्थितिकी तंत्र के उत्पादकता की कमी
C. कृषि	3. जल संग्रहण में गिरावट
D. पारिस्थितिकी	4. लंबे समय तक वर्षा का अभाव

कूट
	A	B	C	D
(a)	1	2	4	3
(b)	4	3	1	2
(c)	4	3	2	1
(d)	3	4	1	2

उत्तर (b) 4 3 1 2

16. भारत के भूकंपीय क्षेत्रों के वर्गीकरण संबंधी सारणी को पूरा कीजिए।

सूची I	सूची II
A. अत्यधिक क्षति जोखिम क्षेत्र	1. कश्मीर घाटी कच्छ क्षेत्र
B. अधिक क्षति जोखिम क्षेत्र	2. दिल्ली-पश्चिमी उत्तर प्रदेश
C. मध्यम क्षति जोखिम क्षेत्र	3. दक्कन एवं मध्य उच्च
D. निम्न क्षति जोखिम क्षेत्र	4. छोटा नागपुर पठार

कूट
	A	B	C	D
(a)	1	2	3	4
(b)	2	4	3	1
(c)	4	3	2	1
(d)	1	4	3	2

उत्तर (a) 1234

17. प्राकृतिक आपदा के संदर्भ में कौन-सा युग्म सही नहीं है?
(a) वायुमंडलीय आपदा — तड़ित झंझा
(b) भौमिक आपदा — भू-स्खलन, मृदा अपरदन
(c) जलीय आपदा — सुनामी, ज्वारभाटा
(d) जैविक आपदा — विषैली गैसों का रिसाव नाभिकीय दुर्घटना

उत्तर (d) जैविक आपदा—विषैली गैसों का रिसाव नाभिकीय दुर्घटना

निर्देश (प्र.सं. 18-20) नीचे दो कथन दिए गए हैं, जिनमें से एक को कथन (A) और दूसरे को कारण (R) कहा गया है, कूट की सहायता से सही उत्तर का चयन कीजिए
(a) A और R दोनों सही हैं तथा R, A की सही व्याख्या है
(b) A और R दोनों सही हैं, परंतु R, A की सही व्याख्या नहीं है
(c) A सही है, किंतु R गलत है
(d) A गलत है, किंतु R सही है

18. **कथन (A) भूमध्य रेखा के आस-पास उष्णकटिबंधीय चक्रवात निर्मित नहीं होते हैं।**

कारण (R) भूमध्य रेखा के निकट कोरिओलिस बल बहुत मजबूत स्थिति में होता है, जो इन चक्रवातों को निर्मित नहीं होने देता हैं।

उत्तर उष्णकटिबंधीय चक्रवात कम दबाव वाले उग्र मौसम तंत्र है और 30°N एवं 30°S अक्षांशों के मध्य पाए जाते हैं। उष्णकटिबंधीय दक्कन एवं

मध्य उच्च क्षेत्र चक्रवातों की उत्पत्ति के लिए तीव्र कोरियॉलिस बल की आवश्यकता होती है, जो केंद्र के निम्न वायुदाब को भरने न दे। भूमध्य रेखा के आस-पास कोरिओलिस बल कम होता है, जिसके परिणामस्वरूप यहाँ चक्रवात उत्पन्न नहीं होते।

19. **कथन** (A) सूखा गहनता की चरम अवस्था अकाल कहलाता है।

कारण (B) सूखा मानव, पशुओं, जीवजंतुओं और पर्यावरण को गहन क्षति पहुँचाता है।

उत्तर पर्यावरण और समाज पर सूखे का सोपानीकृत प्रभाव पड़ता है। फसलें नष्ट हो जाती हैं, जिससे अनाज की कमी होती है। मवेशियों के लिए चारा भी उपलब्ध नहीं होता है तथा पीने हेतु भी पर्याप्त जल नहीं बचता। अतः संपूर्ण रूप से यह स्थिति मानव, पशुओं जीव जंतुओं और पर्यावरण के लिए गहन हानिकारक होती है।

20. **कथन** (A) परिवर्तन एक सतत् प्रक्रिया है।

कारण (R) यह प्राकृतिक और सामाजिक-सांस्कृतिक पर्यावरण को अप्रभावित रखती है।

उत्तर परिवर्तन प्रकृति का नियम है, यह एक लगातार चलने वाली प्रक्रिया है, जो विभिन्न तत्त्वों में चाहे वह बड़ा हो या छोटा पदार्थ हो या अपदार्थ अनवरत चलती रहती है तथा यह हमारे प्राकृतिक और सामाजिक, सांस्कृतिक पर्यावरण को प्रभावित करती है। यह प्रक्रिया हर जगह व्याप्त है, परंतु इसके परिणाम सघनता और पैमाने में अंतर होता हैं।

21. नीचे दो कथन दिए गए है

कथन I भूकंप पृथ्वी की ऊपरी सतह में विवर्तनिक गतिविधियों से निकली ऊर्जा से पैदा होते हैं।

कथन II पृथ्वी की पर्पटी पद धरातलीय भूकंपी तरंगें दरारें पैदा कर देती हैं। *दक्षता आधारित प्रश्न*

नीचे दिए गए कूट के अनुसार सही उत्तर का चयन कीजिए

कूट

(a) केवल कथन I सही है
(b) केवल कथन II सही है
(c) कथन I और II दोनों सही हैं
(d) कथन I और II दोनों सही नहीं हैं

उत्तर *(b)* केवल कथन II सही है।

स्रोत आधारित प्रश्न

निम्नलिखित स्रोतों को ध्यानपूर्वक पढ़कर उन पर आधारित प्रश्नों के उत्तर दीजिए

1. उष्णकटिबंधीय चक्रवात कम दबाव वाले उग्र मौसम तंत्र हैं और 30° उत्तर तथा 30° दक्षिण अक्षांशों के बीच पाए जाते हैं। ये आमतौर पर 500 से 1000 किमी क्षेत्र में फैले होते हैं और इनकी ऊर्ध्वाधर ऊँचाई 12 से 14 किमी हो सकती है। उष्णकटिबंधीय चक्रवात या प्रभंजन एक ऊष्मा इंजन की भाँति होते हैं, जिन्हें ऊर्जा प्राप्ति, समुद्र सतह से प्राप्त जलवाष्प की संघनन प्रक्रिया में छोड़ी गई गुप्त ऊष्मा से होती है।

उष्णकटिबंधीय चक्रवात की उत्पत्ति के बारे में वैज्ञानिकों में मतभेद हैं। इनकी उत्पत्ति के लिए निम्नलिखित प्रारंभिक परिस्थितियों का होना आवश्यक है

- लगातार और पर्याप्त मात्रा में उष्ण व आर्द्र वायु की सतत उपलब्धता जिससे बहुत बड़ी मात्रा में गुप्त ऊष्मा निर्मुक्त हो।
- तीव्र कोरिओलिस बल जो केंद्र के निम्न वायुदाब को भरने न दे। (भूमध्य रेखा के आस-पास 0° से 5° कोरिओलिस बल कम होता है और परिणामस्वरूप यहाँ ये चक्रवात उत्पन्न नहीं होते)।
- क्षोभमंडल में अस्थिरता, जिससे स्थानीय स्तर पर निम्न वायुदाब क्षेत्र बन जाते हैं। इन्हीं के चारों ओर चक्रवात भी विकसित हो सकते हैं।
- मजबूत ऊर्ध्वाधर वायु फान (wedge) की अनुपस्थिति, जो नम और गुप्त ऊष्मा युक्त वायु के ऊर्ध्वाधर बहाव को अवरुद्ध करे।

भारत की आकृति प्रायद्वीपीय है और इसके पूर्व में बंगाल की खाड़ी तथा पश्चिम में अरब सागर है। अतः यहाँ आने वाले चक्रवात इन्हीं दो जलीय क्षेत्रों में पैदा होते हैं। मानसूनी मौसम के दौरान चक्रवात 10° से 15° उत्तर अक्षांशों के बीच पैदा होते हैं।

(i) उष्णकटिबंधीय चक्रवात क्या होते हैं?

उत्तर उष्णकटिबंधीय चक्रवात कम दबाव वाले मौसम तंत्र है, जो, मुख्य, 30° उत्तर और 30° दक्षिण अक्षांशों के बीच उत्पन्न होते हैं। ये 500 से 100° किमी क्षेत्र में फैले हो सकते हैं और इनकी ऊर्ध्वाधर ऊँचाई 12 से 14 किमी तक पहुँच सकती है।

(ii) भारत के उष्णकटिबंधीय चक्रवातों का निर्माण कहाँ होता है और मानसूनी मौसम में इनकी स्थिति क्या होती है?

उत्तर भारत की प्रायद्वीपीय आकृति और इसके पूर्व में बंगाल की खाड़ी तथा पश्चिम में अरब सागर के कारण उष्णकटिबंधीय चक्रवात इन दोनों क्षेत्रों में उत्पन्न होते हैं। मानूसूनी मौसम के दौरान ये चक्रवात मुख्यतः 10° से 15° उत्तर अक्षांशों के बीच बनते हैं। बंगाल खाड़ी में बनने वाले चक्रवात अधिक विनाशकारी होते है क्योंकि यह क्षेत्र उष्ण व आर्द्र वायु से अधिक प्रभावित होता है।

(iii) उष्णकटिबंधीय चक्रवात भू मध्य रेखा के पास क्यों नहीं बनते हैं?

उत्तर उष्णकटिबंधीय चक्रवात भू मध्य रेखा के पास (0°-5°) इसलिए नहीं बनते, क्योंकि यहाँ कोरिओलिस बल अत्यंत कमजोर होता है कोरिओलिस बल चक्रवात की उत्पत्ति के लिए महत्त्वपूर्ण होता है, क्योंकि यह हवाओं को घूर्णन गति प्रदान करता है।

2. भूकंप और ज्वालामुखी से महासागरीय धरातल में अचानक हलचल पैदा होती है और महासागरीय जल का अचानक विस्थापन होता है। परिणामस्वरूप ऊर्ध्वाधर ऊँची तरंगें उत्पन्न होती हैं, जिन्हें सुनामी (बंदरगाह लहरें) या भूकंपीय समुद्री लहरें कहा जाता है। सामान्यतः शुरू में सिर्फ एक ऊर्ध्वाधर तरंग ही उत्पन्न होती है, परंतु कालांतर में जल तरंगों की एक शृंखला बन जाती है, क्योंकि प्रारंभिक तरंग की ऊँची शिखर और नीची गर्त के बीच जल अपना स्तर बनाए रखने की कोशिश करता है।

महासागर में जल तरंग की गति जल की गहराई पर निर्भर करती है। इसकी गति उथले समुद्र में अधिक और गहरे समुद्र में कम होती है। परिणामस्वरूप महासागरों के अंदरुनी भाग इससे कम प्रभावित होते हैं। तटीय क्षेत्रों में ये तरंगें अधिक प्रभावी होती हैं और व्यापक नुकसान पहुँचाती हैं इसलिए समुद्र में जलपोत पर, सुनामी का कोई विशेष प्रभाव नहीं पड़ता। समुद्र के आंतरिक गहरे भाग में तो सुनामी महसूस भी नहीं होती। ऐसा इसलिए होता है, क्योंकि गहरे समुद्र में सुनामी की लहरों की लंबाई अधिक होती है और ऊँचाई कम होती है। इसलिए समुद्र के इस भाग में सुनामी जलपोत को एक या दो मीटर तक ही ऊपर उठा सकती

है और वह भी कई मिनट में। इसके विपरीत, जब सुनामी उथले समुद्र में प्रवेश करती है, इसकी तरंग लंबाई कम होती चली जाती है, समय वही रहता है और तरंग की ऊँचाई बढ़ती जाती है। कई बार तो इसकी ऊँचाई 15 मीटर या इससे भी अधिक हो सकती है, जिससे तटीय क्षेत्र में भीषण विध्वंस होता है। इसलिए इन्हें उथले जल की तरंगें भी कहते हैं। सुनामी आमतौर पर प्रशांत महासागरीय तट पर, जिसमें अलास्का, जापान, फिलिपाइन, दक्षिण-पूर्व एशिया के दूसरे द्वीप, इंडोनेशिया और मलेशिया तथा हिंद महासागर में म्यांमार, श्रीलंका और भारत के तटीय भागों में आती है। तट पर पहुँचने पर सुनामी तरंगें बहुत अधिक मात्रा में ऊर्जा निर्मुक्त करती हैं और समुद्र का जल तेजी से तटीय क्षेत्रों में घुस जाता है और बंदरगाह शहरों, कस्बों, अनेक प्रकार के ढाँचों, इमारतों और बस्तियों को तबाह करता है।

(i) अंतर्जात बलों के कारण महासागरीय जल का अचानक विस्थापन क्या कहलाता है?

उत्तर अंतर्जात बलों के कारण महासागरीय जल का अचानक विस्थापन सुनामी कहलाता है। सुनामी एक जापानी शब्द है, जिसका तात्पर्य होता है 'बन्दरगाह'। सुनामी के प्रभाव के कारण तटीय क्षेत्रों में व्यापक क्षति होती है। इस घटना के दौरान महासागरीय भू-जल व्यापक पैमाने पर उद्वेलित होता है तथा लहरों की ऊँचाई अधिक होती है।

(ii) सुनामी की उत्पत्ति में किसकी भूमिका सबसे अधिक महत्त्वपूर्ण मानी जाती है?

उत्तर सुनामी की उत्पत्ति में भूकंपीय तरंगों की भूमिका सबसे अधिक महत्त्वपूर्ण होती है। जब-भूकंपीय तरंगें सागर के तटीय भाग में उत्पन्न होती हैं, तो, महासागरीय जलखंड तीव्र गति से गतिशील हो जाता है तथा ऊँची-ऊँची तरंगे उत्पन्न होने लगती हैं, इसे ही सुनामी कहा जाता है।

(iii) महासागर में जल तरंग की गति किस पर निर्भर करती है?

उत्तर महासागरीय में जल तरंग की गति जल की गहराई पर निर्भर करती है। इसकी गति सामान्यतः उथले सागर में अधिक और गहरे समुद्र में कम होती है। तटीय क्षेत्रों में तरंगें अधिक प्रभावी होती हैं। यही कारण है कि तटीय क्षेत्रों में हानि अधिक होती है।

लघु उत्तरीय प्रश्न

1. प्राकृतिक संकट एवं आपदा के मध्य अंतर के प्रमुख बिंदुओं की चर्चा कीजिए।

उत्तर प्राकृतिक संकट एवं आपदा में निम्नलिखित अंतर हैं

प्राकृतिक संकट	प्राकृतिक आपदा
प्राकृतिक पर्यावरण की ऐसी स्थिति जिसमें जन-धन की क्षति होने की संभावना होती है।	इस पर मानव का नियंत्रण नहीं होता तथा इसमें व्यापक स्तर पर जन-धन की क्षति होती है।
यह अत्यधिक नुकसानदायक और तेज भी हो सकते हैं।	आपदा संकट की तुलना में अधिक तीव्रता से घटित होती है।
यह पर्यावरण विशेष से स्थायी रूप से जुड़े रहते हैं, जैसे—हिमालय के तीव्र ढाल के कारण भू-स्खलन का होना।	इसका किसी विशेष क्षेत्र से संबंध नहीं होता है; जैसे—भूकंप, बाढ़ आदि।

2. हिमालय क्षेत्र में भूकंप की घटनाओं की उत्पत्ति में इंडियन प्लेट की उत्तर की ओर गति भी जिम्मेदार है। इसके अतिरिक्त और कौन-कौन से कारण हैं? चर्चा कीजिए। *दक्षता आधारित प्रश्न*

उत्तर हिमालय क्षेत्र में भूकंप उत्पन्न होने का मुख्य कारण इंडियन प्लेट का प्रतिवर्ष उत्तर एवं उत्तर-पूर्व दिशा में एक सेमी की दर से खिसकना है। इंडियन प्लेट के उत्तर में स्थित यूरेशियन प्लेट के अवरोध के कारण इसके किनारे लॉक हो जाते हैं तथा अनेक स्थानों पर ऊर्जा के संग्रह से तनाव बढ़ जाता है और दोनों प्लेटों के मध्य लॉक ऊर्जा के निर्गमन से भूकंप उत्पन्न हो जाता है।

हिमालय क्षेत्र में उत्पन्न भूकंप से मुख्य रूप से जम्मू और कश्मीर, हिमाचल प्रदेश, उत्तराखंड, सिक्किम, पश्चिम बंगाल का दार्जिलिंग उपमंडल तथा उत्तर-पूर्व के सात राज्य प्रभावित होते हैं। इसके अतिरिक्त मध्य पश्चिमी क्षेत्र विशेषकर गुजरात में वर्ष 1819, 1956 और 2001 में और वर्ष 1967 और 1993 में महाराष्ट्र में विनाशकारी भूकंप आए हैं।

3. भारत में आए अनेक भूकंपों के विश्लेषण के आधार पर भारत को कितने भूकंपीय क्षेत्रों में विभाजित किया गए है? प्रत्येक क्षेत्र में शामिल किए गए प्रमुख क्षेत्रों का उल्लेख भी कीजिए। *दक्षता आधारित प्रश्न*

उत्तर भारत में आए अनेक भूकंपों के विश्लेषण के आधार पर भारत को पाँच भूकंपीय क्षेत्रों में विभाजित किया गया है

(i) **अत्यधिक क्षति जोखिम क्षेत्र** इस क्षेत्र के अंतर्गत उत्तर-पूर्वी राज्य, कश्मीर घाटी, गुजरात का कच्छ क्षेत्र, बिहार में भारत-नेपाल की सीमा, उत्तरांचल इत्यादि आते हैं।

(ii) **अधिक क्षति जोखिम क्षेत्र** इस क्षेत्र के अंतर्गत सिक्किम, उत्तरी पंजाब, पूर्वी हरियाणा, दिल्ली, पश्चिमी उत्तर प्रदेश, उत्तरी बिहार इत्यादि आते हैं।

(iii) **मध्यम क्षति जोखिम क्षेत्र** इस क्षेत्र के अंतर्गत दक्कन और मध्य उच्च वाले क्षेत्र तथा दक्षिण का इंडो-गंगगेटिक्स प्लेन।

(iv) **निम्न क्षति जोखिम क्षेत्र** इस क्षेत्र के अंतर्गत मालवा पठार, कर्नाटक पठार, छोटा नागपुर पठार, तेलंगाना पठार इत्यादि आते हैं।

(v) **अति निम्न क्षति जोखिम क्षेत्र** इस क्षेत्र के अंतर्गत प्रायद्वीपीय पठार की भूमि सम्मिलित है।

4. भूकंप के सामाजिक और पर्यावरणीय परिणामों की व्याख्या कीजिए।

उत्तर भूकंप के निम्न सामाजिक और पर्यावरणीय परिणाम हैं

- भूकंप बहुत भयानक होता है, क्योंकि इससे बड़े पैमाने पर और बहुत तीव्रगति से धरातल पर विनाश होता है।
- अधिक जनसंख्या घनत्व वाली बस्तियों, बुनियादी ढाँचे, परिवहन एवं संचार व्यवस्था, उद्योग और अन्य विकासशील क्रियाओं के साथ-साथ लोगों की पीढ़ियों से संचित पदार्थ और सामाजिक-सांस्कृतिक विरासत को भी भूकंप नष्ट कर देता है।
- यह विकासशील देशों के लोगों को बेघर कर उनकी अर्थव्यवस्था को कमजोर कर देता है।

5. भूकंप न्यूनीकरण के कोई चार उपायों पर चर्चा कीजिए।

उत्तर भूकंप से होने वाले नुकसान को कम करने के लिए निम्नलिखित उपाय किए जा सकते हैं

(i) भूकंप संभावित क्षेत्रों में लोगों को सूचना देने के लिए भूकंप नियंत्रण केंद्रों की स्थापना करना तथा GPS (Geographical Positioning System) की सहायता से प्लेट विवर्तनिकी का पता लगाना।

(ii) देश में भूकंप संभावित क्षेत्रों का संवेदनशीलता मानचित्र तैयार करना और लोगों तक संभावित हानि की सूचना देना तथा इसके प्रभाव को कम करने के लिए शिक्षित करना।

(iii) भूकंप प्रभावित क्षेत्रों में मकान के प्रकार और डिजाइन में सुधार करना तथा ऊँचे भवन, बड़े औद्योगिक संस्थान और शहरीकरण को रोकना।

(iv) भूकंप प्रभावित क्षेत्रों में भूकंप प्रतिरोधी भवन बनाना और संवेदनशील क्षेत्रों में हल्की निर्माण सामग्री का प्रयोग करना।

6. सुनामी से आप क्या समझते हैं? व्याख्या कीजिए।

उत्तर भूकंप और ज्वालामुखी से महासागरीय धरातल में अचानक हलचल उत्पन्न होती है और महासागरीय जल का अचानक विस्थापन होता है। परिणामस्वरूप ऊर्ध्वाधर ऊँची तरंगें पैदा होती हैं, जिन्हें सुनामी (बंदरगाह लहरें) या भूकंपीय समुद्री लहरें कहते हैं। सामान्यतः प्रारंभ में केवल एक ऊर्ध्वाधर तरंग ही उत्पन्न होती है, परंतु कालांतर में जल तरंगों की ऊँची शिखर और नीची गर्त के बीच जल अपना स्तर बनाए रखने की कोशिश करता है। सुनामी आमतौर पर प्रशांत महासागरीय तट पर जिसमें अलास्का, जापान, फिलिपाइन, दक्षिण-पूर्व एशिया के दूसरे द्वीप इंडोनेशिया और मलेशिया तथा हिंद महासागर में म्यांमार, श्रीलंका और भारत के तटीय भागों में आती हैं।

7. उष्णकटिबंधीय चक्रवात की उत्पत्ति किन परिस्थितियों पर निर्भर करती है व्याख्या कीजिए?

उत्तर उष्णकटिबंधीय चक्रवात की उत्पत्ति के लिए निम्नलिखित परिस्थितियों का होना आवश्यक है, जिनका वर्णन इस प्रकार है

(i) निरंतर और पर्याप्त मात्रा में उष्ण एवं आर्द्र वायु की सदैव उपलब्धता, जिससे गुप्त ऊष्मा निर्मुक्त हो।

(ii) केंद्र में निम्न वायुदाब के लिए तीव्र कोरिओलिस बल का होना। भूमध्य रेखा के आस-पास कोरियोलिस बल बहुत कम होता है, जिसके कारण यहाँ चक्रवात उत्पन्न नहीं होते।

(iii) क्षोभमंडल में अस्थिरता के कारण स्थानीय स्तर पर निम्न वायुदाब वाले क्षेत्रों का निर्माण हो जाता है। इस निम्न दाब क्षेत्र के चारों ओर चक्रवात भी विकसित हो सकते हैं।

(iv) आर्द्र एवं गुप्त ऊष्मा वाली वायु के ऊर्ध्वाधर बहाव को रोकने के लिए मजबूत ऊर्ध्वाधर वायुयान (Wedge) की अनुपस्थिति आवश्यक है।

8. बाढ़ के दुष्प्रभाव को कैसे कम किया जा सकता है? चर्चा कीजिए।

उत्तर बाढ़ के प्रभाव को निम्नलिखित तरीके से कम किया जा सकता है

(i) बाढ़ वाली नदियों पर बाँधों और जलाशयों का निर्माण करना चाहिए।

(ii) नदी के तटवर्ती भागों में अधिक-से-अधिक वृक्ष लगाए जाने चाहिए।

(iii) जिस नदी का तटवर्ती भाग नदी के बहाव से टूट गया हो उसकी मरम्मत की जानी चाहिए।

(iv) बाढ़ वाली नदियों पर छोटी-छोटी तटबंध नहरों को निकाला जाना चाहिए।

9. सूखे को कितने वर्गों में विभाजित किया जाता है? प्रत्येक की संक्षिप्त व्याख्या कीजिए। दक्षता आधारित प्रश्न

उत्तर सूखे को चार वर्गों में विभाजित किया जाता है, जो निम्नलिखित हैं

(i) **मौसम विज्ञान संबंधी सूखा** जब लंबे समय तक अपर्याप्त वर्षा होती है, तो इसका सामयिक और स्थानिक वितरण भी असंतुलित हो जाता है। उस स्थिति को मौसम विज्ञान संबंधी सूखा कहते हैं।

(ii) **कृषि सूखा** इसे भूमि आर्द्रता सूखा भी कहते हैं। भूमि में आर्द्रता की कमी से फसलें सूख जाती हैं। कुल बोए गए क्षेत्र में 30% से अधिक सिंचित क्षेत्रों को सूखा प्रभावित नहीं माना जाता है।

(iii) **जल विज्ञान संबंधी सूखा** जब विभिन्न जल संग्रहण, जलाशय और झीलों इत्यादि का जल स्तर वर्षा द्वारा की जाने वाली जलापूर्ति के बाद भी नीचे गिर जाए, तो उस स्थिति को जल विज्ञान संबंधी सूखा कहते हैं।

(iv) **पारिस्थितिक सूखा** जब प्राकृतिक पारिस्थितिक तंत्र में जल के अभाव के कारण उत्पादकता में कमी होने से पारिस्थितिक तंत्र में असंतुलन आ जाता है तथा यह क्षतिग्रस्त हो जाता है, तो उस स्थिति को पारिस्थितिक सूखा कहते हैं।

10. भू-स्खलन किसे कहते हैं? भू-स्खलन के मानव पर पड़ने वाले प्रभावों का उल्लेख कीजिए।

उत्तर आधार शैलों या आवरण प्रस्तर का भारी मात्रा में तेजी से खिसकना ही भूस्खलन है। भूस्खलन के मानव पर पड़ने वाले प्रभाव निम्नलिखित हैं

(i) नदी के प्रवाह क्षेत्र में भू-स्खलन से बाढ़ आ जाती है।

(ii) भू-स्खलन से सड़कों तथा रेलों की यातायात में बाधा उत्पन्न होती है।

(ii) आवासीय क्षेत्रों में भू-स्खलन से मकान क्षतिग्रस्त हो जाते हैं।

11. सूखा एवं शुष्कता शब्द समानार्थी प्रतीत होते हैं, परतु इसमें कुछे सूक्ष्म अंतर भी हैं। स्पष्ट कीजिए।

उत्तर सूखा एवं शुष्कता में निम्नलिखित अंतर हैं

सूखा	शुष्कता
जल की मात्रा में कमी।	हमेशा जल की मात्रा की कमी।
एक अस्थायी स्थिति है।	एक स्थायी स्थिति है।
इसके अनेक प्रकार होते हैं; जैसे—मौसमी सूखा, कृषिगत सूखा, जल विज्ञान सूखा, मृदा नमी विहीन सूखा एवं पारिस्थितिकीय सूखा आदि।	इसके दो प्रकार होते हैं (i) शुष्क (ii) अर्द्धशुष्क

12. भू-स्खलन के परिणाम एवं निवारण को समझाइए।

उत्तर **परिणाम** भू-स्खलन का परिणाम छोटे क्षेत्र में और स्थानीय होता है, लेकिन सड़क मार्ग के अवरोध, रेल पटरियों का टूटना और जल वाहिकाओं में चट्टानें गिरने से उत्पन्न अवरोध के गंभीर परिणाम होते हैं। भू-स्खलन के कारण नदी मार्ग में परिवर्तन हो जाते हैं और जन-धन की हानि होती है। इससे इन क्षेत्रों में आवागमन बाधित हो जाता है और विकास कार्य रुक जाता है।

निवारण भू-स्खलन की समस्या के समाधान के उपाय अलग-अलग क्षेत्रों के लिए अलग-अलग होने चाहिए। अधिक भू-स्खलन संभावित क्षेत्रों में सड़क और बड़े बाँध बनाने पर प्रतिबंध होना चाहिए।

अधिक भू-स्खलन संभावित क्षेत्रों में कृषि नदी घाटी कम ढाल वाले क्षेत्रों तक ही सीमित होनी चाहिए तथा बड़ी विकास परियोजनाओं पर नियंत्रण होना चाहिए।
वृहत स्तर पर वर्गीकरण को बढ़ावा और जल बहाव को कम करने के लिए बाँध का निर्माण होना चाहिए। स्थानांतरी कृषि वाले उत्तर-पूर्वी राज्यों में सीढ़ीनुमा खेत बनाकर कृषि की जानी चाहिए।

दीर्घ उत्तरीय प्रश्न

1. आपदाओं की उत्पत्ति पर चर्चा करते हुए इसके प्रबंधन की प्रमुख अवस्थाओं की व्याख्या कीजिए।

उत्तर आपदाओं की उत्पत्ति प्राकृतिक एवं मानवीकृत दोनों कारणों से हो सकती है, लेकिन प्रत्येक संकट आपदा नहीं हो सकता है। प्राकृतिक आपदाओं पर नियंत्रण नहीं किया जा सकता है, लेकिन इससे निपटने के लिए उचित तैयारियाँ की जा सकती हैं।
आपदा निवारण और प्रबंधन की तीन अवस्थाएँ होती हैं, जो निम्नलिखित हैं

(i) **आपदा से पहले** आपदा के विषय में आँकड़े और सूचना एकत्रित करना, आपदा संभावित क्षेत्रों का मानचित्र तैयार करना और लोगों को इससे संबंधित सूचना देना। इसके अतिरिक्त आपदा संभावित क्षेत्रों में योजना बनाना, तैयारियाँ रखना और बचाव का उपाय करना आदि।

(ii) **आपदा के समय** युद्ध स्तर पर बचाव एवं राहत कार्य, आपदाग्रस्त क्षेत्रों से लोगों को निकालना, आश्रय स्थल का निर्माण, राहत कैंप-जल-भोजन एवं दवाइयों की आपूर्ति करना।

(iii) **आपदा के पश्चात्** आपदा से प्रभावित लोगों का बचाव एवं पुनर्वास करना, भविष्य में आपदाओं से निपटने के लिए क्षमता निर्माण करना। भारत में दो-तिहाई क्षेत्र और जनसंख्या आपदा संवेदनशील है। आपदा प्रबंधन अधिनियम, 2005 और राष्ट्रीय आपदा प्रबंधन संस्थान की स्थापना आपदा निवारण एवं प्रबंधन के लिए भारत सरकार द्वारा की गई है।

2. प्राकृतिक आपदा न्यूनीकरण की योकोहामा रणनीति कार्य योजना का सविस्तार वर्णन कीजिए।

उत्तर प्राकृतिक आपदा न्यूनीकरण की योकोहामा रणीनीति और योजना-- वर्ष 1994 में जापान के योकोहामा शहर में प्राकृतिक आपदा न्यूनीकरण पर विश्व सम्मेलन आयोजित किया गया था। इस सम्मेलन में प्राकृतिक आपदाओं से होने वाले नुकसान को कम करने के लिए एक व्यापक रणनीति तैयार की गई, जिसे योकोहामा रणनीति कहा गया। इसमें विकासशील और कमजोर देशों पर विशेष ध्यान किया गया और यह स्वीकार किया गया कि प्राकृतिक आपदाएँ गरीबों और साधनहीन समुदायों को अधिक प्रभावित करती हैं।
योकोहामा रणनीति और कार्य के प्रमुख बिंदु इस प्रकार है

(i) **प्रत्येक देश की जिम्मेदारी** यह दर्ज किया गया कि प्रत्येक दो की प्राथमिक जिम्मेदारी है कि वह अपने नागरिकों को प्राकृतिक आपदाओं से सुरक्षा, करें इसके लिए संसाधनों और नीतियों का उपयोग करना होगा।

(ii) **विकासशील देशों पर ध्यान** विशेष रूप से, सबसे कम विकसित,भू बद्ध देशों और छोटे द्वीपीय विकासशील देशों पर ध्यान केंद्रित किया गया। यह देखा गया कि इन देशों मे आपदाओं से निपटने के संसाधन और तैयारी सीमित होती है।

(iii) **राष्ट्रीय कानूनों और क्षमता निर्माण** पर बल प्राकृतिक आपदाओं से बचाव निवारण और तैयारी के लिए देशों को राष्ट्रीय स्तर पर कानून बनाने का सुझाव दिया गया। स्थानीय समुदायों और स्वैच्छिक संगठनों को शामिल करके आपदा प्रबंधन की क्षमता विकसित करने पर बल दिया गया।

(iv) **अंतर्राष्ट्रीय सहयोग** उप-क्षेत्रीय, क्षेत्रीय और अंतर्राष्ट्रीय स्तर पर सहयोग को बढ़ावा देने का प्रस्ताव रखा गया। आपदा प्रबंधन से जुड़ी जानकारी, तकनीक और संसाधनों को साझा करने की व्यवस्था की गई।

(v) **मानव और संस्थागत सशक्तिकरण** मानव संसाधन और संस्थानों की क्षमता निर्माण पर बल दिया गया। आपदा न्यूनीकरण के लिए जानकारी का संग्रहण और उसका व्यापक प्रसार सुनिश्चित करने की योजना बनाई गई।

3. भूकंप को परिभाषित करते हुए, देश में भूकंप प्रभावित क्षेत्रों की पहचान कीजिए। चर्चा कीजिए।

उत्तर 'भूकंप' का शाब्दिक अर्थ—'पृथ्वी का कंपन' है। जब किसी ज्ञात अथवा अज्ञात, बाह्य अथवा अंतर्जात कारणों से पृथ्वी के भूपटल में तीव्र गति से कंपन उत्पन्न होता है, तो उसे भूकंप कहते हैं। भूकंप सर्वाधिक विनाशक तथा अनुमान रहित प्राकृतिक आपदा है। विवर्तनिकी के कारण उत्पन्न भूकंप विस्तृत क्षेत्र में विनाश करते हैं। अपने उत्पत्ति केंद्र से भूकंप की लहरें निकलकर बाहर की तरफ चारों ओर फैलती हैं। केंद्र से दूर जाने पर इनकी शक्ति तथा तीव्रता में ह्रास होता जाता है। जिस स्थान पर भूकंप का सर्वप्रथम आविर्भाव होता है, उसे भूकंप मूल कहते हैं तथा जहाँ पर सर्वप्रथम लहरों का अनुभव किया जाता है, उसे भूकंप केंद्र कहते हैं।

भारत के भूकंपीय क्षेत्रों का वर्गीकरण

राष्ट्रीय भू-भौतिकी प्रयोगशाला, भारतीय भू-गर्भीय सर्वेक्षण, मौसम विज्ञान विभाग, भारत सरकार और राष्ट्रीय आपदा प्रबंधन संस्थान ने भारत में आए अनेक भूकंपों के विश्लेषण के आधार पर भारत को पाँच भूकंपीय क्षेत्रों में विभाजित किया है

(i) **अत्यधिक क्षति जोखिम क्षेत्र** इस क्षेत्र के अंतर्गत उत्तर-पूर्वी राज्य, कश्मीर घाटी, गुजरात का कच्छ क्षेत्र, बिहार में भारत-नेपाल की सीमा, उत्तराखंड इत्यादि आते हैं।

(ii) **अधिक क्षति जोखिम क्षेत्र** इस क्षेत्र के अंतर्गत सिक्किम, उत्तरी पंजाब, पूर्वी हरियाणा, दिल्ली, पश्चिमी उत्तर प्रदेश, उत्तरी बिहार इत्यादि आते हैं।

(iii) **मध्यम क्षति जोखिम क्षेत्र** इस क्षेत्र के अंतर्गत दक्कन और मध्य उच्च क्षेत्र तथा दक्षिण का इंडो-गंगगेटिक्स प्लेन इत्यादि क्षेत्र आते हैं।

(iv) **निम्न क्षति जोखिम क्षेत्र** इस क्षेत्र के अंतर्गत मालवा पठार, कर्नाटक पठार, छोटा नागपुर पठार, तेलंगाना पठार इत्यादि आते हैं।

(v) **अति निम्न क्षति जोखिम क्षेत्र** इस क्षेत्र के अंतर्गत प्रायद्वीपीय पठार की भूमि सम्मिलित है।

4. बाढ़ से आप क्या समझते हैं? बाढ़ के परिणाम और नियंत्रण को सविस्तार समझाइए।

उत्तर बाढ़ का अर्थ- बाढ़ एक प्राकृतिक आपदा है, यह तब होती है जब जल का स्तर सामान्य से अधिक हो जाता है और नदी, झील या अन्य जल स्रोत अपने किनारों को पार कर जाते हैं, यह जल आसपास के निचले क्षेत्रों में फैल जाता है। जिससे जनजीवन प्रभावित होता है। यह मुख्य रूप से मानसून की तीव्र वर्षा, हिमपात के पिघलने, जल निकासी प्रणाली के अवरुद्ध होने ओर तटीय क्षेत्रों में तुफान के कारण हो सकती है।

बाढ़ के परिणाम

बाढ़ के परिणाम निम्नलिखित हैं

(i) **प्राकृतिक और आर्थिक क्षति** फसलें नष्ट हो जाती हैं, जिससे किसानों को भारी नुकसान होता है।
- सड़कें, पुल, रेलमार्ग और अन्य बुनियादी ढाँचे को क्षति पहुँचती है।
- उद्योग-धंधे बंद हो जाते हैं, जिससे आर्थिक गतिविधियाँ बाधित होती हैं।

(ii) मानव जीवन पर प्रभाव
- बड़ी संख्या में लोगों की मृत्यु हो सकती है।
- लाखों लोग बेघर हो जाते हैं।
- जल जनित बीमारियाँ; जैसे-हैजा, डेंगू, मलेरिया और टाइफाइड आदि फैलती हैं।

(iii) **पर्यावरणीय प्रभाव**
- मिट्टी का कटाव और मृदा अपरदन बढ़ जाता है।
- जल निकाय प्रदूषित हो जाते हैं।
- जलीय जीवों और वन्य जीवों का जीवन प्रभावित होता है।

(iv) **सामाजिक प्रभाव**
- विस्थापन के कारण सामाजिक तनाव उत्पन्न होता है।
- शरणार्थी शिविरों में असुविधाजनक परिस्थितियाँ बनती हैं।

बाढ़ नियंत्रण के उपाय बाढ़ नियंत्रण के प्रमुख उपाय निम्नलिखित है

(i) भौतिक संरचनाएँ
- तटबंध और बाँध का निर्माण- नदियों के किनारों पर तटबंध और जलाशयों के निर्माण से बाढ़ के प्रभाव को नियंत्रित किया जा सकता है।
- जल निकासी प्रणाली का सुधार– शहरी क्षेत्रों में बेहतर जल निकासी की व्यवस्था की जाए।
- चक्रवाती चेतावनी केंद्र तटीय क्षेत्रों में चेतावनी प्रणाली स्थापित की जाए।

(ii) **वन संरक्षण** वनों की कटाई रोकने और नए पौधे लगाने से बाढ़ के खतरे को कम किया जा सकता है।

(iii) प्राकृतिक जलमार्गों की सुरक्षा नदियों के प्राकृतिक प्रवाह के हस्तक्षेप व करके उनकी सफाई और गहराई को बनाए रखना चाहिए।

(iv) मानव गतिविधियों पर नियंत्रण बाढ़ प्रवण क्षेत्रों में अनियंत्रित निर्माण कार्यों पर रोक लगाई जाए। निचले क्षेत्रों से जनसंख्या का पुनर्वास किया जाए।

(v) **जन जागरूकता** लोगों को बाढ़ से बचाने और इसके प्रभावों से निपटने के उपायों की जानकारी दी जाए।

(vi) **प्रौद्योगिकी का उपयोग** सैटेलाइट और रडार का उपयोग करके बाढ़ की समय पर भविष्यवाणी की जा सकती है।

अतः बाढ़ एक गंभीर प्राकृतिक आपदा है, जो मानव के जीवन और पर्यावरण पर व्यापक प्रभाव डालती है। हालाँकि ऐसे कुछ लाभ उपजाऊ मिट्टी भी लाती है लेकिन इससे नुकसान अत्यधिक होते है बाढ़ के प्रभाव को कम करने के लिए सरकार, समाज और व्यक्तियों को सामूहिक प्रयास करने होंगे। योजनाबद्ध विकास, पर्यावरण संरक्षण और आधुनिक तकनीकों का उपयोग बाढ़ नियंत्रण में सहायक हो सकता है।

5. सूखे को परिभाषित करते हुए इसके प्रमुख परिणामों पर चर्चा कीजिए। साथ ही सूखे के प्रबंधन हेतु तात्कालिक और दीर्घकालिक उपायों की संक्षिप्त व्याख्या कीजिए।

उत्तर जब लंबे समय तक कम वर्षा, अत्यधिक वाष्पीकरण तथा जलाशयों एवं भूमिगत जल के अत्यधिक उपयोग से भू-तल पर जल की कमी हो जाती है, तो उस स्थिति को सूखा कहते हैं। सूखा एक जटिल घटना है, जिसमें वृष्टि, वाष्पीकरण, वाष्पोत्सर्जन, भौम-जल, मृदा में नमी, जल भंडारण एवं भरण, कृषि प्रणालियाँ, उगाई जाने वाली फसलें सामाजिक-आर्थिक क्रियाकलाप और पारिस्थितिकी को शामिल करते हैं।

सूखा का परिणाम

सूखा के निम्नलिखित परिणाम हैं
- सूखा सामान्यतः पर्यावरण और समाज को प्रभावित करता है। सूखे से फसलें नष्ट हो जाती हैं, जिसके परिणामस्वरूप अन्न की कमी हो जाती है।
- सूखा प्रभावित क्षेत्रों में वृहत स्तर पर पालतू पशुओं और अन्य पशुओं की मौत, पशु पलायन और मानव प्रवास होता है।
- जल के अभाव के कारण मानव दूषित जल पीने के लिए बाध्य होते हैं, जिससे पेयजल संबंधी बीमारियाँ; जैसे आंत्रशोध, हैजा और हेपेटाइटिस आदि हो जाती हैं।

सूखा से निपटने का उपाय सूखे का सामाजिक और प्राकृतिक पर्यावरण पर तात्कालिक एवं दीर्घकालिक प्रभाव पड़ता है, इसलिए सूखे की समस्या के समाधान के लिए तात्कालिक एवं दीर्घकालिक दोनों प्रकार की योजनाओं को तैयार करना चाहिए।

- तात्कालिक योजना के अंतर्गत सुरक्षित पेयजल वितरण, दवाइयाँ, पशुओं के लिए चारा और जल की उपलब्धता तथा मानव एवं पशुओं को सुरक्षित स्थान पर पहुँचाना चाहिए।
- दीर्घकालिक योजना के अंतर्गत भूमिगत जल के भंडारण का पता लगाना, अधिक जल वाले क्षेत्रों से कम जल वाले क्षेत्रों में जल पहुँचाना, नदियों को जोड़ना और बाँध एवं जलाशयों का निर्माण करना चाहिए।
- सूखे के दीर्घकालिक उपाय के अंतर्गत सूखा प्रतिरोधी फसलों का प्रचार-प्रसार करना चाहिए।

6. आपदा प्रबंधन को परिभाषित करते हुए इसके प्रबंध के विभिन्न चरणों की व्याख्या कीजिए। साथ की आपदा प्रबंधन अधिनियम, 2005 पर भी चर्चा कीजिए।

उत्तर मानव समाज पर प्राकृतिक आपदा के पड़ने वाले प्रतिकूल प्रभावों को कम करने की व्यवस्था को प्राकृतिक आपदा प्रबंधन कहते हैं। आपदाओं की उत्पत्ति प्राकृतिक एवं मानवकृत दोनों कारणों से हो सकती है। प्राकृतिक आपदाओं पर नियंत्रण नहीं किया जा सकता है, लेकिन इससे निपटने की उचित तैयारियाँ की जा सकती हैं। आपदा निवारण और प्रबंधन की तीन अवस्थाएँ होती हैं, जो निम्नलिखित हैं

(i) **आपदा से पहले** आपदा के विषय में आँकड़े और सूचना एकत्रित करना, आपदा संभावित क्षेत्रों का मानचित्र तैयार करना और लोगों को इससे संबंधित सूचना देना। इसके अतिरिक्त आपदा संभावित क्षेत्रों में योजना बनाना, तैयारियाँ रखना और बचाव के उपाय करना।

(ii) **आपदा के समय** युद्ध स्तर पर बचाव एवं राहत कार्य, आपदाग्रस्त क्षेत्रों से लोगों को निकालना, आश्रय स्थल का निर्माण, राहत कैंप, जल, भोजन एवं दवाइयों की आपूर्ति करना।

(iii) **आपदा के पश्चात्** आपदा से प्रभावित लोगों का बचाव एवं पुनर्वास करना, भविष्य में आपदाओं से निपटने के लिए क्षमता निर्माण करना।

आपदा प्रबंधन अधिनियम, 2005

इस अधिनियम में किसी क्षेत्र में घटित एक महाविपत्ति, दुर्घटना, संकट या गंभीर घटना के रूप में आपदा को परिभाषित किया गया है। आपदा प्राकृतिक या मानवकृत कारणों या दुर्घटना या लापरवाही के कारण उत्पन्न होती है और इससे बड़े स्तर पर जन-धन की हानि, पर्यावरण हानि एवं विनाश होता है। आपदा की प्रकृति या परिणाम प्रभावित क्षेत्र में रहने वाले मानव समुदाय की सहन क्षमता अधिक होती है।

मानचित्र पर आधारित प्रश्न

6. नीचे दिए गए भारत के मानचित्र पर 4 क्षेत्रों को A,B,C और D के रूप में दर्शाया गया है, सूखे के संदर्भ में ये क्षेत्र, निम्नलिखित किस वर्ग में शामिल किए गए हैं।

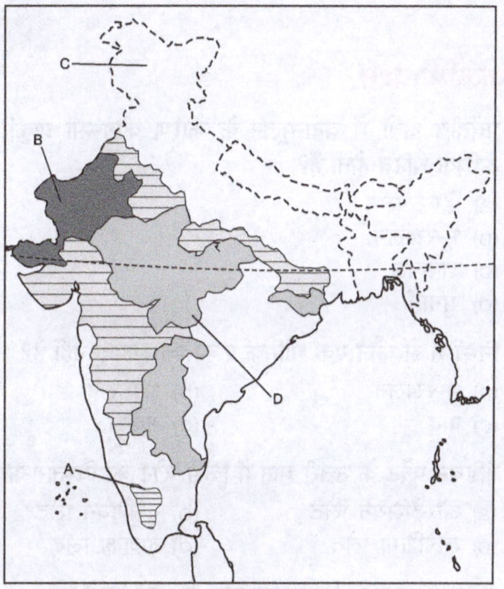

(i) **जोन-1 अत्यधिक सूखा प्रवणता क्षेत्र**
(ii) **जोन- गंभीर सूखा प्रवणता क्षेत्र**
(iii) **जोन-3 सामान्य सूखा प्रवणता क्षेत्र**
(iv) **सूखा रहित क्षेत्र**

उत्तर

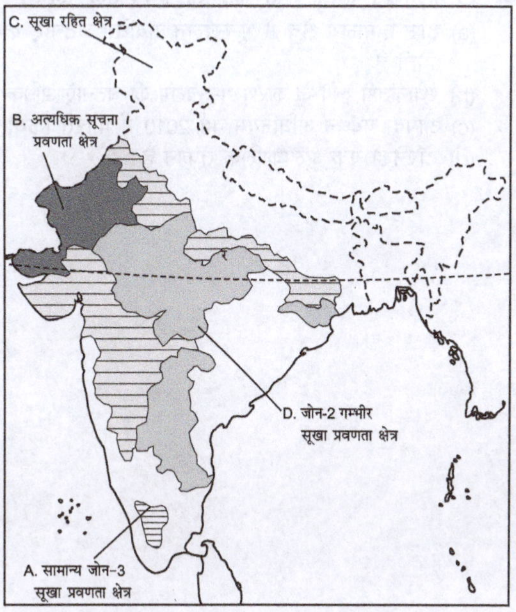

स्वयं को जाँचें

बहुविकल्पीय प्रश्न

1. पर्वतीय क्षेत्रों में वनोन्मूलन के कारण कौन-सी प्राकृतिक घटनाएँ अधिक घटित होती हैं?
(a) हिमस्खलन
(b) भू-स्खलन
(c) दावानल
(d) सुनामी

2. निम्न में से कौन एक भौमिक प्राकृतिक आपदा नहीं है?
(a) भू-स्खलन (b) अवतलन
(c) बाढ़ (d) भूकंम्प

3. इंडियन प्लेट के उत्तरी भाग में किस प्लेट का विस्तार पाया जाता है?
(a) ऑस्ट्रेलियन प्लेट (b) यूरेशियन प्लेट
(c) लारेंशिया प्लेट (d) नाज़का प्लेट

4. चट्टान समूह के खिसककर ढाल से नीचे गिरने को .... कहते हैं।
(a) भू-स्खलन (b) अवतलन
(c) हिमस्खलन (d) इनमें से कोई नहीं

5. निम्नलिखित कथनों में से कौन-सा कथन सही नहीं है।
(a) ट्रांस-हिमालय क्षेत्र में भू-स्खलन संबंधित घटनाएँ कम घटित होती हैं
(b) स्थानांतरी कृषि के कारण भू-स्खलन की घटनाएँ अधिक होती हैं
(c) आपदा प्रबंधन अधिनियम वर्ष 2010 में पारित किया गया था।
(d) टॉरनेडो एक अल्पकालिक तूफान है

अतिलघु उत्तरीय प्रश्न

6. आपदा से आप क्या समझते हैं?

7. प्राकृतिक संकट से आप क्या समझते हैं?

8. प्राकृतिक आपदा न्यूनीकरण सम्मेलन कहाँ हुआ था?

लघु उत्तरीय प्रश्न

9. सुनामी किस प्रकार अर्थव्यवस्था को प्रभावित करती है? व्याख्या कीजिए।

10. उष्णकटिबंधीय चक्रवात का क्षेत्र बताइए।

11. उष्णकटिबंधीय चक्रवात के क्या परिणाम होते हैं? संक्षेप में चर्चा करें।

दीर्घ उत्तरीय प्रश्न

12. भारत में चक्रवातों के वितरण एवं प्रभाव की व्याख्या कीजिए।

13. बाढ़ किस प्रकार भारतीय अर्थव्यवस्था को प्रभावित करती है? चर्चा कीजिए।

14. कोई भी मानवीय या प्राकृतिक घटना आपदा का रूप कब लेती है। आपदा की सुमेद्धता हेतु किए जाने वाले विभिन्न उपायों की संक्षिप्त व्याख्या कीजिए।

15. आपदा प्रबंधन से आप क्या समझते हैं? आपदा प्रबंधन अधिनियम, 2005 की संक्षिप्त व्याख्या कीजिए।

प्रयोगात्मक कार्य

1. मानचित्र का परिचय

भूगोल में मानचित्र बहुत आवश्यक उपकरण हैं, जो पृथ्वी की सतह को सरल तरीके से दर्शाते हैं।

चूँकि पृथ्वी की सतह की सभी विशेषताओं को उनके वास्तविक आकार और रूप में दर्शाना असंभव है, इसलिए मानचित्रों को छोटे पैमाने पर बनाया जाता है, जिससे विस्तृत चित्रण संभव हो सके।

पैमाने, प्रतीकों, रंगों और सामान्यीकरण तकनीकों का चयन मानचित्रों को प्रभावी और सूचनाप्रद बनाने में सहायता करता है।

ग्लोब

ग्लोब एक त्रिआयमिय (3D) संरचना है।

इसे पृथ्वी का वास्तविक प्रतिरूप माना जाता है।

मानचित्र निर्माण की अनिवार्यताएँ

मानचित्र बनाने की कला और विज्ञान को कार्टोग्राफी कहा जाता है। इसमें कई महत्त्वपूर्ण प्रक्रियाएँ शामिल हैं, जो मानचित्र की सटीकता और उपयोगिता सुनिश्चित करती हैं। इन प्रक्रियाओं को मानचित्र निर्माण के लिए आवश्यक माना जा सकता है।

- **पैमाना** पैमाने का उपयोग मानचित्र पर दो बिंदुओं के बीच वास्तविक दूरी का पता लगाने के लिए किया जाता है। मानचित्र वास्तविक क्षेत्रों का संक्षिप्त रूप होते और पैमाना शामिल किए गए विवरण के स्तर को निर्धारित करता है। सावधानीपूर्वक चुना गया पैमाना यह सुनिश्चित करता है कि मानचित्र अपने इच्छित उद्देश्य को प्रभावी तरीके से पूरा करता है।

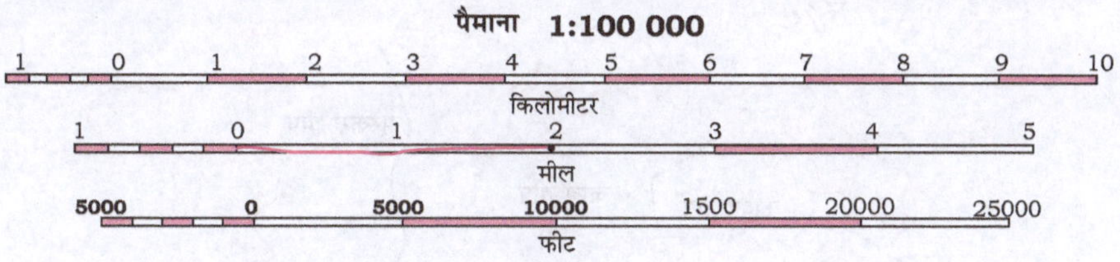

पैमाना

- **मानचित्र प्रक्षेप** चूँकि पृथ्वी एक भू-आकृति है, इसलिए सर्वप्रथम इसकी घुमावदार सतह को समतल रूप में बदलना होगा। इस परिवर्तन को प्रक्षेपण कहते हैं। यह आकार, क्षेत्र दूरी या दिशा में अपरिहार्य विकृतियों को कम करता है।
- **सामान्यीकरण** : मानचित्रों को प्रासंगिक जानकारी पर ध्यान केंद्रित करना चाहिए, अनावश्यक विवरणों को छोड़ना चाहिए। सामान्यीकरण में मानचित्र के उद्देश्य से मेल खाने के लिए डेटा का चयन, सरलीकरण और परिशोधन करना शामिल है।
- **मानचित्र अभिकल्पना** मानचित्र निर्माण का एक प्रमुख कार्य इसकी अभिकल्पना है। प्रभावी मानचित्र डिजाइन में प्रतीकों, रंगों, अक्षर शैलियों और तत्त्वों की व्यवस्था का चयन शामिल है। एक अच्छी तरह से डिजाइन किया गया मानचित्र पढ़ने में सहज होता है।
- **मानचित्र निर्माण और प्रस्तुति** मानचित्रों का निर्माण मैनुअल ड्राइंग से कंप्यूटर सहायता प्राप्त मानचित्रण और डिजिटल प्रिंटिंग तकनीकों तक विकसित हो गया है, जिससे आधुनिक मानचित्र अधिक सटीक और सुलभ हो गए हैं।

मानचित्र निर्माण का इतिहास

मानचित्र बनाने की परंपरा प्राचीन सभ्यताओं से चली आ रही है। सबसे पहले ज्ञात मानचित्र मेसोपोटामिया में पाए गए थे। इन्हें 25000 ईसा पूर्व मिट्टी की पट्टियों पर बनाया गया था। ग्रीक और अरब भूगोलवेत्ताओं ने भौगोलिक निर्देशांकों, की शुरुआत करके और पृथ्वी की परिधि की गणना करके आधुनिक मानचित्रकला में महत्त्वपूर्ण योगदान दिया।

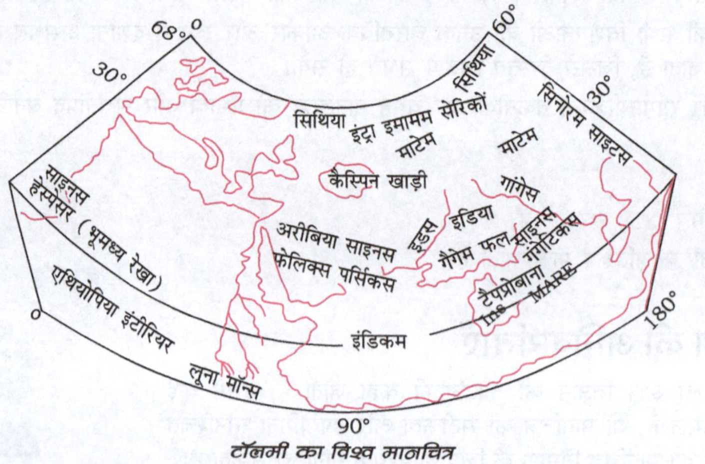

टॉलमी का विश्व मानचित्र

भारत में वैदिक काल के दौरान, खगोलीय और ब्रह्मांड सम्बंधी अवधारणाओं ने मानचित्र निर्माण को प्रभावित किया, जैसा कि प्राचीन भारतीय ग्रंथों में देखा गया है। कि प्राचीन भारतीय विद्वानों ने ज्ञात दुनिया को सात 'द्वीपों' में विभाजित किया था।

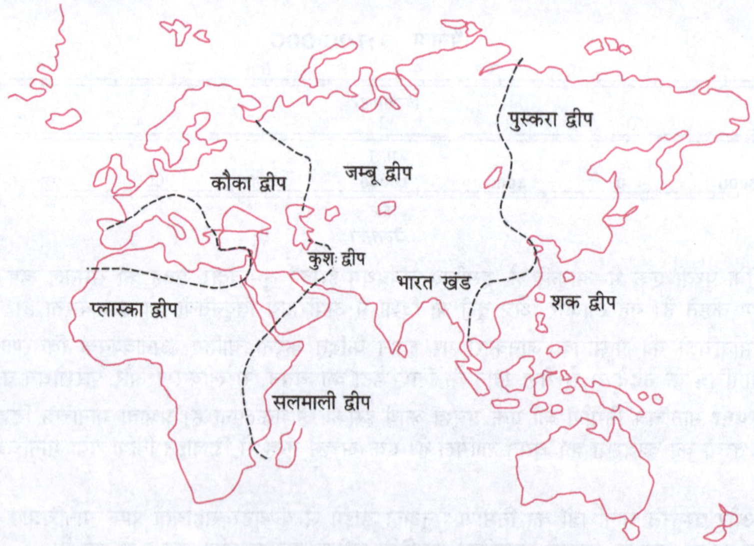

प्राचीन भारत में विश्व के सात द्वीप

1767 ई. में स्थापित भारतीय सर्वेक्षण विभाग ने प्रशासनिक और योजनागत उद्देश्यों के लिए सटीक मानचित्र विकसित करने में महत्त्वपूर्ण भूमिका निभाई थी।

मानचित्र के प्रकार

मानचित्र को पैमाने तथा कार्य के आधार पर वर्गीकृत किया जाता है।

पैमाने के आधार पर वर्गीकरण

1. वृहत मापनी मानचित्र ये मानचित्र छोटे भू-भाग को अधिक विस्तार से दर्शाते हैं। इन्हें निम्नलिखित आधारों पर वर्गीकृत किया जाता है।

- **भू-संपत्ति मानचित्र** भू-संपत्ति या कैडेस्ट्रल मानचित्र की उत्पत्ति फ्रेंच भाषा 'कैडेस्त्रे' शब्द से हुई है, जिसका अर्थ है—क्षेत्रीय संपत्ति की पजिका।
- इनका उपयोग समान्यत: संपत्ति की सीमाओं और भूमि स्वामित्व रिकॉर्ड के लिए किया जाता है। ये मानचित्र 1 : 500 से 1 : 4000 के पैमाने पर बनाए जाते हैं।
- **स्थलाकृतिक मानचित्र** ये मानचित्र अक्सर 1 : 2,50,000, 1 : 50,000 या 1 : 25,000 के पैमाने पर भू-भाग, बस्तियों और बुनियादी ढाँचे का विस्तृत प्रतिनिधित्व प्रदान करते हैं। स्थलाकृतिक मानचित्र सटीक सर्वेक्षणों पर आधारित होते हैं और लगभग सभी देशों की राष्ट्रीय मानचित्रण एजेंसियों द्वारा बनाए गए मानचित्रों की एक शृंखला के रूप में तैयार किए जाते हैं।

भू-संपत्ति मानचित्र

2. **लघु मान मानचित्र** ये मानचित्र विस्तृत क्षेत्र को शामिल करते हैं, लेकिन कम विवरण के साथ।

- **भित्ति मानचित्र** ऐसे मानचित्र सामान्यत: स्थलाकृतिक मानचित्रों से छोटे होते हैं, लेकिन एटलस मानचित्रों से बड़े होते हैं। इनका उपयोग व्याख्यानों या कक्षाओं में किया जाता है।
- **एटलस मानचित्र** ये बहुत छोटे पैमाने के मानचित्र हैं। महाद्वीपों, देशों और क्षेत्रों का व्यापक अवलोकन प्रदान करने के लिए इन्हें अत्यधिक सामान्यीकृत किया जाता है।

प्रकार्य के आधार पर वर्गीकरण

1. **भौतिक मानचित्र** ये मानचित्र पृथ्वी की प्राकृतिक विशेषताओं को दर्शाते हैं। उदाहरण के लिए, भूविज्ञान, मिट्टी, जल निकासी, मौसम के तत्त्व, जलवायु, वनपस्पति, आदि।

- **उच्चावच मानचित्र** ऐसे मनचित्र पर्वतों, घाटियों, मैदानों और जल निकासी प्रारूप आदि को दर्शाते हैं।
- **भू-गार्भिक मानचित्र** ये मानचित्र चट्टान संरचनाओं, भ्रंश रेखाओं और खनिजों के जमावों को दर्शाते हैं।
- **जलवायु मानचित्र** ऐसे मानचित्रों का उपयोग तापमान, वर्षा, वायु प्रारूप और अन्य जलवायु स्थितियों को दर्शाने के लिए किया जाता है।
- **मृदा मानचित्र** ये मानचित्र विभिन्न मृदा प्रकारों और उनके वितरण को दर्शाते हैं।

2. **सांस्कृतिक मानचित्र** ये मानचित्र मानव निर्मित विशेषताओं और जनसांख्यिकीय जानकारी प्रदर्शित करते हैं।

- **राजनीतिक मानचित्र** ये मानचित्र देश, राज्य और जिलों जैसी प्रशासनिक सीमाओं को दर्शाते हैं।
- **जनसंख्या मानचित्र** ये मानचित्र जनसंख्या घनत्व, वृद्धि और जनसांख्यिकीय संरचना को दर्शाते हैं।
- **आर्थिक मानचित्र** ये मानचित्र प्रदेशों, औद्योगिक केंद्रों और व्यापार मार्गों को दर्शाते हैं।
- **परिवहन मानचित्र** ये मानचित्र सड़कों, रेलवे नेटवर्क और हवाई अड्डों पर प्रकाश डालते हैं।

मानचित्रों का उपयोग

मानचित्रों का उपयोग भूगोलवेत्ताओं, योजनाकारों और अन्य संसाधन अध्ययन वेत्ताओं द्वारा किया जाता है। वे विभिन्न प्रकार के स्थानिक विश्लेषणों; जैसे—दूरी, दिशा एवं क्षेत्र को सुनिश्चित करने के लिए इसका उपयोग करते हैं।

- **दूरी का मापन** दो बिंदुओं के बीच दूरियों को विभाजक स्केल या रोटामीटर वक्ररेखा मापी का उपयोग करके मापा जा सकता है।
- **दिशा का मापन** प्रधान दिबिंदु और मध्यवर्ती दिशाएँ उपयोगकर्ताओं को सटीक रूप से कोणीय स्थिति को स्पष्ट करने में सहायता करती हैं। मानचित्र पर प्रधान दिम्बिदू उत्तर (N), दक्षिण [S], पूर्व [E] और पश्चिम [W] हैं।
- **क्षेत्र का मापन :** मानचित्र उपयोग कर्ता द्वारा क्षेत्रों को विभिन्न तरीकों से मापा जाता है। क्षेत्र को मापने के लिए प्रदीप्त ट्रेसिंग टेबुल के ऊपर मानचित्र के नीचे एक ग्राफ (आलेप्त) पेपर रखकर मापन किया जाता है।

$$\text{क्षेत्रफल} = \text{संपूर्ण वर्गों का योग} + \frac{\text{आंशिक वर्गों का योग}}{2} \times \text{मानचित्र पैमाना}$$

- स्थिर ध्रुवीय प्लैनीमीटर से भी क्षेत्रफल की गणना की जा सकती है।

2. मानचित्र मापनी (पैमाना)

मानचित्र मापनी किसी भी मानचित्र का एक अनिवार्य तत्त्व है। बिना मापनी के कोई मानचित्र दूरी और अनुपात को सटीक रूप से नहीं दिखा सकता है। बिना मापनी के चित्र को छायाचित्र (स्क्रेच) कहा जाता है। मापनी मानचित्र पर दूरी और क्षेत्रों को मापने में सहायता करता है।

मापनी की परिभाषा

पैमाना मानचित्र और वास्तविक दुनिया के बीच संबंध को दर्शाता है। यह मानचित्र की दूरी को मापकर वास्तविक जमीनी दूरी का पता लगाने में सहायता करता है। इसे सामान्यत: अनुपात या ग्राफिकल रूप में दर्शाया जाता है। उदाहरण के लिए, यदि किसी मानचित्र का पैमाना 1:50,000 है, तो इसका तात्पर्य है कि मानचित्र पर एक इकाई जमीन 50,000 इकाइयों के बराबर है।

मापन की प्रणालियाँ

- विभिन्न देशों में दूरियों को मापने की दो प्रणालियाँ प्रचलित है।
- **मीट्रिक प्रणाली** इस पद्धति में दूरियों की गणना किलोमीटर, मीटर, सेंटीमीटर आदि के रूप में की जाती है। भारत माप की मीट्रिक प्रणाली का उपयोग करता है।
- ब्रिटिश प्रणाली इस पद्धति में दूरियों की गणना मील, फर्लांग, गज, फुट आदि के रूप में की जाती है। इसका उपयोग सामान्यत: अमेरिका और ब्रिटेन में किया जाता है।

मापनी का महत्त्व

मानचित्रों को सही ढंग से समझने और उनका उपयोग करने के लिए पैमाने महत्त्वपूर्ण हैं। इनका प्रयोग निम्नलिखित कार्यों में किया जाता है।

- स्थानों के बीच दूरियों को सटीक रूप से मापना।
- एक ही क्षेत्र के विभिन्न मानचित्रों की तुलना विभिन्न स्तरों के विवरण के साथ करना।
- योजना और भूमि उपयोग के लिए क्षेत्रों की गणना करना।
- भौगोलिक विशेषताओं को समझना और उनका उपयोग करना।

मापनी को दर्शाने के तरीके

- मानचित्र पर मापनी को प्रदर्शित करने की तीन मुख्य विधियाँ हैं। प्रत्येक विधि के अपने फायदे और सीमाएँ हैं।

1. मापनी का प्रकथन

- मानचित्र की मापनी को जब लिखित प्रकथनों में व्यक्त किया जाता है, तो उसे मापनी का प्रकथन कहते हैं। यह नक्शे पर एक निश्चित दूरी को जमीन की दूरी के समतुल्यता के रूप में प्रदर्शित करती है।

  उदाहरण के लिए, 1 सेमी 10 किमी का प्रतिनिधित्व करता है का अर्थ है, कि नक्शे पर 1 सेमी वास्तव में 10 किमी के बराबर है।
- यह विधि सरल और समझने में आसान है। हालाँकि, यदि मानचित्र का आकार बदल दिया जाए, तो पैमाने का विवरण गलत हो जाता है।

2. आलेखी या ग्राफी

इस विधि में दूरी दर्शाने के लिए विभाजक रेखा का उपयोग किया जाता है। इसे रेखा या आलेखी मापनी भी कहा जाता है। मानचित्र उपयोगकर्ता इस पैमाने का प्रयोग एक स्थान से दूसरे स्थान की दूरी मापने में करता है।

यह विधि उस स्थिति में प्रभावी होती है, जब मानचित्र का आकार बदल दिया जाता है। यद्यपि आयोगकर्ता को स्केल का पाउन करना सही ढंग से आता हो।

R.F. 1: 50, 000

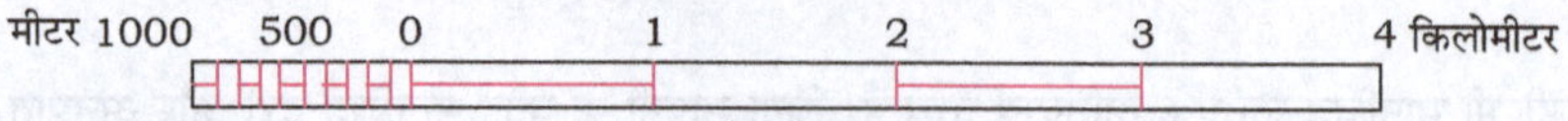

आलेखी मापन

3. निरूपक भिन्न (R. F.)

यह मानचित्र पर दी गई दूरी तथा धरातल पर उन्हीं दूरियों के बीच के अनुपात को व्यक्त करती है। उदाहरण के लिए 1:24,000 एक भिन्न दिखाता है कि मानचित्र पर दी गई दूरी की 1 इकाई, भूमि पर दूरी की 24.000 इकाइयों को निरूपित करती है। यह विधि सार्वभौमिक है और इसे किसी भी मापन इकाई के साथ उपयोग किया जा सकता है। हालाँकि, यह ग्राफिकल स्केल की तरह प्रत्यक्ष दूरी रीडिंग प्रदान नहीं करती है।

स्केल का रूपांतरण

स्केल को एक रूप से दूसरे रूप में परिवर्तित किया जा सकता है। सबसे सामान्य रूपांतरणों में शामिल हैं

- **कथन माप से RF में परिवर्तन**

कथन माप को RF में परिवर्तित किया जा सकता है यदि भूमि दूरी को मानचित्र दूरी के समान इकाई में बदल दिया जाए। उदाहरण के लिए, यदि 1 इंच 4 मील के बराबर है, तो RF स्केल इसे 1253,440 के रूप में प्रदर्शित करेगा, क्योंकि 1 मील = 63,360 इंच होता है और स्केल में 1 इंच भूमि पर 4 मील को दर्शाता है। इसलिए यह होगा $4 \times 63{,}360 = 253{,}440$, 1:253,440)

- **RF से कथन माप में परिवर्तन**

इसी प्रकार, RF स्केल को कथन माप में बदला जा सकता है।

उदाहरण के लिए, यदि RF 1:253,440 दिया गया है, तो इसे '1 सेमी 2.53 किमी' के रूप में व्यक्त किया जा सकता है, क्योंकि 253,440 भूमि पर इकाइयों का प्रतिनिधित्व करता है, तो 1 सेमी = 253,440 ÷ 100,000 क्योंकि

(1 किमी = 1,00,000 सेमी)

1 सेमी = 2.5344 किमी

सालेखी / बार स्केल का निर्माण

बार स्केल कथन और स्केल का एक ग्राफिकल प्रतिनिधित्व होता है। उदाहरण यदि कथन माप दिया गया है कि 1 इंच = 1 मील, तो हमें एक ग्राफिकल स्केल बनाना है और दूरी को मील व फलांग में पढ़ना है। चूँकि 1 इंच = 1 मील. इसलिए 6 इंच = 6 मील होंगे।

निम्नलिखित चरणों के माध्यम से आलेखी स्केल का निर्माण किया जा सकता है।

- 6 इंच लंबी एक सीधी रेखा खींचे और इसे 6 बराबर भागों में विभाजित करें, जहाँ दाई ओर के 5 भागों को 1 मील प्रत्येक का मान दें।
- सबसे बाईं ओर के भाग को चार बराबर भागों में विभाजित करें तथा प्रत्येक भाग को 0 से प्रारंभ करते हुए 2 मील के मान से चिह्नित करें।

नि. भि.1: 63360

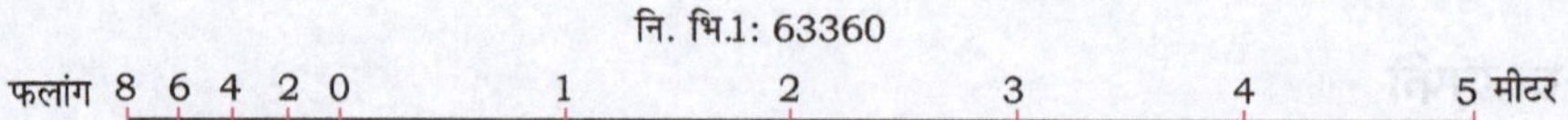

3. अक्षांश, देशांतर और समय

पृथ्वी लगभग गोलाकार है, लेकिन यह एक पूर्ण गोला नहीं है। अपनी गति के कारण यह विषुवत् रेखा (Equator) पर उभरी हुई और ध्रुवों (Poles) पर चपटी होती है। इस आकार को अवलंबित गोला (Oblate Spheroid) कहा जाता है।

पृथ्वी की सतह पर स्थानों को निर्धारित करने के लिए एक काल्पनिक ग्रिड प्रणाली का उपयोग किया जाता है। इस प्रणाली में अक्षांश (Latitudes) और देशांतर (Longitudes) रेखाएँ शामिल होती हैं। ये रेखाएँ स्थान की पहचान करने, दूरी मापने और विश्वभर में समय के अंतर की गणना करने में सहायक होती हैं।

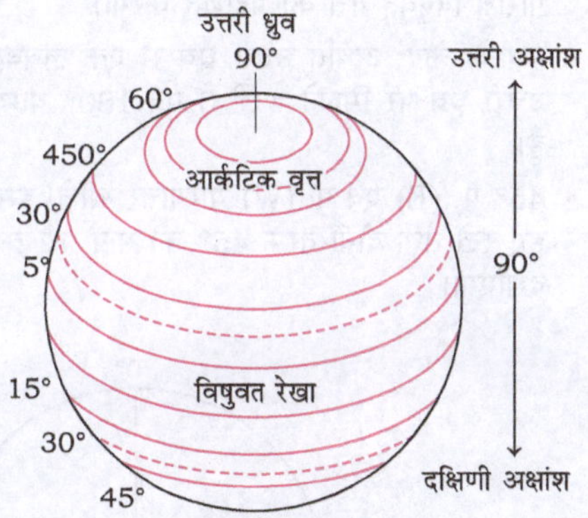

अक्षांश समांतर

अक्षांश समांतर

भूपृष्ठ पर किसी स्थान का अक्षांश उस स्थान की वह कोणीय दूरी है, जो विषुवत् वृत्त के उत्तर या दक्षिण याम्योत्तर पर पृथ्वी के केंद्र से मापी जाती है। एक ही अक्षांश पर स्थित स्थानों को मिलाने वाली रेखा समांतर कहलाती है। विषुवत वृत्त का मान 0° है एवं ध्रुवों के अक्षांश 90° उ एवं 90° द. हैं समान अक्षांश वाले स्थानों को मिलाने वाली रेखाओं को समांतर रेखाएँ कहते हैं। अक्षांशों की कुल संख्या 180 है. जिनमें से 90 उत्तरी गोलार्ध में और 90 दक्षिणी गोलार्ध में हैं। एक डिग्री अक्षांश की लंबाई में थोड़ा अंतर होता है, जो औसतन लगभग 111 किमी होती है।

महत्त्वपूर्ण अक्षांशों में कर्क रेखा (23.5° उत्तर), मकर रेखा (23.5° दक्षिण), आर्कटिक वृत्त (66.5° उत्तर) और अंटार्कटिक वृत्त (66.5° दक्षिण) शामिल हैं।

अक्षांश समांतर बनाना

अक्षांशों के समांतर रेखाएँ खींचने के चरण इस प्रकार हैं

- एक वृत्त बनाएँ तथा केंद्र में एक क्षैतिज रेखा खींचकर इसे दो बराबर भागों में बाँटे। यह रेखा विषुवत् वृत्त को दर्शाती है।
- इस वृत्त पर चांदा (प्रोट्रैक्टर) को इस तरह से रखें कि चांदा की 0 एवं 180° की रेखा कागज पर बनाए वृत्त के मध्य खींची रेखा से मिल जाए।
- अब 20° द. (S) दर्शाने के लिए वृत्त के निचले आधे भाग में, विषुवत् वृत्त से 20° का कोण बनाते हुए पूर्व एवं पश्चिम में दो बिंदु लगाएँ।
- कोण की दोनों भुजाएँ वृत्त के दो बिंदुओं को काटती हैं। विषुवत् वृत्त के समांतर रेखा खींचते हुए इन दो बिंदुओं को मिला दें। यह 20° द. (S) होगा

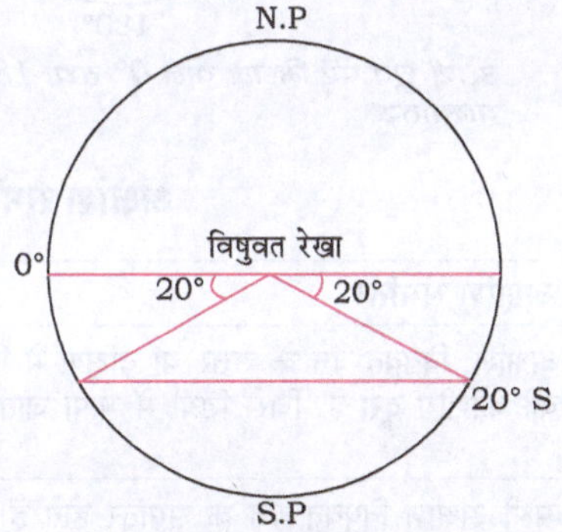

अक्षांश समांतर बनाना

देशांतर याम्योत्तर

देशांतर रेखाएँ किसी बिंदु की प्रधान (ग्रीनविच) मध्याह्न रेखा के पूर्व या पश्चिम में कोणीय दूरी को डिग्री मिनट और सेकंड में व्यक्त करती हैं। इन रेखाओं को अक्सर मध्याह्न रेखाएँ कहा जाता है।

देशांतर रेखाएँ प्रधान मध्याह्न से पूर्व या पश्चिम की दूरी को मापती हैं, जिन्हें 0° पर निर्धारित किया गया है और यह ग्रीनविच इंग्लैंड से होकर गुजरती हैं। कुल 360 देशांतर रेखाएँ होती हैं, जिनमें से 180 पूर्वी गोलार्ध में और 180 पश्चिमी गोलार्ध में स्थित होती हैं।

देशांतर रेखाओं के बीच की दूरी विषुवत् रेखा (Equator) पर सबसे अधिक (111 किमी) होती है और ध्रुवों की ओर बढ़ते हुए यह दूरी कम होती जाती है। 180° देशांतर रेखा को अंतर्राष्ट्रीय तिथि रेखा (International Date Line) कहा जाता है, जो कैलेंडर तिथियों में परिवर्तन करने में महत्त्वपूर्ण भूमिका निभाती है।

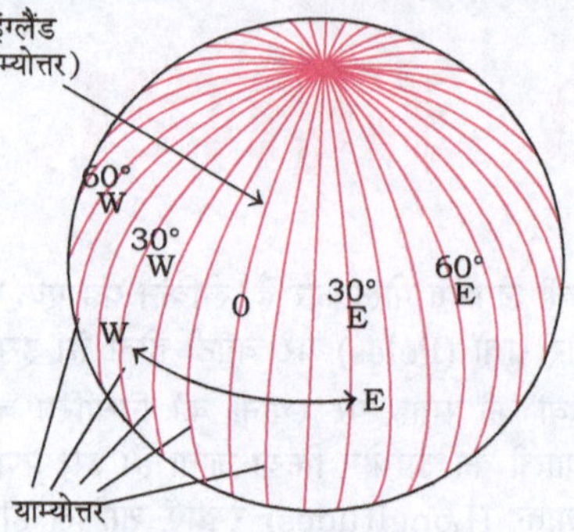

देशातरीय याम्योतर

देशांतरीय याम्योत्तर बनाना

- एक वृत्त बनाएँ, जिसका केंद्र उत्तरी ध्रुव को प्रदर्शित करता हो। इसकी परिधि विषुवत् वृत्त को प्रदर्शित करेगी।
- वृत्त के केंद्र, अर्थात् उत्तरी ध्रुव से एक लंबवत् सीधी रेखा खींचे। यह उत्तरी ध्रुव पर मिलने वाली 0 एवं 180° याम्योत्तरों को प्रदर्शित करती है।
- 45° पू. (E) एवं प. (W) याम्योत्तर खींचे। इसके लिए आप चांदा को लंबवत् रेखा के साथ 0° तथा 180° याम्योत्तरों को मिलाते हुए रखें तथा दोनों तरफ 45° को मापें, जो क्रमशः आपके बायीं एवं दाहिनी ओर 45° पू. (E) एवं 45° पू. (W) याम्योत्तरों को दर्शाएगा।

उत्तरी ध्रुव पर मिलने वाले 0° तथा 180° याम्योत्तर

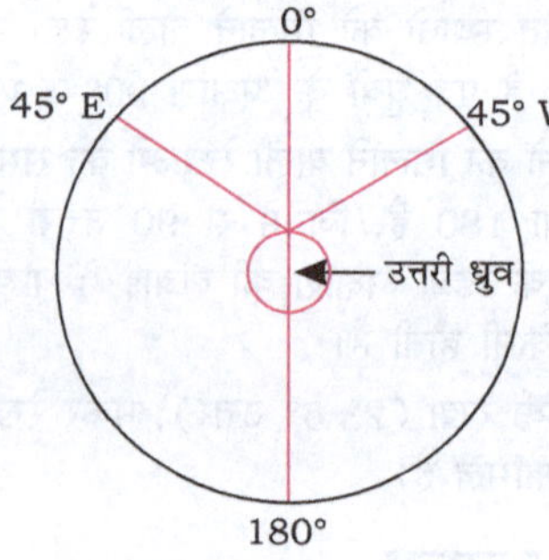

देशांतरीय याम्योत्तर बनाना

अक्षांश समोतरों तथा देशांतरीय याम्योत्तरों को तुलना

अक्षांश समांतर	देशांतर याम्योत्तर
अक्षांश, विषवत् वृत्त के उत्तर या दक्षिण में स्थित किसी बिंदु की कोणीय दूरी है, जिसे डिग्री में मापा जाता है।	देशांतर, विषुवत् वृत्त के साथ बेनी वह कोशीय दूरी है, जिसे डिग्री में मापा जाता है। इसे ग्रिनिच के पूर्वच्या पश्चिम 0° से 180° तक मापा जाता है।
सभी अक्षांश विषुवत् वृत्त के समांतर होते हैं।	देशांतर के सभी याम्योत्तर ध्रुवों पर मिलते हैं।
ग्लोब पर अक्षांश समांतर वृत्त के समान प्रतीत होते हैं।	सभी याम्योत्तर वृत के समान प्रतीत होते हैं, जो ध्रुवों से गुजरते हैं।
दो अक्षांशों के बीच की दूरी लगभग 11 किलोमीटर होती है।	याम्योत्तरों के बीच की दूरी विषुवत् वृत्त पर अधिकतम (11133 किमी) तथा ध्रुवों पर न्यूनतम (0) किमी) होती है। मध्य में अर्थात् 45° अक्षांश पर यह 79 किमी होती है।
0° अक्षांश को विपुवत् वृत्त एवं 90° को ध्रुव कहा जाता है।	देशांतर 360° के होते हैं, जो प्रमुख याम्योत्तर से पूर्व एवं पश्चिम दोनों ओर 180° में बँटे होते हैं।
विषवत् वृत से ध्रुव की ओर अक्षांशों का उपयोग तापमंडलों के निर्धारण में होता है। जैसे 0° से 2345° तक उत्तर या दक्षिण उष्ण कटिबंध, 2312° से 6612° तक शीतोष्ण कटिबंध तथा 66% से 90° तक शीत कटिबंध	देशांतरों का उपयोग प्रमुख याम्योत्तर के सापेक्ष स्थानीय समय को निर्धारित करने में किया जाता है।

देशांतर एवं समय

पृथ्वी 24 घंटे में 360° घूमती है, जिसका अर्थ है कि यह हर घंटे 15° चलती है। इस गति के कारण दुनिया भर में विभिन्न समय क्षेत्र बनते हैं। प्रत्येक देशांतर डिग्री 4 मिनट के समय के अंतर का प्रतिनिधित्व करती है। पूर्व की ओर बढ़ने पर समय बढ़ता है, जबकि पश्चिम की ओर बढ़ने पर समय घटता है।

भारतीय मानक समय (IST) 82.5° पूर्व देशांतर पर आधारित है और ग्रीनविच मीन टाइम (GMT) से 5 घंटे 30 मिनट आगे है। किसी क्षेत्र का स्थानीय समय निर्धारित करने के लिए सूर्य के कुछ निश्चित देशांतर डिग्री पर चलने की गति का उपयोग किया जाता है, जो प्रधान मध्याह्न रेखा (Prime Meridian) के समय के सापेक्ष होता है।

उदाहरण: यदि हम न्यू ऑरलियन्स (New Orleans) का स्थानीय समय निर्धारित करना चाहते हैं. जो 90° पश्चिम देशांतर पर स्थित है, और ग्रीनविच का समय दोपहर 12:00 बजे है, तो हमें समय घटाना होगा, क्योंकि ग्रीनविच से बाईं और स्थित शहरों का समय पीछे रहता है। प्रधान मध्याह्न रेखा से पश्चिम की ओर प्रत्येक देशांतर पर समय 4 मिनट घटता है। इसलिए यदि ग्रीनविच का समय दोपहर 12:00 बजे है, तो न्यू ऑरलियंस में समय सुबह 6:00 बजे होगा।

अंतर्राष्ट्रीय तिथि रेखा

अंतर्राष्ट्रीय तिथि रेखा (IDL) लगभग 180° देशांतर पर स्थित है। यह पूरे विश्व में एक ही तिथि बनाए रखने में सहायता करती है।

जब कोई व्यक्ति IDL को पूर्व से पश्चिम की ओर पार करता है, तो कैलेंडर एक दिन पीछे चला जाता है। वहीं. जब कोई इसे पश्चिम से पूर्व की ओर पार करता है, तो कैलेंडर एक दिन आगे बढ़ जाता है। यह रेखा वैश्विक स्तर पर समय और तिथियों को ट्रैक करने में भ्रम से बचाने में सहायता करती है।

4. मानचित्र प्रक्षेप

मानचित्र प्रक्षेपण (Map Projection) पृथ्वी की वक्र सतह को समतल तल पर प्रदर्शित करने की तकनीक है। इसमें अक्षांश और देशांतर के गोलाकार जाल को द्वि-आयामी प्रारूप में बदलना शामिल होता है। चूँकि पृथ्वी एक भू-आकृति (Geoid) है, इसलिए इसे समतल सतह पर सटीक रूप से प्रदर्शित करना एक चुनौतीपूर्ण कार्य होता है।

मानचित्र प्रक्षेप की आवश्यकता

मानचित्र प्रक्षेपण बनाने के मुख्य कारण निम्नलिखित हैं:

- यह उन क्षेत्रों का विस्तृत अध्ययन करने में सहायता करता है, जिनका विश्लेषण ग्लोब के माध्यम से व्यावहारिक रूप से संभव नहीं है।
- यह विभिन्न भौगोलिक क्षेत्रों की तुलना करने में सक्षम बनाता है।
- यह दूरी, आकार और दिशाओं का सटीक प्रतिनिधित्व प्रदान करता है।

मानचित्र प्रक्षेप के तत्त्व

- **पृथ्वी का छोटा रूप** पृथ्वी के मॉडल को छोटी मापनी की सहायता से कागज के समतल सतह पर दर्शाया जाता है। इस मॉडल को पृथ्वी का छोटा रूप कहते हैं। यह मॉडल लगभग गोलाभ होना चाहिए, जिसमें ध्रुव का व्यास विषुवतीय व्यास से छोटा हो तथा इस पर रेखाजाल को स्थानांतरित किया जा सके।
- **अक्षांश के समांतर** ये वृत्तीय रेखाएँ होती हैं, जो भूमध्य रेखा के समानांतर चलती हैं। इनकी लंबाई अलग-अलग होती है और यह 0° (भूमध्य रेखा) से 90° (ध्रुवों) तक होती हैं।
- **देशांतर के याम्योत्तर** - ये अर्धवृत्तीय रेखाएँ होती है, जो एक ध्रुव से दूसरे ध्रुव तक फैली होती हैं और अक्षांश रेखाओं के साथ समकोण (90°) पर मिलती हैं।

ग्लोब के गुण मानचित्र प्रक्षेप बनाने में. ग्लोब की सतह के निम्नलिखित मूल गुणों को कुछ विधियों के द्वारा संरक्षित रखा जाता है

(i) किसी क्षेत्र के दिए गए बिंदुओं के बीच की दूरी
(ii) प्रदेश की आकृति
(iii) प्रदेश के आकार या क्षेत्रफल का सही माप
(iv) प्रदेश के किसी एक बिंदु से दूसरे बिंदु की दिशा।

मानचित्र प्रक्षेप का वर्गीकरण

निम्नलिखित आधार पर मानचित्र प्रक्षेपों को वर्गीकृत किया जा सकता है

बनाने की तकनीक

संदर्श प्रक्षेप इसे विकासनीय पृष्ठ पर ग्लोब के याम्योत्तर तथा समांतर से बने जाल के प्रतिविय को प्रक्षेपित करके बनाया जा सकता है।

असंदर्श प्रक्षेप इसे प्रकाश के स्रोत या प्रतिबिंब की सहायता के बिना बनाया जाता है, जो कि समतल हो सकता है। **गणितीय या रूढ़** ये वे प्रक्षेप हैं, जिनकी व्युत्पत्ति गणितीय गणना एवं सूत्रों के द्वारा होती है तथा प्रक्षेपित प्रतिबिंब के साथ इनका कम संबंध होता है।

विकासनीय पृष्ठ

- **बेलनाकार प्रक्षेपण** ये एक बेलनाकार सतह का उपयोग करके बनाए जाते हैं।
- **शंक्वाकार प्रक्षेपण** ये प्रक्षेपण ग्लोब के चारों ओर एक शंकु लपेटकर बनाए जाते हैं।
- **खमध्य प्रक्षेपण** ये सीधे तब प्राप्त होते हैं, जब एक समतल सतह ग्लोब के किसी बिंदु को स्पर्श करती है।

भू-मंडलीय गुण

- **समक्षेत्र प्रक्षेप** ये मानचित्र क्षेत्र की सटीकता बनाए रखते हैं (जैसे, होमोलोग्राफिक प्रक्षेपण)।
- **यथाकृतिक प्रक्षेप** ये आकृतियों को संरक्षित रखते हैं (जैसे, मर्मेटर प्रक्षेपण)।
- **दिगंशीय प्रक्षेप** ये किसी केंद्रीय बिंदु से दिशा को सही तरीके से दर्शाते हैं।
- **समदूरस्थ प्रक्षेप** ये कुछ विशेष रेखाओं के साथ सटीक दूरी बनाए रखते हैं।

प्रकाश का स्रोत

- **नोमॉनिक प्रक्षेप** इसे तब प्राप्त किया जाता है, जब प्रकाश स्रोत ग्लोब के केंद्र में रखा जाता है।
- **त्रिविम प्रक्षेप** प्रकाश के स्रोत को समतल कागज के ग्लोब से सटे हुए भाग के विपरीत ग्लोब की परिधि में रखकर खींचा जाता है।

लंबकोणीय प्रक्षेप इसे तब खींचा जाता है, जब प्रकाश स्रोत ग्लोब से अनंत दूरी पर रखा जाता है और उस बिंदु के विपरीत होता है, जहाँ समतल सतह ग्लोब को स्पर्श करती है।

कुछ चुने हुए मानचित्र प्रक्षेप

एक मानक अक्षांश रेखा काला शंकु प्रक्षेप

शंकु प्रक्षेप की रचना ग्लोब के किसी एक अक्षांश समांतर को स्पर्श करते हुए एक विकासनीय शंकु पर याम्योत्तर एवं समांतर रेखाओं के जाल की छाया को प्रक्षेपित करके की जाती है। इस अक्षांश समांतर को मानक अक्षांश समांतर कहते हैं। ऐसे में यदि शंकु ग्लोब के केंद्र को AB पर स्पर्श कर रहा है, तब ग्लोब पर इस समांतर की स्थिति को मानक अक्षांश समांतर माना जाता है। मानक समांतर के दोनों ओर अन्य समांतरों की लबाई में विकृति होगी

उदाहरण: 10° उ. से 70° उ. अक्षांशों तथा 10° पू. से 130° पू. देशांतरों के बीच घिरे हुए एक क्षेत्र के लिए एक मानक समांतर के साथ शंकु प्रक्षेप बनाएँ, जबकि मापनी 1 : 25,00,00,000 है और अक्षांशीय और देशांतरीय अंतराल 10° है।

गणना: पृथ्वी की घटी हुई त्रिज्या

$$= \frac{64,00,00,000}{25,00,00,000} = 2.56 \text{ सेमी}$$

मानक समानांतर 40° N (10, 20, 30, 40, 50, 60, 70) है।

केंद्रीय मध्याह्न रेखा 70° पूर्व (10, 20, 30, 40, 50, 60, 70, 80, 90, 100, 110, 120, 130) है

रचना की विधि

- 2.56 सेमी त्रिज्या वाला एक वृत्त खींचें, जिसमें कोण COE 10° तथा BOE एवं AOD 40° मानक समांतर हों।
- एक स्पर्श रेखा को B से बढ़ाकर P तथा A से बढ़ाकर P तक खींचें, ताकि शंकु की दो भुजाएँ AP तथा BP ग्लोब को स्पर्श करें तथा 40° उ. पर मानक समांतर का निर्माण करें।
- चाप दूरी CE समांतरों के बीच के अंतराल को दर्शाता है। इस चाप दूरी के अनुसार एक अर्धवृत्त खीचा जाता है।
- OP से OB पर एक लंब, XY खींचा जाता है।
- एक अन्य उ-द. रेखा पर मानक समांतर को प्रदर्शित करने वाली BP दूरी को खींचा जाता है। उ- द रेखा मध्य याम्योत्तर हो जाती है।
- मध्य याम्योत्तर पर चाप दूरी CE को लेकर अन्य समांतरों को खींचा जाता है।
- अन्य याम्योत्तरों को खींचने के लिए 40° मानक समांतर पर XY दूरी को चिह्नित किया जाता है।
- ध्रुव से मिलाते हुए सीधी रेखाएँ खींची जाती हैं।

गुण

- सभी अक्षांशों के समांतर वृत्तों के चाप होते हैं तथा उनके बीच की दूरी बराबर होती है।
- सभी याम्योत्तर रेखाएँ सीधी होती हैं, जो ध्रुवों पर मिल जाती हैं। ये रेखाएँ समांतर को समकोण पर काटती है।
- सभी याम्योत्तरों की मापनी सही होती है, अर्थात् याम्योत्तरों पर सारी दूरियाँ सही होती हैं।
- एक वृत्त का चाप ध्रुव को दर्शाता है।
- मानक समांतर पर मापनी शुद्ध होती है, लेकिन इससे दूर यह विकृत हो जाती है।

- यामयोत्तर ध्रुवों के निकट जाते हुए एक-दूसरे के समीप आ जाते हैं।
- यह प्रक्षेप न तो समक्षेत्र है तथा न ही यथाकृतिक प्रक्षेप।

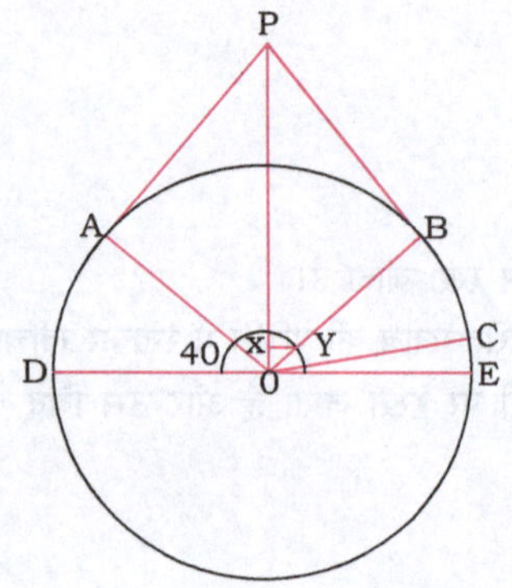

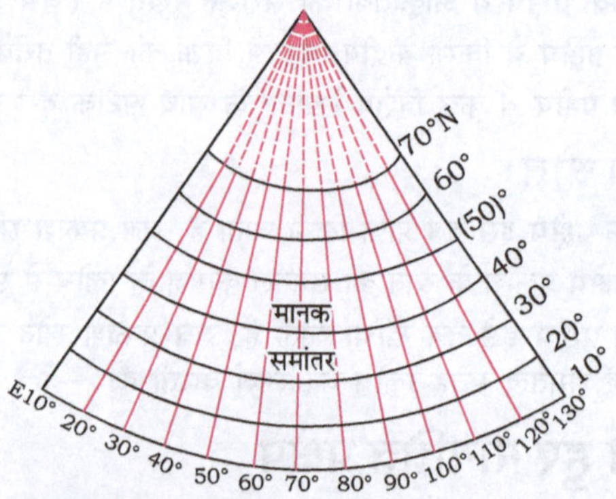

एक मानक समांतर के साथ सामान्य शंकु प्रक्षेप

सीमाएँ

- यह विश्व मानचित्र के लिए उपयुक्त नहीं है, क्योंकि जिस गोलार्द्ध में मानक अक्षांश वृत्त चुना जाता है, उसके विपरीत गोलार्द्ध में चरम विकृति होती है।
- जिस गोलार्द्ध में यह बनाया जाता है, उसके लिए भी यह उपयुक्त नहीं है, क्योंकि उसमें भी ध्रुव पर तथा विषुवत् वृत्त के पास विकृति होने के कारण इसका उपयोग बड़े क्षेत्र को प्रदर्शित करने के लिए अनुपयुक्त है।

उपयोग:

- सामान्यतः इस प्रक्षेप का उपयोग मध्य अक्षांश क्षेत्रों के सीमित देशांतरीय विस्तार के मानचित्रण के लिए किया जाता है।
- इस प्रक्षेप के द्वारा मानक अक्षांश के साथ पूर्व से पश्चिम को शुद्ध रूप में प्रदर्शित किया जाता है।
- मानक अक्षांशों की दिशा का उपयोग रेल लाइनों, सड़कों, संकीर्ण नदी-पारियों और अंतर्राष्ट्रीय सीमाओं को प्रदर्शित करने में किया जाता है।
- यह प्रक्षेप कैनेडियन प्रशांत रेल लाइन ट्रांस-साइबेरियन, ट्रांस-साइबेरियन रेल-लाइन, कनाडा तथा संयुक्त राज्य अमेरिका के मध्य अंतर्राष्ट्रीय सीमा तथा नर्मदा घाटी को प्रदर्शित करने के लिए सर्वाधिक उपयुक्त है।

बेलनाकार सम-क्षेत्रफल प्रक्षेप

बेलनाकार सम-क्षेत्रफल प्रक्षेप को लैम्बर्ट के प्रक्षेप के नाम से भी जाना जाता है। इसे ग्लोब के विषुवतीय वृत्त पर सटे बेलन पर पड़ने वाली समांतर किरणों के द्वारा प्राप्त किया जाता है। समांतर एवं याम्योत्तर रेखाओं का प्रक्षेपण सीधी रेखा के रूप में तथा एक-दूसरे को समकोण पर काटते हुए प्राप्त किया जाता है। ध्रुवों को विषुवत् वृत्त के समान एवं समांतर दिखाया जाता है, इसलिए उच्च अक्षांशों वाले क्षेत्रों के आकार बहुत अधिक विकृत हो जाते हैं।

उदाहरण: विश्व का एक बेलनाकार सम-क्षेत्रफल प्रक्षेप बनाइए, जिसमें मानचित्र की प्रतिनिधि भिन्न 1 30,00,00,000 है तथा अक्षांशीय एवं देशांतरीय मध्यांतर 15 है।

ग्लोब का अर्द्धव्यास ₹ $= \dfrac{64,00,00,000}{30,00,00,000} = 2.1$ सेमी

विषुवत् वृत्त की लम्बाई $2\pi r = \dfrac{2 \times 22 \times 2.1}{7} = 13.2$ सेमी

विषुवत् वृत्त के साथ मध्यांतर $= \dfrac{13.2 \times 15°}{360°} = 0.55$ सेमी

रचना की विधि

- 2.1 सेमी अर्द्धव्यास का एक वृत्त खींचें।
- उत्तरी एवं दक्षिणी गोलार्द्ध के लिए 15°, 30°, 45°, 60°, 75° तथा 90° के कोणों को चिह्नित करें।
- 13.2 सेमी लंबी एक रेखा खींचे तथा इसे 0.55 सेमी दूरी वाले 24 बराबर भागों में बाँटे। यह रेखा विषुवत् वृत्त को प्रदर्शित करती है।
- जहाँ 0° का कोण वृत्त की परिधि पर मिल रहा है, उस बिंदु से विषुवत् वृत्त पर लंब बनाइए।
- लंब रेखा से सभी समांतरों को बढ़ाकर इसे विषुवत् वृत्त की लंबाई के बराबर करें।

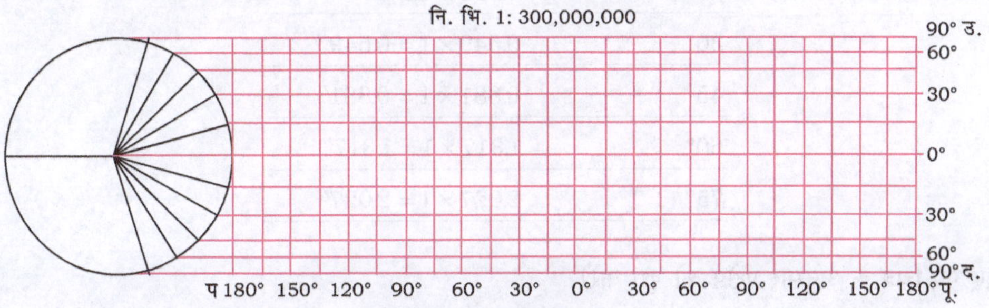

बेलनाकर सम-क्षेत्रफल प्रक्षेप

गुण

- सभी समांतर एवं साम्योत्तर सीधी रेखाएँ होती हैं, जो एक-दूसरे को समकोण पर काटती हैं।
- ध्रुवीय समांतर रेखाएँ भी विषुवत् वृत्त के बराबर होती हैं।
- मापनी केवल विषुवत् वृत्त के पास ही सही होती है।

सीमाएँ

- इसमें ध्रुव की ओर विकृति बढ़ती जाती है।
- यह प्रक्षेप यथाकृतिक प्रक्षेप नहीं है।
- क्षेत्र की समानता को बनाए रखने के लिए आकार में विकृति लानी पड़ती है।

उपयोग

- यह प्रक्षेप 45° उ. एवं द. अक्षांशों के बीच के क्षेत्रों के लिए सर्वाधिक उपयुक्त है।
- यह उष्णकटिबंधीय फसलों; जैसे—चावल, चाय, कॉफी रबड़ तथा गन्ना उत्पन्न करने वाले क्षेत्रों को दर्शाने के लिए अधिक उपयुक्त है।

मर्केटर प्रक्षेप

1569 ई. में एक डच मानचित्रकार जेरार्डस मर्केटर ने इस प्रक्षेप की रचना की। यह प्रक्षेप एक गणितीय सूत्र पर आधारित है। इसलिए यह एक यथाकृतिक प्रक्षेप है, जिसमें आकृति को सही बनाए रखा जाता है। इस प्रक्षेप, में अक्षांशों के बीच की दूरी ध्रुवों की ओर क्रमश: बढ़ती जाती है। बेलनी प्रक्षेप की तरह इसमें भी समांतर एवं याम्योत्तर रेखाएँ एक-दूसरे को समकोण पर काटती हैं। सीधी रेखा के द्वारा शुद्ध दिशा को प्रदर्शित करना इसकी विशेषता है। इस प्रक्षेप पर किसी भी दो बिंदु को जोड़ने वाली सीधी रेखा एक नियत दिस्थिति को प्रदर्शित करती है, जिसे रंब रेखा या लेक्सोड्रोम कहते हैं।

उदाहरण: विश्व मानचित्र के लिए 1:25,00,00,000 की मापनी पर तथा 15° के मध्यांतर पर एक मर्केटर का प्रक्षेप खींचे।

गणना ग्लोब का अर्द्धव्यास $R = \dfrac{25,00,00,000}{25,00,00,000} = 1''$

विषुवत् वृत्त की लंबाई $2\pi R = \dfrac{1 \times 22 \times 2}{7} = 6.28''$

विषुवत् वृत्त के पास मध्यांतर $= \dfrac{6.28 \times 15^\circ}{360^\circ} = 0.26$

रचना की विधि :

- 6.28' की एक रेखा EQ खींचे, जो कि विषुवत् वृत्त को दर्शाती है।
- इसे 24 बराबर भागों में विभाजित करें। प्रत्येक भाग की से ज्ञात की जाती है— $\frac{\text{विषुवत् वृत्त की लंबाई} \times \text{अंतराल}}{360}$
- अक्षांशों के बीच की दूरी की गणना निम्नानुसार सारणीबद्ध मान के अनुरूप की जाती है

अक्षांश	दूरी
15°	$0.265 \times 0.265''$
30°	$0.549 \times 1 = 0.549''$
45°	$0.881 \times 1 = 0.881''$
60°	$1.317 \times 1 = 1.317''$
75°	$2.027 \times 1 = 2.027''$

4. नीचे दिए गए चित्र के अनुसार प्रक्षेप को पूरा करें।

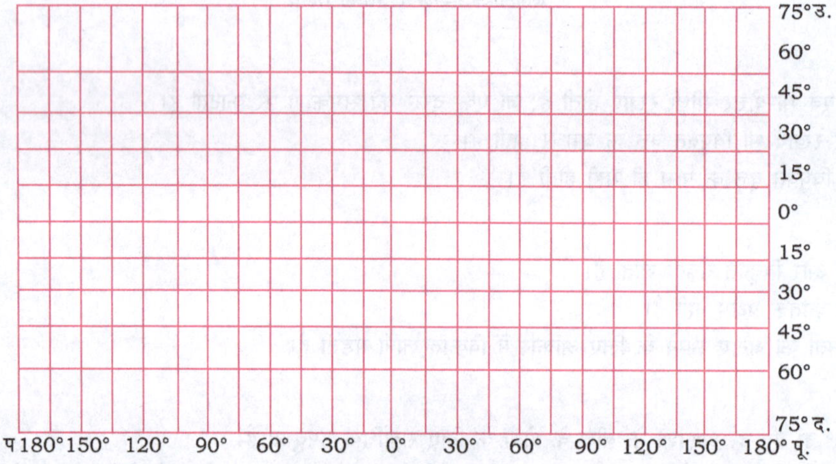

नि. भि. 1:250,000,000

मर्केटर प्रक्षेप

गुण

- इस प्रक्षेप में समांतर एवं याम्योत्तर दोनों सीधी रेखाएँ होती हैं तथा ये समकोण पर काटती हैं।
- सभी समांतरों की लंबाई समान तथा विषुवत् वृत्त की लंबाई के बराबर होती है।
- सभी देशांतरों की लंबाई एवं उनके मध्य की दूरी समान याम्योत्तरों की अपेक्षा अधिक होती है।
- अक्षांशों के बीच की दूरी ध्रुवों की ओर बढ़ती जाती है।
- विषुवत् वृत्त पर मापनी शुद्ध होती है, क्योंकि इस प्रक्षेप में विषुवत् वृत्त की लंबाई ग्लोब पर विषुवत् वृत्त की लंबाई के बराबर होती है, लेकिन अन्य अक्षांश समांतरों की लंबाई ग्लोब पर स्थित अक्षांशों की अपेक्षा अधिक होती है। उदाहरण के लिए, इस प्रक्षेप पर 30° अक्षांश समांतर ग्लोब पर संबंधित अक्षांश से 1.154 गुणा बड़ी होती है।
- इस पर क्षेत्रों की वास्तविक आकृति प्रदर्शित होती है, लेकिन उच्च अक्षांशीय क्षेत्रों की आकृति में विकृति आ जाती है।
- छोटे देशों का आकार विषुवत् वृत्त के पास संरक्षित रहता है, लेकिन यह ध्रुवों की ओर बड़ा होता जाता है।

- यह दिगंशीय प्रक्षेप है।
- यह प्रक्षेप यथाकृतिक है, क्योंकि याम्योत्तर के सहारे किसी एक बिंदु पर मापनी अक्षांश पर की मापनी के बराबर होती है।

सीमाएँ

- याम्योत्तर एवं अक्षांशों के सहारे मापनी का विस्तार उच्च अक्षांशों पर तीव्रता से बढ़ता है। जिसके परिणामस्वरूप, ध्रुव के निकटवर्ती देशों का आकार उनके वास्तविक आकार से अधिक हो जाता है। उदाहरण के लिए, ग्रीनलैंड का आकार संयुक्त राज्य अमेरिका के बराबर हो जाता है, जबकि यह अमेरिका के आकार का 1/10वाँ हिस्सा है।
- इस प्रक्षेप में ध्रुवों को प्रदर्शित नहीं किया जा सकता है, क्योंकि 90° अक्षांश समांतर एवं याम्योत्तर रेखाएँ अनंत होती हैं।

उपयोग

- यह विश्व के मानचित्र के लिए बहुत ही उपयोगी है। तथा एटलस मानचित्रों को बनाने में इसका उपयोग किया जाता है।
- यह समुद्र एवं वायु मार्गों पर नौसंचालन के लिए बहुत ही उपयोगी है।
- अपवाह प्रतिरूपों, समुद्री धाराओं, तापमान, पवनों एवं उनकी दिशाएँ, पूरे विश्व में वर्षा का वितरण इत्यादि को मानचित्र पर दर्शाने के लिए उपयुक्त हैं।

5. स्थलाकृतिक मानचित्र

यह एक छोटे क्षेत्र का एक बड़े पैमाने पर खींचा गया मानचित्र होता है, जिसमें विस्तृत सतह और प्राकृतिक तथा मानव-निर्मित विशेषताएँ दर्शाई जाती हैं। स्थलाकृतिक मानचित्रों को सामान्य उपयोग वाले मानचित्र (General-purpose maps) भी कहा जाता है। ये आधार मानचित्र के रूप में कार्य करते हैं और अन्य मानचित्र बनाने के लिए उपयोग किए जाते हैं।

स्थलाकृतिक मानचित्रों का महत्व

- स्थलाकृतिक मानचित्र किसी क्षेत्र के भौतिक और सांस्कृतिक परिदृश्य को समझने में सहायक होते हैं।
- ये मानचित्र अपेक्षाकृत बड़े पैमाने पर तैयार किए जाते हैं, जिनमें पर्वत, घाटियाँ, नदियाँ और मानव बस्तियाँ जैसी महत्त्वपूर्ण विशेषताओं को विस्तृत रूप से दर्शाया जा सकता है।
- इन मानचित्रों द्वारा प्रदान की गई जानकारी शोधकर्ताओं, योजनाकारों और बाहरी गतिविधियों में रुचि रखने वालों के लिए अत्यंत मूल्यवान होती है।
- भारत में भारतीय सर्वेक्षण विभाग (Survey of India) इन मानचित्रों को तैयार करने के लिए उत्तरदायी है। उनकी यह जिम्मेदारी सुनिश्चित करती है कि स्थलाकृतिक मानचित्र सटीक और अद्यतन हो, जो शहरी नियोजन, पर्यावरणीय अध्ययन और आपदा प्रबंधन के लिए आवश्यक होते हैं।

भारत में स्थलाकृतिक मानचित्र

भारत में स्थलाकृतिक मानचित्र दो श्रृंखलाओं में तैयार किए जाते हैं

(i) भारत एवं उसके पड़ोसी देशों की श्रृंखला वर्ष 1937 में दिल्ली सर्वेक्षण सम्मेलन होने तक भारत एवं उसके पड़ोसी देशों की श्रृंखला वाले मानचित्रों का निर्माण भारतीय सर्वेक्षण विभाग द्वारा किया जाता था। भारत का स्थलाकृतिक मानचित्र 110,00,000 12,50,000, 11,25,000, 150,000 तथा 1:25,000 की मापनी पर तैयार किया जाता है।

(ii) विश्व की अंतर्राष्ट्रीय मानचित्र श्रृंखला विश्व की अंतर्राष्ट्रीय मानचित्र श्रृंखला के अंतर्गत स्थलाकृतिक मानचित्र वृहत् मापनी पर पूरे विश्व के लिए 1,10,00,000 अथवा 12,50,000 की मापनी पर मानकीकृत मानचित्र तैयार करने के लिए अभिकल्पित (डिजाईन) किए जाते हैं।

उच्चाकच निरूपण विधियाँ

भूपृष्ठ समतल नहीं हैं। इसमें विभिन्न पर्वत, पहाड़ियाँ पठार तथा मैदान हैं। भूपृष्ठ के उत्थान एवं अवनमन, भौतिक लक्षणों या उच्चावच के रूप में जाने जाते हैं। इन लक्षणों को दर्शाने वाले मानचित्र को उच्चावच मानचित्र कहते हैं। इन ऊँचाई और अवनति में होने वाले बदलावों को सटीक रूप से दर्शाने के लिए कई विधियों का उपयोग किया जाता है।

समोच्च रेखा

समोच्च रेखाएँ वे काल्पनिक रेखाएँ होती हैं, जो समुद्र तल से समान ऊँचाई वाले बिंदुओं को जोड़ती हैं।

समोच्च रेखाओं के बीच की दूरी किसी स्थान की ढलान की तीव्रता या मंदता को दर्शाती है, पास-पास स्थित रेखाएँ खड़ी ढलानों को दर्शाती हैं, जबकि दूर-दूर स्थित रेखाएँ मंद ढलानों को इंगित करती हैं। अन्य विधियों में हैश्यूर (छोटी रेखाएँ जो ढलान की दिशा दर्शाती हैं), पहाड़ी छायांकन (त्रि-आयामी प्रभाव देने के लिए), स्तर आभा (ऊँचाई को दर्शाने वाले रंग परिवर्तन), बेंचमार्क (निर्धारित ऊँचाई वाले विशिष्ट बिंदु) और स्थानिक ऊँचाई (सटीक ऊँचाई वाले बिंदु) शामिल हैं।

समोच्च रेखाओं एकं उनके अनुप्रस्थ परिच्छेद खींचना

सभी स्थलाकृतिक आकृतियों के ढाल अलग-अलग होते हैं। उदाहरण के लिए एक समतल सतह का ढाल कम होता है तथा भृगु एवं महाखड्ड तीव्र ढाल वाले होते हैं। इसी प्रकार घाटियों एवं पर्वत श्रृंखलाओं में विभिन्न प्रकार की तीव्रता वाले ढाल होते हैं, जो खड़े ढाल से कम ढाल तक हो सकते हैं। इसलिए ढालों को दर्शाने के कारण समोच्च रेखाओं के बीच का अंतर बहुत ही अधिक महत्त्वपूर्ण होता है।

ढाल के प्रकार

- **मंद ढाल** जब किसी स्थलाकृति के ढाल की डिग्री या कोण बहुत कम होता है, तब ढाल मंद होता है। इस प्रकार की ढालों की समोच्च रेखाओं के बीच की दूरी बहुत अधिक होती है।
- **खड़ी ढाल** जब किसी स्थलाकृति के ढाल का कोण अधिक होता है, तो इनकी समोच्च रेखाओं के बीच की आपसी दूरी बहुत कम होती है तथा ये खड़ी ढाल को इंगित करते हैं।

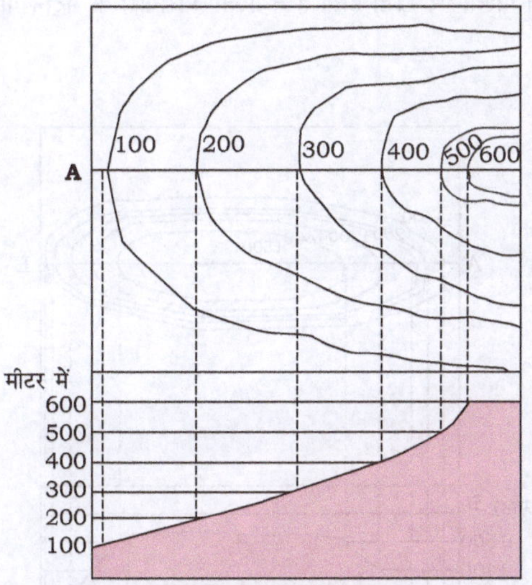

मंद ढाल

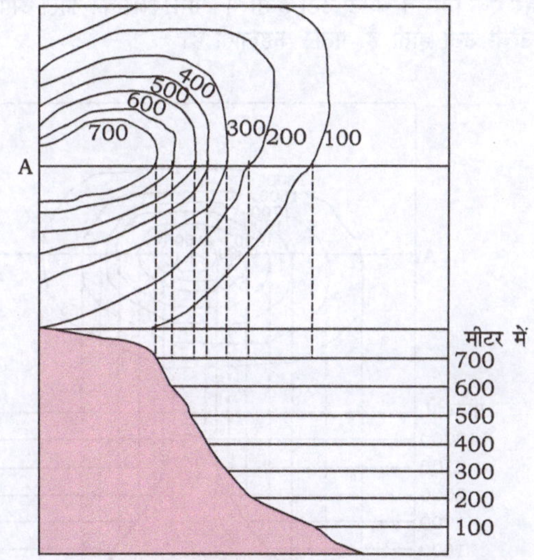

खडी ढाल

- **अवतल ढाल** जब उच्चावच स्थलाकृति का निचला भाग मद ढाल वाला एवं ऊपरी भाग खड़े ढाल वाला हो, तो उसे अवतल ढाल कहा जाता है। इस प्रकार के ढाल में समोच्च रेखाएँ निचले भाग में दूर-दूर तथा ऊपरी भाग में पास-पास होती हैं।
- **उत्तल ढाल** अवतल ढाल के विपरीत, उत्तल ढाल का ऊपरी भाग मंद एवं निचला भाग खड़ा होता है। इसके परिणामस्वरूप ऊपरी भाग में समोच्च रेखाएँ दूर-दूर तथा निचले भाग में पास-पास होती हैं।

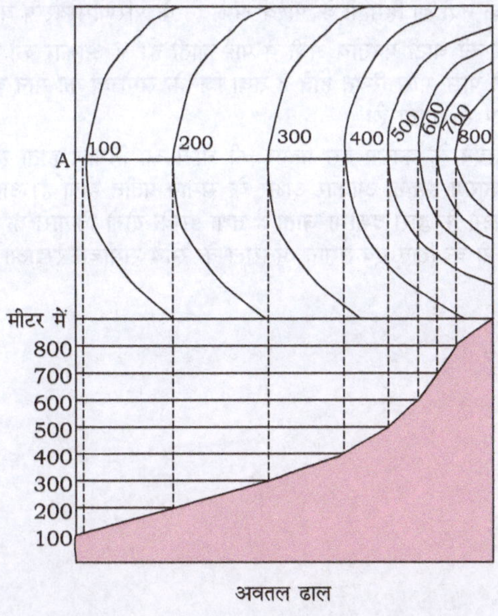

अवतल ढाल

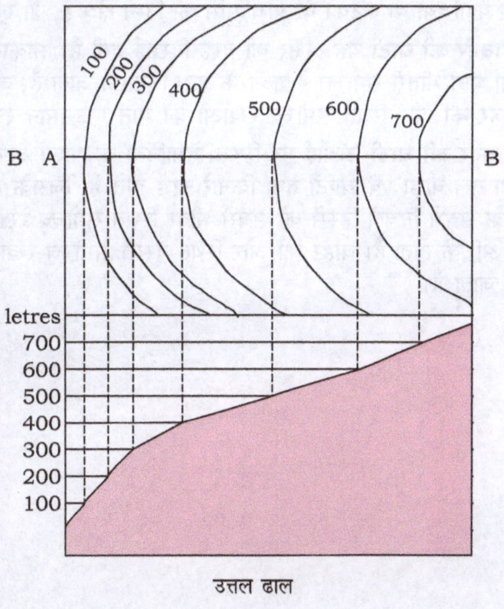

उत्तल ढाल

समोच्च रेखाओं द्वारा प्रदर्शित भू-आकृतियों के प्रकार

स्थलाकृतिक मानचित्र समोच्च रेखाओं के माध्यम से विभिन्न भू-आकृतियों को दर्शाते हैं। कुछ प्रमुख भू-आकृतियाँ इस प्रकार हैं–

- **शंक्वाकार पहाड़ी** यह आसपास की भूमि से लगभग समान रूप से उठी होती है। एक शंक्वाकार समान ढाल वाली पहाड़ी के लिए समोच्च रेखाएँ संकेन्द्री एवं नियमित अंतराल पर होंगी।
- **पठार** एक विस्तृत चपटा उठा हुआ भू-भाग, जिसकी ढाल अपेक्षाकृत पाश्वों पर खड़ी होती है तथा जो आसपास के मैदान या समुद्र से ऊँची उठी होती है. पठार कहलाती है।

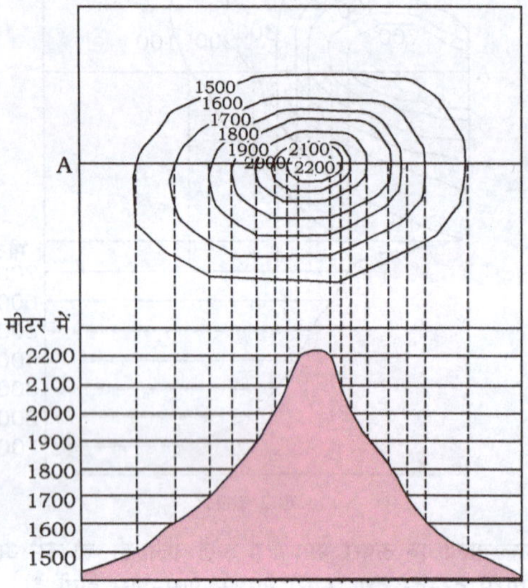

शंक्वाकार पहाड़ी

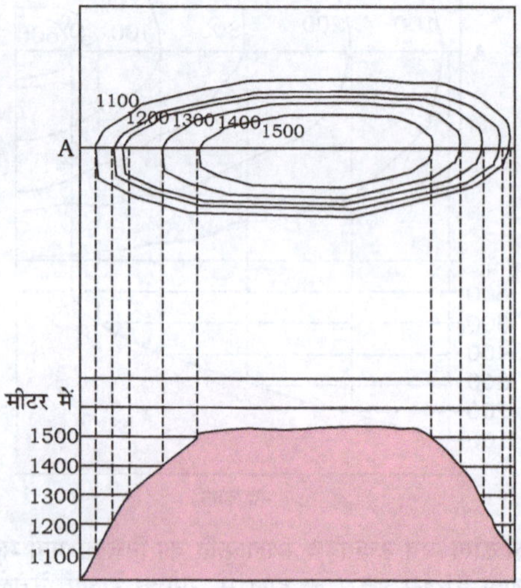

पठार

घाटी

- यह दो पहाड़ियों या कटकों के बीच भूमि का निम्न क्षेत्र है, जो एक नदी या हिमानी के पार्श्व अपरदन के परिणामस्वरूप बनती है।
- **V आकार की घाटी** यह अक्षर की तरह दिखाई देती है। आकार की घाटी पर्वतीय क्षेत्रों में पाई जाती है। V आकार की घाटी का निचला भाग भीतरी समोच्च रेखाओं के द्वारा दिखाया जाता है, जो पास-पास स्थित होते हैं तथा जिनके समोच्च का मान कम होता है। बाहर की ओर स्थित समोच्च रेखाओं का मान एकसमान रूप से बढ़ता है।
- **U आकार की घाटी** ऊँचाई पर स्थित हिमानियों के पार्श्व अपरदन के कारण इस प्रकार की घाटी का निर्माण होता है। इसका निचला तल चौड़ा एवं चपटा तथा किनारे खड़े होते हैं, जिसके कारण इसका आकार अक्षर के समान प्रतीत होता है। आकार की घाटी के सबसे निचले हिस्से को सबसे भीतर स्थित समोच्च रेखाओं के द्वारा दर्शाया जाता है तथा इसके दोनों किनारों के बीच का अंतर अधिक होता है। बाहर की ओर स्थित दूसरी समोच्च रेखाओं के लिए एकसमान अंतराल के साथ समोच्च रेखाओं का मान बढ़ता जाता है।

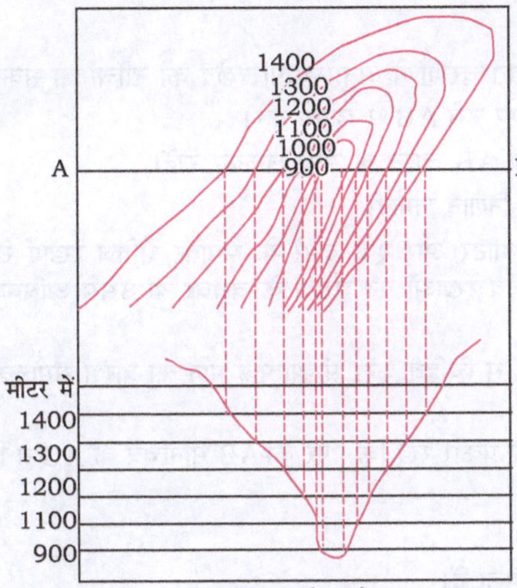

V-आकार की घाटी

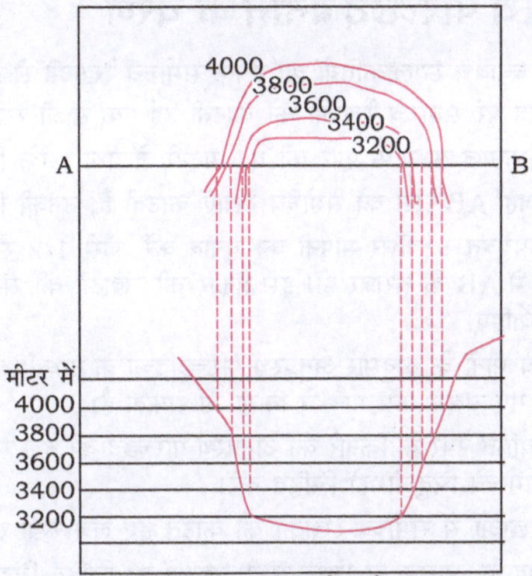

U-आकार की घाटी

- **महाखड्ड (गार्ज)** उच्च भागों में, जहाँ नदियों के द्वारा पार्श्व अपरदन की अपेक्षा ऊर्ध्वाधर अपरदन की क्रिया तीव्र होती है, वहाँ तंग घाटी का निर्माण होता है। ये गहरी तथा संकरी नदी घाटियाँ होती हैं, जिनके दोनों किनारों का ढाल बहुत तीव्र होता है। तंग घाटी को पास-पास स्थित समोच्च रेखाओं के द्वारा दर्शाया जाता है, जिसमें भीतरी समोच्च रेखाओं के बीच का अंतर बहुत कम होता है, जो इसके दोनों किनारे को दिखाता है।
- **पर्वतस्कंध** पर्वत शृंखलाओं से घाटी की ओर की झुकी हुई उत्तल ढाल वाली आकृति को स्पर या पर्वतस्कंध कहा जाता है। इसे विपरीत तरीके से आकार की समोच्च रेखा के द्वारा दर्शाया जाता है, लेकिन V के दोनों किनारे ऊँचाई वाले भाग को दिखाते हैं तथा इसकी चोटी निचले हिस्से को।

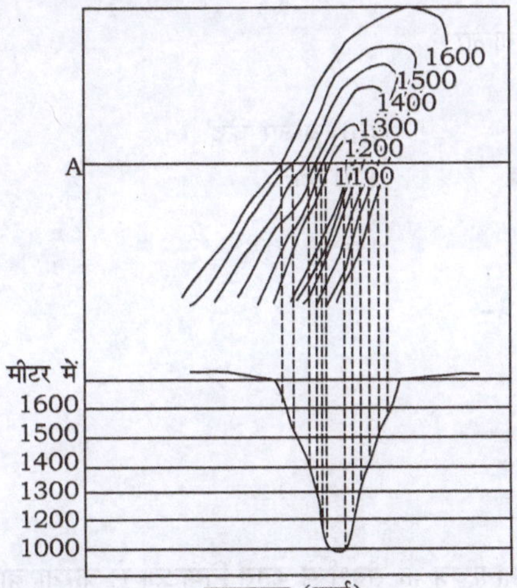

महाखड्ड (गार्ज)

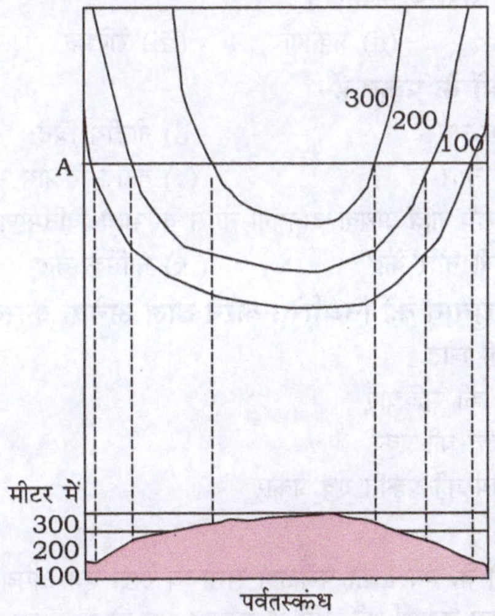

पर्वतस्कंध

- **भृगु** यह अत्यधिक तीव्र ढाल या खड़े पार्श्वों वाली भू-आकृति है। मानचित्र पर भृगु की पहचान पास-पास बनी समोच्च रेखाओं से की जाती है, जो आपस में जुड़ी हुई प्रतीत होती हैं।
- **जलप्रपात** किसी नदी तल पर काफी ऊँचाई से पानी का अचानक ऊर्ध्वाधर गिरना जलप्रपात कहलाता है। कभी-कभी जलप्रपात सोपानी धारा के रूप में गिरता है, जिसे रैपिड कहा जाता है। मानचित्र पर नदी को पार करते हुए समोच्च रेखाओं के परस्पर मिल जाने से जलप्रपात को पहचाना जा सकता है तथा रैपिड को अपेक्षाकृत दूर स्थित समोच्च रेखाओं के द्वारा।

अनुप्रस्थ परिच्छेद बनाने के चरण

विभिन्न उच्चावच स्थलाकृतियों का उनके समोच्च रेखाओं से निम्नलिखित चरणों में अनुप्रस्थ परिच्छेद को खींचा जा सकता है.

- मानचित्र पर समोच्च रेखाओं को काटती हुई एक सीधी रेखा खींचे एवं उसे AB से व्यक्त करें।
- सफेद कागज या ग्राफ़ पेपर की एक पट्टी लें तथा इसके किनारों को AB लाइन के साथ लगाकर रखें।
- जहाँ-जहाँ AB रेखा को समोच्च रेखाएँ काटती हैं, उनकी स्थिति पर निशान लगाएँ।
- एक उपयुक्त ऊर्ध्वाधर मापनी का चुनाव करें, जैसे 1/2 सेमी 100 मीटर और एक-दूसरे के समांतर क्षैतिज रेखाएँ खींचें, जो लंबाई में AB के बराबर हों। इस प्रकार की रेखाओं की संख्या समोच्च रेखाओं की संख्या के बराबर या उससे अधिक होनी चाहिए।
- समोच्च मानों के अनुसार अनुप्रस्थ परिच्छेदिका के ऊर्ध्वाधर को मानों से चिह्नित करें। संख्यात्मक मान का प्रारंभ समोच्च रेखा में दर्शाए गए सबसे कम मान से किया जा सकता है।
- अब चिह्नित पेपर के किनारे को अनुप्रस्थ परिच्छेद की तल रेखा पर इस प्रकार रखें कि पेपर का AB मानचित्र के AB से मिला रहे तथा समोच्च बिंदुओं को चिह्नित करें।
- AB रेखाओं से समोच्च रेखाओं को काटते हुए लंब रेखा खींचे।
- परिच्छेद के आधार पर स्थित सभी रेखाओं पर चिह्नित बिंदुओं को मिला दें।

स्थलाकृतिक शीट पर सांस्कृतिक लक्षणों की पहचान

बस्तियाँ, भवन, रेलमार्ग एवं सड़क मार्ग रूढ़ चिह्नों, प्रतीकों एवं रंगों के द्वारा स्थलाकृतिक शीट पर दिखाए जाने वाले महत्त्वपूर्ण सांस्कृतिक लक्षण हैं। इन लक्षणों की अवस्थिति एवं उनका वितरण प्रारूप मानचित्र पर दर्शाए गए क्षेत्र को समझने में सहायता प्रदान करते हैं।

बस्तियों का वितरण

- इसके वितरण को मानचित्र पर इनकी स्थिति, अवस्थिति, प्रारूप, संरक्षण तथा घनत्व द्वारा देखा है। बस्ती मानचित्र एवं समोच्च मानचित्रों की परस्पर तुलना के द्वारा बस्तियों के विभिन्न प्रकारों की प्रकृति एवं कारण को समझा जा सकता है।
- ग्रामीण बस्तियों के प्रकार हैं

  (i) संहत (ii) प्रकीर्ण (iii) रैखिक (iv) वृत्ताकार

शहरी बस्तियों के प्रकार हैं-

(i) चतुष्पथ नगर (ii) नोडीय बिंदु: (iii) बाजार केंद्र.

(iv) पहाड़ी नगर (v) तटीय विश्राम स्थल केंद्र (vi) पतन

(vii) उपनगरीय गाँव अथवा अनुषंगी नगरों के साथ विनिर्माण केंद्र

(viii) राजधानी नगर केंद्र (ix) धार्मिक केंद्र

बस्तियों के चुनाव को निर्धारित करने वाले अनेक कारक होते हैं-

(i) जल के स्त्रोत

(ii) भोजन की सुविधाएँ

(ii) उच्चावच की प्रर्कृ

(iv) व्यवसाय की प्रकृति एवं प्रकार

(v) रक्षा

मानव बस्तियों के स्थल का परीक्षण समोच्च रेखा एवं अपवाह तंत्र मानचित्र के संदर्भ में बहुत निकटता से करना चाहिए। बस्तियों का घनत्व खाद्य पदार्थों की पूर्ति से प्रत्यक्ष रूप से संबंधित होता है। ये नदी घाटी, सड़क, तटबंध, तटरेखा के साथ वितरित होती हैं। इन्हे रैखिक प्रारूप कहते हैं।

नगरीय बस्तियों में, एक चतुष्पथ नगर पंखे की आकृति का स्वरूप ग्रहण करता है, जिसमें मकान सड़कों के किनारे व्यवस्थित होते हैं तथा मुख्य बाजार एवं नगर के केंद्र में चौराहे होते हैं। एक नोडीय नगर में सड़कें केंद्र से सभी दिशाओं में जाती हैं।

यातायात एकं संचार का प्रतिरूप

उपयोग में लाए जाने वाले यातायात के साधनों तथा परिवहन जाल के घनत्व का उच्चावच, जनसंख्या आकार तथा संसाधन विकास के प्रारूपों से घनिष्ठ संबंध होता है। ये रुढ़ि चिह्नों एवं प्रतीकों के द्वारा दर्शाए जाते हैं। मानचित्र पर दिखाए गए परिवहन तथा संचार के साधन हमें उस क्षेत्र के बारे में महत्त्वपूर्ण जानकारी प्रदान करते हैं।

स्थलाकृतिक मानचित्रों का निर्कचन

स्थलाकृतिक मानचित्र को पढ़ने एवं समझने के लिए मानचित्रों की भाषा तथा दिशा का ज्ञान होना आवश्यक है। विभिन्न स्थलाकृतियों के लिए उपयोग में लाए गए रूढ़ चिह्नों के विषय में जानकारी होना आवश्यक है। ये रूढ़ चिह्न एवं प्रतीक संपूर्ण विश्व में स्वीकृत हैं, कोई भी व्यक्ति विश्व में कहीं भी बिन्ना उस देश की भाषा जाने भी इन मानचित्रों को पढ़ सकता है। सामान्यत: जिन शीर्षकों के अंतर्गत स्थलाकृतिक मानचित्रों की व्याख्या की जाती है, उनमें उपांत सूचनाएँ, उच्चावच एवं अपवाह भूमि उपयोग यातायात तथा संचार के साधन और मानव बस्तियाँ आदि शामिल हैं।

मानचित्र में प्रयोग किए जाने वाले रूढ़ चिन्ह व प्रतीक

सड़कें, पक्कीः महत्त्वानुसार, मील पत्थर...
सड़कें, कच्चीः महत्त्वानुसार, पुल...
रास्ता, लददू का, दर्रें सहित, पगडंडी, पुल सहित..
नाले तल में मार्ग सहित, अनिश्चित, नहर.
बाँध : चिना हुआ अथवा पत्थरों से पटा, मिट्टी से पटा, बंधिका..
नदीः सूखी, धारा सहित, द्वीप और चट्टान सहित; ज्वारीय नदी..
दलदल : नद...
कूपः पक्का, कच्चा। सोता। तालाब बारहमासी; अन्य...
पुश्ते : सड़क अथवा रेल की पटरी के..
रेल की पटरीः चौड़ी लाइन, दोहरी; इकहरी स्टेशन सहित, निर्माणाधीन
रेल की पटरी : अन्य लाइनें, दोहरी; इकहरी मील-पत्थर सहित, निर्माणाधीन....
हल्की रेलवे या ट्रामवे। तार। कटान सुरंग सहित
समोच्च-रेखाएँ, भृगु..
बालू के आकार (१) सपाट, (२) बालू के टिब्बे (पक्के), (३) बालू के टिब्बे (कच्चे)
नगर अथवा गाँव : आबाद, उजाड़, गढ़..
झोपड़ियाँ : स्थायी, अस्थायी। मीनार। पुरातन अवशेष...
मंदिर, छतरी, गिरजाघर, मस्जिद, ईदगाह, मकबरा कब्रें.....
प्रकाश स्तंभ। प्रकाशपोत। बोया : प्रकाशित, अप्रकाशित, लंगरगाह..........
खान, बेल, जाली पर चढ़ी, घास, झाड........
पनई ताड़, अन्य ताड़, शंकु जाति, बाँस, अन्य पेड़.......
सीमाः अंतर्राष्ट्रीय.........

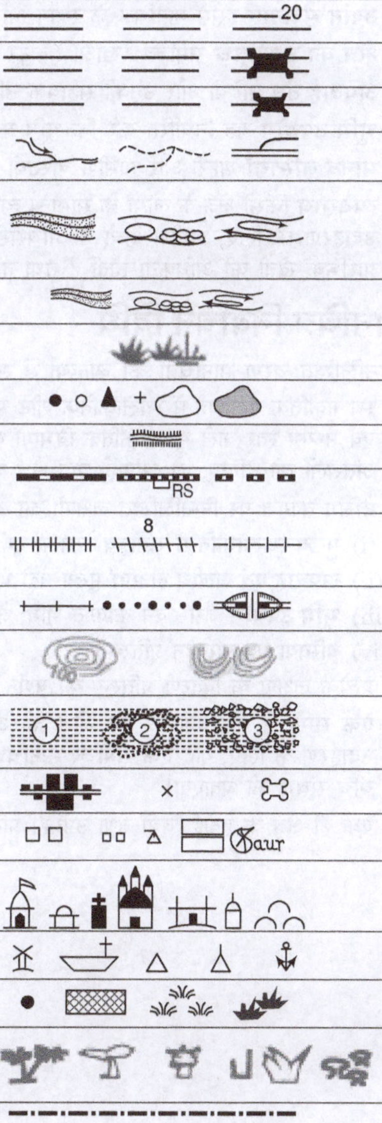

सीमा राज्यः सीमांकित, असीमांकित........	—·—·—·— ×—×—×
सीमा-जिला: परगना, तहसील या ताल्लुक	——— .... ..—..—.. .. ..
सीमा-स्तंभः सर्वेक्षित, अनुपलब्ध, गाँवों का त्रिसीमा	■ □ ⅄
ऊँचाई: त्रिकोणीय, चांदे की बिंदु, सन्निकट...	△200 •200 •200
तल चिह्न, ज्योडीय, तरशियरी, नहर, अन्य...........	
डाकघर, थाना.........	
डाक या यात्री बंगला, निरीक्षण भवन, विश्राम गृह.........	
सर्किट हाउस पड़ाव.......	
वन : आरक्षित, सुरक्षित.	

स्थलाकृतिक मानचित्र की प्रभावी व्याख्या निम्न प्रकार से कर सकते है

- **उपांत सूचनाएँ** इसमें मानचित्र के स्थान और पैमाने (स्केल) से संबंधित विवरण शामिल होते हैं।
- **क्षेत्र का उच्चावच** समोच्च रेखाओं (कंटूर पैटर्न) के आधार पर पहाड़, पठार, मैदान या पर्वतों की पहचान करें।
- **अपवाह तंत्र** नदियों और उनकी सहायक नदियों को देखें, ताकि क्षेत्र में जल प्रवाह को समझा जा सके।
- **भूमि उपयोग** यह निर्धारित करें कि भूमि का उपयोग कृषि उद्योग या प्राकृतिक संरक्षण के लिए किया जा रहा है।
- **मानव बस्तियाँ** शहरी और ग्रामीण बस्तियों के वितरण पैटर्न के आधार पर उनकी पहचान करें।
- **व्यवसाय** किसी क्षेत्र के लोगों के सामान्य व्यवसाय को वहाँ के भूमि उपयोग तथा बस्तियों के प्रकार के द्वारा पहचाना जा सकता है। उदाहरण के लिए, ग्रामीण क्षेत्रों में अधिसंख्य लोगों का मुख्य व्यवसाय खेती होता है. आदिवासी क्षेत्रों में लकड़ी काटना एवं प्रारंभिक खेती की अधिकता होती है तथा तटीय क्षेत्रों में मछली पकड़ने का कार्य किया जाता है।

मानचित्र निर्वाचन विधि

निम्नलिखित चरण मानचित्रों की व्याख्या में सहायता प्रदान करेंगे

- स्थलाकृतिक मानचित्र में स्थलाकृतिक शीट सूचक संख्या के अनुसार भारत में इसकी अवस्थिति ज्ञात की जा सकती है। इससे वृहत् एवं मध्यम स्तर वाले भू-आकृतिक विभागों की भी सामान्य विशेषताओं की जानकारी मिलती है। मानचित्र के मापनी तथा समोच्च अंतरालों को देखिए, जो आपको एक क्षेत्र की सामान्य स्थलाकृति एवं उसके विस्तार को बताता है।
- ट्रेसिंग कागज पर निम्नलिखित लक्षणों का अनुसरण करें
  (i) **मुख्य स्थलाकृतियाँ** समोच्च रेखाओं एवं भौगोलिक लक्षणों द्वारा दिखाए गए।
  (ii) **अपवाह एवं जलीय लक्षण** मुख्य नदी एवं उसकी महत्त्वपूर्ण सहायक नदियाँ।
  (iii) **भूमि उपयोग** जैसे- वन कृषिगत भूमि, बेकार भूमि, पशु विहार, पार्क, विद्यालय इत्यादि।
  (iv) बस्तियों एवं परिवहन प्रतिरूप।
- प्रत्येक लक्षण के वितरण प्रतिरूप का वर्णन सबसे महत्त्वपूर्ण पक्षों की ओर ध्यान आकर्षित करते हुए अलग-अलग कीजिए।
- एक समय में मानचित्रों के एक जोड़े को अध्यारोपित करके, यदि किन्हीं दो प्रारूपों के बीच कोई संबंध है, तो उसे लिखिए। उदाहरण के लिए, यदि एक समोच्च मानचित्र भूमि उपयोग से मिल जाता है, तो ढाल के डिग्री एवं उपयोग में आने वाली भूमि के बीच संबंध को बताएगा।
- एक ही क्षेत्र के हवाई चित्रों तथा उपग्रही प्रतिबिंबों की तुलना उस क्षेत्र के स्थलाकृतिक मानचित्र के द्वारा की जा सकती है।

6. सुदूर संवेदन का परिचय

सर्वप्रथम सुदूर संवेदन शब्द का प्रयोग 1960 के दशक में किया गया था। यह एक ऐसी प्रक्रिया है, जो भूपृष्ठीय वस्तुओं घटनाओं की सूचनाओं का संवेदक युक्तियों के द्वारा बिना वस्तु के संपर्क में आए मापन व अभिलेखन से करती है। सुदूर संवेदन युक्तियाँ ऊर्जा के बृहत्तर परिसर तथा विकिरण, परावर्तित, उत्सर्जित, अवशोषित तथा पारगत ऊर्जा स्वरूप का अधिकतम उपयोग करते हैं (जिनका तापमान 0° केल्विन या -273° सेल्सियस से अधिक है)।

सुदूर संकेदन की अकस्थाएँ

यह पृथ्वी के धरातलीय पदार्थों के तत्त्वों एवं स्वभाव से संबंधित सूचनाओं के संग्रहण में इस प्रकार सहायक होते हैं

- **ऊर्जा का स्रोत** सुदूर संवेदन में ऊर्जा का सबसे महत्त्वपूर्ण स्रोत सूर्य है। किसी वस्तु एवं स्वभाव के विषय में सूचनाओं को प्राप्त करने के लिए कृत्रिम ऊर्जा का भी उपयोग किया जा सकता है, जैसे कि फ्लेशगन तथा राडार में प्रयुक्त ऊर्जा बिंब।
- **ऊर्जा का संचरण** सूर्य से ऊर्जा तरंगों के रूप में विस्तारित होकर प्रकाश गति से पृथ्वी के धरातल तक पहुँचती है। इस ऊर्जा संचरण को विद्युत चुंबकीय विकिरण कहा जाता है। ऊर्जा तरंगों की लंबाई (तरंगदैर्ध्य) व आवृत्ति में भिन्नता पाई जाती है। यद्यपि सुदूर संवेदन में दृश्य ऊर्जा क्षेत्र, अवरक्त क्षेत्र व माइक्रोवेव ऊर्जा क्षेत्र अधिक उपयोगी हैं।
- **पृथ्वी के धरातल के साथ ऊर्जा की अन्योन्यक्रिया** जब ऊर्जा पृथ्वी तक पहुँचती है, तो यह वस्तुओं द्वारा अवशोषित, संचारित, परावर्तित या उत्सर्जित की जाती है। विभिन्न वस्तुएँ ऊर्जा के प्रति भिन्न प्रतिक्रिया देती हैं। उदारहण के तौर पर, शुद्ध जल ऊर्जा किरणों का सर्वाधिक अवशोषण करते हैं तथा उपग्रहों से प्राप्त प्रतिबिंबों में ये गहरे काले नजर आते हैं, जबकि आविल जलाशय क्षेत्र किरणों को अपेक्षाकृत अधिक परावर्तित करते हैं और उपग्रहों से प्राप्त प्रतिबिंबों में ये हल्के नीले रंग में दिखाई देते हैं।
- **वायुमंडल से उत्सर्जित ऊर्जा का प्रवर्धन** जब भूपृष्ठ वस्तुओं से ऊर्जा परावर्तित होती है, तो यह पुनः वायुमंडल में प्रवेश करती है जहाँ गैसें, जल, अणु और धूल कण इसे संशोधित करते हैं। अतः ऊर्जा, जो या तो अवशोषित हो जाती है या वायुमंडलीय घटक जिसको प्रकीर्ण करते हैं. वह उपग्रहों में विद्यमान संवेदक तक नहीं पहुँच पाती।
- **सवेदक के माध्यम से उत्सर्जित ऊर्जा का अभिसूचन** ऊर्जा अभिलेखित करने वाले सवेदक 700 से 900 किमी की ऊँचाई पर उपग्रहों में लगाए गए हैं, ये उपग्रह सुदूर संवेदन उपग्रहों के नाम से जाने जाते हैं (उदाहरणार्थ भारतीय शृंखला के भारतीय सुदूर संवेदन उपग्रह)। मौसम संबंधी आकलन व संचार के लिए भी उपग्रह भेजे गए हैं, जो भू-स्थैतिक हैं। ये अंतरिक्ष में लगभग 36,000 किमी की ऊँचाई पर स्थापित हैं (उदाहरणार्थ INSAT श्रेणी के उपग्रह)।
- **प्राप्त ऊर्जा का आंकिक आँकड़ों के रूप में अभिसारण** संवेदक एकत्रित ऊर्जा को विद्युतीय क्रिया द्वारा आँकड़ों (डिजिटल) के रूपों को बिंब में बदल देते हैं। ये आंकिक संख्याएँ पंक्ति व स्तंभ में कमानुसार व्यवस्थित होते हैं। इन्हें पृथ्वी के स्टेशनों पर भेजा जाता है, जैसे हैदराबाद के शादनगर में स्थित स्टेशन।
- **आँकड़ा उत्पाद से विषयानुरूप सूचना सामग्री को निकालना** धरातल पर स्थित आँकड़ा संग्रहण केंद्रों में संग्रहित बिंबों को प्राप्त करने के पश्चात् आँकड़े एकत्रीकरण के दौरान हुई को दूर करने की कार्यवाही की जाती है। त्रुटियों को दूर करने के पश्चात् शुद्ध बिंब प्रक्रमण तकनीक की सहायता से तथा बिंब को चाक्षुष विधि में विश्लेषित की जाती है।
- **मानचित्र एवं सारणी के रूप में आँकड़ों एवं सूचनाओं का अभिसारण** विश्लेषित सूचनाओं को अंततः विषयी मानचित्रों के अलग-अलग रूपों में रेखांकन एवं परिवर्तन किया जाता है। इसमें अतिरिक्त सूचनाओं का मात्रात्मक मापन कर विभिन्न आँकड़े, सारणियों का निर्माण भी किया आता है।

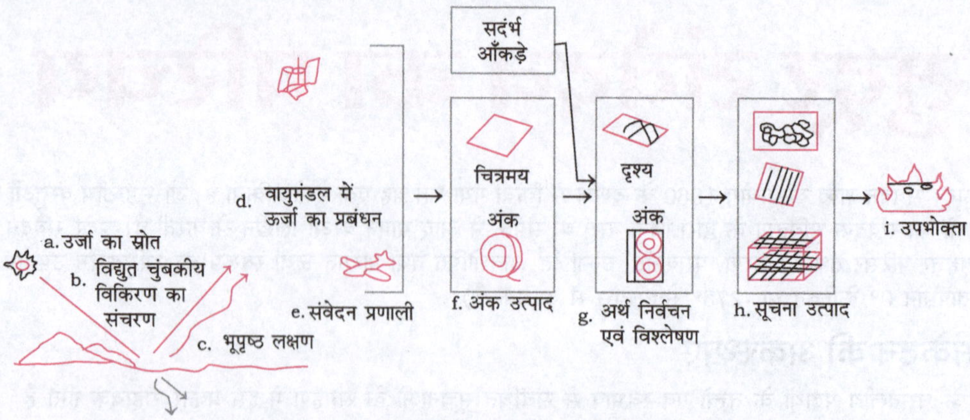

सुदूर संवेदन के आँकड़े अर्जन करने के चरण

संकेदक

संवेदक विद्युत चुंबकीय विकिरण को एकत्रित करता है, उसे सिग्नल में परिवर्तित करता है और वस्तुओं के बारे में जानकारी एकत्र करने में सहायता करता है। सवेदक दो प्रकार के होते हैं

- फोटोग्राफी संवेदक (कैमरा) किसी भी लक्ष्य बिंदुओं को एक क्षण विशेष में उद्भाषित कर अभिलेखन कर लेता है।
- फोटोग्राफ रहित संवेदक किसी लक्ष्य के प्रतिबिंब को पंक्ति दर पंक्ति रूप में प्राप्त करते हैं

स्कैनर क्रमवीक्षक

बहुकर्णक्रमीय (मल्टीस्पेक्ट्रल) स्कैनर

सुदूर संवेदन उपग्रहों में मल्टीस्पेक्ट्रल स्कैनर संवेदक के रूप में उपयोग किए जाते हैं। ये संवेदक दृश्य क्षेत्र पर दृष्टि दौड़ाते हुए ही वस्तुओं को चित्रित कर लेते हैं। स्कैनर एक प्रकार की अभिग्रहण प्रणाली है, जिनमें एक दर्पण व संसूचक लगे होते हैं। संग्रहित ऊर्जा को भंडारण और विश्लेषण के लिए डिजिटल संख्याओं (DN मान) में परिवर्तित किया जाता है।

बहुकर्णक्रमीय (मल्टीस्पेक्ट्रल) स्कैनर के प्रकार

(i) **विस्कब्रूम क्रमवीक्षक** विस्कब्रूम क्रमवीक्षक में एक घूमने वाला दर्पण व एकमात्र संसूचक लगा होता है। यह दृश्य (Swath) में 90° से 120° मध्य प्रसपी होता है। संवेदक का वह पूरा क्षेत्र, जहाँ तक यह पहुँच सकता है, उसे स्कैनर का कुल दृष्टि क्षेत्र (Total Field of View) कहा जाता है।

(ii) **पुशब्रूम क्रमवीक्षक** पुशब्रूम क्रमवीक्षक बहुत सारे संसूचकों पर आधारित होता है जिनकी संख्या विभेदन के कार्य क्षेत्र को क्षेत्रीय विभेदन से विभाजित करने से प्राप्त संख्या के समान होती है। उदाहरण के लिए SPOT HRV-1 सेंसर में 3000 डिटेक्टर हैं, जो 20 मीटर के स्थानिक रिज़ॉल्यूशन के साथ 60 किलोमीटर के क्षेत्र को कवर करते हैं।

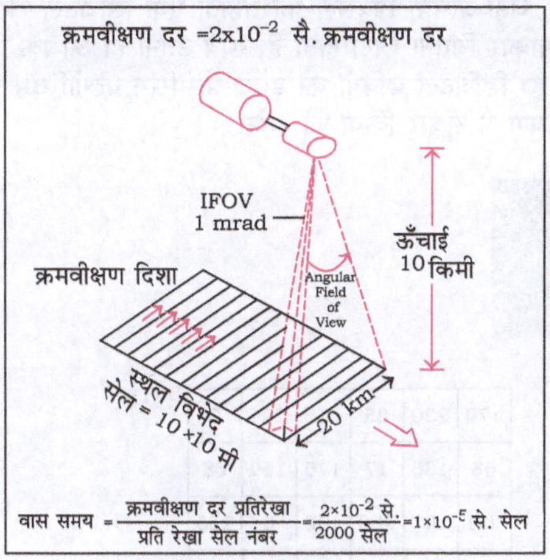

विस्कब्रूम क्रमवीक्षण क्रियाविधि

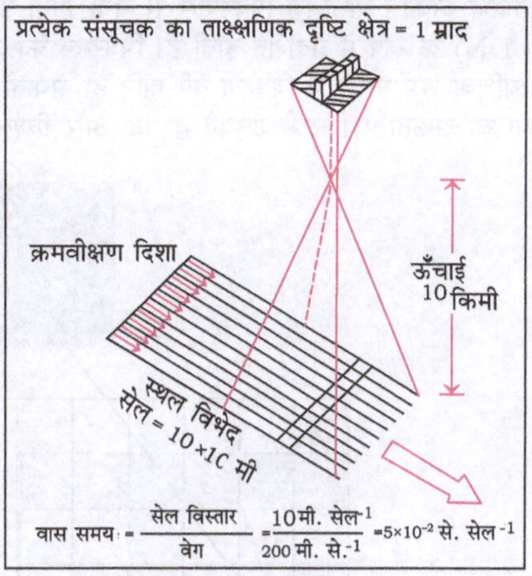

पुश बूम क्रमवीक्षक

उपग्रहों की विभेदन क्षमता

सुदूर संवेदक उपग्रहों में सूर्य तुल्यकाली (Sun synchronous) उपग्रह पूर्व निर्धारित समयांतराल पर आँकड़ों या प्रतिबिंब को प्राप्त करते हैं, जिसे सामयिक विभेदन कहा जाता है।

अलग-अलग समय पर ली गई तस्वीरों की तुलना करके हम पृथ्वी की सतह पर होने वाले बदलावों का अध्ययन कर सकते हैं। उदाहरण के लिए, हिमालय की उपग्रह तस्वीरें समय के साथ वनस्पति में होने वाले बदलावों को ट्रैक करने में सहायता करती है।

इसी तरह वर्ष 2004 में हिंद महासागर में आई सुनामी से पहले और बाद में ली गई तस्वीरें इसके प्रभाव को दर्शाती हैं। सुनामी से पहले की तस्वीर (जून, 2004) इंडोनेशिया के बंडा आसेह के अछूते परिदृश्य को दिखाती है, जबकि सुनामी के बाद की तस्वीर आपदा से हुए व्यापक नुकसान को दर्शाती है।

संवेदन विभेदन

- **धरातलीय विभेदन** यह भूपृष्ठ पर दो साथ-साथ स्थित पर भिन्न वस्तुओं को पहचानने की संवेदक क्षमता से संबंधित है। धरातलीय विभेदन बढ़ने के साथ भूपृष्ठ की छोटी-से-छोटी चीज को पहचानना व स्पष्ट रूप से देखा जाना संभव हो सकता है।
- **वर्णक्रमीय स्पेक्ट्रम विभेदन** यह विभेदनकी क्षमता को दर्शाता है, जिससे वह विद्युत चुंबकीय स्पेक्ट्रम के विभिन्न बैंडों में जानकारी पहचानता और रिकॉर्ड करता है। जिस प्रकार एक प्रिज्म प्रकाश को रंगों में विभाजित करता है, उसी प्रकार सेंसर विभिन्न तरंगदैर्ध्यों को कैप्चर करके विभिन्न विशेषताओं को उजागर करते हैं।
- उदाहरण: अवरक्त किरणें जल निकायों (पानी) को गहरे रंग में दिखाते हैं, जबकि ग्रीन बैंड शुष्क सतहों को उजागर करते हैं।
- **रेडियोमीट्रिक विभेदन** यह संवेदक की दो भिन्न लक्ष्यों की भिन्नता को पहचानने की क्षमता है। जितना रेडियोमीट्रिक विभेदन अधिक होगा, विकिरण अंतर उतना ही कम होगा, जिससे दो लक्ष्य क्षेत्रों के मध्य अंतर को जाना जा सकता है। संसार के कुछ सुदूर संवेदन उपग्रहों की धरातलीय, वर्णक्रमीय व रेडियोमीट्रिक विभेदन क्षमता प्रस्तुत की गई है।

आँकड़ा उत्पाद

फोटोग्राफिक प्रक्रिया में प्रकाश संवेदी फ़िल्म का प्रयोग ऊर्जा विचरण के संसूचन तथा अभिलेखन के लिए किया जाता है। स्कैनिंग युक्तियों प्रतिबिंबों को आंकिक रूप में प्राप्त करती हैं।

आँकड़ा उत्पाद के प्रकार

- **फोटोग्राफिक प्रतिबिंब** फोटोग्राफ विद्युत चुंबकीय स्पैक्ट्रम के दृश्य क्षेत्र में माइक्रोमीटर (u) में ही प्राप्त किए जाते हैं। चार भिन्न प्रकार के इमल्शन वाली फिल्म फोटोग्राफ में प्रयोग की जाती है यह श्याम श्वेत, रंगीन, श्याम श्वेत अवरक्त तथा रंगीन अवरक्त होती हैं। प्रायः हवाई फोटोग्राफी के अंतर्गत श्वेत तथा श्याम फिल्मों का उपयोग किया जाता है। बिना सूचना अंश तथा विपर्यास खोए हुए फोटोचित्रों को वृहत् भी किया जा सकता है।

- **अंकीय प्रतिबिंब** अंकीय प्रतिबिंब पिक्सल्स से बनी होती हैं, जहाँ प्रत्येक पिक्सल की तीव्रता एक डिजिटल संख्या (Digital Number - DN) के रूप में प्रदर्शित होती है। पिक्सल का आकार जितना छोटा होता है, छवि उतनी ही अधिक विस्तृत होती है। हालाँकि, अत्यधिक जूम करने से विवरण की हानि हो सकती है। डिजिटल छवियों को इमेज प्रोसेसिंग एल्गोरिदम की सहायता से संवर्धित किया जा सकता है जिससे उनकी दृश्यता और विश्लेषण में सुधार किया जा सके।

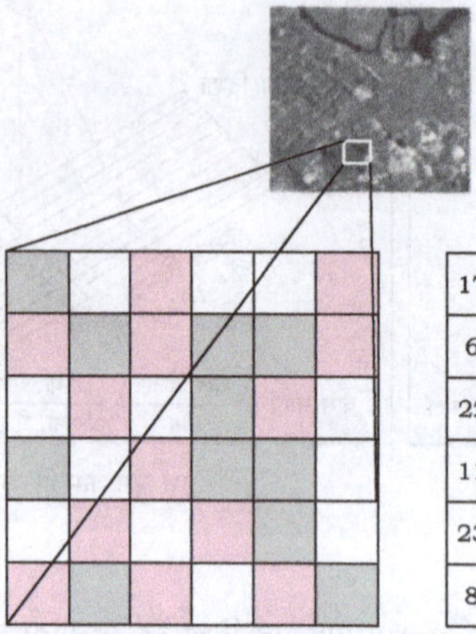

170	230	85	255	221	0
68	136	17	170	119	68
221	0	238	138	0	255
119	255	85	170	136	238
238	17	221	68	19	255
85	170	119	221	17	136

अंकीय प्रतिबिम्ब (ऊपर) एवं उसके पिक्सल दर्शाता उसका एक हिस्सा (बाएँ) एवं संबंधित अंकीय संख्याएँ (दाएँ)

उपग्रह से प्राप्त प्रतिबिंबों का निर्वचन

- उपग्रह विशेष सेंसर का उपयोग करके पृथ्वी की सतह की तस्वीरें लेते हैं। ये तस्वीरें हमें विभिन्न वस्तुओं और प्राकृतिक घटनाओं के आकार, पैटर्न और विशेषताओं को समझने में सहायता करती हैं। एकत्र किया गया डेटा फोटो या डिजिटल छवियों के रूप में हो सकता है।
- इस डेटा का अध्ययन करने के लिए हम दो मुख्य तरीकों का उपयोग कर सकते हैं दृश्य व्याख्या और डिजिटल इमेज प्रोसेसिंग।

  (i) **प्रतिबिंब निर्वचन :** यह एक मैनुअल प्रक्रिया है, जिसमें विशेषज्ञ उपग्रह चित्रों को ध्यानपूर्वक विश्लेषण करके वस्तुओं और पैटर्न की पहचान करते हैं।

  (ii) **डिजिटल इमेज प्रोसेसिंग :** इस विधि में कंप्यूटर और विशेष सॉफ्टवेयर का उपयोग करके छवियों का विश्लेषण किया जाता है और उपयोगी जानकारी निकाली जाती है।

प्रतिबिंब निर्वचन के तत्त्व

- हम रोजमर्रा की जिंदगी में वस्तुओं की पहचान उनके, स्थान और परिवेश के आधार पर करते हैं। इन विशेषताओं को दृश्य व्याख्या के तत्त्व (Elements of Visual Interpretation) कहा जाता है। इन्हें दो श्रेणियों में विभाजित किया जा सकता है

  (i) **छवि विशेषताएँ** इनमें टोन या रंग, बनावट (Texture), आकार, पैटर्न और छाया (Shadow) शामिल हैं।

  (ii) **स्थलाकृतिक विशेषताएँ** यह वस्तुओं के स्थान और उनके आस-पास की विशेषताओं के साथ उनके संबंध को दर्शाती हैं।

छवियों की व्याख्या और विभिन्न भू-आकृतियों को समझने में सहायक तत्त्व निम्नलिखित हैं-

1. आभा या रंग

- वस्तुएँ ऊर्जा को अवशोषित, संचारित और परावर्तित करती हैं। परावर्तित ऊर्जा को सेंसर द्वारा ग्रे शेड (ब्लैक एंड व्हाइट छवियों) या विभिन्न रंगों में रिकॉर्ड किया जाता है।
- चिकनी और शुष्क सतहें अधिक ऊर्जा परावर्तित करती हैं, जिससे वे अधिक चमकदार दिखाई देती हैं, जबकि खुरदरी और नम सतह गहरी दिखाई देती हैं।
- स्वस्थ वनस्पति अवरक्त (Infrared) प्रकाश को परावर्तित करती है और झूठे-रंग (False Colour) छवियों में चमकदार लाल दिखाई देती है।

- स्वच्छ पानी अधिकांश विकिरण (Radiation) को अवशोषित करता है और गहरा या काला दिखाई देता है, जबकि गंदला पानी (TuRid Water) निलंबित कणों के कारण हल्का दिखाई देता है।

क्रम संख्या	भूपृष्ठ लक्षण	रंग (मानक एफ.सी.सी. में)
1.	स्वस्थ वनस्पति एवं कृष्ट क्षेत्र	लाल से मैजेंटा
	सदाबहार पर्णपाती	भूरे से लाल
	कुंज	लाल धब्बों सहित हल्का भूरा
	शस्य भूमि	चमकीला लाल
	परती भूमि	हल्के नीले से सफेद
2.	जलाशय	
	स्वच्छ जल	गहरे नीले से काला
	आविल जलाशय	हल्का नीला
3.	निर्मित क्षेत्र	
	उच्च घनत्व	गहरे नीले से नीला हरा
	निम्न घनत्व	हल्का नीला
4.	व्यर्थ भूमि/शैल दृश्यांश	
	शैल दृश्यांश	हल्का भूरा
	रेतीला मरुस्थल/नदी रेत/नमक प्रभावित	हल्के नीले से सफेद
	गहरे खड्ड	गहरा हरा
	उथले खड्ड	हल्का हरा
	जलाक्रांत/नम भूमि	चितकबरा काला

2. गठन (Texture)

- बनावट छोटे-छोटे वस्तुओं के समूह द्वारा उत्पन्न रंग या भाषा में छोटे परिवर्तनों को दर्शाती है। यह चिकनी या खुरदरी हो सकती है।
- घनी आबादी वाले आवासीय क्षेत्र महीन गठन (fine texture) वाले दिखते हैं, जबकि कम धनी आबादी वाले क्षेत्र खुरदरे (coarse texture) प्रतीत होते हैं।
- गन्ना और बाजरा जैसी फसलें खुरदरी बनावट उत्पन्न करती हैं, जबकि धान और गेहूँ के खेतों की बनावट महीन होती है।

3. आकार (Size)

- किसी छवि में वस्तु का आकार उसकी पहचान में सहायक होता है।
- बड़े औद्योगिक क्षेत्र आवासीय क्षेत्रों से अलग पहचाने जा सकते हैं। स्टेडियम बस्तियां और अन्य संरचनाओं को उनके सापेक्ष आकार के आधार पर पहचाना जा सकता है

4. आकृति (Shape)

- किसी वस्तु की बाहरी रूपरेखा या संरचना उसकी पहचान में सहायक होती है। कुछ वस्तुओं के विशिष्ट आकार होते हैं, जिससे उन्हें आसानी से पहचाना जा सकता है।
- संसद भवन का गोलाकार आकार अद्वितीय है।
- रेलवे ट्रैक लंबे और सीधे होते हैं, जिससे वे सड़कों से अलग पहचाने जा सकते हैं।
- मस्जिदों और मंदिरों जैसी धार्मिक स्थलों की विशिष्ट स्थापत्य संरचना होती है।

5. छाया (Shadow)

- छाया सूर्य के कोण और मीनारों, टावरों तथा जल टैंकों जैसी संरचनाओं की ऊँचाई पर निर्भर करती है। यह ऊँची वस्तुओं की पहचान करने में सहायता करती है।
- हालाँकि, शहरों में छायाएँ कई वस्तुओं को अस्पष्ट कर सकती हैं।
- उपग्रह चित्रों में छाया कम उपयोगी होती है, लेकिन हवाई फोटोग्राफी में यह महत्त्वपूर्ण होती है।

6. प्रतिरूप (Pattern)

- कई प्राकृतिक और मानव निर्मित संरचनाएँ दोहराए जाने वाले प्रतिरूप बनाती हैं। इन पैटर्न को पहचानकर उनकी व्याख्या की जा सकती है।
- योजनाबद्ध आवासीय क्षेत्रों में घरों का लेआउट समान होता है।
- बाग-बगीचों और वृक्षारोपण क्षेत्रों में पेड़ एक समान व्यवस्था में होते हैं।
- जल निकासी तंत्र (ड्रेनेज नेटवर्क) और बस्तियों के प्रकार उनके पैटर्न से पहचाने जा सकते हैं।

7. साहचर्य (Association)

- साहचर्य से तात्पर्य वस्तुओं और उनके आसपास के परिवेश के बीच संबंध से हैं।
- विद्यालय सामान्यत: आवासीय क्षेत्रों के पास होते हैं और इनमें खेल के मैदान होते हैं।
- स्टेडियम, रेसकोर्स और गोल्फ कोर्स बड़े शहरों में सामान्यत: पाए जाते हैं।
- उद्योग अक्सर राजमार्गों के पास स्थित होते हैं, जबकि झुग्गियाँ सामान्यत: रेलवे ट्रैक या नालों के किनारे विकसित होती हैं।

मौखिक प्रश्न

1. मानचित्र क्या है?

उत्तर मानचित्र पृथ्वी की सतह या उसके किसी भाग का चित्रण है, जो समतल सतह पर पैमाने द्वारा खींचा जाता है।

2. मानचित्र निर्माण के आवश्यक तत्त्व क्या है?

उत्तर मानचित्र निर्माण के आवश्यक तत्वों में पैमाना प्रक्षेपण सामात्यीकरण मानचित्र डिजाइन और मानचित्र रचना शामिल है।

3. मानचित्रण क्या है?

उत्तर मानचित्रण मानचित्र बनाने की विज्ञान और कला है।

4. पैमाने के आधार पर विभिन्न प्रकार के मानचित्र कौन-से है?

उत्तर पैमाने के आधार पर मानचित्र दो प्रकार के होते हैं- बड़े पैमाने के मानचित्र (जैसे -भू संवाली मानचित्र तथा स्थलातिक मानचित्र) और छोटे पैमाने के मानचित्र (जैसे दीवार मानचित्र, एटलस मानचित्र)

5. भौतिक और सांस्कृतिक मानचित्रों में क्या अंतर है?

उत्तर भौतिक मानचित्र प्राक्रतिक विशेषताएँ जैसे पर्वत और नदियाँ दर्शाते हैं जबकि सांस्कृतिक मानचित्र मानव निर्मित विशेषताएँ जैसे सड़के और शहर प्रदर्शित करते हैं।

6. मानचित्र पैमाना क्या है?

उत्तर मानचित्र पैमाना मानचित्र पर दूरी तथा वास्तविक भूमि दूरी के मध्य अनुपात को दर्शाता है।

7. पैमाने को दर्शाने की तीन विधियाँ क्या है?

उत्तर पैमाने को दर्शाने की तीन विधियों में पैमाने का प्रकथन आलेजी या ग्राफी तथा निस्पक भिन्न शामिल है।

8. एक प्रकथन पैमाने को निस्पक भिन्न में कैसे बदलते हैं?

उत्तर भूमिगत दूरी को मानचित्र की दूरी के समान इकाई में परिवर्तित और इसे अनुपात रूप में व्यक्त करके।

9. अंक्षाश और देशांतर में क्या अंतर है?

उत्तर अंक्षाश भू मध्य रेखा के उत्तर या दक्षिण की दूरी को मापता है जबकि देशांतर प्रधान मध्यान के पूर्व या पश्चिम की दूरी को मापता है।

10. अंतराष्ट्रीय तिथि रेखा क्यों महत्त्वपूर्ण है?

उत्तर यह वैश्विक रूप से समान विधियों को बनाए रखने में मदद करता है और इसे पार करने पर कैलंडर दिन समसयोजित करने पड़ते है।

11. देशांतर समय क्षेत्रों को कैसे प्रभावित करता है?

उत्तर पृथ्वी 24 घंटे में 360° घूमती है जिसका तात्पर्य है कि प्रत्येक 15° देशांतर में 1 घंटे का समय अंतर होता है।

12. मानचित्र प्रक्षेपण क्या है?

उत्तर यह पृथ्वी की वक्र सतह को समतल सतह पर दर्शाने की एक विधि है।

13. मानचित्र प्रक्षेपण के विभिन्न प्रकार के नाम बताएँ?

उत्तर मानचित्र प्रक्षेपण के प्रकारों में बेलनाकार शंम्बाकार और मर्केटर आदि शामिल है।

14. मानचित्र प्रक्षेपण में विकृतियाँ क्यों होती है ?

उत्तर पृथ्वी की वक्र सतह को समतल सतह पर दर्शाने के कारण विक्रतियॉ उत्पन्न होती है। इसमें आकार, क्षेत्रफल दूरी या दिशा में परिवर्तन हो सकता है।

15. स्थलाकृतिक मानचित्र क्या होते हैं?

उत्तर स्थलकृतिक मानचित्र वे होते हैं जो प्राकृतिक और मानव निर्मित विशेषताओं को दर्शाता है।

16. समोच्च रेखा किस कहते है ?

उत्तर मानचित्र पर समान ऊँचाई वाले बिंदुओं को मिलाने वाली रेखा समोच्च रेखा कहलाती है।

17. हम स्थलाकृतिक मानचित्र पर तीव्र ढलान और मंद ढलान की पहचान कैसे कर सकते है?

उत्तर ढलानों की पहचान समोच्च रेखाओं की दूरी के आधार पर की जाती है। तीव्र ढलान वाली समोच्च रेखाएँ पास-पास तथा मंद प्लान वाली रेखाएँ दूर-दूर होती है।

18. U–आकार की घाटी तथा U- आकार की घाटी में क्या अंतर है?

उत्तर U-आकार की घाटी नदी के अपरदन से तथा U- आकार की घाटी हिमनद के अपरदन से बनती है।

19. सुइर संवेदन क्या है?

उत्तर यह पृथ्वी की सतह का विवरण बिना सीधे संपर्क के संवंदन ओर उपग्रहों के माध्यम से एकत्र करने की तकनीक है।

20. सामयिक विभेदन किस कहते है?

उत्तर सुइर संवेदक उपग्रहों में सूर्य तुल्यकाली उपग्रह, पूर्व निधारित समयांतराल पर आंकड़ो या प्रतिबिम्ब को प्राप्त करते हैं इसे ही सामायिक विभेदन कहते है।

21. रेडियोमीट्रिक विभेदन क्या है?

उत्तर यह संवेदक की दो भिन्न तरेया की भिन्नता को पहचानने की क्षमता है। जितना रेडियोमीट्रिक विभेदन अधिक होगा, विकिरण अंतर उतना ही कम होगा, जिससे दो लक्ष क्षेत्रों के मध्य अंतर को जाना जा सकता है।

22. भूमंडलीय गुणों के आधार पर प्रक्षेपों को वर्गीकृत करें?

उत्तर भूमंडलीय गुणों के आधार पर प्रक्षेपों को समक्षेत्र प्रक्षेप, यथाकृतिक प्रक्षेप और समदूरस्थ प्रक्षेप में वर्गीकृत किया जाता है।

सैंपल पेपर 1

CBSE कक्षा 11 की परीक्षा के लिए सैंपल प्रश्न-पत्र

भूगोल

1. इस प्रश्न–पत्र में 5 खंड हैं– 'क', 'ख', 'ग', 'घ' और 'ङ'।
2. खंड 'क' में प्रश्न संख्या 1 से 17 बहुविकल्पीय प्रश्न हैं।
3. खंड 'ख' में प्रश्न संख्या 18 व 19 स्रोत आधारित प्रश्न हैं।
4. खंड 'ग' में प्रश्न संख्या 20 से 23 लघु उत्तरीय प्रश्न हैं, जिनका उत्तर लगभग 80-100 शब्दों में देना है।
5. खंड 'घ' में प्रश्न संख्या 24 से 28 दीर्घ उत्तरीय प्रश्न हैं, जिनका उत्तर लगभग 120-150 शब्दों में देना है।
6. खंड 'ङ' में प्रश्न संख्या 29 और 30 मानचित्र पर आधारित हैं।

उत्तर सहित

समय : 3 घंटे **पूर्णांक : 70**

खंड 'क'

1. किस भूगोलवेत्ता के अनुसार, भूगोल धरातल के विभिन्न भागों में कारणात्मक रूप से संबंधित तथ्यों में भिन्नता का अध्ययन है? (1)

(a) इरेटॉस्थेनीज
(b) रिचर्ड हार्टशार्न
(c) अल्फ्रेड हैटनर
(d) अलेक्जेंडर वॉन हंबोल्ट

2. स्थल मंडल के विकास के संदर्भ में निम्नलिखित को ध्यान से पढ़कर अपना उत्तर दीजिए।
अन्य ग्रहों की भाँति पृथ्वी की रचना भी ग्रहाणुओं के एकत्रित होने से हुई है। अत्यधिक तापमान के कारण पृथ्वी आंशिक रूप से द्रव अवस्था में रह गई और तापमान की अधिकता के कारण हल्के व भारी पदार्थ धनत्व में भिन्नता के कारण अलग-अलग होना प्रारंभ हो गए। इस अलगाव के कारण भारी पदार्थ (जैसे लोहा) आदि पृथ्वी के केंद्र में चले गए थे और हल्के पदार्थ पृथ्वी की ऊपरी सतह पर आ गए, जो सबसे अंत में विकसित हुए हैं। पृथ्वी का यह भाग किस रूप में विकसित हुआ। (1)

(a) मेंटल के रूप में
(b) क्षिया के रूप में
(c) कोर के रूप में
(d) भू-पर्पटी के रूप में

3. वृहत संचलन के संबंध में निम्नलिखित में से कौन-सा /से कथन सही नहीं है/हैं? (1)

1. अत्यधिक वर्षा संतृप्ति एवं ढाल के पदार्थ के स्नेहक द्वारा उत्पन्न अतिभार
2. ढालों की प्रवणता एवं ऊँचाई में वृद्धि
3. अपक्षयित प्रावार या लाए गए पदार्थों का निक्षेप
4. अत्यधिक प्राकृतिक रिसाव

कूट

(a) केवल 3
(b) 1, 2, 3
(c) 1, 2, 4
(d) 4, 1, 2

4. निम्नलिखित में से वह प्रक्रिया कौन-सी है, जिसमें जलवाष्प वायु में संघनन केंद्रकों पर संघनित न होकर पत्थर, घास एवं पौधों की पत्तियों की ठंडी सतहों पर जल की बूँदों के रूप में जमा होता है? (1)

5. मध्य महासागरीय कटक, जिसका निर्माण पर्वतों की दो श्रृंखलाओं से होता है। वह खाइयों और विशाल अवनयन अर्थात् खड्डों द्वारा अलग की गई है। यह पाई जाती ······ है। (1)

(a) मध्य महाद्वीपीय ढाल पर
(b) महासागरीय मैदानों पर
(c) महाद्वीपीय शेल्फ पर
(d) महासागरीय बेसिन के मंद ढाल पर

6. निम्नलिखित में से कौन -सा युग्म सही सुमेलित नहीं है? (1)

(a) अक्षांश – विषुवत् रेखा पर उत्तर से दक्षिण के मध्य दूरी

(b) विकिरण – ऊर्जा का उत्सर्जन किरण के रूप में

(c) प्रकीर्णन – वह प्रक्रिया, जिसके अंतर्गत सूर्य की किरणें परावर्तित होती हैं

(d) एल्बिडो - सूर्य के प्रकाश का वह अंश जिसे पृथ्वी अवशोषित करती है।

7. सापेक्ष आर्द्रता महासागरों के ऊपर अधिक होती है, जबकि महाद्वीपों के ऊपर कम, क्योंकि ········ (1)

(a) महाद्वीपों के ऊपर वायु में जलवाष्प की मात्रा अधिक पाई जाती है
(b) महाद्वीपों के ऊपर वायु में जलवाष्प की मात्रा महासागरों की अपेक्षा कम होती है
(c) महासागरों का विस्तार महाद्वीपों की अपेक्षा कम है
(d) महासागरों के जल की लवणीय प्रवृत्ति के कारण

8. वायुमंडलीय परत विभिन्न घनत्व एवं तापमान से निर्मित है। नीचे इन्हीं परतों के बारे में बताया गया है, इन्हें धरातल से ऊपर बढ़ते हुए क्रम में व्यवस्थित कीजिए

1. तापमंडल के सभी घटक विरल हैं, जो आगे बढ़ने पर बाह्य अंतरिक्ष में प्रवेश कर जाते हैं।
2. विषुवत् वृत्त पर तीव्र वायु प्रवाह के कारण ताप को अधिक ऊँचाई तक संवहन किया जाता है, इसलिए यहाँ क्षोममंडल अधिक ऊँचाई पर पाया जाता है।
3. अधिकांश उल्का पिंड मध्य मंडल में जल जाते हैं।
4. समतापमंडल में ओजोन परत पाई जाती है।

कूट (1)

(a) 4,3,2,1
(b) 3,2,1,4
(c) 2,3,4,1
(d) 1,2,3,4

9. निम्नलिखित में से कौन-सा कथन सही है? (1)

(a) जलवाष्प जल हिमकणों में बदल जाता है और ओस बनता है
(b) ओस का निर्माण ओसांक जमाव बिंदु के ऊपर होता है
(c) तुषार का संघनन 20°C से कम तापमान पर होता है
(d) उपरोक्त में से कोई नहीं

10. सूची I को सूची II से सुमेलित कीजिए (1)

सूची I	सूची II
A. अल्फ्रेड वेगनर	1. महाद्वीपों में साम्यता
B. बुलर्ड	2. महाद्वीपीय विस्थापन सिद्धांत
C. ऑर्थर होम्स	3. प्लेट विवर्तनिकी
D. मैक्कैंजी	4. संवहन धारा सिद्धांत

कूट

	A	B	C	D
(a)	1	2	3	4
(b)	2	1	4	3
(c)	3	2	4	1
(d)	1	3	4	2

11. मृदा निर्माण के निम्नलिखित चरणों को एक क्रम में व्यवस्थित कीजिए (1)

1. छोटी घास और फर्न की वृद्धि
2. परिपक्व मिट्टी का निर्माण
3. जीवाणुओं द्वारा अपक्षयित पदार्थों का औपनिवेशीकरण
4. जीवों एवं पौधों के मृत अवशेष का ह्यूमस में संचय

कूट

(a) 1, 2, 3, 4
(b) 3, 4, 1, 2
(c) 4, 3, 1, 2
(d) 4, 3, 2, 1

निर्देश (प्र.सं. 12-13) नीचे दो कथन दिए गए हैं एक को कथन (A) तथा दूसरे को कारण (R) कहा गया है। नीचे दिए गए कूट के अनुसार अपने उत्तर का चयन कीजिए। (1)

12. **कथन** (A) मैंग्रोव वनस्पति क्षारीय लवण क्षेत्रों; जैसे- कच्छ, ज्वारीय-संकरीय खाड़ी, पंक मैदानों और ज्वारनदमुख के तटवर्ती क्षेत्रों पर उगते है।

कारण (R) इनमें ऐसे कई पौधे हैं, जिन पर क्षार का प्रभाव नहीं पड़ता है।

कूट

(a) A और R दोनों सही हैं तथा R, A की सही व्याख्या करता है।
(b) A और R दोनों सही हैं तथा R, A की सही व्याख्या नहीं करता है।
(c) A सही है तथा R गलत है।
(d) A गलत है तथा R सही है।

13. **कथन** (A) वायुमंडल लघु तरंगें और विकिरण को पृथ्वी पर लाती है एवं पृथ्वी के विकिरित होने वाली लंबी तरंगों को बाहर जाने से रोकती है। (1)

कारण (R) ग्रीन हाउस गैसें ही पृथ्वी के वातावरण को गर्म करने वाला प्रमुख कारण है, जो पृथ्वी पर 35° औसत तापमान बनाए रखती है।

14. इसका निर्माण नदी के उच्च ढलानों से प्रवाहित होकर गिरिपद एवं मंद ढाल वाले मैदानों में प्रवेश करने पर होता है। प्रायः पहाड़ी क्षेत्रों में बहने वाली नदियाँ। भारी स्थूल आकार के नद्य भार को वहन करती हैं। जब नदियाँ इस भार को मंद ढालों पर प्रवाहित करने में असमर्थ हो जाती है, तो यह शंकु के आकार में निक्षेपित हो जाती हैं। इस प्रकार बनी भू-आकृति को क्या कहा जाता है?

(a) डेल्टा
(b) नदी वेदिका
(c) जलोढ़ पंख
(d) विसर्पी रोधिका (1)

निर्देश नीचे दिए गए चित्र को पढ़िए तथा प्रश्न 15-17 का उत्तर दीजिए

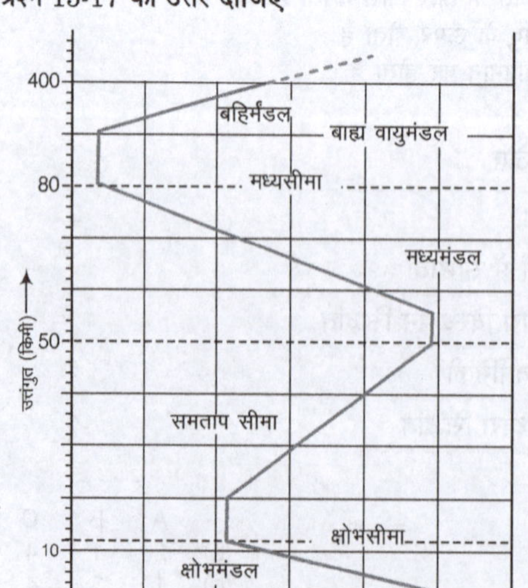

15. वायुमंडल में 0 से 10 किलोमीटर के मध्य का भाग क्या कहलाता है? (1)

(a) बाह्यमंडल
(b) क्षोभमंडल
(c) मध्यमंडल
(d) समतापमंडल

16. वायुमंडल में 80 से 100 किलोमीटर के मध्य कौन-सी परत का विस्तार है? (1)

(a) आयनमंडल
(b) क्षोभमंडल
(c) मध्यमंडल
(d) समतापमंडल

17. मौसम में परिवर्तन किस संस्तर में होता है? (1)

(a) मध्यमंडल
(b) क्षोभमंडल
(c) आयनमंडल
(d) समतापमंडल

खंड 'ख'

18. निम्नलिखित गद्यांश को ध्यानपूर्वक पढ़कर उन पर आधारित प्रश्नों के उत्तर दीजिए।

उष्ण मरुस्थलों के दो प्रभावशाली अनाच्छादनकर्ता कारकों में पवन एक महत्त्वपूर्ण अपरदन का कारक है। मरुस्थलीय धरातल शीघ्र गर्म और शीघ्र ठंडे हो जाते हैं। उष्ण धरातलों के ठीक ऊपर वायु गर्म हो जाती है जिससे हल्की गर्म हवा प्रक्षुब्धता के साथ ऊर्ध्वाधर गति करती है। इसके मार्ग में कोई रुकावट आने पर भँवर, वातावृत्त बनते हैं तथा अनुवात एवं उत्वात प्रवाह उत्पन्न होता है। पवनें मरुस्थलीय धरातल के साथ-साथ भी तीव्र गति से चलती हैं और उनके मार्ग में रुकावटें पवनों में विक्षोभ उत्पन्न करते हैं। निःसंदेह तूफानी पवन अधिक विनाशकारी होती है। पवन अपवाहन, घर्षण आदि द्वारा अपरदन करती हैं। अपवाहन में पवन धरातल से चट्टानों के छोटे कण व धूल उठाती हैं। वायु की परिवहन की प्रक्रिया में रेत व बजरी आदि औजारों की तरह धरातलीय चट्टानों पर चोट पहुँचाकर घर्षण करती हैं। जब वायु में उपस्थित रेत के कण चट्टानों के तल से टकराते हैं तो इसका प्रभाव पवन के संवेग पर निर्भर करता है। यह प्रक्रिया बालू घर्षण जैसी है। मरुस्थलों में पवनें कई रोचक अपरदनात्मक व निक्षेपणात्मक स्थलरूप बनाती हैं।

वास्तव में, मरुस्थलों में अधिकतर स्थलाकृतियों का निर्माण बृहत् क्षरण और प्रवाहित जल की चादर बाढ़ से होता है। यद्यपि मरुस्थलों में वर्षा बहुत कम होती है, लेकिन यह अल्प समय में मूसलाधार वर्षा के रूप में होती है। मरुस्थलीय चट्टानें अत्यधिक वनस्पति विहीन होने के कारण तथा दैनिक तापांतर के कारण यांत्रिक व रासायनिक अपक्षय से अधिक प्रभावित होती है। अतः इनका शीघ्र क्षय होता है और वेग प्रवाह इस अपक्षय जनित मलबे को आसानी से बहा ले जाते हैं अर्थात् मरुस्थलों में अपक्षय जनित मलबा केवल पवन द्वारा ही नहीं, वरन् वर्षा व वृष्टि धोवन से भी प्रवाहित होता है। पवन केवल महीन मलबे का ही अपवाहन कर सकती हैं और बृहत् अपरदन मुख्यतः परत बाढ़ या वृष्टि धोवन से ही संपन्न होता है। मरुस्थलों में नदियाँ चौड़ी, अनियमित तथा वर्षा के बाद अल्प समय तक ही प्रवाहित होती हैं।

(i) उष्ण मरुस्थलों के प्रभावी अपरदनकर्ता का एक उदाहरण प्रस्तुत कीजिए। (1)

(ii) मरुस्थलीय चट्टनों के अपक्षय का प्रमुख कारण क्या है? (1)

(iii) कौन-सी प्रक्रियाएँ रेगिस्तानी क्षेत्रों में भू-आकृतियों के निर्माण को प्रभावित करती हैं? (1)

19. नीचे दिए गए चित्र पर आधारित प्रश्नों के सही उत्तर चुनिए।

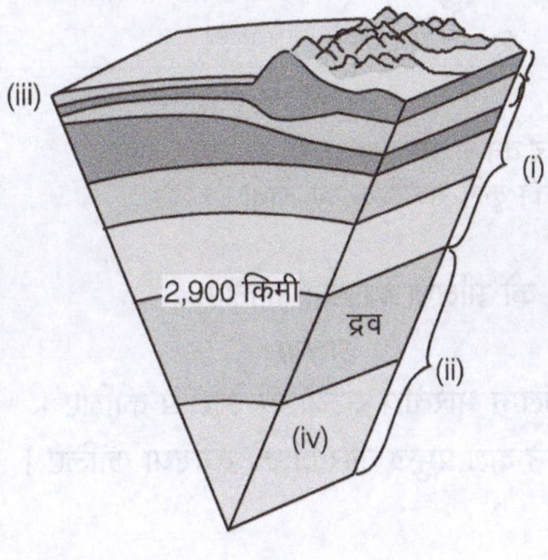

(i) दिए गए चित्र में चिह्नित (i) क्या है? (1)

(ii) दिए गए चित्र में चिह्नित (ii) क्या है? (1)

(iii) भू-पर्पटी की मोटाई कितनी है? (1)

खंड 'ग'

20. "भारत के प्रायद्वीपीय खंड की संरचना प्रवृत्ति में विविधता पूर्ण तथा स्थायित्व में सबसे पुरानी है।" समीक्षा कीजिए। (3)

अथवा

पश्चिमी तटीय मैदान तथा पूर्वी तटीय मैदान का तुलनात्मक अध्ययन कीजिए।

21. नीचे दिए गए मैप का अध्ययन कर निम्नलिखित प्रश्नों के उत्तर दीजिए

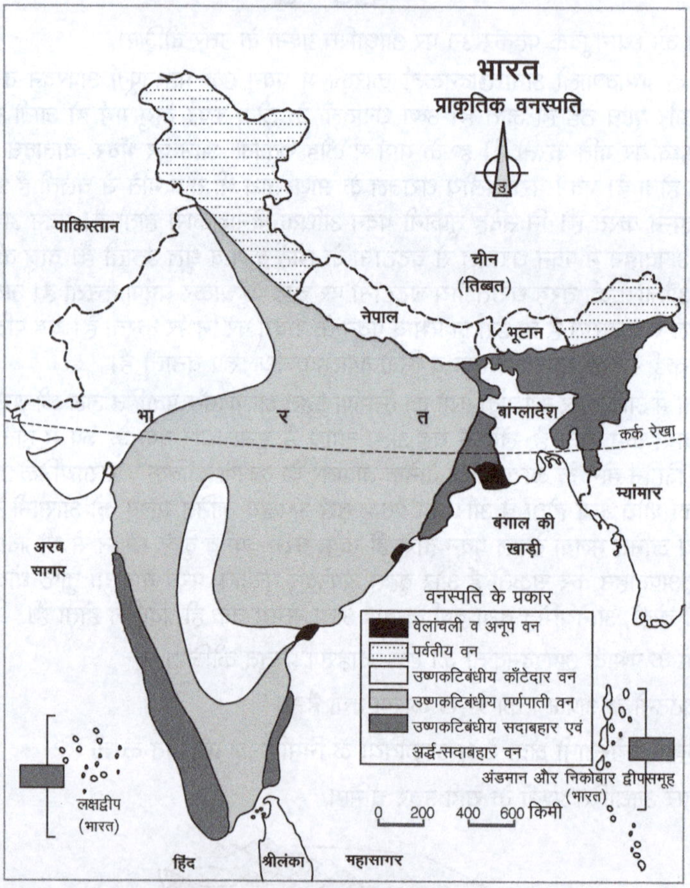

प्राकृतिक वनस्पति

(i) पर्वतीय वन तथा उष्णकटिबंधीय काँटेदार वन से संबंधित राज्यों के नाम बताइए।

(ii) वेलांचल व अनूप वन में किस खाद्यान्न की कृषि सर्वाधिक की जाती है?

(iii) वन हमारे लिए क्यों महत्त्वपूर्ण हैं? (3)

22. भारत के भौगोलिक विस्तार और आकार की संक्षिप्त व्याख्या कीजिए। (3)

अथवा

भारत के अंतर्राष्ट्रीय स्थलीय सीमा से संलग्न भारतीय राज्यों का उल्लेख कीजिए ।

23. पवन की दिशा और वेग को प्रभावित करने वाले प्रमुख कारकों की व्याख्या कीजिए । (3)

खंड 'घ'

24. "आर्द्र एवं शुष्क जलवायु प्रदेशों में प्रवाहित जल ही सर्वाधिक महत्त्वपूर्ण भू-आकृतिक निर्माण कारक होता है।" मूल्यांकन कीजिए। (5)

अथवा

जलवायु परिवर्तन से आप क्या समझते है? इसके साक्ष्यों का उल्लेख कीजिए।

25. भारत की मध्यवर्ती उच्च भूमि तथा उत्तरी भारत के विशाल मैदान के मध्य प्रमुख भू-आकृतिक लक्षणों में अंतर स्पष्ट कीजिए। (5)

26. वायुमंडल विभिन्न घटकों का सम्मिश्रण है। वायुमंडल के प्रमुख संघटन का वर्णन इसके महत्त्वपूर्ण अवयवों की महत्ता बताते हुए कीजिए। (5)

अथवा

वायुमंडल के सामान्य परिसंचरण तथा इसके महासागरों पर प्रभाव की व्याख्या कीजिए।

27. महाद्वीपीय विस्थापन सिद्धांत और प्लेट विवर्तनिक सिद्धांत में मूलभूत अंतर क्या है? स्पष्ट कीजिए। (5)

अथवा

महाद्वीपीय प्रवाह सिद्धांत किसने शुरू किया तथा किस सिद्धांत में इसकी पूर्ण एवं वैज्ञानिक व्याख्या प्रस्तुत की गई? स्पष्ट कीजिए

28. अक्षांश और देशांतर रेखाओं के मध्य क्या अंतर है? स्पष्ट कीजिए। (5)

अथवा

"भारत का विश्व में महत्त्वपूर्ण स्थान इसकी भौगोलिक स्थिति के कारण है।" इस कथन का औचित्य सिद्ध कीजिए।

खंड 'ङ'

29. नीचे दिए गए भारत के रेखा मानचित्र पर 7 स्थलों को चिह्नित किया गया है। इनमें से किन्हीं 5 स्थलों को पहचानकर उनका नाम लिखिए। (5)

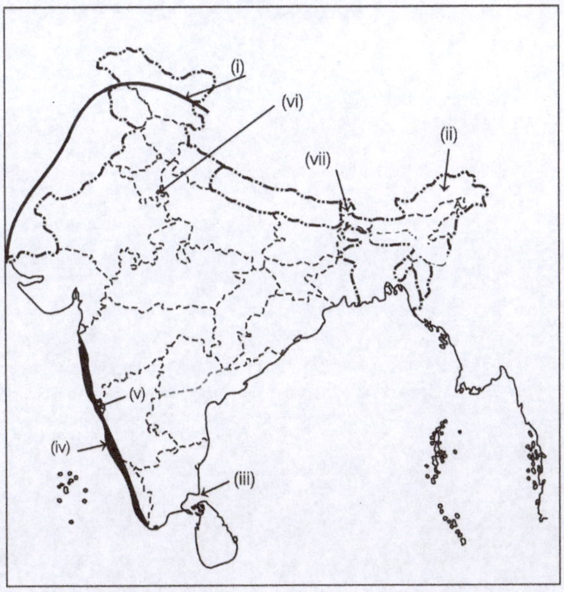

(i) मानसरोवर के समीप से निकलकर अरब सागर में गिरने वाली नदी
(ii) भारत का सबसे पूर्वी राज्य
(iii) भारत और श्रीलंका को विभाजित करने वाला जलडमरूमध्य
(iv) पश्चिमी पर्वतीय शृंखला भारतीय प्रायद्वीप के समानांतर
(v) भारत का सबसे छोटा राज्य
(vi) न्यूनतम वर्षा क्षेत्र
(vii) भारतीय उपमहाद्वीप का एक देश

30. दिए गए विश्व के रेखा मानचित्र पर निम्न को दर्शाइए (5)

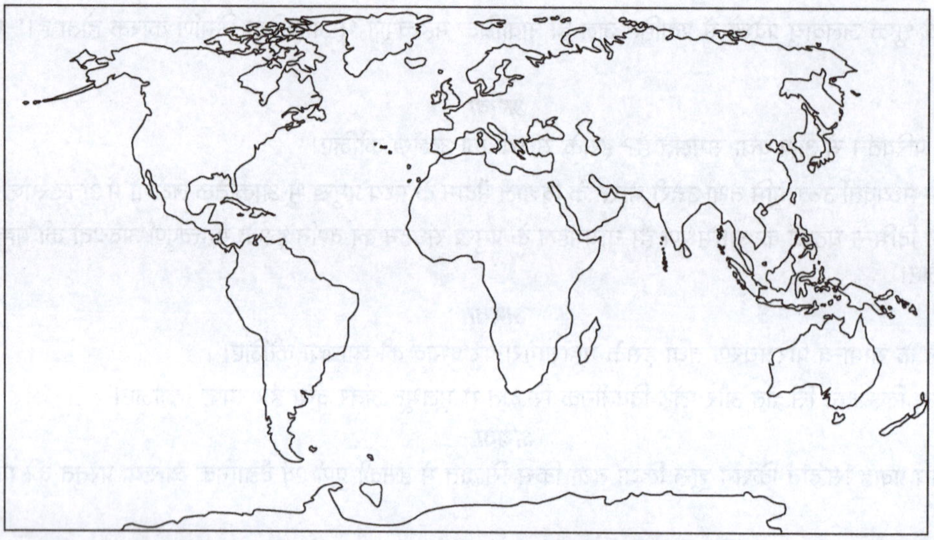

(i) उत्तरी अमेरिका का निम्न वन क्षेत्र
(ii) ऊपरी गिनी वन
(iii) अटलांटिक वन, ब्राजील
(iv) सिंहराज वन, श्रीलंका
(v) पूर्वी मेडागास्कर
(vi) क्वींसलैंड
(vii) पश्चिमी ऑस्ट्रेलिया धारा

व्याख्या सहित उत्तर

1. (c) अल्फ्रेड हैटनर

2. (d) भू-पर्पटी के रूप में

3. (a) अपक्षयित प्रावार या लाए गए पदार्थों का निक्षेप

4. (a) ओस

5. (b) महासागरीय मैदानों पर पाई जाती है।

6. (d) एल्बिडो -सूर्य के प्रकाश का वह अंश जिसे पृथ्वी अवशोषित करती है।

7. (b) महाद्वीपों के ऊपर वायु में उष्मा जल वाष्प की मात्रा महाद्वीपों की अपेक्षा कम होती है

8. (c) 2,3,4,1

9. (b) ओस का निर्माण ओसांक जमाव बिंदु के ऊपर होता है।

10. (b) 2 1 4 3

11. (b) 3,4,1,2

12. (b) A और R दोनों कथन सही हैं तथा R, A की सही व्याख्या करता है।

मैंग्रोव वनस्पतियाँ मुख्यतः तटीय क्षेत्रों में विशेष रूप से कच्छ, ज्वारीय संकरी खाड़ी, पंक मैदानों और ज्वारनदमुख (डेल्टा) जैसे लवणीय/क्षारीय क्षेत्रों में पाई जाती हैं। ये पौधे खारे पानी और कठिन पर्यावरणीय परिस्थितियों में पनपने की क्षमता रखते हैं, मैंग्रोव पौधों मे हैलोफाइट्स (लवण सहशील पौधे)शामिल होते हैं, जो खारे पानी और मिट्टी में प्रभावशाली रूप से बढ़ सकते हैं।

13. (c) A सही है R गलत है। पृथ्वी द्वारा प्राप्त प्रवेशी सौर विकिरण, जो लघु प्रांतो में प्राप्त होता है, पृथ्वी की सतह को गर्म करता है। पृथ्वी गर्म होने के पश्चात् एक विकिरण पिंड बन जाती है और वायुमंडल में दीर्घ तरंगों पार्थिव विकिरण के रूप में ऊर्जा विकसित करती है, जिससे वायुमंडल नीचे से गर्म होने लगती है। पृथ्वी का औसत तापमान सूर्य की लघु तरंग विकिरण ऊर्जा के साथ-साथ वायुमंडल में मौजूद ग्रीन हाउस गैसों और महासागरीय धाराओं के कारण होता है।

14. (c) जलोढ़ पंख

15. (b) क्षोभमंडल

16. (a) आयनमंडल

17. (b) क्षोभमंडल

18. (i) उष्ण मरुस्थलों के दो प्रभावशाली अनाच्छादनकर्ता कारकों में पवन एक महत्त्वपूर्ण अपरदन कारक है।

(ii) मरुस्थलीय चट्टानों के अपक्षय का प्रमुख कारण दैनिक तापांतर है। मरुस्थलीय + क्षेत्रों में दिन का तापमान बहुत अधिक होता है, जबकि रात्रि का तापमान उतना ही ठंडा होता है। इस कारण चट्टानों में खिंचावट संकुचन अधिक होता है।

(iii) हवा का कटाव, नदी का कटाव तथा हवा का जमाव आदि प्रक्रियाएँ रेगिस्तानी क्षेत्रों में भू-आकृतियों के निर्माण को प्रभावित करती हैं

19. (i) दिए गए चित्र में चिह्नित (i) मैंटल है।

(ii) दिए गए चित्र में चिह्नित (ii) क्रोड है।

(iii) भू-पर्पटी 0-100 किमी मोटी होती है।

20. प्रायद्वीपीय खंड का विकास कैंब्रियन कल्प में हुआ है, जो मुख्य रूप से नाइस एवं ग्रेनाइट चट्टानों से बना है। इसका पश्चिमी तट समुद्र में डूबा हुआ है। विवर्तनिक क्रियाओं से परिवर्तन होने के बावजूद भी इसके आधार तल में कोई परिवर्तन नहीं होता है। यह इंडो-ऑस्ट्रेलियन प्लेट का हिस्सा होने के कारण ऊर्ध्वाधर संचलन एवं भ्रंश खंड से प्रभावित होता है। इस खंड में नर्मदा, ताप्ती और महानदी की रिफ्ट घाटियाँ तथा सतपुड़ा के ब्लॉक पर्वत अवस्थित हैं। इसके अतिरिक्त यहाँ अरावली, नल्लामलाई, जावादी वेलीकोंडा, पालकोंडा श्रेणी और महेंद्रगिरि प्रमुख अवशिष्ट पहाड़ियाँ हैं। यहाँ की नदियों की प्रवणता कम तथा घाटियाँ उथली पाई जाती हैं। पूर्व की ओर बहने वाली नदियाँ बंगाल की खाड़ी में मिलने से पहले डेल्टा का निर्माण करती हैं।

अथवा

पश्चिमी तटीय मैदान तथा पूर्वीतटीय मैदान की तुलना निम्नलिखित है

पश्चिमी तटीय मैदान	पूर्वी तटीय मैदान
पश्चिमी तटीय मैदान एक सँकरा मैदान है, जिसकी औसत चौड़ाई 65 किमी है।	यह अपेक्षाकृत चौड़ा मैदान है, जिसकी औसत चौड़ाई 80 से 100 किमी है।
यह पश्चिमी घाट तथा अरब सागर के तट के बीच स्थित है।	यह पूर्वी घाट तथा बंगाल की खाड़ी के तट के बीच स्थित है।
पश्चिमी तट अधिक कटा-फटा है, जिस कारण यहाँ पर अधिक प्राकृतिक बंदरगाह पाए जाते हैं।	पूर्वी तट कम कटा-फटा है, जिस कारण यहाँ प्राकृतिक बंदरगाह कम हैं।

21. (i) पर्वतीय वन से संबंधित प्रमुख राज्य-जम्मू कश्मीर, लद्दाख, हिमाचल प्रदेश, उत्तराखंड, सिक्किम, अरुणाचल प्रदेश है।

उष्णकटिबंधी काँटेदार वन- राजस्थान गुजरात, पंजाब, मध्य प्रदेश, कर्नाटक, तेलंगाना और आंध्र प्रदेश में पाए जाते हैं।

(ii) वेलांचली व अनूप वन भारत में विभिन्न प्रकार के आर्द्र व अनूप आवास/वन पाए जाते हैं, जहाँ इसके 70 प्रतिशत भाग पर चावल की खेती की जाती है।

(iii) वन पर्यावरण संतुलन बनाए रखने, जैव-विविधता को संरक्षित करने, संसाधन प्रदान करने और दैनिक उपयोग एवं उपभोग की वस्तुओं को भी प्रदान करते हैं।

22. भारत का भौगोलिक क्षेत्रफल 32,87,263 वर्ग किमी है। क्षेत्रफल की दृष्टि से यह संसार का सातवाँ सबसे बड़ा देश है। भारत की मुख्य भूमि 8°4' उत्तरी अक्षांश से लेकर 37°6' उत्तरी अक्षांश और 68.7' पूर्वी देशांतर से लेकर 97°25' पूर्वी देशांतर के मध्य विस्तृत है। उत्तर से दक्षिण तक इसकी लंबाई 3,214 किमी तथा पूर्व से पश्चिम तक इसकी चौड़ाई 2,933 किमी है। कर्क रेखा भारत को लगभग दो भागों में विभाजित करती है। भारत की स्थल सीमा पर चीन, पाकिस्तान, अफगानिस्तान, नेपाल, भूटान, म्यांमार और बांग्लादेश हैं। भारत की स्थल सीमा की कुल लंबाई 15,200 किमी तथा समुद्री किनारे की कुल लंबाई 6,100 किमी है। भारत का

विस्तार इतना अधिक है कि जब अरुणाचल प्रदेश में सूर्योदय होता है, तब गुजरात का पोरबंदर अँधेरे में डूबा रहता है।

अथवा

भारत के अंतर्राष्ट्रीय स्थलीय सीमा के देशों के साथ लगने वाले भारतीय राज्य निम्नलिखित हैं

(i) **पाकिस्तान** गुजरात, राजस्थान, पंजाब एवं जम्मू-कश्मीर लद्दाख।

(ii) **अफगानिस्तान** लद्दाख।

(iii) **चीन** लद्दाख, हिमाचल प्रदेश, उत्तराखंड, सिक्किम एवं अरुणाचल प्रदेश।

(iv) **नेपाल** उत्तराखंड, उत्तर प्रदेश, बिहार, पश्चिम बंगाल एवं सिक्किम।

(v) **भूटान** सिक्किम, पश्चिम बंगाल, असोम एवं अरुणाचल प्रदेश।

(vi) म्यांमार अरुणाचल प्रदेश नागालैंड, मणिपुर और मिजोरम

23. पवनों की दिशा एवं वेग को निम्नलिखित कारक प्रभावित करते हैं

(i) **दाब प्रवणता बल** दूरी के संदर्भ में वायुदाब परिवर्तन की दर को दाब प्रवणता कहते हैं। वायुमंडलीय वायुदाब में असमानता के कारण एक बल उत्पन्न होता है, जो वायुदाब में परिवर्तन लाता है। जब समदाब रेखाएँ पास-पास होती हैं, तो वहाँ दाब प्रवणता तथा पवनों की गति अधिक होती है। इसी प्रकार जब समदाब रेखाएँ दूर-दूर होती हैं, तो वहाँ दाब प्रवणता तथा पवनों की गति कम होती है।

(ii) **घर्षण बल** यह पवनों की गति को प्रभावित करता है। धरातलीय विषमताओं के कारण धरातल पर घर्षण बल सर्वाधिक होता है, जिसका प्रभाव प्रायः धरातल से 1 से 3 किमी ऊँचाई तक होता है। समुद्री सतह पर घर्षण कम होता है, जिसके परिणामस्वरूप धरातल की अपेक्षाकृत समुद्री सतह पर पवनों का वेग तीव्र होता है।

(iii) **कोरिओलिस बल** पृथ्वी के घूर्णन द्वारा लगने वाले बल को कोरिओलिस बल कहते हैं, जो अपने अक्ष पर पवनों की दिशा को प्रभावित करता है। 1844 ई. में फ्रांसीसी वैज्ञानिक कोरिओलिस ने इसका विवरण प्रस्तुत किया, इसलिए इस बल को कोरिओलिस बल का नाम दिया गया। इसके प्रभाव से पवनें उत्तरी गोलार्द्ध में अपनी मूल दिशा से दाईं ओर तथा दक्षिणी गोलार्द्ध में बाईं ओर मुड़ जाती हैं या विक्षेपित हो जाती हैं। पवनों के वेग के अधिक होने पर विक्षेपण भी अधिक होता है। कोरिओलिस बल अक्षांशों के कोण के सीधा समानुपात में बढ़ता है। यह ध्रुवों पर सर्वाधिक और विषुवत् वृत्त पर अनुपस्थित होता है। दाब प्रवणता बल एवं कोरिओलिस बल के एक-दूसरे से समकोण पर होने के कारण निम्न वायुदाब क्षेत्र में पवनें इसी के आस-पास बहती हैं।

24. अत्यधिक वर्षा वाले स्थानों पर गतिशील जल सर्वाधिक महत्त्वपूर्ण भू-आकृतिक निर्माण कारक है, जिससे भूतल का निम्नीकरण होता है। प्रवाहित जल से निर्मित अधिकांशतः अपरदित स्थलरूप ढाल प्रवणता के अनुसार, तीव्र रूप से प्रवाहित होता है, जो नदियों की युवावस्था से संबंधित है। समय के साथ तीव्र ढाल अनवरत अपरदन के परिणामस्वरूप मंद ढाल में बदल जाते हैं, जिससे नदियों का प्रवाह मंद हो जाता है तथा निक्षेपण आरंभ होता है। जितने मंद ढाल पर जल प्रवाहित होगा, उतना ही अधिक निक्षेपण होगा।

जब अनवरत अपरदन से नदी तल समतल हो जाए, तो अधोमुखी अपरदन मंद हो जाता है, लेकिन तटों के पार्श्व अपरदन में वृद्धि हो जाती है, जिसके परिणामस्वरूप पहाड़ियाँ एवं घाटियाँ समतल मैदानों में परिवर्तित हो जाती हैं। समतल उच्चावच में यत्र-तत्र अवरोध चट्टानों के अवशेष दिखाई पड़ते हैं, जिन्हें मोनाडनोक कहते हैं। नदियों के अपरदन से निर्मित ये मैदान, संप्राय मैदान अथवा पेनीप्लेन कहलाते हैं। शुष्क जलवायु प्रदेशों में भी प्रवाहित जल एक महत्त्वपूर्ण भू-आकृतिक कारक होता है। मरुस्थलों में वृहत क्षरण तथा प्रवाहित जल की चादर बाढ़ से अधिकतर स्थलाकृतियों का निर्माण होता है।

शुष्क जलवायु प्रदेश में प्रवाहित जल का कार्य

मरुस्थलों में वर्षा बहुत कम होती है, परंतु कम समय में मूसलाधार वर्षा होती है। मरुस्थलीय क्षेत्रों में चट्टानें वन विहीन होती हैं। ये चट्टानें दैनिक तापांतर के कारण यांत्रिक एवं रासायनिक अपक्षय से अधिक प्रभावित होती हैं। अतः इनका क्षय तीव्रता के साथ होता है तथा वेग प्रवाह इस अपक्षयित मलबे को सुगमता से बहा ले जाता है। वृहत अपरदन, बाढ़ या वृष्टि धोवन से होता है। मरुस्थलीय क्षेत्रों में नदियाँ चौड़ी, अनियमित व वर्षा के पश्चात् अल्प अवधि तक बहती हैं। शुष्क जलवायु प्रदेशों में प्रवाहित जल के अतिरिक्त पवन भी महत्त्वपूर्ण भू-आकृतिक कारक है।

25. मध्यवर्ती उच्च भूमियाँ तथा उत्तरी भारत के विशाल मैदान के विशिष्ट भू-लक्षणों में निम्नलिखित अंतर हैं

मध्यवर्ती उच्च भूमि	विशाल मैदान
भारत के मध्य में स्थित उच्च भूमि, जो पश्चिम में अरावली पर्वत एवं पूर्व में विंध्य के कगार तक विस्तृत है, को मध्यवर्ती उच्च भूमि कहते हैं।	हिमालय पर्वतमाला एवं प्रायद्वीपीय खंड के मध्य स्थित भाग को विशाल मैदान कहते हैं।
इसका विस्तार राजस्थान एवं मध्य प्रदेश तथा उत्तर प्रदेश के कुछ पश्चिम-दक्षिणी भाग में स्थित है।	इसका विस्तार राजस्थान, पंजाब, हरियाणा, उत्तर प्रदेश, बिहार, पश्चिम बंगाल एवं असम आदि में है।
इसकी ऊँचाई 700 से 1,000 मी के बीच है।	इसकी लंबाई लगभग 3,200 किमी एवं इसकी औसत चौड़ाई 150 से 300 किमी तक है।

26. वायुमंडल अनेक गैसों का मिश्रण है, जिसमें ठोस और तरल पदार्थों के कण असमान मात्राओं में तैरते रहते हैं। नाइट्रोजन सर्वाधिक मात्रा (78.8%) में पाई जाती है। उसके बाद क्रमशः ऑक्सीजन (20.99%), ऑर्गन (0.932%), कार्बन डाइ-ऑक्साइड (0.036%), निऑन, हीलियम, ओजोन व हाइड्रोजन आदि गैसों का स्थान आता है। वायुमंडल में पाई जाने वाली कुछ महत्त्वपूर्ण गैसों का विवरण निम्न प्रकार है

(i) **नाइट्रोजन** इस गैस की प्रतिशत मात्रा सभी गैसों से अधिक है। नाइट्रोजन की उपस्थिति के कारण ही वायुदाब पवनों की शक्ति तथा प्रकाश के परावर्तन का आभास होता है। नाइट्रोजन से पेड़-पौधों में प्रोटीन का निर्माण होता है, जो भोजन का मुख्य अंग है। ज्ञातव्य है कि इस स्वतंत्र वायुमंडलीय नाइट्रोजन का लेग्यूमिनस पौधे तथा शैवाल आदि प्रजातियाँ मृदा में स्थिरीकरण करती हैं।

(ii) **ऑक्सीजन** यह जंतुओं तथा मनुष्यों के लिए प्राणदायिनी गैस होती है। ध्यातव्य है कि हरे पौधे प्रकाश संश्लेषण की क्रिया में वायुमंडल में विशुद्ध ऑक्सीजन विमुक्त करते हैं। वायुमंडल में इसकी प्रतिशत मात्रा लगभग 21% है।

(iii) **कार्बन डाइ-ऑक्साइड** वायुमंडल में इस गैस की मात्रा कुल गैसीय घटकों का 0.03% है। यह मौसम विज्ञान की दृष्टि से बहुत ही महत्त्वपूर्ण गैस है, क्योंकि यह सौर विकिरण के लिए पारदर्शी, लेकिन पार्थिव विकिरण के लिए अपारदर्शी है। पौधे प्रकाश संश्लेषण की क्रिया में अपने भोजन निर्माण के लिए कार्बन डाइ-ऑक्साइड का कच्चे पदार्थ के रूप में उपयोग करते हैं।

(iv) **जलवाष्प** जलवाष्प सूर्य से उत्सर्जित होने वाले ताप के कुछ हिस्से को अवशोषित कर लेती है एवं पृथ्वी के धरातल से लौटने वाले ताप को संगृहीत करती है। इस प्रक्रिया के द्वारा जलवाष्प एक सुरक्षा कवच की तरह कार्य करती है। इससे पृथ्वी न तो अधिक गर्म और न ही अधिक ठंडी होती है। यह हवा को भी प्रभावित करती है।

(v) **धूलकण** धूलकण प्रायः वायुमंडल के निचले भाग में पाए जाते हैं, लेकिन संवहनीय वायु द्वारा ऊँचाई तक भी जाते हैं। धूल और नमक के कण आर्द्रताग्राही केंद्र की तरह कार्य करते हैं, जिसके चारों ओर जलवाष्प संघनित होकर मेघों का निर्माण करती है।

अथवा

प्रशांत महासागर के गर्म या ठंडा होने में वायुमंडल के सामान्य परिसंचरण की महत्त्वपूर्ण भूमिका है। जब मध्य प्रशांत महासागर की गर्म जलधाराएँ दक्षिणी अमेरिकी देश पेरू के तट पर प्रभावित होने वाली ठंडी जलधारा का स्थान ले लेती हैं, तो इस तट पर इन गर्म जलधाराओं को एल-निनो कहते हैं। एल-निनो के निर्माण का मध्य प्रशांत महासागर और ऑस्ट्रेलिया के वायुदाब परिवर्तन से गहरा संबंध है। प्रशांत महासागर पर वायुदाब के इस परिवर्तन को दक्षिणी दोलन कहते हैं। दक्षिणी दोलन एवं एल-निनो की संयुक्त घटना को ENSO कहते हैं। जिस वर्ष ENSO शक्तिशाली होता है, उस वर्ष विश्व स्तर पर वृहत मौसम संबंधी परिवर्तन देखे जाते हैं। इनके कारण ऑस्ट्रेलिया एवं भारत कभी-कभी अकालग्रस्त होते हैं तथा दक्षिण अमेरिका के पश्चिमी शुष्क तट पर भारी वर्षा होती है और चीन में बाढ़ भी आ जाती है।

27. महाद्वीपीय विस्थापन सिद्धांत व प्लेट विवर्तनिक सिद्धांत में निम्नलिखित अंतर हैं

महाद्वीपीय विस्थापन सिद्धांत	प्लेट विवर्तनिक सिद्धांत
यह सिद्धांत जर्मन मौसमविद् अल्फ्रेड वेगनर ने वर्ष 1912 में प्रस्तावित किया था।	प्लेट विवर्तनिकी की अवधारणा वर्ष 1967 में मैकेंजी, पारकर तथा मोरगन ने स्वतंत्र रूप से उपलब्ध विचारों को समन्वित कर प्रस्तुत की थी।
यह सिद्धांत महाद्वीपों और महासागरों के वितरण से संबंधित है।	विवर्तनिक प्लेट, ठोस चट्टान का विशाल तथा अनियमित आकार का खंड है।
इस सिद्धांत की आधारभूत संकल्पना के अनुसार सभी महाद्वीप एक अकेले भूखंड से जुड़े हुए थे।	इस सिद्धांत के अनुसार विवर्तनिक प्लेट महाद्वीपीय तथा महासागरीय स्थलमंडलों से मिलकर बनी होती है।

अथवा

1596 ई. में डच मानचित्रवेत्ता अब्राहम ऑरटेलियस ने सर्वप्रथम महाद्वीपीय प्रवाह की संभावना को व्यक्त किया था। इसके बाद एंटोनियो पेलेग्रिनी ने अपने मानचित्र में तीनों महाद्वीपों को एकसाथ जुड़ा हुआ दिखाया। वर्ष 1912 में जर्मन मौसमविद् वैज्ञानिक अल्फ्रेड वेगनर ने महाद्वीपीय विस्थापन सिद्धांत प्रतिपादित किया। वेगनर का यह सिद्धांत महाद्वीप एवं महासागरों के वितरण से संबंधित था।

वेगनर ने अपने 'महाद्वीपीय विस्थापन सिद्धांत' के लिए अनेक प्रमाण प्रस्तुत किए थे। महाद्वीपीय विस्थापन सिद्धांत के अनुसार सभी महाद्वीप एक अकेले भूखंड में जुड़े हुए थे। वर्तमान के सभी महाद्वीप इस भूखंड के भाग थे तथा यह भूखंड एक बड़े महासागर से घिरा हुआ था। वेगनर ने इस बड़े महाद्वीप को पैंजिया तथा बड़े महासागर को पैंथालासा कहा। पैंजिया का अर्थ–संपूर्ण पृथ्वी तथा पैंथालासा का अर्थ–जल-ही-जल है।

वेगनर के अनुसार, लगभग 20 करोड़ वर्ष पूर्व पैंजिया का विभाजन दो बड़े भूखंडों में हुआ। पैंजिया के दक्षिण भूखंड को गोंडवानालैंड तथा उत्तरी भूखंड को लॉरेंशिया कहा गया। इसके बाद गोंडवानालैंड एवं लॉरेंशिया भी धीरे-धीरे अनेक छोटे हिस्सों में विखंडित हो गए, जो वर्तमान के महाद्वीप के रूप में हैं।

वेगनर ने महाद्वीपीय विस्थापन के दो कारण–पोलर या ध्रुवीय फ्लीइंग बल तथा ज्वारीय बल को माना। ध्रुवीय फ्लीइंग बल पृथ्वी के घूर्णन से संबंधित है। पृथ्वी के घूर्णन के कारण पृथ्वी की आकृति एक संपूर्ण गोले जैसी न होकर भूमध्यरेखा पर उभरी हुई है। ज्वारीय बल सूर्य एवं चंद्रमा के आकर्षण से संबद्ध है। वेगनर ने माना कि करोड़ों वर्षों के दौरान ज्वारीय बल प्रभावशाली होकर विस्थापन के लिए सक्षम हो गए, परंतु बहुत-से वैज्ञानिकों ने इन दोनों बलों को महाद्वीपीय विस्थापन के लिए अनुपयुक्त माना है।

28. अक्षांश और देशांतर रेखाओं में निम्नलिखित अंतर हैं

अक्षांश रेखा	देशांतर रेखा
भू-पृष्ठ पर विषुवत् रेखा के उत्तर-दक्षिण एक याम्योत्तर पर किसी भी बिंदु के केंद्र से मापी गई कोणीय दूरी को अक्षांश कहते हैं।	किसी स्थान की कोणीय दूरी, जो प्रधान याम्योत्तर के पूर्व एवं पश्चिम में होती है, उसे देशांतर कहते हैं।
0° अक्षांश को भूमध्य रेखा कहते हैं, जो पृथ्वी को दो बराबर भागों में बाँटती है।	0° देशांतर को प्रधान याम्योत्तर कहते हैं, जो लंदन के ग्रीनविच से गुजरती है।
भूमध्य रेखा से समांतर ध्रुव तक दोनों गोलार्द्ध में अनेक वृत्तों का निर्माण होता है, उसे अक्षांश रेखा कहते हैं।	प्रधान याम्योत्तर से पश्चिम एवं पूर्व से खींची गई रेखा को देशांतर रेखा कहते हैं।

अथवा

भारत की भौगोलिक स्थिति ही विश्व में इसको महत्त्वपूर्ण स्थान प्रदान करती है, इसका वर्णन निम्न प्रकार है

- भारत विश्व में पूर्वी गोलार्द्ध में स्थित है। पूर्व में पूर्वी एशिया, ऑस्ट्रेलिया आदि तथा पश्चिम में अफ्रीका, यूरोप एवं पश्चिम एशिया आदि की दूरी भारत से लगभग समान है।
- भारत का उत्तरी भाग उपोष्ण कटिबंध में, जबकि दक्षिणी भाग उष्णकटिबंध में स्थित है, क्योंकि इसके मध्य से कर्क रेखा गुजरती है, परिणामस्वरूप भारत में लगभग वर्षभर फसलों के लिए वर्धनकाल प्राप्त हो जाता है, जिससे यहाँ वर्षभर कृषि की जा सकती है।

- भारत का प्रायद्वीपीय आकार इसे लंबी तटरेखा प्रदान करता है, जिसके कारण प्राकृतिक बंदरगाह भी उपलब्ध हो गए हैं।
- भारत की हिंद महासागर में केंद्रीय स्थिति है, जिससे पश्चिमी देशों एवं पूर्वी देशों के जोड़ने वाले समुद्री मार्ग भारत से होकर गुजरते हैं, परिणामस्वरूप भारत को अंतर्राष्ट्रीय व्यापार के लिए अनुकूल स्थिति प्राप्त हो जाती है।
- भारत के प्रायद्वीपीय आकार के कारण हिंद महासागर का जलवायु पर विशेष प्रभाव पड़ता है। भारतीय मानसून की उत्पत्ति में हिंद महासागर विशेष भूमिका निभाता है।
- हिमालय पर्वत भारत के उत्तरी छोर पर स्थित है, जो ध्रुवीय क्षेत्र की ठंडी हवा को रोककर भारत को एक उपोष्ण देश बनाए रखने में मदद करता है, साथ ही मानसूनी हवा को रोककर वर्षा कराने में भी योगदान देता है।

29.

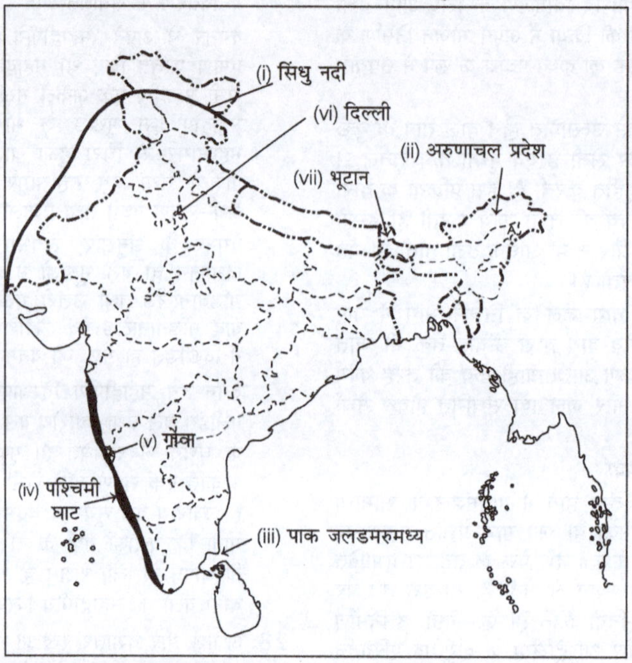

30.

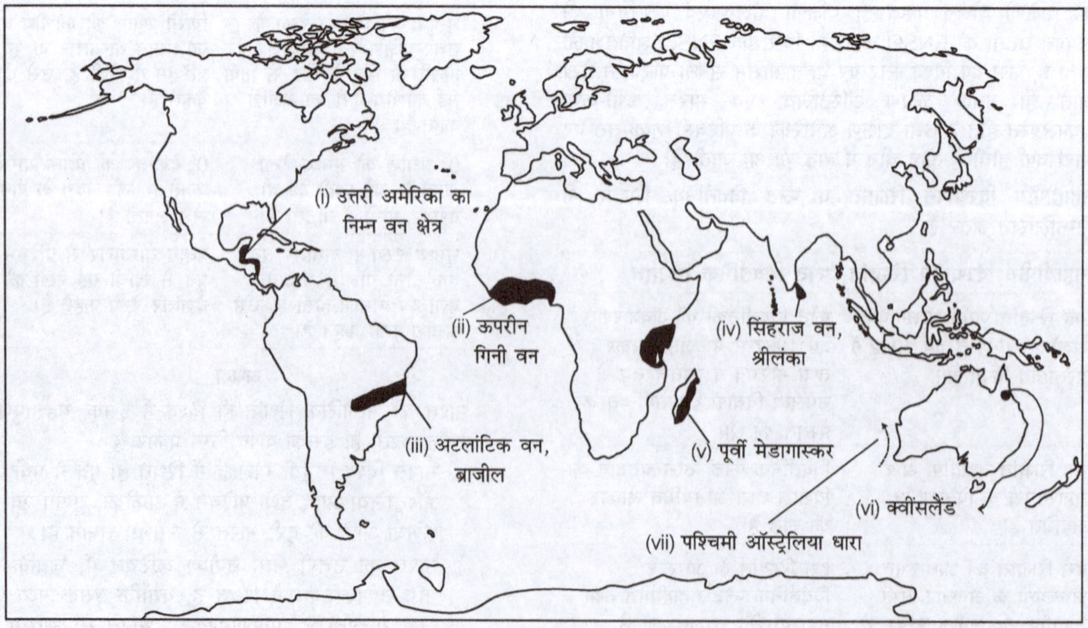

सैंपल पेपर 2

CBSE कक्षा 11 की परीक्षा के लिए सैंपल प्रश्न-पत्र

भूगोल

1. इस प्रश्न–पत्र में 5 खंड हैं– 'क', 'ख', 'ग', 'घ' और 'ङ'।
2. खंड 'क' में प्रश्न संख्या 1 से 17 बहुविकल्पीय प्रश्न हैं।
3. खंड 'ख' में प्रश्न संख्या 18 व 19 स्रोत आधारित प्रश्न हैं।
4. खंड 'ग' में प्रश्न संख्या 20 से 23 लघु उत्तरीय प्रश्न हैं, जिनका उत्तर लगभग 80-100 शब्दों में देना है।
5. खंड 'घ' में प्रश्न संख्या 24 से 28 दीर्घ उत्तरीय प्रश्न हैं, जिनका उत्तर लगभग 120-150 शब्दों में देना है।
6. खंड 'ङ' में प्रश्न संख्या 29 और 30 मानचित्र पर आधारित हैं।

समय : 3 घंटे **पूर्णांक : 70**

उत्तर सहित

खंड 'क'

1. मैंग्रोव वनस्पति के संदर्भ में निम्नलिखित को ध्यान से पढ़कर अपना उत्तर दीजिए।
मैंग्रोव वनस्पति क्षारीय लवण क्षेत्रों; जैसे- कच्छ, ज्वारीय संकरी खाड़ी, पंक मैदानों और ज्वारनदमुख के तटवर्ती क्षेत्रों पर उगती है। इनमें ऐसे कई पौधे हैं, जिन पर क्षार का प्रभाव नहीं पड़ता। भारत में मैंग्रोव का सर्वाधिक विकसित क्षेत्र कहाँ है? (1)

(a) महानदी मैंग्रोव क्षेत्र (b) गोदावरी नदी मैंग्रोव क्षेत्र
(c) कृष्णा नदी मैंग्रोव क्षेत्र (d) सुंदर वन डेल्टा

2. बहिर्जनिक बलों की क्रियाओं का परिणाम क्या होता है? (1)

(a) उभरी हुई भू-आकृतियों का विघर्षण (b) भू-आकृतियों का निर्माण
(c) भू-आकृतियों का अनाच्छादन (d) अपक्षय की प्रक्रिया का स्वस्थाने होना

3. जब नदी के दोनों किनारे समान ऊँचाई के हों तो इसे किस नाम से जाना जाता है? (1)

(a) अयुग्मित वेदिका (b) युग्मित वेदिका (c) अवनमित कुंड (d) कैनियन

4. पातालीय शैल के विषय में निम्नलिखित में से कौन-सा कथन सही है?

1. पातालीय शैल अंतर्भेदी अग्निय शैल होती है, ये मैग्मा के ऊपर उठकर धरारल के नीचे जमने से बनती है।
2. लावा का उद्गार महासागरों में ही जम जाता है
3. ग्रेनाइट, पातालीय शैल का एक प्रमुख उदाहरण है।

कूट

(a) 1, और 3 (b) 2 और 3
(c) केवल 3 (d) 1, 2 और 3

5. महासागरों की सतह के जल का औसत तापमान लगभग 27° सेल्सियस होता है, लेकिन यह विषुवत् वृत्त से ध्रुवों की ओर क्रमिक रूप से..........। (1)

(a) घटता जाता है (b) बढ़ता जाता है
(c) यथावत रहता है (d) विषुवतीय प्रदेश

6. प्रायद्वीपीय भारत की नदियों के संबंध में कौन-सा कथन सही नहीं है? (1)

1. यहाँ की नदियाँ युवावस्था रूप में बहती हैं।
2. यह नदी तंत्र हिमालय नदी तंत्र से पुरानी है।
3. यहाँ की अधिकतर नदियाँ पूर्व से पश्चिम दिशा में बहती हैं।
4. प्रायद्वीपीय नदियाँ बारहमासी होती हैं।

कूट

(a) केवल 2
(b) 1 और 3
(c) 2 और 3
(d) 1, 2 और 3

7. महासागरीय अधः स्थल के विभाजन के क्रम में निम्नलिखित को व्यवस्थित कीजिए (महाद्वीप से महासागर की ओर)

1. महासागरों में गंभीर सागरीय मैदान 3000 से 6000 मीटर गहरे होते हैं, जो अवसादों; जैसे-मृतिका आदि से ढके होते हैं। (1)
2. महाद्वीपीय ढाल की प्रवणता $2°$ से $5°$ होती है।
3. महाद्वीपीय शेल्फ, महाद्वीप का ही विस्तृत सीमांत क्षेत्र होती है।
4. महासागरीय गर्त प्रबल भूकंप वाले क्षेत्र होते हैं

कूट

(a) 4, 3, 2, 1 (b) 3, 2, 1, 4
(c) 1, 2, 3, 4 (d) 4, 3, 1, 2

8. निम्नलिखित में से कौन-सा युग्म सही सुमेलित नहीं है? (1)

(a) लैकोलिथ – गुंबदनुमा विशाल चट्टान
(b) बैथोलिथ – गुंबदाकार आकृति ग्रेनाइट निर्मित
(c) सिल – परतदार चट्टान जो मैग्मा भंडार से जुड़ी हो
(d) डाइक – धरातल से लगे समकोण आधार पर दीवार जैसी संरचना

उत्तर सहित

9. **कथन** (A) वायुमंडल के धूलकण समुद्री नमक, महीन मिट्टी, धुएँ की कालिमा, राख, पराग, धूल तथा उल्काओं के टूटे हुए कण से मिलते हैं। (1)

कारण (R) धूलकणों का सबसे अधिक जमाव उपोष्ण और शीतोष्ण प्रदेशों में सूखी हवा के कारण होता है।

कूट

(a) A और R दोनों सही हैं तथा R, A की सही व्याख्या करता है
(b) A और R दोनों सही हैं परंतु R, A की सही व्याख्या नहीं करता है
(c) A सही है किंतु R गलत है।
(d) A गलत है किंतु R सही है।

10. निम्नलिखित में से कौन-सा युग्म सही सुमेलित नहीं है? (1)

(a) अपसारी सीमा — नई पर्पटी का निर्माण
(b) अभिसरण सीमा— भू-पर्पटी नष्ट
(c) रूपांतर सीमा — भू-पर्पटी का निर्माण तथा विनाश
(d) लावा प्रवाह — दक्कन ट्रेप का निर्माण

11. क्षैतिज पवनों के विकास के संदर्भ में कौन-सा विकल्प सही है? (1)

1. घर्षण बल 2. दाब-प्रवणता 3. कोरिओलिस बल

कूट

(a) केवल 1 (b) 1 और 3
(c) केवल 3 (d) 1, 2 और 3

12. निम्नलिखित घटनाओं को उनके घटित होने की तिथि के अनुसार क्रम में व्यवस्थित कीजिए (1)

1. ग्रीष्मकालीन संक्रांति 2. उपसौर 3. अपसौर 4. शीतकालीन अयनांत

कूट

(a) 3 2 4 1 (b) 1 2 3 4 (c) 4 1 3 2 (d) 4 2 1 3

13. निम्नलिखित कथनों में से कौन-सा/से कथन सही है/हैं? (1)

1. जलवाष्प वायु में उपस्थित एक परिवर्तनशील गैस है।
2. जलवाष्प हवा के आयतन के 1% से भी कम होती है।
3. जल वाष्प संघनन के कारण जल में परिवर्तित होता तथा यह प्रक्रिया ऊष्मा द्वारा के कारण घटित होती है।
4. संघनन उस अवस्था में सम्भव है, जब आर्द्र वायु गर्म हवा के संपर्क में आए

कूट

(a) 1, 2 और 3 (b) 2, 3 और 1 (c) 1, 2 और 3 (d) 1 और 2

14. सूची I को सूची II से सुमेलित कीजिए (1)

सूची I		सूची II
A. आर्द्रता	1.	वातावरण में उपस्थित जलवाष्प
B. वायुमंडलीय नमी का स्रोत	2.	महासागर
C. ओसांक	3.	जिस तापमान पर वायु संतुप्त होती है
D. संवहन	4.	जलवाष्प का जल में परिवर्तन

कूट

A B C D

(a) 1 2 3 4

(b) 2 3 4 1

(c) 3 2 1 4

(d) 4 3 2 1

नीचे दिए गए ग्राफ का अध्ययन कर निम्नलिखित प्रश्नों (15-17) का उत्तर दीजिए

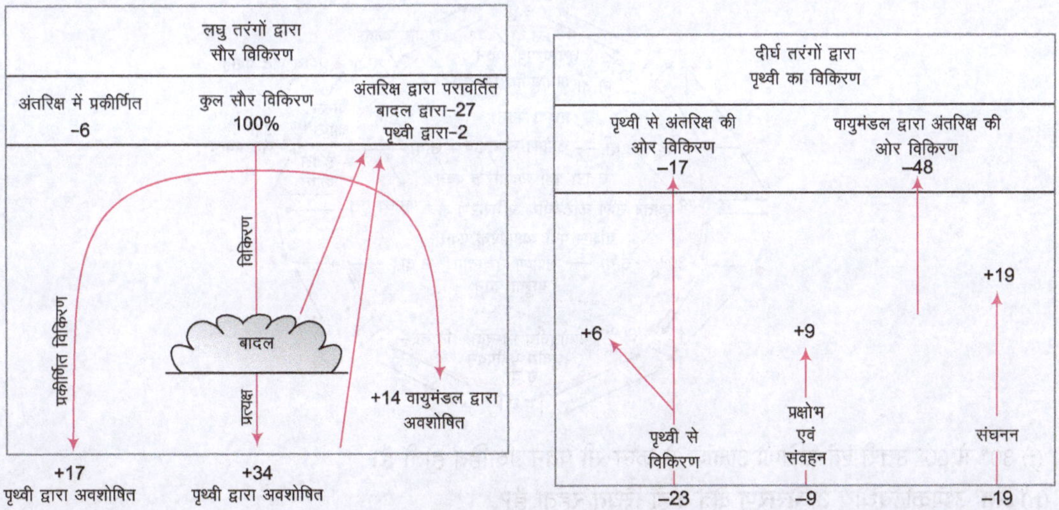

15. पृथ्वी के बाहरी सतह पर पहुँचे बिना विकिरण की कितनी मात्रा को वापस अंतरिक्ष में परावर्तित कर दिया जाता है? (1)

(a) 50 इकाई (b) 100 इकाई (c) 35 इकाई (d) 29 इकाई

16. पृथ्वी की सतह से कुल कितनी मात्रा में स्थलीय विकिरण परावर्तित होता है? (1)

(a) 29 इकाई (b) 22 इकाई (c) 41 इकाई (d) 51 इकाई

17. सूर्यातप की कितनी प्रतिशत मात्रा को पृथ्वी की सतह द्वारा अवशोषित किया जाता है? (1)

(a) 40% (b) 50% (c) 65% (d) 70%

उत्तर सहित

खंड 'ख'

18. निम्नलिखित स्रोत को ध्यानपूर्वक पढ़कर उन पर आधारित प्रश्नों के उत्तर दीजिए।

एक साल में पृथ्वी की सतह पर अलग-अलग भागों में होने वाली वर्षा की मात्रा भिन्न-भिन्न होती है तथा यह अलग-अलग मौसमों में भी होती है। सामान्य तौर पर जब हम विषुवत् वृत्त से ध्रुव की ओर जाते हैं, तो वर्षा की मात्रा धीरे-धीरे घटती जाती है। विश्व के तटीय क्षेत्रों में महाद्वीपों के भीतरी भागों की अपेक्षा अधिक वर्षा होती है। विश्व के स्थलीय भागों की अपेक्षा महासागरों के ऊपर वर्षा अधिक होती है, क्योंकि वहाँ पानी के स्रोत की अधिकता के कारण वाष्पीकरण की क्रिया लगातार होती रहती है। विषवत् वृत्त से 35° से 40° उ. एवं द. अक्षांशों के मध्य, पूर्वी तटों पर बहुत अधिक वर्षा होती है तथा पश्चिम की तरफ यह घटती जाती है। लेकिन विषुवत् वृत्त से 45° तथा 65° उ. एवं द. के बीच पछुआ पवनों के कारण सबसे पहले महाद्वीपों के पश्चिमी किनारों पर वर्षा होती है तथा यह पूर्व की तरफ घटती जाती है। जहाँ भी पहाड़ तट के समानांतर हैं, वहाँ वर्षा की मात्रा पवनाभिमुख तटीय मैदान में अधिक होती है एवं यह प्रतिपवन दिशा की ओर घटती जाती है।

वार्षिक वर्षण की कुल मात्रा के आधार पर विश्व की मुख्य वर्षण प्रवृत्ति को निम्नलिखित रूपों में पहचाना जाता है

विषुवतीय पट्‌टी, शीतोष्ण प्रदेशों में पश्चिमी तटीय किनारों के पास के पर्वतों के वायु की ढाल पर तथा मानसून वाले क्षेत्रों के तटीय भागों में वर्षा बहुत अधिक होती है, जो प्रतिवर्ष 200 सेमी से ऊपर होती है। महाद्वीपों के आंतरिक भागों में प्रतिवर्ष 100 से 200 सेमी वर्षा होती है। महाद्वीपों के तटीय क्षेत्रों में वर्षा की मात्रा मध्यम होती है। उष्णकटिबंधीय क्षेत्र के केंद्रीय भाग तथा शीतोष्ण क्षेत्रों के पूर्वी एवं भीतरी भागों में वर्षा की मात्रा 50 से 100 सेमी प्रतिवर्ष तक होती है। महाद्वीप के भीतरी भाग के वृष्टिछाया क्षेत्रों में पड़ने वाले भाग तथा ऊँचे अक्षांशों वाले क्षेत्रों में प्रतिवर्ष 50 सेमी से भी कम वर्षा होती है। वर्षा का मौसमी वितरण इसकी प्रभाविता को समझने का एक महत्त्वपूर्ण पहलू है। कुछ क्षेत्रों; जैसे–विषुवतीय पट्‌टी तथा ठंडे समशीतोष्ण प्रदेशों में वर्षा पूरे वर्ष होती रहती है।

(i) विश्व के स्थलीय भागों की अपेक्षा महासागरों के ऊपर वर्षा अधिक होने का मुख्य कारण क्या है?

(ii) महाद्वीपों के पश्चिमी किनारों पर सबसे पहले वर्षा किस कारण होती है?

(iii) विश्व में सबसे अधिक वर्षा किस क्षेत्र में होती है?

19. नीचे दिए गए चित्र का अध्ययन कीजिए और निम्नलिखित प्रश्नों के उत्तर दीजिए (1)

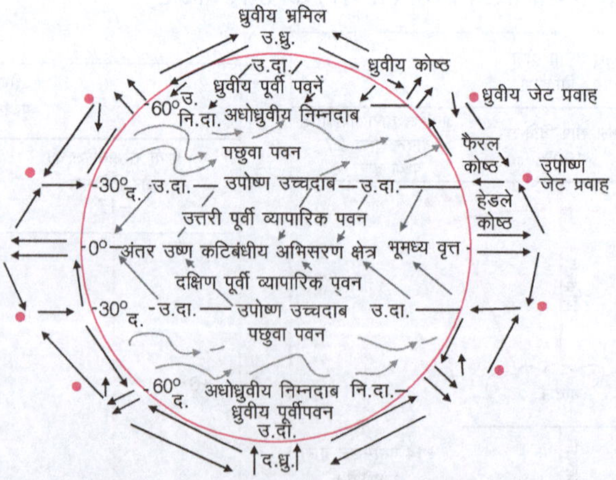

(i) 30° से 60° उत्तरी एवं दक्षिणी अक्षांश में कौन-सी पवन प्रवाहित होती है? (1)

(ii) अंतः उष्णकटिबंधीय **अभिसरण** क्षेत्र कहाँ स्थित रहता है? (1)

(iii) हेडले कोष्ठ का परिसंचरण कहाँ होता है? (1)

खंड 'ग'

20. प्लेट विवर्तनिकी से संबंधित वेगनर के महाद्वीपीय विस्थापन सिद्धांत की व्याख्या को समझाते हुए भारतीय प्लेट के संचलन को स्पष्ट कीजिए। (3)

अथवा

महासागरीय तल को उच्चावच तथा गहराई के आधार पर कितने भागों में बाँटा जाता है? स्पष्ट कीजिए।

21. नीचे दिए गए मैप का अध्ययन कर निम्नलिखित प्रश्नों के उत्तर दीजिए

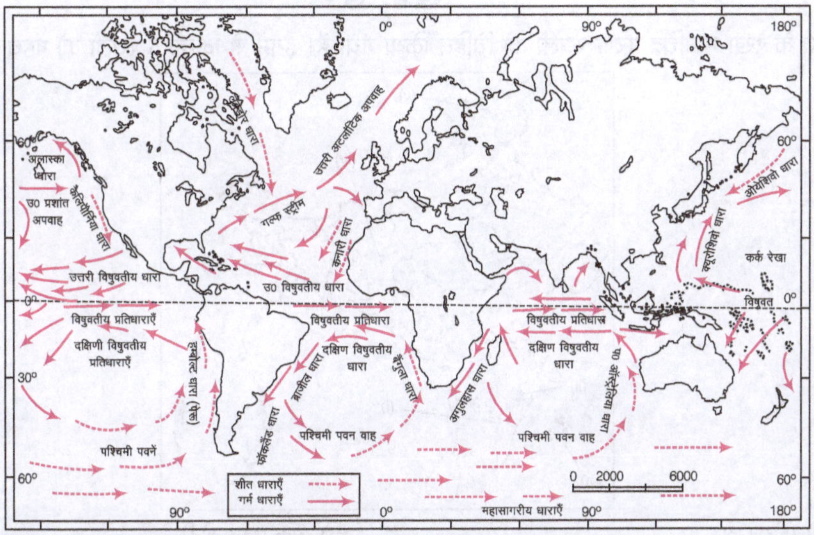

1. गल्फ स्ट्रीम और लेब्राडोर धाराओं में प्रमुख अंतर क्या है? उल्लेख कीजिए।
2. इन दानों धाराओं के मिलन स्थल के आप-पास मत्स्यपालन क्षेत्र के विकास की अनुकूल दशाओं को निर्माण क्यों होता है?
3. इन दोनों धाराओं के मिलन स्थल के आप-पास विकसित कुछ प्रमुख मत्स्य उत्पादक क्षेत्रों के नाम लिखें साथ ही विश्व में इसी तरह के अन्य क्षेत्रों का कोई एक उदाहरण दीजिए। (3)

22. भू-आकृति की प्रमुख विशेषताओं की व्याख्या कीजिए। (3)

अथवा

नदी द्वारा निक्षेपित स्थल रूप के बारे में अपने विचार प्रस्तुत कीजिए।

23. भारत में वन्यजीवों की संख्या में निरंतर गिरावट दर्ज की गई है। इस ह्रास के क्या कारण हैं? स्पष्ट कीजिए एवं उनके निवारण हेतु कोई दो उपाय बताइए। (3)

खंड 'घ'

24. "वैश्विक पटल पर भारत की सामरिक महत्ता को स्थापित करने में इसकी भौगोलिक अवस्थिति का महत्त्वपूर्ण योगदान है।" इस कथन की पुष्टि में आने विचार प्रस्तुत कीजिए (5)

25. "भारत का विश्व में महत्त्वपूर्ण स्थान इसकी भौगोलिक स्थिति के कारण है।" इस संदर्भ में अपने विचार प्रस्तुत कीजिए। (5)

अथवा

अक्षाशं और देशान्तर देखाओं में अंतर स्पष्ट कीजिए।

26. भौतिक भूगोल के महत्त्व को रेखांकित कीजिए। (5)

अथवा

जैव भूगोल से आप क्या समझते हैं? इसकी विभिन्न शाखाओं का उल्लेख करते हुए। इसके महत्त्व को रेखांकित कीजिए।

27. आर्द्रता किसे कहते हैं? यह कितने प्रकार की होती है? की प्रक्रिया की व्याख्या कीजिए। (5)

अथवा

वाष्पीकरण एवं संघनन की प्रक्रिया की व्याख्या कीजिए।

28. सदाहरित वन उष्णकटिबंधीय पर्णपाती वनों से किस प्रकार भिन्न है? चर्चा कीजिए। (5)

अथवा

उष्णकटिबंधीय पर्णपाती वन एवं उष्णकटिबंधीय काँटेदार वन में अंतर स्पष्ट करते हुए इसमें विस्तार एवं इसमें पाई जाने वाली प्रमुख वन प्रजातियों (वृक्षों) का उल्लेख कीजिए।

खंड 'ङ'

29. दिए गए भारत के रेखा मानचित्र पर 7 स्थलों को चिह्नित किया गया है। इनमें से किन्हीं 5 स्थलों को पहचानकर नाम लिखिए। (5)

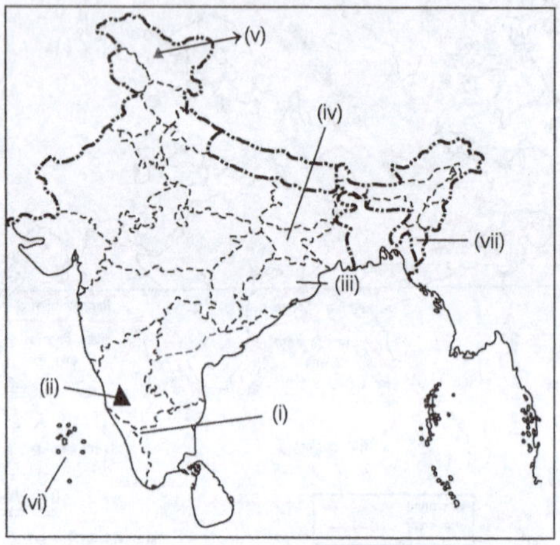

(i) एक बायोस्फीयर क्षेत्र
(ii) एक पर्वत चोटी
(iii) 100-200 सेमी वर्षा क्षेत्र
(iv) झारखंड को घेरने वाला पठार
(v) सबसे उत्तरी पर्वतीय चोटी
(vi) दक्षिण-पश्चिमी भारत का एक द्वीप समूह
(vii) उत्तर-पूर्वी राज्य

30. विश्व के मानचित्र पर निम्न को दर्शाइए (5)

(i) अरेबियन प्लेट
(ii) दक्षिणी विषुवतीय धारा
(iii) एक पारिस्थितिक तंत्र क्षेत्र
(iv) कोकोस प्लेट
(v) ऊपरी गिनी वन
(vi) पश्चिमी घाट, भारत
(vii) उत्तरी बोर्नियो

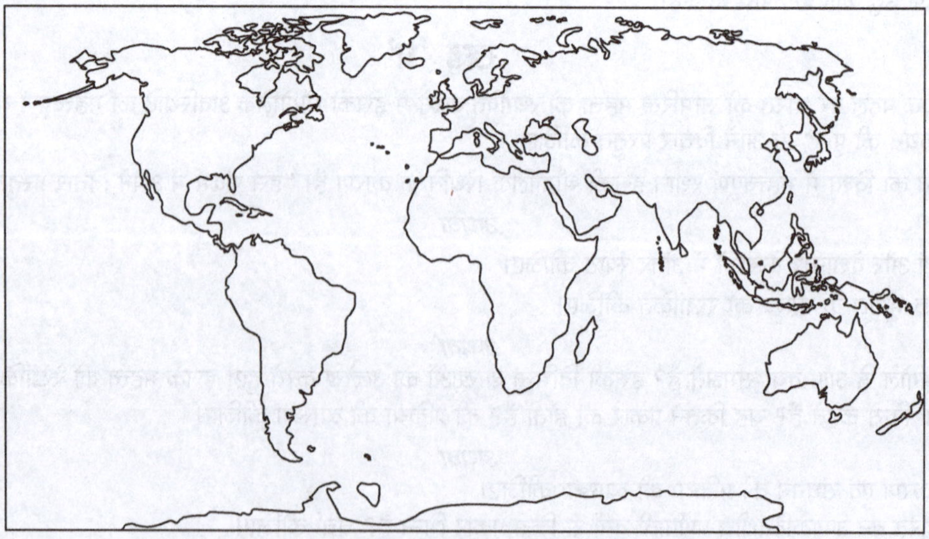

उत्तर

1. (d)	2. (a)	3. (b)	4. (a)	5. (a)	6. (a)	7. (b)	8. (c)	9. (a)	10. (c)
11. (d)	12. (d)	13. (c)	14. (a)	15. (c)	16. (d)	17. (c)			

उत्तर सहित

सैंपल पेपर 3

CBSE कक्षा 11 की परीक्षा के लिए सैंपल प्रश्न-पत्र

भूगोल

1. इस प्रश्न–पत्र में 5 खंड हैं– 'क', 'ख', 'ग', 'घ' और 'ङ'।
2. खंड 'क' में प्रश्न संख्या 1 से 17 बहुविकल्पीय प्रश्न हैं।
3. खंड 'ख' में प्रश्न संख्या 18 व 19 स्रोत आधारित प्रश्न हैं।
4. खंड 'ग' में प्रश्न संख्या 20 से 23 लघु उत्तरीय प्रश्न हैं, जिनका उत्तर लगभग 80-100 शब्दों में देना है।
5. खंड 'घ' में प्रश्न संख्या 24 से 28 दीर्घ उत्तरीय प्रश्न हैं, जिनका उत्तर लगभग 120-150 शब्दों में देना है।
6. खंड 'ङ' में प्रश्न संख्या 29 और 30 मानचित्र पर आधारित हैं।

समय : 3 घंटे **पूर्णांक : 70**

खंड 'क'

1. भूकंपीय तरंगों की हलचल के कारण पृथ्वी के धरातल पर अत्यधिक हानि किस तरंग के कारण होती है? (1)

(a) द्वितीयक तरंगें (b) धरातलीय तरंगें
(c) प्राथमिक तरंगें (d) अभिकेंद्रीय तरंगें

2. पैंजिया के दो बड़े भूखंडों में टूटकर अलग होने पर गोंडवानालैंड का खिसकाव किस दिशा में अग्रसर हुआ? (1)

(a) दक्षिणी दिशा में (b) उत्तरी दिशा मे
(c) पश्चिमी दिशा में (d) लॉरेंशिया के उत्तर में

3. इस स्थिति में चंद्रमा और सूर्य एक-दूसरे के समकोण पर होते हैं इस लिए चंद्रमा और सूर्य का गुरुत्व बल एक दूसरे के विरुद्ध कार्य करता है। यह स्थिति कृष्ण तथा शुक्ल पक्ष की सप्तमी एवं अष्टमी में उत्पन्न होती है। इस स्थिति में चंद्रमा पृथ्वी के सबसे नजदीक होता है, जिस कारण इसकी आकर्षण शक्ति तीव्र होती है। इस स्थिति की पहचान कीजिए। (1)

(a) उच्च ज्वार (b) निम्न ज्वार
(c) भाटा (d) इनमें में से कोई नहीं

4. उत्तरी मैदान के संदर्भ में कौन-सा कथन सही है? (1)

(a) इसका विस्तार पूर्व से पश्चिम की ओर 4200 किमी तक है
(b) यह मैदान सिंधु, गंगा तथा ब्रह्मपुत्र नदियों द्वारा पोषित है
(c) इसका निर्माण हिमालय पर्वतमाला निर्माण प्रक्रिया के दूसरे चरण में हुआ
(d) यहाँ पर जलोढ़ निक्षेप की गहराई 500 से 1000 मी है

5. **अपक्षय प्रक्रिया के संदर्भ में कौन-सा कथन सही नहीं है?** (1)

(a) इसमें शैलों का विघटन एवं अपघटन एक स्थिर प्रक्रिया के रूप में होता है
(b) अपक्षय में बहते हुए जल, पवनों तथा भूमिगत जल की भूमिका होती है
(c) इसमें मौसम व जलवायु कार्यों को शैलों के यांत्रिक विखंडन और रासायनिक अपघटन के रूप में परिभाषित किया जाता है
(d) मृदा निर्माण में इसकी महत्त्वपूर्ण भूमिका होती है

6. निम्नलिखित में से कौन-सा युग्म सही सुमेलित नहीं है? (1)

(a) डाफला श्रेणी – तमिलनाडु
(b) गारो श्रेणी – मेघालय
(c) पटकोई बूम श्रेणी – मणिपुर
(d) मिजो श्रेणी – मिजोरम

7. निम्नलिखित प्रोजेक्ट नीति एवं उनके प्रारंभ में किए गए वर्षों को सुमेलित कीजिए। (1)

सूची I (विभिन्न प्रोजेक्ट)	सूची II (वर्ष)
A. वन नीति	1. 1973
B. वन्यजीव अधिनियम	2. 1952
C. बोध संरक्षण	3. 1992
D. हाथी परियोजना	4. 1972

कूट

	A B C D		A B C D
(a)	4 2 3 1	(b)	2 4 3 1
(c)	2 4 1 3	(d)	1 2 3 4

8. निम्नलिखित कथनों में से कौन-सा कथन सही है? (1)

(a) पृथ्वी और सूर्य के बीच की सर्वाधिक दूरी को उपसौर कहते हैं
(b) पृथ्वी और सूर्य के बीच की सबसे कम दूरी को अपसौर कहते हैं
(c) 3 जनवरी को पृथ्वी सूर्य से सबसे अधिक सूर्यातप प्राप्त करती है
(d) पृथ्वी के पृष्ठ पर ऊर्जा का अधिकतम भाग दीर्घ तरंगदैर्ध्य के रूप में आता है

9. प्रायद्वीपीय भारत की नदियों के संबंध में कौन-सा कथन सही नहीं है? (1)

1. यहाँ की नदियाँ युवावस्था रूप में बहती हैं।
2. यह नदी तंत्र हिमालय नदी तंत्र से पुराना है।
3. यहाँ की अधिकतर नदियाँ पूर्व से पश्चिम दिशा में बहती हैं।
4. प्रायद्वीपीय नदियाँ बारहमासी होती हैं।

कूट

(a) 1,और 3 (b) 2 और 4
(c) 2 और 3 (d) 1, 3 और 4

10. **कथन** (A) वायुमंडल में उपस्थित कार्बन डाइ-ऑक्साइड गैस पार्थिक विकिरण में पारदर्शी तथा सौर विकिरण के लिए पारदर्शी भूमिका निभाता है (1)

कारण (R) कार्बन डाइ-ऑक्साइड की प्रवृत्ति वायु मंडल में ग्रीनहाउस प्रभाव के रूप में है।

कूट

(a) A और R दोनों सही हैं और R,A की सही व्याख्या है
(b) A और R दोनों सही है, परंतु R,A की सही व्याख्या नहीं है
(c) A सही है, किंतु R गलत है
(d) A गलत है, किंतु R सही है।

11. उच्च ज्वार के संदर्भ में निम्न को ध्यान से पूर्वक पढ़कर सही उत्तर का चयन कीजिए:

वृहत् ज्वार की ऊँचाई सूर्य, चंद्रमा एवं पृथ्वी की स्थिति से प्रत्यक्ष रूप से प्रभावित होती है। जब ये तीनों एक रेखा में स्थित होते हैं, तो ज्वारीय उभार अधिकतम होता है। इन्हें वृहत् ज्वार भाटा कहा जाता है। यह स्थिति महीने में दो बार (1)

(a) सप्तमी और अष्टमी के दिन होती है
(b) पूर्णिमा एवं अमावस्या के दिन होती है
(c) पूर्णिमा और सप्तमी के दिन होती है।
(d) अमावस्या और अष्टमी के दिन होती है

12. निम्नलिखित में से कौन-सा युग्म सही सुमेलित नहीं है? (1)

(a) अपसारी सीमा — नई पर्पटी का निर्माण
(b) अभिसरण सीमा— भू-पर्पटी नष्ट
(c) रूपांतर सीमा — भू-पर्पटी का निर्माण तथा विनाश
(d) लावा प्रवाह — दक्कन ट्रेप का निर्माण

13. पृथ्वी की परतों का बाहरी से आंतरिक की ओर सही क्रम क्या है? (1)

(a) भू-पर्पटी, मैंटल, आंतरिक क्रोड तथा बाह्य क्रोड
(b) भू-पर्पटी, आंतरिक क्रोड, मैंटल तथा बाह्य क्रोड
(c) आंतरिक क्रोड, मैंटल, भू-पर्पटी तथा बाह्य क्रोड
(d) मैंटल, आंतरिक क्रोड, बाह्य क्रोड तथा भू-पर्पटी

14. बादलों को उनके ऊँचाई के क्रम में (नीचे से ऊपर) व्यवस्थित करें (1)

1. कपासी मेघ 2. पक्षाभ मेघ
3. वर्षा मेघ 4. स्तरी मेघ

कूट

(a) 1, 2, 3, 4 (b) 2, 3, 4, 1
(c) 3, 4, 1, 2 (d) 4, 3, 2, 1

नीचे दिए गए ग्राफ की सहायता से निम्नलिखित प्रश्नों के उत्तर दीजिए

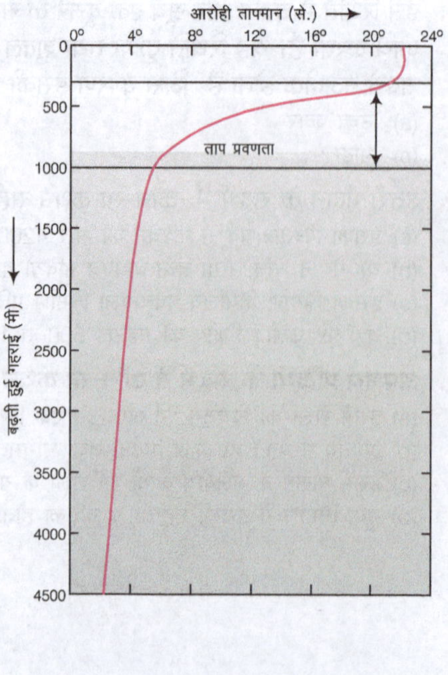

15. वह सीमा क्षेत्र, जहाँ तापमान में तीव्र गिरावट आती है, उसे कहा जाता है (1)

(a) ताप प्रवणता (b) महासागरीय लवणता (c) समदाब रेखा (d) समताप रेखा

16. निम्नलिखित में से किस क्षेत्र में समुद्री ठंडे पानी की केवल एक परत पाई जाती है? (1)

(a) भूमध्यरेखीय क्षेत्र (b) आर्कटिक क्षेत्र (c) उष्णकटिबंधीय क्षेत्र (d) भूमध्यसागरीय क्षेत्र

17. निम्नलिखित में से किस क्षेत्र में महासागर का अधिकतम तापमान दर्ज किया जाता है? (1)

(a) मध्य परत (b) गंभीर महासागर (c) सतही परत (d) थर्मोक्लाइन परत

खंड 'ख'

18. भूगोल अध्ययन का एक अंतर्शिक्षण विषय है। प्रत्येक विषय का अध्ययन कुछ उपागमों के अनुसार, किया जाता है। इस दृष्टि से भूगोल के अध्ययन के दो प्रमुख उपागम हैं

1. विषय वस्तुगत (क्रमबद्ध) एवं 2. प्रादेशिक

विषय वस्तुगत भूगोल का उपागम वही है, जो सामान्य भूगोल का होता है। यह उपागम एक जर्मन भूगोलवेत्ता, अलेक्जेंडर वॉन हम्बोल्ट (1769-1859 ई.) द्वारा प्रवर्तित किया गया, जबकि प्रादेशिक भूगोल का विकास हम्बोल्ट के समकालीन एक-दूसरे जर्मन भूगोलवेत्ता कार्ल रिटर (1779-1859 ई.) द्वारा किया गया।

विषय वस्तुगत उपागम में एक तथ्य का पूरे विश्व स्तर पर अध्ययन किया जाता है। तत्पश्चात् क्षेत्रीय स्वरूप के वर्गीकृत प्रकारों की पहचान की जाती है। उदाहरणार्थ, यदि कोई प्राकृतिक वनस्पति के अध्ययन में रुचि रखता है, तो सर्वप्रथम विश्व स्तर पर उसका अध्ययन किया जाएगा, फिर प्रकारात्मक वर्गीकरण, जैसे विषुवतरेखीय सदाबहार वन, नरम लकड़ी वाले कोणधारी वन अथवा मानसूनी वन इत्यादि की पहचान, उनका विवेचन तथा सीमांकन करना होगा। प्रादेशिक उपागम में विश्व को विभिन्न पदानुक्रमिक स्तर के प्रदेशों में विभक्त किया जाता है और फिर एक विशेष प्रदेश में सभी भौगोलिक तथ्यों का अध्ययन किया जाता है। ये प्रदेश प्राकृतिक, राजनीतिक या निर्दिष्ट (नामित) प्रदेश हो सकते हैं। एक प्रदेश में तथ्यों का अध्ययन समग्रता से विविधता में एकता की खोज करते हुए किया जाता है। द्वैतवाद भूगोल की एक मुख्य विशेषता है। इसका प्रारंभ से ही विषय में प्रवर्तन हो चुका था। द्वैतवाद (द्विधा) अध्ययन में महत्त्व दिए जाने वाले पक्ष पर निर्भर करता है। पहले विद्वान भौतिक भूगोल पर बल देते थे। परंतु बाद में स्वीकार किया गया कि मानव धरातल का समाकलित भाग है, वह प्रकृति का अनिवार्य अंग है। उसने सांस्कृतिक विकास के माध्यम से भी योगदान दिया है। इस प्रकार, मानवीय क्रियाओं पर बल देने के साथ मानव भूगोल का विकास हुआ।

(i) भूगोल के किस उपागम में एक तथ्य का पूरे विश्व स्तर पर अध्ययन किया जाता है? (1)

(ii) किस प्रकारात्मक वर्गीकरण के क्षेत्र का क्रमबद्ध उपागम के अंतर्गत अध्ययन किया जाता है? (1)

(iii) भूगोल में द्वैतवाद का प्रतिरूप किस रूप में देखा जाता है? (1)

19. नीचे दिए गए चित्र का अध्ययन करें और निम्नलिखित प्रश्नों के उत्तर दीजिए

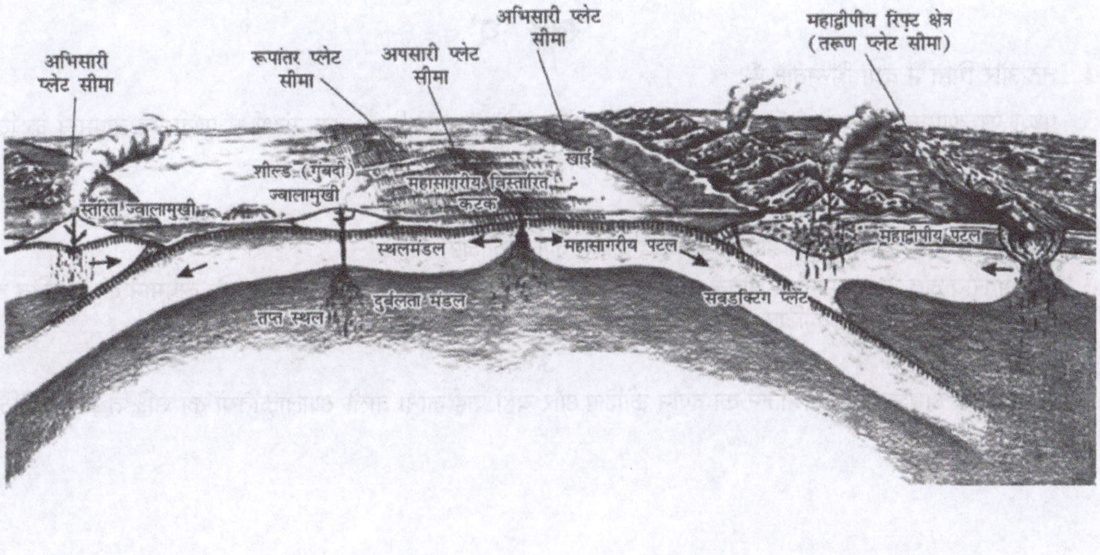

(i) महासागरों के सबसे निम्नतम बिंदु को क्या कहते हैं? (1)

(ii) महासागरों में अवस्थित पर्वत जैसी आकृतियों को किस नाम से जाना जाता है? (1)

(iii) सबसे बड़ी महासागरीय टेक्टोनिक प्लेट कौन-सी है? (1)

खंड 'ग'

20. जलवाष्प वायुमंडल में उपस्थित परिवर्तनीय गैस है, जिसका ह्रास ऊँचाई पर निर्भर करता है। वायुमंडल में जलवाष्प की भूमिका पर टिप्पणी कीजिए। (3)

अथवा

वायुदाब किसे कहते हैं? वायुदाब को मापने में किसका प्रयोग किया जाता है?

21. नीचे दिए गए मैप का अवलोकन कर निम्नलिखित प्रश्नों के उत्तर दीजिए

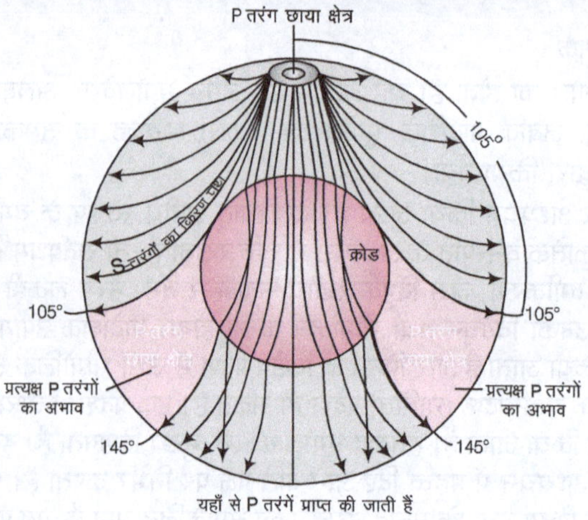

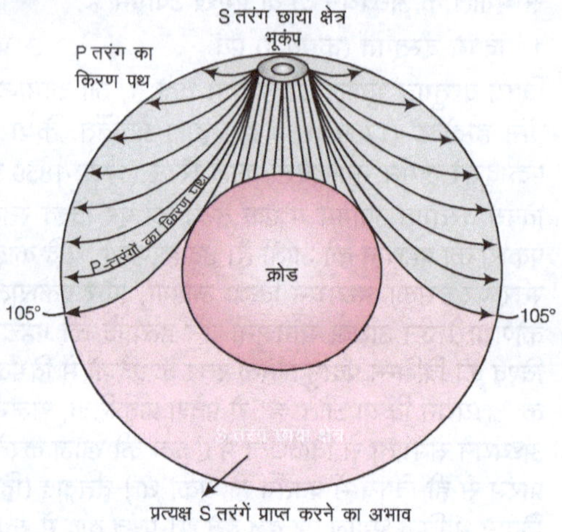

(i) P और S तरंगों के भूकंपीय छाया क्षेत्र का उल्लेख करते हुए दोनों के मध्य अंतर को स्पष्ट कीजिए।

(ii) भूकंपीय छाया क्षेत्र किसे कहते है।

(iii) P तरगों की प्रमुख विशेषताओं का उल्लेख कीजिए। (3)

22. ऊर्जा पर्यावरण का एक महत्त्वपूर्ण स्रोत है। इसके संदर्भ में प्राणिजात के लिए इसका क्या महत्त्व है स्पष्ट कीजिए।

अथवा भारतीय प्लेट के संचालन को स्पष्ट करते हुए प्लेट विवर्तनिक सिद्धांत की व्याख्या कीजिए

23. खाड़ी और जलसंधि में क्या असमानताएँ हैं। इन बिंदुओं को स्पष्ट कीजिए। (3)

खंड 'घ'

24. तट और भित्ति में क्या भिन्नताएँ हैं? (5)

25. पृथ्वी पर तापमान वितरण में स्थानीय भिन्नता स्पष्टतया दृष्टिगोचर होती है। इस संदर्भ में पृथ्वी पर तापमान के वितरण को प्रभावित करने वाले प्रमुख कारकों की व्याख्या कीजिए। (5)

(5)

अथवा

पृथ्वी के ऊष्मा बजट की संपूर्ण प्रक्रिया का चित्र सहित वर्णन कीजिए।

26. महासागरीय जल के तापमान के क्षैतिज वितरण को स्पष्ट कीजिए साथ ही महासागरीय जल के तापमान को प्रभावित करने वाले प्रमुख कारणों का उल्लेख कीजिए (5)

अथवा

महासागरीय अधःस्तल के विभाजन का वर्णन कीजिए और यहाँ पाई जानी वाली स्थालाकृतियों का सक्षिप्त वर्णन कीजिए

27. उष्णकटिबंधीय पर्णपाती वन एवं उष्णकटिबंधीय काँटेदार वनों के बीच अंतर स्पष्ट कीजिए। इसके विस्तार और प्रमुख वृक्ष प्रजातियों का उल्लेख कीजिए। (5)

अथवा

जलवायु वनस्पति के वितरण को प्रभावित करती है? इस कथन की सहमति या असहमति के साथ में अपने तर्क प्रस्तुत कीजिए।

28. संघनन की कौन-कौन-सी अवस्थाएँ हैं? स्थिति एवं तापमान के आधार पर संघनन के प्रकारों की व्याख्या कीजिए। (5)

अथवा

वर्षण किसे कहते हैं? वर्षण के रूपों की व्याख्या कीजिए। क्या भौगोलिक स्थलाकृति वर्षण को प्रभावित करती है? विवेचना कीजिए।

खंड 'ङ'

29. नीचे दिए गए भारत के रेखा मानचित्र पर 7 स्थलों को चिह्नित किया गया है। इनमें से किन्हीं 5 स्थलों को पहचानकर नाम लिखिए। (5)

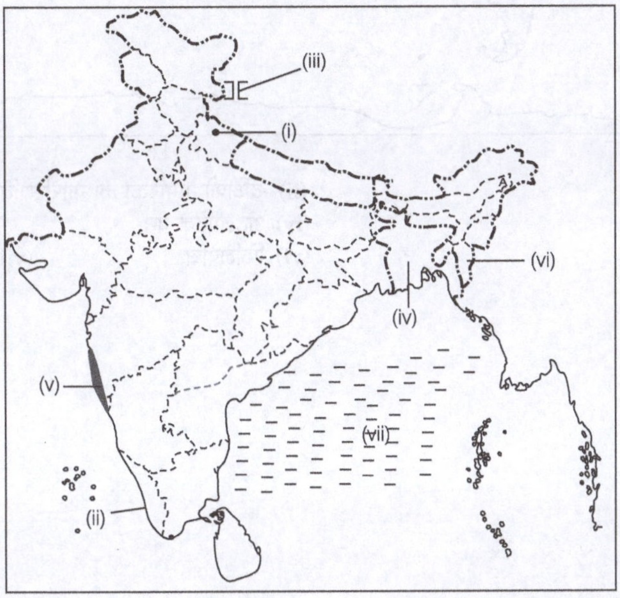

(i) एक बायोस्फीयर क्षेत्र
(ii) एक केंद्रशासित प्रदेश
(iii) एक पर्वतीय दर्रा
(iv) भारत का सबसे नजदीकी देश
(v) भारत का एक तट
(vi) भारत एक उत्तर-पूर्वी राज्य
(vii) भारतीय महासागर का उत्तर-पूर्वी भाग

उत्तर सहित

30. दिए गए विश्व के रेखा मानचित्र पर निम्न को दर्शाइए। (5)

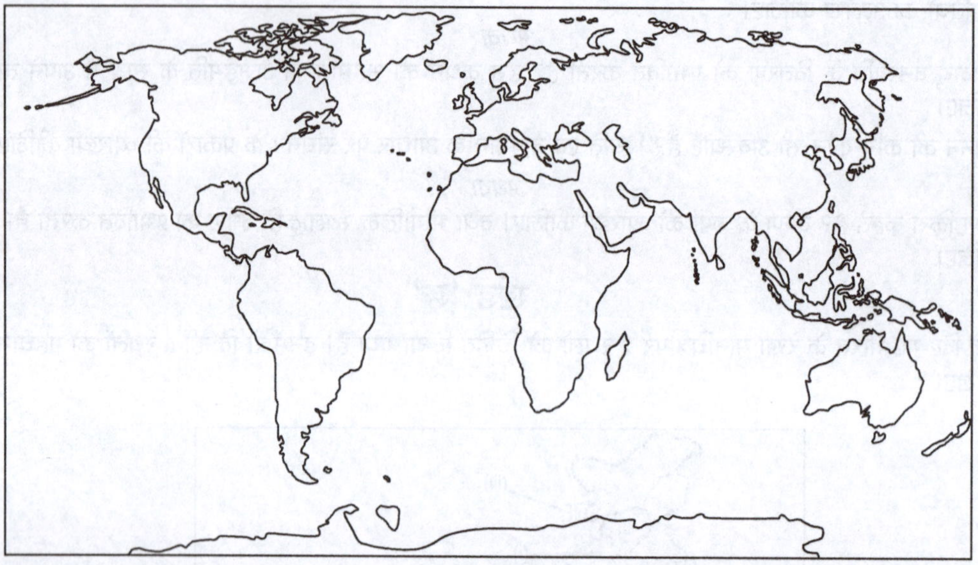

(i) बेंग्युएला धारा
(ii) दक्षिणी अमेरिका का पारिस्थितिक तंत्र
(iii) केरोलिन प्लेट
(iv) अटलांटिक वन
(v) पूर्वी मेडागास्कर
(vi) फिलिपींस
(vii) यूरेशियन प्लेट

उत्तर

1. *(b)*	2. *(a)*	3. *(b)*	4. *(b)*	5. *(b)*	6. *(a)*	7. *(c)*	8. *(c)*	9. *(d)*	10. *(d)*
11. *(b)*	12. *(c)*	13. *(a)*	14. *(c)*	15. *(a)*	16. *(b)*	17. *(c)*			